中华人民共和国地方志·福建省

# 连江县志

## （1991—2005）

中共连江县委党史和地方志研究室 编

方志出版社
Publishing House of Local Records

**图书在版编目（CIP）数据**

连江县志：1991—2005 / 中共连江县委党史和地方志研究室编 .—北京：方志出版社，2020.8
ISBN 978-7-5144-4290-8

Ⅰ . ①连… Ⅱ . ①中… Ⅲ . ①连江县—地方志—1991-2005 Ⅳ . ① K295.74

中国版本图书馆 CIP 数据核字（2020）第 168436 号

**连江县志（1991—2005）**

**编　　者：** 中共连江县委党史和地方志研究室
**责任编辑：** 王　娜

**出 版 者：** 方志出版社
地址　北京市朝阳区潘家园东里 9 号（国家方志馆 4 层）
邮编　100021
网址　http://www.fzph.org
**发　　行：** 方志出版社图书经销中心
电话（010）67110500
**经　　销：** 各地新华书店
**印　　刷：** 福建省金盾彩色印刷有限公司

**开　　本：** 889×1194　　1/16
**印　　张：** 60.75
**字　　数：** 1753.5 千字
**版　　次：** 2020 年 8 月第 1 版　　2020 年 8 月第 1 次印刷
**印　　数：** 0001 ～ 2000 册

ISBN 978-7-5144-4290-8　　定价：569.00 元

# 《连江县志（1991—2005）》
# 编审机构人员名录

**《连江县志（1991—2005）》编纂领导小组**（按任职先后为序）

**顾　　问：**刘嘉水　高　明　关瑞祺　周应忠

**组　　长：**张天金　黄忠勇　吴贤德　林　峰　周应忠　郑立敏

**副 组 长：**邱香英　陈坚斯　吴能森　冯慧钦　谢志成　龚　森　黄齐秋　叶居信　陈高书（县人大常委会原主任）

**成员单位：**县委办　人大办　政府办　政协办　人武部　纪委办　政法委　组织部　宣传部　统战部　县委党史和地方志研究室（县委党史研究室、县志办）　对台部（对台办）　发改局　农业农村局（农办、农业局）工信局（经贸局、外经贸局）财政局　审计局　税务局（地方税务局）　住建局（建设局）　自然资源局（国土资源局）自然生态局（环境保护局）　海洋与渔业局　林业局　水利局　交通局　人社局（人事局、劳动与社会保障局）民政局　公安局　司法局　检察院　法院　统计局　档案局　文体旅局（科技文体局）　广播电视事业发展中心（广播电视局）　卫健局（计划生育局、卫生局）　教育局　民宗局　市场监督管理局（工商局、质监局）中国人民银行连江县支行　气象局　邮政局　电信局

**《连江县志（1991—2005）》审稿小组**

**组　　长：**黄齐秋

**副 组 长：**叶居信　陈高书

**成员单位：**县委办　政府办　人武部　统计局　档案局　保密局

**《连江县志（1991—2005）》编辑部**

**主　　编：**张平官

**副 主 编：**陈钰森　陈一新　叶　峰　林启兴　郑光寿（按任职先后为序）
潘伯农　陈扬挺

**编　　辑：**周谋云　黄绍俊　林知伙　林兆全　赵炳祥

**编　　务：**林　琬　邹祖雄　陈裴瑜　杨静如　郑美娟
郑超珊　徐　峤　陈雪莲

**中共福州市委党史和地方志研究室《连江县志（1991—2005）》审查验收小组**

**组　　长：**高锦利

**副 组 长：**叶　红

**成　　员：**黄凯端　吴　燕　郭进绍　林　巧

# 序

国有史，邑有志。源远流长的地方志堪称中华民族独特的文化瑰宝，是一个地方的文化珍品，对推动地方经济、社会、文化发展意义重大。党的十八大以来，党中央、国务院高度重视史志工作。习近平总书记强调：“要高度重视修史修志，让文物说话，把历史智慧告诉人们，激发我们的民族自豪感和自信心，坚定全体人民振兴中华、实现中国梦的信心和决心。”当今修志，更具新时代实用价值，记录更加完整、系统、全面，可充存史的最佳资讯，颇具资政辅治的功用。

连江历史悠久，钟灵毓秀，孕育着一代又一代勇敢顽强、勤劳淳朴的优秀儿女，为民族独立和人民解放建功立业。中华人民共和国成立后，连江人民在中国共产党领导下，励精图治、艰苦创业，全县经济社会取得长足发展。尤其是党的十一届三中全会后，在历届县委、县政府领导下，全县人民解放思想、锐意改革、攻坚克难、砥砺奋进，使连江山海丰沛资源得以充分发挥，取得辉煌成绩，经济社会发展日新月异。本轮《连江县志1991—2005》全面记录反映1991—2005年改革开放关键阶段的发展情况。编纂人员既广征博采、钩沉索隐、甄别验证，又足践目击、实地考察、核实印证，使本志书所载内容准确而完整。且经省、市方志专家和同行认真评审和精心指导，数易其稿，撰成付梓。值此谨向支持和参与修志的单位和编纂人员致以诚挚的谢意！

古人云：“天下求治见治难，群邑得理天下安。”吾等履职连江多年，对这片红色热土和朴实的连江人民怀有深情，诚望全县干部群众读志明智，以史为鉴，汲取正能量，提振精气神，为建设创新开放绿色幸福的新时代新连江做出更大贡献，为实现中华民族伟大复兴的中国梦而不懈奋斗！

愿与69万连江父老乡亲共勉，是为序！

中共连江县委书记　周应忠

连江县人民政府县长　郑立敏

2020年5月

# 连江县地图

比例尺 1∶220 000

编制单位：福建省地图出版社 审图号：榕图审〔2020〕04号 资料截至：2005年12月

三都澳口
霞浦县
县
下廪滩
鸡笼屿
青屿
岛屿
岗屿
可门港
初芦澳
鱼埕
楼下
可门
王半天
初芦
新辉
小芦
江湾
鱼村
铁拐
古鼎屿
下角
破破碗
下澳
屿仔
水顶
松皋澳
牛路
云坂
下宫
下宫
大帽山
松皋
奇达
小长屿
圆屿
长屿
和舍
厦一
大洋
后洋
黄家洞
镇安
上宫
可门港区
湾
下屿
对面山
古科
下屿
前屿
颜岐
象纬
屿头
前屿
金牌
飞红
郭婆溪水库
沙澳
洋里澳
郭婆
安海
同心
居仑
坑园
坑园镇
对洋
上山斋
安凯
半山
高塘
大谷
山凤尾
观音坑
里澳
宫坞
凤贵
牛岱
斜马
墙丈
下园
东山
三埠顶
红厦
文山
安岭
朝天洋
东坪
砺坞
大埕
逻洄
埕口
南山
筱埕
筱埕镇
后澳
布袋澳
筱埕
哈沙
定海
蛤沙青屿
可门屿
鱼屿
屿仔尾屿
龟屿牛
龙翁屿
软卷屿
浪港牛
定海青屿
兀屿
定海湾
青屿头
苔屿
目屿岛
四母屿
黄岐湾
定海白礁水下沉船遗址
黄湾屿
金沙牛屿
坪块屿
竖快屿
指礁屿
银屿
文湾
黄岐镇
长沙
赤澳
黄岐澳
海丰
海英
海新
海建
大建
古石
后沙澳
坪牛尾屿
横塍礁岛
圆山仔屿
牛尾东屿
赤才
萤屿
限头屿
洋礁
小猴屿
大猴屿
四礴
大礴
鼠礁屿
白礁屿
南尾屿
马限屿
祉洛
过江岛
西洛岛
马限
祉洛岛
东洛岛
西洛
东洛
后湾
小沪
琇瑘
苔菉
苔菉镇
茭南
下塘
上塘
双髻屿
横塍
北茭
青楼下
仰月屿
过屿
小牛礁屿
大牛屿
洋屿
黑岩岛
东海
蚌礁岛
鲁田屿
过水屿
铁炉澳
北沃
高登岛
前朋屿
小丘岛
大丘岛
桥仔
桥仔
峭头岛
三块石
马祖列岛
芹仔礁
芹壁
小塘岐
后沃
北竿塘岛
（长屿山）
板里
牛沙
鹊石湾
螺山岛
蚌山岛
白沙
马祖澳
蛤蚵岛
马祖进屿
鹊石岛
马祖海峡
翰林尾
西尾
芙蓉沃
黄官屿
牛角
福沃
马祖
珠螺
清水
山陀
津沙
长檀沃
马祖鞋礁
梅石
铁板
马祖岛
（南竿塘岛）
北泉礁岛
刘泉礁岛
江口
乐市
东引岛 西引岛 东沙岛 黑岩岛
1：780 000
霞浦县
东引岛
黑岩岛
西引岛
马祖列岛
小丘岛
峭头岛
三块石
后沃
螺山岛
蚌山岛
西引岛
东海
东沙岛

连江县
凤城镇
江南乡
气象局
党校
电信局
福建移动通信公司
连江分公司
黄如论中学
公安局
工会
法院
林业局
温麻公园
丹凤路
县国税局
县侨联
财政局
地税局
海洋与水产局
凤城第二小学
农贸
财险公司
汽车站
八一六北路
凤翔路
凤福路
凤园
凤园路
文山路
凤山路
文山北路
中行县支行
技术监督局
环境保护局
土地局
中医院
敖江医院
园新井东路
交警大队
凤新路
工行县支行
企业局
检察院
凤尾
工商局
明文路
水电局
巡警大队
北门
工商联路
社会劳动保险公司
兴峰印刷厂
劳服公司
建设局
莲荷路
省烟草公司连江公司
烟草专卖局
金星酒家
万隆俱乐部
商贸总公司
凤城水果市场
文明西路
北岳大厦
神达啤酒厂
东城
莲荷西路
绿茵
东路
万福巷
华侨旅行社
侨办
莲荷西路邮电营业所
公路局
物资总公司
青年路
电力调度中心
电力公司
北岳
交通局
发利大酒店
博物馆
文化体育局
陈第公园
妇幼保健
渠路
邮政局
县农机厂
第二实验小学
广播电视事业局
司法局
西门路
八一六中路
金凤酒店
外贸公司
实验幼儿园
仙塔宾馆
农行
县信用联
省公路稽征局
连江稽征所
连江烈士陵园
中国人寿保险公司
连江县支公司
玉荷路
凤城农贸市场
织布厂
建行县支行
电力总站
劳动服务公司
实验小学
北西
西南
医药公司
机械厂
水产渔需有限公司
西北
粮食局
县燃料公司
教育局
八一六南路
人民体育场
荷西路
爱园路
凤城中学
玉山
县医院
六一西路
玉荷西路
八一路
教师进修学校
县防洪堤
福建省石油总公司
连江支公司
郑氏祠堂
西门路
毛竹市场
滨江路
县合成氨厂
双虹观
104国道
敖
连江大桥
连江新大桥
已古
职业中专学校
往福州市区

编制单位：福建省地图出版社 审图号：榕图审〔2020〕04号 资料截至：2005年12月

1993 年 12 月 20 日，召开中国共产党连江县第八届委员会第一次全体会议

1991 年 1 月 7 日，召开连江县第十一届人民代表大会第一次会议

1991 年 1 月 7 日，召开政协连江县第七届委员会第一次会议

1991 年 11 月 9 日，中央组织部常务副部长赵宗鼐（前排右一）考察青芝山景区并题词

1990年10月，中顾委江一真（左四）考察连江革命老区果园

1995年3月21日，水利部部长纽茂生（右二）考察连江山仔水利工程

1993年4月28日，省委书记陈光毅（前排右三）考察连江山仔水利工程

1995年8月15日，水利部在连江召开山仔水利工程建设管理经验交流会

1998年11月19日，国家教育总督学柳斌（前排右四）考察连江

2003 年 12 月 23 日，华电可门火电厂奠基仪式在连江县举行

连江县城全景

敖江环绕凤城

816南路新建的金凤西城

建于1996年的莲荷路北岳大厦

2003年建成的丹凤路环岛钟楼

建于 2001 年的玉荷路安通大厦

建于 1995 年的玉荷路建设银行连江支行

天和城小区

皇家大酒店

景江别墅小区

傲江景城小区

建于 1999 年的革命烈士陵园

县城莲湖公园

县城江滨公园

县城夜景

琯头侨乡新貌

中国十大魅力乡村——筱埕镇官坞村

安凯乡奇达渔村

小沧畲族乡

江南乡梅洋生态村

苔菉镇北茭渔村

琯头镇壶江岛

敖江工业集中区一瞥

建于 2002 年的沈海高速公路连江互通口

建于 1996 年的
山仔水利枢纽工程

建于 2002 年的
塘坂水库电站

建于 1999 年的连江电力调度大楼

2005 年竣工的 浦（口）东（岱）大桥

2005 年投产的华电可门火力发电厂和 2 座万吨泊位码头

建于 2001 年的
连江电信枢纽大楼

琯海集团冠海造船厂制造的万吨轮下水

施工中的温福铁路连江隧道

职工超万人的清禄鞋厂

福州福泰钢铁有限公司

黄岐镇国家中心渔港

苔菉镇苔菉二级渔港

海洋捕捞渔产丰收景象

休季伏渔期渔船、渔网整修

晓澳镇百胜村缢蛏养殖喜获丰收

耕海牧田海蛎养殖

上规模的海上网箱养殖

紫菜养殖

鲍鱼网箱养殖

深海网箱养殖

农业机械化

大棚蔬菜

长龙茶园

连江杉木林、竹林、桉树速生原料地基地

国家保护的树种桫椤（左）、红豆杉（右）

东洛岛海鸥群集

潘渡成群白鹭

连江第一中学

位于马鼻镇的尚德中学

黄如论中学

位于江南乡的华侨中学

位于琯头镇的连江第二中学

位于丹阳镇的连江第三中学

位于江南乡己古村
的连江职业中专学校

私立树德学校

县城实验小学

县第二实验小学

位于敖江镇小湾村的连江特殊教育学校

群众性体育老年太极拳展演

少年体育训练

县城体育场

2004年建成的位于连江第一中学内的县城首个塑胶跑道

福建省贵安温泉游泳训练中心

贵安温泉高尔夫球场

1998 年新建的县医院门诊大楼

建于 1995 年的县中医院门诊大楼

建于 1992 年的县图书馆

建于 1994 年的县博物馆

建于 2003 年的县文化馆

瑞光塔（唐代）

普光塔（元代）

含光塔（明代）

连江辛亥革命基点之一——东塘村吴氏宗祠
2001 年被列为省级文物保护单位

敖江风光

省级风景区青芝山莲花峰

青芝山林森藏骨塔(左图)、嘯余庐(右图)

闽江口长门要塞古炮台

眺望马祖列岛

黄岐畚箕山海峡之声广播站隧洞旧址

黄岐招手岩

闽江入海口的双龟把口

闽江入海口的五虎守门

定海古城墙及三重门

定海湾古沉船遗址及水下堆积文物

1990年中澳联合考古队在定海实习部分队员

1995年中澳考古队员第二次到定海湾水下考古

1999年中澳联合在定海举办第二期水下考古人员培训班合影

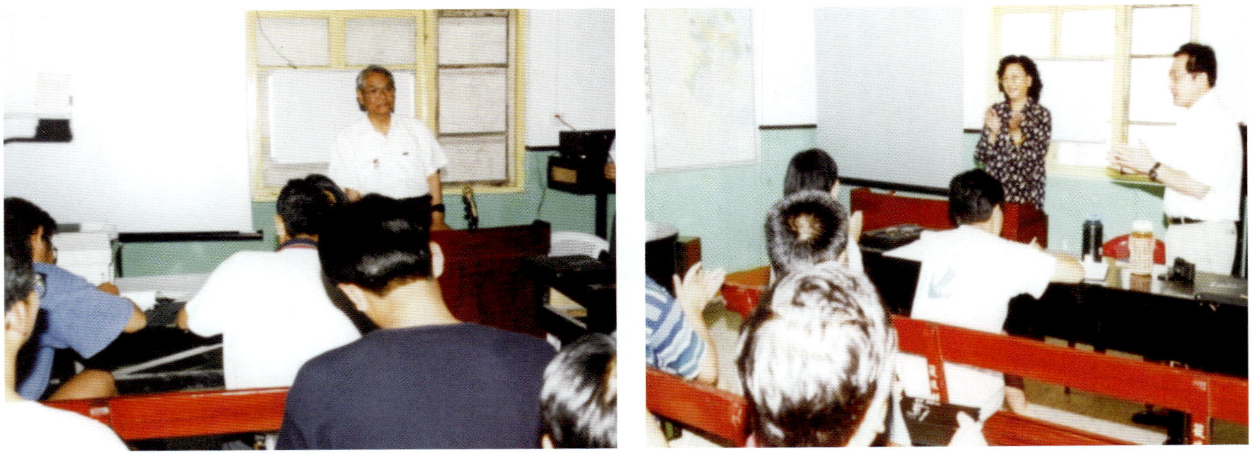

1999 年中澳考古专家在培训班授课

1999—2000 年中澳专家学者下水考古

十番古乐

透堡镇“铁基坪”踩街表演

黄岐半岛春节期间游海神（俗称“胡头”）

筱埕地区文武太平王大王船出海巡游

端午节龙舟下水抬游场景

敖江龙舟竞逐

潘渡乡仁山拉线狮表演

黄岐镇小脚老妪安享晚年

畲族传统服饰

畲族苎布织染

畲族传统“三月三”乌饭节

# 凡 例

一、本志以马克思列宁主义、毛泽东思想、邓小平理论、“三个代表”重要思想、科学发展观、习近平新时代中国特色社会主义思想为指导，坚持辩证唯物主义和历史唯物主义观点，全面、客观地记述连江县区域内的自然、政治、经济、文化、社会的历史与现状。

二、本志记述范围为连江县现辖地域。县属的马祖列岛和东引岛因尚为台湾当局占领，只在相关部分简要记述，暂缺部分待后补。

三、本志为中华人民共和国成立后第二部县志，断限为1991—2005年。为与第一部《连江县志》衔接，对上志未记述的适当上溯，如连江与台湾关系、可门港历史开发计划等；下限一般断至2005年，重要事项适当延伸。

四、本志综合运用述、记、志、传、图、表、录等体裁，以志为主。概述、大事记列于志首，统摄全书；各篇按专业分门别类，横排竖写，一般设篇、章、节、目4个层次。

五、历史纪年，清及以前用朝代年号，括注公元纪年；民国时期用民国年号，并在每节首次出现时，括注公元纪年，括注内省去“公元”与“年”字；中华人民共和国成立后一律用公元纪年。本志所称“新中国成立前后”特指1949年10月1日前后；“连江解放前后”特指1949年8月16日前后。

六、本志采用第三人称记述。书中的地名、机构、官职等，均按当时名称记述，直书其名，不加褒贬。所有名称在第一次出现时均用全称，如需使用简称要加括注。本志简称“党”，特指“中国共产党”；“中共福建省委”“中共福州市委”“中共连江县委”，分别简称“省委”“市委”“县委”；“福建省人民政府”“福州市人民政府”“连江县人民政府”，分别简称“省政府”“市政府”“县政府”；“中国人民政治协商会议连江县委员会”，简称“县政协”。志中所书“境内”“境外”“进口”“出口”，均指中国海关口岸内外。涉及外国名称，以新华社发表的译名为准。

七、本志数字写法，按出版部门的规定执行，用阿拉伯数字记述，5位数以上用“万”为单位记述；9位数以上用“亿”为单位记述。各项统计数据，以统计部门认定的为准；统计部门缺的，采用有关单位核实的数据或调查资料。

八、本志计量单位，采用国务院1984年2月发布的中华人民共和国法定计量单位。考虑到连江农村长期习惯，必要时可使用市亩（简称“亩”，15亩为1公顷）。

九、本志遵循志书“生不立传”的传统，“人物传”主要收录连江县籍或连江祖籍、在本志下限内已逝世（个别下延）、对历史和社会影响较大的人物；在世人物有突出贡献的可以事系人；“人物表”上志已著录且无变化的，一般不收。

十、本志采用规范的语体文、记述体。除必要引用古文外，一律以国家公布的《简化字总表》和《标点符号用法》为准，不使用文言文或文白相杂。

十一、本志资料和照片主要来自档案和各承编单位供稿，及调查、座谈等口碑资料，经考证后入志，一般不注出处。特定事物需要说明或存疑的，采用夹注或页末注。

# 目　录



## 第一篇　政　区

## 第二篇　自然地理



## 第三篇　人　口

# 第四篇 环境保护



# 第五篇 国土资源管理

## 第六篇　城乡建设



## 第七篇　农　业

## 第八篇　海洋与渔业

## 第九篇　林　业

# 第十篇 水 利



# 第十一篇 乡镇企业

# 第十二篇　工　业



# 第十三篇　交　通

## 第十四篇 邮政 通信



## 第十五篇 贸 易

## 第十六篇 对外 对台港澳经贸

# 第十七篇 旅游业



# 第十八篇 重点工程建设

## 第十九篇　财政税务



## 第二十篇　金　融



## 第二十一篇　经济综合管理

## 第二十二篇　中国共产党

# 第二十三篇 人大 政府 政协



# 第二十四篇 民主党派 人民团体

# 第二十五篇　公安　检察　审判　司法行政

# 第二十六篇 民 政

## 第二十七篇　军　事



## 第二十八篇　人事与编制

## 第二十九篇 劳动与社会保障



## 第三十篇 外事 侨务 台港澳事务

## 第三十一篇　教　育

## 第三十二篇 科学技术



## 第三十三篇 文 化

## 第三十四篇　卫　生

## 第三十五篇 体 育

## 第三十六篇　民族　宗教　民间信仰



## 人　物



## 附　录

## 编后记

# 概 述

## （一）

连江位于福建东部沿海台湾海峡西岸，介于北纬 26° 07′ —26° 27′ ，东经 119° 17′ —120° 31′ 之间。处闽江口金三角北翼，历来为省垣屏藩、闽浙通衢。西晋太康三年（282）设温麻县，唐改名连江。县治北枕龙漈，南瞰鳌江，西耸文笔，东列笔架，域肖飞凤，故名凤城。县境辖域包括待统一的马祖和东引列岛，陆海总面积 4280.15 平方千米，其中陆地面积 1168.13 平方千米，海域面积 3112.02 平方千米。两组并列的鹫峰余脉由西北延伸入境，逐渐向东西倾斜直逼海滨，形成曲折的海岸线 238 千米和天然港湾 47 处，近海岛礁 122 个，连江县最大的马祖列岛距县境大陆 9.25 千米，总面积 24.02 平方千米，至 2005 年仍为台湾当局辖据，设“连江县政府”，为全国唯一的“一县两制”。

境内地貌类型多样，立体构造良好，有 500 米以上的山峰 108 座，3 千米以上溪流 73 条，最大河流鳌江是福建第六大河流，干流总长 137 千米，流经境内 7 个乡镇 63 千米。潘渡乡塘坂以上流域列为福州市第二水源。

县境属中亚热带海洋性季风气候，雨量丰沛，日照充足，夏长冬短，四季分明。年均温度 16.7—19.4℃、无霜期 304 天、日照 1631.5 小时。降水量 1000—1740 毫米，淡水资源总量 30.6 亿立方米，有贵安、岱云两处地热资源，日开采量近万吨。

2005 年，辖内（未含待统一的竿塘乡）设 22 个乡镇、269 个村居，常住户籍 17.7 万户，总人口 61.1 万元，其中畲族 1.33 万人，占总人口 2.18%。

## （二）

县境负崇巘，控巨浸，山海兼备，区位独特。闽江出口长门要塞为省城门户，有双龟锁口，五虎守门；壶川粗芦，绾毂口外；竿塘东引，雄峙海中；层层屏藩、冲繁扼塞；地势险要，形胜兼具。连江海洋文化特色突出，历史积淀厚重，历来是福建海防前哨，福州海上丝绸之路必经通道和重要口岸，遗存众多标志性古迹：县境沿江沿海发现 30 余处古人类文化遗址；敖江口岸山堂出土全省首艘战国末至西汉初的独木舟；县城北门遗存三国孙吴温麻船屯铁锚；敖江白沙为西晋温麻镇旧址；王家墩建有温麻庙；透堡有南北朝建的祇垣佛寺（即净安寺）；闽江口至黄岐半岛为唐末五代王审知开辟对外贸易甘棠港重要航道和锚泊地；琯头寨洋是宋荻芦寨及武济水军遗址；浦口 36 座龙窑是宋陶瓷出口基地；定海湾发现 10 余处古沉船遗址，中国博物馆和澳大利亚联合培训的中国首批水下考古专家，先后多次发掘出水 2000 多件古沉船遗物；定海古港元大德间即设千户所防范倭寇；明代设小埕水寨和游击署，建城堡，日本航行中国的船舶定海为首站，在定海湾西部的蛤沙还设有河泊所和巡检司，管理进出口船舶和课税；明郑和七下西洋均由闽江口出洋，并在粗芦岛福斗建南海神坛，祭祀妈祖等海神，妈祖信仰遂迅速传播，全县先后建有妈祖庙宇或神殿60多处；连江与日本、朝鲜、东南亚乃至阿拉伯各国经济贸易和人员往来增多，境内发现多处波斯文化遗迹，定海有琉球国墓，日本长崎的唐人墓群也有连江人墓葬；进入明中期，沿海走私贸易日趋严重，倭寇势力膨胀，明朝实行严厉海禁和迁界，致沿海军事废弛，倭寇占岛为巢，频繁侵掠县境，祸害百余年，史书谱牒多有记载。清鸦片战争失败，帝国列强逼清廷签订众多不平等条约，厦门、福州成为“五口通商”口岸，连江海域多被划洋海关监管，境内曾相继设有4处海关分支机构，海关邮电主权旁落，英国在闽江口川石岛设大东电报公司，建洋楼、别墅、教堂，清廷敷设的川石至台湾淡水海底电缆经营权也被迫售给日本，委托英大东公司经营。大量洋货充斥县内市场，城乡民族传统经济萧条，鸦片毒害日益严重，不少县民迫于生计，背井离乡到南洋谋生，西方殖民者借机非法私招“契约华工”，偷运出国充当苦力。清末至民国时期又有一些青年学子出洋留学、经商，有的到港澳地区当海员，后再辗转其他国家。这些出国的华侨，为驻在国经济建设和社会发展做出一定贡献，也促进中国与各国间的交流与友谊。

中共十一届三中全会后，连江县以国务院批准列为对外经济开放区为契机，充分发挥海洋资源丰富、区位独特、海运发达、华侨众多等优势，加大改革和开放力度。1991年开始，增加基础设施建设投入，改善投资环境，筑巢引凤，招商引资。1992年起，相继建立敖江、琯头、贵安、可门港经济开发区，实施农业稳县、水产旺县、工业兴县、港口强县等决策。并与福州市“建设闽江口金三角经济圈”“海上福州”和省“建设海洋大省”等战略构思相衔接。1991—2005年，全县固定资产投资累计143亿元，其中基础建设投入超一半。至2005年，县境公路通车里程达869千米，高速路、国道、省道贯穿全境，并与县乡道联网；温福高速铁路全线动工；随着华电可门火电厂两台60千瓦机组的竣工投产，城乡电网全面改造，县内用电量由1990年1亿千瓦时增加到6亿千瓦时；山仔和塘坂水库建成后成为福州第二水源，县级供水能力由日产不足4万吨增加到13万吨，还向福州市区日供水30万吨；电信全面实现程控数字化，营业总量增加22倍；县境47个天然港湾有45个建成渔港、商港、避风港或渔业基地，其中黄岐港建成国家中心渔港和台轮停泊点，可门深水良港列入《福州港总体规划》，设计可建26个万吨以上泊位码头。可门火电厂建成并排1万吨泊位重件码头和5万吨泊位煤码头（可兼靠10万吨船舶），全省最大的大官坂垦区面积2753公顷，成为港区开发的黄金腹地和中外客商投资热土，已签约10多个万吨以上码头和临港工业项目，将建成福州港对外、对台重要物流中心和临港制造业基地。

连江始终重视海洋产业发展，全面开发“海上田园”，同时加强海洋生态保护，贯彻农业部有关控制捕捞渔船和马力的“双控”方针，相继制定禁渔区、禁渔期等伏季休渔制度，强化监察执行力度，采取有力措施调整渔业结构，加快远洋捕捞和近海轻型作业发展，大力扶持高优水产养殖业和水产品精深加工业，从而有效防控酷渔滥捕现象，保护近海渔业资源，使之成为可持续发展的支柱产业。2005年，全县水产总产量68.02万吨，总产值50.4亿元，连续27年居全省县级第一位，全国前三名，渔业总产值占农林牧渔业总产值的比重由1990年的57.64%，提高到83.4%。海运业发展迅速，许多集体海运企业逐步转制为民营股份企业，并不断重组优化发展成为规模企业。2005年，全县10家海运企业拥有158艘货轮，总吨位83.21万吨，年货运量1201万吨、周转量90.77亿吨千米，分别是1990年的5倍多和7倍多。其中冠海海运集团有10多艘万吨以上货轮，总吨位71.1万吨，为民营海运企业福建第一位、全国第八位，年营运收入2.11亿元，纳税1190万元。

连江是福建著名侨乡。随着改革开放的深化，原有归侨眷属及青年人到国外谋求发展的日益增多。1991—2005年，经县公安机关审批出境的共13万人。连江出国华侨以勤劳俭朴为本，为驻在国经济、文化、社会发展和增进中外友谊贡献良多，相当部分在住在国婚嫁生育，有了第二代乃至第三代。据县侨务部门调查，2005年，全县在海外侨胞已超30万余人，比1990年（42326人）增加6倍多，分布五大洲57个国家。其中万人以上有5个国家：美国15.9万人，占华侨总数51.7%；加拿大2.6万人，印度尼西亚2.2万人，阿根廷1.8万人，西班牙1万多人。千人以上不足万人的有澳大利亚、缅甸、巴西、越南、荷兰、日本、英国、意大利、新加坡、韩国、德国、泰国、菲律宾、马来西亚、新西兰等15个国家；零星分布的有37个国家。连江海外乡亲不忘乡愁，心系桑梓，热爱祖国，为家乡经济建设和公益事业贡献甚大。县金融系统15年共吸收侨汇款182537万美元，其中2005年为34506万美元，是1990年（1000万美元）的34倍多。不少华侨在县内投资兴业，有的搭桥牵线吸引外资到县境投资。1991—2005年，相继引进境外企业191个，总投资5亿多美元。2005年，在产企业57个，从业职工23406人，总产值22.78亿元。全县商品出口（海关口径）18289万美元，其中企业自营出口17793万美元，占出口总额的97.3%。

随着改革开放的深化，推动全县经济持续稳定发展，较好地完成“八五”“九五”“十五”三个国民经济五年规划，经济总量和质量都有很大提升。至2005年。全县国内生产总值达86.76亿元（可比价），与第七个五年规划末的1990年（8.37亿元）对比，增长9.37倍，15年平均递增13.04%；一、二、三次产业的比重，分别由1990年的53.3 ∶ 16.9 ∶ 29.8，转化为38.9 ∶ 25.3 ∶ 35.8；财政总收入（不含基金）由4012万元，增加到39736万元；社会消费品零售总额由25325万元，增加到179772万元；城乡居民储蓄年末余额由16014万元，增加到422477万元。1998—2000年，连江县连续三年被评为福建省“经济十强县”，两次评为“经济发展十佳县”。

## （三）

1991年，县委，县政府把推进社会事业发展作为精神文明建设的重要内容，与经济建设同步计划部署，协调发展，逐年增加财政投入。1992年开始，相继实施“科技兴教”战略、文化“芳草”计划、全民健身活动、农村卫生三项建设等举措，全面推进社会事业改革和创新，提高管理和服务水平，使社会事业日益繁荣，基本满足人民群众的需求，全民文化素质和健康水平有较大提升。

**教育** 1991年，县委、县政府坚持把教育放在优先发展的地位，狠抓‘两基”教育，加大财政投入，动员社会力量，改善教学条件，合理调整布局，整合教育资源，提高教育质量。1993年开始，为推进普及九年制义务教育，在全县打“初中教育翻身仗”，增建中学，扩大校舍，至1995年，小学升初中比重由1990年60.4%升到90%，1996年经省验收，实现“两基”教育达标。在此基础上，大力发展职业教育，培养一批各行业急需的初中等技术人才，受到国家教委肯定。1998年起，深化教育改革，优化教育资源配置，加大师资培训和整合力度，扩大高中招生规模，输送培养高级专业人才，至2005年，全县小学从1997年的353所逐步整合为159所，普通中学增至42所，其中完中由4所增至9所，高中班级由41班增至174班，在校高中生由2323人扩大到8473人。2005年，全县参加高考人数达3712人，录取2928人，均为历史新高。职业教育、成人教育和特殊教育亦同步发展。

**科技** 1991年，县委、县政府制定《连江县科技发展“八五”计划和十年规划基本思路》，加大科技资金投入，增加“星火”项目，构建县、乡（镇）、村、户科普网络。1992年开始，在潘渡建设科技培训中心，全面培训科技队伍，引进科技人才，相继聘请国内外专家学者100多名，到连江开展科技讲座，接受咨询2万多人次，指导1100余项科技项目，推广应用187项，创利8700万元。1996年，省科委确定黄岐半岛为海洋科技综合开发试验区。1997年，连江列入全国财政支持农业科技成果应用示范县。同年，连江获评全国科技工作先进县。1998年起，加大科技经费投入，加快科技成果推广。2000年，县成立生产力促进中心，重点推动海洋特色经济发展。1991—2005年，连江共实施“星火”项目395项，总投资62191万元，其中科技投资1933万元，实现产值28.62亿元，创税利11.86亿元。至2005年，全县拥有技术职称人员6703人，其中高级188人，中级1449人，初级5066人。建立科技团体县级17个、乡镇22个、村32个计71个，共有会员4621人。科技进步对经济增长贡献率由

1990 年的 31%提升到 66%。

**文化** 连江历史文化底蕴深厚，民间传统文化活动丰富，1990 年，被评为省先进文化县、全国先进文化馆、国家二级图书馆。1991 年，县政府加大历史文化的发掘、整理、维护和传承力度，扶持传统文化事业和文化产业的发展，至 1996 年，共多渠道筹资 3000 多万元建设县图书馆、博物馆和乡镇文化设施，农村俱乐部或文化中心大部得到修建和新建，形成三级文化网络。有线电视实现光纤电缆并与省市联网，城乡群众文化活动日益活跃，文艺创作渐趋繁荣。1998 年，连江获评全国先进文化县，1999 年，省政府命名透堡镇为历史文化名镇、筱埕定海村为历史文化名村。1991—2000 年。连江县多次配合国家文博部门与澳大利亚联合在定海湾进行水下考古，标定 10 余处古代沉船遗址，先后共出水海底沉船文物 2000 多件，定海被誉为中国水下考古事业摇篮。2001 年开始，县政府加大历史文化保护力度，审定批准新的县级文物保护单位 13 处。至 2005 年，全县文保单位 57 处，其中省级文保单位 8 处。连江博物馆经省鉴定的馆藏文物 3776 件，其中国家二级文物 9 件，三级文物 2278 件。全县 22 个文化站有 4 个被评为省级百强文化站，有事业和职业剧团 6 个、文学社团 18 个，民间文艺队伍 113 支，业余文学作者 545 人。文化娱乐产业方兴未艾。

**体育** 1990 年，连江获评全国体育先进县。1991 年，为巩固和发展先进县成果，县政府加大体育设施建设投入，相继建成县综合体育场、重点中小学田径场及篮排球、游泳等训练设施。还多渠道筹资建设休闲的步行道、登山道、增加公园广场舞池、健身器材、门球场等设施，并培训辅导员等骨干，推动全民健身运动和竞技体育发展。1995 年，经国家体育部门复查验收保持“全国体育先进县”称号。1996 年开始，县政府对有传统特色体育强项的 10 多所中小学校，在经费、设施、人才培训等方面给予扶持，以创造更好成绩。至 2005 年，连江县拥有国际标准高尔夫球场、省温泉游泳训练中心、县综合体育场、田径场及各类训练设施 340 多处。1991—2005 年，先后举办 4 届县综合运动会，城乡共举办各类体育赛事或展演活动 2700 多场次，参加活动的群众超 60 多万人次。学校特色体育强项培养输送体育人才 89 人，先后在射箭、武术、跆拳道、女子三级跳远等项目获得全国赛事金牌 8 枚、银牌 4 枚、铜牌 3 枚。在国际赛事中获射箭团体金牌 1 枚、跆拳道金牌 1 枚、女子三级跳远金牌 2 枚。

**卫生** 1991 年开始，全县医疗卫生事业有长足进步。在公共卫生、食品卫生、疾病防控、妇女保健、环境整治、医疗机制等方面，都进行探索和改革，医疗卫生设施不断改善，基本形成县、乡（镇）、村三级疾病防控体系和医疗救治体系，突发公共卫生事件应急处理能力明显增强。1991—2005 年，县财政投入卫生经费 1.5 亿多元，新建或扩建医疗服务设施 3.4 万平方米。至 2005 年，全县有医疗卫生机构 300 个，其中县级医疗机构 5 个，乡镇卫生院 20 个，村（居）卫生所 221 个，其他 54 个，共有医护人员 1581 人，拥有病床 700 余张，诊疗水平有较大提高，除重大疑难病症外均可在县内处理，年门诊量超过 20 万多人次。妇幼保健水平有较大提升，全县孕产妇和儿童保健系统管理覆盖率 100%，新法接生 100%，产妇住院分娩率 99.47%，产妇死亡率 1.55 ／万，新生儿死亡率 7.14‰。人民健康水平进一步提升。

## （四）

1991 年开始，随着经济持续发展，县委、县政府更加重视社会保障和民生改善，不断加大扶贫济困力度，选派得力干部到贫困村，县直和乡镇领导实施包村蹲点，县对老、少、边、岛不发达的地区实行政策优惠和倾斜，采取经济扶持、产业、交通、教育、科技、文化、卫生健康等多种扶贫举措，同时充分发挥当地资源，激发内生动力，增强发展后劲。1991—2005 年不完全统计，仅各级财政下拨专项支农资金、欠发达地区无偿补助、造福搬迁补助、种粮直补、返还“三提五统”资金、取消特产税农业税、财政转移支付、为民办实事等项，共增加农民收入12.54亿元，全县50万农业人口，人均2508元。至2005年底，农村贫困户从1990年的1354户，7000多人，减少到279户，1130人；全县农民人均纯收入，从1990年799元，增加到4912元；城镇居民人均可支配收入从1407元，增加到10436元。

同时，对社会劳动保障体系进行深化改革，整合优化，逐步完善。全县机关事业单位养老保险、企业职工养老保险、农村社会养老保险、职工医疗保险、失业保险、工伤、生育保险等，实行集中统一管理，统筹解决。至2005年底，全县机关事业单位和企业职工离退休干部共12962人，全年发放退休金9898万元，均可按时足额发放。优抚对象的补助逐渐提高，对特殊群体、弱势群体的救助体系日渐完善，城市、农村最低生活保障全面落实兑现。1998—2005年，共发放城乡低保补助1454万元，1991—2005年，发放社会抚恤救济金10955万元。使广大民众分享改革开放和经济发展的红利。民众的获得感、幸福感、安全感大有提升，从而促进社会公平、正义、和谐、稳定。

## （五）

1991—2005年，连江经济建设和社会事业等都有长足进步，人民生活普遍提高。但由于以往基础较低、底子较薄，经济总量仍然偏低，财政规模偏小；产业结构尚不尽合理，增长方式较落后，经济持续增长后劲不足，区域竞争力和应对风险能力较弱；土地、人才、资金等资源约束显现，区域发展不平衡，农村山区、海岛基础设施相对薄弱；社会事业和民生改善短板尚待补齐；政府职能尚须继续转变，放管服水平有待提高。

2005年，县委、县政府在制定《连江县国民经济和社会发展第十一个五年规划纲要》中分析了客观环境和发展面临的挑战，坚持以经济建设为中心，坚持用发展和改革解决前进中的问题，继续实施“工业兴县、港口强县”战略，进一步发挥连江海洋、港口、淡水、温泉等资源优势和独特地理区位，优化产业结构，统筹城乡建设，协调社会事业发展，促进商贸、物流、旅游等第三产业发展，力争提前实现全面建设小康社会目标。县委、县政府正满怀信心地带领全县人民，沿着党中央指引的正确方向，再接再厉、攻坚克难、砥砺前行，建成海峡西岸新兴的港口城市和更加灿烂美好的新连江！

# 大 事 记

## 1991 年

1 月 7 日，召开县第十一届人民代表大会第一次会议，选举产生县人大常委会、县人民政府组成人员和县法院院长、检察院检察长。陈高书当选为县人大常委会主任，叶家松当选为县长。县第七届政治协商会议同时举行，邱光荣当选为县政协主席。

1 月 13 日，省委副书记袁启彤为已故蓼沿乡原党委书记吴兆彪题写“造林绿化功垂千秋”碑文并参加揭碑仪式。

1 月 14 日，中央军委副秘书长李昌安、民政部部长崔乃夫等率国务院拥军优属慰问团到连江川石岛慰问军民。

1 月 14 日，日本学者松下尚子博士由福州大学兼职教授林仲铉等陪同，考察定海琉球墓和浦口宋代窑址。

1 月，县地方志编委会点校出版民国版《连江县志》。

2 月 5 日，中央军委总参谋长迟浩田，在南京军区司令员固辉、省委书记陈光毅、省军区司令员陈树清等陪同下，考察黄岐半岛沿海管防工作。迟浩田还为驻军某部题词：“坚守海防，建功立业”。

2 月 26 日，省政府批准连江青芝山风景区为第二批省级风景名胜区。

3 月 20 日，省政府公布连江长门炮台、林森藏骨塔、陈第墓为第三批省级文物保护单位。

3 月 22 日，联合国东南亚气象考察团，由世界气象组织官员何东源团长带队到连江考察气象工作。

4 月 17 日，连江举办明代古音韵家陈第 450 周年诞辰纪念会和学术研讨会。有国内专家学者和台北连江同乡会等 100 多人参加研讨交流。会后由县政协汇编学术论文专辑。

4 月 22—24 日，市委书记习近平到连江出席全市村级组织建设经验交流会并讲话。

4 月 28 日，连江司法机关组织 100 多人到黄岐实施“闽海行动”，打击海盗，抓获海上抢劫杀人等案犯嫌疑人 20 名。

5 月 5 日，水利水电部部长杨振怀一行 6 人到连江了解山仔水利枢纽工程筹建情况。

5 月 15—17 日，市委书记习近平到连江出席全市水产工作会议并讲话。

5 月 19 日，邮电部副部长朱高峰一行到连江考察。

8 月，苔菉乡后湾村培育出全县首批鲍鱼苗 2 万粒，建立海珍品养殖基地。

9 月 1 日，连江开通人工无线寻呼台。

9 月 20 日，市委副书记赵守箴带领市直 27 个部门负责人到连江，与县党政领导联合接待群众来访 405 人。

10 月 28 日，晓澳镇百胜村发生火灾，烧毁民房 5745 平方米，损失 380 多万元。

10 月 28 日，东湖乡东湖村发生山林火灾，烧死 6 人，毁林 459 亩。

11 月 9 日，中央组织部常务副部长赵宗鼐在省委组织部副部长杨祥懋、市委组织部部长王文贵等陪同下，考察县东岱、琯头等地。

11月15日，市委书记习近平、市长洪永世率市直有关部门负责人到连江现场办公。会后市委办公厅对连江工作作出5条纪要。

## 1992年

1月10日，农业部授予连江全国“七五”期间渔业生产先进奖。

1月30日，市委书记习近平等一行到连江，县领导林义杰、叶家松陪同慰问透堡老区人民，并提出3点要求。

2月28日，县土地管理局与日商福岛开发有限公司签订出让粗芦岛416亩土地使用权50年合同。

4月，敖江乡岱云村发现地热田，经钻探，水温61℃，日流量4000吨。

7月，在全县开展中国儿童情况调查工作，历时2个月结束。

7月22日，县福利院建成，坐落城北小湾村。

8月31日，台风和大海潮袭击县境，省、市领导袁启彤、习近平等到连江指导抗灾，慰问抗灾军民。

8月，敖江、苔菉、筱埕、透堡、东湖、马鼻6个乡改为镇建制。

10月，连江“闽运”汽车站移建北门竣工投用，投资650万元。

12月3日，市委书记习近平与副书记金能筹、副市长翁福琳等到连江现场办公，并考察山仔枢纽工程，习近平对连江当前工作强调7点指导意见。

12月4日，县罐头厂以300万元转让给新加坡嘉丰集团公司兴办新捷阳食品有限公司。

12月15日零时，凤城、浦口、琯头、东岱、潘渡、晓澳、黄岐、苔菉8个乡镇7000门程控电话割接开通。县内电话号码由5位升6位。

## 1993年

1月16—17日，连江两天连续降雪，部分山区有10毫米以上积雪。

1月25日，新加坡副总理王鼎昌以私访身份率新加坡经济考察团到琯头投资区考察。

2月，县射箭运动员陈强、傅建华、练国富在福建、江西射箭对抗赛中，以7582环成绩创男子团体双轮射全国纪录。

3月5日，省政府批准在东湖镇山岗设立公路通行费征收所，是日建成投用开征通行费。

3月23日，省委副书记林开钦、市委书记习近平到连江调研农村工作和春耕生产，提出指导意见。

4月9日，连江县提前完成1992年宜林荒山造林任务，受省政府表彰并颁发证书。

4月24日，12时6—15分，潘渡、东湖、敖江、东岱、浦口乡镇风雨雹交加，最大冰雹直径40毫米，为历史罕见。

4月28日，省委书记陈光毅在市长金能筹及县领导陪同下，到山仔水利枢纽工程考察。

4月30日，经中国人民银行省分行批准，成立国家外汇管理局连江县支局，5月1日正式对外营业。

5月15日，中国水产科学院黄海研究所在坑园下屿建立的海水养殖基地投产，培育毛虾和草虾苗种。

5月19日，琯头镇东升渔业基地首批组织10个船队到印度尼西亚渔场捕捞。

5月27—28日，全国人大常委会委员黄玉璋率全国人大内务司法委员会《中华人民共和国残疾人保障法》实施情况检查组到连江进行执法检查。

5月，亚洲开发银行技术援助慰问团一行5人，到连江考察蓼沿千亩果场。

6月25日，市委书记习近平、副书记方庆云等到连江，在县委书记叶家松等陪同下到琯头镇壶江岛检查反偷私渡工作，并作重要批示。

6月30日，安全部授予县国家安全局为“全国国家安全战线先进基层单位”荣誉称号。

7月，连江文湾海运船舶修造厂建造2万吨级船坞，为当时全省最大船坞。

8月3日，市委书记习近平、市长金能筹等到连江联合接访和现场办公，受理各类投诉133件，现场解决115件。之后习近平在现场办公会上作重要讲话。

9月4日，台胞蒋启弼率台港工商考察团19人到连江，洽谈在琯头建工业投资区，在贵安建温泉高尔夫球场。

9月11—12日，县第二届残疾人运动会在县体育场举行，有10个代表队50多名残疾人参加田径、游泳、球类等六大项比赛。

9月21日，苔菉镇投资300万建立县内第一个海上水产品贸易市场，拥有赶鲜船9艘，560吨位。

9月22日，坑园乡析分出9个村新建下宫乡。

10月20日，县内首家股份制合作医院在晓澳镇成立。由晓澳镇卫生院与赤湾村卫生所投股组建。

11月29日，省委常委、市委书记习近平、市长金能筹到连江调研，实地考察贵安鳗场、高尔夫球场、山仔水利枢纽工程等建设情况，对农村工作发表5点重要意见。

11月30日，副省长童万亨到县山仔水利枢纽工程考察。

12月20—22日，召开中共县第八次代表大会，选举产生第八届县委、纪委组成人员。杨爱金当选为县委书记。

12月25日，连江开展纪念毛泽东100周年诞辰活动，在县城体育场表演大型团体舞蹈。

12月29日，琯头5000门程控电话割接开通。

是年，全县水产品总产量26.43万吨，跃居全国县级第二位（山东省荣成为第一），并获全国渔业先进奖。

## 1994年

1月14日，官坂乡改为镇建制。

1月15—19日，召开县第十二届人民代表大会第一次会议，选举产生县人大常委会、县人民政府组成人员和法院院长、检察院检察长。陈高书当选为县人大常委会主任、林学忠当选为县长。县第八届政协会议同时举行，彭天德当选为县政协主席。

1月28日，104国道琯头镇塘头至东边路段改线竣工通车，共投资1200万元。

2月19日，小沧乡民族敬老院建成投用，首批接纳8名畲族鳏寡老人供养。

3月1日，省委常委、省纪委书记林兆枢、省水电厅副厅长施可及考察山仔水利枢纽工程和库区移民安置情况。

3月6日，连江境内程控电话并入全国长途自动网，号码从6位数升为7位数，在省内取消“05036”区号。

3月28日，新华社、中新社、港台信息报、福建日报社、东南电视台等新闻单位组成的“马祖澳西岸”记者采访团到连江采访对台贸易。

4月6日，省委常委、市委书记习近平等到连江检查指导春耕生产，考察琯头对台贸易码头和竹岐村。并在与县领导座谈中发表重要指导意见。

4月14日，连江琯头对台贸易码头进港公路隧道顺利贯通，为县内首条公路隧道。全长480米，宽8.5米，高7米，总投资925万元。

4 月 15 日，湖南省永顺县党政代表团一行 14 人到连江考察，并与连江缔结友好县。

4 月 16 日，省港务部门派技术人员到连江可门调查天然良港情况，测量可建 1 万—30 万吨泊位深水码头 20 多个。

4 月 17 日，市民政部门资助建设的长龙乡敬老院落成，并首批接纳 10 位孤寡老人安度晚年。

5 月 5 日，水利部副部长何景由省水电厅副厅长张贵生陪同考察山仔水利枢纽工程。

5 月 10 日，琯头 2 万吨水厂工程动工。

5 月 14 日，县委、县政府举行“希望工程”结对救助仪式。县五套班子领导带头捐款，当场共捐 8100 元。

5 月 21 日，县建筑界能人捐资 30 万元建设小沧畲族乡中学。

5 月 23 日，县啤酒厂生产的“神达”啤酒在国家科委主办的第二届中国科技元星国际博览会获金奖。

5 月 24 日，琯头海运公司投资 2100 万元，购置希腊 3.2 万吨货轮，公司总运力达 9.5 万吨，居全国乡镇企业 500 强的第 331 名，并获“国家乡镇企业一级基础管理达标企业”称号。

5 月 31 日，县人民法院建立全省首家税务法庭。

6 月 5 日，东岱镇创办东岱鳄鱼示范场，是县内首家跨省区股份企业。

6 月 29—30 日，省水产厅在筱埕官坞村召开全省扇贝养殖现场会，全省各地 40 多人参加。

7 月 7 日，省委书记贾庆林，省委常委、秘书长黄文麟等考察山仔水利枢纽工程，并题名留念。

7 月 12—15 日，连江少体校武术班代表福州市参加在漳州举行的全省少儿武术比赛，荣获男女团体总分三项冠军、6 枚单项金牌。

8 月 1 日，县邮政局自办从县城到苔菉汽车邮路 172 千米，使 9 个乡镇可收到当日报纸。

8 月 8—10 日，全县实施整治农村社会治安集中打击统一行动。3 天共抓获各类犯罪嫌疑 152 人，打击团伙 20 个，破获刑事案件 19 起，追缴赃款赃物价值 3.47 万元。

8 月 18 日，透堡等 5 个乡镇 3000 门程控电话母局（其中筱埕 500 门模块）割接开通。

8 月 26 日，县税务局析分为县国家税务局和县地方税务局。

8 月 28 日，琯头岭公路隧道开工，长 882 米，宽 10 米，高 7 米，总投资 4600 万元。12 月初竣工通车，使县城至琯头路程缩短 2.7 千米。

8 月 31 日，市、县第三轮联合接访群众活动在连一中举行。省委常委、市委书记习近平、副市长翁福琳参加，接访群众 115 人，受理投诉 78 件、之后召开现场办公会议，习近平作重要讲话。

9 月，小沧畲族乡址因建设山仔水利枢纽工程被淹没，全部搬迁到利洋坪新乡址，共 254 户、1263 人，月底搬迁结束。

10 月 25 日，举办 1994 年福州国际招商月连江投资项目招商会。连江籍著名侨领刘文善、杨公德及各级领导 1000 多人参加。

12 月 11 日，县城开往苔菉中巴客车载客 31 人，在浦口山坑翻落 79 米陡坡，死 13 人、伤 14 人。

12 月 14 日，经省市卫生联合验收组查检，连江达到卫生部基本消灭麻风病的标准。

12 月 25 日，筱埕、下宫、坑园、小沧、蓼沿等 5 个乡镇开通程控电话。至此，全县 21 个乡镇全部开通程控电话。

12 月，全县党政机关、事业单位进行工资改革，有 147 个单位、11859 个职工人均月增资 115.10 元，离退休 2128 人，人均月增资 161.70 元，并有 4705 名教职工套改工资。

12 月，山仔水利枢纽工程 1 号机组发电投产，2 号机组翌年 6 月并网发电。

12 月，县博物馆竣工投用。

是年，全县国内生产总值首次突破 20 亿元大关，达 257661 万元。

# 1995 年

1 月 20 日，交通部部长黄镇东到连江考察交通工作。

2 月，连江渔船在马祖海域作业时，两次被马祖驻军枪击或抓扣。

3 月 1 日，国家海峡两岸关系协会就连江渔民遭枪击、抓扣之事，致函台湾海基会，要求台湾有关方面妥善处理。

3 月 21 日，水利部部长钮茂生，在市长金能筹、省水电厅厅长陈国梁等陪同下，考察山仔枢纽水利工程。

3 月，在官坂梅里小学成立县特殊教育学校，扩招聋哑、残疾、弱智儿童入学。同年 9 月迁至县郊玉泉山原职工疗养所。1996 年，连江被评为全国特殊教育先进县。

4 月 12 日，国家土地局司长李尚杰在省土地局副局长倪希锴等陪同下，考察山仔建设用地和移民安置情况。

4 月 23 日，举行 1995 福州国际招商月连江招商会，共签约合同、协议 12 个，总投资 1513 万美元，协议外资 1472 万美元。

4 月 29 日，国防部部长迟浩田在省委书记贾庆林、市委书记习近平陪同下，到黄岐检查海防工作。

5 月 1 日，实行每周 5 天工作制。

5 月 2 日，马祖渔会为感谢县在维护海上作业秩序所做出的努力，特赠送“创祥和气氛，促两岸三通”锦旗一面。

5 月 9 日，省委常委、市委书记习近平先后到琯头镇东升村、对台贸易码头、山仔枢纽工程等处考察，并在座谈会上发表重要讲话。

5 月中旬，中国、澳大利亚联合水下考古队在筱埕镇定海海面白礁等海域进行第二次（第一次 1990 年）水下沉船遗址考查，出土文物 1000 多件。

5 月 16 日，农业部渔业局一行 7 人在省水产厅领导陪同下，到连江了解渔业生产情况。

5 月 29 日，县长林学忠等一行 3 人赴美国参加连江、琯头联谊会成立 5 周年纪念活动，6 月 12 日返连。

6 月 6—8 日，省第三届少数民族传统体育运动会在连江举行。全省 9 个地市 350 多名运动员、教练员参加。国家民委和省市领导等出席开幕式。

6 月 12 日，林业部授予县“全国平原绿化先进单位”称号。

6 月 15 日，省委常委、市委书记习近平到连江考察 104 国道拓宽改造工程，并在座谈会上发表重要讲话。

6 月 15 日，市委副书记赵守箴，在县领导陪同下，考察苔菉明智民办中学。

6 月 16 日，县革命烈士陵园由县城迁建玉山村虎头山。

6 月 23 日，省委副书记林开钦到连江检查琯头岭隧道和 104 国道建设情况。

7 月 26 日，省委常委、市委书记习近平带领市委、市政府有关部门到连江现场办公，并作重要讲话。

8 月 15—18 日，水利部在连江召开山仔水利枢纽工程建设管理经验交流会，水利部建设司副司长马云良、省水利厅副厅长张贵生等到会并讲话，山仔工程指挥部领导作专题发言。

9 月 25 日，省委常委、市委书记习近平一行到连江检查 104 国道拓宽改造进展情况，并作重要讲话。

10 月 6 日，省预备役师在连江组建后勤营，并任命营连排干部。

10月8日，县中医院与敖江卫生院合并，实行“两块牌子，一套人员”。

11月3日，马鼻辰山村土坎发生山林火灾。镇长孙旭光、副镇长孙君乐、人武部部长林祖新、镇计生办副主任徐祚银、镇土地所干事黄武元、林瑞恩等6名干部在扑灭山火中壮烈牺牲。省林业厅和市县领导连夜赶到马鼻慰问死者亲属。后报经省民政厅追认6名干部为革命烈士。

11月18日，福州开发区兴博实业有限公司投资1400万元把岱云地热引到县城，成为福建第二个温泉县城。

11月21日，104国道连江段拓宽改造工程历11个月全线通车，总投资1.8亿元。改造后路程由43.8千米缩短为40.6千米。

12月18日，省政协副主席金能筹带领专家、学者25人到坑园乡考察水产养殖情况。

12月，最高人民检察院副检察长陈明枢一行到小沧畲族乡考察山仔水库移民安置情况。

12月，县合成氨厂首家实行“国有民营”改革招标，结果以200万元中标。

是年，县城内首次开通公共交通线路3条。

年底，全县财政收入首次突破亿元，为1.216亿元。

# 1996年

1月26日，县城日产5万吨自来水厂第一期日产2.5吨竣工投产，投资1500万元。

1月28日，琯头110千伏变电站工程竣工投产。

2月9日，琯头镇川石岛发生山林火灾，驻岛某部官兵全力扑救，3名新战士毕文雄、吴海峰、周供贤壮烈牺牲。后追认为烈士。

4月20日，小沧乡举办首届畲族“三月三”乌饭节，开展拔河比赛、武术表演、点篝火、歌舞等活动。

4月24日，市委书记赵学敏、市长翁福琳率市直有关部门领导到连江调研。

4月28日，县第四届职工运动会在县城体育场举行开幕式。

5月18日，敖江镇北岳村集资1100万元兴建的10层“北岳大厦”落成。时为县城最高建筑物。

5月，国务院批准连江列入全国第三批农村初级电气化县建设。

6月3日，1996年福州国际招商月连江投资项目招商会共与外商签约10项，总投资1816万美元。

6月3日，东岱镇东水村3艘钢质渔轮启航赴密克罗尼西亚海域从事海洋捕捞。

6月10日，国家土地局副局长刘文甲在省土地局副局长倪希锴等陪同下到山仔工地了解库区征地情况。

6月11日，马祖知名人士曹原彰率台马考察团到连江考察引敖江淡水到马祖列岛的事宜。

6月12日，省委书记贾庆林、省长陈明义及市主要领导到连江考察有关敖江水源利用和建立福州第二水源等问题。

7月24日，美国驻广州总领馆领事林震锋、副领事高默人到连江了解非法移民、偷私渡等情况。

7月31日至8月1日，受第8号强台风（在福清、平潭间登陆）和高潮位影响，县境24小时降雨量195毫米，最大250毫米。县城敖江水位达9.57米。直接经济损失1.28亿元。

8月7日，县长林学忠率团赴马来西亚、新加坡参加中国福建投资洽谈会，引进项目2个，投资额680万美元。

8月7日，县公安局抓获首例吸毒犯，缴获毒品39.48克及吸毒工具。

8月18日，市长翁福琳一行到连江考察受8号台风袭击而损坏的海堤和避风港。

8月20日，世界卫生组织官员在省市卫生部门领导陪同下，到连江抽查部分中小学防疫情况。

11 月 5 日，世界银行两位官员到连江考察扇贝、海带养殖及渔船改造等项目。

11 月 10 日，全国人大常委会副委员长卢嘉锡考察连江青芝山风景区。

11 月，全国道教协会常务副会长谢宗信到连江南湖太极道观视事。

12 月，县党政机构改革方案经市委、市政府批准实施，翌年底完成。党政机构由 68 个减少到 43 个，行政编制人员由 883 人减少到 650 人。

12 月，琯头小长门 3000 吨泊位对台贸易码头竣工，共投资 3655 万元。

是年，连江教育“两基”（基本普及九年制义务教育，基本扫除青少年文盲）经省政府评估验收，10 项达标，被国家教委认定为第四批全国“两基”达标县。

是年，全县国内生产总值突破 40 亿元，达 42.92 亿元。

## 1997 年

1 月，市政府出台职工生活津贴，连江 10615 个在职职工人均月增津贴 150 元，离退休人员 2187 人，人均月增 137 元。

2 月 3 日，省委副书记习近平到连江检查指导工作，发表重要讲话。

3 月 7 日，缅甸内阁成员、畜牧水产部长吴昂当一行 8 人访华团，到筱埕、黄岐、坑园等地考察渔业生产情况。

3 月中旬，由省农办牵头，聘请国内外专家，在连江开展亚洲银行技术援助项目的耕地非农化趋势专题研究，并帮助制定丹阳镇土地使用规划。整个项目至 1998 年 1 月结束。

3 月 17 日，县科技创先工作通过达标验收，被国家科委授予“全国科技工作先进县”称号。

3 月 23—24 日，全县开展春季严打整治行动第一次集中打击行动，共破获刑事案件 29 起，抓获各类违法嫌犯 25 人，摧毁犯罪团伙 5 个、19 人。

3 月 27 日，浦口镇中麻村发生翻船事故。县召开安全生产工作紧急会议，全面部署安全生产工作。

4 月 15 日，农业部渔业局会同省市水产部门一行 10 人到筱埕镇官坞村考察浅海养殖。

4 月 15—17 日，省“科技兴海”工作会议在连江县召开。

4 月 18 日，世界银行官员在国家计委领导陪同下，到连江黄岐、坑园、官坞、贵安等地考察水产生产。

4 月 29 日，晓澳镇百胜村实行“村务公开，民主管理”成绩突出，村党支部书记陈昌凤被省纪委推荐作为全省唯一村级代表出席中纪委、监察部在天津宝坻召开的“村务公开，民主管理”座谈会，并作典型发言。

5 月 23—24 日，省委、省政府减轻农民负担执法检查组到连江检查减负工作。

5 月 26 日，县举办 1997 年中国福州国际招商月连江招商会，共签约 15 项，协议外资 1.6 亿美元。

5 月 29 日，成立县禁毒专项斗争领导小组，下设办公室于刑警大队。

5 月，长龙乡改为镇建制。

6 月 2 日，风城中学被国家体委射箭运动管理中心命名为“射箭重点学校”。

6 月 22—24 日，县境普降暴雨，雨量 194.5 毫米，黄岐半岛 8 小时降雨 330 毫米，为历史罕见。

6 月 26 日，县在陈第公园举行“喜迎香港回归”专题文艺晚会。

6 月 27 日，县通过水电部验收和省政府确认，成为全国第三批农村水电初级电气化县。全县水电总装机容量 42395 千瓦。

7 月 16 日，省体委在潘渡乡贵安村兴建的福建游泳训练基地举行落成典礼。

7 月 11 日，县政府设立“公仆电话”及“群众意见箱”。至年底，共受理群众来电来信 127 件（起），及时帮助群众解决热点、难点问题。

7月30日，县水产局更名为“县海洋与水产局”。

8月5日，县实施国家粮食自给工程第一期投资项目通过省、市验收。

8月6日，敖江镇析分出15个村，新设江南乡。同时划出北岳、凤尾2个村归凤城镇管辖。敖江镇剩下14个村，镇址迁到白沙村。

9月6—9日，县“9·8”招商团前往厦门参加首届中国投资贸易洽谈会，共签约11项，总投资7140万美元，协议外资6140万美元。

9月30日，县第九届运动会在县体育场举行，22个乡镇和5个县直系统共27支代表队参加乒乓球、象棋、篮球、田径、拔河、门球等6个项目比赛。

10月17日，省公安厅在坑园乡象纬村查获一条非法光盘生产线。

10月21日，下宫乡陆岛交通500吨客货码头列入国家交通部建设项目正式动工，总投资803万元。

12月3日，世界卫生组织官员一行17人到东岱镇、丹阳镇考察“健康促进学校”项目开展情况。

12月17日，市委决定由县长林学忠主持县委工作。

12月25日，连江被财政部列为全省第一个“财政支持农业科技成果应用示范重点县”。先期重点开发大黄鱼人工育苗养殖技术等5个项目。

## 1998年

1月5日，县公安局配合市公安局，在马鼻、透堡破获拐卖儿童案，抓获犯罪嫌疑6人，解救被拐儿童7人。

1月21日，省委副书记何少川到连江慰问计生独生子女户和计划生育户。

2月20日，县境8个乡镇受冰雹袭击，时间持续20分钟，房屋砸坏960间。

2月21日，全国人大常委会原副委员长彭冲偕夫人在省人大常委会原副主任张明俊夫妇陪同下，到连江了解经济发展情况。

3月17日，省委副书记习近平一行到连江调研农业产业化、春耕生产等工作，提出指导意见。

3月26—28日，全县开展反盗抢机动车统一行动，检查各类机动车889辆，破获刑事案件17起，暂扣嫌疑车辆85部。

3月31日，省政府授予连江“村民自治模范县”称号。

4月29日，县国税局和教育部门联合创办雏鹰税校于第二实验小学。这是经国家税务总局批准的全国第一家少年税校。

5月7日，省委副书记林兆枢、副省长潘心城等一行前往马鼻考察尚德中学建设情况。

5月8日，经文化部核批，连江县被评为“全国文化先进县”。

5月22日，总投资3000万元，占地面积1800亩，按国际标准设计兴建的福州温泉高尔夫球场在潘渡贵安村举行竣工典礼。

5月22日，举办1998年中国福州国际招商月连江招商会，签约项目13项，总投资1.67亿美元，协议外资1.67亿美元。

7月15日，福建1998年早稻机械化演示现场会在敖江镇青塘村召开。

7月28日，台湾桃园县马祖同乡会理事长林诗发一行5人到连江进行文化寻根谒祖。

7月29日，县实验幼儿园被省教委命名为“省标准幼儿园”。

7月，县国家安全局被安全部、人事部授予“全国国家安全系统先进集体”称号。

8月9日，美籍华人林尚德捐资兴建的连江尚德中学落成典礼，校园面积62亩，校舍2.1万平方米，总投资2000万元。省委副书记林兆枢、市委书记赵学敏、省人大常委会副主任林强等参加典礼仪式。

8月11日，省长贺国强、市委书记赵学敏、市长翁福琳等到连江检查了解夏粮收购情况。

8月28日，长江流域发生严重水灾，县捐助灾区121多万元。连江驻军派指战员分赴长江、九江等抗洪抢险。9月18日归来，县组织1000多人在城关迎接。

8月，市政府出台提高工资标准，连江机关事业单位10933个职工，人均月增工资100元，离退休人员2298人，人均月增补贴57.8元。

9月8日，连江参加“9·8”贸洽会福州专场会，共签订外资项目13项，投资和协议外资总额均达8316万美元。

9月11日，连江被中央社会治安综合治理委员会评为全国刑释解救人员帮教工作先进集体。

9月18日，公安部颁发嘉奖令，给县公安边防大队记集体二等功，给边防大队长林宝明记个人二等功。

9月21日，连江边防大队配合省、市刑警破获一起贩毒案，缴获冰毒107.7公斤，5名贩毒犯罪嫌疑人全部落网。

9月24日，县第十二届人大常委会42次会议任命王玲为副县长、代县长。

10月8日，县人民法院成立省首家“维护军人合法权益巡回法庭”。

10月21日，县首次举行无偿献血活动，有178人自动参加献血。

10月28日，县邮电局析分为县邮政局和县电信局两个独立单位。

10月31日，县城凤尾农贸批发市场竣工投用，总投资约3000万元，用地2公顷。

11月19日，教育部总督学柳斌在省、市教委和县领导陪同下考察连江教育“两基”和“初二后分流”工作。

11月，铁道部第四设计院专家一行对温福铁路连江段的线路走向及车站设施等事宜进行实地察看。

11月，省人大常委会财经委、农经委，省统计局、发展研究中心授予县1998年经济综合实力十强县。

12月21日，全国政协副主席李贵鲜一行考察筱埕镇官坞水产养殖基地和大官坂垦区。

12月28日，县在丹阳镇举行销毁假冒伪劣商品现场会，销毁假烟230件，价值370万元。

是年，全县国内生产总值突破50亿大关，财政总收入达2.14亿元，城乡居民储蓄余额首次突破10亿元，达13.76亿元。

## 1999年

1月5—10日，召开县第十三届人民代表大会第一次会议，会议选举县人大常委会、县人民政府组成人员以及法院院长、检察院检察长。林世昌当选县人大常委会主任，王玲当选为县长。县九届政协会议同进举行，郑厚雄当选为政协主席。

1月13日，财政部检查组到连江检查验收粮食自给工程第二投资期（1997—1998年）项目实施情况。

1月19日，市委副书记王文贵一行到连江调研外经贸工作。

1月20日，县电力调度大楼举行落成典礼。大楼高13层，建筑面积9770平方米，投资1200万元。

1月22日，成立县经济发展研究中心，为副科级机构，隶属县政府办管理。

2月1日，省卫生厅宣布连江自2月1日起达到消灭丝虫病标准县。

2月15日，县长王玲通过中央电视台、海峡之声广播电台向马祖乡亲拜年。

2月18日，国务院副总理吴邦国到青芝山考察。

2月，经市政府批准，成立县国有资产营运有限公司，设址县财政局。

3月10日，省人大常委会副主任黄贤模到连江检查信访工作情况。

3月25—26日，全县开展以“打盗抢、破大案、追逃犯、反偷渡”为主要内容的集中打击统一行动。共破获刑事案件20起，抓获各类犯罪嫌疑人21人。

4月21日，安全部和省国家安全厅领导一行到连江检查安全工作。

5月15日，世界福州十邑同乡总会主席颜文清率商业访问团一行120人到连江考察。

5月18日，全国人大常委会华侨委主任甘子玉到连江检查《中华人民共和国归侨侨眷权益保护法》执行情况。

5月，透堡镇和筱埕镇定海村分别被省政府命名为全省历史文化名镇、全省历史文化名村，并颁发牌匾。

5月21日，县在城关凤尾农贸市场举行“海之旅”招商会及水产品展销会开幕仪式。会上，共签约贸易量1.27万吨，合同金额17793万元。

5月26日，副省长丘广钟带领省直有关部门到连江调研农业生产、伏季休渔等工作，并察看“海之旅”水产品展销会。

5月30日，全国人大常委会副委员长田纪云一行到连江潘渡乡贵安村考察。

5月，国家文物局在筱埕举办第二期水下考古培训班，并在定海湾白礁等水域进行第三次水下考古实习，历时两个月，出水一批古代沉船文物。

6月12日，全国政协副主席、中华全国供销合作总社主任白立忱到连江调研供销社工作，并考察琯头供销社、供销机电厂、三联食品厂等。

6月16日，全国打击走私联合检查组到琯头镇壶江村了解打击走私情况。

6月24日，县政府召开动员大会，在全县清理不在岗干部职工和自聘人员。共清退不在岗职工2109名，自聘人员2463人。

6月29日，副省长汪毅夫、省民委主任林文斌等到长龙乡调研民族工作。

8月5日，省人大常委会副主任方忠柄一行8人到连江检查县人大监督权行使情况。

8月10日，巴布亚新几内亚驻华大使到连江小沧乡考察。

8月11日，连江籍运动员张理月参加俄罗斯格勒萨布第二届世界军人运动会，获59公斤级跆拳道冠军。

8月16日，举行纪念连江解放50周年及革命烈士纪念牌揭牌仪式。

9月15日，省人大常委会副主任童万亨到连江调研科技实验区工作。

10月17日，省水产厅副厅长张国胜等到连江了解渔港建设及世行贷款实施情况。

10月19日，农业部东海区渔港监督局到连江检查渔业资源保护、渔政管理及渔港监督等工作。

10月21日，加拿大驻华大使移民代表到连江了解反偷渡情况。

10月24日，中央军委副主席张万年到连江黄岐半岛考察。

11月17日，召开县政务（法律）顾问聘请大会，聘请方生、林兆木、张明俊、方忠柄、李家泉、陈炳冠、严正、陈祖武、林其屏、徐登峰、林义杰、邱文仁、廖世忠、余学茂、郑新芝、吴浩沛、洪波、左向真为县政务（法律）顾问。

11月18日，东湖镇东塘村民吴某妻子，在省妇幼保健院剖腹产一胎4个女婴，无法哺育，给副省长潘心城写信求助，受高度重视。后由省妇联等10个单位为其捐款救助。

11月26日，副省长朱亚衍率省直有关部门到连江调研经济工作。

11月27日，市委书记赵学敏等到连江调研天主教及贫困村转化工作。

11 月，水利部在大理召开全国农村电气化工作会议，县水利局领导在会上作典型发言。

12 月 1 日，农业部东海区渔政局及省市渔政部门一行 12 人，到连江检查执行海洋捕捞“双控”（船数和马力（或功率）实行总量控制）方针零增长以及渔业许可证颁发等执行情况。

12 月 3 日，连江县被评为省经济综合实力十强县、经济发展十佳县。

12 月 15 日，连江县被省政府授予“建筑之乡”称号。

12 月 18 日，在县体育场举行澳门回归环城路长跑仪式。

# 2000 年

1 月 2—16 日，县长王玲带领苔菉镇、县外经局主要领导前往日本考察水产加工。

1 月 6 日，美国驻广州总领事馆负责移民事务助理特纳一行到连江了解经济、社会发展及反偷渡情况。

1 月 25 日，县图书馆被文化部、人事部评为全国先进图书馆。

1 月 27 日，加拿大驻华使馆政务参赞伯顿到连江了解公安、民族、宗教等方面情况，并到琯头镇与被遣返偷渡人员见面。

1 月 28 日，连江被省委、省政府、省军区授予“双拥模范县”称号。

2 月，在县城相继举行“庆千年、盼统一”大型焰火、舞龙舞狮文艺晚会及踩街活动。

3 月 5 日，县委召开“三讲”（讲学习、讲政治、讲正气）教育动员大会。县领导集中丹阳原驻军医院学习。

3 月 9 日，县政府与澳大利亚雄宝实业集团公司签订江滨路改造建设项目开发备忘录，修建自新大桥至浦下共 3000 米江滨大道，总投资 3000 万元。

3 月 11 日，晓澳镇村民在闽江口发现两只搁浅江豚（江猪），系国家二级保护动物，分别重 77.5 公斤、27.5 公斤。后送福州左海水族馆。

3 月 15 日，市科技示范乡镇考核组到连江对丹阳科技示范镇进行验收。

3 月 22—25 日，连江组织县直有关部门及有关企业前往湖南省长沙市参加福州暨东北四地市名优新特产品展销订货会，签约额达 8930.41 万元，被市人民政府授予成果奖。

4 月 5 日，县工商行政管理局划属市工商部门直管。

4 月 7 日，小沧乡举办“三月三”乌饭节暨畲山湖民俗风情旅游线路开通仪式。省、市、县领导及企业家 500 多人参加。

4 月 13 日，省计委在苔菉镇召开东洛岛海底电缆供电方案联审会，确定安凯—奇达—东洛线路，由省、市、县补助，苔菉镇多渠道筹资并组织施工。

4 月 26 日，省水电厅副厅长吴瑞岚率队到连江检查城防工程、饮水工程、农网整改、节水灌溉等工作。

4 月 26 日，筱埕镇官坞村党总支书记林哲龙被评为全国劳动模范，晋京参加表彰大会。

4 月，省道“漳东”线（宁德漳湾至漳州东山）连江路段 43.8 千米动工建设，2005 年 12 月建成通车。

5 月 1 日，市委书记何立峰、副书记练知轩到连江检查工作。

5 月 13 日，农业部部长刘坚、渔业局局长杨坚、省海洋与水产厅厅长刘赐贵等一行到连江考察黄岐一级渔港和官坞现代渔业，并召开座谈会。

5 月 29 日，2000 年福州国际招商月连江招商会，共签订外资项目 22 项，总投资 3743 万美元，协议外资 3229 万美元。

5 月 29 日，日本那霸市市长亲泊康晴一行 23 人到连江考察投资环境。

6月6日，13点13分，省石油公司油轮“闽油1号”轮载运1450吨0号柴油，在闽江口金牌门海域与海南国际海运股份有限公司“东方洋”号万吨货轮发生碰撞，造成油轮漏油，污染闽江口、敖江口海域。

6月15日，国家计生委副主任张玉芥一行6人到连江检查计划生育法规执行情况。

6月16日至8月15日，中国历史博物馆水下考古研究中心专家一行12人到定海湾白礁1号沉船遗址进行第四次水下考古。

6月19—20日，全省老区和少数民族地区“五通”（通电、通广播电视、通电话、通公路、通安全饮水）建设现场会在连江召开，省委副书记赵学敏、副省长丘广钟到会参加。

6月22—23日，省政协副主席陈永骅率农业产业结构调整调研组到连江调研。

6月30日，坑园乡改为坑园镇。

7月13日，连江通过全国科技工作先进县复查。

7月24日，全国侨联主席林兆枢、省侨联主席李欲晞等到连江长龙侨场了解高效生态农业科技示范项目实施情况，并慰问侨场职工。

8月3日，福州至黄岐海上旅游开通，首航“曙光”号游轮途经闽江口双龟岛、五虎礁至黄岐。这是市第一条近海旅游线路。

8月11日，公安部检查团一行到县琯头、丹阳检查创建104国道“平安大道”工作。

8月16—17日，省公安厅副厅长牛纪刚等一行到连江检查反偷渡工作。

8月19日，市长翁福琳等一行考察马鼻辰山围垦，并当场决定补助100万元。

8月23日—9月30日，连江县承办市第二十届运动会足球和射箭比赛，县足球队获得冠军、县射箭队获8枚金牌。

9月4—5日，省人大常委会副主任朱骏一行到连江检查《中华人民共和国行政诉讼法》执法情况。

9月8日，省沿海渔民、渔工121人（连江31人）被台湾当局扣留，经交涉，是日台湾当局首次派船将被扣人员送到琯头台轮停泊点，省台办以“福建渔业协会”名义到琯头参加签字接收。

9月11日，连江县与陕西省大荔县缔结友好县仪式在连江举行。县长王玲等参加。

9月20日，市委书记何立峰考察罗长高速公路连江段建设情况。

9月21日，中国科学院院士林群回连江作科技形势报告会。

9月22日，省委书记陈明义到连江琯头镇山兜村调研农村电网改造情况。

10月10日，省委副书记赵学敏到连江调研小城镇建设和农业产业化工作。

10月13日，市委书记何立峰到小沧、潘渡、蓼沿、丹阳等山区乡镇调研。

10月14日，省水电厅厅长黄心炎到连江检查通水工程及敖江防洪堤等建设情况。

11月1—2日，市委书记何立峰到连江检查工作。

11月14日，市委副书记陈扬富先后考察琯头3000吨对台贸易码头、黄岐港务码头、避风港，了解连江与马祖直接往来准备工作情况。

11月22日，国家海关总署派员到连江调查有关台湾海峡两岸直接往来情况。

11月30日，纪念马来西亚诗巫福州垦场100周年福州十邑访问团一行160人到连江考察，并到青芝山景区观光。

12月6日，省林业厅厅长何团经一行13人到连江调研山仔库区、塘坂第二水源封山育林及造林绿化情况。

12月10日，县城文山路国有土地5.87亩，首次进行使用权公开竞拍，每亩地价124.36万元。

12月14日，省委副书记何少川到连江调研农村文化建设工作。

是年，连江被评为2000年度省经济发展十佳县（名列第5位）和省经济实力十强县（名列第9位）。

# 2001 年

1 月 20 日，连江定海白礁水下沉船遗址（南宋）、含光塔（明）、东塘吴氏宗祠光复会旧址（清）、青芝啸余庐和东岱岩白玉佛（并入林森藏骨塔）列入省级文物保护单位。

1 月 30 日，省委常委、市委书记何立峰、市长翁福琳等到琯头粗芦岛工业区调研。

1 月，中央出台调整工资标准，全县机关事业单位 11542 名职工，人均月增资 103.6 元，离退休人员 3235 人，人均月增 99.2 元。

2 月 5 日，金源实业集团捐资 2200 万元在县城创办黄如论中学，市委、市政府在福州于山堂举行捐资仪式，县党政主要领导参加。

2 月 5 日，晚，县政府与金源实业集团在体育场联合举办“金源之夜”文艺晚会，歌唱家、表演艺术家蒋大为、潘长江等到会献艺。近 2 万人观看演出。

3 月 7 日，晚，台湾中山大学教授、美国布兰登大学博士生班指导游源淳博士到连江作知识经济讲座，县领导及县直副科级以上干部参加听课。

3 月 15 日，县委召开“三个代表”重要思想学习教育动员大会，会后在全县全面铺开。

3 月 20 日，国家旅游局局长何光到连江检查旅游工作。

3 月 27 日，连江电信枢纽大楼自 1998 年 9 月 6 日动工，是日竣工验收。主楼 17 层，为当时县城第一高楼，总建筑面积 1.8 万立方米，投资 4271 万元。

3 月 27 日，马祖交流协会理事长林火盂率闽东文化参访团到连江寻根访祖。

3 月 29 日，市委在连江召开第一批开展农村“三个代表”重要思想学习教育活动现场会，市委副书记练知轩、省教育办副主任徐登峰、省驻市督查组组长梁祥基及各县（市）区领导出席会议。

3 月 30 日，副省长曹德淦、市委副书记陈扬富到连江黄岐、小沧调研对台小额贸易及旅游开发情况。

3 月 31 日，国家计生委副主任赵炳礼带领中央检查组深入连江潘渡乡坡西村进行计生工作检查。

4 月 19 日，《英雄郑成功》电影首映式在连江举行。

5 月 11 日，全国人大常委会农业与农村委员会副主任委员杨振怀到连江考察山仔水利枢纽工程建设和运行情况。

5 月 22 日，县在敖江工业集中区举行 2001 年福州国际招商月连江招商会暨“中国（福州）食品工业园东园”揭牌仪式。中国食品工业协会副秘书长闵庆衍及省、市、县领导和有关部门、海内外客商等 400 多人参加。

5 月，全县勘定生态公益林面积 32671.8 公顷，并签订界定书 236 份。

6 月 7 日，全国人大常委会内务司法委员会主任委员侯宗宾率队到连江检查《中华人民共和国村民委员会组织法》贯彻执行情况。

6 月 8 日，公安部副部长杨焕宁一行到丹阳交警中队检查创建平安大道实施畅通工程情况。

6 月 23—24 日，受第 2 号台风“飞燕”影响，全县 22 个乡镇 35 万人受灾，死亡 31 人，直接经济损失 4.8 亿元。

6 月 25—27 日，副省长丘广钟、民政部救灾救济司副司长宋志强、国家防汛总指挥部领导相继到连江考察灾情和救灾情况。

6 月 29 日，县委召开纪念中国共产党建党 80 周年暨救灾工作动员大会，会上，表彰 13 个先进基层党组织、50 名优秀共产党员、30 名优秀党务工作者，号召党员支援灾区、奉献爱心。

7 月 2 日，市党政主要领导何立峰、练知轩等到连江检查救灾工作。

7月30日，意大利福建海外华人华侨联合商贸考察团，参观考察琯头投资区、中国（福州）食品工业园东园，并参加县招商引资项目说明会。

7月31日，凌晨1点45分，第8号台风“桃芝”在连江浦口登陆。市委常委古长阁、人大常委会副主任张守祥等，已于上一天到连江，与县领导一起分赴各沿海乡镇部署抗风抢险，多数船只安全，无人员伤亡。但强风暴仍造成直接经济损失1.27亿元。

8月13日，全国政协副主席张克辉一行到连江考察福州和永建电器有限公司、新捷扬食品有限公司等台资企业。

8月30日，召开县中共党员代表会议，选出出席市第八次党代会代表32名。

9月4日，全国华侨农场高效生态农业科技示范园建设现场会在连江召开。国家侨办主任郭东坡、全国侨联主席林兆枢莅临大会并讲话。

9月12日，外经贸部港澳司司长王近平一行到连江潘渡贵安高尔夫球场、黄岐对台贸易点进行考察。

9月24—25日，人民日报社、新华社等9家新闻单位到连江筱埕镇官坞村采访农村基层组织建设先进经验。

10月9日，县第十届运动会在体育场举行开幕式，全县有28个体育代表团、1080名运动员参加田径等9个项目比赛。

10月25—30日，中央宣传部、文明办、公安部等6家单位联合举办的“反对邪教，崇尚文明”大型展览图片在县体育馆展出，县机关干部及城区群众和学校师生观看展览。

11月7—8日，农业部东海区渔政渔港监督管理局省际交叉检查组到连江检查渔政和渔船管理等工作。

11月20—21日，香港四洲集团董事长叶伟强一行到连江考察中国（福州）食品工业园及连江水产食品工业发展情况。

11月21日，连江获评全国第三批农村水电初级电气化县先进集体，县领导到北京参加表彰大会。

11月27日，成立县药品监督管理局，为正科级，是日举行揭牌仪式。

11月，国务院批准连江列入“农村水电电气化县建设”。

12月14日，省委副书记何少川到连江调研农村文化建设工作。

## 2002年

1月4日，省委书记宋德福、市委书记何立峰等一行先后到琯头、敖江投资区、官坞、可门港等地考察。

1月10日，县委召开九届五次全体（扩大）会议，县纪委委员、乡镇党委书记列席。会议表决通过12名市十六次党代会代表。

1月17日，塘坂水库电站大坝建成蓄水，坝高39.8米，总库容量953万立方米，投资1.2亿元，7月两台机组1.1万千瓦并网发电。

1月28日，国家侨办副主任刘泽彭到长龙华侨农场慰问。

2月25日，市委书记何立峰等领导与韩国SK集团客商一行考察连江贵安旅游开发区。

3月20日，连江第六中学更名为“连江华侨中学”。

4月2日，中国社科院世界经济与政治研究所研究员、中国国际工程咨询公司首席农业科学家刘振邦教授等一行到连江筱埕官坞海洋开发公司、晓澳百洋公司考察。

4月11日，省委副书记卢展工、市委书记何立峰等一行到连江调研基层法院工作。

4 月 12 日，市长练知轩等一行到连江调研在建国债项目进展情况。

5 月 3—7 日，连江文化艺术交流访问团到马祖进行文化交流活动。

5 月 20—21 日，美国福建公所主席王维华率领经贸科技考察团到连江考察，并参加福州国际招商月连江招商会和华侨中学揭牌仪式。

5 月 21 日，2002 年福州国际招商月连江招商会在皇家大酒店隆重开幕，600 多人参加，共签约项目 36 项，其中外商投资项目 16 项，总投资 1.8 亿元。

5 月 27 日，县召开矿山安全整治紧急会议，强化石板材等资源开发整治工作。

5 月 27 日，成立县土地发展中心，深化改革土地收购储备和国有土地使用权招标拍卖等制度。

6 月 16 日，在蓼沿乡蒲边村举行市建设山区青年志愿队 40 周年纪念活动，省、市、县有关领导和原志愿队员等 300 多人参加。

6 月 24 日，省暨市严厉打击毒品犯罪大会在县体育场召开，省高级人民法院依法对制造和贩卖毒品罪犯进行公开宣判，并公开焚烧一批毒品。

6 月 28 日，县委召开经济工作会议，决定在全县开展“六赛六比”（1. 赛经济发展速度，比谁工农业产值增速快；2. 赛工业发展速度，比谁工业总产值、规模以上工业产值增速快；3. 赛经济运行质量，比谁财政收入增速快；4. 赛招商引资工作，比谁招商引资项目任务完成数、合同外资、实际到资、出口和外资投资实际到资增幅大、成效好；5. 赛发展后劲培植，比谁全社会固定资产投资增幅大；6. 赛用电负荷，比谁用电量增幅大。）活动。全县 22 个乡镇分 3 个组结对竞赛，每季小评，年终总评。

7 月 4 日，市长练知轩到连江调研经济工作，并考察福州第二水源工程和敖江投资区规划用地等。

7 月 5 日，市人大常委会副主任陈胜年一行到连江检查贯彻实施《中华人民共和国水土保持法》情况。

7 月 8 日，省司法厅厅长陈保明一行到连江检查司法行政工作。

7 月 14 日，省林业厅厅长黄建兴一行到连江调研股份林场经营情况及林业发展存在问题。

7 月 16 日，县召开党政机构第二轮改革动员大会，全面进行“三定”（定职能、定内设机构、定编制和领导职数）。

7 月 20 日，市委书记何立峰率平潭、永泰、罗源、闽清、琅岐等党政主要领导实地观摩敖江、琯头工业集中区规划建设情况。

7 月 23—24 日，印尼经贸考察团一行 14 人到连江考察苔菉、黄岐海洋捕捞和琯头、敖江工业集中区，并与苔菉签订鱼粉加工项目。

7 月 24 日，市委任命林强为县委委员、常委、副书记，作为第二批援疆干部，于 26 日前往新疆挂职。

7 月，中央出台调整工资，连江机关事业单位 11102 名职工调资，人均月增资 45.8 元，离退休人员 3586 人，人均月增 25.7 元。

8 月 1 日，亚洲银行驻中国代表处首席经济学家汤敏率领亚行访问团考察筱埕镇官坞村水产加工及养殖项目。

8 月 3—9 日，国家林业局检查组到连江检查林业工作情况。

8 月 10 日，副省长曹德淦一行到连江考察敖江工业集中区和农业综合开发示范基地。

8 月 14 日，市委副书记雷春美到连江主持召开福州师专 2002 届连江籍毕业生就业问题协调会，副市长高翔、县长张天金等参加协调。

8 月 15 日，副省长刘德章一行先后考察连江下宫乡深水大网箱养殖、筱埕官坞海洋开发公司和东湖牛栏坪村庄建设情况。

8 月 23 日，召开县道教协会会员代表大会，到会会员 177 人。选举产生县首届道教协会组成人员 31 人。会址暂设县城西郊双虹观内。

8 月，县组织力量编制《县海洋功能区划》，由福建师范大学地理研究所作为技术承担单位，是月底完成，区划面积 4280.15 平方千米（其中陆域 1168.13 平方千米，海域 3112.02 平方千米）。并报经省政府批准实施。

8 月，县陆续接收安置三峡库区移民 41 户 203 人。

8 月，连江塘坂水库向福州市区供水工程竣工通水，第一期日供水 30 万吨（第二期计划 70 万吨）。

9 月 13 日，美国新中国贸易公司董事长肖俊忠等在连江皇家大酒店举行投资签约仪式，县领导参加。

10 月 30 日，省第二届运动会射箭赛区在县体育场举行开幕式，全省有 9 个市代表队参加竞赛。

10 月，全县农村电网改造自 2001 年 7 月开始历二期全面完成，累计投资 13735 万元，是月起实行城乡同网同价，农村电价由原来 1.5 元降至 0.565 元。

11 月 14 日，省纪委副书记张大共到连江调研。

11 月 25 日，连江被评为 2002 年全省经济发展十佳县。

12 月 19 日，英国福建同乡会诺奇博士一行考察琯头、敖江工业集中区和粗芦岛。

12 月 23 日，同三高速公路长乐—连江—罗源路段竣工通车（后改名沈海高速公路），县境 36.214 千米，设琯头、县城、丹阳 3 个匝道（互通口）。是县境第一条高速公路。

12 月 26—27 日，县境连续 2 天降雪，长龙等山区积雪 30—40 毫米，江南梅洋山顶雪厚达 40—50 毫米，为近年所少见。

## 2003 年

1 月 10—11 日，全省第八届文明县城检查团到连江实地考评创建省级文明县城情况。

1 月 18 日，首届福州青芝山“灵芝”旅游文化节在琯头青芝山东南角斗城举行，全国政协副主席张克辉、云南省人大常委会副主任戴光禄和省、市、县有关领导、驻军首长、新闻媒体等 1000 多人出席开幕式。

1 月 18 日，在皇家大酒店举行县与云南省丘北县缔结友好县签约仪式。

1 月 20 日，中央验收组一行到连江检查验收台轮停泊点整顿试点工作，考察黄岐台胞接待站、综合服务楼、对台专用码头。

2 月 12 日，市委书记何立峰、市人大常委会主任赵守箴、市政协主席王文贵等一行到连江考察敖江工业集中区清禄鞋业项目和外口公寓、琯头工业集中区。

2 月 25 日，市委书记何立峰一行到连江，考察塘坂水库第二水源取水口、小沧通乡公路、蓼沿石板材加工厂和丹阳丹碧生物工程基地。

3 月 13 日，加拿大客商到连江可门港考察投资兴办可门港冶炼厂有关情况。

3 月 31 日，美国福建公所主席王维华一行考察琯头、江南、敖江工业集中区。

3 月，福州大牳指公司在江南乡建立 1000 亩无公害蔬菜基地。

3 月，县举办科级干部培训班，学习中共十六大有关文件和谷文昌先进事迹，共 820 人参加。

4 月 3 日，黄岐港 1000 吨泊位台轮停泊码头通过竣工验收，投入使用。

4 月 18 日，县与新疆维吾尔自治区米泉市缔结友好县市仪式在省委党校举行。米泉市委副书记林强、常委组织部部长金玲和连江县委常委、组织部部长杨晓峰等出席。

4 月 18 日，市山区乡镇农业开发工作现场会在连江长龙镇召开，与会代表先后考察贵安、祠台、长龙等地农业基地。

4 月 19 日，市委书记何立峰先后到琯头、江南、敖江工业集中区调研。

4 月 24 日，省人大常委会副主任曹德淦到连江调研《省渔港和渔业船舶管理条例（修改稿）》立法工作。

4 月，成立县防治非典型性肺炎（简称“非典”）工作领导小组和指挥部，各乡（镇）、村同时建立相应机构，形成三级防治“非典”网络，实现“零病例、零传播、零感染”的目标。

4 月，由山仔水库大坝至小沧畲族乡环湖公路竣工通车，总投资 1105 万元。

5 月 3 日，欧洲华人社团主席曹燕玲在省人大常委会副主任林强等陪同下，考察连江华侨中学办学情况。

5 月 19 日，县举行 2003 年福州海峡科技成果交易暨经贸洽谈会连江专场推介会，有中外客商及各级领导等 300 多人参加，会上共签约 29 个项目，其中外资项目 17 项，总投资 6725 万美元；内资项目 12 项，总投资 4322 万元。推介会期间，在琯头、敖江、江南 3 个工业集中区举行 6 个项目投产仪式。

5 月 26 日，省政协主席陈明义、市委书记何立峰等带领省委“四个专题”决策调研检查组到连江，先后考察琯头、敖江工业集中区有关企业。

6 月 19 日，市卫生防病检查团一行 50 人分 10 个组分赴连江 10 个乡镇 20 个村（居）进行大检查。

6 月 20 日，市委常委、军分区政委向孝民、市人大常委会副主任张守祥等一行到连江检查经济工作“双过半”和“非典”防治工作，并考察敖江工业集中区一些企业。

6 月 25—27 日，省计生协会常务副会长方忠炳带领省计生工作检查组到连江，先后到东岱镇东水村、安凯乡半山村等地检查计生协会工作。市委副书记雷春美及县领导陪同。

6 月 30 日，县委召开纪念中国共产党成立 82 周年暨“一先两优”（先进基层党组、优秀共产党员、优秀党务工作者）表彰大会，表彰 33 个先进基层党组织、80 名优秀共产党员、31 名优秀党务工作者。

7 月 6 日，市委书记何立峰一行到连江检查经济工作，并考察琯头、敖江工业集中区。

8 月 30 日，县委、县政府在尚德中学举行建校五周年暨省政府表彰林尚德庆典大会，美国亚凯迪亚狮子会长等致辞，省侨办副主任卢圣鑫代表省政府宣布表彰决定。共有 2000 多人参加大会。

9 月 15 日，县政府与国家开发银行举行信用合作签约仪式，连江国有资产公司与国家开发银行福州分行签订信用合作协议与总借款合同。

10 月 17 日，连江检察院首次聘任 8 名人民监督员，并设立人民监督员办公室。

10 月 26—29 日，召开中共县第十次代表大会，作出“工业立县、农业稳县、水产旺县、港口兴县”决策。会议选举县委委员 34 名，县委候补委员 6 名，纪委委员 15 名。十届一次全委会选举县委常委 12 人。

11 月 18 日，省国土资源厅执法监察局、省监察厅执法室领导到连江检查治理整顿土地市场秩序工作。

11 月，连江川石岛列入市国防教育基地。

11 月，夏秋间，连江持续高温无雨，全县小（二）型水库干涸 35 座，农作物受旱 13 万亩、17 万人饮水困难，为百年一遇特大旱灾。县乡投入抗旱资金 600 万元。

12 月 2 日，市委书记何立峰率水利专家赴黄岐半岛检查防旱抗旱工作，协调市有关单位解决黄岐半岛群众缺水的问题。

12 月 3 日，县委召开县委全委会，首次采取无记名票决县教育局长候选人。

12 月 28 日，福建华电可门火电厂动工奠基仪式在坑园颜岐可门港区举行。省委副书记、常务副省长黄小晶、中国华电集团公司总经理贺恭等各级领导 1000 多人参加。

12 月 31 日，省银监局在连江设监管组。翌年 5 月升为连江监管办事处。

# 2004 年

1月4—8日，召开县第十四届人民代表大会第一次会议，到会代表254人。会议按法律程序听取和审议各项报告，选举县人大常委会和政府组成人员，林世昌当选县人大常委会主任，张天金当选县长。县政协第十届第一次会议同期召开，郑厚雄当选县政协主席。

1月15日，省人大常委会原副主任、省慈善总会会长张明俊、副省长王美香、省民族宗教厅厅长林文斌等到小沧畲族乡慰问。

1月16日，欧洲华侨华人联合会主席曹燕玲一行到连江慰问华侨中学师生。

1月20日，省物价局长姜榕兴与市物价局长朱光华等到连江调研市场物价问题。

1月30日，市委书记何立峰一行到连江，先后考察自来水厂和可门港区，并检查打井抗旱等工作。

2月2日，县召开紧急会议，部署预防高致病性禽流感，建立领导小组和应急预案，实行昼夜值班。

2月10日，县召开2003年度先进集体和个人表彰大会，会上表彰标兵单位9个，个人13名；先进集体57个，个人109名；计划生育先进单位30个，个人82名。会上部署以后工作。

2月14—16日，筱埕镇南山发生森林火灾，驻军和干警400多人参加扑救，县主要领导赴现场指挥灭火。同时召开紧急会议，部署全县森林防火工作。

2月29日，全国党建研究会会长张全景，在省市有关领导陪同下，前往筱埕镇官坞村调研基层党建工作。

3月3日，连江被省政法委评为国家安全人民防线建设工作先进集体。

3月3日，成立福州可门港区开发建设指挥部。

3月30日，市长练知轩、副市长吴依殿等到连江检查春耕生产，并考察东湖、敖江等农业生产基地。

4月8日，县召开专项整治非法移民动员部署大会，市派整治非法移民工作组成员参加。同月13日，县委、县政府专门下发重点整治工作通知。

4月10日，市委书记何立峰在连召开专题研究罗源湾（含可门港区）开发规划会议。

4月15日，副省长李川一行到连江调研工业经济和港口建设工作情况。

5月10日，市委副书记、纪委书记方清海到连江调研纪检监察工作。

5月13日，国土资源部专家一行到连江调研国土整治补助项目。

5月19日，举办中国（福州）海峡经贸交易会连江专场暨可门港推介会，有中外客商260多人参加，共签约内外资项目40项，总投资额20.87亿元。

5月21—23日，全国中小城市生态环境建设试验区指导委员会一行到连江考察。

5月29日，市长练知轩、副市长梁建勇、黄序和到连江调研可门港码头泊位建设情况。

5月31日，省政府在连江召开全省编制“十一五”口岸开放规划评审会。

6月2日，省军区政治部主任王清符一行到连江调研党管武装工作情况。

6月8日，重庆市副市长朱远牧到连江考察三峡移民安置工作情况。

6月14日，县选派一批干部到村（居）挂职工作，是日召开动员部署会议。

6月17—18日，省人大常委会副主任曹德淦一行到连江检查《中华人民共和国动物检疫法》《中华人民共和国进出境动植物检疫法》《中华人民共和国行政许可法》等执法情况。

7月3日，马鼻建筑工程公司经省评定晋升为县内首家一级建筑企业。

7月12日，省政协副主席潘心城到连江调研港口建设规划情况，副市长梁建勇及县领导陪同。

7月17日，国家海关总署口岸规划办处长谷麦表一行到连江调研在可门港设立口岸问题。

7月30日，市长练知轩率队到连江检查“青山挂白”问题。

7月，县机关事业单位职工普遍增加地区补贴，全县受补贴在职职工11082人，人均增加136.30元；离退休职工2933人，人均增加133.50元。

8月8日，连江电话号码由7位升为8位。

8月9日，筱埕镇定海村被定为全省渔船民涉台教育示范村，并开展各项宣传教育工作。

8月12日，市委书记何立峰，市委副书记、纪委书记方清海到连江指导防御第14号台风“云娜”。

8月23日，凌晨1点，从苔菉开往福州的卧铺大巴在黄岐岭翻车，30名乘客随车翻跌60米深的沟底，当场死亡16人，重伤11人。省、市、县领导先后赶赴现场组织抢救，处理善后，看望伤员。

8月31日，市举办的纪念邓小平100周年诞辰图片巡回展览在连江展出。

9月1日，省人大常委会副主任洪华生率执法检查组到潘渡、小沧等地对敖江水环境保护工作开展执法检查。

9月8日，县组团赴厦门参加国际投资贸易洽谈会，签订外资项目16项，总投资5883.4万美元，其中合同外资12项，协议外资3456.8万美元。

9月27日，美国狮子会成员与旅美华人林尚德一行考察可门港建设项目。

10月1日，省长黄小晶、市委书记何立峰一行到连江检查国庆值班安全等工作。

11月1日，香港华厦国际投资有限公司在可门港区投资建设石化项目举行签约仪式，县有关领导出席。

11月14日，美国莱蒂国际公司驻北京代表处周洋、徐阳及香港华厦国际投资有限公司陈本合等考察可门港区，并商洽建设码头事宜。

11月22日，县委组织收听收看中央纪委召开的全国党风廉政建设责任制电视电话会议，并对全县廉政建设作出部署。

11月25日，市人大常委会主任赵守箴率市检查组到连江检查经济目标完成情况，并考察可门火电厂等建设项目。

12月，温（州）福（州）铁路连江路段33千米全面开工建设。

## 2005年

1月6日，市委书记何立峰等一行考察塘坂引水工程建设。

1月13日，县委召开反偷私渡暨整治非法移民工作会议，各乡镇领导及边防所长等参加。

1月底，全县分批开展保持共产党员先进性教育活动，县委成立领导小组，市委派督导组驻连指导。

1月，连江信用联社经省银监局风险评估，综合实力居全省第四位，成为全国百强信用联社（居第73位）。

2月5日，塘坂水库至县城西郊观音阁水厂第一期引水工程竣工投产，全长27.5千米，投资8368万元。日供水能力由5万吨提高到15万吨。第二期日产30万吨向可门港供水。

2月15日，商业部部长胡平一行到连江调研可门港建设情况。

2月，元宵节期间，县特制50盏花灯，送往马祖福澳港，参加“两岸同胞闹元宵”活动。

2月，县政府批准在敖江镇小湾村征地25亩（16667平方米）新建的县特殊教育学校竣工投入使用，建筑面积6000平方米，总投资700万元。

3月3日，中央银行副行长苏宁一行到连江调研金融工作。

3月15日，市政府制订敖江流域福州段水源保护规划，连江小沧、潘渡等地列入福州一级水源保护区。

3月22日，省委常委、市委书记何立峰一行到连江开展“六赛六比”拉练调研，并考察可门火电厂及敖江工业集中区。

3月25日，华电集团燃料有限公司、福建华电储运公司在连江举行可门港10号、11号码头项目协议签约仪式。

3月31日，县召开第二轮《连江县志》编纂工作会议，县直单位和各乡镇负责人120多人参加，县长张天金和县委常委、宣传部长姚双玉作动员讲话。

4月1日，市人大常委会主任赵守箴一行到连江检查春耕生产，并到敖江镇幕浦、山亭等村现场考察。

4月21日，省水利厅副厅长吴章云一行到连江对全县水电农村电气化建设进行验收并顺利通过。

4月22日，市长练知轩带队到连江检查春耕生产，先后考察东湖水利设施、乌石浦排涝工程和官坞海洋公司。

4月26日，国家有关部委联合调查组一行到连江调研可门港临时口岸开放有关工作。

4月，刘嘉水接任县委书记，黄忠勇任副县长、代县长。

5月18日，第七届海峡经贸交易会连江专场暨可门港招商推介会在县城皇家大酒店举行，共签约内外资项目33个，总投资1.63亿美元。

5月19日，可门港疏港公路动工建设，全长12.45千米，投资5188万元。

5月19日，通过省市验收，连江成为全国减轻农民负担综合治理示范县。

5月，从5月起，县行政机关事业单位10788职工普遍调整地区工资补贴，人均月增136元，离退休职工3988人，人均月增补贴133元。

6月2日，市委书记袁荣祥一行考察敖江、琯头工业集中区，并听取县领导汇报。

6月6日，市人大常委会副主任高翔、郭永灿到连江进行《中华人民共和国价格法》执法检查，并抽检2家医院和药店。

6月10日，市委副书记陈扬富到连江考察可门火电厂和浦口220千伏变电站、塘坂引水二期工程等。

6月22日，县殡仪馆竣工，召开全县殡葬改革动员大会，宣布自8月1日零时起全部实行火葬制度。

6月25日，省审计厅厅长俞传尧一行到可门港调研。

7月6日，市人大常委会副主任张胜年率队到连江进行《中华人民共和国海域使用管理法》执法检查。

7月12日，省对台办公室在筱埕镇定海村召开沿海渔船民涉台教育工作现场会，县委副书记杨荣铨等出席。

7月14日，省长黄小晶到连江开展专题决策调研，先后考察可门港建设工地、浦口220千伏变电站和敖江工业集中区。

7月19日，第5号台风“海棠”下午5点正面登陆黄岐，过程雨量208.9毫米，局部300毫米，又逢天文大潮，全县直接经济损失3.98亿元。

7月20日，省长黄小晶一行到连江了解台风受灾情况，并到黄岐、筱埕等沿海考察受灾现场。

7月24日，全国红十字会副会长郭长江一行到连江了解5号台风损失情况，并实地考察坑园等灾区和走访重灾户。

7月29日，福建边防总队副总队长邓本源、省海洋与渔业局副局长刘修德等到连江调研共建船管站试点工作。

8月2日，副省长李川等考察福州可门港华电机组和码头。

9月1日，第13号台风“泰利”登陆莆田，县境受严重影响，过程暴雨达270毫米，又逢天文大潮，晓澳镇百胜海堤决口，全县直接经济损失达6.01亿元。

9月3日，省委副书记梁绮萍、副省长苏增添、市委书记袁荣祥等到连江考察台风灾情。

9 月 8 日，县委书记刘嘉水率队参加第九届厦门国际投资贸易洽谈会，共签约外资 10 项，协议外资 3480 万美元。

9 月 21 日，国家和省特奥会领导一行到县特教学校考察。

9 月 29 日，县内首座 220 千伏变电站在浦口岭头建成投产，总投资 1.1 亿元。

9 月 29 日，北茭边防派出所截获一艘私自打捞海底文物的平潭籍船只，船上有元代陶瓷等文物 1036 件。经查系从境内东洛岛附近海域打捞的。

9 月 30 日，县第十一届运动会开幕，有 22 个乡镇、7 个县直代表队 1000 名运动员参加 10 个项目比赛，马祖体育协会派队观摩。

9 月 30 日，县城区排涝工程全面竣工，投资 4800 万元，达到五年一遇 24 小时暴雨不漫溢标准。

10 月 2 日，受第 19 号台风“龙王”影响，县境出现短时超强特大暴雨，局部地区 1 小时降雨量 160 毫米，山仔水库上游洪水入库流量 5000 立方米 / 秒，为历史罕见。全县经济损失 3.25 亿元。县领导发动干部、企业家捐款 138 万救助灾区。

10 月 2 日，铁道部副部长卢春房、副省长苏增添等考察琯头岭和鸡面山铁路隧道建设工地。

10 月 13 日，晚 9 点 40 分，中央电视台在 7 套播出《中国魅力乡村——官坞村》电视专题片。

10 月 17 日，黄岐国家级中心渔港动工兴建，计融资 5880.68 万元，当年建成可停泊 600 多艘渔商船的港区、码头和配套设施。

10 月 26 日，华电储运公司控股的可门港 10 号 5 万吨泊位码头经省发改委核准动工兴建，总投资 7.38 亿元。

10 月 28 日，县特教学校被选定为省特奥训练基地，培养重点项目运动员。

11 月 2 日，县工商行政管理局被中央文明委授予“全国文明单位”称号。

11 月 18 日，市人大常委会主任赵守箴率市直有关部门到连江检查“平安连江”建设工作。

11 月 23 日，连江特教学校运动员蓝仕辉、池榕建代表省参加在天津举行的全国特奥会上共获 4 枚金牌，其中蓝仕辉独获 3 枚金牌。

12 月 7 日，副市长吴依殿一行到连江调研森林疫病防治工作。

12 月 16 日，连江专项治理“青山挂白”，通过省级验收。

12 月 21 日，省海洋与渔业局局长张国胜一行到连江安凯奇达避风港和可门火电厂调研。

12 月 31 日，全县金融系统储蓄存款余额突破 50 亿元大关，达 501257 万元。

# 第一篇　政　区

## 第一章　境域与区划

### 第一节　境　域

1991年，连江县辖域基本稳定。只有少数地域不明确。2000年，重新勘界确定（详见“海洋与渔业”篇）。至2005年，县境辖域：东北与东南临海；极东为东涌岛，距大陆最近点42千米；东南为马祖列岛，距大陆最近点9.25千米；北与西北同罗源县毗连；西与西南同晋安区紧邻；南隔闽江与晋安区琅岐岛相望；极南为壶江岛。全县总面积4280.15平方千米（包括待统一的马祖、东引列岛）。陆地广67.8千米，袤36.5千米，面积1168.13平方千米；海域面积3112.02平方千米。

### 第二节　区　划

1991年初，全县设7个镇（凤城、浦口、东岱、琯头、晓澳、丹阳、黄岐）、13个乡（敖江、东湖、潘渡、小沧民族乡、蓼沿、长龙、马鼻、透堡、官坂、坑园、筱埕、安凯、苔菉），计20个乡镇（马祖、东引列岛尚待统一），255个村（居）（其中居委会15个），3405个村（居）民小组，722个自然村（含7个自然集镇）。

1991年10月16日，浦口镇的浦口街析为浦江、浦东、浦旗、浦乐、浦丰、浦兴、浦升7个居委会。

1992年8月29日，敖江、苔菉、筱埕、透堡、东湖、马鼻6个乡改为镇建制。

1993年1月4日，凤城镇增设北门居委会。

同年5月，小沧乡七里村掌濑、过洋、牛楼自然村析出新设利洋村民委员会，共有85户，474人，4个村民小组。

同年9月22日，坑园乡析出上宫、大洋、下宫、厦一、松皋、江湾、初芦、新辉、可门9个村委会，设立下宫乡，乡址设下宫村。

1994年1月4日，官坂乡改为镇建制。

同年7月11日，敖江镇综合场村委会改名为清溪村委会。共110户，423人。

同年10月，敖江林场村委会更名为澄岩村委会。共112户，545人。

1997年5月，长龙乡改为镇建制。

同年6月，敖江镇长汀村以敖江为界划分为长汀村和连沙村。敖江东北岸为长汀村，辖长汀、长后2个自然村，总户数328户，人口1323人，村委会设长汀自然村。敖江西南岸为连沙村，辖白沙楼、张棋楼2个自然村，总户数104户，人口384人，村委会设白沙楼自然村。

1997年8月，从敖江镇析出北岳、凤尾村归凤城管辖；析出江南、魁岐、已古、南塘、横槎、梅洋、镜路、连兴、文新、王庄、花坞、连登、澄岩、儒洋、连沙15个村委会，新设立江南乡，乡政府驻江南村。敖江镇辖白沙、幕浦、山亭、岱云、石头、上山、下山、青塘、清溪、小湾、毗吨、杉塘、浦下、长汀14个村委会，镇政府由凤城镇西北街迁建白沙村。

同年8月，凤城镇增设凤园居民委员会。辖区四至范围：816北路以东，文山北路以西，丹凤路以南，莲荷东路以北。

1999年7月15日，琯头镇琯头居民委员会析出新设立琯福居民委员会，辖区范围：东至东边村界镇标地段，西至塘头华侨新村，南至华星房地产地段延伸东边旧104国道北路边，北至规划中的中央大道与36米大道之间相距400米，形成东西长2.3千米，南北长0.513千米的1.18平方千米区域。

1999年12月21日，官坂镇塘边村析出石丘自然村设石丘村民委员会，共有121户，553人。

2000年5月16日，凤城镇增设百凤居民委员会，辖区范围：东至敖江镇白沙路，南至凤尾，北至凤尾农贸市场，西至县城文山路。

2000年6月30日，坑园乡改为镇建制。

2001年4月26日，马鼻镇赤石合丰村析出新设立龙峰村民委员会，全村171户，733人。辖区范围：从老鼠溪上起至岭头下崩山涵洞止，东至机耕路，西至翻路顶中横路止。

2005年9月22日，江南乡江南村民委员会，改制为居民委员会，辖区不变。有居民1040户，3144人。

2005年9月28日，撤销敖江镇白沙村民委员会，改设敖江镇白沙居民委员会，原辖区域不变。

至2005年底，全县辖22个乡镇，其中16个镇、6个乡，269个村（居）民委员会（其中居委会27个），3405个村（居）民小组，722个自然村（含7个自然集镇）。另有竿塘乡待统一。

**2005年连江县乡镇村建置一览表**

表1-1-1

| 乡镇名称 | 乡镇驻地 | 村（居）数 | 村民（居民）委员会名称 |
|---|---|---|---|
| 凤城镇 | 凤城 | 11 | （西北）（西南）（东北）（东南）（北门）（凤园）（百凤）绿茵、玉山、北岳、凤尾 |
| 敖江镇 | 白沙 | 14 | （白沙）长汀、小湾、毗吨、岱云、浦下、山亭、石头、幕浦、杉塘、上山、下山、青塘、清溪 |
| 江南乡 | 江南 | 15 | （江南）魁岐、已古、南塘、横槎、梅洋、镜路、连兴、文新、王庄、花坞、连登、澄岩、儒洋、连沙 |
| 东湖镇 | 东湖 | 10 | 东湖、祠台、飞石、岩下、洋门、西庄、湖坪、东塘、天竹、牛栏坪 |
| 浦口镇 | 浦口 | 14 | （浦江）（浦东）（浦乐）（浦旗）（浦丰）（浦升）（浦兴）塔头、益砌、樜尾、松坞、山坑、中麻、官岭 |
| 东岱镇 | 东岱 | 9 | （东岱）洪塘、山堂、蝉步、龙山、湖里、关头、东水、洋西 |
| 晓澳镇 | 晓澳 | 7 | （晓锋）（晓江）（晓兴）长沙、百胜、道澳、赤湾 |
| 琯头镇 | 琯头 | 28 | （琯头）（琯福）东升、塘头、山兜、竹岐、阳岐、秦川、拱屿、下塘、兰田、东边、上坪、门边、下岐、寨洋、官岐、长门、东岸、蓬岐、定岐、塘下、壶江、川石、定安、后一、后二、龙沙 |
| 潘渡乡 | 潘渡 | 11 | 潘渡、塘坂、坡西、东雁、仁山、贵安、兰山、溪利、陀市、高岳、朱步 |

续表 1–1–1

| 乡镇名称 | 乡镇驻地 | 村（居）数 | 村民（居民）委员会名称 |
| --- | --- | --- | --- |
| 小沧乡 | 利洋 | 5 | 小沧、樟后、东风、七里、利洋 |
| 丹阳镇 | 丹阳 | 18 | （丹阳）丹阳、坂顶、旺庄、坑口、溪尾、山边、文朱、新洋、东平、松岭、东山、花园、虎山、朱山、山兜、上周、桂林 |
| 蓼沿乡 | 蓼沿 | 23 | 蓼沿、赤石、溪东、金沙、后坂、凤岩、岐山、王坑、利畲、仁坂、朱公、周溪、义洋、兰水、蒲边、仙屏、定田、大沧、杏林、四定、首占、后垄、林场 |
| 长龙镇 | 宫坂 | 7 | 建庄、洪峰、真茹、下洋、岚下、丘祠、苏山 |
| 透堡镇 | 透堡 | 8 | 南街、馆读、北街、西门、陇柄、塘里、尖墩、龙头 |
| 马鼻镇 | 马鼻 | 15 | 横厝、玉井、墙兜、南门、东湾、浮曦、贵丰、文丰、合丰、村前、辰山、墩里、拱头、龙峰、半田下 |
| 官坂镇 | 官坂 | 16 | 官坂、下濂、塘边、梅里、合山、北营、梅阳、白鹤、莺头、塘口、洋尾、辋川、东头、东澳、浮泉、石丘 |
| 坑园镇 | 坑园 | 8 | 坑园、屿头、下屿、前屿、颜岐、象纬、红厦、下园 |
| 下宫乡 | 下宫 | 9 | 下宫、新辉、江湾、松皋、上宫、大洋、厦乙、可门、初芦 |
| 筱埕镇 | 筱埕 | 11 | 筱埕、蛤沙、蛎坞、东坪、南山、大埕、罗回、埕口、定海、官坞、凤贵 |
| 安凯乡 | 安海 | 11 | 安海、郭婆、飞红、镇安、半山、文湾、高塘、奇达、沙澳、同心、黄家洞 |
| 黄岐镇 | 黄岐 | 11 | （海丰）（海新）（海英）（海建）长沙、赤澳、大谷、后仑、赤才、大建、古石 |
| 苔菉镇 | 苔菉 | 8 | 苔菉、北茭、琇琊、后湾、横塍、茭南、上塘、东洛 |
| 合　计 | 22 | 269 | — |

说明：①马祖、东引列岛尚待统一，暂未列入建制②括号内为居民委员会

# 第二章　乡镇概况

## 第一节　凤城镇

### 一、境域概况

凤城镇位于敖江下游北岸小盆地。镇政府所在地黄海高程 5 米。唐天宝元年（742）成为县治。古属宁善乡，明代建城堡，清末城内及附城设有 13 个铺。时因城域形似凤凰展翅，故称凤城。1982 年 3 月取名凤城镇。1991 年，陆地总面积 4.69 平方千米，辖东南、东北、西南、西北 4 个居民委员会，玉山、绿茵 2 个村民委员会，共 7247 户、30418 人。

1992 年后，镇区面积日益扩大，人口不断增加。1993 年 1 月，增设北门居委会。1997 年 8 月，增设凤园居委会。同月，敖江镇的凤尾和北岳 2 个村委会划属凤城镇。2005 年 5 月，又增设百凤居委

会。至2005年底，全镇陆地总面积7.18平方千米，辖7个居委会、4个村委会，共15720户、54404人。有华侨、华人24398人。

**二、经济建设**

1991年起，加快基础设施建设步伐，完善城市服务体系，大力发展第三产业。1992年，实施“商贸旺镇”战略，加大招商引资力度，进一步完善营销网络，促进流通，增强城区经济辐射功能。至2000年，主干街道商店商品琳琅满目，有凤城、侨隆、北门、凤尾等综合性集贸市场和建材、水果、服装、家具等专业市场等10多座，总面积超过5万平方米。还有金星、安通、巨林、天都、华榕等商场和超市，商业购销两旺，餐饮业遍布街巷。有流动叫卖的鱼丸、拌面、锅边、马耳、汤圆、油条等；还有丹阳肉燕、黄岐鱼丸、长龙白粿、下宫扁肉等乡村风味；还吸纳全国各地特色风味，如山西刀削面、兰州拉面、四川辣味、山东水饺、天津狗不理等；乃至德克士、沙拉斯、乐香基等西方快餐。2000年，全镇乡镇企业总产值12.1亿元，镇财政收入1487万元。进入21世纪后，抓住县城“东扩南移”的机遇，加强招商引资，加快旧城改造步伐，拓展商业和加工业，先后引进内外资创办福州花圣工艺品有限公司、台湾万生皮件有限公司、福州瑞阳食品有限公司、兴福兴中型超市等。各村街实施“四盘活”：盘活固定资产，推行公开拍租；盘活土地资源，进行房产、店面实物置换；盘活集体资金，参与项目建设，扩大集体积累；盘活经营资本，介入小区物业管理，从而使全镇经济更上一层楼。2005年，乡镇企业总产值达21.74亿元，比1990年0.73亿元，增长28.8倍。从消费型城市向生产服务型城市转化，其中第三产业比重接近40%，居全县第一。工农业总产值23371万元，比1990年（2272万元）增长9.3倍。镇财政收入2294万元，比1990年（215万元）增长9.7倍。村居民收入大幅度提高，农民人均纯收入5325元，城镇居民可支配收入10436元。全镇固定和移动电话超过3万部，每百人拥有56部。

**三、社会事业**

**教育事业** 1991年起，增加财政投入，投资2000多万元改善办学条件，并配合县教育部门调整教育结构与布局。1996年，教育“两基”通过达标验收。1997年后，相继新办树德学校（私立）、第二实小、县进修校附小（凤尾小学转制）、黄如论中学、启明中学（私立）。至2005年，镇区拥有中学5所、小学4所。中学教职员工683人，在校中学生7738人（其中高中2080人），小学教职员工386人，在校小学生6790人。

**文化活动** 1991年，城区列入县级以上文物保护单位有12处。1992年起，镇区文化设施日益改善。至2005年，有线电视覆盖率100%；舞厅、卡拉OK厅、台球馆等现代文化娱乐场所30多处；业余腰鼓队、洋鼓队、十番音乐、伬唱队、扇舞队、舞龙队等10多个；镇区内陈第公园、温麻公园、王家庄公园、江滨公园、玉泉公园、烈士陵园等吸引众多中老年人早晚休闲娱乐；还有老年大学、诗社、书画社等，群众文化活动异彩纷呈。

**卫生体育** 1991年，全镇以“创建美好家园、倡导文明新风”为主题，实施亮、洁、绿工程和垃圾清理有偿服务，抓好全日制保洁。1992年开始，配合县、镇医疗卫生机构，搞好卫生防疫工作，定期进行灭鼠、灭蚊等专项整治统一行动。1996年起，在城区禁放烟花爆竹，综合环境明显改善。至2005年，全镇计划生育一直保持先进行列。并评为全民健身运动全国先进单位。

**四、新农村建设**

1991年，城区建设速度加快，城郊村落纳入统一建设规划。1997年8月，敖江镇的凤尾村和北岳村划属凤城，城区面积扩大。此后，加快旧城改造和新区建设步伐，4个村庄完全编入城区布局，市政设施逐步完善，至2005年，城区“四纵八横”主干路网基本形成。“四纵”即104国道（西环城）、816南北路、文山路、敖江路（部分）；“八横”即北江滨东西路、816东西路、玉荷路、莲荷路、丹凤路、马祖路、文笔路、可门路。路面水泥化，部分路段缆线已下地，交通标志、照明、排涝、防洪、排污、环卫等设施日益完善，镇区内已开通3条公交线路，总长21千米。有日产5万吨的自来水厂和电力调度中心；电信、有线电视网络通畅，岱云地热引进城内，成为全省第二个拥有温泉的县城；部分小区已使用洁净的管道燃气；设施配套齐全的居住小区和中高档住宅区不断扩大，全镇文明安全小区覆盖率达100%。已通过2003—2005年度省级文明县城检查初评。

## 第二节　敖江镇

### 一、境域概况

1991年，为乡建制，位于县治与郊区的接合部，辖30个村（场），陆地面积124.69平方千米，住民14509户、63579人。1992年8月改为镇建制。1994年，镇办综合场改为清溪村委会，林场改为澄岩村委会。1997年6月，从长汀村析出白沙楼、张旗楼2个自然村增设连沙村，建制村增至31个。同年8月，析出敖江南部江南等15个村新设江南乡，划北岳、凤尾2个村归凤城镇，敖江镇辖区保留敖江北部城郊的白沙、浦下、毗盹、杉塘、岱云、石头、幕浦、山亭、下山、上山、青塘、清溪、小湾、长汀等14个村，镇政府驻地白沙村。2005年9月，白沙村委会改为白沙居委会。至2005年底，全镇陆地总面积43.20平方千米，耕地面积758.8公顷（11382亩），山林面积1962.7公顷（29441亩），居民10728户、35491人，分布18个自然村，设14个村（居）委会、53个村（居）民小组。有华侨、华人21757人。

### 二、经济建设

敖江镇紧靠县治中心，境内有全县最大冲海积平原，地势平坦，土壤肥沃，气候温和，雨水丰沛，历来是县内粮食和经济作物重要产区，粮豆果蔬，四季不断。1991年后，随着改革开放深化，建设用地日多，耕地骤减，农产品价格低廉，农业日见式微。该镇利用临城区位和交通资源优势，加大投入，以市场为导向，发展特色农业、工业、建筑业和第三产业。1992年，在北郊104国道旁划出120公顷土地建设敖江投资区，加强基础设施建设和招商引资。1993年后，相继从台湾、日本等地引进奇特优良农作物品种，逐步向集约、产业化发展，实行“一村一品”“公司＋中介组织＋农户”的生产模式。同年，敖江建筑工程公司从四级晋升为三级。1996年晋升为二级，组建房地产开发公司。1999年起，实施现代农业园区建设规划，相继投资1000多万元，建设标准农田、标准果园、优质水稻、水果蔬菜等基地。至2000年，相继引进34家中外资企业，总投资3.5亿元，年产值7.2亿元。2002—2005年，抓住全县实施“飞地工业”机遇，投资区面积扩大到569公顷，先后共投资4000多万元，完善基础设施，还投资200万元建设园区管委会大楼和服务中心。至2005年，在开发区落地的企业有89家，初步形成以清禄鞋业、港发机电、龙和食品、金星钢铁为龙头的四大支柱产业，使全镇工业总产值跃升至14.65亿元。建筑业总产值1.6亿元。农业和第三产业都有较大发展。初步形成以上山村、下山村为主的优质水稻基地；以白沙村为主的日本三池高菜基地；以幕浦村为主的台湾黄花菜基地；以青塘村为主的马铃薯、豆类基地；以长汀村为主的麻竹果木基地；以山亭村为主的优质水果基地等。每年都为县城提供1万多吨新鲜蔬菜，350多吨肉类禽蛋及特色果蔬，还出售到沿海及马祖列岛。尤其敖江开发区周边的村落第三产业迅速发展。仅据青塘村统计，全村房屋出租者65家、办餐饮店8家、娱乐2家、食杂16家，年收入计2000多万元，另有500多人进厂务工，年收入350万元，全村1020户，每户年均收入2.3万元。全镇常年外出从事商业、建筑、珠宝加工、服务外贸、网吧娱乐等行业的有5684人，使全镇经济空前活跃，2005年全镇工农业总产值达14.96亿元，镇财政收入3167万元，农民人均年纯收入5723元。

**三、社会事业**

1991年后，全镇社会事业同步发展。1992—1995年，镇村共投入1300多万元改善教学条件，白沙、幕浦、青塘等村还设立奖学、奖教基金。1996年，通过省教委“两基”验收。农村群众文化日益活跃。1997年后，镇区文化服务中心设施进一步充实，各村相继建有文化活动室或老年乐园、离退休干部活动中心等，还有管乐队、舞龙队、闽剧伬唱组、书画、摄影及棋类等业余爱好者协会，有线电视、电脑宽带覆盖率均达100%，农村文化娱乐日益丰富多彩。1999年后，镇村医疗卫生大有改善，全镇有12个村（居）诊所，21名医务技术人员。2000年，参加农村新型合作医疗的农民达80.2%。计划生育整体水平日益提高，计生率达97%以上，计生工作获市先进乡镇，同年列入省级第三批科技示范乡镇。2003年，计生工作被市授予“文明窗口”单位。2005年，幕浦村企业家捐资8000万元筹建文笔中学。全镇有中学2所，在校中学生1397人；小学13所，在校小学生2096人，小学“四率”（入学率、巩固率、毕业率、普及率）100%，初中升学率97.7%。

**四、新农村建设**

1991年，敖江乡治所在凤城镇区中心，被列入县城建设规划，大部分村落也与县城连成一体，逐步纳入县城总体布局。1992年，县在敖江北岸平原建立敖江投资区，基础设施建设速度加快，敖江镇紧密结合新农村建设和旧村改造，每年都投入一定数量资金，为民办实事，改善交通、饮水、卫生环境。1996年，幕浦村筹资1100万元，在全镇率先进行旧村街改造。1997年，筹资1200万元建成敖北水厂。2001年，围绕“生产发展，生活宽裕，乡风文明，村容整洁，管理民主”发展目标，推进新农村建设，全面改造农村电网和优化路网，至2005年，全面实现村村“七通”（水通、电通、路通、邮通、电信通、闭路通、宽带通），村道全部水泥化，村容村貌明显改观，文明安全小区覆盖率90%以上。2000年被评为“省级园林式乡镇”，2003—2005年被评为省级文明村镇。

## 第三节　江南乡

**一、境域概况**

1997年8月，从敖江镇析出江南、已古、横槎、连沙、梅洋、魁岐、南塘、镜路、连登、澄岩、花坞、儒洋、王庄、文新、连兴15个村委会，成立江南乡，乡政府驻地江南村。辖境位于敖江南岸，有2座大桥与县城相通。境域西、南、东横亘着文笔、覆釜、玉华、玉楼、云居诸山，名胜古迹众多。淡水、河沙、森林、花岗岩及旅游资源丰富。2005年，全乡陆地总面积79平方千米，其中有林地面积5536公顷（83042亩），耕地面积593公顷（8893亩）。有7355户、24507人，设14个村委会、1个江南居委会，村（居）民小组180个。有华人、华侨22169人，梅洋、魁岐、已古、江南、南塘等是重点侨村。

**二、经济建设**

1997年以来，江南乡利用境内土地平坦，田畴肥沃，发展特色农业和生态农业。相继投入500多万元加强农田建设，修建水库，加固堤防，建立节水防渗暗灌渠系和机耕道路，逐步发展集约规模经营。同时加快工业、建筑业和第三产业的发展。实施“沿线开发，山河联动，三业并举”的发展方略。1999年，经市政府批准，在104国道沿线划出500亩土地设立民营经济投资区，相继吸纳23家企业落地，总投资1.3亿元。改制重建乡建筑工程公司。同年，在玉华山建立生态农业试验场，面积2500亩，是省科研试验和生态农业示范基地、市农业产业化重点企业，采用“牧—沼—草—果”生态发展模式，建标准化兔舍5000平方米、沼气池2500平方米、生态果园800亩，年产黄兔50万只、无公害猪5000只。还提供兔苗种，带动周边农户饲养，统一收购加工，形成“公司＋农户”养殖模式，该场生产的黄兔、枇杷被农业部评为绿色食品。各村还利用现有耕地和山地，发展优质蔬菜水果，投放县内外市场，鼓励富余劳动力外出创业，发展第三产业。至2005年，全乡蔬菜产量15998吨，居各乡镇之冠，肉类禽蛋1369吨，水果982吨，农业总产值7121万元。中小企业发展到1680家，从业人员9050人，乡镇企业总产值93745万元，比1997年30228万元增长2.1倍。乡财政收入299万元，比1997年建乡时53.8万元增长4.6倍；农民年人均纯收入5500元。

**三、社会事业**

1991年，境内有完中（六中）1所，中心小学（学区）1所，各村均有小学。1993年，县在已古村创办高级职业中学，在南塘村新办江南中学。1997年建乡后，实施中小学布局调整，归并部分村级小学，把中心校建成县级示范学校，并多渠道筹资350万元，征地7333平方米，建综合教学楼2500平方米。1998年后，利用乡境厚重的历史文化积淀（有历史文化遗址30多处，其中6处为县级文物保护单位）发展旅游业，加大历史文物保护力度，相继有10余座古刹得以重建或扩建。如宋代江南祈雨的见龙台，已古狮山的金福寺，玉楼山的玉楼寺等，招徕不少信众、游客。1998—2005年，共投入1500多万元，加强乡村现代文化体育设施建设，有篮球场、羽毛球场、小公园、老年活动中心等10多处，群众性的文化娱乐和全民健身活动日趋丰富。农村医疗卫生条件亦有较大改善。村村都有保洁队，垃圾定点定时清理。农村新型合作医疗全面推开，覆盖面达90%。计划生育目标管理责任制通过省市县检查，达到“防滑坡，创优质，上水平”的总要求。至2005年，有华侨中学（完中）1所、教职员工178人，在校中学生2524人（其中高中1367人）；小学8所，教职员工86人，在校小学生1105人。

**四、新农村建设**

1997年建乡后，新建乡政府大楼，拓宽朝晖路，新辟复兴路，并划出3.33公顷开发商住新区。2000年新建邮电大楼（投资300万元）。2001年全面加高培厚敖南防洪堤，使防洪能力由10年一遇提高到20年一遇。同时开发南江滨西路，改弯取直，筑堤造地5.33公顷，协调房地产开发，建设集聚商住小区。2003年后，贯彻县委“一个中心，四个组团”发展思路，江南乡定位为县城南部城区，全乡有13个村纳入城区规划。为加快旧村改造和新农村建设速度，乡、村先后投入1500多万元，完善水、电、路、市场等配套设施。2005年，江南、魁岐、已古3个村已连接成江南集镇，形成“两纵两横”主干街道，商店聚集，购销两旺，乡容村貌大有改观。

## 第四节　东湖镇

**一、境域概况**

1991年，东湖为乡建制，位于县城北郊约5千米，是县治北门，闽浙重要通道和枢纽。其北部为低山高丘地貌，有洋门、祠台、岩下、天竹、牛栏坪、飞石6个村分布在长龙山脉西南麓，俗称“上半区”；东南部是低丘环抱的小盆地，地势低洼。隋代邑义士林峣献田凿湖，纳九溪之水灌溉北郊七墩农田，东湖名称由此而来。1958年潘溪水利竣工后才变湖为田，其边沿分布着东湖、湖坪、西庄、东塘4个村，俗称“下半区”。1992年8月，改为镇建制。2005年，全镇陆地总面积45.63平方千米，其中有林地2419.3公顷，耕地564公顷，森林、淡水、花岗石、泥炭等资源较丰富。全镇居民4898户、15700人，分布25个自然村，设10个村委会，118个村民小组。其中畲族90户、392人，主要聚居天竹、飞石、岩下等村。有华人、华侨412人。

**二、经济建设**

东湖地处半山区，以往经济基础薄弱，传统农业是主要收入来源。1991年，工农业总产值2193.5万元，其中农业总产值1626.7万元，占74.16%。农民人均纯收入662元，部分群众仍处在贫困线之下。1992年后，利用地域特色和交通优势，合理开发资源，稳固农业基础，以市场为导向，调整经济结构，发展特色高优农业，先后培育更新传统水蜜桃，开发“东湖早”枇杷，引进优质西瓜、甜玉米、人参果等新品种，建成3000亩果园、7200亩茶园、1000亩蔬菜、100亩香菇、蘑菇4个基地。同时把发展工业作为振兴经济的重点，多渠道集资改善投资环境，扶持乡镇企业向规模发展，整合10家机砖厂、40家石料场，成立建材供销公司，年产值1500万元。利用交通便利优势，发展第三产业，开放劳动力市场，在公路沿线发展加油、车辆维修、仓储、商业、食宿等100多家。1996年后，相继引进马来西亚客商，投资300万美元在西庄创办福州兴邦畜牧有限公司，养猪7万只；引进美国华侨投资1000万元，创办美东畜牧业发展有限公司，养猪3万头。初步形成适度规模经营的现代农业，连续8年实现增产增收。相继创办利用垃圾烧结的空心砖厂，年产值2000万元，被省鉴定为环保科技项目；新办海蜇皮加工厂、宏飞造纸厂等。2002年后，加大开发盘整土地和招商引资力度，先后引进福州（香港）波波时尚服饰有限公司、海鑫置业有限公司、福建建垒建材有限公司、志丰机动车培训有限公司、福州龙威茶叶有限公司等项目，使工业成为全镇经济增长的主力军，推动农业和第三产业发展。全镇有80支3000多人建筑队伍，年收入1800万元，在山岗工业区相继创办六福村休闲旅游点和多家住宿餐饮企业。2005年，全镇工农业总产值26835万元，其中工业产值21517万元，农业产值5318万元。镇财政收入76万元。粮食总产5986吨，肉类和禽蛋产量1779吨，水果产量942吨。农民年人均纯收入4530元。

**三、社会事业**

1991年起，镇、村共集资480多万元，改善教育、文化、卫生设施，新建中心校教学实验楼1100平方米，全镇实施义务教育阶段学杂费全免。1996年，“两基”达标。1997年后，镇村加大文体设施建设投入，各村多建有文化活动中心、老年乐园等公共活动场所。洋门村在座洋山麓建红色旅游基地，天竹村建畲族风情园。2005年，全镇有中学1所，教职员工42人，在校中学生567人；小学5所，教职员工84人，在校小学生877人。有4支伬唱队、舞龙队，10个村有线电视全部与县联网，农村文化活动日渐丰富多彩。卫生环境大有改善，新型农村合作医疗覆盖率达85%，计划生育成效显著，计生率97%以上。

**四、新农村建设**

1991年，东湖镇区面积不足10公顷，主街分布104国道两旁，路面宽仅10米左右，车辆行人拥挤。1995年起，104国道全面拓宽，路街扩大至20米左右，镇政府调整出50亩地建设标准化农民住宅小区。1996—1999年，投资600万元，实施旧街改造、电网改造和基础设施建设，被市评为村规范化先进单位。2000—2005年，多渠道筹资1000多万元，改善各村的基础设施，建设移动通信飞石基站，联通西庄、祠台基站，10个村全面实现道路水泥化，6个老区基点村建设自来水厂，天竹、岩下、祠台、西庄村建设办公楼，完成104国道东湖段排水沟、清淤、涵洞和照明、防护栏建设，以及东湖岭改湾取直、山岗—丹阳段拓宽改造工程，协助进行沈海高速路8.5千米征地拆迁，湖坪村建设三峡移民小区，安置8户、36人。镇容村貌大有改观。农村社区物质文明和精神文明建设都取得可喜成果，被评为军民共建双拥先进单位。至2005年，镇街区沿东湖段104国道线拓展，南部至东湖口与敖江投资区接壤，北部扩展至西庄路口，东部与湖坪相连，面积达36公顷，市政设施大有改善，街道整洁明亮，商贸物流繁荣，成为县城北郊的一个重镇。

# 第五节　浦口镇

## 一、境域概况

浦口镇位于敖江入海口北岸，镇境北部横亘着鼓楼山余脉伸向长龙、黄岐半岛之低山高丘；南部濒临敖江口和东海。村落散布在13千米狭长的丘陵海岸走廊。镇政府所在地浦口街，距县城9千米，离沈海高速路互通口7千米。1991年，辖境有浦口居委会和塔头、益砌、樜尾、松坞、中麻、山坑、官岭村委会等8个村（居）。同年10月，浦口居委会撤销，析分为浦江、浦东、浦旗、浦乐、浦丰、浦兴、浦升7个居委会，全镇村（居）数达14个。至2005年，共有10774户、38309人，村（居）民小组210个。有旅居国外华人华侨10150人。浦口镇陆地总面积52.66平方千米，其中耕地866.7公顷、山林面积1973公顷，浅海滩涂700多公顷。境内高岭土、花岗石、水产生物等资源较丰富。

## 二、经济建设

浦口镇山海兼备，沿海岸线有冲积平原和大片滩涂，气候温和，雨水充沛，是农业综合开发地区。1991年，全镇工农业总产值5934万元，其中工业产值3704万元，占62.4%；农业产值2230万元，占37.6%。1992—1996年，继续发展乡镇企业，以市场为导向，加快行业结构调整，初步形成建筑、机械、鞋业、石材、水产加工等支柱产业，乡镇企业总产值超5亿元。同时，为稳固农业基础，多渠道筹资2100多万元搞农田建设，全镇14.3千米海堤全线达标；修建机耕道路，加固山塘水库，改造滩涂，发展海水养殖。1997—2005年，又投资1000多万元，实施国家粮食自给工程，改造沿江6000亩旱地，建立粮食综合示范片，扶持发展生猪等畜禽养殖和蛏、蛤、紫菜等海水养殖，创办官岭花蛤育苗基地，扩大水产品加工规模；开发山地，国债造林11200亩，建立千亩优质果园和龙眼示范片等，从而保持农业增长、农民增收。至2005年，全镇农业总产值达20469万元，粮食总产量8459吨，水产品总产量12600吨，蔬菜10071吨，乡镇企业总产值196900万元，有大小企业1819家，从业人员11386人。其中规模工业企业8家。浦口原车辆配件厂（前身为浦口农械厂）与香港永辉公司合作成立富佳机电有限公司，年产值2000多万元；浦口制鞋企业已加入福建省轻工鞋业集团，年产值5000多万元，产品大部远销美欧及东南亚国家；塔头等村年造船200艘，总吨位1100多吨，产值850万元。全镇出口商品交货总值3914万元。镇财政收入307万元，农民年人均纯收入从1990年780元增加到4873元，增长5.25倍。

## 三、社会事业

1991年起，镇村财政每年都安排一定资金，办好几件群众迫切需求的实事。一些企业家、华侨和有识之士，亦乐于捐助公益，从而使社会事业有明显进步。1991—2005年，共多渠道集资4000多万元，相继改建、扩建连五中、浦口中学、浦口中心校及各村小学教学楼10座、宿舍楼5座。筹资2160万元，建镇、村公园7座，文化俱乐部1所，门球场4个，修建祠庙、老年休闲中心等10多座。至2005年，浦口镇有中学2所，教职员工189人，在校中学生2758人（其中高中888人）；小学8所，教职员工165人，在校小学生1619人，小学“四率”达99.5%。全镇居民文化素质明显提高，高中以上文化程度有3205人，占总人口8.4%，文盲、半文盲人口比重从1990年第四次人普的15%降至2005年10%。

群众性的文化体育活动日趋活跃，有文化团队7个，还组织篮球、门球、龙舟、自行车、腰鼓等健身赛事。其中不少项目参加县、市竞赛获得较好成绩。农村卫生条件大有改善，地方性疾病和传染病得到有效控制。新建镇卫生院门诊大楼，有15张床位，卫技人员29人，基本满足辖区群众一般疾病诊治需求。计划生育取得较大成效，计生率达 97% 以上。

**四、新农村建设**

1991 年后，浦口基础设施建设大大加快，至 2005 年，相继投资 1787 万元建设 14 个村（居）水泥路，投资 1200 万元新建浦东大桥；投资 1.2 亿元在浦兴村岭头建成 220 千伏变电站，各村电网进行全面改造，实现城乡同网同价。多渠道集资 800 多万元，建设水库和自来水工程，镇区日供水能力达 5000 吨，全镇 90% 以上群众饮用安全自来水。扩容程控电话，全镇固定电话用户 6750 户，百户电话拥有量达 62.6 部，各村（居）有线电视均与县联网。农村多数群众建了新居，住房条件大大改善，有 10 个村（居）修建或新建村委办公楼，改造和新建农村公共厕所 26 座，农村面貌发生巨大变化。浦口镇区面积原仅 25 公顷左右，人口稠密，街巷窄小拥挤，经旧区改造和新区开发，横向旧街已拓宽为汽车大道，加上通往可门港的公路改线，县城至黄岐路段亦成为横街闹市；纵向先后建成镇政府至公路口长 438 米、宽 9 米，外厝至公路口长 950 米、宽 8 米和浦东大桥至公路口长 650 米、宽 24 米的大道，形成二横三纵的路网。浦口街与塔头村、益砌村、樜尾村等已连成一片，面积扩大到 204 公顷，加快了城乡一体化进程。

## 第六节　东岱镇

**一、境域概况**

东岱镇位于县境东部敖江入海口南岸，古称三沙镇、岱江，是县治东大门和通海咽喉。历史上曾建有城堡，称“铳城”，设有巡检司、守备署，海关分卡等。境内为沿海丘陵地貌，西北濒临敖江口，东南、东北岗峦起伏，中部有一片冲海积平原。2005 年，全镇陆地总面积 24.34 平方千米，其中耕地面积 611 公顷，森林面积 477 公顷。属亚热带海洋季风气候，年降水量 1350—1540 毫米，年气温 16—20℃。全镇 23 个自然村展布于平原与丘陵边沿，镇政府所在地东岱街，距县城 15 千米。辖 9 个村（居），即东岱居委会和东水、关头、湖里、洋西、龙山、蝉步、洪塘、山堂村委会。分设 143 个村（居）民小组。2005 年有 10165 户，总人口 34426 人。有华人、华侨 8869 人。台湾同胞 1000 多人，是县内台胞较多的乡镇。

**二、经济建设**

东岱丘陵、平原、江海兼有，农渔业资源富饶，交通便捷，商贸兴旺，素有“梧桐闹凤凰，江畔鱼米香”之誉。农业综合开发历来是农民生存之源，聚财之本，东水钓鳗、大涂蛋鸭、湖里杨梅等均誉满遐迩。1991 年，全镇工农业总产值 7623 万元。其中农业产值 4028 万元，工业产值 3595 万元。1992 年后，农业用地逐渐减少，生产成本增加，镇村多渠道集资 500 多万元搞农田建设，在严格保护耕地、稳定粮食生产的同时，调整农业内部结构，发展高优特色农业。1993—1998 年，东岱、蝉步等村利用广阔滩涂建立蛋鸭基地，年产鲜蛋 1000 多吨；东岱大涂等地建立 170 公顷巨峰葡萄基地；山堂、湖里、龙山等村利用丘陵山地发展龙眼、柰果、板栗、杨梅等优质果园 140 公顷。全镇相继创办 2 家甲鱼养殖场、5 家养猪场、4 家养鸡场。还引进中科院植物研究所螺旋藻养殖技术，成立岱江集团施瑞安生物工程公司，生产系列保健产品，并获美国 FND 论证，产品畅销国内外。引进泰国银河集团实业公司联营，投资 2000 多万元，人工养殖鳄鱼 600 多尾。东水等渔村面对海洋鱼类衰退，及时调整捕捞作业，巩固鳗钓作业，发展鲨钓、灯光诱捕和远洋捕捞。1999 年，东岱建筑工程公司，晋升为二级企业，在各地设 10 多个办事处，年产值达 2000 万元。至 2005 年，全镇乡镇企业发展到 840 家，从业人员 2605 人，总产值 194503 万元，是 1991 年的 50 倍。初步形成水产冷冻、保健食品、塑胶鞋业、建筑材料为主的支柱产业。其中规模以上企业 8 家。如东岱水产综合冷冻厂与日本商人合作，年产值 1800 万元，曾评为省级先进企业。东岱塑胶厂与香港亨特国际有限公司合股联营，年产值1600万元。龙山花岗石制品厂年产值2000多万元，曾被省政府评为“百颗星企业”，该厂环保和装潢石材畅销全国。农渔业稳中有进，农业总产值28593万元，是1991年的7倍；水产品总产量14058吨，是1991年的3倍。粮食总产4556吨，禽畜肉类产量1955吨，水果产量1812吨。交通运输、信息、文娱等服务业也有较快发展，尤其电子文化娱乐和首饰加工服务遍布上海等城市，年收入达45000万元。全镇经济实力明显提升，人民生活普遍提高。镇财政收入300万元，农民年人均纯收入从1990年的825元提高到5098元，增长5.2倍。

**三、社会事业**

1991年以来，镇村每年均投入一定资金为民办实事。相继投资325万元建设岱江中学、东岱中心校、东水小学等教学楼，东岱中心校被评为省先进，岱江中学被评为市文明单位，两校开展健康促进学校建设试点，通过国际卫生组织评估肯定。至2005年，全镇有中学2所，教职员工115人，在校中学生1678人；完小7所，教职员工157人，在校小学生1506人。小学“四率”达100%。

境内历史文化积淀厚实，有云居山青铜器遗址和战国末独木舟遗址，列入县级文物保护单位有6处，其中云居普光塔为省级文物保护单位。1991以来，海外华侨、港澳台胞、企业家和社会热心人士共筹募2000多万元，使名胜古迹、寺院宫庙祠宇等得到保护、修葺和扩建。至2005年，各村均建有文化宫、俱乐部、老年乐园等，成为民众休闲娱乐场所，有线电视覆盖100%，群众业余文化生活日趋丰富多彩。农村卫生状况大有改善，镇卫生院医疗设施日渐健全，卫技人员35人，基本满足一般疾病诊治需要，新型农村合作医疗覆盖率85%，计划生育取得成效，计生率达98%。群众性的体育活动蔚然成风，老年体育尤为活跃，登山、打门球、打腰鼓等成为群众经常活动项目。东岱街建有3个门球场，举行过多次县以上赛事，东岱门球队均名列前茅，多次被评为省、市体育先进镇，2005年评为全国群众体育先进单位。

**四、新农村建设**

1991年后，东岱镇所在地继续按照统一规划、统一设计、统一征地、统一建设的“四个统一”总体要求，先后开辟东兴和北门2个小区，延长东兴大街长380米、宽18米；拓宽通学路长350米、宽12米；新辟东旺路长600米、宽10米，街道两旁开发商住楼，并结合旧街改造，全面铺筑水泥路面。至2005年，群众集资共建商住房面积18万平方米。镇治面积由1990年的85公顷，扩大到120公顷。全镇9个村（居）的供电、供水、防洪、挡潮、环卫、排污及农贸市场等市政设施日益完善。东岱街2000—2005年共集资3000多万元，建设南郊公园、东兴公园、北门公园、渔女滩环岛、后山阁景区、古城堡等公共场所，并遍植林木花卉。其他8个村结合旧村改造，全面实现“五通”，镇容村貌普遍改观。

## 第七节　晓澳镇

**一、境域概况**

晓澳镇位于县境东南，是闽江、敖江两江间半岛的突出部。其西北部紧靠云居、玉楼等低山高丘，东南部面临东海，与马祖列岛一衣带水，遥遥相对。村落环列海岸边沿丘陵。镇政府所在地晓澳街，距县城24千米。全镇陆地总面积18.96平方千米，其中耕地面积405公顷，山林面积426公顷。浅海滩涂广阔，总面积70.9平方千米，是陆地面积的3.7倍。境内亚热带海洋季风气候明显，年均气温

20℃，降水量1350毫米，全年基本无霜。水产生物和花岗石资源丰富。2005年，镇境设晓兴、晓江、晓锋3个居委会和百胜、道澳、长沙、赤湾4个村委会。共有居民11104户，37175人，分设158个村（居）民小组。有华人、华侨22024人，为县内重点侨乡之一。

**二、经济建设**

1991年，晓澳镇充分发挥海域滩涂广阔，水产资源富饶的优势。以市场为导向，巩固发展传统养殖项目，开拓文蛤、对虾、锯缘青蟹、鲈鱼、太平洋牡蛎等新的养殖项目。同时加大招商引资力度，发展水产精深加工。1993年，百胜海味厂自费派员到日本考察水产加工技术，并签订1000万元烤鱼片出口合同。1996年，同日本日洋贸易株式会社合资创办福州百洋海味食品有限公司，先后引进虾皮、鱼糕、丁香鱼等5条自动生产线，生产规模日益扩大。2004年，被农业部等八部委认定为农业产业化国家重点龙头企业，年产值超3亿元。同期，晓澳水产加工厂与日本冈田株式会社合资组建旭隆食品有限公司，生产海带昆布出口日本等国，成为省级龙头企业，年产值7100多万元，产品畅销国内外市场。两家水产加工企业成为晓澳镇支柱产业，并带动其他产业的发展。同期还相继引进福州超达日化有限公司，开发日用化工产品；引进台商投资800万元创办福州金城科技开发有限公司，在晓澳横岧征地200亩，建立高位地膜养虾基地；道澳环保设备石材厂发展为规模骨干企业。全镇从事水产品流通、商饮服务、海滨旅游、文化娱乐等第三产业者有2000多人，年收入1亿元左右。2005年，全镇海水养殖面积800公顷，水产品总产量3.67万吨。有乡镇企业1158家，从业人员15425人，总产值178250万元。工农业总产值89301万元，其中工业产值43132万元，农业产值46169万元，均比1990年增长11倍。镇财税收入917万元（县财政核收319万元）。农民人均年纯收入从1990年750元提高到5710元，增长6.6倍。2005年底，连江县海西水产品加工基地在晓澳正式启动，道澳、晓澳、百胜3个片区总面积738公顷（11072亩）。

**三、社会事业**

1991年起，晓澳镇政府更加重视社会事业同步发展和改善民生。每年都安排为民办实事项目10多项。还鼓励华侨、企业家和社会人士参与办学助教和兴办公益事业，1992—1996年，镇村筹资370万元，兴建晓澳卫生院门诊综合楼和先进医疗设备。共集资1000多万元，建设中小学教学楼、教师宿舍、运动场和教学设施。1997年，晓澳教育“两基”通过省评估验收。2000年5月，福建电影制片厂《英雄郑成功》电影在晓澳开拍。2001年4月举行首演，晓澳影城因而闻名遐迩。2005年，晓澳镇有中学1所，教职员57人，在校中学生825人；小学5所，教职员145人，在校小学生1523人，小学“四率”均达99%以上。同期发动社会力量，相继建有20多处文化娱乐休闲场所，各村均有青年俱乐部、老人乐园，不定期组织文艺会演、歌咏比赛、篮球等体育比赛，文化娱乐活动日益活跃。镇村还投资100多万元建设垃圾处理场，投资80万元改造6座旧厕为冲水收费公厕，使农村卫生环境发生很大变化；新型农村合作医疗覆盖面达93%，民众健康水平日益提高、计划生育成效显著，计生率达95%。

**四、新农村建设**

1991年，晓澳镇民居多在海湾，依势而建，民居稠密拥挤，杂乱无章，道路弯曲窄小，基础设施较薄弱，脏、乱、差现象不同程度存在。1993年开始，镇村普遍编制新农村建设规划，晓澳、百胜、道澳、长沙等村，利用村前湾口大片冲海积滩涂和围垦土地，进行全面规划开发，普遍整修加固堤防，除低滩地发展海水养殖、种植葡萄等外，紧靠村落的高滩地经过吹沙填土用以创办企业、统一开发住宅新区和公共设施。同时抓紧改造旧村街，逐步完善水、电、路、电信、沟、厕、公园等市政公共设施。改善居住环境和条件。据不完全统计，1991—2005年，镇村两级政府和群众共集资7950万元，建设总长95千米的乡村水泥路和日产3000吨自来水等基础设施，实现村村道路硬化，饮水安全，电信畅通。2005年，全镇拥有固定电话7504户，移动电话8663户。晓澳、百胜、道澳等大村落都投资100万左右建设农贸市场。晓澳镇区由松峰房地产开发公司投资1050万元，围海造地240亩，开发商品房200

套，别墅52座、69套，还建设21米宽的中心大道。群众集资建新村860户，新区建筑总面积超过20万平方米，旧房改造800多户15万平方米；疏通下水道3000米，使镇区面积扩大到162公顷，镇貌村容大为改观。

## 第八节 琯头镇

### 一、境域概况

琯头镇位于闽江入海口北岸，与琅岐岛隔江相望。镇政府所在地琯头街，距连江县城8千米，往福州40千米，离长乐国际机场30千米。镇境均属海侵海蚀丘陵地貌，镇北为覆釜山脉和省级风景区青芝山，沿海岛礁棋布，闽江出口处，北有电光山，南有凤窝金牌山夹峙，港道狭窄，水流湍急；口外并列南龟、北龟2个岛礁，俗称“双龟把口”；入海处又有粗芦、壶江、川石、五虎诸岛环列，周边礁碴如串珠，形成天然屏障，地势非常险要，历来是省会福州的门户、军事要塞和重要港口。滨海风光旖旎，气候宜人，旅游和海产资源丰富。1991年，全镇辖27个村（居），1999年7月增设琯福居委会。至2005年，全镇有琯江、琯福2个居委会、26个村委会，236个村（居）民小组。按地理习惯分为上半区和下半区。上半区包括琯江、琯福、门边、东升、拱屿、下塘、上坪、东边、秦川、蓝田、塘头、竹岐、阳岐、山兜14个村（居）；下半区包括闽江口沿岸的长门、官岐、寨洋、下岐、定安和海岛的东岸、后一、后二、蓬岐、定岐、塘下、龙沙及川石、壶江等14个村委会。全镇陆地总面积62.73平方千米，其中耕地799公顷，山林2350公顷。居民18159户、57228人。有华侨华人共13.83万人，是福建省著名侨乡。

### 二、经济建设

1991年，琯头镇利用得天独厚的地理区位和资源优势，稳固农业基础，以市场为导向，发展高优特色农业，逐步形成“一村一业”或“一村一品”。沿海地区针对近海鱼类资源衰退，及时减削捕捞作业，积极发展水产养殖业和加工业。东升渔村开辟国际渔场，到印尼远洋捕捞，壶江等村全力发展海上运输，东岸发展鲨钓渔业，定安村发展鳗、蚶养殖，后一、后二、塘下、龙沙等村发展蛤蛏、紫菜等养殖。内陆农业区建立农业综合基地，创办生态农业试验园。如塘头村培育良种，东边村发展花卉，竹岐村发展奶牛和反季节蔬菜，塘头、竹岐、山兜、秦川、蓝田等村发展林业和优质果品。

1992年邓小平南方谈话后，该镇抓住机遇，充分发挥台胞、华侨多，融资渠道广的条件，加大基础设施建设和招商引资力度，相继投资2.2亿多元，逐步完善水、电、路、港口码头和电信等设施，在镇北104国道旁设立台、侨、外资开发区，规划面积790公顷，第一期开发280公顷。同时，发展海运和旅游业、商业、饮食服务业。1998年，琯头镇被评为福州地区20个商贸旺镇之一。1999年升为省级投资区，成为闽江口金三角经济圈的重要组成部分，形成三个产业齐头并进的格局。至2005年，全镇乡镇企业发展到3425家，总产值35.49亿元，其中在投资区内落地企业达20多家，总投资18亿多元，初步形成钢铁冶金、机械制造、船舶修造、建筑材料、家具木业、食品加工等支柱产业。全镇工业总产值47767万元，农业总产值5.15亿元，水产品总产量26272吨，粮食总产7470吨，水果产量2461吨，蔬菜产量9156吨。

以冠海集团为龙头的海上运输业，拥有万吨以上运力的企业有14家，总运力超过150万吨，年营运收入10亿元，居全国乡镇首位。旅游业方兴未艾，省级风景区青芝山、长门古炮台爱国主义教育基地和川石、壶江等滨海风光度假区，成为闽江口休闲、旅游的热点，带动商业和饮食服务业的快速发展。2005年，镇财政收入2286万元，比1990年352万元增长5.5倍。农民人均年纯收入5825元，比1990

年1005元增长4.8倍。

**三、社会事业**

琯头历史悠久，文化积淀厚重，境内被列为县级文物保护单位的有6处，其中青芝山林森藏骨塔、啸余庐别墅和长门古炮台是省级文物保护单位。1991年后，许多侨胞、台胞、企业家和社会人士热心公益，相继捐资1亿多元，使全镇100余座姓氏宗祠、佛教寺院、神祇宫庙普遍修葺一新。捐资3000多万元，建设中小学和幼儿园，筹资1000多万元建设镇中心卫生院综合楼和14个村卫生所。2000年，云南三鑫集团投资8000万元整合提升青芝山省级风景区。至2005年，全镇有中学3所，教职员工222人，在校中学生3179人（其中高中1300人）；小学12所，教职员工232人，在校小学生2521人。全镇村（居）建有公园30多处，各村均有文化宫、老人乐园和休闲娱乐场所，群众文化体育活动日益活跃，曾获评全国亿万农民健身活动先进乡镇。镇村医疗卫生设施日益改善，新型农村医疗合作覆盖面达90%，计划生育成效明显，计生率达96.9%。

**四、新农村建设**

1991年，琯头镇仅有一条商业主街300米长、4米左右宽的石板路面，遇天文大潮和闽江洪水，街道常浸泡水中，给居民带来诸多不便。1992年，镇和各村开始全面制订新农村建设规划，1993年琯头镇被列入建设部确定的全国500个小城镇建设试点，把上半区除蓝田村外的13个村居纳入小城镇总体规划，面积8平方千米。各村结合旧村改造，普遍改建或新建钢混结构楼房和别墅。1992—2005年，镇村多渠道集资2.2亿元完善镇村道路、供水、供电及码头港口和市政配套设施，开发商和居民共投资5亿多元建设商品房、居民住宅新区，新增建筑总面积49.39万平方米。镇区初步形成4横3纵道路网。东西横向有投资区中心大道、改线后104国道街区、原福汾路段大街、经改造的旧商业街。南北纵向有对台贸易码头大道、上坪路、开放路。开放路与青芝大道及沈海高速互通口相通。闽江口岸和3个海岛共有24座码头，总泊位1.5万吨。镇区有日产2万吨水厂、万门程控电话、110千伏和35千伏变电站。各村普遍实现道路硬化、饮水安全，电力、有线电视、程控电话全部联网。教育、文化、卫生、娱乐等公共设施基本满足群众需要，集镇城市化进程大大加快，镇容村貌发生深刻变化。

## 第九节　潘渡乡

**一、境域概况**

潘渡乡位于县境西北部敖江中上游，西南与福州晋安区宦溪镇毗邻，是福温古驿道必经之地。乡政府所在地潘渡村，离县城22千米。2005年，全乡有56个自然村，错落展布于敖江两岸，分设高岳、塘坂、东雁、兰山、溪利、坡西、仁山、贵安、潘渡、陀市、朱步11个村民委员会，118个村民小组。共有5521户、18482人。其中畲族563户、2239人，占总人口的12.11%，溪利、兰山为纯畲族村。有华人、华侨836人。

潘渡乡陆地总面积135.82平方千米。其中耕地面积892公顷，有林地面积7859公顷。境内青山环抱，生态优良，气候温和，雨水充沛。拥有全县80%的淡水资源，温泉储量占福州市总量的60%。山林面积、水果产量均居全县第一位，还有叶蜡石、花岗石等资源。

**二、经济建设**

1991年，潘渡乡仍是纯农业的贫困乡，又是少数民族聚居区和革命老区，经济发展缓慢。1992年起，以市场为导向，把山林、淡水、农田、地热等资源优势逐步转化为经济优势，进行统筹规划，综合开发。发展温泉淡水养鳗，至1995年养鳗企业发展到18家，养殖面积40公顷，成鳗产量800吨，出口创汇450万美元，是全县最大的出口创汇基地。同时抓住县在贵安设温泉旅游开发区的机遇，加大招商引资力度，相继建成福州贵安温泉高尔夫球场、省游泳训练基地、省政府会议中心、省农业观光园等，使旅游业迅速发展。

1996年，山仔水利枢纽工程竣工投产，潘渡乡利用直供电价格低的优势，先后引进航城金属制品有限公司、南靖汇丰食品有限公司、永兴不锈钢制品有限公司等企业落户，利用“飞地”政策，引进龙口食品、仙波食品、长欣塑料3个企业落户敖江投资区，初步扭转工业短腿现象。2001—2005年，共投入4000万元加强农田基本建设，稳定粮食生产，发展特色农业，建立生态公益林基地506.67公顷，水果基地667公顷，西瓜基地333.3公顷。2005年，全乡乡镇企业发展到986个，从业5882人，总产值7.79亿元，是1990年25倍；工业总产值1.61亿元，为1990年53倍。农业总产值2.38亿元，乡财政收入164万元，农民年人均纯收入从1990年710元提高到4745元。2005年起，潘渡乡被列入全县四大经济组团——温泉生态经济组团和省、市旅游重点项目之一。

**三、社会事业**

1991年，潘渡乡充分利用历史文化资源，为温泉旅游开发增加丰富的文化内涵。对境内青铜器文化遗址、福温古驿道遗址、朱文公祠、明兵部尚书吴文华古墓、民国海军宿将萨镇冰隐居贵安西溪遗址等，尽力进行保护、维修和挖掘整理。鼓励民间传统的舞龙、舞狮、马灯等文体项目恢复发展，尤其仁山村的拉线狮，曾多次参加县、市表演比赛而闻名遐迩，被选参加“八闽民间民俗绝艺大观园”表演。溪利、塘坂、高岳等村经常举办畲族山歌比赛和“三月三”乌饭节活动。民众文化生活日益丰富。1991—1995年，乡村共筹资400多万元，相继建设全县首座乡级科技培训中心，创办淡水养殖职业高中班，先后举办17期，受训1895人；新建中小学教学楼9座，1996年，潘渡乡“两基”达标。1999年开始，调整教育布局，集中办学，整合教育资源，筹资200万元建潘渡中心小学，设少数民族班，建民族学生宿舍楼。至2005年，全乡有中学1所，小学10所，中小学教职员工145人，在校中小学生1474人。乡卫生院和9个村卫生所医疗设施逐渐改善，基本解决村民看病难问题。计划生育多次受到表彰。计划生育率和“三结合”率均达100%。随着闭路电视和宽带网络开通，农村文化生活日趋丰富。

**四、新农村建设**

潘渡地处山区，村落小而分散。1991年开始，利用建设山仔水利枢纽工程和塘坂水电站，政府搬迁补偿1400万元，妥善安置移民119人。1996年后，实施造福搬迁工程，全乡有塘坂、高岳、东雁3个村的5个自然村100户、470人由偏僻自然村搬迁到建制村附近。2001年开始，相继在贵安、潘渡、陀市、东雁、高岳、朱步等村实施旧村改造。2002—2005年，按照新农村建设规划，加大基础设施建设投入，多渠道集资1350万元，建设通村和自然村公路93千米，实现村村道路水泥化。投资1008万元建设人饮水工程，贵安还建成日产1000吨水厂，以保证开发区需要。加大敖江上游水质整治力度，建设污水和垃圾处理场3处，隔离带800米、绿化带14300米，使乡容村貌发生很大变化。乡政府所在地潘渡，正向东、西、北三面扩展，北侧将建设福建商业高等专科学校，乡址面积由1990年53公顷，2005年，扩展到80公顷。

## 第十节 小沧畲族乡

**一、境域概况**

小沧是县内唯一的畲族民族乡。在县境西北部敖江中上游侧畔。是罗源、连江、晋安三县区交界的偏远山区。乡址原在小沧店头街，1993年因建设山仔水库，迁到利洋坪，海拔97米，距县城50千米。

七里村的掌濑、过洋、牛楼3个自然村亦因水库淹没区同时迁到乡址，新设利洋村。2005年，全乡共辖小沧、利洋、七里、东风、樟后5个村，38个村民小组，共1035户、3969人。其中畲族居民585户，2269人，占全乡总人口的57.2%。主要聚居七里、利洋、东风3个建制村和樟后村的茨洋自然村。

小沧乡陆地总面积60.4平方千米，其中耕地面积182.67公顷。有林地面积4993公顷，木材蓄积量5458立方米，其中竹林面积16484亩，立竹总数181万根，占全县70%。蓄水1.7亿立方米的山仔水库，环绕展布于乡址的西南方，库区面积733公顷，为县内最大山区平湖，年均有19亿立方米的淡水汇入库区，占全县淡水总量63%。乡境还有丰富的竹林和花岗石资源。

**二、经济建设**

小沧为县内偏远山区，又是少数民族区和革命老区，以往交通闭塞，经济发展缓慢，是省市两级重点扶持的贫困乡。1991年，全乡工农业总产值675万元，农民年人均收入670元，是全县平均数（902元）的74.3%。

1993年，因建设山仔水利枢纽工程，乡所在地和部分村落成为水库淹没区，有105公顷耕地、194公顷林地被淹没，搬迁人口1182人，群众生产生活和经济结构都发生巨大变化。1993—2000年，该乡利用搬迁补偿1480万元，各级政府无偿扶持200多万元、多渠道集资2000多万元，除妥善安置移民和单位搬迁外，还用于基础设施和农业开发项目。先后垦复抚育毛竹基地1000公顷，发展优质水果20公顷，开发中草药、蔬菜，引进山鸡、四川麻羊和库区网箱养鱼，优化农业结构。依托库区自然景观和畲族人文资源优势，推出“畲族风情一日游”旅游专线，带动运输、餐饮、商贸等第三产业发展，全乡经济发展步入快车道。2000年，工农业总产值2815万元。农民年人均纯收入增加到3210元，是全县平均数（3819元）的84.1%。收入差距有所拉近。

2000年12月31日，市政府发出布告，把敖江塘坂以上流域及小沧全境划为福州市第二水源和生态环境保护区。2001年开始，山仔库区网箱养鱼（年收入约300万元）、石材竹木加工（年收入约1000万元）、民俗风情旅游（年收入约3000万元）、规模禽畜养殖等均属限制或禁止范围，经济发展受到很大影响。2001—2005年，虽在各级政府的扶持下，实行产业转换，相继引资1100万元开发樟后山湾水电站和竹制品项目，还利用“飞地”政策，引进福州金宏精铸有限公司投资600万元落地琯头，但由于综合措施未能跟上，向外拓展又缺乏资金，导致总体经济下滑。2005年，全乡工农业总产值降到2401万元，是2000年的85.3%。农民年人均纯收入3730元，只占全县平均数（4700元）的79.4%，部分群众出现返贫现象。各级政府正进一步加以扶持，使福州市第二水源的保护与当地经济发展有机结合，以取得双赢效果。

**三、社会事业**

1991年，小沧乡各项社会事业开始明显进步。1994年，在新乡址建设乡卫生院、中心小学，1996年，实现教育“两基”达标。同年，利用小沧畲族民间传统文化举办历史上最大规模的“三月三乌饭节”，邀请省、市、县各级领导和文化界1000多人参加。1998—1999年，筹资200多万，建设小沧民族春蕾学校及寄宿生宿舍楼，实行集中办学，提高教学质量。同时，引资100万美元，创办福州联胜文化拓展有限公司，挖掘民族文化，开辟畲乡风情园，一度成为省内旅游热点，年游客达3万余人。2000年，小沧境内的龙宫庙、七里村的探花府和樟后村的中逢贞节坊3处列入县级文物保护单位。2001年，投资100万元建设小沧文化广场。2004年4月，举办畲族“三月三”乌饭节暨生态旅游节活动，中央电视台《走遍中国》到小沧拍摄风情旅游节目在全国播出。至2005年，乡民族春蕾学校有教职员工48人，在校生668人，其中幼儿21人，小学424人，初中223人，小学“四率”均100%。乡卫生院设施逐步健全，有卫技人员7人，基本上满足群众一般疾病诊治需要。计划生育一直保持先进行列，多次获得流动红旗，计生率和“三结合”帮扶率均达100%，新型农村合作医疗覆盖率87.3%。全民健身活动逐渐普及，畲族传统的“十八铁”等武术项目得到挖掘和继承。同年，投资30万元建成1000平方米健身广场。组团参加县十一届运动会，获团体总分第七名。

**四、新农村建设**

小沧境内多山，村落小而分散，基础设施薄弱。1993 年开始，利用建设水库拆迁补偿和政府扶持，共投入 3600 多万元建设新乡址，架设高压电线，改造农村电网，建成自来水厂，开通程控电话，安装有线电视等，使基础设施大有改善。新乡址总面积 17.33 公顷，建成 1500 米长的商贸主街和库区中心码头、民族学校、健身文化广场、乡政府大楼、供电所、邮电所、卫生院等标志性建筑，还引进省医科大学建设别墅楼群。2003 年，投资 1105 万元修通小沧乡至山仔坝头环湖公路 4.6 千米，与山仔至贵安公路连接，改造溪西至小沧公路。1991—2005 年，投入 2350 万元，新增乡村道路 25.4 千米。全乡 5 个行政村全面实现通路、通电、通水、通电话、通有线电视等“五通”，乡容村貌明显改观。

## 第十一节 丹阳镇

**一、境域概况**

丹阳位于县境北部连江、罗源两县交界处。东部紧倚海拔 1016 米的鼓楼山脉，西部纵列 1028 米的缺鼻峰峦，南北为两峰之间狭长的低丘和河谷平原。历来是福州北上闽东和浙江的交通要道和屯兵之地。镇政府所在地丹阳街，海拔 80 米，距县城 18 千米，离福州 56 千米。丹阳镇行政区划稳定，全镇 62 个自然村展布于 104 国道两侧，设 18 个村（居）民委员会，204 个村（居）民小组，有丹阳居委会和坂顶、旺庄、坑口、溪尾、山边、文朱、新洋、东平、松岭、东山、花园、虎山、朱山、山兜、上周、桂林、丹阳 17 个村委会。2005 年，共有 8242 户、27404 人，其中畲族 670 人。旅居国外华侨华人 4376 人。

全镇陆地总面积 109.53 平方千米，其中耕地面积 1043.5 公顷，有林地面积 2654 公顷。境内青山环绕，溪流网布，气候温和，雨水充沛，自然资源丰富，森林、草场广袤，花岗石、叶蜡石展布全境，色质俱佳。

**二、经济建设**

丹阳为闽浙通衢，104 国道和沈海高速公路贯穿全境南北并设有互通口，飞（石）马（鼻）、丹（阳）小（沧）等县道横列东西两侧，陆路交通便捷，商贸活跃，是县内重要农业区和粮食、木材、禽畜集散地。1991 年开始，丹阳镇利用区位和资源优势，用活扶贫政策，提出“农业稳镇、商贸兴镇、企业强镇”的战略构想，深化经济体制改革，1991—1995 年，相继投入 2290 万元搞农田基本建设，改造中低产田，引进水稻新品种，全镇良种覆盖率 95%，各村共发展林果场 1093 公顷，培育香菇 200 万袋、蘑菇 44.4 公顷，建立蔬菜、马铃薯、西瓜、席草基地计 533.3 公顷。同时加大招商引资力度，扭转工业短腿问题，利用境内丰富的花岗石资源，发展石材加工。至 1995 年，工业产值达 3410 万元，是 1991 年的 5 倍。1996 年后，相继引进怡丽农牧开发有限公司、丹凤畜牧发展有限公司、台湾樱桃实业有限公司、亚细亚（连江）水产养殖公司、丹碧生物工程基地、香港信升鱼种养殖场等规模企业，使农业综合开发水平跃上新台阶。石板材年产量达 60 万立方米。1999 年，经市政府批准，设立丹阳民营经济开发区，相继引进鸿躍石材有限公司等 20 余家企业落地，石材产值超过 1 亿元。同时，利用国道、县道干线沿路创办加油站、停车场、仓储货栈、旅店、餐饮、小商品市场等第三产业，年收入达 1 亿元左右。至 2005 年，丹阳乡镇企业有 960 家，从业人员 4835 人，总产值 47510 万元，是 1990 年的 43 倍。其中工业产值 15985 万元，是 1990 年的 31 倍，农业产值 13460 万元，粮食总产量 10624 吨，蔬菜产量 15550 吨，水果产量 4135 吨，第三产业迅速发展，成为县内 4 个商贸旺镇之一。全镇经济实力明显增强，镇财政收入 257 万元，农民年人均纯收入 4390 元。

**三、社会事业**

1991年以来，丹阳社会事业同步发展。1991—1996年，镇村多渠道筹资1000余万元，改善教育设施，共建教学楼和学生宿舍1.37万平方米，1996年，实现教育“两基”达标。丹阳中心卫生院设施逐步健全，当年被世界卫生组织授予“爱婴医院”称号。1997年，又被世界卫生组织列为“健康促进学校”试点，被省评为农村基层卫生院围产保健先进单位。同年，丹阳镇被列为省级科技示范镇，镇办文化技术学校评为市示范校。1998年，丹阳镇被列入“全国计划生育优质服务试点”。

2000年开始，丹阳连江三中恢复招收高中生，成为一所完中，丹阳中心小学获评市文明学校，并列入省级农村示范小学。2001年，筹资200多万新建丹阳中心卫生院门诊大楼，使全院总面积达3466平方米，至2005年，镇中心卫生院拥有卫技人员40多人，设13个科室，业务辐射周边乡村13万人口。全镇拥有完中1所，教职员工124人，在校中学生2018人（其中高中547人），小学11所，教职员工137人，在校小学生1551人。各村普遍建有老年文化中心，唐代的宝林禅寺、灵山寺，明代的佛降寺得到修复扩建，大部分宫庙、祠堂等公共场所修葺一新，成为农村群众文化娱乐场所，民间传统文化活动日益活跃。丹阳驻军多，军民共建活动搞得有声有色，曾被省评为双拥模范镇。计划生育工作一直保持县先进行列，数次受到表彰。2005年，计划生育率和“三结合”帮扶率均达100%。

**四、新农村建设**

丹阳为山区集镇，又是革命老区，自然村落分散。1991年，镇区只有一条旧街，长300米，宽不足6米。1992年，作为县集镇建设试点，进行全面规划，实施规划、设计、审批、施工“四个统一”，分三期把旧街改造和新区建设结合起来，至1995年，第一期投入1200万元，建商住房1.5万平方米。1996年，被省政府列为“城镇建设示范试点镇”。同时，利用104国道拓宽机会，加大投入、完善集镇配套设施。1998年，评为市文明村镇。至2005年，已累计投资2.22亿元，完成第二期和第三期部分工程，增加商住房4.5万平方米，镇区商业街道5条共2000米，宽度18—24米，最大的迎归大街宽48米。镇区设有110千伏变电站、3000吨自来水厂（供应9个村），程控电话4503户。商贸专业市场、停车场、戚公井公园、街道照明、四旁绿化等市政设施逐渐完善。全镇18个村居，全面实现通水、通电、通路、通电信、通电视“五通”。同期实施造福工程，把地处海拔700多米、离镇17千米的文朱老苏区，分7期搬迁到丹阳镇区，至2005年，共搬迁250户1011人（全部搬迁304户、1219人），总投资1332万元（其中上级补助199万元、镇配套164万元、自筹969万元）。镇治周边的虎山、上周、花园等村与丹阳镇区连成一体。镇建成区面积从1991年的35公顷扩大到112公顷。其他村庄面貌也有很大变化，公共文化娱乐设施日益健全，生态环境大有改善。

## 第十二节　蓼沿乡

**一、境域概况**

蓼沿位于县境西北，全县最高的缺鼻山脉（1028.5米）纵列乡境西北至西南，岭谷切割明显，溪流发育，网布全境，主溪流蓼沿溪纵贯南北。山脉东南部广布丘陵和冲洪积平原，全乡陆地总面积136.04平方千米，为全县乡镇之冠。其中耕地面积1404.3公顷，山林面积7746.7公顷。境内淡水资源丰富，初探花岗石储量共6亿立方米，居全县第一。乡政府所在地蓼沿，海拔80米，距县城32千米。2005年，全乡有115个自然村，分设蓼沿、仙屏、岐山、王坑、杏林、定田、后垅、仁坂、朱公、四定、大沧、利畲、周溪、义洋、首占、凤岩、后坂、金沙、赤石、溪东、蒲边、兰水、林场村23个村委会，280个村民小组，共7730户、27986人。其中畲族620户、2148人，分布在10个建制村、18个自然村。

有华人、华侨 638 人。

**二、经济建设**

1991 年，蓼沿乡是传统农业区之一，稳定农业经济发展仍是首要任务。尤其粮食生产坚持保面积、提单产、稳总产的方略。同时为改变经济基础薄弱的状况，充分利用淡水和花岗石资源优势，把发展水电业和石材业作重要产业来抓。1991—1994 年，共筹资 730 万元加强农田基本建设，发展特色农业。至 1994 年，实现乡有万亩林场、千亩果场；村有千亩林场、百亩果场的目标。1995 年开始，加大花岗石资源开发力度，鼓励民营企业发展，石材业方兴未艾，高峰期超过 100 家。同时引进外资多家，有天盛达石业有限公司，投资 480 万美元，晋江兴华石材开发公司，投资 1000 万人民币，形成产业集聚效应，创新品牌，远销国内外市场，仅国内就有 12 个大中城市直销窗口，销售收入超过 1000 万元。1999 年起，加快水电建设步伐，筹资 120 万元，对兰水一、二级水电站进行技改扩容，从原有 1800 千瓦增加至 2300 千瓦。2001 年，相继投资 150 万元新建岭下电站，装机 320 千瓦，投资 540 万元新建赤石一、二级电站，装机 1000 千瓦。同时对全乡石材业进行多次整顿，扶大并小，集中建立青岗、溪东石材工业集中区，更新设备，减少污染，取缔无证小矿点。至 2005 年，石材企业缩减到 77 家，产值 1200 万元，水电站装机容量 3620 千瓦，年发电量 1412 千瓦时，筹资 350 万元建设 35 千伏变电站，获省批准列为农网自供区。民用电价比县网低 14.3%，为全乡经济发展提供有利条件，群众负担也减轻。蓼沿还是保姆之乡，常年都有 800 人上下到福州、连江县城等地服务家政，因诚实勤劳颇受赞誉，年增收都在 1000 万元左右。2005 年，乡镇企业有 719 家，从业人员 3484 人，总产值 36356 万元。其中工业产值 15389 万元，农业产值 6489 万元，粮食总产量 11277 吨，蔬菜产量 6856 吨。乡财政收入 255 万元，农民人均纯收入从 1990 年 647 元增加到 4360 元。

**三、社会事业**

蓼沿地处山区，文化教育相对落后。1991 年后，在发展经济的同时，十分重视社会事业发展，改善民生。1991—1995 年，乡村共筹资 500 多万元新建中小学教学楼和宿舍楼，各村都修建了文化中心、老干部活动室、篮球场，改善乡卫生院设施。1996 年，多渠道集资 700 多万元。建设乡中心校教师宿舍楼、乡卫生院门诊大楼。1997—2000 年，筹资 1500 多万元，建设蓼沿中学教学综合楼及配套设施。建设学区运动场，调整学校布局，实行集中办学，提高教育质量。同时，各村都筹资修建民间宫庙和祠堂，成为群众文化娱乐场所，传统的文化活动得到迅速恢复，民乐、伬唱、舞龙、舞狮、剪纸等日益活跃。全乡伬唱队发展到 13 支，艺人 38 名，常被邀到各地演唱，深受欢迎。至 2005 年，全乡教育投资累计达 2600 万元，蓼沿中学校园面积扩大到 11332 平方米，建筑面积 7385 平方米，有教职员工 75 人，在校中学生 1400 人。全乡原有 43 所小学校，整合为 10 所，总面积 34253 平方米，有教职工 133 人，在校小学生 1467 人。农民学文化，学实用科技蔚然成风。相继有 712 人参加农函大学习。乡卫生院和 17 个村卫生所医疗设备均有改善，一般疾病均可治疗。计划生育保持先进行列，计生率 97%，“三结合”帮扶率 100%。群众性健身体育活动日渐普及，各村均安装多套健身器材，老年体育尤为活跃，乡老体协曾评为省先进单位。

**四、新农村建设**

蓼沿村落分散，基础设施薄弱。蓼沿乡所在地原有街道仅 170 米长，4 米宽。1991 年后，逐步沿着县道两旁建设商住房。1991—1994 年，乡、村多渠道筹资 488 万元，结合新农村建设规划改善乡村道路。1995—2000 年，全乡累计筹资 4000 多万元，新建、改建、扩建乡村水泥硬化道路 66 千米、桥梁 37 座，实现村村道路硬化，公路通车里程达 96 千米。2001—2005 年，投资 960 万元，全面改造农村电网，投资 700 万元建成水电大楼，投资 200 多万元扩容程控电话，建设 4 个移动基站，全乡固定电话用户 4200 户、移动电话 5600 户。投资 200 多万元建设闭路电视工程。至 2005 年，蓼沿乡治所日益扩大，沿路两旁形成 400 米长、12 米宽的新商业街，有农贸和菇果等专业市场，成为山区中心集镇和农产品的集散地。各村按照新农村建设规划，结合旧村改造，建设新楼房和商品房，各村在实现通水、通路、通电、通电信、通电视“五通”的基础上，有的新建了公园、休闲娱乐场所，安装健身器材，疏通沟渠，绿化环境，使山区面貌发生很大变化。

## 第十三节　长龙镇

### 一、境域概况

长龙镇位于县境东北部，县境第二高峰鼓楼（1016 米）山脉延伸至长龙，形成低山高丘地貌。镇境平均海拔 450 米，镇政府所在地建庄，海拔 380 米，为全县最高。距县城 23 千米。常年平均气温 16.7℃，比县城低 3℃。雨量充沛，溪流网布，植被良好，风光旖旎，是连江避暑旅游的胜地。

长龙陆地总面积 52.54 平方千米，其中耕地 638.7 公顷，有林地面积 2736 公顷，盛产杉、松、茶、果、菇、菜等。

长龙 1984 年 6 月撤社建乡，1997 年 5 月改为镇建制。全镇 28 个自然村，其中有 11 个自然村实施“造福工程”搬迁到镇治所建庄村。2005 年，全镇共 3523 户、12369 人，分设建庄、下洋、苏山、丘祠、岚下、洪峰、真茹 7 个村委会，114 个村民小组。其中畲族聚居 11 个自然村，共 418 户、1671 人，占总人口 13.5%。域内有国有长龙林场和国有长龙华侨农场。侨场人口共 1862 人，有华侨、华人 29163 人。

### 二、经济建设

长龙是建立过县级红色政权的革命老区，又是少数民族和归国华侨聚居区。群山环绕，交通不畅，历来以农业为主，是经济发展缓慢的贫困乡。1991 年开始，长龙运用政府的扶贫政策，发展特色高优农业和加工业，长龙海拔高，雨雾多，历来优质绿茶享有盛誉；气温低，霜期长，生产优质蔬菜得天独厚，乡政府实施“以茶兴乡，以菜富民”的战略，1991—1996 年，共筹资 400 多万元，加强农田基本建设，改造低产田、低产茶，大力发展优质茶叶、蔬菜。在上级政府和科技部门支持下，实行气候资源与作物合理布局的星火项目，大面积推广夏阳白菜、夏萝卜、秋马铃薯等反季节蔬菜，大量培育蘑菇，扩种茭白，引进日本芥菜、福鼎槟榔芋等高优新品种，蔬菜年产量近 1 万吨，产品畅销连江、福州市场。为提高茶叶的附加值，先后创办精制茶厂 15 家。1997 年，茶叶生产加工实行股份改革，引进茶叶新品种，提高质量，建立花茶总厂，并与外商联姻，成为规模企业，在北京、石家庄、大连、西安等地开设茶庄，形成产供销一条龙网络。利用优质糯米资源，创办长龙酒厂，生产“长龙家红”品牌，打入县内外市场。还相继创办凉席厂、龙兴制衣有限公司、模具厂等工业企业，工业短腿现象有所扭转，全镇经济实力明显增强。2005 年，有乡镇企业 263 家，从业人员 2296 人，总产值 21265 万元，比 1990 年增长 40 倍。工农业总产值 15297 万元，其中工业产值 6926 万元，农业产值 8371 万元，有茶园 733 公顷，生产茶叶 1790 吨，蔬菜 9000 吨。镇财政收入 153 万元，农民年人均纯收入 4600 元，比 1990 年不足 600 元提高 6 倍多。

### 三、社会事业

1991 年后，长龙针对社会事业仍然滞后的情况，乡村多渠道筹资和鼓励社会及企业家捐资，修建长龙历史遗留的众多文化遗产，改善教育、医疗、卫生条件。到 1996 年，共筹资 359 万元，建设中小学教学楼、宿舍楼 3760 平方米；筹资 100 万元新建卫生院门诊大楼，并增加医疗器械设备，各村卫生所医疗防疫条件也有所改善。始建于唐代的古刹广应寺、光化寺，宋代的真茹古窑址，明清时期的寺院、宗祠、古民居、古井，以及土地革命遗址，大多得到较好的保护。2001 年，经过修复扩建的唐代广应寺列入县级文化保护单位。至 2005 年，全镇有中学 1 所，教职员工 40 人，在校中学生 494 人，小学 5 所，教职员工58人，小学“四率”达100%。新型合作医疗参加率80.1%，计划生育率达95%以上，农村卫生环境大有改善，群众讲究卫生，开展健身锻炼逐步蔚成风气。全镇10多座寺庙宗祠普遍修葺一新，成为民间文化信仰和娱乐活动的重要场所，农村文体活动日益活跃。

**四、新农村建设**

1991年，长龙仍是个小山村，基础设施薄弱，沿飞（石）马（鼻）公路的商业街长150米、宽6米。1992年开始，镇村普遍制订建设规划，加快新农村建设步伐。尤其是长龙华侨农场，归国华侨多，政府扶持和华侨捐资逐渐增加，侨场建设加快，镇治建成区逐步扩展。至2005年，相继共集资1170万元铺设7个村水泥路面39千米，投资300万元（其中国家补助100万元、自筹200万元），把11个住在偏远的畲族自然村共200户793人搬迁到镇区附近。投资370万元全面改造农村电网。投资300万元兴建和改造镇村自来水设施。全镇7个村程控电话、电信宽带、闭路电视全部联网。集镇化步伐进一步加快，镇治区商业主街已延伸到300米、宽12米，并逐渐与下洋、苏山、丘祠等村连成一体。推动旧村改造和新区建设，集镇农贸市场、车站、停车场、邮电、学校、医院、公园、文娱场所等公共配套设施日益完善，逐渐成为县境山区的一个宜居社区。

## 第十四节 透堡镇

**一、境域概况**

透堡镇位于县境东北部罗源湾西南岸，镇境西南背靠628.4米的炉峰山脉，为沿海最高山峰，绵延起伏，层峦叠翠，溪流发育。境内大小溪流6条，最长的为大溪，流程7.6千米，积雨面积20.8平方千米，主流贯穿镇治区而过，汇入罗源湾。镇境正面是一片冲海积平原和浅海滩涂。境内中亚热带海洋性季风气候明显，年均气温19℃，无霜期350天，年降水量1500毫米左右。农业和水产生物资源丰富，被誉为鱼米茶果之乡。还有花岗石、泥炭等矿藏。

1990年9月，从马鼻乡析出北街、西门、南街、陇柄、塘里、馆读、尖墩、龙头8个村单独设透堡乡，1992年8月改为镇建制。镇政府所在地透堡，海拔10米，距县城43千米。2005年，全镇陆地总面积25.1平方千米，其中耕地面积609公顷，有林地面积1084公顷，共有居民5532户，20155人。旅居国外华人、华侨349人。

**二、经济建设**

透堡背山面海，土地肥沃，气候温和，雨水充沛，水利设施较好，先后建有8座大小水库，总蓄水量218.3万立方米。农业综合开发是全镇经济的主流，也是县内粮食主产区之一。还有炉山的茶叶、馆读的荔枝、透堡的大白菜、萝卜丝等曾一度名闻遐迩。但以往生产规模小而分散，效益不高，经济总量较小，1991年仍是省定的贫困乡。1992年改为镇建制后，以国家支持“三农”和扶贫政策为契机，加大农业投资，相继建立700公顷粮食丰产基地、300公顷茶叶基地、300公顷水果基地、200公顷茉莉花基地、400公顷蔬菜基地、100公顷水产养殖基地、100万平方尺蘑菇基地，同时利用农产品和人力资源发展二、三产业。先后引进内外资创办正桥食品、金堡木业、正鑫制衣、乐清海产、德兆蔬菜等规模企业，推动乡镇企业蓬勃发展。

1993年后，随着市场经济的发展，更多的人外出寻求更大的发展空间，艰苦打拼，成就斐然。以建筑、服装、物流为支柱的三大产业享誉省内外。以福建纵横房地产集团为龙头的建筑企业15家，年创产值3亿元，吸收本地富余劳动力4200多人。以波波服饰、天马服装、广东川式服饰为龙头的服装业，产值超1亿元，并形成产销一体的产业链，从业人员达2000多人；以福建盛辉物流集团为龙头的运输物流业，从业人员1500多人，年产值1.5亿元。透堡外出企业创造的产值已大大超过境内工农业总产值。不少企业家事业有成，为支援和推动家乡经济社会发展做出重要贡献。镇党委政府也竭心尽力为他们提供服务，解除后顾之忧。对近6000人外出人员的留守亲人，尤其老年和儿童，提供力所能及的服务工作，并积极引导攀亲结对，开展“邻里一帮一”“先富帮后富”活动，构建和谐社会。2005年，全镇工农业总产值19318万元，比1990年增加20倍，其中农业产值13007万元，工业产值6311万元，镇财政收入140万元，农民年人均纯收入5320元。

**三、社会事业**

透堡境内有青铜器遗址、佛道院观、古桥古井、抗倭军事设施、辛亥革命、土地革命遗址等70余处，其中列入县级文物保护单位11处。1991年后，这些历史古迹多数得到维护，重修或扩建。1992年，马鼻卫生院透堡分院扩建为透堡卫生院，新建门诊大楼，增添医疗设备。同年起，8个村都陆续建起新校舍，创办透堡中学和中心小学，设立透堡学区，小学毕业率和小升初比率均列全县前茅，镇政府评为省“兴学重教”先进单位。1994年，实现省级“两基”达标。1999年开始，实施小学布局调整，集中办学，整合教育资源。同年，透堡被省政府列为历史文化名镇。2000年，实现省级卫生达标镇。2002年，镇政府牵头发动社会能人、企业家集资创建全县乡镇第一家“同心教育基金会”，累计捐资700余万元，不断改善教学设施，每年还拿出25万元奖励优秀教师，30万元奖掖考入大学本科的学生，25万元帮助270名贫困学生就学，全镇形成尊师重教良好氛围。2002—2005年，每年考入高等院校的学生都在100名以上。至2005年，镇区有中学1所，教职员工56人，在校生989人；小学5所，教职员工90人，在校生969人。镇村有卫生院（所）13家，卫技人员41人，床位18张，基本满足群众一般疾病诊治需求。各村环境卫生状况大为改观，人民健康水平进一步提高。新型农村合作医疗覆盖率达92%。计划生育取得明显成效，全镇人口自然增长率为5.05‰。

透堡传统的三鼎甲、铁基坪、游字纸、高跷、猜谜等群众喜闻乐见的文化活动得到传承和发扬，各村还先后建有文化中心、老年活动中心、卡拉OK厅、歌舞厅等10多处，群众文化娱乐和体育活动日趋丰富多彩。

**四、新农村建设**

透堡镇治所在北街村，与其紧紧相连的有南街和西门两个村，人口较稠密。宋代释褐状元郑鉴建有状元坊、状元街，石砌路面。明代建城堡防倭，但街巷狭长弯曲，房舍拥挤。1991年以来，利用各级政府对“三农”和革命老区的支持，聘请专家对全镇建设进行总体规划，并举全镇之力，集资8000多万元加快基础设施建设。镇治所和各村40条大小公路全面拓宽并实现水泥硬化。建成日产5000吨水厂，农村电网、程控电话、电信宽带、有线电视全部联网。集镇化步伐大大加快，镇区公共建筑面积增加3万多平方米，商饮店铺遍布大街小巷。旧村街改造和新区建设同步进行。1991—2005年，全镇新建居民住宅4100幢，总面积45万平方米，80%以上居民住上新居。贯穿镇境的主溪进行全面整治，两旁砌驳岸，植树栽花，美化环境。至2005年全镇8个村，除馆读村离镇区稍远外，其余7个村几近连成一体，初具小城镇规模，新农村面貌焕然一新。

## 第十五节　马鼻镇

**一、境域概况**

马鼻位于县境东北部罗源湾腹部西岸。是县境最北一个沿海重镇。镇治所在马鼻横厝村，距县城45千米。

境域西部紧靠鼓楼山脉，支脉多自西向东直逼罗源湾。山峦切割明显，溪流发育，网布全境。最大鲤溪，流域面积 54.5 平方千米，天然落差 509.9 米，水能资源丰富。全镇陆地总面积 34.11 平方千米，其中耕地 1012 公顷，有林地面积 1326 公顷。镇境东部濒临罗源湾，有 5000 公顷滩涂，居全县第一。

马鼻原为乡建制辖 22 个建制村。1990 年 9 月，析出 8 个村新设透堡乡，剩下 14 个村。1992 年 8 月改为镇建制，2001 年 4 月从合丰村析出增设龙峰村。2005 年，辖 15 个村分别为东湾、墩里、拱头、墙兜、横厝、南门、玉井、辰山、半田下、村前、贵丰、合丰、文丰、龙峰、浮曦。全镇居民 11347 户、42071 人，分 247 个村民小组。有华人、华侨 3354 人。

**二、经济建设**

马鼻拥有全县第二大冲海积平原，土地肥沃，气候温和，雨水充沛。有大小水库 10 座，总蓄水量 267 万立方米，灌溉系统较好，是县内“小粮仓”。滩涂盛产的牡蛎、泥蚶、跳鱼、珠蚶等名闻遐迩，被誉为“牡蛎之乡”。还有蜜橘、荔枝、茶叶等特产。农业综合经济是马鼻的特色。1991 年，立足区域资源优势，加大开发力度，稳定粮食产量，优化产业结构，营造海上田园，拓展建筑市场，实施种养加相结合，农工贸齐发展的战略。至 2000 年，全镇海蛎、弹涂鱼（跳鱼）、乌塘鳢、紫菜、淡水鳗等养殖面积达 2000 多公顷，浅海网箱养鱼从 1991 年 27 箱发展到 4 万箱。岗屿网箱基地大黄鱼养殖被国家科委列入产业化养殖示范基点。同时，马鼻建筑业发展很快，资质不断提升，马鼻建筑工程公司，在 1992 年晋升为三级企业、1997 年升为二级企业基础上，于 2004 年扩组成中马建设工程有限公司，为县内首家省一级企业，拥有建筑工程技术人员 300 多人，从业人员 1.5 万人，年创建安产值 5 亿元。还有分布全国各地的房地产和建安企业 30 余家，总产值超过 200 亿元。至 2005 年，全镇有乡镇企业 1199 家，从业人员 16179 人，总产值 67256 万元，比 1990 年增长 28 倍。工农业总产值 27225 万元，其中农业总产值 24321 万元，水产品总产量 42400 吨；工业总产值 2904 万元。镇财政收入 97 万元。农民人均年纯收入从 1990 年 700 元，2005 年增加到 5042 元。

**三、社会事业**

1991 年，马鼻仍是老区贫困乡，乡财政收入有限，社会事业发展相对滞后。1992 年后，在上级政府和有关部门扶持下，投入有所增加。侨胞乡亲、企业家和社会能人，在事业有成后也慷慨解囊报效社会，捐助家乡建设，当年，原籍马鼻的美国科学家陈哲人，捐资 56 万元建第四中学学楼。1993 年，菲律宾籍华侨捐资 88 万元也在四中建学楼。多渠道筹资 350 万元建设马鼻卫生院门诊大楼和宿舍楼，共 3235 平方米，医疗设备也逐步改善。

同时，境内历史文化古迹普遍得到较好的保护和修葺。全镇佛教古刹、宗祠、民间宫庙大多修葺一新，有的加以扩建或重建，15 个建制村均建有老年活动中心和文化团队，群众宗教信仰和传统文化活动日益丰富多彩和活跃。

1997 年开始，旅美侨胞林尚德独资捐建尚德中学，至 2004 年共捐 4000 多万元，建成校园面积 10 万平方米、建筑面积 2.7 万平方米的完全中学，当年经省验收达二级标准。至 2005 年，全镇有中学 2 所，教职员工 218 人，在校中学生 4015 人，其中尚德中学达省一类校标准，在校高中生 2556 人。小学 10 所，教职员工 158 人，在校小学生 2075 人。镇卫生院有卫技人员 35 人，设 12 个科室，基本满足一般疾病诊治要求。农村卫生所也有改善，新型合作医疗覆盖面达 92%，计划生育率达 90% 以上。群众性体育健身活动日益活跃，人民健康水平普遍提高。

**四、新农村建设**

马鼻大多数村落展布于 15 千米长的半月形海岸线边，居民点相对集中。镇治所有 5 个村，人口近 2 万人，赤石 4 个村，人口近 8000 人。1991 年后，多渠道集资 900 多万元，建设乡村道路 22 千米，实现村村道路水泥硬化。1995—1996 年，共投资 555 万完成长龙至马鼻、马鼻至罗源松山的水泥路铺设。1997 年，农村电网全面改造，实现城乡同网同价；镇自来水厂由日产 1600 吨扩大到 1 万吨；程控电话、电信宽带、有线电视全面联网。1998年后，按乡村总体规划，把旧村居改造与新区建设结合起来，加快农村集镇化步伐。镇治所街区逐渐向四周扩展。至2000年，除横厝500米长的中心商业街由4米拓宽为10米外，还相继新建南门垦区24米宽的环镇大道，并逐步形成新的商业街。2003年，镇政府大楼迁建辰山村后，又逐渐形成从尚德中学至辰山村口的3千米长新街区。并投资1100多万元在辰山围滩造地472亩，建设“滨海花园”住宅小区，在南门围滩造地1800平方米建设公园。至2005年，全镇除赤石、浮曦5个村和东湾村离镇较远外，其余9个村逐渐与镇治所连成一片。镇区市政设施日益加强，农村有60%群众建设新楼房，环境大为改善，镇容村貌焕然一新。

## 第十六节　官坂镇

### 一、境域概况

官坂位于县境东北部罗源湾南岸，镇政府所在地官坂，海拔8米，距县城32千米。镇区西南部为县境第二高峰鼓楼山（1016米）伸向黄岐半岛的低山高丘地带，山峦蜿蜒曲折，切割明显，水系发育。有牛樜溪、合山溪等众多溪流纵横交错，网布全境。淡水和水能资源丰富。镇区东北部紧连罗源湾，有一片冲海积平原和广阔的滩涂。全镇陆地总面积42.79平方千米，其中耕地705.3公顷，山林面积1741.2公顷。

官坂原为乡建制，1994年1月改为镇建制。1999年12月，从塘边村析出增设石丘村。至2005年，全镇辖有官坂、白鹤、莺头、东头、东澳、洋尾、梅里、合山、石丘、塘口、塘边、下濂、北营、浮泉、梅阳、辋川16个村民委员会、120个村民小组。共有居民8220户、30116人。其中畲族230户、938人，占总人口3.11%，主要聚居梅里、北营、辋川等村。有华侨、华人864人。

### 二、经济建设

1991年，官坂境内有大小水库9座，总蓄水量736万立方米，灌溉渠系健全，沿海滩涂广阔，具有农业综合开发优势。1991—1995年，抓住国家扶持“三农”和贫困老区的机遇，多渠道筹资1500多万元，改善基础设施和农田基本建设。完成北樜67公顷围垦工程，相继培育下濂木材市场、塘边水果市场、官坂集贸市场和食用菌市场等四大市场。并以市场为导向，调整优化产业结构，逐步向集约规模经营发展。1996年开始，加大招商引资力度，大力发展乡镇企业，先后建立淡水鳗养殖20公顷、对虾100公顷、牡蛎等贝类120公顷、食用菌16.7公顷、花卉、中草药80公顷、水果133公顷、蔬菜240公顷、毛竹44公顷、经济林300公顷等十大基地，逐步形成“公司＋农户＋基地”的模式，向现代农业推进。同时，把农村富足劳力转向农产品精深加工业，并向外开拓建筑、服装、物流和服务业。全镇外出创业人员达5500多人，从而推动镇内民营工业和第三产业迅速发展。至2005年，官坂共有乡镇企业796家，从业人员7520人，产值56103万元，比1990年增长33倍。工农业总产值22501万元，其中农业产值17273万元，工业产值5228万元。水产品总产量14150吨。镇财政收入216万元，比1990年45万元增长3.8倍。农民人均年纯收入从1990年650元提高到5160元。

### 三、社会事业

1991—1995年，共投资650万元，除巩固发展官坂中学外，新建梅阳、石丘希望小学、官坂中心小学等教学楼和宿舍楼，教学条件大有改善。1996年，筹资668万新建官塘中学，官坂镇九年义务教育通过省“两基”验收。1998年，实施教育布局调整，相对集中办学，增加设施配置，提高教育质量。至2005年，官坂有2所中学，教职员工92人，在校初中生1715人；8所小学，教职员工121人，在校小学生1683人。农村群众文化活动日益活跃。历史古刹、庙宇、祠堂大多得到修葺或扩建。各村都建有文化宫、影剧院、俱乐部、老年活动中心及卡拉 OK、网吧、歌舞厅等，传统文化与现代文化同放异彩。

农村卫生状况大有改善，各村结合新农村建设，疏通沟渠，改造旧厕，垃圾集中处理，环境卫生大有改善。镇卫生院设施进一步改善，卫技人员增加，基本满足群众一般疾病诊治需要。计划生育国策得到进一步贯彻落实，加强流动人口管理，兑现扶助奖励措施，计生困难户帮扶率达 100%。群众体育事业亦有进步，体育设施逐步改善。学校竞技体育有所发展，2004 年，官塘中学足球队代表连江县参加市第 21 届运动会获足球赛冠军。

**四、新农村建设**

1991 年，官坂为加快新农村建设步伐，针对本地实际，进行全面规划。至 1995 年，先后共多渠道集资 1932 万元，改善基础设施，使 16 个村 61 千米道路全面实现水泥硬化；投资 600 万元扩建日产 3000 吨自来水厂；农村电网全面改造完成；移动、联通、电信辐射全镇；有线电视全部与县联网。与此同时，加大旧村改造力度，并与新区建设相协调，还在下濂、塘口进行试点。1996—2002 年，在各级政府“造福工程”扶持下，相继把偏远山区的南峰畲族自然村和合山村 160 多户、536 人迁移到镇郊梅里村。至 2005 年，官坂镇治所逐渐向文（山）马（鼻）公路两侧扩展，东与白鹤村、西与梅里村、北与洋尾村连成一体，商业街增加 1 倍以上。但镇治旧街宽度仅 7.4 米，仍是交通瓶颈，有待设法破解。

## 第十七节　坑园镇

**一、境域概况**

坑园位于县境东北黄岐半岛中部北侧、罗源湾南畔。西、南、东三向均为鼓楼山余脉延伸而形成的低山高丘地貌，北部濒临罗源湾，为黄岐半岛和罗源鉴江半岛所环抱，湾内腹大、水深、风小、浪弱，是不冻不淤的天然深水良港，水产资源丰富。境内岸线 5 千米，据勘测，可供建造万吨以上码头泊位 10 多个。1982 年，大官坂围海造地工程竣工后，把镇北部的 13 个岛礁连成一体，海堤长度 5.6 千米，围成面积 2753.3 公顷，其中坑园占三分之二。全镇陆地总面积 31.18 平方千米，海域滩涂面积约 48 平方千米。耕地面积仅 311 公顷，有林地面积 1061 公顷。

坑园原为乡建制，辖 17 个村。1993 年 9 月析出东部 9 个村增设下宫乡，2000 年 6 月改为镇建制。2005 年，辖红厦、下园、坑园、象纬、颜岐、前屿、下屿、屿头 8 个村、128 个村民小组。全镇居民有 5659 户、21438 人。有华人、华侨 632 人。镇治所在坑园村，海拔 10 米，距县城 36 千米。

**二、经济建设**

坑园为沿海丘陵，人多地少，人均耕地不足 150 平方米，且多旱地。居民以渔为主，规模较小，是省定的老区贫困乡。1991 年，利用大官坂围垦地，建成全省最大的万亩对虾养殖基地。1992 年开始，致力做好池塘养殖、网箱养鱼、淡水养鳗、浅海开发四大文章。至 2000 年，相继融资 5000 万元发展网箱养鱼 6000 箱，融资 600 万元开发淡水养鳗 100 亩。对万亩虾塘进行科学的综合利用，推广低密度、低投入，多品种混养和多季节轮养的“两低两多”养殖模式，较大幅度地提高池塘利用率和综合效益。与此同时，加快海区 2013 米长的网箱挡浪堤及渔港码头等基础设施建设，强化苗种培育、饵料开发、冷冻加工、产品营销等相关配套服务。通过招商引资，先后组建大官坂综合养殖基地和农业综合开发科技示范基地，有“三屿”水产开发中心、福州永德盛海洋渔业有限公司、福州香华水产有限公司等 70 多家水产相关企业。2000 年，全镇水产品总产量达 5.5 万吨，总产值 2 亿元。

2001 年后，可门港列入福州港的重要深水港区和福建省海峡西岸经济区建设纲要。2003 年，福建华电可门火电厂率先落地坑园颜岐，远期规划装机总容量1040万千瓦，投资500亿元。首期2台60万千瓦发电机组于2004年动工，2005年后相继投产，建造万吨泊位以上码头2座，其他码头亦在陆续建设。坑园镇抓住这一机遇，做好招商征地及有关服务工作，已办理征用土地316.7公顷（其中海域滩涂233.3公顷）。在可门港开发带动下，全镇经济发展加快，尤其旅馆、酒家、电信、娱乐、中介、商业等迅速崛起，总体经济水平得以提升。至2005年，乡镇企业总产值87404万元，比1990年增19倍。工农业总产值42458万元，比1990年3892万元增10倍，其中工业产值10938万元，农业产值31520万元。水产品总量63618吨。镇财政收入220万元，农民年人均纯收入从1990年的726元提高到4780元。

**三、社会事业**

1991年起，坑园社会事业得到同步发展，坑园水产职业中学改善教学条件，扩大招生，为水产业发展培养一批中级水产技术人才。1992—1993年，多渠道筹资300多万元，修缮改建中小学校舍13座，8000平方米。新创办颜岐中学1所。8个村普遍开通有线电视，实现电信全覆盖。投资60万元建设乡卫生院综合大楼2020平方米。1994—1997年，镇村筹资200多万元创办下屿中学，改善学校教学设备，美籍侨胞林尚德捐资50万元建象纬小学教学楼1座。同时，各村普遍发动社会力量，对文化宫、老年人活动中心及民间庙宇进行修葺、扩建，成为群众文化活动重要场所。1997年，坑园镇被评为市文化先进单位。1998年，对全镇教育资源进行整合和布局调整，集中师资、经费、设备办好重点学校。2000年教育“两基”通过省复查验收。坑园卫生院评为一级甲等卫生院。至2005年，坑园有中学2所，教职员工68人，在校中学生1272人；小学5所，教职员工92人，在校小学生862人。镇卫生院有病床20张，卫技人员31人，基本满足群众一般疾病诊治需求，计划生育跃居先进行列，计划生育率达100%。群众文化体育活动日益活跃，全镇有篮球队6支，乒乓球队5支，龙舟队7支，门球队2支，每年举办沿海特色的海上龙舟赛。各村都在休闲场所安装健身器材，全民健身活动日益普及。2005年组团参加县第十一届运动会，获男田径3000米和1000米跑两项第一名。

**四、新农村建设**

坑园地处沿海丘陵，岛屿众多，村落分散，集镇规模很小。大官坂垦区建成后，前屿、下屿和屿头三屿已同陆地相连，镇治所民房逐渐向垦内高滩延伸。1992年起，镇和各村都编制新农村建设规划。1993—1996年，多渠道集资857万元，建设包括三屿在内的8个村40千米水泥路，还投入160多万元改造农村电网，实现城乡同网同价；镇村集资600多万元新建路港水库、金狮溪水库，把自来水厂扩大到日产3500吨。1998—2000年，颜岐村投资1600万元围滩造地67公顷，下屿、前屿也投入1630万元围海造地，解决民房用地紧张问题。2001年，象纬村古料自然村19户、131个居民，在各级政府扶持下，从海边丘陵搬迁到象纬村。镇村旧街改造和新区建设同步进行，有60%居民建新楼房，镇容村貌大有改观。坑园镇驻地坑园村逐步与下园、红厦连成一片，沿路商业主街已超过1000米。随着疏港高速公路和铁路支线的建成，坑园城市化步伐将迈得更快。

## 第十八节　下宫乡

**一、境域概况**

下宫，旧名厦宫，原属坑园乡。1993年9月，从坑园乡析出上宫、大洋、下宫、厦乙、松皋、江湾、初芦、可门、新辉9个村增设下宫乡。乡政府设下宫村，海拔20米，距县城45千米。下宫乡位于县境东北黄岐半岛北侧，为罗源湾唯一进出口航道。罗源湾，民国时称松岐港。由罗源鉴江半岛和连江黄岐半岛合抱，湾内水域广阔，东西长25千米，南北宽15千米，水深12—70米。湾口介于罗源虎头角和连江可门角，口门宽900米，两岸峰峦夹峙，水流湍急，口外岛礁棋布，较大的有东洛、西洛、祉洛等，紧连三都澳东冲口海域，系海防要冲。境内海岸线曲长45千米，大小天然港湾9处，经勘测，可建1万—30万吨深水泊位码头10多个。

全乡有21个自然村，散布于狭长的海岸线或高丘地带。2005年，全乡陆地总面积25.3平方千米，其中耕地209公顷，人均160平方米，多旱地；山场广阔，人均近2000平方米，有林地面积1268公顷，是沿海植被较好的地区。全乡共有3454户，13145人，分设9个村，63个村民小组。其中畲族80多户、243人，主要聚居下宫村。旅居海外华人华侨361人。

**二、经济发展**

下宫境内重峦叠嶂，陆路崎岖，交通不畅，素有“沿海山区”之称。渔、牧、农业发展水平较低。1993年建乡时仍是贫困老区乡。建乡后，充分利用各级政府对“三农”和贫困老区扶持的政策，加快基础设施建设步伐，使山海资源优势得以发挥。当年，全乡有网箱养鱼375箱，水产品总产量10860吨。1994年后，养殖品种结构不断调整，有大黄鱼、石斑鱼、牙鲆鱼、鲍鱼、真鲷等珍稀鱼类及海带、紫菜、羊栖菜等藻类养殖，并以水产加工业为突破口，增加经济总量。1997年，兴办全县第一家大黄鱼育苗场。后发展到3家，还有鲍鱼育苗场2家。同时利用山场、草场资源，发动群众集资创办畜牧场，鼓动富余劳力组建旧房拆迁工程队，外出招揽业务。利用沿海优势发展海上运输业。

2000年，利用县出台“飞地工业”政策，加大招商引资力度，引进资金发展工业、水产加工业。至2005年，全乡水产养殖面积达480公顷，水产总产量32736吨。建立3.3公顷的海带加工基地，11家企业，从业人员2000多人，年产海带淡干2万吨。以大洋村为主组建的旧房拆迁工程队，发展到3000人，活跃于福州、厦门等地，收入2000多万元。出栏商品猪3000头，牛600头，肉类产量442吨。受可门港开发的辐射带动，大力调整海域布局和品种结构，做好征地等服务工作，发展商饮、旅游等产业，提升全乡经济水平。全乡乡镇企业有131家，总产值34323万元，比1993年增长16.5倍。工农业总产值24104万元，其中农业产值13895万元，工业产值10209万元。乡财政收入48万元，农民年人均纯收入从1993年640元提高到4680元。

**三、社会事业**

1993年，下宫建乡后，针对社会事业滞后的情况，把教育放在优先发展地位。1994年，投资400多万元创办下宫中学，改善中心小学和各村小学办学条件。投资60万元，新建下宫卫生院，并逐步完善医疗设备。1995年，创办乡文化站和文化技术学校，加强对成年人实用技术培训，实施科技“星火计划”，先后建立大黄鱼、鲍鱼养殖示范户30多户，有612人次接受技术培训，还开通互联网，共享科技文化信息。各村相继修建文化宫、老年活动中心等文化场所，下宫还新建革命老区纪念馆。有线电视全面实现联网，使群众文化生活日渐丰富多彩。2000年开始，调整小学布局，整合优化教育资源，把原有分散的16所小学整合为3所完全小学，筹资100多万元改善教学设施，实现普及九年义务教育达标。2005年，全乡有中学1所，教职员工31人，在校中学生639人，完小3所，教职员工66人，在校小学生335人。同年投资40万元扩建卫生院综合大楼，卫生院有卫技人员13人，床位12张。儿童全面实行免疫接种保健。计划生育坚持不懈，取得成效。群众体育进步明显，全乡已有5个篮球场和1个中学田径场。当年组团参加县运动会取得历史性突破，获女子100米栏第一名，400米跑第三名好成绩。

**四、新农村建设**

下宫乡村落分散，陆路崎岖。1991年，仅有1条4米宽的泥结公路通到下宫，各村只有小路，水路无码头。1993年建乡后，制订全乡1.2平方千米总体建设规划，利用各级政府扶持和多渠道集资4000多万元，相继建成环海公路、通村公路71千米，拓宽下宫至象纬公路6.1千米，并全面实现水泥路面硬化。新建500吨客货码头1座、避风港4处。各村通过整治山塘水库，增加蓄水量，改造供水管网，并引金狮溪水库水源，扩建乡自来水厂，使日供水能力达3000吨，基本缓解饮水困难。农村电网全面改造完成。程控电话、无线通信网络实现全乡覆盖。乡村停车场、候车站、农贸市场、公园、公厕等公用建设日益完善。2000年后，随着可门港区开发从坑园向下宫延伸，与旧村改造与新区建设相结合，至2005年，乡治所下宫村与厦乙、大洋、上宫等村逐渐连成一体，农村集镇化进程大大加快，乡容村貌大有改观。

## 第十九节　筱埕镇

### 一、境域概况

筱埕，亦称小埕。位于黄岐半岛南侧突出部，北部高丘环护，东南与闽江口、马祖列岛一水相连；东临黄岐湾；西濒定海湾，连接敖江口。区位险要，历有“闽口北喉”“会城重镇”之称。全镇陆地总面积32平方千米，耕地面积93.7公顷，有林地面积1554.7公顷。海域面积135平方千米，是陆地面积的4.2倍。辖内大小岛礁43个，海岸线曲折，港湾众多。定海港是历史古港，初测可建造万吨泊位码头10多个。海产资源十分丰富，附近海域蕴藏大量贝壳。

筱埕于1992年8月升为镇建制。有定海、筱埕、大埕、埕口、罗回、东坪、蛎坞、蛤沙、南山、官坞、凤贵11个村委会。镇治所在地筱埕村，海拔5米，距县城36千米。2005年，全镇共7973户、28102人，分94个村民小组。有华人、华侨3829人。

### 二、经济建设

筱埕耕地少，港湾多，海域阔，渔产丰。居民以海为田，户习风涛，兼有海运、商业之利，是海洋经济较活跃地区之一。1991年，工农业总产值6374万元，水产品总产量26250吨，是县内渔业重镇。1992年后，依靠科技进步，改变生产方式，优化产业结构。渔业经营机制由家庭个体承包逐步向中型股份制和公司加渔户模式转化；海捕由内海单船单业，向近外海一船多具多业转化；水产养殖由单项海带养殖向鱼、贝、藻多品种珍稀发展，并推广贝藻套养、混养、轮养新技术；水产品加工由传统粗制低值向规模精深加工转化；产品营销由县内零星短途向国内外批量长途转化。至1995年，全镇工农业总产值达23355万元，水产品总产量50056吨。2000年，工农业总产值35862万元，水产品总产量90956吨。至2005年，全镇有乡镇企业1224家，总产值74875万元，从业人员8392人。水产品总产量达10.81万吨，居全县乡镇第二位，其中海带养殖面积1200公顷，居全县之冠，海带育苗11.6万片，为全国最大海带苗种基地。盐渍海带加工量1万吨，丁香鱼加工品450吨，均居全省第一。全镇工农业总产值达55725万元，其中工业产值21290万元，农渔林牧产值34435万元。镇财政收入152万元，农民年人均纯收入从1990年850元，提高到2005年5000元。以海带为主业的官坞村，是实施公司加渔户的典型代表。全村集股创办福建官坞海洋开发有限公司，2005年人均纯收入达1万元，有60%的渔户年收入超过10万元，全村全面实施医疗养老保险和免费入学，村财收入650万元，2005年被授予“全国小康建设明星村”称号。

### 三、社会事业

筱埕历史文化底蕴厚重，境内发现晋代墓葬，定海湾是历史古港，是五代王审知开辟甘棠港的重要航道和停靠点，元代设千户所于定海，明代建小埕水寨，并相继修筑定海、小埕城堡。定海港成为古琉球国航行中国大陆的首站，也是抗御倭寇的前沿阵地，留存众多历史古迹。其中定海古堡、琉球国墓和城隍庙相继列入县级文物保护单位。定海中心小学曾相继从当地扒壳渔民中征集到数百件从定海湾水下挖掘的古沉船遗物，并专设水下文物展览室（后部分移送县博物馆），引起有关方面的高度重视。1991年前后，国家博物馆和澳大利亚水下考古专家几次到定海湾考察，并把中澳联合举办的第一期水下考古培训班设在定海，进行首次水下考古，初步勘测摸清定海湾及附近水域10余处古代沉船遗址，发掘出200多件水下沉船遗物。1995年，中澳水下考古专家第二次联合到定海进行水下考古发掘和勘测，共出土文物1545件。1999年，国家文物局在筱埕镇举办第二期水下考古培训班，在定海湾进行第三次水下考古。2000年进行第四次水下考古调查和发掘，对沉船遗址进一步勘测定位。2001年1月，经省政府批准，定海湾白礁沉船遗址列为省级文物保护单位。定海湾成为培养中国水下考古人才的摇篮，为弄清海上丝绸之路发展史留下可贵的证据。

1991年后，筱埕镇的社会事业有明显进步，镇村和民众相继筹资400多万元修复维护历史文物古迹，兴办教育，建设文化宫、俱乐部、敬老院和体育娱乐场所。群众性体育健身活动有声有色。当年筱埕被国家体委等评为全国亿万农民健身活动先进乡镇。1992—1996年，筹资1300多万元，普遍改善中小学教学条件，1996年实现教育“两基”省级达标。1997年筹资400多万元，用于镇卫生院迁建新址及改善11个村卫生所医疗设施。1998年，筹资100多万元建设筱埕中学综合楼。同时对小学布局进行调整，整合教育资源，提高教学质量。至2005年，全镇有中学1所，教职员工58人，在校中学生1086人，小学7所，教职员工114人，在校小学生1461人。镇卫生院1所，床位10张，卫技人员22人，村卫生所11个，群众一般疾病可以诊治，农村新型合作医疗覆盖率84.12%，官坞村率先试行医保，计划生育率保持98%以上，合格村率100%。

**四、新农村建设**

筱埕镇境有19个自然村，犹如“T”字形展布于黄岐半岛高丘南侧的海岸线边。以往唯一通乡公路要跨越文山和红厦2个山岭，路窄坡陡弯道多，行车不畅且危险，还有定海、南山、官坞、凤贵4村未通公路，水电等基础设施同样滞后，成为制约经济发展的瓶颈。1991年，镇村集全力筹资改善基础设施条件，1992年开始镇村普遍制订新农村建设规划，至1995年，集资230多万元，陆续修通罗回至定海水泥公路、南山公路。1996—1997年新建官（岭）安（海）二级公路和各村水泥路，全镇交通状况大有改善。1998—2005年，累计投资3200多万元，扩容3座水库和日产5000吨水厂配套，投资1087万元全面改造农村电网，800多万元扩容程控电话、有线电视和宽带网络。各村都按照规划抓好旧村改造，拓展新区，建码头、市场、公厕、公园，疏浚沟渠，美化环境。定海村投资1300万元围滩造地近5.8公顷。筱埕村投资600万元围海造地4公顷，统一开发商住房和公共设施。在各级政府扶持下，相继投资128万元，把地处偏远高丘（海拔400多米）的南山村84户、365人分期搬迁到筱埕村，使筱埕集镇的规模日益扩展。现有镇区筱埕与南山、大埕、埕口、罗回，乃至定海6个村逐渐连成一片，镇治所建成区面积达83.3公顷，是原有30公顷的2.78倍。

## 第二十节 安凯乡

**一、境域概况**

安凯乡，旧名安海乡，位于黄岐半岛中部，南临黄岐湾，北连可门港口和东冲口，东西为低山高丘环拥，峰峦叠嶂，裸岩陡峭，山脉直逼海滨。境内最大溪流郭婆溪，流域面积13.1平方千米，流程11.5千米，天然落差288.4米，建有水库、电站，尾水流经安海湾入海。曲折的海岸形成众多港湾，南有安海港、高塘港、文湾港；北有后才港、奇达港等。全乡陆地总面积31平方千米，其中耕地面积294公顷，有林地面积1410公顷，被称为黄岐半岛“绿色宝库”。有丰富的海产、花岗石和旅游资源。

安凯乡有23个自然村，错落散布于沿海丘陵，设安海、郭婆、飞红、镇安、黄家洞、半山、文湾、高塘、奇达、沙澳、同心11个村委会，75个村民小组。乡政府治所在安海村，海拔25米，距县城40

千米。2005 年，全乡共 4768 户、17551 人。其中畲族 206 户、796 人，占总人口 4.54%，主要聚居镇安和黄家洞两村。

**二、经济建设**

安凯乡地处沿海山区，基础设施滞后。居民以海洋捕捞、养殖、海运、造船为主业，种植业为辅，1991 年，全乡工农业总产值 3285 万元。1992 年后，加大基础设施建设力度，立足本地资源优势，以市场为导向，适时调整产业结构，多层次全方位营造海洋蓝色产业和山地绿色产业。至 1995 年，已初步形成海水养殖、水产加工、海洋运输、船舶修造和绿色副食品五大基地，全乡工农业总产值达 15280 万元，水产品总产量 16834 吨。1996—2005 年，逐步形成以奇达、沙澳、同心、安海 4 个村为主的海水养殖和水产加工基地，共养殖海带 447 公顷，网箱养鱼 3000 箱，牡蛎 380 公顷，鲍鱼 1.5 亿粒，还有贻贝、扇贝、海参、羊栖菜等 160 公顷。加工盐渍海带 2118 吨、杂鱼干品 373 吨。以文湾、高塘等村为主的海洋运输和船舶修造基地，拥有海运企业 4 家、船舶 56 艘、4.5 万吨运力，实现利润 2500 万元；船舶修造企业 9 家，年修造能力 240 多艘，利润 630 万元。其中瀚海船业有限公司已拥有 1 万吨和 3 万吨船坞各 1 座，投资 2700 万元建设 3 万吨船台及配套设施。地处丘陵的郭婆、飞红、黄家洞、镇安等村，综合开发山地，发展粮食、油料、果品、蔬菜、药材及畜牧业产品，成为黄岐半岛副食品供应基地。同时也带动商业、贸易、饮食服务、旅游文化等行业的发展，全乡经济实力明显增强。至 2005 年，全乡有乡镇企业 575 家，从业人员 4292 人，总产值 50610 万元，比 1990 年增长 31.9 倍。工农业总产值 53853 万元，其中工业产值 8317 万元，农林渔牧业产值 45536 万元。水产品总产量 6.72 万吨。乡财政收入 160 万元。农民年人均纯收入从 1990 年 700 元提高到 4836 元。

**三、社会事业**

1991 年，投资 180 万元创办安凯中学，校园面积 1.5 万平方米。1994 年创办私立思远九年一贯制学校，校园面积 8600 平方米。各村小学教学条件均有改善。1996 年教育“两基”通过省验收。1998 年，进行小学布局调整和资源整合，把 11 所小学整合为 6 所，教学设施进一步改善，教育质量日益提高。2000 年在成人扫盲的基础上，成立文化技术学校，设水产养殖、园艺、船舶、航海等专业，对未能继续升学的毕业生进行实用技术培训，促进科技普及，推动经济发展。2001 年后，群众文化活动更加活跃，全乡实现有线电视、宽带联网，文化信息传播渠道不断拓宽，农村文化娱乐场所逐渐增多，多数古刹、宫庙、祠堂得到修葺扩建，还新建一些文化宫、俱乐部、老年活动中心等，使传统文化与现代文化融为一体，异彩纷呈。至 2005 年，全乡有中学 2 所，教职员工 55 人，在校中学生 991 人；小学 6 所，教职员工 77 人，在校小学生 678 人。有乡卫生院 1 所，卫技人员 14 人，床位 8 张，基本可满足一般疾病诊治。各村有卫生站，新型农村合作医疗覆盖面达 92%，计划生育取得一定成绩。群众性健康体育活动日渐蔚成风气，竞技体育水平有所提高。2005 年，在县十一届运动会上，安凯代表队获 4 枚金牌，名列全县第六名。其中篮球项目取得三连冠的良好成绩。

**四、新农村建设**

安凯境内丘陵逶迤，村落分散。1991 年，东（湖）北（茭）公路是唯一通乡道路，途经乡境 5 个村，要跨越文山岭和郭婆岭两座低山，路窄坡陡弯道多，行车不畅且危险。还有 6 个村未通公路，成为经济发展瓶颈。1992 年开始，普遍制订乡村建设规划，集资改善基础设施条件。1992—1997 年，相继筹资 600 多万元修通各村水泥道路；投资 400 多万元修建渔港 2 个、小码头 8 座；投资 200 万元全面改造农村电网，实行城乡同网同价；投资 380 万元把黄岐半岛水厂扩容到日产 8000 吨规模。电信宽带全面覆盖。1998 年，官岭至安海二级大道修通，交通状况大有改善，不再翻越 2 座大山，乡至县城车程缩短 6 千米，而且道路宽敞平坦。2000 年，修订建设规划，推进小城镇建设步伐。安海、文湾、高塘等相继投资 3500 多万元改造旧村，建设新区，围海造地 2.4 公顷，开发商住房和工业小区。乡所在地安海村，主商业街已延伸 600 米，实际面积从 1990 年 19.6 公顷，扩大至 2005 年 25 公顷；与周围半山、高塘、文湾等村逐步连成一片。

## 第二十一节　黄岐镇

### 一、境域概况

黄岐，古称黄崎，又因澳口形似凤凰又称凤岐。位于县境东北黄岐半岛中部。南侧海域与马祖列岛一衣带水，最近点距离9.25千米。北侧海域直通可门港、三都澳。西南部紧濒黄岐湾避风港，连接闽江口和敖江口。沿海丘陵地貌直逼海滨，南北两侧海岸线21千米，有黄岐湾、赤才湾、大建湾等港湾。海域广阔，岛礁众多，海产资源丰富。亚热带海洋性季风气候明显，年均气温19℃，降水量较内陆少，年均1100毫米左右。夏秋受台风影响年均3次。全镇陆地总面积13.5平方千米，耕地面积165.5公顷，人均67平方米，以旱地为主。有林地面积608.7公顷。

黄岐镇辖11个村居。其中海丰、海新、海英、海建4个居委会，长沙、赤澳、大谷、后仑、赤才、大建、古石7个村委会，共85个村居民小组。镇政府驻地黄岐街区，距县城52千米。2005年全镇有7147户、24532人，其中畲族约100户、258人，占总人口1.05%，主要聚居长沙、海丰和赤澳。有华人、华侨8933人。

### 二、经济建设

黄岐耕地少，海域阔，居民以海为田，是县内渔业名镇和省内著名渔港。1991年被列为省定鼓励外商投资农业综合开发区域，该镇牢牢把握改革和发展的主旋律，转变思想观念，创新体制机制，充分利用区位和资源优势，以市场经济为导向，实施科技兴海战略，推进山海综合开发。当年工农业总产值8350万元，水产品总产量22500吨。1992年后，针对海洋渔业资源衰退的状况，适时调整产业结构，近内海发展轻型节能作业，革新网具，增大网目，一船多具，同时大力发展海水养殖。外海发展远洋渔业，至1995年，全镇拥有大吨位、大马力渔轮27对，水产品总产量达35068吨，工农业总产值34323万元。1996年后，围绕省市“建设海洋大省”和“海上福州”的战略，加快远洋渔业发展。1997年，组建黄岐海洋渔业集团公司。同时，突出发展工业，尤其是水产食品加工业和船舶修造业；利用有限土地，发展特色高优农业；推动海上运输、陆上交通、对台湾对马祖贸易、旅游商饮服务等第三产业迅速发展。利用黄岐对台小额贸易点和台轮停靠点，发展对台贸易和对马祖小额贸易，1996年前后高峰期从事马祖贩船只达40多艘，贸易额8000多万元。年均接待台轮500多艘次。马祖列岛居民的基本生活用品和副食品有80%左右是通过黄岐“马祖贩”转运，黄岐成为促进两岸经济文化交流及和平统一的重要窗口。至2000年，全镇工农业总产值达71258万元，水产品总产量跃至62132吨。2001年开始，相继集资5000多万元，加快建设黄岐国家一级渔港速度，修通码头接线公路，建设渔港集贸市场，推动第三产业发展，全镇经济实力明显增强。到2005年，乡镇企业发展到756家，从业人员7563人，总产值97497万元，与1990年比增长19.4倍。工农业总产值97518万元，其中工业产值16983万元，渔农林牧业产值80535万元。水产品总产量73307吨，居全县乡镇第三位。镇财政收入341万元，农渔民年人均纯收入从1990年1052元增加到5650元。

### 三、社会事业

1991年起，黄岐镇对社会事业的投入不断增加。1991—1993年，镇村共筹资1000多万元，改善中小学教学条件，各村公共场所和体育设施普遍增多，民间传统习俗文化得以继承和发扬，如游海神、放神灯、祀妈祖等沿海特色的民间信仰文化活动日趋活跃，并与一衣带水的马祖列岛民众联合开展活动，增进互相交流和情谊。1994年，黄岐社会贤达集资创办九年制私立兴海学校，校园面积16585平方米，建筑面积3750平方米。1995年后，加强镇中心卫生院基础设施建设，增加卫技力量，并与福州市二医院建立横向联系，市二医院定期派医疗专家到黄岐会诊、义诊，交流指导诊疗业务，不仅满足镇内民众诊疗需求，还辐射到周边乡村。1998年开始，对各村小学进行布局调整，实行集中办学，把11所小学整合为6所完小。新建黄岐中学综合楼3000平方米。2001年，黄岐中学创办高中部成为完中。1991—2005年，镇村和社会共筹资6526万元，改善教育、文化、卫生、体育等社会事业，新增校舍7549平方米，建200—300米田径场2处，修建、扩建农村文化室、老年活动室、养老院等10多处，群众文化生活日趋丰富多彩。至2005年，全镇有完中1所，九年制私立学校1所，完小6所，中学教职员工95人，在校高中生305人，初中生1465人；小学教职员工93人，在校小学生802人。镇中心卫生院1所，床位20张，卫技人员43人，农村诊所12家，新型农村合作医疗参合率83%，计划生育率在98%以上。

**四、新农村建设**

黄岐镇地处沿海丘陵，村落民居多依山势而建。1991年，镇治所街区尚无法通机动车，还有6个村未通公路。1992年开始，镇和村普遍制定社会主义新农村建设规划，并把旧村改造和新区建设有机结合起来，多渠道集资改善基础设施条件，相继修通古石、长沙、大建、赤才、后仑、赤澳等通村公路。1995年10月，开始在黄岐港建设国家一级渔港，在镇区东侧海岸向南填筑防波堤500米，建驳岸400米，码头4个泊位，进港和港区公路896米，总投资6108.9万元。为扩大临港陆域和新街市，还自筹8000万元填海造地7.5万平方米，投资1300万元建批发市场，群众集资4000万元建商住房，使镇区临海面形成二排新的商业街。1997年官（岭）安（海）公路建成后，黄岐与县城距离拉近6千米，还投资70万元接通镇政府公路。各村共投资500万元铺筑水泥道路，实现村村通水泥路。投入3000万元建成110千伏变电站，全面改造农村电网。2000年实现程控电话、有线电视、宽带网络全面覆盖。2003年12月，经农业部批准，黄岐港升为国家中心渔港，2005年动工兴建，各级计融资5880.68万元，建设项目：实体防波堤200米；东区码头5个泊位，岸线231.1米；西区码头10个泊位，岸线545米；形成陆域面积15.97万平方米，水域面积62.1万平方米，可停泊600多艘渔船和商船。还有专用对台码头、综合办证中心、加油站、灯塔、水电、环保等配套设施。至2005年，主体建设项目完成，镇区面貌发生巨大变化。

## 第二十二节　苔菉镇

**一、境域概况**

苔菉镇位于县境东北部黄岐半岛末端。南与马祖列岛一水相连，水程不足5海里；北接可门口和三都澳；西连黄岐镇；东端北茭海峡，系福建省八大风浪区之一，为闽浙海上主航道。镇境丘陵直逼海滨，19千米岸线曲折延绵，港湾众多。亚热带海洋性季风气候，年均气温18℃，降水量1044.7毫米，基本无霜，年大风日数153天。境内陆地面积7.7平方千米，其中耕地65公顷，有林地面积240公顷。海域广阔，海产资源丰富。近内海有东引、东沙、茭只、四母屿4个岛屿，是闽东渔场组成部分。

苔菉原为乡建制，1992年8月改为镇建制，11个自然村分布海湾丘陵和岛屿，设苔菉、北茭、茭南、横塍、琇琊、后湾、上塘、东洛（岛）8个建制村，131个村民小组。镇治所苔菉村，平均海拔30米，距县城63千米。2005年，共有居民7838户，26773人。有华人、华侨5776人。

**二、经济建设**

苔菉是全县陆地面积最少的一个乡镇，耕地人均仅24平方米，多旱地，种甘薯。居民历来以渔为主，是县内重点渔区，水产品总产量占全县四分之一。1991年起，充分利用区域资源优势，从海上作文章，从工业上找出路，从商业上增效益。1991年底，有渔轮40对，水产品总产量6.4万吨，加工企业400多家，工农业总产值12532万元。1992年后，着力改善基本设施条件，渔民筹集巨资购置大吨位大马力钢质渔轮。至1995年，钢质渔轮发展到75对，水产总产量达10.07万吨，工农业总产值6.6亿元。1996年开始，针对近海渔业资源严重衰退，捕捞业逐渐萎缩的情况，认真贯彻农业部有关控制捕捞船只和马力的“双控”方针，适时进行革新转制，开拓国际渔场，发展远洋捕捞，组建苔菉远洋渔业有限公司，在近内海大力压缩拖网作业，改革网具，发展笼捕、灯围等环保轻型作业，大力发展海水养殖；组建全县首家海上鲜活海产品贸易群体。至2000年，全镇有渔船800艘，水产品总产量达13.5万吨。工农业总产值10.98亿元，成为省级“渔业十强镇”“明星乡镇”。2001年后，继续抓捕捞、养殖、加工、贸易四大支柱，推向精深发展。至2005，远洋捕捞开发印尼等国外渔场，年捕捞量2.5万吨，产值2亿元，工厂化鲍鱼养殖发展到42家，年产值3.7亿元，在东洛岛开辟网箱养鱼3000多箱，产量3.1万吨，产值1.8亿元。水产品加工业40家，年产值2亿元。海上贸易运输迅速发展，苔菉赶鲜名闻遐迩，已拓展到海南、浙江、上海、山东、辽宁等地，从事贸易的船只320艘，总吨位5.3万吨，其中大型货船95艘，2005年海上贸易额达3.8亿元，形成全省最大的海上市场。在蓝色海洋产业的带动下，镇内船只修造、网具制作、饵料生产、渔资产销及相关服务行业亦同步发展，全镇的经济总量有较大提升。2005年，工农业总产值达140149万元，其中工业产值25163万元，农渔林牧产值114986万元。乡镇企业总产值112058万元。全镇水产品总产量15.73万吨，居全县乡镇第一位。农民年人均纯收入从1990年1583元增加到5920元，一直保持全县前茅。镇财收入185万元。

**三、社会事业**

1991年，苔菉坚持贯彻“科技兴渔”“教育优先”的战略，相继投入4800多万元资金发展教育、科技、文化等事业。先后与省内外36个科研单位、大专院校建立协作关系，实施海珍品养殖4项星火计划，成为市海珍品养殖基地，省海洋渔业科技示范乡。1992年开始，重点扶持教育设施改善，集资120万元，修葺或扩建小学校舍。各村也筹资修缮宫庙等公共场所，开发北茭鼻、琇瑚虎东境等名胜古迹。8个村普遍设立老人乐园和农村图书室，文化活动日渐活跃。1993年，创办私立明智学校（九年一贯制），校园面积7000平方米，建筑面积3840平方米。1996年，实现省级“两基”达标。1999年，调整教育布局，集中办学，整合资源，教学条件进一步改善，教育质量明显提高。至2005年，全镇有中学2所，教职员工48人，在校中学生977人；小学5所，教职员工93人，在校小学生1058人；私立幼儿园5家，幼师68人，在园幼儿780人。有科技示范户480户，科技示范企业7家，镇有文化中心站1个、8个村有电影院、舞厅、棋牌室、网吧、图书室等近20个，有线电视覆盖率85%。镇卫生院新建门诊大楼并改善设施，有床位12张，医护人员19人。各村都有卫生所，基本满足一般疾病诊治需要。新型农村合作医疗参合率达85%，计划生育工作保持一类镇水平，计生率在98%以上，多次受到县表彰。

**四、新农村建设**

苔菉镇是距县城最远的一个乡镇。1991年只有东（湖）至北（茭）公路相通，且陡坡弯道甚多，险象环生，还有部分村道不通，成为经济发展和新农村建设的瓶颈。1992年开始，全面制订和实施新农村建设规划，相继多渠道筹资1800万元，修通辖内各村水泥道路22千米，修通琇瑚至横塍滨海环岛公路8千米。1997年，随着官（岭）安（海）二级公路建成和黄岐至北茭陡坡弯道路段改造，交通状况大有改善。1998—2000年，镇村还相继投入6500多万元，整修或新建渔港、码头及供油、供水等配套设施。2001年，对农村电网进行全面改造，实现城乡同网同价，并建设3.5万伏变电站，埋设东洛岛海底电缆，改造辖内自来水管网设施，日供水量达4000吨。程控电话用户6794户，移动电话6850部，有线电视联网4650户。各村根据总体建设规划，稳定推进旧村改造和新区建设。琇瑚和横塍成为新村建设示范村。北茭围海造地1.7万平方米，形成港湾新区，滨海小城镇建设步伐日益加快。

苔菉镇治苔菉村在后港开发新区，新辟出长 300 多米商业街，同后港旧街及公路相衔接。沿路之横塍、茇南、琇琚三村亦逐渐与镇治相连，镇治建成区规模日渐拓展，镇村面貌焕然一新。

## 第二十三节　竿塘乡（待统一）

竿塘乡隶属连江县，其中马祖列岛包括南竿塘（又称马祖岛）、北竿塘等共 22 个岛礁；东引列岛包括东引、西引等 7 个岛礁。马祖列岛与黄岐半岛一衣带水，最近点仅距 9.25 千米（不足 5 海里）。马祖列岛和东引列岛海产资源丰富，是良好的渔场。附近岛礁有各种燕鸥近万只，被定为燕鸥保护区。2000 年新发现的“黑嘴凤头燕鸥”，备受关注。海岛自然风光旖旎，堪称海上美丽公园。

据 2003 年马祖有关资料载，辖内总面积 2960.55 公顷，共 36 个岛礁，设 4 个乡、22 个村，在岛居民 1676 户、8806 人。其中连江县属的有南竿乡 9 个村，5 个岛礁，面积 1064.5 公顷，居民 899 户、5101 人；北竿乡 6 个村，17 个岛礁，面积 894.24 公顷，居民 338 户、1774 人；东引乡 2 个村，7 个岛礁，面积 475.94 公顷，居民 224 户、895 人。连江县属的 3 个乡计 17 个村，29 个岛礁，面积 2434.68 公顷，1461 户、7770 人。长乐县属的莒光乡 5 个村，7 个岛礁，面积 525.87 公顷，居民 215 户、1036 人。

马祖澳两岸有共同的血缘、语言、习俗，同属连江县，彼此往来无间。1949 年列岛被台湾当局军事盘踞，造成人为藩篱，交流阻隔，双方经济和社会发展都受到严重影响。1992 年 11 月，台湾当局才宣布终止战地政务，两岸民间交往日渐增多，海上小额贸易非常活跃，从事马祖贩的船只有 20 多艘，最高时达 50 多艘，最高贸易额达 8000 万元。马祖列岛居民的基本生活必需品均通过马祖贩交易。2000 年 4 月，马祖澳两岸直接往来，民间社团互相来往考察，投资兴业，宗族乡亲组团寻根谒祖，探亲旅游悄然兴起，增进分离中的连江人民之间的情谊，成为推进和平统一的重要平台。

# 第二篇　自然地理

县境地处福建省东部沿海。介于北纬 26°　07′—26°　27′，东经 119°　17′—120°　31′之间。东临东海，西邻福州，北界罗源，南与琅岐岛隔江相望。全县包括马祖列岛陆海总面积 4280.15 平方千米。其中陆地东西长 67.8 千米，南北宽 36.5 千米，面积 1168.13 平方千米，占总面积 27.3%；海域面积 3112.02 平方千米，占总面积 72.7%。

地势总体上由西北向东南倾斜。西北、东北部山丘连绵、谷地狭长，东南丘陵直逼海滨。飞石岭以北有丹阳小盆地，山岗岭以南发育有连江盆地及闽江口北岸的琯头平原，罗源湾南侧发育有马鼻、官坂滨海平原。

闽江横贯县境南部，注入东海。敖江是境内主要河流，干流总长 137 千米，流经境内 63 千米。域内气候温暖，四季分明，有丰富的自然资源和发达的水陆交通，自然灾害以风灾水患为主，破坏性地震数百年来有史记载有 2 次，烈度不强。

## 第一章　地质　地貌

### 第一节　地　质

**一、构造**

连江县位于新华夏系巨型构造体系的第二隆起带内，同时又处著名的南岭纬向构造体系横亘的东端。新华夏系的伴生构造——棋盘格式构造是境内的主要构造体系。此外，还有新华夏系构造火山喷发带（火山隆起带）以及其他方向的构造。

地表出露以火山喷发和隆起以及以北东 65—70 度、北西 325—330 度的两组压扭性、张扭性断裂为主。

**二、地层**

县内出露地层有侏罗系的南园组和小溪组；白垩系的石帽山群以及第四纪残积层、洪积层、冲洪积层和长乐组地层。

**三、侵入岩**

境内侵入体为硅酸岩类。燕山早、晚两期计有 6 次侵入，分布遍及全县，代表性岩体 9 个，面积有 450 平方千米；伴随岩体的多次侵入，脉岩十分发育。

**四、矿藏**

1991 年前已普查发现金属矿（含矿化点）15 种，金属地球物理化学异常 2 处，非金属矿 6 种，地热 2 处。

**花岗岩** 1985—1990 年，经地质勘测的 5 处，累计储量 6164.46 万立方米。1991 年开始，在丹阳岩体矿区溪西潭笔山、大湾顶、鸡冠山、新后坂、岗顶山、马宅山石壁下等多处矿点进行初步勘测，经估算 E 级储量均在 1400 万立方米以上，总储量约达 2 亿立方米。

**地热** 经 20 世纪 80 年代勘测，贵安热田面积约 0.8 平方千米，水温在 62—82℃，日开采量 4000—4500 吨。1989 年，据航拍资料分析，连江盆地存在温泉田，经实地钻探岱云热田水温在 61—64℃，日开采量 3821—4000 吨。

## 第二节 地 貌

**一、陆地地貌类型**

1984 年，按农业区划划分境内地貌展布按地形分为四大类型：平原、山间盆谷、丘陵、山地。其中平原 291.66 平方千米，占全县陆地面积 24.97%；山间盆谷 26.07 平方千米，占全县陆地面积 2.23%；丘陵 650.6 平方千米，占全县陆地面积 55.69%；山地 199.8 平方千米，占全县陆地面积 17.11%。

**二、海岸**

1984 年，农业区划时测得境内海岸线曲长 209.38 千米，岛岸线 151.55 千米（含马祖列岛）。21 世纪初，经省测绘部门首次实地专项修测，境内海岸曲线总长 238 千米，岛岸线现辖内 46 千米，待统一的马祖列岛 138.06 千米，计 184.06 千米。分别比原有增加 28.62 千米和 32.51 千米。

**三、海域**

1991 年，县境海域面积 3112.02 千米，相当于陆地面积的 2.7 倍。其中近内海 10—60 米等深线面积 2716.79 平方千米，占 87.3%；浅海 10 米等深线以内面积 276.97 平方千米，占 8.9%；滩涂（潮间带）面积 118.26 平方千米，占 3.8%。

**四、岛屿**

县境傍临东海，岛屿棋布，礁石林立。除自然地貌变化和历代人工围垦已同大陆连接一起外，至 20 世纪 60 年代初尚有岛屿 136 个。20 世纪 60 年代小官坂围垦和 1982 年大官坂围垦已有 14 个岛屿已与陆地连成一片。2005 年，尚有岛屿 122 个，其中群岛 6 个。岛屿中有居民点的 10 个，季节性居住点 4 个，渔业生产点 11 个。

# 第二章 气候 水文

## 第一节 气 候

连江气候测报自 1959 年开始，至 1990 年计 32 年的测据已录前志，本章主要记录 1991—2005 年的15年测据。1991年，拥有150部气象警报接收机，可每天4次定时接收气象信息。1997年，开通“121”电话气象信息自动咨询。1999年，引进电视天气预报制作系统，每天发布2次。2002年，完成福建省中尺度灾害性预警系统连江支中心第一、二期工程建设。2003年，配制人工影响天气BL－Ⅰ型防雹增雨火箭弹系统，并配置专车。2004年，开通连江气象网站（www.l.jqx.net），建立黄岐、苔菉、坑园3个沿海气象自动观测站。2005年，建成台风网，安装卫星地面接收站，日可接收700张气象预报资料，建成主干速度100兆／秒，分支速度10兆／秒的NT局域网，使编、报、发全部网络化，大大提高速度和质量，为打造气象信息产业，及时发布公益性天气预报，为地方政府防灾减灾决策服务奠定良好基础。2005年后，气象局搬迁至敖江边浦下。

**一、四季特征**

县境背山面海，属中亚热带海洋季风气候区。雨量充沛，日照充足，夏长冬短，四季分明。

**春季**　候温在10—22℃之间。气温渐升，受冷暖气团交绥影响气温变化大，常出现连续性降雨。

**夏季**　候温在22℃以上。前期受暖湿气团影响，出现梅雨天气；后期受单一副热带高压控制，晴热少雨，常受台风影响，出现狂风暴雨。

**秋季**　候温与春季同。降雨较少，秋高气爽，冷空气南下时，降温明显。

**冬季**　候温小于10℃。盛行偏北气流，天气干冷，降温强烈，时有大风。

**1991—2005年连江代表性地区四季初终日一览表**

表2-2-1　单位：天

| 地点 | 春季 10—22℃ | | | 夏季 ＞22℃ | | | 秋季 22—10℃ | | | 冬季 ＜10℃ | | |
|---|---|---|---|---|---|---|---|---|---|---|---|---|
| | 初日 | 终日 | 天数 | 初日 | 终日 | 天数 | 初日 | 终日 | 天数 | 初日 | 终日 | 天数 |
| 坑园 | 3月12日 | 6月1日 | 82 | 6月2日 | 9月29日 | 120 | 9月30日 | 12月28日 | 90 | 12月29日 | 3月11日 | 73 |
| 县气象局 | 2月27日 | 5月28日 | 91 | 5月29日 | 10月5日 | 130 | 10月6日 | 12月20日 | 76 | 12月21日 | 2月26日 | 68 |
| 北茭 | 3月15日 | 6月3日 | 81 | 6月4日 | 10月4日 | 123 | 10月5日 | 12月21日 | 78 | 12月22日 | 3月14日 | 83 |
| 长龙 | 4月4日 | 6月17日 | 75 | 6月18日 | 9月11日 | 86 | 9月12日 | 11月24日 | 74 | 11月25日 | 4月3日 | 130 |

**二、光照**

（一）太阳辐射量　太阳辐射量常年平均104.70千卡／平方厘米。月最大值出现在7月，为14.08千卡／平方厘米；月最小值出现在2月，为5.28千卡／平方厘米。

**1991—2005年连江太阳辐射值情况表**

表2-2-2　单位：千卡／平方厘米

| 月份 | 1月 | 2月 | 3月 | 4月 | 5月 | 6月 | 7月 | 8月 | 9月 | 10月 | 11月 | 12月 | 全年 |
|---|---|---|---|---|---|---|---|---|---|---|---|---|---|
| 太阳辐射值 | 6.28 | 5.28 | 7.43 | 8.33 | 9.62 | 8.97 | 14.08 | 13.68 | 10.8 | 8.56 | 5.92 | 5.75 | 104.70 |

说明：据福州市气象局资料

**（二）日照**　日照时数随季节变化，夏季大于冬季，受地貌制约山区少于沿海。县城测区自1991—2005年止，历年平均日照时数为1578.4小时。日照时数百分率为35.4%。与1959—1990年历年平均1625.3小时相比，日照时数少46.9小时，日照时数百分率36.4%少1%。15年间日照最多年份出现在2003年，为1950.7小时；最少年份出现在1993年，为1379.0小时，两者相差613小时。月平均日照时数以 7 月最多达 218.3 小时，2 月最少仅 83.6 小时。日照时数的变化趋势是 2 月向 7 月递增，7 月向次年 2 月递减，呈单峰型。

**1959—1990 年与 1991—2005 年连江日照对比表**

表 2-2-3　　单位：小时

| 年度 \ 月份 | | 1月 | 2月 | 3月 | 4月 | 5月 | 6月 | 7月 | 8月 | 9月 | 10月 | 11月 | 12月 | 全年时数及占比（%） |
|---|---|---|---|---|---|---|---|---|---|---|---|---|---|---|
| 日照时数 | 1959—1990 | 105.1 | 76.9 | 95.9 | 111.3 | 108.9 | 133.1 | 245.7 | 214.6 | 161.9 | 149.1 | 111.1 | 111.7 | 1625.3 |
| | 1991—2005 | 95.9 | 83.6 | 86.7 | 109.2 | 128.1 | 141.7 | 218.3 | 187.6 | 156.5 | 150 | 111.3 | 109.5 | 1578.4 |
| 日照时数百分率 | 1959—1990 | 32% | 24% | 26% | 29% | 26% | 32% | 59% | 53% | 44% | 42% | 34% | 36% | 36.40% |
| | 1991—2005 | 29% | 26% | 23% | 29% | 31% | 35% | 52% | 47% | 43% | 42% | 34% | 34% | 35.40% |

### 三、温度

（一）气温分布与变化　连江大陆地区年均气温县站 1991—2005 年测据在 16.7—19.6℃之间。比 1990 年前 30 年平均 16.7—19.4℃偏高 0.2℃，其中县城比 30 年前平均偏高 0.6℃。夏季的 7 月在 27.5—30.8℃之间；冬季的 1 月在 9.0—12.6℃之间。极端最高气温主要出现在 7—8 月，河谷地段潘渡可达 40—41℃以上。平原地区日极端最高气温为 38.7℃（1998 年 7 月 17 日）。2003 年凤城地区日极端最高气温≥ 35℃的酷热天为 37 天，为县城测点历史记录之最。其中 7 月 12 日日极端最高气温达 38.2℃，为历史上次高。月极端最低气温主要出现在 1 月和 2 月。日极端最低气温为零下 3.6℃（1999 年 12 月 23 日）；潘渡上半区和长龙曾出现零下 6℃；平原低丘地区出现零下 3.0℃至零下 3.8℃；沿海地区的北茭为 0.6℃。气温受地貌影响，从沿海向内陆递减。随海拔高度平均每递升 100 米下降 0.56℃。气温年较差凤城地区 18℃。日较差凤城 7.1℃，北茭 4.0℃，潘渡 11.7℃。

**1991—2005 年连江代表性地区常年气温情况表**

表 2-2-4

| 地点 | 月份 | | | | | | | | | | | | 年均 | 年较差 |
|---|---|---|---|---|---|---|---|---|---|---|---|---|---|---|
| | 1月 | 2月 | 3月 | 4月 | 5月 | 6月 | 7月 | 8月 | 9月 | 10月 | 11月 | 12月 | | |
| 气象局长龙站 | 10.6 | 11 | 13.3 | 17.9 | 22.3 | 26 | 28.6 | 28.2 | 25.7 | 21.4 | 17.6 | 12.9 | 19.6 | 18 |
| | 7.3 | 7.5 | 10.3 | 15.2 | 19.3 | 22.7 | 26.2 | 25.7 | 23.2 | 18.6 | 14.2 | 9.9 | 16.7 | 18.9 |
| 每百米递减率 | -0.52 | -0.52 | -0.53 | -0.55 | -0.57 | -0.6 | -0.6 | -0.6 | -0.59 | -0.57 | -0.55 | -0.53 | -0.56 | — |

（二）无霜期　1959—1990 年记录平均无霜期 302 天。1991—2005 年县城及周边平原地区平均 323 天，年均多 21 天。霜的初日出现在 12 月 24 日，最早 1993 年为 11 月 22 日；终日出现在 2 月 3 日，最迟为 2001 年 3 月 9 日。黄岐半岛和沿海岛屿基本无霜。初霜日期随海拔高度平均每抬升 100 米，平原丘陵提早 3 天，低山提早 2 天；终霜日随海拔平均每升高 100 米，平原丘陵推迟 6 天，低山推迟 4 天。境内霜期最多间隔 100 天（1996 年），最少间隔 3 天（1999 年）。

### 1991—2005 年连江代表性地区初、终霜情况表

表 2-2-5　　单位：天

| 地　点 | 初　日 | 终　日 | 有霜期 | 无霜期 |
|---|---|---|---|---|
| 县气象局 | 12 月 24 日 | 2 月 3 日 | 42 | 323 |
| 坑　园 | 12 月 18 日 | 2 月 3 日 | 48 | 317 |
| 长　龙 | 12 月 2 日 | 2 月 10 日 | 71 | 294 |

说明：霜期按省标准以日最低气温≤ 3℃的为霜的初终日

（三）积温　连江县≥ 0℃年积温各地在 5400—7100℃间。沿海比山区丰富。海拔每升高 100 米，积温减少 267℃。≥ 10℃积温平原丘陵地在 4800—6100℃间。10—22℃的活动积温及持续天数，海拔 350 米以上地区 128—165 天，活动积温在 2500—3700℃间。350 米以下地区 165—198 天，活动积温在 3700—4750℃间。平原丘陵地 168—210 天，活动积温在 3700—5000℃间。低山地区 154—168 天，活动积温达 3100—3700℃间。

### 1991—2005 年连江代表性地区温度及积温表

表 2-2-6

| 地　区 | ≥ 10℃ | ≥ 10℃ | 10℃始日至 10℃终日 | | 10℃始日至 20℃终日 | | 10℃始日至 22℃终日 | | ≥ 15℃ |
|---|---|---|---|---|---|---|---|---|---|
| | 始　日 | 终　日 | 活动积温（℃） | 持续天数（天） | 活动积温（℃） | 持续天数（天） | 活动积温（℃） | 持续天数（天） | 初　日 |
| 坑　园 | 12 月 3 日 | 12 月 29 日 | 6397.5 | 293 | 5320.5 | 232 | 5084.7 | 220 | 4 月 16 日 |
| 县气象局 | 3 月 27 日 | 12 月 20 日 | 6431.6 | 297 | 5429.7 | 235 | 5121.1 | 221 | 4 月 19 日 |
| 北　茭 | 3 月 15 日 | 12 月 22 日 | 6106.6 | 283 | 5117.9 | 223 | 4974.7 | 217 | 4 月 27 日 |
| 长　龙 | 4 月 4 日 | 11 月 25 日 | 4979.5 | 236 | 3919.7 | 176 | 3623.2 | 163 | 5 月 5 日 |

（四）地温　境内地温与气温的变化大体一致。地温变化的幅度稍大一些。城郊地区年平均地面温度 21.5℃，月平均地温年较差为 20.8℃，大于月平均气温年较差 18.7℃。极端最高地温达 67.2℃（1993 年 7 月 14 日），极端最低地温达零下 6.1℃（1991 年 12 月 29 日）。地温随深度变幅减小，且极值出现时间逐渐推迟。

### 1991—2005 连江城郊地面、地中温度情况表

表 2-2-7　　单位：℃

| 项　目 | | 1 月 | 2 月 | 3 月 | 4 月 | 5 月 | 6 月 | 7 月 | 8 月 | 9 月 | 10 月 | 11 月 | 12 月 | 年均温度 |
|---|---|---|---|---|---|---|---|---|---|---|---|---|---|---|
| 平均地温 | | 11.4 | 12.3 | 14 | 19.6 | 24.6 | 28.4 | 32.2 | 31.1 | 28.1 | 23.4 | 18.6 | 13.5 | 21.5 |
| 平均最高 | | 21.7 | 22.5 | 25.1 | 31.1 | 36.9 | 40.9 | 48.2 | 45.1 | 41.4 | 36.6 | 30.7 | 24.3 | 33.7 |
| 平均最低 | | 6.2 | 7.1 | 9.7 | 13.9 | 18.3 | 22.2 | 24.4 | 24.4 | 21.8 | 16.6 | 12.4 | 7.9 | 15.4 |
| 地下深度 | 5 厘米 | 11.6 | 12.2 | 14.7 | 19.2 | 24.2 | 27.8 | 31.1 | 30.3 | 27.6 | 22.9 | 18.5 | 13.8 | 21.2 |
| | 10 厘米 | 12 | 12.4 | 14.7 | 18.9 | 23.6 | 27 | 30.4 | 29.7 | 27.3 | 22.9 | 18.8 | 14.3 | 21 |
| | 15 厘米 | 12.7 | 13 | 15.1 | 19.1 | 23.7 | 27.1 | 30.5 | 30 | 27.7 | 23.5 | 19.4 | 15 | 21.4 |
| | 20 厘米 | 12.9 | 13.1 | 15.1 | 19 | 23.5 | 26.8 | 30.1 | 29.7 | 27.6 | 23.6 | 19.6 | 15.3 | 21.4 |

**四、湿度与蒸发**

境内年平均绝对湿度为19.8百帕（毫米）。一年中7月最大，月均31.6百帕；1月最小，月均9.7百帕。年平均相对湿度82%，年际变化不大。一年中以2—8月较大，月平均湿度82%以上，6月最大，月平均湿度为85%；10月至翌年1月较小，月平均80%以下，11月平均最小77%。相对湿度日最小值为9%，出现在2000年3月28日。年蒸发量1348.7毫米，7月最大为199.6毫米，2月仅57.7毫米。月最大蒸发量为290.0毫米，出现在2003年7月，月最小蒸发量为31.4毫米，出现在2000年2月。

**五、降雨**

（一）降水量　1991—2005年记载，境内大陆地区年均降水量在928.3—1959.6毫米之间。最大量2000年1959.6毫米，最少量2003年928.3毫米，15年平均年降雨量1533.9毫米。

**1991—2005年连江县大陆地区年均降雨表**

表2-2-8　　单位：毫米

| 年份 | 1991年 | 1992年 | 1993年 | 1994年 | 1995年 | 1996年 | 1997年 | 1998年 | 1999年 | 2000年 | 2001年 | 2002年 | 2003年 | 2004年 | 2005年 |
|---|---|---|---|---|---|---|---|---|---|---|---|---|---|---|---|
| 年均雨量 | 1225.6 | 1934.3 | 1170.5 | 1483.3 | 1226 | 1578.4 | 1862.7 | 1326.7 | 1914 | 1959.6 | 1591.3 | 1488.2 | 928.3 | 1410.3 | 1760.2 |

（二）地域分布　县境地貌类型多单元结构，雨量分布受地域影响明显，自山区向沿海递减。西北部和东北高丘低山平均1600—1840毫米，中部和北部低丘为1500—1600毫米，平原为1350—1540毫米，东南沿海1000—1100毫米，马祖地区为1048.2毫米。

（三）季节分布　3—6月，冷暖气流互相进退消长，锋面降雨，雨区广、雨量多、雨期长，形成雨季。可分为春雨季和梅雨季。降水量一般占全年一半。春雨季3—4月。全县降雨量180—320毫米之间。山区平原地区降雨量230—280毫米；沿海半岛降雨量180—230毫米；城郊地区最少年（2005年）仅146.2毫米，最多年（1992年）464.3毫米。梅雨季5—6月。全县降水量310—520毫米之间。平原和半山区降水量400—470毫米之间，沿海半岛310—400毫米之间，山区在470—520毫米。多梅年（1997年）543.8毫米，空梅年（2004年）223.3毫米，相对变率24。

7—9月为台风雷雨季，受到热带高气压控制，降雨不稳定，有台风或东风波影响时，常有暴雨；无台风时，则持续晴热干旱。全县降雨量240—590毫米之间。平原地区降水量524.6毫米。最多年（1999年）859.1毫米，最少年（2003年）仅172.8毫米，相对变率为33。

10月至翌年2月为大陆高压所盘踞，天气持久晴寒、雨量少，形成秋冬少雨季。全县降水量在200—320毫米之间。平原和半山区降水量240—290毫米之间，沿海200—250毫米之间，山区290—320毫米之间。烂冬（多雨）年（1998年）643.4毫米，旱冬年（2003年）仅161.6毫米，相对变率为24。

**1991—2005年连江县代表性地区平均各季降雨量情况表**

表2-2-9　　单位：毫米

| 地　名 | 春雨季<br>3—4月 | 梅雨季<br>5—6月 | 台风雷雨季<br>7—9月 | 少雨季10月<br>至次年2月 | 年降雨量 |
|---|---|---|---|---|---|
| 坑园 | 210.8 | 350.5 | 615.1 | 302.3 | 1478.7 |
| 县气象局 | 274.4 | 411.7 | 515.1 | 332.8 | 1534 |
| 北茭 | 221.7 | 361.3 | 389.2 | 257.8 | 1230 |
| 长龙 | 305.8 | 523 | 687.6 | 359.7 | 1876.1 |

（四）降雪与冰雹　境内降雪较少，平均每隔2—3年一次，一般出现在1—2月。2002年12月26—27日，连续二天普降鹅毛大雪，长龙地区雪厚达30—40毫米，江南梅洋达40—50毫米。

境内降雹时间多发生在4月，占全年降雹总数的80%，5—6月只占20%，其余月份均无发生。

（五）降雨日数　据1991—2005年资料，年降雨日数最多为3月，最少为11月。平原年均雨日160天。其中：年降水日≥10毫米的有42天，占全年雨日的26.3%；≥25.0毫米的有18天，占全年雨日的11.25%；≥50毫米的有5天，占全年雨日的3.1%；≥100毫米的有1天，占0.6%。凤城地区历年最大的暴雨日出现在1999年9月16日，24小时降雨量达207.6毫米。最长连续降雨日23天（1996年3月12日至4月3日），雨量240.4毫米；最长连续无雨日28天，出现在2003年6月28日至7月25日。

**1991—2005年连江县城郊平均各月降雨量天数情况表**

表2-2-10　单位：天

| 降雨量（毫米） | 1月 | 2月 | 3月 | 4月 | 5月 | 6月 | 7月 | 8月 | 9月 | 10月 | 11月 | 12月 | 全年 |
|---|---|---|---|---|---|---|---|---|---|---|---|---|---|
| ≧0.1毫米 | 11.9 | 15.1 | 18.9 | 16.5 | 17.1 | 14.9 | 11.5 | 14.1 | 12.3 | 8.9 | 8.1 | 10.4 | 159.7 |
| ≧10毫米 | 1.5 | 2.9 | 5.3 | 4.7 | 5.5 | 5.7 | 3.3 | 5 | 3.7 | 1.7 | 1.5 | 1.3 | 42.8 |
| ≧25毫米 | 0.3 | 1 | 1.1 | 1.1 | 2.5 | 2.9 | 1.9 | 2.9 | 1.9 | 0.8 | 0.7 | 0.5 | 17.8 |
| ≧50毫米 | 0 | 0.1 | 0.1 | 0.2 | 0.7 | 1 | 0.7 | 1.2 | 0.5 | 0.3 | 0.1 | 0 | 5 |
| ≧100毫米 | 0 | 0 | 0 | 0 | 0 | 0.2 | 0.1 | 0.2 | 0.3 | 0 | 0 | 0 | 0.7 |

**1991—2005年连江县城郊连续降雨日数情况表**

表2-2-11

| 月份 | 1月 | 2月 | 3月 | 4月 | 5月 | 6月 | 7月 | 8月 | 9月 | 10月 | 11月 | 12月 |
|---|---|---|---|---|---|---|---|---|---|---|---|---|
| 发生年份 | 1992年 | 1992年 | 1996年 | 1996年 | 2005年 | 1993年 | 1995年 | 2002年 | 2002年 | 1997年 | 2000年 | 2001年 |
| 起日期 | 12月30日 | 2月3日 | 3月12日 | 3月12日 | 5月1日 | 6月4日 | 7月19日 | 7月29日 | 9月11日 | 10月4日 | 11月12日 | 12月6日 |
| 止日期 | 1月8日 | 2月20日 | 3月31日 | 4月3日 | 5月16日 | 6月20日 | 7月31日 | 8月13日 | 9月17日 | 10月10日 | 11月20日 | 12月14日 |
| 日数（天） | 10 | 18 | 20 | 23 | 16 | 17 | 13 | 16 | 7 | 7 | 9 | 9 |
| 雨量（毫米） | 66.0 | 208.0 | 206.7 | 240.4 | 281.1 | 150.5 | 55.3 | 351.6 | 164.9 | 39.5 | 108.6 | 63.7 |

**1991—2005连江城郊连续无降雨日数情况表**

表2-2-12

| 月份 | 1月 | 2月 | 3月 | 4月 | 5月 | 6月 | 7月 | 8月 | 9月 | 10月 | 11月 | 12月 |
|---|---|---|---|---|---|---|---|---|---|---|---|---|
| 发生年份 | 1994年 | 1993年 | 2003<br>2004年 | 1996年 | 2000年 | 1991年 | 2003年 | 1992年 | 1993年 | 2004年 | 1999年 | 2004年 |
| 起日期 | 12月20日 | 1月25日 | 3月8日<br>3月4日 | 4月21日 | 5月3日 | 5月21日 | 6月28日 | 7月15日 | 8月29日 | 10月3日 | 11月1日 | 12月5日 |
| 止日期 | 1月12日 | 2月14日 | 3月15日<br>3月11日 | 4月29日 | 5月16日 | 6月4日 | 7月25日 | 8月4日 | 9月11日 | 10月24日 | 11月27日 | 12月22日 |
| 日数（天） | 24 | 21 | 8 | 9 | 14 | 15 | 28 | 21 | 14 | 22 | 27 | 18 |

**六、气压、风**

（一）气压　1991—2005年，城郊地区年平均气压为1014.7百帕。全年平均气压以12月最高，7—8月最低，呈单峰型。最高气压为1036.8百帕，1995年12月25日；最低为977.4百帕，2001年8月10日。气压日季变率以秋季较大，夏季较小。

（二）风　全年以静风频率最多，占27%。平原地区年平均1.7米／秒，一年之中7—9月平均风速较大；大风以内陆地区以台风季和雷雨季出现日数多，沿海以冷空气入侵的11—12月出现日数多。北茭出现过45.6米／秒（15级）。据1991—2005年15年实测，有2次台风在县境沿海登陆，受台风影响的有31次，平均每年2.1次，最多年达6次（2005年）。最严重的是2005年，有3个台风登陆或正面袭击县境。

## 第二节　水　文

境内多山，峰峦起伏，沟谷纵横，水系发育。长度在3千米以上的河流73条。其中敖江为境内最大河流，由西向东独流入海。流域10平方千米以上独流入海的溪流6条。闽江流经琯头汇入东海。

**一、水资源**

全县地表水多年平均8.02亿立方米，地下水1.42亿立方米，客水21.19亿立方米，合计资源总量30.63亿立方米（未含闽江）。

**二、水质**

地表水，除闽江、敖江下游有不同程度的污染外，其余溪河水质较好。塘坂水库辟为市第二饮用水源后，加强了保护措施，2005年敖江各断面水质指标年均值均能达到国家Ⅲ类水质标准，县城饮用水源达到Ⅱ类标准。

**三、潮汐**

境内潮汐属规则半日来复流，最大潮汐区在可门，1978—1982年观测，平均潮差5.02米，最大潮差8.16米，为省内强潮型海区。平均涨潮历时6时14分；落潮历时6时11分，最大流速1.31米／秒。

# 第三章　土壤　植被

## 第一节　土　壤

1958年首次群众性普查时，县内土壤分为四级土类，39个土种。1980年，进行第二次土壤普查，有100多个农技人员参加，以《全国第二次土壤普查工作分类暂行方案》和《暂行方案的修改意见》为主要依据。全县土壤共划分5个土类，13个亚类，24个土属，49个土种。

全县陆地总面积1168.13平方千米，其中土壤总面积1070.71平方千米，占陆地总面积的91.66%，其余97.42平方千米为石头、荒山、河流、道路等。在各类土壤中，以红壤为主，面积892.51平方千米，占陆地总面积的76.41%；水稻土面积111.69千米，占陆地总面积9.56%；潮土面积1.9平方千米，占陆地总面积 0.16%；风沙面积 0.64 平方千米　占陆地总面积 0.05%；盐土面积 63.97 平方千米，占陆地总面积 5.48%。

## 第二节　植　被

境内植被处于南亚热带向中亚热带的过渡地带。按全国植被和福建省植被分区，从潘渡乡坡西—蓼沿乡凤岩以东大部分区域，属于闽江口鹫峰山湿暖亚热带雨林小区；坡西—凤岩以西的区域，属于闽中戴云山—鹫峰山常绿槠木类照叶林小区。20 世纪 80 年代调查，全县计有 7 个植被类型，分别为针叶林、阔叶林、竹林、红树林、果林、灌丛和草丛。马尾松林是县内分布最广、资源最大的森林资源。桃金娘科、茜草科大都组成群落灌木层的优势种或常见种，是县内地带性植被。

# 第四章　自然灾害

县境自然灾害历来以风灾水患为主，旱灾次之。其他寒冻害、雹灾、雷击时有发生。1991—2005 年，风灾 36 次，水灾 43 次，旱灾 11 次，其中因台风经济损失 13.89 亿元，死亡 33 人；雷击 7 人现场身亡。

## 第一节　风　灾

连江地处沿海，导致灾害的台风频繁。1991—1995 年共发生 6 次，其中 1992 年 8 月 27 日至 9 月 1 日的台风过程雨量最大达 326.9 毫米。1996—2000 年共有 14 次，其中 1996 年 7 月 31 日至 8 月 1 日的台风，大风持续 30 小时，过程雨量 224.9 毫米，致经济损失 1.28 亿元。2001—2005 年共发生灾害性台风 11 次，其中 2001 年的“飞燕”台风致经济损失 4.8 亿元，死亡 31 人；“桃芝”台风在县境浦口登陆，经济损失 1.27 亿元；2005 年 7 月 18—22 日“海棠”台风在县境黄岐半岛登陆，过程雨量 347.9 毫米，经济损失 3.98 亿元；8 月 31 日至 9 月 2 日“泰利”台风损失 6.01 亿元；10 月 2—4 日“龙王”台风短时超大暴雨，局部 1 小时 160 毫米，致经济损失 3.25 亿元。1991—2005 年，县境共发生风灾 31 次，年均 2.1 次。还有热带风暴、过境飑线等，也造成一定损失。

**1991—2005 年连江县风灾情况表**

表 2-4-1

| 时间 | | | 灾害名称 | 灾　害　情　况 |
|---|---|---|---|---|
| 年　份 | 月　日 | 农　历 | | |
| 1991 年 | 7 月 19 日 | 六月初八日 | 台风影响 | 凤城地区最大风力 18 米 / 秒，损失轻微 |
| | 9 月 4 日—8 日 | 七月二十六至八月初一日 | 台风影响 | 过程雨量 150.2 毫米，局部地区内涝 |

续表 2-4-1

| 时间 | | | 灾害名称 | 灾害情况 |
|---|---|---|---|---|
| 年份 | 月日 | 农历 | | |
| 1992 年 | 8 月 27 日至 9 月 1 日 | 七月二十九至八月初五日 | 台风 | 过程雨量 326.9 毫米，其中 8 月 31 日 24 小时降雨量 190.2 毫米，内涝严重 |
| | 9 月 21 日—23 日 | 八月二十四至二十七日 | 台风 | 过程雨量 56.3 毫米 |
| 1994 年 | 7 月 10 日—12 日 | 六月初二至初四日 | 台风影响 | 11 日 6 时在晋江登陆，县内最大风速 22 米 / 秒，过程雨量 105.1 毫米，24 小时雨量 57.5 毫米，损失 1300 万元 |
| 1995 年 | 7 月 30 日至 8 月 1 日 | 七月初四至初六日 | 台风 | 凤城最大风速 19 米 / 秒，沿海持续出现 12 级以上大风，过程雨量 97 毫米，局部受灾 |
| 1996 年 | 7 月 7 日 | 五月二十二日 | 飑线 | 7 日 13 时 50 分飑线经过的凤城、东岱、晓澳等地区出现雷雨大风，过程雨量 24.5 毫米，凤城瞬时最大风速 35 米 / 秒，沿线瓜棚架子大部分被刮倒 |
| | 7 月 31 日至 8 月 1 日 | 六月十六至十七日 | 台风影响 | 最大风力 12 级（32 米 / 秒），凤城 7 级以上大风持续 30 个小时，过程雨量 224.9 毫米，24 小时降水量 195 毫米，经济损失 12843 万元 |
| 1997 年 | 8 月 18 日—19 日 | 七月十六至十七日 | 台风影响 | 沿海阵风 11 级，内陆阵风 9 级，造成不同程度的损失 |
| | 8 月 27 日至 9 月 1 日 | 七月二十五至三十日 | 台风影响 | 沿海最大风力12级，瞬时最大风速34米 / 秒，过程雨量 122.4 毫米，敖江水位 7.66 米，全县经济损失 7668 万元 |
| 1998 年 | 8 月 4 日—5 日 | 六月十三至十四日 | 强热带风暴 | 沿海阵风 8 级以上，24 小时降雨量 30.2 毫米，损失轻微 |
| | 10 月 25 日—28 日 | 九月初六至初九 | 台风 | 沿海阵风 8 级以上，过程雨量 161.3 毫米，局部内涝 |
| 1999 年 | 5 月 2 日 | 三月十七日 | 强热带风暴 | 沿海阵风 8 级以上，过程雨量 67.9 毫米，局部轻微受灾 |
| | 6 月 5 日—13 日 | 五月二十二至三十日 | 第 3 号台风 | 过程雨量 160.5 毫米，全县 8.5 万群众受灾，直接经济损失 685 万元 |
| | 7 月 27 日—28 日 | 六月十五至十六日 | 强热带风暴 | 过程雨量 105.6 毫米，其中 27 日 24 小时降水量 67.7 毫米，轻微受损 |
| | 9 月 15 日—16 日 | 八月初六至初七日 | 强热带风暴 | 过程雨量 247.8 毫米，其中 16 日 24 小时降雨量 207.6 毫米，经济损失 2170 万元 |
| | 10 月 9 日—10 日 | 九月初一至初二日 | 强热带风暴 | 过程雨量 78.4 毫米，其中 10 日 24 小时雨量 62.4 毫米，轻微受损 |
| 2000 年 | 8 月 2 日 | 七月二十一日 | 飑线 | 凤城地区瞬时风速 30 米 / 秒，降水量 37.6 毫米，部分房屋受损 |
| | 8 月 23 日 | 七月二十四日 | “碧利斯”台风影响 | 县站风速 29 米 / 秒，过程雨量 217.3 毫米，沿海风力 12 级以上，经济损失 2200 万元 |

续表 2-4-1

| 时间 | | | 灾害名称 | 灾　害　情　况 |
|---|---|---|---|---|
| 年　份 | 月　日 | 农　历 | | |
| 2001 年 | 6 月 23 日—24 日 | 五月初三至初四日 | “飞燕”台风影响 | 最大风力 12 级（36 米 / 秒），6 小时降水量达 122.2 毫米，死亡 31 人，经济损失 4.8 亿元 |
| | 7 月 31 日 | 六月十一日 | “桃芝”台风登陆 | 在浦口官岭登陆，沿海最大风速 30 米 / 秒、县城 18 米 / 秒，24 小时雨量 88.9 毫米，经济损失 1.27 亿元 |
| | 8 月 6 日 | 六月十七日 | 飑线 | 极端最高气温 35.1℃，16 时 06 分瞬时风速 25 米 / 秒，夹有“黄雨”，经济损失 20 余万元 |
| 2002 年 | 8 月 5 日—6 日 | 六月二十七至二十八日 | “北冕”强热带风暴 | 过程雨量 227.9 毫米，6 日 24 小时雨量 140.2 毫米，经济损失 1419 万元 |
| | 9 月 7 日 | 八月初一日 | “森拉克”台风影响 | 县城风速 26 米 / 秒，沿海风力 12 级以上，经济损失 0.94 亿元 |
| 2003 年 | 9 月 2 日 | 八月初二日 | “杜鹃”台风 | 风速达 20 米 / 秒，局部轻微受损 |
| 2004 年 | 5 月 29 日 | 四月十一日 | 飑线 | 15 时 50 分出现强雷暴，瞬时风速 19 米 / 秒，少数地方受灾 |
| | 7 月 7 日 | 五月二十日 | 飑线 | 12 时 20 分，县境内雷雨交加，出现强雷暴，瞬时风速达 19 米 / 秒，局部轻微受损 |
| | 8 月 25 日—26 日 | 七月初十至十一日 | “艾利”台风 | 过程雨量 70.7 毫米，沿海风速 43 米 / 秒，经济损失 3423 万元 |
| | 12 月 3 日—4 日 | 十月二十二至二十三日 | “南玛都”强热带风暴 | 过程雨量 59.5 毫米，局部轻微受损 |
| 2005 年 | 7 月 18 日—22 日 | 六月十三至十七日 | “海棠”台风登陆 | 19 日 17 时 10 分在黄岐半岛登陆，过程雨量 347.9 毫米，瞬时最大风速 41.5 米 / 秒，经济损失 3.98 亿元 |
| | 7 月 31 日至 8 月 6 日 | 六月二十六日至七月初二日 | “麦莎”台风 | 沿海风速达 20.1 米 / 秒，局部轻微受损 |
| | 8 月 11 日—13 日 | 七月初七日至初九日 | “珊瑚”热带风暴 | 过程降雨量 47.7 毫米，局部轻微受损 |
| | 8 月 31 日至 9 月 2 日 | 七月二十六至二十八日 | “泰利”台风 | 过程雨量 147.9 毫米，9 月 1 日 4—20 时持续 12 级以上强风，最大风速 44.3 米 / 秒，经济损失 6.01 亿元 |
| | 9 月 22 日—26 日 | 七月十八日至二十二日 | “达维”强热带风暴 | 过程雨量 34.3 毫米，轻微受损 |
| | 10 月 2 日—5 日 | 八月二十九至九月初三日 | “龙王”台风 | 凤城地区过程雨量 141.2 毫米，部分乡镇超过 200 毫米，短时突发性超强度特大暴雨，丹阳一小时内降雨量达 160 毫米，最大风速 45.6 米 / 秒，经济损失 3.25 亿元，死亡 2 人 |

# 第二节　水　灾

县内水灾主要是雨季和台风带来的暴雨和强降水。1991—2005年，受台风影响发生暴雨20次，其中大暴雨7次（损失情况详见第一节）。非台风暴雨15年记录共34次，其中大暴雨7次。如1994年6月17—18日，暴雨造成水稻被淹3万亩，东湖上湖水库冲垮。1995年后，由于山仔水利枢纽工程建成及排涝设施逐步健全，洪涝灾害有所降低。

**1991—2005年连江县水灾情况表**

表2-4-2

| 时间 | | 灾害名称 | 灾害情况 |
|---|---|---|---|
| 年份 | 月日 | | |
| 1992年 | 8月17日 | 暴雨 | 24小时降雨量69.2毫米，局部内涝 |
| | 8月3日 | 暴雨 | 24小时降雨量65.3毫米，局部内涝 |
| | 9月2日 | 暴雨 | 24小时降雨量52.2毫米，局部内涝 |
| 1993年 | 8月27日 | 暴雨 | 24小时降雨量56.8毫米，局部内涝 |
| 1994年 | 6月17日—18日 | 暴雨 | 三天降雨217.8毫米，敖江超过警戒线3.15米，水稻被淹3万亩，东湖上湖2.5万方的水库被冲垮 |
| 1995年 | 5月17日—18日 | 大暴雨 | 任意24小时降雨量111.2毫米，局部内涝 |
| | 5月21日 | 暴雨 | 24小时降雨量82.0毫米，局部内涝 |
| | 5月26日 | 暴雨 | 24小时降雨量67.4毫米，局部内涝 |
| | 8月24日 | 暴雨 | 24小时降雨量55.7毫米，局部内涝 |
| 1996年 | 5月5日 | 暴雨 | 12小时降雨83.4毫米，局部内涝 |
| | 8月7日 | 暴雨 | 12小时降雨76.0毫米，局部内涝 |
| | 11月1日 | 暴雨 | 24小时降雨量98.5毫米，过程雨量146毫米，突破历史同期纪录，内涝严重 |
| 1997年 | 5月6日—7日 | 大暴雨 | 凤城24小时降雨量超过100毫米，城区内涝严重 |
| | 6月22日—24日 | 大暴雨 | 凤城过程雨量194.9毫米，1小时雨量63.6毫米，黄岐半岛8小时降雨量330毫米，历史罕见，内涝严重 |
| 1998年 | 5月14日 | 暴雨 | 24小时降雨量43.7毫米，少数地方受损 |
| 2000年 | 4月26日 | 暴雨 | 24小时降雨量63.1毫米，局部内涝 |
| | 6月11日—12日 | 大暴雨 | 降雨量156.3毫米，其中12日24小时降雨量达104.5毫米，内涝严重 |
| | 6月18日—19日 | 暴雨 | 降雨量分别为72.9毫米和85.5毫米，局部内涝 |
| | 8月13日 | 暴雨 | 24小时降雨量72.0毫米，局部内涝 |

续表 2-4-2

| 时间 | | 灾害名称 | 灾害情况 |
|---|---|---|---|
| 年份 | 月日 | | |
| 2001 年 | 8 月 31 日 | 暴雨 | 24 小时降雨量 54.0 毫米，局部内涝 |
| 2002 年 | 6 月 11 日 | 暴雨 | 24 小时降雨量 53.1 毫米，局部内涝 |
| | 6 月 15 日 | 暴雨 | 24 小时降雨量 66.9 毫米，局部内涝 |
| | 12 月 18 日 | 雷阵雨 | 午夜雷雨，12 月雷阵雨，历史少见，部分民房受损 |
| 2003 年 | 5 月 16 日 | 暴雨 | 24 小时降雨量 72.3 毫米，局部内涝 |
| 2004 年 | 5 月 8 日 | 暴雨 | 24 小时降雨量 50.7 毫米，局部内涝 |
| | 8 月 29 日 | 暴雨 | 24 小时降雨量 56.5 毫米，局部内涝 |
| | 9 月 5 日 | 暴雨 | 24 小时降雨量 91.8 毫米，局部内涝 |
| | 9 月 9 日 | 大暴雨 | 24 小时降雨量 135.3 毫米，内涝严重 |
| | 9 月 22 日 | 暴雨 | 24 小时降雨量 53.7 毫米，局部内涝 |
| 2005 年 | 2 月 17 日 | 暴雨 | 24 小时降雨量 82.4 毫米，局部内涝 |
| | 5 月 12 日 | 暴雨 | 24 小时降雨量 58.9 毫米，局部内涝 |
| | 7 月 18 日 | 暴雨 | 24 小时降雨量 55.6 毫米，局部内涝 |
| | 7 月 19 日 | 大暴雨 | 24 小时降雨量 150.8 毫米，内涝严重 |
| | 7 月 22 日 | 暴雨 | 24 小时降雨量 97.7 毫米，局部内涝 |

# 第三节　旱　灾

干旱在县内时有发生，1991—2005 年共发生 11 次，其中有 2 次比较严重，连旱少雨时间都超过 100 天。特别是 2003 年 7 月至 2004 年 2 月，连续 210 天干旱少雨，河塘干枯，农田龟裂。全县饮用水十分匮乏，尤其是黄岐半岛、官坂、东岱、马鼻、坑园、筱埕等沿海乡镇缺水严重，省、市、县投入大量的资金挖井取地下水，解决民众、牲畜的饮用水。县成立人工影响天气办公室，组织实施人工增雨，缓解旱情。

**1991—2005 年连江县旱灾情况表**

表 2-4-3

| 时间 | 灾害情况 |
|---|---|
| 1991 年 5 月 13 日至 6 月 19 日 | 连续 38 天无降雨，部分农作物受灾 |
| 1995 年 8 月 3 日至 12 月 31 日 | 117 天出现间隔性的无雨，农作物受灾普遍 |
| 1996 年 12 月 19 日至 1997 年 2 月 17 日 | 60 天连续少雨，轻微受灾 |
| 1998 年 9 月 13 日至 10 月 24 日 | 连续 42 天无雨，部分秋季农作物受灾 |

续表 2-4-3

| 时间 | 灾　害　情　况 |
|---|---|
| 1999 年 2 月 3 日—26 日 | 连续 23 天无雨，轻微受灾 |
| 2000 年 5 月 3 日—25 | 连续 22 天无雨，轻微受灾 |
| 2002 年 2 月 6 日至 3 月 12 日 | 连续 36 天无雨，轻微受灾 |
| 2003 年 7 月 7 日至 2004 年 2 月 2 日 | 连续 210 天极少雨，河塘干枯，农田龟裂，人、畜饮用水短缺，为历史罕见 |
| 2004 年 7 月 18 日至 8 月 28 日 | 连续 42 天无雨，轻微受灾 |
| 2004 年 12 月 5 日至 2005 年 1 月 12 日 | 连续 38 天少雨，轻微受灾 |
| 2005 年 10 月 6 日至 11 月 6 日 | 连续 30 天少雨，轻微受灾 |

## 第四节　寒　害

连江寒害主要有倒春寒、霜冻、寒潮、降雪等。寒害一般出现在每年的 12 月至次年的 4 月。其他时段只在个别地区出现。

1991—2005 年，县内共出现过 13 次低温寒害。其中倒春寒 3 次、寒潮 4 次、低温霜冻 4 次、降雪 2 次。其中 2002 年 12 月 26—27 日降大雪，县内的长龙、江南的梅洋等地积雪达到 30—50 毫米。许多经济作物如香蕉、龙眼、橄榄、枇杷树等被冻伤冻死。2004 年 12 月 30 日至 2005 年 1 月 2 日寒灾，经济损失 3600 万元。2005 年 1 月 15—24 日，霜冻造成经济损失 2034 万元。

**1991—2005 年连江县寒害情况表**

表 2-4-4

| 时间 | 灾　害　情　况 |
|---|---|
| 1991 年 3 月 30 日至 4 月 3 日 | 持续 5 天平均气温 11.6℃，极低 6.7℃，中度倒春寒 |
| 1992 年 3 月 21 日—28 日 | 连续 8 天平均气温 11.9℃，过程极低 8.8℃，重度倒春寒 |
| 1993 年 1 月 16 日—17 日 | 连续 2 天北部山区出现积雪，雪厚超过 10 毫米，局部受灾 |
| 1995 年 4 月 1 日—4 日 | 日平均气温 12℃以下，轻度倒春寒 |
| 1996 年 2 月 15 日—18 日 | 过程降温 9℃，过程极低 3.7℃，轻微受灾 |
| 1997 年 9 月下旬 | 平均气温 20.6℃，比历年同期提前 7 天出现，部分农作物受灾 |
| 1998 年 12 月 1 日 | 寒潮过程降温 11.5℃，极端最低气温 3.3℃，轻微受灾 |
| 1999 年 12 月 17 日—23 日 | 过程降温 18.8℃，　23 日极端最低气温零下 3.6℃，有霜和结冰，局部农业受灾 |
| 2000 年 1 月 24 日—27 日 | 过程降温 10.9℃，出现霜和结冰，轻微受灾 |
| 2001 年 12 月 22 日—31 日 | 连续 10 天最低气温 5℃，连续 9 天出现霜冻，轻微受灾 |

续表 2-4-4

| 时间 | 灾　害　情　况 |
|---|---|
| 2002 年 12 月 26 日—27 日 | 连续 2 天降雪，长龙地区雪厚达 30—40 毫米，江南梅洋达 40—50 毫米，轻微受灾 |
| 2004 年 12 月 30 日至 2005 年 1 月 2 日 | 过程降温 6.6℃，1 月 2 日极端最低气温达零下 0.7℃，经济损失 3600 万元 |
| 2005 年 1 月 15 日—24 日 | 15—17 日连续 3 天出现霜冻和结冰，17 日极端气温零下 0.4℃，经济损失 2034 万元 |

## 第五节　冰　雹

冰雹境内仅局部出现，在每年的 3—5 月，潘渡、敖江、凤城、江南、浦口、东岱、琯头等地出现概率比较大。

1991—2005 年间，县内共出现过 9 次冰雹，最大雹粒直径 40 毫米，小的如米粒。其中：2000 年 7 月 25 日，凤城地区雷雨大风和冰雹，经济损失 600 多万元。

**1993—2005 年连江县雹灾情况表**

表 2-4-5

| 时　间 | 灾　害　情　况 |
|---|---|
| 1993 年 4 月 24 日 | 潘度、东湖、敖江、东岱、浦口出现冰雹，最大直径 40 毫米，经济损失 40 多万元 |
| 1995 年 4 月 15 日 | 飑线过境，东岱、浦口、晓澳出现冰雹，轻微受灾 |
| 1998 年 2 月 2 日 | 上午 8 点 30 分凤城、潘渡、浦口等地降冰雹，雹径约 15 毫米，轻微受灾 |
| 1999 年 6 月 18 日 | 下午 5 点长龙地区下冰雹，少数民房受灾 |
| 2000 年 7 月 25 日 | 中午 12 点 22 分，凤城雷阵雨伴有大风和冰雹，损失 600 多万元 |
| 2002 年 4 月 8 日 | 浦口降冰雹，直径 1 毫米，部分民房和农作物受灾 |
| 2004 年 7 月 13 日 | 下午 5 点 25 分，琯头地区降冰雹，持续时间 10 几分钟，雹径最大 20 毫米，部分民房和农作物受灾 |
| 2004 年 11 月 1 日 | 下午 2 点 17 分，凤域、敖江、江南等地降冰雹，最大雹径 30 毫米，部分民房和农作物受灾 |
| 2005 年 5 月 5 日 | 下午 2 点 40 分，坑园等乡镇降冰雹，雹径约 10 毫米左右，轻微受灾 |

## 第六节　高　温

县境日极端最高气温≥ 35℃的天气，一般出现在雨季结束后至台风影响前的夏、秋。1998 年 7 月 17 日，极端最高气温达 38.7℃，打破历史高温的极值。2003 年，夏季高温天气多达 39 天，突破县境历史记录。其间7月12日，日极端最高气温达38.2℃，为历史次高。2005年，夏季≥35℃高温日数达19天，极端最高气温38.0℃，出现在7月5日。

**1991—2005年连江县高温情况表**

表2-4-6

| 时　间 | 高　温　情　况 |
| --- | --- |
| 1991年8月26日 | ≥35℃高温日数13天，极端最高气温达36.1℃ |
| 1995年7月18日 | 极端最高达35.6℃ |
| 1998年7月16日—17日 | ≥35℃高温日数达18天，17日极端最高气温达38.7℃，破有记录以来的最高值 |
| 2000年7月—9月 | ≥35℃以上高温日数4天 |
| 2001年7月1日 | 日极端最高气温达35.1℃ |
| 2002年7月—9月 | ≥35℃以上高温日数4天 |
| 2003年6月—9月 | ≥35℃以上高温日数达39天，7月12日日极端最高气温38.2℃ |
| 2004年7月10日—13日 | 连续4天日极端最高气温35℃。夏季35℃以上高温达8天 |
| 2005年7月—9月 | ≥35℃高温日数达19天。7月5日，最高气温38.0℃ |

## 第七节　雷　击

县境地处多雷区，家用电器普及家家户户，雷击灾害频频发生。经连江县人民政府批准，1998年成立连江县防雷中心，并出台《连江县防雷暂行规定》，强化防雷工作管理，规范防避雷措施。据1999—2005年的7年记录，6个年份发生雷击灾害事故30起，每年平均4.3起。7年间雷击致7人死亡，牛、猪家畜死5头，房屋、家用电器等被击坏受灾20多家。

**1999—2005年连江县雷击灾害情况表**

表2-4-7

| 时　间 | 灾　害　情　况 |
| --- | --- |
| 1999年6月12日傍晚 | 东湖镇洋门村陈某夫妇被雷击，全村有100多部电视机、电话机被雷击 |
| 1999年6月14日中午 | 丹阳镇朱山村民林某3头水牛被雷击死亡 |
| 1999年6月19日 | 东湖镇飞石村养猪场被雷击，2头猪被雷击死亡 |
| 1999年7月11日 | 筱埕镇定海村近百部电视机被雷击 |
| 1999年7月18日 | 丹阳镇上周村一村民被雷击伤；同日驻军某部监控系统被击坏，损失1万多元 |
| 1999年8月23日 | 蓼沿乡后坂村民徐某被雷击死亡，另外3人被击伤 |
| 2001年8月6日16时30分 | 筱埕镇大埕村妇女周某被雷击当场死亡 |
| 2001年8月11日 | 蓼沿乡3.5千伏线路遭雷击，主线高压线圈击穿 |

续表 2–4–7

| 时　间 | 灾　害　情　况 |
|---|---|
| 2001 年 8 月 11 日 | 黄岐镇液化气站遭雷击，电话、电源损坏，周围的电视机、音响等被击坏，损失 3 万多元 |
| 2001 年 8 月 12 日 | 苔菉镇琇瑘村遭雷击，造成 10 多户居民家用电器损坏，损失万多元 |
| 2001 年 8 月 24 日 20 时 | 凤城地区遭雷击，造成停电和部分居民电器损坏，经济损失 2 万多元 |
| 2001 年 8 月 28 日 | 坑园镇红厦村和下园村遭雷击，造成 50 部电视机损坏，红厦变电站停电 12 小时，经济损失 5 万多元 |
| 2002 年 5 月 3 日 | 连江兴博温泉公司遥控水塔水位监控器被雷击，经济损失 0.2 万元 |
| 2002 年 6 月 11 日 | 晓澳驻军某部彩电、电源控制板等被雷击，经济损失上万元 |
| 2002 年 6 月 11 日 12 时 | 县物资局新建的火工品仓库等 30 多处遭雷击，毁坏电器设备 |
| 2002 年 6 月 25 日 | 筱埕镇逻回村民苏某的鱼池围墙被击倒，苏某被当场压死 |
| 2002 年 6 月 30 日 17 时 | 黄岐镇液化气站变压器和氧化锌避雷器被雷击，损失 1 万多元 |
| 2002 年 7 月 3 日 | 连江山仔发电厂被雷击，直接经济损失数万元 |
| 2002 年 8 月 29 日 14 时 | 凤城、敖江、江南、东岱等地出现强雷暴天气，东岱镇关头村林某被击死亡等多起雷击事故 |
| 2003 年 8 月 16 日 | 坑园镇红厦村一村民在虾塘作业船中被雷击落水身亡 |
| 2003 年 8 月 | 琯头镇定安村一村民在虾塘作业被雷击右手及下半身粉碎，当场身亡 |
| 2004 年 5 月 1 日 15 时许 | 长龙镇岚下村 63 岁老农背着犁在路上行走被雷击当场身亡 |
| 2004 年 7 月 5 日 15 时 30 分 | 东湖镇岩下村有一哑巴农民被雷击翻麻痹、一只鞋被击破烂不堪；学校旗杆座和走廊水泥被掀；岩下、洋门、祠台等部分村民的电视被击坏 |
| 2004 年 7 月 8 日 12 时 20 分 | 强雷暴使牛溪电站机组负荷瞬变突然跳闸，半联轴断裂 |
| 2004 年 9 月 15 日 | 浦口镇官岭村县物资总公司火工品仓库报警器电源遭雷击，官岭公路站的空调、电视机以及开关被烧毁 |
| 2005 年 5 月 2 日 | 苔菉镇北茭村遭雷击，该村大量电视机被击穿；黄岐半岛某部驻军雷达设备损坏 |
| 2005 年 5 月 18 日 | 东岱镇云居寺电话机 2 部被雷击损坏 |
| 2005 年 5 月 19 日 | 江南乡横槎村部分村民的电器设备遭雷击损坏 |
| 2005 年 8 月 24 日 | 凤城镇丹凤广场钟楼遭雷击造成电子钟损坏 |
| 2005 年 10 月 2 日 | 雷击使潘渡移动机站、县广电局和部分村民电器设备被击穿；东湖镇岩下村民在抗洪中立铁索时被雷击倒；长龙镇下洋村 2 户村民房屋及电器被雷击损坏 |

说明：本表据县防雷中心档案资料编制

# 第三篇　人　口

1991 年，连江县仍然处在生育高峰周期，由于计划生育工作已步入法制化轨道，队伍和服务网络日益健全，社会保障体系逐步完善，计划生育国策日益为群众所接受，效果明显，人口自然增长率下降，农村人口加快向集镇和城市迁移，农业人口向非农业人口转化，全县人口总量增长趋缓。1991 年全县总人口 606288 人，至 1994 年为 611181 人，3 年仅增 8‰。随着市场经济发展，越来越多的人到经济发达地区乃至国外寻求更大发展空间，人口机械变动的数量和范围也越来越大，2000 年全县外出人口 44675 人，2005 年达 72167 人，是 1990 年 5000 多人的 14 倍左右。与此同时，外地流入连江的人口也从 1990 年 3000 多人增加至 2005 年 22083 人。县内人口老龄化开始显现，全县 60 周岁以上人口 1990 年第四次人口普查 47166 人，占总人口 8.08%；2000 年第五次人口普查增加到 60851 人，占总人口数 10.14%；至 2005 年达 69000 人，占总人口数 11.29%。

## 第一章　人口状况

### 第一节　总量及分布

**一、人口总量**

1991 年，全县正处在人口增长高峰周期，计生工作仍作国策来抓，并逐步跨入法制化轨道，健全队伍和服务网络，完善社会保障体系，提高民众计生自觉性，从而有效控制生育高峰周期人口的过快增长。1992 年后，随着市场经济发展，境内居民向内地中小城市及港、澳、台地区迁移速度加快。进入 21 世纪后，通过各种渠道到国外留学劳务的人员日益增多，其中有相当数量羁留国外。2001—2005 年，出国人员平均每年都在 1 万人上下。全县户籍人口有 5 个年份出现负增长现象。至 2005 年，全县总人口 611002 人，比 1990 年仅增 10231 人。

**连江县三个时期人口总量和增长情况对比表**

表 3-1-1

| 统计时期 | 跨越年份（年） | 累计人口总量（人） | 年均人数（人） | 出生 | | | 死亡 | | | 自然增长 | | |
|---|---|---|---|---|---|---|---|---|---|---|---|---|
| | | | | 总数（人） | 年均（人） | 出生率（%） | 总数（人） | 年均（人） | 死亡率（%） | 总数（人） | 年均（人） | 自然增长率（%） |
| 1963—1978 年 | 16 | 6625627 | 414102 | 243794 | 15237 | 36.79 | 45867 | 2867 | 6.92 | 197927 | 12370 | 29.87 |
| 1979—1990 年 | 12 | 6642832 | 553569 | 122192 | 10183 | 18.39 | 37109 | 3092 | 5.59 | 85083 | 7090 | 12.81 |
| 1991—2005 年 | 15 | 9167036 | 611136 | 112103 | 7473 | 12.23 | 46883 | 3125 | 5.11 | 65220 | 4348 | 7.12 |

**1991—2005 年连江县人口发展情况表**

表 3-1-2

| 年份 | 总户数（户） | 总人口（人） | 其中 | | 男女性别比 |
|---|---|---|---|---|---|
| | | | 男（人） | 女（人） | |
| 1991 年 | 136890 | 606288 | 314661 | 291627 | 107.9 |
| 1992 年 | 138351 | 607557 | 315097 | 292460 | 107.7 |
| 1993 年 | 139274 | 610355 | 316181 | 294174 | 107.5 |
| 1994 年 | 141035 | 611181 | 316079 | 295102 | 107.1 |
| 1995 年 | 142632 | 609892 | 315603 | 294289 | 107.2 |
| 1996 年 | 146458 | 610285 | 315587 | 294698 | 107.1 |
| 1997 年 | 152668 | 610974 | 315896 | 295078 | 107.1 |
| 1998 年 | 154727 | 612807 | 317249 | 295558 | 107.3 |
| 1999 年 | 156498 | 613528 | 317579 | 295949 | 107.3 |
| 2000 年 | 161298 | 617499 | 319154 | 298345 | 106.9 |
| 2001 年 | 172636 | 617376 | 319029 | 298347 | 106.9 |
| 2002 年 | 180177 | 616348 | 318799 | 297549 | 107.1 |
| 2003 年 | 182009 | 613143 | 317399 | 295744 | 107.3 |
| 2004 年 | 186005 | 611601 | 316578 | 295023 | 107.3 |
| 2005 年 | 176921 | 611002 | 316431 | 294571 | 107.4 |

## 二、人口分布

连江西北多山，村落分散，人口稀疏；中部平原和东南沿海村落集中，人口稠密。2005 年，全县总人口 611002 人，村均人口 2271 人，每平方千米人口密度 534 人。其中西北内陆山区 5 个乡镇、64 个村居，人口 90279 人，占全县总人口的 14.77%；陆地面积 494.33 平方千米，占全县陆地面积的 42.32%；村均人口 1411 人，每平方千米密度 183 人，最低小沧人口密度仅 67 人。平原 4 个乡镇、50 个村居，人口 129702 人，占全县总人口的 21.23%；陆地面积 175.01 平方千米，占全县陆地面积的 14.98%；村均人口 2594 人，每平方千米密度 741 人，最高凤城镇密度 6751 人。东南沿海 13 个乡镇、

155 个村居，人口 391021 人，占全县总人口的 64%；陆地面积 401.37 平方千米，占全县陆地面积的 34.36%；村均人口 2523 人，每平方千米密度 974 人，是山区的 5.3 倍。

## 2005 年连江县人口分布及密度表

表 3-1-3

| 区域 | 乡镇别 | 陆地面积（平方千米） | 占全县陆地面积的比例(%) | 总人口（人） | 占全县总人口的比例(%) | 自治村居数（个） | 村均人口数（人） | 每平方千米人口数（人） |
|---|---|---|---|---|---|---|---|---|
| 平原区域 | 凤城镇 | 8.00 | 0.68 | 54004 | 8.84 | 11 | 4909 | 6751 |
| | 敖江镇 | 42.38 | 3.63 | 35491 | 5.81 | 14 | 2535 | 837 |
| | 江南乡 | 79.00 | 6.76 | 24507 | 1.04 | 15 | 1634 | 310 |
| | 东湖镇 | 45.63 | 3.91 | 15700 | 2.57 | 10 | 1570 | 344 |
| | 小　计 | 175.01 | 14.98 | 129702 | 21.23 | 50 | 2594 | 741 |
| 沿海区域 | 浦口镇 | 52.66 | 4.51 | 38309 | 6.27 | 14 | 2736 | 727 |
| | 东岱镇 | 24.34 | 2.08 | 34426 | 5.63 | 9 | 3825 | 1414 |
| | 晓澳镇 | 18.96 | 1.62 | 37175 | 6.08 | 7 | 5311 | 1961 |
| | 琯头镇 | 62.73 | 5.37 | 57228 | 9.37 | 28 | 2044 | 912 |
| | 透堡镇 | 25.10 | 2.15 | 20155 | 3.30 | 8 | 2519 | 803 |
| | 马鼻镇 | 34.11 | 2.92 | 42071 | 6.89 | 15 | 2805 | 1233 |
| | 官坂镇 | 42.79 | 3.66 | 30116 | 4.93 | 16 | 1882 | 704 |
| | 坑园镇 | 31.18 | 2.67 | 21438 | 3.51 | 8 | 2680 | 688 |
| | 下宫乡 | 25.30 | 2.17 | 13145 | 2.15 | 9 | 1461 | 520 |
| | 筱埕镇 | 32.00 | 2.74 | 28102 | 4.60 | 11 | 2555 | 878 |
| | 黄岐镇 | 13.50 | 1.16 | 24532 | 4.02 | 11 | 2699 | 1817 |
| | 安凯乡 | 31.00 | 2.65 | 17551 | 2.87 | 11 | 1596 | 566 |
| | 苔菉镇 | 7.70 | 0.66 | 26773 | 4.38 | 8 | 3347 | 3477 |
| | 小　计 | 401.37 | 34.36 | 391021 | 64.00 | 155 | 2523 | 974 |
| 内陆区域 | 潘渡乡 | 135.82 | 11.63 | 18482 | 3.02 | 11 | 1680 | 136 |
| | 小沧乡 | 60.40 | 5.17 | 4038 | 0.66 | 5 | 808 | 67 |
| | 丹阳镇 | 109.53 | 9.38 | 27404 | 4.49 | 18 | 1522 | 250 |
| | 蓼沿乡 | 136.04 | 11.65 | 27986 | 4.58 | 23 | 1217 | 206 |
| | 长龙镇 | 52.54 | 4.50 | 12369 | 2.02 | 7 | 1767 | 235 |
| | 小　计 | 494.33 | 42.33 | 90279 | 14.77 | 64 | 1411 | 183 |

# 第二节　人口变动

## 一、自然变动

1991 年，连江陆续进入生育高峰期，当年全县出生人口 10346 人，出生率 17.06‰。1992 年，计划生育力度加大，晚婚、少生、优育逐步被群众所接受，因而出生率大幅度降低，全年全县出生人口 8085 人，出生率降至 13.32‰。1993 年后，多数年份出生人数均在万人以下。2001 年起，出生人口降到 6000 人以下。2005 年出生 5276 人，为历史最低，出生率仅 8.63‰。同时，死亡率也在下降，每年平均 5.11‰。2005 年死亡率降至 2.79‰，为历史最低。全县人口自然增长率 15 年平均 7.12‰，其中 2005 年 5.66‰，比 1990 年（13.4‰）下降 7.74‰。

**1991—2005 年连江县人口自然变动情况表**

表 3-1-4

| 年　份 | 年平均总人口（人） | 出　　生 | | 死　　亡 | | 自然增长 | |
|---|---|---|---|---|---|---|---|
| | | 人数（人） | 出生率（‰） | 人数（人） | 死亡率（‰） | 人数（人） | 自然增长率（‰） |
| 1991 年 | 606288 | 10346 | 17.06 | 3064 | 5.05 | 7282 | 12.01 |
| 1992 年 | 606922 | 8085 | 13.32 | 3234 | 5.33 | 4851 | 7.99 |
| 1993 年 | 608956 | 9498 | 15.6 | 3328 | 5.47 | 6170 | 10.13 |
| 1994 年 | 611970 | 5889 | 9.62 | 3270 | 5.34 | 2619 | 4.28 |
| 1995 年 | 609892 | 7318 | 12.00 | 3367 | 5.52 | 3951 | 6.48 |
| 1996 年 | 610088 | 7611 | 12.48 | 3358 | 5.5 | 4253 | 6.97 |
| 1997 年 | 610629 | 6899 | 11.3 | 3255 | 5.33 | 3644 | 5.97 |
| 1998 年 | 611890 | 7135 | 11.66 | 3212 | 5.25 | 3923 | 6.41 |
| 1999 年 | 613168 | 9024 | 14.72 | 3205 | 5.23 | 5819 | 9.49 |
| 2000 年 | 615514 | 11186 | 18.17 | 4329 | 7.03 | 6857 | 11.14 |
| 2001 年 | 617438 | 6354 | 10.29 | 3379 | 5.47 | 2975 | 4.82 |
| 2002 年 | 616862 | 5914 | 9.59 | 2538 | 4.11 | 3376 | 5.47 |
| 2003 年 | 614745 | 5913 | 9.62 | 2572 | 4.18 | 3341 | 5.43 |
| 2004 年 | 612372 | 5655 | 9.23 | 2957 | 4.83 | 2698 | 4.41 |
| 2005 年 | 611302 | 5276 | 8.63 | 1815 | 2.97 | 3461 | 5.66 |

说明：本表数据由县公安局提供

## 二、机械变动

1991 年开始，县民外出广东、深圳、上海、江苏等经济发达地区寻求更好发展机遇的日益增多，主要从事商贸、文化娱乐、建筑、服装、海运等业，其中事业有成者，在谋业地购置房产，举家迁往。

当年，连江外出谋业者 5000 多人。至 2000 年，增加到 44675 人，2005 年达 72167 人。

连江是福建主要侨乡之一。1991 年，有华侨华人 4.2 万人，分布 37 个国家和地区。1992 年，随着改革开放深化，中国在国际影响增强，华侨地位提高，许多华侨眷属亲友，通过各种渠道，出国探亲旅游、婚嫁移民、继承财产、留学深造、经商创业。重点侨乡琯头镇的竹岐、山兜、塘头 3 个村，1992 年人口分别为 1867 人、999 人、3144 人，至 2005 年仅 973 人、544 人、1739 人，分别减少 47.88%、45.55%、44.69%。据县公安局统计，1991—2005 年，经批准出境及往来港澳台人数达 129687 人。其中出国超过 7 万人，到港澳台定居约 2000 人，旅游探亲 5 万多人。据对台部门统计，1991—2005 年，全县涉台（湾）婚姻 4157 对，黄岐半岛姑娘出嫁马祖列岛 142 对，但其中办理身份迁台（马）手续的仅占少数。

## 第三节　人口构成

### 一、性别构成

连江人口性别构成总体基本合理。1990 年，全国第四次人口普查（简称“四普”）男女比重为 106.92。2000 年全国第五次人口普查（简称“五普”），男性比重略有增加。全县普查总人口 599962 人，男性 310781 人，女性 289181 人，男女比重为 107.47，略高全国标准 106.74。尤其 0—8 岁（即 1992—2000 年）的 9 个年龄段人口，男女比重达 128.46，比 1990 年“四普”同年龄段高出 10.21 百分点，性别比严重失调。60 周岁以上老年人口男性比重比 1990 年提高 1.63 百分点。

**1990 年和 2000 年全国人口普查连江男女性别分年龄段对照表**

表 3-1-5　　　　单位：人、%

| 年龄组（周岁） | 总人口 | | 男性 | | 女性 | | 性别比 | |
|---|---|---|---|---|---|---|---|---|
| | 1990 年 | 2000 年 | 1990 年 | 2000 年 | 1990 年 | 2000 年 | 1990 年 | 2000 年 |
| 0—4 | 63973 | 30249 | 35525 | 17100 | 28448 | 13149 | 124.88 | 130.05 |
| 5—9 | 63992 | 36413 | 33707 | 20452 | 30285 | 15961 | 111.3 | 128.14 |
| 10—14 | 62505 | 66561 | 32318 | 35851 | 30187 | 30710 | 107.06 | 116.74 |
| 15—19 | 65599 | 57443 | 33568 | 30493 | 32031 | 26950 | 104.8 | 113.15 |
| 20—24 | 59620 | 51189 | 29896 | 25513 | 29724 | 25676 | 100.58 | 99.37 |
| 25—29 | 49183 | 61253 | 24568 | 31141 | 24615 | 30112 | 99.81 | 103.42 |
| 30—34 | 44684 | 57813 | 23129 | 29490 | 21555 | 28323 | 107.3 | 104.12 |
| 35—39 | 40136 | 49212 | 20950 | 24716 | 19186 | 24496 | 109.19 | 100.9 |
| 40—44 | 28192 | 41586 | 14985 | 21479 | 13207 | 20107 | 113.46 | 106.82 |
| 45—49 | 20572 | 39870 | 11250 | 20711 | 9322 | 19159 | 120.68 | 108.1 |
| 50—54 | 19328 | 27874 | 10230 | 14761 | 9098 | 13113 | 112.44 | 112.57 |
| 55—59 | 18468 | 19748 | 9442 | 10589 | 9026 | 9159 | 104.61 | 115.61 |
| 60—64 | 17064 | 17162 | 8530 | 8920 | 8534 | 8242 | 99.95 | 108.23 |

续表 3-1-5

| 年龄组（周岁） | 总人口 | | 男性 | | 女性 | | 性别比 | |
|---|---|---|---|---|---|---|---|---|
| | 1990 年 | 2000 年 | 1990 年 | 2000 年 | 1990 年 | 2000 年 | 1990 年 | 2000 年 |
| 65—69 | 13020 | 15520 | 6240 | 7628 | 6780 | 7892 | 92.04 | 96.65 |
| 70—74 | 8651 | 13106 | 3911 | 6028 | 4740 | 7078 | 82.51 | 85.17 |
| 75—79 | 5311 | 8535 | 2153 | 3616 | 3158 | 4919 | 68.18 | 73.51 |
| 80—84 | 2213 | 4403 | 801 | 1633 | 1412 | 2670 | 56.73 | 61.16 |
| 85—89 | 749 | 1707 | 224 | 544 | 525 | 1163 | 42.67 | 46.78 |
| 90—94 | 143 | 359 | 34 | 106 | 109 | 253 | 31.19 | 41.9 |
| 95—99 | 14 | 53 | 3 | 10 | 11 | 43 | 27.27 | 23.26 |
| 100 及以上 | 1 | 6 | — | — | 1 | 6 | — | — |
| 总　计 | 583418 | 599962 | 301464 | 310781 | 281954 | 289181 | 106.92 | 107.47 |

**二、年龄构成**

1991 年后，全县人口年龄结构已发生较大变化，低年龄人口明显减少。2000 年“五普”0—8 周岁人口仅 55834 人，比 1990 年“四普”同年龄段人口 119331 人减少 63497 人，减幅超过一半。而 28 周岁以后的青壮年和老年人口增加幅度较大，人口发展趋向老龄化。据 2000 年“五普”显示，0—6 周岁学龄前儿童 42215 人，比 1990 年减少 55.33%；7—17 周岁学龄儿童占总人口比重下降 2.44 百分点；18 周岁至女 54 岁、男 59 岁劳动年龄人口增加 9.14 百分点；男 60 岁、女 55 岁以上老年人占总人口的比重从 1990 年的 9.63%，增加到 11.65%。其中 80 岁以上老人 6428 人，比 1990 年增加 1 倍。据县公安局和老龄委调查，2005 年全县 100 岁以上寿星计 47 人，最长寿的达 111 岁。

**1990 年与 2000 年连江县人口年龄组对照表**

表 3-1-6　　单位：人、%

| 项　目 | | 总人口 | 0—6 岁学龄前儿童 | 7—17 岁学龄儿童 | 男 18—59 女 18—54 劳动年龄 | 男 60 以上女 55 以上老年人 | 其中 80 岁以上 |
|---|---|---|---|---|---|---|---|
| 1990 年 | | 583418 | 91911 | 138509 | 296806 | 56192 | 3120 |
| 占总人口 % | | 100 | 15.76 | 23.74 | 50.87 | 9.63 | 0.53 |
| 其中 | 男 | 301464 | 50327 | 71896 | 157345 | 21896 | 1062 |
| | 女 | 281954 | 41584 | 66613 | 139461 | 34296 | 2058 |
| 性别比 | | 106.92 | 121.02 | 107.93 | 112.82 | 63.84 | 51.6 |
| 2000 年 | | 599962 | 42215 | 127790 | 360047 | 69910 | 6428 |
| 占总人口 % | | 100 | 7.04 | 21.3 | 60.01 | 11.65 | 1.07 |
| 其中 | 男 | 310781 | 23747 | 69383 | 189166 | 28485 | 2293 |
| | 女 | 289181 | 18468 | 58407 | 170881 | 41425 | 4135 |
| 性别比 | | 107.47 | 128.58 | 118.79 | 110.7 | 68.76 | 55.45 |

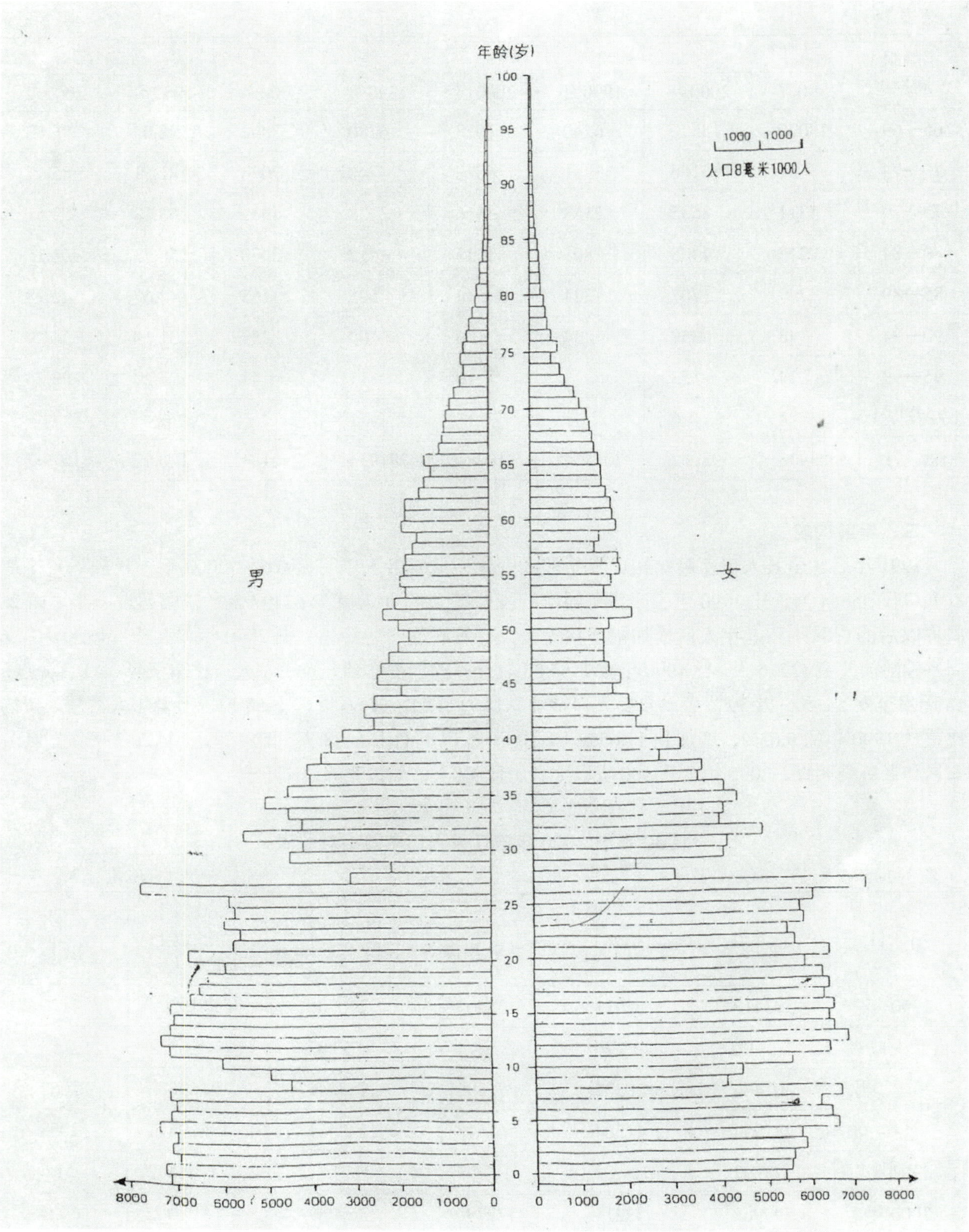


图 3-1-1　1990 年 7 月 1 日连江县人口普查年龄性别金字塔示意图

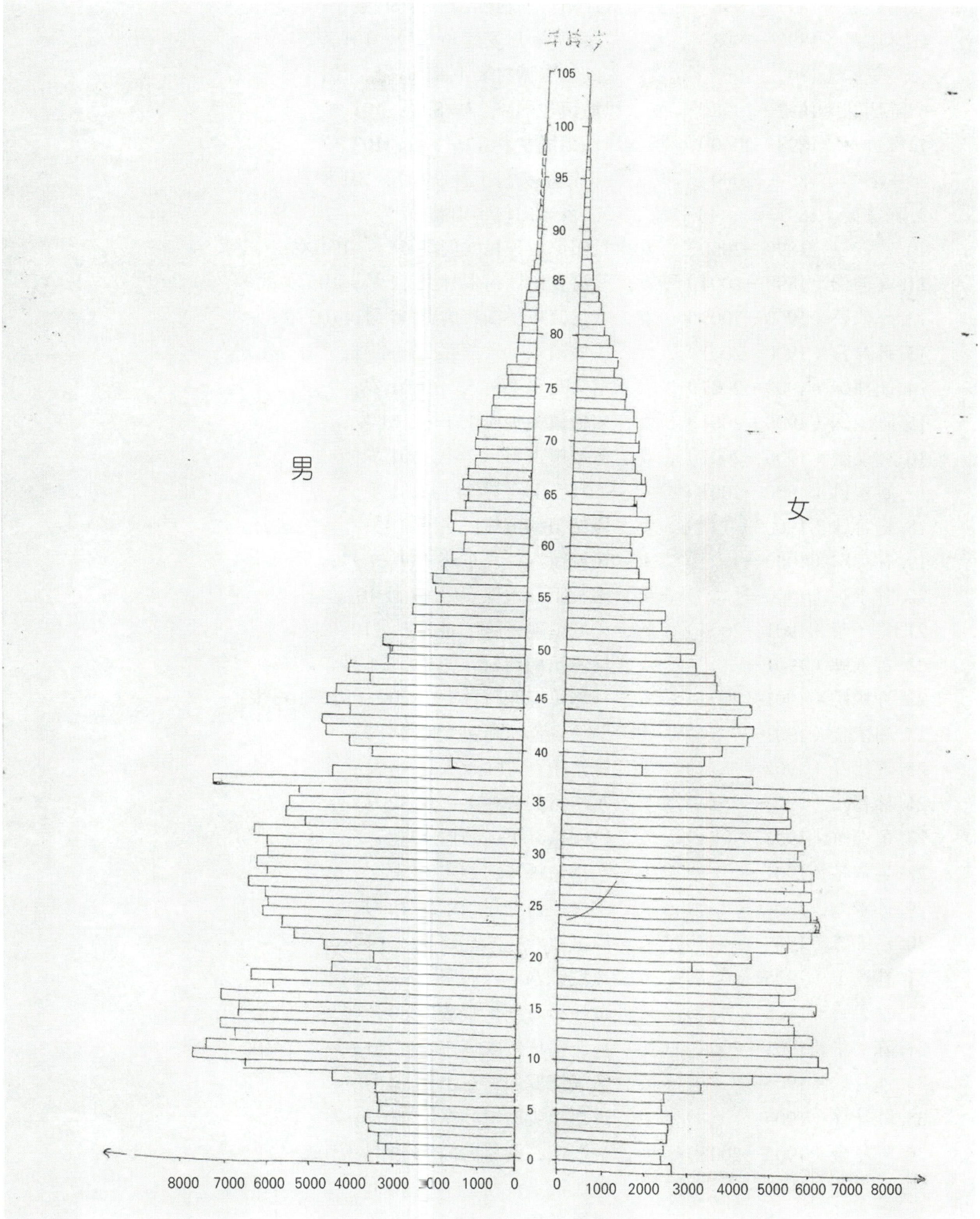


图 3-1-2　2000 年 11 月 1 日第五次人普性别年龄金字塔示意图

**附：连江县百岁寿星名录**

1. 卞秋菊（1887—1998），女，凤城镇建国路 107—7 号，111 岁；

2. 王新姐（1891—1997），女，琯头镇壶芦盘新村 21 号，106 岁；

3. 余乃焜（1897—1998），男，敖江镇幕浦村西门一排 80 号，101 岁；
4. 林凤凤（1897—1998），女，苔菉镇琇 村安南角 6 号，101 岁；
5. 吴美妹（1897—1998），女，东湖镇东塘村新下路 50 号，101 岁；
6. 陈四妹（1897—1998），女，凤城镇建国路 27—8 号，101 岁；
7. 林进水（1898—2000），男，凤城镇民主巷 40—1 号，102 岁；
8. 庄淑学（1899—2000），男，浦口镇塔头村上社 90 号，101 岁；
9. 陈珠英（1899— ），女，安凯乡半山村半山路 17 号；
10. 蓝依权（1899—2000），女，丹阳镇坂顶村龙门塘 6 号，101 岁；
11. 雷连俤（1899—2004），女，蓼沿乡白沙村翠林路 12 号，105 岁；
12. 邱依娇（1900—2003），女，东岱镇东岱街缪厝路 45 号，103 岁；
13. 孙莺官（1900—2001），女，凤城镇八一六西路 26—1 号，101 岁；
14. 胡梅妹（1900—2001），女，琯头镇定安村 53 号 101 岁；
15. 陈　妹（1900—2001），女，东岱镇关头村 151 号 101 岁；
16. 林幼幼（1900—2001），女，黄岐镇古石村 76 号 101 岁；
17. 姚木桃（1900—2001），女，下宫乡上宫村 34 号 101 岁；
18. 杨容妹（1900— ），女，凤城镇绿茵村民主巷 3 号；
19. 林美珠（1900— ），女，凤城镇八一六东路 139—1 号；
20. 陈永顺（1900— ），男，琯头镇东边保安路 58 号 101 岁；
21. 黄　荣（1901—2006），男，凤城镇卫民路 7 号 1 户，105 岁；
22. 黄玉蝉（1901— ），女，马鼻镇南门村井兜街 3—1 号；
23. 许桃娇（1901—2003），女，马鼻镇墙兜村林厝前 20—1 号，102 岁；
24. 周依金（1901— ），男，蓼沿乡赤石村星光路 24 号；
25. 陈伙妹（1902— ），女，晓澳镇百胜村永太路 74 号；
26. 林春校（1903— ），男，东岱镇关头村关兴路 32 号；
27. 黄春娇（1903— ），女，坑园镇红下村新厝 19 号；
28. 吴依冬（1904— ），女，东岱镇蝉步村蝉步 61 号；
29. 孙朱太（1904— ），女，晓澳镇道澳村长乐路 18 号；
30. 杨细妹（1905— ），女，凤城镇八一六北路 67—1 号；
31. 林竟玉（1905— ），女，凤城镇八一六西路 90—2 号；
32. 曾碧娇（1905— ），女，黄岐镇海新街解放路 60—7 号；
33. 陈　华（1905—2005），男，长龙镇华侨农场东方红 10—33 号，100 岁；
34. 连月珠（1905— ），女，筱埕镇罗回村东山路 14 号；
35. 陈妹仔（1905— ），女，透堡镇尖墩村井东路 21 号；
36. 陈冬金（1905—2005），女，敖江镇石头村后门厝 13 号，100 岁；
37. 肖水仙（1905— ），女，琯头镇上坪村上中路 10 号；
38. 王月芳（1905— ），女，琯头镇连江路 25 号；
39. 徐　寿（1905— ），男，浦口镇浦旗街三角埕 1 号；
40. 程嫩珠（1905— ），女，浦口镇浦口街三角埕 134 号；
41. 林团香（1906— ），男，凤城镇建国路 110—2 号；
42. 林如春（1906— ），男，凤城镇八一六北路 56—1 号；
43. 李木发（1906— ），男，江南乡江南村新村 51 号；

44. 江喜仙（1906—　　　），女，琯头镇东升村新村 106 号；
45. 杨依块（1906—　　　），男，琯头镇葫芦盘西路 11 号；
46. 黄金花（1906—　　　），女，琯头镇后二村中山路 78 号；
47. 周妹珠（1906—　　　），女，丹阳镇山边村里湾 11—7 号；

**三、民族构成**

连江县内汉族人口占绝大多数，少数民族以畲族为最多。1990 年全国第四次人口普查时，全县总人口为 583418 人。汉族 571078 人，占总人口的 97.88%，少数民族有 15 个，共 12340 人，占总人口的 2.12%。其中畲族 12249 人，其他少数民族 14 个，仅 91 人。

至 2000 年，全国第五次人口普查时，全县总人口 599962 人，汉族人口 586711 人，占总人口的 97.79%；各少数民族人口共 13251 人，占总人口 2.21%。与“四普”比，汉族人口增加 15633 人，增长 2.74%；少数民族人口增加 911 人，增长 7.38%。全县少数民族由 1990 年的 15 个增加至 2000 年的 24 个。新增的 9 个少数民族：朝鲜族（44 人）、维吾尔族（22 人）、佤族（5 人）、土族（2 人）、羌族（2 人）、傣族（2 人）、仡佬族（1 人）、纳西族（1 人），未识别民族（1 人）。新增的少数民族主要是婚嫁迁入和务工人员。县内人口最多的少数民族是畲族，分布全县 22 个乡镇，2000 年“五普”为 11918 人，比 1990 年“四普”减少 331 人。

**1990 年与 2000 年连江县人口民族构成对照表**

表 3–1–7　　单位：人

| 族　名 | 畲族 | 佤族 | 回族 | 藏族 | 苗族 | 彝族 | 壮族 | 布族 | 满族 | 侗族 | 瑶族 | 白族 | 黎族 |
|---|---|---|---|---|---|---|---|---|---|---|---|---|---|
| 1990 年 | 12249 | — | 7 | 4 | 28 | 3 | 26 | 2 | 6 | 1 | 2 | 2 | 1 |
| 2000 年 | 11918 | 5 | 601 | 28 | 129 | 47 | 55 | 34 | 15 | 37 | 4 | 6 | 11 |
| 族　名 | 汉族 | 朝鲜族 | 维吾尔族 | 蒙古族 | 土族 | 羌族 | 傣族 | 京族 | 仡佬族 | 土家族 | 纳西族 | 未识别 | 合计 |
| 1990 年 | 571078 | — | — | 2 | — | — | — | 3 | — | 2 | — | — | 583418 |
| 2000 年 | 586711 | 44 | 22 | 122 | 2 | 2 | 2 | 1 | 1 | 163 | 1 | 1 | 599962 |

**四、文化构成**

1990 年全国第四次人口普查时，全县大专以上学历人口仅 2043 人，占普查人数 495670 人的 0.46%；高中（含中专）文化 25265 人，占 5.09%；文盲人口 78368 人，占 15.81%。至 2000 年全国第五次人口普查时，全县 6 周岁以上人口中，小学以上文化程度计 496280 人，占同龄总人口的 88.06%，比“四普”提高 5.45 个百分点。其中大专以上 6873 人，是 1990 年的 4.36 倍；高中和中专 43841 人，是 1990 年的 1.74 倍；15 岁及以上文盲人口减少到 57712 人，占同龄人的比重降到 10.42%；在文盲人口中，女性占 70.72%，55 岁以上老年人占 76.78%。

2001 年后，连江利用全国高校扩招机遇，扩大高中教育规模，至 2005 年止 5 年时间，共考入大专以上 10021 人，加上自学获大专以上文凭 590 人，全县大专以上文化程度达 17484 人，每万人大专人数达 286 人。

### 1990 年与 2000 年连江县人口文化构成对照表

表 3-1-8

| 项 目 | 1990 年“四普” | | | | 2000 年“五普” | | | |
|---|---|---|---|---|---|---|---|---|
| | 人数（人） | 比重（%） | 男性（人） | 女性（人） | 人数（人） | 比重（%） | 男性（人） | 女性（人） |
| 总计 | 495670 | 100 | 253819 | 241851 | 553992 | 100 | 287899 | 266093 |
| 研究生 | — | — | — | — | 20 | — | 16 | 4 |
| 大学本科 | 569 | 0.12 | 488 | 81 | 1298 | 0.24 | 1056 | 242 |
| 大专 | 1474 | 0.30 | 1222 | 252 | 5555 | 1.00 | 4023 | 1532 |
| 中专 | 3836 | 0.77 | 2606 | 1230 | 13097 | 2.36 | 6719 | 6378 |
| 高中 | 21429 | 4.32 | 15285 | 6144 | 30744 | 5.55 | 20634 | 10110 |
| 初中 | 87913 | 17.74 | 61858 | 26055 | 197041 | 35.57 | 119840 | 77201 |
| 小学 | 302081 | 60.94 | 154003 | 148078 | 248525 | 44.86 | 118713 | 129812 |
| 小计 | 417302 | 84.19 | 235462 | 181840 | 496280 | 89.58 | 271001 | 225279 |
| 文盲 | 78368 | 15.81 | 18357 | 60011 | 57712 | 10.42 | 16898 | 40814 |

说明：据人口普查资料，小学以上文化为 6 岁及以上人口；文盲系 15 岁及以上人口

**五、职业构成**

1990 年第四次人口普查，连江劳动年龄的在业人口为 258299 人，占总人口数的 44.27%。在业人口中，从事农林牧渔第一产业的占 63%，从事工业、建筑业等第二产业占 19.71%，从事第三产业占 17.29%。2000 年第五次人口普查，仅抽查 10% 在业人员计 23225 人。其中第一产业占 47.74%，第二产业占 22.20%，第三产业占 30.06%。第一产业比重降低 15.26 个百分点，第二产业提高 2.49 个百分点，第三产业增加 12.77 个百分点。

2005 年，全县在业人口达 329981 人，占总人口的比重为 54.01%，比 1990 年增加 9.74 个百分点，从事一、二、三产业的比重分别为 47.79%、29.54%、22.67%。第二产业比重增加 9.83 个百分点。

### 2005 年连江县在业人口行业构成表

表 3-1-9

| 项 目 | 乡村从业人员（人） | 城镇从业人员（人） | 合 计（人） | 各业比重（%） |
|---|---|---|---|---|
| 实有从业人员 | 290881 | 39100 | 329981 | 100.00 |
| 1. 农林牧渔业 | 156969 | 737 | 157706 | 47.79 |
| 2. 工业 | 34204 | 23598 | 57802 | 17.52 |
| 3. 建筑业 | 38837 | 852 | 39689 | 12.03 |
| 4. 交通仓储邮电业 | 12119 | 337 | 12456 | 3.77 |
| 5. 信息软件服务业 | 448 | 46 | 494 | 0.15 |
| 6. 批发零售业 | 14275 | 940 | 15215 | 4.61 |
| 7. 住宿餐饮业 | 3243 | 23 | 3266 | 0.99 |

续表 3-1-9

| 项　目 | 乡村从业人员（人） | 城镇从业人员（人） | 合 计（人） | 各业比重（%） |
|---|---|---|---|---|
| 8. 房地产业 | 942 | 72 | 1014 | 0.31 |
| 9. 卫生社保福利业 | 1507 | 1475 | 2982 | 0.90 |
| 10. 教育文体娱乐业 | 2428 | 6126 | 8554 | 2.59 |
| 11. 科研地质服务业 | 299 | 81 | 380 | 0.12 |
| 12. 金融保险业 | 424 | 467 | 891 | 0.27 |
| 13. 乡镇经济组织人员 | 352 | — | 352 | 0.11 |
| 14. 公共管理社会服务 | — | 3960 | 3960 | 1.20 |
| 15. 租赁和商业服务业 | — | 386 | 386 | 0.12 |
| 16. 其他 | 24834 | — | 24834 | 7.52 |

**六、农业非农业人口构成**

1990 年，全县户籍人口 600771 人，其中农业人口 555214 人，占 92.42%；非农业人口 45557 人，占 7.58%。1991 年开始，随着改革开放的深化，第二、第三产业崛起，农村进城从事工商人数增多，加上户籍制度改革，非农业人口增长逐步加快。至 2000 年第五次人口普查，非农业人口占总人口比重为 10.06%。2002 年，执行福建省人民政府关于建立全省城乡统一的户口登记管理制度，按照实际居住地登记户口的原则，取消农业户口、非农业户口、自理口粮户口及其他类型的户口性质划分，实行户口登记管理一体化，在城镇购房或租房居住的人口迅速增加。至 2005 年，全县总人口 611002 人，非农业人口 124687 人，占总人口比重提高到 20.41%，比 1990 年绝对数增加 1.7 倍，比重提高 12.83 个百分点。

**1991—2005 年连江县农业与非农业人口情况表**

表 3-1-10

| 年　份 | 总人口（人） | 其中 | | | |
|---|---|---|---|---|---|
| | | 农业人口（人） | 占总人口比重（%） | 非农业人口（人） | 占总人口比重（%） |
| 1991 年 | 606288 | 560148 | 92.39 | 46140 | 7.61 |
| 1992 年 | 607557 | 560058 | 92.18 | 47499 | 7.82 |
| 1993 年 | 610355 | 561928 | 92.07 | 48427 | 7.93 |
| 1994 年 | 611181 | 562677 | 92.06 | 48504 | 7.94 |
| 1995 年 | 609892 | 559870 | 91.8 | 50022 | 8.2 |
| 1996 年 | 610285 | 559135 | 91.62 | 51150 | 8.38 |
| 1997 年 | 610974 | 557970 | 91.32 | 53004 | 8.68 |
| 1998 年 | 612807 | 556198 | 90.76 | 56609 | 9.24 |
| 1999 年 | 613528 | 555199 | 90.49 | 58329 | 9.51 |
| 2000 年 | 617499 | 557404 | 90.27 | 60095 | 9.73 |

续表 3-1-10

| 年　份 | 总人口（人） | 其　　中 | | | |
|---|---|---|---|---|---|
| | | 农业人口（人） | 占总人口比重（%） | 非农业人口（人） | 占总人口比重（%） |
| 2001 年 | 617376 | 550008 | 89.09 | 67368 | 10.91 |
| 2002 年 | 616348 | 494933 | 80.30 | 121415 | 19.70 |
| 2003 年 | 613143 | 506812 | 82.66 | 106331 | 17.34 |
| 2004 年 | 611601 | 504464 | 82.48 | 107137 | 17.52 |
| 2005 年 | 611002 | 486315 | 79.59 | 124687 | 20.41 |

说明：本表数据由县公安局提供

## 第四节　人口姓氏

1991 年，人口流动数量和范围开始逐步增大，人口姓氏亦随之有较大变化。据县计划生育部门人口台账调查统计，2005 年全县共有 373 个姓氏。比 1990 年的 285 个姓增加 88 个姓。而在 1990 年的姓氏中，有 33 个姓已经消失，实际上新的姓氏有 121 个。但从各个姓的人口看，原有人口 500 人以上的姓氏基本变动不大。新增和消失的均是人口很少的姓氏，大部分是工作、就业、婚嫁等因素而迁移的。

在 373 个姓氏中，单字姓 368 个，复姓 5 个：欧阳、诸葛、上官、司马、井上。500 人口以上的姓有 81 个（1990 年 83 个），计 606893 人，占总人口的 98.29%。其中万人以上有 14 个姓，人口 445626 人，占总人口 72.17%。林姓人数最多，达 102001 人，其次是陈姓 96909 人，其余依次是郑姓 33113 人、吴姓 32162 人、黄姓 30824 人、张姓 20625 人、邱姓 20420 人、王姓 18989 人、杨姓 18656 人、李姓 17122 人、刘姓 17095 人、孙姓 15305 人、谢姓 11779 人、余姓 10626 人。千人以上不足万人的 55 个姓，人口 152620 人，占总人口 24.72%；500 人以上不足千人的 12 个姓，人口 8647 人，占总人口 1.4%；2 人以上不足 500 人的 178 个姓，人口 10472 人；只有 1 人的姓 114 个。

**2005 年连江县姓氏人口一览表（以人口数为序）**

表 3-1-11

| 姓氏人口 | 姓氏人口 | 姓氏人口 | 姓氏人口 | 姓氏人口 | 姓氏人口 | 姓氏人口 | 姓氏人口 |
|---|---|---|---|---|---|---|---|
| 1. 林 102001 | 34. 姚 3035 | 67. 汤 1071 | 100. 莫 236 | 133. 侯 25 | 166. 纪 10 | 199. 艾 5 | 232. 车 2 |
| 2. 陈 96909 | 35. 柳 3020 | 68. 苏 1040 | 101. 于 222 | 134. 顾 24 | 167. 巫 10 | 200. 申 5 | 233. 仇 2 |
| 3. 郑 33113 | 36. 高 2790 | 69. 缪 1018 | 102. 曹 215 | 135. 崔 24 | 168. 单 10 | 201. 宁 5 | 234. 古 2 |
| 4. 吴 32162 | 37. 池 2698 | 70. 施 963 | 103. 甘 204 | 136. 牛 23 | 169. 秧 10 | 202. 传 5 | 235. 吉 2 |
| 5. 黄 30824 | 38. 徐 2607 | 71. 杜 952 | 104. 贺 183 | 137. 秦 23 | 170. 尹 9 | 203. 岩 5 | 236. 仲 2 |
| 6. 张 20625 | 39. 翁 2596 | 72. 柯 837 | 105. 聂 178 | 138. 常 22 | 171. 乐 9 | 204. 宫 5 | 237. 麦 2 |
| 7. 邱 20420 | 40. 倪 2427 | 73. 龚 793 | 106. 齐 173 | 139. 谭 22 | 172. 孔 9 | 205. 虞 5 | 238. 祈 2 |
| 8. 王 18989 | 41. 任 2239 | 74. 钟 750 | 107. 易 167 | 140. 文 21 | 173. 危 9 | 206. 简 5 | 239. 豆 2 |

续表 3-1-11

| 姓氏人口 | 姓氏人口 | 姓氏人口 | 姓氏人口 | 姓氏人口 | 姓氏人口 | 姓氏人口 | 姓氏人口 |
|---|---|---|---|---|---|---|---|
| 9. 杨 18656 | 42. 瞿 2106 | 75. 冯 705 | 108. 姜 154 | 141. 应 21 | 174. 营 9 | 207. 卜 4 | 240. 庚 2 |
| 10. 李 17122 | 43. 欧 2032 | 76. 花 705 | 109. 缪 142 | 142. 龙 20 | 175. 冉 8 | 208. 工 4 | 241. 茹 2 |
| 11. 刘 17095 | 44. 朱 2009 | 77. 夏 649 | 110. 傅 128 | 143. 项 20 | 176. 束 8 | 209. 武 4 | 242. 南 2 |
| 12. 孙 15305 | 45. 蔡 1790 | 78. 钱 608 | 111. 欧阳 127 | 144. 鲁 20 | 177. 祭 8 | 210. 奉 4 | 243. 柏 2 |
| 13. 谢 11779 | 46. 丁 1770 | 79. 原 604 | 112. 鞠 100 | 145. 史 19 | 178. 蒲 8 | 211. 苟 4 | 244. 冠 2 |
| 14. 余 10626 | 47. 连 1706 | 80. 章 550 | 113. 涂　87 | 146. 芦 19 | 179. 潭 8 | 212. 庞 4 | 245. 费 2 |
| 15. 魏 7509 | 48. 邵 1648 | 81. 韩 531 | 114. 梅 86 | 147. 骆 18 | 180. 刁 7 | 213. 耿 4 | 246. 敖 2 |
| 16. 蓝 7397 | 49. 唐 1620 | 82. 陆 466 | 115. 袁 84 | 148. 黎 16 | 181. 云 7 | 214. 绳 4 | 247. 厚 2 |
| 17. 庄 7014 | 50. 俞 1598 | 83. 严 459 | 116. 毛 80 | 149. 宗 14 | 182. 左 7 | 215. 蒙 4 | 248. 索 2 |
| 18. 周 5495 | 51. 潘 1544 | 84. 宋 451 | 117. 桂 73 | 150. 诸葛 14 | 183. 白 7 | 216. 管 4 | 249. 席 2 |
| 19. 何 5470 | 52. 游 1528 | 85. 邓 449 | 118. 商 66 | 151. 阙 14 | 184. 尚 7 | 217. 乔 3 | 250. 焦 2 |
| 20. 雷 5156 | 53. 卓 1513 | 86. 彭 425 | 119. 毕 60 | 152. 包 13 | 185. 祝 7 | 218. 安 3 | 251. 银 2 |
| 21. 滕 5207 | 54. 卞 1484 | 87. 官 413 | 120. 谌 60 | 153. 练 13 | 186. 葛 7 | 219. 农 3 | 252. 麻 2 |
| 22. 曾 4579 | 55. 薛 1445 | 88. 尤 359 | 121. 吕 47 | 154. 饶 13 | 187. 裘 7 | 220. 阳 3 | 253. 宿 2 |
| 23. 许 4554 | 56. 洪 1444 | 89. 金 333 | 122. 关 47 | 155. 贾 13 | 188. 鲍 7 | 221. 昊 3 | 254. 隋 2 |
| 24. 颜 4544 | 57. 方 1386 | 90. 马 324 | 123. 辛 40 | 156. 覃 13 | 189. 翟 7 | 222. 岳 3 | 255. 敬 2 |
| 25. 赵 4405 | 58. 邢 1331 | 91. 熊 320 | 124. 康 39 | 157. 鄢 13 | 190. 樊 7 | 223. 晏 3 | 256. 辜 2 |
| 26. 江 4370 | 59. 梁 1293 | 92. 范 315 | 125. 万 38 | 158. 季 12 | 191. 木 6 | 224. 阎 3 | 257. 储 2 |
| 27. 董 3966 | 60. 蒋 1282 | 93. 石 290 | 126. 向 37 | 159. 凌 12 | 192. 代 6 | 225. 敕 3 | 258. 童 2 |
| 28. 胡 3873 | 61. 郭 1195 | 94. 汪 290 | 127. 屈 37 | 160. 裴 12 | 193. 尧 6 | 226. 盛 3 | 259. 檀 2 |
| 29. 卢 3784 | 62. 罗 1142 | 95. 田 288 | 128. 郝 35 | 161. 全 11 | 194. 佘 6 | 227. 窦 3 | — |
| 30. 叶 3711 | 63. 赖 1139 | 96. 陶 275 | 129. 华 31 | 162. 闵 11 | 195. 将 6 | 228. 蓼 3 | — |
| 31. 詹 3381 | 64. 邹 1136 | 97. 戴 272 | 130. 王 30 | 163. 孟 11 | 196. 殷 6 | 229. 霍 3 | — |
| 32. 萧 3179 | 65. 阮 1113 | 98. 沈 269 | 131. 韦 28 | 164. 段 11 | 197. 厦 6 | 230. 上官 2 | — |
| 33. 程 3157 | 66. 廖 1074 | 99. 温 238 | 132. 晋 26 | 165. 舒 11 | 198. 元 5 | 231. 习 2 | — |

单人姓计 114 个：力、已、门、井上、丰、戈、丹、仁、亢、凤、计、节、东、仕、司、司马、尼、亚、曲、吓、伊、师、邬、优、兆、冲、牟、观、孝、芮、岑、员、呈、佛、吝、闰、谷、冷、沅、良、苞、明、昌、呼、侬、和、泷、宠、君、阿、纺、侃、郃、春、莳、荣、荆、封、要、哑、贵、修、待、禹、郜、恒、浓、胥、闾、柴、恩、党、彩、浦、鸿、宾、娥、谈、诺、菊、理、惠、戚、梨、盘、符、留、淡、盖、姬、强、粟、喻、喉、景、番、森、楚、楼、靳、揭、路、雍、蹇、谬、殿、登、解、暨、赛、衡、澎、臧、蘧

## 2005 年连江县姓氏人口分布情况表（以姓氏笔画为序）

表 3–1–12

| 乡镇别 | 姓氏个数 | 人口数 | 丁 | 卜 | 刁 | 于 | 工 | 万 | 上官 | 习 | 马 | 王 | 元 | 韦 | 云 |
|---|---|---|---|---|---|---|---|---|---|---|---|---|---|---|---|
| 凤城镇 | 183 | 53900 | 80 | 3 | — | 16 | — | — | — | — | 104 | 1602 | 1 | — | 7 |
| 敖江镇 | 125 | 36661 | 20 | — | — | — | — | 2 | — | — | — | 166 | — | — | — |
| 江南乡 | 119 | 24958 | 99 | — | — | 5 | — | 1 | — | — | 5 | 361 | — | — | — |
| 东湖镇 | 120 | 16202 | 3 | — | — | 1 | — | — | — | — | 1 | 624 | — | — | — |
| 浦口镇 | 138 | 41616 | 32 | — | — | — | — | 1 | — | — | 2 | 1903 | 1 | — | — |
| 东岱镇 | 156 | 35831 | 8 | 1 | — | — | — | 2 | — | — | 74 | 221 | — | — | — |
| 晓澳镇 | 48 | 35942 | — | — | — | — | — | — | — | — | 1 | 215 | — | 1 | — |
| 琯头镇 | 179 | 55160 | 14 | — | 7 | — | — | 1 | — | — | 12 | 1556 | — | 4 | — |
| 潘渡乡 | 93 | 18220 | 15 | — | — | — | — | 5 | — | — | 55 | 453 | 2 | — | — |
| 小沧乡 | 74 | 4117 | 24 | — | — | — | — |  | — | — | — | 57 | — | — | — |
| 丹阳镇 | 137 | 26783 | 39 | — | — | 8 | 4 | 1 | 1 | — | 1 | 323 | — | 1 | — |
| 蓼沿乡 | 136 | 28767 | 413 | — | — | 1 | — | 1 | — | 2 | 3 | 586 | — | 2 | — |
| 长龙镇 | 102 | 12082 | 8 | — | — | — | — |  | — | — | — | 399 | — | 3 | — |
| 马鼻镇 | 144 | 43906 | 25 | — | — | 177 | — | 3 | — | — | 7 | 676 | — | — | — |
| 透堡镇 | 112 | 19904 | 28 | — | — | 4 | — | 1 | — | — | — | 2871 | — | 2 | — |
| 官坂镇 | 133 | 30929 | 862 | — | — | 2 | — | 1 | — | — | 3 | 1138 | — | — | — |
| 坑园镇 | 126 | 21343 | 17 | — | — | 2 | — | — | — | — | 1 | 1772 | — | 2 | — |
| 下宫乡 | 93 | 13150 | — | — | — | 1 | — | 1 | — | — | 2 | 97 | — | 1 | — |
| 筱埕镇 | 151 | 27917 | 50 | — | — | 3 | — | 7 | 1 | — | — | 839 | 1 | 4 | — |
| 黄岐镇 | 130 | 25009 | 33 | — | — | 1 | — | 2 | — | — | 1 | 1060 | — | 6 | — |
| 安凯乡 | 113 | 18086 | — | — | — | 1 | — | 8 | — | — | 1 | 1112 | — | 2 | — |
| 苔菉镇 | 115 | 26996 | — | — | — | — | — | 1 | — | — | 51 | 958 | — | — | — |
| 合　计 | 377 | 617479 | 1770 | 4 | 7 | 222 | 4 | 38 | 2 | 2 | 324 | 18989 | 5 | 28 | 7 |
| 分布 乡镇数 | — | — | 18 | 2 | 1 | 13 | 1 | 15 | 2 | 1 | 17 | 22 | 4 | 11 | 1 |
| 分布 村居数 | — | — | 125 | 2 | 3 | 39 | 1 | 18 | 2 | 1 | 40 | 239 | 4 | 23 | 2 |
| 主要郡望 | — | — | 济阳<br>济阴 | 西河<br>河南 | 渤海 | 东海<br>临安 | — | 扶风<br>河南 | 天水 | 襄阳 | 扶风<br>河南 | 琅琊<br>陈留 | 河南 | 京兆 | 琅琊<br>河南 |
| 重点村落 | — | — | 塘边<br>蒲边 | 东北 | 后二 | 浮曦<br>贵峰 | 东平 | 奇达 | 仙屏<br>定海 | 大沧 | 东岱<br>琇琊<br>凤园 | 尖墩<br>官岭<br>下园<br>壶江<br>高塘 | 坡西 | 下洋<br>定海<br>海建<br>长沙 | 西北 |

续表 3-1-12

| 乡镇别 | | 木 | 尤 | 车 | 牛 | 毛 | 仇 | 卞 | 文 | 方 | 尹 | 邓 | 孔 | 甘 | 艾 | 古 |
|---|---|---|---|---|---|---|---|---|---|---|---|---|---|---|---|---|
| 凤城镇 | | — | 18 | — | 22 | 3 | — | 51 | 1 | 400 | 1 | 41 | 2 | 6 | — | — |
| 敖江镇 | | — | — | — | — | — | — | 2 | 1 | 1 | — | 1 | — | — | — | — |
| 江南乡 | | — | 4 | — | — | — | — | — | — | 77 | 1 | 3 | — | — | — | — |
| 东湖镇 | | — | — | — | — | 1 | — | — | — | 2 | — | 3 | — | — | — | — |
| 浦口镇 | | — | 2 | — | — | — | 1 | 3 | 1 | 63 | — | 43 | 1 | 2 | — | — |
| 东岱镇 | | 6 | 4 | — | — | 2 | 1 | 141 | 1 | 5 | — | 26 | — | 5 | — | 2 |
| 晓澳镇 | | — | — | — | — | — | — | — | — | 1 | — | — | — | — | — | — |
| 琯头镇 | | — | 5 | — | 1 | 6 | — | 4 | 2 | 84 | 1 | 14 | 3 | 7 | 1 | — |
| 潘渡乡 | | — | 10 | — | — | 51 | — | — | 9 | — | — | — | 3 | 86 | — | — |
| 小沧乡 | | — | — | — | — | — | — | — | — | — | — | 8 | — | 6 | — | — |
| 丹阳镇 | | — | 4 | — | — | 1 | — | 1 | — | 6 | — | 15 | — | 2 | — | — |
| 蓼沿乡 | | — | | — | — | 2 | — | — | 1 | 98 | 1 | 120 | — | 4 | — | — |
| 长龙镇 | | — | 1 | — | — | 1 | — | — | 1 | 1 | — | 6 | — | 1 | — | — |
| 马鼻镇 | | — | 13 | — | — | 2 | — | — | 2 | 9 | — | 6 | — | 3 | 2 | — |
| 透堡镇 | | — | 1 | — | — | 1 | — | — | 1 | 7 | — | 19 | — | — | — | — |
| 官坂镇 | | — | 7 | — | — | 1 | — | — | 1 | 177 | 2 | 127 | — | 6 | — | — |
| 坑园镇 | | — | 3 | — | — | 2 | — | 2 | — | 6 | 1 | — | — | 1 | 1 | — |
| 下宫乡 | | — | 145 | — | — | 1 | — | — | — | — | — | 1 | — | — | — | — |
| 筱埕镇 | | — | 101 | 1 | — | 3 | — | 1 | — | 351 | 1 | — | — | 73 | — | — |
| 黄岐镇 | | — | 13 | 1 | — | 1 | — | 12 | — | 30 | — | 6 | — | 1 | — | — |
| 安凯乡 | | — | 1 | — | — | 1 | — | 19 | — | 10 | — | 1 | — | 1 | 1 | — |
| 苔菉镇 | | — | 27 | — | — | 1 | — | 1248 | — | 58 | 1 | 9 | — | — | — | — |
| 合　计 | | 6 | 359 | 2 | 23 | 80 | 2 | 1484 | 21 | 1328 | 9 | 449 | 9 | 204 | 5 | 2 |
| 分布 | 乡镇数 | 1 | 17 | 2 | 2 | 17 | 2 | 11 | 11 | 19 | 8 | 18 | 4 | 15 | 4 | 1 |
| | 村居数 | 1 | 53 | 2 | 2 | 29 | 2 | 41 | 13 | 106 | 8 | 77 | 6 | 29 | 5 | 2 |
| 主要郡望 | | 吴兴 | 吴兴 | 鲁国 | 陇西 | 西河<br>荥阳 | 南阳 | 济阳 | 雁门 | 河南 | 天水<br>河间 | 南阳<br>安定 | 鲁国 | 渤海<br>丹阳 | 天水 | 新安 |
| 重点村落 | | 关头 | 下宫<br>蛎坞 | 大埕<br>海英 | 凤园 | 坡西<br>兰山 | 涓东<br>东岱 | 琇琳<br>洪塘 | 坡西 | 埕口<br>玉山 | 洋尾 | 洋尾<br>蒲边 | 仁山<br>东北 | 潘渡<br>定海 | 官岐<br>墩里 | 山堂<br>蝉步 |

| 乡镇别 | 左 | 石 | 龙 | 卢 | 叶 | 丰 | 田 | 史 | 冉 | 代 | 白 | 包 | 乐 | 冯 | 宁 |
|---|---|---|---|---|---|---|---|---|---|---|---|---|---|---|---|
| 凤城镇 | — | 89 | — | 694 | 338 | — | 35 | 10 | — | — | 1 | 1 | 3 | 76 | — |
| 敖江镇 | — | 1 | — | 49 | 468 | — | 84 | 1 | — | — | — | — | — | 139 | — |
| 江南乡 | — | 4 | — | 161 | 211 | — | 7 | — | — | — | — | — | — | 5 | — |

续表 3-1-12

| | | | | | | | | | | | | | | | |
|---|---|---|---|---|---|---|---|---|---|---|---|---|---|---|---|
| 东湖镇 | — | — | — | 12 | 41 | — | 3 | — | — | — | — | — | — | 7 | — |
| 浦口镇 | — | 1 | 1 | 82 | 185 | — | 1 | 2 | — | 1 | — | 3 | — | 10 | — |
| 东岱镇 | 1 | 1 | — | 19 | 212 | 1 | 1 | 1 | 1 | — | — | — | 2 | 10 | — |
| 晓澳镇 | — | — | — | — | 818 | — | — | — | — | — | — | — | — | 19 | — |
| 琯头镇 | 3 | 13 | 4 | 71 | 211 | 3 | 127 | 1 | 1 | 3 | 1 | — | — | 9 | 1 |
| 潘渡乡 | — | — | 4 | 90 | 83 | — | 15 | — | — | — | — | — | — | 145 | — |
| 小沧乡 | — | — | — | 6 | 10 | — | — | — | — | — | 1 | 1 | — | 2 | — |
| 丹阳镇 | — | 1 | 1 | 981 | 168 | — | 8 | — | 3 | — | — | 1 | 1 | — | — |
| 蓼沿乡 | — | 3 | 7 | 60 | 249 | — | — | — | — | — | — | — | 1 | 5 | — |
| 长龙镇 | 1 | — | — | 7 | 125 | — | — | 2 | — | — | — | 1 | — | 17 | — |
| 马鼻镇 | — | 12 | — | 18 | 126 | 1 | 1 | 1 | 1 | 1 | — | 4 | — | 64 | 1 |
| 透堡镇 | — | 3 | — | 19 | 14 | — | 3 | — | — | — | — | — | — | 63 | — |
| 官坂镇 | — | 1 | 1 | 208 | 22 | — | 1 | — | — | — | — | — | 2 | 10 | — |
| 坑园镇 | 1 | 3 | — | 4 | 13 | — | — | — | — | — | — | 1 | — | 2 | 1 |
| 下宫乡 | — | — | — | 7 | 90 | — | — | — | — | — | 1 | — | — | — | 1 |
| 筱埕镇 | 1 | 117 | — | 543 | 163 | — | — | 1 | — | — | 1 | — | — | 111 | — |
| 黄岐镇 | — | 31 | — | 250 | 71 | — | 1 | — | 1 | — | — | — | — | 4 | 1 |
| 安凯乡 | — | 1 | 2 | 437 | 13 | — | — | — | 1 | — | — | 1 | — | 4 | — |
| 苔菉镇 | — | 9 | — | 66 | 80 | — | 1 | — | — | 1 | 2 | — | — | 3 | — |
| 合　计 | 7 | 290 | 20 | 3784 | 3711 | 5 | 288 | 19 | 8 | 6 | 7 | 13 | 9 | 705 | 5 |
| 分布 乡镇数 | 5 | 16 | 7 | 21 | 22 | 3 | 14 | 8 | 6 | 4 | 6 | 8 | 5 | 20 | 5 |
| 分布 村居数 | 7 | 47 | 11 | 149 | 177 | 5 | 36 | 9 | 7 | 5 | 6 | 12 | 7 | 88 | 5 |
| 主要郡望 | 济阳 | 武威<br>渤海 | 武陵<br>天水 | 范阳 | 下邳<br>南阳 | 魏郡<br>丹阳 | 北平 | 宣城<br>武昌 | 武陵 | 赵国 | 南阳 | 丹阳 | 南阳 | 杜威<br>长乐 | 齐郡 |
| 重点村落 | 琯头<br>东岱 | 定海<br>凤园 | 蒲边<br>坡西 | 桂林<br>文湾<br>凤贵<br>官坞 | 百胜<br>青塘<br>晓江<br>澄岩 | 琯头<br>定岐<br>洪塘 | 壶江<br>青塘 | 凤园<br>浦东<br>东岱 | 旺庄 | 官岐 | 北茭 | 浦兴<br>拱头 | 凤园 | 上山<br>潘渡<br>筱埕<br>横厝 | 官岐<br>玉井 |

| 乡镇别 | 邢 | 吉 | 尧 | 毕 | 吕 | 朱 | 乔 | 传 | 伍 | 仲 | 任 | 华 | 向 | 全 | 危 |
|---|---|---|---|---|---|---|---|---|---|---|---|---|---|---|---|
| 凤城镇 | 114 | — | — | 3 | 3 | 280 | — | — | 2 | 1 | 125 | 1 | 2 | — | 4 |
| 敖江镇 | 6 | — | — | — | — | 232 | — | — | — | — | 3 | — | — | — | 1 |
| 江南乡 | 1 | 1 | — | — | 2 | 253 | — | — | — | 1 | 209 | — | — | — | — |
| 东湖镇 | 2 | — | — | 2 | 1 | 176 | — | — | — | — | 4 | — | — | — | — |
| 浦口镇 | 1142 | — | — | — | 3 | 17 | — | — | 2 | — | 24 | 1 | 2 | — | — |

续表 3-1-12

| | | | | | | | | | | | | | | | | |
|---|---|---|---|---|---|---|---|---|---|---|---|---|---|---|---|---|
| 东岱镇 | | 30 | — | 6 | — | 3 | 8 | — | 1 | — | — | 7 | 2 | 9 | — | — |
| 晓澳镇 | | — | — | — | — | — | 2 | — | — | — | — | — | — | — | — | — |
| 琯头镇 | | 3 | — | — | — | 3 | 809 | 1 | 2 | 12 | — | 33 | 7 | 4 | — | — |
| 潘渡乡 | | 10 | — | — | — | — | — | — | — | — | — | — | 17 | — | — | — |
| 小沧乡 | | — | — | — | — | — | 1 | — | — | — | — | 3 | — | — | — | — |
| 丹阳镇 | | 4 | — | — | — | 1 | 11 | — | — | — | — | 142 | 2 | 4 | 2 | — |
| 蓼沿乡 | | — | — | — | — | 2 | 22 | — | — | 2 | — | 1132 | 1 | 1 | 1 | — |
| 长龙镇 | | 9 | — | — | — | 1 | 5 | — | — | — | — | 18 | — | 3 | — | — |
| 马鼻镇 | | 2 | 1 | — | — | 3 | 14 | 2 | — | 1 | — | 35 | — | — | 4 | — |
| 透堡镇 | | — | — | — | 49 | 2 | 4 | — | — | 3 | — | 43 | — | — | — | — |
| 官坂镇 | | 2 | — | — | 5 | 6 | 43 | — | — | 3 | — | 451 | — | — | — | — |
| 坑园镇 | | — | — | — | — | — | 7 | — | — | 2 | — | 6 | — | 1 | — | — |
| 下宫乡 | | — | — | — | — | — | — | — | — | 1 | — | 1 | — | — | 2 | — |
| 筱埕镇 | | 5 | — | — | — | 14 | 11 | — | — | 2 | — | 1 | — | — | 2 | 4 |
| 黄岐镇 | | 1 | — | — | 1 | 2 | 49 | — | 2 | — | — | 2 | — | 10 | — | — |
| 安凯乡 | | — | — | — | — | — | 6 | — | — | — | — | — | — | — | — | — |
| 苔菉镇 | | — | — | — | — | 1 | 59 | — | — | — | — | — | — | 1 | — | — |
| 合　计 | | 1331 | 2 | 6 | 60 | 47 | 2009 | 3 | 5 | 30 | 2 | 2239 | 31 | 37 | 11 | 9 |
| 分布 | 乡镇数 | 14 | 2 | 1 | 5 | 15 | 19 | 2 | 3 | 10 | 2 | 18 | 7 | 10 | 5 | 3 |
| | 村居数 | 44 | 2 | 2 | 12 | 33 | 138 | 2 | 4 | 22 | 2 | 108 | 10 | 14 | 10 | 4 |
| 主要郡望 | | 河南 | 冯翊 | 上党 | 河东 | 河东<br>东平 | 吴郡<br>汝南 | 梁国<br>冯翊 | 范阳 | 安定<br>武陵 | 乐安<br>中山 | 东安 | 武陵<br>平原 | 河南 | 京兆 | 汝南 |
| 重点村落 | | 樜尾<br>凤园<br>松坞 | 江南<br>村前 | 东岱<br>蝉步 | 塘里<br>西门<br>南街<br>东北 | 定海<br>筱埕<br>北营<br>梅里 | 壶江<br>长门<br>二山<br>冈塘 | 村前<br>定岐 | 拱屿<br>后二 | 琯头<br>拱屿<br>川石 | 东南<br>己古 | 凤岩<br>北营<br>己古 | 潘渡<br>长门<br>琯头 | 蝉步<br>朱山<br>凤园<br>定安 | 筱埕<br>坂顶<br>东湾 | 北门<br>罗回 |

| 乡镇别 | 庄 | 刘 | 齐 | 关 | 江 | 池 | 汤 | 安 | 许 | 农 | 阮 | 阳 | 纪 | 孙 | 麦 |
|---|---|---|---|---|---|---|---|---|---|---|---|---|---|---|---|
| 凤城镇 | 649 | 1745 | 16 | 1 | 294 | 142 | 64 | — | 314 | — | 104 | — | 5 | 1513 | — |
| 敖江镇 | 317 | 2571 | 1 | 1 | 28 | 2 | — | — | 598 | — | 103 | 1 | — | 139 | — |
| 江南乡 | 120 | 1105 | — | — | 59 | 1 | 3 | — | 36 | — | 137 | — | — | 64 | — |
| 东湖镇 | 20 | 553 | 1 | 1 | 1396 | 3 | 9 | 1 | 10 | — | 1 | — | — | 1547 | — |
| 浦口镇 | 4422 | 1300 | 4 | — | 32 | 19 | 3 | — | 90 | 1 | 142 | — | 1 | 1527 | 1 |
| 东岱镇 | 282 | 1173 | — | — | 20 | 82 | 2 | — | 32 | — | 92 | — | — | 1782 | 1 |
| 晓澳镇 | 31 | 726 | — | — | — | 2363 | — | — | — | — | 11 | — | — | 4577 | — |
| 琯头镇 | 39 | 856 | — | 1 | 1572 | 41 | 62 | — | 240 | — | 6 | 1 | — | 889 | — |

续表 3-1-12

| | | | | | | | | | | | | | | | |
|---|---|---|---|---|---|---|---|---|---|---|---|---|---|---|---|
| 潘渡乡 | 58 | 895 | — | — | 112 | 3 | 28 | — | — | — | — | — | — | 11 | — |
| 小沧乡 | 7 | 333 | — | — | 1 | — | — | — | 2 | — | 2 | — | — | 5 | — |
| 丹阳镇 | 10 | 153 | — | — | 63 | — | 26 | — | 299 | — | 1 | — | 1 | 291 | — |
| 蓼沿乡 | — | 775 | — | — | 19 | — | 511 | — | 310 | 1 | 14 | — | — | 816 | — |
| 长龙镇 | 75 | 32 | — | — | 10 | — | — | — | 4 | — | 200 | — | — | 426 | — |
| 马鼻镇 | 4 | 246 | — | — | 23 | 3 | 2 | — | 1697 | — | 5 | — | — | 795 | — |
| 透堡镇 | 1 | 1325 | — | 1 | 54 | 2 | 1 | — | 233 | — | 7 | — | — | 96 | — |
| 官坂镇 | 7 | 249 | 1 | — | 128 | 2 | 1 | 2 | 95 | — | 101 | — | — | 24 | — |
| 坑园镇 | 114 | 73 | 1 | — | 19 | 1 | 3 | — | 26 | — | 7 | — | 1 | 39 | — |
| 下宫乡 | 1 | 50 | — | — | 23 | — | 2 | — | 45 | — | 49 | — | — | 3 | — |
| 筱埕镇 | 67 | 390 | 5 | — | 356 | — | 310 | — | 424 | — | 129 | — | — | 378 | — |
| 黄岐镇 | 588 | 236 | 142 | — | 116 | 33 | 34 | — | 22 | — | — | — | 2 | 111 | — |
| 安凯乡 | 62 | 595 | 1 | 7 | 13 | 1 | 9 | — | 3 | 1 | — | — | — | 128 | — |
| 苔菉镇 | 140 | 1714 | 1 | 35 | 32 | — | 1 | — | 74 | — | 2 | 1 | — | 144 | — |
| 合　计 | 7014 | 17095 | 173 | 47 | 4370 | 2698 | 1071 | 3 | 4554 | 3 | 1113 | 3 | 10 | 15305 | 2 |
| 分布 乡镇数 | 21 | 22 | 10 | 7 | 21 | 15 | 18 | 2 | 20 | 3 | 19 | 3 | 5 | 22 | 2 |
| 分布 村居数 | 128 | 235 | 20 | 8 | 154 | 55 | 82 | 2 | 168 | 3 | 96 | 3 | 7 | 208 | 2 |
| 主要郡望 | 天水<br>会稽 | 彭城<br>沛国 | 汝南<br>中山 | 陇西<br>东海 | 济阳 | 西平 | 中山<br>范阳 | 河南 | 高阳<br>汝南 | — | 陈留 | 平田 | 纪国 | 太原<br>吴郡 | 汝南 |
| 重点村落 | 塔头<br>海英<br>凤园<br>西南 | 上山<br>龙头<br>茭南<br>松坞 | 长沙<br>赤澳<br>海新<br>西北 | 琇琊<br>半山 | 祠台<br>东升<br>兰田<br>罗回 | 百胜<br>晓锋<br>东岱 | 首占<br>官坞<br>杏林 | 莺头<br>祠台 | 浮曦<br>山亭<br>定海<br>文朱 | 松坞<br>溪东 | 建庄<br>江南<br>筱埕<br>松坞 | 幕浦<br>官岐<br>苔菉 | 西北<br>西南<br>花园 | 百胜<br>洪塘<br>湖坪<br>仙屏 | 蝉步<br>塔头 |

| 乡镇别 | 花 | 严 | 芦 | 苏 | 杜 | 巫 | 杨 | 李 | 束 | 豆 | 连 | 吴 | 邱（丘） | 何 | 佘 |
|---|---|---|---|---|---|---|---|---|---|---|---|---|---|---|---|
| 凤城镇 | 15 | 27 | 2 | 367 | 43 | 3 | 1824 | 1205 | 8 | — | 82 | 3262 | 1299 | 405 | — |
| 敖江镇 | 5 | 2 | — | 24 | 4 | — | 1480 | 697 | — | — | 23 | 2351 | 47 | 26 | — |
| 江南乡 | 3 | 12 | — | 172 | 6 | — | 206 | 1069 | — | — | 12 | 760 | 114 | 66 | 2 |
| 东湖镇 | — | — | — | 6 | 24 | 1 | 34 | 824 | — | — | 9 | 2856 | 37 | 15 | — |
| 浦口镇 | — | 143 | 2 | 14 | 19 | — | 958 | 387 | — | — | 2 | 463 | 1992 | 341 | — |
| 东岱镇 | 2 | 6 | 3 | 21 | 16 | — | 498 | 266 | — | 1 | 282 | 2646 | 341 | 106 | — |
| 晓澳镇 | — | — | — | — | — | — | 40 | 2374 | — | — | 1 | 422 | 6940 | — | — |
| 琯头镇 | 6 | 52 | | 26 | 6 | 1 | 4012 | 6215 | — | — | 919 | 2342 | 432 | 69 | — |
| 潘渡乡 | 673 | — | — | — | 58 | — | 112 | 635 | — | — | 15 | 457 | 53 | 77 | — |
| 小沧乡 | — | — | — | 17 | 12 | — | 25 | 22 | — | — | 1 | 150 | 20 | 4 | — |

续表 3-1-12

| | | | | | | | | | | | | | | | |
|---|---|---|---|---|---|---|---|---|---|---|---|---|---|---|---|
| 丹阳镇 | — | 5 | — | 172 | 189 | 1 | 242 | 532 | — | — | 183 | 542 | 51 | 8 | — |
| 蓼沿乡 | — | 6 | — | 20 | 3 | — | 751 | 145 | — | — | 33 | 324 | 191 | 11 | — |
| 长龙镇 | — | — | — | 4 | 2 | — | 252 | 107 | — | 1 | 1 | 486 | 335 | 66 | — |
| 马鼻镇 | — | 23 | — | 7 | 4 | — | 341 | 168 | — | — | 10 | 1417 | 6258 | 454 | — |
| 透堡镇 | — | 2 | 5 | 2 | — | — | 3514 | 381 | — | — | — | 428 | 194 | 59 | — |
| 官坂镇 | — | 6 | — | 15 | 10 | 1 | 132 | 348 | — | — | 4 | 2308 | 220 | 38 | — |
| 坑园镇 | — | 1 | — | 11 | 523 | — | 38 | 79 | — | — | 2 | 425 | 39 | 40 | — |
| 下宫乡 | — | — | — | 2 | 1 | 1 | 32 | 21 | — | — | — | 3362 | 7 | 9 | — |
| 筱埕镇 | — | 91 | — | 127 | 30 | 2 | 888 | 555 | — | — | 39 | 655 | 1706 | 395 | — |
| 黄岐镇 | — | 51 | 4 | 5 | 1 | — | 1039 | 250 | — | — | 86 | 1164 | 32 | 795 | — |
| 安凯乡 | — | 28 | — | 4 | — | — | 1728 | 544 | — | — | — | 3312 | 95 | 111 | 4 |
| 苔菉镇 | 1 | 4 | 3 | 24 | 1 | — | 510 | 298 | — | — | 2 | 2030 | 17 | 2375 | — |
| 合　计 | 705 | 459 | 19 | 1040 | 952 | 10 | 18656 | 17122 | 8 | 2 | 1706 | 32162 | 20420 | 5470 | 6 |
| 分布 乡镇数 | 7 | 16 | 6 | 20 | 19 | 7 | 22 | 22 | 1 | 2 | 19 | 22 | 22 | 21 | 2 |
| 分布 村居数 | 19 | 72 | 8 | 111 | 78 | 9 | 222 | 233 | 2 | 2 | 101 | 248 | 199 | 160 | 3 |
| 主要郡望 | 东平 | 天水 冯翊 | — | 扶风 武邑 | 京兆 南阳 | 平阳 | 弘农 天水 | 陇西 | 南阳 | — | 上党 | 延陵 北海 | 吴兴 河南 | 庐江 东海 | 新郑 |
| 重点村落 | 仁山 朱步 潘渡 陀市 | 益砌 大埕 琯头 辰山 | 西门 海建 上塘 北门 | 玉山 东山 连沙 定海 | 红厦 东平 | 百凤 东北 兰田 | 塘下 沙澳 南街 北街 | 后二 定岐 壶江 百胜 | 东北 百凤 | 蝉步 下洋 | 东升 东水 丹阳 海新 | 奇达 东塘 下宫 定安 | 晓锋 合丰 贵丰 晓兴 | 琇琊 后湾 辰山 海建 | 郭婆 南塘 |

| 乡镇别 | 余 | 邹 | 应 | 辛 | 闵 | 汪 | 沈 | 宋 | 张 | 陆 | 陈 | 邵 | 奉 | 武 | 荀 |
|---|---|---|---|---|---|---|---|---|---|---|---|---|---|---|---|
| 凤城镇 | 822 | 80 | 7 | 9 | 9 | 9 | 48 | 14 | 1871 | 63 | 9298 | 237 | — | — | — |
| 敖江镇 | 4552 | 8 | — | — | — | 2 | 2 | — | 3047 | 338 | 4965 | 760 | — | — | — |
| 江南乡 | 1185 | 55 | — | — | — | 1 | — | 1 | 720 | 12 | 3461 | 2 | — | 1 | — |
| 东湖镇 | 27 | 3 | 1 | 1 | — | 1 | — | 1 | 698 | 11 | 1153 | 40 | — | — | 1 |
| 浦口镇 | 1344 | 22 | — | — | — | 1 | 39 | 2 | 1445 | 9 | 8284 | 85 | — | — | 2 |
| 东岱镇 | 226 | 1 | — | — | — | 1 | 2 | 7 | 823 | 3 | 7152 | 26 | 2 | — | — |
| 晓澳镇 | 48 | — | — | — | — | — | — | — | 103 | — | 4529 | — | — | — | — |
| 琯头镇 | 97 | 143 | 1 | — | — | 11 | 11 | 34 | 1725 | 7 | 6950 | 35 | — | 1 | — |
| 潘渡乡 | 1018 | — | 10 | — | — | 15 | 6 | 32 | 866 | — | 1510 | 313 | — | — | — |
| 小沧乡 | 76 | — | — | — | 2 | — | — | 3 | 19 | — | 57 | 1 | — | — | — |
| 丹阳镇 | 102 | 63 | — | 2 | — | 1 | 3 | 3 | 770 | 1 | 4350 | 1 | — | — | — |
| 蓼沿乡 | 364 | 7 | — | — | — | 3 | 86 | 1 | 1262 | 2 | 1423 | 2 | — | — | — |

续表 3-1-12

| | | | | | | | | | | | | | | | |
|---|---|---|---|---|---|---|---|---|---|---|---|---|---|---|---|
| 长龙镇 | 30 | — | 1 | — | — | — | 1 | 1 | 229 | — | 3022 | 5 | — | — | — |
| 马鼻镇 | 33 | — | — | 1 | — | 5 | 52 | 6 | 2677 | 2 | 14793 | 3 | 2 | — | 1 |
| 透堡镇 | 10 | 3 | — | — | — | 1 | 1 | 2 | 163 | — | 2223 | — | — | — | — |
| 官坂镇 | 30 | 3 | — | — | — | 2 | 1 | 32 | 1120 | 6 | 5075 | 2 | — | — | — |
| 坑园镇 | 19 | 11 | — | — | — | 2 | 1 | 5 | 552 | 2 | 1688 | 1 | — | — | — |
| 下宫乡 | 29 | 5 | — | — | — | 41 | — | — | 133 | — | 2441 | 1 | — | — | — |
| 筱埕镇 | 356 | 137 | 1 | — | — | 1 | 1 | 2 | 848 | 5 | 5478 | 82 | — | 2 | — |
| 黄岐镇 | 106 | 58 | — | 2 | — | 176 | — | 3 | 565 | 2 | 2530 | 45 | — | — | — |
| 安凯乡 | 11 | — | — | — | — | 14 | — | 2 | 109 | 1 | 3755 | — | — | — | — |
| 苔菉镇 | 141 | 537 | — | 25 | — | 3 | 15 | 300 | 880 | 2 | 2772 | 7 | — | — | — |
| 合　计 | 10626 | 1136 | 21 | 40 | 11 | 290 | 269 | 451 | 20625 | 466 | 96909 | 1648 | 4 | 4 | 4 |
| 分布 乡镇数 | 22 | 16 | 6 | 6 | 2 | 19 | 15 | 19 | 22 | 16 | 22 | 19 | 2 | 3 | 3 |
| 分布 村居数 | 201 | 82 | 6 | 12 | 3 | 45 | 51 | 60 | 243 | 50 | 258 | 70 | 3 | 3 | 3 |
| 主要郡望 | 下邳<br>吴兴 | 范阳 | 颍川 | 陇西 | 陇西 | 平阳 | 吴兴 | 西河<br>河南 | 清河<br>荥阳 | 平原<br>吴郡 | 颍川<br>河南 | 博陵 | — | 太原 | 河南<br>河内 |
| 重点村落 | 幕浦<br>己古<br>陀市<br>塔头 | 苔菉<br>东坪<br>东边<br>北茭 | 塘坂<br>凤园 | 北茭<br>凤园<br>东北<br>东南<br>西南 | 西南<br>北门<br>樟后 | 后畲<br>江湾<br>陀市<br>赤才 | 仙屏<br>横厝<br>凤园<br>山坑 | 苔菉<br>北茭<br>陀市<br>琇琊<br>壶江 | 毗沌<br>杏林<br>官岭<br>墙兜 | 白沙<br>绿茵 | 山堂<br>玉井<br>横厝<br>南门<br>晓兴 | 石头<br>潘渡<br>兰山<br>益砌 | 蝉步<br>玉井<br>村前 | 筱埕<br>琯头 | 塔头<br>贵峰 |

| 乡镇别 | 范 | 林 | 欧 | 欧阳 | 卓 | 尚 | 昊 | 易 | 岩 | 罗 | 季 | 岳 | 金 | 周 | 庞 |
|---|---|---|---|---|---|---|---|---|---|---|---|---|---|---|---|
| 凤城镇 | 51 | 7776 | 63 | 6 | 41 | 5 | — | 15 | — | 64 | — | — | 14 | 606 | — |
| 敖江镇 | 2 | 3744 | 3 | 1 | 184 | — | — | 1 | — | 13 | — | 1 | 1 | 112 | — |
| 江南乡 | 36 | 3322 | 110 | — | 5 | — | — | — | — | 7 | — | — | 2 | 412 | 2 |
| 东湖镇 | 1 | 1206 | 1 | 1 | 8 | — | — | — | — | 8 | — | — | — | 36 | — |
| 浦口镇 | 3 | 4001 | 4 | 1 | 8 | — | — | 3 | — | 17 | — | — | 3 | 162 | — |
| 东岱镇 | 1 | 6945 | 357 | — | 3 | — | — | 1 | — | 10 | — | — | 2 | 139 | 1 |
| 晓澳镇 | — | 9975 | — | — | — | — | — | — | — | 2 | — | — | — | 19 | — |
| 琯头镇 | 8 | 6456 | 1053 | 69 | 100 | — | — | 3 | 4 | 22 | 3 | — | 224 | 149 | — |
| 潘渡乡 | 13 | 1189 | 25 | 37 | 653 | — | — | 17 | — | 521 | — | 2 | 16 | 36 | — |
| 小沧乡 | — | 597 | — | — | 1 | — | — | — | — | 1 | — | — | 6 | 20 | — |
| 丹阳镇 | 166 | 7247 | 3 | 1 | 17 | — | — | 103 | — | 356 | 2 | — | 1 | 1505 | — |
| 蓼沿乡 | 5 | 3683 | — | — | 151 | 1 | — | 5 | — | 26 | 3 | — | 4 | 1225 | — |
| 长龙镇 | 1 | 1381 | — | — | 314 | — | — | 3 | 1 | 3 | — | — | — | 98 | — |
| 马鼻镇 | 6 | 6166 | 14 | 3 | 8 | 1 | 3 | — | — | 10 | — | — | 5 | 39 | — |

续表 3-1-12

| | | | | | | | | | | | | | | | |
|---|---|---|---|---|---|---|---|---|---|---|---|---|---|---|---|
| 透堡镇 | 1 | 3297 | 1 | — | 11 | — | — | — | — | 10 | — | — | 1 | 19 | 1 |
| 官坂镇 | 4 | 13576 | 2 | — | 1 | — | — | 2 | — | 15 | — | — | 1 | 18 | — |
| 坑园镇 | 2 | 1302 | 3 | 2 | 2 | — | — | 5 | — | 2 | — | — | 49 | 27 | — |
| 下宫乡 | 2 | 900 | 2 | 1 | — | — | — | 1 | — | 2 | — | — | — | 10 | — |
| 筱埕镇 | 4 | 3109 | 113 | 5 | 2 | — | — | 3 | — | 10 | — | — | 4 | 178 | — |
| 黄岐镇 | 1 | 8451 | 80 | — | 2 | — | — | 3 | — | 28 | 4 | — | — | 64 | — |
| 安凯乡 | 2 | 2406 | 5 | — | — | — | — | 2 | — | 2 | — | — | — | 30 | — |
| 苔菉镇 | 6 | 5272 | 193 | — | 2 | — | — | — | — | 13 | — | — | — | 591 | — |
| 合　计 | 315 | 102001 | 2032 | 127 | 1513 | 7 | 3 | 167 | 5 | 1142 | 12 | 3 | 333 | 5495 | 4 |
| 分布 乡镇数 | 20 | 22 | 18 | 11 | 19 | 3 | 1 | 15 | 2 | 22 | 4 | 2 | 15 | 22 | 3 |
| 分布 村居数 | 57 | 259 | 95 | 27 | 88 | 4 | 1 | 34 | 3 | 107 | 7 | 2 | 50 | 190 | 3 |
| 主要郡望 | 高平 | 西河 下邳 | 平阳 | 渤海 | 西河 | 京兆 | — | 济阳 | — | 豫章 | 渤海 | 山阳 | 彭城 | 庐江 汝南 | 南安 |
| 重点村落 | 丹阳 南塘 凤尾 | 道澳 东岱 北茭 海丰 官坂 | 东升 东水 塘下 后二 北茭 | 贵安 拱屿 琯头 门边 | 朱步 岚下 山亭 潘渡 | 西南 东南 | 东湾 | 丹阳 朱山 虎山 | 定岐 洪峰 | 潘渡 东平 陀市 朱步 | 大建 后一 山兜 | 高岳 下山 | 东边 坑园 下屿 | 上周 首占 丹阳 苔菉 北茭 | 江南 东岱 |

| 乡镇别 | 庚 | 郑 | 单 | 宗 | 官 | 衎 | 屈 | 孟 | 练 | 项 | 赵 | 郝 | 胡 | 茹 | 南 |
|---|---|---|---|---|---|---|---|---|---|---|---|---|---|---|---|
| 凤城镇 | — | 3060 | — | 11 | 28 | [illegible] | 6 | 1 | 2 | — | 463 | — | 381 | — | 2 |
| 敖江镇 | 1 | 902 | 1 | 1 | 3 | — | — | 2 | — | — | 65 | — | 31 | — | — |
| 江南乡 | — | 2907 | — | 1 | 1 | — | — | 1 | — | — | 870 | — | 2595 | — | — |
| 东湖镇 | — | 2188 | — | — | 1 | — | 4 | — | — | — | 24 | — | 15 | — | — |
| 浦口镇 | — | 1736 | 4 | — | 2 | — | — | — | — | — | 34 | — | 29 | — | — |
| 东岱镇 | 1 | 2147 | 2 | — | 11 | — | — | — | — | — | 38 | — | 64 | — | — |
| 晓澳镇 | — | 291 | — | — | — | — | — | — | — | — | 164 | — | 123 | — | — |
| 琯头镇 | — | 2250 | — | — | 12 | — | — | — | — | — | 954 | — | 90 | — | — |
| 潘渡乡 | — | 437 | — | — | — | — | — | — | 10 | — | 936 | 35 | — | — | — |
| 小沧乡 | — | 75 | — | — | 1 | — | — | — | — | — | — | — | 2 | — | — |
| 丹阳镇 | — | 1510 | — | — | 163 | — | — | — | — | 9 | 170 | — | 53 | — | — |
| 蓼沿乡 | — | 5173 | — | — | 130 | — | 2 | 1 | — | — | 38 | — | 16 | — | — |
| 长龙镇 | — | 739 | 1 | — | 1 | — | — | — | — | — | 44 | — | 5 | — | — |
| 马鼻镇 | — | 1088 | — | — | — | — | — | — | — | — | 20 | — | 24 | — | — |
| 透堡镇 | — | 1093 | — | — | 2 | — | — | 1 | — | — | 1 | — | 3 | 1 | — |
| 官坂镇 | — | 720 | — | — | — | 1 | — | 1 | — | — | 91 | — | 23 | — | — |

续表 3-1-12

| | | | | | | | | | | | | | | | |
|---|---|---|---|---|---|---|---|---|---|---|---|---|---|---|---|
| 坑园镇 | | — | 2680 | 1 | — | 8 | — | — | — | — | — | 7 | — | 7 | 1 | — |
| 下宫乡 | | — | 86 | — | — | 1 | — | — | — | — | 1 | 4 | — | 3 | — | — |
| 筱埕镇 | | — | 720 | — | 1 | 48 | — | 25 | 2 | — | — | 423 | — | 6 | — | — |
| 黄岐镇 | | — | 1592 | 1 | — | 1 | — | — | 1 | — | — | 19 | — | 345 | — | — |
| 安凯乡 | | — | 204 | — | — | — | — | — | — | 1 | 1 | 3 | — | 35 | — | — |
| 苔菉镇 | | — | 1515 | — | — | — | — | — | 1 | — | 9 | 37 | — | 23 | — | — |
| 合　计 | | 2 | 33113 | 10 | 14 | 413 | 2 | 37 | 11 | 13 | 20 | 4405 | 35 | 3873 | 2 | 2 |
| 分布 | 乡镇数 | 2 | 22 | 6 | 4 | 16 | 2 | 4 | 9 | 3 | 4 | 21 | 1 | 21 | 2 | 1 |
| | 村居数 | 2 | 249 | 7 | 6 | 55 | 2 | 8 | 10 | 3 | 8 | 152 | 1 | 147 | 2 | 1 |
| 主要郡望 | | 鲁国 | 荥阳<br>安定 | 河南 | 河东 | 榆林 | 扶风 | 河南 | 昌平<br>武陵 | 河内 | 项城 | 天水<br>颍川 | 太原<br>京兆 | 安定<br>新蔡 | 河内 | 汝南 |
| 重点村落 | | 幕浦<br>洪塘 | 下屿<br>东湖<br>溪东<br>大建<br>苔菉 | 浦丰<br>东岱 | 凤园 | 坂顶<br>定田<br>东坪<br>凤园 | 东南<br>辋川 | 筱埕<br>凤园<br>湖坪 | 筱埕<br>东北<br>上山 | 贵安<br>东北 | 文朱<br>上塘 | 仁山<br>江南<br>定海<br>花坞<br>上坪 | 仁山 | 儒洋<br>花坞<br>南塘<br>海新<br>道澳 | 北街<br>下屿 | 西北 |

| 乡镇别 | 柯 | 柏 | 柳 | 厚 | 钟 | 段 | 侯 | 俞 | 饶 | 将 | 施 | 姜 | 洪 | 宫 | 冠 |
|---|---|---|---|---|---|---|---|---|---|---|---|---|---|---|---|
| 凤城镇 | 109 | — | 95 | — | 145 | — | 3 | 63 | 2 | — | 191 | 19 | 174 | — | 1 |
| 敖江镇 | 236 | — | — | — | 116 | 1 | — | 14 | 1 | — | 166 | 1 | 257 | — | — |
| 江南乡 | 36 | — | 49 | — | 5 | — | — | 52 | 2 | — | 3 | 1 | 29 | — | — |
| 东湖镇 | 1 | — | — | — | 3 | — | — | — | — | — | 410 | 1 | 7 | — | — |
| 浦口镇 | 41 | — | 5 | — | 5 | — | — | 3 | — | — | 1 | — | 19 | — | — |
| 东岱镇 | 4 | — | 4 | — | 2 | — | 3 | 5 | — | — | 8 | — | 21 | — | — |
| 晓澳镇 | — | — | — | — | — | — | — | — | — | — | — | 27 | | — | — |
| 琯头镇 | 18 | 1 | 2848 | — | 12 | 1 | 7 | 401 | 4 | 2 | 44 | 25 | 34 | — | 1 |
| 潘渡乡 | 65 | — | — | — | 7 | — | 3 | 13 | — | — | 73 | 76 | 9 | — | — |
| 小沧乡 | — | — | — | — | 3 | — | — | — | 1 | — | 3 | — | 45 | — | — |
| 丹阳镇 | 12 | — | — | — | 12 | — | — | 3 | — | — | 9 | — | 6 | — | — |
| 蓼沿乡 | 127 | — | — | — | 9 | 2 | — | 9 | 2 | 1 | 6 | 1 | 60 | — | — |
| 长龙镇 | 58 | — | 1 | — | 212 | — | 1 | — | — | — | 4 | — | 4 | — | — |
| 马鼻镇 | — | — | 2 | 2 | 75 | 2 | — | 5 | — | — | 2 | — | 91 | — | — |
| 透堡镇 | 1 | — | — | — | 52 | — | 1 | 4 | — | — | 2 | — | 2 | — | — |
| 官坂镇 | — | 1 | 4 | — | 29 | — | — | — | — | 1 | — | 1 | 12 | — | — |
| 坑园镇 | — | — | 9 | — | 11 | — | 1 | 76 | — | — | 2 | 1 | 493 | — | — |
| 下宫乡 | — | — | — | — | 4 | 1 | 2 | 611 | — | — | — | — | 58 | — | — |

续表 3-1-12

| | | | | | | | | | | | | | | | | |
|---|---|---|---|---|---|---|---|---|---|---|---|---|---|---|---|---|
| 筱埕镇 | | 109 | — | 3 | — | 3 | 2 | 1 | 34 | — | — | 2 | — | 42 | 5 | — |
| 黄岐镇 | | 6 | — | — | — | 3 | 1 | 2 | 9 | 1 | 1 | 15 | — | 3 | — | — |
| 安凯乡 | | 4 | — | — | — | 28 | — | 1 | 2 | — | 1 | 2 | — | 2 | — | — |
| 苔菉镇 | | 10 | — | — | — | 14 | 1 | — | 294 | — | — | 20 | 1 | 76 | — | — |
| 合　计 | | 837 | 2 | 3020 | 2 | 750 | 11 | 25 | 1598 | 13 | 6 | 963 | 154 | 1444 | 5 | 2 |
| 分布 | 乡镇数 | 16 | 2 | 10 | 1 | 21 | 8 | 11 | 17 | 7 | 5 | 19 | 11 | 21 | 1 | 2 |
| | 村居数 | 67 | 2 | 53 | 1 | 87 | 8 | 15 | 64 | 10 | 5 | 74 | 22 | 106 | 1 | 2 |
| 主要郡望 | | 钱塘<br>齐郡 | 魏郡 | 河东 | — | 颍川 | 武威 | 上谷 | 河间<br>河东 | 平阳 | 常山 | 沛国 | 广汉 | 敦煌<br>豫章 | 河东 | — |
| 重点村落 | | 山亭<br>凤园<br>贵安<br>定海 | 门边<br>梅阳 | 东岸<br>下岐<br>寨洋<br>后二<br>后一 | 横厝 | 小湾<br>真茹<br>苏山<br>东湾 | 兰水<br>贵丰<br>定海 | 琯头<br>塘坂<br>山堂 | 大洋<br>壶江<br>北茭 | 梅洋 | 定岐 | 飞石<br>上山<br>西庄<br>玉山 | 朱步<br>长沙<br>贵安 | 坑园<br>岱云<br>玉井<br>江湾 | 筱埕 | 北岳<br>川石 |

| 乡镇别 | 祝 | 费 | 姚 | 贺 | 骆 | 秦 | 敖 | 袁 | 耿 | 聂 | 莫 | 晋 | 桂 | 索 | 贾 |
|---|---|---|---|---|---|---|---|---|---|---|---|---|---|---|---|
| 凤城镇 | — | — | 121 | 74 | 9 | — | — | 19 | 3 | 17 | 8 | 25 | 16 | — | — |
| 敖江镇 | 2 | — | 13 | — | — | 1 | — | 3 | — | 1 | — | — | — | — | — |
| 江南乡 | — | — | 8 | 1 | — | — | — | — | — | 3 | — | — | 1 | — | — |
| 东湖镇 | — | — | 3 | — | 1 | 1 | — | — | — | 1 | 1 | — | — | — | — |
| 浦口镇 | — | — | 12 | — | 4 | 1 | — | 3 | — | — | 1 | — | — | — | 1 |
| 东岱镇 | — | — | 5 | 4 | — | 2 | — | 10 | 1 | — | 3 | 1 | — | — | 2 |
| 晓澳镇 | — | — | — | — | — | — | — | — | — | — | — | — | — | — | — |
| 琯头镇 | — | 2 | 37 | 3 | 4 | 2 | 1 | 5 | — | 2 | 7 | — | — | — | 2 |
| 潘渡乡 | — | — | — | — | — | — | — | — | — | 11 | — | — | — | — | — |
| 小沧乡 | — | — | 3 | — | — | — | — | — | — | — | — | — | — | — | — |
| 丹阳镇 | — | — | 107 | 96 | — | 2 | — | 2 | — | 12 | — | — | — | — | — |
| 蓼沿乡 | — | — | 10 | — | — | 1 | — | 1 | — | 127 | — | — | — | — | — |
| 长龙镇 | — | — | 85 | — | — | 1 | — | — | — | | 7 | — | — | — | — |
| 马鼻镇 | 3 | — | 17 | 1 | — | — | 1 | 1 | — | 3 | 2 | — | — | — | 1 |
| 透堡镇 | — | — | 13 | 1 | — | 2 | — | — | — | — | — | — | — | — | — |
| 官坂镇 | — | — | 9 | — | — | 4 | — | 2 | — | 1 | 1 | — | — | — | — |
| 坑园镇 | — | — | 206 | 2 | — | — | — | — | — | — | 2 | — | — | — | — |
| 下宫乡 | — | — | 1920 | — | — | — | — | 1 | — | — | — | — | — | — | 1 |
| 筱埕镇 | 1 | — | 11 | 1 | — | 1 | — | 1 | — | — | 6 | — | 1 | — | 6 |
| 黄岐镇 | — | — | 138 | — | — | 4 | — | 34 | — | — | 35 | — | 52 | 2 | — |

续表 3-1-12

| | | | | | | | | | | | | | | | |
|---|---|---|---|---|---|---|---|---|---|---|---|---|---|---|---|
| 安凯乡 | — | — | 268 | — | — | — | — | 1 | — | — | 163 | — | 3 | — | — |
| 苔菉镇 | 1 | — | 49 | — | — | 1 | — | 1 | — | — | — | — | — | — | — |
| 合　计 | 7 | 2 | 3035 | 183 | 18 | 23 | 2 | 84 | 4 | 178 | 236 | 26 | 73 | 2 | 13 |
| 分布 乡镇数 | 4 | 1 | 20 | 9 | 4 | 13 | 2 | 14 | 2 | 10 | 12 | 2 | 5 | 1 | 6 |
| 分布 村居数 | 5 | 2 | 130 | 24 | 9 | 21 | 2 | 30 | 3 | 23 | 36 | 6 | 11 | 1 | 8 |
| 主要郡望 | 太原<br>河南 | 江夏 | 吴兆<br>南安 | 河南<br>会稽 | 齐国 | 太原 | 谯国 | 陈郡<br>汝南 | 高阳<br>扶风 | 河东<br>新安 | 钜鹿<br>江陵 | 魏郡 | 慈溪 | 武威 | 武威 |
| 重点村落 | 幕浦<br>东湾 | 后一<br>定岐 | 厦一<br>可门<br>奇达<br>文朱 | 丹阳<br>东北<br>东南<br>西南 | 东南<br>浦兴<br>东北 | 白鹤<br>海新 | 龙沙<br>横厝 | 大建<br>凤园<br>蝉步<br>西南 | 西北<br>西南 | 仙屏<br>后坂<br>凤园<br>坂顶 | 高塘<br>半山<br>海建<br>海丰<br>文湾 | 西北<br>东南<br>东北 | 长沙<br>海新<br>凤园<br>海英 | 大建 | 定海<br>蝉步 |

| 乡镇别 | 夏 | 原 | 顾 | 晏 | 钱 | 秧 | 倪 | 徐 | 殷 | 翁 | 凌 | 高 | 郭 | 席 | 唐 |
|---|---|---|---|---|---|---|---|---|---|---|---|---|---|---|---|
| 凤城镇 | 93 | 38 | 19 | — | 135 | — | 155 | 275 | — | 441 | 1 | 227 | 158 | 1 | 114 |
| 敖江镇 | 1 | 2 | — | — | 6 | — | 2 | 1057 | — | 16 | 1 | 350 | 67 | — | 7 |
| 江南乡 | 259 | 177 | — | — | 255 | — | 2 | 19 | — | 207 | — | 28 | 11 | — | 428 |
| 东湖镇 | 1 | — | — | — | 43 | — | 4 | 85 | 1 | 3 | — | 18 | 8 | — | 9 |
| 浦口镇 | — | — | — | — | 6 | — | 12 | 61 | — | 219 | — | 20 | 34 | — | 15 |
| 东岱镇 | 2 | — | 1 | 1 | — | — | 2 | 31 | 1 | 1064 | — | 313 | 24 | — | 14 |
| 晓澳镇 | — | — | — | — | — | — | — | 87 | 2 | 88 | — | 600 | — | — | 4 |
| 琯头镇 | 28 | 383 | 2 | 1 | 39 | — | 2084 | 43 | — | 233 | 3 | 76 | 322 | — | 749 |
| 潘渡乡 | 13 | 2 | — | — | 91 | 10 | 9 | 10 | — | — | — | 75 | 38 | — | 171 |
| 小沧乡 | — | — | — | — | — | — | 1 | 4 | — | 3 | — | 2 | 1 | — | 1 |
| 丹阳镇 | 137 | — | — | — | 7 | — | 10 | 183 | — | 19 | 1 | 15 | 2 | — | 11 |
| 蓼沿乡 | 7 | — | 1 | — | 7 | — | 5 | 466 | — | 36 | 4 | 54 | 52 | — | 30 |
| 长龙镇 | — | — | — | — | 1 | — | 4 | 3 | — | — | — | 4 | 1 | — | 3 |
| 马鼻镇 | 2 | — | — | — | — | — | 1 | 15 | — | 5 | — | 27 | 141 | 1 | 27 |
| 透堡镇 | 1 | — | — | 1 | — | — | 2 | 2 | — | 4 | 1 | 8 | 95 | — | 6 |
| 官坂镇 | 9 | — | — | — | 3 | — | 7 | 56 | — | 47 | — | 35 | 92 | — | 2 |
| 坑园镇 | 89 | — | 1 | — | 14 | — | 95 | 6 | — | 62 | — | 32 | 16 | — | 5 |
| 下宫乡 | — | — | — | — | — | — | — | 19 | — | 3 | — | 1 | 17 | — | 7 |
| 筱埕镇 | 4 | 2 | — | — | 1 | — | 28 | 154 | — | 42 | 1 | 488 | 36 | — | 4 |
| 黄岐镇 | 1 | — | — | — | — | — | 1 | 17 | — | 102 | — | 352 | 43 | — | 10 |
| 安凯乡 | 2 | — | — | — | — | — | — | 9 | — | 1 | — | 20 | 3 | — | 2 |
| 苔菉镇 | — | — | — | — | — | — | 3 | 5 | 2 | 1 | — | 45 | 34 | — | 1 |

续表 3-1-12

| | | | | | | | | | | | | | | | |
|---|---|---|---|---|---|---|---|---|---|---|---|---|---|---|---|
| 合计 | | 649 | 604 | 24 | 3 | 608 | 10 | 2427 | 2607 | 6 | 2596 | 12 | 2790 | 1195 | 2 | 1620 |
| 分布 | 乡镇数 | 16 | 6 | 5 | 3 | 13 | 1 | 19 | 22 | 4 | 20 | 7 | 22 | 21 | 2 | 22 |
| | 村居数 | 66 | 39 | 7 | 3 | 50 | 1 | 71 | 154 | 4 | 117 | 9 | 131 | 118 | 2 | 119 |
| 主要郡望 | | 会稽 | 商邱 | 河南 | 济国 | 彭城 吴兴 | — | 千乘 | 东海 高平 | 汝南 | 钱塘 百梅 | 渤海 | 渤海 河南 | 太原 华阴 | 安定 | 晋昌 北海 |
| 重点村落 | | 花坞 上周 文朱 凤园 | 后一 南塘 镜路 秦川 | 凤园 | 关头 川石 | 澄岩 东北 朱步 镜路 | 溪利 | 拱屿 官岐 琯头 壶江 | 白沙 幕浦 后坂 蓼沿 | 晓兴 东岱 洋门 | 蝉步 东岱 南塘 壶江 | 竹岐 义洋 | 百胜 定海 关头 青塘 大谷 | 下塘 村前 莺头 秦川 下山 | 西南 南门 | 定岐 连登 贵安 潘渡 镜路 |

| 乡镇别 | 涂 | 诸葛 | 陶 | 黄 | 营 | 萧（肖） | 梅 | 曹 | 敕 | 龚 | 盛 | 常 | 崔 | 银 | 祭 |
|---|---|---|---|---|---|---|---|---|---|---|---|---|---|---|---|
| 凤城镇 | 1 | 1 | 34 | 2228 | — | 152 | 37 | 8 | 2 | 14 | — | — | 12 | — | — |
| 敖江镇 | — | — | 7 | 2164 | — | 6 | — | 1 | — | 2 | — | 1 | 1 | — | — |
| 江南乡 | — | — | — | 944 | — | 15 | — | — | — | 3 | — | — | 1 | — | — |
| 东湖镇 | — | — | 174 | 693 | — | 9 | — | 31 | 1 | — | — | — | 2 | 1 | — |
| 浦口镇 | — | — | 1 | 193 | — | 15 | — | — | — | 6 | — | — | — | — | — |
| 东岱镇 | 1 | — | 4 | 353 | — | 84 | — | 1 | — | 3 | 1 | — | 3 | — | 8 |
| 晓澳镇 | — | — | — | 100 | — | 28 | — | — | — | — | — | — | — | — | — |
| 琯头镇 | 5 | — | 3 | 2526 | 1 | 426 | — | 18 | — | 23 | — | — | 1 | — | — |
| 潘渡乡 | — | — | 48 | 903 | — | 43 | 12 | 53 | — | 710 | — | — | — | — | — |
| 小沧乡 | — | — | — | 58 | — | 43 | — | — | — | 4 | — | 1 | — | — | — |
| 丹阳镇 | 3 | 13 | — | 2182 | — | 177 | 2 | 3 | — | 3 | — | — | — | — | — |
| 蓼沿乡 | 64 | — | — | 3289 | — | 37 | 31 | 3 | — | 9 | — | — | — | — | — |
| 长龙镇 | 1 | — | — | 252 | — | 92 | — | 1 | — | 1 | — | — | — | — | — |
| 马鼻镇 | — | — | 2 | 1895 | 8 | 46 | 2 | — | — | 3 | — | — | 1 | — | — |
| 透堡镇 | — | — | — | 2660 | — | 50 | — | 1 | — | 1 | — | 1 | — | 1 | — |
| 官坂镇 | 1 | — | 1 | 1528 | — | 33 | — | — | — | 2 | 1 | — | — | — | — |
| 坑园镇 | — | — | — | 2692 | — | 27 | — | 2 | — | — | — | 18 | — | — | — |
| 下宫乡 | — | — | — | 956 | — | 1047 | — | 2 | — | — | — | — | — | — | — |
| 筱埕镇 | — | — | — | 2336 | — | 83 | — | 65 | — | 2 | — | 1 | 1 | — | — |
| 黄岐镇 | — | — | — | 328 | — | 409 | 1 | 4 | — | 1 | 1 | — | — | — | — |
| 安凯乡 | 11 | — | — | 1370 | — | 273 | 1 | 20 | — | 5 | — | — | 2 | — | — |
| 苔菉镇 | — | — | 1 | 1174 | — | 84 | — | 2 | — | 1 | — | — | — | — | — |
| 合计 | 87 | 14 | 275 | 30824 | 9 | 3179 | 86 | 215 | 3 | 793 | 3 | 22 | 24 | 2 | 8 |

续表 3-1-12

| | | | | | | | | | | | | | | | | |
|---|---|---|---|---|---|---|---|---|---|---|---|---|---|---|---|---|
| 分布 | 乡镇数 | 8 | 2 | 10 | 22 | 2 | 22 | 7 | 16 | 2 | 18 | 3 | 5 | 9 | 2 | 1 |
| | 村居数 | 13 | 3 | 25 | 241 | 3 | 154 | 16 | 45 | 2 | 45 | 3 | 11 | 13 | 2 | 1 |
| 主要郡望 | | 南昌 | 琅琊 | 浔阳<br>丹阳 | 江夏<br>安定 | 赵郡 | 兰陵<br>广陵 | 汝南 | 谯国<br>彭城 | 辽东 | 武陵 | 汝南 | 滕县 | 清河 | 西河 | 太原 |
| 重点村落 | | 朱公<br>岐山<br>奇达<br>官岐 | 丹阳<br>坑口<br>东北 | 潘渡<br>凤园<br>东北 | 定海<br>西门<br>前屿<br>青塘<br>花园 | 南门<br>横厝<br>拱屿 | 松皋<br>阳岐<br>后畲<br>奇达 | 周溪<br>东北<br>西南<br>溪利 | 朱步<br>南山<br>洋门<br>官坞 | 绿茵 | 贵安<br>潘渡<br>陀市<br>朱步 | 关头<br>合山<br>大建 | 下屿<br>坑园<br>颜岐<br>红厦 | 东北<br>百凤<br>蝉步 | 牛栏<br>坪北<br>街 | 关头 |
| 乡镇别 | | 麻 | 康 | 章 | 商 | 阎 | 梁 | 宿 | 谌 | 隋 | 绳 | 彭 | 葛 | 董 | 敬 | 蒋 |
| 凤城镇 | | — | — | 169 | — | — | 104 | — | 38 | 2 | 4 | 11 | 4 | 214 | — | 66 |
| 敖江镇 | | — | — | 13 | — | — | 1 | — | — | — | — | 14 | — | 4 | — | 15 |
| 江南乡 | | — | 1 | 3 | — | — | 20 | — | — | — | — | 169 | — | 155 | — | 9 |
| 东湖镇 | | — | — | 16 | — | — | 7 | — | 1 | — | — | 2 | 1 | 23 | — | 2 |
| 浦口镇 | | — | — | 9 | — | — | 10 | — | — | — | — | 5 | — | 101 | — | 667 |
| 东岱镇 | | 1 | 1 | 39 | — | — | 9 | — | — | — | — | 9 | — | 656 | — | 35 |
| 晓澳镇 | | — | — | — | — | — | 369 | — | — | — | — | — | — | 2 | — | 126 |
| 琯头镇 | | — | 2 | 102 | 5 | | 152 | — | 1 | — | — | 14 | — | 1826 | — | 28 |
| 潘渡乡 | | — | — | — | — | — | — | — | — | — | — | 123 | — | 29 | — | — |
| 小沧乡 | | — | — | 2 | — | — | 1 | — | — | — | — | 2 | — | 1 | 1 | — |
| 丹阳镇 | | — | — | 152 | — | 1 | 12 | — | 18 | — | — | 2 | — | 1 | — | 10 |
| 蓼沿乡 | | — | 1 | 13 | — | — | 4 | 1 | 2 | — | — | 6 | 1 | 2 | — | 3 |
| 长龙镇 | | — | 1 | 1 | — | — | 568 | — | — | — | — | 1 | — | 11 | — | 12 |
| 马鼻镇 | | — | 2 | 4 | — | 1 | 14 | — | — | — | — | 4 | — | 14 | — | 3 |
| 透堡镇 | | — | 1 | 14 | — | — | 8 | — | — | — | — | 7 | — | 6 | — | — |
| 官坂镇 | | — | — | 1 | — | — | 4 | — | — | — | — | 3 | — | 1 | — | 16 |
| 坑园镇 | | 1 | — | 3 | — | — | 5 | — | — | — | — | 5 | — | 7 | 1 | 178 |
| 下宫乡 | | — | — | 2 | — | 1 | 2 | — | — | — | — | 33 | — | 25 | — | 3 |
| 筱埕镇 | | — | 30 | 2 | — | — | 2 | — | — | — | — | 2 | — | 198 | — | 91 |
| 黄岐镇 | | — | — | 1 | — | — | 1 | — | — | — | — | 5 | 1 | 84 | — | 11 |
| 安凯乡 | | — | — | 3 | 21 | — | — | 1 | — | — | — | 6 | — | 5 | — | — |
| 苔菉镇 | | — | — | 1 | 40 | — | — | — | — | — | — | 2 | — | 601 | — | 7 |
| 合　计 | | 2 | 39 | 550 | 66 | 3 | 1293 | 2 | 60 | 2 | 4 | 425 | 7 | 3966 | 2 | 1282 |
| 分布 | 乡镇数 | 2 | 8 | 20 | 3 | 3 | 19 | 2 | 5 | 1 | 1 | 21 | 4 | 22 | 2 | 18 |
| | 村居数 | 2 | 12 | 78 | 7 | 3 | 91 | 2 | 8 | 1 | 1 | 76 | 6 | 123 | 2 | 90 |

续表 3-1-12

| 主要郡望 | 上谷 | 京兆 | 章丘 | 汝南 | 河南天水 | 天水河南 | 河南 | 南昌 | 河南 | 河北香河 | 宜春 | 梁国 | 陇西济阳 | 平阳 | 乐安 |
|---|---|---|---|---|---|---|---|---|---|---|---|---|---|---|---|
| 重点村落 | 颜岐<br>龙山 | 筱埕<br>定海<br>官坞 | 松岭<br>长门<br>东北<br>东岱<br>西南 | 横埕<br>奇达<br>苔菉<br>壶江 | 花园<br>初芦 | 下洋<br>长沙<br>东岸<br>壶江 | 四定<br>奇达 | 丹阳<br>西南<br>西北<br>东北<br>北门 | 东北 | 西南 | 王庄<br>贵安<br>陀市<br>下宫 | 东北<br>西北<br>北门 | 塘头<br>东岱<br>川石<br>后湾<br>官坞 | 东风<br>颜岐 | 益砌<br>长沙<br>屿头<br>筱埕<br>下屿 |
| 乡镇别 | 韩 | 辜 | 覃 | 厦 | 程 | 傅 | 焦 | 储 | 舒 | 鲁 | 童 | 曾 | 温 | 游 | 谢 |
| 凤城镇 | 34 | — | — | — | 305 | 34 | — | — | — | — | — | 350 | 5 | 607 | 1092 |
| 敖江镇 | 6 | — | — | — | 94 | — | — | — | 1 | — | — | 607 | 2 | 2 | 222 |
| 江南乡 | 1 | — | 1 | — | 4 | 1 | — | — | — | — | — | 22 | 1 | 22 | 153 |
| 东湖镇 | 1 | — | — | — | 9 | 2 | — | 1 | — | — | 1 | 14 | — | 79 | 24 |
| 浦口镇 | 18 | — | — | 4 | 1574 | 2 | — | — | — | — | — | 286 | 2 | 25 | 231 |
| 东岱镇 | 244 | — | — | — | 129 | 4 | — | — | 1 | — | — | 18 | 1 | 33 | 2679 |
| 晓澳镇 | — | — | — | — | 65 | — | — | — | — | — | — | 21 | — | — | 222 |
| 琯头镇 | 4 | 2 | 1 | — | 38 | 20 | 1 | — | 3 | — | — | 43 | 3 | 42 | 155 |
| 潘渡乡 | — | — | — | — | — | 2 | — | — | — | 10 | — | — | 15 | 442 | 195 |
| 小沧乡 | — | — | — | — | 2 | — | — | — | — | — | — | 33 | 2 | — | 13 |
| 丹阳镇 | 112 | — | — | — | 34 | 2 | — | 1 | — | — | 1 | 521 | 22 | 18 | 723 |
| 蓼沿乡 | 73 | — | — | — | 5 | 2 | 1 | — | 1 | — | — | 135 | 180 | 32 | 1159 |
| 长龙镇 | — | — | — | — | 19 | — | — | — | — | — | — | 78 | 1 | 1 | 278 |
| 马鼻镇 | 3 | — | — | — | 6 | — | — | — | 1 | — | — | 464 | — | 16 | 78 |
| 透堡镇 | — | — | — | — | 2 | 1 | — | — | — | 1 | — | 18 | — | 5 | 87 |
| 官坂镇 | 3 | — | 1 | 2 | 12 | 4 | — | — | 3 | 1 | — | 40 | — | 4 | 366 |
| 坑园镇 | 1 | — | 5 | — | 1 | 1 | — | — | — | — | — | 1433 | 1 | 3 | 1896 |
| 下宫乡 | — | — | 1 | — | 5 | 2 | — | — | 1 | — | — | 10 | — | 4 | 119 |
| 筱埕镇 | 29 | — | 1 | — | 340 | 27 | — | — | — | — | — | 125 | 2 | 180 | 139 |
| 黄岐镇 | — | — | 1 | — | 448 | 21 | — | — | — | — | — | 177 | — | 3 | 269 |
| 安凯乡 | 2 | — | — | — | 24 | 1 | — | — | — | — | — | 13 | 1 | 1 | 91 |
| 苔菉镇 | — | — | 2 | — | 41 | 2 | — | — | — | 8 | — | 171 | — | 9 | 1588 |
| 合　计 | 531 | 2 | 13 | 6 | 3157 | 128 | 2 | 2 | 11 | 20 | 2 | 4579 | 238 | 1528 | 11779 |
| 分布 乡镇数 | 14 | 1 | 8 | 2 | 21 | 17 | 2 | 2 | 7 | 4 | 2 | 21 | 14 | 20 | 22 |
| 分布 村居数 | 58 | 1 | 11 | 4 | 112 | 41 | 2 | 2 | 9 | 6 | 2 | 179 | 39 | 96 | 225 |
| 主要郡望 | 南阳<br>颍川 | 晋安 | 关陇 | — | 安定<br>广平 | 临川<br>金谿 | 中山<br>广平 | 河东 | 钜鹿 | 扶风<br>新蔡 | 渤海 | 鲁国<br>庐陵 | 太原<br>汲郡 | 广平<br>紫薇 | 陈留<br>会稽 |

续表 3-1-12

| 重点村落 | 洪塘<br>坂顶<br>蒲边<br>蝉步 | 阳岐 | 坑园<br>下屿<br>苔菉 | 洋尾<br>浦江<br>浦丰<br>浦升 | 浦乐<br>浦丰<br>大建<br>浦升<br>凤园 | 官坞<br>琯头<br>东北<br>海丰 | 下塘<br>四定 | 洋门<br>坑口 | 洋尾<br>白沙<br>东岱<br>上坪 | 高岳<br>北茭<br>东洛 | 洋门<br>坑口 | 坑园<br>白沙<br>松岭<br>村前<br>浦兴 | 定田<br>朱步<br>朱公<br>丹阳 | 西南<br>坡西<br>潘渡<br>东南 | 龙山<br>象纬<br>琇琊<br>后垅<br>东平 |
|---|---|---|---|---|---|---|---|---|---|---|---|---|---|---|---|
| 乡镇别 | 鄢 | 蓝（兰） | 蒲 | 蒙 | 赖 | 雷 | 裘 | 虞 | 简 | 詹（占） | 鲍 | 阙 | 窦 | 蔡 | 蓼 |
| 凤城镇 | 5 | 250 | — | — | 51 | 117 | — | — | — | 232 | 2 | 1 | 3 | 220 | — |
| 敖江镇 | 1 | 18 | — | — | 6 | 36 | — | — | — | 1 | — | — | — | 141 | 3 |
| 江南乡 | — | 34 | — | — | 1 | 20 | — | — | — | 21 | — | — | — | 15 | — |
| 东湖镇 | — | 96 | — | — | 3 | 293 | — | — | 1 | 3 | — | — | — | 4 | — |
| 浦口镇 | — | 28 | — | — | 2 | 48 | — | — | — | 205 | — | — | — | 12 | — |
| 东岱镇 | — | 15 | — | 1 | 2 | 8 | — | — | — | 2355 | — | 1 | — | 7 | — |
| 晓澳镇 | — | — | — | — | — | — | — | — | 1 | 188 | — | — | — | — | — |
| 琯头镇 | 4 | 25 | 8 | 1 | 4 | 15 | — | — | — | 6 | 2 | — | — | 81 | — |
| 潘渡乡 | — | 1111 | — | — | 598 | 1121 | 7 | — | — | — | — | — | — | 21 | — |
| 小沧乡 | — | 1014 | — | 1 | 2 | 1276 | — | — | — | 1 | — | — | — | 4 | — |
| 丹阳镇 | — | 511 | — | — | 4 | 147 | — | — | — | 80 | — | — | — | 58 | — |
| 蓼沿乡 | — | 1092 | — | 1 | 53 | 842 | — | — | — | 2 | — | — | — | 117 | — |
| 长龙镇 | — | 1241 | — | — | 60 | 323 | — | — | — | 3 | — | 1 | — | 3 | — |
| 马鼻镇 | 2 | 82 | — | — | 11 | 197 | — | — | 1 | 5 | — | — | — | 15 | — |
| 透堡镇 | — | 62 | — | — | 80 | 24 | — | — | — | 2 | — | 1 | — | 82 | — |
| 官坂镇 | — | 771 | — | — | 1 | 138 | — | — | — | 2 | — | — | — | 13 | — |
| 坑园镇 | — | 38 | — | — | 8 | 137 | — | — | — | 40 | 2 | — | — | 565 | — |
| 下宫乡 | — | 231 | — | — | 17 | 8 | — | — | — | — | — | — | — | 36 | — |
| 筱埕镇 | 1 | 49 | — | — | 41 | 117 | — | 3 | 1 | 204 | — | — | — | 309 | — |
| 黄岐镇 | — | 244 | — | — | 154 | 11 | — | 2 | 1 | 3 | 1 | — | — | 10 | — |
| 安凯乡 | — | 461 | — | — | 1 | 266 | — | — | — | — | — | — | — | 18 | — |
| 苔菉镇 | — | 24 | — | — | 40 | 12 | — | — | — | 28 | — | 10 | — | 59 | — |
| 合　计 | 13 | 7397 | 8 | 4 | 1139 | 5156 | 7 | 5 | 5 | 3381 | 7 | 14 | 3 | 1790 | 3 |
| 分布 乡镇数 | 5 | 21 | 1 | 4 | 21 | 21 | 1 | 2 | 5 | 19 | 4 | 5 | 1 | 21 | 1 |
| 分布 村居数 | 6 | 201 | 1 | 4 | 82 | 181 | 1 | 3 | 5 | 84 | 5 | 5 | 1 | 131 | 1 |
| 主要郡望 | 太原 | 中山<br>蓝田 | 河东 | 安定 | 颍川<br>河南 | 冯翊<br>豫章 | 渤海 | 会稽<br>河南 | 范阳<br>涿郡 | 河间<br>渤海 | 上党 | 下邳 | 扶风<br>观真 | 济阳 | 太原 |

续表 3–1–12

| 重点村落 | 凤园门边 | 洪峰东风东雁黄家金沙 | 川石 | 洋西定岐东风蓼沿 | 坡西塘坂贵安 | 东风七里溪利利洋高岳 | 朱步 | 官坞大建 | 洋门晓兴东湾大埕海英 | 湖里山坑东岱定海 | 琯头象纬 | 北茭湖里下洋 | 西南 | 下屿定海坑园小湾 | 毗吨 |
|---|---|---|---|---|---|---|---|---|---|---|---|---|---|---|---|
| 乡镇别 | 裴 | 管 | 廖 | 谭 | 翟 | 熊 | 缪 | 樊 | 黎 | 滕（腾） | 颜 | 潭 | 潘 | 薛 | 霍 |
| 凤城镇 | 5 | 1 | 38 | — | — | 177 | 112 | — | — | 391 | 214 | 2 | 171 | 159 | — |
| 敖江镇 | — | — | 12 | 1 | — | 2 | 1 | — | — | 43 | 6 | — | 4 | 26 | — |
| 江南乡 | — | — | 8 | 1 | — | 2 | — | — | — | 2 | 55 | — | 425 | 70 | — |
| 东湖镇 | — | — | 382 | 2 | 2 | 1 | — | — | 1 | 3 | 2 | — | 6 | — | — |
| 浦口镇 | — | — | 3 | 4 | — | 3 | 26 | — | — | 4491 | 115 | — | 144 | 16 | — |
| 东岱镇 | 1 | — | 2 | 1 | 1 | 6 | 859 | — | 1 | 175 | 49 | 5 | 12 | 4 | — |
| 晓澳镇 | — | — | — | — | — | 2 | — | — | — | 18 | — | — | 3 | 55 | — |
| 琯头镇 | 5 | 2 | 34 | — | 1 | 9 | 14 | 3 | 6 | 15 | 37 | — | 537 | 33 | — |
| 潘渡乡 | — | — | 13 | — | — | 35 | — | — | — | — | 43 | — | — | 38 | — |
| 小沧乡 | — | — | 3 | — | — | — | — | — | — | — | — | — | — | 1 | — |
| 丹阳镇 | 1 | — | 59 | 2 | — | 1 | — | — | — | 4 | 6 | — | 2 | 11 | 1 |
| 蓼沿乡 | — | — | 146 | 4 | — | 1 | — | — | 1 | — | 31 | — | 14 | 78 | — |
| 长龙镇 | — | — | 1 | — | — | 1 | — | — | 1 | 20 | 17 | — | 43 | 3 | — |
| 马鼻镇 | — | — | 25 | 1 | — | 4 | — | — | 2 | 4 | 43 | — | 12 | 841 | — |
| 透堡镇 | — | — | 90 | — | — | 7 | — | — | 1 | 1 | 106 | — | 6 | 18 | — |
| 官坂镇 | — | — | 3 | 3 | 2 | 2 | — | 1 | — | 13 | 76 | — | 6 | 14 | — |
| 坑园镇 | — | 1 | 11 | — | — | 1 | 1 | — | 2 | 2 | 3392 | — | 4 | 24 | — |
| 下宫乡 | — | — | 179 | — | — | 33 | 1 | 1 | — | — | 110 | — | 5 | — | — |
| 筱埕镇 | — | — | 44 | 1 | 1 | 30 | 2 | 1 | 1 | 9 | 113 | 1 | 4 | 5 | — |
| 黄岐镇 | — | — | 8 | — | — | 1 | 1 | — | — | 8 | 65 | — | 21 | 33 | 1 |
| 安凯乡 | — | — | 13 | — | — | 2 | 1 | 1 | — | 6 | 47 | — | 21 | 13 | 1 |
| 苔菉镇 | — | — | — | 2 | — | — | — | — | — | 2 | 17 | — | 104 | 3 | — |
| 合　计 | 12 | 4 | 1074 | 22 | 7 | 320 | 1018 | 7 | 16 | 5207 | 4544 | 8 | 1544 | 1445 | 3 |
| 分布 乡镇数 | 4 | 3 | 20 | 11 | 5 | 20 | 10 | 5 | 9 | 18 | 20 | 3 | 20 | 20 | 3 |
| 分布 村居数 | 8 | 4 | 109 | 17 | 7 | 59 | 35 | 7 | 15 | 63 | 134 | 4 | 108 | 110 | 3 |
| 主要郡望 | 广平 | 平原 | 钜鹿 | 弘农 | 汝南 | 南昌 江陵 | 兰陵 | 上党 南阳 | 京兆 九真 | 开封 | 琅琊 | — | 广宗 河南 | 河东 新蔡 | 太原 |

续表 3-1-12

| 重点村落 | 东北西北秦川 | 东南东升壶江红厦 | 洋门江湾利畲塘里 | 祠台松坞坑口梅里 | 岩下牛栏坪官坂东水 | 东北松皋西北东南西南 | 东岱北门西南 | 秦川后二塘下 | 塘下洋门蝉步 | 浦江浦丰浦升浦乐浦旗 | 颜岐坑园象纬下屿 | 蝉步东北大埕 | 南塘后一山坑苔菉 | 龙峰合丰江南长沙凤园 | 坂顶海新镇安 |
|---|---|---|---|---|---|---|---|---|---|---|---|---|---|---|---|
| 乡镇别 | 穆 | 戴 | 鞠 | 檀 | 魏 | 瞿 | 单人姓 | | | | | | | | |
| 凤城镇 | 2 | 24 | — | — | 796 | 46 | 丰、井上、戈、司马、明、荆、菊、戚、盖、殿 | | | | | | | | |
| 敖江镇 | — | — | — | — | 2533 | — | 部、彩、浦、粟 | | | | | | | | |
| 江南乡 | — | 92 | — | — | 40 | 1 | 良、党、姬 | | | | | | | | |
| 东湖镇 | — | — | — | — | 39 | 4 | 节、仕、泷、森 | | | | | | | | |
| 浦口镇 | — | — | 1 | — | 258 | 2 | 计、司、伊、曲、观、谷、禹、间、留、路、衡 | | | | | | | | |
| 东岱镇 | — | 1 | — | — | 40 | — | 优、岑、斉、呼、封、待、番 | | | | | | | | |
| 晓澳镇 | — | — | — | — | 138 | — | | | | | | | | | |
| 琯头镇 | — | 12 | — | — | 171 | 4 | 东、师、兆、孝、闰、冷、蓹、要、哑、恩、鸿、宾、谈、诸、理、楼、登 | | | | | | | | |
| 潘渡乡 | — | — | — | — | 35 | — | | | | | | | | | |
| 小沧乡 | — | — | — | — | 2 | — | 尼、芮 | | | | | | | | |
| 丹阳镇 | — | 1 | 98 | — | 24 | 2 | 力、吓、和、娥、靳 | | | | | | | | |
| 蓼沿乡 | — | 2 | 1 | 1 | 41 | — | 冲、员、呈、春 | | | | | | | | |
| 长龙镇 | — | 1 | — | — | 157 | 8 | 牟 | | | | | | | | |
| 马鼻镇 | — | 57 | — | 1 | 18 | 1947 | 佛、纺、昌、贵、侃、修、盘、符 | | | | | | | | |
| 透堡镇 | — | 5 | — | — | 5 | 61 | 郛、阿、宠 | | | | | | | | |
| 官坂镇 | — | — | — | — | 28 | 4 | 己、丹、仁、凤、亚、恒、柴、喻、臧 | | | | | | | | |
| 坑园镇 | — | 2 | — | — | 33 | — | 亢、依、淡、喉、景 | | | | | | | | |
| 下宫乡 | — | 41 | — | — | 2 | 2 | 胥、赛、蘧 | | | | | | | | |
| 筱埕镇 | 8 | 1 | — | — | 1795 | 1 | 门、苞、惠、强、骞 | | | | | | | | |
| 黄岐镇 | 132 | 29 | — | — | 1298 | 2 | 郃、解、暨 | | | | | | | | |
| 安凯乡 | — | 1 | — | — | 12 | — | 沅、君、荣、浓、梨、揭、澎 | | | | | | | | |
| 苔菉镇 | — | 3 | — | — | 44 | 22 | 楚、雍、谬 | | | | | | | | |
| 合计 | 142 | 272 | 100 | 2 | 7509 | 2106 | 114 | — | — | — | — | — | — | — | — |
| 分布 乡镇数 | 3 | 15 | 3 | 2 | 22 | 14 | — | — | — | — | — | — | — | — | — |
| 分布 村居数 | 9 | 48 | 8 | 2 | 151 | 52 | — | — | — | — | — | — | — | — | — |
| 主要郡望 | 河南 | 谯国广陵 | 汝南 | 清河平庐 | 钜鹿任城 | 松阳高平 | — | — | — | — | — | — | — | — | — |

续表 3-1-12

| | | | | | | | | | | | | | | | |
|---|---|---|---|---|---|---|---|---|---|---|---|---|---|---|---|
| 重点村落 | 海建 海丰 海英 海新 | 魁岐 拱头 初芦 海建 | 坂顶 东平 松岭 | 下车 马鼻 | 岱云 蛤沙 海建 山亭 定海 | 村前 东湾 贵丰 合丰 | — | — | — | — | — | — | — | — | — |

# 第二章　计划生育

1991 年，连江仍然处在生育高峰周期，针对人口发展的形势，坚持县、乡、村一把手亲自抓，层层建立责任制，采取综合措施，统筹解决人口问题，使计划生育工作逐步走上法制化和规范化轨道，进一步加大宣传和工作力度，健全机构队伍和服务网络，完善社会保障体系，加强流动人口管理，从而有效控制高峰期人口过快增长。1991—2005 年的 15 年时间，年均出生率 12.23‰，死亡率 5.11‰，自然增长率 7.12‰。三项指标都降到历史最低水平。

## 第一节　机构队伍

**一、机构**

（一）领导机构　1991 年以来，继续保持县计划生育领导小组，由县委书记或县长兼任组长，县委副书记、副县长等兼任副组长，成员 30—40 人不等，由县直有关部门负责人组成。领导小组下设办公室，由县计生委（后计生局）领导兼办公室主任。

各乡镇也成立领导小组，党委书记兼任组长，并有一名副乡（镇）长分管计生工作。1991 年开始，陆续配备乡镇专职计划生育副书记。1992 年，全县各乡镇全部配齐，并设置乡镇计划生育办公室，共配专职计生干部 22 人。

村（居）一级由党支部（或总支）负总责。1993 年，配备村专职计生副书记和计生管理员。到 2005 年，全县 269 个村（居）全部配齐。

（二）行政管理机构　1991 年，县计划生育委员会作为县政府行政职能部门，行政编制 7 人，内设办公室、计财科、宣传科、法规科。

1995 年 10 月，增设县流动人员计划生育管理站，直属县计生委，为股级事业单位，编制 3 人。

1997 年 11 月，县计生委改称县计划生育局，行政编制增至 15 人。2005 年底，人员编制增至 18 人，局内设办公室、宣传教育科、政策法规科、计划财务科、科学技术科 5 个科室。

（三）技术指导机构　1990 年 4 月，把县计生技术指导站扩组为县计划生育服务站，为股级事业单位，编制 20 人。1991 年，增建 9 个乡镇计生服务所。1992 年，全部乡镇都建立服务所，每个乡镇编制 3—5 人，并增设自收自支的计生服务队，村（居）设立计生服务室。1995 年，成立县节育技术人员考核领导小组，对从业人员进行技术资格认定。2003 年，乡镇计生服务站与服务队合并，有 5 个乡镇建立计生中心服务所，其余乡镇仍为计生服务所。至 2005 年，县计生服务站有工作人员 16 人，

22个乡镇计生服务所（其中计生中心服务所5个）共编制103人，实有83人；269个村（居）设计生服务室，形成三级服务网络。

（四）计划生育协会　1991年，协会事业编制2人，既是社会团体，又是计生群众工作机构。同年，相继建立各乡（镇）计生协会20个、会员1240人；村（居）协会261个、会员17910人；团体协会3个、会员497人。全县协会共有285个，会员总数19989人。

1995年和2000年，先后召开两次会员代表大会，选举协会组成人员。2005年，县协会设会长1人、副会长6人、秘书长1人，理事76人（其中常务理事21人）。协会事业编制4人，对外为社会团体，对内为县计生局群众工作科。22个乡（镇）协会事业编制各1人。会长一般由退居二线的原乡（镇）领导兼任，并从计生经费中划5%—10%作为协会经费。村（居）协会269个、单位企业协会18个。全县三级协会共310个，会员总数53230人。

县协会一般每年召开一次年会，交流总结经验。基层协会每季举办一次活动，主要是学习计生政策法规、人口理论、计生知识和有关技能培训。1998年，学习邵武经验，县协会在全县推广中心户（即协会小组，下同）建设，先后举办36期培训班、4080人次，建立中心户3787个。发挥计生宣传员、服务员、信息员、监督员作用，涌现一批优秀中心户（组）长。2004年，计生协会开展“幸福工程——救助贫困母亲行动”，投入12.9万元资金，救助43户计生贫困户发展生产、增加收入。还与县疾病防控中心合作，宣传控制预防艾滋病知识活动，被国家计生协定为“中国计划生育先进性拓展项目点”。接着在全县开展“关注妇女，抗击艾滋病”宣传活动，发放有关宣传品3.5万份，接待咨询225人次，免费测血压218人次。2005年，全县有67个村评为一流村协会，134个村评为合格村协会。两项占全县269个村（居）总数的74.7%。东岱镇东水村被国家计生协授予“‘双创’活动全国先进一流村”称号。

**二、队伍**

1991年，全县从事计划生育专职人员共298人，基本保持相对稳定。为提高队伍整体素质和执法水平，分期进行有计划的培训，系统学习政策法规，掌握简单技术，提高服务水平。1992年，对全县村居计生服务室人员进行简易技术培训。同年乡镇计生服务站（所）全面配备B超检测仪，对操作人员进行4天专业培训。1993年，县、乡、村三级创办人口学校281所，不定期聘请有关专家学者授课，成为人口理论研究、知识和技术培训的重要场所。1995年，连续举办3期、120人次节育技术人员培训班，有效保证节育质量和安全。1998年，开办多场政策法规培训班，以提高执法水平。还与县职业中专合办两年制计生班，2000年10月毕业后考聘20名优秀生充实乡镇计生队伍。县组织人事部门还在编制和人员选聘上特别照顾计生部门，引进一些优秀大中专毕业生分配计生工作。在干部考核任用上，把计生工作当作一项重要指标，计生工作突出的予以提拔，年终考核不称职的实行一票否决，违反纪律的及时批评和处理。2000年以来，先后有9名计生聘用干部和“以工代干”计生办主任考入国家公务员队伍，12名乡镇计生副书记提为正科级，4名乡（镇）计生办主任提为副科级，连续3次评为省以上或市计生先进个人的享受省劳动模范待遇的1人，享受市劳模的10人，还有一批计生干部被评为市、县先进个人。2005年，全县计生专职人员370人。其中县18人，乡镇83人，村（居）269人。

## 第二节　宣传教育

1991年，县乡村三级宣传网络日渐健全并形成经常化、制度化。1991—1994年，联合国人口基金会与中国合作，在全国180个农村实施加强农村基层计划生育宣传工作（简称“P17项目”），连江县是福建省4个县级示范站之一。县财政增加2.2万元宣传经费投入，在全县掀起大规模的宣传教育活动，县乡村相继召开300多场会议，培训宣传骨干300多人，刊出专栏2000多期，巨幅宣传画20多幅，固定标语530条，播放广播宣传稿820篇，闭路电视录像612场，在各地人口学校举办讲座近400场，县还派出6个工作队和1个演讲团近100人，深入基层村（居），召开各种座谈会300余场，进行有针对性的面对面宣传教育。

1995年开始，开展计生工作同发展经济相结合、同帮助群众致富奔小康相结合、同建设文明幸福家庭相结合的“三结合”宣传教育，以“一帮一”“结对子”形式，进行面对面宣传和扶助，并及时兑现计生优惠政策，推进农村社保制度建立，逐步解除群众后顾之忧。1995—1999年，全县先后发放和张贴省计生委印刷的“十二亿人口日”宣传画、印刷品等宣传资料15万多份，通过宣传车、设点咨询、报告会演讲、广播电影等形式进行广泛宣传。晚婚晚育、少生优生、男女都一样等婚育新风尚已成为青年人的主要选择，计划生育整体水平进一步提高。

2000年开始，贯彻中共中央、国务院《关于加强人口与计划生育工作，稳定低生育水平的决定》。是年9月，市避孕节育方法知情选择试点现场会在连江召开，宣传“以人的全面发展为中心”，引导群众树立科学、文明、进步的婚育观念。2002年，县计生局与宣传部、团县委等联合开展“婚育新风进万家”大型宣传活动，以文艺会演、座谈咨询、慰问访视、演讲比赛、培训服务等多种形式，进行既直观又形象的宣传教育。2005年，提出计生宣传必须“贴近社会，贴近群众，贴近实际”，宣传教育形式亦日趋多样、活跃、实效，收到明显效果，全县人口进入稳定低生育水平和良性循环阶段。

## 第三节　计划生育管理

1991年，延续20世纪80年代政策，即城镇职工、居民一对夫妇只生一个子女。农村已生一男不能再生；只生一女的，间隔4年经批准可再生一个子女，且女方年龄要达到25周岁以上。1991年，全县仍处在生育高峰周期，违反计划生育的现象还比较严重。县党政领导针对这一情况，采取严厉措施，处理违反计生政策的干部职工。1991—1993年，全县共处理违反计生政策干部职工2143人。其中受党纪处分79人（开除党籍4人、留党察看38人、警告和严重警告37人），受行政处理899人（开除留用674人、降级225人）。

1995年开始，县与乡（镇），乡（镇）与村（居）层层签订目标责任书。同时要求18周岁以上未婚男女青年，都要与乡（镇）签订计生合同公证，达到法定年龄须领取结婚证，婚后领取生育计划证才能生育。1995年后，部分群众尤其农村群众私下通过关系利用B超鉴定胎儿性别，发现女的就堕胎，导致性别严重失调。1996—1998年出生的婴儿，男女比重都超过131，个别乡镇达180。为此，县计生部门与公安、医疗等单位密切配合，加大宣传和查处力度，同时对遵纪守法的计生对象给予奖励。1998年，在第二轮承包制中，独生子女分给双份责任田，领独生子女证者可以视情一次领取最高400元奖励，对计生“三户”（独生子女、二女户、计生困难户）按照计生与经济发展、奔小康、家庭幸福“三结合”精神，实行优惠和扶持。全县计生三户46978户，优惠帮扶率达86.5%。

2000年开始，对计划外生育重征抚养费，并收归县财政作社会统筹安排。2002年，在县内部分乡镇推行独生子女和二女放弃生育户养老保险制度，对符合政策的计生贫困户给予经济补助。2004年，连江列入全省农村试行部分计生家庭奖励扶助制度试点县。2005年审核扶助对象315人，每人月发80元，有1687户独生子女户、113户二女放弃生育户各领到500元奖励金，31户独生女户放弃二孩生育，各领奖励金1000元。这些优惠政策兑现，给群众以很大鼓励。

1991—2005 年连江县计划生育情况表

表 3-2-1

| 年　度 | 实施节育（人） | 计划生育率（%） | 自然增长率（‰） |
|---|---|---|---|
| 1991 年 | 25630 | 82.98 | 12.1 |
| 1992 年 | 21002 | 90.8 | 7.99 |
| 1993 年 | 8798 | 93.24 | 10.13 |
| 1994 年 | 19868 | 91.4 | 4.28 |
| 1995 年 | 15603 | 93.4 | 6.48 |
| 1996 年 | 12847 | 96.9 | 6.97 |
| 1997 年 | 9940 | 97.2 | 5.97 |
| 1998 年 | 8020 | 95.58 | 6.41 |
| 1999 年 | 7093 | 97.24 | 9.49 |
| 2000 年 | 7432 | 96.96 | 11.14 |
| 2001 年 | 7616 | 96.95 | 4.8 |
| 2002 年 | 6824 | 97 | 5.47 |
| 2003 年 | 7422 | 97.37 | 5.43 |
| 2004 年 | 7248 | 95.77 | 4.41 |
| 2005 年 | 7361 | 97.99 | 5.66 |

## 第四节　优生优育

### 一、普及优生优育知识

1991 年开始，县计生部门密切配合医疗机构，依托乡镇计生服务所和人口学校，大力宣传普及优生优育知识。1991—1999 年，先后举办 10 多期婚前性知识、避孕节育知识、母婴保健知识等培训班，邀请省、市、县妇幼专家、学者授课讲座。全县受教育群众达 21.9 万人次。县计生服务站每年都组织一定医务人员下乡，开展多种形式的生殖健康服务，接受育龄群众咨询指导。其中 1997 年，还特邀省计生科研所等专家到东岱镇为 19 位不孕症育龄夫妇进行诊断，并提出治疗方案，为 26 位妇科病患者义诊。1999 年，全县有 5.5 万名育龄妇女接受免费妇科检查，共查出 2700 人有各种妇科病，经及时治疗后多已痊愈。2002—2005 年，县计生局与驻军联手，3 次组织医务人员下乡，为群众免费体检、义诊，开展健康咨询和育儿指导，县妇幼所、计生服务站医务人员下乡为育龄妇女普查治疗疾病和婴儿免费体检达 1.5 万人次。

### 二、孕产妇管理

1991 年，进一步加强孕产妇管理工作，并逐步完善，倡导孕产妇进行产前检查，采用新法接生，尽量到医院分娩。是年，全县孕产妇有 5128 人，孕前接受检查 4757 人，占 92.77%。实行新法接生的达 5102 人，婴儿活产率 99.42%，但住院分娩的仅 1116 人，占 21.76%。1992 年，县政府拨专款 30 万元、计生部门投入 10 万元，为各乡镇卫生院配置 B 超机及孕检设备，准确检查产前孕情，发现病灶，及时诊治，确保孕妇母婴安全。1993—1995 年，共检测 3715 人，发现有 3 种阳性病毒 199 例，经及时诊治，有 160 人复查转阴性。1995 年，孕产妇 5085 人，有 2129 人住院分娩，比重增到 41.87%。1996 年后，孕产妇管理进一步健全，产前检查、住院分娩人数逐年增多。1998 年，孕产妇 5653 人，住院分娩 3178 人，住院比重提高到 56.22%。至 2000 年，住院比重超过 90%。2005 年，全县孕产妇 6420 人，住院分娩 6408 人，占总数的 99.81%。1991—2005 年 15 年中，孕产妇接受产前检查共 78206 人，占总数的 95.01%，其中检查 3 次以上的占 90%。绝大多数产妇接受新法接生，婴儿活产率平均 99.41%。进行产后访视的共 77598 人，占孕产妇总数 94.27%，其中访视 3 次以上的占 91.74%。婴儿出生后，及时进行疫病预防接种。

**三、婴幼儿优育管理**

1991 年起，加大对婴幼儿优育保健管理力度，全县 0—6 岁婴幼儿逐步纳入管理系统，建立卡片档案，定时检查。是年列入管理的有 128 个村（居）2011 人。儿童疾病预防接种建卡 6549 人，占应建卡总数的 97.83%。同时大力倡导母乳喂养。是年调查纯母乳喂养只占 48.4%，城镇尤低。1992 年开始，广泛宣传母乳喂养的好处和相关知识。1995 年，贯彻实施《中华人民共和国母婴保健法》，县成立爱婴领导小组，县医院和条件较好的乡镇卫生院相继成立爱婴医院。是年纯母乳喂养比重提高到 53.19%。1996 年，全县 263 个村（居）全部实行儿童系统管理，儿童免疫建卡率 99% 以上。1999 年后，建卡率达 100%。“四苗”（卡介苗、脊髓灰质炎疫苗、百日咳混合剂、麻疹减毒疫苗）接种率都在 99% 左右。2001 年，全县设有 11 家爱婴医院，纯母乳喂养比重上升到 83.4%。对新生儿的检查监测力度稳步提升，2004—2005 年共监测新生儿 6798 人，测出有出生缺陷 226 人，占 3.32%。2005 年，全县 226 个村（居）列入儿童系统管理达 42358 人，实管 34935 人，占应管的 82.48%，对检测出的患病幼儿，实行全程跟踪治疗。纯母乳喂养比重增加到 87.2%，婴幼儿的优育保健水平普遍提高。

**1991—2005 年连江县孕产妇保健情况表**

表 3-2-2

| 项目＼年度 | 孕产妇人数（人） | 住院分娩人数（人） | 产前检查 | | 产后访视 | | 接产总次数（次） | 其中 | | | | 新法接生人数（产妇）（人） |
|---|---|---|---|---|---|---|---|---|---|---|---|---|
| | | | 人数（人） | 其中检查 3 次以上（人） | 人数（人） | 其中访视 3 次以上（人） | | 婴儿活产 人数（人） | 婴儿活产 占接产数比（%） | 死胎死产 人数（人） | 死胎死产 占接产数比（%） | |
| 1991 年 | 5128 | 1116 | 4757 | 4443 | 4330 | 4219 | 5150 | 5120 | 99.42 | 30 | 0.58 | 5102 |
| 1992 年 | 4905 | 1310 | 4672 | 4091 | 4852 | 4718 | 4921 | 4901 | 99.59 | 20 | 0.41 | 4897 |
| 1993 年 | 4237 | 1491 | 4348 | 3454 | 4449 | 4242 | 4568 | 4544 | 99.47 | 24 | 0.53 | 4519 |
| 1994 年 | 4439 | 1856 | 4224 | 4030 | 4271 | 4205 | 4475 | 4450 | 99.44 | 25 | 0.56 | 4432 |
| 1995 年 | 5085 | 2129 | 4840 | 4755 | 4837 | 4756 | 5128 | 5100 | 99.45 | 28 | 0.55 | 5082 |
| 1996 年 | 5786 | 2601 | 5569 | 5412 | 5503 | 5320 | 5845 | 5804 | 99.3 | 41 | 0.7 | 5781 |
| 1997 年 | 5705 | 2866 | 5533 | 5462 | 5512 | 5403 | 5764 | 5711 | 99.08 | 53 | 0.92 | 5704 |
| 1998 年 | 5653 | 3178 | 5346 | 5186 | 5310 | 5408 | 5704 | 5657 | 99.18 | 47 | 0.82 | 5651 |
| 1999 年 | 5460 | 4649 | 5213 | 5085 | 5194 | 5063 | 5491 | 5451 | 99.27 | 40 | 0.73 | 5458 |
| 2000 年 | 6140 | 5677 | 5748 | 5641 | 5732 | 5604 | 6189 | 6149 | 99.35 | 40 | 0.65 | 6138 |
| 2001 年 | 5822 | 5662 | 5596 | 5227 | 5567 | 5216 | 5879 | 5845 | 99.52 | 34 | 0.48 | 5822 |

续表 3-2-2

| 项目 年度 | 孕产妇人数（人） | 住院分娩人数（人） | 产前检查 | | 产后访视 | | 接产总次数（次） | 其中 | | | | 新法接生人数（产妇）（人） |
|---|---|---|---|---|---|---|---|---|---|---|---|---|
| | | | | | | | | 婴儿活产 | | 死胎死产 | | |
| | | | 人数（人） | 其中检查3次以上（人） | 人数（人） | 其中访视3次以上（人） | | 人数（人） | 占接产数比（%） | 人数（人） | 占接产数比（%） | |
| 2002 年 | 5727 | 5598 | 5424 | 5217 | 5335 | 5179 | 5762 | 5735 | 99.65 | 27 | 0.35 | 5719 |
| 2003 年 | 5744 | 5687 | 5370 | 5199 | 5293 | 5153 | 5799 | 5774 | 99.65 | 25 | 0.36 | 5743 |
| 2004 年 | 6063 | 6012 | 5652 | 5452 | 5595 | 5404 | 6120 | 6093 | 99.72 | 27 | 0.28 | 6063 |
| 2005 年 | 6420 | 6408 | 5914 | 5650 | 5818 | 5624 | 6467 | 6443 | 99.55 | 33 | 0.45 | 6414 |
| 合计 | 82314 | 56249 | 78206 | 74304 | 77598 | 75514 | 83271 | 82777 | 99.41 | 491 | 0.59 | 82525 |

# 第三章 婚姻家庭

## 第一节 婚 姻

1990 年，第四次全国人口普查连江县 15 周岁（含 15 岁）以上人口 392948 人，占普查总人口的 67.35%。其中未婚 102430 人，占 15 岁以上人口的 26.07%；已婚有配偶 260857 人，占 66.39%；离婚 1826 人，占 0.46%；丧偶 27835 人，占 7.08%。1991 年起，由于文化素质提高，就业增加，自由恋爱的自主婚姻逐渐成为主导，经济独立性增强，加上政府提倡晚婚，青年男女晚婚率逐渐提高。

2000 年第五次全国人口普查，全县 15 周岁以上人口按普查 10% 抽样（下同）为 41575 人，其中未婚 9809 人，占 23.59%；初婚有配偶 28133 人，占 67.67%；再婚有配偶 482 人，占 1.16%；离婚 290 人，占 0.7%；丧偶 2861 人，占 6.88%。同 1990 年“四普”比，15—19 周岁的初婚比重，由 1990 年的 3.55%，2000 年降到 0.06%，离婚人数比重由 1990 年的 0.46% 增加到 0.7%。

2001 年，到民政部门办理结婚登记的有 5335 对，办理离婚登记的有 587 对。至 2005 年，办理结婚登记 5961 对，办理离婚登记 1031 对，比 2001 年增加 75.6%。

**1990 年与 2000 年连江县 15 岁以上人口婚姻状况一览表**

表 3-2-3 单位：人

| | | 总计 | | | 未婚 | | | 初婚有配偶 | | | 离婚 | | | 丧偶 | | |
|---|---|---|---|---|---|---|---|---|---|---|---|---|---|---|---|---|
| | | 小计 | 男 | 女 | 小计 | 男 | 女 | 小计 | 男 | 女 | 小计 | 男 | 女 | 小计 | 男 | 女 |
| 15 岁以上总人口 | 1990 年 | 392948 | 199914 | 193034 | 102430 | 62508 | 39922 | 260857 | 128857 | 132000 | 1826 | 1582 | 244 | 27835 | 6967 | 20868 |
| | 2000 年 | 41575 | 20892 | 20683 | 9809 | 5976 | 3833 | 28615 | 14022 | 14593 | 290 | 227 | 63 | 2861 | 667 | 2194 |
| 15—19 岁 | 1990 年 | 65599 | 33568 | 32031 | 63265 | 33320 | 29945 | 2325 | 246 | 2079 | 2 | — | 2 | 7 | 2 | 5 |
| | 2000 年 | 4870 | 2576 | 2294 | 4867 | 2576 | 2291 | 3 | — | 3 | — | — | — | — | — | — |

续表 3-2-3

| | | 总计 | | | 未婚 | | | 初婚有配偶 | | | 离婚 | | | 丧偶 | | |
|---|---|---|---|---|---|---|---|---|---|---|---|---|---|---|---|---|
| | | 小计 | 男 | 女 | 小计 | 男 | 女 | 小计 | 男 | 女 | 小计 | 男 | 女 | 小计 | 男 | 女 |
| 20—24岁 | 1990 年 | 59620 | 29896 | 29724 | 30466 | 21163 | 9303 | 29006 | 8690 | 20316 | 73 | 24 | 49 | 75 | 19 | 56 |
| | 2000 年 | 4196 | 2084 | 2112 | 3205 | 1903 | 1302 | 984 | 179 | 805 | 5 | 1 | 4 | 2 | 1 | 1 |
| 25—29岁 | 1990 年 | 49183 | 24568 | 24615 | 4925 | 4381 | 544 | 43932 | 20022 | 23910 | 166 | 114 | 52 | 160 | 51 | 109 |
| | 2000 年 | 5230 | 2618 | 2612 | 1218 | 999 | 219 | 3977 | 1605 | 2372 | 22 | 13 | 9 | 13 | 1 | 12 |
| 30—34岁 | 1990 年 | 44684 | 23129 | 21555 | 982 | 932 | 50 | 43119 | 21853 | 21266 | 284 | 239 | 45 | 299 | 105 | 194 |
| | 2000 年 | 4930 | 2448 | 2482 | 200 | 185 | 15 | 4642 | 2220 | 2422 | 52 | 33 | 19 | 36 | 10 | 26 |
| 35 岁以上 | 1990 年 | 173862 | 88753 | 85109 | 2792 | 2712 | 80 | 142475 | 78046 | 64429 | 1301 | 1205 | 96 | 27294 | 6790 | 20504 |
| | 2000 年 | 22349 | 11166 | 11183 | 319 | 313 | 6 | 19009 | 10018 | 8991 | 211 | 180 | 31 | 2810 | 655 | 2155 |

说明：1.2000 年“五普”数据均为 10% 抽样调查数据 2.2000 年初婚有配偶包括再婚有配偶数

## 第二节　家　庭

1990 年，第四次全国人口普查，连江县家庭户有 127260 户，573501 人，户均 4.51 人。其中 1 人户占 5.78%，2 人户占 7.82%，3 人户占 13.82%，4 人户占 23.06%，5 人户占 23.38%，6 人以上户占 26.14%。家庭结构单身和一代户占 10.22%，二代户占 65.67%，三代户占 23.14%，四代以上仅占 0.96%。1991 年起，城镇实行一胎、农村实行一胎半计生政策，独生子女家庭增多，随着生活水平提高，城市居住条件和生活方式改变，家庭规模和结构发生较大变化。2000 年，第五次全国人口普查，全县家庭户 154655 户、581624 人，户均 3.76 人，比 1990 年少 0.75 人。1 人户占 6.83%，增多 1.05%；2 人户占 12.1%，增加 4.28%；3 人户占 24.79%，增 10.97%；4 人户占 27.89%，增 4.83%；5 人以上户占 28.39%，减少 21.13%。家庭结构单身（含一代）户比重达 14.67%，比 1990 年增加 4.45%；二代户占 63.19%，减少 2.48%；三代户占 21.33%，减少 1.81%，四代以上户占 0.81%，减少 0.15%。

2005 年，连江常住人口 611002 人、176921 户，户均 3.45 人，比 2000 年又减少 0.31 人。

**1990 年和 2000 年连江县家庭规模和结构情况表**

表 3-2-4　　单位：户、人、%

| | | 1990 年“四普” | | 2000 年“五普” | | | | 附　注 |
|---|---|---|---|---|---|---|---|---|
| | | 户数 | 比重 | 户数 | 比重 | 比 1990 年增减数 | 比 1990 年比重增减 | |
| 总　户　数 | | 127260 | 100 | 154655 | 100 | 27395 | — | — |
| 家庭规模 | 1 人户 | 7363 | 5.78 | 10561 | 6.83 | 3198 | 1.05 | — |
| | 2 人户 | 9949 | 7.82 | 18716 | 12.1 | 8767 | 4.28 | — |
| | 3 人户 | 17582 | 13.82 | 38334 | 24.79 | 20752 | 10.97 | — |
| | 4 人户 | 29347 | 23.06 | 43128 | 27.89 | 13781 | 4.83 | — |
| | 5 人户 | 29757 | 23.38 | 28175 | 18.21 | –1582 | –5.17 | — |
| | 6 人以上户 | 33262 | 26.14 | 15741 | 10.18 | –17521 | –15.96 | — |
| | 户均人数 | 4.51 | — | 3.76 | — | –0.75 | — | — |
| 家庭结构 | 单身户 | 7363 | 5.78 | 22688 | 14.67 | 9675 | 4.45 | 一代户 1990 年为一对夫妇户，2000 年单身户归一代户，未单独统计 |
| | 一代户 | 5650 | 4.44 | | | | | |
| | 二代户 | 83575 | 65.67 | 97725 | 63.19 | 14150 | –2.48 | 1990 年一至四代户包括其他亲属和非亲属类型 |
| | 三代户 | 29448 | 23.14 | 32994 | 21.33 | 3546 | –1.81 | 同上 |
| | 四代户 | 1222 | 0.96 | 1246 | 0.81 | 24 | 0.15 | 同上 |
| | 五代户 | 2 | — | 2 | — | — | — | — |

# 第四章　居民生活

1991 年，随着经济发展，就业机会增多，到县外和国外经商务工者成倍增加，经济收入渠道增多，生活质量大有提升，但城乡、高低收入差距进一步拉大。同时，因医疗、教育和住房支出增大，出现新的贫困户，尤其纯农业居民收入较低。21 世纪后，经济发展速度加快，财政收入同步增长，各级政府加大“三农”投入。据不完全统计，2001—2005 年 5 年时间，仅免税、扶贫、转移支付，降低电价、救济补助等就达 5.43 亿元，农民人均增收 1000 余元，使农民收入与城镇居民同步增加。据统计数据显示，2005 年与 1990 年对比，农民纯收入增长 5.15 倍，年递增 12.87%；城镇居民可支配收入增长 6.42 倍，年递增 14.29%。城乡储蓄余额增长 25 倍，年递增 24.38%；社会零售商品总额增长 6.1 倍，年递增 13.95%。

# 第一节　农村居民生活

## 一、经济收入

1991 年，全县农业人口 560148 人，占总人口（606288 人）的 92.39%。农民人均纯收入 902 元，比 1990 年增收 103 元，增幅 12.89%。1992 年后，随着社会主义市场经济体制改革，乡镇企业蓬勃发展，农村产业逐步向规模发展，剩余劳力加快向二、三产业转移，到城镇外地创业或出国谋业逐年增加，收入渠道增多。1995 年，农民人均年纯收入达 2389 元，是 1991 年的 2.65 倍，但地区间和家庭间发展不平衡。地处偏僻的老区、少数民族区，农民收入仍然较低，尤其没有外出劳动力和体弱多病的低收入农户，生活压力增大。1996 年起，各级政府加大对农村扶贫力度，重点扶持革命老区、苏区、少数民族区及海岛边区不发达地区经济发展。1996 年开始，对偏僻自然村，实施“造福搬迁”，对贫困村实行政策倾斜，增加财政转移支付，减轻农村负担，增加扶贫贷款和无偿资金，改善交通设施，扶持产业发展，提高教育、科技、文化、卫生等社会事业水平，增强造血能力。1999 年开始，对农村实施最低生活保障，至 2000 年，多渠道扶持农村资金达 5 亿多元，农民收入明显增加，2000 年农民人均年纯收入达 3819 元，比 1995 年净增 1430 元。进入 21 世纪后，全面取消农村“三提五统”（“三提”一般指公社化时留传下来的提取公积金、公益金和管理费，亦称“三金”。“五统”主要包括民兵训练、军烈属、五保户优抚、计划生育、农村教育、公益事项等统筹经费或集资。各地项目有所不同。），已收的清退 1715 万元。2002 年，开始全面进行农村电网改造，实行城乡同网同价，农村年减少电费支出 1900 万元。2003 年开始，停征特产税、农业税每年 8279 万元。2001—2005 年，全县农村共增加收入 5.44 亿元，人均 1000 元。至 2005 年，农民人均年纯收入达 4912 元，为 1990 年的 6.15 倍。农民收入结构发生很大变化，从事企业工资性收入比重增至 46.55%，比 1990 年多 36.9%；家庭经营收入比重由 1990 年的 82.54% 降到 38.4%。农民分享改革开放带来的红利日渐增加。

**若干年份连江县农村居民人均收入情况表**

表 3-2-5

| 年　份 | 人均总收入（元） | 其中 | | | | | | 年均纯收入（元） |
|---|---|---|---|---|---|---|---|---|
| | | 集体企业工资性收入（元） | 占总收入的比例（%） | 家庭经营收入（元） | 占总收入的比例（%） | 财政性收入（元） | 转移性收入（元） | |
| 1990 年 | 1088 | 105 | 9.65 | 898 | 82.54 | — | 85 | 799 |
| 1995 年 | 2984 | 1001 | 33.55 | 1772 | 59.38 | — | 211 | 2389 |
| 2000 年 | 4379 | 1635 | 37.34 | 2286 | 52.2 | — | 458 | 3819 |
| 2005 年 | 5622 | 2617 | 46.55 | 2159 | 38.4 | 168 | 678 | 4912 |

## 二、消费水平

1991 年，多数农村居民刚从贫困状态向温饱型转化，消费水平不高。农村人均消费支出 877 元，是纯收入 902 元的 97.23%。1992 年后，随着市场经济发展，增收幅度加大，消费水平日益提高。1995 年，人均生活消费支出 2089 元，占纯收入的 87.44%。其中，食品支出占 60.13%，居住、医疗、文教支出比重增加，人均住房面积由1990年的11平方米，增加到17平方米。1996年后，各级政府对“三农”的支持力度加大，农民增收幅度大，余款增多，用于改善住房条件和文化教育支出增加。2000年，人均消费支出2664元，食品支出仅占纯收入的52.18%；住房支出增加到17.08%，人均住房面积达27.12平方米。2005年，生活消费支出3457元，占纯收入的比重为70.38%，农民生活质量逐步提高，住房条件有较大改善，人均住房面积增加到28.55平方米。食品结构由粗饭淡菜的温饱型向营养型转化，粮食消费量普遍减少，肉、禽、蛋、奶、水产品消费增加。农村对教育、文化、娱乐、旅游的需求日益旺盛，尤其对子女教育投资普遍增大。2005年，文化教育支出人均325元，比1990年增长5倍多，农村百户中拥有空调23台，移动手机116架，照相机7架，录像机7部，影碟机59部，摩托车16辆，有的开始购买私人轿车。

**若干年份连江县农村居民消费水平情况表**

表3-2-6

| 年份 | 人均生活消费支出（元） | 占纯收入的比例（%） | 食品支出 | | 居住支出 | | 医疗支出 | | 文化教育支出 | | 杂项支出 | | 人均住房面积（平方米） |
|---|---|---|---|---|---|---|---|---|---|---|---|---|---|
| | | | 金额（元） | 占消费的比例（%） | 金额（元） | 占消费的比例（%） | 金额（元） | 占消费的比例（%） | 金额（元） | 占消费的比例（%） | 金额（元） | 占消费的比例（%） | |
| 1990年 | 814 | 101.88 | 498 | 61.18 | 75 | 9.21 | 17 | 2.09 | 45 | 5.53 | 179 | 21.99 | 11.00 |
| 1995年 | 2089 | 87.44 | 1256 | 60.13 | 308 | 14.74 | 54 | 2.59 | 167 | 7.99 | 304 | 14.55 | 16.99 |
| 2000年 | 2664 | 69.76 | 1390 | 52.18 | 455 | 17.08 | 113 | 4.24 | 215 | 8.07 | 491 | 18.43 | 27.12 |
| 2005年 | 3457 | 70.38 | 1876 | 54.27 | 461 | 13.34 | 135 | 3.90 | 325 | 9.40 | 660 | 19.09 | 28.55 |

**若干年份连江农村住户人均主要食品消费量表**

表3-2-7 单位：公斤

| 年份 | 粮食 | 蔬菜 | 食油 | 肉类 | 家禽 | 蛋品 | 产品 | 酒类 | 水果 | 鲜奶 | 食糖 |
|---|---|---|---|---|---|---|---|---|---|---|---|
| 1990年 | 249.0 | 96.8 | 2.9 | 6.2 | 2.9 | 2.0 | 11.7 | 17.8 | 6.3 | 0.05 | 2.31 |
| 1995年 | 183.1 | 56.1 | 3.3 | 7.8 | 3.8 | 4.2 | 32.1 | 22.5 | 17.9 | 0.04 | 2.09 |
| 2000年 | 138.9 | 49.2 | 3.6 | 10.9 | 4.7 | 3.9 | 33.9 | 22.6 | 17.0 | 0.94 | 1.75 |
| 2005年 | 123.7 | 56.1 | 4.4 | 13.5 | 3.1 | 3.4 | 36.5 | 23.4 | 13.9 | 3.23 | 1.15 |

**若干年份连江农村住户百户耐用消费品拥有量情况表**

表3-2-8

| 年份 | 大家具（件） | 黑白电视（台） | 彩色电视（台） | 冰箱（台） | 洗衣机（台） | 录像机（台） | 照相机（部） | 空调（台） | 摩托车（辆） | 手机（部） | 影碟机（台） |
|---|---|---|---|---|---|---|---|---|---|---|---|
| 1990年 | 243 | 35 | 4 | 4 | 1 | — | — | — | — | — | — |
| 1995年 | 451 | 73 | 29 | 7 | 23 | — | 4 | — | 3 | — | — |
| 2000年 | 76 | 41 | 90 | 19 | 51 | 9 | 4 | — | 10 | 19 | 23 |
| 2005年 | 11（套） | 11 | 124 | 57 | 66 | 21 | 7 | 23 | 16 | 116 | 59 |

# 第二节　城镇居民生活

## 一、经济收入

1991年初，城镇居民的经济收入，主要靠在国有或集体就业的工薪收入，家庭个人经营收入和其他收入只占辅助地位。据县统计局城调队对不同类型50户城镇住民的长期调查，1991年人均可支配收入为1725元，居民平均每户人口3.89人，其中就业人口2.01人，人均工薪收入（含奖金、津贴）916元，占收入总数53.1%；离退休金收入199元，占收入总数11.54%。这两项占收入总数64.64%。居民生活相对稳定。1992年，城镇个人从事经营活动收入增多。1994年，国家实施工资改革，职工工薪普遍提高，离退休人员退休金也相应提高，城镇居民收入与国民经济增长基本同步。1995年，居民人均可支配收入4620元，是1990年的3.3倍。其中工薪和离退休金收入3044元，占收入65.89%，家庭经营收入比重提高到11.47%。2000年，居民可支配收入7558元，比1995年增加63.59%。就业工薪和离退休金4993元，比重达66.06%，家庭经营收入比重提高到13.19%。1996年后，间隔两三年就调整工资，工薪收入大幅增多。至2005年，城镇居民人均可支配收入超过万元，达10436元，其中工薪收入5252元，占总收入50.33%；离退休金2793元，占总收入26.76%。这两项占总收入77.09%。家庭个人经营收入达939元，占总收入9.10%。其他收入1452元，占总收入13.91%。

**若干年份连江县城镇居民人均可支配收入情况表**

表3-2-9

| 年份 | 人均可支配收入（元） | 其中 | | | | | | | |
|---|---|---|---|---|---|---|---|---|---|
| | | 工薪收入（元） | 占可支配收入的比例（%） | 离退休金（元） | 占可支配收入的比例（%） | 经营收入（元） | 占可支配收入的比例（%） | 其他收入（元） | 占可支配收入的比例（%） |
| 1990年 | 1407 | 845 | 60.06 | 58 | 4.12 | 69 | 4.9 | 435 | 30.92 |
| 1995年 | 4620 | 2568 | 55.59 | 409 | 8.85 | 419 | 9.07 | 1224 | 26.49 |
| 2000年 | 7558 | 4204 | 55.62 | 789 | 10.44 | 419 | 5.55 | 2146 | 28.39 |
| 2005年 | 10436 | 5252 | 50.33 | 2793 | 26.76 | 939 | 9.1 | 1452 | 13.91 |

## 二、消费水平

1991年，城镇居民消费水平有所提高，但仍以温饱为主，生活消费支出1409元，占可支配收入的81.68%。1992年起，消费结构发生较大变化，随着旧城改造、商品房开发速度加快，购买住房和维修服务费开支增大。1995年，居住开支为597元，支出比重16.32%，比1991年增加13.06%，文化教育支出也有明显增多。1996年开始，食品支出比重降到55.59%，住房和教育文化支出基本持平。医疗支出增加，交通设备和旅游支出增多。2000年，医疗支出比重升到4.92%，人均交通和旅游支出630元，占11.12%。进入21世纪后，城镇居民购买商品房逐渐增多，经济条件好的购买别墅，装潢也较讲究。至2005年，居民人均生活消费7333元，占可支配收入的70.27%。其中食品支出3273元，占收入的44.63%；居住支出1121元，占15.29%；居民人均住房面积39.3平方米，比1996年（6.76平方米）增加4.8倍；医疗支出491元，占6.7%；教育文化支出1020元，占13.91%；交通和旅游支出明显增多。

私人轿车开始进入部分家庭，外出旅游日渐成为时尚消费。城镇居民生活质量总体水平有很大提升。

**若干年份连江县城镇居民消费情况表**

表 3-2-10

| 年份 | 人均生活消费支出（元） | 占可支配收入的比例（%） | 食品支出 | | 居住支出 | | 医疗支出 | | 文教支出 | | 杂项支出 | | 人均住房面积（平方米） |
|---|---|---|---|---|---|---|---|---|---|---|---|---|---|
| | | | 金额（元） | 占消费的比例（%） | 金额（元） | 占消费的比例（%） | 金额（元） | 占消费的比例（%） | 金额（元） | 占消费的比例（%） | 金额（元） | 占消费的比例（%） | |
| 1990 年 | 1154 | 82.02 | 738 | 63.95 | 27 | 2.34 | 17 | 1.47 | 69 | 5.98 | 303 | 26.26 | 6.76 |
| 1995 年 | 3658 | 79.18 | 2299 | 62.85 | 597 | 16.32 | 29 | 0.79 | 259 | 7.08 | 474 | 12.96 | 11.25 |
| 2000 年 | 5666 | 74.97 | 2636 | 46.52 | 560 | 9.88 | 279 | 4.93 | 397 | 7.01 | 1794 | 31.66 | 11.67 |
| 2005 年 | 7333 | 70.27 | 3273 | 44.63 | 1121 | 15.29 | 491 | 6.7 | 1020 | 13.91 | 1428 | 19.47 | 39.3 |

# 第四篇　环境保护

1991 年，县政府针对县境存在的环保突出问题和四大污染源（水污染、大气污染、废弃物污染、噪声污染），规划和实施县城综合治理与专项治理相结合的措施，执行“一控双达标”（排放总量控制、工业污染物排放达标、功能区达标）和主要污染物排放总量控制的实施方案，加大环保投资力度。1991—2005 年，县内共投入环保资金 8.885 亿元，其中 2000—2005 年，省、市、县三级投入 8.516 亿元，环境有较大改善。2005 年，敖江各断面水质大部分指标达到Ⅲ类标准，县城饮用水源达到Ⅱ类标准，空气质量二级标准，固体废弃物的综合治理 100%，综合利用率 99.43%；县城区环境噪声平均值由 1991 年的 76.2 分贝降到 68 分贝。其间，县环保部门与林业部门配合，投入资金建立自然保护区 5 个，面积 1602.2 公顷，森林覆盖率由 1990 年 37.1% 提高到 55.5%，使经济建设与环境保护协调发展。

## 第一章　环境质量

### 第一节　水环境质量

1991—1995 年，县环保部门按照国家《地表水环境质量标准》中的Ⅲ类水质标准，在县城敖江流域设傍尾、观音阁、荷山渡口 3 个断面，监测 19 个项目。至 1995 年，经数年监测，敖江水质均较好。1998 年，敖江荷山渡口断面总磷项目年平均值超过Ⅲ类标准，氨氮平均值超过推荐标准，凯氏氮、悬浮物也有超标检出，总体水质劣于上年。2000 年，敖江水质基本达到地表水Ⅲ类标准。2005 年，水质保持Ⅲ类标准。城区饮用水源达标率由 1995 年的 92.8% 提高至 2005 年的 99.02%。县境大部分海域水质状况良好，基本符合国家清洁和较清洁水质标准。河口区与海水网箱养殖密集区营养盐出现不同程度的超标。

### 第二节　空气质量

1991 年，连江空气质量按照国家《环境空气质量标准》中的二级标准要求，基本达标。1991—2005 年，县城区经多次监测，二氧化硫、氮氧化物、总悬浮颗粒年均值基本符合国家二级标准，降水的 pH 值年均值亦多数达到标准。

## 第三节　声环境质量

1991—1996 年，县城区环境噪声为 56.2 分贝。1997—1999 年，保持在 56—56.2 分贝范围内，属轻度污染。2000 年后，环境噪声（昼间）等效声级平均值呈下降趋势。2005 年，县城区环境噪声（昼间）等效声级平均值为 55.9 分贝，属轻度污染水平。

## 第四节　农村环境状况

1991 年后，随着液化气和电器的逐步推广，农村传统的烧柴灶逐步减少，森林覆盖率很快提高。到 1995 年达 54%，生态环境日益改善。影响农村环境的主要是生活垃圾和农用化肥、农药，造成面源污染，并渗透地下水污染。1996 年开始，新农村建设在全县迅速展开，在旧村改造、新村建设、造福搬迁中，严格按照规划进行，整修街巷道路、疏通沟渠、改造旧厕、处理垃圾，农村环境大大改善。1999 年，全县相继建成 5 个自然保护区，面积 1602 公顷。2000 年后，潘渡以上敖江流域列入福州市第二水源，加大环境整治力度，多数乡村开始注重垃圾集中处理，随着耕地减少和大力推广无害少毒农药，面源污染逐渐减少。至 2003 年，建成小沧、潘渡、黄岐 3 个省级生态示范区，面积 22840 公顷，农村环境进一步改善。

# 第二章　环境监测

1991 年 12 月 8 日，连江县环境监测站成立，因设备较简陋，只开展一些简单项目监测，尚未开展县城环境质量常规监测。1995 年，监测站配置规范的实验室和监测技术人员，先后购置 722 分光光度计、静压平衡型烟尘浓度测试仪、生化培养箱、噪声仪等设备，与市环境监测站联合开展县城重点污染物水、气、声的监测工作。1998 年，着手开展计量认证工作，投入资金 10 多万元完善基础设施建设，添置 754 紫外分光光度计、大气采样器等，监测项目增至 98 项。1999 年 9 月，通过省质量技术监督局和省 CMA 资质认定。2001—2002 年，共投入资金 50 多万元添置监测车、原子吸收分光光度计、红外测油仪、24 小时大气采样器等大型设备。至 2005 年，实验室拥有各种仪器设备 37 台。仪器设备按计量法规定定期检定，年检定率 100%，能独立承担国控、省控断面的地表水、县城环境空气质量 PM10、$NO_2$、$SO_2$、海水、噪声以及污染源的监测任务。

# 第一节　常规监测

## 一、空气环境质量监测

1991 年，县城环境空气质量监测设在石坞村、县医院和小湾村 3 个监测点。监测内容以国家《环境质量标准》中的二级标准，即二氧化硫每立方日均 0.15 毫克，年均 0.06 毫克；二氧化氮每立方日均 0.12 毫克，年均 0.08 毫克；可吸入颗粒物每立方均 0.15 毫克，年均 0.10 毫克。二氧化硫和二氧化氮每月监测 12 日，测日 18 小时连续采样送检。可吸入颗粒物每月监测 5 日，测日 12 小时连续采样送检。1995—1997 年，以氮氧化物为评价因子。2000 年，调整为二氧化氮为评价因子。2001 年，调整总悬浮颗粒的评价因子为吸入颗粒物。酸雨监测点设置在县环保局天台。降水酸度执行国家标准。逢雨必测，酸雨监测项目为 pH 和电导率。

## 二、水环境质量监测

1996 年，开始监测县地表水，监测布控点：荷山渡口和闽江福州段琯头断面，属国控级别。敖江地表水每年监测 3 次，监测项目有 19 项。2000 年和 2002 年，分别监测观音阁、傍尾，属省控级别。县城饮用水源地为县控级别。2003 年，改为每年 6 次逢单月必测，监测项目荷山渡口为 26 项，观音阁和傍尾 23 项。荷山渡口感潮河段分别在大小潮期的涨退潮时采样送检。饮用水源地监测项目有 17 项，全年监测 6 次，逢单月测。

**1996—2005 年连江荷山渡口断面监测评价结果情况表**

表 4-2-1

| 项目＼年份 | 1996 年 | 1997 年 | 1998 年 | 1999 年 | 2000 年 | 2001 年 | 2002 年 | 2003 年 | 2004 年 | 2005 年 |
|---|---|---|---|---|---|---|---|---|---|---|
| 水温（℃） | 24 | 22.7 | 22.5 | 22.1 | 20.3 | 20.7 | 19.2 | 21.9 | 21.1 | 21 |
| 电导率（毫西／米） | 5.6 | 5.7 | 7.86 | 6.[illegible]5 | 9.32 | 6.2 | 7.3 | — | — | — |
| pH 值 | 7 | 7.02 | 7.01 | 6.[illegible]6 | 6.72 | 6.86 | 7.13 | 7.2 | 7.36 | 6.86 |
| 悬浮物（毫克／升） | 35 | 36 | 123 | 63 | 103 | 40 | 48 | — | — | — |
| 石油类（毫克／升） | 0.04 | 0.03 | 0.03 | 0.03 | 0.03 | 0.005 | 0.005 | 0.005 | 0.005 | 0.005 |
| 五日生化需氧（毫克／升） | 0.86 | 1.03 | 1.05 | 0.[illegible]9 | 1.69 | 1.22 | 2.1 | 2.06 | 3.54 | 2.87 |
| 高锰酸盐指数（毫克／升） | 2.78 | 2.6 | 2.88 | 2.74 | 3.03 | 2.21 | 3.41 | 3.85 | 5.14 | 4.99 |
| 化学需氧量（毫克／升） | — | — | — | — | — | — | — | 13.7 | 13.3 | 11 |
| 挥发酚（毫克／升） | 0.001 | 0.001 | 0.001 | 0.001 | 0.001 | 0.001 | 0.001 | 0.001 | 0.001 | 0.001 |
| 非离子氨（毫克／升） | 1.8×10−3 | 2.5×10−3 | 5.1×10−3 | 2.7×10−3 | 2.1×10−3 | 3.7×10−3 | 8.8×10−3 | — | — | — |
| 镉（毫克／升） | 5×10−5 | 5×10−5 | 5×10−5 | 5×10−5 | 5×10−5 | 5×10−5 | 5×10−5 | 5×10−5 | 5×10−5 | 5×10−5 |
| 铅（毫克／升） | 0.0012 | 0.0025 | 0.0026 | 0.0012 | 0.0028 | 0.0005 | 0.0005 | 0.0005 | 0.0005 | 0.00067 |
| 铜（毫克／升） | — | — | — | — | — | — | — | — | — | 0.0011 |

续表 4-2-1

| 项目＼年份 | 1996年 | 1997年 | 1998年 | 1999年 | 2000年 | 2001年 | 2002年 | 2003年 | 2004年 | 2005年 |
|---|---|---|---|---|---|---|---|---|---|---|
| 锌（毫克／升） | — | — | — | — | — | — | — | — | — | 5×10−5 |
| 汞（毫克／升） | 3×10−5 | 2×10−5 | 2×10−5 | 3×10−5 | 5×10−5 | 5×10−5 | 5×10−5 | 5×10−5 | 5×10−5 | 2.5×10−5 |
| 六价铬（毫克／升） | 0.011 | 0.007 | 0.002 | 0.002 | 0.016 | 0.041 | 0.013 | 0.028 | 0.03 | 0.027 |
| 硬度（毫克／升） | 17 | 18 | 18 | 14 | 15 | 14 | 14 | — | — | — |
| 总磷（毫克／升） | 0.049 | 0.069 | 0.11 | 0.049 | 0.105 | 0.125 | 0.08 | 0.724 | 0.121 | 0.17 |
| 砷（毫克／升） | 0.004 | 0.004 | 0.004 | 0.004 | 0.004 | 0.004 | 0.004 | 0.004 | 0.004 | 0.004 |
| 氰化物（毫克／升） | 0.002 | 0.002 | 0.002 | 0.002 | 0.002 | 0.002 | 0.002 | 0.002 | 0.002 | 0.002 |
| 溶解氧（毫克／升） | 7.48 | 7.99 | 7.78 | 8.3 | 7.44 | 7.06 | 8.03 | 8.37 | 7.96 | 8.42 |
| 氨氮（毫克／升） | 0.332 | 0.383 | 0.754 | 0.483 | 0.493 | 0.838 | 0.65 | 0.792 | 0.115 | 0.92 |
| 硝酸盐氮（毫克／升） | 0.86 | 0.56 | 0.55 | 0.42 | 0.39 | 0.45 | 0.4 | 0.44 | 0.73 | 0.68 |
| 亚硝酸盐氮（毫克／升） | 0.014 | 0.016 | 0.026 | 0.011 | 0.022 | 0.023 | 0.028 | 0.028 | 0.12 | 0.024 |
| 凯氏氮（毫克／升） | 3.607 | 0.951 | 0.999 | 1.268 | 0.75 | 0.77 | 0.67 | — | — | — |
| 氯化物（毫克／升） | 8.86 | 2.78 | 27.13 | 8.73 | 12.69 | — | 8.1 | 9.69 | 68.9 | 12.6 |
| 粪大肠菌群（毫克／升） | — | — | — | — | — | — | — | 18228 | 17192 | 15332 |

## 2000—2005年连江城区观音阁和傍尾断面监测评价结果情况表

表 4-2-2

| 项目＼年份 | 观音阁 | | | | | | 傍尾 | | | |
|---|---|---|---|---|---|---|---|---|---|---|
| | 2000年 | 2001年 | 2002年 | 2003年 | 2004年 | 2005年 | 2002年 | 2003年 | 2004年 | 2005年 |
| 水温（℃） | 18.9 | 20.3 | 19 | 20.6 | 20 | 21.3 | 18.3 | 23.6 | 16 | 19.5 |
| 电导率（毫西／米） | 5.85 | 4.6 | 5.6 | — | — | — | 4.8 | — | — | — |
| pH值 | 6.82 | 6.68 | 7.11 | 7.25 | 7.19 | 6.92 | 7 | 7.32 | 7.12 | 6.79 |
| 悬浮物（毫克／升） | 9 | 26 | 26 | — | — | — | 24 | — | — | — |
| 石油类（毫克／升） | 0.03 | 0.005 | 0.005 | 0.005 | 0.005 | 0.005 | 0.005 | 0.005 | 0.005 | 0.005 |
| 五日生化需氧量（毫克／升） | 0.48 | 0.92 | 1.49 | 1.71 | 1.87 | 2.08 | 2.74 | 1.37 | 1.87 | 2.02 |
| 高锰酸盐指数（毫克／升） | 2.73 | 2.11 | 3.18 | 3.29 | 4.57 | 3.75 | 3.56 | 6.48 | 4.57 | 3.95 |
| 挥发酚（毫克／升） | 0.003 | 0.003 | 0.001 | 0.001 | 0.001 | 0.001 | 0.001 | 0.001 | 0.001 | 0.001 |
| 非离子氨（毫克／升） | 1.2×10−3 | 2.7×10−3 | 2.2×10−3 | — | — | — | 4.8×10−3 | — | — | — |

续表 4-2-2

| 项目＼年份 | 观音阁 | | | | | | 傍　尾 | | | |
|---|---|---|---|---|---|---|---|---|---|---|
| | 2000 年 | 2001 年 | 2002 年 | 2003 年 | 2004 年 | 2005 年 | 2002 年 | 2003 年 | 2004 年 | 2005 年 |
| 镉（毫克 / 升） | 5 × 10–5 | 5 × 10–5 | 5 × 10–5 | 5 × 10–5 | 5 × 10–5 | 5 × 10–5 | 5 × 10–5 | 5 × 10–5 | 5 × 10–5 | 5 × 10–5 |
| 铅（毫克 / 升） | 0.0007 | 0.0005 | 0.0005 | 0.0005 | 0.0005 | 0.00075 | 0.0005 | 0.0005 | 0.0005 | 0.00058 |
| 铜（毫克 / 升） | — | — | — | 0.0005 | 0.0005 | 0.00092 | 0.0005 | 0.0005 | 0.0005 | 0.0011 |
| 锌（毫克 / 升） | — | — | — | 0.025 | 0.025 | 0.0005 | 0.025 | 0.025 | 0.025 | 0.05 |
| 汞（毫克 / 升） | 5 × 10–5 | 5 × 10–5 | 5 × 10–5 | 5 × 10–5 | 5 × 10–5 | 2.5 × 10–5 | 5 × 10–5 | 5 × 10–5 | 5 × 10–5 | 2.5 × 10–5 |
| 六价铬（毫克 / 升） | 0.027 | 0.017 | 0.01 | 0.021 | 0.043 | 0.016 | 0.009 | 0.01 | 0.043 | 0.01 |
| 硬度（毫克 / 升） | 9.9 | 11 | 12 | — | — | — | 13 | — | — | — |
| 砷（毫克 / 升） | 0.004 | 0.004 | 0.004 | 0.004 | 0.004 | 0.004 | 0.004 | 0.004 | 0.004 | 0.004 |
| 氰化物（毫克 / 升） | 0.002 | 0.002 | 0.002 | 0.002 | 0.002 | 0.002 | 0.002 | 0.002 | 0.002 | 0.002 |
| 溶解氧（毫克 / 升） | 7.95 | 7.6 | 8.27 | 8.77 | 7.68 | 8.3 | 8.83 | 8.29 | 7.68 | 8.33 |
| 氨氮（毫克 / 升） | 0.27 | 0.496 | 0.25 | 0.367 | 0.817 | 0.382 | 0.098 | 0.468 | 0.817 | 0.01 |
| 硝酸盐氮（毫克 / 升） | 0.42 | 0.39 | 0.38 | — | — | — | 0.14 | — | — | — |
| 亚硝酸盐氮（毫克 / 升） | 0.024 | 0.013 | 0.021 | — | — | — | 0.01 | — | — | — |
| 粪大肠菌群（毫克 / 升） | — | — | — | 1970 | 2767 | 4267 | — | 1700 | 2200 | 1933 |

**1996—2005 年闽江口琯头断面监测评价结果情况表**

表 4-2-3

| 项目＼年份 | 1996 年 | 1997 年 | 1998 年 | 1999 年 | 2000 年 | 2001 年 | 2002 年 | 2003 年 | 2004 年 | 2005 年 |
|---|---|---|---|---|---|---|---|---|---|---|
| 水温（℃） | 23.6 | 23.8 | 23.7 | 23.7 | 24.2 | 24 | 23 | 21.9 | 22.5 | 21.2 |
| 电导率（毫西 / 米） | 65.66 | 61.58 | 98.89 | 168.3 | 77.88 | — | 601 | — | — | — |
| PH 值 | 7.33 | 7.27 | 7.14 | 7.07 | 6.98 | 7 | 7.19 | 7.27 | 7.07 | 6.96 |
| 悬浮物（毫克 / 升） | 105 | 64 | 79 | 101 | 220 | — | 17.7 | — | — | — |
| 石油类（毫克 / 升） | 0.03 | 0.04 | 0.03 | 0.03 | 0.03 | 0.03 | 0.03 | 0.03 | 0.03 | 0.03 |
| 五日生化需氧量（毫克 / 升） | 1 | 1.06 | 1.31 | 1.29 | 1.1 | 0.96 | 0.91 | 1 | 1 | 1 |
| 高锰酸盐指数（毫克 / 升） | 3.06 | 2.77 | 2.72 | 2.59 | 2.91 | 3.6 | 3.45 | 3.63 | 3.94 | 1.2 |

续表 4-2-3

| 项目＼年份 | 1996 年 | 1997 年 | 1998 年 | 1999 年 | 2000 年 | 2001 年 | 2002 年 | 2003 年 | 2004 年 | 2005 年 |
|---|---|---|---|---|---|---|---|---|---|---|
| 挥发酚（毫克／升） | 0.001 | 0.002 | 0.001 | 0.001 | 0.001 | 0.001 | 0.001 | 0.001 | 0.001 | 0.001 |
| 非离子氨（毫克／升） | 5.4 × 10–3 | 3.6 × 10–3 | 4.12 × 10–3 | 3.34 × 10–3 | 2.4 × 10–3 | — | 3.2 × 10–3 | — | — | — |
| 镉（毫克／升） | 5 × 10–5 | 5 × 10–5 | 5 × 10–5 | 5 × 10–5 | 5 × 10–5 | 5 × 10–5 | 5 × 10–5 | 5 × 10–5 | 5 × 10–5 | 5 × 10–5 |
| 铅（毫克／升） | 0.005 | 0.0047 | 0.0033 | 0.0024 | 0.0026 | 0.0025 | 0.0045 | 0.002 | 0.0007 | 0.006 |
| 汞（毫克／升） | 5 × 10–5 | 5 × 10–5 | 2 × 10–5 | 4 × 10–5 | 4 × 10–5 | 5 × 10–5 | 5 × 10–5 | 5 × 10–5 | 5 × 10–5 | 5 × 10–5 |
| 六价铬（毫克／升） | 0.007 | 0.008 | 0.003 | 0.002 | 0.002 | 0.002 | 0.002 | 0.002 | 0.002 | 0.002 |
| 硬度（毫克／升） | 868.5 | 315.46 | 454.68 | 426.52 | 467 | — | 559.64 | — | — | — |
| 砷（毫克／升） | 0.004 | 0.004 | 0.004 | 0.004 | 0.004 | 0.004 | 0.004 | 0.004 | 0.004 | 0.004 |
| 氰化物（毫克／升） | 0.002 | 0.002 | 0.002 | 0.002 | 0.002 | 0.002 | 0.002 | 0.002 | 0.002 | 0.002 |
| 溶解氧（毫克／升） | 7.19 | 7.49 | 7.55 | 7.82 | 7.24 | 7.07 | 7.68 | 7.62 | 7.25 | 7.39 |
| 氨氮（毫克／升） | 0.425 | 0.297 | 0.461 | 0.393 | 0.36 | 0.31 | 0.319 | 0.403 | 0.397 | 0.287 |
| 硝酸盐氮（毫克／升） | 0.96 | 0.96 | 1.14 | 0.67 | 0.7 | — | 0.87 | — | — | — |
| 亚硝酸盐氮（毫克／升） | 0.027 | 0.026 | 0.032 | 0.013 | 0.038 | — | 0.031 | 0.024 | 0.045 | 0.034 |
| 凯氏氮（毫克／升） | 1.57 | 0.973 | 0.928 | 1.275 | 1.235 | — | 1.707 | — | — | — |
| 氯化物（毫克／升） | 1532.25 | 1724.55 | 1259.56 | 1421.43 | 1379.4 | — | 1689.36 | — | — | — |

## 三、声学环境质量监测

1996 年开始，进行县城区环境噪声（昼间）监测，共布网点 134 点，有效测点 114 点，覆盖面积 1.89 平方千米，每年秋季采用 GB ／ T1 4623—93 方法进行测定。区域环境噪声（昼间）分贝等效声级平均值 Leq 为 56.2，属轻度污染。1997—1999 年，平均保持 56.0—56.2 范围内。2000 年后，平均值呈下降趋势。2005 年降至 55.9 分贝。

### 1991—2005 年连江城区噪声监测结果情况表

表 4-2-4　　单位：分贝

| 年份 | 检测点数 | 噪声平均值 | 年份 | 检测点数 | 噪声平均值 | 年份 | 检测点数 | 噪声平均值 |
|---|---|---|---|---|---|---|---|---|
| 1991 年 | 131 | 54.8 | 1996 年 | 114 | 56.1 | 2001 年 | 114 | 55.8 |
| 1992 年 | 131 | 59.0 | 1997 年 | 114 | 61.1 | 2002 年 | 114 | 55.9 |
| 1993 年 | 131 | 58.9 | 1998 年 | 114 | 56.1 | 2003 年 | 114 | 55.8 |
| 1994 年 | 131 | 58.0 | 1999 年 | 114 | 56.0 | 2004 年 | 114 | 56.0 |
| 1995 年 | 104 | 56.3 | 2000 年 | 114 | 55.8 | 2005 年 | 114 | 55.9 |

## 第二节　专项监测

1995年开始，县环境监测站承担环境综合整治定量考核中的17项考核指标的监测工作。具体有可吸入颗粒物、二氧化硫、二氧化氮、集中式饮用水源地水质达标、县城水域功能区水质达标率、区域环境噪声、交通干线噪声、工业企业排放达标率八项指标。其中2004年大气方面的监测存在变化，总浮颗粒物（TSP）由原来的每季度监测5天，变为监测可吸入颗粒物（PM10）每月监测12天连续12小时采样；二氧化硫和二氧化氮由原来的每季度监测10天采样，变为每月监测12天连续采样。

1998年，实行“一控双达标”监测，即对排放污染物实行总量控制，所有工业企业的污染物必须达标排放，所有环境功能区必须达标。

1999年，进行敖江整治监测，并配合省环境保护局开展敖江石板材行业综合整治工作。县环境监测站进行多次同步监测及周边污染源调查，及时向有关部门提供决策依据。

2000年9月，县环境监测站配合上级管理部门，全面完成“一控双达标”监测任务和市重点污染企业的验收监测和报告编制。

2003年，县环保局根据市环保委员会《关于开展市县（区）城环境质量通报工作的通知》，于同年9月开始，由监测站负责环境质量通报。主要内容是县城区空气环境质量状况以及地表水和集中式生活饮用水源地的水质状况，提高市民的环保参与及自觉防治意识。同年，为加强“非典”防控工作，根据国家环保总局关于加强对医院污水监测的通知，县环境监测站对县医院和县中医院污水进行监督性监测。县医院为“非典”定点监测单位，每月监测一次。监测信息及时上报市环境监测站。

1995—2005年，县环保部门共进行各类污染源监测3537次（年均353次），其中竣工验收监测50多次，为县城环境治理提供科学的决策依据。

# 第三章　环境整治

## 第一节　水污染治理

### 一、工业污水治理

1991年．在县啤酒厂安装污水二级生化处理装置，日处理400吨。1993年，在新捷阳食品有限公司安装埋地式无动力处理装置，日处理50吨。1994年，全面开展水污染物排放申报登记工作，敖江投资区先后有5家企业配有污水处理装置。处理能力分别为清禄鞋业公司以厌氧水解和好氧气的主体工艺，日处理污水250吨；敖江盛馨塑料厂日处理污水150吨；福州晶茂精细化工有限公司以点镀废水自动化学处理设施，日处理污水30吨，福建东海漆业有限公司日处理污水100吨；福州莹拓精密工艺有限公司日处理污水50吨。1995年，福州百洋海味食品有限公司和福建龙和食品实业有限公司先后安装污水处理装置，日处理能力分别为500吨和800吨。1996年，全县已有40多家安装污水处理装置，当年抽查15家，废水排放总量98.8万吨。经处理外排废水量仅1万吨。1997年，抽查30家废水排放总量548.87万吨，经过处理外排废水量439万吨，处理率80%。至2005年，全县共有121家工厂安装污水处理装置，日处理工业污水13500吨，占工业废水总量64286吨的21%。其中抽查23家企业，废水排放总量172.84万吨，经过处理外排废水164.37万吨。

**1991—2005年连江城区工业废水处理率情况表**

表4-3-1

| 年度 | 当年抽查厂家数（个） | 废水排放总量（万吨） | 经过处理外排废水量（万吨） | 处理率（%） |
|---|---|---|---|---|
| 1991年 | 2 | 130.53 | 0.00 | 0.00 |
| 1992年 | — | — | — | — |
| 1993年 | 4 | 26.87 | 0.20 | 0.70 |
| 1994年 | 11 | 53.27 | 4.91 | 9.22 |
| 1995年 | 15 | 98.8 | 1.00 | 1.01 |
| 1996年 | 15 | 63.57 | 29.81 | 46.89 |
| 1997年 | 30 | 548.87 | 439.1 | 80.00 |
| 1998年 | 25 | 193.8 | 154.09 | 79.51 |
| 1999年 | 15 | 219.29 | 207.06 | 94.42 |
| 2000年 | 24 | 104.24 | 104.24 | 100.00 |
| 2001年 | 23 | 168.62 | 117.01 | 69.39 |
| 2002年 | 23 | 125.34 | 119.15 | 95.06 |
| 2003年 | 23 | 84.86 | 83.21 | 98.06 |
| 2004年 | 23 | 123.24 | 118.25 | 95.95 |
| 2005年 | 23 | 172.84 | 164.37 | 95.10 |

## 二、生活污水治理

**城区污水治理** 1991—1995年，污水排放总量为1.3万吨，其中生活污水排放总量1.1万吨。1996—2000年，陆续投入200万元推广埋地式无动力生活污水处理装置11套，其中房地产项目8套，机关单位2套，企业1套。2003年，县政府决定在乌石浦建立污水处理厂，至2005年，县城污水排放量1.6万吨，其中生活污水排放总量1.3万吨。主要通过暗沟明渠，汇流乌石浦排涝站，经处理后排放敖江；尚有部分流经浦下排涝站排入敖江。

**乡镇村居污水治理** 1991—1996年，县内农村集镇与村居为减少污水的磷负荷，推广采用无磷洗涤剂，敖江流域禁售和使用含磷洗衣粉、洗涤剂、清洁剂等洗涤清洁用品。对生活污水、畜禽养殖废水，推行家用水压式沼气池等简便易行的处理技术，控制水污染和水环境恶化。对地势较平坦的集镇生活污水，实施“分片截流、集中处理”。村居由于地形变化比较大，生活污水处理采用“分片截流、单独处理”。通过集污管网集流，分别经小型污水处理站处理后排放。2000年开始，为保护福州第二水源，在塘坂、山仔水库上游的小沧、潘渡兴建污水处理厂，对集镇、主村居生活污水集中送到污水处理厂处理。至2005年，已建污水处理厂4座：小沧乡日污水处理350吨、潘渡乡塘坂村日污水处理80吨、高岳村日污水处理250吨、塘坂沙洲日污水处理25吨。

### 三、医疗废水处理

1989年，县医院开始安装医疗废水无害化处理，日处理量132吨。1991—2005年，县内共有23家医院、卫生院（所）有排污申报。有13家乡镇卫生院规模小，每日用水不及100吨，治理存在难度。在申报的23家单位中，仅有县医院和中医院废水经过二级生化处理。从废水监测结果看，县医院达标排放，中医院基本达标（大肠菌超标）。其余21家废水只经化粪池处理即排出。且多数医院无排污口。

## 第二节　河流综合治理

### 一、敖江干流治理

敖江是福建省第六大河流，县境流程63千米，流域面积720.1平方千米，年径流量26.7亿立方米。是全县饮用水源，也是福州市第二水源。

1995年，山仔水库建成，敖江及其支流的综合性专项治理开始列入县政府议题，对库区沿岸污染进行调查。1997年，山仔、塘坂水库被定为福州市第二饮用水源后，整治力度加大，先从改水改厕及禁止向库区排污开始，边治理边开展染源调查和制定整体综合整治方案和初步治理措施。2002年，制定《福州市敖江流域水环境综合整治方案》和《福州市敖江饮用水源保护规划》，设立一级、二级水源保护范围标志牌、告示牌38面。实施从塘坂水库至山仔水库沿线5千米淹没区的清淤除杂消毒。相继拆除一级水源保护区山仔水库边晋安区日溪乡8家（8500头）生猪养殖场，对周边51家企业（含日溪乡）进行单项限期治理；依法拆除一级保护区内闽科养鳗场；关闭连江塘坂不锈钢制品厂、塘坂轧钢厂两家企业。并整顿处理山仔库区50%机动船只；完成福建医大学生实践基地的生活污水综合治理；库区沿岸各乡镇建设无害化公厕24座，在一级水源保护区沿岸种植生态林约5万株（丛）。通过治理，每年削减化学耗氧量（COD）186.88吨、悬浮物（SS）398.08吨、氨氮14.08吨、总磷11.6吨。山仔和塘坂水库地表水进库达到Ⅱ类水质标准，二级水源保护区达到Ⅲ类水质标准。

2003年，实施长效管理机制，相继建成小沧乡6座生活污水处理站，小沧、潘渡乡2座生活垃圾处理场，改造户厕3000多户、新建公厕17座，建设沼气示范户6家，取缔山仔库区机动船只72艘，更新无污染船只使用（液化气）1艘，并取缔山仔库区所有网箱养殖，拆除一级保护区内的所有养猪场，搬迁潘渡乡不锈钢厂等4家污染企业。同时在库区投放近40万尾鱼种，在塘坂库区进行太阳能增氧机试验，以增加水体上下流动，减少藻类污染，缓解库区水质富营养化，建设沿江一级水源保护区隔离墙和绿化隔离带，基本上封堵敖江饮用水源一级保护区的污染源；成立福州二水源环保监察保洁队，对山仔、塘坂库区实施封闭式管理，经常性对库区的船只、竹排、网箱以及定置网、漂流物等污染物进行清理，使库区保持干净整洁，水质达标。2005年，位于干流中上游的福州红庙岭垃圾场的污染渗透，可能对敖江水源造成影响，尚待解决。

### 二、敖江支流治理

1991年，敖江支流牛溪（流经蓼沿溪、宗公溪、牛溪，在潘渡陀市汇入敖江干流）和花园溪两岸，石板材加工行业的废水废渣直接泄入敖江河道，严重污染县城饮用水源的水质。1998年，县环保局对122家石板材加工厂逐厂分发污染治理设施整改通知书，经过一个月的治理，111家全部按标准进行整改治理，4家停产，7家关闭。实现污水零排放，并通过省、市政府验收。此后，县乡两级政府每年都把敖江流域水环境综合整治及防止石板材业污染反弹工作摆入议事日程，并层层签订环保责任状，作为乡镇政府的政绩考核指标。1999年，县政府组织县国土局、环保局、林业局、公安局等部门，对所有矿山矿点、石板材加工企业进行拉网式检查，凡是未经有关部门审批的，依法予以关闭，对敖江流域沿岸一律暂停批准新的石板材采矿点。2003年，县政府制定《敖江流域（连江段）石板材业污染综合整治方案》。整治重点的蓼沿乡，14名副科级以上领导分别挂钩14家石板材加工厂，督促落实污染整治长效管理；扩建5个堆渣场，做到“统一清运，集中堆放”，解决废渣堆放问题。

2005年，全县有石板材加工业100家，锯机570台，磨光机410台，切边机140台。继续从源头上控制石板材加工业的污染，县政府组织实施《石板材加工企业布局规划》，根据整合提升，集中办厂，集中治理，保护环境的原则，划定出石板材加工企业的“集中工业园区”“禁止生产加工区”和“限制生产加工区”。将分散在蓼沿乡牛溪两岸的23家（总共63台锯机）小规模石板材厂逐步集中到园区内，实行污水集中处理，环保统一监管，规范整治工作的顺利开展。县环保局、国土资源局等执法部门，组织经常性的拉网检查，突出在夜间、双休日、节假日进行巡察，发现偷排废水、废渣的行为，依法予以停业整顿，并处罚金。

1995—2005年，全县共投入637.97万元资金用于敖江流域的专项整治，达标率99.02%。

敖江支流治理涉及上游邻县流经兰水溪、桃园溪的石板材污染渗透，给整个水域治理带来难度，2005年，市政府仍在协调。

**三、鲤溪清水工程**

2004年，省水利厅实施千千米河道清水工程，马鼻鲤溪流域清水工程是其中一个项目。开挖鲤溪主河道5000米，支河道1481米，砌石驳岸298米，打松木桩护脚249米，清淤土方86963立方米，抛填块石228立方米，工程从当年7—12月历时半年，总投141.7万元。河道清水前垃圾堆满河岸，水混不见底，通过清水，两岸垃圾不见，河水清澈见底。

## 第三节　大气污染治理

**一、烟尘控制区管理**

1991年，县在城区创建烟尘控制区，建成面积4.38平方千米，控制面积2.97平方千米，占67.8%。同时对单位食堂和饮食行业大灶治理进行检查监督。1991年，城区使用锅炉16台，其中10台超标。县环保部门深入到超标单位中旅社、金凤酒店、连一中、粮油制品厂、己古食品饮料厂、江南造纸厂、二轻纸厂、调味品厂、合成氨厂、县医院等10个单位落实治理工作。1994年，创建烟尘控制区指挥部，配合13个街村环保员，建立污染源监督流动哨，配合锅炉拥有单位，抓好烟尘治理。常规监测的县神达啤酒有限公司、县海福藻类开发有限公司、福州康达食品有限公司、县江南纸板厂、福建连江亚和实业有限公司、福建龙和食品有限公司、县医院、县粮油食品厂、新捷阳食品有限公司、福州金星钢铁有限公司、福州永昇化工有限公司11家企业，除康达、江南纸板厂外，其余9家均安装了消烟除尘设施，使废气排放达标。与此同时，县内大力推广民用型煤液化气使用，控制散煤供应，提高气化率，实现100%无黑烟控制区，烟尘控制区覆盖率达100%。

1995年，执行《福州市烟尘控制区管理办法》，通过分片包干，发现冒黑烟的及时查处，使烟尘控制区内的23台锅窑及69眼大灶烟气黑度全部小于林格曼黑度1度，无黑烟覆盖率达100%。

1998年，县城建成区面积扩大至6.10平方千米，控制区内9台锅炉、53眼饮食大灶黑度全部达标，达标率100%。8台锅炉烟尘达标，达标率88.8%。2000年，巩固提高控制区创建成果，开展禁销含铅汽油工作，促使全县所有加油站全部销售无铅汽油。县合成氨厂对锅炉污染大气，投入资金168万元进行重点整治，在当年9月25日前完成整治任务并交付使用。对治理无望、群众反映强烈的敖江浦东轧钢厂，下达关闭通知书。2001年，对烟尘排放不达标的福州神达啤酒厂和江南纸板厂，依法下达限期整改通知书，报停的锅窑炉也都办理有关手续。建成区内的 53 眼饮食大灶，有 31 眼烧油（液化气）、22 眼烧型煤，黑度全部达标，烟尘控制区覆盖率 100%。2005 年，县建成区达 7.20 平方千米，区内共有大灶 81 眼，其中使用液化气等清洁能源的有 72 眼，使用型煤 9 眼，年用煤量 37 吨，清洁能源使用率 89%。81 眼大灶林格曼黑度全部小于 1。区内所有锅炉、窑炉、大灶均建立档案台账。

**1991—2005 年连江烟尘控制区情况统计表**

表 4–3–2

| 年度 | 建成区面积（平方千米） | 烟尘控制区面积（平方千米） | 烟尘控制区覆盖率（%） | 烟气黑度达标情况 | | | | 其中：≥ 0.7MW 锅炉烟尘浓度达标情况 | | | | |
|---|---|---|---|---|---|---|---|---|---|---|---|---|
| | | | | 常规监测总台数（台） | 监测复测（台） | 其中：达标台数（台） | 达标率（%） | 常规监测总台数（台） | 监测复测台数（台） | 监测复测率（%） | 监测复测达标成台数（台） | 监测复测达标率（%） |
| 1991 年 | 4.38 | 2.79 | 63.7 | 16 | — | — | — | — | — | — | — | — |
| 1992 年 | 4.38 | 2.79 | 63.7 | — | — | — | — | — | — | — | — | — |
| 1993 年 | 4.38 | 4.38 | 100.0 | — | — | — | — | — | — | — | — | — |
| 1994 年 | 4.38 | 4.38 | 100.0 | — | — | — | — | — | — | — | — | — |
| 1995 年 | 4.38 | 4.38 | 100.0 | 23 | — | — | — | — | — | — | — | — |
| 1996 年 | 4.38 | 4.38 | 100.0 | — | — | — | — | — | — | — | — | — |
| 1997 年 | 4.38 | 4.38 | 100.0 | 11 | 11 | 11 | 100 | 11 | 11 | 100 | 11 | 100 |
| 1998 年 | 6.10 | 6.10 | 100.0 | 9 | 9 | 9 | 100 | 9 | 9 | 100 | 9 | 100 |
| 1999 年 | 6.10 | 6.10 | 100.0 | 10 | 10 | 10 | 100 | 10 | 10 | 100 | 10 | 100 |
| 2000 年 | 6.10 | 6.10 | 100.0 | 9 | 9 | 9 | 100 | 9 | 9 | 100 | 9 | 100 |
| 2001 年 | 6.10 | 6.10 | 100.0 | 8 | 8 | 8 | 100 | 8 | 8 | 100 | 8 | 100 |
| 2002 年 | 6.10 | 6.10 | 100.0 | 9 | 9 | 9 | 100 | 9 | 9 | 100 | 9 | 100 |
| 2003 年 | 7.00 | 7.00 | 100.0 | 10 | 10 | 10 | 100 | 10 | 10 | 100 | 10 | 100 |
| 2004 年 | 7.20 | 7.20 | 100.0 | 11 | 11 | 11 | 100 | 11 | 11 | 100 | 11 | 100 |
| 2005 年 | 7.20 | 7.20 | 100.0 | 11 | 11 | 11 | 100 | 11 | 11 | 100 | 11 | 100 |

### 二、餐饮业污染治理

1991 年起，执行《福州市环境保护条例》和《福州市大气污染防治办法》的规定，连江县把餐饮业油烟污染列为专项整治，在实行审批公示制度，从源头控制新污染源的同时，实施分类管理，关停污染严重、治理无望的餐饮店，要求餐饮业使用电和液化气等清洁燃料。至 2005 年，在县人大代表监督参与下，对一批群众投诉强烈，确系污染环境的餐饮店进行集中整顿，限期治理。

### 三、机动车尾气与工业烟尘防治

1991 年起，以环保部门为主体，与公安、交通职能部门协调配合，建立机动车排污控制监理机构，以机动车排污监督监测为手段，对机动车运行、维护各个环节实施监督。鼓励开发利用低污染或无污染汽车。积极推广以石油为主动力燃料，并推广种植适合本地的大气净化树。至 2005 年，县城区和工业园区共有工业企业 804 家，计安装消烟除尘设备 241 套，通过各种措施的综合治理，空气质量为良，二氧化硫、二氧化氮和可吸入颗粒物三项指标均达到国家环境空气质量二级标准，分别为 0.014 毫克 / 立方米、

0.026 毫克 / 立方米、0.058 毫克 / 立方米。

## 第四节 固体废弃物处理

### 一、工业和畜牧固体废弃物处理

1991 年，县内工业固体废弃物主要来自食品饮食、造纸及纸制品、化工制造业三大行业，固体废弃物年达 4110 吨。其中数量最大的化学工业，产生量 1901 吨，占总量 46.3%；食品饮食业产生量 1101 吨，占总量 26.8%；造纸及制品业 937 吨，占总量 22.8%；其他行业产生量 171 吨，占总量 4.1%。当年利用废弃物烧砖筑路和家庭养猪饲料的达 1821 吨，集中填埋处置量 1854 吨，综合利用率和治理率分别为 44.3% 和 45.1%。1993 年后，综合利用率提高，1995 年达 69.2%。1996 年，综合利用率达到 87.95%。2000 年，综合利用率 100%。

2003 年，县环保局对固废治理组织专题调查，共涉及 15 个行业，156 个单位。调查表明共产生 15 种固废物，其中一般工业废物 11 种，危险废物 4 种。一般工业废物年产生量 12084 吨，其中综合利用 10670 吨，占总量 88.3%；集中填埋处置量 1414 吨，占总量 11.7%，综合治理达 100%。在综合利用量中，最大量的是畜牧业猪固体废物 2900 吨，全部用于果园施肥。其次是农副产品加工及食品制造固废 1762 吨，多用于作养猪饲料。再次是饲料制造业 1805 吨，糟渣用于养猪饲料，锅炉渣用于筑路。其他固体废弃物，根据不同类型分别处理。

2003 年，4 种危险固废年产生量 15.99 吨，于本单位处置量 5.5 吨，外单位处置 0.3 吨，综合利用量 6.8 吨，综合处置率 78.8%。

2004 年，固废产生量 2.93 万吨，其中综合利用量 2.68 万吨，占总量 91.47%。2005 年，工业固废 1.75 万吨，其中综合利用 1.74 万吨，占总量 99.43%；处理量 0.01 万吨，综合治理率 100%。

**1991—2005 年连江工业和畜牧固体废弃物处理情况表**

表 4-3-3

| 年度 | 产生量（吨） | 处理量（吨） | 占产生量（%） | 其中 | |
|---|---|---|---|---|---|
| | | | | 填埋处置量（吨） | 综合利用量（吨） |
| 1991 年 | 4110 | 3675 | 89.42 | 1854 | 1821 |
| 1992 年 | 2640 | 2640 | 100.00 | 822 | 1818 |
| 1993 年 | 2173 | 2173 | 100.00 | 865 | 1308 |
| 1994 年 | 2249 | 2249 | 100.00 | 520 | 1729 |
| 1995 年 | 2903 | 2404 | 82.81 | 395 | 2009 |
| 1996 年 | 6010 | 6010 | 100.00 | 724 | 5286 |
| 1998 年 | 5800 | 5800 | 100.00 | 309 | 5491 |
| 1999 年 | 8400 | 8400 | 100.00 | — | 8400 |
| 2000 年 | 1000 | 1000 | 100.00 | — | 1000 |
| 2001 年 | 9000 | 9000 | 100.00 | 400 | 8600 |

续表 4-3-3

| 年度 | 产生量（吨） | 处理量（吨） | 占产生量（%） | 其　　中 | |
|---|---|---|---|---|---|
| | | | | 填埋处置量（吨） | 综合利用量（吨） |
| 2002 年 | 12084 | 12084 | 100.00 | 1414 | 10670 |
| 2003 年 | 12100 | 12100 | 100.00 | 400 | 11700 |
| 2004 年 | 29300 | 29200 | 99.65 | 2400 | 26800 |
| 2005 年 | 17500 | 17500 | 100.00 | 100 | 17400 |

说明：① 1997 年资料缺

**二、医疗固体废弃物处理**

1991—1998 年之间，危险品未完全实施集中收集，送往省固废中心处理，部分有毒等废物直接和居民垃圾混合送往填埋场填埋。1999 年，县医院和中医院与省固废处置中心联系，把集中收集固废送往省固废处置中心处理。2004 年，县内已有 11 家医疗单位与省固废处置中心签订合同，送往省固废处置中心处理。尚有相当部分乡镇卫生院（所）未实行有效收集，而多与生活垃圾混合填埋。

**三、生活垃圾处理**

1991 年初，日处理垃圾 50 吨。1997 年，日清理垃圾 60 吨。1998 年，购置环卫车 7 辆，建垃圾转运站 4 个，县城垃圾运到陀市掩埋，做到日清日结。1999 年，投资 160 万元，建设飞石垃圾场，采用焚烧发电无害化处理，年处理能力 5 万吨。2000 年，实际年处理量 2.92 万吨。2005 年，完善改进暗火焖化处理工艺，推行减量化，无害化，年处理量达 3.65 万吨。由于该工艺尚处于试验阶段，加之垃圾收集网络不健全，未进行分类，城区不可降解的塑料包装物、容器等“白色污染”依然突出。

2000—2005 年，全县农村生活垃圾（除作农家肥外）日产生量约 280 吨。其中敖江、江南、马鼻、丹阳诸乡镇送往飞石垃圾场处理。此外，小沧垃圾焚烧处理场 2 吨／日、潘渡高温堆肥垃圾处理场 8 吨／日、琯头镇上半区蓝田垃圾场焖烧 50 吨／日、黄岐垃圾场填埋 12 吨／日。其余 13 个乡镇的生活垃圾共约 200 吨／日，都是在就近的山坳作为垃圾堆放点进行简单堆放，有的辅以工业可燃边角料燃烧减量，二次污染依然存在，正待设法尽早转为卫生填埋场。

**1991—2005 年连江县城生活垃圾清运情况表**

表 4-3-4

| 年　度 | 产生量（万吨） | 清运量（万吨） | 垃圾清运率（%） |
|---|---|---|---|
| 1991 年 | 1.83 | 1.83 | 100 |
| 1992 年 | 1.83 | 1.83 | 100 |
| 1993 年 | 1.83 | 1.83 | 100 |
| 1994 年 | 2.19 | 2.19 | 100 |
| 1995 年 | 2.19 | 2.19 | 100 |
| 1996 年 | 2.19 | 2.19 | 100 |
| 1997 年 | 2.92 | 2.92 | 100 |
| 1998 年 | 2.92 | 2.92 | 100 |
| 1999 年 | 2.92 | 2.92 | 100 |

续表 4-3-4

| 年　度 | 产生量（万吨） | 清运量（万吨） | 垃圾清运率（%） |
|---|---|---|---|
| 2000 年 | 2.92 | 2.92 | 100 |
| 2001 年 | 2.92 | 2.92 | 100 |
| 2002 年 | 2.92 | 2.92 | 100 |
| 2003 年 | 2.92 | 2.92 | 100 |
| 2004 年 | 3.65 | 3.65 | 100 |
| 2005 年 | 3.65 | 3.65 | 100 |

## 第五节　噪声治理

**一、工业噪声治理**

境内工业小区与居民区混杂，是噪声扰民的主要原因。1991 年，环保部门执行《工业企业厂界噪声标准》要求，对工厂内的固定噪声源执行限期治理。督促一些声级较高设备的企业采取有效隔音降噪措施，确保厂界噪声达标。规定工业区内小的居住区与工厂之间应有严格的防护距离，在布局上两者之间的仓储用地作过渡，并设绿化防护隔离带，起隔声作用。并发出通告禁止夜间（22 时至次日 6 时）午间（12—14 时）从事产生噪声、振排放的工业生产。与此同时，严禁在非工业区新建、扩建或改建可能产生工业噪声源的工厂企业，杜绝新的噪声源的污染。

**二、交通噪声治理**

1995 年，县环保局发布《关于严禁噪声扰民的通告》，并在玉荷西路、莲荷东西路、八一六南北路设立禁鸣喇叭标志。1997 年，县城区主干路、次干路结合旧城改造，加快建设步伐。交通噪声从 1993 年的 71.78 分贝降至 70.5 分贝。1998 年，县公安交警对县城区主要街道设立严禁拖拉机等车种的进城标志，有效地控制了城区的交通噪声。至 2005 年，交通噪声降至 68 分贝。

**三、建筑噪声治理**

1991—1993 年，环保部门执行县政府《关于加强连江县城噪声管理的通知》，对城区交通、建筑、生活噪声进行综合治理，使城区环境噪声等级平均值从 1991 年的 58.8 分贝（A）降至 1993 年的 57 分贝（A）。

1994 年，县环保局出台《关于加强建筑施工和娱乐场所噪声管理的通知》，并开征建筑噪声排污费，严禁因建筑造成环境噪声污染。1998 年，县政府出台《关于加强城区建筑噪声管理的通告》。环保部门依法取缔建筑施工的锤击式打桩，健全和规范夜（午）间施工审批档案，有效地缓解城市建设的建筑噪声。2005 年，城区环境噪声降至 55.9 分贝（A）。

**四、生活噪声治理**

1991 年，县政府针对县城区人口密集、生活噪声源问题突出而制订总体规范，开展旧城改造和新区建设，逐步降低人口密度。并加强对娱乐行业噪声管理，凡未经环保部门审批，娱乐场所不准开业，对“三厅”（歌厅、舞厅、迪厅）噪声超标限期治理，无法治理达标的予以关闭停业。制定有关家庭装修噪声的管理规定，控制作业时间。禁止在商业经营活动中使用高音量音响设备或其他高噪声设备。1998 年起，每年开展中高考期间环境噪声监督管理，组织噪声监管联合执法队伍，对考点周边重点噪声源进行监管。2000年后，噪声（昼间）等效声级平均值呈动态下降的态势。2005年，县城区域环境噪声（昼间）等效声级平均值为55.9分贝。噪声分布，声级小于等于55分贝的区域占53.5%，处于55—60分贝声级范围的区域比例为22.8%，大于60分贝的高噪声影响的区域占23.7%。

## 第六节　农村环境综合整治

1991年，县内不少农村传统人畜粪便垃圾随意堆放仍很普遍，遇雨水冲刷，河道污染严重。1992年开始，乡镇村庄逐步制定《新农村建设计划》，把环境综合整治列入规划。结合旧村改造、新村建设，整修道路，疏通沟渠，实施三格无害化户厕改造。在小沧乡和潘渡乡的高岳村、塘板村，进行挨家挨户配套建设卫生间。1995—2005年，投入改厕资金200万元，改厕达6万多户。

1996年，深入开展农村水环境综合治理，推广家用水压式沼气池技术，对农村生活污水、畜禽养殖废水无害化处理。已建立污水处理厂的乡镇实施生活污水统一集中送到污水厂尽心处置。

1999年，为改善县境整体环境质量，开始逐步建立自然保护区，当年建立江南小梅洋自然保护区，保护面积295.3公顷。相继又建成山仔、潘渡黄峰口、文朱、郭婆溪水源涵养4个县级自然保护区，保护总面积达1602.2公顷。2003—2005年，在黄岐、小沧、潘渡三个乡镇建成省级生态示范区，面积达22840公顷，农业环境状况有所好转，因施化肥农药引起的面源污染程度大大减轻。

# 第四章　机构与管理

## 第一节　机　构

### 一、县环境保护局

1990年10月，从县城乡建设环境保护局析出，单独设立县环境保护局，正科级，行政编制5人。1997年6月，机构改革，局内设办公室、综合计划科、污染管理科、开发监督科4个职能科室，行政编制5人，工勤人员事业编制1人。

2003年，局内设办公室、污染控制科、监督管理科、自然生态保护科。行政编制5人（含纪检监察员1人），工勤人员事业编制1名，2005年内设机构不变，人员增至8人。

### 二、局直属单位

**县环境监测站**　1991年12月8日成立，股级事业单位，财政全额拨款，核定编制15人，是国家环境监测系统中的三级站。1999年7月，通过省级计量认证，确认监测能力有水、气、声等92项。2004年7月，通过省级计量复核认证。2005年，实有人数18人。

**县排污收费监理所**　1985年3月2日成立，事业单位，财政全额拨款，编制3人。1991年12月增加编制2人，2005年实有人数10人。

**县环境保护监察中队**　1997年11月成立，为股级事业单位，财政全额拨款，核定编制3人，2005年实有人数4人。

# 第二节 管 理

## 一、环境保护规划

1991年后，县相继出台专项环保整治方案、规划。1992—1996年，在制订乡村建设规划中，环保均列为重要内容。2002年，制定《福州市敖江流域水环境综合整治方案》和《福州市敖江饮用水源保护规划》，对改善全县生态环保发挥重大作用。

2003年，按省生态功能区划中连江的定位，编制《连江县生态功能区划》，共划分18个生态功能小区，分别为山仔水库、塘坂水库饮用水源保护重要生态功能小区，敖江流域矿山保护生态功能小区，敖江饮用水源保护和农业生态功能小区，敖江花园溪流域农业生态功能小区，洄里、财溪等水库水源涵养重要生态功能小区，敖江口农业生态功能小区，中心城镇与工业环境生态功能小区，南部山地林业生态和旅游生态功能小区，罗源湾西南部农业生态功能小区，可门经济区工业环境生态功能小区，东部沿海山地农业生态功能小区，黄岐苔菉旅游环境与土壤侵蚀生态保育生态功能小区，罗源湾浅海滩涂养殖及增殖生态功能小区，罗源湾深水港预留区环境生态功能小区，罗源湾外浅海滩涂养殖及增殖生态功能小区，琯头镇区城镇及工业生态功能小区，闽江口海岛旅游与岛屿生态保护生态功能小区，定海湾、黄岐湾滩涂及浅海养殖生态功能小区。功能小区划定后，属于沿海的由海洋与渔业局负责，属于林业生态的由林业部门实施，饮用水源地由县环保局负责实施。

从同年开始，依据县内经济发展与人口、资源、环境的关系，将环境保护纳入国民经济和社会发展规划，制定《县城环境规划》，确定保护目标：近期（2005年）力争使环境污染和生态破坏的趋势得到基本控制，城市的环境质量基本达标，生态环境破坏得到遏制。中期（2010年）使环境污染和生态破坏得到控制，工业结构和城区布局趋于合理，城区环境质量状况良好，生态环境得到保持，资源利用趋于科学。远期（2020年）环境污染得到彻底治理，生态环境良好，生物多样性丰富，实现城区环境清洁、优美、安静和生态良好循环的远景目标。

2003—2005年，县环保局还完成丹阳、琯头两个城镇的环境规划和黄岐、潘渡、小沧三个省级生态示范区建设规划编制，并修编《福州市近岸海域罗源湾环境功能区划》。

## 二、宣传教育

1991—1992年，县环保局连续2年举行“6·5”世界环境日和“4·22”世界地球日宣传教育活动。1993年，由县人大常委会财经委、县委宣传部和县环保局牵头组织，以新闻单位为主体，进行中华环保世纪行（连江）为载体的专题宣传教育活动。1994—1999年，围绕“一个地球、一个家庭”“我们的地球、居住地、家园”“为地球上的生命”“拯救地球就是拯救未来”“保护母亲河敖江”为主题进行宣传，并与县司法局联合组织环保普法宣传车到全县15个乡镇开展环保法律法规宣传活动。2000—2005年，围绕“2000环境千年—行动起来”“世间万物、生命之网”“让地球充满生机”“未来之水”“海洋存亡、匹夫有责”等主题，以悬挂大幅气球标语、赠送环保报刊、书籍、建立宣教基地、开设环保讲座、组织千名少年举办“环保杯”列队表演和踩街游行等形式进行宣传，并以创建“绿色学校”、环保模范小区、中华环保世纪行（连江）等为载体，推动公众参与环保的热潮。1991—2005年，先后创建连江一中、连江第二实验小学、丹阳中心校为市级绿色学校，百凤花园为市级环保模范小区。通过常规、专题多层次多渠道多形式的环保宣传教育活动，全民环保维权意识有较大增强，环保投诉量逐年增加，逐步形成“人人关心环境，人人参与环保”的社会氛围。

**三、环保执法**

1991—1997 年，共受理查处环境污染事故 351 起，办结案件 351 件，共处罚金 32.7 万元。其中 1996 年依法进行行政处罚或申请县人民法院强制执行违法案件 18 家。1997 年 11 月，成立县环境保护监察中队，建立“12369”举报电话，指定专人值班，将环境投诉分为建筑噪声、“三厅”噪声、其他噪声、废气、油烟、污水、固体污染七大类。1999—2005 年，共受理各类污染投诉 568 件，处罚金 56.3 万元。其中 2003 年共出动执法人员 500 多人次，受理各类环境污染及纠纷案件 91 件，办结率 100%，处罚金 6.1 万元，使造纸、塑料、畜牧等老污染问题得到解决。2005 年，受理各类环境污染及纠纷案件 103 件，处罚金 15.5 万元，办结率 98%；还办理人大代表议案、意见、建议和政协委员提案计 16 件。

**四、排污费征收使用**

（一）征收

1991 年，对小化工、鱼粉、冷冻、饮食等行业开征超标排污费，按每吨 0.20 元计征，征收单位 148 家，当年征收 18 万元。1992 年，根据《福建省征收排污费实施办法》，县环保局编写《连江县排污收费指南》，明确征收范围和对象，并对重点污染企业进行摸底测算，与 6 家国营企业大户签订全年征收排污费协议书，委托银行代收。当年征收对象 362 家，计征收 40.3 万元。1996 年，征收单位增加到 454 家，征收额 102.63 万元。1998 年，开征二氧化硫排污费。

2003 年 7 月 1 日，执行国务院《排污费征收使用管理条例》和国家计委、财政部、国家环保总局、国家经贸委《排污费征收标准管理办法》，开始实行排放污染物总量收费，排污超标每吨征收 0.80 元。2004 年，对医院、工业区内公寓等第三产业开征排污费。2005 年 6 月，县排污收费监理所与县环境监察中队合署办公，实行两块牌子、一套人员，把环境监察和排污收费合并，人员分成两个组，每个组均承担排污收费和环境监察职能，作为依法行政和足额、全面收费的组织措施，是年，按行业逐个乡镇调查，对 110 个排污单位进行重新核定，并开征农贸市场排污费。

1991—2005 年，全县共征收排污费 1819.65 万元。

（二）使用

1991 年，县环保局在当地工商银行开设“征收排污费专户”，并于每月下旬，划清各级收入就地缴入各级金库。1992 年 12 月，省环保局、财政厅、中国人民银行福建省分行联合颁布《关于加强排污费分级解缴和使用的补充规定》，按超标排污费的 60% 和“四项收入”的 40% 比例解缴省级财政。

2003 年 6 月，根据财政部、国家环保总局《排污费资金收缴使用管理办法》，将排污费收入按 1 ∶ 1 ∶ 8 的比例缴入各级国库：10% 作为中央预算收入缴入中央国库，10% 作为省级预算收入缴入省级国库，80% 作为县级预算收入缴入县国库，作为环保专项资金管理。1991—2005 年，全县环保治理资金支出达 1185.32 万元，除监测仪器、设备的购置以及科研技术推广外，主要用于重点污染源治理、石板材业污染治理和敖江水环境综合整治。

# 第五篇　国土资源管理

1991 年，全县人均耕地仅 0.36 亩。是年开始，逐步变土地无偿划拨为有偿使用，加快用地制度改革，充分利用旧宅基地，开发坡地、滩地，增源节流，有效控制滥占耕地违章建房现象。1994 年实行农田保护区划定，建立县、乡、村及村民小组四级保护网络，保护率达 86.1%。1991—1999 年，9 年间共供地 17827 宗，面积 18403.62 亩。除个人建房外，其中协议出让 290 宗、1702.56 亩，计收出让款 16367.8 万元。2000 年，县政府进一步深化土地有偿有限期使用的改革，建立土地评估机构，确定土地等级，建立政府土地收购储备制度，从宏观上调控土地资源，搞活土地市场，供地方式转向招标、拍卖相结合的多样化。2000—2005 年，全县供地 37 宗，其中拍卖 15 宗，面积 795.33 亩，收出让费 46002.4 万元；挂牌出让 22 宗、790.73 亩，收出让费 8893.92 万元。

对于矿产资源，始终坚持开发、保护并重的原则，严格审批发证。1991 年开始，持续整顿矿山秩序，打击无证无序开采力度，划定禁采区、限采区、可采区，推行挂牌出让矿山开采权，使矿山开发由散、乱转为集中有序，规模从零星粗放转向集约规模和机械化发展。至 2005 年，办理矿山企业许可证 60 家，计收矿场规费 180 万元。

## 第一章　土地管理

### 第一节　土地调查

20 年世纪 80 年代农业资源调查时，县境陆地总面积 1168.13 平方千米（含马祖列岛）。1990 年 8 月，县政府成立土地利用现状调查工作领导小组，全面开展土地资源详查。为保证质量，还请驻军某部队技术人员参加外业测绘和培训。根据全国和省《土地利用现状调查技术规程》要求，至 1992 年 4 月全面完成。详查结果，全县土地总面积 1220.6 平方千米（含马祖列岛等），比 1984 年农业资源调查的 1168.13 平方千米，多 52.47 平方千米，增幅 4.5%。其中耕地面积 375522 亩，比 1991 年 220074 亩多 155448 亩，增幅 70.63%。因耕地面积详查数与农业普查数差距过大，故农业部门和各乡镇均使用农业普查数据，县统计部门亦采用农业普查的面积计量产量。1995 年 12 月，县政府委托福建农业大学地理系进行土地现状变更调查，历时 4 个月，调查显示耕地面积 353170 亩，比 1991 年详查减少 22352 亩，减幅 5.95%。1997 年 7 月，又组织人员对土地现状变更情况进行调查，调查耕地面积 331058 亩，比 1995 年再减少 22112 亩。1999 年 9 月，再次调查，显示耕地面积 329634 亩，比 1997 年又减少 1424 亩。但仍比 1998 年统计年鉴数 209962 亩多 119672 亩。随着经济发展和基础设施建设，房地产开发用地增多，耕地面积逐步减少，至2005年，耕地面积为186366亩。

## 1991—2005年连江县土地和耕地情况表

表5-1-1

| 时间 | 土地总面积（亩） | 年末耕地面（亩） | 其中 | | 人均耕地（亩/人） |
|---|---|---|---|---|---|
| | | | 水田（亩） | 旱地（亩） | |
| 1991年 | 1716165 | 220074 | 158981 | 61093 | 0.36 |
| 1993年 | 1716165 | 214347 | 153452 | 60895 | 0.35 |
| 1996年 | 1716165 | 211617 | 151711 | 59906 | 0.35 |
| 1998年 | 1716165 | 209962 | 150649 | 59313 | 0.34 |
| 2000年 | 1716165 | 208262 | 149950 | 58312 | 0.34 |
| 2003年 | 1716165 | 194830 | 138169 | 56661 | 0.31 |
| 2005年 | 1716165 | 186366 | 133431 | 52935 | 0.31 |

说明：本数据采自县统计局年鉴，土地总面积未含马祖列岛和东引岛24.02平方千米

## 1992年外业详查连江县土地总面积及分类表

表5-1-2　　单位：亩

| 单位 | 土地总面积 | 耕地 | 园地 | 林地 | 居民点及独立工矿用地 | 交通用地 | 水域 | 未利用土地 |
|---|---|---|---|---|---|---|---|---|
| 合计 | 1787684.77 | 375521.71 | 89135.94 | 821229.67 | 68945.48 | 10210.61 | 205689.23 | 216952.13 |
| 凤城镇 | 6851.96 | 1078.15 | 169.10 | 1544.20 | 2015.15 | 117.63 | 1371.07 | 556.66 |
| 敖江乡 | 182131.28 | 43216.84 | 12159.60 | 72837.50 | 6917.15 | 1096.77 | 8659.55 | 37243.87 |
| 东湖乡 | 65796.29 | 19834.04 | 4219.55 | 30097.43 | 2709.91 | 600.61 | 1675.12 | 6659.63 |
| 浦口镇 | 75907.80 | 18664.31 | 3405.24 | 37440.47 | 2763.72 | 429.70 | 2745.35 | 10459.01 |
| 东岱镇 | 36546.43 | 15639.82 | 5014.50 | 6981.65 | 2205.19 | 284.07 | 2256.70 | 4164.50 |
| 晓澳镇 | 32294.36 | 12201.44 | 2336.07 | 3552.27 | 2931.75 | 207.21 | 6483.19 | 4582.43 |
| 琯头镇 | 95638.75 | 19857.82 | 17767.74 | 30807.68 | 5918.89 | 579.59 | 5634.58 | 15072.45 |
| 潘渡乡 | 200166.47 | 29921.33 | 4941.16 | 127524.63 | 3621.24 | 856.37 | 10249.45 | 23052.29 |
| 小沧乡 | 88412.08 | 8653.89 | 257.80 | 68127.11 | 580.74 | 205.44 | 1391.00 | 9196.10 |
| 丹阳镇 | 164012.37 | 41222.92 | 4164.48 | 94314.53 | 7924.49 | 676.41 | 2994.96 | 12714.58 |
| 蓼沿乡 | 186500.39 | 49345.02 | 2997.11 | 105157.42 | 4991.03 | 984.47 | 3142.57 | 19882.77 |
| 长龙乡 | 61883.37 | 18793.47 | 5811.39 | 25818.32 | 1425.55 | 489.30 | 2278.29 | 7267.05 |
| 马鼻乡 | 58301.31 | 24130.48 | 4187.90 | 16486.49 | 2870.31 | 285.69 | 1666.09 | 8674.35 |
| 官坂乡 | 54540.25 | 20222.97 | 3870.03 | 21005.25 | 2651.34 | 437.69 | 1626.74 | 4726.23 |
| 坑园乡 | 89443.70 | 12664.79 | 2816.57 | 43886.02 | 2782.58 | 790.14 | 4302.80 | 22200.80 |
| 筱埕乡 | 51045.26 | 9406.04 | 625.23 | 29013.21 | 2197.24 | 264.73 | 1320.19 | 8218.62 |

续表 5-1-2

| 单位 | 土地总面积 | 耕地 | 园地 | 林地 | 居民点及独立工矿用地 | 交通用地 | 水域 | 未利用土地 |
|---|---|---|---|---|---|---|---|---|
| 黄岐镇 | 20995.12 | 5058.37 | 59.17 | 9012.72 | 2170.57 | 325.75 | 686.52 | 3682.02 |
| 安凯乡 | 44223.07 | 5900.97 | 526.49 | 28892.66 | 1467.84 | 422.89 | 1296.53 | 5715.69 |
| 苔菉乡 | 12295.62 | 2985.67 | 4.57 | 1683.79 | 2650.75 | 159.56 | 442.21 | 4369.07 |
| 透堡乡 | 38308.48 | 12444.06 | 5608.49 | 12435.87 | 1568.03 | 257.65 | 620.69 | 5373.69 |
| 长龙侨场 | 6974.50 | 467.56 | 4068.64 | 1890.71 | 189.91 | 41.83 | 4.68 | 311.17 |
| 长龙林场 | 28378.46 | 718.64 | 547.61 | 26154.80 | 39.43 | 175.41 | 148.58 | 593.99 |
| 八一茶场 | 2400.83 | 99.37 | 2186.19 | 20.69 | 23.04 | 10.14 | — | 61.40 |
| 陀市林场 | 25308.60 | 919.37 | 719.11 | 23000.77 | 24.39 | 109.85 | 155.28 | 379.83 |
| 东湖种畜场 | 1276.21 | 382.57 | 389.87 | — | 64.09 | 55.34 | 240.02 | 144.32 |
| 大官坂垦区 | 18693.46 | 234.96 | 24.49 | 46.60 | 13.18 | 346.37 | 17706.39 | 321.47 |
| 外县 | 1016.40 | 652.23 | — | 317.15 | — | — | — | 47.02 |
| 连江县土地 | 127644.06 | 9.26 | — | 132.84 | 711.18 | — | 126446.16 | 344.62 |
| 县乡级争议地 | 4872.47 | 623.49 | 254.52 | 2976.30 | 10.03 | — | 88.19 | 919.94 |
| 军垦农场 | 5825.42 | 171.86 | 3.32 | 70.59 | 5506.76 | — | 56.33 | 16.56 |

说明：马祖列岛和东引岛未详查

## 第二节　土地登记发证

### 一、土地确权登记

1991年3月，县政府根据省、市《关于核发土地使用权证和房屋所有权证的通知》精神，先在7个建制镇和敖江乡开展核发“两证”（土地使用权证、土地使用证）工作，然后向全县铺开，历时三年，确权发证基本完成。至1993年底，全县共发放单位和个人土地使用权证128522本（其中单位1087本、个人127435本），占应发证的90.8%。登记面积141.06公顷，占应登记面积的96.6%，发放单位和个人集体建设用地土地使用证105926本（其中单位472本），占应发证数的89.7%，登记面积626.46公顷，占应登记面积的89.9%。经省、市派员验收，各项技术指标均达到省、市要求。

1998—1999年，进行乡镇企业用地确权发证，通过实地勘查、确认，两年办理乡镇企业土地使用权证188本，登记土地面积600公顷。同时，还在各乡镇所在地开展国有土地使用证的年检工作，并对城区535宗因历史遗留问题进行调查处理，经调查核实367宗，给予发证。2002年，根据省政府《关于开展集体土地所有权登记发证工作通知》，连江在琯头、丹阳、官坂3个镇开展试点登记，以村为单位，办理集体土地所有权登记发证225本，占应发证的85%。2003年，开展商品房国有土地使用权登记发证，办理商品房土地使用权总登记及分割登记发证。每年登记百余宗。2005年，办理个人、集体初始登记535宗，面积4.26公顷，其中发证415本，面积3.47公顷；办理单位国有证初始登记109宗，面积53.23公顷；商品房土地登记4061宗，面积8.39公顷。

### 二、土地使用权变更登记

1992年，开始办理土地使用权变更登记，首例为县酒厂、水泥厂因合并用地发生变化，申请变更。尔后个人建房用地、住宅扩建以及集体用地陆续申请变更登记。至2005年，共办理土地变更登记2929宗，面积56.53公顷。其中个人2795宗，面积16.7公顷；集体134宗，面积39.83公顷。

## 第三节　土地分等定级

### 一、城镇国有土地

县城地区土地分等定级始于1989年，经有关专家审议共评出4级29个分级单元。1992年3月，县内有6个建制镇和马鼻乡开展土地分等定级工作。1993年4月，县成立地价评估委员会，下设办公室，负责县内土地评估管理协调、决策、监督工作。1995年8月，县政府公布县城和乡镇所在地国有土地等级和基准价格。将县城地区国有土地分成特级等6个级别，集镇所在地分成5个级别，同时制订县城国有土地1—5级基准价格范围（特级未定基准价格范围）。商业用地多安排使用特级和1、2级地；住宅用地多安排在2级地以外；工业用地安排在商业、住宅4级地以外。各等级基准地价每平方米由90—3600元不等。2001年9月，县政府进一步规范土地市场，提高土地价格的透明度，公布调整后城镇国有土地基准地价格范围，各类基准价延至2005年不变。

**2001年连江县城区国有土地基准价格表**

表5-1-3

| 土地级别 | 商业用地 | | 住宅用地 | | 工业用地 | |
|---|---|---|---|---|---|---|
| | 地价（元/平方米） | 变幅（%） | 地价（元/平方米） | 变幅（%） | 地价（元/平方米） | 变幅（%） |
| 一级 | 4100 | ±25 | 585 | ±20 | — | — |
| 二级 | 2600 | ±25 | 475 | ±20 | — | — |
| 三级 | 1650 | ±25 | 365 | ±15 | 118 | ±15 |
| 四级 | 800 | ±20 | 245 | ±15 | 103 | ±10 |
| 五级 | 500 | ±20 | 120 | ±15 | 87 | ±10 |

说明：①商业、住宅用地基准地价为熟地价格，但不包含拆迁、安置费用；②工业用地基准地价为生地价格；③商业用地路线区段基准地价一级地进深16米，二级地进深14米，三级地进深10米，四、五级地进深8米计算（不含商场部分）

**2001年连江县城规划区和集镇国有土地基准价格范围表**

表5-1-4

| 范围等级 | 县城规划区内 | 县城规划区以外乡、镇所在地 |
|---|---|---|
| 一级 | ①东至东城路、潘溪水渠、百凤花园；<br>西至解放路；南至江滨路；北至凤园路<br>②江滨路地块：东至文山路；西至104国道；<br>南至江滨路；北至816东、西路、玉荷路玉山段 | — |

续表 5-1-4

| 范围等级 | 县城规划区内 | 县城规划区以外乡、镇所在地 |
| --- | --- | --- |
| 二级 | 东至敖江路；西至陈第路；南至江滨路；北至龙华路；除一级地外的范围 | 黄岐、琯头、苔菉镇所在地 |
| 三级 | 东至江滨东路；西至 104 国道；南至魁岐村；北至高速公路接线；除 1—2 级地外的范围 | 浦口、东岱、马鼻、丹阳镇所在地 |
| 四级 | 东至浦下村；西至玉泉山；南至南塘村；北至连黄公路；除 1—2 级地外的范围 | 晓澳、筱埕、官坂、透堡、东湖乡（镇）所在地 |
| 五级 | 县城新规划区内除 1—4 级地外的范围 | 坑园、蓼沿、安凯、潘渡、长龙、下宫、小沧乡镇所在地 |

**二、农用地**

2002 年 8 月，县政府组织开展现有农用地分等定级工作，历时 4 个月，根据农用地分等定级规范性要求，结合连江实际情况，将县内农用（耕地）以 1992 年详查数据为基数，分为 9 个等级，经质量归类，高、中、低三类分布平均。

**2002 年连江县农用地各等级面积统计表**

表 5-5

| | 高 | | | 中 | | | 低 | | | 合计 |
| --- | --- | --- | --- | --- | --- | --- | --- | --- | --- | --- |
| 等别 | 1 等地 | 2 等地 | 3 等地 | 4 等地 | 5 等地 | 6 等地 | 7 等地 | 8 等地 | 9 等地 | — |
| 面积（亩） | 28357.20 | 37655.10 | 39160.35 | 40662.60 | 42576.30 | 32614.20 | 40279.20 | 36018.95 | 22565.25 | 319889.15 |
| 比例（%） | 8.87 | 11.77 | 12.24 | 12.71 | 13.31 | 10.20 | 12.59 | 11.26 | 7.05 | 100.00 |

说明：1992 年耕地基数 375521.7 亩，但并未全部达规范要求

## 第四节　用地管理

**一、用地规划**

（一）县级土地利用总体规划　1998 年，运用 1992 年土地详查成果，聘请省农业区划研究所专家指导，于当年 9 月完成 2000—2010 年总体规划初稿送审。1999 年 6 月，经省市专家评审合格。规划把土地利用划为农业用地、园地、林业用地、牧业用地、城镇建设用地、村镇建设用地、独立工矿用地、自然和人文景观保护、其他用地 9 个用地区。

（二）县城建设用地规划　1998 年，县政府委托上海同济城市规划设计研究院编制新一轮县城建设总体规划工作，2003 年 7 月份，通过专家评审。县城用地布局根据地理条件，以敖江为轴、江北老城区为商业行政中心，江南为副中心；分成北面工业区、新区、老城区、江南区 4 片，形成一轴两心四片格局，并对不同规划用地进行粗略划定。

1. 工业用地区：集中于城关西部和北郊、龙华路以北的敖江开发区，占地约 4500 亩；设 2 个仓储

区，即城东北仓储区（紧邻高速公路高架桥旁）、城区工业仓储区（位于西北部工业区内）。

2. 对外交通用地：（1）公路形成“两纵一横”的络网；（2）铁路规划于县城东部穿越，在江南乡内修建四级火车站。

3. 公共建筑用地：规划教育科研用地 329.4 亩，近期在西南居住区设计中心医院，远期在江南设中心医院；文山路为城区的主要商业街，在文山路的三个节点设广场；远期规划在上高路和敖东路交叉处安置一较大型的批发市场；规划到 2020 年，在城北设一个体育中心，城南再建造一个体育场馆；规划位于丹凤路与富兴路交叉口西北侧建一所养老院。

4. 园林用地：规划设玉泉山、敖江、斗门三个公园，依次各占地 165 亩、51 亩、60 亩。规划布置两块广场式开放绿地，一块位于新的行政中心南面作为城市绿化广场和新市中心文化广场；另一块位于文山路商业街后端和敖江滨江道交叉口处为硬质景观、花灌木丛和雕塑组成的现代园林空间。

（三）乡镇土地利用总体规划　1999 年着手编制，2000 年完成并上报市政府，2001 年 4 月 6 日，市府批复原则上同意。规划期限为 1997—2010 年，主要是加强乡镇土地资源的管理，耕地特殊保护，严格控制农用地转为建设用地。土地规划批准后，县政府对符合国家产业政策，布局合理，确需调整《规划》的建设项目，及时上报调整。

2002 年，组织 5 个批次上报省国土资源厅审批，调整规划安排农用地转用指标 832.45 亩。2004 年调整 19 宗，面积 1434.7 亩，基本达到规划的控制指标。

**1998 年连江县级土地利用总体规划表**

表 5–1–6

| 规划用地区 | 2000 年 | | | 2010 年 | | |
|---|---|---|---|---|---|---|
| | 规划用地面积（亩） | 占全县土地总面积的比例（%） | 附注 | 规划用地面积（亩） | 占全县土地总面积的比例（%） | 附注 |
| 农业用地区 | 335127 | 18.75 | 水田与旱地的比例为 7 ∶ 3 | 339827 | 18.99 | 水田占 60%，区内基本农田保护面积 293434.6 亩，保护率 87% |
| 园地区 | 98064 | 5.49 | — | 104474 | 5.84 | — |
| 林业用地区 | 850685 | 47.60 | — | 858945 | 47.99 | — |
| 牧业用地区 | 2000 | 0.11 | 全县有宜牧荒草地 32960 亩 | 5000 | 0.28 | — |
| 城镇建设用地区 | 26520 | 1.48 | — | 36308 | 2.03 | 2000 年、2010 年城镇人均用地分别为 63.3 平方米、71.5 平方米 |
| 村镇建设用地区 | 33572 | 1.88 | — | 30120 | 1.68 | 2000 年、2010 年全县村镇人均建设用地面积分别为 64.3 平方米、62.0 平方米 |
| 独立工矿用地区 | 7543 | 0.42 | — | 15693 | 0.87 | — |
| 自然和人文景观用地区 | 1600 | 0.09 | 本区基本建设用地面积 2000 年为 300 亩、2010 年为 1050 亩 | 4800 | 0.27 | 主要开辟的景点有：川石岛海洋公园规划面积 1800 亩；岱溪景区规划面积 1500 亩 |
| 其他用地区 | 432191 | 24.18 | — | 394585 | 22.05 | — |
| 合计 | 1787302 | 100.00 | — | 1789752 | 100.00 | — |

说明：按 1992 年 4 月详查成果。全县土地 1220.6 平方千米，此表未含马祖列岛和东引岛

## 二、用地制度改革

1991年5月，县政府发出《关于对外商投资土地进行申请登记的通知》，8月制定《连江县土地管理综合试验具体工作实施方案》，对外资企业用地推行合同协议供地，有偿使用。1992年2月，日本井川信托有限公司包粗芦岛开发，首开土地招商项目，首期开发27.33公顷（后因故停）。同年，分别设立敖江投资区，规划面积300公顷，一期190公顷；琯头投资区，规划面积790公顷，一期280公顷；贵安旅游区，首期用地200公顷。1993年，批准台商租用贵安溪滩地100公顷，建温泉高尔夫球场。

1994年，国务院颁布《中华人民共和国城市房地产管理法》，省政府颁布《福建省国有土地使用出让和转换办法》，加快土地使用改革向多样化、市场化推进。1999年后，按新颁布的《中华人民共和国土地管理法》中第四十七条规定，征用土地按照被征用的土地原用途给予补偿。征用耕地的补偿费用包括土地补偿费、安置补助费及土地附着物和青苗补偿。补偿计算，以该地被征用前三年平均产值的6—10倍。征用耕地的安置补助，按照需要安置的农业人口，占用被征用地数量计算，以该地被征用前三年平均产值的4—6倍，最高不得超过前三年平均产值的15倍。集体所有权土地，征地补偿费、安置费、补助费70%发放给村民，30%留建制村经济组织作开发土地，发展生产用。国有土地实行有偿使用，有偿使用费30%上缴中央财政、70%留给地方政府用于耕地开发。

2000年11月15日，成立县国有土地使用权招标拍卖小组，2000年12月10日，首次招标拍卖位于城关文山路西侧凤尾农贸市场附近一幅面积0.39公顷国有土地，有7家公司参与竞拍，最后福州天和房地产有限公司以730万元竞得（每平方米1865元）。随土地资源供给的市场化过程不断加快，县政府于2002年6月26日出台《连江县国有土地使用权招标拍卖规定》，规定土地使用权公开拍卖交易前应公告其地块的面积、用途、年限、规划条件、最低交易价及其他交易条件，公告期30天后，进入挂牌程序，挂牌期限10天。在期限内，申请人报价高于最低交易价、并符合公告交易条件的，则此项交易成功。以招标、拍卖方式出让的土地，涉及征地和农闲地转用的，应当依法实行办理统征及农用地转用审批手续，企事业单位原属行政划拨取得的国有土地使用权，若改变土地用途用于经营性项目，应统一由县土地发展中心进行收购后公开拍卖。2002年12月，琯头镇琯浦大道东侧1.92公顷和潘渡乡贵安溪东6.02公顷2幅土地公开拍卖，分别以443万元、832万元被连江县琯头建设公司、连江美佳房地产开发有限公司成功竞得，开创县内集体所有权土地收购拍卖先例。

1991—2005年，全县计供地用地17864宗，面积1332.65公顷，其中协议出让290宗，面积71.5公顷，成交价款16367.8万元。2000—2005年，拍卖15宗，面积53.02公顷，成交价款46002.4万元；挂牌出让22宗，面积52.72公顷，成交价款8839.92万元。

## 三、土地储备

2002年6月，按照《福州市土地储备实施暂行办法》的要求，县政府成立土地管理委员会，把土地管理局下属“地产开发公司”更名为“土地发展中心”，具体承担土地收购、储备前期开发等工作。同时出台《关于实施土地收购储备制度的意见》，明确要求县土地发展中心应进行前期开发整理，改造成“净地”，经土地管理委员会批准后，由土地管理局依照法定程序，负责组织实施土地使用权出让。城镇规划区内的国家行政机关、事业单位、国有企业，需转让划拨土地使用权，破产国有企业原划拨土地，县城规划区的新增建设用地，均列入土地储备。2003年，县政府批准土地发展中心收购储备开发规划，规划2007年前纳入储备开发的土地357.56公顷，第一期开发131.57公顷。2004年，批准征用下宫乡上宫洋垦区30公顷，作为可门港区储备地。2002—2005年，土地发展中心公开出让国有土地32宗，面积100.75公顷，收取出让金52909.92万元。其中挂牌出让22宗，面积52.72公顷，收取出让金8839.92万元，公开拍卖10宗，面积48.03公顷，收出让金44070万元。2005年，全县土地储备103.67公顷。

**四、用地审批**

1991年，继续执行省《土地管理实施办法》，县级审批权限耕地3亩以下，其他地10亩以下。同年10月31日，县政府制定《连江县乡（镇）村建设用地管理规定》，对“三资”企业用地，由外商投资者申请，县土地管理局审核，报县以上政府批准。农村闲杂、荒坡地由乡镇人民政府批准，涉及耕地由县政府批准。农村新建住房规定面积每人20平方米，6口以上每户要少于120平方米，利用荒坡地的可适应放宽，但每户不超过限额30平方米。县城控制区27.2平方千米以内（含规划区外圈10个村），实行统建政策，居民每人要少于15平方米，4口以上每户要少于60平方米。1999年，新《土地管理法》实施，对审批权限作出新的规定，建设用地涉及耕地的，应当办理转用审批手续。1公顷以下的由县级政府批准，报省政府、地区行政公署或者设区的市政府备案；1公顷以上的由地区行政公署或者设区的市政府批准，报省政府备案。2000年后，村民住宅用地一律收归县政府审批。1991—2005年，经各级政府批准用地计17684宗，面积1332.64公顷。

**五、土地执法监察**

1991年起，加强土地法规宣传教育工作，结合每年的“6·25”全国土地日，以土地知识竞赛、文艺演出等形式，进行广泛宣传，提高民众的耕地保护自觉性。当年，连江县被确定为全国土地管理系统普法教育试点单位。

1992年6月，成立县土地监察队，配专职人员8人，开展《中华人民共和国土地管理法》和省《土地管理实施办法》的执法监察工作。同时，对县土地局和乡镇土地所97名干部职工，进行培训，92人领取行政执法证书，并在242个建制村配有兼职土地监察人员，形成三级土地监察网络，建立责任制和巡逻制度。1992—1995年，通过执法检查，清出企业未批先用地8宗，面积1.6公顷。清理琯头、敖江等投资区闲置土地6宗，面积37.55公顷。其中退还农民继续耕种2宗29.73公顷，调整使用1宗0.53公顷。1997年，开展非农业建设用地大清查，查出未批先用地、少批多用地2042宗，对符合规定条件的179宗面积91.11公顷（其中耕地54.2公顷）项目用地，重新申报审批。列入补办44宗，面积11.48公顷。立案查处3宗，罚款7万多元。2000年后，加大执法宣传和监察力度，相继投入30万元，进行宣传培训。利用卫星遥感监测技术开展执法检查，查出违法用地22宗，面积20.95公顷。对其中开山采石和围垦取土20宗近20公顷，明令停止开采；企业用地2宗，面积1.55公顷，处以罚款和补办手续。在查处用地违法案件中，先后查处土地管理人员违纪违法6人，其中2人受党纪政纪处分，4人受司法处理。

为强化土地执法监察力度，还通过群众信访、举报、日常巡查和执法检查等措施，及时落实处理。1991—2005年，受理信防911件，接待来访1548人次，累计监察立案623宗，面积99.88公顷，监察处理543宗，面积50.7公顷（耕地16.67公顷）。其中收回土地60宗，面积8.18公顷（耕地7.78公顷）；拆除建筑物57宗，面积2.32公顷；其他处理426宗，面积40.17公顷（耕地8.46公顷）。罚款金额302.48万元，复耕面积8.08公顷。制止土地违法行为886宗67.83公顷，取缔无证矿山65宗，调处土地纠纷22宗。

## 第五节　基本农田保护

**一、农田保护划定**

1994年10月，成立县划定基本农田保护区工作领导小组，到12月20日划定工作结束。按5年一调整的原则。第一次规划期限1994—2000年，全县划定基本农田保护72个区、661个片，以1993

年底统计年鉴 214347 亩耕地数为基数。划定保护耕地面积 184533 亩。1998 年 10 月至 1999 年 5 月，开展基本农田保护核查补划工作，以 1997 年土地详查复查耕地数 331058 亩为基数，重新划定基本农田保护区 1138 片，保护面积 288422 亩，保护率 87%。至 2005 年，保护区增加到 1243 片，加上异地划拨 5214 亩，保护面积 293636 亩，保护率 88.7%。

**二、保护措施**

1995 年 4 月，县政府制定《连江县基本农田保护区管理办法》，对法律规定和国家重点建设项目的非农建设占用农田的，实行许可证制度，按程序按权限报批农转用。2002 年，县内工业发展，上报省政府审批的调整涉及基本农田保护区的土地有 18690.5 亩，为保持总量平衡，县内除加大土地开发整理补充外，2003 年经省国土资源厅协调购买异地基本农田指标 5214 亩，付给调整补助费 156.42 万元。确保调整区内基本农田面积不减少。2005 年，县内农田保护面积 288422 亩。

**连江县 2005 年县基本农田保护面积分布表**

表 5-1-7

| 乡镇名称 | 以详查数据计算保护面积 | | |
|---|---|---|---|
| | 1997 年 10 月 31 日土地详查耕地面积（亩） | 2005 年保护面积（亩） | 保护率（%） |
| 凤城镇 | 4341.5 | 169.6 | 3.9 |
| 敖江镇 | 17949.2 | 7837.0 | 43.7 |
| 江南乡 | 15113.8 | 11477.5 | 75.9 |
| 东湖镇 | 19112.3 | 16883.8 | 88.3 |
| 浦口镇 | 14741.6 | 13950.7 | 94.6 |
| 东岱镇 | 13394.6 | 12559.0 | 93.8 |
| 晓澳镇 | 10587.5 | 9637.2 | 91 |
| 琯头镇 | 16668.4 | 16227.0 | 97.4 |
| 潘渡乡 | 27511.6 | 23287.6 | 84.6 |
| 小沧乡 | 6582.6 | 5703.7 | 86.6 |
| 丹阳镇 | 38533.9 | 35706.4 | 92.7 |
| 蓼沿乡 | 45866.8 | 42565.5 | 92.8 |
| 长龙镇 | 19598.0 | 17125.7 | 87.4 |
| 透堡镇 | 9713.7 | 10300.7 | 106 |
| 马鼻镇 | 21103.2 | 21502.0 | 101.9 |
| 官坂镇 | 19493.5 | 17685.6 | 90.7 |
| 坑园乡 | 7233.3 | 4999.4 | 69.1 |
| 下宫乡 | 4016.7 | 3561.6 | 88.7 |
| 筱埕镇 | 7476.7 | 6851.3 | 91.6 |
| 黄岐镇 | 4406.0 | 3932.7 | 89.3 |
| 安凯乡 | 5110.3 | 4653.6 | 91.1 |
| 苔菉镇 | 2502.6 | 1804.4 | 72.1 |
| 全县 | 331057.8 | 288422.0 | 87.1 |

说明：①本表根据县国土资源局 1997 年土地详查耕地面积数。耕地保护数未包括异地保护 5214 亩

## 第六节　管理机构

**一、县国土资源局**

1991年，称县土地管理局，编制15人。1992年6月，局内设办公室、用地管理股和地籍地政管理股，行政编制10名。1996年6月，局内增设计财股、监察室和档案室。1997年9月，机构改革，局内设办公室、人教科、计划财务科、地籍科、用地科，行政编制16人，工勤1名。2002年9月，机构改革，县地质矿产局由县计划局划属土地管理局，扩建为县国土资源局。至2005年，局内设办公室、执法科、计划财务科、规划测绘科、地籍管理科、地质矿产管理科、土地利用科7个职能科室，行政编制14名、事业27名。

**二、局属机构**

**县征地地产事务所**　股级，1992年6月成立，事业编制20名，经费由土地管理费中列支。2002年9月撤销。

**县土地监察队**　股级，1992年6月成立，事业编制24人，经费由土地管理费中列支。延至2005年编制不变。

**县地产开发公司**　1992年12月成立，股级，事业单位企业管理，2002年9月撤销。

**县土地测绘队**　1994年8月成立，人员由局机关临时抽调，经费由局调整，至2005年不变。

**县评价事务所**　1995年6月成立，人员由局机关临时抽调，经费由局调整，至2005年不变。

**县矿管办**　前身为县矿产资源管理委员会办公室，成立于1991年4月，股级，事业编制2名，经费来源由县财政拨款。1997年改为地质矿产局，与县计划局合署办公。2002年撤销，并入县国土资源局，设地质矿产管理科。2005年事业编制4名。

**县乡镇国土资源所**　1996年6月，共有21个乡镇国土资源所，由县国土资源局垂直管理，核定编制80名。2005年，全县有22个乡镇国土资源所，编制保持80人。

**县土地发展中心**　2002年7月成立，股级事业单位，经费由县财政给予定额拨补。编制8名，由国土资源局内部专业对口的人员中考核选调，统一使用，至2005年不变。

# 第二章　矿产资源管理

## 第一节　矿产资源

1991年，县境已发现的金属矿（含矿化点），有锌、银、铁、钨、锡、锢、铋、铌、铅、铀、钛、铣、钇、铜、钍15种，铜、金、钼、铅、锌地球物理化学异常2处。非金属矿有叶蜡石、硫铁矿、高岭土、花岗石、贝壳、泥煤6种，地热2处，地下肥水1处。此外有矿泉水1处，砖用黏土7个点，砂矿点3处，储量共650万立方米，分别在贵安至横槎河段，东岱、敖江口河段和川石闽江口砂矿床。1992年已勘探花岗岩矿区有6处，总储量约2亿立方米。

2001年，据省矿产局调查，列入《连江县矿产资源开发利用与保护规划》的矿种有15个，矿床（点）57个，可开采9种，有开发前景的矿产地40个，以花岗石为最多，达26个矿点。

## 第二节 矿产资源开发

### 一、花岗石开发

1991年开始，随着房地产业兴起，饰面花岗石被广泛用于室内外装修，投资开发花岗石矿业逐步向产业化、规模化推进。产品除满足本县建筑、装饰的需要外，还远销省外及中国台湾地区和日本。1998年，县内开发利用矿种9种，矿山企业221家，从业人员2857人，总产值达5849.4万元。2000年，根据省政府《关于生产小矿实行关闭、淘汰、联合、改造实施意见》的规定，县矿管部门及时关闭、淘汰和取缔一些小矿山，杜绝无序竞争，经整顿，矿山企业降至141家，办证开采矿山（点）210个，批准使用矿区面积12.8平方千米，从事矿业开采总人数2407人，年开采销售花岗石矿产品总量59.9万立方米，总产值1.3亿元，利税920.14万元。

2005年，据县矿管部门统计，有花岗石开采企业51家，开采点51个，从业人员587人，年采花岗石72.75万立方米，产值3404万元，年税利680.8万元。

### 二、砂矿开发

连江砂源本很丰富，闽江口河床和敖江流域下游河床及两岸漫滩均有存量。1991年后，随着各项建设发展，用砂量大，至20世纪末，已采挖几尽，乃至影响到两岸堤防，故各级政府均实行严禁，以保护环境。连江县采砂场多私营经营。至2005年，全县经批准办证的采矿场仅16个，主要在敖江流域，年产量约9万立方米。

### 三、砖瓦黏土开发

1991年，县境砖瓦制作的原料主要是田间底层黏土和沿江、沿海滩涂黏土，全县有近百家砖瓦厂。1992年后，钢筋混凝土建筑增多，瓦片生产萎缩，但砖的用量仍然很大，对土地资源破坏很大。为此，逐步取缔转业，有的利用山坡黏土或煤渣等制作砖。1999年，砖瓦厂减到42家。2001年，再降到27家。2005年仅剩1家。

### 四、地热开发

1991年，贵安地热开发初具规模，主要用于养殖淡水鳗鱼。1995年鳗鱼养殖面积1196亩，产量1240吨，日开采温泉量2000吨上下。至2000年，仍有9家养鳗场和3家用于温泉健身的企业，季节性日开采量为4000立方米。2002年，县政府规划利用贵安地热资源，建设贵安温泉旅游开发区。至2005年，贵安已有13眼地热井出水，日出水量约在4000—4500吨。

1995年，由福州兴博公司投资，开发敖江镇岱云地热，埋管输供县城，2005年已有用户近6000户，日供热水1500—2000吨。

## 第三节 采矿审批发证

1991年2月，根据《中华人民共和国矿产资源法》规定，县内中小型的矿山开采，由县矿管主管部门核准审批，当年计登记发证266本。1998年2月12日，按照国务院《矿产资源开采登记管理办法》

规定，统一使用新的采矿许可证，对以往地方颁发的采矿许可证限期换发新证。地热、矿泉水开采和外商从事矿业的企业，由省地矿厅审批发证。同年6月，县内展开换证工作，至2000年，全县应换证180个矿点，除地热10本，矿泉水1本外，换证169本，换证率达93.9%。2002年，县政府印发经市国土资源局同意的《连江县矿产资源开发管理工作方案》，规定建筑石料、饰面石材、河道砂矿的采矿权，实行公开招标拍卖，其他的采矿权由县国土资源局地矿科收件、审查，局领导审核后上报县长批准。2003年，县成立矿产资源采矿权公开出让工作领导小组，当年5月进行首批矿点公开出让拍卖。2003—2004年，共公开出让拍卖花岗石饰面花岗石、饰面长岩、叶蜡石、砖土黏土5个矿种，计27个矿点的开采权，矿区总面积2.4平方千米，收取总价款109.25万元。至2005年，全县办理采矿许可证的矿山企业达60家。

## 第四节　矿山秩序整顿

1991年，针对矿山管理薄弱、竞争无序、安全隐患突出的状况，坚持在“保护中开发，在开发中保护”的原则，取缔违法和淘汰落后规模小的矿点50多个，促进矿山向规模化、机械化方向发展。1996年，全县开展矿产秩序检查整顿，实行转、并、停等措施，把200多个开采点整合为35家。2000年，实行矿山土地垦复和环境恢复保证金制度，把采矿回采率、矿石贫化率、选矿回收率“三率”指标与征收矿产资源补偿费挂钩，加强对县内7个重点乡镇的矿山监察。并投入19.8万元垦复矿山土地。通过整顿，全县采矿点从266个减到200个，勘查持证率100%、采矿持证率达98%。2001年，县政府编制《连江县矿产资源开发利用与保护（2001—2005）规划》，划定禁采区、限采区和可采区，全县设17个禁采区，以敖江、闽江口、国道、省道两侧一重山，河床涵盖带及全县各风景、文物名胜古迹和旅游区内矿点划为禁采区。设限采区17个，其中花岗岩限采区12个，建筑用砂限采区5个。其余可采区内保留138个采矿点。至2005年，花岗石及建筑用砂的开采，均在限采区内。

## 第五节　地质灾害防治

1991年后，县境受台风、暴雨袭击频率较高，滑坡崩塌和塌岩等地质灾害时有发生。县政府坚持“以人为本，预防为主”避险和治理相结合的原则，每年编制地质灾害防治预案，建立县、镇、村三级防治体系，健全地质灾害防治责任制，乡镇主要领导负总责，明确分管领导和具体责任人。2004年，县政府拨款15万元，委托省地质监测中心进行地质灾害调查，编制区划和预案，明确监测方法、警示牌联系电话、安全转移路线和应急救险措施。县国土资源局组织人员，深入重点地区发放填写防灾避灾明白卡，建立地质灾害信息系统。当年发现地质灾害分布15个乡镇，灾害点及隐患点37处，相继即采取砌石坡挡墙、加固易滑地段防护等办法，并动员靠近隐患点的住户搬迁。由于预防在先，措施得力，无一人伤亡，仅发生崩塌破旧房屋15间，直接经济损失61.3万元。

## 第六节　资源规费征收

1988年，县内开征矿管费。1994年3月，根据《矿产资源补偿征收管理规定》，实行新的补偿费征收标准。建筑用材矿、石、黏土每立方米计费率2%，饰面石板应加收回采率计费每立方米1.5%，地水每吨0.2元，矿泉水每吨16元，其他矿产品每吨（立方米）0.4元。2003年4月，县政府发布《关于加强石板材矿产资源税征管工作通告》，凡在县内开采花岗石资源的单位和个人，一般花岗石应缴纳每立方米资源税3元，个人所得税3元；辉绿岩每立方米资源税3元，个人所得税10元。1991—2005年，全县计收矿管费和矿产资源补偿费180万元。

# 第六篇　城乡建设

1991年，连江加大城乡建设步伐，按总体规划，结合旧城改造和新区开发，推动城镇化进程，至2005年，县城建成区面积8.5平方千米，19个乡镇政府所在地建成区面积21.70平方千米。同时建筑业发展迅速，1999年，被省评为“建筑之乡”，建筑总产值由1991年1.6亿元，2005年增加到15.3亿元。房地产开发方兴未艾，15年商品房总投资超20亿元，竣工面积450万平方米，其中住宅392.5万平方米，销售面积162.66万平方米，金额20.6亿元。城乡面貌都发生巨大变化。

## 第一章　县城建设

1991年，县城建成区面积3.5平方千米。1992年开始，按照县城建设总体规划方案，旧城改造与新区建设紧密结合。旧城改造以贯通玉荷路为起点，1992—1997年，集中改造旧城中心地带3条街（玉荷东西路、816南路、816东西路），并结合拆迁安置，开发北岳、凤尾、百凤3个新区。1998—2005年，对旧城东南、东北、西南、西北四大片进行改造，征用周围土地和堤防改路填江滩，成片开发商品房，按规划建设城区路网和商住房屋，同时加强市政设施建设，整治河沟渠系，提高排水排污和防汛能力。至2005年，县城建成区面积8.5平方千米，城区主干道路由1991年大小28条，长16.55千米，增至57.96千米。

### 第一节　总体规划

**一、规划编制**

1983年，县政府委托福建建筑学校编制《连江县城建设总体规划》，用地规模4.36平方千米，人口规模控制4.2万人左右。县城性质：以水产加工为主体的轻型、劳动密集型的工业和商业服务城市。

1991年，委托南京建筑工程学院对1983年《县城总体规划方案》进行修编。县城总体规划区范围：东至沈海高速路，西至玉泉山，南起南塘村，北至东湖口（涵盖凤城、敖江、江南乡镇），用地规模（1995—2000年）6平方千米，至2005年10平方千米，人口2000年控制在8万人左右，2005年控制在12万人左右，是福州市闽江口金三角北翼副中心，以海产加工业和第三产业为主的新型沿海城市。1994年11月经市政府批准实施，在总体规划指导下，先后编制城市道路交通、园林绿地系统、工程管线、环境卫生设施等专业规划，以及敖江投资区等控制性详细规划。2000年，委托上海同济规划设计院编制，因温福铁路走向待定而暂停。2003年10月重新启动，2004年2月县政府常务会议原则通过，上报待批。

**二、规划实施**

1991年，按第一轮规划实施，县城建成区面积实际3.5平方千米，人口4万人（其中城镇户籍3.04万人、流动人口约1万人）。

1993—2005年，按第二轮规划实施县城建设，严格执行“一书两证”（项目选址意见书，建设规划许可证、工程规划许可证），共审批规划许可证745项（单位388项、个人357项），工程规划许可证2026项（单位499项、个人1527项），用地许可证1339项（单位492项、个人847项）。

## 第二节　旧城改造

1991年，县政府出台加快旧城改造步伐的意见和实施办法，当年为打通旧城中心玉荷路，成立玉荷西路拆迁指挥部，国有公房先行拆迁。1992年，设立旧城改造拆迁工程处，对需拆迁的房屋进行丈量评估，制定拆迁办法和安置房计价标准。旧房每平方米评估价在350—400元之间，拆迁费每户一次性补偿160元，租房过渡费按每人每月15—20元，直至回迁止。就地安置的按旧房相等平方交纳差额部分，超出的面积按市价购买。货币安置的由政府统一规划自建。1993年，开始改造旧城中心地带三条街（玉荷东西路、816南路、816东西路）25片（点）。至1997年，完成23片（点），拆迁1000户，旧房面积13.02万平方米，新建总面积35.2万平方米。代表性建筑有玉荷路的台资大楼、购物中心、安通广场、建行、农行大楼、图书馆、农贸市场、教育大楼等；816中路、南路有巨林商厦、金星商厦、博物馆、邮电大楼等。两大道临816南北路街面一层有30万平方米均作商铺。

1998年开始，对旧城4片进行拆迁改造。拆迁房价调整到每平方米550—620元，过渡费就地安置的人月补贴25元，异地安置的35元，超过合同期半年者，就地安置人月补贴75元，异地安置人月105元，超过半年以上加倍补偿。2000年后，拆迁房价每平方米调高至800—1400元，过渡房补贴和搬迁补助亦作相应调整。特困户给予适当照顾。至2005年，4片动迁总面积15.81万平方米，迁户1041户，新建总面积38.1万平方米。新建的商住房有东北片侨隆商住楼（A区）、永得利花园、物资大楼、安盛大楼等；东南片有侨隆（D区）、农贸市场等；西南片有金凤西城、江夏苑、新百货、美林苑、凤都花园等；西北片有发利酒店、发利公寓、交通大楼、公路局办公楼及宿舍等。

1991—2005年，旧城动迁总面积28.83万平方米，2041户，新建筑总面积73.3万平方米，并开通了玉荷路，对816路4向路面都进行水泥硬化，总投资7.3亿元。

## 第三节　新区开发

县城新区主要是潘溪水渠以北的敖江平原，县城东西向也有一定拓展。按照总体规划管理技术暂行规定，建筑密度控制35%以内，容积率一般不大于3.5，住宅绿地率不低于30%。1991—2005年，新区建设用地136.72万平方米，建筑总面积190.72万平方米，其中住宅面积169.29万平方米。

1991—1997年，主要结合旧城改造安置拆迁户，开发近郊北岳、凤尾、百凤3个片区，新辟莲荷路。3片总用地32.74万平方米，房屋建筑总面积61.69万平方米，其中住宅面积56.5万平方米。具体是北岳片规划用地12.9万平方米，房屋建筑总面积23.23万平方米，其中住宅87栋面积20.8万平方米，建有电力大楼、第二实验小学、实验幼儿园、北岳大厦、第二农贸市场（共有 180 多个摊位）等；凤尾片，规划用地 8.78 万平方米，房屋建筑总面积 17.4 万平方米，其中住宅 121 栋，面积 15.4 万平方米，建有凤尾中心小学、县建设局、土地局、户医院等；百凤片，规划用地 11.06 万平方米，房屋建筑总面积 21.02 万平方米，其中住宅 143 栋，面积 20.3 万平方米，建有天都商场、农贸批发市场等。

1998—2005 年，新区开发以商品房为主，重点开辟丹凤路两侧和敖江两岸加固防洪堤吹沙造地，开发商住小区。规划用地面积 104 万平方米，房屋建筑总面积 129.03 万平方米，其中住宅面积 112.79 万平方米。商住小区丹凤路有迪鑫花园、天隆花园、丹凤朝阳、丹凤花园、凤福小区、宏宇花园、绿茵花园、温泉花园、丹凤广场等，用地面积 21.29 万平方米，房屋建筑总面积 55.9 万平方米，其中住宅面积 49.94 万平方米；文山路有百凤花园、凤尾农贸市场（共有 136 个摊位）、天和城、温麻公园、永得利花园小区等，用地面积 21.74 万平方米，房屋建筑总面积 24.43 万平方米，其中住宅面积 21.66 万平方米；莲荷、西凤、马祖路分别有玉泉别墅、东辉花园、西凤园、太一新天地等，用地面积 6.29 万平方米，房屋建筑总面积 7.33 万平方米，其中住宅面积 6.77 万平方米；北江滨路利用吹沙造地和零星杂地，建有景江花园、景江别墅、傲江景域和花园街等，用地面积 43.9 万平方米，房屋建筑总面积 34.5 万平方米，其中住宅 28.8 万平方米。南江滨路利用已古河滩地，建华庆花园，在江南复兴路建别墅小区，共用地 10.78 万平方米，房屋建筑总面积 6.87 万平方米，其中住宅面积 5.62 万平方米。

## 第四节　市政设施

### 一、路网建设

1991 年，县城主干道仅两纵三横，大小计 28 条，长 16.55 千米。1992 年，结合旧城改造，加快城区道路建设，在旧城相继拓宽和连接莲荷东西路、文山路，并实现硬化，改建加固解放大桥等。新辟丹凤路、马祖路、可门路、复兴路及江滨路、敖江路部分路段。至 2005 年，城区主干道混凝土路面改造全部完成。街巷道路总长达 57.96 千米，面积 71.6 万平方米。其中宽 10 米以上的纵横主干道 34 条，总长 34.7 千米。县城主街道路逐步形成四纵、八横格局。纵向有 816 南北路、文山路、原 104 国道（包括西凤路和国优路）、敖江南北路（中段未接通），横向有北江滨路、816 东西路、玉荷路、莲荷路、丹凤路、马祖路、文笔路（预留待建）、可门路。江南拓宽解放大桥连接国道的朝晖路，新辟南江滨路、复兴路。

**2005 年连江县城主街道路情况表**

表 6-1-1

<table>
<tr><th colspan="3" rowspan="2">街路名称</th><th rowspan="2">起讫地点</th><th rowspan="2">始建年份</th><th rowspan="2">改建或新建年份</th><th rowspan="2">总长度（米）</th><th colspan="3">2005 年现状</th></tr>
<tr><th>长度（米）</th><th>宽度（米）</th><th>其中机动车道（米）</th></tr>
<tr><td rowspan="3">东西走向</td><td rowspan="3">北江滨路</td><td>东路</td><td>浦下—816 南路</td><td>1998</td><td>2002</td><td>2000</td><td>1700</td><td>16</td><td>11</td></tr>
<tr><td>西路</td><td>816 南路—观音阁</td><td>1958</td><td>2003</td><td>2200</td><td>2000</td><td>16</td><td>11</td></tr>
<tr><td>小计</td><td>浦下—观音阁</td><td>—</td><td>—</td><td>4200</td><td>3700</td><td>—</td><td>—</td></tr>
</table>

续表 6-1-1

| 街路名称 | | | 起讫地点 | 始建年份 | 改建或新建年份 | 总长度（米） | 2005年现状 | | |
|---|---|---|---|---|---|---|---|---|---|
| | | | | | | | 长度（米） | 宽度（米） | 其中机动车道（米） |
| 东西走向 | 八一六路 | 东路 | 玉荷东路—816南路 | 1958 | 1996 | 1370 | 1370 | 16 | 8 |
| | | 西路 | 816南路—龙西路 | 1958 | 1996 | 690 | 690 | 16 | 8 |
| | | 小计 | 玉荷东路—龙西路 | — | — | 2060 | 2060 | — | — |
| | 玉荷路 | 东路 | 北江滨东路—816中路 | 1988 | 1998 | 1610 | 1610 | 23 | 15 |
| | | 西路 | 816中路—化肥厂 | 1988 | 2003 | 1500 | 1500 | 23 | 15 |
| | | 小计 | 北江滨东路—化肥厂 | — | — | 3110 | 3110 | — | — |
| | 莲荷路 | 东路 | 敖江路—816北路 | 1997 | 2002 | 1700 | 1700 | 36 | 23 |
| | | 西路 | 816北路—玉泉山公园 | 1997 | 2005 | 1100 | 1100 | 36 | 23 |
| | | 小计 | 敖江路—玉泉山公园 | — | — | 2800 | 2800 | — | — |
| | 丹凤路 | 东路 | 敖江路—国优路 | 2003 | — | 1800 | 1800 | 54 | 28 |
| | | 西路 | 国优路—学园路 | 2005 | 留路坯 | 650 | — | — | — |
| | | 小计 | 敖江路—学园路 | — | — | 2450 | 1800 | — | — |
| | 马祖路 | 东路 | 温泉路—敖江路 | 2003 | — | 940 | 940 | 31 | 15 |
| | | 西路 | 敖江路—国优路 | 2005 | 留路坯 | 1500 | — | — | — |
| | | 小计 | 温泉路—国优路 | — | — | 2440 | 940 | — | — |
| | 文笔路 | | 金凤路—国优路 | 2005 | 留路坯 | 2800 | — | — | — |
| | 可门路 | | 高速互通口—国优路 | 2003 | — | 1600 | 1600 | 36 | 24 |
| 南北走向 | 敖江路 | 南路 | 104国道—敖峰桥南 | 2005 | 留路坯 | 1500 | — | — | — |
| | | 北路 | 敖峰桥北—可门路 | 2003 | — | 2500 | 1130 | 43 | 33 |
| | | 小计 | 104国道—可门路 | — | — | 4000 | 1130 | — | — |
| | 文山路 | 南路 | 北江滨路—莲荷东路 | 1986 | 2003 | 1620 | 1620 | 15 | 10 |
| | | 北路 | 莲荷东路—可门路 | 2003 | — | 1000 | 1000 | 30 | 15 |
| | | 小计 | 北江滨路—可门路 | — | — | 2620 | 2620 | 20 | 12 |
| | 八一六路 | 南路 | 解放大桥—玉荷路 | 1953 | 1998 | 650 | 650 | 23 | 14 |
| | | 中路 | 玉荷路—莲荷路 | 1953 | 2002 | 800 | 800 | 28 | 20 |
| | | 北路 | 莲荷路—丹凤路 | 1996 | 2003 | 500 | 500 | — | — |
| | | 小计 | 解放大桥—丹凤路 | — | — | 1950 | 1950 | — | — |
| | 西凤路 | | 玉泉大桥—丹凤路 | 1986 | 2002 | 1250 | 1250 | 54 | 29 |
| | 国优路 | | 丹凤路—东湖口 | 1953 | 2003 | 2320 | 2320 | 30 | 24 |

**二、排水排污**

1991年，县城排水系统基本是污水和雨水合流。1992年后，城区逐步扩大，人口不断增加，旧的管道日渐破损，沟渠淤积，排水不畅，稍遇雨洪，即成内涝。

1992—1997年，县财政累计投资157.5万元，新建合流制下水道6780米，雨水管道3376米，污水管道1688米。

1998—2003年，累计投入193.35万元，在维修旧排污排水管道同时，对1037米杭下、浦下沟渠进行清淤，并对旧城37千米的排水管线进行普查，填补以往资料不明的空白。

2004年，投资4500万元扩建乌石浦排涝设施，装机4台×560千瓦。还投资9522万元，疏浚乌石浦内河1.1千米，城郊内河2条6千米。新建浦下排涝站，装机3台×185千瓦，对水关口出水口进行改造，使城区内涝问题得到缓解。同年，开始筹建县城污水处理厂，计划投资3500万元。2005年，投资180万元，完成敖江路1000米污水管、2000米雨水管埋设；投资320万元改造莲荷西路、玉荷东路等7条主、次干道排水管7000米。至年末，县城有排水管道总长63.4千米，其中，污水管道16.6千米，污水排放量每秒350立方米，另有石砌排水明沟约10千米。

**三、供水、温泉**

1991年，县城自来水日供水能力1.5万吨，管道总长22千米，供水人口3.7万人，年供水量226.3万吨。1993年，由兴博实业有限公司投资8000万元，开发岱云温泉，敷设管道20千米。同年，县自来水厂开始扩建为日产5万吨。1995年11月，温泉正式开通，首批安装用户288户。1996年县水厂第一期扩建日产2.5万吨投产，供水人口5万多人。第二期工程融入可门港区供水工程，从塘坂水库引水，县城一期5万吨，投资1亿元。2005年5月正式通水。管道总长190千米，供水范围西自水厂，东至浦口塔头，南至江南乡，北至东湖镇，供水人口10万多人，年供水740万吨。温泉用户扩大到5897户，年供热水81.5万吨。

**四、燃气**

1991年，县城居民主要用瓶装液化气，有11家储存站和年检瓶能力5万粒以上的钢瓶检测站，年供气能力3000吨，用户1000户，用气量150吨。1993年，用户增至1500户，供气量250吨。县建设局为保证用气安全，价格合理，对60多家经营点进行整顿。1996年，发展到5000户，年用气量750吨。2000年，突破1万户，年用气量3500吨。2001年后，因电价稳定并有保障，使用燃气户下降到6000户，年用气量2500吨。2003年，开始铺设管道燃气，至2005年，累计投资500万元，铺设管网3.5千米，建成LPG瓶组气化站2座，敷设市政中压燃气管道4207.9米、庭院管道4925.6米、户内管安装1996户，主要供应丹凤路南北、文山路左右等9个小区。其余仍用瓶装燃气，有储存站1家，储存量1200立方米；汽灌瓶站11家，储存量780立方米；流通合格钢瓶14.4万粒。

**五、公共交通**

1995年，县城内首次开通公交运输，有3条线路：县标至魁岐；县标至石油公司；县标至第一中学。共有6辆小公共汽车，由县工商联运营，票价1元。1996年，组建股份制树德公交公司，保留3条线路，有小型客车10辆运营。1997年6月，组建连江县公交有限公司，注册资本50万元，公交（小面包）车39辆，线路增加城郊2条，一为玉山至琯头标价2元；二是凤尾至丹阳，票价3元。2000年，城郊线路移交给县第一运输公司管理，同年城内公交对离休干部和70岁以上老人实行免费乘车。2001年，县公交有限公司实行股份制改革，小面包车全部改为中型客车，共24辆，3条公交线路运营里程17千米。2004年，一路向北延长至敖江开发区中心，二路终点改到白沙口，3条线路总长21千米。2005年，有公交车辆27辆，年营业收入365万元。

**六、公用照明、电话**

**公共照明**　1991年，县城22条街巷和防洪堤安装路灯465盏。1992年后，随城区扩大，路灯逐渐增多。1995 年，935 盏，其中钠灯 622 盏、白炽灯 313 盏（不包括每盏 15 瓦的寄户路灯）。2005 年，路灯增至 1661 盏，比 1991 年增长 2.6 倍。

**县城公用电话** 1991 年，仅有 2 部。1993 年，增至 65 部。1994 年，发展到 248 部。1998 年，增设 IC 公用电话 6 部。2001 年，发展公用电话超市，增加智能电话 69 部。2005 年，县城各类公用电话 4600 多部。

**七、陵园公园**

1991 年，县城有烈士陵园和江滨简易公园两处，总面积仅 0.87 公顷。1994 年，把城内烈士陵园迁往西郊虎头山麓，投资 820 万元建成 105 公顷集革命传统教育、休闲健身为一体的陵园胜地。同时把旧陵园与原体育场改建为陈第公园，用地 1 公顷，绿化面积占 70%，文化娱乐健身机械等设施完善。1995 年，成立县城市园林建设管理所，加强园林绿化工作。1997—2005 年，相继增建城内温麻公园，面积 1.81 公顷；城郊玉泉山公园，面积 100 公顷；北江滨公园，面积 3.2 公顷。至 2005 年，城区有 5 个公园，共投资 1.01 亿元，公园面积 211.01 公顷。

# 第二章　集镇村庄建设

1991 年，凤城、敖江 2 个镇纳入县城总体规划，其他 18 个乡镇政府驻地和规划区内 39 个村居建成区总面积 6.7 平方千米。1992 年，镇、乡、村陆续编制建设规划，按规划展开新农村建设。2005 年，全县 22 个乡镇，除凤城、敖江、江南外，19 个乡镇驻地纳入规划区的村居增至 79 个，建成区面积 21.70 平方千米，基础设施、市政建设也逐渐配套改善。

## 第一节　规划编制与实施

1991 年，县人大常委会通过《连江县村镇规划建设管理暂行规定》，此后，19 个乡镇陆续编制镇村建设规划，至 1997 年全面完成。规划内容包括镇、乡驻地（含规划区内村居）的现状分析图、近期建设规划图、道路竖向图、工程管线图、总体规划图、镇域规划图等 6 图及 161 个中心村的现状分析图、建设规划图、工程管线图及建设规划说明书。规划年限至 2010 年。

1992—1995 年，镇乡村建设基本按规划实施。1996 年后，根据各地发展情况，有的编修控制性详细规划或小区修建性规划，进行指导。1997 年，按照《福建省村镇建设管理条例》和《关于严格执行村镇建设审批程序的通知》，把村镇建设与创建文明镇和文明安全小区相结合，在房屋高度和面积上明确加以限定。为积累镇建设经验，县拆迁工程处先后帮助琯头、丹阳、筱埕、官坂等地进行丈量、评估面积达 15810 平方米，拆迁 167 户，裁决 37 户，申请法院强制拆除 1 户。1999 年，推广丹阳、筱埕、长龙实行统建批新房地、收旧房地的经验，按照统一规划、统一征地、统一设计、统一基础、统一配套的方式建成示范小区，新农村建设在全县村镇逐步展开。2000—2005 年，集镇、村庄在旧村成片改造、市政工程配套建设、绿化环境等方面逐步走上轨道。

# 第二节　乡镇驻地建设

### 一、琯头镇

琯头是集港口、渔区、侨区、旅游区和省级经济开发区于一身的集镇。1991年，镇区有琯头街道及上坪、门边、东升、下塘、拱屿6个村居，面积1.36平方千米，人口1.46万人。1992年，编制镇区规划，面积扩展到7.9平方千米，东至门边小长门，西至山兜村，南至闽江，北至东边、秦川，共12个村居，人口规模6.8万人。1993年，琯头列入国家建设部500个小城镇建设试点集镇之一，加快城镇化进程。1991—2005年，多渠道集资2.2亿元，改善基础设施，横向新辟投资区中心大道、江滨路（在建），改线104国道，拓宽原福汾路商业街；纵向扩建码头大道、上坪路、开放路、青芝路，形成4横4纵路网。投资5亿多建设商品房和公用建筑。2005年，镇区建成面积5.31平方千米（含工业集中区2.8平方千米），房屋总建筑面积81.3万平方米，人均30平方米。镇区有中小学校、卫生院、金融单位及海关、港监、港务、邮政、电信、公安、边防等机构，有程控电话1.2万门，11万伏变电站1座，2万吨水厂1座，码头6座，公园数处。

### 二、晓澳镇

晓澳是闽江、敖江间半岛沿海集镇，有晓兴、晓江、晓锋3个居委会。1991年，镇区面积0.43平方千米，民居拥挤，主街1500米，宽仅3—6米。1993年，编制至2010年镇区建设规划，面积1.62平方千米，人口规模2.1万人。1993年开始，加大旧街改造和新区建设步伐，新建21米宽的中心大道876米，新兴、新丰、新江3条12米宽的水泥路总长860米，加宽旧镇区3—10米道路5500米，改造下水道3000米。通过围海造地兴建商品房和“名流港湾”别墅，居住条件大大改善。至2005年，镇区建成面积0.95平方千米，人口1.6万人，人均住房面积25平方米。镇区有公安、边防、学校、卫生院、金融、商业、邮政、电信、电站等机构，拥有程控电话4000门，水厂1座，以及农贸超市2处。

### 三、东岱镇

东岱镇位于敖江口南岸。1991年，镇区有东岱街和东水村，总面积0.45平方千米。1992年，编制至2010年镇区建设规划，把东水、蝉步、关头、龙山4个村纳入，面积扩大至1.8平方千米，人口规模1.8万人。1992年开始，相继把长210米、宽18米的东兴街延长至800米，新辟东旺路1条，其他街巷全部水泥路面，镇区主干道形成三纵三横格局。至2005年，共兴建商住房2万平方米，公用建筑2.1万平方米，居民新村及小区建筑面积14.1万平方米。建成区面积1.56平方千米，总人口1.1万人，人均住房面积23平方米。镇区有公安、边防、学校、医院、金融、电信、邮政、电站等机构。有码头1座，日供水1万吨水厂1座，程控电话4100门，35千伏变压器1座，农贸市场2000平方米，3个公园和后山阁景区。

### 四、浦口镇

浦口镇位于敖江北岸。1991年，镇区面积0.6平方千米，主街长2000米，宽10米。1992年，编制至2010年镇区建设规划，面积2.29平方千米，包括浦江、浦东、浦丰、浦旗、浦升、浦乐、浦兴7个居委会和塔头村，人口规模2.3万人。1992—2003年，新建旗新路、过塘路、环城路3条，镇区周边各村都修通连接县道东苔线的大路。2003年，随201省道浦东大桥建成，浦口成为交通枢纽，公安、商业、金融、卫生、电信、邮政、学校等公共建筑总面积增至5.51万平方米。至2005年，镇区建成面积2.2平方千米，人口2.2万人，住房总面积达48.4万平方米，人均22平方米。镇区拥有220千伏、35千伏变电站各1座，日供水能力3000吨水厂1座，程控电话2976门，浦口、塔头农贸市场各1座，

1800平方米的浦丰游览园和浦东后山公园各1处。

### 五、筱埕镇

筱埕是港口集镇。1991年，镇区面积0.34平方千米，主街327米，宽14米。1993年，编制至2010年镇区建设规划，用地面积1.39平方千米，人口规模1.6万人。1993—1996年，通过围海造地结合旧民居改造，建设3座商住房。1994—2005年，筹资新建文明路和龙舟路，增建东亭渔业码头1座。南山村在县政府和省武警总队支持下，从山区迁到筱埕镇区，筱埕村无偿提供2公顷用地。至2005年，镇区建成区面积0.75平方千米，人口0.7万人，镇区住房面积达19.37万平方米，人均27平方米。有公安、税务、电信、邮政、中小学、卫生院、供销社、金融等机构，程控电话3072门，日供水3000吨水厂1座，新建渔业码头1座，农贸市场1处，以及文化宫、健身园、望江亭等。

### 六、安凯乡

位于黄岐半岛中段，依山面海。1991年，乡驻地面积0.22平方千米，主街1条300米，宽4—7米。1992年，乡政府编制至2010年建设规划，东至中关山，西至郭婆水库，南至安凯湾，北至安凯酒厂，用地面积0.4平方千米，人口规模0.4万人。同年，安凯大桥通车，建设速度加快，原主街300米延长至760米，增建1条6米宽、220米长的中学路，同时修建排水管道3.03千米。投资50万元，改造500吨水厂1座。至2005年，乡建成面积0.38平方千米，住房面积9.77万平方米，人均25平方米。乡驻地设有税务、金融、学校、卫生院、电信、边防、公安、邮政、商业服务等机构，拥有避风港、码头、电站，程控电话2000门，500吨水厂1座和2个休闲公园。

### 七、黄岐镇

位于县境东部，是渔业港口，对台交流基地，人口稠密，住房紧张。1991年，镇区面积0.35平方千米，主街2条各长400米。1992年，编制至2010年镇区建设总体规划，用地1.8平方千米，人口1.9万人。1992年开始，相继投资6000万元，建成国家级中心渔港和1000吨泊位码头。筹资1500多万元，围海造地9.7万平方米，建成临海商业新街和马祖路，并建商住房208栋，有4000人入迁新居。至2005年，镇建成区面积1.47平方千米，其中住房面积58.75万平方米，人均23.5平方米。镇区有公安、边防、学校、医院、工商、税务、金融、邮政、电信、对台物流中心、商业服务等机构，拥有程控电话4224门，日产8000吨水厂1座、码头2座。

### 八、苔菉镇

位于黄岐半岛突出部。1991年，在后港建成1.2千米路堤结合的街道，围海造地1万多平方米，集资建房近百套，镇区面积0.54平方千米。1993年，编制镇建设规划，包括苔菉、琇琌、横塍和茭南4个村，用地面积1.34平方千米，人口规模1.6万人。此后，投资1亿多元，修建码头和长5千米的环岛街道和1000米的进村公路；集资建成17万平方米的连体商住房，镇区有30%以上的旧房翻修和扩建。至2005年，镇建成区面积1.14平方千米，其中住房面积33.8万平方米，人均20平方米。镇区设有公安、边防、学校、医院、电信、邮政、金融、税务、工商、商业服务等机构，拥有程控电话3158门，码头1座、1200吨水厂1座，农贸市场4处。

### 九、下宫乡

位于罗源湾东南岸突出部。1993年，从坑园乡析出9个村建下宫乡，道路等基础设施滞后。建乡后，编制至2010年乡驻地建设规划，包括下宫和厦乙两个村，用地面积0.63平方千米，人口规模0.8万人。1993—1998年，在进行乡政府大院等公共建筑的同时，新建象厦公路、厦松环海公路、下宫码头、电信大楼及镇区基础设施，开辟华峰大街长1000米，宽18米。原有村道1500多米，宽5—6米，全部铺上水泥路面，并疏浚下水道。2002年后，填海造地5万多平方米，兴建商住楼。至2005年，乡驻地建成区面积0.43平方千米，其中住房面积10.82万平方米，人均18.5平方米。有50%村民新建或扩建房屋。乡内设有公安、边防、学校、医院、电信、邮政、电力供应等机构，拥有程控电话1952门，

500吨码头1座。

### 十、坑园镇

位于罗源湾南岸，原为乡建制。1991年，乡政府驻地面积0.24平方千米，主街500米长。1993年，编制至2010年乡建设规划，东至山坡，西至垦区，南至武警农场，北到中学，用地面积0.83平方千米，人口规模1万人。相继拓展延长宏达路、环繁路、溪尾路3条，总长2000米。2000年，乡改镇，公共设施建设步伐加快。至2005年，建成区面积0.57平方千米，其中镇区住房面积8.93万平方米，人均18.6平方米。镇区有公安、税务、学校、医院、金融、电信、商业服务等机构，拥有程控电话1792门、500吨码头1座、5000吨水厂1座、1200平方米活动中心及公园等设施。

### 十一、官坂镇

1991年，为乡建制，驻地面积0.20平方千米，主街400米。1992年，编制至2010年乡建设规划，东至军垦农场，西邻梅里，南到中学，北界浒尾，用地面积0.73平方千米，人口规模0.8万人。1994年，乡改镇，镇内3米以上道路全部水泥路面，商店分布主街两侧。1994—2003年，扩建新建公共建筑面积近6000平方米，有70%以上村民建房。至2005年，建成区面积0.5平方千米，其中住房面积12.2万平方米，人均30平方米。镇区有公安、法庭、税务、学校、医院、邮政、电信、商业服务等机构，拥有程控电话2560门，日产600吨水厂1座。

### 十二、马鼻镇

位于罗源湾西岸。1991年，镇驻地面积0.75平方千米，主街长700米，宽6—7米。1992年，编制至2010年镇区建设规划，包括墙兜、横厝、南门、玉井、辰山5个村，用地面积2.2平方千米，人口规模3.5万人。1992—2003年，把主街拓宽延伸为3500米长，10—16米宽；在镇区北横厝、玉井和辰山3村交汇处结合修环城路，建宽12米的路堤1200米；兴建从尚德中学到辰山村口的3千米公路，扩建并延伸1条11千米长、24米宽的水泥大道与罗源县相通。结合围海造地、镇政府迁建、旧房拆迁等，至2005年，镇建成区面积达2.04平方千米，其中住宅面积46.62万平方米，人均23.6平方米，80%以上村民新建或扩建楼房。镇区有公安、学校、医院、邮电、电信、商业服务等机构，拥有程控电话3072门，5000吨水厂1座，镇中心公园，围海造地建成的海滨公园、龟山顶健身公园等。

### 十三、透堡镇

1990年，由马鼻镇析出8个村组建透堡乡（后改镇），镇区面积0.67平方千米。1991年，聘请南京工学院编制至2010年镇区建设规划，东至尖墩路口，西至炉山脚下，南至虎头山，北邻馆读，规划用地1.5平方千米，人口规模1.8万人。1991—2005年，修建北塘路长1000米，宽12米；整治贯穿镇区的大溪，两旁筑驳岸；整修沿溪路，长800米，宽5米；城内15条旧街巷总长4250米，全部改水泥路面，并建排水管道4.1千米。镇区70%以上居民新建或扩建住房。至2005年，镇建成区面积1.3平方千米，其中住房面积27.95万平方米，人均24.3平方米。镇区有公安、税务、学校、金融、医院、邮电、电信、商业服务等机构，建有“二三”革命纪念园。程控电话3072门，日供水2000吨水厂1座。

### 十四、长龙镇

1990年，为乡建制，乡驻地用地面积0.08平方千米，主街长1000米，宽6米。1993年，编制至2010年镇建设规划，东至华侨农场，西至下洋三岔路口，南至三脚下，北邻苏山，用地面积为0.24平方千米，人口规模0.3万人。1993—1996年，兴建长300米，宽10米的文明路。1997年，乡改镇建制，结合房地产开发和造福工程，利用长马公路两旁100米地段建连体商住房1.5万平方米，在路北新建洪峰村造福新村，总面积3万平方米。至2005年，镇建成区面积0.19平方千米，其中住房面积8.1万平方米，人均23平方米，商业网点主要分布在主街及长马公路新街两旁。镇区设公安、税务、学校、医院、金融、邮政、电信、商业服务等机构，拥有程控电话1952门，日供水1000吨的水厂1座。

**十五、东湖镇**

在县城北 3 千米。1991 年，政府驻地用地面积 0.29 平方千米，主街 104 国道纵贯全境。1992 年，乡改镇，编制至 2010 年镇区建设规划，东至湖坪，西邻部队营地，南至东湖口，北界北宫水库，用地面积 0.84 平方千米，人口规模 0.82 万人。至 2005 年，镇建成区面积 0.36 平方千米，其中住房面积 10.75 万平方米，人均 18.9 平方米。镇区设公安、学校、医院、税务、金融、电信、商业服务等机构，有 1560 吨水厂 1 座。程控电话属丹阳和敖江营销区。

**十六、丹阳镇**

1991 年，镇驻地用地面积 0.4 平方千米，有旧街 460 米，丹凤路长 300 米。主街店铺沿国道及丹蓼公路1000余米段发展。是年，丹阳镇作为县小城镇建设试点，开始编制至2010年建设规划，东至山边，西到花园，南至虎山变电站，北至屏封山下，包括7个村居，用地面积为2.5平方千米，人口规模1.2万人。1993—1995 年，按规划征地 3.5 公顷，建设丹山、丹兴两条商业街。1995 年，丹阳镇列入福建省村镇规划试点。1996 年，对总体规划进行调整，编制戚军井至邮电局 560 米长沿国道的小区改造方案。至 1999 年，建成丹枫路、丹兴路和长 100 米、宽 48 米的迎归大街。同时，改造旧街一条。1993—2005 年，集资开发商住房，结合旧街改造，开辟商业主街 2 千米，共建成房屋 47 栋，总面积 9.73 万平方米。至 2005 年，镇建成区面积 1.76 平方千米，人均 25 平方米。镇区设有公安、税务、学校、医院、金融、电信、邮政、商业服务等机构，有程控电话 3504 门，11 万伏变电站 1 座，农贸市场 2 座 5000 吨水厂 1 座，公园 1 处。

**十七、蓼沿乡**

蓼沿乡位于县境西北部。1991 年，镇区面积 0.21 平方千米，旧街长 170 米，以县道为主体的新街 400 米。1992 年，编制至 2010 年乡建设规划，东至岐山，西至岗顶，南至仙屏口，北至后坂，用地面积 0.56 平方千米，人口规模 0.7 万人。1992 年开始，相继把县道两旁街道拓宽到 16 米，旧街延长至 300 米，并铺设 6—8 米宽的水泥路面，共建商住房 370 多幢，75%以上村民新建和扩建住房。至 2005 年，乡驻地建成区面积 0.35 平方千米，人均住房面积 30 多平方米。设有公安、税务、学校、医院、金融、电信、商业服务等机构，有程控电话 2304 门，1000 吨水厂 1 座，1200 平方米农贸市场，文化宫等设施。

**十八、潘渡乡**

1991 年，乡驻地面积 0.2 平方千米，主街与省道相接，长 750 米。当年编制至 2010 年乡建设规划，东临陀市，西至公路，南邻潘溪，北界山场，用地面积 0.26 平方千米，人口规模 0.3 万人。1991 年开始，先后把主街延长至 980 米，并铺设水泥路面，在新住宅区开辟新路长 1000 米，宽 10 米，扩建中、小学少数民族学生宿舍楼，新建文化宫。至 2005 年，乡驻地建成区面积 0.26 平方千米，人均 23 平方米。设有公安、税务、工商、学校、金融、医院、邮政、电信、商业服务等机构，有程控电话 1568 门，日产 1200 吨水厂 1 座。

**十九、小沧乡**

位于县境西北山区。1994 年，因建山仔水库，乡址迁往利洋坪、大湾厝、虎头岗一带山地，集中安置 249 户移民和乡政府、学校、企事业单位，建成一条宽 8 米，长 1000 余米的大街，南临库区码头，北接民族广场。2000 年后，为保护市第二水源，投入大量环境保护资金，建成无害公厕 6 座和改造 200 户无害化户厕，建设 2 座污水处理厂和垃圾焚烧场，污水处理率达 95%，禽畜污染处理率 100%，森林覆盖率达 95%，成为绿色生态乡。至 2005 年，乡址用地面积达 0.18 平方千米，人均住房面积 21 平方米。设有公安、税务、学校、医院、邮政、电信等机构，有程控电话 488 门，1000 吨水厂 1 座。

# 第三节　村庄建设

1991年，全县255个建制村（居），列入乡镇驻区的有39个。1992—1997年，在乡镇建设规划编制时，有63个村（居）列入镇、乡建设规划，其余村（居）也先后编制建设规划，至2005年，全县269个村（居），有79个村（居）被纳入乡镇建设规划，190个村（居）按各自规划进行建设。1994年开始，配合“造福搬迁”，把偏僻村庄迁到乡镇或大村落，推进集镇发展。至2000年，第一批投入资金11480万元，完成旧房拆迁改造365户，拆迁建筑面积26031平方米，补偿347.2万元，新建房屋1059户，建筑面积165571平方米；新建村道15千米；铺设自来水管5695米。2001—2005年，共搬迁573户2578人，投入资金近亿元，其中省市县补助213万元。15年中，全县新农村建设通过各级政府支持和个人集资，共投入20多亿元资金进行基础设施和住房、学校、文化宫、活动中心、公园等建设，村级公共建筑面积增加到66.79万平方米。至2005年，全县除海岛外所有建制村，实现公路通车，总里程500多千米，大部分实现水泥硬化。100%的村通电和电信网络全覆盖。90%的村（居）有自来水。农村商业网点亦日趋活跃。70%的居民新建或扩建住房，环境卫生大有改善。多数村居建有老年活动中心、休闲健身公园。附特色村庄选介：

**官坞村**　为黄岐半岛滨海渔村。改革开放后走“科技兴海”发展新路，1991年以来大力发展水产育苗、养殖、加工一体化的现代渔业，成为国家级海带种养场和全省最大盐渍海带加工基地。1999年，投资2000多万元，兴建码头、避风港、海带索道等渔业基础设施，拥有75亩的工业园区。村居建设，统一规划，经村民代表会讨论通过实施，结合旧村改造开辟新区，建房采取集资联建单元楼或连体多层楼，实行招投标方式。至2005年，全村876户有380户住进户均200平方米的连体新房，有100多户单独建别墅，300户进行旧房改建和扩建，人均住居房面积40多平方米。新建2座水库，全村更新供水管道，还建有1000平方米省级示范敬老院，3000平方米海滨公园，村内道路全部水泥硬化。2005年被评为“全国小康建设明星村”。

**贵安村**　位于敖江中游南岸，村东北有丰富的温泉资源，分布范围0.8平方千米。改革开放后，温泉养鳗业迅速发展。中共总书记胡耀邦曾到此考察。1991年，被评为省级文明村。1994年，成为县内第一个亿元村。当年编制村庄建设总体规划。此后集全村之力加快基础设施建设和民房布局的调整。1993—1994年，有72户农民投资384万元新建、改建住宅面积9600平方米。1996年，开始大量植树造林，美化环境，被评为全国造林绿化千佳村之一。2000年，委托福州市规划设计院对整个规划进行调整，以温泉旅游村为发展方向，在中心村南部划出280亩地为商业金融用地，并预留征地搬迁户建设用地和商品房开发用地。至2005年，村内13千米道路全部实现硬化，建成3.5万伏变电站、日供水500吨自来水厂，有程控电话1568门，780平方米的农贸市场、卫生院，建公厕8座，小学教学大楼占地0.87公顷，建筑面积3000多平方米，还有老人活动中心、市科技局科技培训中心、占地280亩的省政府会议接待中心、省游泳培训基地、台商投资1.5亿元兴建国际标准的十八洞高尔夫球场等。

**百胜村**　位于敖江与闽江水流的汇合处西岸，滩涂广阔。改革开放后，利用围垦的滩地2397.5亩，编制新村规划，其中用地932亩，公建用地373亩，工业用地398.4亩，道路广场448.5亩，绿化用地144.45亩，行政公用设施用地0.9亩，是县内最早规划新农村建设的沿海渔村。陆续批给村民3000扇，每扇53平方米。

1991—2005年，先后修建江百和百晓两条长4000米的通村公路。村内街巷31条全长6176米，全部铺上混凝土，并在主街设下水道3200米，两旁绿化。新建近3000平方米的农贸市场，还有百洋食品有限公司等工业区。村内供水、供电、通信设施齐全，居民新建住房是旧村居的3倍，人均30平方米。公共建筑有村办公楼、中小学、幼儿园、医疗站、公厕等。此外，还扩建和新建境内数座祠堂和庙宇。

**定海村**　定海是历史上海路对外贸易古港口之一，元设千户所，明建水寨，建有城堡。民居盘山而建，人口稠密，住房拥挤，道路窄小。1996年，按规划围海造地86亩。至2005年建起新楼56幢，计608套，7600平方米。同时建长150米、宽20米的新商业街和600多平方米的新市场。先后建设定海到筱埕2.5千米水泥路，村到九龙禅寺2.5千米简易公路，建成长750米、宽6米由新街到村口的海岸边环岛水泥公路，村内13条路巷全都铺上水泥，下水道全都进行疏浚，建设可停泊全村所有船只的避风港和自来水蓄水池、提水站及小学。1999年，被首批定为省级历史文化名村。2005年，全村人口7385人，人均36平方米，水、电、电信等配套设施齐全。公共建筑有村办公大楼、学校、医疗站、环卫站等。

**壶江村**　是闽江口岛村，全岛面积0.57平方千米。居民以渔为主，海运发达。改革开放后，海运迅猛发展，村民出国劳务经商日多，收入普遍提高。1991年，村规划按城市化高标准设计，1993年，在建设100吨泊位码头的同时，两次在码头旁边和上歧围滩填海造地13公顷，有偿安排村民建房。后又征用壶江粮站、供销社、酱畸厂和旧市场，集资联建农贸市场和商住综合楼。1997年，在牛山顶建造1座蓄水量300吨的水池，从琯头自来水厂运水抽送到牛山顶上，供应村民。1998—2004年，先后兴建椿山公园、江滨公园、“梅壶友谊坊”园，扩建南江公园和澳里田公园，以及在椿山公园宋代原址建成规模恢宏的“天妃宫”和“先贤堂”、古碑亭、民俗馆，县级文物保护单位灵椿庵及其他人文胜迹都得到重修和扩建。村民住房条件大为改善，沿岛岸高楼林立，别墅错落。街巷道路1500米，全部水泥硬化，下水道畅通。至2005年，岛上户籍人口7649人，人均28平方米，水、电、通信等配套设施齐全，公共建筑有村委办公大楼、学校、医疗站、市场等，程控电话2000门。

**梅洋村**　梅洋村位于江南乡西南山区，海拔400多米，以往交通闭塞，生活贫困，不少村民出国谋生。改革开放后，侨胞还乡探亲和携亲出国不断增加，全村有侨胞700多人，事业有成者竞相回报桑梓。1991年，投资656万元建成江南到梅洋长13千米，宽4.5—6米的专用公路，结束了村民出村靠两条腿的历史。此后又拓宽村内7.56千米、宽5—8米的主干道，1.2千米支路，并全部硬化，疏浚7000米溪、沟。

在总体规划实施中，严格按照顺乎自然的法则，建设生态旅游村。在重建张圣真君堂时，对贯穿全村的2千米梅溪，分段进行清水治理，两岸砌石驳岸，遍植梅、桂、桃、木笔、大叶榕等乔木及其他花卉，并充分利用山水辟建沿溪公园。侨胞刘官政主动承包7000亩林地让其自然生长。对明清以来的古建筑刘氏宗祠、梅溪书院、武贤寨、大王庙、老式四合院进行精心修葺，遍植花卉树木，环境日益优美，成为以梅花为特色的生态旅游村。每到梅花季节1万多株各种品种、不同树龄的梅花，竞相开放，引来无数海内外游客。随着慕名观光者日益增多，先后开辟沿溪18景，大王崙山十大景点，配套建设50多间客房、100多个床位、2个停车场、日可接待百多人的旅游服务设施，配有5人的保洁队专门负责道路、溪流、景点清洁卫生。

# 第三章　建筑业

1991年，连江建筑企业总产值15989万元。1992年后，建筑业到县外开拓步伐加大。1994年，县政府出台《关于加快建筑企业发展的若干意见》，通过培训技术，引进人才，企业资质和安全质量均有提高，建筑业总产值稳步增加，1996 年为 11.32 亿元，1998 年增至 24.1 亿元（含县外产值）。1999 年被评为福建省“建筑之乡”。1999—2004 年，深入进行产权制度改革，强强联合，提升等级。2005 年，全县建筑业总产值 54.32 亿元（含县外产值）。

# 第一节　产业发展

1991 年，连江有建筑企业 19 家，均为集体企业。其中县办 3 家资质三级，乡镇办 16 家资质均三级以下。全县建筑业总产值 15989 万元，占社会总产值的 9.7%，为支柱产业之一。1992 年开始，建筑业大力向县外乃至省外拓展业务，为扩大企业规模，推行股份制改革，至 1994 年，相继有敖江、东岱、浦口建筑公司和县第三建筑公司转制为股份制企业，新创建透堡建筑工程公司。黄岐、安凯、苔菉、潘渡 4 个建筑社先后解体分流。县建筑公司退休人员多，包袱重，业务萎缩，名存实亡，多数职工下岗自谋出路。1996 年，全县 16 家建筑企业，总产值 11.32 亿元，占社会总产值的比重升至 11.6%。1998 年，完成建筑业总产值 24.1 亿元。其中县内 16 亿元，占社会总产值的 12.95%；在县外产值 8.1 亿元。建筑业从业人员 3 万多人，专业技术人员 1000 多人。1999 年，连江被评为福建省“建筑之乡”。2000 年起，对集体建筑企业按照“谁投资谁所有”的原则，实行以产权为中心的深化改革，推进企业资源优化组合，提升资质，增强竞争力。相继有凤城建筑公司并入县三建公司，东湖建筑公司并入马鼻中马公司，官坂、筱埕建筑公司撤销，人员分流重组，新创建的有福建金冠建筑工程有限公司、福建江南建筑工程有限公司等。到 2005 年，第二轮改革基本完成，全县 14 个三级以上建筑企业，除保留集体 1 个（县建筑公司）、股份合作 1 个（县第二建筑工程公司）外，有 12 个为私营建筑工程有限公司，其中马鼻的中马公司经报国家建设部批准为房屋建筑工程施工总承包一级企业，原三建重组的福建同人建设工程有限公司、敖江、东岱、琯头、浦口、透堡、晓澳 7 个建筑工程有限公司先后晋升为二级、其余 6 个为三级企业。2001—2004 年，先后有中马、东岱、透堡、敖江、浦口、琯头、晓澳、同人等 8 个企业通过 ISO 9001:2000 标准质量体系认证。有的连续多年被评为“重合同守信用”单位，或质量管理先进单位。2005 年，全县从事建筑业的人数超过 6 万人，实现总产值 54.32 亿元，其中 39.01 亿元在外县外省实现，占 71.8%；县内建筑业总产值 15.31 亿元，占社会总产值的比重降到 8.78%。

**附企业简介**

**福建省中马建设工程有限公司**　前身为马鼻建筑工程公司。1996 年经省建设厅核定为房屋建筑工程施工总承包二级企业。2000 年由镇办集体企业转为股份合作制企业，2001 年通过 ISO 9001:2000 标准质量的体系认证，2003 年改制为私营企业时更名为福建省马鼻建设工程有限公司。2004 年经国家建设部批准，晋升为房屋建筑工程施工总承包一级企业。2005 年改为今名。年末，公司固定资产 3117 万元，完成建筑面积 53.5 万平方米，创有市优工程 6 项，省优工程 2 项，总产值 2.13 亿元，纳税 761 万元。

**福建省同人建设工程有限公司**　前身为县第三建筑工程公司，属县办集体企业。1993 年 6 月，转为股份合作制企业。2002 年，经省建设厅核定为房屋建筑工程施工总承包二级企业，2004 年通过 ISO 9001:2000 标准质量的体系认证。2005 年更改为今名，年末公司固定资产 350 万元，完成建筑面积 13.93 万平方米，创有市优工程 1 项，总产值 0.96 亿元，纳税 568 万元。

**福建省敖江建筑工程有限公司**　前身为敖江建筑业管理站。1993 年 6 月，经省建委审批为三级建安企业。1994 年 11 月，由镇集体改制为股份合作制企业，1998 年更名为福建省敖江建筑工程公司。2002 年 7 月，经省建设厅核定为房屋建筑工程施工总承包二级企业。2003 年 3 月，企业通过 ISO 9001:2000 标准质量体系认证。2004 年，企业被评为福建建筑 100 强和 AAA 级信用企业。 2005 年，转制为私营并更改为今名，年末公司固定资产 2013 万元，实现建筑面积 18 万平方米，总产值 1.6 亿元，创建市级优质工程 2 项。

**福建省琯头建筑工程有限公司** 1999 年，由镇集体改制为股份合作制企业后更为今名。当年经省建委审批为房屋建筑工程施工三级企业。2002 年 7 月，经省建设厅核定为房屋建筑工程施工总承包二级企业。2003 年 3 月，通过 ISO 9001:2000 标准质量的体系认证。2005 年，固定资产 1383 万元，实现建筑面积 9.4 万平方米，总产值 7000 万元，纳税 325 万元，创市级优质工程 4 项，评为市守合同重信用单位。

**福建省浦口建筑工程有限公司** 前身为浦口建筑社。1995 年，由乡镇集体转为股份合作制企业并改名福建省浦口建筑公司。1997 年经省建设厅核定为房屋建筑工程施工总承包二级企业。公司于 2002 年被评为福建建筑 100 强、省 A 级信用企业。2003 年通过 ISO 9001:2000 国际质量体系认证。2004 年 6 月，改制为私营企业时改为今名。2005 年，固定资产 983 万元，实现建筑面积 18 万平方米，总产值 1.6 亿元，创有市级优良工程四项。

**福州市东岱建筑工程有限公司** 前身为东岱建筑工程公司。1994 年 5 月改制为股份合作制企业。当年 9 月经省建设厅核定为房屋建筑工程总承包二级企业。2002 年 3 月企业通过 ISO 9001:2000 国际质量体系认证。2003 年 9 月，转制为私营企业时更为今名。1993—2005 年，均被市政府评为“重合同，守信用单位”。2005 年拥有固定资产 983 万元，实现建筑工程面积 25 万平方米，纳税 1095 万元，创有福建师大附小逸夫楼、福州南公小区 8 号楼等两项市优质工程，当年被评为省先进企业和福建建筑 100 强、省质量管理优秀单位。

**福建省透堡建筑工程有限公司** 前身为透堡建筑工程公司，创建于 1994 年。1995 年 2 月，经省建委审批为三级建安企业。2002 年 7 月经省建设厅核定为房屋建筑工程施工总承包二级企业；同年 11 月，通过 ISO 9001:2000 标准质量的体系认证。2003 年，由股份合作制改制为私营企业更为现名。1999—2005 年，连续被评为福州市“重合同，守信用单位”，2000—2003 年，连续 3 年评为市“质量管理先进单位”，2001—2005 年，评为市“诚信单位”，2004 年评为福建 AAA 级信用企业。 2005 年末，公司固定资产 900 万元，实现建筑面积 38 万平方米，总产值 3 亿元，纳税 1800 万元。先后创建福州白马花园 10 号楼等 4 项市优工程。

**福建省晓澳建筑工程有限公司** 前身为晓澳建筑工程公司。1993 年 6 月，经省建委审批为三级建安企业。2001 年，由乡镇集体转为股份合作制企业。2003 年，改制为私营企业时更为今名，当年通过 ISO 9001:2000 标准质量的体系认证。2004 年经省建设厅核定为房屋建筑工程施工总承包二级企业。 2005 年末，公司固定资产 1852 万元，实现建筑面积 55 万平方米，总产值 2.033 亿元，纳税 1039 万元。先后创建榕城杯、市优工程 5 项。

**连江县建筑工程公司** 为县办集体企业，资质三级，企业注册资金 667 万元。由于经营不景气，员工多下岗自谋生计。至 2005 年，公司固定资产仅余办公楼、木工厂第一工程队、机械厂、仓库、宿舍等，计占地 0.542 公顷。

**连江县第二建筑工程公司** 县办集体企业，为房屋建筑工程施工总承包三级企业。1995—2000 年连续六年被评为县“重合同—守信用单位”。1999—2000 年被评为市“重合同—守信用单位”。1994—2002 年被连续评为 AA 级信用企业。2002 年 5 月改制为股份合作制企业。2005 年末，拥有固定资产 608 万元，实现建筑工程面积 5 万多平方米，总产值 5600 万元，纳税 560 万元，创有市级优良工程 4 项。

**福建省长龙建筑工程有限公司** 前身为长龙建设工程公司。2003 年由镇集体改制为股份合作制企业，同年又转制为私营企业更为今名。当年经省建设厅核定为房屋建筑工程施工总承包三级企业（2006 年晋升为总承包二级企业）。2005 年末，固定资产 1516 万元，当年建筑面积 9 万平方米，总产值 1 亿元，纳税 500 万元。先后创建连江一中逸夫楼和福州龙事达花园等 8 项市优工程。

**福建省坑园建筑工程有限公司** 前身为坑园建筑工程公司。2001 年，由镇集体转为股份合作制企业。

2004 年改制为私营企业更为今名。2005 年末，固定资产 526 万元。当年建筑面积 10.3 万平方米，总产值 9985 万元，纳税 221 万元。

**福建省金冠建设有限公司**　2004 年创建　为房屋建筑工程施工三级企业，钢结构三级企业。2005 年，固定资产 290 万元，当年建筑面积 11.32 万平方米，总产值 3693 万元，纳税 205 万元。

**福建省江南建筑工程有限公司**　2004 年创建，资质为房屋建筑工程施工三级企业，可承担十四层以下单跨 24 米以下房屋建筑工程。2005 年，建设 6 万平方米住宅小区，拥有各类专业施工机具，满足营业范围内各类工程施工需要，被评为“2005—2006 年福建省质量管理优秀单位”。

**2005 年连江县建安企业简况表**

表 6-3-1

| 序号 | 企业名称 | 资质级别 | 注册资金（万元） | 公司员工（人） | 管理人员（人） | 技术人员 | | | 2005 年 | |
|---|---|---|---|---|---|---|---|---|---|---|
| | | | | | | 总数（人） | 高级（人） | 中级（人） | 产值（万元） | 固定资产（万元） |
| 1 | 福建省中马建设工程有限公司 | 一级 | 5518 | 2800 | 504 | 373 | 17 | 81 | 21300 | 3117 |
| 2 | 福建省同人建设工程有限公司 | 二级 | 2000 | 1900 | 313 | 208 | 3 | 36 | 9600 | 350 |
| 3 | 福建省敖江建筑工程有限公司 | 二级 | 2013 | 836 | 200 | 171 | 2 | 49 | 6000 | 2013 |
| 4 | 连江县琯头建筑工程有限公司 | 二级 | 2569 | 530 | 42 | 162 | 2 | 26 | 7000 | 1383 |
| 5 | 福建省浦口建筑工程有限公司 | 二级 | 2126 | 766 | 267 | 238 | 7 | 64 | 16000 | 983 |
| 6 | 福州市东岱建筑工程有限公司 | 二级 | 3198 | 850 | 204 | 180 | 5 | 65 | 30000 | 983 |
| 7 | 福建省透堡建筑工程有限公司 | 二级 | 3415 | 820 | 179 | 149 | 6 | 29 | 30000 | 900 |
| 8 | 福建省晓澳建设工程有限公司 | 二级 | 3100 | 1358 | 57 | 207 | 4 | 61 | 20330 | 1852 |
| 9 | 连江县建筑工程公司（集体） | 三级 | 667 | 286 | 53 | 46 | 1 | 8 | — | — |
| 10 | 连江县第二建筑工程公司（股份） | 三级 | 880 | 586 | 58 | 56 | 3 | 28 | 5600 | 608 |
| 11 | 福建省长龙建筑工程有限公司 | 三级 | 1908 | 600 | 181 | 163 | 4 | 24 | 10000 | 1516 |
| 12 | 福建省坑园建设工程有限公司 | 三级 | 600 | 552 | 76 | 154 | 3 | 26 | 10000 | 526 |
| 13 | 福建金冠建设有限公司 | 三级 | 2000 | 412 | 57 | 139 | 2 | 26 | 3693 | 290 |
| 14 | 福建省江南建筑工程有限公司 | 三级 | 738 | 387 | 60 | 57 | 0 | 12 | — | — |
| | 合　计 | — | 30732 | 12683 | 2251 | 2303 | 59 | 535 | 169523 | 14521 |

说明：本表据 14 家建筑工程统计。与统计年鉴略有异差

## 第二节　建筑设计

1991 年，县建设局有建筑设计室和工程勘察室，均为丁级资质，共有 15 个技术人员。当年，完成设计任务 26 个工程项目，设计建筑面积 5.6 万平方米。同时完成勘察 5 个项目。

1993 年 5 月，县建筑设计室更名为县建筑设计所，升为丙级设计单位。1997 年，更名为县建筑设计院。2000 年 2 月，院内岩土工程地质勘查资质晋升为丙级，2002 年晋升为乙级。

2005年底，设计技术人员增至37人，其中高级职称7人，中级职称16人，初级职称14人。另外聘29人计66人。建筑工程设计、勘察、造价预算等专业人员逐步齐全。1991—2005年，共完成设计任务726个项目，设计建筑面积212.5万平方米，完成勘察任务设计620个项目，主要设计业务在连江、罗源、长乐、马尾等区域。

## 第三节 建筑技术

建筑技术随着经济发展不断创新，高层及仿古建筑日益增多。1991年以来，县建设局通过举办培训班、企业技术考评、晋级审核等形式，提升建筑界的整体技术力量和技术水平。至1996年，共培训、考核、评审技术人员1510人。其中，电视中专班培训53名，技术考评615人，评审初级技术人员418人，参加培训技术员计8期424人。

1997—2000年，举办各类技术培训14期1326人，对2073人进行继续教育验证。为施工企业专业人员办证317本，对69名企业初级技术人员进行职称评定并上报职教办。还分批上报33名项目经理。2000年以后，建筑技术人员培训统一由省市举办的正规职业专科学校负责。

由于建筑队伍整体技术素质提升，设计、设备和施工技术都有大幅提升，无论现代建筑或是仿古建筑都创造出全优工程的典型。1991—2005年，共创市以上全优工程50项，其中部级一项。典型工程如下：

**现代建筑：**

**安通大厦** 县设计所设计，东南建筑公司施工，10层框架结构，钻孔灌注桩基础，建有地下车库，总建筑面积12000平方米，投资1227万元，1996年竣工。

**县电信大楼** 省轻工设计院设计，马鼻建筑工程公司施工，15层框架剪力墙结构（地下室二层），静压预制管桩基础，建筑面积16500平方米，工程造价3800万元，2001年8月竣工。

**建行大楼** 省闽武设计所设计，县三建公司施工，13层框架结构，建筑面积8000平方米，工程造价450万元，钻孔灌注桩基础，1997年3月竣工。

**地税大楼** 省建材设计院设计，长龙建筑公司施工，13层（含地下2层）框架结构，建筑面积6953平方米，工程造价1800万元，2003年3月竣工。

**安盛大楼** 省闽武设计院设计，长龙建筑工程公司施工，10层框架结构，建筑面积20017平方米，工程造价1227万元，2003年6月竣工。

**丹凤广场大楼（钟楼）** 省建筑设计院设计，敖江建筑工程公司施工，静压预应力管桩基础，15层框架结构，建筑面积20275平方米，工程造价1216万元，2005年12月竣工。

**仿古建筑：**

**琯头镇旧道上街林氏宗祠** 清道光间建，1993年已破烂不堪。1994年，进行全面修复，运用新的材料和工艺，使旧貌换新颜，既保留传统风格又保证安全美观。原门柱托梁为直径40厘米，长度约11米的杉木梁，后被人为锯断，导致托梁上两根短柱悬空，屋桁、椽条下垂，屋面漏水。修复时使用工字钢做成方梁，以代换木大梁。顶面支承两根木柱。工字钢梁的材料、焊接技术、焊缝长度、工艺技术等均满足构件的强度、刚度、稳定性的要求，节点及整体还采取相应的技术措施，既安全又牢固。

**南湖太极观山门** 四柱三间二层牌楼式，2003年建成。整体建筑按传统模式，下部两根10.2米高主坊柱，两根7.6米高边坊柱全用钢筋混凝土建成，门坊基座扎进公路边基，横梁也用钢筋混凝土仿古木作斗拱撑持，形成完整的钢筋混凝土排架结构。顶部钢筋混凝土板110毫米厚，面上铺仿古木椽条，中上层通体仿古木作拱斗撑持，顶用金黄色琉璃瓦铺面，中间一层两平榭分列左右两边，面积各18平方米。飞檐起脊的顶部面积46平方米。与传统的石基础单排木排架结构相比，具有抗震、抗台风、防腐蚀的特点。

**保安禅寺** 古寺建于明成化六年（1465），2004年拆除退后在原址扩建，规模达2980平方米。大雄宝殿六扇五间，宽20.8米，进深23.8米，为钢混仿古宫殿式结构，歇山屋顶，顶高15.75米，屋脊龙首大吻，四面重檐翘角，斗拱悬钟，雕梁画栋，金碧辉煌。殿中藻井按《营造法式》制法分为上下二段，高约二米，下段为八角叠拱彩绘藻井，内以木枝条做出旋转状，面层彩画绚丽，犹如孔雀开屏，生动别致。殿中间供香火部分的8根柱，采用直径60厘米，壁厚5厘米、高8米的空心花岗岩石圆柱，内浇混凝土，形成外壳为花岗石面内部为钢筋混凝土柱，其上部7—8米接上相同直径的木柱。其余柱均为钢筋混凝土方柱，节点连接采用梁、榫卯等各项技术措施，整体结构受力平衡，有利于抗震、防朽、防火。殿前过廊六柱顶梁，其中有一对青石镂空翔龙石柱，柱顶金凤对衬雀替以及廊前左右台阶中嵌的青石精雕九龙丹犀，更衬托出寺院建设的古色古香。

**云居禅寺** 志载始建于唐代，几经兴废重建。1991年后，寺院经精心规划，共筹资1500多万元，新建或改建10多座殿宇和配套设施，建筑总面积达4187平方米。在中轴线上建三幢歇山屋顶、双檐翘角、琉璃碧瓦的仿宫殿建筑，依次为天王殿、大雄宝殿、观音殿（二层为念佛堂）。尤为特色的是依山势在三大殿右侧建有过雨彩绘长廊，总长65米，宽1.5米，为县内佛寺彩廊之最，钢混结构，悬山翘角，廊周古树参天，花木馥郁，古朴、典雅，长廊可直通地藏殿。

## 第四节 建筑材料

县境生产的建材主要有花岗岩、红砖、河沙及竹木原材料、瓦、壳灰等。1991年，县机砖厂通过技改，生产空心砖，年产432万块，产值38.8万元。此后投入资金20万元，通过挖潜改造，产值达89.4万元，利润8万元。1999年，机砖厂生产空心砖3600万块，产值720万元。其他私人股份砖厂，先是生产53×115×240毫米规格实心砖，后改产空心砖，实心砖仅少量生产，用于新房装修所用。由于砖瓦生产对土地资源和环境破坏严重，受到严格限制，至2002年，30家砖厂多数相继关停，少数转为生产水泥砖。

2003年，县境磨光花岗石受到青睐而迅速发展，至2005年，从事花岗石开采、加工企业达51家，产值3404万元。各色瓷砖、红木拼木板、高级涂料等相继在市场出现。一些寺观、宗祠建设需要的原始大杉木、巴蒂木和其他建筑材料，均由外地输入投放市场，建材市场品类繁多，日益活跃。县城建材市场主要有乐家超市及多家钢材、水泥、木材、石材、铝合金、防盗门、油漆、涂料等商场。

## 第五节 机械设备

1991年，全县建安企业机械装备多处于半机械阶段，水平运输还用小推车，垂直运输有卷扬机、升降架，长途运输靠小汽车、拖拉机等。砂浆用拌和机，浇灌混凝土用搅拌机、震动器，钢筋制作用冷拉机、切割机、电焊机、氧焊机、调直机、刨光机、电钻机，土部装修使用磨石机、喷浆机等。建安企业人均机械装备804元。

1992年开始，房产业逐步向高层建筑发展，建安企业不断更新和添置大中型机械装备，以保证工程需要。主要有30—100米以上塔吊、高速井架、施工电梯、升降机、整体外架、各类桩机、大中型运输吊装等，以及各类机电、水、电安装设备和装修装饰等中小机械设备。至2005年，人均机械装备5228元。

# 第四章　房地产业

## 第一节　产业发展

1991年，县内房地产开发尚处起步阶段，仅有县建设局所属房地产综合开发公司1家，主要配合旧城改造，统建商住房，在安置拆迁户的同时，出售部分商店和住宅。每平方米价格300—580元。售量仅0.5万平方米。1992年，城镇旧房改造范围逐步扩大，经报市建委批准，县内有3家建筑企业兼营房地产开发。1993—1995年，相继引进华星、龙事达等5家“三资”企业，在县城和琯头等地开发商品房。1991—1995年，共投资7464万元，施工面积18.6万平方米，竣工面积7.61万平方米，销售9.54万平方米，销售总额5656万元。每平方米价格500—800元。

1996—2000年，随着城镇化进程加快，国有职工实行公积金制度，金融机构推出购房按揭贷款，房地产开发渐成规模，高层电梯楼群、大盘连片商住楼房、高档花园小区日渐成为时尚，地价也攀升较快。小的开发商因资质、财力有限，在竞争中逐步淘汰，资本厚、资质高、设备好的企业逐步占领县内房地产市场。5年总投资共4.39亿元，施工面积92.32万平方米，竣工面积49.43万平方米，销售面积40.15万平方米，销售额3.79亿元。每平方米价格升到800—1000元。

2001—2005年，县内房地产开发进入兴盛时期，相继来连开发的有10多家房地产企业，开发规模不断扩大。5年总投资共达15.13亿元，施工面积339.33万平方米，竣工总面积137.35万平方米，商品房销售量112.97万平方米，销售额16.24亿元。每平方米价格升至1100—1600元。

1991—2005年，相继在连江开发房地产的企业近30家，15年累计投资20.27亿元，施工总面积450.25万平方米，其中住宅392.49万平方米，竣工面积194.39万平方米，其中住宅171.11万平方米，销售商品房162.66万平方米，销售总额20.59亿元。

县内商品房小区物业管理严重滞后，至1999年才注册成立百凤物业管理公司1家。至2005年，成立业主管委会的也仅百凤小区，其他多由业主自聘或开发商雇聘物业管理人员，管理尚待规范。

**1991—2005年连江县商品房开发情况表**

表6-3-2

| 年份 | 年完成投资额（万元） | 施工面积（万平方米） | 其中住宅（万平方米） | 施工面积（万平方米） | 其中住宅（万平方米） | 销售面积（万平方米） | 销售金额（万元） |
|---|---|---|---|---|---|---|---|
| 1991年 | 214 | 0.62 | 0.62 | — | — | 0.50 | 380 |
| 1992年 | 165 | 0.49 | 0.49 | 0.49 | 0.49 | 0.60 | 450 |
| 1993年 | 1213 | 2.32 | 2.03 | 0.92 | 0.80 | 0.47 | 356 |

续表 6-3-2

| 年份 | 年完成投资额（万元） | 施工面积（万平方米） | 其中住宅（万平方米） | 施工面积（万平方米） | 其中住宅（万平方米） | 销售面积（万平方米） | 销售金额（万元） |
|---|---|---|---|---|---|---|---|
| 1994 年 | 1177 | 2.50 | 2.00 | 1.38 | 0.88 | 1.00 | 800 |
| 1995 年 | 4695 | 12.67 | 11.14 | 4.82 | 4.17 | 6.97 | 3670 |
| 1996 年 | 6275 | 15.76 | 13.58 | 7.42 | 6.28 | 2.19 | 2326 |
| 1997 年 | 7586 | 16.38 | 13.07 | 10.08 | 8.03 | 5.84 | 5094 |
| 1998 年 | 7426 | 10.83 | 7.95 | 5.74 | 4.23 | 5.13 | 4712 |
| 1999 年 | 9253 | 17.23 | 14.66 | 10.88 | 9.05 | 12.60 | 12087 |
| 2000 年 | 13350 | 32.12 | 28.20 | 15.31 | 13.27 | 14.39 | 13669 |
| 2001 年 | 17394 | 44.22 | 35.17 | 12.25 | 10.27 | 10.73 | 14999 |
| 2002 年 | 19025 | 61.59 | 53.37 | 32.86 | 27.03 | 18.86 | 23523 |
| 2003 年 | 47288 | 81.53 | 73.62 | 27.18 | 25.04 | 24.62 | 27638 |
| 2004 年 | 23616 | 79.46 | 71.61 | 34.48 | 32.24 | 19.08 | 28612 |
| 2005 年 | 44000 | 72.53 | 64.98 | 30.58 | 29.33 | 39.68 | 67582 |
| 1991—2005 年累计 | 202677 | 450.25 | 392.49 | 194.39 | 171.11 | 162.66 | 205898 |
| 2005 年为 1991 年倍数 | 205.6 | 117.0 | 104.8 | 62.4 | 59.86 | 79.4 | 177.8 |

# 第二节　房地产企业

1991 年，县内从事房地产开发仅县建设局所属的连江县房地产综合开发公司 1 家，主要配合旧城改造，统建商住房。1993 年，开始引进“三资”企业，如金星、龙事达、宝龙、华星等，多数建设 6 层左右楼房，没有电梯等设施。1996 年后，城镇建设加快。随着按揭贷款和住宿制度改革深化，商品房需求量增大，质量要求也更高，给房地产业发展提供良好机遇。1996—2005 年，县内先后引进“三资”和内资房地产开发企业 20 多家，楼盘规模逐步增大，高层建筑电梯楼群装修时尚，吸引众多居民，房产交易持续旺盛。1996—2005 年，共施工开发面积 431.66 万平方米，其中住宅 376.21 万平方米。2005 年，完成投资额 4.4 亿元，与 1991 年比，增长 204 倍。售房面积 39.68 万平方米，销售额 67582 万元，比 1991 年增 176 倍。

**附主要房地产企业简介：**

**连江县房地产综合开发公司**　县建设局 1987 年成立，国有企业，主要结合旧城改造，开发商住房。1991—1995 年，在开通玉荷东路和玉荷西路的同时，开发建设沿街部分商品房和安置房，建筑总面积 8 万多平方米，大部返还安置拆迁户，尔后退出竞争。

**福州华星房地产开发有限公司**　1993 年成立，当年投资 1000 万元，在物资公司旧址开发 4 座商品房。

**连江县宝龙房地产开发有限公司**　1993 年成立，资质三级。2003—2004 年，投资 866 万元，建宝龙苑 3 座商品房，总面积 2.3 万平方米，其中住宅房 118 套，商业店面 48 间。2005 年仍在开发。

**晓澳松峰房地产开发有限公司** 1997年成立。利用前期围海造地16公顷。相继建成商品房6层楼房8座共200套和1800平方米的农贸市场。2002年，推出高级小区“名流港湾”，被列为省建设厅建设示范小区，其中有单体别墅51座，连体别墅18座，2005年，完成50%工程。

**连江县宏源房地产有限公司** 1998年成立，资质三级。1999—2005年，共投资5549万元，开发琯头宏运楼、宏源公寓、宏源新苑、琯头东升新村（7座楼房）。开发土地面积26710方米，竣工101424平方米，其中住宅95755平方米，商用房面积5669平方米。

**福州侨隆房地产开发有限公司** 1998年成立。当年投资1084万元，开发原法院片区为侨隆花园A区4880平方米，竣工面积19125平方米，其中住宅房108套，13946平方米。2000年，开发原县林业局片区为侨隆花园D区0.43公顷，竣工面积12600平方米，其中住宅房84套，面积11500平方米。2001—2005年，分两期开发琯头侨隆花园面积1.07公顷，竣工面积34669平方米，其中住宅190套，面积21800平方米。

**连江县永得利房地产有限公司** 2000年成立，至2005年，6年共投入3亿多元，完成永得利花园、丹凤花园、凤都花园等建筑面积33万多平方米，其中住宅2600多套，商店面积3万多平方米，全部售完。共上缴税收3000万元。获“福州市纳税大户”、“诚信单位”、县“十佳企业”等称号。

**福州源盛房地产开发有限公司** 2000年成立，资质暂三级。当年投资5000万元，开发解放大桥西北片区2.33公顷，建金凤西城15层电梯房等商品房总面积6.6万平方米，其中住宅249套4.8万平方米。至2005年，共建商品房19.23万平方米。

**福建省融凤房地产有限公司** 2000年成立，当年投资9000万元，开发北江滨东路片区，建景江花园，一期用地8.7万平方米，竣工12万平方米，其中住宅477套、10.44万平方米。2004年，投资1.5亿元，建设二期工程，用地8.5万平方米，建住宅16.32万平方米，商店0.42万平方米。出售情况较好，共交税收7000万元。

**福建太一房地产开发有限公司** 2003年成立，当年投资2亿元，开发黄如论中学北面40677平方米，至2005年，竣工面积6万平方米，其中住宅380套、5.8万平方米，商用房面积0.8万平方米。

**连江县上一房地产开发有限公司** 2005年12月成立，资质暂三级。当年投资9500万元，开发“日出东方”小区，总面积105000万平方米。

# 第五章　机构与管理

## 第一节　县建设局

1991年，为县城乡建设局，内设人秘、财务、建工、城建、质量监督、安全管理、设计7个科室和1个城管中队，在岗人员29人。1997年，机构改革，改称县建设局，内设办公室、计划财务科、城市规划管理科、城市建设管理科、建筑管理科、房地产业管理科6个科室，行政编制8人，工勤1人。2003年6月，根据县政府《关于连江县县级党政机构的实施意见》，内设办公室、城乡规划管理科、城市建设管理科、计划财务科、建筑业管理科、房地产业管理科、政策法规科7个科室，在岗人员27人，其中行政编制7人，工勤1人，事业编制19人。至2005年不变。

**局属单位：**

**县村镇建设管理站**　1991年成立，2005年职工9人。

**县燃气管理站**　1999年成立，2005年职工5人。

**建筑工程交易中心**　2001年6月成立，2005年职工2人。

**县建筑设计院**　前身是县基建局设计室，1991年员工15人。1993年5月更名为县建筑设计所。1997年8月，改称建筑设计院。2005年，员工66人（含外聘29人），自收自支。

**县建筑工程质量监督站**　1991年，员工11人，自收自支。2005年，与县工程质量监督检测室一套人马两块牌子，人员减至8人。

**县建筑工程文明安全监察站**　1984年成立，1991年员工3人，2005年员工6人。

**县建筑工程造价管理站**　原称建筑工程定额测定站，1987年设立，员工5人，自收自支。1992年改为今名，人员6名。2005年有员工5人。

**县房产管理所**　1984年由财政局移属建设局，1991年职工5人，2005年职工11人。

**县住房公积金管理中心**　1997年10月设立，与房产所合署办公。2004年，单独设置，改名福州市住房公积金管理中心连江管理部。2005年职工3人。

**县房产交易所**　1994年3月从房产管理所析出，单独设立，职工7人。2005年职工10人。

**县房地产综合开发公司**　1987年8月成立，由县建设局抽调人员13人从事房产开发。1995年退出房产业后，人员分流各科室。至2005年公司管理人员由局技术和财务人员兼任。

**县城建监察大队**　1986年为城建监察中队，1991年职工8人。1992年，编制20名。1994年10月，改为监察大队。1997年，编制26名。2004年4月，由股级单位升格为副科级单位，副局长兼大队长，经费差额由财政核补，职工编制增加到36名，县财政全额拨款。大队下设综合监察中队、规划监察中队、城建监察中队、机动中队。2005年，共有员工30人。

**县园林绿化管理所**　1995年成立，专门负责城市园林绿化规划、建设和管理工作。2005年职工6人。

**县自来水公司**　1998年成立，前身为县自来水厂，2004年改名连江县供水有限责任公司。2005年职工114人。

**县环境卫生管理所**　1992年，由凤城镇划归县建设局管辖。1997年，县编委核定100人。2005年，所内设办公室、质检队、清洁队、市容环境卫生监察分队、车队、垃圾转运站、垃圾处理场、水冲厕所管理，年末共有员工150人，其中临时人员25人。

**青芝景区管理处**　1991年职工15人。2003年经营权被琯头企业家金潮水承包，原职工社保由管理处缴纳。

## 第二节　管　理

### 一、市政管理

（一）城建执法

1991—1995年，县城建监察中队（1995年改为大队），根据城市规划管理有关法规，严格按执法程序，共查处违法违章建设个案848起，其中，强制拆除73户，申请法院强制执行2户，责令限期自行拆除85户，其他责令停止施工等688户，罚缴违章和占道款47.26万元。

1996—2000年，由于执法力度加大，违章建筑大为减少。5年共查出违章建设286起，其中，强制拆除13户，责令限期自行拆除85户，其他停止施工等188户，罚缴违章和占道款88.68万元。

2001—2005 年，执法重点是维护县城总体规划的实施，采取堵、疏结合，日常巡逻与突击整治相结合的办法，发现一起制止一起。5 年共查处违章建筑 316 起，其中，强制拆除 129 户，责令自行拆除 19 户，停建 113 户，其他 55 户。

（二）市容整治

1993—1995 年，为创建文明县城，实行“三岗一巡逻”制度。3 年共清理占道垃圾 5360 立方米；清除垃圾渣土 320 吨，清理堆放杂物 300 余处；强行拆除违章临时搭盖 325 处；整顿不规范施工 60 多处；清除户外广告牌匾 100 余块，乱张贴广告等 6300 余张；纠正违章乱停车 85 辆次，制止无牌人力三轮车 275 架；清除伸出墙外防盗网 50 处。

1996—2000 年，依据《市容法》和《中华人民共和国行政处罚法》，以市容市貌为重点，实行全天候管理，狠抓城区“脏、乱、差”的整治。5 年间，共清除垃圾渣土 2270 吨，清理乱堆杂物 70 余处，整顿不规范牌匾广告 340 多面，清理乱贴 11000 张，没收 4 万多张，拆除沿街不规范遮雨篷 490 多面。1999 年，为解决沿街摊点难题，开辟玉荷东路小百货夜市摊点和文山路小吃一条街。

2000—2005 年，树立“服务社会，文明执法”工作理念，在城区重点地段设立 5 个城管执勤岗位，实行定岗、定位管理，把日常巡逻与突击整治结合起来，分工包片，跟踪巡逻，尤其加强对流动摊点、店外店及菜果农买卖摊位乱占道的管理。对管理死角进行清理，5 年共治理乱占摊点 9900 处，取缔店外店 5999 起，责令整顿 147 起，先后出动 8100 人次治理死角，并配合交通执法，查处城区违章车辆 1183 辆次，使市容基本保持整洁和良好秩序。

（三）环境卫生

1991 年，设有县城环卫所，职工 86 人，属凤城镇管辖。卫生清扫以城区主干道为主，清扫面积 9.59 万平方米，日清垃圾 45 吨。

1992 年，环卫所划县建设局管辖。1993 年，为适应城区扩大、垃圾量增加新情况，在陀市林场新辟 4 万平方米垃圾填埋场，但因设备简陋造成局部二次污染。1998—2002 年，相继投资 300 万元，开辟飞石垃圾堆场 9.2 万平方米，日处理量 100 吨，并规划引进垃圾焚烧发电设备。还投资 190 多万元建成百凤、丹凤、江南 3 个垃圾转运站，日受纳转运能力 180 吨。同时，逐步把城区内的传统旱厕，改为标准的冲水公厕。

2003—2005 年，相继新购 5 吨垃圾运输车 3 辆，5 吨摇臂车 1 辆，3 吨压缩运输车 1 辆，推土机 1 部，环卫监察边三轮 3 部。推广垃圾袋装并上门收集，8 条主干道一日两清，县治共有冲水公厕 12 座，旱厕 2 座。

2005 年，县城清扫面积扩大到 40 万平方米，日清垃圾量 100 吨，环卫职工增加到 150 人，环卫支出 335 万元。

（四）液化气管理

1993—1994 年，围绕液化气行业的安全、价格、计量 3 个方面的问题，根据《福州市燃气管理办法》，会同劳动、消防、物委、工商、计量等部门对全县 10 多个乡镇 60 多家经营点进行整顿，取缔并转 30 多家，对个别经营户进行简易充装液化气的行为责令限期拆除。

1998—2000 年，成立县液化气市场综合整治领导小组，依法取缔东岱、敖江、马鼻、苔菉等 4 家简易充装站，共发出整改通知书 40 多份，查扣不合格钢瓶 2260 多粒，罚款 12000 多元，并淘汰废除破损钢瓶 2260 多粒，对经检验安全的 4500 粒钢瓶进行编号，严格查处高价垄断现象。

2001—2004 年，燃气行业由制约管理向适应管理转变，严厉打击非法经营网点，先后发出整改指令 83 份，整改意见 297 条，共查处无证经营、违章存放钢瓶行为 39 起，查扣钢瓶 954 粒，更新报废 3750 粒，送检钢瓶 1110 粒，12 家储罐站由强制到自行更新报废钢瓶 5000 粒，罐站整改率达 93%，全县投入合格钢瓶 13.8 万粒。

2005年，县建设局会同有关部门，完成钢瓶普查整治和钢瓶产权转换工作，共查处违章存放钢瓶3起，查扣钢瓶75粒，查处非法充装和使用超期钢瓶行为6起，56粒。年末，县城有液化气储存站1家，储存容量为1200立方米，液化气灌站11家，储存容量为780立方米，合格钢瓶流通市场14.1万粒，未发生重大事故。

**二、建筑业管理**

（一）市场管理

1991年，根据以往建筑工程招投标中出现的问题和新的发展趋向，逐步进行改革，重新制定细则，提高透明度，进行公平竞争。至1992年，有10多项工程公开进行招投标，工程造价降低6%—10%，工期缩短10%—25%。

1993年，成立县工程造价咨询部，对工程造价和建材价格进行调查、研讨，建立信息网络，提供评估、咨询服务。同时对工程预算人员资格进行验证、注册，持证上岗（至2005年有125人）。规范预概算程序和质量要求，使工程造价更加科学，招投标更公平合理。1999年，编制工程造价调整标准，品种由100多种扩大到600多种，填补工程品种差价的漏洞。

2001年，成立县建设工程交易中心，作为建筑工程中介服务法人，不以营利为目的，按照《福建省建筑市场管理条例》规定，在县规划区范围内建筑200平方米或造价10.5万元以上的工程项目，都必须在立项后到中心办理工程报建手续；凡建筑工程面积1000平方米或造价50万元以上的，水利、电力装修装饰、园林绿化、邮电等工程造价20万元以上的工程，必须在中心发布招标信息，组织招标活动。

2001—2003年，上报建设工程项目49项，其中公开招标31项，邀请招标10项。大部分工程造价合理，质量可靠，按预定工期完成。2004—2005年，实施公开招标工程31项，邀请招标2项，中标总价款9826万元，降低工程总造价10.5%。

（二）质量管理与监理

1991年，县建设工程质量监督站，对全县计划内工程实行监督管理和质量等级评定工作。经常派员到现场检查、监督，认真指导依规施工，及时发现质量隐患和质量问题，发出通知督促改正。当年，县一建公司施工的福州王庄乐西155号的B楼工程，经建设部检查组质量检查评定荣获部优工程，名列全省第五名，福州地区第一名；浦口建筑工程公司在榕建设的20项工程全部被推为市优工程，被评为市建委系统先进集体。

1993年，县建设局把建工、质量、安全、城建、建材、设计、城管中队等部门组成检查组，对城关地区在建工程进行检查，从8个施工企业48个在建工程中，抽查23项，质量合格率在95%以上，对检查中发现的5条质量通病进行通报。

1999年，在全县实施工程监理制度，并引入社会监理机制，各级工程监理单位计26家。县质量监督站从具体的质量实体监督，逐渐转到对工程质量保证体系和质量行为监督。2000年，为实施品牌战略，启动创优工程活动，成立县工程质量管理协会，审查18家企业技术素质并上报市建委，均顺利通过年检。2003年，建安企业质量安全“保底线”意识明显增强，工程质量监督覆盖率100%。监督项目总计122项299个单元，总建筑面积149万平方米，竣工验收36项84个单位工程，出具工程质量监督报告39项85个单位工程。针对发现的局部工程质量问题，共发出工程整改通知单4份，工程质量问题整改通知单78份计370多条质量问题整改指令，工程质量监督联系单13份，并逐条落实整改。通报监理公司1家，有效地控制工程质量，发挥政府宏观控制的监督管理职能。

2005年，为保证工程质量监督的效率，投资10多万元，购置有关仪器设备8台，以满足建筑材料等试验检验工作。是年，共办理工程质量注册监督项目手续18项，监督总建筑面积25.52万平方米，往年结转项目88项，总建筑面积108.9万平方米。并对建筑材料和工程实体进行质量抽查，共发出工程局部停工整改通知单 1 份，工程质量问题整改通知单 25 份，计 129 条质量问题指令，工程质量监督联系单 1 份，并逐条督促落实整改。

**1991—2005 年工程质量监督业绩表**

表 6-5-1

| 时间 | 项目数（个） | 建筑面积（万平方米） | 工程造价（万元） | 监督费（万元） |
|---|---|---|---|---|
| 1991 年 | 31 | 5.3 | 1540 | 3.70 |
| 1992 年 | 34 | 9.2 | 3248 | 12.60 |
| 1993 年 | 37 | 11.9 | 4733 | 15.50 |
| 1994 年 | 26 | 7.6 | 4581 | 14.40 |
| 1995 年 | 37 | 12 | 6322 | 1.90 |
| 1996 年 | 32 | 11.2 | 5993 | 18.97 |
| 1997 年 | 33 | 10.5 | 5662 | 17.50 |
| 1998 年 | 33 | 14.9 | 10120 | 22.88 |
| 1999 年 | 36 | 17 | 7439 | 30.60 |
| 2000 年 | 54 | 32 | 18300 | 57.50 |
| 2001 年 | 33 | 36.3 | 20500 | 80.00 |
| 2002 年 | 39 | 45.6 | 25675 | 91.00 |
| 2003 年 | 55 | 65.1 | 35653 | 130.00 |
| 2004 年 | 50 | 55 | 42460 | 110.00 |
| 2005 年 | 37 | 40 | 26156 | 77.63 |

说明：监督费因有跨年收费，无法反映当年造价比例

（三）企业资质管理

1991 年，连江有资质建筑企业 15 家，其中三级以上 3 家，四级 10 家，五级、六级各 1 家。为提升企业资质，县政府通过充实建筑队伍技术力量、培训施工骨干力量等措施，提高建筑业的整体实力。1993 年，通过建筑企业的改制，整体技术力量和施工力量得到不断壮大。至 1999 年，县内经省建委批准的建筑施工三级企业已达 10 家。至 2005 年，县建筑业共有资质企业 14 个，其中一级企业 1 个，二级 7 个，三级 6 个。

（四）安全管理

1991 年，首次开展四级以上施工企业所属的施工工地安全达标活动。从宣传入手，经常到工地进行监察辅导，落实安全生产责任制，安全生产取得明显成效。县二建公司 5 个工程项目被评为市或县安全工地。1992—1997 年，按照国家建设部陆续颁布实施的建筑安全技术标准规范，安全管理工作从定性管理，转变为定量管理。1998 年 3 月开始，大力宣传贯彻《中华人民共和国建筑法》，印发 1000 份宣传材料，组织人员上街咨询宣讲，并先后组织 4 次安全生产大检查。当年，对 38 个工地发出《事故隐患整改通知书》，提出整改意见 210 条，对违反《中华人民共和国建筑法》规定的 22 个项目实施处罚。1999 年，相继召开 5 场全县建筑业安全生产会议，制定《连江县建筑工程文明施工管理分阶段实施方案》，实行分片包干、定人负责、日常巡查、周末小检查等办法，强制推行密封式安全立网全

封闭措施，组织多次安全生产大检查，查出安全隐患 278 条，发出“事故隐患整改通知书”26 份，共处罚金 3360 元。

2000—2003 年，安全监管实行属地化管理，重点监管县辖范围内的建筑工程。强化企业第一把手亲自抓和负总责制度，层层签订《安全生产责任书》，实行例会制度，每月召开一次通报安全生产情况，先后检查在建工程 83 项，责令更换不合格的密闭式安全网 2570 片，同时开展升降架隐患的专项治理，对事故隐患整改不彻底、措施不到位的工地，累计依法处以罚金 24500 元。邀请福州市安全站专家到县举办《建筑安全检查标准》学习培训班，培训人员 173 人。

2004 年，贯彻《建设工程安全生产管理条例》，开展“全国安全生产月”活动。进行施工现场脚手架搭设、模板支撑体系专项整治。举办 102 人参训的全县建筑施工企业安全生产考核（换证）培训班，组织多次安全生产大检查，全年发出《事故隐患整改通知书》46 份，查出安全隐患 136 条，取得良好效果。2005 年，县建设局成立安全生产工作领导小组，制定《建筑工地突发性事故应急预案》，开展悬挑钢管脚手架搭设、模板及其支撑系统安全专项整治，强化建筑施工安全生产，严防伤亡事故的发生。

### 三、房产管理

#### （一）产权发证

1990 年，县房地产管理所对全县房产确权发证作准备工作。1993 年开始，办理个人自建房、单位建房确权发证。2002 年起，具体业务由县建设局负责。至 2005 年底，共发放私人房产证 31509 件，建筑面积 410.76 万平方米；单位房产证 2267 件，建筑面积 245.54 万平方米。此外，还对房屋贷款抵押进行登记，提供证明。

**1993—2005 年连江房产权发证情况表**

表 6-5-2

| 年份 | 个人自建房 | | 单位自建房 | | 合计 | | 他项权登记发证（件） |
|---|---|---|---|---|---|---|---|
| | 件数（件） | 面积（万平方米） | 件数（件） | 面积（万平方米） | 件数（件） | 面积（万平方米） | — |
| 1993 年 | 1661 | 17.69 | 384 | 46.04 | 2045 | 63.73 | — |
| 1994 年 | 1143 | 12.53 | 192 | 16.07 | 1335 | 28.60 | — |
| 1995 年 | 1124 | 9.99 | 116 | 13.37 | 1240 | 23.36 | — |
| 1996 年 | 1624 | 15.69 | 88 | 17.28 | 1712 | 32.97 | — |
| 1997 年 | 2093 | 21.46 | 210 | 28.34 | 2303 | 49.80 | 12 |
| 1998 年 | 1692 | 27.86 | 155 | 18.74 | 1847 | 46.60 | 172 |
| 1999 年 | 1772 | 21.35 | 187 | 16.43 | 1959 | 37.78 | 503 |
| 2000 年 | 2726 | 34.59 | 126 | 13.13 | 2852 | 47.72 | 1148 |
| 2001 年 | 4025 | 53.73 | 62 | 6.13 | 4087 | 59.86 | 1163 |
| 2002 年 | 3270 | 45.67 | 108 | 18.41 | 3378 | 64.08 | 1600 |
| 2003 年 | 3567 | 55.73 | 280 | 20.11 | 3847 | 75.84 | 1698 |
| 2004 年 | 3163 | 44.81 | 238 | 22.44 | 3401 | 67.25 | 1601 |
| 2005 年 | 3649 | 49.66 | 121 | 9.05 | 3770 | 58.71 | 1528 |
| 总计 | 31509 | 410.76 | 2267 | 245.54 | 33776 | 656.30 | 9425 |

（二）房产交易

1991年，随商品房开发增多，房屋交易、租赁等涉及产权、发证、评估和证件审查等业务不断扩展。当年交易面积0.21万平方米230万元。1994年3月，从县房地产管理所析出单独设立县房地产交易所。从事房产拍卖、赠予、交换、租赁、抵押、预售等评估、监证，协助征收有关税费。1995年，根据《中华人民共和国城市房地产管理法》，在交易所内设房地产价格评估事务所，两块牌子、一套人员。当年房屋交易面积增加到4.61万平方米2967万元。

1996—1999年，在住房公积金个人贷款和商业按揭贷款的支撑下，个人购房支付能力有所提高，二手房交易市场也逐渐活跃。2003年开始，为规范和加强管理服务工作，提高透明度，撤销房地产价格评估事务所，由专业人员组成中介部门评估。

1991—2005年，全县共办理房屋买卖17448件，面积214.81万平方米，成交额21.66亿元，办理抵押监证手续17473件，面积538.25万平方米，抵押金额50.45亿元。

**1991—2005年连江房屋买卖、抵押情况表**

表6-5-3

| 年份 | 买卖 | | | 抵押 | | |
|---|---|---|---|---|---|---|
| | 办理件数（件） | 面积（万平方米） | 金额（万元） | 办理件数（件） | 面积（万平方米） | 金额（万元） |
| 1991年 | 82 | 0.21 | 230 | — | — | — |
| 1992年 | 172 | 0.36 | 340 | — | — | — |
| 1993年 | 349 | 1.14 | 678 | — | — | — |
| 1994年 | 463 | 1.27 | 556 | 43 | 9.87 | 2011 |
| 1995年 | 586 | 4.61 | 2967 | 70 | 8.82 | 3930 |
| 1996年 | 565 | 5.32 | 3758 | 186 | 21.21 | 8176 |
| 1997年 | 960 | 12.74 | 9133 | 248 | 22.67 | 11045 |
| 1998年 | 1339 | 21.21 | 14404 | 519 | 32.89 | 14268 |
| 1999年 | 981 | 12.71 | 11232 | 1003 | 31.34 | 14235 |
| 2000年 | 1475 | 16.5 | 17010 | 1723 | 42.23 | 41929 |
| 2001年 | 1432 | 20.42 | 20346 | 1965 | 45.75 | 25120 |
| 2002年 | 1765 | 24.21 | 24832 | 2393 | 66.35 | 35889 |
| 2003年 | 2442 | 30.48 | 27851 | 3130 | 117.72 | 134126 |
| 2004年 | 2355 | 31.18 | 39592 | 3373 | 76.43 | 103199 |
| 2005年 | 2482 | 32.45 | 43702 | 2820 | 62.97 | 110607 |
| 合计 | 17448 | 214.81 | 216631 | 17473 | 538.25 | 504535 |

（三）公房管理

县城公房是历史遗存的财政公产，多土木结构，少量经修建成套房，主要安排机关干部职工作宿舍，也有居民租住。1991年，尚有412户租住，由县建设局管理，租金很低，每平方米仅0.10—0.50元，年收租金1.5万元左右，尚不足以维修养护开支。1992年，为解决机关单位职工住房紧缺。县政府统一安排土地，由职工集资建设单元宿舍楼，因财政或单位有一定补助，暂列为单位公房管理，未办理产权。1993 年开始，旧城改造速度加快，部分公房拆迁或转让。同时，机关事业单位实行住房制度改革，部分职工集资住房。1997 年，公房租金调整为每平方米 0.60—1.00 元，套房 2.00 元。1998 年开始，职工集资建房有的参考房地产市场价格，作价出售给住房职工，并办理私人产权证，收回政府补助款。2000 年，公房租金每平方米调高为 0.80—1.80 元，套房 2.00 元。经 4 次调整，基本达到“以租养房”，使公房得以较好维护。至 2005 年，租住公房租户仍有 326 户，总面积 16279.51 平方米，收租金 35.7 万元。全县职工集资建房已办售房和私人产权 631 套，共 74997 平方米，收回售房资金 2691 万元，存入“公积金”账户，作房改补助和公房维修资金。

**1991—2005 年连江县公房变动和集资房出售情况表**

表 6-5-4

| 年份 | 公房变动及收支 | | | | 单位职工集资房出售 | | |
|---|---|---|---|---|---|---|---|
| | 户数（户） | 面积（平方米） | 年收租金（万元） | 修缮支出（万元） | 套数（套） | 面积（平方米） | 回收资金（万元） |
| 1991 年 | 412 | — | 1.5 | — | — | — | — |
| 1992 年 | 461 | — | 3.5 | 1.7 | — | — | — |
| 1993 年 | 346 | — | 5.0 | 1.2 | — | — | — |
| 1994 年 | 311 | 14757 | 9.5 | 0.8 | — | — | — |
| 1995 年 | 348 | 16916 | 14.5 | 1.0 | — | — | — |
| 1996 年 | 355 | 18655 | 19.5 | 1.0 | — | — | — |
| 1997 年 | 363 | 19361 | 25.0 | 1.7 | — | — | — |
| 1998 年 | 366 | 19864 | 41.5 | 1.4 | 53 | 4517 | 131 |
| 1999 年 | 366 | 19864 | 33.5 | 10.6 | 294 | 31697 | 1339 |
| 2000 年 | 366 | 19864 | 33.5 | 1.0 | 94 | 11797 | 405 |
| 2001 年 | 353 | 18942 | 35.0 | 7.0 | 8 | 809 | 32 |
| 2002 年 | 353 | 18942 | 30.0 | 4.7 | 86 | 13569 | 368 |
| 2003 年 | 353 | 18942 | 39.0 | 8.4 | 61 | 6826 | 275 |
| 2004 年 | 327 | 16382 | 43.5 | 7.6 | 34 | 5639 | 135 |
| 2005 年 | 326 | 16279 | 35.7 | 1.1 | 1 | 143 | 6 |

（四）住房公积金管理

1997 年 10 月，成立县住房公积金管理中心，对行政、事业单位职工开始提取归集住房公积金。属于县财政核发工资的单位，由县财政拨出个人工资的 3%，由职工本人工资中提取 5%。属于省垂直管理单位的职工，由单位和个人各上缴个人工资的 15 % 进行归集。

2000 年 7 月，县政府对参加缴存住房公积金的在职员工，可申请贷款购买住房，其额度为夫妻双方都有公积金的，最高可贷 5 万元，单方的贷 3 万元。2004 年开始，分别提高到 13 万元、10 万元。至 2005 年底，全县参加住房公积金的 172 个单位，职工人数 5892 人，累计归集公积金 11338.92 万元，个人累计提取住房公积金 3645.63 万元。

### 1997—2005 年连江县归集和发放住房公积金情况表

表 6-5-5

| 年份 | 参与归集单位（个） | 参加职工（人） | 年末归集累计金额（万元） | 年末提取累计（万元） | 当年贷款户累计（户） | 当年放贷金额累计（万元） | 当年最高每户放贷额(万元） |
|---|---|---|---|---|---|---|---|
| 1997 年 | 70 | 3079 | 71.08 | 0.09 | — | — | — |
| 1998 年 | 84 | 3448 | 378.25 | 6.81 | — | — | — |
| 1999 年 | 111 | 4798 | 872.82 | 3.38 | — | — | — |
| 2000 年 | 140 | 4828 | 1615.54 | 8.55 | — | — | 5 |
| 2001 年 | 141 | 4887 | 2573.02 | 215.33 | 8 | 32 | 5 |
| 2002 年 | 147 | 5429 | 4237.58 | 775.83 | 14 | 90 | 5 |
| 2003 年 | 168 | 5723 | 6130.53 | 1426.79 | 19 | 116.2 | 5 |
| 2004 年 | 159 | 5827 | 8691.95 | 2432.09 | 31 | 311 | 13 |
| 2005 年 | 172 | 5892 | 11338.92 | 3645.63 | 54 | 573 | 13 |

# 第七篇　农　业

1991 年，连江继续推行家庭联产承包经营责任制，并依据农村经济发展实际，不断深化改革，开拓新的发展模式。1992 年 8 月，官坂创办县内第一家禽牧股份合作企业。1993 年，特色蔬果发展较快。1994 年，长龙创办第一家反季节蔬菜基地。1995 年，水果产量较 1990 年翻一番。1996—2000 年，经济建设速度加快，基础设施、工业企业等用地增多，耕地逐渐减少。县委、县政府继续把农业放在重要位置，从政策、资金、技术等方面扶持农业发展、农村建设和农民增收。至 2000 年，粮食总产 165203 吨，水果产量 3 万多吨，蔬菜产量 137901 吨，均比 1990 年翻一番。农业总产值 5.026 亿元，农民人均纯收入 3819 元。2001—2005 年，随着耕地面积减少，且种植业收效低，农村富余劳动力出路压力加大，农村经济发展、农民增收面临严重挑战。县委、政府与时俱进，用足中央对“三农”优惠政策，强化农业种植结构调整，推广高新农业科技，鼓励规模化经营、发展订单高效农业。同时，大力提倡城市支援农村、工业反哺农业，大力减轻农民负担，增加农民收入，促进农业和农村发展。2003 年，取消屠宰税、农业特产税和农村“三提五统”（公积金、公益金、管理费三项村级提留款，教育附加费、计划生育费、民兵训训练费、民政优抚费、民办交通费五项乡镇统筹款）。2004 年，全面停征农业税，还增加种粮直补和购买农机补贴等。 2005 年，全县粮食总产量 10.31 万吨；水果总产量 2.91 万吨；蔬菜总产量 14.14 万吨；上规模生猪饲养场 12 个，万只以上蛋鸡场、蛋鸭场 7 家，千只以上家禽专业户 98 家；农业总产值 6.963 亿元；农民人均纯收入 4912 元，为 1990 年 799 元的 6.15 倍。

## 第一章　生产条件

### 第一节　耕　地

**一、耕地面积**

1991 年，全县耕地面积 216932 亩，占陆地面积的 15%。其中水田 159035 亩，旱地 57897 亩。水田中平洋田占 62.5%，多分布在敖江流域、闽江口和罗源湾畔，地势平坦开阔，质地肥厚，为高产粮田；山垅田和山排田占 37.5%，多分布在西北部山区，水土流失，洪涝威胁，多为中低产田。旱地以缓坡地为主，多分布在沿海丘陵，海拔 300 米以下居多。

1991 年后，随着各项建设需要，耕地面积逐年减少。2000 年，全县耕地 208262 亩，人均 0.34 亩。至 2005 年，全县耕地 186366 亩，扣除新开发增加耕地因素，比 1990 年净减 30566 亩，减少 14.1%，人均耕地降至 0.31 亩。耕地减少项目主要有国家基建 16341 亩，乡村集体基建 4138 亩，农民基建 722

亩，退耕种果等 4863 亩，偏远地区因干旱和山猪影响无法耕种抛荒 4502 亩。

**1991—2005 年连江县耕地面积变化情况表**

表 7-1-1　　单位：亩

| 年份 | 年内增加耕地 | 年内减少耕地 | 其中 | | | | 年末实有面积 | 其中 | | 人均耕地面积 |
|---|---|---|---|---|---|---|---|---|---|---|
| | | | 国家 | 集体 | 个人 | 退耕 | | 水田 | 旱田 | |
| 1991 年 | 5426 | 2284 | 44 | 39 | 60 | 2141 | 220074 | 158981 | 61093 | 0.36 |
| 1992 年 | — | 1644 | 140 | 794 | 29 | 681 | 218430 | 157917 | 80513 | 0.36 |
| 1993 年 | 66 | 4149 | 1609 | 518 | 180 | 1842 | 214347 | 153452 | 60895 | 0.35 |
| 1994 年 | 450 | 2279 | 950 | 266 | 16 | 1047 | 212518 | 152616 | 59902 | 0.35 |
| 1995 年 | 292 | 1067 | 520 | 39 | 16 | 492 | 211743 | 151711 | 60032 | 0.35 |
| 1996 年 | 30 | 156 | 67 | 22 | 57 | 10 | 211617 | 151711 | 59906 | 0.35 |
| 1997 年 | — | 1997 | 1877 | 30 | 90 | — | 209620 | 149969 | 59651 | 0.34 |
| 1998 年 | 1221 | 879 | 459 | 270 | 150 | — | 209962 | 150649 | 59313 | 0.34 |
| 1999 年 | — | — | — | — | — | — | 209962 | 150649 | 59313 | 0.34 |
| 2000 年 | — | 1700 | — | — | — | — | 208262 | 149950 | 58312 | 0.34 |
| 2001 年 | 250 | 4293 | — | — | — | — | 204219 | 146450 | 57769 | 0.33 |
| 2002 年 | — | 1734 | — | — | — | — | 202485 | 144988 | 57497 | 0.33 |
| 2003 年 | 248 | 7903 | — | — | — | — | 194830 | 138169 | 56661 | 0.32 |
| 2004 年 | 100 | 2101 | — | — | — | — | 192829 | 136667 | 56162 | 0.32 |
| 2005 年 | — | 6463 | — | — | — | — | 186366 | 133431 | 52935 | 0.31 |

**二、标准化农田示范区建设**

1991 年开始，逐步实施粮食自给工程和标准化农田示范区建设。1996—2000 年，共投入 843.2 万元，改造农田面积 35650 亩，其中烂泥田 9800 亩；建成机耕路 24050 米，V 形渠 20560 米，剖腹沟 10600 米，石砌渠 14650 米，暗灌 7700 米；推广新技术面积 21500 亩；建成 5 个现代化农业模式示范片，面积 1.32 万亩，并通过省政府验收。

2000 年，省委、省政府把加快实现农业现代化作为跨世纪重要战略任务，开始实施标准化农田示范区建设。2001—2005 年，由省粮食生产基地办公室牵头，省财政投入 652.7 万元，村配套资金 38 万元，在连江县实施标准化农田基本建设项目。2001 年，项目区设在敖江镇上山、下山、毗盹 3 个村，面积 3000 亩，总投资 319 万元，其中自筹和投劳共 25 万元；以实施耕作机械化、排灌自流化、品种优良化、土地高产化、管理企业化为目标，开挖排灌石砌渠 5 条，长 12.8 千米，机耕路 4 条，长 12.85 千米，新技术推广面积 3000 亩，改土培肥 3000 亩，新技术培训 800 人次。2003 年，省级标准农田示范片及节水灌溉建设项目区设在透堡，总投资 221.7 万元，其中自筹和投劳共 13 万元；新建排灌沟渠 18 条，长 453 千米，机耕路 8 条，长 5.4 千米，平整土地 50 亩，农业新技术应用推广面积 3000 亩，改土培肥 500 亩，工程石方 1768 立方米，土方 3875 立方米，砼 105 立方米。2004 年，省财政厅、农业厅联合发文，批复马鼻镇半塘片为连江县基本农田标准化建设示范片，面积 3000 亩，总投资 150 万元。建成机耕路 2042 米，排灌沟渠 7207 米，培肥地力 8000 亩次，新技术示范推广 4000 亩次。

## 第二节　劳动力

1991年初，从事粮食、经济作物种植的劳力9万多人。1992年，随着社会主义市场经济改革发展，农村从事第二、第三产业劳力逐年增多，是年，全县外出务工、从商人数6409人。2000年，全县农村实有从业人员28万人，其中第一产业16.42万人，第二产业6万人，第三产业5.58万人。其中从事农业劳力8.27万人。2005年，全县农村从业人员29.1万人，从事第一产业的15.70万人中，其中从事农业6.98万人，占总劳力的23.99%；外出劳力7.22万人，占总劳力24.81%，比1991年4898人增加13.7倍。

随着农村经济增长，科技进步，教育发展，劳动力文化素质和应用科学技术水平也相应提高。1991—2005年，先后举办农村各类专业技术培训班728期，受训农民30840人次。建立群众性科研小组575个，农业示范乡镇7个，科技示范村102个，示范户1050个。据2005年调查，全县初中文化以上农民16.25万人，占农村总劳力55.84%；农民生产能手和能工巧匠12万人，占总劳力的41.24%；授予农民技术职称739人，聘为农业技术员的有451人。

## 第三节　机具与畜力

### 一、耕作畜力机具

**耕牛**　耕牛是县内传统的耕作畜力，1991年，全县耕牛9386头，其中黄牛4426头，水牛4960头。1992年后，平原机耕面积逐步扩大，耕牛日益减少。1993年耕牛3677头，1994年为4691头。2000年，耕牛总数为4650头。至2005年，全县耕牛仅2875头（其中黄牛1408头，水牛1467头），主要分布县境西北部山区。

**机具**　连江传统耕作农具主要有锄、犁、耙、粪桶、锌刀、田埂刀、压稿机、草耙等，至2005年仍继续延用。1991年，随着农村经营体制变化，农耕机械化水平逐步提高。是年，全县有大型拖拉机9台，配套农机具8套；小型拖拉机1953台，配套农机具1067套。1996年冬，在敖江、马鼻、透堡等乡村，使用拖拉机机耕种植马铃薯1.25万亩。2000年，小型拖拉机增至2786台，配套农具1154套。2005年，全县小型拖拉机2451台，配套机具1693套，机耕面积10.26万亩，占可机耕面积的91.10%。

### 二、灌溉机具

1991年初，县内农田灌溉，以渠道自流灌溉为主，辅以抽水机和电力灌溉。有抽水柴油机276台、农用水泵348台。2000年，全县农用排灌动力机械柴油机415台、农用水泵844台、电动机398台。2005年，有排灌动力机械柴油机576台、电动机507台、农用水泵881台，比1991年初分别增长108.7%、13%、153.16%。

### 三、植保机具

1991年，有植保机动喷雾器77台，手动喷雾器28244部。2000年，机动喷雾器58台，手动喷雾器142850部。至2005年，机动喷雾器降至43台，手动喷雾器158918部。

### 四、扦插机具

1997年，东岱镇作为全省农业科技示范镇，为提高新机具应用率，购置全县第一台机械抛秧机，抛秧面积达2000亩，效率大大提高。福州市在东岱开现场会，示范推广。但县内平原较少，集约经营规模不大，至2005年，全县抛秧机仍只有1台。

**五、收获机具**

传统的收获机具主要有镰刀、稻桶、桶筠、簸箕、软卷、谷耙、扁担、麻袋、箩筐、脱谷机等，有部分使用电动脱谷机。1991年以后，平原地区开始推广联合收割机。2000年，有联合收割机16台，脚踏脱谷机5.26万台。2005年，全县有联合收割机37台，脚踏脱谷机6.67万台。

**六、运输机具**

1991年，农村使用小型拖拉机作运输工具已较普遍，传统人力板车和风轮车逐步减少。2000年，全县农业运输机具有农用运输汽车273辆，小型运输拖拉机2786部，机动运输船517艘，风轮车5.1万辆。2005年，有农用汽车223辆，农用拖拉机2451部，机动运输船788艘。

**1991—2005年连江县耕牛和主要农机具统计表**

表7-1-2

| 年份 | 机耕面积（亩） | 一、从事农耕役牛数（头） | 二、耕作机械 | | | | | 三、收获机械 | | 四、植保机械 | | 五、排灌机械 | | |
|---|---|---|---|---|---|---|---|---|---|---|---|---|---|---|
| | | | 大型拖拉机（台） | 小型拖拉机（台） | 拖拉机配套农具（套） | 机引犁（台） | 施耕机（台） | 联合收割机（台） | 打谷机（台） | 机动喷雾器（台） | 手动喷雾器（台） | 农用水泵（台） | 柴油机（台） | 电动机（台） |
| 1991年 | 95077 | 9386 | 9 | 1953 | 1067 | 308 | 20 | 8 | 26838 | 77 | 28600 | 438 | 380 | 454 |
| 1992年 | 98850 | 8821 | 9 | 1802 | 1067 | 298 | 20 | 8 | 27482 | 52 | 28895 | 410 | 384 | 449 |
| 1993年 | 105200 | 3677 | 5 | 1848 | 1072 | 278 | 29 | 8 | 37271 | 52 | 36107 | 434 | 392 | 457 |
| 1994年 | 103617 | 4691 | 5 | 1995 | 1062 | 275 | 30 | 8 | 38540 | 49 | 36778 | 376 | 339 | 413 |
| 1995年 | 103856 | 4633 | 5 | 1872 | 871 | 268 | 30 | 7 | 38600 | 44 | 39555 | 356 | 331 | 477 |
| 1996年 | 105729 | 5625 | 8 | 1755 | 808 | 258 | 29 | 8 | 51576 | 45 | 40788 | 405 | 321 | 471 |
| 1997年 | 102664 | 5218 | 8 | 2375 | 1002 | 253 | 32 | 8 | 45046 | 44 | 105578 | 389 | 335 | 402 |
| 1998年 | 102365 | 5001 | — | 2408 | 1039 | 281 | 28 | 11 | 48662 | 45 | 107097 | 438 | 389 | 409 |
| 1999年 | 102534 | 4661 | — | 2816 | 1195 | 302 | 26 | 13 | 38232 | 68 | 138840 | 405 | 403 | 431 |
| 2000年 | 102350 | 4650 | — | 2786 | 1154 | 322 | 25 | 16 | 52633 | 58 | 142850 | 844 | 415 | 398 |
| 2001年 | 102630 | 4036 | — | 2786 | 1154 | 310 | 25 | 29 | 53183 | 58 | 144638 | 846 | 416 | 399 |
| 2002年 | 102628 | 3916 | — | 2482 | 1289 | 307 | 23 | 32 | 54192 | 49 | 146813 | 831 | 453 | 401 |
| 2003年 | 102621 | 3640 | — | 2493 | 1463 | 336 | 67 | 34 | 54281 | 49 | 150983 | 830 | 462 | 453 |
| 2004年 | 102631 | 3374 | — | 2483 | 1628 | 326 | 67 | 32 | 54673 | 49 | 152113 | 834 | 468 | 470 |
| 2005年 | 102642 | 2875 | — | 2451 | 1693 | 321 | 63 | 37 | 66701 | 43 | 158918 | 877 | 576 | 507 |

# 第二章　经营体制

1991年，连江农村继续推行家庭联产承包责任制，7月，中央提出“坚持以经济建设为中心，进一步深化改革，扩大开放，强化基础农业、基础工业、基础设施建设，大力发展外向型经济”之后，农村形势发生较大变化，富余劳力迅速转移，个别乡镇开始出现土地流转承包。国营、集体农业也实行承包责任制，农牧业私营独资企业、股份合作企业、“三资”企业开始增多。1997年，全县开展第二轮土地承包，30年不变。随着农民到外地劳务和出国谋业人数增多，土地流转承包面积增多，当年8个乡镇流转土地面积就达17051亩。至2005年，全县有种粮大户598户，上规范经营和承包农场120家，农牧合伙企业13家，中外合资农牧企业3家，上规模生猪饲养场12个，千只以上家禽养殖专业户98家，万只以上蛋鸡场5家、蛋鸭场2家，3万只以上规模养兔场2个，养羊专业户4户。农业产值69630万元，牧业总产值28463万元，分别占农林牧渔总产值的11.51%和4.5%。

## 第一节　联产承包

1991年，连江继续推行家庭联产承包责任制，承包期由1982—1996年15年不变。农村各业也实行承包经营。1992年，农村外出务工经商迅速发展，同时，出国创业人员也日益增多，有的承包户缺乏劳力，无法完成国家合同定购粮食任务数，就流转承包给种粮专业户。1993年开始，省政府实行粮食保护价补贴和化肥奖售，种粮者积极性提高，逐步出现规模经营和种粮大户，多的经营面积100亩左右。至1996年，全县粮食专业户或联合体达100多家，种植面积2816亩。当年粮食总产达15.37万吨，比1990年增产3.13万吨，农业总产值5.079万元，农民人均纯收入2873元，比1990年799元净增2074元。

1997年，全县开展第二轮土地承包，确定30年不变。1998年，对223个村2677个村民小组签发土地承包经营权证90932本，发放率100%（苔菉、黄岐、安凯、坑园、筱埕等5个渔区乡镇不计在内）。当年，全县8个乡镇流转土地面积17051亩，签订规范化合同363份。至2000年，200亩以上规模农场有35个，全县农业总产值5.026亿元，占农林牧渔业总产值的12.54%，农民人均纯收入3819元。2002年，国家进一步鼓励农民种粮积极性，实行粮食收购价补贴和购买良种补贴“双补贴”政策。2003—2004年，国家相继取消屠宰税、农业特产税、农业税，促进适度规模经营逐步发展，出现各种类型的专业户和联合体。2005年，全县有农场120个，其中200亩以上规模私营农场35个，面积7650亩，向工商部门登记的有35家；村集体承包或联合体有16家，集体经营5家；种粮大户逐步增多，承包90亩以上的有30户，面积3100亩；50—89亩有12户，面积813亩；30—49亩的有19户，面积760亩；20—29亩的有59户，面积1082亩；10—19亩的有179户，面积2801亩。10亩以上种粮大户共299户，面积8556亩。2005年，全县农作物播种总面积达50.18万亩，粮食播种面积降到30.94万亩，粮食总产量降到10.31万吨。农业总产值69630万元，占农林牧渔业总产值的比重降到11.51%。

## 第二节　国有经营

**一、县良种繁育试验场（简称“县良种场”）**

1991 年，县良种场为企业管理副科级事业单位，由县财政核定补助，有职工 13 人，耕地面积 104 亩，粮食总产 70 吨。1994 年，被省农业厅评为农业生产先进单位。

1996—1998 年，良种场列入县粮食自给工程项目，县财政投入 45 万元，建设轮灌渠 1600 米，平整土地 30 亩，整修机耕路 2 条 700 米，石砌排洪沟 1000 米，铺设晒谷场 1200 平方米，仓库 210 平方米，新建办公楼 1 座 240 平方米。通过三年基本农田建设，耕地实现旱涝保收。1999 年、2001 年，两次评为省农业生产先进单位。2005 年，有职工 6 人，其中有专业职称 2 人，耕地面积 104 亩，为县种子公司良种基地，播种面积 160 亩，平均亩产 400 公斤，总产 64 吨。沿路有店面 17 间 510 平方米。全场总产值 32 万元。

**二、县八一茶场**

1991 年初，有职工 248 人，其中固定工 112 人，茶园面积 1106 亩，耕地面积 71 亩。

1992 年，固定工 115 人，耕地面积 117.7 亩，粮食总产 38.25 吨，茶园面积 1106 亩，茶叶产量 73.71 吨。1993—1997 年，茶叶滞销，茶园资金投入不足，产量减少，质量降低，连续多年亏损。1998 年，租赁给香港凯捷公司经营，转让费 250 万元，租赁时间 50 年，仍从事茶叶生产和精深加工，产品销往台湾、香港。原场职工由凯捷公司考核招聘录用 21 人，县财政一次性货币安置 136 人，职工社保费由转让费中支付。

**三、东湖种畜场**

1991 年初，有职工 230 人，耕地 230 亩、茶叶 100 亩。年产粮食 130 吨，茶叶 2 吨。是县内主要猪苗供应基地，年产优良猪苗 3 万头，总产值 703 万元。1992—1994 年，实行内部经营体制改革，加强常年防疫，依靠科学饲养，年纯利仍在 30 万元上下。

1995 年，开始亏损。1996 年，实行联产承包责任制，实行定饲养数、定成本、定产出（产胎数）、定防疫，将工作绩效与个人工资奖金挂钩，并加强培训，提高饲养技术。当年总产值 500 万元，亏损降至 20.5 万元。2000 年，总产值 871 万元，亏损降至 14.7 万元。

2005 年，全场职工 96 人，耕地面积 230 亩，固定资产总值 420 万元，总建筑面积 1.2 万平方米，其中猪舍面积 8000 平方米；饲料仓库、加工厂 1000 平方米；防疫设施面积 81 平方米。有美系、加拿大系、英系种猪 7213 头。当年粮食总产 175 吨，提供二元种猪 3.15 万头，其中向社会提供种猪 2.86 万头，总产值 893 万元，盈利 8.4 万元。

**四、县种子公司**

1991 年，为国营事业单位，编制 16 人，实行企业管理，主要经营农作物种子繁殖和供销业务，常年经营常规稻种子 250 吨，杂交稻种子 170 吨，营业额 300 万元上下。是省定首批种子生产专业化、加工机械化、质量标准化、布局区域化、全县统一供种的“四化一供”县份之一。1997 年开始，因种子市场变化，供种量萎缩，至 2000 年，杂交稻种基本停供，常规稻种仅供 60 吨。2001 年，实施政企分离，2005 年，种子公司撤销并到县种子管理站。

## 第三节 股份合作经营

1992年8月，县内创办第一家畜牧公司——超大官坂猪场，注册资金380万元，职工12人，主要生产猪苗，年产值310万元，创利润30万元。1995年，产值350万元，利润36万元。

1996年，创办丹凤畜牧公司，注册资金360万元，固定资产420万元，职工8人，年产值380万元，供应商品猪1万头，年创利润36万元。

1997年8月1日《中华人民共和国合伙企业法》实施以后，连江农牧合伙企业逐渐发展壮大。2002年，超大官坂猪场年产值403万元，利润39万元；丹凤畜牧公司年产值410万元，利润39万元。

2005年，全县有农牧合伙企业13家，投资者42人，雇工88人，注册资金1012万元。产值5470万元，创利720万元，其中超大官坂猪场职工15人，产值450万元，创利42万元。公司制农牧企业21家，投资者68人，雇工156人，注册资本共4455万元，年产值7320万元，创利润870万元。其中丹凤畜牧公司职工10人，年产值560万元，创利65万元。

## 第四节 “三资”经营

1996年，连江开办第一家中外合资农牧企业——东湖美东畜牧有限公司，注册资金35万美元，职工36人，主要生产商品猪、猪苗。当年，生产商品猪1.2万头，猪苗3800头，年产值465万元，创利润80多万元。1997年，创办新邦畜牧公司，注册资金200万元，职工18人，主要生产商品猪，年产值600万元，创利润70万元。2000年，在琯头的增车有限公司，从事生猪饲养，2001年产值262万元。由于经营不善，于2004年初倒闭。至2005年，全县共有美东、新邦等2家中外合资农牧企业，注册资金共124万美元，安排就业近72人，总产值共1150万元，年共创利130多万元。

## 第五节 个私经营

1991年，全县有家禽专业户44户，奶牛场6个，兔场1个，羊场1个。2000年，畜牧业的规模逐渐增大，家禽专业户共78家，奶牛场8个，兔场1个，羊场1个。至2005年，全县上规模生猪饲养场12个，生猪存栏数共16890头，其中存栏数在2500—3500头的有4家，千只以上家禽专业户98家，万只以上蛋鸡场5家、蛋鸭场2家；3万只以上规模养兔场2个，奶牛场3个，养羊专业户4户，养耕牛专业户1个。茶叶精加工厂4家，年创产值2300万元。

# 第三章　作物种植

1991年，县内主要粮食作物有水稻、甘薯、大小麦、马铃薯、玉米、豆类等。主要经济作物有油菜、花生、水果、茶叶、甘蔗、蔬菜等。全县粮食播种面积419881亩、总产量13.68万吨；水果面积50247亩、产量7799吨；蔬菜面积69188亩，产量65625吨。至2002年，每年粮食播种面积在42万—45万亩，总产量在13万—16万吨之间；蔬菜面积逐年提高；水果面积稳定在5万亩左右，2003年，总产量最高，达到32052吨。至2005年，全县粮食播种面积降到30.94万亩，总产量10.31万吨；水果产量29059吨；蔬菜面积提高到128311亩，产量141408吨。

## 第一节　粮食作物

### 一、水稻

水稻种植按季节分早、中、晚稻（或再生稻）3季。以籼稻为主，搭配少量糯稻。1991—1996年，每年总播种面积都稳定在29万亩左右，总产量在11万—12万吨。1999年，播种面积29.06万亩，产量13.08万吨。其中早稻138687亩，产量66843吨，亩产482公斤；中稻13796亩，产量5717吨，亩产414公斤；晚稻138112亩，产量58197吨，亩产421公斤，亩产创历史新高。再生稻6050亩，产量951吨，亩产157公斤。2005年，耕地面积进一步减少，水稻播种面积和产量也逐步下降。水稻播种面积20.79万亩，产量79899吨，与1990年比，播种面积减少82953亩，产量减少17732吨，亩产提高48公斤。

### 二、甘薯

1991年，种植面积56325亩，总产17401吨，亩产309公斤。之后，县委、县政府为稳定粮食产量，鼓励农民开垦荒地，推广甘薯“五改”（种改、肥改、土改、迟插改早插、粗管改细管），注意防治病虫害。甘薯种植面积和产量有所提升。1997年，种植面积73586亩，总产22878吨。1999年总产24542吨，创历史新高。2000年后，由于山地植被恢复，野山猪为害趋烈，近山园地多抛荒，面积产量逐年下降，虽然鲜薯投放市场看好，但销量仍有限，大部分仍转为榨薯粉，薯叶和薯渣作猪饲料。2005年，甘薯面积降至42339亩，总产11842吨，分别比1990年下降25.3%和36.7%。

### 三、麦类

主要有大麦、小麦和极少量的荞麦。1991—1995年，年种植面积稳定在3.87万亩左右，总产3850吨左右。之后，由于大小麦亩产不高，经济效益低，加上北方面粉运销县境增加，麦类面积直线下降，有的改种其他经济作物。2002年，大小麦面积仅剩4410亩，总产471吨。2003年以后，只有种植一些零星大麦作为耕牛饲料或麦芽原料。

### 四、豆类

豆类主要有春大豆、秋大豆、黄豆、田埂豆、蚕豆、豌豆等。1991年，豆类面积22841亩，总产量1635吨。1999年，引进并推广春大豆“292”“2808”、毛豆“75”等新品种。豆类面积、产量都有较大突破，面积达53773亩，产量5488吨，创历史新高。此后，豆类面积和产量有所下滑。2005年，面积45678亩，总产量4640吨。其中台湾乌毛豆3000亩、蚕豌豆3000亩，成为订单农业。

### 五、马铃薯

1991年，马铃薯种植面积9565亩，产量1862吨。1996年，县内先后引进和推广马铃薯“克新2号、3号、4号”，种植面积和产量逐步增加。当年种植面积15765亩，产量达到4024吨。2000年后，引进美国大西洋加工型马铃薯品种，品质优，适合发展订单农业。当年总面积达22507亩，总产量6041吨。此后，年播种面积稳定在2.2万亩上下，总产量6100吨左右。2005年，种植面积22330亩，总产量6161吨。

### 六、玉米

1991年，种植面积1920亩，产量172吨。1992年起，引进新品种“掖单13”。1995年，引进杂交甜玉米和糯玉米，但市场仍看好本地品种，新种逐渐淘汰。当年，种植面积增至3055亩，总产量401吨。2000年，增至3493亩，总产量623吨。2005年，种植面积2688亩，总产量516吨。

**1991—2005年粮食作物分类表**

表7-3-1

| 项目 | 早稻 | | 中稻 | | 晚稻 | | 甘薯 | | 大麦 | | 小麦 | | 大豆 | | 马铃薯 | | 玉米 | | 杂豆 | | 总产量 |
|---|---|---|---|---|---|---|---|---|---|---|---|---|---|---|---|---|---|---|---|---|---|
| 年份 | 面积（亩） | 产量（吨） | 面积（亩） | 产量（吨） | 面积（亩） | 产量（吨） | 面积（亩） | 产量（吨） | 面积（亩） | 产量（吨） | 面积（亩） | 产量（吨） | 面积（亩） | 产量（吨） | 面积（亩） | 产量（吨） | 面积（亩） | 产量（吨） | 面积（亩） | 产量（吨） | 合计 |
| 1991年 | 138836 | 57092 | 14438 | 5642 | 137226 | 49167 | 56325 | 17401 | 26109 | 2730 | 12621 | 1107 | 11107 | 843 | 9565 | 1862 | 1920 | 172 | 11734 | 792 | 136808 |
| 1992年 | 138319 | 57237 | 14029 | 5290 | 137983 | 50856 | 56483 | 18782 | 23924 | 2204 | 11885 | 1116 | 12154 | 1093 | 8833 | 1929 | 2425 | 254 | 15162 | 1001 | 139762 |
| 1993年 | 134553 | 57723 | 14185 | 5382 | 134684 | 50070 | 60530 | 18889 | 21279 | 2056 | 9445 | 936 | 12505 | 1231 | 10741 | 2023 | 2980 | 355 | 16414 | 1149 | 139814 |
| 1994年 | 138394 | 59465 | 15326 | 5675 | 136617 | 52197 | 62860 | 18967 | 17970 | 1889 | 9390 | 924 | 14441 | 1438 | 12240 | 2900 | 3165 | 415 | 17455 | 1421 | 145407 |
| 1995年 | 138834 | 60693 | 15029 | 5591 | 137798 | 52661 | 69939 | 20269 | 9185 | 957 | 5680 | 576 | 13589 | 1333 | 12570 | 3173 | 3055 | 401 | 36720 | 3196 | 148900 |
| 1996年 | 138444 | 62463 | 14029 | 5290 | 138808 | 54159 | 72696 | 21609 | 8313 | 883 | 5657 | 579 | 14438 | 1502 | 13050 | 3431 | 3240 | 458 | 37781 | 3340 | 153714 |
| 1997年 | 137852 | 63841 | 13966 | 5426 | 137926 | 55331 | 73586 | 22878 | 5518 | 578 | 7522 | 805 | 13628 | 1526 | 15765 | 4027 | 3710 | 598 | 37063 | 3340 | 158350 |
| 1998年 | 137637 | 65299 | 13796 | 5566 | 137920 | 57264 | 73275 | 23355 | 6078 | 622 | 7680 | 820 | 13878 | 1625 | 16705 | 4322 | 3910 | 635 | 39455 | 3596 | 163104 |
| 1999年 | 138687 | 66843 | 13796 | 5717 | 138112 | 58197 | 73073 | 24542 | 5768 | 615 | 7333 | 838 | 13700 | 1682 | 18422 | 5097 | 4010 | 666 | 40073 | 3806 | 168003 |
| 2000年 | 137022 | 65536 | 13636 | 5627 | 135437 | 57327 | 70015 | 23540 | 4148 | 463 | 5908 | 676 | 13378 | 1679 | 22507 | 6041 | 3493 | 623 | 39838 | 3691 | 165203 |
| 2001年 | 128277 | 60495 | 13636 | 5612 | 129511 | 54547 | 65471 | 21820 | 3585 | 409 | 5558 | 626 | 11730 | 1432 | 22575 | 6103 | 2769 | 547 | 39449 | 3652 | 155243 |
| 2002年 | 124408 | 58380 | 13890 | 5757 | 127605 | 54208 | 63872 | 21518 | 2920 | 320 | 1490 | 151 | 11713 | 1459 | 22181 | 6134 | 2770 | 551 | 34748 | 3304 | 151782 |
| 2003年 | 123605 | 57961 | 11066 | 4417 | 122062 | 51395 | 55325 | 18319 | — | — | — | — | 9506 | 1147 | 22636 | 6251 | 2330 | 454 | 34899 | 3313 | 143257 |
| 2004年 | 109324 | 51456 | 11070 | 9217 | 104900 | 45120 | 56649 | 18561 | — | — | — | — | 10857 | 1332 | 23447 | 6657 | 2618 | 525 | 35495 | 3540 | 136408 |
| 2005年 | 98867 | 41607 | 10905 | 8298 | 86573 | 29994 | 42339 | 11842 | — | — | — | — | 12112 | 1371 | 22330 | 6161 | 2688 | 516 | 33575 | 3269 | 103058 |

## 第二节 水 果

水果主要有柑橘、枇杷、龙眼、橄榄、荔枝、柰果、桃、柿子等。适量种植的还有香蕉、橙、柚、李、杨梅、番石榴、葡萄、杧果、青枣等。尤其马鼻蜜橘、“东湖早”枇杷负有盛名。1991年，水果种植面积50247亩，产量7799吨。1995年，面积47619亩，产量20795吨。2000年，面积46684亩，产量31447吨。2005年，面积50354亩，产量29059吨。1991—2005年，县内相继引进“松风本”晚熟龙眼和“潭田橘柚”“巨峰葡萄”“蜜雪梨”“早熟桃”“东魁杨梅”，以及台湾“红肉”“白肉”火笼果等新品种。

**柑橘** 主要品种有“福橘”“马鼻蜜橘”和“杂柑”。1991年，连江柑橘面积16749亩，产量5301吨。1996年，由于柑橘品种退化、质量差、价格低、售量少，出现增产不增收。1996—1997年，省农业厅针对全省柑橘低价滞销问题，在连江投入16万元开展低产果园改造，提出橘树高位换种脐橙，重点改造8000亩，产量明显提高。1998年，面积17226亩，产量19148吨，比1991年增加13847吨，价格也有回升。2005年，面积16878亩，总产16547吨。

**枇杷** 主要品种有“早钟6号”“太城4号”“解放钟”“森尾早森”“长红3号”和“东湖早”等。1991年，总面积6719亩，产量1078吨。东湖镇祠台村支部书记江新官，把枇杷变异株与解放钟品种交接换种，经10年嫁接换种，终在1998年培育成功“东湖早”。该品种比本地枇杷早熟15天，粒大、甜度高，颇受青睐。2001年，枇杷面积6762亩，产量2895吨，其中新植“东湖早”枇杷5000亩。2002年10月，成立“东湖早”枇杷产业协会，会员153人。2003年，《“东湖早”枇杷生物学特性与栽培技术研究课题成果》获福州市科学进步二等奖。并于2004年11月在第六届中国重庆高新技术交流会上展示。当年“东湖早”枇杷产业协会被列入福建省农民专业合作组织试点单位。2000—2005年，“东湖早”枇杷每年在连江推广面积都在5000亩左右，年产量3000吨。2005年，全县种植枇杷面积11077亩，总产3683吨。

**龙眼** 主要品种有“九月乌”“红核仔”“乌龙岭”“东壁”“普明庵”。1991年，面积2075亩，产量23.6吨。1993—1994年，龙眼市场供不应求，价格高，又引进“立冬车”“松风本”“重山0号”等新良种，面积不断扩大，特别是“松风本”晚熟龙眼错开集中采收期，品质优，经济效益高。2000年，面积4186亩，产量1059吨。2001年开始，由于周边地区龙眼市场过于饱和，全县面积逐年下降。2005年，面积2733亩，产量695吨。

**荔枝** 早熟的品种“下番枝”，群众多在房前屋后和空地上零星种植。主要产区在马鼻、透堡、敖江、江南、凤城等地区。1991年，面积1898亩，产量19.8吨。此后由于果树老化，果小质差，面积逐步减少。1996年开始，注意果树管理，使用先进技术栽培，产量有所提高。2005年，面积469亩，产量109吨。

**橄榄** 主要品种是由闽侯、闽清县引进的“檀香”“猪母榄”“惠园”。主要产地江南、蓼沿等乡。1991年，面积6976亩，产量1978吨。1993年后，由于价格低廉，面积逐年减少。至2002年，仅存2511亩，产量584吨。此后有所恢复。2005年，面积5765亩，产量1140吨。

**香蕉** 主要品种有“美蕉”“土蕉”，在房前屋后零星种植。1991年，面积491亩，产量159吨。之后，每年种植面积都稳定在500—700亩，但因种植技术提高，产量有所提高。2005年，面积697亩，产量303吨。

**桃** 主要品种有“玉露”“白凤”和“东塘水蜜桃”，并相继从福州引进“浆冰桃”“绛桃”，从浙江奉化引进“雨化露”“岗山早生”“砂子早生”等早熟良种。1991年，全县面积3224亩，产量561吨。特别是在丹阳镇引进早熟桃550亩，亩产1500公斤，上市早，效益好，加上其他品种改良，采用高接换种，实施防治天牛虫害新技术，防止桃树出现流胶现象等，平均亩产逐年提高。2000年，面积3531亩，产量1239吨。2005年，面积3353亩，产量1542吨。

**葡萄**　主要品种有“北醇”“巨峰”。主产地在东岱、马鼻地区。因县葡萄酒厂停产，种植面积锐减。1991年，全县葡萄面积680亩，产量131吨。因为价格不稳定和台风影响，1992—2003年，面积一直徘徊在700亩左右，产量650吨上下。2003年，东岱镇引进“巨峰葡萄”成片种植2600亩效益颇好，全县种植面积有所增加。2005年，面积3155亩，产量1569吨。

**柰**　主要品种是“油柰”“青柰”。“油柰”规模种植是在1990—1991年大搞万亩果园时开始。至1996年，面积达4357亩，产量593吨。后经品种更新、淘汰，至2005年，面积2408亩，产量增到1709吨。

**柚**　主要引种“宦溪蜜柚”，少量本地柚。1992年面积23亩，产量3吨。主产地东湖、丹阳等地。1993年，潘渡、丹阳引进“潭田橘柚”150亩，亩产2500公斤，具有果大、清甜、品质优等优势。2001年，面积扩大到263亩，产量381吨。2005年，面积439亩，产量514吨。

**杨梅**　主要品种是本地“红杨梅”和“白蜜杨梅”，后从浙江引进“丁蜜杨梅”。产地主要在东岱、浦口、坑园、马鼻、蓼沿、江南等乡镇。1991年，面积1437亩，产量89吨。随后，面积不断缩小，但亩产都逐步提高。2001年，面积838亩，产量262吨。2005年，面积493亩，产量241吨。

**脐橙**　主要品种是“脐橙52”。1996年，由于橘价下跌，果农对福橘失去信心，利用原有橘树进行高接换种。脐橙品质好，汁多甜美，价值高，在市场上供不应求，面积不断扩大。2001年，面积196亩，产量81吨。2005年，面积602亩，产量72吨。

**柿**　主要品种有“白露柿”“冬柿”“全蒂柿”，并从广西引进良种“月柿”等。主要产地在蓼沿、小沧、丹阳、东湖、长龙、敖江等地。1991年，面积1978亩，产量31吨。1992—2003年，面积都在3000—4600亩，2004—2005年有所下滑。2005年，面积2457亩，产量681吨。

**1991—2005年连江县水果面积、产量统计表**

表7-3-2

| 年　份 | 面积（亩） | 产量（吨） | 年　份 | 面积（亩） | 产量（吨） | 年　份 | 面积（亩） | 产量（吨） |
|---|---|---|---|---|---|---|---|---|
| 1991年 | 50247 | 7799 | 1996年 | 49489 | 24002 | 2001年 | 46638 | 30963 |
| 1992年 | 54084 | 11326 | 1997年 | 48872 | 27254 | 2002年 | 45113 | 31830 |
| 1993年 | 52248 | 14754 | 1998年 | 47823 | 28554 | 2003年 | 46169 | 32052 |
| 1994年 | 47152 | 18321 | 1999年 | 47990 | 30719 | 2004年 | 51473 | 31808 |
| 1995年 | 47619 | 20795 | 2000年 | 46684 | 31447 | 2005年 | 50354 | 29059 |

## 第三节　茶　叶

1991年，茶园面积20585亩，产量884吨。主要品种有“福鼎大白茶”“福云6号”“梅占”“政和大白茶”“毛蟹”“福安小白茶”。1992年后，引进“金观音”（“茗科1号”）“铁观音”“丹桂”等新品种，种植面积1300亩。并从原有仅进行绿茶加工（干毛茶、花茶坯、珠茶）茉莉花茶、炒绿茶等，扩大到红茶、乌龙茶加工。还对县内茶区，开展旧茶园改造，新茶园开拓，推广茶园新技术，更新制茶设备，提高茶叶加工附加值，增加收入。1996—1998 年，按照省农业厅要求，用 3 年时间对旧茶园进行改造更新，其中长龙 5000 亩，透堡 3000 亩，马鼻 2000 亩。改造后，茶叶亩产提高 11—23 公斤。1998 年，全县茶叶面积 26585 亩，产量 1400 吨，为历史最高纪录。1999 年，沟汰部分旧茶园，茶园面积下降为 18361 亩。2000—2004 年，茶园面积一直在 19900—24000 亩徘徊，但茶叶产量却逐年提高。2005 年，面积达到 24705 亩，产量 2962 吨。

**1991—2005 年连江县茶园面积、产量统计表**

表 7-3-3

| 年　份 | 面积（亩） | 产量（吨） | 年　份 | 面积（亩） | 产量（吨） | 年　份 | 面积（亩） | 产量（吨） |
|---|---|---|---|---|---|---|---|---|
| 1991 年 | 20585 | 884 | 1996 年 | 19883 | 1160 | 2001 年 | 21374 | 1568 |
| 1992 年 | 20567 | 987 | 1997 年 | 18468 | 1098 | 2002 年 | 19922 | 1571 |
| 1993 年 | 20479 | 988 | 1998 年 | 26585 | 1400 | 2003 年 | 22714 | 1836 |
| 1994 年 | 19444 | 1208 | 1999 年 | 18361 | 1358 | 2004 年 | 23653 | 2738 |
| 1995 年 | 20224 | 1154 | 2000 年 | 22062 | 1514 | 2005 年 | 24705 | 2962 |

## 第四节　其他作物

### 一、蔬菜

城郊历来为蔬菜生产基地，品种繁多，四季不断。常见有 60 多种。1991 年后，市委提出建设菜篮子工程，蔬菜市场看好，价格提高，菜农积极性高涨，面积逐年扩大。1991 年，全县涌现 86 户种菜专业户，面积 2531 亩。1994 年，在长龙创办反季节蔬菜基地，面积 500 亩，年产量 560 吨，主要是白菜、包菜、兰花菜、西红柿、茄等。其中西红柿、茄等每亩比常规蔬菜增收 700—800 元。1996 年，创办敖江白沙绿色家园蔬菜基地 300 亩，年产 500 吨。2000 年，创办东湖京叶农场，蔬菜面积 500 亩，主要是莴笋、包菜、日本大葱等，年产 650 吨，产值 60 万元。之后，随着商品经济发展，流通领域扩大，不断涌现蔬菜订单农业。2001—2004 年，相继有订单蚕豆 2000 亩，大部销往上海；台湾毛豆 3000 亩，全部出口日本、韩国、美国；日本大葱 1000 亩，青花菜 1300 亩，全部出口日本。2005 年，东湖京叶农场产值提高到 90 万元，利润 50 万元。全县蔬菜面积扩大到 128311 亩，产量 14.14 万吨。

### 二、瓜类

主要是西瓜和甜瓜及少量草莓。产地多在丹阳、蓼沿、官坂一带。1991 年，面积 5121 亩，产量 9465 吨。其中“黑美人”“黑武士”“天王”等西瓜良种，面积 2000 亩，产量 4000 吨；“金满地”“白玉”“银辉”等甜瓜良种推广 3000 亩，产量 4500 吨。1992—1999 年，县农业局通过推广良种良法配套栽培、科学用肥等新技术，产量不断提高。推广秋季育苗新技术，每年秋西瓜面积都在 2500 亩，产量约 300 吨。2000 年，瓜类面积 9338 亩，产量 19073 吨，其中西瓜 7092 亩，产量 15439 吨。2005 年，瓜类面积大幅度提高，达到 20832 亩，产量 34818 吨，分别是 1990 年的 6.7 倍和 7.6 倍。其中西瓜面积 16596 亩，产量 29816 吨。

### 三、甘蔗

**果蔗**　1990 年以前，连江种植的果蔗，以绿皮为主。1991 年后，从福州引入紫皮果蔗（因栽培技术未成熟，有的呈红皮），亩产约5000公斤。紫皮果蔗比绿皮品质更优，作为鲜食用，不易引起口腔黏膜破损。主要产地在敖江、江南。1992年后，果蔗市场滞销，有不少改种糖蔗。2000年，果蔗仅有561亩，产量1924吨。2005年，降到300亩，产量875吨。

**糖蔗** 1991年面积230亩，产量917吨。三产区敖江。1992年以后，由于市场价提高，面积逐年扩大，尤其引进“台糖134”等优良蔗种，抗病力强，易种易管，产量高。至2000年，面积扩大到1380亩，产量5598吨。2001年后，市场饱和，有的改种其他作物。2005年，面积1068亩，产量4264吨。

**四、茉莉花**

1991年，面积1751亩，产量793.2吨。主要是用于焙制茉莉花茶，主产地在马鼻、透堡。2000年，面积2530亩，产量924吨，亩产365公斤。2005年，面积2710亩，产量1161吨。

**五、油料**

**油菜** 1991年面积16442亩，产量945吨。1993年后逐渐下滑，1995年下降到7540亩，总产436吨。1998年后，随着外地成品油大量进入连江市场，加上本地油菜产量不高，效益差，逐渐改种其他作物，面积进一步减少。2002年，面积为4460亩，产量339吨。至2005年，仅种植少量，榨油自用。

**花生** 1991年，面积4314亩，产量377吨。1992年起，带壳花生市场看好，通过引进新品种和推广新技术，小畦改大畦，适当密植，增施钾肥、硼肥、钼肥，提高粒重，面积、产量逐年提高。1998年，引进“汕油”系列及“粤油”系列新品种，种植面积12283亩，总产1090吨，达历史新高，分别比1990年增2.15倍和2倍。1999—2004年，每年面积均超万亩，总产1000吨左右。2005年，引进“泉花”“抗黄1号”等品种，面积10882亩，总产1078吨。

**油茶籽** 仅在部分山区有零星种植、采摘。

**六、食用菌**

1991年，产区分布丹阳等13个乡镇138个村。当年，蘑菇面积61万平方米，产量2880吨；香菇48.1万筒，鲜菇产量471.67吨。1995年，蘑菇面积降到22.2万平方米，产量1500吨。1999年，暴发亚洲金融危机，蘑菇出口受阻，2000年，面积降到13.7万平方米，产量1109.7吨。香菇国内市场看好，培植面积72.3万筒，鲜菇产量708吨。2002年，食用菌类出口需求量增大，尤其高价值优质品种增多。当年培植金针菇250万袋，产鲜菇625吨，秀珍菇20万袋，产鲜菇60吨。食用菌类总产值4238万元。2005年，本着优化品种结构，发展珍稀菌，举办技术培训，提高产品质量，食用菌生产又有较大发展，食用菌菇类产量6500.5吨，总产值3218万元。其中蘑菇71万平方米，产量5719吨，产值2745万元；香菇30万袋，产量300吨，产值132万元；金针菇195万袋，产量481.5吨，产值341万元。

**七、麻类**

主要有黄麻和苎麻。1991年，黄麻面积294亩，产量38.5吨，苎麻仅零星种植。1992年后，由于化学纤维塑料尼龙制品逐渐替代黄麻制品，种植面积逐年下降。1996年150亩，产量16吨。1997年后，仅个别在房前屋后和闲置地零星种植自用。

**八、烟叶**

县内烟叶主要是烤烟。1991年，面积1700亩，产量142吨。主产地丹阳、蓼沿、马鼻、坑园等乡镇。因产量不多，收购有难度，面积逐年减少。1993年，面积550亩，产量43吨。1995年，又降到381亩，产量29.7吨。1996年以后，多改种其他作物。

**1991—2005年连江县蔬菜瓜果等面积、产量统计表**

表7–3–4

| 年 份 | 蔬 菜 | | 瓜果类 | | 甘 蔗 | | 茉莉花 | |
|---|---|---|---|---|---|---|---|---|
| | 面积（亩） | 产量（吨） | 面积（亩） | 产量（吨） | 面积（亩） | 产量（吨） | 面积（亩） | 产量（吨） |
| 1991年 | 69188 | 65625 | 5121 | 9465 | 2049 | 8192 | 1751 | 793.2 |
| 1992年 | 79878 | 78126 | 7112 | 12754 | 2462 | 9278 | 2145 | 843 |
| 1993年 | 101106 | 98016 | 8526 | 12990 | 2528 | 9870 | 2741 | 883 |
| 1994年 | 114039 | 110010 | 9449 | 13993 | 2498 | 9521 | 2703 | 870 |
| 1995年 | 114153 | 116575 | 6944 | 12554 | 2440 | 9469 | 2632 | 848 |
| 1996年 | 116402 | 124279 | 6730 | 12566 | 2162 | 8162 | 2601 | 926 |
| 1997年 | 122827 | 128819 | 7938 | 15016 | 2007 | 8815 | 2530 | 912 |
| 1998年 | 117966 | 125796 | 8203 | 15896 | 1908 | 7330 | 2530 | 912 |
| 1999年 | 117430 | 132552 | 9165 | 18540 | 1910 | 7433 | 2530 | 912 |
| 2000年 | 120204 | 137901 | 9338 | 19073 | 1941 | 7522 | 2530 | 924 |
| 2001年 | 117338 | 137930 | 8448 | 16560 | 1910 | 7398 | 2530 | 925 |
| 2002年 | 119714 | 144336 | 11359 | 21976 | 1420 | 5438 | 2530 | 1021 |
| 2003年 | 121821 | 146191 | 11617 | 21426 | 1450 | 5497 | 2530 | 1033 |
| 2004年 | 127900 | 156238 | 18082 | 32453 | 1470 | 5567 | 2730 | 1209 |
| 2005年 | 128311 | 141408 | 20832 | 34818 | 1368 | 5139 | 2710 | 1161 |

# 第四章　农业技术

## 第一节　耕作模式

### 一、传统模式

连江地处亚热带，多数作物可一年多熟。传统耕作模式一年二熟有早稻—晚稻（称“双季稻”）；中稻—再生稻；稻—麦、果、瓜等；平原地区一年三熟早稻—晚稻—冬种（麦、菜、绿肥等）；超过三熟的大多为间种、套种的蔬菜、大豆等；中高海拔的山区，多一年一熟，主要作物有稻、薯、蔗等。全县耕地总面积的一、二、三熟比例基本为3:5:2。2005年，一年一熟制面积6.41万亩，占耕地总面积34.40%；二熟制面积9.26万亩，占耕地总面积49.7%；三熟制面积2.96万亩，占耕地总面积15.9%。1991年，农作物播种总面积556612亩，复种指数252.9%，其中粮食播种面积419880亩，复种指数190.8%。1992年后，国家进一步重视农业生产，农作物复种指数逐步提高，1999年，总播种面积644432亩，复种指数达306.93%，为历史新高。此后，因平原耕地面积减少，农作物播种总面积和复种指数有所下降。2005年，农作物播种总面积501790亩，复种指数269.25%，其中粮食作物播种面积320978亩，复种指数172.23%。

### 二、生态模式

1999年，连江被福建省生态农业建设领导小组列为省级第一批12个生态农业试点县之一。省财政每年投入项目资金15.8万元。初步探索出4种切合连江实际的生态农业建设新模式。

玉华山自然生态实验场的“兔—沼—草—果”生态模式 玉华山生态实验场创办于1995年，地跨琯头镇与江南乡，距县城6千米，占地1000多亩，员工37人。本着“立足生态农业，发展绿色食品，实行‘三无’（无污染、无激素、无药残）”的发展理念，进行生态农业综合开发。先后建成生态果园400亩；标准兔舍9800平方米；沼气工程4座，其中发酵池500立方米，调节池500立方米；建立小（二）型水库1座，分级水库4座，总库容量22万立方米，喷滴灌溉100亩；绿麻竹300亩。基本上形成“兔—沼—草—果”的生态模式，达到种养结构合理化，生产技术生态化，生产过程清洁化，生产产品无害化的生态农业建设目标。每年向社会提供扶贫兔种20余万只。2005年，全场产值650万元。

利达农业综合养殖有限公司的鸭—鱼生态模式 该公司1999年创办，位于潘渡乡朱步村，占地900亩，有淡水鱼塘350亩，鸭舍6000平方米。是全县最大蛋鸭场，年产蛋4万—6万枚。年产值527万元。

长龙华侨农场的“茶—果—牧—沼—鱼”生态模式 2000年，该场有茶园面积3000亩，茶园套种果树100亩，有饲养120头猪舍和500只鸣棚各1座，配套建设50立方米沼气池，鱼塘40亩。年产值385万元。

西北部乡村的“水稻—蘑菇”庭院生态模式 长龙、透堡、马鼻、官坂、丹阳、蓼沿等乡镇，每年播种水稻面积共8万亩，产出的稻秆可供栽培蘑菇100多万平方米。1991年，全县种植蘑菇61万平方米，多以稻秆作附料，成本低廉。产量2880吨。2005年，蘑菇面积70.6万平方米，产量5718.6吨。

## 第二节 苗种选育

### 一、良种推广

**水稻** 1991—1996年，推广早稻常规种“78130”“79106”“湘早籼1号”“闽科早77”等，杂交稻有“威优77”“威化64”等，累计推广面积40万亩，占早稻播种面积58%，平均亩增产20—35千克。中晚稻推广“汕优6号”“威优6号”“汕优63”，累计推广面积100万亩次，占中晚稻播种面积67%。老品种“红410”“矮梅早”“光辐1号”等逐步淘汰。1997—2000年，早稻推广“湘早籼1号”“连选18”“903”“世纪531”“121”“威优77”“威优061”等，累计推广20万亩，年供种15吨，每亩增收10—25千克；中晚稻推广“特优63”“汕优63”“特优898”“汕优72”“汕优78”等，累计推广100万亩，占播种面积66%以上，每亩平均增产25—30千克，成为县内中晚稻当家品种。2001—2005年，早稻以推广优质米品种为主，主要有“连选18”“汕优016”“903”等，年供种量25吨，累计推广20万亩，占播种面积近50%，具有一定的稳产性与优质优价效果，亩增收50—100元，成为县内早稻当家品种。中晚稻推广“II优明86”“特优63”“两优2163”“两优2186”“宜优673”“特优175”“特优航1号”“宜优99组合”等，年供种量50吨，累计推广面积55万亩，占播种面积90%，每亩增产35—45千克。其中“II优明86”“特优63”“两优2163”“两优2186”“宜优673”“特优航1号”成为县内中晚稻当家品种。

**甘薯** 1991年以来，主要推广提纯复壮的“新种花”“禺百兆”“金山448”“金山57”“金山1255”“福薯26”“福薯87”“湘薯75—55”“榕薯416”等新品种。每年种植面积占总面积95%。亩增收75—113公斤。老品种“红心种”“胜利百号”等逐步淘汰。新种花成为多年的当家品种。2005年，还引进福薯系列、榕薯系列等良种。

**小麦** 1991年以来，主要推广抗病害品种。至2005年，主要有“泉麦1号”“福繁19”及“和尚麦”“晋麦2148”等，为当家品种。逐步淘汰“白麦”“半麦”“青稞麦”等老品种。

**油菜** 1991年以来，主要推广“福油1号”“福州油菜”“福安油菜”“低芥酸油菜”“双低113”“双低117”等系列品种。至2005年，“福油1号”一直是县内当家品种。老品种“胜利油菜”“丰收4号”“矮脚早”等已逐步淘汰。

**花生** 1991年，主要推广“白沙1号”“白沙1016”“红花126”“奥油58”等系列品种。至2005年，还先后推广闽花系列、福花系列、闽惠花、泉花等品种，每年推广良种都在1万公斤左右。“白沙1号”“红花126”成为15年中，县内当家品种。老品种“粤油551”“六月白”等已逐步淘汰。

**豆类** 1991年，主要推广“春大豆292”“秋大豆808”“莆田豆”等。至1998年，一直是县内当家品种。2000年开始，先后引进推广“毛豆2808”“毛豆75”。至2005年，一直是县内当家品种。

**玉米** 1991年，引进掖单13品种，1995年又引进杂交种甜玉米，糯玉米系列，年推广面积2350亩。1991—1996年，“掖当13”为当家品种。老品种“红玉米”已淘汰。1997—2000年，“掖当13”糯玉米成为县内当家品种。至2005年，引进推广“六月雪”良种。2001—2005年，甜玉米、糯玉米是县内当家品种。

**马铃薯** 1990年，从东北引进“马铃薯克新2号”。1996年，又引进和推广“克新3号、4号”。2000年，从美国引进大西洋品种，并加以推广。至2005年，年产量不断提高，本地品种逐步淘汰。

**水果** 1991年，随着人民生活水平提高，水果市场前景看好，果农积极性高涨，连江也不断引进和推广外地新品种。枇杷主要推广“早钟6号”“太城4号”“解放钟”“森尾早森”“长红3号”和本地“东湖早”良种；橄榄推广“大长营”“猪母榄”“檀香”；桃引进和推广福州“浆冰桃”“绛桃”和浙江奉化的“白凤”“雨花露”“岗山早生”“砂子早生”；葡萄引进巨峰良种在东岱等地成片种植；杨梅引进浙江丁密杨梅；柿主要有“白露柿”“猴柿”，引进广西“月柿”。2000年，从台湾引进“红肉火龙果”和“白肉火龙果”成片种植。这些新品种的引进，提高了果质和经济效益。

**二、繁育和供应**

1991年起，县内良种繁育，主要由县种子公司引进新良种，在县良种场试验后推广。种子由县种子公司专营。随着农业科技发展，良种更新换代时间日趋缩短。县种子公司在敖江镇毗吨等村设6个水稻种子试验点，试验面积30亩，建立种子示范片200亩，由种子公司技术员专门负责试验、观察、记录，然后在县良种场、农科所进行种子品试，经综合分析，确定推广品种。常规种由县良种场进行定点繁育，种子公司派员检测，合格后，进行收购，供应全县。1991—1994年，杂交制种转入专业集约制种。在琯头、官坂、花坞3个制种基地，制种面积1500亩。其中琯头100亩，官坂1000亩，花坞250亩，由种子公司专门负责技术指导，经检测验收，种子纯度达到96%以上。通过筛选验收后给予收购，供应全县。制种田亩产一般在48—53千克。1994年，受台风影响，制种田几乎绝收。之后，连江县不再制种，杂交种子由种子公司向外省调入。

1996年，县种子公司投入45万元，购置仪器设备和建设种子冷藏仓库等，使种子的筛选、加工、储存逐步向专业化、标准化、区域化、机械化发展。当年供应农作物种子共233.5吨。2000年，《中华人民共和国种子法》实施后，种子经营管理进一步规范。县种子公司采取精选加工、小量包装、预售、代管、种子检验、药剂消毒、种子包装等服务措施，把良种送到千家万户。当年，供应良种共117.5吨。2005年供应54吨。1991—2005年，县种子公司共供应良种2470.2吨，其中水稻常规种子1038.6吨，杂交种1062.5吨，不育系9.8吨，麦种7.8吨，花生良种171.4吨，油菜种2.7吨，紫云英种子174.5吨，毛豆种2.9吨。

**1991—2005 年县种子公司供种统计表**

表 7-4-1 单位：吨

| 年份 | 水稻种供应量 | | | | 新品种供应量 | | | | | 合计 |
|---|---|---|---|---|---|---|---|---|---|---|
| | 常规种 | 杂交种 | 不育系 | 小计 | 麦种 | 花生种 | 油菜种 | 毛豆种 | 紫云英 | |
| 1991 年 | 115.6 | 105.0 | 3.0 | 223.6 | 5.0 | 15.6 | 2.0 | — | 25.0 | 271.2 |
| 1992 年 | 115.2 | 105.0 | 3.0 | 223.2 | 2.5 | 15.6 | 0.5 | — | 25.0 | 266.8 |
| 1993 年 | 110.0 | 100.0 | 2.0 | 212.0 | 0.3 | 15.6 | 0.1 | — | 20.0 | 248.0 |
| 1994 年 | 105.0 | 100.0 | 1.8 | 206.8 | — | 15.6 | 0.1 | — | 19.0 | 241.5 |
| 1995 年 | 100.0 | 100.0 | — | 200.0 | — | 16.0 | — | — | 17.5 | 233.5 |
| 1996 年 | 92.0 | 90.0 | — | 182.0 | — | 16.0 | — | — | 17.5 | 215.5 |
| 1997 年 | 75.2 | 85.0 | — | 160.2 | — | 12.0 | — | — | 17.5 | 189.7 |
| 1998 年 | 75.6 | 80.0 | — | 155.6 | — | 12.0 | — | — | 15.0 | 182.6 |
| 1999 年 | 65.0 | 65.0 | — | 130.0 | — | 10.0 | — | — | 15.0 | 155.0 |
| 2000 年 | 60.0 | 50.0 | — | 110.0 | — | 7.5 | — | — | — | 117.5 |
| 2001 年 | 50.0 | 40.0 | — | 90.0 | — | 7.5 | — | — | — | 97.5 |
| 2002 年 | 40.0 | 35.0 | — | 75.0 | — | 7.5 | — | — | — | 82.5 |
| 2003 年 | 20.0 | 35.0 | — | 55.0 | — | 7.5 | — | 0.5 | — | 62.5 |
| 2004 年 | 15.0 | 37.5 | — | 52.5 | — | 6.5 | — | 1.2 | 2.5 | 73.5 |
| 2005 年 | — | 35.0 | — | 35.0 | — | 6.5 | | 1.2 | 2.5 | 54.0 |
| 合计 | 1038.6 | 1062.5 | 0.98 | 2110.9 | 7.8 | 171.4 | 2.7 | 2.9 | 174.5 | 2496.3 |

## 第三节 肥料施用

**一、有机肥施用**

1991 年，继续贯彻农业部《关于重视和加强有机肥工作的指示》，积极推广有机肥。由于城乡住户抽水马桶的逐步普及，公厕冲水推广，人粪尿多流失，有机农家肥施用量明显减少。1991—1997 年，在全县开展“百日增肥”活动，大力推广培植蘑菇用后的有机物施用在果树蔬菜上，面积近万亩。每年推广有机绿肥紫云英及蚕豌豆压青等，年推广面积都在 3 万亩以上。 1997—2003 年，全县种植绿肥面积每年都在 4 万亩以上。2004 年，因紫云英种子缺少，种植面积降到 2000 亩。2005 年，绿肥种植面积上升到 3 万多亩。并推广每亩用石灰 200—300 公斤，以中和紫云英酸性。

**二、配方施肥**

1991 年，全县平均亩施化肥 169.6 公斤。为解决因长期施用化肥和偏施氮肥，导致土壤板结及土壤缺氧问题，1992 年，开始推出配方施肥。在测试土壤结构基础上，根据养分多寡进行配方施肥，增产效果明显。1995 年以来，按照土壤识别与优化施肥方案，进一步提高磷钾肥施用比例，进一步优化配方施肥，推广全层施肥和根外追肥等技术。每年推广面积 15 万亩次。如水稻追肥在插后 7 天，亩施尿素 10 公斤，氯化钾 5 公斤，幼穗分化第三期视苗而定，三类苗补施 2.5 公斤尿素或根外追肥，穗肥视水稻肥力情况来定，叶片褪色快，补施穗肥。1999 年，采用优化配方施肥技术，比习惯施肥平均每亩增收 35.9 公斤。甘薯、果树、蔬菜等旱地作物多采用条施、穴施、开沟施肥或灌裂缝肥。至 2005 年，连江农作物种植一直使用优化配方施肥等科学用肥技术，确保亩产稳定并略有提升。

除配方施肥外，国家还推广使用微量元素肥料并补贴推广费。主要有硼肥、钼肥、锌肥，还有稀土元素肥料。稀土元素应用于水稻、橘、李、桃、花生、西瓜等作物上，都有不同程度增产，还能提高水果品质。1991—2000 年，累计推广面积 12.3 万亩。2001 年后，由于稀土元素推广费取消，应用面积减少，至 2005 年，每年仅 2000 亩。

## 第四节　栽培技术

1995 年以后，水稻栽培从过去的采用湿润育秧，转变为全面推广旱育秧，苗床选择背向阳，土壤肥沃、质地良好、土壤深厚疏松、通气良好的菜地或水浇旱地。常规稻亩播种量 50—60 公斤，杂交稻亩播种量 15 公斤。同时，讲究适期播种、合理密植、科学用肥、中耕除草、科学管水等技术。

1991—2005 年，县内经济作物栽培新技术主要推广西瓜、甜瓜双膜栽培；水果套袋、高接良种、矮化栽培、果树修剪、环割拉枝、根外追肥技术，通过实施测土配方施肥，科学用肥，实现肥料利用率提高 3%—5%。推广农药安全使用技术，可节省农药 20%左右，从而确保人畜、作物和环境安全，推进无公害农产品生产。

## 第五节　植物保护

### 一、病虫害防治

（一）病虫害测报

1991 年，县农业部门设有病虫害中心测报站，并在沿海、平原、山区分设 3 个水稻测报点，聘请有经验的农民技术员兼任测报员。还在丹阳、浦口、蓼沿设经济作物测报点。各测报点都按照病虫害的活动规律，及时深入测报点和农田详细监测，把发生病虫害的种类、密度、范围、危害程度及防治措施，由中心测报站编成《连江县病虫情报》，向全县各乡镇及生产单位发布，敦促和指导及时防治，提高效果，减少损失。经多年测报，县内水稻主要虫害 8 种，病害 5 种；油料作物主要虫害 2 种，病害 6 种。均未发现新的病虫害种类和变异情况。

1996 年开始，实施“省粮食自给工程”测报体系项目，相继增建琯头、敖江、马鼻、长龙、潘渡、丹阳、蓼沿、浦口等病虫测报站点，逐步形成全县测报网络，配设专职植保干部 8 名，聘用农民植保技术员 103 名，更加准确测报各地病虫害发展动态。是年稻飞虱发展迅猛，由于测报准确，全县统一组织“虫口夺粮”战役，很快扑灭，挽回粮食损失 7700 吨。1997—2000 年，均是暴发虫情较严重的年份，由于及时准确发布虫情信息，把虫害控制在最小的范围。2001—2005 年，在敖江、透堡、马鼻几个主要平原建立 5000 亩水稻示范区防治点，新增 3 个测报点，从而保证粮食主产区病虫害防治及时得当。把损失程度降到最低。

（二）防治措施

1991 年后，随着农民长期实践和农业科技不断进步，对以水稻为重点的病虫害防治逐步推广农业防治、生化防治、物理防治等综合防治措施，减少对人体有害的有毒农药施用量，尤其高毒农药如有机氯、有机磷等，逐步予以淘汰。1991—1995 年，县农业部门在平原 1.2 万亩吨粮田和 2 万亩丰产示范区建立综合防治点，带动全县稻田实行综合防治措施。普遍提倡传统的早翻深耕，连作早稻收割后即犁即插，减少二代螟虫孵化率，抑制三代螟虫发生；中晚稻收割后适时早翻深耕，埋压匿存稻桩和杂草中过冬的害虫，使一、三代化螟缺乏虫源田，减少翌年螟虫危害，全县每年冬翻面积均在4万亩上下。同时，相继在全县各主要产粮区安装黑光灯65盏，诱捕螟虫为主的各种虫害；注重科学管水，适时烤田、搁田；推广抗病虫害优良品种；合理安排农作物布局，实行间作、轮作、套种等。这些都有效降低病虫害发生频率和危害程度。

1996年，县境稻田普遍发生稻飞虱虫害，而且虫口密度高、蔓延快，农业部门依据准确测报，连续数次组织和指导“虫口夺粮”战役，并全面推广无公害生物农药井岗霉素等，防治面积达39.5万亩次，挽回粮食损失约7700吨。

1997—2000年，县境连续发生干旱，水稻病虫害均较为严重，由于测报及时，综合防治措施得当，使病虫消灭于萌发之前，4年共挽回粮食损失约2.6万吨。在防治虫害中，引进广谱高效大功臣、一遍净、杀虱净、益舒宝等低毒农药，对杀灭稻飞虱、稻瘿蚊等效果颇佳。

2001—2005年，县在敖江、透堡、马鼻等平原乡镇，每年建立5000亩综合防治示范区，实行早翻深耕、选用良种、合理施肥、科学管水、适时烤（搁）田等农业综合防治措施，增设3个病虫害测报点，及时防患。5年均获得较好收成，带动全县10多万亩稻田普遍推广。2005年，全县推广抗病虫害水稻良种22万亩；实行烤田面积21.83万亩次，使水稻纹枯病和稻瘟病发生面积降到最低，稻谷结实率从86%提高到89.2%，每亩增收40公斤上下。

**二、植物检疫**

1991年，检疫工作由县植保植检站和农业执法大队共同负责。检疫员经省考核后，持证上岗。检疫对象有甘薯瘟、小象鼻虫，水稻细菌性条斑病，柑橘溃疡病、黄龙病，蔬菜美洲斑潜蝇、南美斑潜蝇、花卉煮扁蛾等。检疫分产地检疫、调用检疫、引种检疫和监测。对外地流入的苗木和调入、调出的种子进行产地检疫，杜绝病种流入或流出，有效控制检疫性病虫害传播。1991—2005年，共检疫水稻种子113.5吨，茶苗36520万株，花卉17.26万株，水果45吨，茶叶263.3吨，果树苗木6.37万株。

**1991—2005年连江县植物检疫情况统计表**

表7-4-2

| 项目<br>年份 | 水稻种子（吨） | 茶苗（万株） | 花卉（万株） | 水果（吨） | 茶叶（吨） | 果树苗木（万株） |
|---|---|---|---|---|---|---|
| 1991年 | 0.20 | 850 | 0.86 | 3.5 | 3.5 | 0.35 |
| 1992年 | 0.25 | 6000 | 1.00 | 4.1 | 3.8 | 0.68 |
| 1993年 | 1.50 | 900 | 1.00 | 3.0 | 2.5 | 0.40 |
| 1994年 | 2.10 | 3000 | 0.50 | 2.5 | 1.2 | 0.38 |
| 1995年 | 2.50 | 4200 | 0.30 | 2.6 | 1.6 | 0.60 |
| 1996年 | 3.50 | 1500 | 0.60 | 3.8 | 2.4 | 0.85 |
| 1997年 | 0.80 | 5000 | 0.80 | 2.5 | 12.3 | 0.92 |
| 1998年 | 3.90 | 3500 | 1.20 | 4.2 | 11.0 | 0.61 |
| 1999年 | 3.80 | 2200 | 1.00 | 3.6 | 16.0 | 0.05 |
| 2000年 | 5.30 | 1800 | 1.10 | 2.8 | 21.5 | 0.12 |

续表 7-4-2

| 项目 / 年份 | 水稻种子（吨） | 茶苗（万株） | 花卉（万株） | 水果（吨） | 茶叶（吨） | 果树苗木（万株） |
|---|---|---|---|---|---|---|
| 2001 年 | 8.6 | 380 | 0.8 | 3.20 | 22.0 | 0.21 |
| 2002 年 | 12.2 | 1860 | 2.3 | 4.50 | 25.0 | 0.61 |
| 2003 年 | 19.5 | 2860 | 1.6 | 1.96 | 50.2 | 0.38 |
| 2004 年 | 32.5 | 220 | 1.8 | 1.60 | 70.3 | 0.15 |
| 2005 年 | 16.5 | 2250 | 2.4 | 1.10 | 20.0 | 0.06 |
| 合　计 | 113.5 | 36520 | 17.26 | 44.96 | 263.3 | 6.37 |

# 第五章　畜禽饲养

20 世纪 90 年代初，各级政府把群众的“菜篮子”工程建设，作为一项重要工作，为集约化经营提供各种优惠政策，促进了畜牧业发展。涌现出一批畜禽养殖专业户、联合体，还有少数放牧或饲养，畜禽品种也不断优化；饲料工业迅速发展，优质、科学、全价配方饲料广为应用；兽医防治队伍不断充实发展，科学饲养、科学管理、科学防疫逐渐成为广大养殖户共识。1995 年，成立县兽医卫生监督检验所。1998 年，建成县动物疫病检验化验室。1999 年，改春秋两季防疫为常年性防疫。使禽畜疫病防治工作规范化、常年化，及时对严重传染性疫病进行预防、扑灭、控制，保证群众用肉安全。促进畜牧业产值年年攀升。2005 年，畜牧业总产值 2.846 亿元，比 1990 年 7071 万元，增加 3 倍多。生猪出栏数 15.7 万头，羊出栏数 3.7 万头，家禽出栏数 198.3 万只，分别比 1990 年增加 65.6%、94.7% 和 113.7%。万只以上蛋鸡场 5 家，蛋鸭场 2 家，1000 只以上家禽养殖专业户 98 户。

## 第一节　家畜饲养

### 一、猪

1991 年，县内生猪本地品种有福安黑猪和福安花猪。国营东湖种畜场引进和培育的大约克、杜洛克、长白猪等品种，瘦肉率均达 62% 以上，开始在全县广泛推广。当年，生猪出栏 104217 头，存栏 9563 头，其中种猪 4295 头，东湖种畜场 300 头，重点培育优良猪苗。1992 年，福建超大现代农业集团在县内创办第一家股份合作超大官坂猪场，注册资金 380 万元，主要培养良种猪苗。至 1995 年，全县生猪出栏数达 165889 头，存栏 152103 头，其中母猪 2772 头。

1996 年后，相继创办多家畜牧企业，其中丹凤畜牧场，存栏母猪 400 头，自繁自养，年出栏生猪 0.7 万头；东湖镇引进外资美东畜牧发展有限公司，饲养母猪 600 多头，年出栏商品猪 1.2 万头。1997 年，引进外资企业新邦畜牧有限公司，年存栏母猪 350 头，自繁自育，年出栏商品猪 0.6 万—0.7 万头。同年，下宫乡大洋健发猪场建成，年存栏母猪 250 头，自繁自养，年出栏生猪 0.4 万头。2000 年，全县生猪出栏数 13.96 万头，比 1991 年 10.42 万头增加 3.54 万头。2003 年，官坂超大猪场从龙岩引进施格种猪，存栏母猪 150 头，生产商品猪苗。至 2005 年，全县母猪存栏数 500 头以上的企业有 7 家，共出栏猪苗 6.3 万头。当年，全县生猪出栏 15.72 万头，存栏 7.54 万头。

**二、牛**

1991 年，县内饲养的牛有役牛、肉用牛和奶牛 3 种。役牛有“福安水牛”和“本地黄牛”，肉用牛多是黄牛。奶牛多外来引进的“黑白花奶牛”，当年在市奶牛办扶持下，县财政拨 15 万元周转金，购买 15 头。县畜牧兽医站开展黄牛品种改良，引入外国的肉用“牛海腾特”“山大牛”“婆罗门牛”等冷冻精液，在己古、横槎、东塘、安凯等乡村采用同期发情母牛进行人工授精等技术，取得成功，产下杂交牛 23 头。由于缺乏科研经费，无法继续选育杂交后代。至年末，商品牛出栏仅 811 头，存栏数 9563 头，其中母牛 3134 头。

1992年后，随着机耕面积扩大，耕地面积减少，役牛业逐渐下滑。1996年，全县牛存栏数降到7836头，其中县役牛降至 5625 头。2000 年，牛存栏数 6969 头，其中，役牛降至 4650 头。至 2005 年，全县牛存栏 5077 头，比 1991 年减少 4486 头。其中役牛仅 2875 头，多分布在丹阳、蓼沿、潘渡、长龙、小沧等山区。当年饲养肉用牛专业户只剩下江南乡文新村和浦口镇松坞村 2 个，圈养 45 头，自繁自育自售；奶牛专业户 2 户，共养 65 头，年产奶 155 吨，全县产奶 200 吨。

**三、羊**

1991 年，县内饲养的肉用羊多是本地山羊（俗称“白眉羊”）杂交一代，称“麻杂羊”，分布山区和沿海丘陵地区。当年出栏 21518 只，存栏 26235 只。由于市场销路不畅，养羊业发展缓慢。1993—1997 年，羊出栏数和存栏数均徘徊在 2 万—3 万只之间。1998—2002 年，羊存栏数降到 1.7 万只，出栏数 2 万只上下。2003 年开始，羊肉价格上扬，养羊专业户增加，上规模的有琯头东边、筱埕、晓澳、马鼻、玉泉山试验羊场等 5 家专业户。至 2005 年，出栏 3.67 万只，存栏 2.3 万只。

**四、兔**

1991 年，县内饲养的主要是肉用型福建黄兔，适应性广，分布全县各地。当年出栏量 10.74 万只，存栏 12.22 万只。1992 年后，随着市场价格看好，出栏量增加，饲养量上升，当年分别引进“大耳兔”“日本皮兔”“青紫兰兔”“赖兔”“中原黄兔”等。至 1993 年，出栏 18.6 万只，稍有发展规模的养兔专业户开始增多。1999 年出栏数达 23.16 万只。2000 年，玉山种兔场在专家指导下，对本地黄兔进行严格选育，培养出体形、外貌一致，生长性能较强的优良品种，营养价值高，市场畅售，很快在全县及省内推广。当年出栏数升到 24.71 万只。到 2005 年，全县存栏 16.7 万只，出栏 36.34 万只。上规模专业户 5 户。特别是玉华山种兔场，年提供兔苗 6.7 万只，商品兔 3 万多只，还独创兔肉药膳供应市场，效益颇佳。

## 第二节　家禽饲养

**一、鸡**

1991 年，县内鸡的饲养，仍以家庭为主，品种除“本地鸡”“仙居鸡”（“温州鸡”）外，还先后引进肉鸡“红波萝”“艾维英”，其特点是生长快，40—50 日龄平均体重可达 2.5 公斤以上，可出栏。蛋鸡引进“罗曼”“星杂”“罗斯伊沙”等，平均年产蛋在 250—300 枚之间。当年，鸡存栏 47.56 万只，出栏 52.25 万只。1992 年后，随着商品经济发展，开始有养鸡专业户 2 户，每户规模 1000 只左右。1996 年，市场看好，饲养规模进一步扩大，当年出栏 97.6 万只，存栏 52 万只，鸡蛋产量 2511 吨。2000 年，养鸡专业户发展到 65 户，规模蛋鸡场 1 个。全县鸡存栏 63.22 万只，出栏 96.1 万只，蛋产量 3886 吨。2001 年后，肉鸡饲养由全舍饲养改为半放牧式饲养，延长饲养日龄，提高肉质风味。至 2005 年，全县有万只以上的蛋鸡场 5 家，其中东岱镇 2 家、浦口镇 1 家、丹阳镇 2 家。1000 只以上养鸡专业户 60 户。全县存栏 35.99 万只，出栏 80.97 万只，产鸡蛋 3221 吨。

**二、鸭**

1991 年，县内饲养的肉鸭主要是“番鸭”和“半番”两种，蛋用型主要有“麻鸭 ”“莆田黑鸭”等。当年鸭出栏 52.5 万只，存栏 46.8 万只。1992 年，养鸭专业户发展到 25 户，一些专业户引进欧洲的“樱桃吉鸭”饲养，取得成功，但因销路不畅，逐步退出市场。1994 年，东湖镇一些养鸭专业户，把可以提高生产性能的三元杂交原理也应用到肉鸭生产上。率先用肉鸭作父本，与麻鸭杂交产生二元后代，再与全番杂交，产生三元杂种作为商品肉鸭品种，鸭体较二元半番大，生长更为迅速，商品价值更高，成为当家品种。1996 年，全县鸭存栏 67 万只，出栏 96 万只，鸭蛋产量 3600 吨。2000 年，全县有养鸭专业户 39 户，养鸭场 12 家，其中蛋鸭场 7 家。2005 年，全县鸭存栏 54.08 万只，出栏 116.86 万只，蛋产量 6384 吨。1000 只以上专业户 65 户，万只以上蛋鸭场 2 家（东湖镇 1 家，敖江镇 1 家）。

**三、鹅**

1991 年，饲养品种为主是“本地鹅”（“中国鹅”），耐粗食且食量大，长膘快，3—4 个月可达 5—7 公斤。分布在平原水草繁茂乡村。少量“狮头鹅”，分布敖江、东湖等地。2000 年，华侨投资在潘渡乡陀市村创办一家广东狮头鹅养殖场，产品全部销往广东、上海。2004 年，迁至长龙乡下洋村，建立种鹅场，实行自繁、自育、自售。2005 年，出栏 0.51 万只，存栏 0.08 万只，年产值 84.8 万元。

**四、其他禽类**

1993 年后，随着市场经济的逐渐活跃，一些中青年农民曾创办多个珍稀禽类养殖场，如山鸡、鹌鹑、肉鸽等，但皆因饲养、管理技术及销路问题，先后退出市场。

**1991—2005 年连江县主要畜禽饲养情况表**

表 7-5-1

| 项目<br>年份 | 牛（头） | | 猪（万头） | | 羊（只） | | 家兔（万只） | | 家禽（万只） | |
|---|---|---|---|---|---|---|---|---|---|---|
| | 出栏数 | 存栏数 | 出栏数 | 存栏数 | 出栏数 | 存栏数 | 出栏数 | 存栏数 | 出栏数 | 存栏数 |
| 1991 年 | 811 | 9563 | 10.42 | 9.29 | 21518 | 26235 | 10.74 | 12.22 | 104.75 | 94.39 |
| 1992 年 | 1149 | 9183 | 12.02 | 10.12 | 23477 | 31322 | 15.19 | 10.63 | 135.91 | 191.36 |
| 1993 年 | 1138 | 8781 | 14.2 | 11.41 | 32152 | 28433 | 18.61 | 13.04 | 167.43 | 116.4 |
| 1994 年 | 1470 | 8442 | 15.16 | 13.1 | 29408 | 31480 | 19.65 | 13.62 | 161.56 | 128.28 |
| 1995 年 | 734 | 7563 | 16.59 | 15.21 | 22963 | 29563 | 12.84 | 17.06 | 176.1 | 116.35 |
| 1996 年 | 949 | 7836 | 19.36 | 15.41 | 24900 | 29010 | 16.92 | 12.53 | 194.21 | 125.44 |
| 1997 年 | 914 | 8269 | 22.49 | 15.57 | 27632 | 27895 | 19.13 | 12.36 | 195.63 | 120.81 |
| 1998 年 | 797 | 8074 | 11.91 | 8.7 | 17163 | 16883 | 19.61 | 12.25 | 180.5 | 109.9 |
| 1999 年 | 726 | 7511 | 13.22 | 6.97 | 21219 | 17370 | 23.16 | 12.3 | 185.78 | 109.03 |
| 2000 年 | 812 | 6969 | 13.96 | 7.38 | 23037 | 17647 | 24.71 | 12.58 | 192.5 | 99.32 |
| 2001 年 | 1212 | 6035 | 15.02 | 7.39 | 25011 | 17087 | 23.46 | 11.5 | 197.69 | 97.69 |
| 2002 年 | 1013 | 5890 | 15.74 | 7.47 | 27162 | 16409 | 23.46 | 11.61 | 186.57 | 85.08 |

续表 7-5-1

| 项目<br>年份 | 牛（头） | | 猪（万头） | | 羊（只） | | 家兔（万只） | | 家禽（万只） | |
|---|---|---|---|---|---|---|---|---|---|---|
| | 出栏数 | 存栏数 | 出栏数 | 存栏数 | 出栏数 | 存栏数 | 出栏数 | 存栏数 | 出栏数 | 存栏数 |
| 2003 年 | 1033 | 5622 | 16.42 | 7.93 | 28977 | 17147 | 34.94 | 11.11 | 194.31 | 90.51 |
| 2004 年 | 1082 | 5602 | 17.14 | 7.54 | 31405 | 19023 | 39.9 | 12.65 | 204.52 | 92.53 |
| 2005 年 | 818 | 5077 | 15.72 | 7.54 | 36705 | 23350 | 36.34 | 16.7 | 198.34 | 90.16 |

## 第三节 饲 料

连江依山傍海，适应禽畜饲食的主要有植物性饲料 20 多种，动物性饲料 10 余种，矿物性饲料 1 种，以及混合和配合饲料。

**一、植物性饲料**

1991 年，县内家庭饲养的猪和禽类，多习惯以稻谷、甘薯、米糠、麦麸、菜籽饼、豆饼、豆渣、酱渣、酒糟、麦芽糟等作精饲料；用粮食作物的杆、藤、叶作粗饲料；用瓜菜叶蔓、鲜薯叶、水浮莲、水葫芦、水花生、野菜、嫩芽等作青饲料。牛、羊多放牧式饲料。1993 年后，山区植被良好。全县可供放牧的 300 亩以上连片草山有 17 片，面积 5.85 万亩，以禾本科为主；300 米以下的草山和农村隙闲草地有 38.7 万亩，牧草种类繁多，低矮幼嫩，耐牧耐畜。

**二、动物性饲料**

1991 年，县内放牧式或半放牧式的鸭、鹅等饲养，大都利用县内水域滩涂种类繁多的生物，如贝壳类生物和藻类植物及小鱼虾等进行饲养。尤以番鸭为主，在海滩旁搭盖鸭舍，所产蛋品营养丰富，特别畅销。1992 年后，相继创办以小杂鱼为原料的鱼粉厂 40 余家，年产鱼粉 8930 吨，除作鱼虾饲料外，也有部分作禽畜饲料。1996 年起，由于交通运输发展，小杂鱼投放市场效益更高，鱼粉厂降至 20 家。2005 年，全县鱼粉厂 15 家，年产鱼粉 2360 吨。

**三、矿物性饲料**

全县沿海贝壳储量在 100 万吨以上，主要分布在坑园、筱埕、官坂、马鼻等地，1991 年后，有的开始加工成钙质饲料，多作为圈养式禽畜饲料。1999—2003 年，相继有钙粉厂 3 家，年产量 286 吨。2005 年，有 2 家。

**四、混合与配合饲料**

1991 年后，畜牧业开始逐步向商品化、集约化、规模化方向发展，饲料加工业应运而生，畜禽养殖场多采用植物叶、秆等青粗原料，加上细糠、麦麸、су渣等蒸煮贮存。然后加工成混合饲料。有的引进设备，合理搭配营养和预防药物，并由生产混合饲料向全价配合饲料转变，外观由单纯粉状饲料发展到生产各种禽畜系列全价颗粒饲料和膨化饲料。当年，已有饲料企业 10 余家，生产配合混合饲料 8579 吨。此后，由于原料价格上涨等因素，饲料企业效益不佳而倒闭。至 2001 年，仅存 2 家，年产量 128 吨。2002 年后全部停产，养殖户多从外地购进加工的饲料。

# 第四节　疫病防治

1991年，连江畜禽防疫由传统的春秋两季防疫改为常年性防疫。1995年1月，成立县兽医卫生监督检验所，并核编乡镇兽医站技术人员57名，配备乡村兽医人员35名。2005年，全县聘用农民兽医员103人，村级动物防疫员271人。1991—2005年期间，每年都在春秋两季举办技术培训班各1期，年培训有关责任人、技术人员400多人次。

## 一、畜类疫病防治

1991年，县内猪、牛、羊、兔除出现常见的疫病外，还时常出现猪繁殖和呼吸综合征，牛水疱病、口蹄疫病、山羊痘病、兔球虫病、兔魏氏梭菌病等。主要采取对发病体进行扑杀、无害化处理，疫区封锁，注射疫苗，圈舍、用具、饲槽进行消毒，保持环境卫生等措施，控性疫情，减少死亡。对猪伪狂犬病采用高免血清治疗，猪瘟病腹泻较重的猪用安乃近、双黄连注射液治疗，并预先对大部分猪进行预防注射，年注射达285万头次。为预防猪气喘病，每年采用猪气喘病弱毒冻干疫苗定期预先免疫接种，对仔猪黄白痢用抗菌、止泻、助消化和补液等综合措施进行防治。对猪繁殖和呼吸综合征，采用饲料中添加药物拌料等方法控制病情。对牛水疱病采取消灭蚊等吸血昆虫和污染地消毒进行预防。对牛口蹄疫病采取高免血清或康复动物血清进行被动免疫或定期接种口蹄疫疫苗进行预防。对兔球虫病在饲料中拌入氯苯胍、敌菌净、克球粉、痢特灵、磺胺类等药进行治疗。对兔魏氏梭菌病通过定期注射家兔A型魏氏梭菌苗进行防治。1994年，县内发生猪口蹄疫病，传染牛也零星发生。1996年，疫情传染到潘渡、东湖、蓼沿、琯头等地养殖场。1998年，全县暴发山羊痘病，发病率56.1%。虽经积极防治，死亡率仍达48.4%。1999年，为防治牲畜5号病，县成立专门指挥部，统一指挥，统一行动，有效控制疫情发展。2000年，发生猪气喘病1760头，死亡81头。发生仔猪黄白痢病26000头，死亡310头。发生兔瘟病540只，死亡510只。2004年，长龙镇真茹村、下洋村发生水牛口蹄疫病，有10余头耕牛发病，由于防治及时，未造成大面积传染。2005年，全县统一行动，对伪猪狂犬病注射疫苗1.5万头，山羊痘注射防疫3.3万只。

## 二、禽类疫病防治

1991年，县内禽类疫病除常见的疫病外，还出现禽三周病、病毒性肝炎、鸭疫巴氏杆菌、传染性法氏囊病、鸡主白细胞原虫病等。主要采取综合防治措施。每年对鸡瘟预防注射180万只次左右，鸭瘟预防注射195万只次左右，高致病性禽流感复发预防注射480万只次。对禽类烈性传染病，则进行扑杀、深埋、环境消毒等无害化处理，并封锁疫区，紧急接种，注射疫苗等，保证疫病有效防控。1999年，县政府成立防治高致病性禽流感指挥部，制定防治应急预案，保证一旦发生疫情，及时进行控制。2000年7月，有5个乡镇发生鸭瘟疫情，发病800只，死亡800只，进行防疫注射17万只。2003年，凤城镇玉山村和敖江镇上山村相继发生禽流感疫情，玉山染疫鸡鸭547只，死120只，上山染疫禽类412只，死98只。县、乡（镇）还专门成立防治机构，公开负责人电话，建立全天候24小时值班制，县政府拨款10万元，用于防治工作。对上山、玉山两村疫情迅速采取严密控制、封锁疫区、对病禽进行扑杀、深埋，对周边环境进行消毒防疫，使疫情没有大面积流行。2005年，禽流感在全球流行。县政府根据上级部署，健全市场防疫工作责任制，与各乡镇签订《2005年连江动物防疫工作目标责任书》，调整充实防治高致病性禽流感指挥部，县长亲自担任指挥，拨专款30万元，购买各种防控应急物资、药品，加强规模养禽场，尤其敖江流域养殖场进行免疫监测，利用县动物疫情检测化验室，完成20多个禽场采集500多份血清，对禽流感免疫效果进行监测，都达到标准。当年防疫鸡、鸭注射、接种共 368 万只次，使疫情没有蔓延。

**2000—2005 年连江县畜禽疫情、防疫注射情况统计表**

表 7-5-2

| 病名 | | 2000 年疫情 | | | | 防疫注射数（万只次） | |
|---|---|---|---|---|---|---|---|
| | | 发病 | | 死亡 | | | |
| | | 乡镇数(个) | 只数(只) | 只数(只) | 死亡率(%) | 2000 年 | 2005 年 |
| 猪 | 猪瘟 | 12 | 185 | 182 | 98.4 | 17.6 | 25.4 |
| | 丹毒 | 17 | 570 | 61 | 10.7 | 9.7 | 8.4 |
| | 肺疫 | 5 | 120 | 26 | 21.67 | 5.3 | 6.0 |
| | 仔猪副伤寒 | 13 | 270 | 230 | 85.19 | 9.1 | — |
| | 气喘病 | 16 | 1760 | 81 | 4.6 | — | — |
| | 传染性胃肠炎 | 20 | 8300 | 120 | 1.45 | — | — |
| | 仔猪白痢 | 22 | 26050 | 310 | 1.19 | — | — |
| | 链球菌病 | 5 | 85 | 11 | 12.44 | 7.2 | — |
| | 五号病 | — | — | — | — | 0.98 | 25.3 |
| | 其他 | 7 | 94 | 17 | 18.01 | — | — |
| 羊病 | | 8 | 390 | 74 | 18.97 | — | 7.6 |
| 家禽 | 鸡新城疫 | 12 | 1700 | 1700 | 100 | 26.3 | — |
| | 鸭瘟 | 5 | 800 | 800 | 100 | 17 | — |
| | 出败 | 8 | 97133 | 610 | 6.28 | 8.1 | — |
| | 其他 | 13 | 11200 | 22 | 0.02 | — | — |
| 兔 | 兔瘟 | 7 | 540 | 510 | 94.4 | 5.6 | — |
| | 其他 | 6 | 1600 | 110 | 6.8 | — | — |

**三、动物检疫检验**

1995 年，县农业局成立兽医卫生监督检验所，实施对全县禽畜生产和上市肉品进行防疫监督检验。内容包括肉品卫生、药物残留、瘦肉精等监测。杜绝病死禽畜、药物残留超标及添加瘦肉精肉品上市。1996 年起，凤城、东湖、丹阳、琯头等 10 个乡镇实行生猪集中屠宰，集中检疫检验，检验所派人常驻各屠宰场进行检疫检验。2003 年，县美东畜牧发展有限公司获得省无公害生猪与猪肉认证；玉华山种兔场获得全国（全省第一家）兔产品绿色认证。2005 年 8 月，在城关地区设立禽类及其产品检疫报检点，对禽类进行集中检验，对禽类市场实行全日制巡查。1995—2005 年，每年约检疫牛 1200 头、猪 9 万头、羊 1.4 万只、禽 68 万只、肉类 160 吨（外地冷冻食品），检出病害猪约 49 头、羊 17 只、禽类 1040 只。病禽畜全部按规定进行妥善处理。

# 第六章　机构与管理

## 第一节　机　构

**一、县农业办公室**

1991年，为县农业委员会，有干部职工14人（包括水土保持办公室和农业区划办公室）。1997年，机构改革，县农业委员会改制为县委农村工作领导小组办公室，挂县政府农业办公室（简称“县农办”），两块牌子、一套人员。属县委序列，正科级，内设秘书科、农业开发科、农业外经科、扶贫办公室等4个职能科室，编制13名，其中工勤人员事业编制1名，实有19人。挂靠单位有县水土保持办公室和农业区划办公室。2002年，县级机构改革，县水土保持办公室划入县水利局。县农办内设综合科、农村经济发展科、扶贫小康工作科3个科室，机关行政编制9名，工勤编制1名。挂靠单位县农业区划办公室，事业编制4人，实有共17人。2005年，实有18人。

**二、县农业局**

1991年，局机关内设办公室、畜牧兽医站、经济作物技术站（简称“经作站”）、农村经营管理站（简称“经管站”）、土壤肥料技术推广站（简称“土肥站”）、植物保护和植物检疫站（简称“植保站”）、农业技术推广站（简称“农技站”）7个站室，行政编制10人，实有10人，事业编制36人，实有53人。1997年，机构改革，县农业局内设办公室、畜牧兽医站、土肥站、植保站、经作站、经管站、种子管理站、农技站、减轻农民负担监督管理办公室等9个站室。有机关事业编制58名，实有干部职工78人，有技术职称45人，其中高级职称3人，中级17人，初级25人。

2002年，机构改革，县农业局机关行政编制9名，实有9人；事业编制67名，实有55人。内设办公室、畜牧兽医站、土肥站、植保站、经作站、经管站、种子管理站、农技站、县减负办、农业法规和技术监督科共10个站室。直至2005年，编制、内设机构不变，行政、事业共实有人员65人，有职称45人。其中高级职称7人，中级11人，初级27人。

县农业局1997年被省政府授予“福建省粮食生产先进单位”称号；1998年，被市委、市政府授予“1998—1999年度农村经济工作先进单位”称号；1999年被福建省军区后勤部、省农业厅授予“双拥共建科技下连先进单位”称号；2004年，被福建省毒鼠强专项治理工作领导小组授予“福建省毒鼠强专项治理工作先进集体”等称号。局属单位：

**县良种繁育试验中心**　1991年，为县财政差额拨款事业单位，编制19名，实有13人。2005年，改为财政全额拨款事业单位，核编10人，实有9人。

**县种子管理站**　前身为县种子公司，为县财政差额拨款事业单位，企业管理。1991年，编制12名，实有15人。1995年，编制12人，实有12人。当年成立县种子管理站，与种子公司合署。人员由内部调整。2003年，县种子公司编制6人，实有5人，其中工人4人，高级职称1人。2005年，县种子公司撤销，并入县种子管理站，成为农业局机关内设科室。

**县农业技术推广中心**　1988年，由县农业技术开发服务中心改名。挂靠在农技站，无人员编制。主要对各乡镇兴办的植物医院进行技术指导服务。1996年，全县有植物医院63家，1997年，整顿后剩下23家。2005年，压缩为16家。

**县畜牧兽医技术服务中心**　1988年6月成立，挂靠兽医站，无人员编制。主要对各乡镇兴办的动物医院进行技术指导服务，1996年，全县有动物医院25家。1997年，经调整后剩下22家。2005年，压缩为9家。

**县兽医卫生监督检验所**　事业单位，1995年5月成立，编制5名，至2005年不变。

**县农业科学技术研究所**　事业单位，1991年编制10名，实有4人。有科研基地10亩。1996年，编制10名，实有8人。2003年，核编10人，实有9人。2005年，重新核编9人，实有9人。

**三、局派出事业机构**

1991年，全县20个乡镇的“三站”（农技站、畜牧兽医站和经营管理站），是县农业局派出事业机构，共有事业编制198人，实有78人。1996年，全县21个乡镇农业三站重新核编198人，其中农技站编制91人，实有68人；畜牧兽医站编制55人，实有15人；经营管理站编制52人，实有17人。三站合计实有人员100人，其中中级职称22人，初级63人。1997年，新设江南乡，同时成立江南乡农业三站，核定农技站编制3人，兽医站编制2人，经营管理站编制2人。2003年，重新核定22个乡镇农业三站编制202人，实有132人，其中农技站92人，实有74人；兽医站57人，实有23人；经营管理站53名，实有35人。三站中，高级职称4人，中级25人，初级103人。2004年，乡镇农业“三站”合并成立22个乡镇农业服务中心，人事关系由乡镇党委负责管理。2005年1月起，不再是县农业局派出事业机构。

## 第二节　服务与管理

**一、农业技术咨询服务**

1991年，根据农村经济发展需求，县农业局与时俱进，推动农村服务体系建设，以农业技术推广中心，畜牧兽医服务中心为依托，加快编织农业科技网络，大力培训农民科技队伍。1991—1993年，以福州市试行农民技术员职称评定为契机，培训和审评农民技术职称615人，其中技师14人，助理技师146人，技术员348人，助理技术员107人。以技术人员为示范作用，带动县乡村三级科技网络建设。1991—2005年，举办各类培训班50多期，受训2万人次。2005年，全县有村级科技小组259个，科技示范户680个，有技术职称农民739人，其中被聘为技术员451人。全县共设立农业技术咨询261处，成立各种专业协会研究会275个，建立农村管理协会50个。兴办三级服务实体157个。县财政每年投入8万—20万元不等，作为农民技术人员补贴。同时鼓励农业技术人员参与各种形式承包，适当收取有偿服务费。2005年，农业技术人员有90人次参与各项承包，其中农业23项面积1560亩，果树3项面积610亩，还有良种、植保等专业承包，从而带动和促进农业产业化、现代化的发展进程。

**二、农贸市场管理**

1991年开始，县农业局每年都配合县工商、物价、质量技术监督等单位，在生产季节，开展农资、种子市场检查整顿。1993年《中华人民共和国农业法》实施后，进一步加强对可能危害人畜安全的农业生产资料生产经营，依照相关法律法规实行登记或者许可制度。2000年，成立县农业执法大队，有持证执法人员60人，其中县农业局26人，乡镇34人。之后，每年春夏突出抓好种子、肥料、农药、兽药等农资产品销售市场监督，并逐步形成常态化。发现“三证”（质量标准证、生产许可证、登记证）不全，或假劣产品，过期失效达不到使用质量的，都依法进行查处。执法大队把宣传农业法律同执法检查结合起来。先后发放各种宣传材料7500份，在相关经营场所、悬挂宣传横幅150多条，开通“969155”农业热线电话等，接受群众咨询6300人次。还举办农资经营者和生产企业培训班1期，要求所有经营和生产者都签订质量承诺书。2002 年，对 122 家农药、化肥经营点，12 家种子销售点，8 家兽药经营店，1 家复合肥生产企业进行造册登记；先后出动执法人员 400 多人次，查处过期农药 170 多公斤，农药标签模糊不清或脱落 85 公斤，查处禁止销售高毒农药、兽药针剂 7 种 425 瓶（盒），立案 21 起，违规金额 2.2 万元，挽回经济损失 8.5 万元。2003 年，出动农业执法人员 170 多人次，检查没收高毒农药 140 公斤，变质农药 185 公斤，“三证”不全和禁用兽药 110 公斤，深埋没有检疫检验猪肉 1200 多公斤、病猪 4 头和从外地调进无检疫调用证明的 1 万只禽苗。查处造成 3000 多亩西瓜绝收的假劣西瓜种子案 1 起。

### 三、农民负担监督管理

1992 年，根据国务院和省有关精神，要求农民人均负担不超过上年收入 5%。全县建立监测点 22 个，监测户 220 户，切实加强对农民负担的监管。每年发放监督卡 15 万份，做到每户 1 卡，发放率 100%。1996 年，成立县减轻农民负担领导小组及办公室（简称“减负办”），农业局经管站配合。是年，县政府制定涉农收费公示、投诉、监督、管理制度。减负办结合村财政专项审计，对乡统筹、村提留收支情况每年给予公布，接受农民监督，并及时处理来信来访。

1997 年后，国家加大支援“三农”力度，各级财政投入逐步增加。县减负办及时跟进，监督协调、落实。2002 年，农村电网改造实行城乡同网同价。2003 年取消并清退“三提五统”费用和农业特产税，实施财政转移支付。2004 年，免征农业税等，减负办都积极配合，协调落实。1991—2005 年，全县共查处农村中小学乱收费 18 起，违规金额 1293 万元，全部退还学生家长；查处农村建房乱收费或搭车收费 13 起，退还农民 18.3 万元；查处结婚登记搭车收费 168 起，退还金额 1.57 万元。

### 四、村级财务管理

1991 年，县农业局加强村级财务管理，积极筹措资金，增加生产经营资金投入，改善经营管理，提高工作效率，加强监督管理，保证集体财产不受损失。1997 年，根据农业部、财政部实施新的《村合作经济组织财务制度（试行）》《村合作经济组织会计制度（试行）》规定，结合连江具体实际，制定《连江县村经济合作社财务管理暂行规定》《连江县村级财务开支有关暂行规定》。严格执行每季度公开一次村（居）财务收支情况，同时每年上半年和年终都对全县村居的农村经济效益分配、村财收支、总产值、人均收入等进行统计，及时上报。当年，通过总结推广敖江镇、坑园乡村财管理示范典型，全县有 160 个村（居）达到规范化要求，105 个村（居）做到一般达标。同时对全县 265 个村居开展村干换届离任经济责任审计，审计金额 32160 万元，未发现重大资金使用问题。1998 年，进一步完善村财管理制度，并实行“村账乡管”“账前审核”“会计办公日”等措施，使村财务制度、会计制度更加实用合理。同年，还对 265 个村（居）进行不良债务清理工作，发现不良债务共 11156 万元。县政府采取旧欠还债、核销拍卖还债、划转债务、调息减债等措施。并制定新的机制，制止新的不良债务发生。2000 年，对全县 268 个村（居）开展村财专项审计，审计金额 1.02 亿元。2003 年，乡镇按照群众要求，对村财有问题的村和土地补偿金收入大的村开展专项审计，共审计 63 个村居，审计金额 9450 万元。发现主要问题是村财管理运行不规范、透明度不够、一些工程费用“白条”报支、接待费支出偏大。此后，每年都对 20% 的村居开展常规审计检查。2004 年，县委、县政府下发《关于健全村务监督小组机制意见》，在全县各村居成立村务监督小组，成员 3—5 人，由村民会议或村民代表会议推选产生，任期与村民委员会任期相同。村务监督小组同时履行民主理财小组职责。2003—2005 年，对 160 个村居实行常规审计检查，审计金额达 24120 万元。同时加强村居财会人员培训，提高素质。1991—2005 年，共举办培训班 42 期，参训村级财会人员 1680 人次。

### 五、农村合作基金会管理

1991 年，县在琯头镇塘头村开办农村合作基金会试点，接着下发《关于大力支持创办农村合作基金会的通知》。至 1996 年，全县共成立农村合作基金会 62 家，筹集固定股金 2200 万元，投融资余额

1400 万元，对拓宽农村投入资金渠道，活跃农村融资市场，发挥一定作用。因管理工作跟不上，出现借贷不还，甚至个别趁机卷逃，导致农村基金会难以维持。1997 年开始，县乡政府专门组织专案组清理基金会，追讨欠款，妥善处理债权债务。2000 年底，全县农村基金会全面关停。

# 第八篇　海洋与渔业

1991年，连江海洋与渔业得到快速发展，外海捕捞能力不断增强，全县水产品总产量19.64万吨，其中海洋捕捞14.39万吨，占73.27%。1994年，实施“水产旺县”方略，发展远洋捕捞业、海产珍品养殖和精深加工业。1995年，水产总产量33.02万吨，海洋捕捞24.22万吨，比重升到73.35%。由于大型钢质拖网发展过快，酷渔滥捕，加上近海污染严重，渔业资源衰退。1996年后，根据国家农业部有关控制捕捞渔船和马力数的“双控”方针，相继出台禁渔区、禁渔期等制度，连江及时采取措施，调整捕捞结构，捕捞向远洋发展，加快养殖业和水产品加工业发展，从而有效保护近海渔业资源，使渔业生产持续发展。2000年，全县水产品总产量57.66万吨，其中捕捞29.12万吨，比重降到50.5%，养殖业产量达28.54万吨，渔业结构日趋合理。至2005年，全县拥有机动渔船6394艘，渔业总产量68.02万吨，其中远洋大马力渔船达38艘，捕捞总产量31.3万吨，占总量46.02%。水产养殖品种从传统的“六贝两藻”（六贝：缢蛏、花蛤、牡蛎、泥蚶、文蛤、贴贝，两藻：海带、紫菜）发展到鱼、虾、贝、蟹、藻五大类30多种。养殖总产量36.72万吨，比重升到53.98%。水产品加工向精深发展，加工企业96家，加工量24万吨，产值18.66亿元，其中千万元以上企业12家。海洋与渔业管理水平不断提高，全县、乡（镇）海洋与渔业站，均配备执法车、渔政船，开展海洋监察，保护海洋资源和可持续发展，使连江水产品总产量连续27年居全省县级第一位，为全国前三名，水产总产值（当年价）50.4亿元，占农林牧渔业总产值的83.4%。

## 第一章　生产条件

### 第一节　水域滩涂

**一、近内海水域**

连江海域面积3112平方千米，近海有东引、东沙、茭祉、四母屿等4个渔场，属于闽东渔场的组成部分，与闽中渔场连成一片，北上可达浙江渔场、南下至闽南和台湾浅滩渔场，东可往台湾北部渔场。境内著名的“三湾三口”（罗源湾、黄岐湾、定海湾，闽江口、敖江口、可门口），是一个优良的鱼、虾、蟹、贝、藻养殖和育苗场所。40—60米水深为定置网和小型作业场所，水深60米以外为围、钓、拖、笼捕等作业场所。

**二、浅海滩涂**

连江海岸线曲折，自北部马鼻镇至南部琯头镇，海岸以基岩岸为主。浅海、滩涂面积393.82平方千米，其中20米等深线海域以内浅海面积100.9万亩（0—10米等深线海域面积41.5万亩，10—20米等深线海域面积59.4万亩），滩涂面积17.56万亩。浅海水域平均月水温变动范围在10—30.5℃（见表8-1-1）。不同海域盐度变动较大，黄岐半岛海区盐度极端最高值为34.16‰（7月），极端最低值为26.46‰（11月）；敖江口海区盐度月平均最高为32.43‰（9月），最低值为15.9‰（3月）。海水透明度一般为0.3—2.0米，pH值7.7—8.5。海域水质清澈，重金属含量低，是鱼类及水生生物繁衍、生殖的天然场所。

**1998—2004年主要水域各月表层水温表**

表8-1-1　　　　单位：℃

| 地域 | 月份 | 1月 | 2月 | 3月 | 4月 | 5月 | 6月 | 7月 | 8月 | 9月 | 10月 | 11月 | 12月 |
|---|---|---|---|---|---|---|---|---|---|---|---|---|---|
| 敖江口 | 平均 | 13.5 | 12.5 | 15.9 | 18.5 | 21.9 | 24.5 | 29.1 | 29.6 | 27.7 | 24.4 | 20.2 | 15.0 |
| | 最高 | 15.0 | 16.0 | 16.5 | 22.3 | 24.5 | 26.5 | 30.5 | 30.8 | 29.0 | 26.0 | 21.0 | 16.0 |
| | 最低 | 12.5 | 10.0 | 13.0 | 13.0 | 17.0 | 21.5 | 28.0 | 27.5 | 27.4 | 23.5 | 19.5 | 14.0 |
| 定海湾 | 平均 | 13.7 | 12.0 | 13.6 | 16.2 | 21.2 | 24.6 | 28.8 | 29.7 | 27.0 | 24.1 | 20.2 | 15.0 |
| | 最高 | 15.7 | 13.0 | 15.0 | 19.0 | 24.0 | 26.8 | 30.3 | 31.0 | 29.0 | 25.5 | 20.8 | 16.0 |
| | 最低 | 12.2 | 11.0 | 12.0 | 13.0 | 17.0 | 21.0 | 27.8 | 26.5 | 26.0 | 24.0 | 20.0 | 14.0 |
| 黄岐湾 | 平均 | 13.4 | 11.5 | 14.8 | 18.0 | 21.9 | 25.0 | 28.6 | 27.5 | 27.2 | 22.9 | 18.5 | 15.6 |
| | 最高 | 15.6 | 13.0 | 18.0 | 21.0 | 24.0 | 26.0 | 30.5 | 29.5 | 28.5 | 26.0 | 20.0 | 16.0 |
| | 最低 | 12.0 | 11.0 | 12.0 | 14.0 | 18.0 | 21.0 | 28.0 | 26.4 | 26.0 | 18.5 | 15.9 | 14.0 |
| 罗源湾 | 平均 | 14.3 | 12.2 | 14.7 | 17.2 | 22.1 | 24.5 | 28.7 | 28.6 | 27.0 | 25.1 | 20.3 | 16.3 |
| | 最高 | 16.5 | 14.5 | 18.0 | 21.5 | 24.5 | 28.0 | 30.0 | 31.0 | 29.0 | 27.5 | 23.2 | 20.0 |
| | 最低 | 12.0 | 10.0 | 11.0 | 13.0 | 18.0 | 21.5 | 27.5 | 29.0 | 25.0 | 23.0 | 18.0 | 14.5 |

### 三、内陆水域

全县水系发达，有两大江（闽江、敖江）、6个溪流（流域面积在10平方千米以上）和65条小溪，境内溪流总长348千米，年平均径流量30.6亿立方米。闽江流经县境，从琯头镇入海，属于近海感潮区。敖江为福建第六大河流，境内总长63千米，流域面积44.5平方千米，入海径流量年平均27.67亿立方米。县境江河、水库、池塘等淡水面积3万亩。最大的水面山仔库区1.01万亩。

## 第二节　渔业资源

县内水产生物种类繁多，初步调查，海洋鱼类有500多种。常见且捕捞量较大的经济鱼类主要有大黄鱼、带鱼、蓝点马鲛、鳗鱼、鲳鱼、鲫鱼、蓝园鲹（鳀鲇）等；甲壳类有毛虾、长毛对虾、东方对虾、中国龙虾、锯缘青蟹、三疣梭子蟹（蠘）、鲎等；头足类有无针乌贼（墨鱼）、台湾枪乌贼（鱿鱼）、真蛸（章鱼）等；腔肠类有海蜇等。浅海滩涂常见的有缢蛏、花蛤、泥蚶、珠蚶、西施舌（海蚌）、大弹涂鱼（跳鱼）、海马等。还有礁紫菜、石花菜、浒苔等藻类。底栖生物初步鉴定有189种，以甲壳、贝类见多。淡水鱼类主要有17种，较名贵的有鳗鲡（淡水鳗）、花鳗鲡（溪滑）、甲鱼（鳖）、棘胸蛙（骨冻）、鲈鱼等。

## 第三节　渔业劳力

1991年，全县从事渔业生产有45054户，渔业劳力74376人。各种渔业技术人员5984人。1992年后，在稳定海洋捕捞业、大力发展水产养殖业、加工业的国家渔业发展方针指导下，水产业进行内部作业结构的调整，逐步淘汰、压缩对渔业资源破坏较大的捕捞作业方式，扶持发展养殖业、水产品加工业，渔业劳力稳中有增，劳力结构则发生较大变化。1995年，从事渔业劳力75805人。1996年后，在科技兴渔、建设渔业强县的战略思想指导下，连江采取多种形式和各种渠道，提高渔区人口文化素质，培养水产业各类技术人才。1996—2005年，先后举办大黄鱼、真鲷、牙鲆、鲍鱼、扇贝、对虾、紫菜等养殖、育苗、鱼类病害防治、捕捞技术、无线电技术、职务船员等培训班112期，受训各类渔业技术人员8600多人。还不定期聘请省内外水产专家深入黄岐、苔菉、筱埕、坑园等沿海乡镇授课，进行生产技术研究。至2005年，全县从事渔业有48730户，渔业人口180602人，渔业劳力87120人，其中海洋捕捞34632人、海水养殖30487人、淡水养殖284人、渔农兼业21717人。全县经评定并授予渔民技术职称的有171人。大部分渔业劳力能较熟练地掌握一种或多种作业技能，为水产业发展打下良好条件。

## 第四节　渔业机具

### 一、渔船

20世纪80年代初期，连江渔船马力、吨位较小，且都是木质船，抗风浪能力弱，遇八九级大风就不能出海生产。1983年，东升大队首置第一艘100吨、200匹马力钢质渔轮，此后全县沿海乡镇掀起购置钢质渔轮热。1990年，全县机动渔船5103艘，总吨位6.53万吨，总马力12.17万千瓦。其中钢质渔轮116对、232艘、3.4万吨、6.8万千瓦。1993年，全县大马力渔轮达到发展高峰，其中400匹以上拖网渔轮260艘。1994年后，因渔业资源衰退，大马力拖网渔轮逐步淘汰。1995年，围绕省、市“海洋大省”“海上福州”战略决策，大力发展远洋渔轮和海上贸易船。全县机动渔船达7343艘，马力、吨位均居全省第一。1997年后，随着海上水产品贸易量增加，赶鲜渔船迅速增加。1998年，仅苔菉镇海上赶鲜渔船就达178艘。至2005年，全县机动渔船6394艘，总吨位27.5万吨，总马力9.96万千瓦。

### 二、网具

1991年，捕捞作业网具基本由聚乙烯、聚氯乙烯等纤维材料构成，只有笼捕作业的笼具用塑料制成。起网工具由机械化代替手工操作，每船都配备不同功率的起网机，大大减轻渔民劳动强度，提高劳动生产率和单位产量。船只带网的数量也不断增多，1991年一艘定置作业渔船仅带4—5张网具，2005年每艘可带22张网具。经过水产科技工作者的努力，对捕捞网具也进行不断改革，拖网渔船改革快速疏目网具、流刺网片，减轻、减少水阻力影响，每船每网的单位产量提高20%—30%。

### 三、电信仪器

1991年，无线电技术已普遍运用于渔业生产，大多数渔船安装渔用对讲机、单边带等通信设备，采用彩色探鱼仪，国家对渔业无线电台实行办证管理，要求配备渔业电台的船只均需办理电台执照，当年连江办理电台执照58本。1996年安装卫星导航定位系统。2000年，在东水村率先推广渔业安全网对讲机62台。至2005年，全县60匹以上渔船均配备渔业安全网对讲机。

## 第五节　渔业基础设施

### 一、渔港码头

20世纪90年代前，渔港码头建设投资少、规模小、避风防浪条件差。1991年，经县政府确认渔港5个，港池面积1000万平方米。1992年后，沿海经济发展迅速，渔业基础设施建设大大加强。1995年，投资6000多万元建设黄岐国家一级渔港。1997年苔菉镇投资6000多万建设后港等渔港、码头及配套设施。至2005年，通过各种渠道，共融资17400万元，投入渔港、避风港和码头建设。全县经渔监部门认定的渔港45个，纳入建设规划的有32个。经国家确认的三级以上渔港11个，其中国家中心渔港1个、二级渔港3个、三级渔港7个。

**2005年连江县三级以上渔港情况表**

表8-1-2

| 渔港名称 | 渔港所有权 | 等级 | 港区面积（万平方米） | | | 可容纳渔船避风数（艘） | | | 防波堤长度（米） | 护岸码头（米） | 投资总额（万元） |
|---|---|---|---|---|---|---|---|---|---|---|---|
| | | | 合计 | 其中 | | 合计 | 其中 | | | | |
| | | | | 陆域 | 水域 | | 60马力以上 | 60马力以下 | | | |
| 黄岐中心渔港 | 黄岐渔港经济开发有限公司 | 中心 | 77.97 | 15.97 | 62.00 | 800 | 300 | 500 | 260 | 776.1 | 6100 |
| 东岱渔港 | 东岱镇政府 | 二级 | 20.76 | 0.36 | 20.40 | 226 | 36 | 190 | 300 | 150.0 | 279 |
| 晓澳渔港 | 晓澳镇政府 | 二级 | 8.00 | 1.20 | 6.80 | 240 | 50 | 190 | 585 | 150.0 | 460 |
| 琯头渔港 | 琯头镇政府 | 二级 | 8.26 | 0.26 | 8.00 | 200 | 50 | 150 | 102 | 70.0 | 533 |
| 马鼻岗屿渔港 | 玉井村委会 | 三级 | 6.23 | 1.00 | 5.23 | 130 | 30 | 100 | 600 | 100.0 | 185 |
| 筱埕大埕渔港 | 大埕村委会 | 三级 | 4.00 | 1.00 | 3.00 | 100 | 20 | 80 | 200 | 300.0 | 133 |
| 坑园屿头渔港 | 屿头村委会 | 三级 | 9.00 | 2.00 | 7.00 | 100 | 20 | 80 | 600 | 300.0 | 269 |
| 下宫初芦渔港 | 初芦村委会 | 三级 | 0.53 | 0.03 | 0.50 | 120 | 20 | 100 | 11 | 90.0 | 165 |
| 安凯安海避风港 | 安海村委会 | 三级 | 4.00 | 1.00 | 3.00 | 110 | 20 | 90 | 80 | 50.0 | 140 |
| 安凯沙澳码头 | 沙澳村委会 | 三级 | 4.2.0 | 1.20 | 3.00 | 110 | 30 | 80 | 80 | 30.0 | 118 |
| 筱埕官坞渔港 | 官坞村委会 | 三级 | 4.00 | 1.00 | 3.00 | 200 | 30 | 170 | 450 | 500.0 | 257 |

## 2005年连江县等级以下天然渔港利用现状表

表 8-1-3　　　　　　　　　　　　　　　　　　　　单位：万元

| 渔港名称 | 所在地 | 位置 | | 功能区划 | 投资总额 |
|---|---|---|---|---|---|
| | | 北纬 | 东经 | | |
| 东升渔港 | 琯头东升 | 26° 08′ | 119° 34′ | 渔港 | 105 |
| 东岸渔港 | 琯头东岸 | 26° 08′ | 119° 33′ | 港区 | 182 |
| 道澳渔港 | 晓澳道澳 | 26° 12′ | 119° 38′ | 渔港 | — |
| 尖坑尾渔港 | 晓澳道澳 | 26° 12′ | 119° 38′ | 渔港 | 91 |
| 百胜渔港 | 晓澳百胜 | 26° 13′ | 119° 38′ | 渔港 | — |
| 布袋澳渔港 | 筱埕东坪 | 26° 17′ | 119° 45′ | 渔港 | — |
| 筱埕渔港 | 筱埕镇 | 26° 17′ | 119° 47′ | 渔港 | 73 |
| 屿仔尾渔港 | 筱埕定海 | 26° 16′ | 119° 47′ | 渔港 | — |
| 高塘渔港 | 安凯高塘 | 26° 21′ | 119° 55′ | 渔港 | 16 |
| 文湾渔港 | 安凯文湾 | 26° 22′ | 119° 54′ | 渔港 | 14 |
| 银屿湾渔港 | 安凯半山 | 26° 19′ | 119° 51′ | 渔港 | 28 |
| 同心渔港 | 安凯同心 | 26° 21′ | 119° 52′ | 渔港 | 58 |
| 奇达渔港 | 安凯奇达 | 26° 22′ | 119° 52′ | 避风港 | — |
| 长赤渔港 | 黄岐长沙赤澳 | 26° 18′ | 119° 51′ | 渔港 | 700 |
| 大建湾渔港 | 黄岐大建 | 26° 22′ | 119° 57′ | 避风港 | 60 |
| 上塘渔港 | 苔菉上塘 | 26° 21′ | 119° 55′ | 渔港 | 80 |
| 苔菉渔港 | 苔菉横塍 | 26° 22′ | 119° 56′ | 渔港 | 850 |
| 茇南渔港 | 苔菉茇南 | 26° 21′ | 119° 56′ | 港港 | 40 |
| 后港渔港 | 苔菉镇 | 26° 22′ | 119° 56′ | 渔港 | 3750 |
| 北茇渔港 | 苔菉北茇 | 26° 22′ | 119° 57′ | 渔港 | 1022 |
| 白沙渔港 | 苔菉琇琊 | 26° 21′ | 119° 55′ | 港区 | 1187 |
| 东洛渔港 | 苔菉东洛 | 26° 23′ | 119° 55′ | 港区 | 17 |
| 松皋渔港 | 坑园松皋 | 26° 24′ | 119° 51′ | 渔港 | 17 |
| 可门渔港 | 下宫可门 | 26° 25′ | 119° 49′ | 港区 | — |
| 江湾渔港 | 下宫江湾 | 26° 24′ | 119° 50′ | 港区 | 20 |
| 新辉渔港 | 下宫新辉 | 26° 23′ | 119° 47′ | 港区 | 4 |
| 下宫渔港 | 下宫乡 | 26° 23′ | 119° 47′ | 港区 | — |
| 前屿渔港 | 坑园前屿 | 26° 22′ | 119° 45′ | 渔港 | 320 |
| 门边渔港 | 坑园门边 | 26° 20′ | 119° 45′ | 渔港 | 30 |
| 下屿渔港 | 坑园下屿 | 26° 22′ | 119° 44′ | 渔港 | 32 |

续表 8-1-3

| 渔港名称 | 所在地 | 位　置 | | 功能区划 | 投资总额（万元） |
|---|---|---|---|---|---|
| | | 北纬 | 东经 | | |
| 辋川渔港 | 官坂辋川 | 26°　21′ | 119°　44′ | 港区 | 8 |
| 炮台渔港 | 马鼻浮曦 | 26°　26′ | 119°　39′ | — | 16 |
| 合丰渔港 | 马鼻合丰 | 26°　25′ | 119°　39′ | — | — |
| 马头石渔港 | 马鼻玉井 | 26°　23′ | 119°　39′ | 渔港 | 8 |

说明：另有高塘渔业设施基地

### 二、育苗设施

县内主要育苗和试验基地是县水产综合场和官坞海洋渔业开发公司。1990 年，有海带育苗室 3 座，年培育海带 7 万片；紫菜育苗室 159 座，年育苗能力 1000 万壳；对虾育苗室 10 座，年育苗量 5 亿尾。1991 年后，随着鲍鱼、真鲷和大黄鱼育苗成功，并逐步替代虾类育苗。至 2005 年，全县有各类育苗室 118 座，育苗水体 11.97 万立方米。其中鱼类育苗室 19 座，育苗水体 19640 立方米，年育苗能力 8240 万尾；鲍鱼育苗室 52 座，育苗水体 47920 立方米，年育苗能力 4918 万粒；牡蛎育苗室 6 座，育苗水体 10625 立方米，年育苗能力 79500 万粒；海带育苗室 2 座，育苗水体 4200 立方米，年育苗能力 10.5 万片；紫菜育苗室 22 座，育苗水体 9522 立方米，年育苗能力 1022 万壳；淡水育苗室 1 座，育苗水体 1300 立方米，年育苗能力 200 万尾；海水综合育苗室 16 座，育苗水体 26492 立方米，年培育鱼苗 9350 万尾、对虾苗 104950 万尾、牡蛎苗 58100 万粒、鲍 2000 多万粒。育苗室主要分布在坑园、苔菉、黄岐、筱埕、晓澳等乡镇。

### 三、冷藏制冰

1991 年，全县冷冻厂 41 座，急冻能力 522 吨 / 日，冷藏能力 6195 吨 / 次，年制冰能力 5.4 万吨。随着渔业生产发展，冷藏制冷能力远不能满足渔业生产的需求。1992 年开始，冷冻企业逐步发展，扩大规模。至 2005 年，全县冷冻厂 34 座，急冻能力提高到 577 吨 / 日、冷藏能力 17142 吨 / 次、年制冰能力达 36 万吨左右。

### 四、船只机械修造

1991 年，全县有造船厂 14 家，可承造 150 吨木船和 300 吨钢丝网水泥船，一般渔业机械修配县内基本可以承担。1992 年后，随着钢质渔轮的发展，木质船修造有的淘汰、有的改制，全县新建钢质船舶修造厂有 8 家。至 2005 年，全县船舶修造厂计 18 家，其中可修造 30 米以下木质渔船 2 家、修造 30—45 米钢质渔船 16 家。2003—2005 年，经过省海洋与渔业局批准确定为报废渔业船舶拆解点的有苔菉造船厂、安凯高塘船舶修造厂、凤昌联合船舶修造厂、安凯闽兴船舶修造厂 4 家。渔业船只的修造、拆解、机械修配，基本在县内可以承担。

# 第二章　经营体制

1990 年前，连江渔业经营体制仍以集体为主。外海捕捞和稍具规模的海水养殖，投入资金较大，多是集体筹资。滩涂和近海捕捞小作业多为个体经营，股份和私营经营开始增多。至 1991 年，全县渔业总产值 42006 万元，个体约占 34.6%，私营和股份占 39.1%，集体 25.4%，“三资”和国有经营共占 0.9%。1992 年后，随市场经济改革深化，集体经营比重开始急速下降，私营股份经营和个体经营有较大幅度上升。“三资”进入渔业经营逐渐增多。至 2000 年，全县渔业总产值 32.53 亿元，个体比重升到 44.2%，私营和股份经营占 38.3%，集体比重降到 12.1%，“三资”经营升至 5.2%，国有仅占 0.2%。至 2005 年，全县渔业总产值 50.44 亿元，集体经营基本消失，个体占 44.3%，私营和股份经营占 45.6%，“三资”经营占 9.9%。国有只剩筱埕水产综合场，年产值 800 万元，比重不足 0.2%。

## 第一节　个体经营

1991 年，县内个体渔业主要是小型捕捞和养殖，以家庭为主。从业人员 2 万多人，总产值约 1.45 亿元，占全县渔业总产值比重 34.6%。1992 年后，个体经营规模逐渐增大，尤其对虾养殖、网箱养鱼及淡水养殖等发展较快。至 1995 年，个体经营总产值达 8.33 亿。2000 年增加到 14.37 亿，均占全县渔业总产值的 44%，2005 年达 22.32 亿元，占全县渔业总产值 44.3%。

## 第二节　私营和股份经营

1991 年，私营和股份制经营渔业迅速增加。原有集体经营的逐步转制为股份或私营，一些经济条件好的，开始创办私营企业。当年已有私营和股份企业 100 多家，产值 1.64 亿元，占渔业总产值的 39.1%。1992 年后，加快集体向股份合作制转化，有的以股带劳、劳股结合；有的实行劳力平均入股，基本利益均沾。1993 年后，集资合股规模增大，县境大马力大吨位钢质渔轮的发展，多以股份制形式。至 1995 年，私营和股份制单位约 150 多个，总产值 6.5 亿，至 2000 年产值增加到 12.46 亿元，占全县渔业总产值比重为 38.3%。2001 年后，开始向远洋渔业扩展，有的渔轮吨位超过 1000 吨，集捕捞、冷冻、加工、销售于一体，招聘相关技术人员进行经营。2005 年，全县私营和股份渔业发展到 230 家，从业人员 8300 人，总产值达 23 亿，占全县渔业总产值的 45.6%

## 第三节　集体经营

1991 年，乡镇和村办集体渔业绝大多数实行承包经营，总产值 1.07 亿元，占全县渔业总产值的 25.4%。1992 年后，逐步转制为股份合作或私营企业，村委会亦由生产经营者逐步转变为指导和服务，收取承包金或租金。至 2000 年，仍保留集体名义的渔业总产值约 3.93 亿元，占全县渔业总产值降到 12.1%。到 2005 年，纯属集体经营的体制已消失，只有个别的仍保留集体名义。

## 第四节　国有经营

1991 年，县内经营渔业的国营企业有 5 家，是水产科技试验和苗种培育的重要基地，为全县水产业发展做出一定贡献。但由于企业规模不大，退离休人员增多，负担重，在市场竞争中处劣势。当年 5 个国企总产值仅 349 万元，占全县渔业总产值的 0.8%。其中县水产综合场占 300 万元；牛头贝苗试验场、淡水鱼种场、对虾养殖场、水产养殖公司 4 家全部靠承包金收入维持。1992—1995 年，县水产综合场在室内培育鲍鱼苗和工厂化养殖成功、羊栖菜人工育苗、盐渍海带加工成功，逐步形成规模生产，总产值增加到 500 多万元。1995 年，国有渔业产值占全县渔业总产值的比重降到 0.3%。1996 年后，县水产综合场经深化改革和科技创新，培育出“连杂 1 号”海带新品种，引进大菱鲆苗工厂化养殖成功，获多项科技奖，1999 年被评为市农业产业化龙头企业，多次被评为省、市诚信单位，2000 年产值超 600 万元。2001 年后，县淡水鱼种场和对虾养殖场移属大官坂垦区管理会。2004 年，县水产养殖公司滩地被华电可门火力发电厂征用。至 2005 年，国有渔业企业仅存牛头贝苗试验场和县水产综合场 2 家。2 家总产值 800 多万元，占全县渔业总产值比重降到 0.16%。县水产综合场 2005 年有在岗职工 167 人，退休 11 人、退职 7 人，总产值 800 万元，税利 36 万元。

## 第五节　境外企业经营

1991 年，县内水产业境外企业只有宏声水产有限公司 1 家，主要是水产品加工。1993 年，台商与县水产养殖公司合资成立祥帆远洋渔业有限公司，总投资 196 万美元。至 1996 年，县内水产业境外企业增至 8 家，如从事捕捞的有祥帆远洋渔业有限公司，从事养殖的有台商与浦口镇官岭合资的安和水产养殖有限公司，围海从事花蛤养殖和育苗，韩国仁和贸易株式会社与连江恒雄养殖有限公司合资成立的永德盛海洋渔业有限公司等。1998 年，祥帆远洋渔业有限公司合同终止。至 2000 年，境外投资水产企业产值接近 1.7 亿元，在全县渔业总产值的比重升到 5.2%。2001 年后，相继有台商独资的高尔屯水产养殖有限公司（养殖鲍鱼、龙虾等），露卡水产有限公司（养殖），安盛温泉水产有限公司等境外企业落地，其中有的因效益欠佳相继停产。而从事水产加工的境外企业则发展较快。如百洋海味有限公司、旭隆水产品有限公司等效益较好。到 2005 年，全县境外投资水产企业有 12 家，总值约 5 亿元，占全县渔业总产值的比重上升到 9.9%。

# 第三章　捕　捞

1991 年，海洋捕捞是县内水产的支柱产业，从事捕捞渔船达 4279 艘，从业 3.2 万人，总产量 14.39 万吨，占全县水产品总量的 73.27%。1992 年后，捕捞渔船马力、吨位均逐步加大，网具设备逐渐现代化，渔获量不断增加。1995 年，捕捞产量达 24.22 万吨，占全县水产品总产量的 73.35%。1996 年，捕捞渔船还在发展。尤其是大马力、大吨位的拖网和大围缯，对渔业资源破坏较大，出现过度滥捕现象，使资源严重衰退。1998年，农业部作出海洋捕捞零增长，实行渔船数和马力数“双控”的方针，并相继制定禁渔区、禁渔期等制度，连江坚决贯彻这一精神，采取有力措施，调整捕捞业结构，引导开发外海和远洋捕捞，近海大型捕捞转为轻型作业和发展养殖业。至2000年，大围缯全部淘汰，拖网渔轮由1995年的412艘，2000年减到130艘，中小围缯由338艘减到56艘，有效保护近海渔业资源。渔民还相继从外地引进锚张网、虾菇缣、鲍鱼缣、蟹笼、叫菇鱼笼等轻型作业。2000年捕捞产量29.12万吨，此后稳定发展。至2005年为31.3万吨，占水产品总产量的比重降到46.02%

## 第一节　近海捕捞

1991年，近海捕捞数量最大的是围网（有大围缯、小围缯等）和张网大縆，占总产量一半以上，其他缣、縆、笼等作业繁多。当年近海捕获量约占捕捞总量的70%。1992年后，渔船吨位、马力加大，开始向外海延伸，尤其拖网发展迅速。近海渔业资源受到破坏，日渐衰退。大型渔轮逐渐向外海或远洋发展。近海轻型作业有很大发展，尤其以市场为导向的各种珍稀鱼类、贝类捕获量有所增加。1995年，近海捕获量基本保持。1998年，农业部实行“双控”和禁渔期制度后，近海渔业资源开始逐渐恢复。至2005年，仅张网（定置网）和流刺网（缣艚）总产量就达17.09万吨，占捕捞总量的54.69%。

### 一、拖网

**单船底拖**　1991年，单拖作业已初具规模，尤其钢质拖网船，马力都在250匹以上，最大达600匹，多在闽东、闽中渔场生产，除规定伏休期外，常年作业，产量、效益均佳，作业迅速发展，1998年达到顶峰，全县发展到100艘，年产量达1.75万吨，为历史最高水平。由于该作业对资源破坏较大，产量和效益骤降，逐步改作他业。到2005年，只保留15艘，年产量1855吨。

**双船底拖**　主要分布在黄岐半岛的沿海乡镇。该作业与单拖作业同步发展，船质好、马力大、产量高，1991年后，发展速度快，产量也逐年攀升。1998年达156对312艘，产量10.35万吨。为贯彻国家农业部规定的“双控”指标，全县进行作业调整，到2005年，减到51对，产量5.99万吨。

### 二、围网

**大围缯**　又称机大围缯，主要在闽东、闽中渔场生产，主捕集群性高的中上层、近底层鱼类，马力在150匹左右。20世纪70年代，最高年产量达1.79万吨。由于近海渔业资源严重衰退，1991年仅0.5万吨，经济效益下降，导致大围缯作业萎缩，多转行他业。至1995年，基本淘汰。

**中、小围缯**　传统双船作业，主捕对象为带鱼、鳓、鳀、马鲛、鲐鲹、丁香等鱼类，多在闽东、闽中渔场生产。1994年，全县有338艘，产量6110吨。至2005年剩下56艘，其中筱埕镇36艘小围缯主捕丁香鱼，每年4—7月为生产汛期，年产量40—50吨。东岱镇东水中围缯20艘，主捕鳀、鲹等小型经济鱼类，多数用作鳗钓业的饵料。

**光诱围网**　该作业在夜间将灯垂吊于水中，利用鱼类的驱光性，使鱼集群，进而围捕，汛期5—10月。1991年后，由于渔业资源衰退，产量降低，1998年只剩筱埕10艘、晓澳2艘，年产量720吨。2005年，全县只有东水14艘兼作他业，年产560吨。

### 三、张网

张网，又称定置网，为传统作业，主要在县境40米等深线以内的海区生产。2005年全县有张网类渔船320多艘，总产量14.4万吨。

**小縆**　主要集中在苔菉镇。主捕毛虾，汛期为11月至翌年3月。1993年有126艘，总产量4165吨，最高单产40吨。此后该作业不断缩减，逐渐被锚张网所取代。至2001年仅剩10艘，产量14吨左右。2002年后停业。

**大缯**　俗称“西洋汉”，主要集中在苔菉镇。主捕带鱼、日本鳀、七星鱼、小杂鱼虾等，多在东引、大沙、西洋等海区生产，常年作业。由于该作业投资少、产量稳定、经济效益相对较佳，较受青睐。1991年后逐渐发展。2002年共有机大蟳缯船197艘，最高一艘年产40—50吨，产值96万元，差的产值也能达40万—50万元。2005年达200多艘，总产8.9万吨。

**板缯**　主捕日本鳀、杂鱼虾等经济鱼类。除规定禁渔期外，可常年作业。1996年，全县机板缯船最多达614艘，总产1.37万吨，主要在东引、西洋、大沙等海域生产。1997年后逐年减少。2005年剩下70余艘，产量0.27万吨。

**锚张网**　为企桁张网。1999年，由苔菉镇上塘村首先从浙江省引进3艘投入生产，功率在136马力以上，主捕毛虾及其他小杂鱼，大多在东引、西洋、大沙等海域生产，每年11月至翌年3月为汛期。一般每船网具数量在20—30张，单船平均年产8.8吨。2005年发展到30艘，总产263吨。

**四、流刺网**

俗称“缣”，为传统作业，种类繁多，全县各沿海乡镇均有生产。1994年全县有1771艘，年产量20746吨。2005年，全县大小流刺网船884艘，产量34072吨。

**礓礁缣**　为全年性生产，主捕黄菇鱼、鲷类、梅童鱼等名贵鱼类，在大沙、闽东、浙南一带有岛礁的海区生产，每年9—12月为旺汛期。该作业主要集中在黄岐镇，1992年有6艘，单产1—2吨。2000年对网具进行革新，开始引进大型网具，由原来的单丝捻网改为多丝捻网，并加大马力至135匹以上，艘单产提高到3—4吨。2005年全县有礓礁缣船11艘，总产40吨。

**万能缣**　俗称“三重网”，全年作业，捕捞各种上层鱼类，在大沙附近海域生产。2000年有72艘，平均单位年产20吨，为数年来最好的一年。至2005年增至80艘，年总产量560吨。

**鲆鲽缣**　1983年由黄岐赤澳村首次引进2艘投入生产，主捕鲆鲽，兼捕其他近底层鱼类，汛期为9月至翌年2月，在大沙一带海区生产。1990年25艘，年单产3—4吨。此后数年略有发展。2005年达60艘，总产量90吨。

**虾蛄缣**　为新兴作业，主要集中在筱埕镇部分渔村，汛期为9月至翌年2月，主产区在闽东、闽中渔场、马祖列岛、平潭海域等。1998年筱埕定海有20艘投入试产，每艘挂 300张，年单产约10吨左右，产量较稳定。2003年增至160艘。2004年，船只马力增大，但因油价攀升，成本增大，加上资源衰退，单产下降70%，年总产量仅1120吨。2005年保持160余艘，年产量80吨。

**蟹缣**　主捕梭子蟹、锯缘青蟹等蟹类，作业海区多在闽江口至马祖列岛海域，汛期11月至翌年3月。20世纪90年代初，全县有150余艘，分布于琯头镇各渔业村，年单产3吨上下。后蟹类资源衰退，产量逐渐下降。2005年剩下20艘，马力20—120匹不等，每船带 30—80张，年总产25吨。

**鳓鱼缣**　鳓鱼，俗称“白力鱼”，1995年东岱镇东水村最先引进10艘投产。作业区在东引、大沙海域，汛期4—7月。2002年黄岐镇也引进数艘投产，2003年发展到10艘，海况较好，年均单产2吨。2005年，全县有鳓鱼缣船35艘，产量35吨。

**鮸鱼缣**　主捕鮸鱼、黄菇鱼、梅童鱼等，全年性生产，多在东引附近作业。2002年，黄岐镇首次由平潭引进8艘投产，年总产量16吨。2005年降到8吨。

**五、钓业**

为传统作业，20世纪80—90年代，随着海洋捕捞机械化程度提高，古老的单钓作业已淘汰。延绳钓作业船吨位、马力也相继加大，但由于渔业资源退化，钓船由20世纪90年代89艘降至2005年65艘，总产量由2500吨降到600吨。

**鳗鱼延绳钓**　集中在东岱镇东水村，主钓鳗鱼，兼钓鲨鱼、白姑鱼、魟鳐等底层鱼类。主要在闽东、浙南渔场生产，常年作业。1994—1995 年，为鳗钓业生产较好的时期，最高单产达 30 吨。全县共 75 艘鳗钓船，年总产量 2250 吨。此后开始逐渐减少。2005 年仅 53 艘，钓具 4240 篮，总产 757 吨。

**鲨鱼延绳钓** 为季节性生产，4—5 月为旺汛，产区在台湾海峡中北部及钓鱼岛附近海域。1992 年，琯头镇东岸村有 14 艘，年产量 300 吨。2002 年，东水村从广东引进 3 艘新型钓鲨船及网具进行试捕，2003 年发展到 6 艘，年产量 33 吨。至 2005 年，全县有钓鲨船 12 艘，马力均在 120 匹以上，钓具 960 篮，年总产量 69 吨。

**六、笼捕**

笼捕，县内主要有蟹笼捕、章鱼笼捕、叫姑鱼笼捕、黄螺笼捕、蟳笼捕等种。

**蟹笼捕** 为新兴作业，全年性生产，汛期 9 月至翌年 4 月，主要作业海区在省内海域，时有南下广东、海南等海域生产。1996 年，黄岐镇从台湾首次引进 6 艘，每艘带笼 800—1000 只。之后开始规模发展。2000 年达到最高峰，全县蟹笼捕船只达 80 余艘，马力增至 250 匹，艘蟹笼数增至 2500 只，且由原来的四角塑料笼改制为圆形铁笼，不但延长使用寿命且便于操作，艘单产达到 71 吨的历史最好水平。此后该业有所下落。2005 年，全县 67 艘，总产量 1173 吨。

**章鱼笼捕** 为传统作业，4—10 月为生产汛期，主要产区在马祖列岛、白犬、大沙一带海域。最先用竹筒或坛子为渔具，在其侧面钻上数个小洞，系上绳索，置于水中，诱章鱼钻入其中当巢穴藏匿，然后提而捕获。1995 年改用圆形铁笼，延长使用寿命，提高单位产量，使该业得到一定发展。1997 年全县有 31 艘，每船带笼 200 只，总产量 194 吨。2002 年，船只马力增至 80—120 匹，每船笼子增至 500 只，年单产达 6.5 吨。2005 年，全县发展到 108 艘，总产量 635 吨。

**叫菇鱼笼捕** 1998 年，黄岐镇最先发展 2 艘试产，主捕叫菇鱼、黄菇鱼、鳊等石首鱼类，在近海常年作业。同年筱埕镇定海村也投产 6 艘，每船挂笼 100 只。当年全县总产 70 吨。2000 年发展到 20 艘，马力均在 120 匹以上，年平均单产 8 吨。2005 年发展到 22 艘，笼 4400 只，产量 158 吨。

**黄螺笼捕** 为传统作业，主要在马祖列岛海域生产，汛期 3—10 月，旺汛 3—5 月。1991—2004 年仅 10 艘左右，每艘带笼 60—70 只，每航次产量数十斤。2005 年，因资源衰退停业。

**锯缘青蟹笼捕** 主要分布闽江口海岸线区域，汛期 5—11 月。年单产 75 公斤。该作业主要分布在琯头镇部分渔业村，约有数百个笼置于滩涂边。因作业区域有限，产量低，20 世纪 90 年代后逐步被新出现的蟳 作业所取代。2005 年仅有少数笼捕。

**七、其他采捕**

**蛤耙** 文蛤俗称青蛾，产区主要在敖江口潮间带沙滩，汛期 3—9 月。东岱、晓澳从事该业较多。2005 年共 56 艘小船，单产 5—25 公斤。年总产 45 吨。

**黄蛎耙** 黄蛎，学名近江牡蛎，色黄、粒大、味鲜，主要产区闽江口乌猪港和五虎港一带，汛期 3—6 月。该业主要集中在琯头镇部分村居。1992—1994 年，全县 100 艘黄蛎耙船，年产 60 吨。此后，船数逐减，2005 年余下 15 艘，年产量 10 吨。

**鳗苗缯** 主产区在闽江口和敖江口水域。全县各渔业乡镇均有作业，其中以琯头、晓澳为主。该业为季节性生产，汛期为 11 月至翌年 3 月。所捕获的鳗苗供人工养殖。1996 年，琯头东岸村有捕鳗苗船 150 艘，每船挂网 10—30 张不等，捕获量 417 公斤，计 250 万尾。2005 年，生产高峰时全县达 400—500 艘，捕获量 1 吨多。

**篙缯** 为传统作业，主捕虾、蟹、鲈、海鲫、小黄鱼及其他杂鱼，生产区在敖江口及目屿岛以内，常年作业。2005 年，全县约 20 艘，每航次产量 10—50 公斤不等。

**附：2005 年主要海产及捕获量**

**小黄鱼** 俗称“小黄瓜”，石首鱼科，为温水性底层鱼类，喜栖息于水深不超过 105 米、软泥或泥沙底质的海区，1—2 月在县境东引海区越冬。2005 年产量 4676 吨。

**带鱼**　为暖温性集群洄游鱼类，一般栖息于海水的中下层，11月中旬至翌年1月中旬分批进入闽东、闽中渔场，可多种作业常年捕捞，冬汛产量最高。2005年产量22913吨。

**金色小沙丁鱼**　俗称鳁鱼，鲱科，为暖水性中上层鱼类，有强烈的趋光性，可用灯光围网诱捕，也可用拖网、流刺网或定置网捕捞，近年来为海洋捕捞重要经济鱼类之一。2005年产量20961吨。

**蓝园鲹**　俗称“鳀鲇”，鲹科，为暖水性中上层鱼类，有弱趋光习性，为连江沿海主要经济鱼类之一。2005年产量49427吨。

**海鳗**　俗称“鳗鱼”，为凶猛的底层鱼类，常栖息于水深50—80米，底质为沙泥或岩礁的海区，闽东、闽中渔场产量较多。2005年产量24639吨。

**鳓鱼**　俗称“白力鱼”，为中上层鱼类，鱼汛期为4—6月，用围网、流刺网或延绳钓捕捞。2005年产量7452吨。

**蓝点马鲛**　俗称“马鲛”，为暖水性中上层鱼类，性凶猛，常成群追捕小鱼，常用流刺网或钓渔具作业。2005年产量14488吨。

**银鲳**　俗称“白鲳”，为近海中下层鱼类，栖息于水深30—70米的海区，4—5月份在闽东渔场产量较多。2005年产量19609吨。

**石斑鱼**　俗称“鲙鱼”，种类颇多，常见有赤点石斑鱼、纵带石斑鱼、青石斑鱼等，为暖水性中下层鱼类，常栖息于岩礁底质的海区。2005年产量2730吨。

**鲈鱼**　为近岸浅海中下层鱼类，喜栖息于河口咸淡水处，每年冬末在河口产卵，连江沿海均可捕到。2005年产量2954吨。

**马面鲀**　俗称“剥皮鱼”，有绿马面鲀、黄鳍马面鲀等，为外海暖温性鱼类，栖息于水深50—120米的海区，3—4月为生产旺汛，用底拖网或大围缯捕捞。2005年产量15595吨。

**毛虾**　俗称“虾皮”，栖息于浅海区，体小、肉少、皮薄，常用锚张网捕捞，10月至翌年3月为生产旺汛。2005年产量9930吨。

**对虾**　种类颇多，有中国对虾、长毛对虾、日本对虾等，闽东沿海均有分布，常用虾拖网或其他底拖网捕捞。2005年产量3119吨。

**锯缘青蟹**　俗称蟳，分布闽江口和罗源湾，生活于沙质底浅海中，昼伏夜出。2005年产量2663吨。

**曼氏无针乌贼**　俗称“墨鱼”，分布闽东沿海，每年春夏之际，从越冬的深水海区向岛屿附近浅水处进行产卵洄游。2005年产量3172吨。

**台湾枪乌贼**　俗称“鱿鱼”，分布闽东、南沿海，每年春季和夏季陆续由外海游来，在近海岛屿附近产卵。2005年产量690吨。

**真蛸**　俗称“章鱼”，分布闽东沿海，为沿岸底栖性种类，白天常潜伏在沙泥海底或岩礁缝中，晚间猎食猛烈，有趋光性，常用笼壶类渔具捕捞。2005年产量1328吨。

## 第二节　远洋渔业

1993年5月，东升渔业公司与印度尼西亚树源帝集团公司合作，组织10艘木质拖网渔船154名渔民（其中女14名），赴印度尼西亚东部苏拉弗海域生产。1994年6月，东水渔业公司组织3艘钓船赴贝劳开展延绳钓作业。此后，苔菉等地的钢质渔轮迅速转轨，发展远洋渔业。至2005年，全县共有16对拖网、6艘金枪鱼绳钓船从事远洋渔业生产，主要渔场：

**印度尼西亚渔场**　1993年5月，东升渔业公司最早组织10艘木质拖网渔船，在印度尼西亚苏拉弗海域生产，主捕红鱼、石斑鱼、黄鱼等。至同年11月计投产17航次，总产量1576吨，在印度尼西亚出售，产值44.5万美元。1996年6月后，相继有苔菉等组织钢质拖网渔船赴印度尼西亚阿拉弗海域生产。至2005年，全县已有16对600匹钢质拖网渔船在印度尼西亚生产，每对渔船年产值1000万元。

**南太平洋渔场** 1999年5月，县远洋渔业有限公司与台湾地区渔业公司合作，组织2艘600匹以上钢质超低温的金枪鱼延绳钓渔船，赴南太平洋渔场生产，主捕金枪鱼、鲨鱼等鱼类，鱼货售往台湾地区。后勤供冰、加油等鱼需物资由台湾远洋运输船提供。至2005年，共发展6艘延绳钓渔船，每艘渔船年产值1100万元。

**其他境外渔场** 1994年6月，东水渔业公司组织3艘钓船，到贝劳开展金枪鱼延绳钓作业。1998年、2001年，苔菉远洋渔船到斯里兰卡海域探捕。2004年，县永祥远洋渔业有限公司争取20艘赴巴布亚新几内亚生产的指标。县远洋渔业有限公司与西班牙企业合作购船，在印度洋公海从事底层鱼延绳钓作业探捕获得成功。2005年4月，县远洋渔业有限公司参加农业部“印度洋公海深海底层鱼类一丝尾红钻鱼资源探捕”子项目的投标，最终获得该项目的标的，组织力量开发。

## 第三节　江河捕捞

1991年，县内江河水域除闽江口外，最大河流是敖江及其支流牛溪，还有流域面积在10平方千米以上的独流入海溪流6条，加上水库、池塘等，全县淡水面积计3.5万亩。1994年，敖江中游山仔水库建成后，库区水面积1.01万亩，是全县最大淡水湖。敖江中上游主要是个体手钓等休闲渔业，敖江下游至入海口，有流刺网、定置网、缫钓、围网等小型捕捞作业，主要捕捞草、鲢、鲈、鲤、鲫、淡水鳗、毛蟹等，还有采捕文蛤、河蚬等。由于江河水域污染日渐突出，资源衰退，捕获量不多。1995—2001年，县海洋渔业部门先后多次在敖江中游的山仔水库等水域，放流鳊鱼苗、太湖银鱼卵等，借以增加江河鱼类资源。与此同时，加大对江河沿岸污染企业的整治力度，尤其是敖江中上游的山仔、塘坂水库及其流域列入市第二水源保护区，采取一系列措施保护生态环境，对一些毒、炸鱼违法作业进行及时查处，使河流水质大大改善，江河鱼虾捕获量有所恢复。据2005年统计，全年捕获量1238吨，以东岱、潘渡、小沧等乡镇为主。

# 第四章　水产养殖

1991年初，县内水产养殖以海水养殖为主。贝类以缢蛏、花蛤、牡蛎、贻贝为大项，藻类以海带、紫菜为大宗；鱼、虾类养殖以网箱鲍鱼、真鲷为主，还有对虾、蟹等品种。全县养殖总面积6.38万亩，产量4.4万吨。1992年后，除巩固发展传统的鱼虾蟹贝藻养殖外，还引进赤点石斑鱼、青石斑鱼、台湾青斑、黑鲷、斜带髭鲷、花尾胡椒鲷、褐菖鲉、卵形鲳鲹、红鳍东方鲀、双斑东方鲀、日本马面鲀、牙鲆、大菱鲆、大西洋牙鲆、画眉笛鲷、鲕鱼、黑鮸、大弹涂鱼、鳜鱼、巴丁鱼、斑点叉尾鮰、红螯螯虾、南美白对虾、三疣梭子蟹、远游梭子蟹、黑鲍、皱纹盘鲍、九孔鲍、栉孔扇贝、章鱼、江蓠、龙须菜等养殖品种。至2005年，全县水产养殖品种多达50多种，养殖总面积已达21.27万亩，总产量36.72万吨，占全县水产品总产量的53.95%，超过海洋捕捞产量，成为水产业可持续发展的支柱产业。

# 第一节　海水养殖

## 一、贝类养殖

**缢蛏**　连江缢蛏人工养殖历史悠久。主要产区在晓澳、琯头、浦口和大官坂垦区。有传统滩涂养殖与池塘蓄水养殖两种。1991 年初，全县养殖面积 5925 亩，产量 5116 吨。由于滩涂不断淤高，潮间带逐渐向浅海推移，高潮区养殖的缢蛏个体小、经济效益差，面积不断缩小；而低潮区淤泥厚，养分丰富，缢蛏个体大、产量高、经济效益好，面积不断扩大。1996 年，县水产技术人员李松泉等在百胜垦区池塘实行蓄水养殖试验，获得成功，开始面积仅 240 亩，以后不断扩大，至 2004 年，已发展到 3000 多亩。养殖种类为新蛏与旧蛏，养殖产品可以整年均衡上市，经济效益好。2005 年，全县缢蛏养殖面积 1.28 万亩，总产量 2.73 万吨，分别比 1990 年增长 116% 和 434%。

**花蛤**　为传统养殖项目，主要产区在晓澳、浦口。1990 年前，养殖面积 1000—2000 亩，亩产 1 吨左右。1991—1994 年，面积波动较大，1995 年有所增加。1996 年，池塘蓄水养蛏成功之后，很快成为养蛤的新模式，面积和产量逐年增加。在大官坂垦区，每 50 亩虾蟹混养池塘中，围网养蛤 5—7 亩，产量 5—7 吨，还可以提高池塘综合利用之经济效益。2000—2004 年，县水产部门从山东引进美洲帘蛤种苗，在晓澳百胜垦区开展池塘蓄水养殖试验，经两年多试验获得成功，亩产达 1004 公斤，经济收入 1 万元。至 2005 年，全县花蛤养殖面积发展到 1 万多亩，总产量 2 万多吨。

**褶牡蛎**　连江褶牡蛎养殖已有 500 多年历史，主要产区在罗源湾内的马鼻、官坂、坑园与筱埕等地。养殖方式由传统的插竹养殖，发展到浮筏与固定的垂下式（吊养）养殖。此外还利用垦区的池塘、排水沟等吊养褶牡蛎。1991—2004 年，全县褶牡蛎面积除 1994 年缩小外，逐年有所扩大，由 1990 年 3557 亩发展至 2005 年 4464 亩，蛎肉产量由 1990 年 1201 吨增加至 2005 年 8800 吨。

**泥蚶**　主要分布马鼻、官坂、坑园一带滩涂。1991 年初，养殖面积 64 亩，产量 12.5 吨。1992 年后，因效益不高，逐年减少，1995 年仅养殖 5 亩，产量 5 吨。1996 年，随着池塘蓄水养蚶的成功，养殖面积开始恢复并不断发展。1997 年达 285 亩。2005 年，已发展到 2803 亩，产量达到 3288 吨。

**文蛤**　养殖面积波动较大，1991 年，养殖 300 亩，仅收成 100 亩，产量 160 吨。1992—1994 年停养。1995 年，养殖 150 亩、产量 140 吨。1999 年，养殖面积 1500 亩、产量仅 200 吨。2001 年后，随着文蛤市场价格的上升，养殖面积不断扩大，单位产量有所提高。2002 年，养殖 1195 亩、产量 780 吨。2005 年，发展到 3100 亩、产量 3196 吨。

**紫贻贝**　1973 年由北方海区南移试养成功后，每年都从大连等地购回苗种养殖，主要养殖区为安凯、筱埕、黄岐、苔菉。1991 年初，养殖 5128 亩、总产量 11121 吨，平均亩产 2.17 吨。1992 年后，由于市场价格较低，养殖面积逐渐缩小，但亩产有较大提高。1994 年，养殖 3228 亩，总产量 10001 吨，亩产 3.1 吨。1999 年，养殖面积发展到 6639 亩、总产量 20470 吨。2002 年，面积虽然减少到 2956 亩，总产量却达到 12942 吨，平均亩产 4.38 吨。2005 年，养殖面积 5940 亩、产量 2.17 万吨，平均亩产 3.65 吨。

**太平洋牡蛎**　学名为“长牡蛎”。1982 年，由日本引进两个品种：贝壳长形的为日本种类，贝壳圆形的为台湾种类。有坑园、下宫、马鼻、筱埕、安凯、黄岐等乡镇养殖。采用浮筏或固定垂下式养殖。1991 年初，养殖面积 3557 亩，产蛎肉 1201 吨。1992—1995 年，面积有所缩小。1996 年，经济效益较好。1997 年，发展到 5636 亩，产量 16225 吨（带壳，10 公斤可产 1 公斤蛎肉，下同）。1998 年，面积扩大到 11067 亩，带壳总产量 41041 吨，平均亩产 3.7 吨，亩产值 6000—7000 元，最高 1 万元，利润 8000 多元。2002 年，养殖面积 16964 亩，产量 8.64 万吨，平均亩产 5.1 吨。2005 年，养殖面积

37951 万亩，但总产量仅 8.35 万吨，平均亩产 2.2 吨。

**扇贝** 1990 年前试养的扇贝为海湾扇贝等品种，由市水产研究所在苔菉后湾海区养殖 9 亩，产量 9.4 吨。1991 年，筱埕镇引进北方栉孔扇贝，养殖面积 18 亩，采用浮筏垂下式养殖。1998 年，面积发展到 300 亩，产量 900 吨。2005 年，养殖面积 120 亩，产量 350 吨。

**鲍鱼** 1989 年，市水产研究所与苔菉乡及后湾村合股人工试养日本鲍鱼成功。到 1994 年，全县已发展到工厂化养鲍 11746 平方米，主要品种是台湾九孔鲍和少量皱纹盘鲍，但产量不高，效益欠佳。1997 年，定海鲍鱼育苗场培育的 10 万只黑鲍在罗源湾岗屿海区挂养成功，效益较好，并逐步取代台湾九孔鲍和皱纹盘鲍，成为当家品种，从而带动海上养鲍业的发展。1998 年，全县工厂化养鲍 17400 平方米，年产量 7 吨。1999 年，全县养殖黑鲍达 525 万只，产量 54 吨。随着海上挂养数量不断扩大，黑鲍养殖技术的不断提高，养殖周期由原来的 3 年缩短为 2 年左右，经济效益明显提高，曾出现养一只黑鲍获利 10 元的良好经济效益。2005 年，全县养黑鲍、杂纹鲍等共 1 亿只，产量 1619 吨。但由于近年黑鲍品种没有及时选育，养殖环境恶劣，存在着种质退化、病害频发、死亡率高等问题，有待解决。

**二、藻类养殖**

**海带** 海带自北方南移养殖成功后已成为县内藻类养殖的当家品种。1991 年初，全县养殖面积 11405 亩，总产 21565 吨。但由于深度加工不够，销路不畅，加上养殖结构调整等原因，面积波动较大。1995 年，面积降为 6345 亩。后随着盐渍海带加工技术提高，售路逐步打开。1999 年，面积扩大到 17398 亩。2000—2002 年，面积保持在 15000 亩左右，总产 8 万吨上下。从 2003 年起，海带养殖按实际使用海面积计算，总面积比原来增加 2 倍，总产波动不大。2005 年，养殖面积 46813 亩，总产 8.6 万吨（1995 年以后产量按咸干计算）。

**紫菜** 县内养殖的多为礓紫菜品种，主要沿海乡镇均有养殖。1991 年初，全县养殖 6341 亩，总产 517 吨。1992—2000 年，养殖面积都在 1 万亩以内，年产 1000 吨左右。2000 年，产量最高 1798 吨。2001 年后，由于销路好，养殖技术提高，亩产稳定，经济效益提高，面积不断扩大。2004 年达 17695 亩，总产量增加到 3384 吨。2005 年，全县养殖面积 13740 亩，总产 2397 吨。其中上年引进上海水产大学选育的礓紫菜“申福 1 号”新品种，在马鼻玉井海区试养，平均亩产 250 公斤左右。该品种具有藻体柔软、弹性强、品质好、抗病力强、产量高等优点，与传统紫菜相比可增产 20%—30%，效益明显提高。2005 年，面积已推广到 100 余亩。

**江蓠** 随着鲍鱼养殖的不断发展，为解决鲍鱼的鲜活铒料，从 2001 年开始，引进适宜高温的细基江蓠繁枝变形种（俗称细江蓠）。2003 年，又引进适宜低温的北方江蓠品种——龙须菜。2005 年，以上两个品种的江蓠已发展到 300 多亩，干品产量 800 多吨。

**三、鱼类养殖**

海水鱼类人工养殖始于 1988 年，在坑园乡下屿海区制作鱼台 2 台，养殖真鲷、鲍鱼、石斑鱼 18 个网箱，取得成功。然后迅速推广。1990 年达 335 箱。1991 年，马鼻岗屿海区就有 25 家联合体开展海水网箱养殖，计养殖 680 箱，投苗 21 万尾。1993 年，发展到 8700 箱，投苗 512 万尾。1994 年，开发下宫新辉、安凯沙澳、奇达，琯头川石、筱埕后澳等新海区，当年首次养殖大黄鱼 4 万尾成功，养殖最多的品种也逐渐由真鲷转为大黄鱼。2005 年，全县海水网箱养殖鱼类已有 7 个乡镇 18 个海区，养殖 11 多万箱，投苗 7260 万尾，总产 2.2 万吨，成为海水养殖的支柱产业。

**大黄鱼** 1994 年，在马鼻岗屿和坑园前屿海区开始试养 4 万尾，获得成功。1995 年，投苗 6 万尾。1996 年，发展到 60 万尾，至翌年底成鱼出售 60 吨，产值 600 多万元。1997 年，投苗量达 615 万尾，7670 箱。2005 年，大黄鱼养殖 2.1 万多箱，投苗量达 1500 多万尾，总产 4346 吨。

**真鲷** 是最早的养殖品种之一，1988 年试养成功。1991 年达 20 万尾，650 多箱，1992 年 100 万尾，4000 多箱。1997 年投苗 350 万尾，5500 箱。2005 年，投苗 180 多万尾、2700 多箱，总产 825 吨。

**鮸鱼**　也是最早养殖鱼类之一，1991 年养殖 1 万尾，1992 年养殖 10 万尾，1993 年投苗量达到顶峰 235 万尾。1994 年 210 万尾，以后由于效益下降，投苗量逐年减少，2005 年，投苗降 100 多万尾，总产 400 吨左右。

**四、虾蟹养殖**

**对虾**　20 世纪 70 年代末，县水产部门在晓澳百胜村滩涂建虾池养殖成功，以后推广全县。后随着虾苗人工培养成功，养殖面积不断扩大。1991 年初，养殖 14812 亩，产量 1520 吨。1994 年，在大官坂引进新对虾与蟹混养成功，从此虾池进入综合混养时代。在虾、蟹、贝类混养、轮养、稀养过程中，虽然产量较低，虾的亩产量只有 20—30 公斤，但生产相对稳定，产品又以鲜活销售，大部分虾农取得较好的经济效益。2000 年，大官坂从厦门引进南美白对虾试养。2001 年，县水产技术人员邹桂花、陈灿斯、李松泉等在潘渡乡福州利达农业综合养殖公司开展南美白对虾和南美蓝对虾淡化养殖试验，前者效果较好，亩产达 160 公斤；后者因时间迟、水温低，提前收获，未达预定目标。至 2005 年，全县对虾养殖面积 10371 亩，产量 1998 吨。

**锯缘青蟹**　1984 年在琯头定安试养，1990 年养殖 24 亩，产量 18.5 吨。1991 年浦口试养 1 亩。1992 年，马鼻、透堡利用虾池养殖 12 亩。1993 年，筱埕也开始养殖。1997 年，晓澳养殖 1200 亩。至 2005 年，全县共养殖锯缘青蟹 6220 亩，产量 2240 吨。

**梭子蟹**　俗称“蠘”。1993 年，县淡水养殖场和对虾养殖场从本地海区收购半成品中等梭子蟹各养殖 50 亩，因投放饵料不足，成品不够成熟，亩产量不足 40 公斤，经济效益不佳。1994 年，利用海捕小梭子蟹苗试养 300 亩，成活率 20%—40%，并从此开始与虾、贝等进行混养、轮养、稀养，均获较好的效益。到 2005 年，全县养殖面积达 18595 亩，总产量 3452 吨。

**五、头足类养殖**

**章鱼**　2004 年，筱埕镇定海村养殖户首家在海上网箱试养章鱼成功，后发展到 10 多家。2005 年，全县养殖章鱼 40 多万只，采取海上网箱遮阴方法养殖，经济效益较好，但种苗繁育技术尚未突破，短期难以形成规模。

## 第二节　淡水养殖

1990 年前，内陆淡水面积 2.58 万亩，其中可利用养殖 0.85 亩，主要养殖鲢、鲤、鲫、鳊等“四大家鱼”。20 世纪 80 年代后，潘渡贵安利用温泉养鳗，成效显著。1991 年初，全县淡水养殖面积 2291 亩，总产 972 吨，其中淡水养鳗 420 亩，产量 690 吨，占总产 70.99%。1994 年后，随着山仔水库建成，淡水面积增加 1.01 万亩。1995 年，小沧乡首家发展淡水网箱养鱼，由 200 箱发展到 600 多箱。至 1999 年，全县淡水养殖面积达 7078 亩，总产 5742 吨。2000 年后，因山仔水库列入市第二水源实施保护，禁止淡水网箱养殖，全县淡水养殖面积、产量有所下滑。至 2005 年，淡水养殖面积 7839 亩，总产量 6241 吨，其中淡水养鳗 2430 吨，占 38.9%。

**一、淡水鱼类养殖**

1991 年初，淡水养鳗面积 420 亩，产量 690 吨。因受 1989 年春夏之交发生在北京的政治风波影响，出口量下降。1992 年，养殖面积降到 200 多亩，产量 300 多吨。1994 年，国内市场销量逐步增多，养殖面积有所回升。1995 年，淡水鳗养殖面积 1196 亩，产量 1240 吨。同年，小沧乡利用山仔库区水面首家发展淡水网箱养鱼，引进省水产物资公司投资 100 万元，在库区过洋湾建造 200 台网箱，养殖美国斑点叉尾鮰、彩虹鲷、条纹鲈等 15 万尾，年产 100 吨，产值 200 万元。1998 年发展到 600 多箱，产量200多吨，产值500万元。至1999年，全县淡水养鱼6000亩，产量5000吨，其中淡水鳗1400亩，产量2000吨，水库池塘养鱼4600亩，产量3000吨。

2000年后，山仔、塘坂库区及其流域列入福州二级水源和生态保护范围，市政府公告严禁，库区淡水网箱养鱼自此停止。同年，潘渡乡陀市海马鳗场等三家养殖场联合开发鲟鱼养殖9万多尾。2003年贵安鳗场试养淡水白鲨1万尾获成功，经济效益颇佳。2004年，潘渡成龙鳗场养殖淡水白鲨30万尾。到2005年，全县淡水养鱼面积达7839亩，产量6241吨。其中淡水鳗养殖面积1056亩，产量2430吨、常规鱼类养殖面积6783亩，产量3811吨。

**二、其他淡水养殖**

20世纪90年代前，水库放养淡水贝类培植珍珠风行一时。由于技术不过关，产量不高，导致亏本而相继停产。1991年，县水产技术部门相继从外地引进新的淡水养殖项目，在浦口镇樜尾试养淡水罗氏沼虾。1992年，在敖江镇杉塘养殖中华绒毛蟹。1993年，在江南巳古鳗场试养淡水红螯螯虾；1995年，在潘渡乡贵安村试养中华鳖2万只。2001年，在潘渡乡朱步鳗场兑淡养殖南美白对虾32亩、南美蓝对虾8亩等。但这些养殖项目多是试验性质，规模小、成本高、市场价格低，未能普遍推广，多数停止试养，少数还在继续探索之中。

## 第三节　苗种选育

1991年以来，因近海渔业资源日渐衰退，海洋捕捞业面临结构调整，逐步向水产养殖业转移，苗种成为关键环节。县海洋渔业部门利用连江县海域滩涂广阔，养殖基础较好，技术比较普及等优势，充分发挥国营水产综合场、官坞海洋公司等骨干企业和已有苗种基地的作用，除满足传统贝藻鱼虾养殖苗种外，还大力开发新的养殖品种，先后与中国水产科学院、大专院校乃至外国专家联络合作，使相关苗种选育有新的突破，从而推动全县海水养殖业的迅速发展。至2005年，全县拥有各类育苗室118座，育苗水体近12万立方米，年育海水鱼苗1.76亿尾、鲍鱼苗0.69亿粒、牡蛎苗13.76亿粒、对虾苗10.5亿尾、海带苗10.5万片、紫菜苗1022万壳、淡水鱼苗200万尾。

**一、鱼类苗种**

1991年，随着海水网箱养鱼的成功和推广，海水鱼类苗种选苗成为新的课题。1991—2005年，已相继培育成功鮸鱼、中华乌塘鳢、大黄鱼、大菱鲆、石斑鱼等珍稀品种，全县鱼类育苗室有20余座，年育苗量1.76亿尾。

**真鲷（又名“王山”）**　1989—1991年春季，县水产科学研究所和省水技总站、市水科所合作，在县竹屿水产育苗场，用人工养殖的真鲷做亲鱼，进行全人工育苗，获得成功，两年出苗26万尾，真鲷人工繁育研究技术获得省科技进步二等奖。此后成为县内网箱养殖的当家品种之一。

**鮸（命鱼）**　1994年，由县水产科学研究所工程师郑永和主持，在县竹屿育苗场用网箱养殖的鮸鱼作亲鱼，培育出2.5厘米的鮸鱼苗2万尾。成为网箱养鱼当家品种之一。

**中华乌塘鳢（土鱼）**　1994年，县竹屿育苗场利用官坂卜屿池塘养殖的乌塘鳢为亲鱼，在室内繁育出规格2.5厘米苗种1.5万尾。

**大黄鱼（黄瓜）**　1997年春季，下宫可门水产育苗场姚朝英，聘宁德地区水产局工程师刘振勇，选择岗屿网箱人工养殖的二龄大黄鱼80尾做亲鱼，产卵30公斤，出苗200多万尾。至2000年，全县从事大黄鱼人工育苗场已达40家，产苗量达1亿多尾，是网箱养殖的主要品种。2001年后，因苗种供过于求，每尾鱼苗价从1997年的0.60元降到0.05元。

**大菱鲆** 原产于欧洲。2001年，县水产综合场从法国引进苗种养殖。2002年4月，该场技术人员在法国鱼类专家布朗（由县人事局引智办技术引进）的指导下，向山东荣成鸿源水产有限公司购进大菱鲆受精卵810克，首次培育出平均规格5厘米鱼苗1520尾。2003年3月，该场利用从法国引进的大菱鲆苗种养殖培育的亲鱼进行产卵，获受精卵10公斤，成功培育出5厘米以上苗种5.2万多尾，成为室内大面积养殖的当家品种之一。

**日本马面鲀** 2002年，县水产科学研究所高工郑永和在下屿永捷水产育苗场进行人工育苗，培育出规格2.5厘米苗种6万多尾，取得初步成果。

**石斑鱼** 2003年秋季，市水技站工程师张善霈与县水技站高级工程师李松泉、颜岐恒华水产育苗场颜家珍等合作，由台湾引进龙胆石斑鱼和点带石斑鱼的受精卵，在颜岐恒华水产育苗场进行孵化，培育出龙胆石斑鱼苗1.8万尾、点带石斑鱼苗16万尾。龙胆石斑鱼的育苗成功，还填补了福州市的空白。

**二、虾蟹类苗种**

**三疣梭子蟹** 1994年，县水产技术人员高难生、李松泉、吕依林等在颜岐对虾育苗场，首次成功培育出三疣梭子蟹幼苗350万只，虽投养成活率不理想，但取得育苗经验。同年，县水产科研所与省水产厅养殖处合作，承担省水产厅下达的三疣梭子蟹人工育苗试验项目，高难生、郑永和、董毅等参加，在颜岐竹屿育苗场培育蟹苗5000多只，取得初步成功。此后，坑园镇多家育苗场相继培育出蟹苗，为大面积人工养殖奠定基础。2005年，市水技站在大官坂垦区试验场进行人工繁育，出苗30多公斤，并取得良好的养殖效果。

**斑节对虾** 1992年，屿头对虾育苗场在厦门大学海洋系的技术支持下，引进马六甲海捕的斑节对虾亲虾300多尾，首次繁育成功1000多万尾。翌年，罗源湾内的四家对虾育苗场从事斑节对虾的苗种生产，年育苗量4000多万尾。1993年下半年，暴发斑节对虾白斑病，停止该品种的繁育。

**日本对虾** 1992年秋季，坑园的三立和屿头对虾育苗场，用引自惠安浮山近海岸捕捞的日本对虾作亲体，在省水产研究所的技术支持下，成功培育出1000多万尾虾苗，作为县内养殖户秋季投苗，翌年春末夏秋收获时作为苗种。此后每年育苗量都在1亿尾以上。

**短沟对虾** 1993年春季，在厦门大学教授柯财焕的指导下，坑园镇屿头村蒋书英育苗场，由广东汕尾引进300多尾亲虾首次进行孵化，培育出2000多万尾。以后各对虾育苗场直接从闽南引进短沟对虾无节幼体进行培育苗种，育苗量都在1.5亿尾以上。

**南美白对虾** 1999年，坑园镇的四家对虾育苗场向闽南等地引进无节幼体，进行苗种培育。并在室内进行淡化后供在淡水中养殖，最高产量达150多公斤。2000年后，该品种的年育苗量达2亿尾以上。

**三、贝类苗种**

**鲍鱼** 1990年，县水产综合场与福州水产科研所合作，引进日本盘鲍原种，获得全省首家室内鲍鱼育苗和工厂化养殖试验成功。1991年，市水科所与苔菉镇后湾村合作组建的海珍品基地，成功培育出盘鲍与皱纹鲍的杂交种（通称“黑鲍”），投养效果良好，从而带动黑鲍养殖迅速发展。2002—2005年，县水产技术推广站高级工程师李松泉、工程师吕依林与市水科所高级工程师陈奋燊等合作，相继在筱埕镇的官坞和黄岐镇的赤澳鲍鱼育苗场，用药物诱导产生三倍体的方法，成功培育出三倍体盘鲍55万粒，倍化率50%以上，经海上养殖试验表明：6-DMAP药物处理组的壳长、体重分别比二倍体对照组增加14.2%和26.9%，成活率提高11.2%，显示三倍体的优势。同期，福州万发水产有限公司连江鲍鱼养殖基地，由李松泉、吕依林等参加，从日本引进盘鲍原种与北方皱纹盘鲍、黑鲍等杂交，培育出杂交苗650多万只，育苗和养殖成活率比非杂交苗提高20%以上。至2005年，全县鲍鱼育苗室已达56座，年育鲍鱼苗6918万粒。

**牡蛎** 1994年，坑园颜岐对虾育苗场成功培育出太平洋牡蛎苗养殖260亩，取得较好效果。1998年，在省水产研究所的技术支持和县水产技术推广站的配合下，筱埕镇大埕育苗场和黄岐镇大建育苗场首次用药物诱导产生三倍体的方法，培育出三倍体太平洋牡蛎苗养殖258亩，三倍体倍化率达68%，单产比传统的太平洋牡蛎提高22%。至2005年，全县牡蛎育苗室6座，年育苗5.81亿粒。

**缢蛏** 县内缢蛏养殖面积都在数千亩，但苗种历来向闽东、闽南等外地购买。20世纪80年代，坑园颜岐育苗场成功培育出蛏苗100万多只。1997年秋，县水产技术推广站技术人员李松泉、陈灿斯等，在晓澳镇百胜围垦区内开展缢蛏池塘育苗试验，成功培育出大规格蛏苗（手种蛏苗）4500公斤，养殖效果尚好。但由于成本较高，且外地苗种规格种类多，深受养殖户欢迎，县内蛏苗培育遂停止。

**花蛤** 是县内传统养殖贝类之一，苗种多从江苏、广西等地采购。1998年，台商投资建设的浦口官岭垦区（面积400亩大池），曾在土池中进行人工培育花蛤苗尝试，初获成功，但培育量小，未成规模。1999年，又与福清县合作，获得较好育苗效果，但同样因成本较高而中止。

**四、藻类苗种**

**海带** 海带南移成功后，每年都要到大连育苗运苗。县水产综合场经多次科技攻关，相继培育出“海区苗”“早秋苗”“度夏苗”，从而结束北苗南调的历史，育苗技术日臻成熟和普及。1996年，县水产综合场引进山东“烟杂1号”海带新品种，与本地“度夏苗”混交，繁育出“连杂1号”新品种，经养殖试验，单位产量提高25%。1999年荣获国庆50周年职工合理化建议优秀项目奖。同时，该场还先后投入50万元资金，开展海带“克隆”培育技术研究，建立克隆恒温保种库，储存日本及省内外高优海带良种10多个品系，成为省内海带良种改良试验基地。2001年后，还与中国水产科学院黄海水产研究所等合作，开展“耐高温海带良种选育”技术研发。至2005年，全县海带育苗主要集中在县水产综合场和官坞海洋开发有限公司，年育苗量达10.5万标准片，除供应本县养殖4.68万亩外，还销往省内外沿海各地。

**紫菜** 1991年后，紫菜育苗技术已普及沿海乡村。至2005年，全县有22座紫菜育苗室，年育苗1022万壳（文蛤壳），除满足本县养殖外，亦有部分外销。

**五、海蜇苗种**

2003年开始，省、市水产技术推广站在连江的2个苗种场，进行人工海蜇苗种的繁育。其中，省大成（大埕）水产良种繁育试验中心向辽宁引进海蜇螅状体100万只，第二年引进蝶状体400万只，两年共培育出伞径1—2厘米幼蜇700万片。苗片主要用于省内放流增殖。池塘养殖的效果不是很好。

## 第四节 病虫害防治

1991年，在水产业结构调整中养殖业发展速度加快，尤其网箱养鱼逐渐成为新兴高优产业，一度出现竞相发展、一哄而上的局面。因缺乏科学规划与管理，有的密度过高，有的投饵过量，加上生活污水、垃圾、死鱼随意倾倒养殖区内，致使局部海区水质恶化，病虫害频发，日趋严重。据初步调查，县境养殖区内相继发现的病虫害主要是细菌和寄生虫，主要病源是刺激隐核虫、本尼登虫等。其发生期多在5—10月。县水产技术人员在省市专家协助下，对贝类虫害和藻类病烂进行专题研讨和试验，有效地控制病虫害的发展。对虾的稀养、混养和科学投饵等措施效果尤为明显。1996年后，罗源湾内网箱鱼类白点病流行尤为严重，发病网箱达5.6万箱，发病率50%—80%。其中有2万—3万箱大黄鱼还感染本尼登虫病。在马鼻、下宫、大埕、赤澳等海区挂养的黑鲍，已发现细菌病的有2000万—4000万粒，发病率亦达25%—50%。其他贝类、虾蟹类病害引起的死亡也日渐严重。估计因病虫害造成的经济损失达总量的20%—30%，已成为养殖业继续发展的制约因素。

2000年，为解决网箱养殖病虫害问题，县政府授权县国有资产营运公司，向世界银行申请贷款24

万多美元，由县海洋与渔业局承担，建立全县水产养殖生物病害防治中心，并逐步建成县、乡（镇）、养殖场三级检测和防治网络，及时收集病虫害信息，准确预测预报。在有关部门和专家的协助下，对测报信息及时进行研究，不断探索检测和诊治的新技术、新方法，并进行防治试验、示范和推广，指导养殖场（户）推广无公害健康养殖技术和科学防病用药方法，从而大大减轻病害造成的损失。与此同时，对从事防治病虫害的工作人员进行强化培训，逐步实行持证上岗。至 2005 年，相继举办 10 期专业培训班，并有 2 人取得农业部颁发的水生动物病害防治员资格证书，4 人取得水生动物防疫检疫员资格证书。

**1991—2005 年连江县水产业发展情况表**

表 8-4-1

| 年份 | 水产品总产量（万吨） | 作业分类（万吨） | | 品种分类（万吨） | | | | | | 渔业总产值当年价（万元） | 占农林牧业总产值（%） |
|---|---|---|---|---|---|---|---|---|---|---|---|
| | | 海洋捕捞 | 养殖 | 鱼类 | 虾蟹 | 贝类 | 藻类 | 其他海产 | 淡水类 | | |
| 1991 年 | 19.64 | 14.39 | 5.25 | 13.35 | 0.97 | 2.67 | 2.53 | — | 0.12 | 42006 | 57.64 |
| 1992 年 | 23.01 | 15.72 | 7.29 | 14.2 | 1.17 | 3.22 | 4.3 | — | 0.12 | 77532 | 67.16 |
| 1993 年 | 26.43 | 18.44 | 7.99 | 16.76 | 0.9 | 3.53 | 4.82 | 0.22 | 0.2 | 87724 | 67.05 |
| 1994 年 | 30.37 | 22.24 | 8.13 | 20.42 | 0.84 | 3.98 | 4.64 | 0.26 | 0.23 | 146453 | 71.73 |
| 1995 年 | 33.02 | 24.22 | 8.8 | 22.43 | 1 | 5.17 | 3.8 | 0.37 | 0.25 | 188857 | 70.46 |
| 1996 年 | 36.02 | 25.96 | 10.06 | 23.57 | 1.06 | 5.92 | 4.97 | 0.07 | 0.43 | 209049 | 70.67 |
| 1997 年 | 45.27 | 28.06 | 17.21 | 25.34 | 1.52 | 9.78 | 7.8 | 0.38 | 0.45 | 257126 | 77.57 |
| 1998 年 | 50.12 | 29.23 | 20.89 | 26.85 | 0.76 | 14.38 | 6.9 | 0.63 | 0.6 | 273638 | 78.29 |
| 1999 年 | 55.15 | 29.27 | 25.88 | 26.42 | 1.52 | 17.28 | 8.77 | 0.5 | 0.65 | 302986 | 79.76 |
| 2000 年 | 57.66 | 29.12 | 28.54 | 25.56 | 2.79 | 21.13 | 6.94 | 0.51 | 0.73 | 325303 | 81.18 |
| 2001 年 | 58.12 | 29.56 | 28.56 | 26.47 | 1.92 | 20.58 | 7.84 | 0.58 | 0.73 | 325634 | 81.03 |
| 2002 年 | 61.03 | 30.21 | 30.82 | 26.55 | 2.52 | 22.74 | 7.98 | 0.51 | 0.73 | 344725 | 81.86 |
| 2003 年 | 64.11 | 32.04 | 32.07 | 27.81 | 3.23 | 22.59 | 8.86 | 0.87 | 0.75 | 376010 | 81.15 |
| 2004 年 | 66.08 | 32.08 | 34 | 27.8 | 3.44 | 24.64 | 8.5 | 0.94 | 0.76 | 428466 | 79.73 |
| 2005 年 | 68.02 | 31.3 | 36.72 | 28.15 | 3.54 | 25.94 | 8.85 | 0.79 | 0.75 | 504380 | 83.4 |

# 第五章　水产加工与流通

改革开放前，连江水产业实行生产、加工和流通一条鞭管理。1991 年后，随着体制改革的深化、市场经济的发展和交通设施的完善，水产加工和流通行业迅速发展，“一条鞭”的机制逐步解体。但仍有部分水产企业集生产、加工、流通于一体，如县水产综合场、官坞海洋有限公司等，还有实行“公司 + 渔户 + 市场 + 服务”的经营模式，如百洋海味有限公司、天源水产有限公司等。为完整反映连江水产业的全貌，本章从水产业发展的角度记述水产加工和流通情况。（另见“工业”篇和“国内贸易”篇）。

## 第一节　水产加工

1991年前，县内水产加工，仍多靠“一柄刀、一把盐”，以腌制、熟制、干制等粗加工为主，加工量小，附加值低。1991年加工量仅3万吨，占水产品总产量的15.3%。1992年，随着计划经济向市场经济转型，群众性水产加工蓬勃兴起，并在竞争中优胜劣汰，不断优化组合，多渠道融资引进先进设备，扩大生产规模，提高产品档次。如百胜海味厂，从乡镇集体小企业发展到规模企业，1995年出口创汇374万美元。同期，引进旭隆食品有限公司和升洋水产品加工厂等“三资”企业，促进水产加工的自动化、现代化发展。1995年，全县水产加工量增加到5.27万吨。1996年，筱埕镇官坞村办集体股份企业迅速发展，成为一家集海水养殖、育苗、加工、销售、科研为一体的龙头企业，养殖藻类、鱼类10多种3850亩，加工盐渍海带1.5万吨，是全省最大海带加工基地。2000年，全县水产品加工量达12.7万吨，占水产总量的22.03%。2001年后，又有10多家“三资”企业在连江投资水产品加工，百胜海味、官坞海洋、龙和食品、旭隆食品、天源水产、日兴水产、升洋水产等都成为省农业产业化龙头企业。百胜海味为全国龙头企业。至2005年，全县拥有小杂鱼油炸生产线1套，虾皮、丁香全自动加工生产线6套，鱼糜（包括鱼丸、鱼面、鱼糕等）生产线7套，盐渍海带蒸煮生产线1套，IQF速冷设备8套，还有烘干机、切骨机、挑选机、绞肉机、干燥机、脱水机、磁选机、光选机、探测器等机械仪器和质量卫生安全等配套设施，产品质量日益提高。鱼虾类冻品逐步改变过去大冻块、粗包装的形式，朝着方便、卫生、保健、精小包装和标准化方向发展。有6家企业实行ISO 9000质量管理，7家企业实行HACCP质量管理，3家企业获“福建省无公害农产品”认证，百洋海味食品有限公司获国家农业部“无公害农产品”称号。水产加工品种有鱼、虾、贝、藻四大类150多种，已有119种实行标准化生产，其中74种填补了国家、行业和地方标准的空白。2005年，全县水产品加工量24万吨，占水产总产量35.3%，加工总值18.66亿元，比1990年8599万元增长20倍多。

## 第二节　水产品流通

1991年，水产品市场全面放开，县国营水产供销公司失去独家垄断经营地位，购销量骤降，经营亏损日益增加，至2000年，已累计亏损340.67万元，只好停业关闭。同期，乡镇企业和私营水产品购销业务发展迅猛，而且企业规模日大，经营数量日多，服务范围日广，运销周期日快，海上贸易兴旺，陆上销售网络畅通，专场展销活跃，使连江水产品在国内外市场的知名度份额日益增大，从而带动渔业和加工业的发展。

### 一、海上水产品贸易

1991年，为满足消费者对鲜活水产品的需求，苔菉镇一些乡镇企业最早组织海上赶鲜船，直接到渔业生产海域购买鲜活经济鱼类，除销县内鱼货市场摊点、酒家外，还有部分销往福州及港澳、台湾地区。随着海水网箱养鱼和水产加工业的发展，海上水产品贸易越来越兴旺。县内海域生产的低值小杂鱼多运销网箱养殖户作饵料，再把网箱养殖的鲜活鱼虾、贝类运销县内外市场和加工厂。1991年，苔菉等地从事海上水产品贸易的运输船有65艘，计约1500吨位，年运销量5万吨左右。至1995年，已发展到386艘，计10367吨位，年运销量已超过10万吨。1996年后，海上营销发展到浙江、山东、辽宁、海南等外海远洋。至2005年，全县海上营销鱼货船达687艘，总吨位27385吨，总马力58766千瓦，年购销量在27万吨上下，营业额5.4亿元。

**二、企业直销网络**

1991年，非国有水产营销企业逐步取代国有营销渠道，而且营销机制灵活，网络通畅，周期加快。尤其上规模的水产加工企业，大都建立自己的直销渠道和网络。如百洋、官坞、旭隆、天源、升洋、日兴、华峰等龙头水产加工企业，都在产品直销上下功夫，实施名牌战略，除扩大出口外销外，重点拓展国内市场。盛产海带的下宫乡，以往都要派出大批推销员，到全国各地推销海带产品，由于加工粗糙，没有相对稳定的营销网点，推销员“满天飞”，效果都不甚佳，海带产品逐年积压。1995年后，该乡华峰贸易有限公司与下宫海味加工厂等4家水产加工企业，在提高海带产品质量的同时，在武汉、郑州等城市设立相对稳定的销售网点，是年仅华峰一家年销海带干品就达1200吨，销额5000多万元。1998年，县长王玲还率领有关部门领导到各大中城市联络。县政府还允许有营销能力的干部带薪专业从事水产品推销。因而，不断扩大营销网点和规模，并逐步向周边辐射。至2005年，下宫乡已有10家水产加工企业在武汉、郑州等地设立销售网点，年销量达2.5万吨，销额超过1亿元。百洋、旭隆、升洋等外向型规模以上水产加工龙头企业，都注意积极开拓国内市场，陆续在国内经济较发达的广州、深圳、上海、北京、天津、武汉、南京、杭州、青岛、宁波及内地成都、重庆、济南、昆明等20多个城市设立办事处，建设营销网络，并打入麦德龙、沃尔玛、乐购、好又多、家乐福等400余家连锁大超市、大卖场。全国农业产业化重点龙头企业百洋公司，1999年还注册设立百洋海味食品有限公司，专门开发“百洋”牌鱼丸、鱼面、火锅料、烤鳗、虾仁等适销对路的内销、热销产品，在各大中城市超市中占有一席之地，颇受消费者的青睐，销售额直线上升，从1999年的200吨、200万元，2005年增加到1万吨、1亿元。全县直销额达4.78亿元。

**三、专场展销招商**

连江水产总产量一直位居全省第一、全国第三或第二，是全县经济的支柱。但由于过去营销渠道不畅，不但知名度不高，而且经济效益也不理想。为沟通和开拓国内外市场，县政府和水产部门除鼓励和发展海上贸易、建立稳固营销网点外，1995年后，注重开展连江水产品推介工作，较大的加工企业和营销网点设有水产品推介专柜、专栏，并印发有关宣传图片资料，组织小型展销。1999—2001年，先后参加或组织三次较大展销会。

第一次是1999年1月22—26日，参加由省政府主办、省水产厅承办的1999年福建省农村新产品展销会，组织百洋、官坞、天源等10家水产品加工企业、30多种产品，在福州工业展览中心参展。其中百洋的“海威”鱼丸、精制虾皮，天源的“浪涛”牌绿色海带等深受消费者欢迎。虽然销额不大，但取得组织参展经验，在省展会组织、展布等综合评比中荣获一等奖。

第二次是1999年5月21—27日，由县政府主办、县海洋与水产局承办的1999年福州国际招商月旅游项目招商会暨连江县“海之旅”招商会，全县共组织11个渔区乡镇12个重点水产加工企业和工商个体户参加展销，设200个摊位，展销100多种水产加工品和大量鲜活水产品，为连江历来规模最大一次。原省人大常委会副主任张明俊、省市水产部门主要领导、市县有关领导参加开幕剪彩仪式。展销会期间，国内外客商络绎不绝，有日本长崎水产考察团、全国20多个大中城市驻榕领导、省内各地市县代表等5万多人次。据统计，直接营销额达1000多万元，签订贸易合同49项，交易量1.27万吨，交易额1.77亿元，充分展示连江作为全省水产大县的风貌。

第三次是2001年9月29日至10月2日，参加省海洋与渔业百家企业重庆展销会，组织百洋公司等13家重点水产加工企业、20多种加工产品参展，营销额500多万元，签约交易合同5项2000多万元。

# 第六章　机构与管理

## 第一节　机　构

1991年初，县水产局内设有人秘股、生产股、企业管理股、经营管理站、水产技术推广站、渔政管理站等6个股（室、站），有干部职工49人。还有局属全民企事业单位7个：水产综合场、水产供销公司、水产造船厂、贝苗试验场、水产养殖公司、淡水鱼种场、对虾养殖场等，共有干部职工897人。全县水产系统干部职工计946人，其中水产技术人员81人。1991年后，因渔业资源日渐衰退，渔业生产结构调整加快。为提高水产业的科技含量和可持续发展能力，于同年成立县水产科学研究所，为全民事业单位，编制6人，归水产局领导。1994年5月，在苔菉、黄岐、安凯、筱埕、晓澳、琯头、坑园、下宫、官坂、马鼻等10个重点渔业乡镇设立水产技术推广站，每站定编2人。

1997年6月，为加强海洋的综合管理和开发利用，县水产局改称为县海洋与水产局，增设海洋综合管理站，建立县海洋监察大队（与县渔政管理站合署，两块牌子、一套人员）。同年11月，增设敖江、江南、东湖、浦口、东岱、潘渡、小沧、丹阳、蓼沿、透堡、长龙等11个乡镇水产技术推广站，共定编50人。至此，全县21个乡镇（除凤城镇外）普遍建立水产技术推广站，共配技术人员24人。受县局和乡镇双重领导。

2003年1月，县海洋与水产局改称县海洋与渔业局。同年4月，为加大海洋综合管理和执法力度，原与渔政站合署的中国海监连江大队单独组建，配10人，由局直接领导。局内增设海域管理与资源环保科。2004年5月，各乡镇普遍成立农业服务中心，21个乡镇水产技术推广站撤并入农业服务中心。2005年3月，苔菉、黄岐、安凯、下宫、坑园、筱埕、官坂、马鼻、透堡、浦口、东岱、晓澳、琯头等13个沿海乡镇，加挂海洋与渔业站牌子，业务归县海洋与渔业局指导。

至2005年底，县海洋与渔业局内设办公室、海域管理与资源环保科、水产产业科、外经科技与政策法规科、水产技术推广站、水产科学研究所、渔政管理站、海洋监察大队等8个科（室、站、队），干部职工共46人，其中技术人员22人（高级工程师2人、工程师7人、助理工程师11人、技术员2人）。

局属国有企业5个，共有职工869人，其中离退休385人、退职7人，在编477人（其中在岗179人，下岗待安置298人）。

## 第二节　海域管理

### 一、海洋功能区划及实施

连江县海域面积3112.02平方千米，是沿海居民赖以生存的重要条件。为发展渔业生产，对浅海和滩涂的管理和利用逐渐加强。1997年，县水产局扩组为县海洋与水产局，加大对海洋综合管理的力度。2001年10月，连江为贯彻《中华人民共和国海域管理使用法》（2002年1月1日施行），开始组织力量编制全县《海洋功能区划》，并确定由福建师范大学地理研究所作为技术承担单位。2002年8月完成《连江县海洋功能区划报告》，2003年经报省政府批复，从当年开始全面实施。

连江海洋功能区划总面积3829.91平方千米，其中陆域424.88平方千米；海域3405.03平方千米（内水面积2528.4平方千米、领海面积866.63平方千米），比1984年农业区划海域面积（3112.02平方千米）增加293.01平方千米。海域面积按黄海高程分，0米以上96.15平方千米，－2—0米97.74平方千米，－2—－5米110.14平方千米，－5—－10米98.90平方千米，－10—－30米831.53平方千米，－30米以上2170.57平方千米。

海洋功能区划主要根据县境海域使用现状制订，全县共划定一级类6种、二级类12种，共分89个功能区。其中：

（一）港口航道区7个。包括琯头港区1个，罗源湾深水航道区、闽江口通海航道区2个；福州港港外锚地、引航检疫锚地、琯头1号、2号锚地区4个。

（二）渔业资源利用和养护区66个。包括渔港和渔业设施基地建设区45个，其中渔港32个、渔港区10个、避风港2个、基地建设区1个；养殖区19个，其中滩涂养殖区8个（安海、官坞、赤澳、筱埕、定海、乌猪港、川石岛、壶江岛），浅海养殖区6个（罗源湾、奇达、黄岐、定海湾、乌猪港、壶江岛），围垦养殖区5个（大官坂、百胜、晓澳、道澳、官坂北樵）；增殖区3个（黄岐半岛、定海湾、东洛岛）；捕捞区1个（闽中捕捞区）。

（三）旅游度假区2个。定海湾和川石岛。

（四）海洋能利用区1个。大官坂潮汐能源区。

（五）海洋保护区2个。包括五虎礁人类活动历史遗迹保护区及东洛和定海白礁古沉船遗址非生物保护区。

（六）保留区11个。包括预留区7个、功能待定区4个。

2003年，海洋功能区划经省政府批准实施后，正是福州港连江可门港区和华电集团可门火电厂工程进入紧张建设阶段，需要开发利用罗源湾南岸连江境域大片海域和海岸陆地，县海洋渔业部门迅速协调建设单位和有关乡镇，在科学调研的基础上，对海洋功能区划进行调整和修订，2004年11月30日经县人民政府上报。调整项目：罗源湾深水港预留区调整为航运区5个，面积计1356.64公顷；航道区1个527.3公顷；港口工程用海区2个2970.18公顷；黄岐中心渔港等7个功能区620.28公顷。计调整海域总面积6447.4公顷，新增黄岐半岛滨海战地风光旅游区等15个海洋功能区，新增面积1244公顷。

**二、海域滩涂管理**

海域滩涂所有权属国家，地方、单位或个人只拥有使用权。改革开放后，海水养殖业迅速发展，海域利用范围扩大，部分潮间带淤高，面积增大，在开发利用中常发生争议纠纷。1991—2000年，对部分地区发生的纠纷及时进行协调处理，从而稳定生产和社会秩序。

2002年1月1日，《中华人民共和国海域使用管理法》实施后，县海洋渔业部门在加强海域滩涂综合管理的同时，紧密配合民政、国土等部门，于2003年3月全面开展海域勘界工作，至2004年8月基本结束，使连江县与周边罗源、长乐、马尾、琅岐等县（市、区）约200千米的县际海域界线基本勘定下来，避免发生历史争议和纠纷（详见“民政”篇）。与此同时，还对县境河海界线作明确划分，即敖江口海河管理线。以新建的浦（口）东（岱）大桥为界，大桥以东（下游）为海域，大桥以西（上游）为河域，使长期以来河海交叉管理难题得到解决。

**三、海洋环境监测**

县境海洋环境监测，20世纪90年代前主要由北茭暴风站承担，以观察海洋水文气象为重点。1991年后，改称国家海洋局东海分局北茭海洋站，监测项目逐渐增多。2001年初，北茭海洋站扩组为国家海洋局连江海洋环境监测站，为科级全民事业单位，编制8人。隶属闽东海洋环境监测中心站。

监测项目由水文气象为主扩展到海洋水质、海洋底质、海洋生物等70多项，技术力量和监测设施也日益增加，配置有紫外线和荧光分光光度计、生物显微镜、酸度计、盐度计、超洁净工作台等各种仪器和化学分析药品。监测范围包括罗源湾、定海湾、黄岐湾及闽江口、敖江口、可门口，共设8个站点，并同海洋渔业部门及基层站点密切配合，吸收部分沿海渔民志愿者参与监测，初步形成海洋环境监测网络。

2001—2005年，陆续开展罗源湾海洋预报项目水质监测、罗源湾增养殖区监测、闽江口赤潮监控区监测及趋势性监测、重要入海排污口监测等，取得阶段性成果。县境海洋环境质量，据多年监测，每年通过闽江、敖江两大径流携带入海的污染物总量，分别达275822吨、12324吨。其中闽江携带入海的主要有COD（生化需氧量）132031吨、无机氮120426吨、活性磷酸盐2335吨、重金属14616吨、石油类6414吨。敖江携带入海的主要有COD8540吨、无机氮3265吨、活性磷酸盐183吨、重金属213吨、石油类123吨。据监测数据分析，连江近海水质状况总体良好，基本符合国家清洁和较清洁水质标准。但部分港湾、河口区和网箱养殖密集区营养盐出现不同程度超标：罗源湾海域无机氮、活性磷酸盐有轻度污染；闽江口海域石油类轻度污染；敖江口海域无机氮、活性磷酸盐、石油类均有轻度污染。其余项目均符合国家清洁海水水质标准。

2003年初，根据上级规定，在闽江口近岸海域设立赤潮监控区，为全国17个监控区之一。同年5—6月，县境沿海发生赤潮面积150平方千米，给鲍鱼等海水养殖造成直接经济损失3000多万元。连江海洋监测站与闽江口赤潮监控区及时准确监测赤潮发生、蔓延、消失的全过程，较全面掌握赤潮发生的频率、范围、生物种类及时空变化等珍贵资料，为防灾减灾打下重要基础。

2004—2005年，连江海测站还对海水养殖区生产的水产品进行安全卫生质量状况调查，对县内重点养殖区的牡蛎、缢蛏、大黄鱼、对虾等进行质量监测。监测结果表明总体状况良好，被检生物中的石油烃、汞、铅、总砷均符合无公害水产品安全标准，未检出呋喃唑酮、氯霉素、沙门氏菌等。经多年连续监测记录，积累有效数据，及时为各级政府和有关部门提供海洋环境信息服务。

**四、海洋生态保护**

1991年，因近海资源日渐衰退，连江县逐渐加大海洋生态环境保护力度，除按照相关法规，采取有力措施，调整对资源破坏较大的渔业作业，实行伏季休渔和渔业许可证制度等外，还为保持海洋生物和淡水鱼类等生物群的平衡，采取增殖放流和封岛增养殖等措施。1995年6月开始，县海洋渔业部门先后多次在敖江流域的山仔库区放流鳊鱼苗共20多万尾、太湖银鱼受精卵1亿粒。1997年后，相继对沿海7个岛屿，即筱埕兀屿岛、黄岐东鼓礁、筱埕黄湾岛、苔菉北茭洋屿岛、筱埕定海青屿岛、苔菉过江岛、安凯奇达沚洛岛等，实行封岛增养殖工作。2002年6月，在闽江口放流国家一级保护动物——中华鲟7000尾（体长60—80毫米）。2004年5月，在罗源湾投放海蜇苗20万只。2005年6月，在罗源湾南侧屿头海域放流长毛虾1000万尾（体长15—20毫米）等。

通过多年放流增殖和封岛增养殖，有效保护海岛的生态环境，海洋生物的多样性有所改善，促进海洋自然资源良性发展。

## 第三节　海洋渔业执法

**一、渔政管理**

1991年后，继续贯彻《中华人民共和国渔业法》及《中华人民共和国渔业法实施细则》等法律法规，坚持对海洋渔业捕捞实施限额、许可证和伏季休渔等制度。县水产部门设有渔政管理站专管，常抓不懈。

县境海域的伏季休渔的时间、范围、作业仍继续执行福建省水产厅的有关规定。1991—1997年主要是张网作业，其伏季休渔范围和时间：

北茭以南海域5月1日零时至6月30日24时；

北茭以北海域5月16日零时至7月15日24时。

1998年开始，实行伏季休渔的作业除张网维持原规定外，扩大到拖网、大围缯、桁杆拖虾等作业。

拖网和大围缯作业休渔范围时间：

北纬26°　30′以南海域6月1日12时至8月1日12时；

北纬26°　30′以北海域6月16日12时至9月16日12时。

桁杆拖虾作业休渔范围时间：

北纬26°　30′以南海域6月1日12时至7月1日12时；

北纬26°　30′以北海域6月16日12时至7月16日12时。

县境海域广阔，海岸线长，渔业船舶多，作业种类复杂，而渔政管理和执法力量及设备均较薄弱。对违法事件的处理常出现力不从心，鞭长莫及的现象。1995年，市渔政部门给连江支持一艘钢质管理船，使执法管理力度大有加强。1995—2001年8月，共出航339次，查获违法电、炸、毒鱼和酷鱼滥捕等违规渔船363艘，有力地维护海上捕捞秩序。2001年8月，渔政船报废后，靠租借渔船执法，出租巡查明显减少，2002—2004年，仅出航28次，查获违规渔船35艘。

**二、海洋监察**

1997年6月，县水产局改称为县海洋与水产局后，增加海洋综合管理职能，成立县海洋监察大队（与渔政管理站合署）。2002年1月，《中华人民共和国海域使用管理法》实施后，中国海监连江大队独立设置。2003年初，经县机构编制委员会批准，编制10名工作人员，逐步形成完整的海洋执法体系。2004—2005年，先后组织2次“海盾”专项执法活动，对县境海域进行拉网式全面巡查，并配合东海分局及省、市海监机构，先后立案审查非法围海、填海及违法使用海域案件3起，并处以罚款0.9万元，从而有效遏止违法占海、用海现象。

**三、渔港监督与渔船检验**

县境渔港监督与渔船检验，20世纪60年代由省属的琯头船舶管理站负责。80年代更名中华人民共和国琯头渔港监督、琯头渔船检验站。90年代后，分别扩充为中华人民共和国琯头渔港监督处和中华人民共和国福建渔船检验局琯头检验处。两个单位均属省派驻连江的科级机构，实行两块牌子一套人马，共编制29人，现有在编16人。管理范围包括连江县、罗源县，下设黄岐、苔菉、罗源湾3个渔港监督站点。

1991年后，连江渔监渔检在当地政府配合下，根据《中华人民共和国渔业法》《中华人民共和国海上交通安全法》《中华人民共和国海洋环境保护法》等有关法律法规和国际相关协定，依法履行辖区内渔港、水域、渔船、船员等监督管理，做了大量工作。相继确认连江渔港权45处；申报经国家农业部渔船检验局认可的渔船修造厂7家，建成渔业航标3处，计投资18.76万元。1991—2005年，履行渔船进出港签证3万多艘次；经考试颁发渔船职务船员证7000余本，发放船员技能“四小证”（海上救生证、船舶消防证、艇筏操纵证、海上急救证）4000多本。1995—2005年，共查处违法案件近1000起，处以罚没款80多万元。还协调处理海上事故90多起，初步统计沉船10余艘，死亡40多人，经济损失1000多万元。还接受申请办理有关渔业船舶的鉴定、公证；所有权登记、抵押、租赁登记及变更、注销登记等检验业务。有效维护国家法律的权威和海上安全。

## 1991—2005年渔监渔检主要绩效统计表

表8-6-1

| 年份 | 调处海事案件 | | | | 渔船进出港签证（艘次） | 渔船检验 | | | 颁发职务船员证（件） | 发放技能“四小证”（件） | 处理违法案件 | | 检验船用设备（架） |
|---|---|---|---|---|---|---|---|---|---|---|---|---|---|
| | 起数（起） | 损失（万元） | 死亡（人） | 沉船（艘） | | 艘次 | 吨位 | 马力（万吨） | | | 起数（起） | 罚没（万元） | |
| 1991年 | — | — | — | — | 2847 | — | — | — | 250 | 260 | — | — | — |
| 1992年 | — | — | — | — | 2638 | — | — | — | 232 | 320 | — | — | — |
| 1993年 | — | — | — | — | 1948 | — | — | — | 237 | 124 | — | — | — |
| 1994年 | — | — | — | — | 2537 | — | — | — | — | — | — | — | — |
| 1995年 | 14 | 152.68 | — | 2 | 2658 | 1404 | 47865 | 9.99 | 266 | 118 | 208 | 5.00 | — |
| 1996年 | 7 | 91.31 | 11 | 2 | 1539 | 1332 | 55895 | 14.75 | 236 | 442 | 135 | 18.00 | — |
| 1997年 | 7 | 59.80 | 2 | — | 2392 | 1584 | 69377 | 13.91 | 406 | 121 | 158 | 8.50 | — |
| 1998年 | 12 | 60.60 | — | 1 | 1798 | 1511 | 74675 | 16.88 | 292 | 150 | 45 | 3.09 | — |
| 1999年 | 7 | 144.00 | 4 | — | 1484 | 1610 | 55389 | 10.85 | 176 | 160 | 58 | 6.26 | — |
| 2000年 | 8 | 192.40 | 3 | 1 | 2164 | 1740 | 61463 | 11.44 | 411 | 520 | 84 | 13.50 | — |
| 2001年 | 3 | 15.70 | 2 | — | 2386 | 2020 | 51960 | 12.76 | 479 | 204 | 63 | 5.40 | 72 |
| 2002年 | 6 | 69.50 | 7 | — | 1800 | 1893 | 80150 | 15.76 | 992 | 352 | 97 | 6.57 | 77 |
| 2003年 | 6 | 291.00 | 11 | 1 | 1924 | 1551 | 91922 | 18.85 | 1345 | 455 | 35 | 2.86 | 48 |
| 2004年 | 15 | 371.50 | 2 | 3 | 1631 | 1649 | 99456 | 20.10 | 804 | 655 | 39 | 8.40 | 177 |
| 2005年 | 8 | 301.00 | 1 | 1 | 1797 | 1250 | 78355 | 15.89 | 456 | 351 | 30 | 2.30 | — |

# 第九篇　林　业

连江属中亚热带季风气候，雨量充沛，四季分明，夏长冬短。林业用地土壤多属地带性红壤，肥力较好，适宜亚热带森林生长。森林资源较丰富，已鉴定的森林植物种类有 137 科 411 属 696 种。

1992 年 2 月，连江县人大十一届二次会议作出《关于消灭宜林荒山，完成造林任务的决议》，紧接着县政府在全县各级层层签订目标责任状，限期完成消灭宜林荒山任务，至 1992 年底，提前一年达到省政府“三五七”（南平、三明、龙岩三年，沿海地区五年、全省七年基本消灭宜林荒山）工程目标规划要求。此后，县林业部门把营林工作重点转到管护幼林，巩固成果，创建基地，保护生态环境，营造公益林方面上来。1997 年，开展二类资源调查。2000 年，开展生态公益林区划界定，全县界定面积 3.27 万公顷，其中国家公益林 2.47 万公顷。2003 年，根据省委、省政府部署，开始为期三年的集体林权制度改革，全县应改革的有 12 个乡（镇）， 104 个村，3.02 万公顷。到 2005 年底，已完成明晰产权的有 103 个村，面积 2.89 万公顷。与此同时，加强森林资源的保护，营造生物防火林带，认真履行森林病虫害的测报防治责任制度，开展森林植物检疫，使森林火灾、森林病虫害得到有效控制。据不完全统计，1991—2005 年，共投入林业资金 2700 万元，用于林业生产的发展和资源保护，使森林资源稳步增长，林业生态功能日益显著。2005 年，全县林业用地面积 72570 公顷（未含马祖列岛），其中有林地面积 62078 公顷，占林业用地的 85.5%。森林覆盖率达 55.5%，比 1990 年的 37.1%，增加 18.4%。全县森林蓄积量 122.12 万立方米，是 1990 年 90.01 万立方米的 135.67%；毛竹立竹数 418 万根，是 1990 年 278 万根的 150.36%。

## 第一章　森林资源

### 第一节　林种分布

连江森林植物共 696 种。主要林种有 6 个类型。国家级保护的有桫椤、南方红豆杉、银杏、福建柏、水松、红豆树、油杉厚朴、少叶黄杞等。主要用材树种有杉木、马尾松、湿地松、柳杉、木荷、木麻黄、枫香、火力楠、闽粤栲、米槠、栲树、青岗栎等。竹类以毛竹、篓竹、麻竹为主。

**一、用材林**

县内常见树种有杉木、马尾松、槠类阔叶林。1991 年初，用材林面积有 16829 公顷，1992 年后，薪炭材中的马尾松多划为用材林和防护林管理，新增树种有桉树。至 2005 年，全县用材林面积 25118

公顷，占存林总面积的 40.46%。比 1991 年初多 8289 公顷。

**杉木** 1997 年，森林资源调查面积 5318 公顷。主要分布丹阳、蓼沿、国有林场，均达 1000 公顷以上。江南、东湖、小沧、潘渡、长龙 100—300 公顷不等。2005 年，杉木面积 3901 公顷。

**马尾松** 在境内分布最广，多为人工林，1997 年调查面积 17637 公顷。2005 年，作为用材林的有 14510 公顷。千公顷以上的有江南、东湖、丹阳、蓼沿、潘渡、长龙、浦口、马鼻等乡镇。

**阔叶树** 以槠类为主，多系天然林，因历年砍伐利用，阔叶树林相破坏严重。2001 年后，国家实施天然林保护工程，严格控制天然林采伐，并在营林上调整树种结构增加阔叶树的造林比重，林相有所恢复。2005 年，全县面积 4428 公顷。

**桉树** 2002 年始，桉树作为短周期工业原料林的主要树种，在马鼻、透堡、丹阳、蓼沿、潘渡、长龙等乡镇均有种植，多为尾巨桉组培苗造林，1 年生树高可达 3—4 米。2005 年，全县面积 2279 公顷。

**二、经济林**

主要树种有油茶、油桐、毛茶、乌桕、棕榈、板栗、山苍子。多分布丹阳、蓼沿、东湖、潘渡、小沧、长龙等山区。油茶以蓼沿、东湖较多。油桐近年因桐油经济用途缩小，大部分淘汰或衰老，成为散生木，新栽极少。山地果树有柑、橘、柚、荔枝、龙眼、柿子、桃、李、柰、枇杷、梨、橄榄、阳桃、杨梅、番石榴、杧果等，分布全县。2005 年，全县经济林面积 5699 公顷，占有林地面积的 9.18%。

**三、防护林**

有木麻黄、相思树、马尾松、木荷、榕树、红树林（秋茄）。木麻黄多作沿海防风固沙林。马尾松多作风口挡风林。木荷多作防火隔离带。相思树多种植于水土流失区，作为水土保持林。分布地域主要在平原沿海。红树林作为滩涂防浪林。主要分布在琯头、晓澳、浦口等地（镇）。2005，全县防护林面积 24121 公顷，占有林地面积的 38.86%。

**四、薪炭林**

常见灌木薪炭林树种有黄瑞木、继木、狗骨柴、毛冬青、乌饭、胡枝子等，分布全县。1991 年后，液化气进入农家，大量薪炭林都划归其他林分管理，分布地域小沧、东湖等乡（镇）居多。1997 年，薪炭林仅统计 179 公顷。2005 年，薪炭林 60 公顷，占有林地面积的 0.1%。

**五、特用林**

特用林主要树种有樟、楠、槠等，分布在凤城、江南、琯头、丹阳、小沧、晓澳等乡镇。2005 年，全县面积 3558 公顷，占有林地面积的 5.73%。

**六、竹林**

主要竹种有：毛竹、篓竹、绿竹、麻竹。各分布在 500 米以下的丘陵山地。主要产竹的有蓼沿、丹阳、潘渡、江南、小沧、长龙等乡镇。2005 年，全县面积 3522 公顷，占有林地面积的 5.67%。毛竹立竹数 418 万根。

## 第二节 面积与蓄积量

**一、面积**

1991 年初，全县有林地面积 41450 公顷，森林覆盖率 37.1%。1992 年宜林荒山基本绿化后，实有林地面积 52267 公顷，森林覆盖率 46.8%。1997 年进行森林资源二类调查：全县林业用地 71884 公顷，占土地总面积 64.3%，有林地面积 61354 公顷，森林覆盖率 54.9%。

有林地按林种分：用材林 29901 公顷、薪炭林 180 公顷、防护林 22104 公顷、特用林 201 公顷、经济林 5716 公顷、竹林 3252 公顷。

1997 年与 1987 年的森林资源二类调查技术标准和方法相同，可比性强。10 年间，各林种面积总体增加 22850 公顷，其中用材林面积增 15152 公顷，防护林面积增 17662 公顷，薪炭林面积减 11732 公顷，主要原因是液化气逐渐普及，经营目标改变，划归其他林分。经济林面积增 437 公顷，竹林面积增 1257 公顷，特用林面积增 74 公顷。

1997 年后，林业部门不断加大森林资源培育，开展生物多样性保护，以及生态公益林区划界定，到 2005 年，全县有林地面积 62078 公顷，森林覆盖率 55.5%。

**连江县若干年份森林面积动态表**

表 9-1-1

| 年　份 | | | 1987 年 | 1990 年 | 1997 年 | 2005 年 |
|---|---|---|---|---|---|---|
| 土地总面积（公顷） | | | 111835 | 111835 | 111835 | 111835 |
| 林地（公顷） | 林业用地总面积 | | 71059 | 70986 | 71884 | 72570 |
| | 有林地 | 用材林 | 14749 | 16829 | 29901 | 25118 |
| | | 防护林 | 4442 | 4504 | 22104 | 24121 |
| | | 薪炭林 | 11911 | 12605 | 179 | 60 |
| | | 特用林 | 127 | 129 | 201 | 3558 |
| | | 经济林 | 5279 | 5387 | 5716 | 5699 |
| | | 竹　林 | 1996 | 1996 | 3253 | 3522 |
| | | 小　计 | 38504 | 41450 | 61354 | 62078 |
| | 疏 林 地 | | 2706 | 2718 | 1028 | 920 |
| | 灌木林地 | | 165 | 198 | 1099 | 1124 |
| | 苗圃用地 | | 6 | 6.5 | — | — |
| | 未成林造林地 | | 3638 | 9288.5 | 1576 | 2859 |
| | 无 林 地 | | 26040 | 17325 | 6827 | 5589 |
| 非林业用地（公顷） | | | 40776 | 40849 | 39951 | 39265 |
| 森林覆盖率（%） | | | 34.40 | 37.10 | 54.90 | 55.50 |

## 二、蓄积量

1987 年，森林资源二类调查，全县林木蓄积量 82.9 万立方米，用材林可伐量 11.2 万立方米，毛竹立竹数 202.62 万株。

1997 年，森林资源二类调查，全县林木蓄积量 113.12 万立方米。其中林分蓄积量 112.33 万立方米（用材林 76.53 万立方米、薪炭林 0.43 万立方米、防护林 34.88 万立方米、特用林 0.49 万立方米），疏林地蓄积量 0.38 万立方米，散生木蓄积量 0.41 万立方米。毛竹立竹数 399.16 万株（含散生毛竹 57.7 万株），每公顷均立竹数 2413 株。

林分总蓄积量达 10 万立方米以上有琯头、蓼沿、潘渡，5 万立方米以上的有江南、丹阳、小沧乡镇。

林分蓄积量按优势树种分：杉木 269261 立方米，占林分蓄积量 23.97%；马尾松 658612 立方米，占 58.63%；阔叶树 182594 立方米，占 16.25%；桉树 161 立方米，占 0.02%；木麻黄 12704 立方米，占 1.13%。

林分每公顷平均蓄积量 21.4 立方米，其中杉木顷均蓄积量 49.7 立方米。按各龄组分（顷均）：幼龄林 9.10 立方米，中龄林 28.6 立方米，近熟林 77.1 立方米，成过熟林 114.9 立方米。

1997 年，森林资源二类调查，全县用材林可伐量（成、过熟林）为 151064 立方米。其中主要树种分，杉木 78741 立方米，马尾松 72323 立方米。用材林资源分布：国有林场 147454 立方米，占 97.6%；乡镇蓄积量 3610 立方米，占 2.4%。

资源调查林业建档资料显示，1997 年，全县人工林蓄积量 1915862 立方米（其中林分蓄积量 957931 立方米，用材林蓄积量 670935 立方米，薪炭林蓄积量 4337 立方米，防护林蓄积量 279899 立方米，特用林蓄积量 2760 立方米），人工林蓄积量占林木总蓄积量的 85%。

2005 年，全县林木总蓄积量有 1219129 立方米；毛竹立竹数 418 万根。用材林可伐量 188493 立方米。其中杉木 88712 立方米，马尾松 95598 立方米，阔叶林 4183 立方米。

**1987—1997 年连江县林木蓄积量消长对照表**

表 9-1-2　　单位：立方米

| 年度 | 全县林木蓄积量 | 林分蓄积量 | | | | | 疏林地 | 散生木 |
|---|---|---|---|---|---|---|---|---|
| | | 合 计 | 用材林 | 防护林 | 薪炭林 | 特用林 | | |
| 1987 年 | 829406 | 802800 | 542403 | 64040 | 190921 | 5436 | 15017 | 11589 |
| 1997 年 | 1131221 | 1123332 | 765314 | 348811 | 4337 | 4870 | 3843 | 4046 |
| 增减量 | 301815 | 320532 | 222911 | 284771 | –186584 | –566 | –11174 | –7543 |

说明：起测胸径 5 厘米

**1987—1997 年连江县用材林可伐量消长对照表**

表 9-1-3　　单位：立方米

| 年 份 | 可伐量合计 | 杉 木 | 马尾松 | 阔叶树 |
|---|---|---|---|---|
| 1987 年 | 34663 | 34043 | — | 620 |
| 1997 年 | 151064 | 78741 | 72323 | — |
| 增减量 | + 116401 | + 44698 | + 72323 | –620 |

说明：可伐量对比用 1997 年口径只统计成过熟林

## 第三节　古树名木

1991 年，县内古树名木已发现有 14 种，不足 30 株，1992 年后又陆续发现百年以上古树和珍木近百株。2001 年，县林业局对境内古树珍木进行调查编号，百年以上的古树名木计有 359 株，其中一级 1 株，二级 15 株，三级 343 株。

**榕树（桑科榕属）**　254 株，其中 2 株树龄有 450 年左右。一株位于马鼻镇辰山村宫前，树高 10 米，胸围 550 厘米，冠幅平均 10 米；另一株位于东湾村亭下，树高 12 米，胸围 440 厘米，冠幅 10 米。

**香樟（樟科樟属）**　9 株，最大一株树龄 1006 年，位于琯头镇拱屿村，树高 18 米，胸围 690 厘米，榕树长在樟树 4 米分叉处，长势一般。

**朴树（榆科朴属）**　9 株，最大二株树龄约 130 年，一株位于潘渡乡坡西村下濑自然村，树高 12 米，胸围450厘米，长势一般；另一株位于长龙乡下洋村下当自然村，树高14米，胸围295厘米，长势旺盛。

**枫香（金缕梅科枫香属）** 21株，最大一株树龄约250年，位于蓼沿乡蒲边村白代洋地方，树高18米，胸围335厘米，长势一般。

**小叶榕（桑科榕属）** 23株，最大一株树龄约300年，位于蓼沿乡周溪村岭头自然村岭下地方，树高13米，胸围710厘米，长势旺盛。

**马尾松（松科松属）** 4株，最大一株树龄131年，位于丹阳镇新洋村沨里水库，树高27米，胸围610厘米，长势一般。

**银杏（银杏科银杏属）** 3株，最大一株树龄约250年，位于马鼻镇半田下村后，树高12米，胸围340厘米，长势一般。

**红豆树（蝶形花科红豆树属）** 5株，最大一株树龄400多年，位于丹阳镇政府院内，树高25米，胸围470厘米，长势一般。该镇虎山村委会旁二株，树龄都在400多年，长势尚好。

**柳杉（杉科柳杉属）** 4株，丹阳镇文朱村庄里2株，江南乡梅洋村2株。树龄均在110年，树高18米，胸围471厘米，长势一般。

**油杉（松科油杉属）** 1株，树龄约150年，位于蓼沿乡王坑村王坑地方，树高17米，胸围249厘米，长势旺盛。

**竹柏（罗汉松科罗汉松属）** 1株，树龄约250年，位于蓼沿乡利畲村利畲学校边，树高15米，胸围312厘米，长势旺盛。

**锥粟（壳斗科粟属）** 2株，最大树龄约150年的一株，位于小沧乡东风村龙潭地方，树高15米，胸围393厘米，长势一般。

**米槠（壳斗科锥属）** 2株，树龄约达100年的一株，位于小沧乡东风村湖里濑，树高18米，胸围754厘米，长势一般；另一株位于小沧乡七里村大岗村边，树高22米，胸围205厘米，长势一般。

**木荷（茶科木荷属）** 3株，一株，位于小沧乡七里村大岗村边，树龄约150年的树高19米，胸围200厘米，长势一般；另二株都位于小沧乡七里村大岗学校边，一株树高22米，胸围210厘米，长势一般；另一株树高20米，胸围240厘米，长势一般，树龄均在150年左右。

**荔枝（无患子科荔枝属）** 3株，最大树龄150年的一株，位于透堡镇馆读村村后，树高7米，胸围223厘米，分三叉，分别为138、87、56厘米，长势旺盛。

**重阳木（大戟科秋枫属）** 7株，最大一株树龄410年，在江南乡含光寺旁，树高12米，胸围5.23米，长势旺盛。还有2株树龄326年，都位于坑园乡红下村小桥头，一株树高13米，胸围550厘米，长势旺盛；另一株树高13米，胸围430厘米，长势旺盛。

**桫椤（桫罗科）** 国家一级保护植物。共发现8株：一株位于国有陀市林场山岗工区，一株位于凤城鹿山里林场，两株位于丹阳镇山兜村后山，另4株大小不一，在黄岐中学校园旁。

**红豆杉（紫杉科红豆杉属）** 2002年，在蓼沿乡赤石村黄竹头自然村新发现红豆杉1株，树龄约150年。周边还有从山上移植的红豆杉苗多株。

## 第四节 野生动物

1992年起，林业部门开始实施生物多样性保护工程。1996—1999年，对县内冬季野生动物资源进行调查，并访问一些猎户，全县有鸟类14目25科63种，兽类6目12科24种，两栖类2目5科11种，爬行类3目10科26种。其中国家级保护的鸟类有18种。国家一、二级保护的兽类有苏门羚、黑麂、金猫、豹、小灵猫、水獭、穿山甲等7种；爬行类有海龟、蛇类。主要分布在蓼沿、潘渡、长龙、东岱、丹阳、琯头、江南等乡镇。1999年，县林业局编制了《连江县生物多样性保护工程规划》，并经县人民政府批准实施，共建立小沧、山仔、琯头、青芝山、潘渡黄峰口、文朱山等9个自然保护区、小区（点），面积6600公顷。有44种野生动物列入优先保护对象。其中列入国家一级保护的白颈长尾雉、豺、黑麂、蟒蛇4种；国家二级保护的鹊鹞、蛇雕、白鹇、长耳鸮、穿山甲等18种；省级重点保护的灰喜鹊、狼、狐等22种。

# 第二章　经营体制

20世纪80年代林业“三定”（稳定山权林权、划定自留山、确定林业生产责任制）后，国家推行“谁造谁有，合作共有”的产业政策。县有国家、集体、合作、个人经营4种形式。2000年，生态公益林开始区划界定，根据森林自然功能和经营目的不同进行分类。

第一类生态林，主要林种为防护林和特用林，以保护和改善人类生态环境，保持生态平衡、保存物种资源、科学实验、森林旅游、国土保安等需要为主要经营目的。

第二类商品林，以生产木材、薪炭、果品及其他产品为主要经营目的。

## 第一节　国有经营

县内国有林木生产经营单位有陀市林场、长龙林场和县苗圃。2005年经营面积3677.7公顷。

**陀市林场**　建于1957年，1990年11月移属市林业局管理。总面积2153.3公顷，有上社、砖村、山岗、马陀4个工区及文峰口工点、白莲护林点。相继建有林区防火线74千米。建设场部和各区点职工宿舍2000平方米。1996—2005年，共提供商品材4500立方米投放市场，年均产值220万元上下，纳税20万元。还与蓼沿乡后垄村签订租用林地66.7公顷，用于发展工业原料林。至2005年底，全场有林地面积1801公顷，其中生态公益林480公顷，用材林1253公顷，经济林和竹林68公顷，林木总蓄积量14.96万立方米，在册职工63人（在岗43人）。

**长龙林场**　建于1959年，1990年11月移属市林业局管理。总面积1851.4公顷，有大樟、企崙、林源、寺际、真茹5个工区。相继建设林区道路27.5千米，生物防火林带46千米，造林677.5公顷。2001年，林场作为生态公益林场管理，确定公益林面积1167.6公顷，占总面积63.07%；商品林面积683.8公顷。全场林木蓄积量达12.89万立方米。15年共提供商品材37146立方米，上缴税费280万元，林业金200万元，列福州地区第一名。2005年，在册职工59人（在岗43人）。

**县苗圃**　建于20世纪50年代，拥有土地面积254.1公顷。1983年，增设官坂分圃。1991年，在大官坂垦区育苗6.5公顷。2003年，因建设可门港需要，土地归还垦区管委会，分圃撤销。2005年，尚存飞石苗圃地25.3公顷，事业编制职工10人。

## 第二节　集体经营

1991年，县内集体经营的山林面积42602.5公顷，其中8个乡镇林场面积3823公顷。建制村集体林权38779.5公顷，除少数由村办林场经营外，大多由联合体或专业户承包经营。由于承包合同不够完善，有的仅是口头合同，有的不遵守合同承诺，未经协商，随意变卖，乱砍滥伐山林时有发生。不少地方重新把林权收归集体，但管理仍然混乱。2003年7月，根据省政府《关于推进集体林权制度改革的意见》，连江重点改革林木所有权和林地使用权尚未明晰的集体商品林及县规划的宜林地。对权属已明晰的，经确权核实优先予以登记，并换发全国统一式样的林权证书。当年，先在长龙、丹阳、蓼沿、潘渡、东湖5个乡镇18个村居开展试点，本着把林业经营收益大头留给林农，确保老百姓在改革中得到实惠，同时要保障集体经济组织作为林地所有者的合法权益，引导林农自觉交纳林地使用费，按山区、平源、沿海三类不同林地使用情况和立地条件，规定2—30元不同等级的林地使用费；对成林进行资产评估、公开招标、折价转让，进行林业资源利益一次分配；对承包出租的林地收缴使用费根据不同情况，有的一年一缴，有的待成林采伐出售时一次性按合同协议上缴，进行林业收益二次分配。2003—2005年林改期间，先后7次，培训骨干3210人次，投入林改资金74.77万元。按照先易后难原则，分别采取：产权到户、家庭承包、定额上缴；产权到户、合伙经营、比例上缴；划片投标、抵押承包、收益分成；资产评估、公开招标、折价转让；林地承包、谁造谁有、租金上缴；形成实体、专业管护、规模经营6种形式。至2005年，全县确权面积28933公顷，其中联户承包15867公顷、个私及其他形式13066公顷，占应改面积3万公顷的96.4%。实现“山定权，树定根，人定心”。并勘定落实权属界线546千米，村与村签约界线协议455份，勾绘村界图455份，绘制实地分布图7200幅，使林木所有权、林地使用权、经营权、处置权落实到林农手中。

林改前8个乡镇集体林场，除2002年香山林场153公顷划归生态林管护外，其他7个林场，明晰产权2548.4公顷（其中下车952公顷、坂顶426.9公顷、澄岩134.3公顷、透堡84.5公顷、长龙88.3公顷、城关138.1公顷、西溪724.3公顷）。经营山林面积计达2701.4公顷，加上村居以及村民小组集体管护经营的，2005年集体山林经营面积实际尚有11032.9公顷。

## 第三节　合作经营

1991年，在潘渡乡试行股份合作造林，并于仁山村创办股份合作林场1个，股东由市林业局、县林业局、潘渡乡政府、仁山村委会及12户村民组成。营造湿地松、杉木为主的用材林222.67公顷，市、县林业局投资9万元。同年，陀市林场与潘渡乡朱步村联营湿地松26.7公顷，由村提供山地，陀市林场投资，林木采伐时场得85%，村得15%。

2002年1月，由省林业厅竹业协会与县林业局合作，在蓼沿乡利畲村西山自然村，创办西山竹业试验场，面积191.2公顷（其中抛荒农用地4公顷，毛竹林46.7公顷，其他林地140.5公顷），经营时间33年（2002年至2034年底）。试验场设董事会，人员5名，董事长由省竹业协会领导担任。2002—2005年已投资100万元（含山地租金一次性付清47万元）。至2005年，全县合作经营面积440.4公顷。

## 第四节　个体经营

1983 年，林业“三定”后，全县划分自留山 6254.1 公顷，由农民个体经营。国家试行扶持“两户一体”（林业专业户、重点户，联合体）承包荒山造林政策，个体林农与村民委员会签订承包合同，林木收入时村集体提取 10%—30%。1992 年，个体经营林业面积达 19394.3 公顷。此后经营体制虽无大变化，但由于私人企业承包经营林地，特别是经 2003 年集体林权改革，个体林权经营面积大大增加，至 2005 年，个私经营山林面积共达 46927 公顷。

# 第三章　林木培育

## 第一节　采种育苗

### 一、采引种

1991 年，县内采引种主要品种是马尾松、湿地松、相思树、杉木等，开始多由集体和个体收购，部分由省、市林业部门引进。当年购种量 5512 公斤。1992 年起，全县基本消灭宜林荒山，采种数量锐减，当年仅 993 公斤。集体、个人采种数量很少。此后，根据实际需要，多向省林业厅种苗总站购进。2000 年，为改变针叶林比例过大，树种单一的状况，从省、市林木种子站引购阔叶树种子 38 公斤，主要有木荷、柠檬桉、桤木、马占相思等，以供应重点育苗单位育苗需求。

2000—2005 年，育苗单位用种：国有飞石苗圃育苗用种统一从省林业厅种苗总站引进相思类、阔叶类等良种进行繁育，个体育苗户、盆栽店则从外地多方采购。林业部门根据 2000 年国家颁布的《中华人民共和国种子法》不定期进行种苗市场督查，维护种子市场秩序，防止伪劣种子坑害林农。

**1991—2005 年连江县购进种子统计表**

表 9-3-1　　单位：公斤

| 年度 | 合计 | 树种 | | | | | | | |
|---|---|---|---|---|---|---|---|---|---|
| | | 杉木 | 马尾松 | 木麻黄（县采） | 相思树 | 樟树 | 木荷 | 湿地松 | 其他 |
| 1991 年 | 5512 | 130 | 4100 | 20 | 810 | — | 220 | 232 | — |
| 1992 年 | 993 | 15 | 650 | 20 | 90 | — | — | 218 | — |
| 1993 年 | 323 | 50 | 25 | 10 | 90 | — | 140 | — | 8 |
| 1994 年 | 278 | 25 | 50 | 5 | 90 | — | 60 | 38 | 10 |
| 1995 年 | 273 | 25 | 50 | — | 90 | — | 40 | 60 | 8 |
| 1996 年 | 266 | 25 | 50 | 5 | 90 | — | 50 | 38 | 8 |

续表 9-3-1

| 年度 | 合计 | 树种 | | | | | | | |
|---|---|---|---|---|---|---|---|---|---|
| | | 杉木 | 马尾松 | 木麻黄（县采） | 相思树 | 樟树 | 木荷 | 湿地松 | 其他 |
| 1997 | 296 | 25 | 40 | — | 108 | — | 60 | 53 | 10 |
| 1998 | 319 | 30 | 26 | 5 | 45 | — | 78 | 135 | — |
| 1999 | 475 | 21 | 20 | — | 235 | — | 83 | 116 | — |
| 2000 | 479 | 15 | 5 | 10 | 183 | — | 98 | 158 | 20 |
| 2001 | 385 | 25 | 23 | — | 119 | — | 100 | 98 | 20 |
| 2002 | 323 | 25 | — | — | 108 | — | 75 | 100 | 15 |
| 2003 | 468 | 50 | — | — | 198 | 50 | — | 75 | 95 |
| 2004 | 423 | 50 | — | — | 180 | — | — | 75 | 118 |
| 2005 | 386 | 55 | — | — | 153 | — | — | 75 | 103 |

说明：其他种子系指桤木、马占相思、乳源木莲、细柄阿丁枫、火力楠、天竺桂、山杜英、香椿、光皮桦、枫香

**二、育苗**

（一）国有（营）育苗　1991 年对苗木生产实行定向育苗、定点培育。国营苗圃作为基地之一，共育苗 4.3 公顷。1992 年，基本消灭宜林荒山，苗圃育苗仅剩 1.1 公顷，占全县育苗量的 10.4%。1998 年，为满足城乡绿化需求，省林业厅种苗总站、市林业局、县林业局合作在国营飞石苗圃创办绿化苗基地 3.3 公顷，为主培育棕榈类绿化苗木，1999 年，因出现百年不遇的强霜，有大王椰子、三角椰子、假槟榔、美丽针葵等苗种一夜间被冻损失达 23 万多元。2000 年，为改变树种单一（针叶林比例偏重）的现状，县林业局从省市种苗站引进阔叶树种，以飞石苗圃为主，建立育苗基地，共培育木荷、柠檬桉、桤木、马占相思等苗木 4.7 公顷，产苗 382 万株。2003 年，通过建立以国有飞石苗圃为重点的育苗基地，从省、市种苗站引进良种，按照造林苗木标准化的要求，培育树种有：火炬松、长叶松、雪松、罗汉松、相思树、木麻黄、福建柏、龙柏、墨西哥柏、楹树、黑荆、南岭黄檀、银桦、大叶桉、樟树、水杉、苏铁、银杏等 60 多种。

（二）个体、集体育苗　1991 年初，个体育苗占全县同期育苗的 85.2%。根据造林需要，建立丹阳、敖江、琯头、官坂 4 个育苗基地（基地多系个体育苗户），为连江县造林提供苗木。集体育苗仅占全县育苗量 4.4%。1992 年，荒山基本绿化后，集体育苗逐渐消失，个体育苗也减少。1998 年，为补植需要，由个体户培育容器苗 4.7 公顷。2005 年，林业局登记的私人育苗尚有 5 户，计有苗圃 4.2 公顷（苗圃面积只统计在未成林造林地），育苗树种以台湾相思、肯氏相思、木荷、枫香、香椿、柠檬桉、尾巨桉、杉木、湿地松、天竺桂、红豆杉、山杜英、麻竹、火力楠为主。

**1991—2005年连江县培育主要树苗统计表**

表9-3-2 单位：亩

| 年度 | 育苗面积 | | 重要树种 | | | | | | | |
|---|---|---|---|---|---|---|---|---|---|---|
| | 合计 | 其中国有（营） | 杉木 | 马尾松 | 木麻黄 | 相思树 | 樟树 | 木荷 | 湿地松 | 其他 |
| 1991年 | 1000 | 64 | 25 | 820 | 19 | 90 | — | — | 46 | — |
| 1992年 | 207 | 17 | 3 | 130 | 19 | 11 | — | — | 44 | — |
| 1993年 | 51 | — | 11 | 4 | 11 | 11 | — | 4 | — | 10 |
| 1994年 | 51 | — | 4 | 11 | 4 | 13 | — | 4 | 8 | 7 |
| 1995年 | 48 | — | 4 | 11 | — | 11 | — | 7 | 12 | 3 |
| 1996年 | 48 | — | 4 | 11 | 4 | 11 | — | 4 | 8 | 6 |
| 1997年 | 47 | — | 4 | 8 | — | 12 | — | 5 | 11 | 7 |
| 1998年 | 82 | 5 | 6 | 5 | 4 | 5 | — | 15 | 27 | 20 |
| 1999年 | 89 | 36 | 4 | 4 | — | 26 | — | 14 | 23 | 18 |
| 2000年 | 139 | 70 | 3 | 1 | 11 | 31 | — | 25 | 31 | 37 |
| 2001年 | 55 | — | 4 | 6 | — | 13 | — | 4 | 19 | 9 |
| 2002年 | 50 | — | 4 | — | — | 12 | — | 8 | 20 | 6 |
| 2003年 | 90 | — | 11 | — | — | 22 | 4 | — | 15 | 38 |
| 2004年 | 93 | — | 11 | — | — | 20 | — | — | 15 | 48 |
| 2005年 | 85 | — | 12 | — | — | 17 | — | — | 15 | 42 |

## 第二节　植树造林

### 一、工程造林

1991年，县内造林改季节性为常年性营造，在潘渡开展股份制造林试点，组织林业股东会40个，并在仁山村创办1个由市、县、乡、村、林农多级集资投劳的股份合作林场——廷溪洋林场，面积200公顷。当年，潘渡乡共造林1269公顷。同年，开展军民共建万亩果活动，在丹阳、东湖段104国道两侧一重山营造果树林399公顷。

1992年2月24日，县十一届人民代表大会第二次会议通过《关于基本消灭宜林荒山，完成造林任务的决议》。县政府于7月3日召开全县消灭宜林荒山誓师大会。至年底，除暂不列检地9780公顷外，其余61278公顷宜林地全面实现绿化。经省造林绿化领导小组检查验收确认连江县已基本完成宜林荒山造林任务。并赠“碑志”以纪念。1990—1992年，全县共造林9829公顷。

1993—1995年，全县营林工作以造、封、管、补为主体内容，以巩固成果为重点。1996—2000年，以沿海防护林工程建设为主，并重视造林质量。1996—1999年，在晓澳、安凯、筱埕、下宫4个乡镇营造海岸、海堤基干林带38.47千米，完成更新造林2484公顷；营造防火林带136千米，滩涂红树林16.9公顷。2000年，开展东北线（东湖至苔菉公路沿线）绿化工程，规划总面积3000公顷，总投资

356万元，当年经检查东北线完成造林433.3公顷。2001—2005年，按照国家林业局提出的“1285”工程，即“一个战略、两大体系、八大工程、五大特色”的要求，以调整林分结构为重点，全面推行工程造林，在省财政支持下，县林业部门从广东引进麻竹苗10万多株。在潘渡、丹阳、蓼沿、敖江、透堡等地营造334.9公顷建生竹林基地。在马鼻、透堡、丹阳、蓼沿、敖江等地营造建生工业原料林，计2279公顷。从而加快沿海防护林体系工程建设和工业原料林的建设。2001年，调整林分结构更新造林1394.5公顷，其中各类阔叶林565.6公顷，滩涂红树林9.9公顷。2002年，在黄岐、筱埕、浦口、琯头、敖江、潘渡6个乡镇实施国债造林707公顷。2003—2005年，营造工业原料林2279公顷，其中有福建兴森林业科技开发有限公司267公顷，福州豪源速生材有限公司80公顷，连江森茂林果开发有限公司在马鼻、透堡、蓼沿等乡镇租赁山地种植133公顷，在琯头镇实施国债造林项目，营造红树林13.3公顷。

**二、义务植树**

1991年起，坚持每年“3·12”植树节开展全民义务植树活动，至1993年，3年共义务植树416.1万株，种绿篱1380米，植草坪5050平方米。

1994年，全县参加义务植树人数达7.78万人次、12.92万工日，完成植树190.3万株，新植绿篱120米。1995年，采取包干负责制，全县尽义务46.45万工日，植树158万株，超额完成市下达的136万株的指标，并顺利通过市检查。1998年全民义务植树182.3万株。

1999年，为纪念“3·12”植树节20周年，县林业局出专刊宣传，县绿委会于3月15日组织县直机关工作人员前往敖江镇下山村义务植树。在植树节期间，全县尽义务46万个工日，植树139万株。

2001年，实施绿色通道，城乡绿化一体化的美化环境义务植树活动，各部门、单位实行统一缴交绿化代植费，县林业局与驻军结成军地绿化共建单位，由县绿化办人员对军营进行绿化设计，并提供给驻军部队优质乔、灌绿化苗木2万多株，草皮4300平方米，总投入40多万元。2002年，县林业局雇聘专业造林队对覆釜山景区进行绿化，计绿化道路5千米，小块荒山6.7公顷，共种植绿化大苗（地径5—6厘米）山杜英3000多株，以及木荷、相思树4万多株，总投资5万多元。植树节期间县五套班子领导带领机关干部及驻军指战员300多人参加温麻公园义务植树共种植乔木、灌木等绿化大苗400多株，草坪2000多平方米，结合春季造林，全县义务植树160万多株。2003年，县五套班子领导与部分机关干部及驻军指战员300多人，参加玉泉公园义务植树，同时，县林业局实施绿色通道建设，对山仔库区、小沧通乡公路沿线投入12万元进行植被恢复治理，并在新开公路沿线种植天竺桂、山杜英绿化大苗1990株、马占相思1.9万株、五节芒0.21万丛、葛藤0.5万株，当年义务植树160万株。2001—2005年，共尽义务工232.5万工日，完成植树619.2万多株。2005年，四旁绿化面积210.6公顷。

**1991—2005年连江县造林面积统计表**

表9-3-3　　单位：公顷

| 年度 | 造林面积 | 其中国有（营） | 用材林 | | | 经济林 | 竹林 | | 防护林 | 薪炭林 | 特用林 |
|---|---|---|---|---|---|---|---|---|---|---|---|
| | | | 合计 | 其中 | | | 合计 | 其中 | | | |
| | | | | 杉木 | 马尾松 | | | （麻）毛竹 | | | |
| 1991年 | 6057.14 | 176.53 | 3553.47 | 556.93 | 1454.33 | 398.87 | — | — | 1325.80 | 779.00 | — |
| 1992年 | 3771.53 | 150.07 | 1755.67 | 152.87 | 1116.80 | 399.20 | 0.80 | — | 313.93 | 1301.93 | — |
| 1993年 | 1092.80 | 226.93 | 282.40 | 231.27 | 51.13 | 38.80 | 21.53 | 16.20 | 155.87 | 594.20 | — |
| 1994年 | 465.46 | — | 208.13 | — | — | 74.80 | 10.00 | — | 123.53 | 49.00 | — |
| 1995年 | 416.13 | — | 259.80 | 1.67 | 163.53 | — | 9.33 | — | 141.47 | 5.53 | — |

续表 9-3-3

| 年度 | 造林面积 | 其中国的（营） | 用材林 | | | 经济林 | 竹林 | | 防护林 | 薪炭林 | 特用林 |
|---|---|---|---|---|---|---|---|---|---|---|---|
| | | | 合计 | 其中 | | | 合计 | 其中 | | | |
| | | | | 杉木 | 马尾松 | | | （麻）毛竹 | | | |
| 1996 年 | 600.60 | — | 169.80 | 94.67 | — | 10.00 | 0.33 | — | 202.80 | 217.67 | — |
| 1997 年 | 769.86 | — | 186.13 | 6.67 | — | 13.33 | 110.67 | — | 459.73 | — | — |
| 1998 年 | 1058.00 | — | 349.33 | 9.33 | 270.80 | 18.87 | 88.00 | — | 406.40 | 101.33 | 94.07 |
| 1999 年 | 900.60 | 115.53 | 297.13 | — | 178.80 | 110.27 | 100.53 | — | 386.00 | — | 6.67 |
| 2000 年 | 1054.07 | — | 665.00 | — | — | 19.00 | 25.80 | — | 344.27 | — | — |
| 2001 年 | 1394.34 | 86.13 | 412.87 | — | 146.67 | 151.13 | 37.47 | — | 792.87 | — | — |
| 2002 年 | 1149.60 | 97.93 | 108.73 | — | — | 166.33 | 141.67 | 141.67 | 732.87 | — | — |
| 2003 年 | 1037.66 | — | 138.53 | — | — | 54.93 | — | — | 844.20 | — | — |
| 2004 年 | 970.14 | 102.33 | 286.27 | — | — | 104.87 | — | — | 579.00 | — | — |
| 2005 年 | 1545.33 | 97.67 | 583.13 | — | — | 23.40 | 15.00 | 15.00 | 923.80 | — | — |

说明：工业原料林 2279 公顷统计在用材林内

## 第三节　林木抚育

### 一、幼林抚育

1991 年，县政府及林业部门把幼林抚育作为常年性任务，抚育的树种主要有杉木、湿地松、油茶、油桐、竹林等。马尾松造林多为一锄法造林，幼林一般不进行抚育。抚育质量高的国有林场，造林当年和翌年夏、秋各抚育一次，第三、四年，每年抚育一次。集体与个人的造林每年只抚育一次，多在夏、秋进行，年限 2—3 年，以幼林出草为度。抚育方式有：全面劈草，带状和块状除草松土。一般多采用块状抚育，有的经营者在幼林中套种花生、玉米、南瓜等作物，以耕代抚，效果良好。同年，蓼沿乡政府向省林业总公司借款 10 万元，用于杉木商品林基地抚育。1992 年，为巩固造林成果，对集体幼林采取市、县财政各补助每公顷 30 元，乡村自筹配套资金的办法，两年集体抚育幼林 10642 公顷。

1993 年，根据市下达的 6000 公顷幼林抚育任务，县委、县政府下发《关于本县幼林抚育工作意见》，各乡镇均签订幼林抚育责任状，强化措施，狠抓落实，经市林业局幼林抚育检查组抽查，全县共完成幼林抚育实际面积 6251.2 公顷，呈报核实率达 90.6%。1994 年，市下达 5666.7 公顷幼林抚育任务，实际完成 6462.1 公顷，经市检查组验收为 6326.4 公顷，占责任指标 111.5%。1996—1997 年，以竹林抚育为重点，两年共抚育 1983.3 公顷。

1999—2003 年，以中幼林为重点进行抚育，以提高林分整体质量，共抚育 1740.6 公顷。2004 年，对生长差的林分进行抚育，全县共抚育幼林 666.7 公顷，占市下达任务 100%。2005 年，继续抚育幼林 200 公顷。

### 二、封山育林

1990年开始，林业部门推行造、封并举的方针，把封山育林作为林业生产的一项基本建设，列入工程管理。根据实际情况灵活采用全封、半封、轮封、季节封的形式。把规划交群众讨论，订出公约，经村民委员会研究同意实施，确定专人管护，以保证封育成效。1990—1992年3年，共下拨封育资金6.37万元，在潘渡、敖江、浦口、长龙等乡镇实施封山育林3333.3公顷。1993年，全县又划定新封面积5190.5公顷，并挂牌标界，实施封禁。1994—1999年，封育山林22666.7公顷。其中，1994年5333.3公顷，经省林业厅抽查各项指标均达到封育要求；1999年的9333.3公顷中续封6666.7公顷。

2000年，重点抓敖江和闽江两岸的天然林和生态林封育。在小沧、蓼沿、潘渡、琯头等乡镇封育2733.3公顷，并制定乡规民约，生态公益林合同聘用专（兼）职护林员196名，列入省级财政补助管护费每公顷30—67.5元，专款专用，专责管理，实行年度考核。2001年，把封育地点放在面海、面江和公路一重山可封地的封育管理，全县新封2666.7公顷（4万亩），续封6666.7公顷。2002—2005年，实施封育6000公顷，其中续封2666.7公顷、国债造林封育533.3公顷。2005年，列入国债封山育林207.9公顷，通过国家林业局验收。

**三、成林垦复**

1991年，因政府1985年后对木本油料林停止垦复扶持，致油茶林荒废，当年大部分垦复改种果树和毛茶。而竹林的垦复每年都在进行，无论集体或个体承包，因生长周期短，效益好，都自动投工垦复。1996年，林业部门推广实施科技成果，垦复竹林，效果甚佳。至2005年，共垦复毛竹林2407.5公顷，长势旺盛。

**四、抚育间伐**

1991年起，按照省林业厅《抚育间伐规程》决定，集体林场的人工林开始抚育间伐。1991—1992年，间伐面积共350公顷，出材量1057立方米。

1998年，县林业部门严格执行间伐规程，进行抚育间伐设计，防止借间伐进行滥伐。1999年，实施抚育间伐示范片，两年各抚育间伐中幼林210公顷和404.5公顷。

2001年，中幼林抚育间伐作为林业部门的重要营林措施，由营林部门规划实施，并列为林政审核监督管理，此后至2005年止，共审批抚育间伐6起，林分改造112起，出材量16758立方米。

# 第四章　森林利用

## 第一节　林产品生产

**一、木竹采伐**

1991年，木材市场已开放，国营林场和乡村集体林场都有间伐木材，并有计划地成片砍伐大口径木材。采伐形式，除自采外，多采取“包青山”的办法，由木材商包采包运。山场采伐机具简陋，以砍刀、电动锯、自制弓形锯为主，集材方式有肩扛和手扶拖拉机及农用运输车。当年，采伐木材2326立方米，毛竹2086根。1995年，采伐木材增至3457立方米，毛竹29000根。2000年，采伐木材10240立方米、毛竹14146根。2005年采伐木材14757立方米，毛竹2.5万根。1991—2005年，全县共采伐木材76760立方米，毛竹11.84万根。

### 1991—2005 年连江县林木采伐统计表

表 9-4-1

| 年 份 | 木材采伐量（立方米） | 毛竹采伐量（根） | 年 份 | 木材采伐量（立方米） | 毛竹采伐量（根） |
|---|---|---|---|---|---|
| 1991 年 | 2326 | 2086 | 1999 年 | 3557 | 4600 |
| 1992 年 | 3845 | 3300 | 2000 年 | 10240 | 14146 |
| 1993 年 | 2731 | 2400 | 2001 年 | 2404 | 19353 |
| 1994 年 | 4456 | 6000 | 2002 年 | 2557 | — |
| 1995 年 | 3457 | 29000 | 2003 年 | 3750 | — |
| 1996 年 | 2400 | — | 2004 年 | 17080 | 2512 |
| 1997 年 | — | — | 2005 年 | 14757 | 25000 |
| 1998 年 | 3200 | 10000 | 合计 | 76760 | 118397 |

说明：木材采伐量系指当年审批量

## 二、林业副产品

连江县主要林业副产品有：油茶籽、油桐籽、棕片、木炭、柴片以及板栗、柿子、香菇、鲜笋、杂竹、杂木棍等。

**油茶籽**　1990 年，产籽 61.5 万吨。1991 年后，油茶林逐渐荒废，年产籽量降到 20 吨左右。1993 年后更少。1998 年调查，全县油茶面积只有 23.3 公顷（其中国营 11.6 公顷），因无重复抚育，产籽量少，基本无人采摘。

**油桐籽**　1991 年，油桐树多分布山区村落近山，面积不大，所产桐籽自行榨油，用于照明和涂屋以及涂舟车、农具、器皿等，1991—1993 年，年产籽 30 吨左右，此后，无甚发展，任生任长。

**乌桕籽**　主要产地在蓼沿乡的朱公村、定田村、溪东村。1991 年后，因经济效益低，乌桕籽无人采集，老树逐渐枯死。至 2005 年，所剩无几。

**棕片**　棕榈树的棕片，可加工为农、渔业生产用具和日用生产品。1990 年产量 61.8 吨为历史最高水平。1992 年产量降至 43 吨。1993 年后基本无人采集加工。

**板栗**　主要产地在蓼沿乡的仙屏、白沙、利畲、首占、周溪等村，多零星散种村居周边山头。据 1987 年调查面积 10.1 公顷，1991 年后，市场看好，价格上扬，扩大种植范围，至 1998 年，县林业局专项调查，板栗、锥栗面积为 61.7 公顷，粟果多系农民自产自售。

**香菇**　香菇历史上系天然繁殖，产量少。随着本屑袋装培植香菇的推广，产量增加，1991 年产量达 471.67 吨。1992 年因市场竞争，销量锐减，产量降至 48 吨。此后，香菇生产规模缩小，产品也多系零星生产自售。

**鲜笋**　竹类品种较多，面积有 3522 公顷。产笋较大宗的有麻竹笋、绿竹笋、毛竹笋、甜笋等，产地较集中的在小沧、丹阳、蓼沿、潘渡、敖江等乡镇。为农民自产自售。

**杂竹、杂木棍**　杂竹、杂木棍、柴片等林副产品原由县供销社日杂公司经营，1991 年，收购杂竹 99130 根、杂木棍 3509 根。柴片已停止经营。1992 年，收购杂竹 3800 根、杂木棍 5095 根。1993 年后，县供销部门停止此项业务，林农自产自售。

## 第二节　竹木材加工

### 一、竹材加工

县境竹类品种多，质地好。1990 年砍伐量 9.78 万根，多用于制造各种生产、生活用具。传统的农用软卷、薯芮、楻芮、土箕、扁担、箩筐等，渔用篾片（条）、鱼篓、鲟笼、蝇缆等，生活用具竹床、竹篇、提篮、竹椅、桌罩、茶几、竹篷、书架、筷子等近百种。还有，建筑业搭架也大量用竹。

1991 年后，许多农、渔用具逐渐被塑料制品所替代，竹制农、渔具需求逐渐萎缩。县内竹加工企业面对新的市场变化，抓住对外开放的大好时机，拓展国外市场，创新生产供出口的竹制家具和竹编工艺美术等系列竹产品 100 余种。当年全县竹器加工集体企业有 10 家，从业人员 233 人，年产值 470 多万元（出口 204 万元）。1992 年后，竹制工艺品出口骤降，国内竹家具市场疲软，原竹成本高，竹加工业效益降低，至 2005 年，全县竹业加工仅剩 3 家，从业人员 80 人。

### 二、木材加工

1991 年，随房地产业的崛起，钢混结构建筑增多，商品房配套高档家具成为时尚，木材加工，尤其细木家具产业迅速萎缩。木材加工业开始转向高档家具的加工以及室内装饰材料专业化和商品包装箱生产制作上发展。至 2000 年，经县林业部门清理整顿登记在册的木材加工业有 29 家，主要产品是木板、木条、芯板、家具、切片等，年产值 1000 万元。2003—2004 年，对全县木材加工企业进行批准书核发审查，经核准发证的有 16 家。2005 年，木材加工业持证的有 30 家，从业人员 211 人，产值 431 万元。

## 第三节　花卉经营

1991 年县内花卉主要在机关、学校、企事业单位和园林、庭院培植。常见的花卉、盆景植物有 100 多种。草本有菊花、海棠、金盏菊、迎春花、千日红、兰花、鸡冠花、荷花、昙花、芍药、水圭花等，木本有山茶花、黄杨、榆树、榕树、桂花、米兰、罗汉松、瓜子松、观音竹、南洋杉、红豆杉及苏铁等。

1992 年后，随着商品房建设增多，城乡居民生活质量不断提高，日益重视村落、公园、庭院生态环境改善，绿化、美化逐渐成为时尚，以盆景、花卉、鲜花饰屋日益增多。开始涌现专门经营花卉的私营企业和花农。如坑园、琯头等地，有专门培植苏铁的基地，销售给单位和园林部门及个人。1996 年后，提倡宜居城市、绿色通道、园林绿化、家庭美化，促进花卉产业的发展。经营室内装饰的花卉盆景的商店，在县城和集镇日益增多。也有许多人把自已培植、养护的花卉盆景投放市场，或让售给花店，或排摊设点，既繁荣市场，又增加收入。至 2005 年，县内生产绿化大苗、花卉、盆景并具一定规模的企业已有大地、容海、华凤、小华、华斌、春光、万里、心怡 8 家，经营面积约达 150 亩。

# 第五章　森林保护

## 第一节　森林防火

### 一、山林防火组织设施

1991年，县委、县政府对县护林防火机构和办公室成员进行调整充实加强。1992年，省市拨款5万元，县财政拨款3万元建立防火无线通信网络，参建的单位有安凯、长龙、丹阳、蓼沿、小沧、潘渡、敖江、琯头等乡（镇），以及陀市、长龙国营林场。同年，开始营建生物防火林带和防火隔离生土带，设瞭望台。1998年，县护林防火指挥部进一步健全军警民联防组织。2000年，开始加强与罗源县防火联防组织沟通，明确县界相邻的森林火灾报告制度。2005年，县森林防火指挥部有领导成员18名，办公室设在林业局，配备专职人员2人。全县乡镇和主要林场，都建立30—50人扑火队伍。1992—2005年，共投资140万元，相继建设蓼沿东垅山、丹阳观音山、琯头玉楼山、安凯大帽山4处防火瞭望台，购置电信器材3套，对讲机10部，风力灭火机5台，灭火水枪80把，扑火工具2300把，柴刀1300把，分别武装县、乡森林防火组织，提高防火能力。

### 二、山林防火制度

1992年，为巩固全县宜林荒山基本绿化成果，按照《中华人民共和国森林防火条例》，县护林防火机构制定森林防火工作责任制，每个成员负责挂钩包片2个乡（镇），协调本辖区的森林防火工作。坚持火险期间（1992年10月至翌年4月）24小时值班和领导轮流带班制，接到火情、火灾报告立即转告有关分管领导。同时加大防火宣传工作力度，每年在春、冬防火期内采取多种形式开展宣传周（月）活动。1994年，县林业局与群众制订护林防火公约，印制18000份内容为"山上用火十不准"的宣传画，分发到各乡（镇）和重点林区村落。1998年，修订《处理火灾事故预案》和《目标管理责任制》。当年制作搪瓷禁火令，印发3000份《防火公约》及宣传画，并在重点地段、重要进山路口树立禁火令、警示牌，健全野外用火审批制度。

1999—2000年，县出台护林员队伍建设与管理办法，补充修订防火《奖罚规定》，县、乡（镇）层层签订防火责任状。县林业局共分发2000份防火宣传图片和《森林防火通告》，并在电视台播放。与此同时，还录制森林防火方针、政策、法律、扑火常识、林业生态、环境保护等内容的宣传资料分发各地。2002年，县政府制定《关于下达2002—2005年森林责任书的通知》，县领导分片包干负责，开展为期1个月的森林防火宣传月活动，先后出动各种宣传车370多辆次，张贴标语5300多份，新设立固定宣传牌630面，发放宣传单和护林防火公约63000多份，同时还将省森林防火指挥部《给全省农民朋友的一封信》进行挨家挨户张贴。丹阳、蓼沿、琯头、凤城镇等还制定600多面搪瓷宣传牌，悬挂在公园、寺庙等旅游区要道和进山隘口。县委、县政府还制定《连江县森林火灾事故责任追求处理规定》，严格野外用火审批制度，坚决做到先审批后用火，加强巡山护林和火情监控，见烟就查、见火就管，违规就罚，相继共查处违章用火125多起，批评教育100多人（其中江南乡连登村2003年7月31日火灾事故追求处理责任6人），行政拘留12人，罚款1500元。为严格控制火源，管好火种进山，明确规定上山用火"十不准"，即1.未经审批不准烧荒、炼山；2.不准在林地内抽烟；3.清明节上坟不得烧纸钱及点烛、烧香；4.不准建窑烧炭；5.不准气枪打猎焚烧蜂窝；6.不准烧草、烧灰积肥；

7. 不准小孩、牧童、呆子进山玩火；8. 不准“登高、春游、秋游”活动携带烟花爆竹、炷香、野炊；9. 不准随意烧火取暖、煮食；10. 不准燃点篝火。

2005 年，在强化原有的森林防火制度上，进一步建立健全火险预测、预报制度、军警民联防制度以及民间节日重点设防和奖罚制度。

**三、山林火灾扑救**

1991 年，连江县有林地面积 41450 公顷，植被茂密、森林防火任务艰巨。县和乡镇、村居都有完善的防火组织和明确的责任制，森林火灾控制在省规定的指标内（起火面积不超过林业用地 2‰，森林受灾面积不超过有林地面积 1.5‰）。但管理上仍有薄弱环节，且各级森林防火力量普遍不足，设施滞后，仍时有发生山林火灾。是年 10 月 28 日，东湖村民在山场开发种果时引发火灾，毁林 11.7 公顷，有 6 人被当场烧死。县政府组织 370 人（其中军警 250 人），迅速赶赴现场，山林很快扑灭。1992—1994 年，森林火灾有所下降，3 年间发生火灾 9 起，受灾面积 40.7 公顷。

1995—1997 年，计发生火灾 13 起，过火面积 456 公顷，受害面积 302.9 公顷。其中 1995 年 11 月 3 日，马鼻镇辰山土坎因罗源县松山村民欧某（已判刑 6 年）、吴某打猎引起山林火灾，受灾面积 12 公顷，马鼻镇镇长孙旭光、副镇长孙功乐、人武部部长林祖新、土地所干部黄武元、林瑞思、计生办主任徐祚银等 6 位干部在扑火中以身殉职（追认烈士）。1996 年 2 月 10 日，琯头镇川石岛因小孩玩火引发森林火灾，驻岛部队战士毕文雄、吴海峰、周洪贤在扑灭森林火灾过程中牺牲（后被追认烈士）。

1998 年，全县发生森林火灾 2 起，过火面积 0.4 公顷。

1999 年，县修订《连江县森林防火奖罚规定》，层层签订防火工作目标责任制，加强护林员队伍建设，加大防范力度。至 2001 年，3 年发生森林火灾 21 起，过火面积 786 公顷，受害面积 453.6 公顷。

2002—2005 年，县林业部门坚持“预防为主，积极消灭”的方针，针对百年不遇连续干旱的严峻形势，强化管理，落实责任，一旦火灾发生，及时扑灭，使损失降到最低限度。3 年共发生森林火灾 19 起，过火面积 688 公顷，受害森林面积 272 公顷。其中 2003 年 7 月 19 日，坑园乡红下村发生山林火灾，有军警 200 多人参加扑火。7 月 31 日，江南乡连登村发生森林火灾，多名军警参加扑火。2004 年 2 月 14 日，筱埕镇南山村发生森林火灾有军警多人参加扑火。2005 年 4 月 5 日，敖江才溪村发生森林火灾，有军警 200 多人参加。资料统计，1991—2005 年，全县共发生森林火灾 71 起，过火面积 2758.8 公顷，受害森林面积 1098.2 公顷，因扑火伤 1 人，牺牲 15 人。

**1991—2005 年连江县森林火灾情况表**

表 9-5-1　　单位：次、公顷、人

| 年度 | 森林火灾次数（次） | 过火总面积（公顷） | 受害森林面积（公顷） | 烧毁林木 | | 扑火工日（人） | 扑火伤亡 | |
|---|---|---|---|---|---|---|---|---|
| | | | | 成林蓄积（立方米） | 幼林（万株） | | 受伤（人） | 死亡（人） |
| 1991 年 | 3 | 49.9 | 12.5 | 16 | 0.89 | 370 | — | 6 |
| 1992 年 | 3 | 13.9 | 9.2 | — | 4.00 | 200 | — | — |
| 1993 年 | 3 | 37.1 | 23.4 | 16 | 4.00 | 250 | — | — |
| 1994 年 | 5 | 11.9 | 8.1 | 105 | 1.91 | 175 | — | — |
| 1995 年 | 7 | 178.2 | 60.2 | 230 | 25.90 | 1680 | 1 | 6 |
| 1996 年 | 4 | 188.8 | 181.8 | 14 | 35.40 | 750 | — | 3 |
| 1997 年 | 2 | 89.7 | 71.3 | 2788 | 24.28 | 250 | — | — |

续表 9-5-1

| 年度 | 森林火灾次数（次） | 过火总面积（公顷） | 受害森林面积（公顷） | 烧毁林木 | | 扑火工日（人） | 扑火伤亡 | |
|---|---|---|---|---|---|---|---|---|
| | | | | 成林蓄积（立方米） | 幼林（万株） | | 受伤（人） | 死亡（人） |
| 1998 年 | 2 | 0.8 | 0.4 | — | 0.01 | 60 | — | — |
| 1999 年 | 6 | 128.3 | 54.2 | — | 15.56 | 925 | — | — |
| 2000 年 | 7 | 553.0 | 366.3 | 3564 | 69.28 | 780 | — | — |
| 2001 年 | 8 | 105.0 | 33.1 | 239 | 2.60 | 750 | — | — |
| 2002 年 | 2 | 7.9 | 5.1 | 135 | 0.20 | 180 | — | — |
| 2003 年 | 5 | 155.6 | 56.0 | 1553 | — | 1680 | — | — |
| 2004 年 | 11 | 496.3 | 203.3 | 1965 | 29.60 | 3440 | — | — |
| 2005 年 | 3 | 36.3 | 13.3 | 190 | 1.20 | 640 | — | — |
| 合计 | 71 | 2758.8 | 1098.2 | 10815 | 214.75 | 12220 | 1 | 15 |

说明：本表据县防火办“森林火灾登记表”向市上报的数据

## 第二节 病虫害防治

### 一、病虫害测报预防

1991 年，县境森林病虫害发生频率最高、危害最严重的是马尾松的松毛虫；其次是毛竹枯梢病；其他病虫害时有发生。为此，县林业部门不断加强测报和预防工作，为适时扑灭防治提供可靠信息，提高扑治效果。至 1992 年，全县经整顿重新建立森林病虫害测报网站 10 个。尤其是松毛虫的常灾区琯头、江南、敖江、浦口、东岱、官坂、丹阳、蓼沿 8 个乡镇，测报人员经常深入村区，准确预测预报虫情，及时扑灭防治。1995 年，测报网站发现当年松毛虫越冬代死亡率低，县林业部门依据测报信息适时进行防治，有效防止虫情大面积爆发。

1999 年，进一步加强测报，防治与检疫网络建设，在主要林区布设测报点 820 个，监测面积 1.5 万多公顷。2000 年，监测发现松针褐斑病 73.7 公顷。2002 年，组织技术力量完成三代松毛虫情调查工作。2003 年，监测发现松墨天牛，涉及 11 个乡镇 40 个村，面积 2383.1 公顷。2004 年，对全县 6.2 万公顷林分进行全面监测，其中松毛虫监测三次，累计 9.4 万公顷。还相继在琯头粗芦岛发现松突圆蚧，在青芝山等地发现松材线虫，县林业部门迅速采取措施，进行砍伐填埋处理，使病虫情得到控制。

### 二、病虫害扑灭防治

1991 年，县境森林病虫害防治重点是松毛虫，经多年实践，采取防治并举措施，推广营造马尾松与相思树等混交林，抑制松毛虫生长的环境；及时测报，适时防治，效果明显，1991—1992 年，根据预测预报虫情，及时在受灾林区进行化学和菌类防治 802 公顷，从而控制虫口密度，经省市验收虫害防治率 100%。对于常发性的毛竹枯梢病，毁灭性强，无等效防治药物，主要采取以防为主，加强竹林抚育管理，提高抗病力。一旦病害发生，即时动员人工砍除，消除病源物，减少侵染源，当年发生 171.2 公顷，人工砍除 154.1 公顷。1992 年未发生。1995 年，因气候暖和，松毛虫越冬代死亡率低，林业部门及时采用林间投放白僵菌及化学防治等措施，有效防止虫害发展。1998 年，松毛虫发生面积

863.1 公顷，用白僵菌防治 804.7 公顷。1999 年，又发生 819.4 公顷，实行化学防治 118.5 公顷，用飞机散播菌类药物 469.3 公顷。2000 年，发生面积 1095.6 公顷，防治 959.9 公顷。2001—2002 年，发生面积超过 2 万亩（分别为 1509 公顷和 1336 公顷），县林业部门组织力量，采用化学防治，白僵菌人工抛撒和飞机防治等多种措施，防治率都在 90% 以上，效果很好。此后松毛虫害发生面积有较大下降。2003—2005 年，发生面积在 300 公顷上下。而松墨天牛却大面积发生，2003—2004 年，都在 2000 公顷以上，且尚无有效药物，县林业部门发动林区群众进行砍伐拔除，灭菌消毒。2005 年，发生面积降到 1117 公顷，连片扑灭防治面积 8440.7 公顷，占发生面积 92.08%。松墨天牛发生面积 5741.1 公顷，松针褐斑和松材线虫发生面积 465.3 公顷，毛竹枯梢发生面积 1370.4 公顷，均采用人工砍伐、消毒、填埋处理。

**1991—2005 年连江县主要森林病虫害发生和防治表**

表 9-5-2　　单位：公顷

| 年度 | 主要病虫害 | 发生面积 | 防治面积 | | | | |
|---|---|---|---|---|---|---|---|
| | | | 合计 | 人工 | 化学 | 菌类 | |
| | | | | | | 抛散 | 飞防 |
| 1991 年 | 马尾松毛虫 | 322.1 | 322.1 | — | 68.8 | 253.3 | — |
| | 毛竹枯梢病 | 171.2 | 154.1 | 154.1 | — | — | — |
| 1992 年 | 马尾松毛虫 | 733.3 | 733.3 | — | 266.7 | 466.6 | — |
| 1993 年 | 马尾松毛虫 | 810.3 | 744.7 | — | — | 744.7 | — |
| | 毛竹枯梢病 | 270.0 | 202.7 | 202.7 | — | — | — |
| 1994 年 | 马尾松毛虫 | 215.5 | 178.4 | — | — | 178.4 | — |
| 1995 年 | 马尾松毛虫 | 505.6 | 492.0 | — | 303.0 | 189.0 | — |
| | 毛竹枯梢病 | 137.8 | 137.8 | 137.8 | — | — | — |
| 1998 年 | 马尾松毛虫 | 863.1 | 804.7 | — | — | 804.7 | — |
| 1999 年 | 马尾松毛虫 | 819.4 | 737.8 | — | 118.5 | 200.0 | 492.3 |
| | 毛竹枯梢病 | 72.5 | 62.3 | 62.3 | — | — | — |
| 2000 年 | 马尾松毛虫 | 1095.6 | 976.9 | — | 264.9 | 712.0 | — |
| | 毛竹枯梢病 | 214.1 | 201.4 | 201.4 | — | — | — |
| | 松针褐斑病 | 73.7 | — | — | — | — | — |
| 2001 年 | 马尾松毛虫 | 1509.1 | 1358.3 | — | — | — | 1358.3 |
| | 毛竹枯梢病 | 151.0 | 100.2 | 100.2 | — | — | — |
| | 松针褐斑病 | 67.0 | — | — | — | — | — |
| 2002 年 | 马尾松毛虫 | 1336.3 | 1336.3 | — | — | 1336.3 | — |
| | 毛竹枯梢病 | 144.9 | 144.9 | 144.9 | — | — | — |
| | 松针褐斑病 | 40.0 | — | — | — | — | — |

续表 9-5-2

| 年度 | 主要病虫害 | 发生面积 | 防治面积 | | | | |
| --- | --- | --- | --- | --- | --- | --- | --- |
| | | | 合计 | 人工 | 化学 | 菌类 | |
| | | | | | | 抛散 | 飞防 |
| 2003 年 | 马尾松毛虫 | 280.0 | 247.5 | — | — | 247.5 | — |
| | 松墨天牛 | 2383.0 | 1866.7 | 1866.7 | — | — | — |
| 2004 年 | 马尾松毛虫 | 376.0 | 376.0 | — | — | 376.0 | — |
| | 毛竹枯梢病 | 142.0 | 122.3 | 122.3 | — | — | — |
| | 松针褐斑病 | 13.3 | 13.3 | 13.3 | — | — | — |
| | 松墨天牛 | 2241.0 | 1933.3 | 1933.3 | — | — | — |
| 2005 年 | 马尾松毛虫 | 300.0 | 300.0 | — | 4500 | — | — |
| | 毛竹枯梢病 | 66.7 | 33.3 | 33.3 | — | — | — |
| | 松墨天牛 | 117.1 | 1117.1 | 1117.1 | — | — | — |
| | 松材线虫 | 271.3 | 271.3 | 271.3 | — | — | — |

## 第三节　森林植物检疫

1988 年 1 月，县开展森林植物检疫对象疫区调查，对象有湿地松针褐斑病、毛竹枯梢病、板栗疫病、木麻黄毒蛾，历时 1 年，划定连江为毛竹枯梢病的疫区。

1991 年，县林业部门开展木材和花卉苗木调运产地检疫工作，同时在全县范围开展疫情普查工作。1998 年，完成产地调运检疫木材 2583 立方米，收取检疫费 3130 元。1999 年，森检部门在实地对林产品产地检疫 29 次，检疫苗木 398.6 万株，调运木材 3557 立方米、毛竹 4600 根。1999 年 10 月至 2000 年 5 月底，开展历时 7 个月的疫情普查，对 22 个乡镇 2 个国有林场 16995.9 公顷的面积全面踏查和 332 个样地调查（2 个国有林场踏看面积 944.7 公顷，样地 41 个），全面完成杉木、马尾松、湿地松、毛竹、板栗、木麻黄、巨桉等主要树种和 31 个病害样地的调查。2004 年，投资 25 万元，购置检疫设备仪器 40 多套，在伐区作业设计中结合产地检疫，在办理运输证前严格按照省林业厅有关规定，实行办证“一条龙”服务，做到先办检疫证后办运输证，使产地、调运检疫工作协调开展，森林的防治率 85%、监测率 95%、调动检疫率 85%、产地检疫率 95%，4 项指标均达到省定森林检疫责任指标。是年调运检疫木材和胶合板 131.51 立方米；调运检疫毛竹 1.44 万根；调运检疫花卉苗木 820 万株，共收取检疫费 5810 元。1991—2005 年，县林业部门共完成调运木材检疫 21271 立方米，产地检疫苗木 3100 万株，检疫苗圃 4.7 公顷。

## 第四节　生物多样性保护

1999年，县成立生物多样性保护领导小组，制定《连江县生物多样性工程规划》，近期目标是2000年建成自然保护区6632.1公顷，占土地总面积5.9%；总体目标是至2010年建成19333.3公顷，占土地总面积17.4%。

按照近期规划，至2000年相继建立9个自然保护区：在小沧山仔自然保护区，保护植物有红豆树、花榈木、樟、红楠、栲、米槠等，保护的野生动物有猕猴、黑鹿、苏门羚、穿山甲等，保护面积5308.6公顷；在琯头青芝山自然保护小区，主要保护自然风景和古树名木，保护面积79.3公顷；在江南小梅洋自然保护小区，主要保护植物有樟、青冈栎、闽粤栲等，主要野生动物有蟒蛇、鸟类，保护面积295.3公顷；在潘渡黄蜂口自然保护小区，主要保护植物有樟、桫椤等，主要保护的野生动物有穿山甲、蛇类、鸟类，保护面积405.7公顷；在郭婆溪水源涵养林自然保护小区，保护面积140.9公顷，以保证黄岐半岛的生产、生活供水，并作为鸟类栖息地；在文朱山自然保护区，保护植物有樟、红楠、红豆树等，主要保护的野生动物有蛇类、鸟类、黑鹿、苏门羚等，该小区曾有豹出没，保护面积354.8公顷；境内名木古树列入保护面积47.5公顷。

2001—2005年，开始逐步实施中期规划：水库周围水源涵养林自然保护小区总面积1600公顷；闽江、敖江及主要溪流、公路干线一重山防护林保护区面积3733.3公顷；临海一面坡防护林保护区面积5666.7公顷；旅游点、寺庙及村庄周围风景保护小区（点）面积1133.3公顷（其中建立森林公园3个，面积346.7公顷）；闽江、敖江河口湿地、罗源湾浅海滩湿地1000公顷。

## 第五节　生态公益林管护

2000年开始，在全县建立生态公益林管护工作。同年8月，县成立林业分类经营领导小组，进行统一组织协调，林业局抽调13个业务熟悉的技术骨干，林业站抽调21名技术力量，组成4个工作组、二个技术组，分赴各个乡（镇）村，进行生态公益林现场调查和区划界定。至2001年5月结束，全县共区划界定生态公益林面积32671.80公顷，签订界定书236份。经省、市林业分类经营办公室联合质量检查，区划界定外业质量综合评定为“优”。

在生态公益林面积中，被列为国家生态公益林面积24650.87公顷，占75.45%；被列为省级生态公益林8020.93公顷，占24.55%。公益林的管护工作，实行县、乡两级管理和监测体系，配有193名专兼职护林员。公益林的护林补贴2001—2003年，按每公顷11.7元的标准发给，2004—2005年，按每公顷19.8元的标准发给。2001—2005年，共投入护林补贴费224万元。

# 第六章　机构与管理

## 第一节　机　构

**一、县林业局**

1991年初，县林业局内设人秘股、营林股、规划队、林业公安科、森林资源管理站、科学技术推广站、森林病虫害防治检疫站、县森林防火指挥部办公室，共8个股（科）室，编制人员35人。1997年3月6日，增设县绿化委员会办公室，行政编制2人。1997年12月，设办公室、营林科、林政科、规划队4个科室。1998年12月，经县政府批准，局址卖给侨隆房地产公司开发，价款111万元，在丹凤东路划拨0.37公顷，新建局址和职工宿舍，因资金不足未动工。暂租用电影公司4—5层楼办公。1999年7月16日，成立县森林公安分局，编制6人。2005年，县林业局机关设办公室、林政资源管理科、营林科、产业发展科、资源站、规划队、科技站、县森林公安分局、森林病虫害防治检疫站、县森林防火指挥部办公室、县绿化委员会办公室等11个科室，人员44人。局属单位有：

**乡镇林业站**　为县林业局派出机构，1990年有19个乡镇林业站，核定事业编制65人，实有职工32人。1991年，共设22个乡镇林业站，实行县林业局和乡镇双重领导，人事由林业局调配，乡镇管理。2000年2月，部分沿海林业站原只有编制1人，经县编委批准，予以调整，每个林业站编制不少于2人，从山区林业站事业编制中调配，编制保留65人。

**县木材公司**　地方国有（营）企业，1990年，有干部4人，工人86人。随着木材市场开发，木材公司经营业务萎缩，至1995年，停止经营。2000年，经县政府批复，撤销县木材公司。原办公地址下坂尾转让给璟江房地产开发有限公司，琯头经营处转让给塘头村林吾弟开发使用，所得金额用于职工以货币一次性安置（每人1.5万元），部分余款和下里街建国路100号旧房一座占地约300平方米全部收归县财政国资所有。

**国有（营）苗圃**　1991年初，有飞石基地和官坂分圃，核定事业编制14人，其中干部2人，工人12人。2003年官坂分圃撤销，土地归大官坂垦区管理。仅存飞石苗圃土地25.3公顷。2005年12月，核定事业编制10人。

**二、县森林防火指挥部**

县森林防火指挥部成立于1975年，1989年核实事业编制3人。指挥部成员按《森林防火条例》规定，由政府相关部门领导组成，2005年有成员18人，办公室设在林业局，编制2人，从事日常事务。

**三、县绿化委员会**

县绿化委员会成立于1982年，由分管副县长兼任主任。1997年后，按省、市配套，由县委书记兼任主任、县长、县委副书记、副县长兼任副主任，成员由县委、县政府有关部门领导组成，下设办公室，核定事业编制3人。其间，成员经多次调整。2005年，有成员单位18个，下设办公室，编制2人，列入局行政序列。

**四、森林公安分局**

1982年4月，为林业公安科，下设陀市和长龙2个林场派出所，共有干警14名，1990年11月，随两个林场划编市公安和市林业局管辖。1995年，增设丹阳森林派出所，编制人员5人。1999年7月，设连江县公安局森林分局，同时将陀市林场派出所改为东湖森林派出所。2001年，分局正式挂牌，所需森林公安经费被列入县行政事业费中开支。2005年12月，经省编委、人事厅批准，森林公安干警经考核转制为行政公务员，人员编制21名，（其中公安分局编制6名、3个派出所编制各5名）。县森林公安分局作为林业局直属行政副科级机构，同时被列入县公安局第十科序列，实行县林业局和县公安局双重领导，内设综合科和刑警队，下辖丹阳、东湖、长龙等三个森林派出所。

## 第二节　林政管理

**一、林地管理**

1996年，经批准征用的林地，实行收取植被恢复费的办法，严格控制林业用地的占用。1998年，县林业局出台征用林地报批审核程序及收费标准，以每平方米计算，用材林6元，未成林造林地4元，防护林、特用林林地8元，国家重点防护林、特用林林地10元，疏林地3元，迹地宜林地2元。由林业部门征收，专款专用发展森林资源。2000年，在清理征用林地的同时，严把审核关，对于数据不清，手续不全的不予审核，当年上半年审核3起，收取森林植被恢复费4万多元。为加强林业用地的管理力度，县政府把落实林地利用规划和违法使用林地查处情况，作为考核领导干部政绩的重要内容。2001年，共依法立案查处违章使用林地11起，结案11起，面积0.97公顷，罚款8.2万元。

2003年，县财政局、林业局执行财政部、国家林业局《森林植被恢复费征收使用管理暂行办法》，强化征用林地管理，实行征收新标准（征用经济林按水田补偿费的60%—70%补偿，属耕地的按同类土地补偿标准40%补偿），当年收取植被恢复费5.68万元。2004—2005年，共收取植被恢复费239万元，查处违章用地14起，立案14起，结案14起，面积2.2公顷，罚款22.22万元。

**二、采伐管理**

1991年，继续贯彻国务院《关于加强南方集体林区森林资源管理，坚决制止乱砍滥伐的指示》。县林业局加强采伐管理，对申请采伐木材者，由所在林业站先行踏看，审查权属，提出意见，经乡政府同意后，县林业局实行限额采伐和发放林木（含毛竹）采伐许可证，并根据有关规定，对符合规定条件的，由县规划队现场设计，作出伐区设计文件，经局分管领导和林政科会审后，交由资源站、规划队、林业站、林权权属人等到现场拨交，15日之内核发木材采伐许可证。2002年，进一步健全采伐管理制度，在审批木材（含毛竹）采伐中，坚持严格伐区设计，实行集体会审核批，伐前拨交和伐中监督、伐后验收的制度，有效遏制滥伐现象的发生。

**三、流通管理**

1991年，木材运输必须持有省林业厅统一制发的木材运输证，由县林业局办理。为杜绝无证非法运输木材，县林业局在东湖山岗、蓼沿朱公、潘渡贵安设立3个护林站，进行林区木竹运输检查。1993年，三站被撤销。2004年8月，经省府批准设立福建省连江贵安林业检查站。根据国家林业局、省林业厅木材运输管理精神，县林业局林政资源管理科加强木材流通管理，严格执行木材凭证运输管理规定，规范运输证核发和申请程序，按权限核发木材运输证：1.重点国有林区的木材运输证由国家林业局负责核发；2.出省木材运输证由省林业厅负责核发；3.省内木材运输证由县林业局林政资源管理科核发；4.运输属于国家一、二级和省定地方重点保护的珍贵树种及其制品、衍生物的，还须凭省林业厅核发的福建省特殊用材运输证明申办木材运输证。申请办理木材运输证，应当填写木材运输证申请表，除应当按规定提交检疫证明、育林费、维简费和林业建设保护费的有关单据或证明外，还应当分别提交规定的有关证明文件。

2005年，县境木材经营业有30家，交易场所较集中的城关、官坂、浦口、马鼻、黄岐五个交易场所，年交易额在1000万元左右。

**四、山林纠纷调处**

1990年，全县有未定权属902.9公顷林地，有关乡村均按未定界线自主经营。1991—2005年，共发生7起林地界线争议。其中丹阳镇朱山村邵地自然村与溪尾村争议，经县政府处理山林纠纷工作小组办公室调解得到妥善解决。2003—2005年，在落实集体林权改革中，6起地界争议（涉及县界2起、乡界1起、村界3起），得到解决，林地纠纷现象少见。

**五、林业案件查处**

1991—1995年，林场派出所受理各类林业案件306起，其中刑事案件29起，破29起，判刑18人；治安案件1起，破1起，治安处罚1人次；林业行政案件239起，查处239起，受处罚人员337人次；林政罚款37.11万元，补交“两金”（育林基金和维持简单再生产费用）7.55万元，财物折价1.74万元，赔偿损失18.05万元，没收木材189立方米。1996—2000年，各类林业案件立案283起，其中刑事案件立29起，破27起，判刑25人；治安案件8起，查处8起，治安处罚10人次；林业行政案件246起，查处246起，受处罚304人次；林政罚款5.07万元，财物折价16.97万元，赔偿损失7.77万元，没收木材273.4立方米，为国家挽回经济损失29.81万元。2001—2005年，各类森林案件立案341起，其中刑事案件37起，破30起，刑事处理47人；治安案件26起，破26起，治安处罚29人次；林业行政案件277起，查处277起，受处罚人员352人次；林政罚款55.36万元，财物折价33.20万元，赔偿损失0.77万元，没收木材826.22立方米，89.33万元。

# 第十篇　水　利

1985 年第二轮水资源调查，全县水能蕴藏量 8.92 万千瓦，可开发水电装机 7.2 万千瓦。1991 年，全县有水电站 15 座，装机 11585 千瓦，年发电量 4269 万千瓦时。1991—1995 年，投资 2 亿元，建设具有防洪、灌溉、发电、供水四大功能的山仔水利枢纽工程，加快县内“农业水利、工程水利向资源水利、可持续水利”发展步伐，并对部分老电站进行技改、增容。至 1997 年，县内水电装机 42395 千瓦，发电量 13541 万千瓦时，率先进入全国第三批农村初级电气化县。此后，县内相继兴建塘坂水电站及 7 个小水电站；同时展开加固堤防工程的建设，全面加固更新 27.78 千米海堤；扩建改建和加固敖江南北防洪堤 7469 米；扩建和新建城乡供水设施 8 处。2004 年 9 月，经省政府考核验收，连江成为实现水电农村电气化县。据不完全统计，1991—2005 年，全县累计投入水利资金达 5.05 亿元。2005 年，全县有水电站 23 座，装机 58605 千瓦，发电量 2.2 亿千瓦时；全县 22 个乡镇、有 268 个村（居）已全部通自来水，受益人口 59 万人，占总人口 94.5%。水土保持治理有效控制面积 266.67 平方千米。

## 第一章　水资源和水能资源

### 第一节　水资源

全县水源较丰富。1991—2005 年，多年平均年地表水 8.02 亿立方米，地下水 1.42 亿立方米，客水 21.19 亿立方米，合计水资源总量 30.63 亿立方米（未含闽江）。全县多年平均每平方千米年产水量为 78.63 万立方米。西北山区的蓼沿、小沧 92 万—103 万立方米；平原敖江、江南、马鼻 77 万—81 万立方米；而黄歧半岛的苔菉和筱埕仅 51 万—53 万立方米。多年径流年际的变化，大体是每 4 年左右有 1 年丰水年，每 5 年左右有一年枯水年。不同保证率年产水总量为丰水年（p=10%）45.16 亿立方米，平水年（p=50%）29.28 亿立方米，枯水年（p=90%）14.83 亿立方米。

### 第二节　水能资源

#### 一、水热能资源

县内已探明地热水资源有 2 处：

**贵安地热** 一般水温 62℃，最高可达 82℃。据 2005 年统计，相继共钻 28 眼井，最大的每小时可出温泉 60 吨，最少的每小时 20 吨。在产 13 眼井，日开采量约 4000—4500 吨。

**岱云温泉** 1992 年 3 月 7 号开钻，4 月 2 号出地热水，水温 61℃，据测定该地热点 30℃等温线热异常面积为 0.92 平方千米，日可采地热 4000 吨。1995 年 11 月，由兴博实业有限公司开发，采用玻璃钢保温技术，将热水引进县城区，成为全省第二个温泉县城。2005 年，供应 5897 户，年供水 81.5 万吨。

**二、潮汐能资源**

县境沿海潮差大，大官坂垦区是全国最大潮差区之一，最大达 8.16 米，平均潮差为 5.02 米，最大发电水头 5.5 米，最小水头 1.2 米，平均 3.35 米。海水含沙量少，经多次测量含沙量仅 0.036—0.103 千克 / 立方米，粒径小于 0.05 毫米，可建装机容量 8 万千瓦级潮汐水电站，年发电量 1.6 亿—2 亿千瓦时。

# 第二章 水利工程

## 第一节 蓄水工程

1991 年初，全县蓄水工程 387 处，总库容 4160 万立方米。1992 年后相继兴建大型水库 1 座，小（一）水库 2 座、小（二）水库 4 座，小（三）型水库 5 座，蓄水能力增至 22081 万立方米。至 2005 年，全省水利工程普查，只统计 1 万立方米以上蓄水工程，全县共有蓄水工程 215 处，总库容 22420.2 万立方米。其中大型水库 1 座，总库容 16700 万立方米；小（一）型水库 15 座，总库容 4193.9 万立方米；小（二）型水库 45 座，总库容 1052.7 万立方米；小山塘 154 座，总库容 473.6 万立方米。1991—2005 年，新建蓄水工程有山仔水库、塘坂水库等。

**一、大型水库**

**山仔水库** 水库位于敖江中游，县境西北部虎头山西坡底河谷中。地理坐标北纬 26° 17′ 51″，东经 119° 21′ 35″。1991 年 7 月 13 日，国家计委正式批准山仔水利枢纽工程立项，翌年 8 月 20 日正式开工，1994 年 11 月 11 日下闸蓄水。水库坝址以上控制流域面积 1646 平方千米，坝型为碾压混凝土重力坝，坝高 65.8 米，坝顶黄海高程 96 米，坝顶轴线长度 278.6 米。总库容 1.67 亿立方米，调节库容 1.06 亿立方米。水库兼有发电、灌溉、供水、防洪四大功能（详见“重点工程建设”篇）。

**二、小（一）型水库**

**塘坂水库** 在敖江干流中游，潘渡乡塘坂村下游一千米处。1998 年 10 月 27 日动工，2002 年 7 月建成。投资 1.13 亿元。大坝采用混凝土重力坝，坝高 27.3 米（坝顶黄海高程 39.8 米），坝顶长度 226.3 米，水库回水长度 5.71 千米，总库容 953 万立方米，有效库容 822 万立方米，具有灌溉、发电、供水等功能（详“重点工程建设”篇）。

**狮山水库** 在江南乡王庄里，集雨面积 4.26 平方千米。1996 年 12 月开工，1998 年 8 月竣工，总投资 400 万元。设计坝型为砌石双曲拱坝，坝高 27 米（坝顶黄海高程 32.2 米），坝顶为开敞式自由泄洪。总库容 130 万立方米，有效库容 122.1 万立方米。以供水为主，受益东岱、晓澳 2 个乡镇 16 个建制村、17707 户、56100 人。

**三、小（二）型水库**

1991 年初，全县 52 座。2000 年，根据省水利厅关于“十五”期间加强水库工程安全管理的意见，分别情况，巩固一批，改造一批，降级一批、报废一批。经报批，把原来列为小（二）型水库的潘渡湖里溪水库作报废处理；把东湖大坝头等10座小（二）型水库降级为小（三）库；投资107万元，加固小（二）型水库6座、修复水毁工程3处。至2005年，有小（二）型水库45座，蓄水能力1052.7万立方米。其中新建的4座：

**玉华山水库**　在江南乡南塘村玉华山麓。上游集雨面积0.64平方千米，1999年2月建成，总投资60万元。坝型为均质土坝，坝高10.6米，总库容10万立方米，有效库容7.1万立方米。

**龙溪水库**　在东湖镇西庄，北宫水库上游，集雨面积3平方千米。1994年2月动工，7月竣工，投资22万元。坝型为浆砌石拱坝，坝高14米，总库容21.7万立方米，有效库容18.5万立方米。该水库一为东湖自来水厂供水源，二为北宫水库提高蓄水能力。

**观音坑水库**　在筱埕镇官坞村西北部观音坑。上游集雨面积1.83平方千米，1998年1月建成，总投资185万元。坝型为浆砌石单曲拱坝，坝高23.3米，总库容17.3万立方米，有效库容12万立方米。该水库是筱埕自来水厂的补充水源。

**鹿池水库**　在长龙镇鹿池自然村，集雨面积3.3平方千米。1999年6月建成，总投资115万元。坝型为浆砌石拱坝，坝高14米，库容14万立方米。该库为鹿池水电站提供水源。

**四、小山塘**

1991年初，小（三）型水库有77座，蓄水能力242.6万立方米。2000年，小（二）降格10座，新建5座。2005年，10万立方以下的小（三）型水库全部降为小山塘。全县共有小山塘154座，蓄水能力473.6万立方米。其中新建的5座：

**金瓮水库**　在潘渡乡陀市。上游集雨面积1.08平方千米，1994年2月建成，总投资28万元。坝型为砌石坝，坝高6.9米，总库容1.2万立方米，有效库容0.95万立方米。

**屏山水库**　在潘渡乡贵安。上游集雨面积2.76平方千米，1996年3月建成，投资50万元。坝型为砌石坝，坝高5.7米，总库容2.06万立方米，有效库容1.71万立方米。

**畲坑水库**　位于透堡镇才岭坑，上游集雨面积0.15平方千米，1993年1月建成，投资28万元。坝型为黏土心墙坝，坝高19.1米。库容9.2万立方米，有效库容8.4万立方米，灌溉农田400亩。

**梅垅水库**　在东湖镇天竹。上游集雨0.48平方千米，2002年建成，投资63万元。坝型为均质土坝，坝高10.2米，总库容3.31万立方米，有效库容2.03万立方米。

**大深坑水库**　在东湖镇东塘。上游集雨面积0.82平方千米，2004年6月建成，投资48万元。坝型为黏土心墙坝，坝高11.3米，总库容8.3万立方米，有效库容5.65万立方米。

### 1991—2005年连江县新建水库情况表

表10-2-1

| 水库名称 | 类型 | 总库容量（万立方米） | 有效库容（万立方米） | 大坝 | | 建成时间 | 主要功能 |
|---|---|---|---|---|---|---|---|
| | | | | 坝　型 | 坝高（米） | | |
| 山仔水库 | 大 型 | 16700.00 | 10600.00 | 混凝土重坝 | 65.8 | 1994年11月 | 发电、灌溉、调洪、供水 |
| 塘　坂 | 小（一） | 953.00 | 822.00 | 碾压砼 | 27.3 | 2002年7月 | 调洪、供水、发电 |
| 狮　山 | 小（一） | 130.00 | 122.10 | 石拱坝 | 27.0 | 1998年8月 | 供水 |
| 玉华山 | 小（三） | 10.00 | 7.10 | 均质土坝 | 10.6 | 1999年2月 | 灌溉、供水 |
| 龙　溪 | 小（二） | 21.70 | 18.50 | 石　坝 | 14.0 | 1994年7月 | 灌溉 |
| 观音坑 | 小（二） | 17.30 | 12.00 | 石　坝 | 23.3 | 1998年1月 | 供水 |

续表 10-2-1

| 水库名称 | 类　型 | 总库容量（万立方米） | 有效库容（万立方米） | 大　坝 | | 建成时间 | 主要功能 |
|---|---|---|---|---|---|---|---|
| | | | | 坝　型 | 坝高（米） | | |
| 鹿　池 | 小（二） | 14.00 | 14.00 | 石拱坝 | 14.0 | 1999 年 6 月 | 发电 |
| 金　瓮 | 小（三） | 1.20 | 0.95 | 石　坝 | 6.9 | 1994 年 2 月 | 灌溉、供水 |
| 屏　山 | 小（三） | 2.06 | 1.71 | 石　坝 | 5.7 | 1996 年 3 月 | 灌溉、供水 |
| 畲　坑 | 小（二） | 9.20 | 8.40 | 土　坝 | 19.1 | 1993 年 1 月 | 灌溉 |
| 梅　垅 | 小（三） | 3.31 | 2.03 | 均质土坝 | 10.2 | 2002 年 1 月 | 灌溉、供水 |
| 大深坑 | 小（三） | 8.30 | 5.65 | 粘土心墙坝 | 11.3 | 2004 年 6 月 | 灌溉、供水 |

**2005 年连江县小山塘分布表**

表 10-2-2

| 乡　镇 | 数量（个） | 库容（万立方米） | 乡　镇 | 数量（个） | 库容（万立方米） |
|---|---|---|---|---|---|
| 浦口镇 | 5 | 25.10 | 官坂镇 | 2 | 9.60 |
| 东岱镇 | 6 | 20.80 | 晓澳镇 | 8 | 22.00 |
| 东湖乡 | 21 | 62.00 | 蓼沿乡 | 21 | 43.00 |
| 丹阳镇 | 18 | 44.70 | 坑园镇 | 1 | 8.00 |
| 筱埕镇 | 7 | 23.50 | 潘渡乡 | 5 | 21.20 |
| 透堡镇 | 4 | 17.20 | 江南乡 | 8 | 29.00 |
| 马鼻镇 | 3 | 5.80 | 下宫乡 | 2 | 4.70 |
| 琯头镇 | 27 | 91.53 | 敖江镇 | 1 | 3.50 |
| 安凯乡 | 5 | 13.00 | 小沧乡 | 4 | 6.00 |
| 长龙镇 | 6 | 23.00 | 合计 | 154 | 473.63 |

## 第二节　引水工程

1991 年初，连江县引水工程 205 处，有效灌溉面积 2926.7 公顷。1992 年后，潘溪灌区灌溉面积减少，部分引水工程改为人饮供水工程。至 2005 年，引水工程增加到 218 处，有效灌溉面积 2600 公顷。其中较大引水工程 5 处：

**一、塘坂—福州引水工程**

1996 年，为改善福州市区供水条件，市政府决定把敖江列为福州第二水源。1998 年，在山仔水库下游动工建设塘坂水库，引水通往市区。供水规模，近期日供水 30 万吨，远期 70 万吨。引水工程北起潘渡乡敖江中游塘坂水库，南至福州新东区水厂，沿线开凿泉头、湖中岭等 5 条输水隧洞，总长 21.2 千米，洞径开挖 3.6 米，成洞 3 米。工程于 2000 年 2 月 15 日开工，2002 年 12 月 25 日全线贯通，2003 年 8 月通水，总投资 7 亿多元。

**二、塘坂—城关—可门港引水工程**

1998年，塘坂水库动建后，该引水工程列入县“十五计划”，分三期。近期15万吨，远期30万吨。2004年8月，第一期工程动工，从塘坂水库引水至城关观音阁水厂，出水口洞径1.8米，黄海高程底约32米左右，面35米。线路全长27.5千米，途经3个乡镇17个自然村。引水工程采用管、渠结合方案。其中管道长20.2千米，管径1.3米，渠道长7.3千米，2005年2月5日竣工投产，总造价8368万元。

第二期从潘渡罗岧山至坑园文山，为可门港开发使用，2005年5月19日举行动工仪式。

**三、牛洋引水工程**

1990年4月开工，该工程系九溪梯级开发的第二个项目，将发源于长龙境内的九溪、外窑两条溪流的部分来水引到库容192.3万立方米的马鼻牛洋水库。

该工程两条溪流拦溪坝以上集雨面积分别为8.04平方千米、4.2平方千米，设计年均引水量500万立方米。整个工程由两座浆砌条石格珊坝、4条计长3313米长的引水隧洞以及23.8米两条明渠组成。设计最大过水流量3立方米/秒，1992年11月16日竣工，总造价160万元。

**四、潘溪引水工程**

始建于1958年，南、北干渠总长66千米，灌溉面积2133公顷。1991年后，因渠道破损及耕地减少，灌区面积缩小到1300公顷。1998年，列入中型灌区进行整修配套。南渠只能灌到江南王庄，北渠也只灌到敖江下山。至2005年，灌溉面积降至333公顷。

**五、粗芦岛引水工程**

该工程始建于1973年。1991年，水源仍由南宫和龙楻2个水库供给，由琯头水利站管理。1996年，琯头新建日供水2万吨水厂后，南宫水源作为琯头水厂供水使用，过江水源由龙楻水库供给。1998年后，岛上水稻种植面积减少，用水需求量不大，加上过江倒虹吸管道年久失修，影响通水能力。2005年后，改由桥上铺管通水。

## 第三节　提水工程

1991年初，全县提水工程155处，装机208台，灌溉2986.5公顷。1992年开始，种植业调整，机灌、电灌、喷灌等提水工程大多报废。1995—1999年，新建2处饮用提水工程。至2005年，全县有提水工程61处，年灌溉提水量1400万立方米，有效灌溉面积808公顷。

**琯头水厂提水工程**　琯头水厂取水口在己古象鼻山。设计采用C20砼直墙，12号钢屋架型悬臂固定吸水管，最低枯水位1.5米（黄海高程）。泵房建在4.5米（黄海高程）的岩基上，内装4台10sh—6型单级双吸中开式水泵，扬程65.1米，配套132千瓦电动机，日供水2万吨。1996年1月投入使用，总投资92万元。

**东晓水厂提水工程**　东晓水厂水源取自狮山水库，泵房位于东岱镇山堂村公路旁。吸水口直接接入水库涵洞出口的直径600毫米的砼管道。泵房为开启式，长13米，宽5米，高7.1米。内设机房，配电房和值班室。装3台8sh—9型单级双吸中开式、扬程62.5米的水泵，配置75千瓦电动机。吸水管采用2×200毫米钢管，出水管为2×300毫米钢管，日供水1万吨。工程1998年5月动工，1999年8月竣工，总投资53万元。

## 第四节　江海堤防工程

### 一、江溪堤防工程

**县城敖江防洪堤工程**　1999年开始，根据省建设千里江堤的部署，相继对敖江南北堤坝进行加固、扩建或改建。敖北堤坝自观音阁至玉山新大桥1100米，于1999年9月动工，进行加高培厚，迎水坡采用铺沙、石垫层浇砼面板，背水坡采用加固夯实并种植草皮，2000年1月竣工，投资308万元。新大桥至解放大桥（旧称“江南桥”）1200米，结合旧城改造和江滨路建设，进行位移，利用堤面加宽培厚作路面，2001年9月竣工，投资1060万元。解放大桥至下水门300米，进行堤基固脚处理，迎水面利用旧城墙进行钻孔钢筋浇筑砼面板，2001年8月竣工，投资302万。下水门至浦下水闸，长1669米，基础用钢筋混凝土筑防洪墙，干砌石块护坡，2002年10月竣工，投资1296万元。

敖南堤坝，从己古崩溪至牛村加固三段共3200米，整个工程2001年7月动工，2002年10月竣工。其中己古、江南堤段850米，迎水面用钢筋挡墙干砌石块护坡，堤面加宽浇筑水泥作路面，投资945万元；江南至五里牌堤段加固1750米、五里牌至牛村堤段加固600米，均普遍进行加高培厚，迎水面采用铺沙石垫层干砌块面护坡加固，背水面培厚加高加固堤坝，两段共投资382万元。南北堤共投资4293万元，防洪标准南岸由10年一遇提高至20年一遇，北岸由20年一遇提高到30年一遇。至2005年，经“龙王”等台风洪水考验稳固无恙。

**贵安高尔夫球场防洪堤工程**　该堤段原系溪流漫滩，经勘测按20年一遇标准设计，30年一遇校核。堤总长3322米，平均高度4米。1994年12月开工，堤基为沙黏土垫层，堤身采用土石混合结构，背水面砂黏土分级夯填，迎水面埋砌块石，坡比1 ： 1.4。堤防涵闸，进水尺寸1.5×1.5米，水泥浆砌块石结构。C20盖板，配5吨螺杆启闭机，排水尺寸4×3米，30吨螺杆式手电两用启闭机。1996年3月份完工，总投资1900万元。

**马鼻鲤溪防洪堤工程**　马鼻东湾斗门头防洪堤及排洪堰，位于鲤溪下游，堤始自鲤溪马齿，至东川单透桥，总长1700米。旧堤建于解放前，堤尾设排洪堰（斗门头），长40多米，堰内设闸门三孔。虽经多次修建加固扩建，只能抗御5年一遇的洪水。鲤溪流域遇日降雨量150毫米，防洪堤就可能漫堤决口。1996年，马鼻水利工作站投资10多万元，将斗门头排洪堰拓宽至15米，增设启闭机，并对防洪堤进行全线加高培厚，经10年运行，均能安全度汛。

### 二、沿海堤防工程

1991年初，县境沿海千亩和万亩以上海堤14处，总长49.52千米，保护农田面积6426.7公顷、人口21.91万人。此外，还有千亩以下海堤19处，总长15.34千米，保护面积280.7公顷。由于原有海堤设计标准较低，多数旧堤年久失修，堤身低矮单薄，台风暴潮侵袭时常垮堤决口。1995年，实施“海岸长城”建设，按照抵御历史最高潮水位加12级台风风浪爬高的潮位标准要求，对重点堤段全面加高培厚、抛石固脚、砌石护坡，至1997年，共整修更新重点堤段27.78千米，累计投入资金1685万元。其中：马鼻海堤投入260万元。大官坂围垦海堤东起门边，西至虎爪，总长5.68千米，有54%建于淤泥之上，虽基础经过沙桩固结，但因堤身断面高大，沉陷率很高，加之潮差大，由此导致沉陷、护坡和防浪墙变形，年年都要投入资金进行整修加固；在建设“海上长城”大会战中，共投入361万元，完成海堤、水闸等项目的整修加固。1998年和2001年，先后两次对海堤总长达1650米的道澳垦区海堤进行内外坡以及防浪墙加固，计投入资金172万元。1996—2003年，增加新围垦海堤6千米。至2005年，全县海堤总长76.62千米，其中千亩以上海堤55.28千米，保护农田面积8120公顷、人口

26.06万人。

**2005年连江县保护农田千亩以上海堤基本情况表**

表10-2-3

| 海堤名称 | 所在乡镇 | 堤长（千米） | 水闸 | | 保护范围 | | | 建成时间 |
|---|---|---|---|---|---|---|---|---|
| | | | 数量（座） | 孔（个） | 面积（公顷） | 村庄（个） | 人口（万人） | |
| 大官坂海堤 | 官坂、坑园 | 5.68 | 3 | 15 | 2753.3 | 14 | 3.10 | 1982年 |
| 马鼻海堤 | 马鼻、透堡 | 13.00 | 2 | 6 | 1333.3 | 23 | 6.20 | 解放前 |
| 东岱海堤 | 东岱 | 5.98 | 3 | 4 | 820.0 | 9 | 2.30 | 1965年 |
| 粗芦岛海堤 | 琯头 | 8.22 | 6 | 6 | 860.0 | 6 | 1.55 | 解放前 |
| 定安海堤 | 琯头 | 1.24 | 2 | 2 | 100.0 | 1 | 0.70 | 解放前 |
| 西门堤海堤 | 琯头 | 3.25 | 4 | 7 | 360.0 | 13 | 3.90 | 1954年1月 |
| 浦口海堤 | 浦口 | 8.35 | 3 | 12 | 866.7 | 11 | 4.00 | 1965年1月 |
| 东岱大涂 | 东岱 | 1.50 | 3 | 4 | 93.3 | 1 | 0.46 | 1965年1月 |
| 百胜大涂半埕海堤 | 晓澳 | 4.40 | 4 | 8 | 353.3 | 2 | 1.16 | 1958年9月 |
| 道澳海堤 | 晓澳 | 1.65 | 2 | 3 | 80.0 | 1 | 0.84 | 1988年6月 |
| 上宫海堤 | 厦宫 | 0.68 | 2 | 4 | 106.7 | 2 | 0.25 | 1988年11月 |
| 北蔗海堤 | 官坂 | 1.33 | 1 | 2 | 393.3 | 6 | 1.60 | 1963年12月 |
| 合计 | — | 55.28 | 35 | 73 | 8119.9 | 89 | 26.06 | — |

说明：①军垦海堤2005年水利局不列千亩以上单独统计
②粗芦岛、浦口千亩以上合并统计

## 第五节　围垦工程

县境海岸线长，沿海人口密集，宅地紧缺，围垦造地是历来传统。1991—2005年，有苔菉、黄岐、下宫、筱埕、马鼻、官坂、晓澳、浦口8个乡镇，经批准共围垦18处，造地277.2公顷，沿海乡镇的建设用地难题有所缓解。其中：

**官岭围垦**　位于官岭村潭兜至中麻后澳的海滩，三面环山，滩地呈半圆形。1995年3月动工，1996年10月竣工，总造价390万元。围垦面积34.2公顷，其中可供开发花蛤育苗地22公顷。海堤全长858米，最大堤高8.35米，堤顶宽4米。堤身为陡坡式土石混合结构，外壳干砌25×25×85厘米条石，内挡土墙干砌块石，采用300克土工布、0.35毫米土工膜防渗。单孔箱形水闸2座，闸孔净宽2.5米，孔高3.5米。

**辰山围垦**　位于玉井马头石，西北接辰山海堤。1999年动工，2002年竣工，总造价380万元。驳岸主体堤段长816米，排洪排污涵洞2座，公路箱涵2座。造地面积17.2公顷，多用于建房用地。挡潮标准为20年一遇设计。墙身为干砌石结构，迎水坡采用长1米的条石以全丁式砌造，坡比为1 ∶ 0.5；背水坡采用块石埋砌，坡比为1 ∶ 1，并增设一层30厘米厚的碎石反滤层。

**1991—2005 年连江县围海造地工程一览表**

表 10-2-4　　单位：公顷

| 乡　镇 | 围垦面积 | 分布地点 |
|---|---|---|
| 苔菉镇 | 9.5 | 北茭 2 公顷、横墋 1.3 公顷、苔菉 3.3 公顷、琇琊 1.6 公顷，后湾 1.3 公顷 |
| 黄岐镇 | 6.0 | 长沙 1 公顷、赤澳 0.2 公顷、黄岐 4.8 公顷 |
| 下宫乡 | 4.7 | 下宫 4 公顷、松皋 0.7 公顷 |
| 筱埕镇 | 9.1 | 定海 5.1 公顷、筱埕 4 公顷 |
| 马鼻镇 | 29.7 | 玉井 27.7 公顷（含辰山数据）、浮曦 2 公顷 |
| 官坂镇 | 66.7 | 北樜 66.7 公顷 |
| 晓澳镇 | 117.3 | 百胜 100 公顷、晓澳 17.3 公顷 |
| 浦口镇 | 34.2 | 官岭 34.2 公顷 |
| 合　计 | 277.2 | — |

## 第六节　防汛　抗旱

**一、防汛**

连江地处沿海，由雨季山洪暴发和台风过程雨量带来的洪涝灾害频有发生。1996 年前，敖江上游雨情、洪水信息无法快速采集，对减灾措施实施带来难度。1997 年，委托省水电厅制定《连江县敖江流域水文自动测报系统规划》，采用超短波通信方式与上游山仔水库的水文自动测报系统组网调度，采集信息及时，为防洪减灾决策提供科学依据。1999 年，又对敖江南北江堤进行加固和扩建改建，南岸防洪标准由 10 年一遇提高至 20 年一遇，北岸防洪标准由 20 年一遇提高到 30 年一遇。

城区排涝，1990 年前排涝能力装机容量 1085 千瓦，标准 3 年一遇。2004 年，投资 400 万元，扩建乌石浦排涝站水闸 3 孔 ×5 米；新建浦下排涝站一座，装机 3 台 ×185 千瓦，并对城区部分街巷排水沟、管道清淤或扩大，疏浚浦下浦、乌石浦内港 1000 米，2005 年完竣。使城区内涝危害大大减轻。

县境沿海农田常受海潮侵袭，1995 年，实施“海上长城”建设，按照抵御历史最高潮水位加 12 级台风风浪爬高的潮位标准要求，对重点堤段全面加高培厚，抛石固脚，砌石护坡，至 1997 年，共整修更新重点堤段 27.78 千米。此后，又先后对大官坂围垦海堤，道澳垦区海堤进行海堤、水闸等项的整修加固。至 2005 年，全县海堤总长 76.62 千米，其中千亩以上海堤 55.28 千米，保护农田 8120 公顷。

**二、抗旱**

1991 年后，气候渐暖，县境干旱灾害时有发生。由于解放以来建造的水利设施，经不断维修保护，绝大部分仍发挥作用，旱灾造成的损失大大减轻。1992 年后，随着农村机械化的推进，抗旱动力机械大量增加，抗旱能力增强。同时，因农业结构调整和各项建设需要，农田面积减少，尤其用量大的水稻种植面积下降，用水量减少。1991—2002 年，县境发旱灾 7 次，最严重一次是 1995 年，连续干旱少雨 117 天，经县水利部门和各乡镇协调抗旱，未造成重大损失。

2003 年 7 月 7 日至 2004 年 2 月 2 日，连续 210 天干旱少雨，为县境百年不遇的干旱，全县 10 万立方米以下小山塘全部干涸，45 座小（二）型水库干涸 35 座，近 1000 公顷农作物受灾损失严重，沿海和岛屿有 17 万多人饮用水严重困难。县财政拨出 600 多万元经费，投入抗旱。市政府拨出专项资金，给连江配置 BL—1 型防雹增雨火箭弹发射系统，并成立县人工影响天气办公室，并依据县境地形分别在丹阳、潘渡、东湖、长龙、浦口、晓澳、琯头、黄岐、官坂等设立发射站。当年 8 月 15 日、11 月 21 日和 12 月 9 日，三次组织实施人工降雨。市县领导率有关部门亲临一线选点和组织指挥，共发射 11 枚火箭弹，使城关、潘渡和部分沿海地区降雨，缓解旱情。入冬后，沿海地区旱情加重，市委书记何立峰率水利专家，在县领导陪同下到黄岐半岛检查抗旱工作，协调市县有关部门解决半岛群众饮水困难。

2004 年 2 月 2 日，气象部门捕捉到当日气象各项有利数据，及时组织力量，在潘渡白莲一次发射 6 枚火箭弹，沿海普遍降雨 30 毫米以上，其中黄岐降雨 43.9 毫米，透堡降雨 50 毫米，使旱情基本解除。

2004 年 7—8 月，县境持续高温少雨，旱情严重。县政府拨专款 13 万元添置增雨设施，于 8 月 28—29 日，分别在潘渡、丹阳、长龙、浦口 4 个发射点，共发射 11 枚火箭弹，效果甚佳。尤其 8 月 29 日在潘渡点连续发射 3 枚火箭弹后 10 分钟，大雨随期而至，并延续近 1 个小时，县境普遍降水 50 毫米以上，其中丹阳达 112 毫米，使旱情全面解除。

## 第七节 供水工程

1991 年初，全县自来水厂 74 座，受益人口 41 万人。1992 年后，在扩建老厂的同时又兴建 3 个万人以上自来水厂。2003 年，县内遭受百年罕见旱灾，黄岐半岛地区及闽江口岛屿水荒，启动塘坂引水工程，并对黄岐半岛水厂进行扩建，以保证全县饮水需要。至 2005 年，全县 22 个乡镇 268 个村居已全部通自来水，受益人口 59 万人，占总人口的 94.5%。其中乡镇以上水厂 17 个，日供水 13.19 万吨，受益人口 44 万多人，占总人口的 71%。

### 一、县自来水厂

1991 年初，日供水 1.5 万吨。1994 年，计划扩建日供水 5 万吨，第一期投资 1500 万元，1996 年 1 月正式投产，日供水 2.5 万吨。

2003 年，为改善供水水质，发展可门经济区，启动塘坂引水工程。规划日供水 30 万吨，第一期日供水 15 万吨（城关第一水厂日供水 5 万吨，可门开发区日供水 10 万吨）。从塘坂水库至县城水厂，全长 27.5 千米，采用管渠结合，投资近 1 亿元。于 2005 年 2 月 5 日正式通水，采用压力式供水，自动化投药消毒，水质大大提高。2005 年售水量达 740 万吨。

### 二、透堡自来水厂

始建 1989 年。1991 年初，日供水 1000 吨，受益 6 个行政村，1.5 万人。1999 年，扩建 40 吨无阀滤池、600 吨蓄水池各 1 口，敷设直径 110—250 毫米 VPC 管道 4360 米至尖墩、龙头，工程总投资 43 万元，供水人口扩大到 2.2 万人。2004 年，又投资 25 万元，扩建一座一体化滤池，日供水能力提到 3000 吨。

### 三、东晓水厂

1998 年动工，1999 年投产，总投资 600 万元。采用集中供水方式，经水厂净化后重力输送到户。水源取自狮山水库。输水管道水厂至东岱长 4150 米，采用 400 毫米预应力管；水厂至晓澳输水管道总长 13150 米，其中 $\phi$600 毫米管长 11350 米，$\phi$400 毫米管长 1800 米。该厂日供水能力 1 万吨，受益 2 个乡镇 16 个行政村，人口 5.61 万人。

### 四、浦口镇自来水厂

始建 1980 年，日供水 1000 吨。2003 年 3 月，动工扩建，2005 年底基本完工。计投资 800 余万元，其中群众自筹资金近 700 多万元，政府各部门支持资金 90 万元。铺设 $\phi$250 引水管道 3130 米，供水管道7848米，管径 φ100—φ300毫米不等。通至各户管网42000米，日供水能力提高到5000吨，受益人口1.8万人。

**五、琯头水厂**

1993年，进行可行性研究。1994年8月，经省水电厅批复同意，同年9月10日开工。水厂取水口两处：一是南宫水库，为自流输水；二是1996年在敖江镇己古村象鼻山建一级泵房，提水至高位水池输水。输水管沿潘溪南渠南段，经敖南崩溪堤段，沿104国道至南塘都安，由敖峰隧洞引向琯头水厂。输水管道全长7143米，其中2×φ400毫米管长2813米，1×φ600毫米管长4330米。1996年1月19日通水，总投资830万元。日供水能力2万吨，受益人口3万人。

**六、黄岐半岛水厂**

始建1987年9月，管道穿越16座山峦，总长41千米。1991年初，日供水5000吨，供黄岐、安凯、苔菉3个乡镇6万多军民饮用。随着用水量增加，苔菉一线用水日趋紧张，一遇大旱之年水荒更为凸现。2003年，投入50万资金，改造黄岐半岛水厂至苔菉北线管网9千米，新建一座1000吨清水池，水质大为提高。2005年，又对水厂至黄岐7.94千米管网进行改造，总投资400万元，日供水能力达到11000吨。军民用水紧张有所缓和。

**七、马鼻水厂**

始建1981年，水源取于九溪下游七佛坑。1991年初，日供水1600吨。1996年，投资130万元，将水源取水口改在牛洋水库下游龙潭井，并在鳌山顶建1口日产5000吨清水池，日供水5000吨。1999年，重新敷设由水厂至车站饮用管3.5千米，并敷设直径160—200毫米PVC人饮管道5.8千米至赤石，供应合丰、贵丰、文丰、龙峰、浮曦5个村。2005年又投资42万元，敷设马鼻车站至水利工作站直径315—200毫米PVC人饮管1.5千米，在鳌山顶新建日产水5000吨DY-200三合一净化器池一口，日供水1万吨，受益人口4.2万人。

**八、坑园水厂**

始建1983年，1991年初，日供水600吨。至2004年，管道运行20多年后破损严重，漏水损失达60%。坑园水利工作站筹资316万，对水厂进行扩建和全线管道改造。在水厂上游增建小山塘水库1座，库容3万立方米，年增加来水量15万吨。同时建设上洋溪引水工程，在水厂的另一小流域，建设1座小拦溪坝，敷设直径150毫米PVC-U管道2.8千米，年引水量30万吨。各村及入户支管也进行更新改造，使日供水能力达到5000吨，除满足供应9个行政村2.3万人口外，每日还可向可门发电厂供水1000—1500吨。

**九、小沧水厂**

1993年9月建成，总投资41.3万元。取水源位于福清田至小沧的小溪上，在利洋坪后山建重力式容量40吨／时无阀过滤池和100立方米清水池各1座，输水管道长1.42千米，采用直径150毫米预应力水泥管，明设852米，埋设568米，日供水1000吨，受益人口1700人。

**2005年连江县乡镇以上水厂供水一览表**

表10-2-5

| 乡　镇 | 效益人口（万人） | 供水规模（万吨／日） | 建设时间 | 乡　镇 | 效益人口（万人） | 供水规模（万吨／日） | 建设时间 |
|---|---|---|---|---|---|---|---|
| 县自来水厂 | 7.50 | 5.00 | 1966年 | 小　沧 | 0.17 | 0.10 | 1993年 |
| 江　南 | 1.50 | 0.30 | 1980年 | 琯　头 | 3.00 | 2.00 | 1996年 |
| 浦　口 | 1.80 | 0.30 | 1980年 | 丹　阳 | 1.20 | 0.30 | 1987年 |

续表 10-2-5

| 乡　镇 | 效益人口（万人） | 供水规模（万吨／日） | 建设时间 | 乡　镇 | 效益人口（万人） | 供水规模（万吨／日） | 建设时间 |
|---|---|---|---|---|---|---|---|
| 东　湖 | 1.00 | 0.15 | 1985 年 | 蓼　沿 | 0.50 | 0.12 | — |
| 东　晓 | 5.61 | 1.00 | 1999 年 | 坑　园 | 2.30 | 0.50 | 1983 年 |
| 马　鼻 | 4.20 | 1.00 | 1981 年 | 潘　渡 | 0.45 | 0.12 | — |
| 透　堡 | 2.20 | 0.30 | 1989 年 | 长　龙 | 0.50 | 0.10 | 1987 年 |
| 官　坂 | 3.00 | 0.30 | 1987 年 | 黄岐半岛 | 6.00 | 1.10 | 1987 年 |
| 筱　埕 | 2.50 | 0.30 | 1979 年 | 合　计 | 43.43 | 12.99 | — |

## 第八节　水电工程

1991 年，县境有 15 座水电站，装机 11585 千瓦。1991—1995 年，投资 2 亿多元建成山仔水利枢纽工程。1996—2005 年，相继投资 1680 万元，建成牛洋等 7 座水电站，投资 1130 万元改建扩容兰水等 6 个旧电站。至 2005 年，全县有水电站 23 座，装机 58605 千瓦，发电量 2.2 亿千瓦时。

**一、新建水电站**

**山仔水电站**　位于山仔水库大坝左岸，坝下高程 61.3 米（黄海高程）处。主厂房全长 64.99 米，宽 16.6 米，高 31.3 米，设计安装 3 台 1.5 万千瓦水轮发电机组。1992 年 11 月动工，1994 年 12 月 31 日 1 号机组并网发电，2 号机组于 1995 年 6 月 5 日并网发电，总投资 2.03 亿元。2005 年发电 13365 万千瓦时。

**塘坂水电站**　位于山仔水库下游 7 千米处，为敖江流域规划中第四级梯级电站，装机容量 11000 千瓦，系山仔水利枢纽工程反调节水库电站，共投资 1.13 亿元，1996 年 7 月，省计委批准立项开工；1 号机组于 2002 年 5 月 19 日并网发电，2 号机组同年 7 月 9 日并网发电。2005 年发电 3370 万千瓦时。

**牛洋水电站**　始建 1979 年，原名鲤溪水电站，位于马鼻镇鲤溪牛洋山，集雨面积 12.7 平方千米，装机 2×200 千瓦，运行不久相继出现压力管钢筋裸露等问题。1992 年，引九溪水到牛洋水库。1993 年，报废鲤溪旧电站，合资建造牛洋水电站，1996 年 6 月竣工，装机容量 3×500 千瓦，投资 530 万元。2005 年发电量 1200 万千瓦时。年末员工 26 人。

**岭下水电站**　位于蓼沿乡朱公溪分支流下车小流域，上游集雨面积 6 平方千米。2000 年 5 月动工，设计水头 110 米。压力管道采用直径 500 毫米钢板管，长 300 米，装机容量 2×160 千瓦，投资 102 万元，2001 年 1 月竣工并网发电，年发电量 70 万千瓦时。2005 年发电量 110 万千瓦时。核定员工 4 人。

**赤石水电站**　位于蓼沿乡赤石村，积雨面积 17 平方千米，2002 年动工，设计水头 120 米。拦溪坝长 21 米，坝高 2.5 米，渠道长 2900 米，装机容量 200 千瓦、400 千瓦各 1 台，年发电量 270 万千瓦时。2004 年 6 月竣工并网发电，投资 288 万元。2005 年发电量 150 万千瓦时。年末员工 6 人。

**梅洋水电站**　位于江南乡梅洋村，电站以发电为主，灌溉、防洪为辅。2004 年 3 月动工，设计装机容量 2×320 千瓦，年均发电量 297.1 万千瓦时，至 2005 年，已投入资金 80 万元，尚未竣工。员工暂定 4 人。

**龙潭水电站**　位于马鼻镇鲤溪龙潭井旁，2005 年建成，装机容量 250 千瓦，年发电量 100 万千瓦时，投资 85 万元。核定员工 4 人。

**鹿池电站**　位于长龙镇鹿池村，2004 年建成，投资 80 万元，装机容量 2×200 千瓦，2005 年发电量 80 万千瓦时。核定员工 4 人。

**新洋 4 级电站**　位于丹阳镇新洋村，上游集雨面积 28.38 平方千米，2005 年 9 月建成，装机容量 640 千瓦，年发电量 195 万千瓦时，投资 500 万元。核定人员 8 人。

**二、老电站扩容**

**洄里三级水电站**　1979 年建成，装机 2×400 千瓦。2004 年利用洄里水库隧洞引水，扩容 1×500 千瓦，增至 1300 千瓦，投资 350 万元，2005 年发电量 400 万千瓦时。年末有员工 10 人。

**兰水一级水电站**　始建 1978 年，装机容量 1200 千瓦。1998 年，蓼沿乡为充分利用水源，投入资金 120 万元，扩容 500 千瓦，1999 年 3 月建成并网发电。2005 年发电量达 1200 万千瓦时。年末员工 130 人。

**牛溪水电站**　1974 年建成，装机 500 千瓦，1991 年发电 145 万千瓦时。1992 年，在旧厂房西侧又扩建 1 台容量为 250 千瓦的轴流式发电机组。1998 年，将原混流式 1 号机组技改为轴流式机组。2001 年，又对原 2 号机组进行技改，改装成轴流式容量 320 千瓦机组，扩容后装机容量达到 820 千瓦，年均发电量达 350 万千瓦时，数次技改总投资 80 万元。2005 年发电量 400 万千瓦时。年末有员工 30 人。

**潘溪水电站**　1986 年建成，至 1991 年，装机容量 1120 千瓦，发电量达 412 万千瓦时。2002 年，潘溪水电站集资 250 万元，进行扩建，新增装机容量 500 千瓦，年增发电量 250 万千瓦时。2005 年发电量达 750 万千瓦时。年末有员工 35 人。

**才溪水电站**　建于 1969 年，装机 4320 千瓦，机组经长期运行，绝缘老化严重。2005 年投资 220 万元，对机组、配电盘等。按现代技术要求进行全面更新改造。当年发电量 1353 万千瓦时，比 2004 年提高 653 万千瓦时。年末有员工 120 人。

**湖山水电站**　1986 年建成，装机 320 千瓦，1991 年发电量 105 万千瓦时。2004 年，进行全面技改，扩容 1 台 250 千瓦机组，更换压力管道铜管，并对渠道进行防渗加固。投资 110 万元。2005 年，电站装机容量 570 万千瓦时，发电量 150 万千瓦时。年末有员工 6 人。

**附：农村初级电气化建设**

1994 年，山仔水库电站接近竣工，县政府编制《连江县农村初级电气化规划》，向省水电厅申报。1996 年 5 月，经国务院批准连江被列入“全国第三批农村初级电气化县”建设。县水利电力部门抓紧电源建设、电网改造，提高供电质量，降损节能。1997 年 5 月，经专家评审提前通过验收。1997 年 6 月 18 日，《中国水利报》以《全国第三批农村水电初级电气化县建设传来捷报，福建省连江县率先通过验收》《学习连江、再鼓干劲》等大标题作了整版报道。县政府被授予“全国第三批农村水电初级电气化县建设先进集体”称号。

2001 年 11 月，国务院批准连江县列入“中国水电农村电气化县”建设（俗称“中级电气化”或“小康电气化”），根据国务院《中国水电农村电气化 2001—2015 年发展纲要》（简称“纲要”）和“小水电要有自己的供电区”和“自建、自管、自用”等政策。全县共投资 1.24 亿元，相继建设塘坂水库电站和 6 座小型水电站，新增装机容量 13850 千瓦，年增发电量 4305 万千瓦时。对牛溪等一批老电站进行技改扩容，新增装机容量 1330 千瓦。同时，新建文山、上山 2 座 110 千伏变电站和敖江、苔菉 2 座 35 千伏变电站。

2000 年 9 月至 2003 年 3 月，分别投入资金 1000 万元和 280 万元，对蓼沿兰水、长龙下洋溪水电站进行农网改造，使 8000 多农户享受比县电网低 9%—15% 的自供电价。2004 年 9 月 30 日，省政府委托水利厅组织有关部门和专家，对连江水电农村电气化建设按纲要和标准，逐项进行验收，确认连江县为实现水电农村电气化县。

# 第三章　水土保持

## 第一节　水土流失

1991年初，全县水土流失面积198.1平方千米，占全县土地总面积近17%。东南滨海丘陵地区比较严重。如苔菉乡流失面积高达96%，筱埕、黄岐地区达79%—81%，安凯、晓澳、坑园达52%—58%。西北山区蓼沿溪中段和花园溪地区，因无序开山采石，植被破坏造成新的水土流失，面积44.5%。1992年，通过造林消灭宜林荒山，1995—1998年，退耕还林，水土流失得到有效控制。据1998年卫星遥感技术普查，全县流失面积82.69平方千米，占土地总面积的7.1%。其中轻度流失45.84平方千米，占流失面积的55.43%，中度流失16.43平方千米，占流失面积的19.87%，强度以上流失11.64平方千米（其中极强度流失0.3平方千米，工程流失0.34平方千米），占流失面积的14.08%，风蚀、水蚀交错区8.78平方千米，占流失面积的10.62%。

2005年，据卫星遥感普查，全县水土流失面积61.3平方千米，比1991年减少136.8平方千米，占全县土地总面积5.24%，降幅11.76%。其中轻度36.67平方千米，中度19.33平方千米，重度5.3平方千米。

## 第二节　综合治理

1991年，水土保持采取“预防为主，全面规划，综合防治，因地制宜，加强管理，注重效益”的工作方针。根据流失现状，积极应用工程、生物和保土耕作三大技术措施进行综合治理。1991—1992年，造林9966.7公顷，开发果树1466.7公顷，全县基本消灭宜林荒山，在大范围内改善水土保持状况。

1993—1994年，根据不同地区不同程度的水土流失状况分别采取措施：

**轻度流失区**　以封禁治理为主，一般连片封禁3年以上，郁闭度在80%以上。

**中度流失区**　对疏林地、有林地通过封禁治理和造林补植结合的办法，使之恢复植被；对无林地荒山采取营造高密度的水土保持林，促进植被恢复；对果园、茶园采取修好水平台地，前筑埂，后壁挖竹节沟的办法，达到保水保土保肥目的。

**强度流失区**　以生物措施为主、工程措施和农业耕作相结合的办法，进行山、水、田、林、路综合治理。分别建设挡土墙、石谷坊、淤地坝、拦沙坝、排洪沟等。对25度以上的陡坡开荒地进行退耕还林、还草。强度流失的果园、茶园在修补水平梯田或台地的同时，做到前埂后沟，水不下坡。

1995—1998年，重点实施沿海防护林退耕工程、山仔流域生态林工程和公路沿线一重山绿化工程，并加固闽江口、敖江及其支流的水土流失治理，完成营造沿海防护林0.68万亩，水土流失治理面积6666.7公顷。闽江口、敖江及“三溪”（蓼沿溪、花园溪、牛溪）新的水土流失得到有效控制。

2000—2005年，继续营造沿海防护林，重点对牛溪小流域、浦口浦东小流域、琯头东楻小流域进行综合治理。牛溪小流域综合治理工程列入中央财政预算内专项资金项目。县水土保持部门根据实际情况，组织补植封禁山林496公顷，营造水土保持林138公顷，种果11公顷，种草5公顷，坡改梯43公顷，开挖道路7千米，建蓄水池7口，建拦沙坝1座，总投资197.9万元，治理面积达668公顷。浦东小流域连续3年共投入资金121万元，共封禁造林570公顷，种果树35公顷，种草23公顷，坡改梯15公顷，建蓄水塘坝5口，开挖道路2.5千米，有效治理面积722公顷。琯头东楻小流域，3年投入治理资金92万元，造林13公顷，种果20公顷，种草17公顷，坡改梯30公顷，开挖防洪沟7千米，引水渠6千米，道路及护岸坡4千米，治理面积达110公顷。2005年，全县水土流失治理有效控制面积已达232平方千米，占应治理面积314.7平方千米的73.7%。除了由于修建道路、开采花岗石，使地表遭受破坏，产生少许新的流失外，许多山地基本是植被丰茂，绿草如茵。

## 第三节　执法保护

1991年，根据《中华人民共和国水土保持法》，每年通过多种渠道进行内容丰富的宣传活动，把水土保持监督保护工作作为重中之重来抓。针对山地开发出现新的水土流失，严控业主水土保持方案的审批手续。本着“谁治理、谁受益”的原则征收水土保持补偿费。对于违规操持的生产建设项目，按照“谁造成水土流失，谁负责治理”的原则，由水土保持行政部门及时进行检查监督，依法责成相关单位在限期内采取治理措施。

1997年开始，水土保持办公室受理各类建设项目、水土保持实施方案。对造成不同程度水土流失者，依法进行处理，实行严格治理措施。1997—2005年，共处理严重流失案件13件，依法征收水土保持补偿费80万元。

# 第四章　机构与管理

## 第一节　机　构

**一、县水利局**

1991年，为县水利电力局，有员工55人，内设办公室、水利、电力、计划财务、工程管理科、水政水资源管理站。2003年1月，改称县水利局，内设办公室、水利建设科、水利设施管理科、计划财务科、水政水资源科。挂靠县政府防汛抗旱指挥部办公室、县水土保持委员会办公室。延至2005年，有员工55人，其中行政编制11人，事业44人。

**二、事业单位**

**水政监察大队**　1997年6月成立，核定编制5人，经费从收取的水资源费和河道采砂管理费中开支，2005年编制9人。

**敖江防洪堤管理处**　1991年，员工38人，2005年员工24人。

**潘溪水利管理处**　1991年，员工26人，2005年员工25人。

**马鼻海堤管理处**　1991年，员工12人，2005年员工8人

**大官坂海堤管理处** 自收自支单位，1991年员工62人，1999年前隶属水利局管辖，1999年后移交给大官坂垦区管委会管理。

**水利水电工作站** 1985—1990年，相继建立马鼻、琯头、官坂、坑园、蓼沿、丹阳、东岱、东湖、筱埕、小沧乡（镇）及黄岐半岛等11个水利水电工作站，编制34人。1991年，增设敖江、江南、潘渡、晓澳、浦口、长龙乡（镇）6个工作站。全县17个水利站，均作为县水利局的派出机构，实行县乡双重领导，负责辖区内水利水电管理工作。2005年，保持17个水利站，人员编制56人，实行“以水养水”，各项经费从统一收取水电管理费中列支。

**三、企业单位**

**县电力公司** 1991—2000年，隶属县水利电力局管辖。2001年3月，移交县经济局。2003年7月，与福建省电力有限公司组建电力股份公司。2005年，员工389人（不含其他聘用人员）。

**山仔水电站** 1995年12月建立，国有企业。2005年，员工157人。

**塘坂水电站** 2003年建立，国有企业。2005年员工57人。

**才溪水电站** 国有企业，1991年员工111人，2005年员工120人。

**牛溪水电站** 国有企业，1991年员工24人，2005年员工30人。

**潘溪水电站** 1991年员工41人，2005年员工35人。

## 第二节 管 理

**一、水资源管理**

1993年，县政府根据《中华人民共和国水法》制定《连江县取水许可制度暂行规定》，经县十一届人大常委会16次会议通过，于1994年6月开始实施。1996年，开征水力发电、城乡供水、工业取水三类用水共32家水费，征收7万元。到2005年，共发放取水许可证123家，标的3.2亿立方米。其中农业73家（根据有关规定1998年后农业取水暂不征收水资源费，不再换发证），非农业取水50家（水力发电发证10家、城乡生活供水15家、供水养殖8家、地热水14家、矿泉水1家、工业取水2家）。开征水费31家，收水费35.51万元。

**二、河道采砂管理**

1993年，对河道采砂进行管理收费，实行申报审批制度。由水政站负责实地勘测，划定采砂范围，核定年采砂量，办理审批手续，发给许可证。年采砂量达5万立方米以上的转报福州市水电局审批。1998年起，由水政监察大队负责。2002年起，引入招标机制，先由水行政主管部门对辖区河道河砂可采量进行论证，然后进行公开招投标，中标者发证。在采砂过程中，水政监察大队介入巡察、监管。对违规者，轻则警告责成整改，重则吊销采砂许可证。依据2000年省物委文件规定，河道采砂收费标准按当地市场价的10%—20%计收。收费办法为每季度征收一次，年终结清。

**三、水政执法**

1997年6月，县水电局成立水政监察大队，依法对水事活动进行监督检查。至2005年，共查纠违章采砂4家，取缔无证采砂3家，吊销许可证1本，停业整顿3家，暂扣没收物件38件，收罚款9000元。同时配合公安、司法机关调解县域内水事纠纷4起，参与调解跨地区水事纠纷1起。

**四、水利工程管理**

**水库管理** 1991年，县内有13座小（一）型水库。南宫、观音亭、财溪水库先后并入潘溪管理处与财溪水电站。被列入县水利局全民水费开支事业单位的有合山、牛二、北宫、牛洋4个水库，编制 12 人。其他牛一、郭婆溪、洄里、龙程、大溪里、龙宫里等 6 个小（一）型水库，实行专业管理与村居管理相结合进行分级管理。由水利局隶属机构所在地水利站统一调配人员负责管理；马鼻、透堡等水利工作站则直接管理至小（二）型水库；全县大部分小（二）型及小（二）型以下水库由行政村派员管理。

1997 年和 2000 年，先后建塘坂、狮山 2 座小（一）型水库，塘坂归山仔水库枢纽工程管理处管理，狮山为全民水费开支事业单位，编制 4 人，划属县水利局管辖。至 2005 年，小（一）型水库 15 座，县水利局直管 5 座，分级管理 6 座，部门管理 4 座。

**供水工程管理** 乡镇水厂由水利工作站统一管理，实行“以水养水”，解决经费开支。其余乡村水厂多由村企业自行经营管理

**堤防管理** 敖江防洪堤、马鼻海堤各设堤防管理处负责管理。其余千亩及以下海堤由乡镇村居自行管理。大官坂海堤，1999 年前隶属县水利局管辖，尔后移交给大官坂垦区管委会管理。

**小型水电站管理** 牛洋水电站为合资企业，潘渡、郭婆水电站分属潘渡水利管理处和黄岐半岛水利工程站管理。兰水一、二级电站作为乡镇企业，由蓼沿水利工作站经营管理。洄里、湖山水电站作为乡镇企业，由乡镇政府承包给水利工作站经营。其余小型水电站多数由民营联合体经营。

# 第十一篇　乡镇企业

1991年，全县乡镇企业12816家，从业7.13万人，总产值8.56亿元。1992年，私营、港澳台商、中外合资及外商独资兴办的企业迅速发展。1995年，乡镇企业15416家，从业90595人，总产值40.1亿元。随着乡镇企业的规模拓展，开始逐渐向敖江、琯头工业园区集中。2000年，乡镇企业23052家，从业148100人，产值125.14亿元。

2001—2005年，乡镇企业重视技术创新和技改投入，并不断地进行行业内部整合。县出台“飞地工业”发展政策后，500万元以上规模乡镇企业逐年增多，涌现出像福州百洋海味食品有限公司、福建冠海海运总公司等一批年产值超亿元的乡镇企业。2005年，乡镇企业21892家，从业181417人，产值219.65亿元，利润总额56991万元，纳税30061万元，出口产品交货值94564万元，占全县出口交货值的64.83%。

## 第一章　企业结构

### 第一节　内资企业

#### 一、集体企业

1991年初，全县乡镇及村办集体企业计871家，从业人员35037人。其中乡镇办集体企业235家（农业17家、工业153家、建筑18家、交通运输7家、商业饮服40家），从业17492人，产值20751万元。1992年后，不少乡镇办集体企业在竞争中经优胜劣汰，逐步壮大，如琯头壶江海运、晓澳百胜的水产加工业、浦口的机械加工和制鞋业得到长足发展。1995年，全县乡镇办集体企业数229家，从业17079人，产值85545万元；村办集体企业509家，产值78854万元。随着市场经济改革的深化，大部分村办集体企业由于规模小，竞争力差，开始转化为个体或私营企业。乡镇办集体企业规模有所扩大。特别农业绿色产业、水产加工业、建筑业和交通运输业发展较快。2000年，乡镇办集体企业267家，其中农业108家、工业120家、建筑业20家、交通运输业10家、商饮服务等9家，从业人员26769人，其中农业8316人、工业5859人、建筑业10231人、交通运输业1956人、商饮服务等407人；总产值195301万元，其中农业60793万元、工业41059万元、建筑业63352万元、交通运输业21268万元、商饮服务等8829万元。

2001年，农村经济体制改革逐渐深化，部分乡镇办集体企业进行转制，原先属挂靠的企业进行“剥离”，有的实行转让改制成个私、股份制或合资企业，企业规模逐步扩大，出现像官坞海洋开发有限公司、东岱水产综合冰冻厂等一批上规模的集体企业。2005 年，乡镇办集体企业 167 家，从业 2.82 万人，总产值 279629 万元，利润总额 15772 万元。

### 二、股份企业

1991 年初，乡镇股份企业多为联办，有 862 家（含国营及省级公司参股），从业人员 9057 人，产值 1.166 亿元。1992 年，随市场经济建立和逐步完善，联办企业向股份制发展，渐成规模。至 2002 年，股份制企业 57 家，从业 6171 人，产值 45114 万元。涌现出年产值超亿元的琯头海运总公司、年产值超 5000 万元的瀚海船业有限公司、天源水产有限公司等规模企业。2003 年后，敖江、琯头先后引进瑞鑫集团实业有限公司和长帆机械有限公司等企业。

至 2005 年，内资股份企业 76 家，从业 7238 人，产值 10.08 亿元，利税总额 9559 万元。

### 三、私营企业

1991 年，乡镇私营企业 607 家，从业 1.06 万人，产值 14129 万元。1992 年后，私营企业迅速增加，由于环节简单，投资快，适应市场灵活多变的经营理念，在政府政策的扶持下，至 2000 年，全县私营企业已发展到 1696 家，从业 42083 人，总产值 346633 万元。随经济发展，私营企业有的转为股份制，有的实行中外合资，如富佳机电制造有限公司、百洋海味食品有限公司等。2005 年，乡镇私营企业 1679 家，从业 3.16 万人，产值 40.92 亿元，利润总额 1.67 亿元。

### 四、个体企业

1991 年初，乡镇个体企业 10341 家，从业 24118 人，产值 2.141 亿元。1992 年后，个体企业根据市场需要，在市场竞争中优胜劣汰，极为灵活，发展很快。至 2000 年，乡镇个体独资企业 21089 家，从业 79248 人，产值 70.95 亿元。个体企业在饭馆、商店、小型运输、建筑、服务领域、养殖、种植等行业发展尤有优势。

至 2005 年，乡镇个体企业 19925 家，从业 8.84 万人，产值 120.67 亿元，利税总额 4.32 亿元。

## 第二节　外商及港台商投资企业

### 一、外商投资企业

2001 年前，乡镇或村引进的外商投资企业均列入私营企业统计。2002 年开始，单独统计外资企业有 2 家，从业 398 人，总产值 4030 万元。2005 年，发展到 15 家，从业 1.59 万人，总产值 5.7 亿元，实现利润 122 万元，上缴税金 95 万元。

### 二、港台商投资企业

1991 年，乡镇引进的港台商投资企业，主要有台胞独资企业和永建（连江）电器有限公司，年产值 115 万元，出口创汇 14.2 万元。县花岗石开发公司与香港磊磊石材公司联营创办的磊磊花岗岩有限公司，投资总额 90 万美元，港方出资 60 万美元，当年产值 110 万元。此后，相继有港台商来连投资兴业。2002 年，有 11 家，从业 2892 人，总产值 18440 万元。至 2005 年，港商、台商投资乡镇企业达 30 家，从业人数 10154 人，总产值 14.32 亿元，利税总额 737 万元。

## 连江县若干年份乡镇企业情况表

表 11-1-1

| | | 年份 | 1991 | 1995 | 2000 | 2005 |
|---|---|---|---|---|---|---|
| 全县总计 | | 企业数（个） | 12816 | 15416 | 23052 | 21892 |
| | | 从业人员（万人） | 7.13 | 9.06 | 14.81 | 18.14 |
| | | 总产值（亿元） | 8.56 | 40.12 | 125.14 | 219.65 |
| 按行业分类 | 农业 | 企业数（个） | 138 | 173 | 108 | 145 |
| | | 从业人员（万人） | 0.73 | 0.81 | 0.83 | 0.98 |
| | | 总产值（亿元） | 1.84 | 4.78 | 6.08 | 9.65 |
| | 工业 | 企业数（个） | 3594 | 3846 | 5286 | 4182 |
| | | 从业人员（万人） | 2.54 | 3.02 | 4.81 | 7.22 |
| | | 总产值（亿元） | 3.07 | 17.46 | 44.20 | 78.42 |
| | 建筑业 | 企业数（个） | 1111 | 914 | 2789 | 2001 |
| | | 从业人员（万人） | 2.00 | 2.44 | 4.12 | 4.60 |
| | | 总产值（亿元） | 1.60 | 8.05 | 30.57 | 54.32 |
| | 交通运输业 | 企业数（个） | 2687 | 3254 | 4738 | 4859 |
| | | 从业人员（万人） | 0.80 | 0.93 | 1.49 | 1.56 |
| | | 总产值（亿元） | 1.32 | 5.13 | 14.46 | 22.26 |
| | 服务业及其他 | 企业数（个） | 5286 | 7229 | 10131 | 10705 |
| | | 从业人员（万人） | 1.06 | 1.86 | 3.56 | 3.78 |
| | | 总产值（亿元） | 0.73 | 4.70 | 29.83 | 55.01 |
| 按体制分类 | 集体 | 企业数（个） | 243 | 229 | 267 | 167 |
| | | 从业人员（万人） | 1.77 | 1.71 | 2.68 | 2.82 |
| | | 总产值（亿元） | 2.17 | 8.55 | 19.53 | 27.96 |
| | 个体 | 企业数（个） | 11348 | 13797 | 21089 | 19925 |
| | | 从业人员（万人） | 2.61 | 4.52 | 7.92 | 8.84 |
| | | 总产值（亿元） | 2.67 | 17.79 | 70.95 | 120.67 |
| | 私营 | 企业数（个） | 607 | 881 | 1696 | 1724 |
| | | 从业人员（万人） | 1.06 | 1.23 | 4.21 | 5.76 |
| | | 总产值（亿元） | 1.41 | 5.89 | 34.66 | 60.94 |
| | 股份及其他 | 企业数（个） | 618 | 509 | — | 76 |
| | | 从业人员（万人） | 1.69 | 1.60 | — | 0.72 |
| | | 总产值（亿元） | 2.31 | 7.89 | — | 10.08 |

说明：①本表依据县经贸局数据；②私营企业包括外资、港澳台资

# 第二章　行业门类

## 第一节　农林牧渔业

**一、种植业**

1991年初，全县乡镇企业农林种植企业68家，经营林、果、茶、农作物总面积70万亩。1992年后，乡镇办果场、村办林场有的解体，有的体制下放。至1997年，乡镇种植业面积64.5万亩，水果产量2.73万吨，茶叶产量1098吨，总产值4.66亿元。2001年，随着农业用地减少，林业相当一部分划作生态公益林管理，种植企业逐步萎缩。但也出现一些新兴典型企业：如2001年7月，在敖江浦下村创办的连江绿色家园现代农业综合农场，投资500万元，租地780亩，从事蔬菜生产，供应福州。全场有职工72人，技术人员6人，2003年，被省农业厅认定为无公害蔬菜基地，生产的花菜和网纹瓜获得全国无公害农产品标志使用权。2003年9月，在官坂军垦农场创办的官坂朝阳农场，投资150万元，生产蔬菜与鱼虾养殖，有员工30人，技术人员3人。2005年，在浦口创办的县浦东果蔬基地，投资130万元，用地500亩，种植水果、蔬菜，销往福州等地，有职工15人，技术人员2人。至2005年，乡镇企业种植业经营面积50.2万亩，产出水果产量2.91万吨，茶叶产量2962吨，总产值6.83亿元。

**二、渔业**

1991年，乡镇企业从事渔业有捕捞、养殖和加工。1992年后，由于近海渔业资源衰退，逐渐向远洋和养殖转化，从事渔业的规模日益扩大。1993—1998年，相继组建东升、东水、苔菉等渔业股份公司，开赴印尼、贝劳、斯里兰卡等渔场捕捞。1999—2005年，先后组建县远洋渔业有限公司和永祥远洋渔业有限公司，拓展印尼、太平洋等新渔场。水产养殖业向规模推进，养殖方式由单品种向多品类混养、立体养殖转化，品类由传统品种向珍稀品种转化，并形成融育苗、养殖、精加工、销售于一体的现代企业。如筱埕镇官坞海洋渔业公司，由村办小企业发展到年产值超亿的现代渔业龙头企业。至2005年，乡镇企业远洋捕捞船已发展到121艘，各类苗种繁育企业120多家。全县水产品总产量68.02万吨，为1990年的4.06倍，年均递增9.78%。水产养殖总面积21.27万亩，是1990年3.3倍；总产量36.72万吨，是1990年的8.3倍。

**三、林业**

1991年初，乡镇和村集体林场有17家。1992年后，村办林场有的解体，有的承包个人，联户，仅剩乡镇办8家林场（见“林业”篇）。至2000年，集体林场及个体联产，林业总产值达3179万元（据经贸局统计数据）。2001年生态公益林界定后，2002年香山林场划为生态林管护。2004年，西溪林场辟作温泉森林公园。至2005年，集体林场有2家，私营股份和非公造林企业有1家，林业生产总产值2302万元。

**四、畜牧业**

1991年，乡镇企业有大小禽畜养殖场662家，肉类总产量10104吨，禽蛋产量4139吨，畜牧业总产值7909万元。1993年，相继建立福州新邦畜牧有限公司、福州美东畜牧发展有限公司、连江丹凤畜牧有限公司，畜牧业出现集团产业化发展趋向。1995年，肉类总产量10758吨，禽蛋5376吨，生猪出栏7.65万头，畜牧业总产值16313万元。此后，乡镇畜牧业在发展中不断调整结构，走专业饲养与规模发展相结合的道路，促进坑园、马鼻、潘渡等乡镇羊、兔饲养专业户的发展，先后建立禽蛋生产基地和“福建黄兔实验基地”。2001 年始，在稳定生猪生产的基础上，加快发展耗粮少、转化率高的草食牲畜和家禽。至 2005 年，乡镇企业肉类总产量 15043 吨，生猪出栏 15.7 万头，禽蛋产量 9605 吨，畜牧业总产值 28463 万元。较典型的企业：

**连江利达农业综合养殖有限公司**　系禽蛋生产基地，前身是利达养殖场，创办于 1997 年，总投资 1050 万元，从事禽蛋、淡水养殖、蔬菜等生产，1998 年投产，列入省市禽蛋直控基地。2000 年后，连续列为市农业产业化龙头基地。2005 年，该公司引进北京绿达源科技有限公司微生物培养器先进设备，推动禽畜科技饲养。2005 年，产值 527 万元，年末有员工 38 人，技术人员 10 人。

**连江玉华山自然生态试验场**　1997 年创办，用地 2000 多亩，建筑面积 9800 平方米，投资 1000 多万元。主要从事黄兔、肉猪等畜牧养殖。2003 年被列为市农业产业化重点基地，荣获市农村青年创业示范基地称号，先后列为省农业厅“生态农业示范基地”“福建黄兔实验基地”。该场生产的枇杷及福建黄兔肉，经中国绿色食品发展中心认证，获得绿色食品标志使用权。2005 年，总产值 650 万元，年末有员工 50 人，技术人员 10 人。

## 第二节　工　业

### 一、采矿业

1991 年，乡镇企业从事花岗石、叶蜡石、河砂等采矿点有 210 处，规模较小。花岗石开采企业集中在蓼沿、丹阳一带。叶蜡石开采局限于潘渡乡，由私人承包开办。采砂场集中敖江、闽江河道，以敖江下游至河口为主。1996 年，有石材厂 27 家，产值 5093 万元。经 2000 年整顿后，2001 年采矿业有 141 家，其中规模以上 1 家，产值 628 万元。2005 年，国土资源局发证 51 家，上规模 1 家（晋江兴华石材开发有限公司），产值 1140 万元。其他石材加工业 13 家，生产石板材 634 万平方米，产值 14633 万元。

### 二、机械制造

1991 年，乡镇企业制造业均源于农机具小五金铁器修配及翻砂制造、铁管、锅鼎铸造等小企业。其中浦口农械厂制造车间由个人承包后，开拓业务，自 1988 年开始与厦门欧派克联营，开发生产自行车三角架配件，创建连江县车辆配件厂，经营范围扩大，1993 年 4 月成立连江县冲压有限公司。同年 12 月与香港远耀贸易有限公司合资组建福州富佳机电制造有限公司，在敖江投资区征地 45 亩办厂，固定资产 2000 万元，主要产品有冲压轴承、合页铰链、输送链条、绝缘钉、精密脚轮、冲压五金件等六大类 200 多个品种，产品全部销往美国、加拿大和欧洲。2005 年，产值 3976 万元，创汇 430 万美元，纳税 259 万元。此外，县内较大的机械制造业尚有 1997 年落地琯头投资区的连江瑞邦金属制品有限公司，主生产项目为精铸、机械加工。2002 年后引进福州源丰机械有限公司，生产缝纫机配件等产品；福州长帆机械有限公司，产品有铸造、机械加工等；福州莹拓精密冶金工业有限公司，产品以精密铸件和机械加工为主；福州港发机电工业有限公司，生产电机、泵等；福州菲斯特锻件有限公司，生产锻件系列。

### 三、电器制造

1991 年，乡镇电器企业有凤城镇电子器材厂、台资和永建（连江）电器有限公司 2 家，产值 200 万元。1993 年，凤城电子器材厂停办。1997 年，和永建（连江）电器有限公司又合股投资 135 万美元，新建和胜建照明电器有限公司，共同生产电器产品起辉器，生产量均保持 6800 万只左右，产值 3800 万元。

2003年，瑞鑫集团（福州）实业有限公司在敖江投资区建成投产，主产品有电线电缆、电气配件等，2005年产值10321万元。

**四、船舶修造**

1991年，沿海乡镇有13家造船厂，其中年产值100万元的有黄岐、琯头、东升、蝉步4家。随木船淘汰，铁壳船兴起，至2005年，发展成规模船舶修造企业的有以下2家：

**福建省瀚海船业有限公司** 1990年是连江县文湾船厂，民营企业。1991年，投资2000万元，建成3万吨级船坞1座，坞长115米，宽24米，型深6米，坞门宽18米，成为省船舶工业公司的合作船厂，纳入省公司的业务网。1995年，又投资3000万元，建造3万吨级船坞，坞长188米，宽32米，型深7米，坞门宽28米，配有35吨轨道高架行吊，并同时兴建2600平方米七层海员俱乐部1座，成为当时福州地区规模最大的船舶修造厂。2001年，更名为"福建省瀚海船业有限公司"。2002年，该公司立项筹建6万吨级船坞及配套设施，设计坞长230米，宽45米，型深8.5米，坞门宽36米。至2005年，已投入资金2000万元，拥有各类技术员工800人，其中高工6人，中初级技术人员46人，检验人员28人，电焊工583人，技术工作熟练达80%。公司与省船舶总公司及马尾造船厂技术科、质检科签订长期技术质检协作，长期聘请有丰富经验的工程技术人员到公司兼职。经10多年发展，船坞、系泊码头等基础设施基本齐全，已相继承接伯利兹、巴拿马、柬埔寨及中国台湾、香港地区等船舶修理业务，是全省乃至华东地区最大的民营船舶修造企业，经国家批准，成为国际船舶临时停靠点。企业先后被评为农业部中型二档乡镇企业、省先进乡镇企业、市明星企业等。2005年产值6602万元。

**连江县冠海造船工业公司** 1998年，福建省琯头海运总公司租赁琯头船舶修造厂，组建琯海船舶修造厂，以拆船为主。因环境污染，调整结构，改为修造船为主。经数年探索发展，修造船技术长进，生产设备逐步齐全，可生产现代化工作艇，有员工50人，其中高工3人，中级技术人员3人，技术焊工10人，质检3人。2005年12月，福建冠海海运有限公司投资6亿元，组建冠海造船工业公司，最大造船能力达8万吨级。

**五、轧钢**

1991年，乡镇轧钢厂4家（镇办2家，村办、个体办各1家），从业65人，产值380万元。1992年后，随着房地产业的发展，建筑钢材需求急剧上升，又办起多家小轧钢厂，均生产地条钢再压延成线材或螺纹钢。至2000年，有多家小厂停办，仅有福州金来钢铁有限公司为规模企业，产量2105吨。2001年，又引进多家轧钢企业。至2005年，有金星、联港（含福利）、金来、航城、永兴等5家轧钢企业，从业人员326人，产钢12.29万吨，产值47857万元。

**六、食品加工业**

1991年，乡镇企业食品加工业共299家。其中水产品加工187家，占62.5%，年加工量4.2万吨，产值8590万元，是支柱产业之一。其次是粮食制品加工业78家，占26.1%，年加工量6万吨，产值800万元。其他还有茶叶、蔬菜加工业等34家。上规模的有百胜海味食品公司，年产值1000万元，其他企业规模都较小。1992年后，外地精加工的面粉、大米及其复制品大量进入县内市场，外商和港台商投资食品行业日渐增多。乡镇粮食制品小企业多数被淘汰，少量富有传统特色的行业，亦多转为家庭作坊或个体经营。水产食品加工业经优胜劣汰，兼并重组，逐步形成规模。1996年，百胜海味食品与日本合资组建福州百洋海味食品有限公司，投资2000多万元，生产海带和鱼类系列制品，全部出口日本。创省级"百洋"著名商标及"海威"鱼丸、虾皮等省名牌产品。2004年，被农业部等8个部委认定为"农业产业化国家重点龙头企业"。2005年，百洋总产值30118万元，是全县33家规模食品企业的翘楚。2005年，销售额超2000万的还有龙和食品20219万元、青芝面粉7871万元、旭隆食品7141万、日兴水产品4820万元、新捷阳2943万元等5家。

**七、制鞋**

1991年，乡镇有5家制鞋厂，基本集中在浦口、东岱2个乡镇，总产值1032万元。1996年，乡以上制鞋厂7家，布鞋生产量85.87万双、塑胶鞋1416吨，总产值2302万元，产品均由省外贸公司包销出口。2000年，规模较大的制鞋厂9家，生产布鞋398万双，其中万泽鞋业146万双，产值1017万元，出口交货值1042万元。2002年9月，清禄鞋业有限公司从马尾迁建敖江，总投资4500万美元，成为县内最大制鞋企业。2005年，乡镇规模以上制鞋企业11家，产值5.02亿元。

**八、水力发电**

1991年，乡镇小型水电站有13个（11家），年发电量1942万千瓦时，产值133万元。1992年开始，相继对牛洋、兰水、洑里、湖里等水电站进行改建和增容扩建，总投资900万元，其中牛洋水电站将混流式容量250千瓦机组改装成轴流式容量320千瓦机组，扩容后年均发电量达350万千瓦时；兰水水电站扩容500千瓦发电机组。2003年后，又相建新建蓼沿岭头、赤石和长龙鹿池小水电站，装机容量分别为320千瓦、600千瓦、400千瓦。至2005年，乡镇水电站共有18个（14家），其中7家并入县网。装机容量1.05万千瓦，发电量3585万千瓦时。

**九、工艺美术**

1991—1995年，敖江、凤城、浦口等乡镇共办有20家木画厂，从业人员1500余人，产值近1000万元，规模较大的是浦下木画厂，“仙景”牌软木画曾获轻工部优质产品，产品远销美国、日本、新加坡以及中国香港地区等。1998年后，随出口萎缩，软木画企业逐步关停或转产。石雕工艺基本集中在江南、浦口、东湖等乡镇，产品有石狮、镂空盘龙柱、罗汉弥勒、印章、墓铭等。2005年，乡镇规模较大石雕企业有12家，年产值约1500万元。

## 第三节　建筑业

1991年，乡镇建筑工程企业共19家，其中三级以上3家、四至六级12家，未评级4家。1993年开始，实行产权制度改革，马鼻、透堡、东岱、长龙、晓澳等乡镇建筑企业转制为股份制企业。1994年，马鼻、敖江、东岱建筑企业资质晋升为三级施工企业。1996年，乡镇企业建筑总产值11.32亿元。1999年，不断拓展市场，建筑队伍分布全国各省、市。县政府适时出台促进建筑业发展的优惠政策，动员外挂建筑企业回县发展。2003年，乡镇建筑业实现总产值43.5亿元，完成建安产值8.84亿元，13家资质等级以上的建筑企业全年施工面积206万平方米，竣工面积102.2万平方米，实现利润1842万元，税金总额533万元。2005年，乡镇建筑业四级以上企业20家，总产值54.3亿元。其中在县内注册的资质等级以上建筑企业14家，实现产值11.72亿元。

## 第四节　交通运输业

1991年，乡镇运输企业2663家，其中水运589家，陆运2074家，从业7915人，产值1.036亿元。1995年，水陆客运周转量37252万人千米，水陆货运周转量372385万吨千米。沈海高速路建成后，运输业更为发达，至2005年，水陆客运周转量71099万人千米，水陆货运周转量913503万吨千米，实现产值22.26亿元。其中福建冠海海运有限公司，原是村办海运企业，由木帆船起家，发展到多艘万吨货轮。1997 年，成为全国海运行业最大规模乡镇企业 100 家的第七名。2000—2003 年，被市政府连续评为“超 500 万元纳税”大户；1999—2004 年，被省工商局连续评为“福建省重合同、守信用企业”；2004 年，被中国乡镇企业协会评为“首届中国最具生命力十大企业”。2005 年，公司总资产达 7.29 亿元，总运力 71.1 万吨，拥有大小船舶 18 艘，共有员工 568 人。当年营运总收入 2.11 亿元，利润 1679 万元，纳税 1190 万元。

### 第五节　商饮服务业

1991 年，农村经济体制改革深化，富足劳力开始逐步向县城、集镇转移，农渔林副土特产品运销日渐活跃，商饮服务业迅速发展，但规模较小，个体户占多数。当年有 5286 户，从业人员 10617 人，产值 7293 万元。1992 年开始，经营规模日益扩大，至 1995 年，发展到 7279 家，从业人员 18635 人，产值 4.7 亿元。1996 年后，随着交通设施日渐改善，城乡物资流动加快，外来人口大量增加，市场活力进一步激发，经整合重组，经营规模和服务质量都有较大提升，开始出现稍有规模的批发市场、零售超市、旅社酒家。2000 年，从事批零企业 4688 家，从业人员 12148 人，产值 7.47 亿元；住宿餐饮业 3952 家，从业 15350 人，产值 4.03 亿元。2001 年起，中国加入世贸组织，市场经济机制逐步完善，私营和股份企业兴起，出现建材、木材、水产品、水果等专业批发市场，零售超市遍布城乡，县城有天都、兴福兴、乐家装饰建材等，经营场所都在 2000—5000 平方米，员工多的达 230 人。较大的餐宿酒家有闽运、永福、发利、金凤、皇家等。2005 年，500 万元以上限额批零企业已有 8 家。全县商饮服务业有 10705 家，从业人员 37831 人，产值 55.01 亿元，是 1990 年（7906 万元）的 69.6 倍。

## 第三章　机构与管理

### 第一节　机　构

1991 年，县乡镇企业管理局，内设人秘、生产、财计 3 个股及 1 个供销公司，共配备干部职工 13 人。1996 年 8 月，并入县经济局，实行一个机构，两块牌子。2002 年，机构改革，撤销乡镇企业局，归属县经济贸易局。

### 第二节　管　理

#### 一、财务管理

1991 年，乡镇企业会计核算制度仍然按财政部和农牧渔业部 1986 年 9 月颁布的《乡镇企业财务制度》有关规定执行。从 1993 年开始，大部分乡镇企业都是参照财政部新颁布的《企业会计准则》和《企业财务通则》以及分行业会计制度执行。但管理工作相对薄弱。规模小的企业，基本上没有设立专职会计，有的甚至连基本的账簿都没有建立。生产规模大的乡镇企业，财务制度比较健全，管理也比较规范。

乡镇企业的财务管理人员，业务上隶属县财政局指导，财务监督以税务部门为主，财务人员的从业资格（会计证）由财政局审批办理。每年乡镇企业中持有会计证从事财务岗位的人员都要参加县财政局举办的继续教育培训，以不断更新财务知识，提高从业人员素质。

**二、安全生产管理**

1991年，乡镇企业技术设施相对落后，职工素质不高，安全隐患较多，县乡镇企业局设技术股，具体负责安全生产。各乡镇经管站具体实施有关规定，并把临时工、农民工、外来工等“三工”作为安全教育管理重点。从1991年开始，先后配合开展“全国安全生产周”“安康杯”等竞赛活动，以提高员工的整体安全生产意识。1996年9月，严格按市总工会、检察院、劳动局制定的《福州市企业法定代表安全生产基本职责决定》，经常组织检查安全卫生消防等实施情况，做到任务、时间、经费、人员、措施“五落实”。

2002年6月，贯彻国务院颁布的《中华人民共和国安全生产法》，加大安全生产管理力度、规范生产经营单位的安全生产行为，促进企业安全生产管理工作走上法制化管理轨道。至2005年，未发现乡镇企业重大安全事故。

# 第十二篇　工　业

1991年，县内工业企业3676家，工业总产值49267万元。1992年起，乡镇企业、“三资”企业在县内发展迅速，国有企业大部分亏损严重，运行困难，逐步进行转制。1993—1994年，先后有县罐头厂、县机械厂、水泥厂等企业以有偿转让、租赁、股份、归并等转制重新组合。同时，加快敖江、琯头工业投资区配套建设，改善投资环境，加大招商引资力度，尽快改变工业短腿。1995年，全县工业企业3602家，全部工业产值22.46亿元。

1996年开始，国有企业根据“抓大放小”的精神，以产权改革为重点，明晰产权，盘活国有资产，大胆放手转制，发展多种所有制企业，培植和扶持规模骨干企业，使全县工业得到新的发展。2000年，全县工业企业4669家，其中规模以上34家，产值5.37亿元，规模以下产值40.73亿元。

2001年5月22日，按照“调高、调大、调新、调优、调活、调快”要求，编制工业和乡镇企业结构调整实施方案，扶持奖励26家纳税大户，加大扶优扶强力度。本着“优化环境、工贸先导、外引内联、集约发展”的原则，提出“飞地”发展工业的决策，先后引进清禄鞋厂和华电可门火电厂入住县内，带动全县工业迅速发展。2005年，全县工业企业2119家，从业人员34204人，产值48.17亿元。其中规模以上企业90家（国有10家、集体9家、“三资”企业32家、私营和股份制39家），产值37.02亿元，占全县工业总产值的76.85%；规模以下企业2029家，产值11.15亿元，占总产值23.15%。

## 第一章　工业经济类型

1991年，县内国有工业有41家，产值5848万元，占全县工业总产值的比重为11.87%；县属和乡镇村集体工业623家，产值23736万元，比重达48.18%；私营和个体工业3005家，产值18915万元，比重38.39%，“三资”工业6家，产值768万元，比重仅1.56%。1992年后，国有、集体工业在市场竞争中劣势明显，亏损增大，陆续进行改革转制，抓大放小。至1997年，国有企业剩下28家，产值15455万元，所占比重降到4.7%；县属集体工业绝大多数关停并转，乡镇村集体工业大部转制为股份或私营企业，全县集体工业仅保留153家，产值25150万元，比重降到7.62%；“三资”工业企业发展到24家，产值21778万元，比重升至6.6%；股份、私营和个体工业发展成为主流，产值267406万元，比重达81.08%。

1998年后，“三资”规模企业落地连江增多，股份私营企业向规模发展，逐渐成为县内工业发展的主导力量。至2005年，全县国有及非国有规模以上（500万元）工业共90家，总产值370166万元，占全县工业总产值比重76.85%。其中“三资”企业32家产值230563万元，占规模以上总产值的

62.29%；股份私企 39 家，产值 93431 万元，比重 25.24%；国有 10 家，产值 33907 万元，比重 9.16%；集体 9 家，产值 12265 万元，比重 3.31%。

## 第一节　国有工业

1991 年，国营工业共 41 家，总产值 5848 元。其中财政预算内工业 16 家、部门工业 23 家、省属工业 2 家。这些工业企业多是小微企业，设备陈旧，产品低档，老龄和退休人员多，养老保险未统筹，包袱沉重。虽经放权松绑，承包经营，活力有所增强。而 1992 年后，随着市场经济改革深化，乡镇企业异军突起，“三资”企业逐步增多，国有工业在竞争中处于劣势，亏损面增大，大部分处于停产半停产状态。此后进行多种形式转制。至 2005 年，实行关停并转的有 33 家，只有 8 家坚持运营。加上新建的山仔、塘坂电站共 10 家，年产值 33907 万元。

### 一、财政预算内工业企业

1991 年，有 16 家，职工 2891 人，工业产值 2532 万元，亏损 720 万。1993 年开始，实行“一厂一策”改制。1996 年，贯彻“抓大放小”精神，加大改制步伐。至 2005 年，实行关停并转 14 家（其中拍卖转让 9 家，政府收回产权 5 家），仅才溪电站和供电公司 2 家继续运行。其间，新增山仔和塘坂电站 2 家。2005 年，在产 4 家，职工 1114 人，年产值近 3 亿元。

**县罐头厂**　1991 年初，职工 100 人，产值 217.5 万元。1992 年，产品出口受阻，生产下滑。1993 年 1 月，以全部资产 320 万元转让给新加坡商人组建新捷阳食品有限公司，并安排职工就业，但未订协议，后发生劳资纠纷，多数职工被辞退。2004 年 8 月，由县政府协调，对下岗职工进行一次性货币安置。

**县机械厂**　1991 年初，职工 420 人，产值 328 万元，连续亏损。1993 年 4 月，租赁给香港商人组建诚兴五金有限公司，租限 20 年，年租 20 万元。因经营不善，至 1998 年停产，设备损失严重，劳资纠纷不断。县政府收回产权并安置下岗职工。

**县食品厂**　1991 年初，职工 108 人，产值 46 万元。1993 年，转让给外商巨林房地产公司，将产权作股份另征地合资创建万客隆食品有限公司，因外商违约未果。县政府筹资一次性安置下岗职工。

**县水泥厂**　1991 年初，职工 38 人，产值 10 万元。规模小，标号低，污染重。1994 年由造纸厂和啤酒厂分割兼并，职工分流。厂房转让开发房地产。

**县造纸厂**　1991 年初，职工 233 人，产值 214.8 万元。1994 年停产。1995 年 7 月，租赁港商创办华岗（后改华楠）纸品有限公司，租限 10 年，年租 30 万元，每年递增 8%。因港商拖欠租金停产，后由县政府收回产权，安置下岗职工。

**县制碘厂**　1991 年初，职工 140 人，产值 154.9 万元，生产不稳。1996 年 11 月，以 226 万元转让给福州海福藻类开发有限公司，下岗职工一次性货币安置。

**县陶瓷厂**　1991 年初，职工 42 人，产值 36.7 万元。产品低档，市场滞销，基本停产。1997 年 4 月，县政府同意进行国有资产置换安置下岗职工。

**县印刷厂**　1991 年初，职工 101 人，产值 56.8 万元，多年亏损。1997 年 10 月，县政府同意以 140 万元转让给敖江房地产公司，实行一次性货币安置职工。

**县调味品厂**　1991 年初，职工 204 人，产值 195.6 万元。1992 年，生产下滑。1998 年 3 月，县政府同意以 228 万元转让作房地产开发，下岗职工实行一次性货币安置。

**县酒厂**　1991 年初，职工 117 人，产值 172 万元。1996 年，旧城改造拆迁，县政府收回土地，安置职工。下属 5 个分厂由国有转为民营。

**县道澳盐场** 1991年初，职工38人，产值24万元。实行承包经营，因滩涂淤高，产量减少而亏损。1999年，改为海水养殖仍不景气。县政府收回场地，一次性货币安置职工。

**县啤酒厂** 1991年初，职工174人，产值173万。1996年，县政府同意把国有资产量化置换成职工持股。因无控股方无法组织生产。1998年2月，以480万元拍卖给福州神达啤酒有限公司，拍卖款一次性安置下岗职工。

**县合成氨厂** 1991年初，职工572人，产值352万元。因规模小，质量低，严重亏损。1995年底，公开招标国有民营。2000年7月，以950万元公开招卖成功，下岗职工实行一次性货币安置。

**县造船厂** 1991年初，职工143人，产值53.5万元。修造小船不适应市场导致亏损停产。1998年，租赁，2003年停产。部分土地征用建浦东大桥，其余闲置。（参见“海洋与渔业”篇）。

**才溪水电站** 1991年初，职工120人，产值68万元。2003年4月，实行股份制，属福州电力股份公司，投资220万进行技改，持续运行。2005年，发电量1353万千瓦时，产值368万元。

**县供电有限公司** 1991年为电力总站，职工341人，产值409万元。1992年，改为电力公司。2001年5月，实行股份制，属省电力有限公司代管。2003年7月，成立供电有限公司。2005年，有职工780人（其中正式职工389人），下设12个供电所，当年供电量5.63亿千瓦时，产值2.4亿元。

**县山仔水电站** 1995年新建，已装机2台计3万千瓦，2005年有职工157人，发电13365万千瓦时，产值3711万元。

**县塘坂水电站** 2003年新建，装机2台共1.1万千瓦。2005年有职工57人，发电3370万千瓦时，产值1527万元。

### 二、部门国有工业企业

1991年，县内部门办的国有工业企业计23家，职工800人，年产值1000万元上下，多为小微企业，竞争力差，有三分之二处于停产半停产状态。1992年开始，相继进行改革转制。至2005年，由部门内部进行兼并重组的10家（其中粮食系统6家、经委系统3家、农林水系统1家）；经县财政同意实行拍卖转让的9家（其中农林水系统5家、航运船厂2家、商业2家），进行经营转制继续运营的4家（县自来水厂转化为股份制企业，黄岐半岛自来水厂进行技改扩建，牛溪水电站和粮油食品厂实行经营承包）。2005年，4个企业职工200人，产值3420万元。

### 三、省属国有工业企业

1991年，主要有福建省长龙华侨农场创办的精制茶厂和塑料雨具厂。实行经营承包，一直坚持生产。2005年，工业产值分别为66万元和236万元。

## 第二节　集体工业

### 一、县属集体工业

#### （一）县直部门办集体工业

1991年，县直各系统单位创办的集体工业企业有20家，总产值698万元。如县经委的织布厂、制曲厂、第二印刷厂，县粮食局的粮食复制厂和第二复制厂，县交通局的汽车修理厂，县水电局的潘溪低水头电站，县城建局的机砖厂、建筑水泥构件厂，县供销社的塑料网具厂、电机厂、三联食品厂、烟丝厂，教育、税务等创办的印刷厂等。这些集体工业企业，很大部分是利用本系统资源、技术和社会需求，为解决职工子女、家属就业而创办的，规模很小，产品低档。1992年后，在市场竞全中大部分效益不高，有的亏损严重，而相继停产。至2005年，仅剩潘溪低水头电站继续运行。集体下岗职工主要由各单位安置，县财政给予支持，养老保险纳入社会统筹。

（二）二轻系统集体工业

1991年，有17家，职工1096人，年产值960万元。原大部分是手工业作坊，主要从事鞋革、服装、造纸、塑料、工艺竹编、软木画、日用品、轻工机械等生产经营，企业大都集中在城区及周边。主要产品有塑料制品、竹编制品、有光纸、漆筷、鞋革、服装、日用品、挂浆机、软木画等。1995年，二轻工业实行“三包”（包产值、利润、上缴管理费）风险抵押的个人承包经营责任制，走“公有私营”道路；对已停产的企业采取租赁承包，严防公有财产流失或损坏，以租赁金来发放退休金；当年在产企业8家，产值568万元。1996年后，多数停产。在县城大街两旁的，利用地域优势，走“退二进三”（退出第二产业从事第三产业）道路。1999年，仅剩文化用品厂和纸厂艰难维持生产（产值26万元），其余企业基本处于停产状态。至2005年，已全部关停并转，职工养老保险纳入社会统筹。

**二、乡镇及村街集体工业**

1991年，乡镇和村街集体工业企业已发展到586家，工业产值22078万元。其中乡镇属157家，产值7877万元；村街属429家，产值14201万元。这些小工业企业，大部分是为当地生产、生活服务的，主要从事农渔具修配、船舶修造、粮食加工、水产品加工、竹木加工、制茶、石材、壳灰、砖瓦、小型水电等，分布各个角落，为农村经济发展，农业产业结构调整，富余劳力转移，增加群众收入等贡献甚大。1992年以来，以市场为导向，经优胜劣汰，整合重组，企业数量逐步减少，规模有较大提升。如浦口车辆配件厂、浦口制鞋厂、东岱塑胶厂、晓澳百胜海味食品厂、安凯文湾造船厂、冠海船业公司等，改制为股份制现代工业企业。至1997年，乡镇属集体工业还有128家，年产值22339万元。村街集体工业大部转制为私营或个体企业。1998年起，统计部门只统计年产500万元以上规模企业，当年只有3家，产值共5280万元。至2005年，增加到9家，产值12265万元。

## 第三节 外商投资工业

1991年，县内尚无外商投资工业企业。1992—1995年，共招外资工业10家，总投资3451万美元，其中未到资或生产不景气而停产和注销的有6家。至1995年，经济效益较好的有新捷阳食品、旭隆食品及环美家具等4家，工业总产值4547万元。1996—2000年，相继有8家外资工业落地县境，总投资881万美元。最大的是日本日洋株式会社与晓澳百胜海味食品合资的百洋食品有限公司，总投资483万美元，生产鱼片、虾仁、海带卷等产品，多出口日本等国，效益颇好。至2000年，全县在产外商工业11家，其中规模以上4家，工业总产值7.4亿元，出口交货1.2亿元，纳税1905万元。2001—2005年，逐步加大招商引资力度，5年共有外商工业企业33家投资县境，总投资12946万美元。最大的是清禄鞋厂，总投资6500万美元；其次是福泰钢铁，总投资1800万美元；还有长欣塑料，投资600万美元。至2005年，在产外商工业21家，其中规模以上18家，工业总产值13.68亿元，占全县工业总产值的28.4%；出口交货值10.53亿元，从业人员18592人。

## 第四节 港、台投资工业

1991年，县境在产港、台投资工业6家，总产值768万元。稍具规模的是和永健电器，主产日光灯起辉器，年产值115万元，出口14.2万美元。1992—1995年，港台商在境内投资工业的有30家，多数规模较小。至1995年，已停产注销或迁出的有20家，在产仅10家，总产值7713万元。1996—2000年，共引进港台工业项目15个，经营较好的如青芝面粉、万泽鞋业、富佳电器、美森木业等。2000年，在产规模工业8家，总产值11081万元。2001—2005年，港台在连投资工业项目有大幅增加，经注册登记的有41家，总投资12958万美元。计划投资规模500万美元以上的有7家。2005年，已形成生产能力的有17家，其中规模以上工业14家，总产值93780万元，占全县工业总产值的19.5%。

**1991—2005年连江县工业企业经济类型情况表**

表12-1-1

| 年份 | 全部工业 | | 乡及乡以上工业类型 | | | | | | | | | | 乡以下工业 | |
|---|---|---|---|---|---|---|---|---|---|---|---|---|---|---|
| | 企业个数（个） | 产值（当年价）（万元） | 小计 | | 国有及控股 | | 集体 | | 股份制 | | 外商、港澳台 | | 企业个数（个） | 产值（万元） |
| | | | 个数（个） | 产值（万元） | 个数（个） | 产值（万元） | 个数（个） | 产值（万元） | 个数（个） | 产值（万元） | 个数（个） | 产值（万元） | | |
| 1991年 | 3675 | 49267 | 241 | 16121 | 41 | 5848 | 194 | 9505 | — | — | 6 | 768 | 3434 | 33146 |
| 1992年 | 3704 | 65410 | 222 | 21906 | 39 | 7411 | 174 | 10978 | 1 | 126 | 8 | 3391 | 3482 | 43504 |
| 1993年 | 3904 | 96439 | 169 | 27611 | 29 | 7249 | 130 | 15334 | 1 | 280 | 9 | 4748 | 3735 | 78828 |
| 1994年 | 3995 | 151839 | 180 | 35683 | 26 | 6611 | 139 | 21289 | 2 | 325 | 13 | 7458 | 3815 | 116156 |
| 1995年 | 3602 | 224633 | 232 | 52083 | 27 | 13341 | 186 | 24811 | 5 | 1671 | 14 | 12260 | 3370 | 172550 |
| 1996年 | 3759 | 290872 | 236 | 59056 | 33 | 14597 | 181 | 26946 | 6 | 1360 | 16 | 16153 | 3523 | 231816 |
| 1997年 | 3744 | 329789 | 217 | 66789 | 28 | 15455 | 153 | 25150 | 11 | 4407 | 24 | 21778 | 3527 | 263000 |
| | | | 国有及500万元以上规模非国有工业类型 | | | | | | | | | | 规模以下工业 | |
| 1998年 | 4297 | 376866 | 32 | 40270 | 10 | 15093 | 3 | 5280 | 6 | 4630 | 13 | 15267 | 4265 | 336596 |
| 1999年 | 4915 | 450767 | 32 | 47878 | 9 | 16019 | 3 | 2785 | 8 | 7043 | 12 | 22031 | 4883 | 402889 |
| 2000年 | 4669 | 461066 | 34 | 53720 | 8 | 16020 | 4 | 3011 | 10 | 9649 | 12 | 25040 | 4635 | 407346 |
| 2001年 | 4700 | 509968 | 38 | 63366 | 9 | 17882 | 5 | 4385 | 10 | 10417 | 14 | 30682 | 4662 | 446602 |
| 2002年 | 4720 | 620240 | 71 | 114840 | 10 | 18832 | 13 | 10663 | 29 | 31748 | 19 | 53597 | 4649 | 505400 |
| 2003年 | 4778 | 672121 | 83 | 172171 | 10 | 21491 | 16 | 15387 | 35 | 58738 | 22 | 76555 | 4695 | 499950 |
| 2004年 | 4508 | 735359 | 104 | 256636 | 10 | 28756 | 11 | 13163 | 50 | 86070 | 33 | 128647 | 4404 | 478000 |
| 2005年 | 2119 | 481676 | 90 | 370166 | 10 | 33907 | 9 | 12265 | 39 | 93431 | 32 | 230563 | 2029 | 111510 |

说明：股份制栏包括联营和私营企业

# 第二章　工业门类

1991年，县内工业多是小型企业，主要有食品、化工、水电、矿冶、竹木加工、船舶修造等行业。1992年后，“三资”工业企业逐渐增多，以水产加工为主的食品业迅速发展。五金机电、塑料化工、建材逐渐成为支柱产业。至 2005 年，全县规模以上工业总产值 37.02 亿元，食品 12.63 亿元，占 34.1%；矿冶业 6.25 亿元，占 16.9%；机电业 5.6 亿元，占 15.1%；鞋业 5.01 亿元，占 13.5%；电力 2.46 亿元，占 6.6%；化工 2.33 亿元，占 6.3%；其他行业 2.74 亿元，占 7.4%。

## 第一节 食 品

1991 年，连江利用食品资源优势，县政府出台一系列扶持食品加工业的优惠政策，使食品行业一直成为支柱产业之一。1995 年，全县乡以上食品行业 59 家，产值 19994 万元。2000 年，规模以上食品企业 13 家，产值 19554 万元，占全县规模以上工业总产值的 36.4%；出口交货值 13130 万元。2003 年，规模食品企业达 41 家，实现产值 8.33 亿元，占规模工业总产值的 48.4%；出口交货值 4.32 亿元，占规模以上工业出口交货总值的 62.9%。2005 年，规模以上企业 35 家，完成产值 12.63 亿元，占全县规模工业总产值的 26.3%；出口交货值 6.83 亿元，占 43.2%。其中水产类企业产值超亿的有百洋海味食品有限公司；产值超过 5000 万的有旭隆食品有限公司，天源水产有限公司。骨干企业有：东岱水产综合冷冻厂、官坞海洋开发公司、宏利食品有限公司等。

### 一、水产品加工

1991 年，全县水产品总量 19.64 万吨，加工量约 3 万吨，加工率仅 15.3%。1992 年，适应市场经济发展，县相继出台一系列扶持水产加工企业的优惠政策，水产加工发展快速。1993 年，晓澳水产加工厂与日本岗田株式会社合资组建旭隆食品有限公司，生产海带昆布卷，规模日益扩大。1995 年，全县水产加工量 5.27 万吨，加工率 15.9%。2000 年，加工量 12.7 万吨，加工率 22%。百洋海味成为市农业产业化重点企业。同年新创办天源水产有限公司，从事水产品精深加工。至 2005 年，全县水产品加工量 22.1 万吨，加工率 35.2%，其中规模以上企业 23 家，加工量 6.03 万吨，占总加工量的 27.3%；23 家企业完成产值 7.44 亿元，占食品规模行业总产值的 58.9%。其中海洋百味实现产值 30118 万元。旭隆食品产值 7141 万元，天源产值 6060 万元。

### 二、酿酒

1991 年，县国营酒厂，仍酿造黄酒产量 810 吨，白酒产量 1523 吨。县啤酒厂生产啤酒 2974 吨。1992 年起，酿酒业竞争激烈，国营酒厂产量下降。啤酒厂通过技改，扩大规模，1995 年啤酒产量达 9825 吨，产值 1480 万元。1996 年，国有酒厂因连续亏损停产，厂房转让作房地产开发，下属 5 个分厂实行有偿转让成为民营。1997 年，县啤酒厂进行企业转制，职工持股组成股份制合作企业。1998 年 2 月，企业转让为民营，改名福州神达啤酒有限公司，继续啤酒生产，但市场销售欠佳，产值产量逐年下降。2000 年产量 5600 吨，产值 806 万元。2002 年，福建省南湖酒业有限公司落户江南乡，投资 2500 万元，2003 年，通过 ISO 9001 质量认证，试产品“古年”牌黄酒获市产品质量奖。2005 年，“南宫泉”牌陈酿、“马祖福”牌黄酒荣获省名牌产品称号。县啤酒厂产量降到 3000 吨，产值不足 500 万元。

### 三、粮油加工

粮食加工 1991 年，粮食市场全面放开，流通渠道畅达，外地大米、面粉、方便面挤占境内市场，县内碾米、粮食加工业日渐萎缩。1993 年，县粮食系统 5 家碾米厂整合归并县粮食购销公司。2000 年 6 月，福州青芝山面粉有限公司在琯头投资区兴厂办业，2002 年投产，当年生产面粉 2.86 万吨，产值 3400 万元，2003 年 6 月企业通过 ISO 9001 质量体系认证和 QS 认证，当年产量 5.65 万吨，产值 5400 万元，利税 200 万元，并评为市农业产业龙头企业。2004 年 12 月，“青芝”牌面粉评为市知名商标。2005 年度评为省名牌产品，当年产面粉 7.6 万吨，实现产值 7871 万元，纳税 90 万元。

**食油加工** 1991年初，县内只有国营油厂1家，年产量47吨。1995年，企业改称为福建省连江县粮油食品公司，通过技改和企业整顿，当年生产各类食油422吨，产值401万元。此后，引进先进油脂生产线，开发“联发”牌瓶、散装花生油、大豆油、菜籽油和食用调和油等系列产品，颇受消费者欢迎。2002年8月，企业通过ISO 9001认证，2003年“联发”品牌获省著名商标称号。2005年，生产各类食油1100吨，产值1081万元，税缴11.98万元，年末员工38人。

**四、肉制品**

1992年，福州新捷阳食品有限公司落地城关，投资2500万元，生产高档次、高品质的肉松等肉制品，市场看好。1994年，产值1719万元。1996年，产值增到2748万元。2001年，增办福州瑞阳食品有限公司，2002年竣工投产，2005年，新捷阳公司产值2374万元，瑞阳公司产值1247万元。

**五、蔬菜加工**

1991年，县国营调味品厂生产脱水蔬菜品种9种，产量190吨。民间有少量蔬菜加工产品投入市场。1992年后，福州等地产的鱼露、豉油应市，调味品厂经营亏损，1998年，有偿转让给房地产开发。2001年，福建龙和食品实业有限公司自福州迁建敖江投资区，2002年投产，产品以速冻脱水果蔬、调味品、即食蔬菜等为主，产品全部销往日本、美国、欧洲等地，当年产值6690万元。2003年2月，企业通过ISO 900和HACP论证，并被认定为市农业产业化龙头企业，是年生产蔬菜干制品2859吨，速冻蔬菜1663万件，产值18476万元。2004年，产值增至25393万元。2005年，产值33336万元，年末员工1200人，其中技术人员180人。

**六、制盐**

1991年，县国营盐场产盐1033吨。1995年降到676吨，产值27万元。由于盐场规模偏小，按照国家产业政策，对小盐场进行调整改制，于2000年停产，场地改作海水养殖。

## 第二节 电 力

**一、发电**

**水力发电** 1991年初，县内300千瓦以上水电站12座，装机29台，容量11310千瓦，年发电量4209万千瓦时。1992年，在开始筹建山仔水电站的同时，逐步对部分老电站进行改建和扩容，并新建6个小水电站。2005年，县内计有水电站23座，装机5.86万千瓦，年发电量2.2亿千瓦时。

**火力发电** 2003年12月，引进华电集团可门火力发电厂，工程规划总投资320亿元，总装机640万千瓦，分三期实施。一期工程投资60亿元，建两台60万千瓦火力发电机组和配套5万吨级煤码头、1万吨重件码头。2005年，主体工程基本完成。2台机组于2006年6月和年底分别投入运营。

**二、输变电**

1991年初，全县有8座变电站（其中110千伏1座），主变压器13台，总容量57500千伏安。随电力工业发展，在建设新变电站的同时，于1991—2001年，对原有变电站进行改建和增容，文山、琯头由35千伏改建为110千伏，官巷、城关等6个变电站都不同程度扩建增容，总容量增至215330千伏安。

1994—2005年，新建变电站7座，主变压器10台，总容量447260千伏安。至2005年，全县有15座变电站，变压器计23台，总容量662860千伏安。其中220千伏1座，输电线路25千米；110千伏4座，输电线路97.8千米；35千伏10座，输电线路130千米；10千伏配电线路1345千米。

### 2005年连江县变电站一览表

表12-2-1

| 变电站名称 | 电压等级（千伏） | 变电容量（千伏安） | 线路长度（千米） | 建成及改扩建时间 | 主供电地区 |
|---|---|---|---|---|---|
| 官巷 | 110 | 63000 | 56.343 | 1988年，1993年扩建 | 全县 |
| 琯头 | 110 | 5000 | 0.963 | 1971年，2004年改建 | 琯头地区 |
| 文山 | 110 | 63000 | 20.728 | 1987年，2001年改建 | 黄岐半岛及马透平原 |
| 虎山 | 35 | 10000 | 21.800 | 1984年建，至2005年扩建3次 | 丹阳、蓼沿地区 |
| 安海 | 35 | 10300 | 12.740 | 1977年，1994年扩建 | 安凯、黄岐地区 |
| 浦口 | 35 | 5000 | 5.330 | 1973年，1993年扩建 | 浦口地区 |
| 官坂 | 35 | 4000 | 26.010 | 1973年，2000年扩建 | 官坂、马鼻、透堡及坑园、下宫地区 |
| 城关 | 35 | 10030 | 8.870 | 1971年，1991年扩建 | 城关地区 |
| 长龙 | 35 | 4000 | 9.900 | 1994年9月建 | 长龙地区 |
| 东岱 | 35 | 10000 | 2.690 | 1995年5月建 | 东岱、晓澳地区 |
| 贵安 | 35 | 4000 | 27.930 | 1996年3月建 | 潘渡、小沧地区 |
| 敖江 | 35 | 6300 | 0.100 | 2000年4月建 | 城关及敖江开发区 |
| 苔菉 | 35 | 13230 | 10.000 | 2003年3月建 | 苔菉地区 |
| 上山（清禄） | 110 | 50000 | 2.950 | 2004年4月建 | 城关及敖江开发区 |
| 浦口（岭头） | 220 | 360000 | 89.349（县内25千米） | 2005年9月建 | 全县 |

### 三、电网

**县城电网**　1991年，城关地区装机容量2／4000千伏安，馈线6条，线路长度13.25千米，公用变压器20台，装机容量10000千伏安。1992年，随城区扩大，新增10千伏线路10千米、变压器5台，装机容量6000千伏安。1993年，投资30多万元架设官巷—城北10千伏线路6.12千米，增加公用变压器7台，容量1750千伏安，0.4千伏线路4.5千米，改变城区单一电源状况。

1994—1995年，投资95万元对县城周边玉山、绿茵、北岳、凤尾四个行政村进行农网改造，安装配变4台，装机容量610千伏安，改造农户1320户。

1995—2001年，城区供、售电量以年均12.6%的速度增长，年用电量递增21%，致大部分接户线、平行线偏小，严重威胁电网安全运行。2002年，利用农网改造二期资金482.85万元，对县城周边玉山村、凤尾村、绿茵村、北岳村进行电网改造，并投资586.26万元，改造城关地区6条馈线，长15.2千米，安装真空开关12台，配变电增至41台，容量10825千伏安，电力供需矛盾部分缓解。2005年，城关共有10千伏线路14条，长62.28千米；电缆线28条，长2.5千米；0.4线路141条，长42.30千米；专用变压器117台、35085千伏安；公用变压器147台、43365千伏安；路灯变压器17台、670千伏安；油开关15台。

**农村电网**　1991年以来，农村用电逐年增加，由于低压电网未改造，线路老化，线损率高达35%，潜存隐患。加上供用电层层承包，电价虚高，有的每千瓦时达1.5元，严重制约农村经济发展。

1999年，贯彻国务院农电“两改一同价”（农电体制、农村电网改造，电价城乡同价）造福工程。

连江第一期农网改造于2000年9月1日开工，首先在敖江、江南试点，2001年3月基本竣工，投资621万元，共完成27个村改造任务。同年6月全县推开，至12月共完成196个行政村，投资6550.83万元。

第二期改造于2002年8月展开，2003年3月竣工，完成11个村和华侨农场，还改造电缆线62千米，绝缘导线580千米，累计投资13734.91万（其中自筹资金570万元）。全县22个乡镇269个村（居）除省“两改一同价”领导小组批准缓改蓼沿乡23个村，县政府自改敖江、江南27个村，福州电业局改2个村、城关7个街道外，应改209个村，实际改造208个行政村，改造面积达99.6%.

在农网改造中，蓼沿兰水、长龙下洋、才溪水电站投入资金1280万元，进行蓼沿乡与下洋村农网改造，使8000多农户享受比县电网低9%—15%的自供电价。

农网改造后，农村低压线损率由网改前的35%降到12%，农村民用电价也从每千瓦时1.50元左右降到0.565元，电价运营实施城乡电网一体化管理，减轻农民负担年达1900万元。

**四、供用电**

1991年初，全县用电11583万千瓦时，其中工业用电3987万千瓦时，农业用电1759万千瓦时，乡镇企业用电483万千瓦时，城乡生活用电5354万千瓦时。

1992年3月14日，县电力总站改称为县电力公司，统管全县电力调度、供应。2001年5月29日，福建省电力有限公司代管县电力公司。2002年，县电力公司对旧调度系统进行改造，使电力生产管理经济分析、规划、决策趋向合理，电网安全运行大大提高。2003年6月25日，在全省率先实行股份制改革，成为县级股份制供电企业，取得企业法人资格，2003年购电量4.1亿千瓦时，售电量3.56亿千瓦时，实现利润400.3万元。2005年，县电力公司购电量达6.34亿千瓦时，售电量5.63亿千瓦时，其中工业用电3.44亿千瓦时，商业用电0.27亿千瓦时，生活用电1.5亿千瓦时，其他用电0.42亿千瓦时。实现利润788万元，纳税1636万元。年末公司员工780人，其中正式职工389人，集体工41人，农电工264人，农电协管员86人。

## 第三节　采掘　冶炼

**一、采矿**

1991年，主要是花岗石、河沙、石子和少量叶蜡石。花岗石采矿企业多兼及板材加工。随国家建设和房地产业的兴起，用石量急增，1991年全县花岗石开采量5万吨，加工石板材5.54万平方米。1995年，企业超过40家，加工量9.18万平方米。随采掘工艺和设备更新，2000年仅规模以上企业板材加工就达40.7万平方米，创产值1220万元。2003年，规模以上企业6家，板材加工193万平方米，产值5278万元。2005年，全县花岗石开采和加工企业162家，锯机582台，集中分布在丹阳镇和蓼沿乡。其中丹阳镇采石企业11家，板材加工企业17家，锯机208台。蓼沿乡采石企业36家，板材加工企业家98家，锯机374台。2005年，规模以上企业13家，板材加工量630多万平方米，产值14613万元。

**二、冶炼**

1991年，县内有4家小型轧钢厂，年产钢约2000吨，产值459.5万元。1992年，随房地产开发升温，先后在才溪三级电站、东湖口、山仔电站等地办起多家小型轧钢厂，生产钢材2000多吨，产值692万元。由于设备简陋，工艺落后，相继淘汰。至2000年，只有金来钢铁1家列入规模工业统计，产量2105吨，产值593万元。2001—2003年，航城金属和永兴不锈钢先后落户潘渡，联港金属也通过技改扩大规模，产值提升，菲律宾福泰钢铁有限公司在琯头镇长门村征地373亩，投资1800万美元，建设50万吨优特钢工程。2003年，在产规模以上轧钢企业3家，产量7.44万吨，产值2.14亿元，同年，四川都江堰金星钢铁有限公司和美籍华侨合股集资6000万元在敖江兴建金星钢铁有限公司，占地8.47公顷，建筑面积1.56万平方米，企业员工300人，其中技术人员26人。2004年5月建成投产。该公司采用高功率电弧炉熔炼—连铸生产工艺，生产压扎型钢和各类线材钢，当年生产35万吨。

根据国家发改委等七部委局及市政府《关于开展打击地条钢建筑用材非法生产销售行为工作的意见》精神，于2004年10月21日成立打击地条钢领导小组，对县内轧钢企业进行全面清理整顿，经市整顿办公室研究确认，金星、联港（含福利）、金来、航城、永兴等规模较大的5家轧钢企业继续生产，其余小型地条钢轧钢厂一律关停。2005年，由于废铁原材料价格上涨，普通钢材价格回落，金来、联港金属、永兴不锈钢3家处于半停产，5家规模以上企业共轧钢12.29万吨，产值47857万元（其中金星产量6万多吨，产值1.9亿元）。5家公司共有员工326人。

## 第四节　小五金　机械　电器

### 一、小五金

1991年　，县内金银首饰加工及小五金修理历来以手工为主。1992年，逐步由手工转为电子机械配制，金银首饰加工也转向半机械化。还引进外商福州雄鹏五金电器有限公司落户连江，生产底板、合金片等五金产品。至2000年，金银首饰店（场）已达20家，小五金96家。2005年，发展至200多家，其中雄鹏年产值684万元。

### 二、机械设备制造

1991年，县内从事机械加工制造的小型企业有20多家。国营企业县机械厂，以生产农机具及船用挂浆为主。1993年，企业转制租赁给香港卓能有限公司组建诚兴五金有限公司。同年12月，香港永耀贸易有限公司与浦口车辆配件厂合资在敖江集中区征地45亩创建福州富佳机电制造有限公司，生产冲压轴承及五金产品200多种，销往欧洲、美国、加拿大，成为规模以上现代企业。1995年，全县国有及乡以上机械加工企业15家，产值6460万元。1997年8月，琯头投资区引进瑞邦金属制品有限公司，生产铸造件。2000年开始，陆续从台湾进口CNC车床、立式综合加工中心机等精密加工仪器设备，生产规模不断扩大，当年产值上规模。2002年，敖江、琯头投资区先后引进福州源丰机械有限公司（主产缝纫机配件）、福州长帆机械有限公司（铸造件加工）、福州莹拓精密冶金工业有限公司（不锈钢铸件）、福州港发机电工业有限公司（电机、空压机、水泵等）、菲斯特铸铁有限公司（履带轮）等规模机械加工企业。

2004年11月，由香港润发集团投资创立福州发电机工业有限公司，主要产品有汽油发电机、柴油发电机、电动机、空压机、农用机械系列产品及其配套，销往欧美、东南亚、中东地区。2005年，县内规模以上机械企业7家，总产值45757万元，从业人员1572人，实现税利1120万元。其中港发机电产值23466万元，莹拓精密冶金产值6128万元，是县内创汇的大户。

### 三、电器制造

1991年，县内电器企业2家，以生产日光灯起辉器为主的和永建电器已稍具规模。1993年，生产电视遥控器的电子器材厂停产。

1996年，和永建（连江）电器迁至敖江投资区建厂，扩大生产规模，1997年8月，企业通过ISO 9001质量管理体系认证，当年产值2130万元，产品主要销往欧盟、美国、日本等国。自2000年始，和永建起辉器年产量均保持6800万只，产值3800万元（2004年产品通过ISO 14001认证）。

2003年，瑞鑫集团（福州）实业有限公司由浙江瑞鑫集团有限公司和温州客商共同创办的内资合资企业落地敖江工业区，一期征地183亩，规划投资1.1亿元，2004年10月试生产，2005年2月正式投产，主要产品：建筑电气、电缆桥架、母线槽、高低压成套开关设备、发电及水泵机组等。2005年，电器制造规模以上企业4家，完成产值15003万元，从业人员744人。其中瑞鑫产值10321万元。

## 第五节　制鞋业

1991年，有布鞋、塑胶鞋厂6家，其中县办集体1家，乡镇企业5家，从业人员486人，工业总产值1032万元，外贸出口308万元，占全县出口总值9%。2001年后，随着加入WTO组织，鞋类出口贸易不断上升。2005年，县内规模以上鞋业有11家，其中布鞋5家、塑胶鞋4家、皮鞋2家，工业总产值50152万元，外贸出口值40341万元。

**一、布鞋**

1991年，县内纺织面料鞋厂乡以上企业有3家，1996年生产布鞋86万双，产值313万元。1998年，浦口制鞋厂与外商合资组建福州万泽鞋业有限公司，双方投资480万，生产毛巾拖鞋、体操鞋、天鹅绒拖鞋、童鞋系列产品，销路以美国、加拿大、西欧、东南亚等地为主。2000年，全县有9家布鞋企业，总产量398万双，其中万泽鞋业生产146万双，产值1017万元，出口交货1042万元，从业人员358人。2001—2003年，希达皮塑帽工业有限公司、凤城华兴鞋厂均跨入规模企业，2003年有3家规模企业，产布鞋481万双，产值3433万元。2005年，有万泽、希达、华兴、万丰、宏辉、富山6家规模布鞋企业，生产布鞋1110万双，产值7916万元。

**二、塑胶鞋**

1991年，县内塑胶鞋生产企业规模很小，产量不多。2000年，较大塑胶鞋企业有东岱塑胶厂、东岱福利塑胶制鞋厂、龙峰塑胶制品有限公司。当年产量877吨，产值1667万元。2005年，产量增至3200吨，产值6399万元。

**三、皮鞋**

2000年前，县内皮鞋制作以手工为主，不成规模。2002年9月始，连江清禄鞋业有限公司从马尾逐步迁入敖江投资区，总投资4500万美元，专门从事生产世界名牌ADIDAS（阿迪达斯）皮运动鞋，产品全部出口。厂区占地面积600余亩，拥有32条配套流水线作业，设计年产阿迪达斯成品鞋1460万双。2003年5月正式投产，当年生产运动鞋35.45万双，产值7324万元。2004年12月，企业通过ISO 9001（质量管理体系）认证和ISO 14001（环境管理体系）及OHSAS 18000（职业健康与安全管理体系）认证。2005年，生产运动鞋1111万双，产值36537万元，从业人员14800人。

## 第六节　化　工

**一、化肥**

1991年，县国有合成氨厂通过技改，生产合成氨4148吨，折氮肥3042吨，产值539万元。1994年，生产滑坡，产值降到327万元，企业亏损严重。1995年，经县批准公开招投标，实行国有民营承包机制。1996—1999年，先后投入500万资金进行更新改造，生产规模扩大至1.5万吨合成氨。1999年，生产1.18万吨，折氮肥8278吨，产值1662万元。2000年9月承包期满，县政府委托省华兴拍卖行进行公开拍卖转让，最终以950万元中标签订转让合同，企业改称“福州承升化工有限公司”，年产能力扩大至2.5万吨合成氨。2005年，生产化肥实物量2.93万吨，折氮肥1.98万吨，产值7200万元，年末员工386人，其中技术人员15人。

**二、塑料制品**

1991年，县内有塑料制品企业4家。其中长龙华侨塑料厂主要生产劳工雨衣、薄膜雨衣、贴布雨衣，全部销往美国、日本、西欧。1994—1995年，产值均在2000万元左右。1996年开始，订单逐步减少，2000年产值降到1431万元。2005年，产值236万元，处于保本经营。

2003年，先后有外商福州裕鑫塑胶有限公司和福州长欣塑胶有限公司落户连江。裕鑫塑胶由美籍华人林知龙独资创办，在琯头占地1.33公顷，建筑面积7388平方米，主要产品有背心袋、手提袋、垃圾袋薄膜等，产品销往美国及东南亚一带，2004年产值1174万元，2005年产值5302万元，年末员工有156人，其中技术人员28人。长欣塑胶由威京群岛投资设立的分公司，在敖江占地2.67公顷，厂房建筑面积1.15万平方米，产品有鞋类、电子配件、汽车配件等塑胶成型产品及模具制造，2004年试产。2005年投产。

**三、油漆、添加剂**

2003年，福州冠通化工有限公司落户官坂镇，以生产添加剂为主，2005年，产值达5923万元。

2004年1月，福建东海漆业有限公司落户敖江投资区，占地4.71公顷，厂房建筑面积1.1万平方米，总投资5000万元，设有合成车间、包漆车间、中试车间，配备8条油性、涂料等生产线，年生产设计能力为树脂1万吨、色漆2万吨、乳胶漆1万吨、黏合剂3000吨，年产值3.5亿元。2004年，建成试产，产值1270万元。2005年，企业通过ISO 9001质量管理体系认证和3C认证，“东海”商标经省著名商标认定委员会复核评审，授予著名商标称号，并被中国质量品牌推广中心授予“中国著名品牌”称号。当年产值达4653万元。

**四、玻璃钢管**

2003年，长龙镇引进福州兴耐特玻璃钢有限公司在敖江投资区落户，产品为聚氯乙烯树脂增强纤维玻璃钢管，为塘坂引水工程配套生产引水管道，2004年，产值3010万元。2005年，产值降到1544万元。

## 第七节 船舶修造

1991年，县国营塔头船厂，有员工137人，可修造150吨位木壳船和300吨位水泥船，产值100万元。还有琯头、黄岐等沿海造船厂13家，产值约300万元。

1992年开始，造船由木质向钢质，小吨位向大吨位发展。小型造船企业逐步退出行业，国有塔头造船厂虽经多次改革，但资金缺乏，难上规模，终至萎缩停产。

1991年，县经委与武昌造船厂联合创办灵昌联合造船厂，建有500吨级船架式船台和2000吨级斜滑道船台各一座及配套设备，具有上排1500吨级以下各类钢质船舶修造能力。由安凯文湾造船厂扩建的福建瀚海船业有限公司，投资2000万元建造的3万吨船坞投入使用。1995年，投入3000万元，建设第二个3万吨船坞。2002年开始，筹建6万吨级船坞和配套设施，成为福州地区最大的修造船企业。2003年，黄岐造船厂与鑫丰船舶有限公司合资建造万吨干船坞，2005年进入试产。同年，海运有限公司投资6亿元，组建修造万吨级船舶的冠海造船工业公司，最大造船能力可达8万吨，使连江造船业向现代产业化推进。2005年，造船产值达6602万元。

## 第八节　造纸　印刷

**一、造纸**

1991 年，全县有 6 家小型造纸厂，从业人员 378 人，产纸 2548 吨，产值 501.8 万元。1996 年发展到 8 家，有县国有造纸厂、江南造纸厂、二轻造纸厂、蓼沿造纸厂、蒲边造纸厂等。由于工艺设备落后，污染环境，在整顿“五小”（小炼铁、小炼焦、小化肥、小造纸、小煤矿）企业中逐步关闭淘汰。县造纸厂租赁给香港岗兴纸品厂组建福州华岗（后称华楠）纸品有限公司，租赁期 10 年。产品以各色纹纸为主，1996 年产值 279 万元。2000 年，通过技改，生产规模扩大到 843 吨，产值 1041 万元，出口 97 万元。2003 年，生产量达 1744 吨，产值 1800 万元，出口额 597 万元。2005 年租赁到期，仅产 400 吨，产值 409 万元，停产欠租。

**二、印刷业**

1991 年，全县印刷企业普查有 21 家，主要有国有县印刷厂和二轻第二印刷厂两家。其余为部门和乡镇办小印刷厂 19 家。1992—1996 年，个体印刷业有所发展，有的从乡镇移向城区。1995 年，晓澳兴峰印刷厂迁移至县城工业投资区，改名福州兴峰彩印广告有限公司，厂场面积 5000 平方米，集设计、印刷为一体，承接各种现代印刷业务。1997 年 10 月，县国营印刷厂亏损关闭。2005 年，据县公安部门特种行业管理登记，印刷业有兴峰、八闽、圣力、伽华、阳光等 64 家。稍具规模的是兴峰印刷厂，生产能力达 25000 令，拥有员工 91 人。

## 第九节　工艺产品

1991 年，县内有木画、竹编等 20 多家企业，其中二轻工艺竹编厂，产值达 211.1 万元，还有东湖、东岱、敖江、江南等石雕工艺小企业。1993 年 8 月，香港光榕发展贸易公司与连江工艺竹编厂合资创办顺得工艺品有限公司，生产竹编工艺品。因市场滞销不久停产。1996 年后，木画企业因国际市场变化多数关停转产。1998 年 4 月，香港同胞与杭下竹编厂合资创办福州华光兴工艺有限公司，开发藤、竹等工艺品出口，采取工厂化生产带农户，结合家庭手工作坊。1999 年，迁往敖江投资区，2001 年产值 1163 万元，出口创汇 130 万美元。2002 年，福州花圣工艺品有限公司落户凤城镇，2003 年产值 430 万元，2004 年迁往江南投资区，主要产品有绢花、纸制工艺品等，2005 年，产值 643 万元，产品全部出口。

## 第十节　木制品

1991 年，县内木制品生产多是集体和个人经营，规模小，档次低。1992 年后大部淘汰。1994 年 9 月，新加坡成瑞国际发展有限公司独资 676 万美元在琯头征地创办环美家具有限公司，主要生产欧、美式及高档仿古实木家具、地板木等，产品全部销往欧美地区。2000 年 9 月，台商在琯头投资区独资

200万美元，创办福州美森木业有限公司，生产胶合板。2002年，两家企业都发展为规模企业。2003年，环美家具被大亚集团所属香港子公司全资收购，进行股份重组，并增资124万美元，开发新产品，累计投资达1466万美元。2005年，环美总产值11146万元，年末职工近1000人。美森木业总产值5496万元，职工208人。

# 第三章　机构与管理

## 第一节　机　构

**县经济贸易局**　1991年，为县经济委员会，内设生产技术科、企业管理科、党委办公室，干部23人。1997年，县乡镇企业局并入，更名为县经济局，两块牌子，一个机构，内设办公室、生产技术科、财统科、企业管理科（加挂外经科牌子），配备干部职员29人。

2003年6月，撤销县经济局（乡镇企业局）、财贸办公室，组建县经济贸易局。县粮食局和安全生产监督管理局划属县经济贸易局管理，内设办公室、生产技术科、企业管理科、贸易发展科、能源电力科、经贸行业管理办公室、计划财务科。2005年，内设机构不变，有干部员工33人，其中行政编制25人。

## 第二节　管　理

**一、安全生产管理**

1991—1995年，经委主管县属国有工业企业的安全生产。各企业均由厂长分管安全生产，并配备专（兼）职安全员、车间安全员等。层层建立安全生产责任制和安全考评制度。每年县主管局都与直属企业、企业与车间、班组相应签订安全生产责任状，内容包括安全建设、伤亡事故、安全技改项目、工业卫生、职工健康、违规查处、安全活动等。各厂都健全档案及班组安全管理制度和台账。同时，经常对企业干部和工人进行安全教育和业务培训，尤其是新工人及临时工、农民工、外来工作为安全教育的重点。1996—2001年，安全生产管理扩大到乡镇企业，每年都召开多次安全生产工作会议，研究解决劳动安全卫生和消防等重大问题，做到任务、时间、经费、人员、措施“五落实”。2002—2005年，贯彻《中华人民共和国安全生产法》，进一步落实安全生产制度，同时扩大到商贸企业，由经贸局生产技术科和县生产监督管理局协调，负责全部企业安全生产管理。

**二、技术质量管理**

1991年，县工业部门在推行全面质量管理的同时，还开展企业QC质量攻关活动，保证产品质量的提高。1992—1993年，全县共引进科技成果85项，开发新产品30多种，其中获国家、省、市银质奖各1项，申请专利1项。1994年，开展“提高关键工序一次合格率，降低不良品损失”活动，先后有县啤酒厂、酒厂、制碘厂、合成氨厂、调味品厂、第一印刷厂、第二印刷厂等7家企业共完成降损目标50万元。1992—1995年，全县工业实施技改项目49项，其中省级安排27项，市批17项，县批

5项，投产的有43项，完成投资18198万元。1997年，贯彻财政部、经贸委《技术改造贷款项目贴息资金管理办法》，实施科技兴企战略，把技改贴息资金侧重于支持采用新技术，促进科技成果转化的项目。1996—2000年，全县共实施技改投资项目64项，完成技改投资32697万元。2000年8月，在全县工业企业开展以“质量——新世纪的呼唤”为主题的“质量月”活动，贯彻新修订的《中华人民共和国产品质量法》，深入开展查质量意识、查质量水平、查质量体系、查现场管理、查销后服务的“五查”活动。同年11月，以贯彻县制定的《关于推进ISO 9000质量认证工作的意见》为起点，建立从设计到配套服务等一系列推进质量认证的优惠政策，对获得ISO 9000质量认证的企业，除市级奖励外，县财政另给1万元奖励，连续三年抽查合格的，确定为免检产品，并作为列入县重点企业条件之一。2000年，全县仅有和永建电器有限公司、福州瑞邦金属有限公司两家企业通过ISO 9000质量认证。

2002年，贯彻建设海峡西岸经济区的战略部署，实施项目带动发展战略，简化技改项目的审批程序，规定固定资产投资额300万元以上的技改项目，经县经济局审核后，报省、市有关部门办理登记备案或审批；固定资产投资额在300万元以下，由县经济局办理登记备案确认手续。2002—2005年，全县共实施技改85项，投入技改资金6.19亿元。其中，用于扩大企业生产规模、更新工艺设备、开发新产品、扩大出口、提高产品质量等方面的投资占70%，节约能源的投资占20%，“三废”（工业污染源产生的废水、废气和固体废弃物）治理投资占10%。2005年，全县有22家企业通过ISO 9000质量认证，有“联发”“施瑞安”“海怪”“浪涛”牌盐渍海带、“青芝”牌面粉、“海威”牌鱼丸、虾皮、“旭隆”牌佃煮昆布卷、“马祖福”牌黄酒等列入省、市知名商标产品。

# 第十三篇　交　通

1991年，全县公路有51条，计533.64千米，100吨位以上码头19座。1992年，县成立先行工程领导小组，加大交通设施建设力度，相继进行104国道拓宽取直降坡改造，东北线（东湖至北茭）公路改建，新建同三（后改沈海）高速公路，逐步提升县、乡、村三级路网水平。同时，加快港口码头建设，2004年，可门港开始建万吨码头。2005年8月温福铁路开工。至2005年，境内公路发展到159条，计869千米，每平方千米平均密度为74.4%。全县269个建制村（除岛屿外）实现公路联网。新建100吨以上码头11座（其中千吨泊位3座，万吨泊位2座）。先行工程共投资25亿元（其中同三、国道、东北线共14亿元），全县注册营运车辆1505辆，水上运输轮船194艘（其中货运船舶165艘），载重量83.21万吨（境内注册39.5万吨）。年水陆货运总量1293.67万吨，货运周转量103.4亿吨／千米，水陆客运总量1239.68万人，客运周转量7.11亿人／千米。

## 第一章　交通设施

### 第一节　陆　路

**一、公路**

1991年，县境四级以上公路有39条467.3千米，等外路12条66.34千米。至2005年，全县有公路159条，计868.998千米。其中高速公路1条36.214千米，国道1条40.574千米，省道1条43.821千米（含县道重复18.854千米），县道7条210.185千米，乡道76条361千米，村道73条177.204千米。路面分别为沥青砼路面36.214千米，水泥砼路面263.879千米，沥青路面138.47千米，其他路面430.437千米。技术等级为高速公路36.214千米，二级公路71.096千米，三级公路60.365千米，四级公路472.203千米，等外公路229.122千米。另有寺庙、林区、军事专用路100多千米。

（一）沈海高速公路

1998年，开始建设同三高速公路（后改称“沈海高速公路”）罗源至长乐路段，设计59.3千米，其中连江境内36.7千米，总投资11亿元。1999年1月26日，县成立领导小组，下设办公室，着手进行征地拆迁等工作。2000年5月，全线动工。同年6月，境内主线供地基本到位，实征土地252.3公顷，其中水田162.6公顷，旱地18.8公顷，非耕地60.1公顷，河网、水域等面积10.8公顷。临时用地10.1公顷。拆迁房屋面积19663.34平方米，大小果树8241棵，搬迁坟墓722座。2002年12月23日，建成通车，实际长度36.214千米，路基宽度24.5米，路面宽度21.5米，采用沥青砼高级路面，双向四车道，设计时速每小时80千米，境内设有连江、琯头、丹阳3个主线互通匝道。共建桥梁24座10695米，其中斗门高架桥长2767米；敖江特大桥1267米；县城互通桥1181米；桥面宽度均24米；琯头互通桥1112米，宽28.86米；青芝高架桥左桥1534.25米，右桥1504.25米，宽度均12米。建有4条隧道：琯头岭2条隧道上行1820米，下行1747米，宽8.5米，高7.08米，人行道1.91米；洋门岭2条隧道，上下行均为1524米，宽8.5米，高7.09米，人行道1.91米。隧道内照明、通风、消防等设施完备。境县全线共建涵洞131座5216.62米。

（二）G104国道

G104国道，境内路段全长43.8千米。始建于20世纪50年代，南塘至东湖段路基最宽12米，路面宽9米。1993年5月至1994年9月，对东湖至城关段按平原二级的微二级路标准进行改建施工，路基宽28米，路面宽23米，青塘桥拓宽至36米，共投资1003万元。1994年，利用世界银行贷款，对亭江至连江路段按二级路进行改线，其中琯头至魁岐天桥8.32千米（含琯头岭隧道），路基宽36米，铺设沥青混凝土路面宽23米，总投资2800万元。同年8月，动工建设琯头岭隧道及接线公路。1995年2月开始，全线拓宽至23米（连江新大桥保留宽12米），县成立G104国道拓宽改造指挥部，由县委书记和县长先后任总指挥，并派县委副书记任常务指挥，着手征地拆迁等工作。沿线拆迁户804户，拆迁面积5.4万平方米，赔偿费用700多万元。凤城、琯头、敖江、东湖、丹阳五个乡镇共征用公路用地58.8公顷，用于安置拆迁户用地11.2公顷。同年11月竣工通车。由于琯头岭开凿隧道和部分路段改弯取直，境内实际路段缩至40.574千米。其中水泥路面20.574千米，沥青混凝土路面20千米；琯头岭隧道1座882米，净宽10米，高7.26米，照明、通风、消防等设施逐步完善。境内共建桥梁18座751.7米，最长连江新大桥426米。设有涵洞189座3654米。整个工程总投资1.8亿元。

2000年，市公路局投资2200万元，用于G104国道上楼至丹阳、琯头岭隧道接线段水泥混凝土路面铺设，其中罗源上楼至丹阳8.724千米，路面宽15米；连江新大桥接线433米，路面宽9米；琯头隧道北口接线3.47千米，路面宽15米。

2001年10月，为解决东湖岭事故多发路段问题，由福建路桥建设有限公司承包改建1.414千米，路基拓宽至18米，水泥路面宽15米，造价756.203万元。2002年3月完成。同年7月，该公司又承建丹阳至山岗段水泥混凝土路面改建工程9.572千米，水泥路面宽15米，总投资245万元。

（三）省道

1991年，境内省道有福（州）飞（石）线和东（湖）北（郊）线2条共88.9千米。2000年，均改为县道管理。另兴建S201省道，起点宁德漳湾，终点漳州东山（简称“漳东线”），总长905千米。连江境内起自马鼻镇浮曦村的马岐（原马松线），至琯头镇长门村，长43.821千米。沿途经过：浮曦、赤石、马鼻、官坂、官岭、浦口、蝉步、湖里、道澳、下岐、至长门。全线于2000年4月动工，至2005年12月，已修16.3千米。其中浦东大桥291米，预应力混凝土T梁，桥面宽14米（车道10.5米，人行2×1.75米），桥下净空11.2米，造价1200万元，2005年12月通车。有官岭隧道1条，长545米，宽9米，高5米，2005年贯通。建有涵洞163座。

（四）县道

1991年初，县道共12条，总长184.1千米。2000年，全国公路普查后，原省道福飞线、东北线列为县道管理；县道贵山公路并入县道潘小线；连晓、江百公路合并南境线；丹寿路更名为丹西线；溪小、周道、上定、琯长等县道划为乡级管理。2005年，列为县级公路的有7条（含新辟浦安线），总长210.185千米（与省道重复部分18.854千米划为省道统计）。县道共有桥梁11座437.3米，较大的如安海大桥，长94米，宽9米（车道7米、人行2米），1998年10月竣工，造价229.25万元。小沧畲山湖大桥长120米，宽6.5米，2003年4月通车，造价200万元。共建有隧道2条，长门隧道长486米，宽8.5米，高7.2米，1994年4月竣工；小沧隧道，长128米，宽6.5米，高6.4米，2003年竣工。共建有涵洞688座。

**X135东苔线**　原为省道东北线，全长71.2千米。跨越黄岐半岛北侧两座大山，弯道多，隐患多。1993年4月，开始进行全线改造，第一期工程由官岭至黄岐30千米，至2002年10月完成，路基宽8米，路面沥青贯入式，宽7米，总投资6280万元。1998年，实施第二期东湖至官岭路段改造，计划投资12256万元，分三段进行。至2005年，已改建12.34千米，投入6998万元。整线拓宽取直后总长68.818千米，其中2级路4.08千米，3级路33.2千米，4级路31.538千米。主要停靠点东湖、下山、山亭、浦口、官岭、文山、红厦、坑园、郭婆、安凯、半山、高塘、黄岐、大建、琇琊、苔菉、北茭。

**X131南境线**　由原县道江百线、连晓线扩改建而成，全长39.035千米。1994年6月，对连晓线18.9千米拓宽及路面改建和部分取直，1995年9月竣工，投资340万元。改建后路段为17.78千米，路基宽7.5米，路面宽6米，4级标准。1994年，由业主江南、东岱、晓澳乡（镇）政府分段包干对江百公路18.4千米进行改建，并从百胜延至晓澳，公路里程21.255千米，路基宽6.5米，路面宽5.5米。2000年，2条县道合并改称南境线。2004—2005年，又对百胜段3.9千米、晓澳段4.054千米进行改建，达四级标准。该线一从南塘起点，沿原连晓线经花坞、儒洋达晓澳；一由原江百线，经文新、山堂、洪塘、蝉步达东岱，再经百胜抵晓澳。浦（口）东（岱）大桥及接线公路修通后，多数车辆由县城至浦口，经浦东大桥达东岱或晓澳。

**X132丹西线**　原丹寿线，自丹阳镇虎山经朱公、杏林、王坑、蓼沿乡的蓼沿、后坂、蒲边、兰水（岭下），达罗源县寿桥村。境内长23千米，路基宽5—6.5米，路面3.5米，泥结碎石路面，4级标准。1994年该线进行改弯取直拓宽及路面改建，1996年竣工，总投资420万元。改建后长22.824千米，路基宽7.5米，路面宽6米，路面为沥青贯入式。2000年后，丹寿公路更名为县道丹西线，4级标准。

**X133潘小线**　原为贵山线，22.5千米，自潘渡乡的贵安经仁山、塘坂、山仔水库。1991年，兴建山仔水库时，对高岳口至山仔水库6.999千米公路进行修建。1994年，拓宽改建贵安至山仔水库高岳口路段14.824千米，投资285万元，改建后路基宽7.5米，路面宽6米（贵安至仁山路面为水泥混凝土，余为沥青贯入式）。2003年，小沧通乡公路建成（利用东风至小沧部分路段），路基宽6.5米，路面宽5米，水泥混凝土面层，4级标准，共投资1105.6万元，与贵山路连接，改为潘小线，总长31.444千米。

**X134浦安线**　浦安线自浦口官岭经筱埕蛤沙、蛎坞、东坪、罗回、大埕、官坞、凤贵至安凯，总长20.609千米，为县道新辟线段。1994年动工，1996年竣工。总投资3000万元。路基宽8.5米，水泥路面宽7米，2级标准（其中东坪至罗回路基宽7米，路面宽6米，沥青贯入式面层，4级标准）。

**X136东马线**　原飞马线，自东湖镇飞石村，经祠台、洋门、长龙镇、透堡镇陇柄、南街、尖墩、墙兜至马鼻横厝总长28.813千米。1994年，进行改建，1996年竣工共投资1000万元。改建后路基宽7.5米，路面宽6米，面层为水泥混凝土，2000年更名东马线，4级标准。

**X195新东线**　原福（州）飞（石）线省道，总长36.428千米。境内自潘渡贵安经潘渡、陀市、飞石接104国道，总长17.496千米，原福（州）飞（石）线省道，1992—1996年进行拓宽改建，总投资350万元。改建后路基宽11米，路面宽6.5米，面层为沥青贯入式。2000年定名为新东线，4级标准。

（五）乡村公路

1991年，县内乡村公路计30条，总长152.44千米，其中等级公路18条86.1千米，等外公路12条66.34千米。

1992年，先行工程开始，交通部门对全县乡村公路进行大面积拓宽改建的同时，并充分利用原乡村简易公路及机耕路进行改建扩建。至2005年，全县乡村公路已有149条538千米，其中乡级76条361千米、村级73条177千米。按公路等级分，2级6.354千米、3级5.14千米、4级297.384千米、等外229.122千米。共有小桥梁40座，总长559.1米，最长1条为小沧利洋坪桥，长60米，宽9.5米。

涵洞共建 1650 座。

## 2005 年连江县乡（镇）公路一览表

表 13-1-1 单位：千米

| 序号 | 路线编码 | 路线名称 | 起点地名 | 终点地名 | 长度 |
|---|---|---|---|---|---|
| 1 | Y001350122 | 凤山线 | 凤城温麻公园 | 敖江下山村 | 2 |
| 2 | Y002350122 | 凤幕线 | 凤城傲江景城 | 敖江幕浦 X135 岔口 | 6 |
| 3 | Y003350122 | 财溪电站线 | 敖江财溪 X135 岔口 | 财溪电站 | 6 |
| 4 | Y004350122 | 凤梅线 | 凤城 G104 岔口 | 梅洋中洋自然村 | 15 |
| 5 | Y005350122 | 鱼东线 | 南塘龟岭 G104 岔口 | 琯头东边村口 | 5 |
| 6 | Y006350122 | 湖东线 | 东湖 Y077 | 东塘村出点 | 3 |
| 7 | Y007350122 | 周东线 | 东岱东岱街 | 湖里村 | 3 |
| 8 | Y008350122 | 山长线 | 琯头上坪山边 | 长门码头 | 3 |
| 9 | Y009350122 | 粗芦岛公路 | 琯头东岸村出点 | 塘下古湖自然村 | 8 |
| 10 | Y010350122 | 川石岛公路 | 琯头川石岛码头 | 川石村 | 2 |
| 11 | Y011350122 | 贵坡线 | 潘渡贵安 X195 岔口 | 沙洲自然村 | 14 |
| 12 | Y012350122 | 高岳线 | 潘渡高岳 X133 岔口 | 高岳雷打石自然村 | 4 |
| 13 | Y013350122 | 陀兰线 | 潘渡陀市 X195 岔口 | 林场工区 | 12 |
| 14 | Y014350122 | 岭樟线 | 蓼沿岭头 | 小沧樟后村出点 | 7 |
| 15 | Y015350122 | 沧日线 | 小沧七里村入点 | 晋安日溪乡口 | 7 |
| 16 | Y016350122 | 坂凤线 | 丹阳坂顶 G104 岔口 | 凤岩村出点 | 5 |
| 17 | Y017350122 | 花山线 | 丹阳花园 G104 岔口 | 外山兜自然村 | 2 |
| 18 | Y018350122 | 丹文线 | 丹阳 G104 岔口 | 文朱观音山自然村 | 24 |
| 19 | Y019350122 | 溪小线 | 蓼沿溪西 X132 岔口 | 小沧 X133 岔口 | 16 |
| 20 | Y020350122 | 仙屏线 | 蓼沿仙屏 X132 岔口 | 蓼沿高坂自然村 | 3 |
| 21 | Y021350122 | 朱大线 | 蓼沿朱公 X132 岔口 | 洋中自然村 | 2 |
| 22 | Y022350122 | 朱周线 | 蓼沿朱公村入点 | 周溪村出点 | 3 |
| 23 | Y023350122 | 周首线 | 蓼沿周溪 Y022 岔口 | 首占溪口自然村 | 2 |
| 24 | Y024350122 | 建下线 | 长龙建庄 X136 岔口 | 岚下塘口自然村 | 3 |
| 25 | Y025350122 | 长真线 | 长龙 X136 岔口 | 真茹外窑自然村 | 12 |
| 26 | Y026350122 | 苏洪线 | 长龙苏山 Y025 岔口 | 洪峰外澳自然村 | 4 |
| 27 | Y027350122 | 真南线 | 长龙真茹 Y025 岔口 | 南洋自然村 | 4 |
| 28 | Y028350122 | 建炉线 | 长龙建庄 X136 岔口 | 炉峰口 | 3 |
| 29 | Y029350122 | 庄东线 | 马鼻 S201 岔口 | 东湾鲤溪自然村 | 3 |
| 30 | Y030350122 | 塘颜线 | 官坂塘口村入点 | 坑园垦区金牌 | 7 |

续表 13-1-1

| 序号 | 路线编码 | 路线名称 | 起点地名 | 终点地名 | 长度 |
|---|---|---|---|---|---|
| 31 | Y031350122 | 红屿线 | 坑园红下 X135 岔口 | 前屿村 | 7 |
| 32 | Y032350122 | 象门线 | 坑园象纬 X135 岔口 | 颜岐村委会 | 3 |
| 33 | Y033350122 | 象夏线 | 坑园象纬 X135 岔口 | 下宫村出点 | 7 |
| 34 | Y034350122 | 郭黄线 | 安凯郭婆 X135 岔口 | 黄家洞村出点 | 3 |
| 35 | Y035350122 | 安奇线 | 安凯安海村 | 奇达村委会 | 6 |
| 36 | Y036350122 | 安赤线 | 安凯 X135 岔口 | 赤澳 Y039 岔口 | 5 |
| 37 | Y037350122 | 黄赤线 | 黄岐镇政府 | 赤澳村 | 2 |
| 38 | Y038350122 | 车码线 | 黄岐车站 | 黄岐码头 | 3 |
| 39 | Y039350122 | 赤才线 | 黄岐 X135 岔口 | 赤才村出点 | 5 |
| 40 | Y040350122 | 凤长线 | 凤城 G104 岔口 | 长后自然村 | 6 |
| 41 | Y041350122 | 凤青线 | 凤城 G104 岔口 | 青塘口清禄鞋厂 | 4 |
| 42 | Y042350122 | 凤沙线 | 凤城已古村 | 上宝溪 | 11 |
| 43 | Y043350122 | 塔浦线 | 浦口塔头 X135 岔口 | 浦口 | 2 |
| 44 | Y044350122 | 阳竹线 | 琯头阳岐 G104 岔口 | 竹岐村出点 | 3 |
| 45 | Y045350122 | 长码线 | 琯头东边村 | 长门码头 | 4 |
| 46 | Y046350122 | 东溪线 | 潘渡东雁村口 | 溪利村出点 | 3 |
| 47 | Y047350122 | 七大线 | 小沧七里村 | 大岗自然村 | — |
| 48 | Y048350122 | 松岭线 | 丹阳松岭 G104 岔口 | 石山场 | 2 |
| 49 | Y049350122 | 旺庄线 | 丹阳旺庄 G104 岔口 | 尖山亭 | 3 |
| 50 | Y050350122 | 桂朱线 | 丹阳桂村 G104 岔口 | 则勇厝 | 3 |
| 51 | Y051350122 | 岭下线 | 蓼沿岭下 Y019 岔口 | 下车自然村 | 2 |
| 52 | Y052350122 | 白车线 | 蓼沿白沙 X132 岔口 | 赤石村出点 | 11 |
| 53 | Y053350122 | 蓼凤线 | 蓼沿 X132 岔口 | 凤岩村入点 | 4 |
| 54 | Y054350122 | 杏后线 | 蓼沿杏村 X132 岔口 | 后垅村出点 | 3 |
| 55 | Y055350122 | 四利线 | 蓼沿四定 Y022 岔口 | 利畲村 | 3 |
| 56 | Y056350122 | 周义线 | 蓼沿周溪村 | 义洋村 | 2 |
| 57 | Y057350122 | 透馆线 | 透堡 X136 岔口 | 馆读祠堂 | 2 |
| 58 | Y058350122 | 官合线 | 官坂 S201 岔口 | 合山村 | 3 |
| 59 | Y059350122 | 颜前线 | 坑园颜岐 Y032 岔口 | 前屿村委会 | 3 |
| 60 | Y060350122 | 郭松线 | 安海郭婆 X135 岔口 | 松皋村委会 | 10 |
| 61 | Y061350122 | 斗长线 | 黄岐 X135 岔口 | 长沙村 | 2 |
| 62 | Y062350122 | 黄古线 | 黄岐 Y038 岔口 | 古石村 | 3 |

续表 13-1-1

| 序号 | 路线编码 | 路线名称 | 起点地名 | 终点地名 | 长度 |
|---|---|---|---|---|---|
| 63 | Y063350122 | 后湾线 | 黄岐 X135 岔口 | 后湾村委会 | 1 |
| 64 | Y064350122 | 上琇线 | 苔菉琇琍 X135 岔口 | 上塘村委会 | 2 |
| 65 | Y065350122 | 山石线 | 敖江山亭 X135 岔口 | 石头村 | 1 |
| 66 | Y066350122 | 连澄线 | 江南花坞 X131 岔口 | 澄岩村委会 | 2 |
| 67 | Y067350122 | 西庄线 | 东湖西庄 G104 岔口 | 东塘村 | 2 |
| 68 | Y068350122 | 山牛线 | 东湖山岗 G104 岔口 | 牛栏坪里厝 | 2 |
| 69 | Y069350122 | 洋岩线 | 东湖洋门 X136 岔口 | 岩下村委会 | 5 |
| 70 | Y070350122 | 大南线 | 筱埕大埕 X134 岔口 | 南山村委会 | 8 |
| 71 | Y071350122 | 琇苔线 | 苔菉琇琍 X135 岔口 | 苔菉村 | 2 |
| 72 | Y072350122 | 北茭线 | 苔菉 X135 岔口 | 北茭村委会 | 1 |
| 73 | Y073350122 | 道澳线 | 晓澳 X131 岔口 | 道澳村 | 1 |
| 74 | Y074350122 | 上定线 | 坑园上元 X135 岔口 | 定海车站 | 12 |
| 75 | Y075350122 | 晓澳线 | 晓澳 X131 岔口 | 晓兴街 | 1 |
| 76 | Y076350122 | 蝉南线 | 东岱蝉步村 | 上际自然村 | 2 |

**2005 年连江县村道一览表**

表 13-1-2　　　　单位：千米

| 序号 | 路线编码 | 线路名称 | 路段起点名称 | 路段止点地名 | 长度 |
|---|---|---|---|---|---|
| 1 | V0001 | 城毗线 | 毗吨 | 毗吨村 | 1.20 |
| 2 | V002350122 | 财电线 | 敖江财溪村 | 财溪二级电站 | 1.70 |
| 3 | V003350122 | 官岱线 | 敖江官巷 X135 岔口 | 山亭 Y065 岔口 | 1.00 |
| 4 | V0006 | 道赤线 | 晓澳道澳村 | 赤湾村 | 4.20 |
| 5 | V0013 | 下濂线 | 官坂下濂 S201 线岔口 | 下濂村（村尾） | 3.00 |
| 6 | V0014 | 文东线 | 官坂文山 S01 线岔口 | 东澳村 | 1.66 |
| 7 | V0017 | 大埕线 | 筱埕大埕 Y074 线岔口 | 大埕村 | 2.00 |
| 8 | V0018 | 安同线 | 安凯同心安奇线岔口 | 同心村 | 1.40 |
| 9 | V0019 | 文湾线 | 安凯文湾东北线岔口 | 文湾村 | 1.03 |
| 10 | V0020 | 高塘线 | 安凯高塘东北线岔口 | 高塘村 | 1.01 |
| 11 | V0021 | 大谷线 | 黄岐大谷东北线岔口 | 大谷村 | 1.60 |
| 12 | V0022 | 东大线 | 黄岐大建东北线岔口 | 大建村 | 1.10 |
| 13 | V024350122 | 青溪线 | 敖江青溪 104 国道岔口 | 青溪村 | 1.00 |
| 14 | V0025350122 | 郭婆线 | 安凯郭婆东北线岔口 | 郭婆村 | 1.00 |

续表 13-1-2

| 序号 | 路线编码 | 线路名称 | 路段起点名称 | 路段止点地名 | 长度 |
|---|---|---|---|---|---|
| 15 | V0026350122 | 东坪线 | 筱埕东坪 104 国道岔口 | 东坪村 | 4.60 |
| 16 | V0027350122 | 关湖线 | 东岱湖里村 | 关头村 | 2.50 |
| 17 | V0028350122 | 下泉线 | 官坂下濂 S201 线岔口 | 浮泉村 | 3.00 |
| 18 | V0029350122 | 洋尾线 | 官坂洋尾 S201 线岔口 | 洋尾村 | 1.50 |
| 19 | V0030350122 | 石梅线 | 官坂石丘村 | 梅阳村 | 3.00 |
| 20 | V0032350122 | 镜路线 | 江南镜路 X131 线岔口 | 镜路村 | 1.00 |
| 21 | V0032350122 | 王坑线 | 蓼沿王坑 X132 线岔口 | 王坑村 | 2.00 |
| 22 | V0033350122 | 杏林线 | 蓼沿杏林 X132 线岔口 | 杏林村 | 2.00 |
| 23 | V0034350122 | 溪东线 | 蓼沿溪东 X132 线岔口 | 溪东村 | 1.00 |
| 24 | V0035350122 | 兰水线 | 蓼沿兰水 X132 线岔口 | 兰水村 | 1.80 |
| 25 | V0036350122 | 马玉线 | 马鼻 S201 线岔口 | 玉井 | 2.00 |
| 26 | V0037350122 | 辰山线 | 辰山 S201 线岔口 | 辰山村 | 2.00 |
| 27 | V0038350122 | 半田下线 | 半田下 S201 线岔口 | 半田下村 | 1.20 |
| 28 | V0039350122 | 墙墩线 | 墙兜 S201 线岔口 | 墩里村 | 2.00 |
| 29 | V0040350122 | 龙峰线 | 龙峰 S201 线岔口 | 龙峰村 | 1.00 |
| 30 | V0041350122 | 花坞线 | 花坞 X131 线岔口 | 花坞村 | 1.50 |
| 31 | V0042350122 | 莺东线 | 莺头村 S201 线岔口 | 东头村 | 2.00 |
| 32 | V0043350122 | 潘朱线 | 潘渡乡 | 朱步村 | 5.00 |
| 33 | V0044350122 | 浦丰线 | 浦丰街 S201 线岔口 | 浦丰街 | 1.50 |
| 34 | V0045350122 | 上塘线 | 上塘 Y135 线岔口 | 上塘村 | 2.60 |
| 35 | V0046350122 | 透堡环城线 | 南街飞马线岔口 | 北街村 | 2.00 |
| 36 | V0047350122 | 下松线 | 下宫乡 | 松皋村 | 26.00 |
| 37 | V0048350122 | 中麻线 | 中麻 S201 线岔口 | 中麻村 | 1.30 |
| 38 | V0049350122 | 埕口线 | 埕口村 Y074 线岔口 | 埕口村 | 1.00 |
| 39 | V0050350122 | 道长线 | 道澳 Y073 线岔口 | 长沙村 | 3.00 |
| 40 | V0051350122 | 天竹线 | 天竹 Y069 线岔口 | 天竹村 | 1.00 |
| 41 | V0052350122 | 长门线 | 长门隧道口 | 长门村 | 3.00 |
| 42 | V0053350122 | 樟利线 | 樟后村 | 利洋村 | 7.00 |
| 43 | V0054350122 | 东洛岛环岛线 | 东洛村 | 东洛村 | 2.00 |
| 44 | V0055350122 | 官岐线 | 官岐 S201 线岔口 | 官岐村 | 1.30 |
| 45 | V0056350122 | 定安线 | 定安 S201 线岔口 | 定安村 | 1.00 |
| 46 | V0057350122 | 塘边线 | 塘口村 S201 线岔口 | 塘边村 | 1.00 |

续表 13–1–2

| 序号 | 路线编码 | 线路名称 | 路段起点名称 | 路段止点地名 | 长度 |
|---|---|---|---|---|---|
| 47 | V0058350122 | 横塍线 | 横塍 Y135 线岔口 | 横塍村 | 2.00 |
| 48 | V0059350122 | 梅里线 | 官坂 S201 线岔口 | 梅里村 | 3.10 |
| 49 | V0060350122 | 粗芦岛接线 | 官岐 S201 线岔口 | 蓬岐村（粗芦岛） | 2.70 |
| 50 | V0061350122 | 壶江岛线 | 壶江码头 | 壶江村码头 | 3.00 |
| 51 | V0062350122 | 黄建线 | 黄岐车站 Y135 线岔口 | 海建村 | 4.00 |
| 52 | V0063350122 | 黄丰线 | 黄岐斗米岭 Y135 线岔口 | 海丰村 | 2.00 |
| 53 | V0064350122 | 北茭环岛公路 | 北茭村 | 横塍村 | 3.30 |
| 54 | V0065350122 | 下宫码头公路 | 下宫村 | 下宫村（陆岛码头） | 3.00 |
| 55 | V0066350122 | 仁坂线 | 仁坂 X132 线岔口 | 仁坂村 | 0.60 |
| 56 | V0067350122 | 溪南线 | 溪利村 | 东岸村（南风口） | 4.60 |
| 57 | V0068350122 | 东秦线 | 东边村 G104 国道岔口 | 秦川村 | 1.50 |
| 58 | V0069350122 | 魁玉线 | 魁岐村 | 江南乡（玉华山） | 4.80 |
| 59 | V0070350122 | 飞镇线 | 飞红村 Y135 线岔口 | 镇安村 | 4.00 |
| 60 | V0071350122 | 坑颜线 | 坑园村 | 颜岐村 | 6.80 |
| 61 | V0072350122 | 龙头线 | 龙头 S201 线岔口 | 龙头村 | 1.00 |
| 62 | V0073350122 | 浮曦线 | 浮曦 S201 线岔口 | 浮曦村 | 1.00 |
| 63 | V0074350122 | 飞石线 | 飞石 G104 国道岔口 | 飞石村 | 1.10 |
| 64 | V0075350122 | 龙柄线 | 龙柄 X136 线岔口 | 龙柄村 | 1.00 |
| 65 | V0076350122 | 上毗线 | 上山村 X135 线岔口 | 毗盹村 | 2.00 |
| 66 | V0077350122 | 杉石线 | 杉塘村 | 石头村 | 2.50 |
| 67 | V0078350122 | 长边线 | 上门村 S201 线岔口 | 门边村 | 1.60 |
| 68 | V0079350122 | 官岭线 | 官岭 S201 线岔口 | 官岭村 | 1.10 |
| 69 | V0080350122 | 定海线 | 定海村长澳 | 定海 | 1.10 |
| 70 | V0081350122 | 镜连线 | 镜路村 | 连登村 | 1.20 |
| 71 | V0082350122 | 已古线 | 已古 G104 国道岔口 | 己古村 | 0.70 |
| 72 | V0083350122 | 茭南线 | 茭南 X135 线岔口 | 茭南村 | 0.60 |
| 73 | V0084350122 | 厦乙线 | 下宫乡 | 厦乙村 | 1.00 |

## 二、车站

1991 年，连江县城有客运站 3 座，乡（镇）客运站 6 座。其中丹阳客运站为县内按全国统一标准建成，1995 年因 104 国道拓宽，占用部分土地，余下土地被征房产开发而消失。黄岐客运站因连黄公路征用土地而报废。余地收归镇政府。苔菉客运站因路段变化，于 1998 年废弃。至 2005 年，有县城客运站 3 座，乡（镇）客运站 2 座。

（一）县城客运站

**闽运连江客运站**　系福建省汽车运输总公司二级客运站。1991 年，移 816 北路扩建投入使用，客运站占地总面积 38 公顷，主站房 11594 平方米，停车场 10725 平方米，发车位 18 个 370 平方米，设计日客运量 1 万人次、800 班次。2005 年 1 月，投资 42 万元扩建 8 个发车位，新建生产服务附属设施 2306 平方米，日均旅客发运量 6500 人次，日发班次 628 班次。营运线路区内 5 条，跨区 4 条，省际 3 条，县境内 12 条；还接纳本系统车辆和社会车辆 180 辆进站经营，统一排班，公平竞争，维护经营者和旅客合法权益。

**县第一运输公司客运站**　1998 年，投资 190 万元新建，位于县城文山北路温麻庙南面。2000 年 1 月投入使用。占地面积 4890 平方米，建有办公室 633 平方米，车辆维修车间 600 平方米，设置 10 个发车位，可容纳 130 辆营运车辆。2005 年，有营运车辆 109 辆。主要线路：城关至定海 14 辆；城关至马鼻 9 辆；城关至下宫 11 辆；城关至黄岐、苔菉 18 辆；城关至福州亚峰、五里亭 30 辆；城关至浦口 15 辆；城关至下屿颜岐 3 辆；城关至丹阳专线营运 8 辆，城关至颜岐 1 辆。

**招亮客运站**　位于 104 国道与玉荷路交叉口，2001 年由招亮宾馆投资建设，原为停车场，面积 3700 平方米，投资 300 万元。2003 年 7 月，作为凤城至东岱、晓澳、琯头私营车辆营运站点。设有候车室、驾乘人员休息室、售票厅等设施，被评为四级客运站。日发送旅客量 2000 人次。2005 年，因琯头等线路分流，客运流量减少、安全管理不到位等，被降为简易站。

（二）乡（镇）客运站

1991 年，境内乡（镇）车站原有 6 个。1995 年后，因路段变化，相继废弃或征用 4 个。至 2005 年剩下两个。

**马鼻客运站**　1995 年前，只有票房和停车场。1996 年，投资 140 万元新建马鼻客运站，停车场面积 7700 平方米，候车室 40 平方米，售票室、洗手间、检测台灯设施齐全。主要为马鼻至县城及罗源线路客车服务，设计旅客日发送量 1530 人次。1997 年 3 月 18 日，被评为四级客运站。2004 年 12 月承包经营，承包费每年 12 万元。2005 年 4 月，因安全管理不到位、客运站服务功能没有发挥作用等原因，被降为简易站。

**琯头客运站**　1996 年，原站房以土地入股进行房地产开发而停用，后分得店面 1 间 35 平方米，房屋 165 平方米作为职工宿舍。2005 年底，琯头镇政府在下塘村征地 2670 平方米，筹建停车场面积 2300 平方米，站房、办公室、候客厅等建筑面积 350 平方米的新客运站，计划投资 70 万元。

**三、温福铁路**

温福铁路北接浙江省温州市，南通福建省会福州市。福建省内 301 千米，经连江县境 33 千米，途经马鼻、透堡、浦口、敖江、江南、琯头 6 个乡镇 22 个村居。县内设连江客运站（地点：花坞），占地 20 公顷，拟定客容量 1000 人；透堡货运站，站房建筑面积 3000 平方米。县境有琯头岭隧道（长 4110 米，宽 14 米，高 10 米）、鸡面山隧道（长 9722 米，宽 14 米，高 10 米）和敖江特大桥（518 米）三个控制性工程。总投资 17.34 亿元。2005 年 1 月 10 日，县成立温福铁路征地拆迁领导小组，由县长和副县长兼任组长和总指挥，相关乡镇也设立相应机构，开展征迁工作。县内共征用土地 101.4 公顷。其中：水田 72.3 公顷，旱地 15.8 公顷，菜地 0.1 公顷，林地 5.7 公顷，园地 3.2 公顷，其他农用地 1.4 公顷，建设用地 1 公顷，未利用地 1.9 公顷。发放征地补偿款 2960 万元。拆迁各类房屋 12545 平方米。其中：学校、寺庙等各类特殊建筑物 6 座，面积 2013 平方米；拆迁住宅 40 户，拆迁建筑面积 6771.35 平方米；简易建筑面积 3759.71 平方米（内宅基地面积 2446.88 平方米）。共发放拆迁补偿费 438.8 万元。整个征迁过程严格实行“三公开”制度，即拆迁房屋面积公开、补偿标准公开、安置方案公开，并按时足额发放补偿资金，切实维护被征迁群众的合法利益，没有发生一起纠纷，保证了整个工程的顺利建设。2005 年 2 月 13 日，在江南乡花坞村进行 CFG 桩及预应力管桩处理软基的填筑试验，同年 8 月

26日全线正式开工。至年底，连江路段已完成投资1.8亿元，花坞客运站、敖江特大桥和两个隧道均在施工中。

## 第二节 水 路

### 一、航道与渡口

（一）航道

**琯头港航道** 位于闽江口，是福州港出海外港，史称北港。境内港区上起东升新村，下至长门，主航道4.79千米。水道顺直微弯，岸线岸坡稳定。5米深水域宽150—300米；10米深以上水域宽约150米，平均距岸50米左右；最大水深达28米。由琯头港出东海，历史上有3条航道：一是出长门，过双龟东行，穿过粗芦岛与川石岛之间的五虎礁水道出海，是历史上的主航道；二是出长门过双龟，沿东南行，穿过川石岛与壶江岛之间水道进入大海，1991年后已成大中船舶出入的主航道；三是出长门经双龟北行，由粗芦岛与官岐之间水道过乌猪港，经定海湾出海，因乌猪港水道狭窄，且已逐渐淤浅，不能通大船，只通航小船。

**可门港航道** 位于县境东北部，距东冲口仅5千米，介于罗源虎头角和连江可门角之间，宽约900米，两侧高丘峙立，水流较急，不淤不冻。从门边至岗屿为可门水道，长8.3千米，是进出罗源湾的唯一航道。历史上有2条航线：可门口至北山巽屿30千米；可门口至北茭18千米。港内总面积227平方千米，有岗屿、门边、可门3个水道，水深12—82米，最深可达82米。2000年，已被列入《福州港开发总体规划（详“重点工程建设”篇）》。

**敖江航道** 敖江源自古田县，主航道总长137千米，境内63千米，由东岱出海，还可从东岱经乌猪港至琯头。1994年，山仔水库建成，上游通航至晋安区日溪乡，山仔下游只有小船通航。

**黄岐半岛诸湾航道** 黄岐半岛海岸曲折，天然港湾众多，均可直接通达大海。主要有黄岐湾，在畚箕山和定海角之间，湾口宽约5.5千米，纵深约3.5千米，湾口航道宽约3千米，水深7—19米。

其次定海湾，位于定海角和敖江口之间，东南距马祖列岛约18.5千米，西南距闽江口29.6千米。有平屿水道，水深10米以上，从湾口至四母屿，水深10—20米，泥底，候潮进福州港的万吨船只，常在此停泊待航。黄岐半岛北侧有松皋湾、后才湾、大汴湾、琇琍湾、苔菉湾等，水深多在3米以上，泥底，可供小型船舶停泊。

（二）渡口

1991年，县境有渡口31处，渡船54艘，分布于敖江航道32艘，琯头港区8艘，县境罗源湾14艘。1992—1994年，陆地交通迅速发展，渡口作用减弱，对旧渡口进行改造，新建23处渡口，其中营业性渡口9处，义渡14处。新渡口共有渡船98艘，其中营业性渡船52艘。

1999年，市政府调查公布连江县有渡口77个，其中营业性渡口25个、义渡52个，2000年，随着陆岛交通启动，又新建渡口多处，渡船也由小改大。至2005年，全县常用渡口有30处，渡船34艘，其中营业性21艘，座位1200个。

### 二、港口码头

1991年，境内有100吨以上泊位码头19座，总泊位1万吨，设施落后。1992年后，随陆岛交通建设加快，尤其是2002年可门港全方位开发，至2005年，境内新建100吨级以上码头11座，扩建1座，增加总泊位68100吨。

（一）可门港码头

**下宫码头**　1999年建成，投资800万元（自筹320万元，上级补助480万元）。码头客货两用，长60米，宽47米，重力式结构，500吨级泊位1个，场地2820平方米，土建面积1300平方米。年货物吞吐能力8万吨，客流量3万人次。

**下屿码头**　2004年建成，投资500万元（地方自筹170万元，上级补助330万元）。为客货两用，长52米，宽12米，高桩梁板式结构，300吨级泊位1个，场地3473平方米。年货物吞吐能力1.5万吨，客流量2万人次。

**华电可门火电厂码头**　2004年，由福建华电可门发电有限公司投建，有5万吨泊位煤码头和1万吨泊位重件码头各1座，可兼靠10万吨级船舶。2005年建成，投入使用。

（二）琯头港码头

1991年初，琯头港有小码头30座，其中1000吨1座，500吨1座，总靠泊位4080吨。1992年以来，新建6座，扩建1座。至2005年，已有37座，总泊吨位8080吨。

**油库码头**　位于门边村，原有1000吨泊位，1995年7月扩建为3000吨泊位。码头长65米，吞吐能力15万吨。

**对台贸易码头**　位于小长门，1993年2月开工，1997年投入使用。共投资3655万元。其中中央开发银行贷款1375万元，省交建基金1180万元，港务局自筹551万元，连江县出资549万元用于隧道工程。码头为高桩梁板结构，平台121×18米，上游栈桥34×8米，下游栈桥39×8米，总建筑面积5379平方米。有3000吨泊位1个，吞吐能力20万吨。

**长门军用小码头**　位于琯头镇小长门，1996年8月建成投入使用。有1000吨泊位1个，泊位长度23米，钢丝网方舟结构。

**川石岛码头**　1996年12月开工，1997年9月竣工，客货两用，投资500万元，其中地方自筹140万元，上级补助360万元。有200吨客货泊位1个，高柱梁板式结构，平台长45米，宽10米，栈桥长60米，宽6米。年吞吐能力货3万吨，客流量4万人次。

**粗芦岛码头**　位于粗芦岛逢岐村，1993年开工，1996年竣工，客货两用，投资320万元。其中地方自筹51万元，上级补助269万元。码头长35米，宽15米，200吨泊位1个，高柱梁板式结构。设计年吞吐能力货2万吨，客流量6万人次。

**中岐码头**　位于壶江岛中岐，1993年开工，1994年竣工，客货两用，投资300万元，其中地方自筹200万元，上级补助100万元。100吨泊位1个，高桩梁板式结构，护岸170米。年设计吞吐能力货1.5万吨，客流量3万人次。

**琯头码头**　2004年开工，2005年竣工，客货两用，投资500万元。其中地方自筹170万元，上级补助330万元。码头长度36米，宽9米，500吨泊位1个，年设计吞吐能力货8万吨，客流量36万人次。

（三）黄岐半岛码头

**黄岐码头**　1995年10月引堤开工，1996年11月码头开工，1997年9月竣工，客货两用，投资2000万元，其中地方自筹800万元，上级补助1200万元。在码头东侧开山填海造地3750平方米，以备布置堆场、客运站及附属建筑，与码头相配套。码头长度130米，宽22米，高8米，胸墙顶高程11米，前沿设计泥皮面高程6米，1000吨级泊位1个，重力式结构。设计能力年吞吐量货10万吨，客流量12万人次。

（四）敖江口码头

**东岱码头**　位于东岱村，2004年开工，2005年竣工，客货两用，投资500万元，其中地方自筹170万元，上级补助330万元。码头长52米、宽12米，呈顺岸式布置，平台宽12米，平台前沿设宽2.5米的人行踏步，高桩梁板式结构，300吨泊位1个，设计年吞吐能力货5万吨，客流量8万人次。

# 第二章 运 输

县境西界福州，东邻大海，水陆交通甚为便捷。1992 年，公路先行工程开始，随国道拓宽，高速公路开通，交通运输进入新的发展时期，客货汽车由连江直通至上海、深圳、广州、香港 4 条省际陆路线路，经过县境城区抵达省外 15 个大中城市的快巴客车，每日均有一班。海上运输业凭借对外贸易往来增多、港口开发、大吨位码头建设的大好势头，许多集体企业转制走公司化经营道路，民营股份企业迅速发展壮大，集团公司方兴未艾，淘汰小船，增置大吨位船舶，发展国际航线。2000 年后，市场经济竞争激烈，县境有不少车、船在外地注册经营。2005 年，按县交通局统计，县内注册的车、船客运量 1240 万人次，周转量 71099 万人次千米，分别比 1990 年在县内注册的增加 88.4% 倍和 2.9 倍；货运量 1294 万吨，周转量 103.4 亿万吨千米，分别比 1990 年增加 2.77 倍和 6.74 倍。

**1991—2005 年连江县若干年份陆水客货运情况表**

表 13-2-1

| 项目 | | 单位 | 1991 年 | 1995 年 | 2000 年 | 2005 年 |
|---|---|---|---|---|---|---|
| 陆路 | 客运量 | 万人次 | 419 | 1097 | 839 | 842 |
| | 周转量 | 万人 / 千米 | 13918 | 37252 | 46227 | 40401 |
| | 货运量 | 万吨 | 147 | 173 | 118 | 93 |
| | 周转量 | 万吨 / 千米 | 5853 | 8583 | 11203 | 5809 |
| 水路 | 客运量 | 万人次 | 497 | 440 | 410 | 398 |
| | 周转量 | 万人 / 千米 | 18975 | 20954 | 34874 | 30698 |
| | 货运量 | 万吨 | 139 | 420 | 944 | 1201 |
| | 周转量 | 万吨 / 千米 | 90855 | 363802 | 594611 | 907694 |
| 合计 | 客运量 | 万人次 | 916 | 1537 | 1249 | 1240 |
| | 周转量 | 万人 / 千米 | 32893 | 58206 | 81101 | 71099 |
| | 货运量 | 万吨 | 286 | 593 | 1062 | 1294 |
| | 周转量 | 万吨 / 千米 | 96708 | 372385 | 605814 | 913503 |

说明：1991 年为统计年鉴数据，其他年份年鉴仅有总数，细项为交通局补充

## 第一节 陆路运输

### 一、客运

1991 年，境内客运以大中巴为主体，集镇内短途客运有人力三轮车、三轮摩托车。人力三轮车 302 辆，三轮摩托车 400 辆，客运量 419 万人。1992 年开始，长途客运持续发展，至 1995 年客运量增到 1097 万人。

1996年后三轮摩托车退出客运市场，代之两轮摩托，长途客运迅速发展，有不少挂外地，故客运量统计数据反而减少，2000年为839万人次。2001年，县第二运输公司亏损严重，资产拍卖，职工72人，实行一次性货币安置。2005年，县城有人力三轮车500辆，两轮摩托车1000辆、在境内登记的客运车611辆，其中客车439辆（含旅游客车）、出租车172辆，全县陆路客运量842万人次，周转量4.04亿人次／千米。有七个营运企业：

**闽运连江分公司** 前身为汽车客运站，为省汽车运输总公司直属二级单位，国有（营）企业。1991年，有客运车辆48辆，有1920座位。1992年起，采取两层经济承包经营办法：一是实行经理责任制，公司统一经营，向总公司进行利润定额承包，定额不足自补，超出部分归公司所有，承包期三至五年，期内须保持国有资产的升值及职工收入的稳定和略有上升；二是对县内偏远线路进行公开预付折旧承包，承包者须为所承包的线路车辆预付60%—70%的折旧费，承包期一定三年，公司按不同线路收取不同管理费。2000年，闽运分公司又承包一运客运站，聘用安置人员近200人。分公司营运线路区内5条，跨区3条，省际有连江至上海、深圳、广州、香港4条，县境内12条。并接纳社会车辆180辆进站经营（按二级标准收取票额的8%管理费），并与路过境内抵达省外扬州、常州、南京、无锡、温州、杭州、北京、合肥、珠海、西安、太原、呼和浩特的每日班车进行网上联营预售客票，方便境内旅客。公司每年纳税45万元左右，上交公路建设基金、养路费、运管费300多万元。2005年，公司有正式职工146人，下设三科一室（政工科、业务科、财务科、办公室），一个维修车间，两个车站（含承包的一运客站），运输车辆102辆，完成客运量159.55万人次，客运周转量16514万人次／千米。

**县第一运输公司** 1991年，有客车13辆，年客运量52.7万人次，客运周转量3245万人次／千米。1994年，公司原有货车并入连江县凤城永顺运输公司管理。1998年，公司投资兴建客运站，1999年投入使用。2000年1月起，客运站把连江—福州线路运输经营权承包给闽运连江分公司，承包期12年。一运客运站经营线路有城关至定海、马鼻、下宫、黄岐、苔菉、福州、浦口、下屿和丹阳专用线路等8条线路，营运车辆总数100辆。2005年，客运量14.45万人次，客运周转量301.39万人次／千米，缴税14.4万元，公司在册职工130人。

**县宏顺运输有限公司** 2002年3月5日成立，为民营股份制企业，由江南运输公司、浦口运输公司、马鼻运输公司、凤城永顺运输公司、琯头汽车运输公司等5家公司兼并重组成立，从事道路客、货运输。注册资金1500万元。公司成立时有客车173辆、4263个座位，出租车70部，货车361部、载重量1063吨。主要经营城关至有关乡镇12条客运线路。此后，又有连江大众小车出租公司、县公益运输服务有限公司、长龙运输服务有限公司、东岱交通运输服务有限公司、潘渡运输有限公司、敖江运输服务公司、蓼沿运输有限公司、丹阳运输有限公司等民营企业，先后加入宏顺公司。2002年，县联运公司客货车15辆也转入宏顺公司管理。2003年11月3日，该公司组建琯头旅游汽车分公司，经营旅游汽车运输业务。2005年，全公司有客车449辆，客运量481.97万人次，客运周转量21497万人次／千米；缴税214.9万元，利润598.4万元。

**连江九龙巴士有限公司** 1998年4月23日成立，为股份制有限责任公司，注册资金70万元。成立时有厢式客运车11辆88座位，主要往返于城关至晓澳、道澳。2005年，有客车13辆，完成客运量9.46万人次，客运周转量208.28万人次／千米，缴税4.8万元。

**连江县青芝旅游小车出租有限公司** 1995年11月24日成立，为股份制有限责任公司，设址琯头镇联合路238号，注册资金100万元。有出租车10辆，主要经营连江至福州客运业务。2005年2月，地址由琯头迁至县城104国道旁小湾村口。2005年，出租车已发展到54辆，完成客运量21.65万人次，客运周转量1300.28万人次／千米。

**连江县汽车出租公司** 1993年12月8日成立，为集体所有制企业，人员由县一运公司内部调整。2005年，有车辆27辆，客运量54.6万人次，客运周转量580.37万人次／千米。

**连江县联运公司** 1988年成立，国有（营）企业。初始时主要业务是为发货人代办运输手续、协议、合同以及客票联售、包裹、旅客联运等业务，收取少量劳务费或管理费。1991年，开始发展客、货运业务。至1998年，已有客货车15辆并有1个汽车修理场。客车路线以福州、连江、黄岐为主。2002年后，车辆转入宏顺公司管理，修理厂承包给私人，年承包金38万元。2005年，公司在册人数18人，其中退休4人，山岗交管站借用7人，县交通局借用4人，留守公司处理日常事务3人。2005年，有固定资产值15万元，年收入5.5万元，税缴1.5万元，职工社保交纳1.9万元。

**二、货运**

1991年，县境陆路货运仍较滞后，经营陆路货运的有闽运分公司、一运公司和琯头运输公司，3家共有货车35辆。县内部分工厂企业和商业、粮食、物资部门，共有自用货车92辆，运送该系统货物。对重大设备及路程较远的，则多由供货方直接运送。境内城乡大量的散货短途运输，主要由乡镇企业运输专业户承担，主要运输工具除少数农用汽车外，大多是带斗的手扶拖拉机以及人力双轮风胎车。是年，有手扶拖拉机1745辆、风胎车（人力板车）21164辆。全县陆路货运量147万吨，周转量5853万吨／千米。

1992年起，为适应市场经济发展需求，投入大量资金改善交通设施。县、乡、村三级路网全面改建扩建和新建，并逐步硬化升级，汽车、三轮摩托车逐渐取代手扶拖拉机和风胎车。至1996年，手扶拖拉机仅存456辆，风胎车也仅剩少量为个体搬运工具。不少乡镇运输企业开始转制为股份公司，在外地中等城市注册组建物流公司（如透堡镇盛辉物流公司），境内营业性陆路货运仍不起色。至2005年，县内有运输许可证的货运企业仅3家，拥有货车385辆，全年货运量93万吨，周转量5809万吨／千米。分别是1991年的63.2%和99.2%。

## 第二节　水路运输

**一、客运**

境内闽江口沿岸、敖江流域、黄岐半岛、罗源湾都有渡口、码头。1991年，全县有渡船75艘约3000座位。1992年，随乡村道路桥梁发展，渡船逐渐减少，除沿海岛屿外，大多数被公路客运取代。福州至琯头、乌猪港的客轮亦于1993年停止营运。1996年后，闽江口沿岸岛屿村庄个体客运专业户走公司化经营，成立股份有限公司。2005年，县内有客运快艇11艘，内河渡船32艘，全县水路客运量398万人次，周转量30698万人次／千米。较大的有榕港、三兴2家：

**连江县榕港客运有限公司** 1997年，县交通局对壶江至琯头、川石至琯头两条航线的个体渡船进行组合而成。开始仅有7艘小木质机动渡船，总载客量430座位，后相继新建和改造5艘钢质高速客运快艇。至2005年，拥有客货运输钢质船6艘（其中客渡船5艘），载客319座位，有员工28人，年客运量近18万人次，客运周转量25.92万人次／千米，实现利润40余万元，缴税31200元。

**连江县琯头三兴客运有限公司** 2001年11月成立，集资80万元，新造2艘共计176客座的钢质高速艇，取消原有小木质渡船。至2005年，公司总资产达300万元，拥有客货船16艘，其中客船7艘，载客量320座位，年底职工72人，完成客运量36万人次，客运周转量38.4万人次／千米，实现利润60余万元，缴税38520元。

**二、货运**

1991年，县内水路货运企业13家，货运量139万吨，周转量90855万吨／千米。1992年起，随中国港澳地区航线及国际日本、韩国航线的开辟，运量猛增。1994年，水路货运企业19家，其中国有 2 家、集体 16 家（另有 3 家资料缺未统计）、私营 1 家，共有船舶 209 艘（其中集体 178 艘）总吨位 18.05 万吨（其中集体 16.90 万吨），注册资金 5720 万元（其中集体 5383 万元），固定资产 39013 万元（其中集体 38362 万元），职工 3192 人（其中集体 2770 人）。当年货运量 369 万吨（其中集体 347.8 万吨，占 94.25%），货运周转量 324884 万吨 / 千米，上缴税收 753.3 万元（其中集体上缴 730 万元，占水运企业上缴税收的 96.9%）。

1995 年，集体水运企业有的转制为民营公司，有的则因管理不善取消经营资格。至 2005 年，县内有 10 家水路货运企业，其中国有 1 家、民营 9 家（其中集体转民营的 4 家），共有船舶 158 艘（民营 153 艘），总吨位 83.21 万吨（民营 82.96 万吨），职工人数 2552 人。最大一家为福建冠海海运有限公司，总运力 71.1 万吨，为全国第八位专业化海运企业，总资产 7.29 亿元，职工 568 人。2005 年，全县水路货运量 1201 万吨（其中民营 1188 万吨），货运周转量 907694 万吨 / 千米，分别是 1990 年的 5.56 倍和 7.29 倍。上缴税收 1398.1 万元。

**1994 年连江县水路货运主要企业情况表**

表 13-2-2

| 水路货运公司名称 | 建立时间 | 船舶数（艘） | 总吨位（万吨） | 注册资金（万元） | 固定资产（万元） | 职工人数（人） | 货运量（万吨） | 周转量（万吨千米） | 完成运输利润（万元） | 纳税（万元） | 附注 |
|---|---|---|---|---|---|---|---|---|---|---|---|
| 连江县航运公司 | 1956 年 | 20 | 0.60 | 135 | 190 | 213 | 14.8 | 14051 | 666.0 | 9.4 | 全民 |
| 连江县第二运输公司 | 1984 年 | 9 | 0.43 | 34 | 323 | 185 | 5.0 | 4731 | 225.0 | 8.9 | 全民 |
| 连江县船务公司 | 1993 年 | 7 | 0.49 | 266 | 2223 | 183 | 2.6 | 2200 | 117.0 | 10.1 | 局集体 |
| 连江县水运公司 | 1993 年 | 9 | 0.36 | 43 | 108 | 116 | 4.6 | 5026 | 207.0 | 4.0 | 局集体 |
| 连江江海运输公司 | 1956 年 | 15 | 0.74 | 215 | 2150 | 230 | 9.2 | 10354 | 414.0 | 15.2 | 局集体 |
| 连江浦口航运公司 | 1956 年 | 21 | 0.67 | 46 | 331 | 213 | 6.7 | 7646 | 301.5 | 8.4 | 局集体 |
| 连江琯头航运公司 | 1956 年 | 22 | 0.68 | 166 | 295 | 225 | 12.4 | 11654 | 558.0 | 7.8 | 局集体 |
| 福建宝琯海运发展公司 | 1992 年 | 1 | 0.38 | 118 | 462 | 35 | 5.1 | 4732 | 229.5 | 19.0 | 琯头　经委 |
| 连江琯头海运总公司 | 1981 年 | 18 | 8.63 | 2134 | 20000 | 486 | 201.0 | 190000 | 9045.0 | 486.0 | 琯头　经委 |
| 连江闽江口船务公司 | 1994 年 | 2 | 0.21 | 388 | 615 | 68 | 3.0 | 5954 | 135.0 | 9.4 | 琯头　经委 |
| 连江文湾海运公司 | 1989 年 | 15 | 0.65 | 360 | 1305 | 184 | 12.5 | 11376 | 562.5 | 12.0 | 安凯　经委 |
| 连江高塘运输队 | 1956 年 | 2 | 0.02 | 103 | 255 | 35 | 1.0 | 102 | 45.0 | 1.7 | 安凯　经委 |
| 连江安凯海运公司 | 1986 年 | 14 | 0.55 | 31 | 1698 | 180 | 11.0 | 9520 | 495.0 | 19.8 | 安凯　经委 |
| 连江县黄岐海运公司 | 1980 年 | 6 | 0.31 | 220 | 500 | 78 | 9.9 | 4869 | 81.5 | 6.5 | 镇集体 |
| 连江县闽风轮船公司 | 1994 年 | 6 | 0.30 | 153 | 786 | 85 | 11.5 | 11639 | 153.8 | 9.2 | 镇集体 |

续表 13-2-2

| 水路货运公司名称 | 建立时间 | 船舶数（艘） | 总吨位（万吨） | 注册资金（万元） | 固定资产（万元） | 职工人数（人） | 货运量（万吨） | 周转量（万吨千米） | 完成运输利润（万元） | 纳税（万元） | 附注 |
|---|---|---|---|---|---|---|---|---|---|---|---|
| 连江县富兴船务有限公司 | 1994 年 | 2 | 0.12 | 168 | 138 | 24 | 1.4 | 1273 | 23.0 | 5.0 | 私营 企业 |
| 连江县筱埕航运公司 | 1988 年 | 25 | 0.80 | 60 | 55 | 250 | 21.0 | 4641 | 225.0 | 25.0 | 镇集体 |
| 连江县海运总公司 | 1956 年 | 11 | 1.94 | 500 | 6929 | 259 | 33.1 | 22631 | 415.0 | 90.7 | 局集体 |
| 连江县凯达轮船公司 | 1973 年 | 4 | 0.17 | 580 | 650 | 80 | 3.2 | 2485 | 3.3 | 5.9 | 乡集体 |
| 合 计 | | 230 | 18.05 | 5720 | 39013 | 3129 | 369.0 | 324884 | 13902.1 | 753.3 | — |

说明：马鼻航运公司、华江海运集团总公司、县海运公司于 2002—2004 年停航。资料缺失未列入表

**2005 年连江县水路货运主要企业情况表**

表 13-2-3

| 水上货运公司名称 | 建立时间 | 船舶数（艘） | 总吨位（万吨） | 注册资金（万元） | 固定资产（万元） | 职工人数（人） | 货运量（万吨） | 周转量（万吨千米） | 营运收入（万元） | 纳税（万元） | 附注 |
|---|---|---|---|---|---|---|---|---|---|---|---|
| 冠海海运公司 | 1981 年 | 18 | 71.10 | 16800 | 72900 | 568 | 928.4 | 725228 | 21100 | 1190.0 | 民营 |
| 福建源远船务有限公司 | 2004 年 | 5 | 0.91 | 1366 | 8000 | 126 | 51.0 | 30000 | 1268 | 18.8 | 民营 |
| 连江凯达轮船公司 | 1994 年 | 31 | 2.19 | 580 | 1800 | 306 | 65.0 | 57500 | 1300 | 13.0 | 集体转民营 |
| 连江闽都有限公司 | 1994 年 | 4 | 1.06 | 153 | 2500 | 51 | 4.9 | 5445 | 205 | 4.8 | 集体转民营 |
| 连江富兴船务有限公司 | 1994 年 | 8 | 0.50 | 168 | 420 | 280 | 11.1 | 10574 | 334 | 8.7 | 民营 |
| 连江筱埕海运公司 | 1988 年 | 17 | 0.60 | 61 | 620 | 143 | 18.0 | 24500 | 830 | 12.0 | 集体转民营 |
| 明星船务有限公司 | 1994 年 | 42 | 3.08 | 180 | 4248 | 396 | 34.0 | 75807 | 2450 | 64.9 | 民营 |
| 连江黄岐海运公司 | 1980 年 | 24 | 2.78 | 220 | 3600 | 316 | 58.6 | 71715 | 1350 | 20.0 | 集体转民营 |
| 福建东鹏船务有限公司 | 2004 年 | 4 | 0.74 | 800 | 3950 | 72 | 21.6 | 18500 | 925 | 58.9 | 民营 |
| 连江县航运公司 | 1959 年 | 5 | 0.25 | 160 | 246 | 294 | 8.6 | 8922 | 525 | 7.0 | 国有 |
| 合 计 | — | 158 | 83.21 | 20488 | 98284 | 2552 | 1201.2 | 1028191 | 30287 | 1398.1 | — |

说明：上表货运周转数据企业提供。县年鉴显示为 907694 万吨千米。

## 第三节　搬运装卸

1991年，有集体搬运企业16个，其中县属搬运公司5个，乡（镇）属搬运站3个，村属搬运队（组）8个。从业共534人。主要工具有汽车2辆，风胎板车216辆，三轮摩托车4辆等，年业务量8万吨，经营收入12万元。1992年，个体搬运兴起，乡（镇）村属搬运站（组）相继解体，县属搬运企业有的合并，人员分流，有的转制，职工作一次性安置。1996年，县搬运公司经全体职工88人签字同意，将搬运公司十字街店面及财产转卖，所得资金用作职工自谋职业一次性安置费。2005年，县境搬运业务有的多组建为服务公司，还有自由组合的个体户。主要工具有小型汽车、三轮摩托斗车，还有部分风胎板车，业务量无法统计。

# 第三章　机构与管理

## 第一节　机　构

**一、县交通局**

1991年，县交通局内设办公室、人事股、财务股、工程股等科室，共有员工103人，其中73人被列入县编委、人事局核定的编制和工资基金管理，30名集体职工尚未列入编制。1997年，党政机构改革，局内设办公室、人事教育科、财务审计科、计划基建科、企业管理科、运输管理科6个科室。局行政编制8人，工勤事业编制1人，事业编制27人，运管编制47人，共83人。2003年1月，机构改革，局内设办公室、人事教育科、财务审计科（含车辆购置附加征收管理办公室，2004年12月31日移交国税局）、计划建设科（含交通战备办公室）、运输管理安全监督科（含公路路政管理科）。局行政编制9人，事业编制27人，运管编制47人，共83人，实有73人，延续至2005年。

**局属单位**　县交通运输管理所，为副科单位，下辖县港航管理站、稽查队以及琯头、南塘、城关、东湖、丹阳、浦口、黄岐、马鼻、坑园、山岗交通运输管理站（简称“交管站”），有运管人员47人。2002年5月20日，上述单位分别更名为县运输管理所、县内河港航监督所、县运输稽查队，交管站统一更名为运输管理站。2002年11月8日，在县运输管理站加挂“福建省连江县地方海事处”的牌子。2005年8月，琯头运输管理站并入南塘运输管理站。

**二、福州市公路局连江分局**

1991年，为连江公路段，属市公路局领导。1993年，改为市公路局连江分局。1995年，建7层机关办公大楼，占地面积3300平方米，建筑面积2300平方米，投资210万元。2001年，推行全员岗位聘用制，分局内设路政所、工会、办公室、财务股、工程股、福州茂丰工程有限公司。2005年，共有员工148人，其中分局机关26人；其余为公路管养人员，设8个大班站，负责国道、省道、主要县道及小部分乡道的公路养护、基建和路政管理任务。

**三、福建省连江县地方海事处**

1991 年为福州港务监督琯头监督站，属福州海事局领导。2001 年 6 月，改海事处。2003 年，罗源海事处合并入琯头海事片区，海区辖区范围为北纬 26° 28′—25° 52′之间。2005 年，编制 16 人，置有海巡艇 1 艘，执法车 3 辆。

**四、福州市港务局连江分局**

前身为福州港务管理局琯头港务管理处，成立于 1984 年。2001 年，港务体制改革，更名为福州市港务局连江分局，为福州港务局派出机构，下辖琯头管理处、黄岐管理处和可门管理处，共有干部职工 22 人，至 2005 年不变。

**五、连江公路稽征所**

1993 年 1 月设立，隶属省公路稽征局管理，编制 7 人，正科级。主要负责连江县辖区内车辆公路规费征收，年征收额 1000 万元左右。2005 年，编制 10 人，实有 11 人。

## 第二节　运政管理

**一、营运年审稽查**

1991 年，坚持正常车辆和运输企业年检、发证、换证、稽查工作，并经常开展综合治理，每年结合春运检查，集中 9 个交管站、1 个稽查队及航管站，按工作需要和区域分成 3 个片队进行运输市场管理和规费征管。1999—2003 年，计年审运输企业 54 家次，车辆推修企业 123 家次，车辆 3715 辆次，运输户换证 279 户。2003 年，县交通局投入 20 万元，建造 200 马力检查艇 1 艘，在琯头水域实行 24 小时巡查。年审营运换证客车 576 本，货车 405 本。1991—2005 年，共出动 33788 人次，检查违章车 7108 辆次，纠正违章车辆 5269 辆次（其中暂扣 783 辆次），消除隐患 80 起；打击非法营运车辆 891 辆次，打击二轮摩的 413 辆次，补缴规费和行政罚款计 475.52 万元。

**二、安全管理**

1991 年起，县交通局成立安全生产领导小组，采用定期召开安全专场会议（每年不少 10 场）进行安全法规宣传，同时充分利用广播、电视、墙报、图片等多种形式向群众宣传交通法规和安全常识。制定安全生产应急预案和重特大事故报告制度，局长负总责，层层落实责任制，把安全责任落实到人。

对营运车辆实行“把三关一监督”制度，即把好驾驶员从业资格关、市场准入关、车辆技术状况关，加强客运进站监督。1999—2001 年，共完成二级技术维护和技术等级评定 7229 辆次。2001 年，对连江至黄岐、马鼻至福州、连江至福州、连江至琯头客运车辆进行更新改造，共报废客车 78 辆，更新客车 65 辆。同时，加大公路安全宣传和综合治理力度，在重点路段设立禁示标志和永久性公益广告牌。2004—2005 年，在县内三级以下公路（含三级）路线起、终点的交叉口，设置夜间 26 面禁示标志牌及限载、落石警告标志。交管部门在春运期间还配合交警在山岗等主要站点进行 24 小时监督检查，以保证行车安全。

**三、驾驶员培训管理**

1991 年，驾驶员培训由县交通局主办，监理部门发证。规定培训时间：汽车 1 年、摩托车 1 个月、手扶拖拉机 45 天（拖拉机驾驶培训、考核、发证由县农机局办理）。1992 年，县内有多家民营企业挂靠省、市交通部门办理培训业务。1997—2003 年，经年审的驾驶员达 66509 人，占应审驾驶员 80.25%。1999—2005 年，共办 7 期大小培训班，参训驾驶员 344 人；办摩托车培训班 101 期，参训人员 4995 人。2004 年起，按照《中华人民共和国道路交通安全法实施条例》规定，县交通部门相继审批发证3家培训机构：连江县丹凤摩托车培训学校（三级），2005年8月批准，学校有场地365平方米，行政管理人员9人，教练员7人，至年底，共举办5期培训，受训人数384人；连江县世纪机动车培训有限公司（专项3级），2005年9月批准，有教练场地1万平方米，管理人员7人，教员7人。至年底，举办3期培训，结业49人；连江县志丰机动车培训有限公司，2005年11月批准，有场地2万平方米，管理人员8人，教练13人，至年底，举办1期培训，结业23人。

## 第三节　路政管理

### 一、道班设置

1991年，连江公路段设有专业道班20个，职工102人，列养公路267千米。县乡道班17个，职工54人，负责乡、村公路管理。1994年，县乡公路分级管理。专养道班缩减为16个，县乡道班缩减为9个。分局对道班实行承包责任制，养护经费切块包干，节约留用。1996年，对专养道班设置进行改革，由小班站改为大班站，增加机械设备，按路线走向设山岗（隧道属山岗站）、潘渡、官岭、高塘、朱山、儒洋、透堡、东坪（2004年改为筱埕）8个大班站，配备专业工人77人。1999年，公路养护以量化管理为依托，班站人员实行双向选择，职工可选择班站长，班站长也有一定权力选择职工，并实行内退和待岗制度。2000年开始，实行企业化管理，引入竞争机制，组织招投标，以班站长为主组成的站委，对分局和班站本身负责，分局把工资水平的计量权下放班站，分局只与班委发生关系，采取总价承包、考核支付的办法。2003年，部分乡道承包所在乡村管护。至2005年，有常住道班5个（小沧、王庄、塘坂、岭头、樟后）。新建高塘、透堡、筱埕3个道班。8个班站共有站房9幢（含隧道管理房），建筑面积3444平方米；购置装载机、压路机、多功能工程机、切缝机、发电机组等并配自卸汽车、农用车等13辆管养专用车。

1994—2005年，山岗公路管理站先后获得省交通系统“创文明行业，建满意窗口”“示范单位”称号和“福建省G104线文明建设样板路先进单位”称号。

### 二、公路管养

（一）专业养护路

1991年，境内被列入公路部门专业养护公路有12条，267千米，20个道班，职工104人。重点是国道、省道、县道和部分乡道。以干线为主，兼顾支线。1992—2005年，投资8230万元，用于7条专养县道的路面改建，其中改建后面层类型为沥青贯入式的5条，水泥混凝土的2条（东苔线只3.45千米）。投资7084万元，用于104国道（不含全线拓宽）的分段路面路基及桥梁改建和东湖岭回头弯改建以及丹阳至山岗各水泥混凝土路面的建设。投资7010万元用于S201省道线马松路段（原为马松线）的改建和接线工程。同时分局还利用GBMS数据库资料，1998—2004年投资近百万元，对红溪桥、塘头桥、尖墩桥、塘边桥、益砌桥、山亭桥6个危桥进行改建。2005年，全县列为专养公路269千米（其中国道41千米、省道42千米、县道7条173千米、乡道13千米），好路率92.76%。

（二）县乡公路

1991年，县乡公路列养22条142.27千米。1995年增至24条163.5千米，1999年增至37条243.09千米。2000年，省、县、乡级公路序列调整。2005年，按“统一领导，分级管理”原则，县道采取道班承包制，乡村道路采用季节性承包维护。县交通局制定县乡公路养护情况奖惩办法，依据年终公路养护情况给予养路补助。县级质量合格每千米1000元，乡村级每千米600元。2005年，列入县乡公路养护计55条，共341.69千米，好路率82.6%，其中优等路73.27千米，良等路207.12千米。

**三、公路绿化**

1991 年，境内公路绿化国道由公路分局负责；省道、县乡道由县绿委会组织义务种植，林业部门参与规划指导，驻军协助。2001 年起，以经营方式，委托福州茂盛绿化有限公司具体实施。每一年植树节，组织县乡机关干部和群众参加公路沿线植树绿化活动。2003 年，在新修公路沿线也种植天竺桂、山杜英绿化大苗 1990 株，马占相思 1.9 万株，五节芒 2.1 万丛，葛藤 0.5 万株。对小沧通乡公路实施沿线植被恢复清理。至 2005 年，共投资 4177 万元，沿国道 104 线（40.574 千米），种植榕树、杧果、桂花等乔木类植物 60126 株，黄金叶、三角梅等灌木 210 株。路边绿化地植有杜鹃、红继木等 16.6 万株，绿化面积共 144.84 万平方米。

**四、公路执法**

（一）专养路执法

1991 年，注重公路维护宣传，在国道、省道两侧竖立安全和禁行标志牌、落石警告牌等。1996 年，设立连江公路路政管理所，调配执法人员 9 人，执行路产、路权的维护和公路两侧建筑红线的控制和违章处理，每月上路巡查不少于 18 天。1999—2003 年，共出车 572 车辆次，出动路政人员 1970 人次，清理路面堆积物累计 168 处、776 立方米，纠正制止违章、违法行为 350 起，收取各类费用 22.61 万元。2001—2003 年，共查处超限车辆 6589 辆，收取超限赔（补）偿费 229.23 万元；罚款 3 起 1750 元。2004 年，共出动巡查车辆 214 辆次，出动人员 971 人次，清理路面堆积物 50 处 326 立方米，纠正制止违章、违法行为 73 起，收取路政管理的各类费用 9.19 万元。2004—2005 年，在辖区三级以下公路（含三级）路线起、终点及交叉口位置设置 26 面夜间禁行标志牌及限载、落石警告标志。

（二）县乡公路执法

1991—1995 年，县乡公路执法由县交通局配合城建、土地、交警部门组成的连江县路政领导小组负责，每个季度组织 15—20 人上路检查及清障一次。1995 年 12 月 11 日，路政领导小组配合蓼沿乡政府清障队一行 19 人，随带叉车、平板车、拖拉机等运输工具，把经多次劝告不听，堆放在溪小公路肩上每块重达 2 吨多的石料 45 块（47 立方米）强行叉运走，并勒令物主交押金 1 万元作为保证金，促使沿线石料场主把堆放路肩上的石料运走。1996 年，县交通局路政股成立后，执行《中华人民共和国公路法》，公开公路损坏赔偿标准。路政人员每月巡查不少于 20 次或 10 个工作日。1996—2005 年，路政股共组织清障行动 155 次，出动人员 9573 人次，清理堆积物 23376 立方米，上路巡查 3334 人次，纠处违章 216 起，其中强制撤除违章建筑 6 座 430 平方米、临时搭盖 21 处 275 平方米，查处侵占公路用地 160 起面积 3116 平方米，清理公路堆积物及打晒场 291 起，确保公路通畅、安全。

## 第四节　航政管理

**一、航道疏浚**

县境闽江航道由琯头港至蕉尾一线，因上游水土流失航道逐渐淤积抬高。1991—1999 年，航管部门虽经常进行疏浚，但设备差，效果不理想。2000 年 10 月开始，至 2005 年，共投入资金 400 多万元，相继进行 3 次较大整治：对熨斗口长 1100 米、宽 125 米的航道进行浅滩疏浚，浚深理论基准面下 6.3 米，工程量达 14.69 万立方米；对闽江通海航道内沙段 YSE 潜锁坝进行修复，经省航运局等单位验收交付使用；对闽江内沙滩外段航道的疏浚，长 2600 米，宽 125 米，边坡 1 ∶ 6，疏浚深度为理论基准面下 6.3 米，超深 0.6 米，超宽 7 米，挖泥总工程量 41.25 万立方米。经疏浚，船舶航行条件有较大改善。

**二、船舶检验发证**

1991—2000年，外海营运船舶由福州海事局管理。2001年，分区划片归琯头海事处管理。由使用船舶单位或个人按规定向福州海事局（琯头海事处）申请办理有关手续，并接受船舶质量体系检验。除初检、年检和临时检验，还有换证检验及中旬检验（可替代一次年检）。货船的船底部、外部检查应在任何5年内至少进行2次。且任何2次之间的间隔不超过3年，其中1次应在换证检验时进行。客船的船底、外部检查每2年进行1次，高速船的船底外部检查一般应每年进行一次。船舶经检验合格后由海事处签发有关证件。2005年，全县外海营运船有194艘，年检178艘，共检验225艘次。船舶检验按每吨0.25元标准收取检验费上缴国库。

**三、助航设施**

1991年，境内敖江航道有1个航标，在县城东下斗门马礁。闽江航道和沿海共有导航台1座，灯桩、灯浮、导标16个。1992年后，对外通航往来日趋频繁，助航标志显得更为重要。航标管理部门陆续对部分灯桩、灯塔安装雷达应答器。2001—2003年，对所有的灯桩、灯塔进行瓷砖贴面翻新装修，对部分灯桩进行综合布线改造。2004年，上海海事局福州航标处接管境内航标后，加强航标设置的审查、航标配布、航标维护以及专用航标的监督检查，并在马尾设航标维护站，对境内部分灯桩进行移位，或改建，全部更新金牌门至闽江口灯浮。随着可门港的开发，2005年，根据可门港开放需要，在可门头等处新设6个灯桩及3个灯浮。2005年底，闽江航道有灯桩32个、灯塔10个，灯浮32个；可门港航道有灯桩、灯塔8个，灯浮3个；黄岐半岛沿海有灯桩、灯塔4个。

**2005年闽江口沿海助航标志一览表**

表13-2-4

| 序号 | 名称 | 位置（北纬、东经） | 灯质、光质、光色、周期、秒 | 灯高（米） | 射程（海里） | 构　造 | 附　记 |
|---|---|---|---|---|---|---|---|
| 1 | 七星礁灯桩 | 26°04'50.9"<br>119°49'37.4" | 闪白6秒 0.5+5.5 | 12.1 | 10.5 | 白色圆锥形钢筋混凝土，16.5 | 雷达应答器：信号X（–・・–） |
| 2 | 日庄礁灯桩 | 26°04'32.8"<br>119°43'22.1" | 闪（2）白6秒 0.5+1.0　0.5+4.0 | 13.1 | 8 | 白色圆形钢筋混凝土，瓷砖贴面，18.3 | 雷达应答器：信号K（–・–） |
| 3 | 闽江口A1号灯浮 | 26°06'22.0"<br>119°48'09.0" | 闪（2+1）绿6秒 | — | 4 | 绿红绿柱形，顶标为绿色锥形，上写“A1”字 | 推荐航道右侧标2004年5月改动态04-44 |
| 4 | 闽江口D1号灯浮（福接） | 26°04'59.1"<br>119°47'55.9" | 闪绿4秒 | — | 4 | 绿色柱形，顶标为绿色锥形，上写“D1”字 | 右侧标闽江口南航道1号2004年5月移交福州航标处动态04-44 |
| 5 | 闽江口D2号灯浮（福接） | 26°04'57.5"<br>119°47'29.0" | 闪红4秒 | — | 4 | 红色柱形，顶标为红色罐形，上写“D2”字 | 左侧标闽江口南航道2号2004年5月移交福州航标处动态04-44 |
| 6 | 闽江口D3号灯浮（福接） | 26°05'12.5"<br>119°45'57.0" | 闪（2）绿6秒 | — | 4 | 绿色柱形，顶标为绿色锥形，上写“D3”字 | 右侧标闽江口南航道3号2004年5月移交福州航标处动态04-44 |

续表 13-2-4

| 序号 | 名称 | 位置（北纬、东经） | 灯质、光质、光色、周期、秒 | 灯高（米） | 射程（海里） | 构　造 | 附　记 |
|---|---|---|---|---|---|---|---|
| 7 | 闽江口 D4 号灯浮（福接） | 26° 05'11.0"<br>119° 45'30.0" | 闪（2）红 6 秒 | — | 4 | 红色柱形，顶标为红色罐形，上写“D4”字 | 左侧标闽江口南航道 4 号 2004 年 5 月移交福州航标处动态 04–44 |
| 8 | 闽江口 D5 号灯浮（福接） | 26° 05'21.0"<br>119° 44'39.0" | 闪（3）绿 10 秒 | — | 4 | 绿色柱形，顶标为绿色锥形，上写“D5”字 | 右侧标闽江口南航道 5 号 2004 年 5 月移交福州航标处动态 04–44 |
| 9 | 闽江口 D6 号灯浮 | 26° 05'19.0"<br>119° 44'12.5" | 闪（3）红 10 秒 | — | 4 | 红色柱形，顶标为红色罐形，上写“D6”字 | 左侧标 2004 年 5 月新设动态 04–44 |
| 10 | 闽江口 D7 灯浮 | 26° 05'32.0"<br>119° 43'30.0" | 闪绿 4 秒 | — | 4 | 绿色柱形，顶标为绿色锥形，上写“D7”字 | 右侧标 2005–05–20 调整位置动态 05–39 |
| 11 | 闽江口 D8 灯浮 | 26° 05'29.0"<br>119° 42'35.0" | 闪红 4 秒 | — | 4 | 红色柱形，顶标为红色罐形，上写“D8”字 | 左侧标 2004 年 5 月新设动态 04–44 |
| 12 | 闽江口 A3 号灯浮 | 26° 06'06.0"<br>119° 45'00.0" | 闪（2+1）绿 12 秒 | — | 4 | 绿色绿柱形，顶标为绿色锥形，上写“A3”字 | 推荐航道右侧标 2004 年 5 月改动态 04–44 |
| 13 | 闽江口 A5 号灯浮 | 26° 05'40.0"<br>119° 42'07.8" | 闪（2+1）绿 9 秒 | — | 4 | 绿红绿柱形，顶标为绿色锥形 | 推荐航道右侧标 2005–05–20 新设动态 05–39 |
| 14 | 闽江口 D9 号灯浮 | 26° 05'43.6"<br>119° 41'31.7" | 快绿 | — | 4 | 绿色柱形，顶标为绿色锥形，上写“D9”字 | 右侧标 2004 年 5 月改动态 04–44 |
| 15 | 闽江口 D10–1 号灯浮 | 26° 05'43.0"<br>119° 41'14.0" | 长闪白 10 秒 | — | 4 | 红白相间竖条柱形，顶标为红色球形 | 安全水域标、2005–09–25 设动态 05–62 |
| 16 | 闽江口 D10 灯浮 | 26° 05'34.0"<br>119° 41'14.0" | 快红 | — | 4 | 红色柱形，顶标为红色罐形，上写“D10”字 | 左侧标 BIGSWAN 沉船 2353 吨 2004–03–15 移动态 04–22–44 |
| 17 | 闽江口 D10–2 灯浮 | 26° 05'48.0"<br>119° 40'54.0" | 快红 | — | 4 | 红色柱形，顶标为红色罐形 | 左侧标 2005–09–25 设动态 04–22–44 |
| 18 | 闽江口 D13 号灯浮（福接） | 26° 06'20.0"<br>119° 40'41.0" | 闪绿 4 秒 | — | 4 | 绿色柱形，顶标为绿色锥形，上写“D13”字 | 右侧标 2004 年 5 月移交福州 2004 年 5 月改动态 04–44 |
| 19 | 闽江口 D12 号灯浮 | 26° 06'10.0"<br>119° 40'42.0" | 闪红 4 秒 | — | 4 | 红色柱形，顶标为红色罐形，上写“D12”字 | 左侧标 2004 年 5 月改动态 04–44 |
| 20 | 闽江口 D14 号灯浮 | 26° 06'49.0"<br>119° 39'47.5" | 闪（2）红 6 秒 | — | 4 | 红色柱形，顶标为红色罐形，上写“D14”字 | 左侧标 |

续表 13-2-4

| 序号 | 名称 | 位置（北纬、东经） | 灯质、光质、光色、周期、秒 | 灯高（米） | 射程（海里） | 构　造 | 附　记 |
|---|---|---|---|---|---|---|---|
| 21 | 川石岛灯桩 | 26°06'57"7N<br>119°40'09"0E | 闪白 4 秒 | 9.1 | 4 | 红白横带圆柱形钢管桩 | — |
| 22 | 闽江口 D15 号灯浮 | 26°06'58.0"<br>119°39'51.0" | 闪（2）绿 6 秒 | — | 4 | 绿色柱形，顶标为绿色锥形，上写“D15”字 | 右侧标 2004 年 5 月改动态 04-44 |
| 23 | N4 坝头灯浮（福接） | 26°07'22.4"<br>119°39'28.2" | 快（9）白 15 秒 | — | 4 | 黄黑黄柱形，顶标为两个黑色锥形，锥顶相对 | 西方位标 |
| 24 | 闽江口 D16 号灯浮 | 26°07'20.0"<br>119°39'04.5" | 闪（3）红 10 秒 | — | 4 | 红色柱形，顶标为红色罐形，上写“D16”字 | 左侧标 2004 年 5 月改动态 04-44 |
| 25 | 闽江口 D17 号灯浮 | 26°07'35.0"<br>119°38'58.0" | 闪（3）绿 10 秒 | — | 4 | 绿色柱形，顶标为绿色锥形，上写“D17”字 | 右侧标 2004 年 5 月改动态 04-44 |
| 26 | 熨斗口灯浮（福接） | 26°07'51.0"<br>119°38'50.6" | 莫（C）黄 12 秒 | — | 4 | 黄色柱形，顶标为黄色“X”形，标体显处漆黑色水中构筑物标记 | 专用标（水中构筑物） |
| 27 | 白塔灯柱 | 26°07'17.0"<br>119°38'30.6" | 闪（3）白 10 秒<br>0.5+1.00.5+1.00 | 26.1 | 7 | 白色圆柱形砌砖：6.7 | — |
| 28 | 马祖印水道引导灯桩后 | 26°08'00.0"<br>119°39'24.9" | 等明暗白 6 秒<br>3.0+3.0 | 41.7 | 10.5 | 红白竖条混凝土：8.6 | 寨尾山后引导灯柱（寨尾山）2004-07-19 改建动态 04-71 |
| 29 | 马祖印水道引导灯桩前（西凤石） | 26°08'00.0"<br>119°39'24.9" | 闪白 2 秒 1.0+1.0 | 14.8 | 10.5 | 红白竖条混凝土：6.7 | 两灯一线 090°50´17.5 雷达应答器：信号 M（-）2004-10-23 装雷应动态 04-98 |
| 30 | 福斗山后引导灯柱 | 26°08'38.5"<br>119°37'27.0" | 等明暗白 6 秒<br>3.0+3.0 | 38.4 | 10.5 | 红白竖条混凝土：15 | 与福斗山前引导灯柱（西凤山）线 309°23´28，2004-07-19 改建动态 04-71 |
| 31 | 闽江口 D19 号灯浮 | 26°07'53.0"<br>119°38'17.0" | 闪绿 4 秒 | — | 4 | 绿色柱形，顶标为绿色锥形，上写“D19”字 | 右侧标 2004 年 5 月改动态 04-44 |
| 32 | 闽江口 D20 号灯浮 | 26°07'49.0"<br>119°38'04.5" | 闪红 4 秒 | — | 4 | 红色柱形，顶标为红色罐形，上写“D20”字 | 左侧标 2004 年 5 月改动态 04-44 |
| 33 | 金牌门灯柱（福接） | 26°08'06.9"<br>119°35'37.2" | 闪白 4 秒 0.5+3.5 | 7.8 | 6 | 白色方形石砌：10.1 | — |
| 34 | 闽江口 D21 号灯浮 | 26°08'04.7"<br>119°37'15.5" | 闪（2）绿 6 秒 | — | 4 | 绿色柱形，顶标为绿色锥形，上写“D21”字 | 右侧标 2004 年 5 月改动态 04-44 |

续表 13-2-4

| 序号 | 名称 | 位置（北纬、东经） | 灯质、光质、光色、周期、秒 | 灯高（米） | 射程（海里） | 构　造 | 附　记 |
|---|---|---|---|---|---|---|---|
| 35 | 闽江口 D22 号灯浮 | 26° 08'01.0"<br>119° 37'12.0" | 闪（2）红 6 秒 | — | 4 | 红色柱形，顶标为红色罐形，上写“D22”字 | 左侧标 2004 年 5 月改动态 04-44 |
| 36 | 华秋灯浮（福接） | 26° 08'17.1"<br>119° 36'29.3" | 莫（C）黄 12 秒 | — | 4 | 黄色柱形，顶标为黄色“X”形，标体显处漆黑色水中构筑物标记 | 专用标（水中构筑物） |
| 37 | 南龟岛灯桩（福接） | 26° 07'54.4"N<br>119° 35'58.6"E | 闪（2）白 6 秒 | 8.5 | 4.5 | 红白横带圆柱形钢管桩 | — |
| 38 | 中沙左灯浮（福接） | 26° 07'49.3"<br>119° 34'54.9" | 闪红 4 秒 | — | 4 | 红色柱形，顶标为红色罐形 | 左侧标 |
| 39 | 中沙右灯浮（福接） | 26° 07'56.0"<br>119° 34'52.2" | 闪绿 4 秒 | — | 4 | 绿色柱形，顶标为绿色锥形 | 右侧标 2005-07-04 称动态 05-51 |
| 40 | 中沙 3 号灯浮 | 26° 07'45.6"<br>119° 34'30.5" | 闪（2）绿 6 秒 | — | 4 | 绿色柱形，顶标为绿色锥形 | 右侧标 2005-07-04 设动态 05-51 |
| 41 | 中沙 S3 坝灯浮(福接) | 26° 07'36.8"<br>119° 34'29.0" | 莫（C）黄 12 秒 | — | 4 | 黄色柱形，顶标为黄色“X”形，标体显处漆黑色水中构筑物标记 | 专用标（水中构筑物） |
| 42 | 琯头角灯桩（福接） | 26° 08'04.8"<br>119° 34'15.1" | — | — | — | 白色圆铁筒：3.8 | — |

## 2005 年可门港水道助航标志一览表

表 13-2-5

| 序号 | 名称 | 位置（北纬、东经） | 灯质、光质、光色、周期、秒 | 灯高 | 射程 | 构　造 | 附记 |
|---|---|---|---|---|---|---|---|
| 1 | 西洛岛灯桩 | 26° 24'54.9"<br>119° 52'42.8" | 闪（4）白 12 秒<br>0.5+1.5<br>0.5+1.5<br>0.5+1.5 | 36.3 | 10.5 | 白色六角形钢筋混凝土，瓷砖贴面；11.3 | 雷达应答器：信号 X（－・・－） |
| 2 | 可门角灯桩(代) | 26° 25'42.8"<br>119° 50'07.2" | 闪（3）白 10 秒<br>0.5+1.0<br>0.5+1.0<br>0.5+6.5 | 87.5 | 10.5 | 白色六角形混凝土；9.0 | 雷达应答器：信号 K（－・－）2005-12-09 设动态 05-111 |
| 3 | 罗源湾 1 号灯浮 | 26° 06'04.4"<br>119° 48'54.0" | 闪绿 4 秒 | — | — | — | — |
| 4 | 大黄礁灯桩(代) | 26° 26'06.9"<br>119° 48'48.9" | 闪（2）白 6 秒<br>0.5+1.0<br>0.5+4.0 | 5.9 | 4 | 黑色圆锥形混凝土；8.0 | 2005-12-09 设动态 05-111 |
| 5 | 可门头灯桩(代) | 26° 25'25.2"<br>119° 48'47.9" | 闪白 4 秒<br>0.5+3.5 | 52.7 | 4 | 白色六角形混凝土：9.0 | 2005-12-09 设动态 05-111 |
| 6 | 罗源湾 3 号灯浮 | 26° 25'31.3"<br>119° 48'02.1" | 闪（2）绿 6 秒 | — | — | — | — |

续表 13-2-5

| 序号 | 名称 | 位置北纬东经 | 灯质、光质、光色、周期、秒 | 灯高 | 射程 | 构　　造 | 附记 |
|---|---|---|---|---|---|---|---|
| 7 | 担屿灯桩（代） | 26°24'49.8"<br>119°47'43.4" | 闪（2）白 6 秒<br>0.5+1.0<br>0.5+4.0 | 28.1 | 4 | 白色六角锥形混凝土；10.0 | 2005-12-09 设动态 05-111 |
| 8 | 古鼎屿灯桩(代) | 26°24'01.2"<br>119°47'19.8" | 闪白 4 秒<br>0.5+3.5 | 46.1 | 4 | 白色六角形混凝土；9.0 | 2005-12-09 设动态 05-111 |
| 9 | 岗屿灯桩（代） | 26°24'08.2"<br>119°45'14.0" | 闪（2）白 6 秒<br>0.5+1.0<br>0.5+4.0 | 63.5 | 4 | 白色六角锥形混凝土；10.0 | 2005-12-09 设动态 05-111 |
| 10 | 罗源湾可门电 T1 号灯浮 | 26°22'59"<br>119°44'57.2" | 快（3）白 10 秒 | — | — | — | — |
| 11 | 鸟屿灯桩（代） | 26°24'38.3"<br>119°44'34.7" | 闪白 4 秒<br>0.5-3.5 | 20.3 | 4 | 白色六角锥形混凝土；12.0 | 2005-12-09 设动态 05-111 |
| 12 | 坪牛屿灯桩 | 26°18'25.6"<br>119°53'51.0" | 闪（3）白 10 秒<br>0.5+1.5<br>0.5+1.5<br>0.5+5.5 | 12 | 10.5 | 白色六角形混凝土；13.3 | — |
| 13 | 浪岗牛灯桩 | 26°16'08.7"<br>119°48'23.5" | 闪（2）白 6 秒<br>0.5+1.0<br>0.5+4.0 | 26.1 | 7 | 白色圆柱形混凝土，瓷砖贴面；14.0 | — |
| 14 | 龟屿牛灯桩 | 26°16'24.4"<br>119°48'04.3" | 闪白 4 秒<br>0.5+3.5 | 9.5 | 7 | — | — |
| 15 | 四母屿灯塔 | 26°13'56.9"<br>119°48'29.5" | 闪（4）白 12 秒<br>0.5+1.5<br>0.5+1.5<br>0.5+1.5<br>0.5+5.5 | 40.6 | 16 | 白色方形混凝土，瓷砖贴面；14.1 | 备用灯：（闪）白 12 秒 7 海里雷达应答器：信号 M(——) |

**四、水上安全管理**

1991 年起，境内水上安全管理均由福州琯头海事处负责，采用“四长”（县长、乡长、村主任、船长）负责制，层层把安全责任落实到人。凡进入运输市场的企业，都必须持有营运许可证、船舶营运证、船长证，船舶配备人员应齐全持证上岗，严禁无救生设备、消防设施船舶营运。每季度开展一次全县渡口、码头船舶拉网式安全大检查，结合“五一”国际劳动节、“十一”黄金周及安全月活动开展水上安全专项整治。对芭蕉尾至金牌门一线多发事故段进行 24 小时巡检。在台风季节，全天候跟踪台风动态，适时发出禁海通告。其中 2003 年，查处违章船舶 193 艘，罚款 45.44 万元，查补规费 6.6 万元；2004 年，查处违章船舶 51 艘，罚款 22.75 万元；2005 年，查处违章船舶 35 艘，罚款 17.4 万元。1991—2005 年统计，共查处违章船舶 1563 艘，消除隐患 80 起。

**附：县内船舶海上重大事故实录**

1993 年 10 月 29 日，筱埕镇“筱海 131 号”运输船，在福鼎沙埕海面发生沉船事故，11 名船员，5 人获救、2 人遇难、4 人下落不明。

1994 年 11 月 7 日，县船务公司“闽强 16 号”轮船，在东山海面遭强风横浪袭击沉没，4 名船员遇难，直接损失 230 万元。

1998年1月10日，县江海运输公司所属“江海3号”钢质船，由香港装载铁板、轮胎等杂货计650吨驶往上海，当日20点许，途经浙江省温州附近海面时，与南京杨子公司杨子6号集装箱船相撞沉没。船员11人，其中死亡1人、失踪3人。

2001年2月20日零点30分，县凯达轮船公司“凯达868号”轮（载重量490吨），空载由浙江省鳌江港驶往江苏省南通，在大戢山附近海域，突然机舱爆炸失火，船员10人，其中2人死亡。

2001年2月25日下午19时，福建省华江海运公司“汇丰”轮（核定载重量2100吨），由厦门驶往香港，途经东山海面时，遇巨大风浪袭击沉没。

**1994—2005年连江水域重大海损事故概况表**

表13-2-6　　单位：万元

| 日　期 | 船　舶 | 事故类型 | 发生地点 | 事故原因 | 经济损失 |
|---|---|---|---|---|---|
| 1994.7.26 | 长海211号闽江157号 | 碰撞 | 闽江口熨斗水道 | 长海211号违反避碰规则 | 70.0 |
| 1996.2.4 | 江海28号 | 浪损 | 黄岐小流礁 | 主机失控且有风浪袭击 | 40.0 |
| 1996.7.3 | 船政轮 | 触损 | 闽江口 | 对风流压估计不足，措施不力 | 32.8 |
| 1997.3.23 | 积谷山川闽油11号 | 碰撞 | 琯头锚地 | 疏忽瞭望，且避让不及时 | 128.0 |
| 1997.4.29 | 东方伙伴星江轮 | 碰撞 | 马祖岛东面水域 | “东方伙伴”疏忽瞭望 | 400.0 |
| 1997.8.21 | 沪救1号宁化401 | 碰撞 | 福州引航锚地 | 水域小，落潮水急 | 50.0 |
| 1998.12.29 | 海晖 | 其他 | 琯头锚地 | 甲板放置重物、重心上移 | 15.0 |
| 1999.1.31 | JOINT　DORCAS | 触礁 | 七星礁以北海域 | 未遵守交接班制度、疏忽瞭望 | 2630.0 |
| 1999.10.28 | 永顺汕12号琯油1号 | 碰撞 | 福州港南龟下方 | 永顺油12号船长不熟悉航道 | 15.6 |
| 2000.4.2 | 海盛 | 触礁 | 芭蕉尾水域 | 疏忽瞭望、对航道不熟悉 | 120.0 |
| 2000.6.3 | 金豪盛126 | 其他 | 马祖岛东面水域 | 大风、积载不当、船体老化 | 414.0 |
| 2000.6.6 | 东方洋闽油1号 | 碰撞 | 金牌门水域 | 对水流和木船操纵性估计不足 | 139.0 |
| 2000.11.29 | 鸿达8号 | 火灾 | 壶江锚地 | 机舱沉积的可燃气体遇电火花爆炸 | 100.0 |
| 2000.12.2 | GOLDENYI长海165 | 碰撞 | 中沙航道 | “GOLDENYT”追越过程操作不当 | 151.0 |
| 2000.12.13 | 浙苍机55号 | 搁浅 | 五虎礁外 | 偏离航道 | 20.0 |
| 2001.2.14 | 航海1号浙乐油26号 | 碰撞 | 白塔锚地 | 没有保持正规瞭望，未能对锚泊船做出正确判断，造成碰撞 | 19.0 |
| 2001.6.23 | 正泰CHINA | 风灾 | 琯头锚地 | 受2号台风正面袭击造成 | 14.0 |
| 2001.7.13 | 恒风发18 | 其他 | 闽江口南1号浮标附近 | 舱盖未封及船舶积载不当，船长操纵不当，导致货舱进水 | 60.0 |
| 2001.11.19 | 恒盛顺发268 | 碰撞 | 闽江口黄岐附近 | 两轮没及时联系沟通，没使用安全航速和按章正确避让 | 40.0 |
| 2001.12.21 | 惠阳NISSIIO　1 | 碰撞 | 闽江口白塔锚地 | 两轮均未保持正规瞭望、沟通，避让行动不协调 | 400.0 |
| 2002.3.14 | 融航168 | 其他 | 琯头锚地 | 舱内积水过多，自由液面太大，值天文大潮急涨，离泊后被横流倾覆 | 35.0 |
| 2002.3.30 | CLODLINE宏阳18 | 碰撞 | 闽江口以北海域 | 由于双方没有严格遵守《国际海上避碰规则》，避让行动失调引起碰撞 | 650.0 |

续表 13-2-6

| 日期 | 船舶 | 事故类型 | 发生地点 | 事故原因 | 经济损失 |
|---|---|---|---|---|---|
| 2002.8.9 | 高神 | 搁浅 | 闽江口南 3 号浮标西北 0.75 海里 | 船长疏忽造成船舶偏离主航道搁浅 | 60.0 |
| 2003.7.12 | 闽江 503 | 触损 | 闽江口南航道 2 号浮标 | 对闽江口南航道 2 号浮标及不明碍航物未引起重视 | 18.0 |
| 2003.7.24 | 浙杭明珠 1 号闽连渔 2635 | 碰撞 | 七星礁以北海域 | 双方当事人疏忽瞭望，避让不及时造成碰撞 | 21.5 |
| 2003.8.28 | 浙苍机 86 | 自沉 | 琯头中沙航道南侧 | 装沙过程中没有及时排水，舱内积水过多 | 18.0 |
| 2003.11.16 | 吉盛发 168 | 自沉 | 闽江口七星礁附近水域 | 大风浪 | 200.0 |
| 2004.3.10 | 开富浙榭机 118 | 碰撞 | 芭蕉尾水域 | 大雾天气加上避碰行动不协调 | 35.0 |
| 2004.3.11 | BTGSWAN 强顺 8 | 碰撞 | 闽 3 浮附近水域 | 大雾天气加上避碰行动不协调 | 500.0 |
| 2004.9.10 | 祺洲 7 | 风灾 | 闽江口 D1 号浮附近水域 | 大雾天气加上避碰行动不协调 | 40.0 |

说明：本表根据福州海事局资料制作

# 第十四篇　邮政　通信

1991 年初，连江邮政电信合营，设县邮电局，下辖 18 个邮电支局（所）、9 个邮电代办所，共有员工 253 人。邮电业务收入 415 万元。1992 年开始，加大邮电设施投入，加快网络改造，至 1995 年，逐步实现输送线路光纤电缆化、固定电话程控化，数字化。邮政报纸杂志订阅、特快专递、邮政储蓄等业务都有较快发展。至 1998 年，邮电职工共 336 人，邮政业务收入 1095 万元，固定电话用户 4.96 万户，业务收入 2066 万元。

1998 年 10 月 28 日起，邮电局析为邮政、电信 2 个机构，分开经营。2000 年，电信又剥离出移动分公司。2001—2005 年，相继有铁通、联通、网通等在连江发展业务，邮政、电信业务发展迅速。技术装备不断更新，逐渐向自动化、电子化迈进，实现全国联网。至 2005 年，全县拥有固定和移动电话超过 18 万户（部），业务总量 1.82 亿元，其中邮政 3168 万元、电信 10593 万元、移动 3483 万元、铁通等 1000 万元。

## 第一章　邮　政

### 第一节　机构与网点

1991 年，邮政电信合营，县邮电局设行政、企业管理、财务、业务检查、业务技术 5 个科室，辖有 6 个邮电支局、12 个邮电所，员工 253 人。1993 年 4 月，增设城关文山路邮电所，筱埕、长龙、安凯、东湖、官坂等 5 个邮电所调整为三等支局。1994 年 8 月，增设下宫、透堡邮电所。1995 年 1 月，县邮电局划属福州电信管辖，局内设机构有行政、人事教育、财务、电信、邮政、经营、基建 7 个办公室。同年，设立储汇经营部，透堡邮电所调整为三等邮电支局。1996 年 7 月，设立玉荷路西支局，撤销城关文山路邮电所。至 1998 年 9 月，管辖 17 个邮电支局、4 个邮电所。邮政业务部门有邮政业务经营部、邮件封发、邮政营业、发行投递、储汇部、速递站、集邮公司等。

1998 年 10 月 28 日，邮电分营，县邮政局内设综合办公室、计划财务部、经营服务部 3 个管理机构和 8 个生产班组，下辖 22 个支局所（除蓼沿所外其他所相继改称支局）、7 个邮政储蓄网点，员工 162 人。2000—2001 年，撤经营服务部，分设市场经营部和邮政储汇分局（后改称“储汇部”）。2001—2005 年，相继成立商函广告公司、速递公司，重组集邮公司，增设琯头开放西路和东路、拱屿、敖江青塘邮政支局、玉荷东路邮政支局。改小沧支局为委办。2005 年底，局内设办公室、市场经营部、计划财务部、储汇部，10 个班组，下辖 23 个支局所（含琯头支局下辖 4 个支局）和 6 个邮储专柜，系统内员工计257人。

**局属网点：**

**琯头邮政支局**　在琯头镇青芝路，营业用房面积321平方米。1998年业务收入138万元。2005年，服务人口5.84万人，职工31人，业务收入达1350万元。下辖4个支局：解放路邮政支局，开放西路邮政支局（2003年设），开放东路邮政支局（2004年设），琯头拱屿邮政支局（2005年设）。

**东岱邮政支局**　在东岱镇东兴路，营业用房面积273平方米。1998年，业务收入52.6万元。2005年，有员工9人，服务人口3.57万人，业务收入79万元。

**黄岐邮政支局**　在黄岐镇海丰街丰华路，营业用房面积100平方米。1998年，业务收入22.3万元。2005年有员工9人，服务人口2.48万人，业务收入67万元。

**筱埕邮政支局**　在筱埕镇东山路，营业用房面积616平方米。1998年，业务收入15万元。2005年，有员工8人，服务人口2.9万人，业务收入8万元。

**浦口邮政支局**　在浦口镇旗新路，营业用房面积630平方米。1998年，业务收入19.9万元。2003年7月，原邮政储蓄网点搬迁城关。2005年，有员工9人，服务人口3.98万人，业务收入12万元。

**丹阳邮政支局**　在丹阳镇连罗路，营业用房面积779平方米。1998年，业务收入22.6万元。2003年7月，原邮政储蓄网点搬迁县城。2005年，有员工10人，服务人口2.75万人，业务收入18万元。

**晓澳邮政支局**　在晓澳镇晓锋街，营业用房面积608平方米。1998年，业务收入5.8万元。2005年，有员工6人，服务人口3.81万人，业务收入20万元。

**东湖邮政支局**　在东湖镇北路，营业用房面积448平方米。1998年，业务收入5.4万元。2005年，有员工4人，服务人口1.59万人，业务收入5.7万元。

**蓼沿邮政所**　在蓼沿乡横街路，营业用房面积1213平方米。1998年，业务收入2.7万元。2005年，有员工3人，服务人口2.82万人，业务收入4.4万元。

**潘渡邮政支局**　在潘渡乡车站路，营业用房面积111平方米。1998年，业务收入2.6万元。2005年，有员工5人，服务人口1.86万人，业务收入2.7万元。

**长龙邮政支局**　在长龙镇宫坂路，营业用房面积1083平方米。1998年，业务收入3.3万元。2005年，有员工4人，服务人口1.28万人，业务收入7.8万元。

**坑园邮政支局**　在坑园镇溪尾路，营业用房面积776平方米。1998年，业务收入3.5万元。2005年，有员工4人，服务人口2.75万人，业务收入7.2万元。

**官坂邮政支局**　在官坂镇大街东路，营业用房面积515平方米。1998年，业务收入4.2万元。2005年，有员工4人，服务人口3.1万人，业务收入4.2万元。

**马鼻邮政支局**　在马鼻镇横厝街，营业用房面积221平方米。1998年业务收入6.8万元。2005年，有员工6人，服务人口4.3万人，业务收入16.9万元。

**透堡邮政支局**　在透堡镇北街下新村，营业用房面积502平方米。1998年，业务收入2.7万元。2005年，有员工3人，服务人口2.06万人，业务收入1万元。

**安凯邮政支局**　在安凯乡安峰路，营业用房面积173平方米。1998年，业务收入3.1万元。2005年，有员工3人，服务人口1.79万人，业务收入4.6万元。

**苔菉邮政支局**　在苔菉镇后港东南路，营业用房727平方米。1998年，业务收入9.6万元。2005年，有员工6人，服务人口2.7万人，业务收入18.4万元。

**敖江邮政支局**　2004年4月设立，在敖江投资区青龙路海鑫花园阳光公寓，营业用房面积40平方米。2005年，有员工2人，服务人口3.65万人，业务收入9万元。

**玉荷东路邮政支局**　2005年5月设立，在凤城镇玉荷东路安通大楼，营业用房面积60平方米。员工3人，当年业务收入3.05万元。

**鸿展邮政发展公司** 1998 年 11 月设立，由系统内职工集资，合股经营，管理人员 5 人。2000 年，公司下设收投公司（由鸿信公司派员管理）。2003 年 9 月，鸿信公司更名为鸿展邮政发展公司。2005 年，有管理人员 2 人。

## 第二节 邮 路

**一、省内邮路**

1991 年，连江发往福州、罗源、闽东各市县和琯头、东湖、丹阳、潘渡邮电支局的进出口机要、普通邮件，均交福州—霞浦邮车运送（潘渡邮件由福安返回福州运送）。1996 年 3 月 4 日，改为福州—宁德邮车运送。同年 8 月又改为福州—福安邮车运送。至 2005 年，连江县省内邮路有 3 条，即福州—琯头—连江及相关乡镇、福州—丹阳—罗源、福州—潘渡—福安，总长 336 千米，属于省局自办汽车邮路。

**二、县内邮路**

1991—1993 年，县内邮路以委办为主。农村投递邮路有 131 条，总长 1532 千米，多摩托、自行车递送。1994 年，县局购置 1 部邮车，开辟连江—苔菉自办汽车邮路。从县局出发，途经浦口、坑园、安凯、苔菉、官坂、马鼻、透堡、长龙等 8 个乡镇支局，全程 173 千米，取消连江—苔菉、连江—黄岐、连江—官坂、连江—马鼻、连江—长龙、连江—蓼沿等 6 条委办汽车邮路（邮路总长 260 千米）。蓼沿的邮件由丹阳支局转接，改为自行车邮路（长 14 千米）。委办汽车邮路只剩连江—筱埕、连江—晓澳 2 条，总长度 62 千米。县区间邮件周转时间大为缩短。

1998 年，随着公路建设进展，县内自办汽车邮路亦作相应调整。县局—长龙—透堡—马鼻—官坂—坑园—安凯—黄岐—苔菉—筱埕—浦口—县局，全程 169 千米。取消连江—筱埕委办汽车邮路（长度 41 千米）。改县局—晓澳为县局—东岱—晓澳自办汽车邮路（39 千米）。全县除丹阳—蓼沿自行车邮路 14 千米、小沧—日溪步班邮路 17 千米、琯头委办木船邮路 47 千米外，其余各支局所间均为自办汽车邮路。2001 年，169 千米的自办汽车邮路收为省内邮路运作。2004 年 7 月，增设县局—小沧委办汽车邮路（50 千米），取消小沧至日溪步班邮路。至 2005 年底，县境邮路共有 5 条，列省内邮路 1 条 169 千米，列县内 4 条总长 138 千米，其中局自办汽车邮路 2 条（连江—东岱、连江—晓澳）39 千米，委办汽车邮路 1 条 50 千米，委办木船邮路 1 条 47 千米。

**三、农村投递邮路**

1991 年，农村投递邮路随着乡村公路的不断改善，部分步班逐步改为自行车邮路。1998 年 12 月，对投递人员（包括城投）实行计件工资。2001 年开始，把计划工资改为与报刊收订流转额、投递业务量挂钩考核，大大缩短投递时限。2004 年，与全县各行政村和收发室签订接转点协议，村以下的步班投递邮路由村委负责，步班邮路大为减少。至 2005 年，全县农村自行车投递邮路 45 条，单程长度 730 千米，步班邮路 4 条单程 125 千米。全县 263 个村居基本上能逐日通邮，看到当日报刊。

**四、城乡投递路线**

1991 年，城区投递段有 4 段。1992 年，农村人口向县城流动日渐增多，房地产开发加快，城区也日渐扩大，邮件与信报的投递逐年增多，1996 年投递段扩大到 5 段，1998 年增为 6 段。2000 年 9 月扩大到 9 段，单程 132 千米。年底增加敖江、江南城郊 2 个投递段。2005 年，投递段 11 段，单程 155 千米，比 2000 年增加 23 千米。

城区一段：816 中路 1-129 号、爱国路 11-147 号，计有 32 个投递点（或单位）。

城区二段：进步巷至玉山村，计有 38 个投递点（或单位）。

城区三段：永福大酒店至玉荷东路机关新村，计有 28 个投递点（或单位）。
城区四段：工商所（址在文明路）至景江花园，计有 32 个投递点（或单位）。
城区五段：莲荷东路 1–21 座至水利局，计 35 个投递点（或单位）。
城区六段：莲荷西路（单号）至二实小，计有 20 个投递点　（或单位）。
城区七段：莲荷西路 2–14 号至 816 北路 2–22 号，计有 25 个投递点（或单位）。
城区八段：凤尾花园至丹凤东路 2–14 号，计有 30 个投递点（或单位）。
城区九段：文山北路 1 号 ABC 座至凤贵新村，计有 24 个投递点（或单位）。
敖江镇上山段：104 国道良种场至上山村，计有 47 个投递点（或单位）。
江南乡儒洋段：自儒洋村至梅洋村，计有 33 个投递点（或单位）。

## 第三节　设备设施

### 一、营业设备

1991 年，邮政营业设备简陋，有电子秤、微型计算机各 1 件，电子包裹收寄机 3 台。1992 年 6 月，报刊定单传送开始使用微机处理。同年 11 月，随程控电话开通和本地网电话联网，县局营业使用有 STAR386 / 33 微机 3 台、主机 1 台，各台都可经办各项业务。1994 年，琯头、黄岐、丹阳等支局相继使用微机、电子包裹收寄机、多功能电子信函秤等。1998 年，县邮政系统使用微机增至 84 台。

1999 年，设备得到进一步更新和改造，大部分支局对外都使用微机营业，并加快网络改造，逐步与省市局营业网络联网运行。至 2005 年底，邮政营业、邮政储蓄全部与市局综合机房联网，只使用营业终端受理业务。据统计，共有邮政营业、邮政储蓄营业终端 58 台、邮政电子秤 32 台、打印机 76 台、点钞机 33 台、捆钞机 2 台。

### 二、运递设备

1991 年，县局运递设备有摩托车 1 辆，用于机要邮件投递，三轮摩托车 1 辆用于农村邮件运递。

1993 年 8 月，购置小车 1 辆，运递邮汇款。1994 年，又新购置邮运汽车 1 辆，1999 年，新购金龙防弹车 1 部用于储蓄收送款。2000 年，新购用于城区包裹直投汽车 1 辆。2005 年底，拥有邮运车 1 辆、邮政储蓄专用车 2 辆、速递专用车 1 辆、投递专用车 1 辆。

### 三、邮件处理设备

1991 年，用于邮件处理的设备仅有邮件升降机 1 台。1993 年，购置函件过戳机 1 台、信函捆扎机 2 台、多功能电子信函称 2 台、三轮手推车 2 辆。1997 年 3 月，县局出口挂号邮件的登单处理使用微机操作，添置商业信函制作系统一套。

1998—2003 年，增加邮资机 2 台。至 2005 年，拥有微机及包裹捆扎机 16 台、函件过戳机 11 台、给据函件登单机 1 台。

## 第四节　邮政业务

### 一、函件

1991 年，经办出口涵件 122.9 万件。当年，对国际和中国港、澳、台地区邮政资费进行调整，国际平信（20 克以内下同）由 0.80 元调整为 1.5 元，中国港、澳、台地区由 0.30 调整为 0.40 元，其他函件亦做相应调整。同年开办商业信函、礼仪信函业务。1995 年，函件业务增到 218.9 万件。1996 年，国际函件调整为（20 克以内）4.4 元，中国港、澳、台地区信函 1.50 元。1998 年，出口函件 295.9 万件，进口函件 362.9 万件，均为历年最高。1999 年 3 月 1 日起，内地信函资费调整为 20 克（不足按 20 克计算）本埠 0.60 元，外埠 0.80 元。同年 6 月，开办全球优先函件业务。2000 年 5 月，开办个人明信片业务。2001 年，由于移动电话用传真普及，出口函件业务量明显下降，当年出口函件为 93.25 万件。

2003 年 12 月 24 日起，国际函件资费和计算方式进一步调整，同时开办国际空运水陆函件业务。2005 年，连江邮政系统各类出口计费函件达 90.5 万件，业务收入 89.1 万元，进口函件达 144.8 万件。

**二、包件**

1991 年，包件出口 1.54 万件，同年 12 月，执行新邮件处理规则，包裹资费以每 100 克为计费单位，同时放宽商品包裹和大件商品包裹的限重。1993 年 11 月，包裹收寄使用微机操作，当年出口包件国内 1.5 万件，收入 5.39 万元，进口包件 2.8 万件。1996 年 12 月，包裹资费调整为 500 克为计量单位计费，另按件计收挂号费每件 1 元，同时取消商包业务，当年出口包裹件国内 2.3 万件，收入 39.6 万元，进口包件 3.3 万件。2004 年 11 月 1 日起，国际包裹新增保价业务。2005 年，计费包裹内地 2.06 万件，收入 60.1 万元；国际及中国港、澳、台地区 2740 件，收入 100 万元；进口包件 4.2 万件。

**三、汇兑**

1990 年 7 月 31 日开始，汇款每笔最低汇费由 0.20 元改为 0.30 元，当年出口汇票 4.94 万张，进口汇票 8.63 万张。1991 年后，随着出国人员增多，汇兑业务得到发展。1995 年，电汇、电报费由每笔 1 元改为 3 元，附言收费由每字 0.07 元改为 0.15 元，当年出口汇票 8.67 万张，汇兑收入 52.9 万元。1996 年 2 月，县局开办特快电子汇兑业务，至 5 月，扩展到 13 个支局、所。同年 12 月，国内汇费调为按汇款金额 1% 收取（封顶 50 元，单笔汇款不超过 5 万元），每笔最低 1 元，快件汇款每笔最低 2 元。1997 年 3 月，开办国际汇兑业务，并逐步实现开发汇票、查询、汇总、账务处理等项目的自动化操作。1997 年，出口汇票 10.2 万件，为历年最多的，收入 58.9 万元，进口汇票 11.9 万件。2001—2002 年，县局相继开通邮政电子汇兑系统以及电子汇款回音卡业务，并试办 2 小时电子汇款业务。2003 年，相继开办邮政礼仪汇款业务，试办邮政实时电子汇款业务，取消跨县（市）邮政公事汇款。2004 年 2 月，在国际汇兑业务中，开始使用电子汇款，6 月，开办邮政汇款短信回执业务，使汇兑发生额不断增大。2005 年，连江出口汇票 7.5 万张，兑付汇票 10.3 万件，业务收入 308.8 万元。

**四、报刊发行**

1991 年，全县发行报纸 384.6 万份，杂志 39.3 万份。1992 年后，部分报刊自办发行和增版，邮局发行量降低 20% 左右。1993 年，县局报刊微机处理系统与市邮政局微机处理中心联网成功，简化发行业务处理工序，邮寄订单由过去的 2—3 天邮程，缩短为几分钟完成。同时，在城关增设 5 个多功能报刊亭，加大报刊零售业务发展。1998 年，报纸发行量回升至 484.57 万份，杂志 44.56 万份。当年 10 月，邮电分营，县邮政部门积极与各报社联办业务，开办邮政图书城和音像业务，报刊发行稳中求进。2001 年，报纸杂志发行总量达 793.1 万份。2005 年，全县有报刊零售点 4 处，社会发行站 10 个，信报站 148 个，发行报纸 400 多种，累计 600 万份，杂志 300 多种，累计 53.5 万份，发行收入 105.8 万元。

**五、机要通信**

1991—1994 年，4 年共出口机要文件 2228 件，收入 3466 元，进口机要文件 13393 件。

1994 年 8 月，县局自办汽车邮路开通后，县局至县内驻军的机要文件由县局自办汽车和专车送达投递。1996 年 12 月 1 日，机要资费标准调整为 0.50 元，刊物类不分省内省际每重 100 克或零数，资费为 0.30 元；文件类、刊物类均按件收取挂号费 1.00 元，保密费 1.00 元。当年，机要件出口 711 件，收入 4546 元；进口机要文件 741 件。

2005年4月起，除城关外，乡镇机要邮件全部改为自取，当年出口机要件700件，收入8870元，进口机要件2600件。

**六、集邮**

1991年，连江集邮协会有会员174人，出售集邮邮票15万枚。1992年后，业务有所发展。1995年4月29日，连江召开第二届集邮协会会议，会员发展到359人，会议期间举办第二届邮展，展出“从毛泽东到邓小平”“华夏文学史”“万里江山图”等14部专题，共36框571贴片，拓宽集邮爱好者的视野。1996年12月，成立县集邮公司，当年业务火爆，出售集邮邮票65.9万枚，业务收入37.41万元。1998年6月，福州地区第二届集邮巡展暨纪念福州建城2200周年集邮展在县体育馆举办，连江选送“万里江山”等三部参加展出，展出100框。2001年，出售集邮3.8万枚，业务收入280万元，为历年最高。2003年8月，连江开展十二生肖邮票图案彩色金条营销活动，当年出售集邮邮票71.5万枚，为历年集邮新高，集邮收入23.57万元。2005年，出售集邮20.9万枚，业务收入51.38万元。

**七、特快专递**

1993年1月1日，县邮电局开办国际、国内特快专递业务。设置特服电话“185”，开展上门收寄邮件服务。1993—1999年，共出口特快专递80812件，其中国内58303件，业务收入共593.7万元。2000年开始，相继开办特快TNT和空运业务、交警、法律文书同城业务、火车票投递、身份证、指纹同城特快等业务，并实施特快邮件的“全夜航”作业；开始“185”和“11185”并行使用，特快专递业务快速发展。至2005年，六年特快出口邮件共211380件，业务总收入3033.36万元。其中2005年，特快专递内地28240件，国际及中国港、澳、台地区29272件，快递业务收入1362.6万元，是1993年（14.7万元）的92.7倍。

**八、邮政储蓄**

1991年，邮政储蓄存款余额280万元。1992年后，不断扩展业务，至2005年，实现全国通存通取，邮政储蓄存款余额46474万元。（详见“金融”篇）

**若干年份连江邮政业务及总收入统计表**

表14-1-1

| 年份＼项别 | 出口函件（件） | 出口包件（件） | 出口汇票（张） | 出口机要（件） | 报纸累计（件） | 杂志累计（份） | 特快专递（份） | 业务总收入（元） |
|---|---|---|---|---|---|---|---|---|
| 1991年 | 1229375 | 15419 | 51600 | 519 | 3845795 | 392927 | — | 1304335 |
| 1993年 | 1824221 | 15123 | 64559 | 602 | 3604375 | 405017 | 769 | 3179057 |
| 1995年 | 2189098 | 20835 | 86738 | 849 | 4272343 | 357006 | 3262 | 5254400 |
| 1998年 | 2958500 | 22249 | 90969 | 621 | 4845667 | 445638 | 13748 | 10949780 |
| 1999年 | 1967725 | 20305 | 74575 | 629 | 5201257 | 318333 | 24600 | 14965600 |
| 2001年 | 932458 | 20719 | 72700 | 592 | 7575360 | 355728 | 53099 | 17839299 |
| 2003年 | 826251 | 23030 | 66902 | 603 | 5303198 | 364541 | 25364 | 22989058 |
| 2005年 | 904738 | 20638 | 75429 | 700 | 6004476 | 535467 | 28240 | 31680000 |

说明：数据系单位报表，只体现国内数

## 第五节　业务管理

1991—1998年，县邮电局隶属市邮电部门，实行市局和县政府双重领导、局长负责制。县局业务检查办设有邮政业务监督检查人员，对进出口邮件时限、频次、规格、质量等，定时进行检查，每月通报，列入业绩考核。1994年，贯彻省邮电管理局《继续推行邮政通信作业组织优化定理通知》精神，营业窗口采取计件工资等优化管理。1995年1月，成立邮政办，专责邮政业务管理。

1998年10月28日，邮政、电信分营，县邮政局隶属市邮政局管辖。由局内邮政办负责对有关人员进行邮政业务技术培训、安全生产教育，制订相应管理制度和考核指标，业务监督检查逐步规范化。这一机制延续到2005年。

# 第二章　通　信

## 第一节　机构与网点

**一、电信分公司机构与网点**

1991—1998年，电信机构与网点同邮政合署。1998年10月28日，从邮电局分营设县电信局，内设办公室、市场经营部、财务部，下辖生产班组9个、支局9个（琯头、丹阳、晓澳、浦口、东岱、筱埕、马鼻、黄岐、苔菉）、营业厅2个（城关816西路、816北路营业厅）以及下宫、后沙2个电信所，共有员工164人。1999年11月，从县电信局剥离出设立福建省移动通信有限责任公司连江分公司，将城关816北路电信营业厅及员工24人划属移动分公司管辖。2000年9月，县电信局划属省电信公司，成为福州市分公司的营业机构，不作为独立财务核算单位。2001年，配管理人员6名，生产辅助人员4人。同年8月，实行电信主业与多种经营运作分离，设立福建省鸿宇集团有限公司连江营业部、鸿宇建设公司工程部、鸿宇物业管理部（三块牌子、一套人员）。县电信局负责网管中心、主营业厅等主业，其他生产班组、基层支局所等网点业务划给鸿宇连江营业部管理。2001—2003年，先后增设透堡、安凯、贵安和坑园4个支局。其中，2002年下宫、后沙升级为支局。2003年6月，县电信局实施农村营销渠道建设，全县设城关、琯头2个社区服务中心和晓澳、东岱、丹阳、浦口、筱埕、黄岐、苔菉、马鼻、坑园9个区域中心，共63个片区，实现营维合一。同年8月底，鸿宇连江营业部撤销。同年10月，根据市电信分公司批复，全局实行双向选择和公开竞聘，内设综合管控、大客户部、城镇营销部、农村营销部、维护安装部。综合管控人员8人，城镇营销部下设城关、琯头社区服务中心和营业服务组，农村营销部下设9个区域营销中心和业务支撑组，维护安装部下设客户响应、线路维护中心和区域维护站局。系统内在岗员工98人，其中管理人员12人。

2003年12月15日，县电信局改制为省电信有限公司连江县分公司。2004年底，在岗员工149人，管理人员12人。2005年10月，县电信分公司，设总经理1人，副总经理2人，总经理助理1人，内设综合管控和市场部、大客户部、商公客部、网络部4个部。综合管控有管理人员8人，商公客部下设技术支撑、商业客户、营业服务组和城关、敖江、琯头、晓澳、东岱、浦口、筱埕、黄岐、苔菉、马鼻、丹阳、坑园12个区域营销中心，网络部下设客户响应中心和设备维护、小灵通、线路维护组。在岗员工共152人，其中管理人员12人。

**县电信分公司辖属网点：**

**县城区域营销中心**　原系2001年设立的县城区服务中心，具体负责城关、敖江、江南电话安装、线路维护以及处理用户电话故障，设址电信大楼二层大厅。2003年6月，实施农村营销渠道建设后，县城区服务中心分设城关社区服务中心和敖江社区服务中心。二层大厅也一分为二。2005年10月底，县城关社区服务中心更名为城关区域营销中心，设负责人1人，员工8人。城关区域划分为安盛、巨林、南塘、凤都、北岳、江南、百凤7个片区，开展营销和小灵通基站、接入点机房的维护工作。

**敖江区域营销中心**　2003年6月，从县城区域营销中心分出设敖江社区服务中心，设址电信大楼二层大厅。2005年10月，更名为敖江区域营销中心，设负责人1人，员工8人。区域划分为东湖、幕浦、下山、凤尾、白沙、丹阳7个片区。

**琯头区域营销中心**　1998年为琯头电信支局，2003年6月，更名为社区服务中心，同时将原后沙电信支局撤销并入该中心。2005年10月底，又更名为琯头区域营销中心。年末有员工13人。区域内划分东边、拱屿、塘头、壶江、川石、定安、后沙、塘下8个片区。拥有琯头镇程控电话交换机容量11952门，后沙电话交换机容量2928门。服务全镇28个村居5.83万人。

**东岱区域营销中心**　1998年为东岱电信支局，2003年6月，更名为东岱区域营销中心。2005年底，有员工3人。区域内划分东岱集镇、山堂2个片区，有程控电话交换机容量4096门。服务该镇9个村（居）3.57万人口。

**丹阳区域营销中心**　1998年为丹阳电信支局，2003年6月，更名为丹阳区域营销中心，同时将贵安电信支局撤销并入。2005年底，有员工11人。区域内划分丹阳集镇、东山、潘渡东雁、贵安、蓼沿集镇、蒲边、小沧集镇、东湖祠台8个片区。丹阳程控电话交换机容量3504门，贵安电话交换机1568门，蓼沿电话交换机容量2304门，小沧电话交换机容量488门。服务丹阳镇、潘渡、蓼沿、小沧乡及东湖乡的53个村（居）7.82万人。

**晓澳区域营销中心**　1998年为晓澳电信支局，2003年6月，更名为晓澳区域营销中心。2005年底，有员工5人。区域内划分晓澳集镇、百胜、道澳3个片区，有程控电话交换机容量4096门，服务7个村（居）3.86万人。

**浦口区域营销中心**　1998年为浦口电信支局，2003年6月，更名为浦口区域营销中心。2005年底，有员工　4人。区域内划分浦口集镇、官岭、益砌3个片区，有程控电话交换机容量2976门，服务14个村（居）3.98万人。

**筱埕区域营销中心**　1998年为筱埕电信支局，2003年6月，更名为筱埕区域营销中心，同时将安凯乡电信支局撤销并入该中心。2005年底，有员工8人。区域内划分筱埕集镇、定海、官坞、安凯、飞红5个片区，有筱埕镇程控电话交换机容量3072门，安凯乡电话交换机容量1984门。服务机关、企事业单位和筱埕、安凯乡镇22个村4.69万人。

**黄岐区域营销中心**　1998年为黄岐电信支局，2003年6月，更名为黄岐区域营销中心。2005年，有员工5人。区域内划分黄岐、大建、海英3个片区，有程控电话交换机容量4224门，服务11个村（居）2.48万人。

**苔菉区域营销中心**　1998年为苔菉电信支局，2003年6月，更名为苔菉区域营销中心。2005年底，有员工6人。区域内划分苔菉、北茭、琇琾、东洛岛4个片区，有程控电话交换机容量3158　门。服务8个村2.7万人。

**坑园区域营销中心**　1998年为坑园电信支局。2003年6月，更名为坑园区域营销中心，同时将原官坂镇、下宫乡电信支局撤销并入该中心。2005 年底，有员工 9 人。区域内划分坑园、下屿、下宫、松皋、新辉、官坂、蛔川、东澳 8 个片区。有坑园镇程控电话交换机 1792 门，官坂镇电话交换机容量 2560 门，下宫乡电话交换机容量 1952 门。服务坑园镇、官坂镇、下宫乡共 33 个村 7.19 万人。

**马鼻区域营销中心** 1998 年为马鼻电信支局，2003 年 6 月，更名为马鼻区域营销中心，同时将透堡电信支局撤销并入该中心。2005 年底，有员工 8 人。区域内划分马鼻、辰山、透堡、尖墩、长龙 5 个片区，有马鼻镇程控电话交换机容量 3072 门，透堡镇电话交换机容量 3072 门，长龙镇电话交换机容量 1952 门。服务马鼻、透堡、长龙镇共 30 个村（居）7.64 万人。

**连江信远电信有限公司** 2000 年 1 月 2 日成立，注册资金 55 万人民币，集体所有制，管理人员 4 名，隶属电信局管辖。至 2001 年 7 月，该公司登报声明办理清算，停止运作，所属的潘渡牛奶场也投标转卖。

**福建省鸿宇集团有限公司连江营业部** 2001 年 8 月成立（内有营业部、物业部、工程部，三块牌子一套人马），对外统称鸿宇连江营业部，原连江信远电信有限公司业务合并至该营业部。2002 年，从业人员 147 人（其中电信员工 44 人）。2003 年 6 月底，实行农村营销渠道建设，进行人员整合，实现营维合一。同年 8 月底撤销，停止运营。

**二、其他通信机构与网点**

**连江移动通信分公司（简称“连江移动”）** 1999 年 11 月，从县电信局剥离出，2000 年 4 月 20 日正式挂牌。当年，有 26 个基站，经营网点 38 家（含渠道），有移动用户 36453 户，业务收入 3483 万元。2001 年 12 月 31 日，关闭模拟移动通信网，2002 年 5 月 17 日开通 GPRS 网络，率先步入 2.5G 移动通信时代。2003 年 9 月，启动全球通升级计划。公司下设综合部、销售服务部。销售服务部下分设营业、营销、客户、网络、稽核 5 个班组，有自营厅 7 家、合作厅 12 家、专营厅 16 家、代办点 69 家。移动信号覆盖全县所有乡镇，信号覆盖面达 90% 以上。数字移动电话（“139”“138”“137”“136”“135”“134”）已与 120 多个国家和地区近 200 家移动通信运营商开通国际漫游业务。至 2005 年，基站点有 109 个，共计布放传输线路 400 多千米，直埋管道 2.5 千米，并完成 1 个汇聚环、5 个接入环的建设。2005 年底，公司有员工 57 人，移动用户 120764 户，主营业务收入 7843 万元。

**中国联通有限公司连江分公司** 2002 年 1 月为中国联通连江罗源代表处，有员工 12 人。负责连江、罗源两县的网络建设、市场开拓。2003 年 12 月，改制为中国联合通信有限公司连江分公司。至 2005 年，有员工 74 人（其中正式工 7 人，劳务工 4 人，临时工 63 人）。公司设有综合部、市场营销部、建设维护部、财务部和数据业务项目组等 5 个科室，经营综合电信业务，当年实现业务收入超 500 万元。

**中国网通连江营销部** 2005 年 1 月成立，设营销部主任 1 名、网络工程师 1 名、销售经理 2 人及其他员工。先后开通连江城关、琯头、丹阳三大通信区域。主营网通家庭／企业固定电话（直线与虚拟网）、家庭／企业宽带（DSL 与 LAN）办公电话、公用电话等业务。至 2005 年 12 月，共发展语音用户 1900 户，数据用户 421 户。

**中国铁通连江客户中心** 2001 年 3 月，成立中国铁通连江经营部，经营国际国内语音、数据、图像及多媒体通信、国内通信设施服务等基础电信业务，以及各类增值电信业务。2005 年初，连江经营部改名为连江客户中心，拥有 2 个营业厅、3 个机房，员工 15 人，每月业务收入 40 多万元。至年末，固定电话用户近 4000 户，宽带用户超过 1000 户。

1991 年，县境电报与长途电话各 41 路，农村中继电话电路 123 路，城乡电话用户 1709 户。1992 年，为适应经济发展，明线改为大容量的电缆、光缆，开通 7000 门程控电话。1994 年，全县 21 个乡镇全部实现电话程控化、传输数字化，无线寻呼和移动电话也迅速发展。

1998 年，邮电分营后，电信部门贯彻“用户至上、用心服务”的理念，服务连江县经济发展的大局，实施本地流程重组和农村营销渠道建设。1999 年起，移动电话、中国联通、中国铁通、中国网通等专业电信相继投入商业运营，满足社会多样化、多层次信息通信的需求。至 2003 年，县内以光缆为主，数字传输等现代通信网络初步建成。2005年末，连江电信本地电话网络有交换点105个，在用中继电路11444路，城乡电话交换机总容量达169608门，光缆总长度905皮长千米，主营收入10593万元，居全省县区前十名。公司固定资产总值达49120万元，为1990年的127倍。

## 第二节　固定电话

### 一、城乡固定电话

（一）网络

1991年，县内电话网路有纵横制自动电话交换机容量1320门，水泥杆16千米，电缆11皮长千米，用户小交换机中继8对，出局用户线1600对。农村电话网路有交换点19处，直达乡镇，其中实线68路，中继电路110路，载波电路42路，杆程508千米，明线1285对千米，电缆307皮长千米。全县86个建制村通电话，占总数的34%。1992年，市话水泥杆改用电缆12千米，水泥杆只剩4千米，并敷设市话电缆5皮长千米。农村电话增开长龙、马鼻、坑园直达中继电路各2路，新架黄歧至苔菉中继电缆1.1皮长千米。

1993年，县城市区埋设地下电缆6皮长千米，扩容用户线4400对，新开连江至浦口、东岱、黄歧、苔菉光缆中继数字电路240路，增开县局至丹阳、蓼沿、官坂、透堡人工半自动拨号各1路，增设透堡人工磁石交换点1个，出租长龙用户直拨电路1路。

1994年，电信改制，电话号码由6位升为7位，并入福州本地自动电话交换网（简称本地电话网），全县21个乡镇全部实现电话程控化、传输数字化，提前一年实现“八五”规划目标。

1995—1998年，网络建设逐步从明线向电缆、光缆转变，电路从模拟向数字发展。4年间，中央国有本地网累计扩容用户线10000对，敷设电缆和主干电缆103皮长千米，敷设和新架城关地区主干、配线电缆169皮长千米，拆除长途人工挂号台、查号台、至福州人工半自动拨号电路10路。地方国有本地网先后架设农村主干电缆和行政村电缆460皮长千米（其中光缆146.2千米）及扩容出局电缆13278对，新架光缆中继线58.7皮长千米、农村新架光缆线路59.3皮长千米（纤芯1531.5芯千米），全面拆除明线线路1307千米、人工磁石交换机、模拟中继电路32路和直达各邮电支局（所）的人工半自动拨号电路及出租用户直拨电路2路。在粗芦岛后沙建成全县第一个村级模块局，并拆除琯头至后沙电缆17.7皮长千米。

1999—2000年，着手2.5G的SDH传输环网建设。其中中央国有本地网增开至福州中继数字电路31路，经长乐至中国移动中继电路180路。2000年7—11月，开通城关旧局、琯头、晓澳、浦口、透堡、筱埕、电信大楼、黄歧八个节点。地方国有本地网增开县至各乡镇程控母局、模块局中继电路2490路；在琯头开展电话万户镇试点，共扩配线电缆1100对。此外，全县扩容主干电缆15600对、配线156.6千米，架设光缆线路92.1皮长千米，敷设管道12.8千米，架设有线接入点6芯、4芯光缆线路12.7千米。

2001年，增开县至市中继电路930路，本地电话至中国联通中继60路，减少至中国移动中继180路，新开琯头至川石岛和苔菉至东洛岛34M和8M　数字微波传输电路。2002年，新建4个622M的SDH汇接层、接入层传输环网电路，实施交换、传输、数据、电力等各专业网管在一个物理平面集中监控，使网络更加安全运行。2002年，新开福州直达城关旧局及琯头、透堡、筱埕、晓澳母局中继电路计3630路，减少福州至连江中继2610路，增开本地网至中国联通中继电路302路、至中国电信宽带互联网60路。2003年后，新开本地网2MBPS出租电话23个，停用本地电话网至中国移动中继电路60路、至中国联通中继362路。2004年，新增本地电话网2MBPS传输中继电路实开324个。2005年，连江电信本地电网路有交换点105个，在用中继11444路，其中至市（连江至福州）7242路（233个2M）、局间中继电路4202路（135个2M）。

（二）设备

1991年，连江市内电话（城关地区）主要设备有纵横制自动交换机1套，总容量1000门，出局用户线1600对及电源、发电机组等相关附属配备设备，另有用户小交换机4台共320门。农村电话（乡村）主要设备有交换机20台、1870门，其中纵横制自动电话交换机500门、人工磁石交换机1370门；单路载波电话终端机12部、三路16部、十二路2部；另有用户小交换机2台共60门。1992年12月，程控电话开通，设备更新加快。至2005年底，连江电信本地网程控交换机总容量达169608门，实占135432门；有线接入网设备容量80016门，实占64565门。福州本地骨干网有2.5G的SDH光传输环网设备3个节点、10G的SDH光传输网设备1个节点，县内有2.5G的SDH骨干层光传输环网设备7个节点和4个622M的SDH汇接层光传输环网设备，有34M三套、8M一套数字微波传输设备（通海岛）和全县大小发电机组、枪车式移动发动机组计51台。

**1991—2005年连江县电信通信设施统计表**

表14-2-1

| 年份 | 杆路长度（千米） | 明线长度（对千米） | 主干电缆长度（皮长千米） | 本地中继光缆长度（千米） | 接入网光纤长度（对千米） | 本地交换机总容量（门） | 实占用量（门） |
|---|---|---|---|---|---|---|---|
| 1991年 | 517 | 1285 | 16 | 0 | 0 | 1500 | 1197 |
| 1992年 | 536 | 1298 | 22 | 0 | 0 | 2500 | 1715 |
| 1993年 | 548 | 1307 | 22 | 0 | 0 | 6000 | 4663 |
| 1994年 | 605 | 1405 | 234 | 0 | 120 | 12000 | 9045 |
| 1995年 | — | — | 252 | 38 | 135 | 18000 | 14552 |
| 1996年 | — | — | 285 | 45 | 145 | 35000 | 24568 |
| 1997年 | — | — | 298 | 178 | 160 | 50000 | 35434 |
| 1998年 | — | — | 300 | 212 | 185 | 65000 | 47976 |
| 1999年 | — | — | 337 | 273 | 247 | 74404 | 55094 |
| 2000年 | — | — | 338 | 295 | 320 | 96064 | 85081 |
| 2001年 | — | — | 340 | 312 | 355 | 156277 | 111070 |
| 2002年 | — | — | 342 | 385 | 450 | 146526 | 124082 |
| 2003年 | — | — | 343 | 412 | 500 | 163872 | 126197 |
| 2004年 | — | — | 344 | 422 | 680 | 169024 | 127896 |
| 2005年 | — | — | 345 | 435 | 937 | 169608 | 135432 |

说明：1999年不分地方与中央国营统计，均作为本地网统计，为便于统一口径，1991—1995年中央地方合并统计。1995年起，杆路长度和明线长度不统计

（三）业务

**固定电话** 1991年，连江县市内固定电话计费879户，农村830户。1992年12月，城乡开通7000门程控电话后，业务发展迅速。至1995年底，市话用户达8233户，通话收入385.95万元；农村用户6317户，收入1002.5万元。1996年后，个人安装电话不断增长，至2000年末，市话计费用

户 24798 户、农话 60283 户，本地网（区间）业务收入 379 万元；本地网（区内）收入 2461.32 万元。2001 年 7 月起，城乡电话实行结构性调整，实施同网同价。2002 年，城乡用户净增 25988 户。2003 年，进行本地网流程重组和农村营销渠道建设，实施“营维合一”，城乡固定电话年末 135999 户。2005 年底，全县城乡固定电话用户 135432 户，其中市内 33230 户、农村 90466 户、公用 11736 户；区间通话量 4112.5 万次，话费收入 1331.35 万元；区内通话量达 39665.8 万次，话费收入 3631.08 万元。

**公用电话**　1991 年 9 月，在城关设值守公话 2 部，1993 年增至 65 部，1994 年发展到 248 部；1997 年 1488 部。1997—1998 年，相继安装 IC 公用电话县城 6 部、农村 101 部。2001 年，发展公话超市 1 处、智能公话 69 部。至 2005 年，城乡公用电话达 11736 部，其中有人值守 2528 部、公话超市 2761 部、智能终端 1882 部、智能公话 4565 部（其中智能 IC 卡 1330 部）。

**会议电话**　1991 年，常规会议电话使用 24 路会议电话汇接机。1996 年，开通福州至连江可视会议电话，安装 GPT 型可视会议系统，使用 TM 数字中继电路主、备用各 1 路。2001 年 9 月，常规会议电话使用音频信号常规会议系统，主、备用电路 1 路。至 2005 年，常规会议电话开始使用交互会议系统，可视会议电话更新装用中兴 IXMVC4050 型可视会议系统，使用 2M 数字信号电路，原 GPT 型会议系统作备用。

**若干年份连江县固定电话发展情况表**

表 14-2-2

| 项目<br>年份 | 市内电话到达数（户） | 农村电话到达数（户） | 公用电话（部） | 市话、农话总收入（万元） |
|---|---|---|---|---|
| 1991 年 | 962 | 877 | 2 | 115.66 |
| 1993 年 | 3321 | 2096 | 65 | 365.27 |
| 1995 年 | 8233 | 6317 | 650 | 1388.42 |
| 1998 年 | 18377 | 29599 | 1630 | 2066.00 |
| 2000 年 | 24798 | 60283 | 1815 | 2840.32 |
| 2005 年 | 33230 | 90466 | 11736 | 4962.43 |

说明：1. 电信局公用电话收入不统计
　　　2.1998 年市话收费缺

## 二、长途电话

### （一）网络

1991 年，连江长途电话、网络共有 41 路。1992 年 1 月，连江经亭江至福州数字微波电路开通 60 路全自动电路（去 30 路、来 30 路），实现县至市交换程控化、传输数字化。1994 年 3 月 6 日，连江自动电话并入福州本地自动电话交换网（简称“本地电话网”），进入全国自动网，取消原连江长途区号“05036”，使用福州长途区号“0591”。1995 年，连江至福州、罗源 4 路电路全部改用数字电路，年底长途电路为 101 路，其中移动通信网专用 90 路，无线网专用 11 路。1996 年，新增长途数字电路 31 路，移动通信网和无线寻呼网专用转入本地电话网电路。2002 年，增加连江至福州数字微波 PDH 线路长度 25 千米。2003 年，波道减至 12 千米。2005 年底，连江长途电话网路使用经县境的干线光缆电路。

### （二）设备

1991 年初，主要有长途对端设备容量 44 路，共有人工长途交换机 6 席 120 门。1992 年 12 月，为配合程控电话 7000 门开通，新装 S1240 上海贝尔长途交换机 300 路端，新装通信 PDH 设备 9 端总容量3840路、光端机2端、光中继器6端，旧设备报废。1994年3月6日，长话设备并入本地网。1996年，新增长途光纤数字复用设备容量3840路。至1999年，长途设备有长途数字终端复用设备，容量3840路。2005年，主要设备有：南沿海SDH的1、2、3系统设备和80G复用设备，省网一期SDH设备，800G沪、杭、温、福、穗DWDM设备等。

（三）业务

1991年，全县内地自动电话直拨有权用户245户，全年去话56.7万张、国际去话1.52万张、中国港澳台去话1.10万张，总收入228.73万元。1992年12月，数字程控电话开通，长途电话业务增长迅猛。至1993年末，用户增至4645户，业务收入785.4万元。1995年，用户增至14919户，收入1140.65万元。1998年，长途电话总收入1146.57万元，其中内地收入379.16万元。2000年，内地长途电话通话次数357.1万次，时长1350.3万分钟；国际去话次数3.7万次，时长10.71万分钟；中国港澳通话次数1.14万次，时长3.4万分钟；中国台湾通话3.06万次，时长10.5万分钟。业务收入1125万元。2003年，增开IP长途通信业务，全年业务收入1240万元。至2005年，县内长途用户增至126289户，为1991年的515倍，国际及中国港澳台长途有权用户由于手机普及降到3240户。长途通话费收入1623.08万元。

**若干年份连江县长途电话业务情况表**

表14-2-3

| 项别<br>年份 | 内地有权用户数 | 内地长途电话（万张次） | 国际及港澳台有权用户数 | 国际长途电话（万张次） | 港澳电话（万张次） | 台湾电话（万张次） | 内地、国际、港澳台总通话费收入（万元） |
|---|---|---|---|---|---|---|---|
| 1991年 | 245 | 56.70 | 303 | 1.52 | 0.89 | 0.21 | 228.73 |
| 1995年 | 10532 | 211.43 | 4387 | 5.69 | 1.79 | 1.78 | 1140.65 |
| 1998年 | 26439 | 311.38 | 21537 | 7.27 | 2.16 | 2.40 | 1146.57 |
| 2000年 | 60376 | 357.10 | 24705 | 3.70 | 1.14 | 3.06 | 1125.00 |
| 2003年 | 92075 | 563.98 | 34122 | 7.16 | 1.49 | 5.89 | 1240.00 |
| 2005年 | 126289 | 795.70 | 3240 | 13.70 | 1.15 | 6.39 | 1623.08 |

## 第三节　移动通信

### 一、移动电话

1993年12月26日，连江城关开通模拟移动通信基站，安装美国摩托罗拉TACSLD型的900兆蜂窝模拟移动电话基站设备一套，信道容量为10个（实占8个）；开通连江—福州移动通信网专用电路30路，用户34户，业务收入13178元。是年开始销售电话磁卡。1994年，移动电话资费下降，促进业务发展。1995年4月，信道达30个，实现全国主要城市漫游；同年12月，新装芬兰生产的NOKIA数字移动基站设备一套，信道容量32个；年末移动通信网专用电路达90路，用户增至513户。1997年起，相继推出各类电话卡。1998年，先后新建城关莲荷东路、县教育局、县车站、琯头邮电旧局、壶江、后沙、东岱、下宫、长龙、潘渡、小沧、蓼沿、安凯13个数字移动基站，实现移动电话信号覆盖全县。至年底，全县模拟移动基站12个，信道总数220个；数字移动基站26个，信道总数696个，本地移动电路增至1230路；用户12078户，其中数字用户9425户，业务收入2052.04万元。1999后，移动电话业务收入（互见连江移动通信分公司）。2005年电话卡收入493万元。

**二、无线寻呼**

1991年，县内开办无线寻呼业务，安装美国GE公司生产的IBMAC／PC无线寻呼操作终端机2部、发射机1部、中继机1部。在县邮政局建立发射点（台），覆盖琯头、晓澳、东岱、东湖、潘渡、丹阳、浦口等大部分地区，当年用户24户。1993年，增至301户，收入39.52万元。1994年3月6日，无线寻呼（BP机）与福州、闽侯、长乐联网，实现本地网无线寻呼自动化。1995年，无线寻呼实现全省联网，年末计费用户5543户，年收入110.86万元。1996年5月，无线寻呼实现全国联网。至1998年11月，无线寻呼共开通第一至第十一频点，连江至福州寻呼电路达到30路，基站有仑尾山、坑园、筱埕、浦口、晓澳、黄歧、苔菉、丹阳、贵安发射点（台），计费用户增至26252户，当年收入175.26万元。年底，无线寻呼划归福建电信寻呼有限责任公司福州分公司管辖。

**三、无线市话（俗称小灵通）**

2002年9月，开通下宫、新辉、下屿等9台小灵通基站，初步解决海上渔民通信难问题。当年在坑园、下宫渔排养殖户中试用小灵通，转网用户142户，收入1.56万元。2003年5月17日，在陈第公园正式启动小灵通开通仪式，首批开通110台PHS基站，主要覆盖风城、敖江、江南3个乡镇的居民聚集区，用户增至5397户。2004年，启动小灵通信号战略性覆盖建设和网络优化，累计开通PHS基站1110台，实现全县22个乡镇的小灵通网络。用户增至23343户，收入796.34万元。2005年底，小灵通设备容量达到40134线，实占39573线，PHS基站增至1240台，用户达39573户，收入1700.32万元。

## 第四节　电报　传真

**一、电报**

（一）有线电报

1991年初，连江有线电报电路计3路：连江至福州1路，为明线载波自动转报电路（旋改电缆）；连江至琯头邮电支局1路，为电缆实线电传电路；县局至县气象站1路，为明线实线话传电路。当年，增开人民银行连江支行至福州支行出租报路1路。共出口国内计费公众电报105718份，进口147903份，出口国际及港澳电报352份。1993年始，程控电话、移动电话开通，电报业务多被电话替代，业务萎缩，内地公众电报降到79036份，国际及港澳台277份。1994年，开办鲜花礼仪电报。1995年，内地电报业务降到21478份，国际及港澳台177份。1996年，连江至福州电缆传输改为光缆传输。1998年，内地电报降到4026份。国际及港澳台仅8份。1999年8月，县电信局报房至县气象站电缆报路停用，仅存连江电信局至福州局专用业务报路1路和出租中行、建行至福州中行、建行用户电报电路各1路及出租路1路。2000年，内地电报38971份，国际及港澳台15份。2001年起，电信分公司电路停用，电报业务呈下降。2005年，出口国内公众电报1416份，全年电报收入4919元。

（二）无线电报

1991年，县内无线电报电路仅有通福州1路，主要设备有小八一（C）型15瓦无线短波收发信机2部，每日定时会晤。1993年10月，增配短波单边收发信机1部。1995年5月，省邮电管理局在调整短波通信网及业务种类过程中，考虑沿海地区台风洪水期间的通信保障，保留连江至福州报路，定每年5月1日至10月31日按规定时间联络，11月1日至次年4月30日每月每旬至少联络一次。1998年后，随程控电话、移动通信的普及，无线报路名存实亡。2005年底，连江至福州短波无线电报路撤销。

### 二、传真

1991年，县内使用传真尚不多，约200份左右。1993年起，程控电话开通，电报业务萎缩，传真业务增加到927份。1994年，开始使用国际及中国香港、澳门传真业务量338份。1995年，国内传真业务升至1363份。1998年，内地传真增至2480份，国际及中国港澳传真903份，全传真业务收入87857元。2000年，内地传真2973份，国际及中国港澳传真1289份，业务收入21.61万元，为历史最高。2001年起，电信分公司电路停用，传真业务骤降，至2005年，国内传真仅18份，国际传真16份。

## 第五节　宽带联网

### 一、公用分组交换（ATM）

1991—1994年，连江至福州分组交换电路1路，只1个用户。1995年6月，安装DPN110分组交换节点机，容量24个端口。1996年，用户增到25户。1997年，端口增至88个。1998年2月，在琯头机房新装DPN110分组交换节点机，容量32个端口，全县计费用户增至87户。2000年96户，其中拨号31户、专线65户。2003年，下降到51户。2005年，降到35户。

### 二、公用数字数据网（DDN）

1995年4月，开通宽带IDNx／20数字数据节点机，容量52个端口，DDN网用电路60路。1996年，发展用户9户，城关增16个端口，新装5个乡镇节点机100个端口。1998年，全县有168个端口。1999年，新装节点机90个端口，年末DDN节点机总容量258个端口，用户62户。2001年增至101户，2003年108户。2005年底，连江有数字数据网节点机268个端口，中继电路带宽增至34MBPS，其中跨县市12MBPS。年末用户94户。

### 三、帧中继（ATM）

1998年，连江开通帧中继／ATM，但未开展业务。2002年发展用户16户。2003年，在城关、琯头安装美国MOT的PAR帧中继／ATM网设备，端口总数为49个，用户增至53户。2005年，总容量75个，实占29个，有用户69户。

### 四、互联网（HINANET）

1997年，开办计算机互联网（CHINANET）业务3户。1998年，增至89户。2000年，互联网（因特网）注册拨号用户1553户；非注册（主叫电话号码用户）2959户。2003年，互联网用户增至7139户，其中窄带4258户、宽带2881户　。2004年，互联网宽带接入用户5598户（其中专线122户、终端5476户）。2005年，宽带接入用户10882户，业务收入951万元。

### 五、传输技术组合（ADSL）

2002年3月，开通宽带通信业务，在县城、琯头、晓澳、马鼻安装诺基亚生产的D50E宽带设备，容量672个端口，用户515户。2003年，网络扩容至全县，容量4184个端口，用户2821户。2004—2005年，先后装用ALCTEUD 7300设备和阿尔卡特生产的ADSL设备，至2005年，总容量12984个端口，实占9765个，用户8781户。

### 六、以太网技术（LAN）

2003年，县电信枢纽大楼和筱埕机房开通华为生产的3206E和2403HFX的LAN设备，容量各16个端口。2004年，又在城关、琯头等地开通，年末用户总端口增至1774个，实占191个，终端接入用户164个。2005年底，用户总端口1850个，实占297个，接入用户端口246个，其中接用商用楼宇用户10M端3个，接入住宅小区用户243个。

# 第六节　信息服务

**声讯业务**　1998年，开办电话专讯服务台1个，其他专讯服务台1个。2001年，业务收入47.71万元。2005年，公众信息服务收入95.31万元。

**来电显示业务**　2000年开办，年末15854户，2002年增至76460户，2005年144758户。

**语音信息**　2002年开办，年末142户，2003年增至5437户，2004年停办。

**一号通业务**　2003年10月开办，2005年用户103户。

**七彩铃声业务**　2005年1月开办，年末9577户。

**家校通业务**　2005年8月开办，年末1943户。

2005年，县内还开办国内国际长途自动直拨、缩位拨号、免干扰服务、缺席服务、追查恶意呼叫、热线服务等程控电话服务辅助功能业务。

# 第七节　财务安全管理

## 一、财务管理

1998年10月，邮电分营后，福州电信局对县局实行收支差额管理，制定《关于分营的电信支局营业网点营业报账及缴款办法》，考核成果与工资总额、福利、公益金等挂钩，每年5月开展稽核月活动。2000年6月，福州电信局对县局资产进行验收，提出整改意见。2001年，执行“收支两条线”新财务管理体系，进一步加强成本核算、费用支出的管理。2003年1月起，执行《中国电信集团会计核算办法（暂行）》，并执行市电信分公司全面预算管理办法（试行）。2005年1月1日起，县电信分公司改为报账单位，收入、成本、工程核算等财务管理更趋规范和科学。

**1999—2005年连江县电信局（分公司）财务收支情况表**

表14-2-4　　单位：万元

| 项目＼年份 | 1999年 | 2000年 | 2001年 | 2002年 | 2003年 | 2004年 | 2005年 |
|---|---|---|---|---|---|---|---|
| 电信业务收入 | 7127 | 7399 | 8288 | 8668 | 9171 | 10036 | 10593 |
| 年末固定资产总值 | 25582 | 35308 | 40298 | 44655 | 41972 | 48109 | 49120 |
| 收支差额 | 1184 | −163 | −1296 | 176 | 1733 | 1270 | 2301 |

## 二、安全管理

1998年10月，县电信局设立后，贯彻“安全第一、预防为主”的方针和“谁主管、谁负责”的原则，成立各类安全领导小组，每年层层签订安全责任状，以防火为中心，防事故为重点，定期开展安全检查和安全业务培训。2001年9月起，雇佣市公安局仓山保安公司保安员7名（后增至9名），加强新大楼门卫、消控中心、营业窗口的安全防范工作。对电信特殊工种人员，坚持持证上岗。在新电信枢纽大楼相继安装消控系统、闭路图像监控、防盗报警、电缆线路防盗报警等设备。各程控母局、模块局均安装防火大烟感自动报警、门禁监控等设施。所有生产场所、重点部位都配置大小 1211 型号灭火器材，确保企业安全生产。1998—2005 年，多次被评为安全生产先进单位。

# 第十五篇　贸　易

1991年，县内商贸国有和集体仍占66%，个体和私营占34%。在社会消费品零售总额26533万元中，批发零售业占82.6%；餐饮住宿服务业占9.5%，工业零售和农民对城镇销售占7.9%。1992年起，随着市场经济体制改革深化，市场全面放开，水产、粮食、木材、物资等国营商业逐步退出，个体和私营商业迅速发展，至1995年，消费品零售总额比重，国有和集体降到40.6%，个体私营升至59.4%。按行业分，批发零售业占55.79%；餐饮住宿等服务业升到14.92%，其他行业占29.29%。1996年后，私营商业规模日趋扩大，超市和专业批发市场遍布城乡，私营和个体商业成为县内商贸的主体。2005年，全县消费品零售总额179772万元，其中私营个体119785万元，占66.63%；国有集体59987万元，占33.37%。按行业分，批发零售业141020万元，占78.44%；餐饮住宿服务业34982万元，占19.46%；其他行业3770万元，占2.1%。

## 第一章　社会消费品零售总额及结构

### 第一节　总额发展

1991年，全县社会商品零售总额为32773万元，其中农渔业生产资料零售额6240万元，占19%；社会消费品零售额26533万元，占81%。消费商品中食品类9023万元，占34%；日用品类8367万元，占31.5%；衣着类6071万元，占22.9%。以上三类占消费商品总额的88.4%。其他文教卫生、住宅建材等仅占11.6%。显示出居民消费水平较低，内需对经济发展的拉动乏力。

1992年开始，贯彻中共十四大精神，不断深化社会主义市场经济改革，农渔产品和绝大多数日用商品全面放开，市场准入放宽，个体和私营商贸异军突起，加上交通设施改善，物资流动加快，出现前所未有的市场繁荣、购销两旺局面。至1995年，全县社会消费品零售总额（不含农渔生产资料）达125004万元，是1991年的4.7倍，年均递增36.34%，人均消费额2048元。食品、日用品和衣着三类消费品占消费品总额的比重降到43.7%，消费水平明显提高。

1997年后，随着经济持续快速发展，群众生活不断提高，连江商贸逐渐向规模化、专业化、多元化发展，涌现出稍具规模的水产、木材、水果、茶叶、石材、建材等专业批发市场，农贸集市日趋兴隆，城乡超市快速发展，长途购销甚为活跃，连江特色海产品、石板材等在国内数十个大中城市设有供销点，餐饮住宿档次逐步提高。至2001年，全县社会消费品零售总额达278036万元（不含生产资料），比1996年增长1.2倍，年均递增17.33%，全县人均消费额4500元，消费水平有较大提升，内需拉动经济发展日益显现。

2001年，中国加入世贸组织后，对外贸易增长加快，国内贸易增速趋缓，而居民消费质量不断提高。用于改善居住条件、购置家电、交通工具及教育文化支出等均大幅增加，商品购销已大大超越地域范围，年青人追求高档品牌，网上购物成为时尚。2005年，全县社会消费品零售总额179772万元（未含制造业及农对非零售额），按相同口径比1990年20778万元，增长7.6倍，15年平均递增15.45%。基本与国内生产总值发展同步。

## 第二节　体制结构

**一、国有商业**

1991年，县境国有商业主要有县商业局及专业公司、县物资总公司、县农机公司、县粮油总公司、烟草公司、盐业公司、水产公司、医药公司、石油公司及经委、二轻营销经理部等共有机构网点267个，从业人员2472人，社会消费品零售总额7831万元（未含生产资料），占全县总额的29.5%。1992年，随着社会主义市场经济改革的深化，个体商业异军突起，国有商业在市场竞争中处于劣势，全面进行经营承包等改革，松绑放权，激活机制，1992年，消费品零售总额11243万元，占全县的比重一度升到33.9%。1993年后，随着市场准入进一步放宽，除烟草专卖、盐业专营等特殊行业外，城镇商贸、物资、粮食、水产、木材等国有商业网点萎缩，有的出现经营亏损。县按照不同行业具体情况，进行转制。至1995年，商业网点218个，人员2231人，社会消费品零售总额13512万元，占全县总额的比重降到19.4%。1996年开始，加大改革转制力度，部分网点转为民营，部分企业实行股份制，并妥善安置分流下岗职工。至2000年，国有商业网点剩下130个，人员1810人，社会消费品零售额25457万元，比1995年增长88.4%，占全县零售总额降到10.2%。2001—2003年，国有商业面对更加激烈的市场竞争，增速缓慢，消费品零售额徘徊3亿元上下，占全县总额比重保持10%上下。2003年，消费品零售额30474万元，占总额10.5%。2004—2005年，县统计年鉴已不再显示这个数据。

**二、集体商业**

1991年，县内集体商业最大的机构是县供销合作社，有商业网点450个，从业1943人；乡镇或其他集体经营网点142个，从业669人；消费品零售额9677万元（不包括农业生产资料），占全县零售总额的36.5%，在农村起着主渠道的作用。1992年开始，农村集体商业市场被个体商业挤占而日渐萎缩，1995年，零售额14710万元，仅占全县零售总额的21.2%。1996年后，供销系统加大改革步伐，实行全员劳动合同制，淘汰一批偏远网点，逐步分流安置严重亏损单位职工。其他集体商业也在市场竞争中优胜劣汰，兼并重组。至2000年，集体商业法人单位35个，批零网点305个，从业人员1104人，消费品零售总额20137万元，占全县总额的比重降到8.1%。

2001年开始，随着城镇化的步伐加快，农村劳力外出务工增多，商品零售额明显减少。集体商业为摆脱困境，加大改革力度，进行基层社整合改制，注重发展集镇商业，同时推行公司和专业合作社、服务社机制，试办农村超市，保持一定竞争力。2001—2003年，供销系统消费品零售额保持2.2亿元上下，占全县总额比重7%—8%之间。2004—2005年，统计年鉴未显示集体商业数据，但国有和集体商业的零售额比重有所回升。2005年，全县消费品零售总额179772万元，国有和集体零售额59987万元，占33.4%。

**三、个体、私营和其他商业**

1991年，个体商业开始渐露头角，经营网点4092个，从业人员6018人，消费品零售额9025万元，占全县总额的34%。1992年，市场开始全面放开，个体商业蓬勃发展，1994年已超过半壁江山，比重增至52.9%。1995年，经营单位5393个，从业人员16630人，消费品零售额41236万元，占全县总额的59.4%，1996年比重跃升至73.5%。1997年后，私营股份商业崛起，港台资和外资相继进县境经营商贸高级酒楼等服务业，并渐成规模，至2000年，个体和私营商业共有7476个经营单位、18768人，消费品零售额203956万元，占全县总额达81.7%。其中外商商业576万元，私营和其他形式商业15812万元，个体187568万元。2001—2003年，个体和私营商业所占比重保持81%以上。2004年降到79.3%。2005年，据统计年鉴显示个体和私营商业消费品零售额119785万元，占全县总额66.6%。

## 第三节　行业结构

### 一、批发零售业

1991年，全县商业批发零售企业和网点，共4951个，从业人员11102人，社会消费品零售总额21912万元。占全县零售总额的82.6%。1992年后，制造业零售和农民对非农零售增加，批发零售业比重逐渐降低。至1995年，批发零售企业和网点增加到5642个，从业人员12813人，消费品零售总额38747万元，占全县零售总额比重降到55.78%。1996年开始，批发零售企业经市场竞争优胜劣汰和重组，经营规模逐步扩展，私营大型商场、超市、专业批发相继应运而生，批发零售业的经营量迅速增加。至2000年，批发零售企业及网点共7759个，从业人员20353人，消费品零售总额达183638万元，占全县总额的比重升到73.59%。至2005年，因统计口径变化，批发零售业消费品零售总额为141020万元，占全县总额（179772万元）的78.44%。

### 二、餐饮住宿业

1991年，餐饮住宿业有656个网点，从业1287人，零售总额2514万元，占全部零售总额的9.47%。其中国有8个114人，零售额126万元；集体12个82人，零售额1250万元；个体有证636个1091人，零售额1138万元。1992年开始，城镇临街巷餐饮住宿业发展很快，至1995年，经登记领证有819家，从业2407人，以个体为主，零售额增至10364万元，占全县零售总额的比重增至14.92%。其中国有集体2935万元，占本业72.68%。1996年后，外县外省特色饮食陆续进入县境城镇，如沙县小吃、四川重庆火锅、天津狗不理、山西刀削面、兰州拉面等经工商登记设店经营。联营或私营的酒家、饭店、旅馆渐成规模，如发利大酒店，永福酒店，仙塔酒家、玉荷酒家等。县城小吃一条街、夜市一条街日渐兴旺。至2000年，餐饮住宿业零售额达40315万元，占全县零售总额的比重增至16.16%。2004年最高达到54899万元，比重增到18.91%。2005年零售额为34982万元，比重升至19.46%。

### 三、其他行业

1991年，其他行业零售额2017万元，占全县总额的比重7.6%。因具体项目不详和统计口径变化，数据波动较大。1995年，其他行业零售额为20347万元，占总额比重为29.3%。2000年，零售额25597万元，比重降到10.26%。2005年，其他行业零售额3770万元，占全县总额的比重降至2.1%。

**1991—2005 年连江县社会消费品零售总额分类表**

表 15-1-1　　单位：万元

| 年份 | 零售总额 | 按区域分类 | | 按体制分类 | | 按行业分类 | | | |
|---|---|---|---|---|---|---|---|---|---|
| | | 县零售额 | 县以下零售额 | 国有 | 集体 | 个体及其他 | 批发零售业 | 餐饮住宿业 | 其他行业 |
| 1991 年 | 26533 | 12309 | 14224 | 7831 | 9677 | 9025 | 21912 | 2514 | 2107 |
| 1992 年 | 33128 | 14622 | 18505 | 11243 | 8663 | 13222 | 24541 | 2626 | 5961 |
| 1993 年 | 40130 | 19876 | 20254 | 11949 | 10600 | 17581 | 25196 | 2950 | 11984 |
| 1994 年 | 50768 | 24758 | 26010 | 12238 | 11691 | 26839 | 30281 | 4995 | 15492 |
| 1995 年 | 69458 | 31794 | 37664 | 13512 | 14710 | 41236 | 38747 | 10364 | 20347 |
| 1996 年 | 125004 | 56149 | 68855 | 19184 | 13923 | 91897 | 81416 | 20862 | 22726 |
| 1997 年 | 164359 | 73078 | 91281 | 23374 | 18339 | 122646 | 114729 | 28462 | 21168 |
| 1998 年 | 195247 | 85440 | 109807 | 23310 | 20020 | 151917 | 137863 | 32741 | 24643 |
| 1999 年 | 222603 | 99444 | 123159 | 24332 | 20611 | 177660 | 162216 | 37758 | 22629 |
| 2000 年 | 249550 | 115734 | 133816 | 25457 | 20137 | 203956 | 183638 | 40315 | 25597 |
| 2001 年 | 278036 | 137472 | 140564 | 28276 | 21588 | 228172 | 199681 | 44074 | 34281 |
| 2002 年 | 281492 | 137291 | 144201 | 30153 | 22757 | 228582 | 215029 | 49588 | 16875 |
| 2003 年 | 291500 | 145348 | 146152 | 30474 | 22243 | 238783 | 223294 | 54577 | 13629 |
| 2004 年 | 290244 | 142750 | 147494 | — | — | 230061 | 231495 | 54899 | 3850 |
| 2005 年 | 179772 | 68308 | 111464 | — | — | 119785 | 141020 | 34982 | 3770 |

说明：①体制个体及其他栏 1996 年后包括私营、外资、港台资企业；2004—2005 年统计年鉴未显示国有、集体数据

# 第二章　商　业

1991 年，仍按传统商贸区域划分，县商业局系统经营区域主要在县城和部分集镇（供销系统主要在农村）。商业系统设有 7 个公司和 1 个冷冻厂，计在册职工 864 人，除已离退休和退职 251 人外，在岗尚有 613 人，共有营业和仓库用房 1.4 万多平方米，年购销额 2872 万元。1992 年开始，个体和私营商业迅速发展，县商业系统全面实施承包经营。1996 年，县城建设加快，商业系统临街网点面临拆迁，经营大受影响。县商业局改组为县商贸总公司。1997 年，冷冻厂拆迁改制为县工业品贸易公司，以回迁房租赁安置职工。同年，医药公司和燃料公司移属商业系统。至 2005 年，除医药公司和食品公司（屠宰部分）外，其他公司相继实行租赁和转让，安置下岗职工。年底，原商业系统 8 个公司（厂）在岗职工剩下 145 人，加上医药 106 人，燃料 6 人共 257 人，商品购销额 2350 万元。全系统营业和仓库面积 38747 平方米，办公、宿舍面积 9371 平方米，国有资产总额 5554 万元。

# 第一节　经营网点

1991年，县商业系统下属企业8个，批发部21个，零售商店38个，基层食品站19个，18个柜组，网点总面积14827.88平方米。1992—1997年，潘渡、黄岐、蓼沿、官坂、东岱、琯头、浦口7个食品站拍卖，基层食品站剩下12个。1997年，医药公司、燃料公司划属商贸总公司管辖，下属企业增为10个，批发部23个，零售商店43个，营业网点面积18096平方米。

1998—1999年，县旧城改造，食品、糖酒副食品及百货、饮服、五交化5个公司全部或部分拆迁，共减少网点11个。苔菉、透堡、安凯、长龙、小沧、筱埕6个食品站拍卖。2000年初，全系统共有批发部21个，零售商店39个，基层食品站6个，液化气店1个，营业网点面积13967平方米。2000年，对旧城改造后回迁的网点，进行分割调整，多实行租赁或承包形式，维持日常费用。2005年，县商业系统共有企业10个，批发部13个，基层食品站6个，柜组3个，门市部5个，照相馆1个，煤炭场1个，旅馆1个，屠宰场3个，营业面积28721平方米。

**附商业系统直属企业简况：**

**县百货公司**　1991年，在册员工141人（其中离退休、退职28人），有2个批发部、3个门市部、6个仓库、15个柜组，有固定资产67万元，经营百货、文化、针织、纺织等四大类600余种商品。1998年，旧城改造，第一门市部拆迁，15个柜组撤销，改组为县百货公司家电名品批发中心。2001年6月回迁，面积700平方米。2004年7月，实行租赁维持生存。2005年，在册职工63人（其中在岗10人、下岗40人、内退13人），有固定资产477万元。职工列入劳动社保养老统筹。

**县百货大楼**　1991年，在册员工128人（其中退休人员23人），固定资产102万元。1992年后，门市部、柜组实行职工承包。2005年4月起，全部实行租赁，在册员工90人（其中在岗人员70人，内退20人），有固定资产486万元。职工列入劳动社保养老统筹。

**县食品公司**　1991年，在册员工146人（其中离退休、退职76人），下辖16个食品站（组），固定资产78万元。1997年，实行生猪定点屠宰，在鲤鱼山建成城关生猪定点屠宰场，业务范围凤城、东湖、丹阳、琯头4个乡镇。同年，因旧城改造，公司迁到鲤鱼山。2000年，相继建成琯头和丹阳生猪定点屠宰场，3个定点屠宰场辐射全县22个乡镇。2005年，保持3个屠宰场、6个基层食品站。年末在册员工112人（其中在岗35人，下岗77人），有固定资产531万元。企业职工列入劳动社保养老统筹。

**县糖酒副食品公司**　1991年，在册职工130人（其中离退休、退职24人）。1992—1997年，辖有2个批发部、12个零售部、7间仓库，固定资产76万元。1998年后增加1个批发部。2003年，批发部、仓库全部租赁和承包，公司靠收租赁费和承包费生存。2005年，有员工82人，固定资产417万元。职工列入劳动社保养老统筹。

**县五交化公司**　1991年，在册职工79人（其中离退休、退职9人），固定资产25万元。1999年，公司及营业网点因旧城改造被拆迁，回迁后，全部实行租赁，维持日常费用。2005年，有员工46人（其中在岗3人，下岗35人，内退8人），有固定资产243万元。职工列入劳动社保养老统筹。

**县饮服公司**　1991年，在册员工149人（其中离退休、退职67人），固定资产25万元。1998年，有照相馆1间、饭馆4间、旅社8间、澡堂1间、理发店2间。1999年，旧城改造，下属河乾饭店、国营旅社、澡堂等被拆迁，停止业务。2000年回迁后，改为永福大酒店，集餐饮、住宿、娱乐、休闲为一体。2005年，实行租赁，维持日常费用。年末在册员工104人（其中在岗12人、下岗人员68人、内退 24 人），有固定资产 1092 万元。职工列入劳动社保养老统筹。

**县蔬菜酱果公司** 1991 年，在册员工 29 人（其中离退休、退职 10 人），有固定资产 33 万元。1999 年，旧城改造拆迁，业务停止。回迁后实行租赁，维持日常费用。2005 年，在册员工 24 人（其中在岗 7 人、下岗 14 人、内退 3 人），有固定资产 112 万元。职工纳入劳动社保养老统筹。

**县工业品贸易公司** 前身为县冷冻厂，1991 年在册员工 62 人（其中离退休人员 14 人），固定资产 110 万元。1991—1995 年，经营鱼类、肉类、禽类冷藏、加工、销售。1996 年，旧城改造拆迁，业务停止。1997 年，回迁时，更名为连江县工业品贸易公司，但业务不振，后实行租赁维持。2005 年，在册员工 39 人（其中在岗人员 8 人、下岗人员 14 人、内退 17 人），有固定资产 120 万元。职工列入社保养老统筹。

**县医药公司** 1991 年，属县财贸委员会管辖，有固定资产 50 万元，销售额 353 万元。1997 年 3 月，划属商业贸易总公司管辖，在册员工 51 人。2003 年，药品销售 1515.6 万元。2004 年，公司通过医药质量管理规范（简称“GSP”）认证验收。2005 年，公司设人秘组、财务组、业务组，有 3 个批发部、1 个开发部、5 个门市部，年末员工共 113 人（其中内退 7 人），有固定资产 1258 万元。职工列入劳动社保养老统筹。

**县燃料公司** 原属县物资局管理。1997 年 3 月，划属县商贸总公司管辖。1998 年 3 月，建成己古液化气站投用。2002 年，液化气站作价转让给福州发达燃料公司。此后，公司靠租赁收入维持费用。2005 年，在册员工 34 人（其中在岗 6 人、下岗 28 人），有固定资产 751 万元。职工列入劳动社保养老统筹。

## 第二节 商品购销

### 一、糖酒副食品

1991 年，食糖售量 920.3 吨，220 万元；各类酒售量 1774 吨，348.8 万元。1992 年后，随着市场放开，食糖售量下降到 600 吨上下，酒类有所增加，特别是通过在福州设立啤酒经营部，扩大啤酒销售区域。1993—1997 年，每年啤酒销量都在 5100 吨左右，各类酒销售总额 800 万元左右。1998 年，糖、酒销售均回落，糖售量不足 100 吨，啤酒售量仅 1813 吨。2001 年后，糖酒副食品公司逐渐退出经营活动，网点仓库全部租赁，承包。

### 二、农副产品

1991 年，由蔬菜果酱公司和食品公司经营，蔬菜营业额 199 万，利润 2.6 万元，购销生猪 1272 头。1992 年，市场放开，蔬果经营逐步退出市场竞争。1997 年，购销额仅 4.5 万元，后停止购销。同年，国家实行生猪定点屠宰检疫，禁止私人宰杀生猪，食品公司购销业务上升，除本地生猪送屠宰场定点检疫、屠宰外，还从外地调入生猪屠宰后投入市场，县内 3 个屠宰点，2000 年屠宰生猪 19490 头，2003 年增至 21545 头，2005 年达 24227 头。

### 三、日用工业品

1991 年，有百货公司、百货大楼和五交化公司经营日用工业品购销业务。两家百货公司经营种类有家用电器、衣帽鞋类、工业日用品类、文化体育用品类、棉布类，品种达 2500 多种，购销额 1224 万元。五金、交电、化工购销额 507 万元。1992 年后，私营和个体小百货、小商品商铺蜂起，并出现服装、鞋帽、棉布、自行车、摩托车、五金、家电、水暖配件、化工油漆等专营店、连锁店和超市。国有公司购销额逐年下降。至 2000 年，两家百货销售额 788 万元，2003 年降到 392 万元，2004 年后退出经营市场。

**四、燃料**

1991年，县燃料公司主要经营煤炭和液化气业务。当年销售煤炭47856吨，液化气64756瓶，销售额1092万元。1993年，销售煤炭45176吨，液化气65360瓶，销售额1003万元。1997年开始，随县内水电开发、电气化普及和用煤单位直接到产地运购及私营煤场开业、液化气多家经营等因素，国有燃料公司煤炭、液化气售量大幅下降，当年煤炭售量仅4035吨，液化气售量31256瓶，售额降至230万元。2000年，煤炭售量4319吨，液化气18883瓶，销售额163万元。2002年，魁岐液化气站作价转让福州发达燃料公司。2003年，公司售煤3312吨，销售额53万元。2004年，全部退出经营市场。

**五、药品药械**

1991年，县医药公司中、西药和中成药、药械销售额300万元。1992年后，经核准登记的个体药店和民间青草进入市场，医药公司药品购销额逐渐下降。1993年降到44.3万元，1997年仅17.2万元。2001年后，医药公司进行营销整顿，注重购进质优价廉、适销对路的常用药、中成药和老年保健品等，销售额一路飙升。2003年，药品药械购进1080万元，销售额1518万元。2005年购进额1508万元，销售额达2004万元。

## 第三节　商品储运

**一、仓储**

1991年，县商业系统仓库面积3400平方米。1992—1996年，陆续建有混合结构仓库6191平方米。1998—2004年，因县旧城改造，仓库面积有所变动。2005年，仓库面积达10026平方米，其中百货仓库7座2397平方米、五金仓库1座800平方米、交电仓库1座600平方米、食糖仓库1座936平方米、酒类仓库4座2234平方米、中西药综合仓库2座2926平方米、酒精仓库1座133平方米。这些仓库多按标准建造，防潮、防火等设施完备，经常开展“四无”（无灾害、无盗窃、无霉变虫蚀、无差错损失）竞赛活动。15年间无发生重大事故。

**二、运输**

1991—1996年，县商业系统内仅个别企业有专用运输车辆，多数企业由厂方批发直接送货。短途运输多雇用市场车辆或委托物流企业运送。1997—2005年，相继购置小吨位车辆4辆，多运送系统内商品，外购商品仍多靠发货方运送。

## 第四节　机构与管理

**一、管理机构**

1991年，县商业局，为行政科级机构，内设秘书、人事、业务、计财4个股，干部职工28人。下属有百货、五交化、百货大楼、糖酒副食品、食品、饮服、蔬果酱菜7个公司和冷冻厂，干部职工930人。1992年，业务股改为商管股，其他不变。1996年，县商业局转制为县商业贸易总公司，事业编制17名，保留原行政编制6名。2005年，县商业贸易总公司设秘书股、人事股、计财股、商管股，核定编制23名，其中行政编制6名，事业编制17名。实际在岗人员10人。

**二、管理**

1991 年，县商业局负责本系统编制计划、财务资产、干部职工调配任免。经济体制改革，安全生产等，并制定相关制度，例行进行监督检查。1992 年后，随着市场经济改革的深化，商业网点实行经营承包或租赁，严格产权登记和评估，防止国有资产流失。1996 年，县商业局转制为总公司后，正面临县城旧城改造热潮，商业系统多数临街商场需要拆迁，总公司及时与有关企业和拆迁等部门协调，规范国有资产申报程序，维护企业合法权益，从而保证回迁经营场所不减反增，使国有资产保值增值。1998 年开始，按照国务院《生猪屠宰管理条例》规定，专门设立县商业行政执法室，为股级事业单位，挂靠县商贸总公司，核编 4 名，由总公司内部调整，重点监管生猪定点屠宰，集中检疫，执法人员随时监督检查，确保上市肉品合格安全。同时，还对经营化学及危险品的企业，进行常规性检查，对拍卖行业进行监管。1999 年后，商业执法工作移属县经贸局管理。县商贸总公司，只管理本系统内部事务。2005 年，总公司全系统固定资产总值达 5554 万元。

# 第三章　供销合作

1991 年，县供销系统有直属企业、厂场 8 个，采购转运站 2 个，基层社 19 个，购销网点 416 个，全系统干部职工 2044 人。1992 年开始，随各类商品价格开放，供销系统原来专营的业务逐步萎缩，1992 年，亏损 38 万元。相继关停茶叶、果品两个亏损企业，把小沧、安凯基层社分别并入蓼沿和筱埕基层社，精简行政人员，安置分流职工。

1996 年，根据中共中央、国务院《关于深化供销合作社改革的决定》精神，把控亏减亏当作主要任务，在全系统推行全员劳动合同制，逐年分流安置部分职工，推行所属公司改制和基层社改造。1997—2000 年，系统内亏损均控制在 100 万元以内。

2001 年，县内化肥市场放开，供销系统专营项目消失。2003 年，根据国务院《关于解决当前供销社合作社几个突出问题的通知》精神，部分进行兼并重组，减员增效。至 2005 年，全系统共辞退各类聘用工 378 人，分流安置职工 601 人。年末，系统内保有 12 个基层社、3 个中心社、4 个公司（2 个公司停止运转）、2 个工厂，在册人员 1025 人，在岗人员 424 人。1991—2005 年，供销社系统购销总额 135459 万元，上缴税金 1543 万元，亏损 907 万元。

## 第一节　购销网点

1991 年，县供销社系统购销网点坚持以农村为重点。全县共 450 个网点。其中县社属企业网点 41 个（直属公司厂场 8 个，门市部等 33 个），基层 409 个（乡镇供销社 19 个，门市部分销处、代销代购店等 390 个），仍是城乡商贸交流主渠道。但由于个体商业迅速崛起，农副产品直接进入市场，农民进城外出经商务工增多，农村供销网点购销量下降，亏损面增加。县社直属企业亦多不景气，当年茶叶公司因负债拍卖，仁山柑橘联营场效益不佳改为职工培训基地。1992 年，县社为拓展业务，创办石油公司，在黄岐、苔菉建设两个油库，专供柴油，为渔业生产服务；并在黄岐创办液化气站；相继对基层供销网点进行整顿，撤并经营状况不佳的偏远分销处、代销店，当年把小沧供销社并入蓼沿供销社，1993年，县果品公司进行停业整顿。1994年，“三联”食品厂转制为股份企业，实行经营承包。1995年，安凯供销社并入筱埕为中心供销社。同年，国家实行石油专营，县社创办的石油公司撤销，全县供销网点剩下350个。1996年后，供销系统进一步优化布局，盘活资产，减员增效，淘汰一些无法规范管理的网点，立足农村，完善服务体系。1998年开始，陆续在集镇创办农村超市，当年创办琯头福榕超市。2001年，创办浦口福榕超市和县城阳光体育超市（旧房拆迁安排）。2002年，创办苔菉和官坂福榕超市，2003—2004年，先后创办筱埕和琇琍福容超市，并调整基层社布局，把蓼沿供销社并入丹阳为中心社，坑园供销社并入浦口为中心社。将仁山柑橘场和黄岐，苔菉油库资产进行转让拍卖，安置下岗职工。2005年，学习贯彻全国总社第四次代表会精神，坚持为农服务和合作制，做到“阵地不丢、队伍不散、网络不破”，创新机制，开放办社。当年新创办马鼻福榕超市，对分散、孤立的经营网点进行整合，根据各地优势资源，陆续创办5家专业合作社：丹阳西瓜、潘渡柑橘、长龙食用菌、官坂农资、苔菉海水养殖，在较大村落创办48家综合服务站，依托企业，联强靠大，形成“小超市、大连锁”格局，实行总经销，总代理和物流配送，促进企业扩销增效。至2005年末，县供销网点降到261个，比1991年数量减少40%，但规模有所扩大，设施有所改善，服务质量提高。县社直属企业有农资公司、土产日杂公司、机电厂、网具厂、液化气站；基层供销社有浦口、丹阳、筱埕中心供销社，凤城、敖江、琯头、晓澳、东岱、黄岐、苔菉、官坂、马鼻、长龙、潘渡、东湖供销社，共15个；集镇超市8家，共投资351万元，面积3438平方米；专业合作社5家；综合服务站48家；其他供销处、门市部等180个，在册职工共991人。

**附：县供销社直属企业简况**

**农资集团公司**　1991年，为农业生产资料公司，有批发部2个、门市部1个、仓库5座，干部职工95人，销售额1000万元上下。1996年，更名为农资集团公司，在全县设连锁店126个，销售额升至1800万元。2001年，县内化肥供销敞开，连锁店逐渐减少。至2005年，销售额1100万元，资产总值45万元，干部职工66人（其中在岗11人，自谋职业55人）。职工列入社保统筹。

**土产日杂公司**　1991年，有批发部2个、门市部2个、仓库4座，干部职工84人，营业额221万元。1992年，降到165万。1993—2002年，年营业额130万元左右。2003—2005年，县内实行烟花爆竹禁运、禁放，营业额降到80万元左右，干部职工74人（其中在岗28人，自谋职业46人）。职工列入社保统筹。

**果品食杂公司**　1991年，有仓库、批发部4个、零售部4个，职工93人。因负责200多万元，资产被银行抵押拍卖。1993年，停业整顿。2005年底，在册人员30人（其中待岗1人，自谋职业29人）。职工列入社保统筹。

**县供销机电厂**　1991年有车间1座，干部职工16人，主要加工渔业机械产品，年产值60万元上下，纳税2.5万元。2005年，加工业务下降。资产总值60万元，职工12人被列入社保统筹，保费自缴。

**黄岐液化气站**　1992年成立，有仓库1座，年销售额35万元。2005年底，有仓库3座，资产总值170万元，在册人员10人（其中在岗7人，自谋职业3人）。职工列入社保统筹。

**茶叶公司**　1991年，因负债200多万元，财产被银行抵押拍卖。1993年，停业整顿。2005年底，公司仅剩仓库一座（500平方米），在册人员21人（待岗1人，自谋职业20人）。职工被列入社保统筹。

**县塑料网具厂**　1991年，在册职工43人，年产值80万元。1994年，停产。2005年底，资产总值35万元，职工29人，被列入社保统筹。

**县供销石油公司**　1992年组建，下设黄岐、苔菉2个油库，职工12人。1995年，柴油归县石油公司专营，公司撤销，油库改为黄岐石油站和苔菉石油站。2000年，两站停业拍卖，人员由系统内消化。

**县三联食品厂**　1988年由市社、县社（丹阳社）、丹阳镇经委创办，故称“三联厂”，主营蘑菇、蔬菜及水果水产品罐头。1991年，在册职工11人。1994年，改制为股份企业，由省粮油进出口公司、县、市社及私人组成股东，实行经营承包。因严重亏损负债，从2000年开始，股东、资产、债务全部转让给承包者。供销职工由内部安置。

**仁山柑橘联营场** 1988年8月由县社、潘渡供销社、市供销社、琅歧镇金沙村果树专业队4家联合组建，经营面积130多亩，职工15人。1991年开始，联营场作供销社职工培训基地。至2005年，原有人员均已退休，场地资产有偿转让贵安开发区整体开发。

## 第二节 商品经营

### 一、农副产品经营

1991年，供销社发挥城乡物资交流的主渠道作用，大力收购推销农副产品，促进农村经济发展，全年收购农副产品459万元。主要产品有蘑菇1043吨，还有黄麻、茶叶、烤烟等。1992年开始，随市场经济发展，生产资料敞开供应，大量农副产品直接投放市场，收购量逐年减少，到2002年仅14万元，2004年56万元。1991—2005年，农产品收购总额1035万元。农产品销售主要有黄麻、柑橘、烤烟丝、絮棉、草席、杂木棍等，其中蘑菇、茶叶等还组织出口外销。1991—1992年销售额500万元，1993—2005年销售额563万元。15年销售额共1063万元。全系统农产品购销总额15年计2098万元，占全社购销总额的1.55%。

### 二、生产资料经营

1991年，县供销部门仍然是农（渔）业生产资料的供应大户，供销部门作为首要业务，热情服务。当年仅化肥供应量就达27058吨，还有农药555吨，农药械2623件，农膜56吨，中小农具1.96万件，渔用柴油1.4万多吨。

1992年，实施市场经济改革后，供销部门生产资料的专营权开始逐步减少，如中小农具，供销部门为支援农业，以往多是贴本经营，市场放开后，本地及外地农具大量应市，供销部门已基本退出市场，只零星经营。化肥、农药及农药械、农膜，供销部门采取多种改革措施，争取市场份额，发挥主渠道经营作用。当年组建县社石油公司，并在黄岐、苔菉建2个柴油油库保证沿海渔船用油，年供应量达5万吨以上。年均组织供应化肥2万吨。同时，供销部门积极应对新的市场形势，采购和引导使用低浓度或无害无毒的农药，多生产绿色环保产品投放市场。农药使用量减少45%，农药械年销量降到1000件上下。为保证大棚蔬菜和温室栽培的需求，供销部门及时组织购进高质量的农膜供应农户，年供应量20多吨（最高2000年达133.7吨）。1995年起，柴油经销划归县石油公司专营。1992—1998年，供销部门共组织供应化肥13.46万吨。柴油1.07万吨，低毒或无毒农药2137吨。

1998年开始，贯彻国务院《关于深化化肥流通体制改革的通知》，化肥主要由市场配置，县社利用以往主渠道经营基础，根据连江实际，及时与农业技术部门和生产厂家协定统一市场，并支付一定补贴费，提前签订产销合同，尤其是全国大化工厂生产的高质化肥，供销部门实行提前进货，坚持冬储任务，保证农时需要。1999—2000年，化肥销售量达39896吨，农药、农药械、农膜供应量有所下降。

2001年，县合成氨厂的小化肥全面敞开，县供销部门派员深入农村调查农情，协同农技部门指导农户因田施肥，采购供应适销对路的化肥品种，每年化肥经营量仍保持1万吨以上。2005年，供应化肥14557吨，农药123.2吨，农药械175件，农膜18.5吨。全系统生产资料销售额1506.5万元，占县社销售总额的36.6%。

### 三、生活资料经营

1991年，县供销社系统生活资料供应主要对象是广大乡村居民。有大小百货（工业品、家用电器、服装、鞋类、五金交电、文体用品）、日用杂品（陶瓷、玻璃器皿、高压锅、烟花爆竹、锅碗瓢盆、绳带草席、塑料制品）和副食品（糖、烟、酒、碘盐、食用油、粮食制品、干鲜海产品和果品）等三大类，共3000—5000种生活必需品。当年销售总额2175万元。1992年，实行市场经济改革后，个体商业勃起，供销系统销售额降到1992万元。1993—1995年，年销售额2000万元上下，一些基层网点出现严重亏损。1996年，县社进行以减亏为主的经营体制改革，适应市场形势，实行全方位承包责任制，所属各基层企业门点在注重家用电器推销的同时，不断开拓新的经营项目，主要有餐馆、酒楼、液化气、农机配件、农村畜牧、水产养殖器具及饲料等。1997年，全系统销售额2621万元。2000年，国家公安部等六部（局）发文，明确烟花爆竹归口县以上供销社日杂公司经营，销售总额保持2000万元上下。2003年开始，县内烟花爆竹实行禁运、禁放，2005年才开禁，受此影响，2003—2005年，生活资料销售额有所下降。2005年，销售额2511万元，占全社销售总额的61%。

**四、其他特项供应**

海岛部队供应　1991年，供销社在不常设战备物资贮藏情况下，坚持对当地沿海岛屿驻军的军需积极组织货源，优先供应。1991—1999年，主要供应柴片23500公斤、铁锅181100只、煤炭27568吨。2000年起，军需物资供应不作单独统计。

抗灾救灾供应　1991年，供销社坚持以农兴社，凡农村发生旱、涝、台风、冰雹等自然灾害，都及时组织供应水泥、柴油、草袋、救灾专拨化肥等，帮助灾民恢复灾后生产。据不完全统计，1991—1995年，共供应救灾水泥1863.4吨、柴油305吨、救灾化肥500吨。

**1991—2005年连江县供销系统经营统计表**

表15-3-1　　单位：万元

| 年　份 | 购进总额 | 销售总额 | 盈　亏 | 税　收 |
|---|---|---|---|---|
| 1991年 | 6229 | 7163 | —25 | 153 |
| 1992年 | 6239 | 7175 | —38 | 153 |
| 1993年 | 5780 | 6647 | —140 | 142 |
| 1994年 | 5040 | 5797 | —188 | 124 |
| 1995年 | 3476 | 3997 | —153 | 85 |
| 1996年 | 4091 | 4705 | —101 | 100 |
| 1997年 | 3557 | 4090 | —85 | 87 |
| 1998年 | 3980 | 4577 | —42 | 97 |
| 1999年 | 3645 | 4192 | —27 | 89 |
| 2000年 | 3316 | 3813 | —16 | 81 |
| 2001年 | 3431 | 3946 | —18 | 84 |
| 2002年 | 3542 | 4073 | —14 | 87 |
| 2003年 | 3697 | 4251 | —21 | 90 |
| 2004年 | 3403 | 3914 | —19 | 83 |
| 2005年 | 3578 | 4115 | —20 | 88 |
| 合计 | 63004 | 72455 | —907 | 1543 |

## 第三节 机构与管理

**一、县供销社**

1991年，县社内设10个科室，计有干部职工61人。1992年10月，成立县供销社实业开发总公司，实行一套班子两块牌子。县社内设10个科室撤销，组建综合管理部（内设政工组、财会计统组、综合组）、贸易经营部、农副产品开发部。1995年，县社复设办公室、人事劳工科、财计基建科、监察保卫科、基层工作科。2005年，供销体制改革，明确属集体所有制，县社机关编制34人，其中行政编制20名，工资由县财政定额拨补，事业编制14名，由该系统负责。县社六科一室不变。

**二、管理**

（一）财务管理

供销社为集体企业，实行本行业财会制度。县社机关为事业编制，实行自收自支。基层社要向县社缴纳不同额度的管理费。县社对基层社经营状况、财产存量实行稽查管理，确定上缴额度，并向地税报批。1991年，全社登记入账的固定资产原值1102万元，在完善经营承包制中，杜绝无偿占用。各基层社财产购置或拍卖报废，均按程序报县社审批。1992年以来，县社先后对基层社和购销网点进行改革转制，合并规模小的基层社，淘汰一批亏损严重的偏远供销网点，把转让拍卖所得，除偿还银行贷款、安置分流职工等外，用于建设集镇超市，以盘活资产，增强竞争力。自2001年起，县财政每年拨补县社18万—20万元解决经费不足问题。县社加大内部改革力度，严格财经制度，规范资产运营审报程序，促进集体资产保值增值。据县社财务统计，1991—2005年，全社共转让拍卖固定资产175宗，共得款2900万元，其中偿还贷款566万元，用于安置职工688万元，投入建设农村集镇超市8座。至2005年末，全社固定资产总值4205万元，有营业商场、超市25116平方米，仓库10528平方米，办公场所6376平方米，其他场地12.22万平方米。

（二）社员股金

1991年，县供销社有社员股份12万股（户），每股3元，计股金36万元。1992—2000年，仍实行保息分红。2001年起，按照上级社统一规定，不再实行保息分红。2004年，县社制订《关于防范和化解社员股金风险的实施意见》，成立清理整顿社员股金专项领导小组，逐步完成股金还本付息工作。至2005年底，已还股金6000股1.8万元，尚欠11.4万股34.2万元。

（三）安全管理

1991年，县供销社成立安全领导小组，县社主任兼组长，制定安全生产事故应急预案，并与基层社、企业、网点，层层签订责任书245份。至2005年，县供销系统共有专兼职保卫干部21人，义务消防队21队196人。消防设备有消防栓22个，水带1760米，水枪32支，水池5口，大小灭火机496台。1991—2005年只发生两次小火警，未造成财产损失。

# 第四章 粮油经营

1991年，连江为缺粮县，全县人口60.6万人，粮食总产13.68万吨。粮食缺口4万—5万吨。市核定连江粮食合同定购基数为1.65万吨，当年入库实绩1.66万吨，加上议价购进1.47万吨，共3.13万吨，仅保证城乡居民定量口粮和军需用粮，其他用粮需外购。1992年10月，取消城乡居民定量口粮供应，粮籍存档，粮油价格放开。为保证粮食安全和社会稳定，国家实行粮食保护价和平议差价奖售、粮肥挂钩等政策，县粮食部门积极向省内外重点粮区调、购粮食，以平抑粮价，保证军需民食。1993年开始，合同定购基数调整为1.6万吨。1999年调整为1.52万吨，2000年再降至0.95万吨。2001年开始，取消合同定购任务，县粮食部门只收购农业税征粮食部分，年均仅3000吨左右。2004年，农业税取消，征粮随之终结。同时，由于建设需要耕地逐渐减少，粮食总量下降，粮食缺口日益严重。2005年，最多缺口8万多吨。县粮食部门从业人员从1991年的1038人缩至2005年239人。1991—2005年，共购进粮食27.6万吨，销售36.6万吨，油料购进7135吨，销售6863吨，从而保证军需民食，稳定市场秩序，建立和健全粮油质检体系，防范突发事件和市场风险，保证粮食安全。

## 第一节　经营网点

1991年，县粮食局系统经营网点有18个乡镇粮站、1个中心粮库、3个公司、8个工厂，计在册员工1038人，其中商业企业716人，工厂企业322人。1992年，随粮食体制改革逐步深入，特别是粮油价格全面放开，国有粮食企业优势渐失，网点减少，系统内职工除外调、停职、辞职外，下岗待业者增多。至2001年，在册人员尚有772人。2002年初，根据上级对粮食流通体制改革的部署，县粮食局成立国有企业改革领导小组和国有资产拍卖领导小组，制定《连江县粮食企业深化改革进一步减员分流实施方案》，把局属独立核算企业由20个重组为7个，对分流人员，经过反复修订实施方案，分类进行妥善安置。至2005年，已安置498名。其中男年满55周岁、女年满45周岁的职工123人，移县社保公司代管，退休前，人月发生活费196元，基本养老保险费由企业交纳，办理退休手续后，由社保发退休金。对1986年后招收的劳动合同制职工73人，一次性发给补偿金，解除劳动关系。全民职工自愿解除劳动关系的163人和经考试淘汰的140人，均一次发给安置费。原企业交纳的基本养老保险费，划入个人账户，解除劳动关系后自己交费，办理退休手续后领退休金。至2005年，粮食系统保留8个企业，企业在岗干部职工212人。

**附：县粮食局直属企业简况**

**县粮油工业公司**　1991年，辖6个国营厂和1个集体企业，共在册职工70人，总产值80.9万元。1992年后，所辖工厂和企业陆续撤并或停产。至2005年底，职工人数10人，靠8间店面租金维持。

**县粮油贸易公司**　前身为连江县粮油议购议销公司，1992年更名。1993年撤销。1996年恢复，隶属县总公司管辖，独立核算，自主经营。2003年1月粮食企业改革时撤销。

**县粮食购销有限公司**　1999年7月成立，原名县第一粮食购销有限公司，2003年6月体制改革时，把12个基层粮站撤并重组改为现名，下设敖江、琯头、丹阳、马鼻、黄岐5个分公司，统一核算。2005年，职工人数105人，在岗74人。

**县储备粮管理有限公司**　1998年11月成立，原名县粮食收储公司，1999年更名为县第二粮食购销公司，2003年改称现名。辖有中心粮库，专司管理储备粮食。2005年，职工30人。

**县军粮供应站**　1999年组建，下设敖江、琯头、丹阳、苔菉4家军粮供应店和潘渡、安凯、晓澳、筱埕4个军供送粮点。2000年，供应站被市委、市政府授予双拥先进单位。2005年，被省委、省政府、省军区授予“爱国拥军模范单位”称号，年末职工26人。

**县粮油食品公司**　1988年，由县粮食复制一厂和县油厂合并组成粮油食品厂，1993年更改为现名。

2005年，职工38人（其中自聘12人）。

**县城关碾米厂** 国有（营）企业，1991年职工59人，因加工量逐年减少，职工分批分流安置。至2005年，保留10人。

**县配合饲料厂** 1991年，有职工70人，1993年因亏损停产。2005年，留5名职工看守厂房。

**粮食复制二厂（集体）** 1991年，职工47人，1992年亏损停产。1993年，转轨兴办纸品厂，并恢复手工“米粉干”生产，均不景气，职工陆续下岗。至2005年，仅留2人看管厂房，有固定资产净值192万元，负债46万元。

## 第二节 粮油购进

### 一、合同定购

1991年，市政府核定连江粮食合同定购基数1.65万吨（含农业税征收实物），仍是农村一项突击性任务。粮食部门在全县12个重点乡镇和建制村设42个粮食收购网点(含临时9个)。油料无定购任务。由于当年市场粮价高于收购价，为弥补不足，采取“三挂钩”办法：农民每向国家交售50公斤稻谷（不分早、晚秈稻谷），奖售化肥（标准量）12.5公斤（折合平议差价2.5元）；奖售柴油1公斤（当年平、议差价每公斤柴油0.68元，1992年0.76元）；对丹阳、马鼻、透堡、长龙、官坂、小沧等6个省定老、少、边贫困乡镇，每交售50公斤稻谷，另加价外补贴4元。1991—1992年，连江财政对贫困乡镇价外补贴达81.58万元。两年都是早稻一季完成全年定购任务。

1993年，据省政府通知，粮食收购办法改合同定购为下达指导性计划，以经济合同形式向农民收购，并实行粮食保护价政策。连江收购基数亦从1.65万吨降为1.6万吨。由县政府给12个粮食生产乡（镇）下达，基层粮站与建制村委会签订合同，然后再分解到户。1994年，市政府下达增加粮食计划收购3000吨（至1996年止）。1995年，每50公斤国家收购价73元（晚稻58元加补贴15元）而市场价为95元，差价22元。收购难度加大。县粮食部门按照有关规定，把政策性业务和商业性经营分开，组织有关部门通力合作，超额完成全年收购16139吨任务。

1996年10月开始，市场粮价有所下降，为保护农民产粮积极性，保证粮食总量平衡，按国家政策，实行价外补贴和粮肥挂钩，农户每售给国家50公斤稻谷比市场价可多得2.5—3元。当年农民增收682.74万元。1997年，省定保护价为早稻每50公斤61.75元，比市价55元高6.75元。1998年，国务院《粮食收购条例》和《粮食购销违法行为处罚办法》颁布，使粮食商品流通有法可依。1999年，连江定购基数由1.6万吨降为1.52万吨。2000年，再降到0.95万吨，这年起，早稻退出保护价范围，农民可直接进入市场。晚稻仍实行定购保护价政策，粮肥挂钩不变。当年晚稻实际入库9881吨（其中农业税征粮3632吨），定购价每50公斤58元加补贴8元计66元，比市场价61元高出5元，另供应尿素6.25公斤。1995—2000年，6年粮食价外补贴款计1344万元。

### 二、订单收购

2001年开始，市政府通知，取消粮食定购任务。需要的储备粮(包括储备粮轮换)、军供粮等粮源，采取“订单”形式，向粮食主产区和种粮大户订购。农业税实行征收实物和折征代金双轨制办法，由县(区)人民政府确定。连江农业税仍以征收实物为主，全县收购点只保留敖江、琯头、丹阳、透堡和县中心粮库5个。2001年入库4619吨，2002年4585吨，2003年2654吨，均100%完成下达任务。自2004年起全额免征农业税，并实行水稻良种补贴，实行稻谷最低收购价。当年为部队供应和储备粮轮换需要，县粮食部门与12个乡（镇）406个种粮大户订单收购稻谷2683吨，兑现给农户直补款50公斤4元、良种补贴 1 元，共补贴粮农 26.83 万元。

**三、议价购进**

1991—1992 年，议价购进粮食（原粮下同）14668 吨。1992 年 10 月，粮食价格放开，议购降至 12768 吨。1993 年，议购 12973 吨。1993 年末起，市场粮价上扬，晚稻 50 公斤由 52 元升至 62 元。县粮食部门根据市局提出“狠抓粮源，充实库存，增加有效供给，稳定粮价，抑制通货膨胀”的要求，派员前往省内外采购现粮以满足县内需要。1994—1995 年，共购进 31675 吨。1995 年 4 月，县粮油贸易公司副经理，携汇票 70 万、现金 5000 元前往江西省梅岭粮管所购粮，在梅岭旅社遇劫身亡，汇票及现金被劫一空，案报江西省公安机关侦查（三年后破案），被套取之汇票及现金一直无法追回，计造成损失 77.96 万元。此后，向省外购粮日趋减少。

1996 年，国家提高定购粮价格，农民在完成定购任务后，粮食可随行就市，议购粮食大幅减少。当年仅议购粮食 7215 吨（其中县内 4427 吨、县外 2788 吨）。1997 年，议购降到 3424 吨。1998 年，降至 1529 吨。1999 年，仅 35 吨。2000 年后，回升到 3000 吨以上，主要保证驻军供应和储备粮轮换。

1991—2005 年，全县共购进议价粮 108891 吨，购进油料 7134 吨（其中从县外平价购进 340 吨，主要用于军供和工商用油）。

## 第三节 粮油销售

**一、平价供应**

（一）城镇居民定量供应

1991 年，全县城镇发证定量供应人口 3.5 万人。按不同年龄把以往 10 个档次，

简化为 3 个档次，即：出生至 3 周岁，月定量供应口粮（成品粮下同）5 公斤；4—8 周岁 8 公斤；9 周岁以上按成年居民标准，月定量 12 公斤。当年居民凭证供应粮食计 9035 吨。1992 年 10 月 1 日起，取消城镇居民粮油定量供应，粮油市场价格全面放开，粮油供应证只作为档案予以保留，不再作购置凭证。当年，个体和私营粮油经营已日渐活跃，自由市场粮油品种多，价格相差不大。1—9 月，凭证购买口粮已降到 4237 吨。

（二）农村销售

1991 年初，按规定平价供应的主要是农村种植经济作物的缺粮户，因灾减产或购过头粮的农户（统称“回销粮”），还有渔民、纯盐民、农林场非农业人口等 9 种对象，年供应量超出 2 万吨。县粮食部门在沿海设 36 个粮店（其中代售店 8 个）。1991 年 5 月 1 日起，根据省物价委和粮食厅《关于调整粮油销售价格的通知》，农村回销粮和渔民等口粮供应均由平价改为议价。当时粮食部门销售的议价米（“标二”早籼米），与市场价比并无优势。沿海粮站库存大，改议价后若销不出就要回调县城，成本很高。5 月 21 日，接省政府“明传电报”通知，沿海粮店“标二”米仍以平价 50 公斤 49 元销售至 6 月 30 日止，连江 11 个乡镇销售指标 1841.8 吨。7 月 1 日后，按调整后的城镇粮价供应。至 1991 年底，全县农业销售 10896 吨，比 1990 年 28104 吨减少 61.2%。1992 年 4 月 1 日起，取消农村粮食销价，对侨汇粮、城镇饲料粮、菜农口粮及水库移民、灾民等粮食销售全部改为议价供应。

1995 年，因建设山仔枢纽工程，小沧乡等有移民 1963 人，经县政府研究决定按国家定购价标准供给移民。1996—1997 年，供应原粮 999 吨。1998 年，县粮食经济总公司与小沧乡政府签订协议，每人每月供应成品粮 10 公斤，全年供应 235.56 吨，折原粮 327 吨，按当地定购价早米 500 克 0.80 元，自 1998 年 1 月至 2000 年底。2001 年 1 月 1 日起，改按市价供应。对于受灾的灾民，由县政府核实后

下达指标给有关乡镇，实行钱粮挂钩，直接发给灾民。

**二、议价市场营销**

1991年，粮油平价供应对象缩小，议价销售增加。1992年10月起，粮油价格全面放开，平价基本取消。粮市放开后，县粮食部门为稳定粮油价格，积极组织货源，保证军需民食。1991—1992年，计售议价粮61157吨，议价油224吨。1993年，粮价上扬，县局经批准把国有库存粮食（除国储库2000吨和地储库3000吨外），全部转作议价销售，这一年共售议价粮54457吨。

1994年，粮油市场趋于稳定，县外粮油进入市场日渐增多，私营个体粮商迅速发展，经营灵活，国有粮油经营优势渐失，市场份额骤降，当年仅销售议价粮4300吨。1995—1997年，议价销售量57298吨。1998年开始，县粮食收储公司（后改购销公司）均按顺价销售。1998—2000年，共售稻谷39752吨，获毛利425万元。2001年开始，粮食定购取消，县粮食部门重点转向粮食储备和军粮供应等工作。

1991—2005年，共销售议价粮303961吨、食油5958吨。

**1991—2005年全连江县粮油购销情况表**

表15-4-1

| 年份 | 全县粮食需求总量（吨） | 粮食缺口数量（吨） | 粮食购进量（吨） | | | 粮食销售总额（万元） | 粮食销售量（吨） | | | | | 油料购销（吨） | |
|---|---|---|---|---|---|---|---|---|---|---|---|---|---|
| | | | 征购入库 | 议价购进 | 合计 | | 城乡居民口粮 | 事业供应 | 工商业用粮 | 其他用粮 | 合计 | 购进量 | 销售量 |
| 1991年 | 181886 | 45078 | 16643 | 14668 | 31311 | 3863.8 | 27406 | 3036 | 11144 | 1651 | 43237 | 571 | 353 |
| 1992年 | 182267 | 42505 | 16500 | 12768 | 29268 | 4831.0 | 34283 | 2155 | 12902 | 131 | 49471 | 271 | 326 |
| 1993年 | 183827 | 44013 | 15653 | 12973 | 28626 | 4160.0 | 40656 | 1914 | — | 36 | 42606 | 795 | 1000 |
| 1994年 | 183354 | 37947 | 16303 | 12998 | 29301 | 2872.2 | 17824 | 3473 | — | 5578 | 26875 | 242 | 209 |
| 1995年 | 182968 | 34068 | 16139 | 18677 | 34816 | 3734.3 | 24430 | 3533 | — | 1412 | 29375 | 330 | 223 |
| 1996年 | 183086 | 29372 | 16823 | 7215 | 24038 | 2579.1 | 9095 | 3488 | — | 923 | 13506 | 714 | 556 |
| 1997年 | 183292 | 24942 | 16016 | 3424 | 19440 | 3924.2 | 23773 | 2694 | — | 513 | 26980 | 443 | 462 |
| 1998年 | 183842 | 20738 | 16086 | 1529 | 17615 | 2411.9 | 13961 | 2306 | — | — | 16267 | 502 | 479 |
| 1999年 | 183950 | 15947 | 15391 | 35 | 15426 | 2556.6 | 13786 | 2429 | — | 57 | 16272 | 457 | 550 |
| 2000年 | 184654 | 19451 | 9881 | 3927 | 13808 | 2958.3 | 18003 | 2398 | 354 | 246 | 21001 | 599 | 557 |
| 2001年 | 185231 | 29988 | 4619 | 4283 | 8902 | 1453.7 | 8489 | 2155 | — | — | 10644 | 527 | 516 |
| 2002年 | 185059 | 33277 | 4585 | 3461 | 8046 | 2216.6 | 6490 | 2225 | 8181 | 81 | 16977 | 680 | 692 |
| 2003年 | 184424 | 41167 | 2654 | 4908 | 7562 | 2696.9 | 5757 | 2035 | 13091 | 81 | 20964 | 831 | 773 |
| 2004年 | 183712 | 47304 | — | 4868 | 4868 | 40235.0 | 4139 | 2138 | 11911 | — | 18188 | 84 | 82 |
| 2005年 | 183391 | 80333 | — | 3157 | 3157 | 4744.5 | 303 | 2130 | 11453 | — | 13886 | 89 | 85 |
| 合计 | 2754943 | 546130 | 167293 | 108891 | 276184 | 85238.1 | 248395 | 38109 | 69036 | 10709 | 366249 | 7135 | 6863 |

说明：①粮食需求总量据县统计年鉴全县人口平均300公斤计算，减本县粮豆总产量为缺口量

②议价购进包括省内外商业购进和保护价及订单收购

③粮食购销量均折原粮计算：油料均折成品油计算

④事业供应即军粮，其他一栏包括救灾、移民等供应

## 第四节 粮油储运

### 一、粮油储备

1991 年，县粮食部门有中心粮库 6 座 7400 多平方米（未包括各地粮站仓库 1.2 万平方米）。年储存量 3 万吨，占全县粮食需求总量的 16% 左右。1996 年，增建 1 座中心库，容量 0.5 万吨。1996—1997 年，平均年库存量均超 3.5 万吨，其中中央储备粮 4717 吨，食油 1.5 吨。2002 年，中央储备粮转为省级专项储备，食油储备撤销。2004 年，县中心库地方储备粮 7700 吨。同年底，连江中心库具备《中央储备粮管理条例》的基本规范要求，中央储备粮福州直属库与县储备粮有限公司签订代储 1 万吨粮食的责任合同。2005 年 4—7 月入库结束，至年底，县中心粮库储存粮食 18700 吨。

县中心粮库根据《储备粮管理条例》，采用"三专"（专人、专仓、专账）、"四落实"（品种、数量、质量、地点）制度，共安装大型电动排气扇 64 台、轴流风机 14 台等设备。由于通风换气及时，库内形成低氧、低温、低湿环境，保证粮食水分不超过 13.5%，脂肪酸值在 23—25 之间（宜存指标 30），粮食的色泽、气味、品质均达到安全储藏要求。仓管人员不断总结实践经验，坚持"以防为主、综合防治"的保粮方针，认真做好陈化粮的推陈储新，15 年来粮食均安全储藏，多次获省、市表扬。

### 二、调运

1991 年，从外地调入粮食 10058 吨。1992 年，随着市场放开，私商日渐活跃，调运量下降至 1223 吨。1991—1993 年，调进平价食用油 310 吨。1994—1998 年，为改善驻军膳食，从省外产粮区调进平价优质晚稻谷、面粉、大豆、玉米等 11442 吨。1999 年起，粮油平价调入消失。为调节市场稳定粮油价格，到省外粮食主产区采购议价粮油，多由火车运至福州或马尾后，县粮食部门派车运回连江。1994—1995 年，共购进 31675 吨。1996 年后数量减少。

县内各粮站（点）间粮食调拨较频繁。1991—1992 年，共调拨 61793 吨（其中议价 4575 吨）。1993—1994 年，县内站间调拨 73427 吨。1995—1999 年，5 年调拨 79393 吨，年均 15879 吨，主要是为国家定购粮食入库准备仓容和分散库点粮食集中保管而调运。此后仅 2000 年调运 2280 吨，2003 年调运 1534 吨。

## 第五节 粮油加工

### 一、稻米加工

1991 年，县内有城关、浦口、琯头、丹阳、马鼻 5 个国营碾米厂，年加工大米 6818 吨，比 1990 年减少近 60%，普遍出现亏本。1992 年，加工 6079 吨，共亏损 30.49 万元。1993 年，粮食机构改革，将浦口、琯头、丹阳、马鼻 4 家碾米厂划属当地粮站管辖，站厂合并为一个核算单位。保留城关碾米厂，作为军供大米定点生产单位，独立核算。1993—1994 年，该厂加工 6690 吨，2 年盈利 10.8 万元。1995—2002 年，加工量逐渐下降，累计亏损 85.45 万元。2002 年，城关碾米厂被省粮食厅、粮食行业协会认定为"放心粮油"单位，该厂加工量有所增加。2003 年，实现利润 8 万元。1991—2005 年，城关碾米厂盈亏对除后，累计亏损 96.76 万元。还有县粮食复制工厂，1991 年加工粉干、白粿等粮食复制品，年产值 11 万元，1992 年后生产不景气而停产。

**二、油料加工**

1991年，国有县粮油食品厂是主要油料加工企业，年产13吨。1993年，更名为县粮油食品公司，主产"联发"牌食用油系列产品，有花生油、菜籽油、大豆油、茶籽油、调和油等，生产原料多来自江西、河南、安徽、山东、湖北等省。该公司注重质量，塑造品牌，诚信经营，1996年，荣获1996年中国消费者信得过名优产品"称号。1998年开始，导入ISO 9001国际质量管理体系，投建一条日产20吨（油脂原料）的生产线，1999年，产量跃至446吨。2001年，经国家质量监督专项抽查质检合格。2002年，通过ISO 9001—2000认证，从而提高"联发"品牌知名度，产品畅销省内外，进入大型超市沃尔玛的上海店、深圳店、厦门店、福州长城店、力嘉店及"兴福兴"超市的福州6个分店。2005年，油脂产量达1146吨，是1991年的87倍，工业产值1108万元，实现利润31.19万元，缴税11.98万元，固定资产原值从1991年27万元增加到156万元（未含土地资产187万元）。

**三、饲料加工**

1991年，县粮食部门有1家配合饲料厂，成套设备由台湾引进，原设计能力1万吨，当年生产配、混合饲料3371吨，产值90万元。1992年，由于原料成本价格上涨，产量降到3066吨，亏损11万元。1993年起停止生产。至2005年，已累计亏损288万元，有固定资产净值1474万元（含土地3.78公顷），留5个职工留守。

## 第六节　机构与管理

**一、机构**

（一）县粮食局

1991年，为政府科级行政机构，内设秘书、人保、财会、购销、计划、储运6个股和监察、检察2个室，员工59人。1992年底，成立县粮食经济开发总公司，保留县粮食局建制，一套人员、两块牌子，总公司单独核算。1997年，县党政机构改革，局内设办公室、人保科、财务计划科、储运管理科、供应管理科、工贸管理科6个科室。2003年1月，第二次县机构改革降为二级局，为副科级，隶属县经贸局管辖。局内设办公室、财务计划科、购销储运科、人事体改科。至2005年底，局机关在编人员31人（其中行政编制7人，事业编制24人），在岗27人。

（二）粮食行业协会

2004年12月15日，召开第一次会员大会，通过协会章程。第一批登记注册的会员有65个，其中国有企业会员19个，非国有企业会员46个。大会选举产生理事21名（其中常务理事11名）和监事7名。因经费未到位，无活动。

**二、管理**

（一）粮食流通管理

1991—1992年，连江粮食缺口较大，县粮食部门积极组织粮源，以满足军需民食和社会各方面需要。两年共从省内外购进粮食2.83万吨。1992年10月，粮油价格全部放开，取消城镇居民粮油定量供应。粮油随市就价，有所波动。至1993年底，粮价大幅度上涨。12月25日，国务院和省市相继召开平抑粮油价格紧急会议。12月29日，县政府召开紧急会议，决定把国有库存粮食，除国家储备2000吨、地方储备3000吨外，全部转作议价，但特别强调不准卖大户。县粮食局领导和各地粮站站长会后连夜赶回各地，保证从12月30起，所有国有粮店同时进行明码实价挂牌销售，以安定民心，维护社会稳定。当年售粮54457吨，占城乡口粮总售量的24%。1993—1995年，狠抓粮源，派出骨干力量前往省内外关系户采购现粮，补充粮库。共购进粮食44648吨，充实库存，稳定粮价，抑制通货膨胀发生。

1996年10月开始，粮价一路走低，粮食购销价格倒挂，为保证粮食总量平衡，保证库存不减，采取价外补贴、粮肥挂钩方式向农民收购粮食，促进粮农生产积极性。1998年8月，根据国务院《粮食收购条例》规定“国有粮食企业销售粮食必须顺价销售，不得低价亏本销售”等精神，对收购价格根据粮市实际，每年都进行调整。在新粮登场前，依据省政府通知分品种定价格收购和价外补贴及粮肥挂钩标准。国有粮食企业在经营转制中，按购得进、销得出、自负盈亏的原则组织粮食收购与售出。

2001年，取消合同定购，粮食流通渠道更加通畅无阻，连江为保证部队供应和储备粮轮换需要，采取订单收购形式，派出人员与12个乡镇406个种粮大户签订订单收购合同，及时兑现种粮直补款，保证国有粮食储备粮的推陈贮新和总量平衡，以抵御粮市风险。2004年3月，免征农业税后，县内粮源横向流入渠道增多，粮食品种多样化，粮价基本稳定，粮市极为活跃。

（二 ）财务统计管理

县粮食部门是国家粮食政策性补贴主管单位，实行严格的财务和统计制度。1991年，县粮食局注重培训基层财统人员，认真贯彻《中华人民共和国会计法》《中华人民共和国统计法》和粮食有关法规政策，搞好财务管理，及时统计报送粮食数据信息（粮食统计年度按当年4月1日至第二年3月31日）。1993年，县粮食经济开发总公司成立内部结算中心，实施资金统贷统还，加速资金周转。1993—1994年，实现盈利418万元。1995年，库存积压，当年支付贷款利息495万元。1996年，县粮食局集中力量，对全系统进行清产核资，保证企业在改制重组中及时移接过账，杜绝国有资产流失。1998年6月，省粮食厅派出审计清查小组，对连江粮食系统20个政策性单位1992年4月1日至1998年5月31日的财务、贷款进行清查审计，共清出挂账和不合理占用贷款2082万元，除自行消化50万元外，挂账2032万元。当年开始，实行收购资金封闭运行，实现收购款与收购库存值（库贷比）、实收回贷款与应收回贷款、销售货款归还率三个百分百。随后军粮差价补贴款、储备粮专项补贴款、财务资金存款等均按规定专项专用。1999年，县粮食部门组织会计工作考核，各独立核算单位都达到了规范化要求。2003年，县粮食机构改革，财务账户移交县粮食购销有限公司，县粮食局为安置下岗分流职工，成立国有资产拍卖领导小组，经县财政审批交拍卖公司拍卖闲置资产，计拍卖15宗，价款602万元，除税收和相关费用外，实得532万，解决498名职工一次性货币安置。是年开始，粮食统计年度改为阳历1月1日至12月31日。

2005年，根据省财政厅、审计厅、粮食厅、农发行《关于做好国有粮食购销企业财务挂账处理工作的通知》，县政府组织审计清查小组，对县国有购销企业粮食财务挂账进行清理核实，审计结果，除省粮食厅复核的挂账2032万元外，1998年6月1日至2004年12月31日止，新发生的政策性粮食财务贷款挂账658万元。按省文件精神由县粮食企业自行消化。

据县局财务统计显示，1991—2005年，县财政粮食政策性补贴共21920万元，15年间经营亏损共4362万元。1995—2005年缴纳所得税和增值税162.83万元。2005年，全系统固定资产总值6654万元（含土地资产2623万元），比1991年的924万元增加5730万元。

# 第五章 物资经营

1991年，县内物资统配仅存11个产品。1992年，实行市场经济改革后，物资价格双轨制逐步取消，物资部门按照市场需求，找米下锅，广辟货源，积极购销业务，并扩展旧金属回收利用业务。1991—

1993年，物资购销额14532万元，上缴利润96万元。1994年后，物资公司经营量逐渐滑落。1996年12月，县物资公司改制为县物资总公司，下设5个子公司。1997年，总公司下属物资机电设备公司实行租赁经营，物资公司主营的物资品种日趋减少，开始少量经营拍卖业务。2002年，经省经贸委批准成立凤翔拍卖有限公司。2003年后，县物资部门主要经营炸药、雷管、导火线等火工产品以及氰化钠等剧毒产品，尤其随着可门港的开发和基础设施建设加快，火工产品销量迅速增长，2004年炸药销量达7300吨，购销总额7280万元。1991—2005年，县物资公司购销总额40080万元，利润347万元，上缴税款866万元。

## 第一节　购销业务

### 一、购进

1991年起，县内物资购进主要靠横向联系，根据连江市场需求，与生产厂家建立稳定的供需关系，签订供货合同，积极组织货源。先后与闽榕水泥联合公司、永安维尼龙厂、江西新余钢铁厂、三明钢铁厂、省汽车贸易中心、昆明、江都、少林汽车厂、上海机电局、上海汽车集团公司、江苏南通、浙江等汽车公司以及省内漳州、福安、永安、龙岩等数十家企业建立稳固的供需关系和联营代理关系。1991—2005年，县物资系统购进总额18714万元。主要有钢材26322吨、水泥70911吨、氰化钠80吨、炸药13591吨、雷管814万发、导火线830万米、电焊条21吨、汽车267辆、摩托车666辆。

### 二、销售

1991年，大部分物资已放开，市场竞争日趋激烈。县物资公司改变经营方式，通过增设基层销售网点，开展多渠道、少环节的开放式经营，以及直接送货上门和保证重点工程物资需要配套承包供应等办法，1991—1993年，销售总额达7537万元（其中送货上门的有钢材4007吨、水泥17800吨、变压器等机电设备32台）。1991—2005年销售总额21366万元，主要有钢材26782吨、水泥71056吨、氰化钠78吨、炸药13589吨、雷管813万发、导火线829万米、汽车267辆、摩托车660辆、电焊条21吨。先后为县重点工程山仔水库、塘坂水库、国道拓建、东北线改建、同三高速路建设、201省道建设以及可门港开发等及时采购运送所需建设物资。

**1991—2005年连江县物资公司经营情况表**

表15-5-1　　单位：万元

| 年份 | 购进总额 | 销售总额 | 盈亏 | 税收 |
|---|---|---|---|---|
| 1991年 | 1587 | 1692 | 23 | 35 |
| 1992年 | 2260 | 2398 | 30 | 45 |
| 1993年 | 3241 | 3447 | 43 | 62 |
| 1994年 | 1683 | 1799 | 3 | 19 |
| 1995年 | 695 | 780 | 24 | 20 |
| 1996年 | 853 | 945 | 1 | 18 |
| 1997年 | 1016 | 1128 | –3 | 21 |
| 1998年 | 1084 | 1204 | –15 | 30 |
| 1999年 | 778 | 876 | –55 | 21 |

续表 15-5-1

| 年份 | 购进总额 | 销售总额 | 盈亏 | 税收 |
|---|---|---|---|---|
| 2000 年 | 670 | 826 | 24 | 37 |
| 2001 年 | 626 | 800 | 18 | 54 |
| 2002 年 | 343 | 442 | 9 | 20 |
| 2003 年 | 337 | 449 | 1 | 44 |
| 2004 年 | 3190 | 4100 | 240 | 380 |
| 2005 年 | 351 | 480 | 4 | 60 |
| 合计 | 18714 | 21366 | 347 | 866 |

说明：利润、税收一栏含拍卖公司数

## 第二节 物资储运

**一、仓库与场地**

1991 年，县物资公司仓库总面积 6891 平方米。其中可使用仓库 6 座，建筑面积 3010 平方米。简易料棚 2 处 381 平方米，货场 2 处 1899 平方米。

1993 年 9 月，金属库倒塌（面积 560 平方米）。1995 年，县财政把位于物资公司大门内的百货公司仓库（建筑面积 355.6 平方米）以 26 万元有偿拨给物资公司。1996 年 8 月，县政府决定把物资公司库区场地 2558.04 平方米以 67 万元有偿拨给啤酒厂使用。1997 年，由县土地局协调在敖江投资区征地 14 亩，建设建材仓库和市场。

1999 年，原玉山火工仓库因江滨路建设拆迁，县府决定收回调整使用，经价格评估赔偿 49500 元。

2000 年 8 月，公司办公楼及仓库区场地因旧城改造拆迁，2002 年 11 月迁回原址。至 2005 年，县物资总公司库区场地 8860 平方米（不含官岭临时火工库场地），其中火工仓库 2 座，建筑面积 674 平方米。

为保证仓库安全和物资进出顺畅，配套设备亦不断更新，保证仓库物资品质和安全。但历年来因一些物资破损或不适销，逐渐积压，造成仓库面积被占。1991—2005 年，先后进行 5 次较大清仓，计清出积压物资 67 万元，降价销售 48 万元。

**二、物资调运**

1991—1992 年，公司有 3 部运输车负责物资运送。1993—2005 年，购进物资多由厂家直接送货到库，公司给买方送货，主要采用临时租车。

## 第三节 拍 卖

1997 年，县物资总公司设拍卖部，开始经营少量拍卖业务，后业务逐年发展。2000 年，与省华兴拍卖行联合举办 5 场拍卖会，拍卖成交额 1272.6 万元。2002 年 4 月，报经省经贸委批准，组建福州凤翔拍卖有限公司，为连江第一家，注册资本 100 万元，其中物资总公司出资 94.4 万元（货币 45.5 万元，实物 48.9 万元），总公司内部有 10 名员工参股，入股金额 5.6 万元。经营范围：拍卖执法机关罚没的物品、依法确认的无主物品、法律法规规定应拍卖的财务和无形资产、土地使用权、科技成果、小型企业及破产企业。公司成立后，通过人员培训，广告宣传，逐步融入拍卖市场。2004 年，拍卖公司已入围县法院和市中级人民法院、边防支队公物处理拍卖单位，并评为省三级拍卖企业。2002—2005 年，拍卖金额 5276.67 万元，佣金收入 170.3 万元。

## 第四节　车辆收购拆解

1991 年 2 月，县物资公司按照省政府《关于加强废旧金属管理的通知》精神，设旧金属回收站。1996 年，成立县物资再生利用公司。1997 年，县政府授权物资总公司作为废旧金属收购业管理职能部门，牵头组织县公安、工商、经济局、供销社等部门，整顿县内旧金属收购业，开展以收购废旧汽车为主的业务，并逐步拓展。2001 年，县物资总公司配合县工商、公安机关，取缔幕浦非法从事汽车拆解和交易市场。2003 年，根据国家经贸委发布的《汽车回收拆解办法》，组建福建省物资供应汽车拆解有限公司汽车报废拆解场。2004 年 10 月正式挂牌开张（省属挂靠管理），由县物资总公司代管，代管费按汽车吨位每吨 300 元收取。

1997—2004 年，再生公司共收购各类废旧汽车近 300 辆。

## 第五节　机构与管理

### 一、机构

（一）县物资总公司

1991 年，为县物资公司，事业编制，企业管理，共有编制 67 人，内设人秘股、财计股、经营管理股、业务办公室、仓储股、金属材料股、化工建材股、机电设备股、福州采购站、综合经营部。1996 年 12 月，改制为县物资总公司，下设县物资金属材料公司、县物资化工建材公司、县物资机电设备公司、县物资汽车销售公司、县物资再生利用公司 5 个子公司，均为二级独立核算法人单位。总公司设办公室、财务科、经营管理科。1997 年，取消二级核算，撤销经营管理科，增设重点物资供应部、火工经营部、拍卖部、建材市场。2000 年，为适应市场需要，机构再作调整，撤销综合经营部和重点工程物资供应部，增设金属经营部、建材经营部。2002 年撤销拍卖部，单独组建拍卖公司。2005 年，物资总公司设有办公室、财务科、综合经营部、火工经营部，在册人员 52 人，实际上岗 27 人。未上岗的分流人员中内退 6 人，按原有工资 70%标准发放，待岗 19 人，固定工按现行工资 45%标准发放，合同工按现行工资 35%标准发放；养老保险统筹费由总公司负责。

（二）总公司直属企业

福州凤翔拍卖有限公司，2002 年 4 月成立，配有执业拍卖师 1 人，从业人员 6 人，是福州市和连江县政府指定拍卖单位。

（三）代管企业

福建省物资供应汽车拆解有限公司连江汽车报废拆解场，2003 年成立，2004 年 10 月正式挂牌开业，从业人员 5 人。

### 二、管理

（一）经营管理

1991—1994年，县物资公司与县财政签订承包经营合同。按照“包死基数、确保上缴、超收多留、欠收自补”的原则，承包期内公司所实现利润上缴所得税55%、调节税12.63%，公司留利基金32.37%分配。承包期间企业有权决定内部工资分配形式。县公司与下属机构签订经济承包责任制。1996年底，县公司改制为总公司，把亏损明显的机电公司实行租赁。2000年，对火工等4个经营部门实行单独核算，实行效益与工资奖金挂钩，超利按比例提奖，完不成任务相应在工资总额的10%—20%范围内减发工资，总公司领导和科室人员在创利的基础上，按超利部分提取30%予以奖励，全公司完不成创利指标，按下降比例相应在每人工资总额1%—10%范围内减发工资；另外按每人工资总额1%—10%范围内与个人岗位责任制考核挂钩。同年，把金属、化建部推向市场，采取企业内部职工投标承包，签订合同，实行“核定奖金、风险抵押、包死基数、定额上缴、自主经营、照章纳税、全奖全赔”。

（二）财务管理

1991年以来，县物资总公司流动资金的使用，须经会计和分管领导把关签字，总经理审批。1991年，县公司固定资产36万元。1997年，为盘活国有资产，把投资400万元新建的建材市场，实行招租，年收租金28万元。2002年，又把办公楼店面进行招租，年收租金31.2万元，使不动产日益升值。2005年，固定资产总值达1034万元，是1991年的28.7倍。

（三）易燃易爆剧毒物品管理

1991年，县物资公司经营的统配物资11种，其中易爆易燃剧毒危险物品有6种。按照国家相关规定，实行严格管理。1998年，根据省民爆行业有关条例，总公司制定17项民爆行业责任制度。同时针对炸药库的特殊情况，成立重点部位救援领导小组和救援队伍以及重点部位应急救援预案，形成较规范完备的安全责任制。2003年，总公司配合县公安、工商、安监等部门，认真贯彻落实国务院《化学危险品安全管理条例》，制定10项剧毒品安全经营规则，经常检查整顿市场，禁止非法经营。对在壶江、百胜、道澳、东岸、坑园等地开设的氰化钠供应点，实行规范化管理和定期监督检查。15年来，从未发生重大安全事故。

# 第六章　农机经营

## 第一节　农机购销

1991年，县内农业机械购销主渠道由县农业机械公司经营，年售额均在200万元以上。随个体商业发展，销售网点增加，至1992年，已有农机销售网点20多个，农机产品销售额达800万元，其中县农机公司430万元。1993年，销售额650万元。此后，由于私营经营农机商户增加，不少厂家实行直销，市场竞争激烈，县农机公司经营量下降，出现亏损。2000年8月，公司因旧城改造拆建，2003年回迁后，在清理库存商品的同时，仍经营部分农机新产品，每年销售额在50万元上下。而个体农机商户经营发展至50家。2005年，全县农机售额在3000万元左右，其中县农机公司50多万元，占比重不足2%。

## 第二节　维修服务

1991年，县农机系统设有农机修造厂等维修服务企业，除开展正常的维修业务外，每年夏收、夏种、秋收、冬种，均组织农机技术人员深入乡村、田间巡回维修服务。2000年8月，由于县农机修造厂拍卖，农机维修多由各乡镇农机维修网点担负，直接服务用户。2005年，全县经年度审验合格发给农机修理的网点共有33家，其中二级网点6家，三级网点27家。经审验合格发给农机修理工证书的有39人，其中四级技能工6人，五级技能工33人。

## 第三节　机　构

**一、县农业机械管理站**

1991年，县农机管理站（科级单位）内设办公室、农业机械监理站、农业机械培训股（亦称培训学校），共编制22名。1992年9月，县农机培训学校改称县农业机械化技术学校，按成人中等专业学校待遇，仍属农机管理站管辖。2004年3月，各乡镇农机管理站撤销，并入乡镇农业服务中心，归乡镇管辖。2005年，县农机管理站内设综合科、科教科、监理科，行政编制22人。

**二、直属单位**

**县农业机械公司**　1991—1999年，经营范围以农业机械为主。2000年，公司因旧城改造拆迁。2003年回迁。2005年，在册员工30人，以店面出租收入维持员工社保及生活费补贴。

**县农机修造厂**　原为县拖拉机管理站。1991—1999年，以农机维修为主，经常组织技术人员下乡巡回修理拖拉机等农机具。2000年8月，该厂倒闭拍卖，在册职工30人，实行一次性货币安置。

# 第七章　烟草专卖

## 第一节　烟草购销

1991年，福建卷烟价格全面放开，价格下跌，市场疲软。连江烟草公司根据省公司宏观调控要求，实行最低保护价，并建立价格信息网络点，开拓新产品市场和注重农村市场，搞好节日供应，县内市场很快复苏。当年购进卷烟10069箱，比1990年增加11.49%；销售总量13753箱，比1990年增长55.33%；销售额4031.4万元，增长66.34%。

1992年，《中华人民共和国烟草专卖法》实施首年，省内货源不足，县烟草公司积极调剂货源，满足县内市场需要。

1994年，增设经销点，扩大地产烟市场，当年完成购销总额8516万元，购销卷烟总量23588箱。

1995—1996年，卷烟市场有所疲软，烟草公司更新观念，下伸批发网络，有效地调控城乡批发市场。公司把巩固和扩展地产烟新品种作为重点来抓，2年卷烟售量19224箱。其中1996年8584箱，地产烟占7219箱。

1997—1999年，中高档卷烟销量看好，公司对地产卷烟在巩固“七匹狼”“特醇乘风”“石狮”基础上，主攻咀“古田”、盖“古田”、红“友谊”、特醇“沉香”等品种，还投资1.2万元对盖“古田”实行回收空盒兑奖。3年卷烟销售总额21616万元，实现利润1108万元，上缴税收560万元。

2000年，公司改变经营模式，加强网络信息建设，以送货为中心，执行一户一证限量供货制度，防止二道批发。接着，实行集中配送、访送分离、专销结合的营销模式。当年卷烟购销总量超过1.4万箱，购进销售总额都超过1亿元，利润1160万元。2002年8月，撤销所有境内卷烟批发部，改设4个访销部，下设15个访销片区。县公司业务股撤销，设立物流发展部和市场营销部。分别负责卷烟理货、送货和市场营销，实行客户经理、送货员、专管员“三线互控”互相监督，规范县内卷烟经营秩序。同时投资30万元，购置电脑、服务器材等硬件设施，在公司内部安装光纤网络，并与省、市公司以及卷烟厂实现联网，全面提升专卖管理信息系统。还先后增辟凤城、文山、闽运、江滨、琯头5家标杆零售店，成为形象窗口。2001—2003年，年购销总量都保持1.4万箱，3年销售总额4.2亿元，上缴税收1405万元，实现利润3974万元。

2004年8月，县级烟草公司取消法人资格，直属福州分公司，卷烟销售由福州分公司统一策划营销，连江作为中转站，把营销重点放在服务客户、培育品种、控制市场和科学管理方面上。虽然购销量降到1万箱，但利润和纳税都有所提高。2005年，福州卷烟货源实行合理定量供应，购销量有较大上升，当年购销量超过1.6万箱，达历史最高，实现利润2333万元，是1991年的11倍，缴纳税收770万元，为1991年的6.7倍。

### 1991—2005年连江县烟草购销情况表

表15-7-1

| 项目<br>年份 | 购进总额（万元） | 购进数量（箱） | 销售总额（万元） | 销售数量（箱） | 税收（万元） | 利润（万元） |
|---|---|---|---|---|---|---|
| 1991年 | 1701 | 10069 | 4031 | 13753 | 115 | 208 |
| 1992年 | 2313 | 12623 | 4016 | 12268 | 130 | 265 |
| 1993年 | 3040 | 12017 | 3640 | 12012 | 67 | 437 |
| 1994年 | 3844 | 11722 | 4672 | 11866 | 100 | 356 |
| 1995年 | 3765 | 10579 | 4065 | 10640 | 61 | 110 |
| 1996年 | 4091 | 8553 | 4749 | 8584 | 70 | 420 |
| 1997年 | 4581 | 9063 | 5709 | 9142 | 140 | 310 |
| 1998年 | 6666 | 9279 | 7433 | 9167 | 191 | 340 |
| 1999年 | 7496 | 10058 | 8474 | 9973 | 229 | 458 |
| 2000年 | 11836 | 14407 | 13068 | 14336 | 272 | 1160 |
| 2001年 | 10817 | 14088 | 12787 | 14083 | 301 | 1028 |
| 2002年 | 11233 | 13993 | 13846 | 14167 | 429 | 1368 |
| 2003年 | 12843 | 14473 | 15506 | 14460 | 403 | 1578 |
| 2004年 | 10255 | 10285 | 12675 | 10655 | 420 | 1941 |

续表 15-7-1

| 项目<br>年份 | 购进总额（万元） | 购进数量（箱） | 销售总额（万元） | 销售数量（箱） | 税收（万元） | 利润（万元） |
|---|---|---|---|---|---|---|
| 2005 年 | 13847 | 16109 | 17309 | 16109 | 770 | 2333 |
| 合　计 | 108328 | 177318 | 131980 | 181215 | 3698 | 12312 |

说明：每箱 250 条

## 第二节　经营许可证

### 一、批发经营许可证

1992 年 1 月 1 日，《中华人民共和国烟草专卖法》实施。连江烟草制品批发业务经上报审批获许可证的有县烟草公司卷烟批发部和 16 家委托代批发的基层供销社。1995 年 10 月，县公司经申请批准，在城关文山南路等地段增设 3 个卷烟批发部。同年 11 月，批发网点下伸，首在丹阳镇设立丹阳批发部。1996 年，相继在琯头、黄岐、苔菉、浦口、东岱、马鼻、筱埕 7 个乡镇设立卷烟批发部。同时取消基层供销社批发业务。2001 年 9 月，公司批发机构进行整合，成立配送中心，保留城关（文山）、琯头、东岱、浦口、黄岐、丹阳、马鼻 7 个批发部。2002 年 4 月，城关批发部保留配送中心，并成立凤城访销部，同年 8 月，县内卷烟批发部全部撤销。

### 二、零售经营许可证

1991 年，经营烟草制品零售业务的企业或个人，由县级烟草专卖行政主管部门审查批准，领取烟草专卖零售许可证的零售户有 1683 家，其中国营 22 家、集体 146 家、个体 1515 家。2001 年，县内烟草零售户达 2118 户，全面实行户籍管理。2003 年，户籍管理提升为“诚信等级”管理，工作重心向人性化、服务型转移。2004 年，以客户关系管理为主线，给零售户无偿赠送卷烟样品陈列柜台 251 台和明码标价签，帮助客户提升星级。福州分公司于当年 12 月 15 日起，全面实施客户星级服务管理，客户级别管理模块共分成 5 个星级。2005 年，县卷烟零售户获许可证的有 2169 户（其中三星级以上客户 1029 户）。具体分布：凤城镇 305 户、江南乡 47 户、敖江镇 148 户、东湖镇 53 户、浦口镇 92 户、潘渡乡 71 户、长龙镇 26 户、琯头镇 298 户、丹阳镇 94 户、蓼沿乡 54 户、小沧乡 4 户、东岱镇 74 户、晓澳镇 64 户、黄岐镇 126 户、筱埕镇 104 户、安凯乡 76 户、苔菉镇 140 户、坑园镇 113 户、下宫乡 41 户、马鼻镇 117 户、官坂镇 77 户、透堡镇 45 户。

## 第三节　烟草缉私

1991—1994 年，在市场经济转型期，连江外来卷烟走私活动猖獗，县烟草专卖局根据《中华人民共和国烟草专卖法》，配合县工商、税务、公安、边防部门，共查处烟草违法案件 4053 起，没收走私烟 191.2 万条，主要品种有“良友”“红双喜”“555”“万宝路”“白剑”“黑猫”“七星”“希尔顿”等。查缉假烟 37.4 万条，当众烧毁 49.6 万条（含历年查缉遗留），主品种有“红塔山”“阿诗玛”“红梅”“云烟”等。1995—2000 年，卷烟走私有所收敛，但假烟数量仍然可观。6 年共查处违法案件 1847 起，没收走私烟3.04万条，而查缉的假烟有45.2万条，全部当众烧毁，主品种有“红塔山”“阿诗玛”“玉溪”“中华”“牡丹”“云烟”“红梅”等20多种。连江查缉的假烟，多数是云霄县地下烟厂非法生产，在贩运北方销售途经县境时被查获。2001—2005年，走私现象明显减少，5年共查获违法案件823起，没收走私烟1145条，查缉假烟14751条，当年烧毁14764条。1991—2005年，全县共没收走私烟194.4万条，征收罚没款523.35万元，当众烧毁假烟96.3万条。

**1991—2005年连江查缉烟草违法案件统计表**

表15-7-2

| 项目/年份 | 烟草局查处案件数（件） | 收罚没款（万元） | 查缉走私卷烟香烟（条） | 收购金额（万元） | 查缉假烟香烟（条） | 当众烧毁假烟（条） |
|---|---|---|---|---|---|---|
| 1991年 | 2677 | 31.76 | 886327 | 2031.44 | — | 2130 |
| 1992年 | 1269 | 26.19 | 957429 | 1386.26 | 285100 | 279050 |
| 1993年 | 48 | 2.95 | 25700 | 92.70 | 10150 | — |
| 1994年 | 9 | 14.39 | 42550 | 129.56 | 78800 | 215100 |
| 1995年 | 115 | 62.11 | 1555 | — | 195250 | 195250 |
| 1996年 | 95 | 7.00 | 1750 | — | 5650 | 750 |
| 1997年 | 430 | 43.50 | 5000 | — | 90000 | 50000 |
| 1998年 | 563 | 153.00 | 14150 | — | 129150 | 136137 |
| 1999年 | 411 | 26.18 | 2329 | — | 9171 | 40450 |
| 2000年 | 233 | 51.05 | 5588 | — | 22929 | 29550 |
| 2001年 | 143 | 96.23 | 373 | — | 7557 | 4139 |
| 2002年 | 201 | 3.69 | 267 | — | 1848 | — |
| 2003年 | 161 | 1.66 | 96 | — | 772 | — |
| 2004年 | 143 | 1.85 | 270 | — | 640 | 9800 |
| 2005年 | 175 | 1.79 | 139 | — | 3934 | 825 |
| 合　计 | 6673 | 523.35 | 1943523 | 3639.96 | 840951 | 963181 |

说明：假烟烧毁数超查缉数，系历年查缉的假烟遗留

# 第四节　机构与管理

## 一、机构

1991年，县烟草专卖局与县烟草公司合署办公，为正科级行政管理机构，正式人员26人，内设人秘股、业务股、财计股和专卖办公室。2004年8月，县级烟草公司取消法人资格，改组为福建省烟草公司福州分公司连江营销部。保留县烟草专卖局牌子，正科级，局长兼营销部经理。内设综合办公室（包括财会、人秘等）、专卖办公室、客户服务中心（下设凤城、琯头、黄岐、马鼻4个客户服务部）。专卖办公室下设稽查大队和凤城、琯头、黄岐、马鼻4个专卖管理所，配备专管人员26人。2005年，

县专卖局（营销部）内设机构不变，有正式员工 30 人，聘用临时工 54 人。

**二、管理**

1991 年，县烟草专卖局按照国家有关烟草专卖法律法规，对烟草购销进行严格管理，认真审查核发经营许可证，打击烟草走私、制假等违法行为。同时严格执行省公司制定的各项制度。1991—1993 年，对全县烟草购销业务实行第二轮承包（1991—1993 年），原则是“包死基数，保证上缴，超额全留，歉收自补”。3 年承包基数利润目标分别是 75 万元、85 万元、100 万元，实际完成分别是 208 万元、265 万元、437 万元，3 年共超收 655 万元。1994 年，承包责任制取消。

1995—1999 年，烟草市场竞争激烈，公司更新观念，在各乡镇设立批发网点，规定网点不准搞个人承包，实行批发与零售直接见面，有效地垄断城乡批发市场。2000—2003 年，公司加强网络信息建设，采取全面访销，集中配送，访送分离，专销结合的城网管理模式，结合奖惩激励机制，提倡访销员多劳多得，巩固市场占有率，每年销量都超过亿元大关，利润达 1000 多万元。

2004 年 8 月起，县烟草公司取消法人资格，由福州烟草分公司实行统一财务管理，统一税收，实行收支两条线。预算内支出和限额内费用支出由市局（分公司）法人代表授权县级局审批。2005 年，烟草公司固定资产总值达 4371.63 万元。

# 第八章　盐业专营

## 第一节　盐购销

1991 年，连江有国营道澳盐场。1991—1997 年，年产维持在 1500—2000 吨之间。而境内各类用盐的需要则在 7000—8000 吨之间，不足部分均按计划由外地调入，主渠道为福州盐业配送中心、平潭盐场和莆田盐场。1998 年，县盐场因滩涂淤高、产量降低、成本高转作海产品养殖场。此后，境内各类用盐均由县盐业公司编制供盐计划上报，经省盐务局综合平衡下达调拨。1998 年购进 8500 吨，销售 8407 吨，其中食盐 1685 吨，食品加工盐 760 吨，渔业加工盐 3402 吨，海带加工盐 1910 吨，制冰用盐 160 吨，其他 490 吨。1999 年，海带用盐、水产制冰用盐开始增大，渔业腌制加工用盐开始缩减。2001 年，县内盐销售突破万吨大关，当年购进 12200 吨，销售 12311 吨，其中食盐 2021 吨，食品加工用盐 630 吨，渔业加工盐 3552 吨，海带加工盐 5056 吨，制冰用盐 664 吨，其他 388 吨。2004 年下半年开始，按照国家发展改革委员会《食盐流通体制改革意见》的通知，省盐务局取消各县仓库销售形式，全省食盐供应实行统一价格、统一配送到零售店和加工用盐户。2005 年，连江县由福州盐业配送中心直接配送到店的经销网点达 50 多家、零售商店 800 多家。当年，各类用盐购进 18000 吨，销售 18300 吨，其中食盐 1750 吨，经小包装加碘，盐合格率、普及率、食用率均基本上达到国家有关部门核定标准的食品加工盐 750 吨、渔业加工盐 2600 吨、海带加工盐 12500 吨、制冰用盐 600 吨、其他 100 吨。1991—2005 年，连江县共购进各类盐 145800 吨，销售 145800 吨，缴纳各项税收总额 1500 多万元，企业纯利 800 多万元。

**1991—2005 年连江县各类用盐购销表**

表 15-8-1　　单位：吨

| 年　度 | 购进合计 | 销售合计 | 其中供应各类用盐 | | | | |
|---|---|---|---|---|---|---|---|
| | | | 直接食用 | 食品加工 | 渔业用盐 | 制冰用盐 | 其他用盐 |
| 1991 年 | 7600 | 7718 | 1743 | 749 | 4743 | 110 | 373 |
| 1992 年 | 7500 | 7440 | 1552 | 736 | 4708 | 107 | 337 |
| 1993 年 | 6900 | 6649 | 1683 | 788 | 3833 | 116 | 229 |
| 1994 年 | 5800 | 5700 | 1620 | 797 | 2925 | 126 | 232 |
| 1995 年 | 6600 | 6538 | 1517 | 876 | 3822 | 135 | 188 |
| 1996 年 | 6100 | 5817 | 1662 | 718 | 3134 | 130 | 173 |
| 1997 年 | 8300 | 8520 | 1151 | 870 | 5791 | 140 | 568 |
| 1998 年 | 8500 | 8407 | 1685 | 760 | 5312 | 160 | 490 |
| 1999 年 | 8600 | 8787 | 1909 | 789 | 5259 | 234 | 596 |
| 2000 年 | 9500 | 9529 | 2016 | 708 | 5616 | 593 | 596 |
| 2001 年 | 12200 | 12311 | 2021 | 630 | 8608 | 664 | 388 |
| 2002 年 | 11200 | 11118 | 1848 | 660 | 7631 | 477 | 502 |
| 2003 年 | 16500 | 17130 | 1829 | 649 | 13465 | 592 | 595 |
| 2004 年 | 12500 | 11836 | 1792 | 640 | 8125 | 721 | 558 |
| 2005 年 | 18000 | 18300 | 1750 | 750 | 15100 | 600 | 100 |
| 合计 | 145800 | 145800 | 25778 | 11120 | 98072 | 4905 | 5925 |

## 第二节　机构与管理

**一、机构**

1991 年，连江盐业站，隶属于福建省盐业公司福州分公司，1995 年改称福建省盐业公司福州分公司连江支公司。1997 年，经批准增设福州连江盐务局，两个机构一套人员，内设财务股、业务股、办公室、盐政中队。2005 年底止，在职人员 21 人。支公司用地面积 3300 平方米，总建筑面积 3850 平方米，其中仓库面积 1500 平方米，日常用盐储存量 1800 吨，此外还担负着战备用盐 5000 吨的储存任务。

**二、管理**

1991 年，县盐业站根据国务院《盐业管理条例》和《食盐加碘消除碘缺乏危害管理条例》，加强食盐专营和碘缺乏病危害的宣传力度，把盐业法规、碘盐知识宣传到每个家庭，让群众知晓。同时加大盐政检查力度，对经营单位经常进行检查监督，及时调运，保证供应，保证质量。对盐市场和常年性加工用盐企业采用经常性、定期性监控，以确保群众碘盐食用的安全。1996 年，按照国务院《食盐专营办法》，对全县食盐产销实行专营管理，保证盐业市场稳定。对虾米、海带等季节性用盐，实行专盐专供，打击贩卖私盐。县盐政部门按季节蹲点每天巡查，死盯用户，根据私盐贩卖主要渠道来自沿海盐场，以及工业用盐直接卖到海带及食品加工厂的特点，积极联系和配合县公安、边防等部门，查堵水陆要道。1991—2005 年，共查处违法案件 151 起，对涉案 20 吨以下的，实行没收，并视情节给予不同的罚款处分；涉案 20 吨以上的，交县公安机关立案处理。

# 第十六篇　对外　对台港澳经贸

1991年，连江县出口商品交货总值10579万元。连江境外投资企业有独资、合资、合作三种形式（简称“三资”企业）。1992年，为适应市场经济发展，县内开辟两岛三片五大投资区，加快基础设施建设和招商引资力度。至1995年，相继引进企业50多家，其中在产23家，总产值14020万元。全县出口商品交货总值5.8亿元。至2000年，在产企业增至36家，总产值31272万元，出口商品交货总值8.07亿元。2001年，县政府为适应中国加入WTO后的新形势，在全县营造全民招商氛围，修订并完善规范性优惠政策和服务措施，加强软环境建设。同时，通过省、市举办国际招商月，开设连江专场，推介连江投资项目，简化手续，对落地重点企业，在税收、水、电、用地、贷款等给予优惠和精心服务。2001—2005年，全县新批境外投资企业86家，企业规模大大超过以往，总投资30561万美元，是过去10年总和的1.5倍。1991—2005年，共新批境外投资企业191家，总投资50645万美元。2005年，在产企业57家，总产值22.78亿元，当年按海关口径出口总值18289万美元，其中境外投资企业出口17793万美元，占97.29%。

## 第一章　进出口贸易

### 第一节　出口商品

1991年，连江外贸出口取得新的进展，全县相继建立淡水鳗、对虾、海水养殖、香菇、蘑菇、茶叶等出口商品基地，拓展出口渠道，当年全县出口商品交货总值突破1亿元，达10579万元，比上年增长22.4%。出口渠道有5个：一是交省、市、县外贸公司收购出口5330万元；二是交省、市工贸公司出口2417万元；三是联系省外出口2032万元；四是境外投资企业自营出口676万元；五是由马尾开发区出口124万元。出口商品以土特海产食品为主，其他为轻工产品、工艺品等。如县外贸公司收购出口商品总值3526万元中，有活鳗226.7吨，价值728.5万元；对虾416.7吨，价值1000万元；茶叶194.2吨，价值281.5万元；香菇12.5吨，价值63.3万元，以上4个商品总计2073.3万元，占总值的58.8%。轻工产品有纸、雨衣、鞋类等近1000万元，工艺品有软木画、绢花、漆筷、竹编等。

1992年，随着市场经济改革深化，境外到连江投资企业增多，不少企业获得进出口经营权，工贸出口和自营出口显著增加。至1995年，交各级工贸的出口总额累计5亿元，境外投资企业自营出口553万美元，比1991年增6倍。县外贸收购出口商品总额6253万元，为历史最高水平。

1996年，外贸体制深化改革，进出口经营权审批门槛进一步降低，稍有规模的境外投资企业、乡镇企业自营出口越来越多。县国有外贸公司收购出口商品额大幅下滑，外经工作逐步转到为出口企业服务，逐步完善与出口海岸海关、商检等部门联系机制，帮助企业拓宽出口渠道，扩大出口额。1997年开始，对出口总额百万企业实行跟踪服务，营造稳定、宽松、实在、向上的良好氛围，外经干部与企业结对子，定期探讨分析，解决实际问题。1998年，县外经部门与县工商、财政、税务等部门，对47家境外投资企业进行联合年检。2000年，落实对百洋、旭隆等14家出口企业兑现14.86万元出口贴息。1996—2000年，尽管其间受亚洲金融危机影响，出口总额有所下滑，5年累计出口额达40.46亿元，年均8亿元。2000年，全县出口商品总额80704万元，以海产为主的食品出口40308万元，占总额的50%，轻工产品出口超出1亿元，达10636万元，机电、化工、矿产也有较大突破。

2001年，中国加入世贸组织后，县领导及外经干部逐步学习和熟悉国际贸易相关知识，树立“大外贸”观念，以企业自营出口业务为重点，实行对口挂钩服务，落实责任，寻找客户，组织货源，服务上门，帮助一些出口企业解决资金周转问题，并与省、市专业出口公司及供货厂家联系，保持传统出口货源稳定，积极拓展新的出口货源。2002年，连江实施“飞地工业”举措，投资1000万美元以上的大中型企业开始增多，投产后的产品大部分出口。2001—2005年，全县累计出口40531万美元（按海关口径）。2005年，全县出口18289万美元，有出口业务的企业50家。出口100万美元以上的分别是清禄鞋业有限公司（10743万美元）、福建龙和食品实业有限公司（2391万美元）、福州环美家具有限公司（805万美元）、福州百洋海味食品有限公司（693万美元）、福州裕鑫塑胶有限公司（372万美元）、连江旭隆食品有限公司（119万美元）、福州升兴水产有限公司（100万美元）。出口五大洲50多个国家。

**1991—2005年连江县出口商品交货总值一览表**

表16-1-1

| 年份 | 全县出口交货总值（万元） | 按美元出口总值（万美元） | 境外投资企业自营出口（万美元） | 县外贸出口商品收购总值（万元） | 收购出口主要商品（万元） | | | | | | |
|---|---|---|---|---|---|---|---|---|---|---|---|
| | | | | | 粮油食品 | 土畜产品 | 轻工业品 | 工艺品 | 鞋帽 | 五矿 | 其他 |
| 1991年 | 10579 | 1948 | 78 | 3526 | 2074 | 183 | 593 | 415 | 314 | 23 | 24 |
| 1992年 | 15247 | 2652 | 316 | 3825 | 1700 | 148 | 1179 | 456 | 268 | 34 | 40 |
| 1993年 | 26153 | 4517 | 321 | 5087 | 2235 | 170 | 1721 | 729 | 229 | 3 | — |
| 1994年 | 42000 | 4925 | 392 | 5963 | 2170 | 348 | 2081 | 529 | 451 | — | 384 |
| 1995年 | 58000 | 6933 | 553 | 6253 | 1899 | 208 | 3005 | 444 | 203 | 1 | 493 |
| 1996年 | 80200 | 9663 | 1394 | 2986 | 679 | 57 | 1158 | 324 | 120 | — | 648 |
| 1997年 | 93549 | 11301 | 1575 | 1174 | 603 | 12 | — | 412 | 147 | — | — |
| 1998年 | 73322 | 8857 | 1312 | 1256 | 273 | 92 | — | 693 | 122 | 76 | — |
| 1999年 | 76884 | 9263 | 1657 | 1773 | 374 | 128 | — | 1173 | — | 98 | — |
| 2000年 | 80704 | 9723 | 2712 | 1901 | 596 | 41 | — | 1133 | — | 131 | — |
| 2001 | 25489 | 3071 | 1519 | 2057 | 1051 | 89 | — | 669 | — | 248 | — |
| 2002 | 26245 | 3162 | 3101 | 654 | 448 | 20 | — | 97 | — | 89 | — |
| 2003 | 34056 | 4133 | 4080 | 36 | — | 22 | — | — | — | 14 | — |
| 2004 | 90858 | 11876 | 11777 | 326 | 326 | — | — | — | — | — | — |

续表 16-1-1

| 年份 | 全县出口交货总值（万元） | 按美元出口总值（万美元） | 境外投资企业自营出口（万美元） | 县外贸出口商品收购总值（万元） | 收购出口主要商品（万元） | | | | | | |
|---|---|---|---|---|---|---|---|---|---|---|---|
| | | | | | 粮油食品 | 土畜产品 | 轻工业品 | 工艺品 | 鞋帽 | 五矿 | 其他 |
| 2005 | 150701 | 18289 | 17793 | 3535 | 350 | — | — | — | — | 3185 | — |
| 合计 | 883987 | 110313 | 48580 | 40452 | 14778 | 1518 | 9737 | 7074 | 1854 | 3902 | 1589 |

说明：①出口交货总值 1991—2000 年据统计年鉴数据。2001—2005 年改按海关口径统计，以美元为单位，据年鉴注 2001—2002 年美元与人民币汇率为 1 ： 8.30；2003 年后为 1 ： 8.24，进行折算。

②美元出口总值 1991—1998 年据县统计局《金凤腾飞五十年》数据，1999—2005 年按连江统计年鉴数据。

### 第二节　进口贸易

连江改革开放初，进口物品主要是境外投资企业来料加工、来件装配的原辅材料或半成品。1992 年后，进口机械设备大幅增加，其中相当部分机械设备是当作股份以注册资金抵数进口的，其他生产原辅材料等进口额不大。随着企业规模扩大，进口设备也从单件扩大到整条生产线。原材料方面也从原来进口原辅材料到进料加工。1991—2000 年，进口数额未统计，2001 年进口额达 1080.3 万美元。2005 年，全县有进口权的企业 23 家，进口总额 5586.2 万美元。其中进口 100 万美元以上的 6 家，如清禄鞋业（4227.8 万美元）、龙和食品（468.7 万美元）、裕鑫塑胶（198.2 万美元）、环美家具（154.3 万美元）、长欣塑胶（113.4 万美元）。

## 第二章　投资环境建设

1988 年，连江县经国务院批准为经济开放区。1991 年开始，县委、县政府抓住机遇，发挥临台近马祖优势和侨胞、港澳台胞众多特点，进一步解放思想，更新观念，制订系列优惠政策和优质服务措施。1991—2005 年，全县多渠道共融资 70 多亿元建设基础设施，相继建立 4 个开发区，加强软环境建设，不断改善投资环境。

### 第一节　基础设施建设

1991 年，县境道路、码头、供水、供电及电信等基础设施还相对滞后。1992 年开始，为改变这种状况，县委、县政府经精心筹划，分步实施。历届领导紧抓不放，至 2005 年，使基础设施由滞后型跨进适应型。

**公路**　由 1991 年 51 条 533.6 千米，2005 年发展到 159 条，869 千米，全部实现硬化，县乡村道路网络均同省道、国道、高速道连通，总投资约 25 亿元。

**电力** 1992—2005 年，投资 6 亿多元，相继新建山仔、塘坂等 9 座水电站，改造扩建 6 座，装机容量由 1991 年 1.13 万千瓦，2005 年增到 5.86 万千瓦，跨入全国水电农村电气化县。供变电设施和城乡电网全面改造升级，用电量由 1991 年 1.16 亿千瓦时，2005 年增到 6.34 亿千瓦时。2003 年 12 月投建的华电可门火电厂，2005 年已完成 2 台 60 万千瓦机组安装，投资约 40 亿元。2006 年投入运行后向华东各省送电。

**供水** 连江淡水资源丰富，但分布不平衡。黄岐半岛等沿海缺水严重。1991 开始，相继建成蓄水 1.67 亿立方的山仔大型水库和蓄水 953 万立方的塘坂调节水库，并分别向福州城区和连江县城及黄岐半岛可门港供水，福州日供水 30 万吨 2003 年通水，连江日供水 5 万吨，2005 年通水，并在可门港建设日产 15 万吨水厂。乡镇 17 个水厂全面扩建升级，用水已基本满足，供水投资共 6 亿多元。

**港口码头** 连江有 47 个天然港湾。1991 年初，有 100 吨泊位以上码头 19 座，总泊位 1 万吨。1991 年以后，县投资 1 亿多元，相继新建琯头 3000 吨泊位对台贸易码头、黄岐港国家中心渔港 1000 吨泊位码头等，尤其华电可门火电厂约投资 20 亿元，建造 1 万吨泊位重件码头和 5 万吨泊位煤码头各 1 座，两个泊位并排，可兼靠 10 万吨级船舶，2005 年投入运营，可门港 20 多个万吨以上泊位码头也在筹建中。

**电信** 1991 年，县境电信还较落后，全县仅有自动交换机 1500 门，通信网络不畅。1992 年后，开通程控电话 1.7 万门，并不断扩展升级。1998 年，建成电信枢纽大楼，县内程控电话基本普及，无线网络传输实现数字化。2005 年，程控容量达 17 万门，有线入网 8 万多门，可满足多层次通信需求。

**铁路** 温（州）福（州）铁路 2005 年 8 月全线动工，经县境 33 千米，县成立专门领导小组，全力投入征地拆迁工作。

## 第二节 开发区建设

1992 年，县委、县政府作出开发“两岛三片”的战略构想，相继开辟五大投资区：琯头粗芦岛开发区、琯头闽江口投资区、敖江外商投资区、贵安桃源旅游综合开发区、黄岐半岛农业综合开发区。粗芦岛由日本井川信托投资株式会社独资包岛开发，协议投资 1970 万美元，已征用土地 27 公顷，并举行奠基仪式，后因井川病故而搁置注销。琯头闽江口投资区和敖江投资区，启动征地填方平整及基础设施建设。黄岐半岛经省政府批准作为外商农业综合开发试验区、台轮停泊点和对台贸易区，包括利用大官坂垦区腹地开发可门港深水港口。贵安旅游开发区由香港国隆投资有限公司投资 1500 万美元，征地 120 公顷，建设国际标准 18 洞高尔夫球场。

1999 年 10 月，经市政府批准，设立江南、丹阳 2 个民营投资区。2001 年，敖江和江南两区被中国食品协会冠名“中国（福州）食品工业园（东园）”。2002 年 3 月，成立县工业园区管委会，各投资区改称工业集中区（工业园区），实行县乡（镇）双重领导。2003 年 6 月，县成立福州可门港经济开发区。

2004 年，全省实施工业集中区资源整合，江南、丹阳 2 个民营投资区撤销。2005 年，县境保留琯头（含粗芦岛）、敖江（含江南、凤城）、可门港经济开发区和贵安温泉旅游区 4 个。

### 一、琯头经济开发区

1992 年 8 月，经市政府批准成立琯头闽江口投资区，位于闽江口北岸，背靠省级名胜区青芝山，距县城 10 千米，距福州 32 千米，104 国道和沈海高速路贯穿区内并有互通口，规划面积 790 公顷，第一期开发 280 公顷。1994 年设立投资区管委会，全面启动基础设施和配套建设。至 2005 年，已建成 110 千伏变电站和 35 千伏供电专线，把 104 国道改线新建为 36 米宽，连接区内支路，扩建 2 万吨水厂，开通万门程控电话，新建 3000 吨泊位对台贸易码头，配套服务设施健全。1992—2005 年，共吸引 20 多家境外投资企业落地，2005 年在产企业 13 家，职工 1846 人，总产值 33615 万元，出口 1425 万美元，纳税 266 万元。规模以上企业如青芝面粉产值 7928 万元，环美家具产值 7791 万元，莹拓精密冶金产值 4569 万元，美森木业产值 3690 万元，裕鑫塑胶产值 2969 万元，瑞邦金属产值 2333 万元，天工动力产值 2027 万元。

**二、敖江经济开发区**

1992 年 11 月设立，开始规划面积 300 公顷，重点开发 104 国道两旁地块，首期征用平整 190 公顷，除修通区内道路、排水排污沟渠、供电、供水、电信等设施外，还建设部分厂房和办公用房。至 1995 年，已吸纳境外投资企业 20 余家，当年升格为市级投资区，加大投资力度，全面拓宽改造 104 国道，沈海高速路在区内设立互通匝道，相继建成官巷 110 千伏、上山 110 千伏和浦口岭头 220 千伏变电站和电信枢纽大楼。2001 年，该区与江南民营投资区被冠名为中国（福州）食品工业园（东园）。2004 年，工业园区整合时，定为敖江经济开发区，并向东湖镇 104 国道两旁扩展，江南投资区融合到敖江园区。2005 年，开发区扩大到 686.66 公顷，其中敖江园区 333.33 公顷（5000 亩）、东湖园区 333.33 公顷、江南园区 20 公顷。落地企业 160 多家，总产值超过 10 亿元，出口 1.49 亿美元，纳税 1468 万元。其中规模以上企业 16 家，如清禄鞋业有职工 1.4 万人，年产 1110 万双世界名牌“阿迪达斯”球鞋，总产值 36537 万元，出口 1.07 亿美元；龙和食品有职工 1350 人，总产值 33336 万元，出口 2791 万美元。

**三、贵安温泉旅游度假区**

1992 年设立。位于县境西北部敖江畔，山清水秀，风光旖旎，有丰富的优质温泉，是福（州）温（州）省际古驿道的重要温泉驿站，思想家、教育家朱熹曾蛰居讲学，后人建朱子祠祀之。民国海军耆宿萨镇冰一度隐居贵安，开辟西溪林场。中央红军北上抗日先遣队攻福州未果，遭国民党军队围追堵截，在贵安激战多天，留下红军重伤员 300 多人，当地及附近乡村革命群众日夜兼程运送到下宫红军总医院救治，后成为连江红军十三独立团的骨干主力。厚重的文化积淀，使贵安成为休闲旅游度假胜地。当年，由香港国隆投资有限公司投资 1500 万美元，征用贵安溪畔 120 公顷滩池水域，建设国际标准 18 洞温泉高尔夫球场及会馆、游泳馆、网球场等配套设施，1996 年建成开业。此后，省温泉游泳训练基地和省行政会议中心等相继落地贵安。并已申报“中国温泉之乡”品牌。

**四、可门港经济开发区**

2000 年，连江可门港被列入《福州港总体规划》，初定为闽浙赣部分地区国际集装箱、大型杂货等外贸物资主要口岸。2003 年 6 月，县成立福州可门港经济开发区（详重点工程建设）。

## 第三节　软环境建设

1993 年，县政府按照国家相关法规，借鉴先期开放地区经验，针对连江实际，编制《连江投资指南》，介绍连江县情、投资环境、项目导向、审批程序、土地税收、供水、供电、信贷等优惠政策及优质服务承诺，尽力帮助“三资”企业排忧解难。1997 年，进一步简化“三资”企业审批程序，实行审批“一条龙”服务，对重点项目实行领导分工抓落实，到企业、工地现场办公，及时解决突出问题。1998 年，县提出“人人都是投资环境”观念，制定《关于加强投资软环境建设的实施意见》等 6 个文件，建立“三资”企业联审制度。当年受亚洲金融危机影响，出口下滑，县领导带领有关部门深入园区，解决流动资金困难，提高出口商品退税率，规范税外收费，减轻企业负担，用电高峰期保证“三资”企业需要。1999 年，全县境外投资企业出口 1657 万美元，同比增长 26.3%。2002 年，县政府对以往制订的各项优惠政策文件进行清理，进一步加强完善。2004 年，成立县客商服务中心，健全投资服务政策咨询、行业信息、人才培训、代办审批手续、协调用地等服务，不断提高效率。2004—2005 年，在连江登记注册的投资企业 33 家，总投资 1.18 亿美元，其中投资 500 万美元以上 7 家。

# 第三章　对外经贸

## 第一节　招商引资

1991 年，连江通过多种渠道招商引资，借助海外侨胞和港澳台胞纽带桥梁作用，派出领导和业务部门到国外考察、访问，邀请外商到连江观光、考察、投资兴业。1992 年开始，加大招商引资力度，制定优惠政策和服务承诺，通过编印《连江投资指南》，拍摄《连江风光》电视片等，宣传推介连江地理区位及资源优势，厚实的历史文化积淀，淳朴的民情风俗等。至 1993 年，共接待外国客商 135 人次，海外侨胞 332 人次，在连江注册登记的外商投资企业 9 家，投资总额 2927 美元。

1994 年起，以福州国际招商月（亦称海峡经贸交易会）为平台，举办连江专场招商会。共签约 10 个项目，总投资 14320 万美元，协议外资 14110 万美元。1997 年开始，每年组团参加 9 月月 8 日在厦门市举办的国际贸易投资洽谈会（简称“贸洽会”）。至 2005 年，连江组团参加贸洽会 10 场，共签约 112 个项目，总投资 6.4 亿美元，协议外资 5.89 亿美元。相继举办连江专场招商会 13 场，签约项目 196 项，其中协议 60 项，协议外资 9.38 亿美元。1991—2005 年，连江共接待外国客商 7862 人次，其中美国客商 6109 人次，占 77.7%。

## 第二节　外商投资企业

1991 年，连江尚无在册的外国投资企业。1992 年开始，新批注册登记外资企业陆续落地，至 1995 年，经注册登记的达 15 个，总投资 5458 万美元。规模较大的有新捷阳食品投资 450 万美元；环美家具投资 1466 美元；日本井川信托投资株式会社在连江琯头镇粗芦岛开发汽车等 4 个项目，总投资 2688 万美元，后因井川病故而相继停办。

1996—2000 年，在连注册登记的外资企业共 17 个，总投资 1872 万美元。其中中日合资的百洋海味食品、印度尼西亚独资的侨隆房地产 2 个项目，投资均在 400 万美元以上，其余均为小型企业。

2001 年开始，利用中国加入世界贸易组织契机，改善投资环境，到连江投资的外商企业数量增多，规模趋大。至 2005 年，5 年共新批 40 个外资企业注册登记，总投资 18064 万美元。其中投资 500 万美元以上的有龙和食品、青禄鞋业、长欣塑胶、福泰钢铁等，成为县内的骨干或龙头企业。

1992—2005 年，连江批准注册登记的外资企业共 72 个，总投资额 25394 万美元。投资形式三种：外商独资 59 个，投资额共 22707 万美元；中外合资 12 个，投资额共 2187 万美元；中外合作 1 个，投资额 500 万美元。投资主要行业有：食品 20 个，3805 万美元；五金机电 9 个，3171 万美元；服装鞋革 6 个，7111 万美元；建筑建材 9 个，1779 万美元；生化塑胶 8 个，1197 万美元；交通仓储 3 个，4770 万美元；农渔林牧 7 个，591 万美元；文化日用品 10 个，2970 万美元。

至 2005 年，落地连江的外资企业 72 个，相继转制为内资的 1 个、迁出县境 3 个、停产注销 25 个，共 29 个，注册资金计 6015 万美元，占全部外资总数的 23.7%。2005 年，连江在册的外资企业 43 家，注册资金 19379 万美元，占外资总数的 76.3%，其中形成生产能力的 25 家，共有职工 13200 人，总产值 13 亿元，多数经营状况良好，有 15 个成为规模以上企业。

### 1992—2005 年连江县登记外资企业情况表

表 16-3-1

| 年份 | 批准登记项目 | | 投资形式 | | | 投资项目行业 | | | | | | | | | | |
|---|---|---|---|---|---|---|---|---|---|---|---|---|---|---|---|---|
| | | | 独资 | 合资 | 合作 | 食品 | 五金机电 | 服装鞋革 | 建筑建材 | 生化塑胶 | 交通仓储 | 农渔林牧 | 文体日用 | 在册 | 转内资 | 迁出停产注销 |
| 1992 年 | 个数（个） | 5 | 5 | — | — | 2 | — | — | 1 | — | 2 | — | — | 1 | — | 4 |
| | 投资额（万美元） | 2519 | 2519 | — | — | 535 | — | — | 14 | — | 1970 | — | — | 450 | — | 2069 |
| 1993 年 | 个数（个） | 4 | 3 | 1 | — | 2 | — | — | 1 | — | — | — | 1 | 2 | — | 2 |
| | 投资额（万美元） | 413 | 383 | 30 | — | 100 | — | — | 213 | — | — | — | 100 | 243 | — | 170 |
| 1994 年 | 个数（个） | 4 | 4 | — | — | 1 | — | — | 2 | — | — | — | 1 | 2 | — | 2 |
| | 投资额（万美元） | 2256 | 2256 | — | — | 52 | — | — | 738 | — | — | — | 1466 | 1518 | — | 738 |
| 1995 年 | 个数（个） | 2 | 2 | — | — | 1 | 1 | — | — | — | — | — | — | — | — | 2 |
| | 投资额（万美元） | 270 | 270 | — | — | 130 | 140 | — | — | — | — | — | — | — | — | 270 |
| 1996 年 | 个数（个） | 4 | 2 | 2 | — | 1 | — | — | 1 | — | — | 2 | — | 2 | — | 2 |
| | 投资额（万美元） | 662 | 125 | 537 | — | 483 | — | — | 50 | — | — | 129 | — | 558 | — | 104 |
| 1997 年 | 个数（个） | 2 | 2 | — | — | — | — | — | 1 | — | — | 1 | — | 1 | — | 1 |
| | 投资额（万美元） | 90 | 90 | — | — | — | — | — | 25 | — | — | 65 | — | 65 | — | 25 |
| 1998 年 | 个数（个） | 3 | 2 | 1 | — | — | — | — | 1 | — | — | — | 2 | 1 | — | 2 |
| | 投资额（万美元） | 515 | 509 | 6 | — | — | — | — | 409 | — | — | — | 106 | 409 | — | 106 |
| 1999 年 | 个数（个） | 6 | 2 | 4 | — | 3 | 1 | — | — | — | — | 2 | — | 3 | — | 3 |
| | 投资额（万美元） | 433 | 101 | 332 | — | 131 | 15 | — | — | — | — | 287 | — | 75 | — | 358 |
| 2000 年 | 个数（个） | 2 | 2 | — | — | — | 1 | 1 | — | — | — | — | — | 2 | — | — |
| | 投资额（万美元） | 172 | 172 | — | — | — | 150 | 22 | — | — | — | — | — | 172 | — | — |
| 2001 年 | 个数（个） | 4 | 3 | 1 | — | 3 | — | — | — | — | — | — | 1 | 2 | — | 2 |
| | 投资额（万美元） | 2098 | 998 | 1100 | — | 1280 | — | — | — | — | — | — | 818 | 1230 | — | 868 |

续表 16-3-1

| 年份 | 批准登记项目 | | 投资形式 | | | 投资项目行业 | | | | | | | | | | |
|---|---|---|---|---|---|---|---|---|---|---|---|---|---|---|---|---|
| | | | 独资 | 合资 | 合作 | 食品 | 五金机电 | 服装鞋革 | 建筑建材 | 生化塑胶 | 交通仓储 | 农渔林牧 | 文体日用 | 在册 | 转内资 | 迁出停产注销 |
| 2002 年 | 个数（个） | 4 | 4 | — | — | 2 | — | 1 | — | 1 | — | — | — | 4 | — | — |
| | 投资额（万美元） | 6730 | 6730 | — | — | 130 | — | 6500 | — | 100 | — | — | — | 6730 | — | — |
| 2003 年 | 个数（个） | 18 | 15 | 3 | — | 2 | 5 | 1 | 1 | 5 | — | 2 | 2 | 9 | 1 | 8 |
| | 投资额（万美元） | 4401 | 4219 | 182 | — | 236 | 2826 | 114 | 230 | 820 | — | 110 | 65 | 3094 | 8 | 1299 |
| 2004 年 | 个数（个） | 6 | 6 | — | — | — | 1 | 2 | — | 1 | 1 | — | 1 | 6 | — | — |
| | 投资额（万美元） | 3388 | 3388 | — | — | — | 40 | 215 | — | 268 | 2800 | — | 65 | 3388 | — | — |
| 2005 年 | 个数 | 8 | 7 | — | 1 | 3 | — | 1 | 1 | 1 | — | — | 2 | 8 | — | — |
| | 投资额（万美元） | 1447 | 947 | — | 500 | 728 | — | 260 | 100 | 9 | — | — | 350 | 1447 | — | — |
| 合计 | 个数 | 72 | 59 | 12 | 1 | 20 | 9 | 6 | 9 | 8 | 3 | 7 | 10 | 43 | 1 | 28 |
| | 投资额（万美元） | 25394 | 22707 | 2187 | 500 | 3805 | 3171 | 7111 | 1779 | 1197 | 4770 | 591 | 2970 | 19379 | 8 | 6007 |

## 第三节　劳务合作

1991年，中国福建国际技术合作公司连江支公司（简称“中福连江支公司”）继续承办出国劳工业务。相继派出到马尔代夫、新加坡等国劳工多人，主要工种是缝纫、建筑等。1994 年 7 月，中福连江支公司改制为中国福建省连江县国际经济技术合作公司（简称“连江中福公司”），劳务合作业务扩大至多米尼加、俄罗斯、玻利维亚、巴基斯坦、印度尼西亚、柬埔寨、以色列、塞舌尔等国家。劳务人员的工种增加电子工人、农场技术工人、船员、渔工、制衣工、酒店服务员等。至 2001 年底，派出劳务停办。1991—2001 年，连江共派出劳务人员 1100 多人，其中有部分劳工羁留国外，成为华侨。

# 第四章　对台港澳经贸

## 第一节　对台经贸

### 一、台商投资企业

1991 年，连江仅有 1 家中国台湾客商投资的企业，产值 1500 万元。1992 年开始，连江发挥在台同胞众多的优势，加大招商引资力度，至1995年，到连江投资的台资企业增加到21个，总投资额2008万美元，以经营食品、五金机电和农渔业为主。1996—2000年，相继有台商在连投资食品和农业等项目14个，总投资954万美元。2001—2005年，新批落地连江的台资企业21个，主要是食品、五金、化工等行业，总投资2475万美元。至2005年，共批准注册登记台资企业56个，总投资5437万美元，其中台资独资企业41个，4084万美元，占75.1%；连台合资企业12个，764万美元，占14.1%；连台合作企业3个，589万美元，占10.8%。

在连投资的台商企业，多数规模较小，因资金、原辅材料及经营管理等因素，于1994—2003年相继迁出、停产、注销36个，占台资企业总数的64.3%；转为内资的1个；2005年在册台资企业19个，其中新批在建待建6个，有生产能力的仅13个，共有职工1500人左右，年总产值2亿元上下。年产值1000万元以上的规模企业有和永健电子、瑞邦金属、美森木业、荣拓冶金、信福食品、南湖酒业、汇隆鞋材等7个。

**二、对台小额贸易**

20世纪80年代后，随着台湾海峡两岸关系逐渐缓和，连江黄岐半岛等沿海部分渔民，开始与台湾占据的马祖列岛部分居民在海面上进行民间贸易。1990年前后，经福建省政府批准，相继在筱埕港和琯头港设台轮贸易停泊点。1991年，黄岐半岛与马祖列岛居民在海上进行小额贸易的船只各有15—20艘（吨位5—10吨），从事人员约200人，每航次交易额300—1000美元不等，年交易量980万元人民币。两岸均俗称为“马祖贩”。1992年，省政府批准黄岐港为台轮停泊点和对台小额贸易点，对台小额贸易量增加，贸易船只吨位发展到10—40吨，每航次交易额增到2000美元—1.5万美元。1993年开始，每航次对台小额贸易额增加到5—10万美元。出售马祖岛居民的货物大部分是粮食、蔬菜等农副产品和日常生活用品。1994年，交易额增加到4420万元。1995年开始，“马祖贩”还承接中国台湾商人从基隆港经马祖到黄岐港的运输业务，向台商在大陆办的企业运输原辅材料，年运输货值3000万元左右。为加强管理，大陆有关部门对从事“马祖贩”的船只、人员、航次进行登记发证，防止走私漏税。1997—1998年，连江对台小额贸易额超过1.1亿元。1999年，台商“新华轮”号有些物品属海关监管的走私货，被福州海关扣留审查。当年，对台小额贸易降至5587万元。此后徘徊在1500—2000万元之间。1991—2005年，对台小额贸易额累计65357万元。

**1991—2005年连江县对台贸易及台轮停泊情况表**

表16-4-1

| 年份 | 合计 | 对台小额贸易（万元） | | 台轮停泊船只人次 | | | |
|---|---|---|---|---|---|---|---|
| | | 琯头港 | 黄岐港 | 琯头港 | | 黄岐港 | |
| | | | | 人次 | 艘次 | 人次 | 艘次 |
| 1991年 | 780 | 780 | 0 | 221 | 79 | 386 | 187 |
| 1992年 | 1250 | 1250 | 0 | 367 | 84 | 378 | 195 |
| 1993年 | 3680 | 1280 | 2400 | 325 | 84 | 382 | 185 |
| 1994年 | 4420 | 1370 | 3050 | 209 | 81 | 375 | 179 |
| 1995年 | 6720 | 1420 | 5300 | 186 | 46 | 392 | 215 |
| 1996年 | 8300 | 1600 | 6700 | 112 | 37 | 369 | 217 |
| 1997年 | 11890 | 4590 | 7300 | 121 | 28 | 275 | 167 |

续表 16-4-1

| 年份 | 合计 | 对台小额贸易（万元） | | 台轮停泊船只人次 | | | |
|---|---|---|---|---|---|---|---|
| | | 琯头港 | 黄岐港 | 琯头港 | | 黄岐港 | |
| | | | | 人次 | 艘次 | 人次 | 艘次 |
| 1998 年 | 11100 | 1900 | 9200 | 138 | 27 | 315 | 185 |
| 1999 年 | 5587 | 1540 | 4047 | 122 | 25 | 286 | 145 |
| 2000 年 | 1570 | 520 | 1050 | 131 | 29 | 273 | 132 |
| 2001 年 | 2016 | — | 2016 | 108 | 23 | 184 | 96 |
| 2002 年 | 2048 | — | 2048 | — | — | 296 | 213 |
| 2003 年 | 1860 | — | 1860 | — | — | 186 | 192 |
| 2004 年 | 2180 | — | 2180 | — | — | 317 | 224 |
| 2005 年 | 1956 | — | 1956 | — | — | 370 | 165 |
| 合计 | 65357 | 16250 | 49107 | 2040 | 543 | 4784 | 2697 |

## 第二节　对香港澳门经贸

1991 年，中国香港在连江投资企业仅 1 个，投资 105 万美元。连江与中国澳门主要承办少量劳务业务。1992 年开始，连江为适应社会主义市场经济改革与发展，设立经济开发投资区，改善投资环境，加大招商力度。1992—1995 年，共吸纳 22 个港商企业到连江投资，注册资本共 4609 万美元，其中香港国隆投资有限公司投资的体育与房地产 2 个项目共 1910 万美元，冠华创造有限公司投资 300 万美元经营娱乐业。其余项目投资规模较小，有 15 个项目先后停产注销。

1996—2000 年，连江批准注册登记的港商投资企业 15 个，投资总额 3978 万美元，其中山仔水电项目注册投资 1250 万美元，河汉路桥项目注册投资 500 万美元，兆亚生物注册投资 760 万美元，久盛达石业注册投资 480 万美元，4 个项目共 2990 万美元，均因市场发生变化而取消。港商投资企业海福藻类、华光兴工艺、万泽鞋业、青芝面粉等经营状况良好，年产值均在 1000 万元以上。

2001 年，连江以中国加入世界贸易组织为契机，举办专场招商会，组团参加贸洽会，大力宣传推介连江优势项目，至 2005 年，共吸纳批准港商到连江投资项目 26 个，总投资达 11122 万美元，其中 2003—2005 年 23 个，总投资 11025 万美元。有东海漆业、金星钢铁、港发机电、富山鞋业、天工动力、华庆房地产、天虹舞蹈鞋等 7 家企业，年产值都超 1100 万元。落地可门港区的可门石化、可门建材、可门实业材等项目，投资均在 500 万美元以上，正在建设之中，

1991—2005 年，港商投资连江的企业累计 63 个，总投资额 19814 万美元，其中独资 44 个，投资共 15742 万美元，占 79.4%；合资 16 个，投资 1267 万美元，占 6.4%；合作 3 个，投资 2805 万美元，占 14.2%。至 2005 年，港商投资企业经营状况是：相继因期满、迁出或停产注销的共 33 个，注册投资计 6486 万美元，占港商投资企业总数的 32.7%；转为内资企业的 2 个，注册投资共 330 万美元，占总数的 1.7%；在册 28 个，注册投资共 12998 万美元，占总数的 65.6%。其中形成产能的 19 个，共有职工 1500 余人，年总产值约 7 亿元。年产值 500 万元的规模企业 14 个。

# 第五章　机构与管理

## 第一节　机　构

**一、县对外贸易经济合作局**

前身为县对外贸易经济委员会（简称“外经委”）。1991年行政编制9人。

1997年12月，党政机构改革改称县对外经济贸易局，内设办公室、外商投资管理科和企业管理科，行政编制12名，工勤人员1人。

2003年7月，第二次机构改革，更名为县对外贸易经济合作局，内设办公室、投资服务科、企业服务科和经贸服务科，行政编制8人，工勤1人。2005年局机关实有行政编制9人，工勤1人。

**局属企事业单位有：**

**县客商服务中心**　原名县外商投资服务管理中心，股级事业单位，财政全额拨款，隶属外经局管理，核定编制5名。2004年1月，更名为连江县客商服务中心，编制增加到15名。2005年12月，清理整顿事业单位机构，编制核减为13名。

**县旅游公司**　1986年1月成立，股级单位。1988年7月升格为副科级编制，当年主办建成4289平方米的金凤酒店。1993年3月金凤酒店经营权实行承包制。1995年开始，职工陆续下岗分流，以酒店承包金维持职工工资和退休金。2005年底，县旅游公司设有一室、三部、一酒店。共有32人职工，其中旅游公司9人，金凤酒店23人。

**连江中福公司**　原名中国福建国际经济技术合作公司连江支公司，与外经委合署办公。1989年6月析出单独办公。1994年7月，改称“中国福建省连江县国际经济技术合作公司”，简称“连江中福公司”，为自收自支股级事业单位，隶属县外经局。

**县投资企业公司**　1986年9月，由华福连江支公司改名，主要业务是吸收外资，举办合资合作企业，并兼营百货、五交化商品等。至2005年，业务滑坡，经理及办事员9人，全部下岗。

**连江凤祥贸易公司**　1986年1月3日经省政府批准成立，副科级国有企业，行政隶属县外经局。1999年8月，因“新华轮”事件，对台小额贸易业务下滑。2005年，在册员工15人，在岗正副经理和办事人员8人，下岗7人。

**县对外来料加工装配公司**　1986年4月21日成立，注册资金5万元。至2005年，在编人员3名，已全部下岗。

**外贸公司**　1991年，干部职工66人，为科一级建制，行政上隶属县外经委管辖。1996年，脱离外经局，独立核算。在岗人员52人。2000年，在册人员45人，在岗仅8人，待岗37人，发给生活费，社保由公司缴　2005年，在册干部职工32人，上岗5人。

**二、县旅游局**

2002年设立，科级事业单位，挂靠县外经局，人员由内部调整使用。2003年，机构改革，县旅游局保持，直至2005年。

# 第二节 管 理

1991 年，县外经局重点抓好对外贸易与经济合作，落实国家有关规章制度，用好优惠政策，加强招商引资的组织协调，协助“三资”企业排忧解难，协助办理相关项目的审批手续，促进已批准登记企业资金到位，尽早建设投产。

1995 年开始，逐年牵头组织工商、财政、外汇管理、国税、地税、统计等部门对“三资”企业实行联合年检，并将年检结果公布。凡逾期办理或不参加年检的，有关部门分别不同情况依法给予罚款、撤销批准证书、吊销营业执照。1991—1995 年，连江批准“三资”企业注册登记共 59 家，其中不少合资合作企业，资金未到位，没有执行合同，经审查有 29 个给予注销或吊销。

1996 年开始，加强“三资”企业的安全生产，定期组织培训安全生产和消防管理员，全面普及单位消防标准化管理内容。外经局与各企业负责人签订年度安全生产责任书，逐级落实，同时把安全事故行政责任追究制落到实处。监督管理县内授权管理的外经贸企业国有资产。

2001 年，中国加入世界贸易组织后，县外经局负责全县对外反促销、反补贴及保障措施中的有关事务，管理出口商品注册后的有关事务。归口管理对台港澳经贸活动。同时对批准登记的“三资”企业进行调查，对合同期满或停产闲置或迁出县境的企业，及时进行清理，收回闲置土地、厂房进行二次招商。对长期圉而不用或小项目占大地盘的进行清理回收，统一规划，承接新的项目。

县外经局把精诚服务排在首位，不但做好“三资”企业的“秘书”工作和项目报批包办工作，同时在服务实践中，督促有关职能部门依法行政，依法作出行政批复决定，对有关部门乱收费、搭车收费的现象（如工程交易手续费），及时提出纠正意见，进一步改善投资环境。

# 第十七篇　旅游业

县境旅游资源丰富，具有山、海、江、泉为代表的自然山水特色。全县有500米以上山峰108座，闽江、敖江两大河流横贯县境。县城贵安地热温泉资源丰富，被评为中国温泉之乡。全县海岸线蜿蜒逶迤，海侵海蚀地貌形成滨海天然沙滩、浴场，近海有群岛和岛屿122个。岛礁、裸岩，千姿百态，形成风光秀丽的自然景观。县境历史文化积淀厚重，经普查有文物点500多处，县级重点文物保护单位57处，其中省级重点文物保护单位8处。

1991年，青芝山风景区经省政府批准为省级名胜风景区，县城建局设青芝山风景区管理处，开始制定发展规划。1992年，县决定设立贵安温泉旅游开发区，相继建设国际标准温泉高尔夫球场和配套设施，1996年竣工投用。

1999年，连江遵循“科学规划、严格保护、合理利用”的旅游建设方针，对全县旅游资源进行全面普查，编制《连江县（1999—2005年）旅游发展规划纲要》。通过旅游招商引资、开发旅游资源，逐步形成融山、海、江、溪、岛、温泉、畲族风情、红色文化、绿色生态等旅游资源为一体的大旅游格局，有效促进旅游事业快速发展，并逐步形成规模。

至2005年，县内旅游设施日益完善，有旅行社5家，省、市属旅行社连江网点5家，开辟县内1—2日旅游线路7条。共接待国内外游客100多万人次，其中接待外国游客4063人，华侨6682人，港、澳同胞3927人，台湾同胞35353人。

## 第一章　旅游资源

### 第一节　沿敖江旅游走廊

1992年起，随着贵安温泉旅游区开发和县城建设，逐步形成敖江流域旅游走廊。敖江是福建第六大河流，是连江县的母亲河，历史上就有敖江十二景的记载，即蝶案潮平、伏沙雨牧、炉峰瀑布、宝华晴岚、玉山听泉、文笔春烟、覆釜归樵、鳌峰雪霁、石门斜照、云居观日、岱江罢钓、潘溪风帆。每个景点都有不同历史渊源、故事传说和景观叙述。地处敖江下游的县城，是全县政治、经济、文化中心，也是旅游综合服务中心，拥有人民广场、江滨公园、玉泉山公园、莲湖公园、陈第公园和温麻公园等休闲、健身园区；有省级重点文物保护单位含光塔、瑞光塔（仙塔）等10余处，历史文化积淀厚重。敖江两岸群山连绵，峰峦叠嶂，挺拔秀丽者有城西文笔山、玉泉山，城北九龙山，江南覆釜山、青芝百洞山、玉楼山、玉华山和城东云居山等．这些名山都错落有致分布着可供游客观光、休闲、祭拜的庵、堂、寺、观38座和众多亭、台、楼、阁古建筑，有历代名人、雅士摩崖石刻40多处。1996年后，敖江中游以潘渡乡的贵安温泉旅游度假区为中心，打造温泉休闲、度假区品牌，突出贵安地域特色，游览温泉游泳中心、温泉高尔夫、省级农业生态园、温泉古驿道文化等，体验温泉疗养保健、温泉休闲度假、温泉商务、特色泡汤等温泉旅游文化的乐趣。可连接海拔500米的国家级生态村——梅洋村，观赏梅花争奇斗艳的山村美景，到西溪森林公园探幽猎奇。贵安往上游拓展，连接小沧畲族乡的“畲山湖”自然风光、七里村名人故居探花府，体验小沧畲族乡林山竹海、绿色氧吧，领略畲家歌舞、婚嫁等民俗风情。

## 第二节　闽江口旅游走廊

闽江口的自然景观历来是旅游的热点。1991年起，青芝风景区开发速度加快，闽江沿岸和岛屿村庄建设日新月异，逐步形成集休闲、观光、度假于一体的滨江旅游走廊。从琯头镇首游省级名胜风景区青芝百洞山，观赏青芝山省级文物保护单位“啸余庐”原国府主席林森公馆、藏骨塔。游鳌湖、梅花楼、古刹青芝寺，穿越桃源洞、蝙蝠洞、九曲洞、欣赏八仙岩、三友岩、醉翁岩等名山景观和众多历代摩崖石刻。然后乘船顺闽江而下，沿途饱览省级重点文物保护单位长门要塞古炮台，观赏双龟屿（双龟守门）神韵。领略山川秀丽的粗芦岛，观赏海上盆景“五虎礁”（五虎把口）和壶江岛，欣赏福州门户、历代兵家必争之地神奇的川石岛、晓澳横岺影视城等，既可品尝海淡水交汇的特色海鲜，又可近距离观赏马祖列岛。

## 第三节　沿海旅游走廊

1979年起，台海两岸关系逐渐缓和。1991年两岸交往日渐增多。县开始策划以黄岐半岛为中心，建设环马祖澳旅游综合区，力争实现黄岐与马祖直接通航。参观黄岐畚箕山战地遗址，可钻坑道、看炮台、寻遗迹、望马祖。到后沙滨海浴场游泳、冲浪、拾贝，考察闽东民居群落古石村。向东连接苔菉镇的东洛、西洛、祉洛3岛和北茭鼻“天涯海角”，参观北茭滨海独特地质地貌，感悟大海的浩瀚，观赏潮起潮落、浪涌岩崖的大自然奇观。向西串连安凯乡白云山景区，参观古刹白云寺祈梦文化，领略奇达海上田园风光。到罗源湾南岸观赏福州市可门港建设、全省最大的大官坂垦区临港工业基地和前屿、下屿、屿头“三屿”滨海风光，还可出海垂钓。

沿海走廊支线筱埕镇定海村，是省级历史文化名村。参观明代古城堡“会城重镇”、省级文物保护单位白礁古沉船遗址，欣赏“九龙山”滨海九龙禅寺。串连中国海带之乡官坞村，直观海参、鲍鱼、海带养殖、加工。处处可品赏珍稀海鲜，选购海产精品。

## 第四节　环山红色旅游走廊

连江红色资源丰富。辛亥革命时是孙中山关注的一个重要基地，有10名先烈血染广州黄花岗。土地革命是闽中、闽东的策源地。抗日战争、解放战争革命斗争连续不断，为民族解放做出重大牺牲和贡献，遗留许多史迹和纪念建筑让后人凭吊，形成以红色经典为中心的环山旅游走廊，可以瞻仰和传承红色文化。从东湖镇畲族天竹村风情园开始，往北到山岗六福村休闲农业园、洋门座洋山红色文化旅游区，观赏叶飞纪念馆、参观红军洞、观音湖。串连丹阳戚继光抗倭使用的“戚军井”，辛亥革命据点朱山、新洋，红军游击队基地文朱，陶铸、叶飞、杨而菖等都住此指挥革命斗争。从丹阳到蓼沿，可参观众多历史古桥，还有省级文物保护单位宋代参知政事右宰相郑昭先墓葬、郑氏祖祠（曾是抗战时期的县政府临时驻地，地下党抗日训练班旧址）以及蒲边福州建设山区青年志愿队纪念地。返回到长龙镇，这里是“二三”革命山面区红色根据地，著名的炉峰山是佛道发祥地，山中云雾缭绕，周边万亩茶园，十里飘香，可以随意逛山观光，体味生态休闲，品赏茶文化内涵。长龙连接透堡镇，可瞻仰辛亥革命遗址棋盘堂、“二三”革命烈士陵园、土地革命时期透堡农民暴动遗址、县苏维埃政府和红军十三独立团遗址、革命烈士杨而菖故居。串连官坂镇合山村闽中游击第一支队遗址合山护国观音寺、下宫红军总医院、兵工厂、闽东后方办事处以及海上游击总队、红军西南团等红色革命遗址。

# 第二章　旅游开发

## 第一节　旅游规划

1991 年，青芝山风景区获省政府批准为全省第二批省级名胜风景区，县曾组织力量编制青芝山景区（包括覆釜）开发建设规划，专门成立青芝山景区管理处，编写《青芝山志》初稿。1999 年，县政府制订《关于加快旅游发展若干意见》，县旅游部门根据意见要求，遵循“科学规划、严格保护、合理利用”的旅游建设方针，在省、市旅游局指导下，组织 6 名相关人员，分成两个组，对全县旅游资源进行全面普查，搜集整理各景区、景点的基础资料，摸清景区、景点分布情况，编制《连江县 1999—2010 年旅游发展规划纲要》，当年 8 月，经县政府批准颁布实施。规划立足本县实际，提出重点开发沿江、沿溪、沿海三大旅游片区的战略构思。并在规划纲要框架内，编制《连江县川石岛旅游度假村规划》。2001 年，编制《连江县畲山湖生态保护性旅游开发总体规划》。2003 年，重新编制《连江县青芝山省级风景名胜区总体规划》。2005 年，编制《福州市贵安温泉旅游度假区概念性规划》。这些富有区域特色的旅游规划，为编制连江县旅游总体规划，提供资料基础。

## 第二节　旅游景点建设

### 一、青芝省级风景名胜区建设

1991—1998 年，在县城建局青芝管理处的统筹下，按照青芝景区总体规划，相继扩建青芝山庄，修通进山道路，新建青芝管理房、餐饮厅、小卖部、青芝派出所警务办公室，修整林森藏骨塔、啸余庐别墅、蝙蝠洞、猿公岩、八仙岩等重要景点，刷新摩崖石刻，使景区面貌大有改观。在此期间，琯头等地众多出国华侨、侨眷及企业家等，先后捐建 16 座景观亭台，铺砌景区石阶道路 940 米，登峰石径400米，新建青芝开拓者董公应举祠，使青芝景区面貌一新。

1999年起，青芝景区下放给琯头镇政府管理。2002年1月起，由琯头企业家金潮水（云南三鑫集团董事局主席）承包开发青芝山景区，计划投资3亿元。相继已投入8000万元左右，建设三条登山观光石阶，开辟莲花峰至西山尾脊石板路，把青芝山五峰连接起来，犹如长城，在近1万米的路旁安设1000多条石板凳，颇为壮观。改建青芝山进山门亭，新建游客服务中心，在山脚新建颇具规模的东南角斗城及购物商铺，面积1.8万平方米。2003年1月18日，举办第一届青芝山灵芝旅游文化节暨东南角斗城开业典礼，全国政协原副主席张克辉到场并宣布开幕，各级领导及文化人士、琯头群众等1000多人出席，观看马、狗、蛇等各类动物角斗、杂技、歌舞等表演，热闹一时。由于引进的云南旅游项目在福州地区并不热烙，加上青芝百洞山的自然景观特色及历史文化内涵未能很好发掘，有不少景点因管理不善，甚至荒废，游客日渐减少。这是景区建设的一个教训。2004—2005年，县旅游部门组织文化名流数次深入青芝山考察，一致认为青芝山景区开发应以自然景观的保护、挖掘为主线，建议恢复县政府管理机制。

**二、小沧畲族风情景区建设**

1991年开始，连江县在敖江中游的潘渡和小沧乡交界处，建设山仔水利枢纽工程，总投资2.03亿元。1996年工程完成后，山仔水库蓄水量1.7亿立方米，水域面积733公顷，形成县内最大的山区平湖，湖中原有大小高低不等的山峦，变成湖岛和港湾，环绕湖岸群山叠翠，云烟缭绕，湖光山色，互相映衬，宛若蓬莱仙境。湖周是畲族聚居区，因而山仔库区又被称为“畲山湖”。1996年，在小沧畲族乡建有库区码头，船只可抵达周边各村和晋安区日溪乡（畲族聚居地）。小沧畲族乡经精心筹划，于1996年推出“畲族风情一日游”专线。隆重举办畲族传统的“三月三”乌饭节文艺会演，有各级领导、专家、学者等1000多人参加，盛况空前。1998年，投资2000多万元，开辟畲族风情园，建设民族特色的竹屋、木屋，修葺七里村探花府、东风村龙宫庙、中逢贞节坊，3处均申报获批为县级文物保护单位，修通小沧至山仔连接贵安的公路，吸纳省医科大学在湖岛建别墅楼群，挖掘整理畲族历史文化和民情风俗资料等。1998—1999年，年均接待游客3万人左右，旅游收入1000多万元。2000年开始，敖江列入福州第二水源，接着建设塘坂水库，开始向福州市区和连江供水。小沧旅游项目受到一定制约，开始向风情与生态旅游转换，开辟环保生态旅游。2004年4月，中央电视台《走遍中国》摄制组到小沧拍摄以畲族“三月三”乌饭节为主题的生态旅游节目在全国播出，产生较大影响，但由于资金投入不足，景区建设尚未形成规模。

**三、贵安温泉旅游景区建设**

贵安温泉富含多种对人体有益的矿物质微量元素，初步探明面积约0.8平方千米，日合理开采量4000—4500吨，最高水温82℃，最低62℃。因地处福温省际古驿道要冲，早在唐代就设温泉驿于汤岭。宋代改名陈山驿站，嘉祐二年（1057），知县朱定在贵安建温泉浴池，方便民众沐浴。明嘉靖二十年（1541）在驿道上建寨设场岭镇，防备倭寇贼劫，盘诘往来人等，后改云岭关，清代始废，遗址尚存。以往贵安温泉尚只作沐浴洗涤之用。20世纪80年代改革开放后，开始开发利用地热养鳗，最高年产量近700吨。1992年，贵安温泉度假区成为全县4个开发区之一。1993年，吸引台商以香港国隆投资有限公司注册，投资1500万美元，在贵安征用荒滩和水域120公顷，建设国际标准温泉高尔夫球场，随后建设会馆、游泳馆、酒店等配套设施，吸引众多客商游客到此打高尔夫球、泡温泉、观光旅游，提升贵安温泉的知名度。1998年，省体育局在贵安建设省温泉游泳训练基地，征地9公顷，建设标准温泉游泳池和办公食宿场所，后来对外开放，成为集体育、娱乐、医疗、休闲为一体的旅游景点。2003年，省政府在贵安建设省政府会议中心，征地41.13公顷，有160多间客房，配套温泉浴室，大小会议厅8个，可接待各类中型会议和业务培训。2005年后成为贵龙温泉旅游度假村。

**四、其他景点建设**

1995年，经交通部批准，在建设黄岐国家一级渔港中，考虑与马祖直航码头泊位。2003年，经国家农业部批准，黄岐港升级为国家级中心渔港，先后投资6000多万元，建防波堤500多米，堤两岸建15个码头泊位。县在黄岐设台马同胞接待站，筹划开辟环马祖澳旅游，开辟原前沿军事基地黄岐畚箕山战地风光游，开发后沙沙滩海水浴场，整修望江亭景点，建设多家中档酒楼，两岸往来明显增多。2005年开始，县旅游部门积极同海关、口岸、边检等部门联系，并策划建设边检综合大楼，推动环马祖澳旅游早日实现。

2005年，晓澳镇借拍摄《英雄郑成功》电影机遇，建造横岙影视城旅游点；东湖镇天竹畲族村，依托本地特色资源，建设“畲族乐”风情园，建有休闲广场、生态公园、景观湖、对歌台和民俗馆等活动项目；东湖洋门村利用红色文化资源，建设座洋山红色旅游基地，飞石村在山岗建设六福村生态观光园；开辟闽江口粗芦岛、川石岛、壶江岛、北茭“福建天涯海角”滨海风光旅游区等，为连接、整合全县旅游资源打下重要基础。

## 第三节　旅游促销宣传

1991年，县领导开始对旅游新兴产业逐步重视，组织编制青芝省级名胜风景区总体规划，批准成立青芝景区管理处。1992年，把贵安温泉旅游区列入全县4个开发区之一。1999年，旅游业逐步向成熟期推进，旅游部门把强化旅游促销宣传，作为旅游营销过程的关键，通过旅游促销宣传，向消费者传递旅游产品和旅游服务信息，提升旅游产业知名度，逐步改变以往“游连江，只游青芝”的固有印象。让外界了解连江丰富旅游资源，使游客认识连江县尚有沿江、沿溪、沿海、环山和温泉等许多著名景区、景点，可供游览观光、休闲度假、养生娱乐。县旅游部门还通过编写旅游宣传资料、媒体、旅游网站和区域合作等多种方法，加强旅游促销宣传。

**一、编写旅游资料促销宣传**

1992年，县委县政府把贵安温泉旅游列入全县四大开发区之一，并在《连江投资指南》中作重点介绍。1994年，县政府组织编出《今日连江》画册，介绍连江基本情况、历史积淀和名胜风光。

1999年，县旅游部门围绕省、市旅游局提出“六个一工程”，即一本旅游宣传书籍、一本旅游风光宣传画册、一部旅游风光专题片、一张景区明信片、一份景区旅游图、一张旅游区碟片，作为旅游促销宣传主要内容。2000年5月，邀请福建东南电视台“爱心直通车”栏目组，专程拍摄《小沧七里古畲寨》《黄岐印象》等电视风光专题片，并拷贝VCD碟片，通过连江电视台播放和往返连江—福州公交客运车上播放。2001年9月，协助市旅游局拍摄全市景区电视片和编辑《福州市旅游图》，连江县青芝山景区、闽江风光双龟锁口、五虎守门、定海古城堡等入围景点线路，并在《马尾—马祖旅游观光年画册》一书中，编入《七彩连江》旅游观光文字、图片。2002—2004年，会同有关部门，编印旅游风光专辑《游山玩水话连江》《青芝揽胜》《青芝神韵》《连江旅游风光》4本旅游丛书，制作《百洞名山——青芝山》明信门票。2005年，配合国家旅游局编制《景区词条》，范围涉及景区中省级文物保护单位、旅游度假区、森林公园等，连江入选景区、景点11处。

**二、依托媒体和网站促销宣传**

1991—1998年，连江未设旅游行政管理机构，仅靠县旅游公司做些来连旅游观光的宣传。1999—2003年，通过报刊记者采访，采写《贵安——潘渡河畔——颗耀眼的明珠》《连江刮起韩国风—金汤惹得游人醉》《连江大手笔绘就福州贵安温泉度假区开发蓝图》《开发潮引来旅游潮》《不是黄金周胜似黄金周——青芝山引来旅游新高潮》等50多篇新闻通讯报道，各报刊宣传报道连江旅游产业发展动态，介绍连江旅游资源优势和区域风土人情。2004年3月，创建连江旅游网站，网址：//WWW.LJTOVF.CN，开设连江旅游概况、介绍景区景点、旅游线路指南、旅游招商、服务接待、旅游杂记、水陆交通、住宿餐饮等8项专栏，多角度介绍宣传连江旅游概况。是年8月，还在《福州日报》开设《走遍连江》旅游专栏。2005年，连江与厦门旅游网、新浪旅游网、腾讯旅游网等知名网站联姻、合作，借助其平台开设连江旅游产品推介栏目，提升连江旅游品牌知名度、影响力。

**三、依托区域性合作促销宣传**

1991—1998年，依托首家成立的阳光旅行社，开展旅游业务促销宣传，向省内外推介连江，开展旅游业务促销宣传，向省外推介连江旅游景区、景点，探索区域性合作促销宣传活动。1999—2003年，按照“资源共享、品牌共树、宣传共推、市场共创”的原则，加强区域性旅游协作，共同推进旅游市场开发与发展，先后与仓山区、马尾区、琅岐镇、长乐市等旅游部门，共同启动“城乡万人游”活动，全力推介闽江口名胜风光旅游区品牌，商定每年沿江各县、区轮流主办一次。2004年5月，实施“走出去，请进来”的促销宣传战略，由市旅游局和福建省世纪神州旅行社牵线搭桥，连江7家旅行社和省属4家营业部与浙江省温州市13家旅行社，建立长期稳定合作关系，双方互派旅游团队，互相推介对方景区、景点，互利共赢。2005年，县旅游部门和各家旅行社、营业部，派专业人员跟随省、市旅游局组织的赴外省开展促销宣传，联合举办旅游咨询活动，提高连江旅游业知名度，开创旅游工作新局面。

# 第三章　旅游经营

## 第一节　接待服务

1991—1995年，主要由县旅游公司承担行政性接待国外宾客和港澳台胞、归国华侨等，多是临时组织物色熟悉各景点历史风情的人员陪同参观介绍，尚未形成团队和专业导游。

1997年，连江县阳光旅行社成立，开始组团经营县内和县外旅游业务，并逐步配备导游人员，分批组织到省内和全国重点旅游点实地学习培训，并建立旅游业务关系，发布旅游信息，招揽客源，推动旅游新兴产业的发展，游客数量日益增加。尤其闽江口的琯头青芝和川石、壶江两岛成为旅游热点。1999年，连江琯头海运总公司投资500万元，购置装修豪华游轮“海乐梦”，开辟闽江口一日游线路，当年9月28日，在福州鳌峰洲码头举行首航仪式。此后每日游客都有数百人。2000年8月3日，福州至黄岐海上旅游线路开通，“曙光”号游轮从福州港经马尾、琯头，穿过双龟，过五虎抵达黄岐，饱览闽江沿岸和海滨风光。2001年，县旅游部门开辟黄岐—马祖亲情旅游线路，促进两岸同胞探亲和旅游。2003年后，连江又相继成立春秋旅行社、华侨旅行社、环球旅行社、假日旅行社，同时，省旅游公司、省国际旅行社、省海外国际旅行社、西湖国际旅行社、世纪神州国际旅行社等5家旅行社，相继在连江设旅游营业部，与连江5家旅行社紧密合作，互享旅游信息，积极推介旅游产品，互相嫁接团队接待服务，逐步提高旅游品牌认知度和影响力。2003年“十一”黄金周，连江接待游客13.8万人，旅游收入1500万元，比上年增长1.6倍，其中到青芝、壶江、川石、长门炮台的游客达10万人，占72.46%。2004—2005年，“十一”黄金周，游客均达20万人，呈现客源增多，山海、温泉游火爆，家庭游骤增，安全事故少等特点。连江县外出全国各地或出境游的人数也逐渐增多。至2005年，相继共接待外国游客4063人、华侨6682人、港澳同胞3972人、台湾同胞34874人。县境群众赴新加坡、马来西亚、泰国游1321人，赴欧洲十国游212人，赴日本游923人，赴国内各地旅游12569人。

**1991—2005年连江县接待国外游客和出国、国内游情况表**

表17-3-1　　单位：人

| 年份 | 接待国外和港、澳、台游客 | | | | 出国游和国内游 | | | |
|---|---|---|---|---|---|---|---|---|
| | 外国游客 | 国外华侨 | 港澳同胞 | 台湾同胞 | 新加坡、马来西亚、泰国游 | 欧洲十国游 | 日本游 | 国内各地游 |
| 1991年 | 53 | 109 | 138 | 1981 | 48 | 12 | 56 | 785 |
| 1992年 | 76 | 96 | 136 | 2530 | 64 | 18 | 48 | 629 |
| 1993年 | 51 | 292 | 188 | 2258 | 56 | 16 | 77 | 895 |
| 1994年 | 85 | 431 | 194 | 1938 | 58 | 18 | 57 | 948 |
| 1995年 | 78 | 369 | 245 | 2081 | 96 | 10 | 64 | 734 |
| 1996年 | 95 | 309 | 294 | 2356 | 92 | 14 | 66 | 795 |
| 1997年 | 152 | 295 | 345 | 2435 | 112 | 18 | 58 | 968 |
| 1998年 | 188 | 462 | 293 | 2236 | 104 | 16 | 64 | 832 |
| 1999年 | 328 | 483 | 215 | 2398 | 88 | 14 | 65 | 947 |
| 2000年 | 385 | 627 | 367 | 2254 | 72 | 18 | 48 | 891 |
| 2001年 | 438 | 795 | 324 | 2416 | 128 | 12 | 62 | 788 |
| 2002年 | 356 | 658 | 335 | 2592 | 116 | 14 | 56 | 690 |
| 2003年 | 498 | 751 | 382 | 2395 | 94 | 8 | 71 | 886 |
| 2004年 | 623 | 538 | 274 | 2488 | 106 | 12 | 75 | 952 |
| 2005年 | 657 | 467 | 242 | 2516 | 87 | 12 | 56 | 829 |
| 合计 | 4063 | 6682 | 3972 | 34874 | 1321 | 212 | 923 | 12569 |

## 第二节　旅游线路

1991—2005年，县旅游部门根据连江区位和资源特色，按照旅游总体布局、景区、景点分布以及道路交通状况，结合客源市场等综合分析，进行串连、整合，创新旅游线路，基本涵盖山、海、江、泉主要景点。

洞天福地青芝百洞山一日游。畅游百洞山景区，领略青芝山自然、人文景观。重点游中西合璧古刹青芝寺，欣赏历史名人楹联，观赏青芝山“三宝”，游览蝙蝠洞、鳌湖、林森藏骨塔、林森公馆（啸余庐）、一片瓦，穿五曲洞、九曲洞、桃园洞、三友岩、一线天、阆风台，观莲花峰、猴抱桃、醉翁岩等重点自然景观。沿山洞和山岩观赏历史名人百幅摩崖石刻，让游客切身体验洞天福地文化内涵。

闽江口风光一日游。从琯头镇顺闽江而下，沿江畅游马江海战长门要塞古炮台遗址，观赏“双龟锁口”“五虎守门”、海上花园壶江岛、历史兵家必争之地生态川石岛，近距离肉眼观马祖列岛等。以“海乐梦”游轮、“曙光”号游轮为主，也有陆上组团乘客轮前往旅游的。

山水休闲、温泉养生为主题的1—2日游。以贵安温泉区为中心，游览温泉高尔夫球场、兰湾温泉度假区、福州水乡俱乐部、西溪温泉公园，连接小沧畲族乡参观畲山湖、龙宫庙、七里村探花府，以及畲山竹海林涛、畲山风情。让游客欣赏江、溪自然景观，体验温泉疗养、温泉养生、温泉度假、特色泡汤、温泉森林浴等温泉文化之韵味。

滨海观光、休闲、海鲜美食1—2日游。以黄岐、苔菉、安凯、筱埕四个乡镇为依托，游定海古城、九龙禅寺，观白礁古沉船遗址、黄岐古港滨海风光、战地文化遗址、营房旧址、古石村、苔菉镇北茭妈祖公园、北茭鼻“天涯海角”风光、洋屿无人岛风光、安凯乡白云山景区、白云寺祈梦文化，观赏奇达海上田园风光、罗源湾海上风光、可门港工业区、大官坂垦区等旅游景区、景点，让游客领略滨海风光，体验蓝色海洋魅力和高端休闲生活。

环山休闲观光一日游。突出生态农业观光、茶文化特色，依托近郊东湖镇天竹畲寨生态风情、六福生态村、长龙茶山休闲、炉峰山佛道景观、华侨生态观光园等。

可门港滨海风光一日游。观赏大官坂垦区及下屿、前屿、屿头滨海风光、可门港现代化码头、华电可门港电厂及临港规模工业等。

红色回忆革命遗址1—2日游。到凤城玉泉山瞻仰革命烈士陵园，观赏全国人大常委会原副委员长叶飞题写的“连江县革命烈士纪念碑”、革命烈士杨而菖、陈可珠纪念馆、雕像，游东湖镇洋门座洋山红色革命纪念地、红色透堡辛亥革命遗址棋盘堂、土地革命时期透堡农民暴动旧址林氏宗祠、无产阶级革命家邓子恢、陶铸工作过的杨而菖故居、“二三”革命烈士陵园，串连参观官坂合山村革命根据地遗址护国观音寺、下宫乡红军医院、红军兵工厂、海上游击总队革命遗址。

## 第三节　旅游商品

1991年起，围绕连江水产大县，依托海鲜资源，逐步打造海鲜旅游商品特色品牌。县境最具传统特色的海鲜商品鱼丸、鱼面，这两项千年不变的传统海鲜制品，不仅是县境群众请客会友的佳肴，在东南亚各国也享有盛誉，经精心加工和包装，无论在县城或在沿海乡镇处处皆有，是馈赠亲友的佳品。尤其1999年后，旅游业逐渐兴旺，由福建省宏武水产有限公司开发连江“海产六宝”旅游商品，有海蛎干、丁香鱼、淡菜干、干贝、虾皮、紫菜等六种海产品，组合包装成礼盒，后来还发展冷冻“海产六宝”，品种根据季节不同进行组合，成为连江旅游商品特色名片，并在县城专设门市部，同时在厦门、福州、三明开设连江“海产六宝”分店。

# 第四章　机构与管理

## 第一节　机　构

1991—1998年，旅游工作由县外经局管理，设连江县旅游公司，为事业单位，职工42人。主要业务接待外宾、海外华侨及港、澳、台同胞到连江旅游观光，为招商洽谈提供服务。1999 年，县外经局增设旅游科，由 1 名副书记兼管旅游事务。2005 年 12 月，正式成立连江县旅游局，事业编制 6 人，内设办公室、市场开发科、行业管理科、计划财务科。

## 第二节　管　理

### 一、协调监督

1991—1998 年，根据旅游地区和旅游人员发生的不同问题进行协调，妥善处理，重大问题报外经委和外事部门协助解决。1999 年开始，宣传贯彻国家、省、市旅游部门和技术监督部门制定的法规，规范行业标准，对 10 家旅游企业经营行为和服务质量进行依法监督，打击各类扰乱旅游市场秩序，坑害游客，损害连江旅游形象的行为，创造良好的旅游环境，保护游客和旅游企业合法权益。并对各旅行社和省、市国际旅行社连江营业部的经营范围、营销宣传、团队档案进行检查监督，协调解决 2 家旅行社和 2 个营业部之间互相拉客、相互排斥等不良之风。2003 年，县旅游部门聘请 5 名社会监督员，对 5 家旅行社、5 家营业部的作风、服务质量等进行全程监督。2005 年，县旅游部门配合县公安局、县工商局，对社会上 4 家未经审批、擅自从事旅游经营者，坚决予以取缔，严厉打击“黑社”“黑导”，有效净化旅游市场。

### 二、安全保障

1997 年，县阳光旅行社首次开始组团旅游，旅游部门及时进行检查，确保旅行安全。外经局和旅游部门，召开各旅行社、营业部经理、安全员会议，专项部署旅游安全保障工作，提出坚持“以人为本”的宗旨，把保障游客人身安全，放在旅游业务重中之重，严格规章制度，健全旅游团队档案，印制游客安全需知。各旅行社、营业部把安全保障工作放在首位，普遍执行 4 项措施：1. 凡由旅行社、营业部组团或拼团出游的游客，一律由旅行社代办人身安全保险；2. 运送旅游团队出游的车辆，需经交管部门技术性检查，保持良好车况方可出行；3. 旅游团队出发时，旅行社、营业部应向每位游客分发旅途安全须知，告知沿途注意事项，让游客提高自我安全防范意识；4. 到达参观地，跟团导游员随时提醒游客注意防范各种不安全因素，自觉遵守旅游景区景点的有关规定，不要擅自单独脱离团队，注意防范小偷、防扒手等。

1998—1999 年，县旅游部门每年春秋两次会同公安局保卫科、县消防大队，组成检查组，深入各旅行社、营业部检查安全工作，抽查团队档案资料、查看规章制度、听取安全应急处置工作汇报，对不规范的 1 个旅行社、1 个营业部进行批评教育，发书面通知限期整改。2000—2005 年，先后 8 次对安全保障工作进行考评，表扬重视安全保障工作的旅行社 3 家，受到批评教育的旅行社 1 家。全县各旅行社、营业部累计接待来自国内外旅客和组团出国、出省旅游的游客达 110 多万人次，除发生 6 起在观光过程不小心擦伤的轻微事故外，没有发生一起重大事故，县旅游部门未接到一起游客投诉事件。

### 三、资源保护

1991—1998 年，连江县旅游事业处于起步阶段，除青芝山景区管理处和县文管部门对省级、县级文物保护单位加强旅游资源保护外，分布全县各地的旅游资源保护工作，处于顺其自然的状态。1999 年，县旅游部门开始重视和加强旅游资源保护。2000 年 9 月，县旅游部门配合县公安局、国土资源局、科技文体局，抽调人员组成检查组，深入琯头、江南、浦口、透堡等乡镇的旅游景区、景点实地检查。大部分旅游资源管理和保护较好，也存在资源保护不力的现象。如琯头镇重要景区鸦片战争遗址——长门要塞古炮台，周围野草丛生，主炮台台座受损，副炮台被野草包围，长门村委会反映缺乏管理保护经费，无法请专人保护管理。琯头镇省级名胜风景区——青芝山景区，管理松懈不力，许多重要景点杂树、野草遮挡，有的天然石景遭人工破坏，梅花楼破损不堪，游客反应强烈。到浦口镇检查连江历史名人陈第墓葬时，遍地杂草、灌木，无路可通，满园荒凉，令人悲叹。红色透堡镇，是景区、景点较集中的地方，查看辛亥革命遗址——棋盘堂，堂前埕地是当年革命勇士练武的地方，已是满园杂草，堂内破损不堪，透堡其他纪念地、革命遗址的管理保护也较薄弱。

2001 年 3 月，县旅游部门以呈阅件向县政府报告检查旅游资源保护情况。当年 5 月，在县委召开的扩大会议上，分管旅游工作的副县长专题作加强保护旅游资源，发展连江旅游事业的发言，引起县直相关单位和各乡镇领导的高度重视。2001—2005 年，各相关的乡镇对重要旅游景区、景点的资源，采取多种措施保护，长门古炮台、陈第墓葬、透堡棋盘堂、“二三”革命烈士墓等旅游资源，县文管部门拨专款进行保护、维修，展示遗址古迹风貌，提升旅游景区、景点的品位。

# 第十八篇　重点工程建设

连江地处海防前沿，以往投资建设受到严重制约。中共十一届三中全会后，随着台湾海峡两岸军事对峙局势逐渐缓和，多渠道引资建设步伐加快，但规模均不大。1992 年初，邓小平南方谈话后，连江县充分利用地理区位和自然资源优势，进一步解放思想，加大融资力度，开发利用敖江淡水资源和沿海天然港湾资源。1995 年，建成山仔水利枢纽工程、2001 年建成塘坂水库电站工程，2002 年开发可门港经济区，对推动全县经济发展发挥举足轻重作用，故列专篇记述。

## 第一章　可门港区建设

### 第一节　港区环境

**一、港区位置**

可门港，历史上称“松崎港”，位于福州东部沿海，介于北纬 26° 18′ —26° 30′ ，东经 119° 34′ —119° 50′ 之间。由连江黄岐半岛和罗源鉴江半岛合抱，形成窄口型海湾。湾内水域起自西北部罗源县松山，固又称罗源湾。港道由松山向东南部延伸，后折向东北，经黄岐半岛北侧的可门口出东海，故亦称“可门湾”。湾内纵深约 25 千米，宽约 15 千米，总面积 227 平方千米，其中水域面积 180 平方千米。

可门港经济区位于松崎港（今罗源湾）南岸，近期建设范围包括官坂、坑园、下宫 3 个乡镇 33 个建制村，总面积 93 平方千米。港区中心陆路距连江县城 26 千米，距福州市区 68 千米，离 104 国道和沈海高速公路 22 千米，到长乐国际机场 87 千米。水路距东海主航道 8 海里，距福州马尾港 70 海里、台湾基隆港 142 海里、上海港 405 海里、香港 435 海里、日本神户港 931 海里、新加坡港 1833 海里。

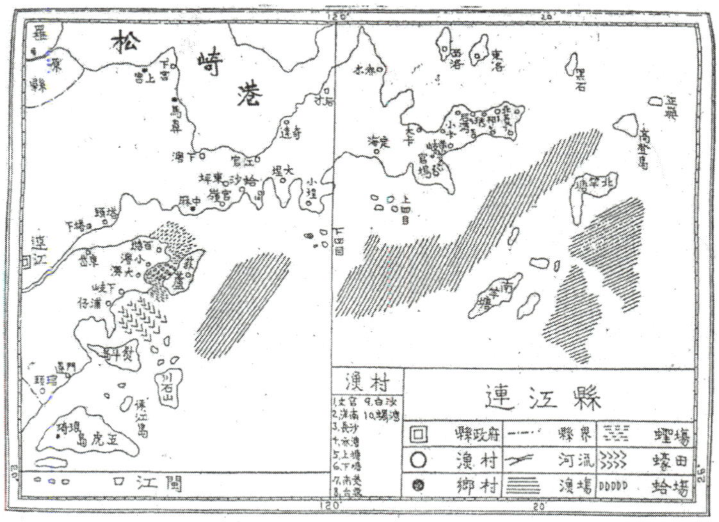

《福建省渔业调查报告》连江县沿海图民国 23 年（1934 年）

## 二、港区地质地貌

可门港区地质构造处于罗源至南屿晚侏罗世火山岩隆起带上，地质勘查推测火山喷发中心在可门口新辉，面积约30平方千米，由早期白垩世上旋回火山喷发物质组成。地层属白垩世石帽山群。

区内地势西南高，东北低。低山丘陵直逼海滨，并发育马鼻、透堡、官坂海积平原和坑园一带大片潮间带（滩涂）。地层从上到下主要是第四纪海积淤泥、卵石、残积土，下伏石帽山群熔结凝灰岩及燕山晚期花岗岩，潮间带地层有大量贝壳埋藏。

## 三、港湾海岸岛礁

可门港区连接罗源湾。湾内港道呈V形。有岗屿、门边、可门三条主要水道。主航道由罗源县狮岐头向东南伸至岗屿水道，后折向东北由可门水道出东海。门边水道可顺直沿可门水道出东海。可门水道是进出罗源湾口门的唯一航道，口门介于罗源县虎头角和连江县可门角之间，宽约2千米，水深平均20米以上，最深达80米，无拦门沙，是不冻不淤的深水良港，可全天候通航10万—30万吨级大型船舶。

罗源湾内海岸曲线总长约145千米。靠连江一侧自马鼻浮曦至下宫新辉，海岸线有30千米。其中可门水道南侧水深20米以上的岸线9.4千米，初勘可建31个泊位码头。其中可建万吨级至30万吨级深水泊位码头26个，最大泊位可达50万吨级。可门水道以西的岸线约18.9千米，可建中小码头50个，其中5万吨级集装箱码头泊位25个。

受地质构造影响，罗源湾水域中分布众多岛屿礁碴。除地形变化和人工围垦已与大陆连接的岛礁之外，在门边、岗屿、可门水道周边还有40余个岛礁，最大的岗屿面积9.54万平方米。可门口外海域，还有东洛岛、西洛岛、祉洛岛和马限屿及大小礁碴作屏障。对有碍船舶航行的岛礁，已陆续建有助航设施。罗源湾内已设置8座灯桩和5座灯浮；可门口外的西洛岛边有1座灯桩。

**门边、岗屿、可门水道主要岛礁一览表**

表18-1-1

| 岛礁名称 | 北纬 | 东经 | 面积（平方米） | 形态 | 附注 |
|---|---|---|---|---|---|
| 燕　屿 | 26° 21′ | 119° 41′ | 19000 | 屿 | — |
| 犬　礁 | 26° 20′ | 119° 41′ | — | 明礁 | — |
| 白碴屿 | 26° 21′ | 119° 42′ | 4500 | 屿 | — |
| 扁担尾屿 | 26° 21′ | 119° 42′ | 13000 | 屿 | — |
| 瓠头屿 | 26° 21′ | 119° 43′ | 12000 | 屿 | — |
| 马岐屿 | 26° 21′ | 119° 43′ | 13000 | 屿 | — |
| 沙墩屿 | 26° 21′ | 119° 42′ | 13000 | 屿 | — |
| 猪母礁 | 26° 22′ | 119° 44′ | — | 干出礁 | — |
| 蛇头礁 | 26° 23′ | 119° 46′ | — | 干出礁 | 附近设华电1号灯浮 |
| 岐屿礁 | 26° 23′ | 119° 46′ | — | 干出礁 | — |
| 莲花礁 | 26° 23′ | 119° 46′ | — | 明礁 | — |
| 下宫碴仔礁 | 26° 23′ | 119° 47′ | — | 干出礁 | — |
| 大王屿 | 26° 23′ | 119° 46′ | 3000 | 屿 | — |
| 圆　屿 | 26° 23′ | 119° 46′ | 13000 | 屿 | — |

续表 18-1-1

| 岛礁名称 | 北纬 | 东经 | 面积 | 形态 | 附注 |
| --- | --- | --- | --- | --- | --- |
| 长　屿 | 26°　23′ | 119°　46′ | 7000 | 屿 | — |
| 小长屿 | 26°　23′ | 119°　46′ | 4500 | 屿 | — |
| 下宫乌礁 | 26°　23′ | 119°　46′ | — | 明礁 | — |
| 古鼎屿 | 26°　24′ | 119°　47′ | 22500 | 屿 | 设有灯桩 |
| 上担屿 | 26°　24′ | 119°　47′ | 26000 | 屿 | — |
| 下担屿 | 26°　24′ | 119°　47′ | 32000 | 屿 | 设有灯桩 |
| 可门双礁 | 26°　25′ | 119°　49′ | — | 干出礁 | 设可门头灯桩 |
| 楼下礁 | 26°　25′ | 119°　49′ | — | 明礁 | — |
| 可门三礁 | 26°　25′ | 119°　49′ | 7000 | 群礁 | — |
| 礁仔礁 | 26°　25′ | 119°　49′ | — | 明礁 | 设可门角灯桩 |
| 乌　屿 | 26°　24′ | 119°　44′ | 24200 | 屿 | 设有灯桩 |
| 岗　屿 | 26°　24′ | 119°　45′ | 95400 | 屿 | 设有灯桩 |
| 灰瓮礁 | 26°　23′ | 119°　45′ | — | 明礁 | — |
| 竹排礁 | 26°　24′ | 119°　45′ | — | 干出礁 | — |
| 土湾礁 | 26°　24′ | 119°　47′ | — | — | — |
| 舵鳗礁 | 26°　24′ | 119°　45′ | — | 干出礁 | — |
| 大中礁 | 26°　25′ | 119°　46′ | — | 明礁 | — |
| 小牛礁 | 26°　25′ | 119°　46′ | — | 干出礁 | — |
| 小　礁 | 26°　25′ | 119°　47′ | — | 干出礁 | — |
| 寨下礁 | 26°　25′ | 119°　47′ | 32 | 干出礁 | — |
| 上位礁 | 26°　25′ | 119°　47′ | 200 | 明礁 | 附近设罗源 3 号灯浮 |
| 倪　礁 | 26°　26′ | 119°　48′ | 400 | 明礁 | — |
| 大黄礁 | 26°　26′ | 119°　48′ | 1800 | 干出礁 | 设有灯桩 |
| 小黄礁 | 26°　26′ | 119°　48′ | 120 | 干出礁 | — |
| 礁面礁 | 26°　26′ | 119°　49′ | — | 干出礁 | 附近设罗源 1 号灯浮 |
| 蟹沙礁 | 26°　26′ | 119°　49′ | — |  | — |

**四、港域气候**

可门港属中亚热带海洋性季风气候，夏长冬短，四季分明。据县气象部门 1991—2005 年记录，年平均气温 19.4℃，最高气温出现 7—8 月，月均 28.5℃。历年极端最高气温 39.2℃（1998 年 7 月 7 日）。最低气温 1 月，月均 9.5℃，历年极端最低气温 -3.4℃（1999 年 12 月 23 日）。全县年均无霜期 317 天，有霜期 48 天，黄岐半岛及沿海岛屿基本无霜。年均降水量多年平均 1478.7 毫米。

雾日数多年平均 8.3 天，多出现 3—5 月。历年最多雾日数 17 天，出现 1983 年。

多年平均风速 1.4 米 / 秒。强风气候多出现冷空气入侵的 11—12 月。风向多东北风，常年主导风向为东南风。7—9 月受热带风暴和台风影响，最大风速 35—40 米 / 秒。

**五、港区水文**

可门港区海域属规则半日潮来复流。据 1978—1982 年观测，平均潮差 5.02 米，最大潮差 8.16 米，为省内强潮型海区。年均最高潮位 5．34 米，最低潮位 4.07 米。平均高潮位 2.71 米，低潮位负 2.31 米。平均涨潮历时 6 时 14 分，潮流向西北，最大流速 1.08 米 / 秒；平均落潮历时 6 时 11 分，潮流向南东，最大流速 1.31 米 / 秒。潮流旋转性很小。

区内海域属低含沙量海区，每立方米含沙量仅 0.05 千克。涨潮平均含沙量 0.0497 千克，最大达 0.1693 千克；落潮平均 0.0437 千克，最大 0.1531 千克。

常年水温变化范围在 9.3—30.8℃之间。海水能见度 0.61—0.98 米，含盐度 28.62‰—31.15‰。

因有鉴江半岛和黄岐半岛环护，区内水域稳静，风弱浪小，静浪频率达 70%，平均浪高 0.3—0.6 米，最大波高 1.4 米。据 1979 年实测，全年波浪≥ 0.8 米仅 18 天。

区内地面淡水径流量多年平均 8450 万立方米，地下水年均径流量 2759 万立方米。

区内注入罗源湾海域 4 千米以上的溪流有 7 条，年均径流量计约 6900 万立方米。

**坑园、下宫、官坂、主要溪流情况表**

表 18-1-2

| 溪流名称 | 流域面积（平方千米） | 河道长度（千米） | 总落差（米） | 平均坡降（‰） | 年径流量（万立方米） |
|---|---|---|---|---|---|
| 合山溪 | 23.6 | 5.3 | 218.5 | 41.2 | 1600 |
| 鹤屿溪 | 11.0 | 6.5 | 18.3 | 2.8 | 900 |
| 下园溪 | 17.3 | 6.1 | 124.8 | 20.6 | 1400 |
| 坑园溪 | 13.0 | 6.4 | 202.9 | 31.7 | 1100 |
| 象纬溪 | 6.3 | 4.4 | 59.5 | 13.6 | 500 |
| 上宫溪 | 10.2 | 6.7 | 259.5 | 38.5 | 800 |
| 下宫溪 | 7.3 | 4.5 | 109.1 | 24.4 | 600 |

## 第二节　建设规划

**一、松崎港口及都市规划**

抗日战争胜利后，福建省政府曾召集一些专家制订战后福建经济复原计划，即《福建省经济建设十年计划》。该计划以松崎港和都市为中心内容，建设六大项目：

（一）开发水力发电　利用闽江、大樟溪等流域淡水资源丰富、落差大的优势，第一期建设大樟、西洋、古田、南平、沙溪口、水口塞、大雄 7 个发电所，装机容量 45 万千瓦。从水口塞至松崎港建设 25 万伏 100 千米送电线路。总建设费 1.2 亿美元。除中间发电收入 2000 万美元外，实投资 1 亿美元。

（二）建设邵松铁路　以松崎港为起点，经连江、福州、大雄、南平至邵武，计 300 千米，建设费 3000 万美元。将来延长线与南浔、粤汉各线铁路连接，成为国内主要干线。

（三）建设松崎港口　“松崎港水深适度，港内面积广阔，任何巨大船只均可自由停泊……且与闽江之流泥远隔，码头工程比较易于推进，诚天然之良港。该港前临物资丰饶之台湾，后拥长江及福建之富源，将来之发展性当不亚于上海，前途洋洋未可限量。此一计划果能完成，则松崎港可成为我国海运之门户。”第一期计划建码头 6 座（重工 4 座、轻工 2 座），年吞吐量 300 万吨。建设费 5400 万美元。

（四）松崎都市建设　第一期容纳人口 50 万人，总面积 120 平方千米，其中重工业 15 平方千米、轻工业 12 平方千米、商业 10 平方千米、住宅 12 平方千米、码头 4 平方千米、铁路 6 平方千米、飞机场 3 平方千米、公路 15 平方千米、公园 10 平方千米、预备 33 平方千米。公路由福州至松崎，宽 66 米，长 100 千米，为一等干线公路。二等公路干线宽 44 米，同宽度适宜之支线交错成直角，并树立电车交通计划。引用连江之岱江（即敖江）水源，敷设 35 千米混凝土水管，第一期建日产 30 万吨水厂。都市总建设费 1.2 亿美元。

（五）增开水田、农业电气化及米之增产计划　增加制造肥料，普及水利灌溉，电气碾米及农村电气化，增产大米 15 万吨。建设费 600 万美元。

（六）发展松崎工业　临港工业计划用地 27 平方千米（重工 15 平方千米，轻工 12 平方千米），计划年产硫氨 10 万吨，制铝 1 万吨、钢 5 万吨、水泥 20 万吨，制糖、制纸、苏打、水产加工、机械等 30 万吨。建设费 8000 万美元。

以上六项建设总投资 3.9 亿美元，预定自 1949 年至 1958 年 10 月完成。届时将改变福建工业落伍、电力不足、交通不便、外贸不振的状况，使“福建不仅为我国重要工业地带，且要成为对外贸易之门户，盖松崎港之重要性当不亚于上海”。省政府拟定成立福建省建设公司总经营，其中港口、铁路建设费 8400 万美元，由省政府投资，国有经营；水力发电建设费 1 亿美元由中华电力工程公司经营；工业和农村电气化建设费 8600 万美元，拟设福建工业公司经营；松崎都市建设费 1.2 亿美元由私费筹集。后因国民党右派发动内战使计划成为泡影。计划文本存省档案馆，2000 年发现后，有的把这一计划附会到孙中山《建国方略》内容，经查对，显系讹误。故录此备考。

**二、福州可门港经济区总体规划**

2000 年，可门港列入《福州港总体规划》，由国家交通部规划院编制，可门港区性质定位：闽浙赣部分地区国际集装箱、大型件杂货等外贸物资运输重要口岸（物流中心）；福建省石化、煤炭、铁矿等能源基地；福建省冶金、石化、机械等临海制造业基地；福建省对台“三通”重要通道。

2005 年 3 月，县政府委托市规划设计研究院编制《福州可门港经济区总体规划》，其功能定位是：福州港的重要组成部分，海峡西岸经济区重要物流中心和临港工业基地。人口规模 28 万人，用地总面积 63 平方千米，包括官坂、坑园、下宫 3 个乡镇。各类建设用地 4810 公顷，以大官坂垦区为中心展布，远期与西侧透堡、马鼻衔接协调。自西向东分别为官坂生活配套区、中央商务管理区、中部临海工业区 I 区、Ⅱ区、东部港口物流区。

可门港区规划岸线长度 9.125 千米，陆域纵深基本保持在 1 千米左右，总规划通过能力为散杂货 9710 万吨，集装箱 90 万标箱的规模。

**临港工业区规划主要项目：**

1. 石化项目：可供码头岸线 1.5 千米，建设 50 万吨泊位码头 2 座，5 万吨、1 万吨各 1 座，1000—4000 吨 8 座。可建大型油品储备基地、石化园区及下游产业集群。

2. 钢铁冶炼项目：建设年产 1200 万吨钢铁城，供地 1000 公顷，有 10 万—20 万吨大型矿品码头配套。

3. 机械工业园：建设工业机械、港口机械等大型制造业基地，供地 200 公顷，码头等基础设施配套。

4. 铜铝冶炼项目：建设年产 20 万吨电解铜、30 万吨电解铝，供地 300 公顷，有 5 万—10 万吨码头配套。

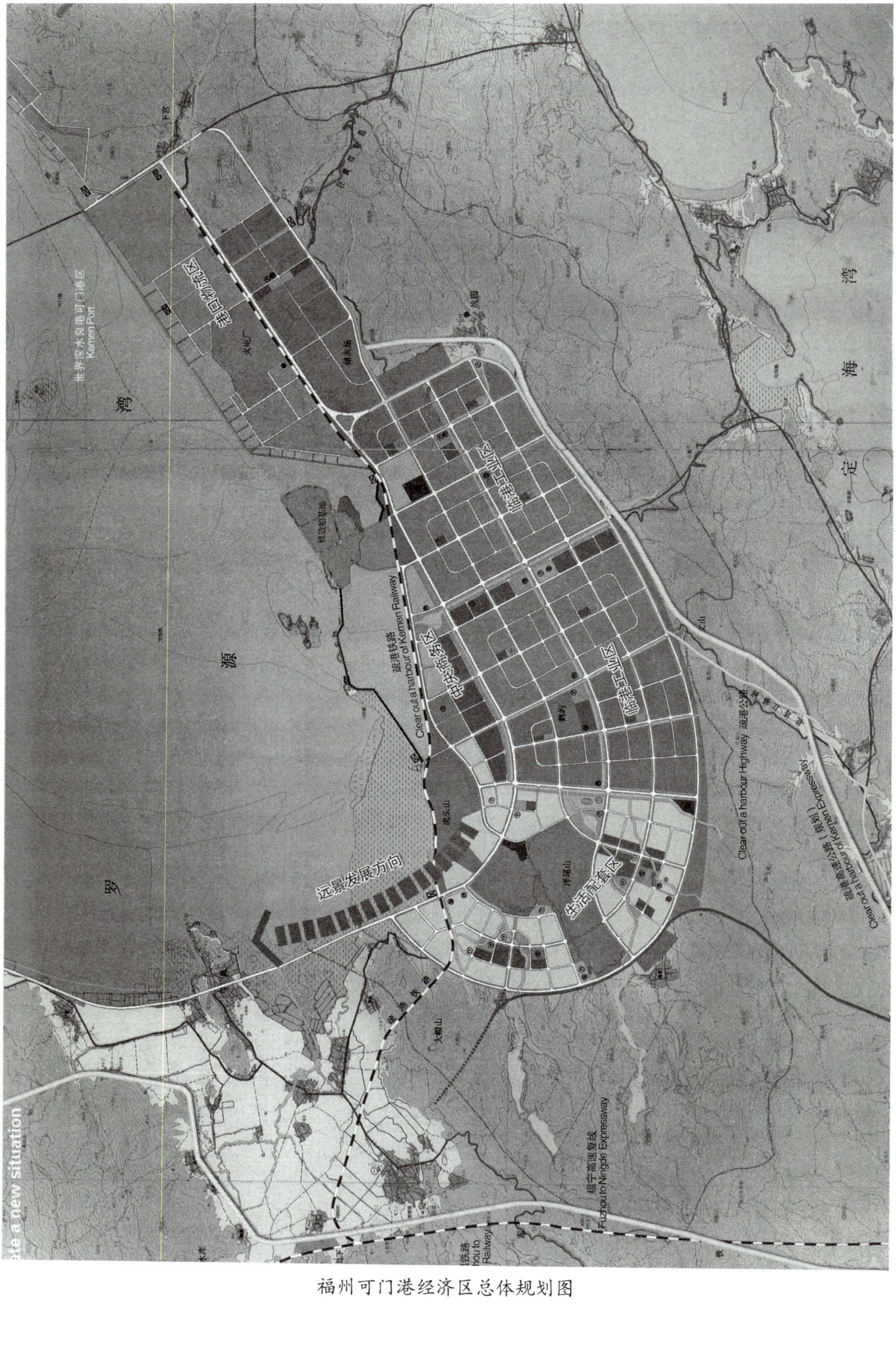


福州可门港经济区总体规划图

# 第三节　开发建设

可门港是连接闽浙、闽台经贸通道的黄金港口，水路交通便捷，地理区位重要。宋代相继有西洋、南湾巡检司管辖可门口海防。清代，闽海关三都澳分关在可门设有分卡，课收进出口关税。清咸丰八年（1858），福州厘捐总局（后改福建税厘总局），在琯头设分局，并在可门港设分卡，年征货物厘金1180两（白银），清光绪末至民国初增至1840两。至民国31年（1942）才取消。抗日战争时期，罗源湾港道一度成为运送抗战物资重要通道。但港湾基础设施始终滞后。到20世纪80年代，仍只有13座简陋道头，总靠泊能力仅2370吨，主要集中可门村前沿，最大泊位300吨乃石砌实堤道头，岸陆没有公路连接，陆路交通闭塞。1982年，大官坂围垦竣工后，港区优势日显，逐渐引起各级领导重视，基础设施建设加快。2000年，可门港列入《福州港总体规划》，2003年华电火电厂进驻，掀起第一拨开发热潮，至2005年，已初现规模，前景可期。

## 一、基础设施建设

（一）疏港公路　县城至可门港区有东（湖）苔（菉）县道至坑园，距港区约1千米多。但县道多数路段仅3—4级，路面窄，弯道多，部分路段坡度大，不适应可门港开发需要。2003年，华电可门火电厂开工后，暂从上宫段县道引一条简易施工公路与火电厂工地连接。2004年6月，县召开专门会议研究疏港公路建设。自2005年5月开始，分两期进行改线和拓宽。第一期分三段进行：官岭至文山4.03千米，山坑至官岭4.12千米，浦口至山坑8.77千米，分别于2005年底至2006年初完成，共投资16839万元，改造后升为二级路，基宽17米，路面宽14米。第二期文山至颜岐港区10.1千米，投资8893万元。疏港公路目前可与沈海高速连江县城互通口对接。计划修建的可门港高速公路已列入福建省“十一五”规划重点项目，将在浦口和可门港区设互通口。建成后，从可门港到福州城区只需40分钟。

大官坂垦区已建的隔堤公路，与前屿、颜岐村道连接港区，可作辅助性通道。

（二）可门港铁路支线　2005年8月，温（州）福（州）快速铁路全线动工，途经连江境内33千米，在县郊花坞和透堡设两个站点。可门港铁路支线从温福铁路透堡站分出，经官坂、坑园至可门港火电厂和储运场，计长22.9千米，其中正线18千米，疏解线4.9千米，设计为II级标准，总投资14.06亿元。

（三）电力供应　可门港周边原有文山和官坂2座35千伏变电站。2004年3月，文山35千伏扩建为110千伏。同时在浦口岭头新建220千伏变电站，2005年9月竣工投入运行，与文山110千伏连接，基本保证港区建设需求。华电可门电厂一期2台共120万千瓦发电并网后，形成省网和华电双回路，可确保全天候用电。

（四）淡水供应　2003年，利用财溪水库淡水，埋设管道9223米至可门港，日供水2万吨。同年开始建设塘坂引水工程，第一期从塘坂至县城，2005年2月通水，设计日供水10万吨；第二期引水到可门港，设计日供水30万吨，加压后可日供45万吨，总投资2亿元，2005年5月动工建设。

另，可门港周边还有郭婆、合山、牛樜一级、二级、牛洋、大溪里6座小（一）型水库，库容量共1400多万立方米，可作后备水源。

（五）通信条件　2000年，可门港规划区内已有程控交换模块局，容量5000门，基本满足前期使用。区内可无障碍使用中国移动通信和联通移动通信服务，也可实现多媒体通信。

## 二、火电园区建设

2003年5月，福建华电选定颜岐蛇山作火电厂区。同年9月18日，福州可门发电有限公司在连江注册登记，注册资金1000万元，法人代表黄宪培。同年12月28日，举行火电厂奠基仪式，华电集团董事长贺恭、省领导黄小晶及市、县等领导出席仪式，唱响可门港区开发序曲。

整个工程实施机械操作和计算机全程实时监控，至2004年9月，共开挖土石方1440万立方米。2005年5月12日，可门火电厂一期工程获国家发改委核准。总规划近期装机容量640万千瓦，远期1040万千瓦。其中60万千瓦4台，100万千瓦8台。第一期建设60万千瓦2台机组和2座码头及配套设施，共投资40亿元。至2005年底，2台机组主厂房封顶，烟囱210米，500千伏双回线路铁架已架设完成；1万吨泊位（12号）重件码头和5万吨泊位（13号）煤码头主体工程竣工，并相继投入商业运行。

可门火电厂环保设施与主体工程同步进行，一期工程采取六大环保措施：引进先进的静电除尘装置，除尘效果达99.96%；采用石灰石湿法脱硫设备，烟气脱硫率95%；锅炉采用低氮燃烧器，降低燃煤产生的氮氧化物；安装成套废水处理系统设备，实现废水"零排放"；建设2座全封闭式储煤罐，每座内径120米，可储煤18万吨，有效避免原煤飞扬或被雨水冲入海域；建设专用山谷灰坝储放粉煤灰等，环保投资达4亿元，从而确保废水不入海、煤粉不飞扬、排气不超标，达到国际一流水准。

第二期60万千瓦2台机组，2005年前期基础工作已启动。

**三、物流园区建设**

（一）12号、13号泊位码头　由华电可门发电有限公司投建。2004年8月开工。12号为1万吨泊位重件码头，13号为5万吨泊位煤炭专用码头。2个泊位并排，岸线长690米，可兼靠10万吨级轮船。设计年吞吐量620万吨。2005年交付安装，2006年5月投入使用。

（二）10号、11号泊位码头　由福建华电储运有限公司投建。10号泊位建20万吨散货（卸货）码头，11号泊位建5万吨散货（装货）码头。两个泊位岸线长580米，设计年吞吐量2000万吨，总投资15亿元。2005年获省发改委核准。

（三）4号、5号泊位码头　由福建省煤炭工业集团公司组建的可门港物流有限责任公司投建。4号泊位建20万吨散货码头，5号泊位建5万吨散货码头，岸线长540米，设计年吞吐量2100万吨，总投资20亿元。2004年10月获省发改委核准。

此外，已协约或有投资意向正在洽谈的还有：华电储运公司投建8号、9号码头；福建恒联（恒发）发展有限公司，拟建1号至3号泊位码头；福建兴博实业投资有限公司，拟投资25亿元，建15—19号5个泊位码头；南方（福建）石化有限公司，拟建20号至24号5个泊位码头。

其余泊位码头待定。

**四、工业园区建设**

可门港临港工业园区，重点布置在大官坂垦区和官坂镇东部，总面积4400公顷。由于该片垦区地势较低，有1500公顷左右原是潮间带，是水产养殖综合基地。2003年后，县政府开始逐渐调减区内水产养殖面积，首期计划在垦区内隔堤公路以东填土造地3400公顷，提供作工业用地，并加大招商引资力度。至2005年，已有冠海可门船业、鑫海船业、瀚海船业、南方石化、中石化、中石油、宝钢集团、香港中联公司等企业或财团有意参与可门港开发建设，并派员到港区考察。

**五、配套设施建设**

2004年3月，编制《福州可门港经济区总体规划》时，与港口相关的配套设施已列入统筹范围，如海关口岸、国检、边检、海事、港务航务等相关单位，并预留所需岸线和土地，建设相关设施。有的已相继派员到港区考察调研。2004年5月30日至6月2日，福建省"十一五"口岸规划编审会议在连江召开，可门港正式列入福建"十一五"口岸开放规划，同时纳入海关总署"十一五"口岸发展规划（2006年获国家交通部批准，自2007年1月1日起，可临时开放国际航行船舶进出靠泊）。相关查验人员已陆续入驻临时查验机构，就近提供便捷高效的通关服务。

# 第四节　机构与管理

**一、机构**

2000 年，可门港列入福州港总体规划后，以大官坂垦区管委会为依托。招商项目由县政府受理。

2003 年 6 月 2 日，连江县成立福州可门港经济开发区建设工作领导小组，组长张天金，副组长邓祥训、杨荣铨、张凌、林伦健，成员 15 人，由坑园、下宫、官坂 3 个乡镇和县直有关部门负责人组成。同年 9 月，设立华电可门发电厂项目落地对接工作小组，负责征地补偿等协调工作。

2004 年 3 月，成立福州可门港开发建设指挥部，总指挥张天金，常务副总指挥邱吉明，副指挥程辉、王大荣、林伦健、林榕森、陈珍光，成员 15 人。下设综合办公室，行政编制 11 人。6 月 16 日，指挥部机构调整，总指挥刘嘉水、副总指挥黄忠勇、林世昌、郑厚雄、吴贤德，常务副指挥杨荣铨，副指挥 10 人。指挥部下设综合办公室及规划基础设施建设组、项目招商服务组、宣传推介口岸报批组、海域土地征用理赔组、治安保卫组等 6 个组（室），由副指挥以上人员兼任各组室负责人。综合 办行政编制 11 人，至 2005 年不变。

**二、管理服务**

2000 年，大官坂垦区管委会开始统筹规划垦内土地和水域综合开发，改善基础设施，征收土地、水域承包使用费，每年承包收入 38320 万元。

同年，可门港列入福州港总体规划，连江加大招商引资力度，进一步加强管理工作，提高协调和服务水平。2003 年 9 月，华电可门火电厂项目初步确定后，县成立项目落地对接工作小组，提供全方位、一条龙服务，使项目立项预可行性调查评审等工作加快。县政府以此为契机，相继 5 次编印可门港开发《投资指南》，介绍连江历史经济发展概况、可门深水良港资源和地理区位，推出投资优惠政策，在可门经济区内，实行开放式经营，封闭式管理，全面实施“三位一体”的服务代理制：对进区内的企业，在审批过程中实行一条龙服务；在建设过程中进行全方位服务；投产运营后进行经常性服务。进区企业应缴各项税费，简化手续，统一征收。尽量创造最佳投资环境，提供最好服务，使投资者获得最满意的回报。

2003—2005 年，可门开发机构配合县委、县政府，先后召开 10 余场次项目推介招商会和建设过程的专题协调会，接待国内外企业、财团、专家、领导 30 多批次。已有 10 多家企业落地可门港经济区，投资总额超 100 亿元。2005 年开始，加大管理力度，盘整海域土地资源，调整海域生产布局，清理违章建筑物和非法采砂采壳等。同时加强区内安全保卫工作，设立可门火电厂边防派出所，创造更优的开发建设环境。

# 第二章　山仔水利枢纽工程

## 第一节　工程地理环境

**一、工程地理位置**

山仔水利枢纽工程位于敖江中游县境西北部虎头山西坡河谷，处北纬26°　17′　51″，东经119°　21′　35″。坝址上游流域面积1646平方千米。直距福州市区30千米，路程52千米；距连江县城30千米；路程47千米。是敖江干流梯级开发规划的第四级。县境河流长137千米，流经7个乡镇，由东岱、浦口注入东海。

**二、库区地质**

按照1:500测绘，山仔水库坝址位于塘坂上游6千米虎头山西坡河谷中，北西向断裂控制着库区和坝址的工程地质条件，岩体完整性较好，可利用基岩面较高，重力坝两岸有较好的接头。其地层为侏罗系上统小溪组下段火山碎屑岩，脉岩横穿。

根据1:50000校核性地质测绘，山仔水库在30平方千米测区内，地层发育不全，仅露中生代侏罗系上统—白垩系下统的火山岩系；第四系沉积物及燕山期侵入岩。

根据福州地震大队1976年鉴定，库区未来100年内具有发生6度地震的构造背景。同时，外区未来强震危险区对库区的烈度影响亦不大于6度。

枢纽工程库区两岸山体连绵，河流深切，山脉走向大致呈北西—南东向展布，森林茂密，河床及两岸大部分基岩裸露，河流顺直，水流平稳，枯水期河面宽54—58米，水深1—2米，上游45米处岸边基岩突出，形成急滩。两岸地形基本对称，呈“V”形谷，冲沟较发育。

**三、区内水文**

据福建省塘坂水文站1957年4月至1988年3月计31年资料，区内年均降雨量1337毫米，坝址年均流量57.8立方米／秒，年均径流量18.24亿立方米，年均径流深1090毫米。汛期4—9月，径流量占全年75.4%。平均流量为85.3立方米／秒，最大流量5090立方米／秒（1966年9月4日）。

1990年，省环保科研所按国家标准GB 3838—88地面水环境质量标准，对山仔流域水质进行汞、铜、铅等11个项目的水质评价，并在30千米范围内布施7个断面进行采样送验。经检验，测区水质较好。除总磷和COD一个断面为二级水质外，其余均为一级水质。

## 第二节　勘测设计立项

**一、勘测设计**

1959年，省水利水电部门就对敖江流域和水能开发进行勘测规划，以发电为主，结合防洪、灌溉，初定霍口为第一期开发工程，因资金难筹而未动。1975年，省电力设计大队组织人员到敖江流域进行野外查勘近半年，1976年4月，写出报告，提出三级开发方案，把控制性工程选择在霍口、贵安两处，亦因财政困难未付实施。

1980年6月，省水利水电勘测设计院派地质勘探队进驻塘坂附近，进行坝址地质勘测。到1981年10月，完成4个坝址的地质勘测，经过认真分析比较，推荐I号坝址（山仔濑）为水库主体工程大坝的坝址。1989年，县政府以水利枢纽工程上报立项。1990年5月省水利水电勘测设计院对I号坝址进行补充地质勘测，并对坝址的地质条件全面分析认证，同年7月修订完善《山仔水利枢纽工程初步设计》；1992年2月29日获水电部批复同意。水库以上流域面积1646平方千米，库区回水长度14.15千米，大坝正常蓄水高程90米，总库容1.76亿立方米，库区水面面积673.3公顷，计划装机容量4.5万千瓦，总投资1.33亿元。

山仔水利枢纽工程是农业综合利用项目，具有防洪、灌溉、发电、供水、综合经营五大效能。

**防洪**　山仔水库大坝，为二等二级，以100年一遇洪水标准设计，1000年一遇洪水标准校核。水库正常蓄水位90米。洪水高峰期（7—9月）限制水位88.6米。估算20年一遇洪水的泄洪量每秒4900立方米，经水库调节，使县城防洪标准由10年一遇提高到20年一遇。

**灌溉**　山仔枢纽工程建设前，敖江区域保灌面积3606.7公顷，其中潘溪拦河坝灌溉2400公顷。工程建成后，北岸扩大到大官坂垦区，包括坑园、官坂、透堡、马鼻、筱埕等地，保灌面积7866.7公顷，南岸扩大东岱、晓澳，保灌面积1666.7万公顷，新增保灌面积9513.3万公顷。

**发电**　山仔水库有效库容1.064亿立方米，设计安装1.5万千瓦发电机组3台，其中一期2台共3万千瓦，年发电量1.49亿千瓦时。电站建成后，可与才溪电站等联合承担电网的调峰、调频任务，对福州电网起部分调峰作用。

**供水**　山仔水库总库容量1.76亿立方米，除满足农业灌溉和发电外，可以为县城、大官坂垦区、沿海缺水地方提供工业生产和生活用水。1996年后被列入省会福州第二水源，近期日供水30万吨，远期70万吨。

**综合经营**　山仔水库蓄水达90高程时，拥有水面积673.3公顷，水库周围和库内形成众多小岛，山明水秀，小沧是畲族聚居地，下游的贵安建有福州高尔夫娱乐中心、省游泳训练基地，可连片开发旅游业，增加工程的综合经济效益。

**连江县山仔水利枢纽工程初设主要特性表**

表18-2-1

| 名　　称 | 单　　位 | 数　量 | 附　　注 |
|---|---|---|---|
| 大坝以上流域面积 | 平方千米 | 1646.00 | — |
| 多年平均年径流量 | 亿立方米 | 18.24 | — |
| 设计洪水流量 | 立方米/秒 | 6540.00 | 为100年一遇洪水标准 |
| 校核洪水流量 | 立方米/秒 | 8760.00 | 为1000年一遇洪水标准 |
| 解放后实测最大流量 | 立方米/秒 | 5090.00 | 1966年9月4日 |
| 水库大坝高程 | 米 | 96.60 | 系黄海标高，距实地65.8米 |
| 大坝轴线长 | 米 | 265.86 | 为碾压混凝土重力坝 |
| 水库正常蓄水位高程 | 米 | 90.00 | — |
| 总库容量 | 亿立方米 | 1.76 | — |
| 死水位高程 | 米 | 67.00 | — |
| 调节库容 | 亿立方米 | 1.064 | — |

续表 18-2-1

| 名　　称 | 单　　位 | 数　量 | 附　　注 |
|---|---|---|---|
| 溢流道堰顶高程 | 米 | 78.00 | — |
| 溢流坝段长 | 米 | 58.40 | 装钢弧门 3 孔，各宽 16 米高 12 米 |
| 引水隧洞 | 米 | 205.93 | 洞径 Ø5.5—Ø3.4 米 |
| 电站装机容量 | 万千瓦 | 4.50 | 一期 2 台 3 万千瓦 |
| 年发电量 | 亿千瓦时 | 1.73 | 一期 1.49 亿千瓦时 |
| 库区淹没土地 | 公顷 | 673.33 | 其中耕地 126.93 公顷 |
| 迁移居民 | 人 | 1657.00 | — |
| 明挖土石方 | 万立方米 | 20.33 | — |
| 洞挖石方 | 万立方米 | 2.37 | — |
| 钢筋混凝土 | 万立方米 | 9.70 | — |
| 碾压混凝土 | 万立方米 | 19.30 | — |
| 灌浆 | 万立方米 | 18.10 | — |
| 总工日 | 万工日 | 98.50 | — |
| 水泥用量 | 吨 | 40400.00 | — |
| 钢材用量 | 吨 | 3240.00 | — |
| 木材用量 | 立方米 | 5300.00 | — |
| 新增灌溉面积 | 公顷 | 9513.33 | — |
| 城关防洪标准 | — | — | 由 10 年一遇提高到 20 年一遇 |
| 供水能力 | 万吨 / 日 | 7.00 | 日产 50 万吨 |
| 工程总投资 | 亿元 | 1.33 | 后追加到 2.03 亿元 |

说明：本表采用复核后的数据

**二、立项**

1986 年，以山仔水电站工程立项上报，因同期沙溪口、水口两个中大型水电站已经上马，故暂被搁置。1989 年，县政府又以建设水利枢纽工程上报立项，省计委和水利水电厅于 11 月向国家计委和水利部作了专题报告。并作为 1990 年预备立项，争取 1991 年列入国家建设项目。

1990 年 8 月 10 日，省政府召开专题会议，研究连江山仔水利枢纽工程立项问题，并形成《会议纪要》。认为，该工程已经过多次论证和长时间的充分准备，开发条件已经成熟，要争取早立项、早动工、早效益。会议决定，按国家计委、水电部要求，在 8 月 20 日前上报任务书等有关立项材料；工程投资可先按静态 1.4 亿元筹集，争取中央安排 5000 万元，连江自筹 3700 万元、福州市安排 1400 万元、贷款等渠道解决 4000 万元。省计划委员会和省水电厅根据省政府会议精神，于 8 月 13 日向国家计委、水利部上报重编的《福建省连江县山仔水利枢纽工程设计任务书》，并附上 6 月 23 日水利部《对福建省连江县山仔水利枢纽工程可行性报告的批复》和《连江县山仔水利枢纽工程设计任务书》资金证明材料等三本附件。8 月 27—29 日，水利部水电规划设计院在北京召开山仔水利枢纽工程初步设计审查会，同意山仔水利枢纽工程初步设计任务书，国家计委委托中国国际工程咨询公司对工程进行评估。当年

11月，在连江县召开评估会，1991年2月1日提出评估意见：修建山仔水利枢纽，开发利用敖江水资源是必要的，规划是合理的，技术是可行的，山仔水利枢纽属地方大型水利项目，在经济上是合理的，本项目的抗风险能力也是较强的，建议在资金落实后，批准该工程设计任务书。

国家计委依据评估意见，于1991年7月13日正式批复同意立项。批复指出：工程主要任务为防洪、灌溉和发电，同时兼顾工业及城镇供水。核定一期工程总投资13240万元，除水利部定额补助3000万元，其余10240万元由福建省负责筹集，并纳入省地方基建投资规模。

## 第三节 前期工作

**一、三通一平**

1991年7月，国家计委正式批准立项后，11月22日，前期工程即开始动工。对贵（安）山（仔）公路在原乡村等级路基上进行全面扩建，于1992年2月完成扩建公路22.5千米的任务。同时为满足江右岸导流洞和主体工程跨江施工需要，于1991年12月至1992年8月建成一座高21米、单跨长81米、桥面宽5米的混凝土拱桥。

山仔工程临时供电线路，由县电力总站负责，1991年12月下旬，架设坝址段3.66千米10千伏线路，保证工程施工用电。

1992年6月25日，动工建设官巷—山仔110千伏线路，总长27.16千米，施工期间该线路以35千伏运行，作为施工用电线路，工程完成后，作为配套项目，将山仔电能输送至连江电网。工程由福州电力工程公司负责施工，同年9月20日竣工。11月9—10日，经省、市水电部门验收通过。

在路、电建设的同时，平整办公场所及生活区土地和建材堆场，并修建蓄水池，解决日常用水。

**二、征地移民**

（一）征地补偿

1991年7月正式立项后，县政府按照山仔水利枢纽工程初步设计的实际情况开展征地移民各项工作。整个枢纽工程总用地710.13公顷，其中水库淹没用地674.33公顷。迁移人口1657人，涉及罗源霍口、晋安日溪、连江小沧、潘渡4个乡镇、11个村、15个自然村。

工程建设用地31.55公顷。土地和地面补偿费用共135.21万元，其中经批准永久征用的20.75公顷，补偿费10.8万元；临时用地10.8公顷，补偿费20.01万元，工程竣工后归还原主。

征地移民工作，在工程立项后即已开始调查摸底，按照初步设计淹没范围和工程建设用地范围，依据《水利水电工程水库淹没处理设计规范》等有关规定进行测算，初步测算补偿费用为2169.21万元。1992年2月25日，水利部批复《初步设计》时，把征地移民总费用确定为1574.47万元。

为做好移民补偿，市山仔水利枢纽工程领导小组多次召开有关单位领导参加的会议，就郊区日溪乡淹没区补偿问题进行研究和协商。于1993年9月17日研究决定：日溪移民搬迁赔偿款在原定517万元的基础上，追加300万元（连江县负担150万元，列入工程总概算，市财政负担150万元）。后又增加管理费3万元、库区清理费3万元。

罗源县霍口乡淹没3.87公顷林地和1.6公顷耕地，计补偿16.05万元。

潘渡乡塘坂村淹没林地16.87公顷，补偿费15184元。

小沧乡淹没补偿和移民搬迁费，实际1480.16万元。其中拆迁补偿和粮食差价补贴827.47万元，新乡址基础设施建设600.85万元，库区清理及坟墓搬迁等51.84万元。

（二）移民安置

山仔水库最主要的淹没区是小沧乡，有 254 户 1263 名居民房屋及 10 多个机关事业单位被淹没。除刘厝里 5 户要求自行迁往莲花山居住外，其余全部迁到利洋坪新乡址，海拔约 95 米，共平整土地 17.98 公顷，在“三通一平”后，率先有医院、学校、邮政、信用社、派出所、粮站、供销社等单位建成新楼。至 1994 年 11 月水库下闸前，刘厝里 5 户及小沧 254 户村民及时搬进新居。

福州郊区日溪乡，在库区 91 米高程以下的居民有 88 户、乡直机关企事业单位 12 个，由郊区和日溪乡政府包干负责，全部及时搬迁到日溪小学西北和东北的山坡地上。

日溪乡东坪村磔下自然村的 5 户居民，在 1992 年底截流围堰之前，就已搬迁到该村的瓦坪自然村。东坪村南平自然村 1 户迁到东坪主村居住。省政府根据各村移民实际，给予农转非指标 1063 名，其中连江 638 名，郊区 425 名。山仔水力发电厂招收安置移民子女中 24 名初中毕业生，经 3 年技校培训后进电厂工作。

## 第四节　水库、电站建设

### 一、水库工程

#### （一）导流洞施工

导流洞工程布置在西岸，全长 217 米，宽 6 米、高 8 米，进口处黄海标高 34.5 米，出口 33.83 米。选择河床一次断流，隧洞导流汛期基坑过水的导流方式。由福清水利水电工程处中标，1991 年 12 月下旬进场施工。1992 年 7 月 30 日，顺利完成上半洞开挖和衬砌任务，11 月上旬，全面完成开挖任务，实现全线贯通。11 月 17 日，经有关部门现场检查，通过验收。1994 年 6 月 18—20 日，因连日暴雨，溪洪猛涨，洪流夹带着漂浮的树林和杂物，猛烈冲击导流洞进口，使洞口和岸坡受到破坏。山仔施工局对导流洞进口水毁部位进行抢修，一次到位，不留隐患。

#### （二）大坝建设

1992 年 7 月 18 日，经省招标办正式审定，由水利部十四工程局以标额 4596.5 万元中标承建。8 月 19 日，签订合同。8 月 20 日，县政府在山仔峡谷隆重举行开工典礼，县长叶家松在大会上宣读开工令，开始大坝基础开挖和围堰截流，至同年 11 月，全面完成坑基、坝肩、厂房基础的开挖任务，并且浇筑宽 57 米、长 85 米、厚平均 1.3 米的大坝混凝土底板和部分厂房基础混凝土。同时又建成混凝土拌和楼及配套系统。与此同时，施工局对围堰截流的原设计提出优化意见，把原设计 56 米黄海高程近 2 万立方米的碾压混凝土围堰，改为浆砌石围堰，并降到 43 米黄海高程。同年 11 月 11 日，在大坝上游 76 米处对河段开始截流。至 11 月 23 日上午 10 时 50 分，实现一次截流成功。12 月开始进入碾压大坝。省水电设计院设计的山仔大坝，在设计上大胆尝试碾压混凝土坝 RCCD 理论，在坝体近水面 4 米幅面，运用二级配碾压混凝土，形成自身防渗体系。至 1993 年 2 月，进行填塘混凝土施工，10 月 28 日，碾压混凝土大坝开始上坝铺张，至 10 月底，开盘碾压至 75 米高程，两边同时上升。施工过程中，运用 8 项新技术工艺，至 1994 年 4 月 29 日，全断面 214 米长的混凝土碾压大坝达到黄海高程 76 米发电蓄水高度，实现安全度汛。1994 年 10 月底，大坝两岸挡水坝已达到 96.6 米（坝顶宽 6 米）设计高程，左右岸段分别为 95 米和 110.5 米；溢流段长 67.5 米，高程升至 78 米，闸墩 85 米，坝基固结帷幕浆基本结束。大坝上游面 67 米高程以下喷涂丙乳砂浆大部分完成。

#### （三）溢洪闸门

溢洪道弧形闸门，按照初步设计，设置 3 孔，每孔宽 16 米，高 12 米。1992 年，通过模型试验。1993 年 11 月，弧形闸门开始安装，包括设计生产、运输、埋设件、金属闸门和启闭机等，均由三明重型机器厂承包。至1995年6月10日，全部安装调试完成。经三项试验记录表明，均符合设计性能和验收规范。1995年7月初，三个安装好的总重量达264吨的金属闸门和启闭机正式投入操作运行。

（四）下闸蓄水

1994年10月6日，工程指挥部决定拆除引水洞临时封堵，进行导流洞下闸封堵前的安装调试工作。并给省水电厅和省重点项目办公室上报导流洞封堵方案。11月7—8日，省水电厅会同省建设、设计、监理、质检等单位，组成工作组分头深入坝区、厂区、库区，对封堵前应完成的工作逐项进行检查和验收。一致认为相关工程已具备封堵蓄水条件，而且正处枯水期，对下闸封堵十分有利，建议在1994年11月10日前后进行封堵。

1994年11月9日，省水电厅会同省重点项目在建办，在省水电厅召开山仔水库封堵蓄水验收会议。省水电厅副厅长张贵生主持，福州市、连江县有关部门的负责人、工程技术人员等出席。会议决定成立封堵蓄水领导小组，由建设、设计、施工、监理等单位负责人组成，彭天德任组长。11月11日11时，县长、山仔水利枢纽建设指挥部总指挥林学忠宣布下闸封堵蓄水。

（五）引水隧洞

引水系统由进水口、主洞、支洞三部分组成。进水口为塔式结构，独立于左（东）坝之外0＋60米处，底高程55.5米，布置拦污栅及事故检修闸门各一道，闸门检修平台高程96.6米，启闭机房高程104米。主洞长76.3米，洞径5.5米，三个支洞分别长41.9米、33.5米和25.1米，洞径为3.4米。洞身分缝间距10—12米，固结灌浆后隧洞总长191米。1993年2月初开挖，至12月31日结束。至1994年7月底，引水洞回填灌浆工作全面结束，引水塔砼浇到96.6米高程，三个支洞压力钢管已安装完成，进水口拦污栅进入安装阶段，工作门位置采用钢筋砼叠门作临时封堵。1994年9月15日，省水电厅组织山仔指挥部、施工局、省水电设计院、山仔工程监理部等对山仔引水隧洞的砼衬砌、灌浆施工项目进行验收，确认整体质量达到有关规程的标准及设计要求，一致同意通过验收。同年11月8日，引水隧洞进水口开挖、边坡支护、进水塔砼及地基处理、闸门与启闭机等工程单元通过验收。12月初，引水洞和进水塔通过验收。

**二、发电工程**

（一）厂房、开关站

发电厂房原规划布置于左岸坝下0＋148.2米处，站址在厂房下游侧，高程70米。经专家多种测算及试验，进一步优化设计，把厂房移置于左岸坝下61.3米处，主厂房全长64.99米，宽16.6米，高31.3米，计划安装三台1.5万千瓦水轮发电机组。副厂房布置在主厂房下游侧，长56.99米，宽6.8米。设高压开关室、励磁元件屏、机房屏、水机值班室、中控、继控综合自动化等。110千伏开关站为户内式，位于进厂公路右侧，长32.6米，宽11.98米，地坪高程55米。厂区土建工程于1992年11月全面开工，至1994年6月底，1号主机段已提供安装使用，并完成涡壳安装和砼回填，2号、3号主机段相继封顶，设有分缝。副厂房主机段，8月上旬顺利封顶，主要工作面交付建筑装修。9月10日开关站、中控室、继保室相继完成装修交付安装。

（二）机电安装

水力发电厂装机容量3×1.5万千瓦，第一期装机2×1.5万千瓦。由省水利水电勘测设计院选型。1992年4月15日，由南平电机厂中标，2台机组总造价966.2万元。其中水轮机转轮（A296）指定由哈尔滨发电多能总公司属下厂家生产。1号机组于1994年11月按期交货安装，保证年底发电目标。2号机组也于1995年4月运抵工地，5月底完成安装调试。

主变压器，由江西变压器厂中标生产，中标价91万元，产品型号为SF7-4000 / 110。桥式起重机选用省起重运输机械总厂生产的2×50吨 / 2×10吨桥起重机，主要由桥架、大车运行机构和装有起升、运行机构的小车组成。10千伏油开关为福州第一开关厂生产的JYN2-10型移开式交流金属封闭式开关设备，110 千伏油开关为河南平顶山高压开关厂生产的 SW7-1102C、100C 型车式断路器。

整个设备安装由闽江水电局负责，于 1993 年 12 月 21 日进点，至 1994 年 3 月底安装好桥机。12 月 31 日，1 号机组安装完成，并一次性并网发电成功。2 号机组于 1995 年 5 月安装完毕。5 月 19 日，省建委在山仔工地召开 2 号机组验收会议，一致同意按期启动。5 月 26 日 21 时 33 分，2 号机组试车运行成功，6 月 5 日正式并网发电。

山仔输电线路由省电建公司承包，金额 245.7 万元。施工队伍 1992 年 5 月 25 日进场，8 月 25 日竣工，11 月 10 日由省厅质检站、电力公司、山仔工程指挥部等 8 个单位对整个线路进行验收并通过。该工程由山仔电厂至官巷变电站计 27 千米 35 千伏输电线路，因提前完成，为山仔发电并网创造条件，并节约费用。

## 第五节　机构与管理

### 一、机构

1984 年，成立县山仔水电站筹备机构，为开发敖江水源作先期准备。1991 年 7 月，山仔水利枢纽工程获国家计委批准立项，福州市于 10 月 15 日成立山仔水利枢纽工程领导小组；连江县于 1991 年 11 月 13 日成立山仔水利枢纽工程指挥部，指挥叶家松，副指挥彭天德，指挥部成员先后共 27 人，还聘吴震扬、曾兆毓等 6 人为顾问。指挥部内设办公室、移民安置科、工程技术科、计财科、材料供应科、资金筹措科 6 个科室，工作人员 41 人。1994 年 12 月，成立山仔水利枢纽管理处，下设财务科、生产技术科、物资供应科、水土水务科、安全保卫科和办公室，同时成立山仔水力发电厂，隶属于山仔管理处管辖。山仔工程指挥部到 1995 年 12 月撤销。2005 年，管理处有员工 17 人，山仔水力发电厂员工 157 人。

### 二、建设资金

1990 年 8 月，山仔水利枢纽工程按初步设计总投资额 13300 万元。1991 年 7 月，国家计委根据中国国际工程咨询公司评估意见，核定工程投资总额 13240 万元。其中水利部定额补助 3000 万元，其余 10240 万元由省、市、县负责筹集。

1992 年 1 月 27 日，副省长苏昌培委托省计委副主任陈永庭，在福州西湖八角亭主持召开山仔水利枢纽工程计划安排和资金拼盘会议，确定工程资金总筹资额为 13300 万元，其中水利部定额补助 3000 万元，由中央建贷 1000 万元，省计委投资 2000 万元，省建行贷款 2000 万元，省中闽公司贷款 500 万元，福州市财政补助 1400 万元，其余由连江县自筹 3400 万元。会议要求有关单位将资金承诺证明送省计委，以便上报开工。但当年在资金筹集过程中，国家投资政策有所改变，资金拼盘重新调整。其中水利部原定无偿补助 3000 万元，由经营性投资 1000 万元。中央建行贷款由 1000 万元增至 2000 万元，增加中行贷款 500 万元，省建行贷款增至 2500 万元（其中债券转贷 1500 万元）。省计委 2000 万元改为经营性投资，中闽公司贷款 500 万元和福州市财政补助 1400 万元不变，连江自筹仍为 3400 万元。1992 年开始，在工程建设过程中，物价持续上升，投资总额有较大突破。1995 年，经报国家水利部审批追加概算 7000 万元，总投资达 2.03 亿元，连江自筹资增至 10400 万元。为此，连江在县内发行电力借款 1500 万元，实筹 1248 万元；发动侨胞、机关、企事业干部、职工捐款等共筹集金 6127 万元，计 7375 万元；争取省、市财政低息或无息借款 3650 万元，加上中央财政补助 100 万元，使自筹资金总额达到 11125 万元，有力地保证工程的正常进展。

山仔水利枢纽工程第一期工程，加上扫尾工程的设备添置和附属设施配套，实际总造价为 2.05 亿元。

至1997年7月止，除上级拨款和补助外，共负债1.69亿元。至2005年底，群众借款基本还清。

**三、质量监理**

1991年，工程一开始就引进监理机制，对整个工程质量进行强制性管理。尤其是水库大坝和机电安装过程实施全方位监理，只要发现某部位工程有质量问题，监理部一票否决。工程监理部从总监理工程师到专门质量管理人员，都始终注意质量控制监督，进行现场监理，严格验收手续，从而保证各建设单元的质量要求。

**四、鉴定验收**

自1994年底1号机组并网发电，2号机组1995年6月5日并网发电，机组运行基本正常。2002年9月25日，省水利厅在连江县主持召开“连江山仔水利枢纽一期工程竣工验收会议”，并通过验收。同年11月20日，省水利厅正式下发《连江县山仔水利枢纽一期工程竣工验收鉴定书》。验收结论：连江山仔水利枢纽一期工程建设项目已按国家水利部审批的设计文件全部建成。工程竣工质量合格，符合设计和规范要求，各单位工程运行基本正常。

**五、运行管理与工程效益**

山仔水利枢纽工程建成发电后，原设计的五大效能，随着可门港建设和经济开发区的扩展，城区人口增加，工业和饮用水骤增，特别是水库作为福州市二水源后，充分显现其巨大作用。但旅游、水产养殖等综合效益有所降低，灌溉功能有所弱化，突出的效益体现在发电、供水和防洪。

**发电**　1995—2005年，累计发电114473千瓦时，销电量101546万千瓦时，实现收入33112万元，完成税收5188万元，上缴财政4276万元。

**供水**　1996年，敖江成为福州二水源后，相继投入2000多万元进行环境保护，保持优良水质，保证福州、连江县城、可门港开发区等饮用水安全和经济发展需要。

**防洪**　1995年，山仔水库建成后，在库区上游装设8个雨量站点、1个水位站点和2个中继站点，作为雨情测报，采集洪水信息，为防洪抗灾提供决策。1997年，县水电局还委托省水电厅水利管理技术服务中心作出《连江县敖江流域水文自动测报系统规划》，采取超短波通信方式与上游山仔水库已建的水文自动测报系统组网调度。改变以往由于雨量测报设施落后，无法快速采集洪水信息，难以为调度决策和实施防灾减灾措施赢得时间的弊病。2005年的13号“泰利”台风，尤其是19号“龙王”台风，最大洪水入库流量5000立方米／秒，为20年一遇的洪水。库区从10月2日10时至23时降雨量达158毫米。23时后水位猛涨，入库洪峰5000立方米／秒。山仔管理处根据根据上游洪水信息，进行科学调度，采取腾空纳洪，在台风登陆前，水库水位就降到83.73米，腾出库容3810万立方米，为后期迎峰纳洪创造条件；充分利用库区水文测报系统，控制下泄流量和泄洪时间，错开下游桃源溪（福州）、西溪及牛溪山洪暴发汇流期。从10月2日23时开始，水库下泄流量由980立方米／秒逐步加大到1500、2000、2500立方米／秒，3日凌晨3时增加到2700立方米／秒，经科学调度，将最大出库流量控制在2700立方米／秒，削减洪峰2300立方米／秒，削峰率达到46%；调峰最高水位88.75米，使下游连江城关防洪堤水位稳定在8.98米以下（以往塘坂流量5000立方米／秒以上，城关水位即达10米以上），从而保证城关防洪堤的安全度汛，大大减轻灾害损失。

# 第三章　塘坂水库电站

## 第一节　工程地质水文

塘坂水库电站位于潘渡乡塘坂村下游的敖江干流，为敖江流域规划第四级电站，系山仔水利枢纽工程反调节水库，也是福州市第二水源配套工程。水库回水长度5.7千米。坝址以上控制流域面积1701平方千米，水库最高蓄水位36.8米，水库离山仔枢纽工程约9千米，距县城38千米，离福州47千米。

根据《中国地震烈度区划图〔1990〕》塘坂区域地震基本烈度为VI度。水库两岸山体雄厚，无低于正常蓄水位的垭口和低邻谷地形，水库蓄水后无渗漏之忧。

据县气象局多年统计资料，塘坂一带年均气温19℃，年均降雨量1337—1671毫米。据塘坂水文站1957—1991年实测，塘坂段多年平均流量为59.9立方米／秒，汛期4—9月平均流量89.2立方米／秒，枯水期10月至次年3月，平均流量30.6立方米／秒。多年平均径流量18亿—19亿立方米。

第二节　勘测设计立项

**一、勘测**

1995年3月，山仔水库建成后，县开始着手抓塘坂水库电站建设的前期准备工作。聘请省水利水电勘测设计研究院进行勘测、规划、设计。当年5月即派队进驻塘坂，选择两个坝址进行地质勘测，经比较推荐上坝址作为水库大坝坝址。同年9月完成《福建省连江塘坂水电站初步设计》编号，1996年11月完成《福建省连江塘坂水库电站可行性研究报告》。

**二、设计**

1996年6月，省委书记贾庆林和省长陈明义考察山仔水库，提出由塘坂引水到福州。市政府当即决定把塘坂水库电站列入市第二供水源的配套工程项目。同年9月16日，工程筹建组委托省江河海岸工程科技咨询服务中心，对省水电设计院提供的《连江塘坂水电站初步设计》进行评估，认为初设基本可行，个别项目进行调整。省水电设计院据此再进行论证、修订：水库正常蓄水位由原设计36.3米提高到36.8米；取消厂内电梯和卫生间；提高有关项目单价，总概算从9962.77万元调整到1.2亿元。

塘坂水库电站作为山仔水利枢纽工程的反调节库，是敖江流域第四级水电工程。除为山仔水库调峰外，为福州和连江供水成为主要功能，还可适时安排发电和农业灌溉。水库大坝，采用五十年一遇洪水设计，二百年一遇洪水校核。福州供水口在大坝上游西岸（右），洞底高程28.8米，洞径3.2米；连江供水口设在东（左）岸，洞底高程28.4米，洞径1.8米。

**三、立项**

1995年5月，县计委向市计委并转报省计委审批塘坂水库电站项目。1996年5月6日，水利部和省政府联合向国家发改委推荐敖江流域水电梯级滚动开发试点项目，因未被采纳而搁置。

1996年7月，省水电厅建议由省水电厅、连江和福州电力三方合资开发，总投资1.2亿元，股份分别为51%、29%、20%。三方已达成协议并签名。因福州市二水源供水工程方案提出，合资开发终止。

1996年7月3日，省计委根据市计委《关于上报连江县山仔二期工程塘坂水电站项目建议书的请示》及省水利水电厅《关于报送连江敖江塘坂梯级水电站项目建议书审查意见的函》，批复同意立项。

## 第三节　前期工作

**一、三通一平**

1996年12月，开始对生活区场地进行平整，修建饮用蓄水池和宿舍。至1997年8月，完成下濑、樜坂路段沥青改水泥路面改造；1998年3月，完成库区1.1千米公路改线和塘板中桥接线建设及临时供电线路。1999年10月，完成塘坂至贵安9.3千米35千伏线路架设，为工程开工创造必备条件。

**二、征地移民**

1998年12月21日，省政府下达福州第二水源工程配套项目征用土地121.4公顷，工程实际用地117.93公顷，节约3.47公顷，其中塘坂、坡西、高岳三个建制村征用40.75公顷，包括水田12.42公顷、旱地0.53公顷，宅地基0.87公顷，荒地26.93公顷。

土地补偿：水田按5年平均产量每市亩补偿5900—6100元，安置费2400—2600元；旱地每亩统一补偿2200元，安置费1000元；荒地每亩补偿580—600元，累计253.31万元。房屋拆迁补偿（含过渡房费）146.66万元。果、竹等补偿46.39万元。各项补偿费共446.36万元，与概算445.13万元超1.23万元。

水库电站工程共淹没民居32户107人，其中塘坂村14户43人，沙洲自然村18户64人。1999年6月5日，经报省政府下达征迁农民农转非专用指标186名（塘坂171名、坡西10名、高岳5名）。

1999年10月，制定搬迁方案，经全体拆迁户同意和县政府批准实施。塘坂14户，就地集中安置在塘坂小学左后侧（离水库水位100米）；沙洲18户，就地后靠迁高集中安置（离水库最高水位80米）。2000年6月，开始新址场地平整，配套建设水、电、路和厕所、污水处理等设施。新房建设按搬迁户4口以上之家每户建筑面积100平方米，5口以上每户120平方米。新房朝向统一、地坪高程统一。至2001年1月，32户全部乔迁完毕。

## 第四节　水库电站建设

**一、导流渠建设**

1998年11月，一期工程动工，先围左岸河床、洪水由右岸明渠通过。1999年3月20日，导流明渠分流，开始围堰处理。1999年9月13日，上游横向围堰截流成功。2000年11月30日，一期上游围堰拆除，二期开始转流。同年12月1日，二期围堰截流成功。11日开始砼浇筑。2001年9月18日，二期围堰拆除。导流工程共挖土石、砂卵石57970立方米，填筑土石方25290立方米，黏土草袋填筑2410立方米，护面竹筋混凝土470立方米，混凝土防渗10670立方米。

**二、大坝厂房建设**

塘坂水库水电工程主要建筑物为二级，采用50年一遇洪水设计，200年一遇洪水校核，坝顶长度226.30米，设泄洪闸4孔，每孔净宽16米。左岸布置河床式厂房及挡水坝段，右岸布置挡水坝段。

挡水坝为混凝土重力坝，右岸坝实长82.8米，左岸坝总长40米，坝顶黄海高程39.8米，最大坝高27.3米。挡水坝上游坡垂直，下游坡以验收签订，底宽26.475米，顶宽6米。

泄洪闸采用流线堰，堰顶高程24.3米。泄洪闸采用底流消能，闸墩后设一长40.2米消力池，消力池底板高 20.5 米，消力坝高程 24.5 米。

厂房为河床式，全长 44.5 米，主机间宽 13 米，高 32.8 米，主厂房自上游起由进水口段、主机间、尾水管段组成，进水段长 14.04 米，尾水管段长 13.88 米，合计厂房总宽 40.92 米。35 千伏开关站采用户内式布置，户内开关站面积 24×8 米，一回 35 千伏出线。

主体建筑物的混凝土浇筑分两期施工。一期于 1999 年 11 月 9 日从连江取水口开始基础开挖，至 2000 年 12 月完成；二期从 2000 年 10 月开始，12 月 11 日开始砼浇筑，至 2001 年 12 月下旬大坝建成。工程历时 2 年又 2 个月。共完成工程量 492 个单元工程，混凝土浇筑 83396 立方米。2001 年 12 月 27 日，省水电厅组织专家对塘坂大坝安全进行鉴定：质量评定合格率 100%，优良率 82.7%，同意大坝蓄水。

**塘坂水库主体工程混凝土浇筑量**

表 18-3-1　　单位：立方米

| 工程部位 | 拦河闸工程 | 拦水坝 | 发电厂房 | 升压站及厂区挡 | 连江取水口及护坡 | 合计 |
|---|---|---|---|---|---|---|
| 工程量 | 37419 | 14529 | 23883 | 5860 | 1705 | 83396 |

**三、金属结构安装**

进水口检修门、尾水事故门、泄水闸检修门均为平面闸门。进水口检修门 5.5×3.1 米，重量 10 吨；尾水门是平坂定轮门 5.5×4.1 米，重量 16 吨；泄水闸检修门 16×3.6 米，重量 32 吨，用 2×25 吨移动启闭机吊到指定的孔口沉放。泄水弧形闸门单扇跨度 16 米、高度 14.5 米，每扇重 98 吨。2001 年 12 月安装完成并调试成功。

**四、下闸蓄水**

2001 年 12 月，塘坂水库水电站主体工程大坝、厂房、开关站建设基本完成，金属结构安装调试成功。为早日发电，指挥部于同年 12 月 25 日召开塘坂水库蓄水环保验收会议，市、县环保局领导及专家参加，通过蓄水验收。12 月 27 日，省水电厅组织专家对塘坂大坝安全进行鉴定，同意大坝蓄水。2002 年 1 月 17 日，指挥部正式宣布下闸蓄水。

**五、电站机电安装**

塘坂水库电站安装由闽江工程局机电安装处中标。整个机电安装包括水轮机和发电机安装、水力机械辅助设备安装、电气安装。发电厂房内装 2 台单机容量 0.55 万千瓦，年发电量 5000 千瓦时。塘坂水电厂水轮发电机组为灯泡贯彻式机组，由重庆水轮厂（报价 1082.00 万元）中标制造。2000 年 12 月，完成 1 台机尾水管的安装，2001 年 6 月水轮设备安装结束。2002 年 2 月 1 日开始，安装 1 号机组，在试运行中发现某些零部件存在较严重缺陷，经专家共同探讨，三次进行零部件折装修缺，4 月 5 日重新调试成功，5 月 19 日并网发电。2 号机组同年 7 月 9 日一次并网发电，投入商业运行。整个工程历时三年七个月。

## 第五节　供水工程

**一、水源保护**

在塘坂水库电站建设过程中，指挥部把库区的环境保护、防止库区污染放在建库的头等大事来抓。2000 年 12 月，市政府颁布《第二水源保护区公告》，明确禁止向水库排放污水；禁止从事旅游、网箱养殖、石板材开采加工、畜牧业及机动船、水上维修业等活动；禁止堆放和贮存固体废物及其他污染物；禁止向水库倾倒工业废渣、生活垃圾和其他废弃物；禁止沿岸农田施用高残留、剧毒农药；禁止进行其他可能污染水源的水上和陆上活动；不得新建、扩建与供水设施和保护水源无关的建设项目。简称“六禁一不”。指挥部配合环保部门和潘渡乡，认真制定库区清污方案。2001 年 5 月，对淹没区开展清污，至 9 月底全面完成，清污面积达 112.53 公顷，清除烧毁库区灌杂木，竹林 2285 丛；拆除移民房屋 15 幢，2850 平方米；厕所 13 间，猪牛栏 20 间，坟墓 19 座。库区经过二次清理和全面的消毒处理，蓄水前还进行了三次冲污。

同时，对非库区（离库岸 100 米以内）的清污工作也丝毫不放松。先后拆除猪牛栏 6 间，搬迁店面 4 间、坟墓 6 座。并在卫生防疫部门的指导下，全部进行消毒处理。2001 年 12 月，经市、县环保局、县卫生防疫站等有关部门鉴定、验收，符合环保要求，同意水库蓄水。

为确保水源水质安全，2002 年 1 月由市环保局牵头，省科宇环保技术有限公司负责设计、施工，在沙洲移民新区建一座采用厌氧滤池和活性污泥污水处理方法（简称“SBR 法微动力”）的污水处理站，日处理污水 50 吨。2002 年 3 月，指挥部委托县监测站对塘坂沙洲新区生活污水实施验收监测，经 2002 年 8 月 22 日、23 日监测验收结果：主要监测项目均符合污水综合排放一级标准。

**二、连江县供水**

连江供水工程，分城区和可门港区两个区域。设计输水线路：引水主渠，管径 1.2—1.3 米，从塘坂至罗岺 24.3 千米；从罗岺分二条支线，一条管径 0.8 米，至观音阁 3.2 千米；另一条管径 1.2 米，从罗岺经东湖等至文山 28.6 千米。城区供水范围包括凤城、琯头、潘渡、晓澳、浦口、江南、敖江、东岱、东湖 9 个乡镇 78 个建制村（居委会）和敖江、琯头、江南三个经济开发区。可门港区供水范围以可门港区为中心，兼顾沿海苔菉、黄岐、安凯、筱埕、马鼻、透堡、官坂、坑园、下宫等乡镇。

连江县供水一期工程设计供水规模 15 万吨／日，其中 5 万吨至观音阁县水厂，2 万吨引东湖为第二水厂，8 万吨引到可门开发区。取水口左岸大坝上游，洞底高程 28.4 米，洞径 1.8 米，穿坝肩而过。二期设计供水规模 30 万吨／日，其中：县水厂 5 万吨，东湖水厂 8 万吨，可门港区 17 万吨，为中型供水工程。

连江供水一期由塘坂水库至观音阁水厂工程，由县自来水公司与市自来水公司合资，县自来水厂占股份 55%。全线长 27.5 千米，其中 4.3 千米为渠道，23.2 千米管道。工程由北京市政三公司、北京市华厦恒建筑公司和沈阳世创自来水建筑公司三家公司中标承建。2004 年 8 月 1 日动工兴建，2004 年底全线开通，2005 年 2 月 5 日正式投入使用。总投资 8500 万元。

**三、福州市供水**

福州市供水工程由福州市单独立项，一期 30 万吨，二期 70 万吨。由塘坂水库取水口向南经桂湖到福州北郊鹅峰村，全长 15.7 千米，设计输水能力 70 万吨／日，主洞过桂湖溪于鹅峰村附近分岔，一条支洞向西到北郊华侨农场，长 1.8 千米，设计日供水为 10 万—20 万吨，另一条支洞至福州火车站接东区水厂，长 4.5 千米，设计日供水能力 50 万—60 万吨。配水管网布置在六一路以东，总长 37.8 千米。1998 年，经国家发改委批准开工。市政府成立敖江饮水工程指挥部，专门负责工程建设。2003 年 8 月 6 日竣工并正式通水。

## 第六节　机构管理

**一、机构**

1998 年 3 月 14 日，县成立塘坂水库电站工程领导小组和工程建设指挥部。领导小组组长俞风云，副组长郑厚雄、林则佃、彭天德、陈康再。成员由县政府21个单位领导组成。工程建设指挥部总指挥俞风云、常务副总指挥林则铏，副指挥3人（后增1人）。

2001年12月27日，塘坂水库大坝验收蓄水后，即成立塘坂水力发电厂，属全民所有制企业，隶属县水利局。2002年7月，工程竣工后，于2002年12月6日召开会议，是日起移交塘坂水力发电厂管理。2004年4月，划属山仔水利纽管理处管辖。2005年，有员工57人，其中有技术职称12人（高级1人、中级2人、初级9人）。

**二、管理**

（一）工程质量监理

1998年12月，塘坂水库电站工程开工后即引进监理机制，聘福州市闽水工程建设监理有限公司为工程监理，签订监理费55万元。负责全程质量监理。2008年1月9日，举行工程竣工验收会议，依据《水利水电工程施工质量评定规程（试行）》（SL176—1996）规定，塘坂水库挡水重力坝、拦河闸坝及发电厂三个单位工程质量均鉴定为合格。同时对存在主要问题提出处理意见：1. 主厂房挡水墙背水面有渗水湿润，应加强观测；2. 主轴密封设计不合理，检修空气围带不起作用，必须排干流道体水，才能进行检修；3. 机组运行噪音较大，影响运行人员身心健康；4. 主变压器载调压、运行电压无法调整，千万电压变化幅度很大，不利运行管理。

验收结论：总体工程施工质量等级合格，竣工验收委员会一致同意竣工验收通过。

（二）资金管理

塘坂工程概算总投资1.2亿元。1998年，由建设银行福建分行贷款4500万元。1999年，由兴业银行贷款4500万元，向省计委争取经营性投资100万元。2001年，由中国银行贷款1000万元，县自筹659万元。资金到位10759万元。工程实际总投资11362万元，比概算节约638万元。

（三）后勤服务

1996年7月3日批准立项后，加大工程服务力度。1998年3月，指挥部先租用90平方米的民房作为办公场所和食堂。1999年，相继建成宿舍楼和食堂，从而保障各项工作有序展开。工程所需水泥、钢材、机电产品以省水电厅物资供应公司和省基建物资供应总公司为主要渠道，及时联络保证按质按时供货，确保工程需要。

（四）运行管理和工程效益

塘坂水电厂投入运行后，立即制定水工运行、大坝监测、水位观测、水库洪水调试和机电设备等运行管理条例，确保生产安全和规范操作。还制定运行值班人员责任制、电厂岗位工作职责，以及水库防汛抗洪预案等3个方面的规章细则，从而使各种技术性能均基本达到设计要求，取得明显的经济效益和社会效益。自2002年5月19日、7月9日两台机组先后投入运行，至2005年，共售电量9170万千瓦时，电费收入2850万元。2003年8月6日开始向福州日供水30万吨，2005年2月5日起向县城日供水5万吨，至2005年底，共供水11700万吨，水费收入1104万元。两项累计收入3954万元。上缴税收313万元，上缴财政150万元，还贷700万元。为下游洪水调降也发挥重要作用。

# 第十九篇　财政税务

## 第一章　财　政

1990年，连江财政总收入4012万元，入不敷出，缺口由省财政定额补助。1991—1993年，仍实行“划分收支，核实基数，定额缴补，增收多留，分类包干”的财政体制。1994年开始，实行国家和地方分税制，1995年总收入超1亿元，1998年超2亿元，2002年超3亿元，2005年达46691万元，是1990年的11.64倍，年均递增17.77%。

连江财政支出，在保证人员经费、各级机构正常运转及法定支出外，重点扶持“三农”，尤其老、少、边、岛不发达地区。1991—2005年，共拨出专项资金2.86亿元，省市支农拨款1.26亿元。2003年起，相继取消农业税和“三提五统”，农民每年减轻税负8279万元。同时，逐步建立社会保障体系，15年累计支出社保经费29812万元，是1990年278万元的107.24倍，年均递增20.36%。科教文卫支出始终是财政支出的大项，15年累计支出116237万元，占全县财政总支出的40.54%。其中教育经费15年累计85391万元，占全县财政支出的比重，由1990年的26.6%，提高至2005年的30.8%。

### 第一节　财政体制

**一、县级财政体制**

1988—1993年实行“划分收支，核实基数，定额缴补，增收多留，分类包干”的体制，以1987年财政收支为基数，一定五年不变。连江县支出大于收入，省财政核实每年补贴连江200万元，并与市财政局签订《改变“财政补贴县”协议》。1990年，县财政一般预算收入4012万元，提前一年实现市财政协议的要求。自1991年起，取消每年200万元补贴基数。1993年全县财政总收入为5649万元，比1990年增长40.8%。

1994年1月起，实行国家与地方政府分税制。省核定连江县收支基数：收入3840万元，支出4766万元，定额补助926万元。县财政收入范围主要有增值税，县享25%，上划中央75%；资源税，县享85%，省享15%；企业所得税，县享50%，上缴中央50%；个人所得税，县享50%，上缴中央50%；土地增值税，县享60%，省享40%；耕地占用税，县享80%，省享20%；城镇土地使用税，县享80%，省享20%。

县地税征收的还有营业税、印花税、房产税、屠宰税、车船使用税、城市维护建设税等。县财政征收的有农业税、农业特产税、契税、耕地占用税；罚没收入，县留80%，上缴20%；还有其他项收入。

2002 年，省财政核定连江财政收入基数 18261 万元，支出基数 21376 万元，定额补助 3115 万元。2003 年，企业所得税和个人所得税上解比重由原有 50% 提高到 60%，连江收入基数减少 599 万元，为 17662 万元；支出基数减少 21 万（药监人员经费），为 21355 万元，定额补助调整为 3693 万元。至 2005 年保持不变。

**二、乡（镇）财政体制**

1989 年起，县财政局对乡（镇）财政实行“定收定支，收支挂钩，总额超收分成，短收抵扣经费”的管理体制，全县 20 个乡镇，上解财政 12 个乡镇，实行补助 8 个乡镇。

1994 年，对乡镇财政实行“划分税种，核实收支，定额缴补，收入递增，总额超收分成”的管理体制。1995—1996 年，首轮实行一定二年。1997—1999 年，第二轮实行一定三年。2000 年起，本着大稳定、小调整的原则，改“收入递增，总额分成”为“超额分档分成”和“短数分项倒扣”。2003—2005 年，改为“超收分成，短收扣支”，一年一定。2005 年，全县 22 个乡镇，财政收入共 11456 万元，是 1990 年 2591 万元的 4.4 倍；财政支出共 3553 万元，是 1990 年 1554 万元的 2.3 倍。有 15 个乡镇上解，7 个乡镇补助。

**1991—2005 年连江乡镇财政收支决算表**

表 19-1-1　　单位：万元

| 年　度 | 财政收入 | 财政支出 | 定额缴补 | |
|---|---|---|---|---|
| | | | 上解乡镇数 | 补助乡镇数 |
| 1991 年 | 2934 | 1854 | 10 个镇 2 个乡 | 4 个镇 4 个乡 |
| 1992 年 | 3385 | 2241 | 10 个镇 2 个乡 | 4 个镇 4 个乡 |
| 1993 年 | 4187 | 2468 | 10 个镇 1 个乡 | 4 个镇 5 个乡 |
| 1994 年 | 4256 | 3687 | 8 个镇 1 个乡 | 6 个镇 6 个乡 |
| 1995 年 | 5517 | 4231 | 8 个镇 1 个乡 | 6 个镇 6 个乡 |
| 1996 年 | 6193 | 4638 | 9 个镇 1 个乡 | 5 个镇 6 个乡 |
| 1997 年 | 6725 | 5258 | 6 个镇 1 个乡 | 9 个镇 6 个乡 |
| 1998 年 | 7327 | 5945 | 6 个镇 | 9 个镇 7 个乡 |
| 1999 年 | 8000 | 6561 | 6 个镇 | 9 个镇 7 个乡 |
| 2000 年 | 9228 | 6919 | 7 个镇 | 9 个镇 6 个乡 |
| 2001 年 | 10146 | 8499 | 5 个镇 | 11 个镇 6 个乡 |
| 2002 年 | 11294 | 7484 | 8 个镇 | 7 个镇 7 个乡 |
| 2003 年 | 7785 | 9923 | 3 个镇 | 13 个镇 6 个乡 |
| 2004 年 | 10029 | 3343 | 13 个镇 2 个乡 | 3 个镇 4 个乡 |
| 2005 年 | 11456 | 3553 | 12 个镇 3 个乡 | 4 个镇 3 个乡 |
| 合计 | 108462 | 76604 | — | — |

**连江县若干年份乡镇财政收支情况表**

表 19-1-2　　单位：万元

| 年份 | 1990 | | 1995 | | 2000 | | 2005 | |
|---|---|---|---|---|---|---|---|---|
| 项目<br>乡镇 | 财政收入 | 财政支出 | 财政收入 | 财政支出 | 财政收入 | 财政支出 | 财政收入 | 财政支出 |
| 凤城镇 | 215 | 96 | 556 | 215 | 1487 | 463 | 2294 | 209 |
| 敖江镇 | 198 | 168 | 750 | 439 | 1320 | 379 | 3167 | 277 |
| 江南乡 | — | — | — | — | 125 | 298 | 299 | 220 |
| 东湖镇 | 59 | 67 | 96 | 163 | 113 | 263 | 76 | 137 |
| 浦口镇 | 116 | 78 | 257 | 261 | 267 | 395 | 307 | 162 |
| 东岱镇 | 139 | 93 | 369 | 245 | 321 | 433 | 300 | 137 |
| 晓澳镇 | 154 | 93 | 210 | 223 | 358 | 392 | 319 | 131 |
| 琯头镇 | 352 | 149 | 1151 | 435 | 2044 | 600 | 2286 | 221 |
| 潘渡乡 | 76 | 75 | 463 | 218 | 121 | 240 | 164 | 225 |
| 小沧乡 | 6 | 30 | 10 | 91 | 15 | 165 | 20 | 137 |
| 蓼沿乡 | 52 | 72 | 120 | 205 | 206 | 331 | 255 | 241 |
| 丹阳镇 | 65 | 64 | 138 | 164 | 284 | 271 | 257 | 182 |
| 长龙镇 | 39 | 50 | 34 | 145 | 133 | 246 | 153 | 116 |
| 马鼻镇 | 130 | 102 | 204 | 190 | 293 | 378 | 97 | 168 |
| 透堡镇 | — | 9 | 48 | 132 | 89 | 229 | 140 | 119 |
| 官坂镇 | 45 | 72 | 84 | 171 | 88 | 319 | 216 | 121 |
| 坑园镇 | 241 | 74 | 118 | 139 | 209 | 213 | 220 | 149 |
| 下宫乡 | — | — | 25 | 114 | 68 | 194 | 48 | 96 |
| 筱埕镇 | 195 | 90 | 218 | 203 | 356 | 321 | 152 | 159 |
| 安凯乡 | 89 | 52 | 83 | 146 | 139 | 197 | 160 | 115 |
| 黄岐镇 | 130 | 67 | 197 | 169 | 575 | 250 | 341 | 116 |
| 苔菉镇 | 290 | 53 | 386 | 163 | 617 | 342 | 185 | 115 |
| 合　计 | 2591 | 1554 | 5517 | 4231 | 9228 | 6919 | 11456 | 3553 |

### 三、农村财税改革

1991 年，村一级财政较薄弱，部分地方出现乱收费、乱摊派、乱集资现象。县财政部门配合农业、审计、纪检、监察等部门，每年结合村财专项审计，对农民负担进行预决算审批，各项统筹和提留收支情况依法予以公布。1996 年，县成立减轻农民负担办公室，加大减负工作力度，给每个农户发放监督卡，全县共发 14.4 万份，建立监测点 22 个，监测户 220 户，要求农民各项负担不超过 1995 年人均纯收入的 5%。1992—2002 年，相继查处农村中小学乱收费 18 起，违规金额 1293 万元，全数退还学生家长；查处建房、结婚等搭车乱收费 181 起，19.87 万元，全部退还农民。

2003 年 1 月起，在全县开展“五取消、一稳定、一改革”，即取消向农民征收的财政事业性收费和政府性基金，取消除烟叶、原木外的特产税，取消屠宰税，取消乡统筹，取消劳动积累工和义务工；稳定农业税政策；改革村提留征收使用办法。县和乡镇均成立农村税费改革领导小组。同年10月23日，出台《连江县农村税费改革试点实施方案》，深入各村开展专题调研、测算和巡视督查。2004年，又免征延续数千年的农业税，并对乡镇财税实行综合改革配套措施。全县清退“三提五统”53524户，1715.25万元，户均320元，清退率100%；精简乡镇行政人员210名，占26.25%，事业人员212名，占23.95%；取消农村教育学区制；核实村主干享受全额补助3—5人，推行村财务公开和“零接待”等制度，完善村级财务核算和管理；加大财政转移支付力度，县财政对乡镇转移补助，2003年3983万元（其中省补助3379万元，县配套604万元），2004年3784万元（其中省补助3466万元，县配套318万元），2005年4774万元（其中省补助4057万元，市65万元，县652万元）；实现乡镇行政人员、教员工资由县财政直接发放，村主干补助人月300元，计生专管员人月200元，村公务费年0.8万—1万元，“五保”（保吃、保穿、保住、保医、保葬）人员补助人月130元，以及优抚等资金均由县财政安排拨付。

**2003—2005年连江农村税费改革转移支付补助表**

表19-1-3　　单位：万元

| 年份<br>项目 | 2003年转移支付 | | | 2004年转移支付 | | | 2005年转移支付 | | | |
|---|---|---|---|---|---|---|---|---|---|---|
| | 小计 | 省补助 | 县配套 | 小计 | 省补助 | 县配套 | 小计 | 省补助 | 市补助 | 县配套 |
| 一、财税转移支付 | 944.00 | 944.00 | — | 1051.00 | 1051.00 | — | 1320.00 | 1320.00 | — | — |
| 1. 取消特产税屠宰税补助 | 944.00 | 944.00 | — | 944.00 | 944.00 | — | 944.00 | 944.00 | — | — |
| 2. 免征农业税和原木补助 | — | — | — | 107.00 | 107.00 | — | 376.00 | 376.00 | — | — |
| 二、专项转移支付 | 3039.47 | 2435.00 | 604.47 | 2733.45 | 2415.00 | 318.45 | 3453.88 | 2736.76 | 65.15 | 651.97 |
| 1.“五保”人员生活补助 | 110.19 | 110.02 | 0.19 | 110.00 | 110.00 | — | 116.74 | 110.00 | — | 6.74 |
| 2. 村级支出运转补助 | 539.84 | 538.00 | 1.84 | 540.40 | 538.00 | 2.40 | 551.32 | 542.00 | — | 9.32 |
| 3. 乡村两级办学补助 | 1449.20 | 1438.00 | 11.20 | 1438.00 | 1438.00 | — | 1438.00 | 1438.00 | — | — |
| 4. 乡镇机构运转补助 | 437.12 | 283.00 | 154.12 | 439.05 | 283.00 | 156.05 | 444.40 | 283.00 | — | 161.40 |
| 5. 村农民技术员津贴 | — | — | — | — | — | — | 44.16 | 18.86 | 14.15 | 11.15 |
| 6. 困难乡镇运转补助 | — | — | — | — | — | — | 127.00 | 50.00 | — | 77.00 |
| 7. 村计生管理员补助 | 248.87 | — | 248.87 | — | — | — | 69.36 | 63.00 | — | 6.36 |
| 8. 社区委员会补助 | — | — | — | — | — | — | 4.80 | 4.80 | — | — |
| 9. 农村低保 | — | — | — | 206.00 | 46.00 | 160.00 | 206.00 | 44.00 | — | 162.00 |
| 10. 革命“五老”生活补助 | — | — | — | — | — | — | 118.60 | 76.50 | 27.10 | 15.00 |
| 11. 城镇低保生活补助 | — | — | — | — | — | — | 40.00 | 18.00 | | 22.00 |
| 12. 优抚事业补助 | 188.25 | — | 188.25 | — | — | — | 293.50 | 88.60 | 23.90 | 181.00 |
| 13. 民兵训练费补助 | 66.00 | 66.00 | — | — | — | — | — | — | — | — |
| 合计 | 3983.47 | 3379.00 | 604.47 | 3784.45 | 3466.00 | 318.45 | 4773.88 | 4056.76 | 65.15 | 651.97 |

# 第二节　财政收入

连江财政收入基础差，规模小。1990 年，全县财政总收入才达 4012 万元，各项税收占 84.4%，其他收入占 23.8%，企业收入负 8.2%。1991 年起，探索依法聚财之道，培植财源，想方设法多渠道融资，加快基础设施建设，改善投资环境，扶持农业，发展工业，培植第三产业，全县经济持续稳定增长，财政收入稳定增加。1995 年，全县财政总收入超过 1 亿元。2005 年全县财政总收入达 4.67 亿元，比 1990 年增长 10.6 倍，其中上划中央收入 1.18 亿元，占总收入 25.36%；县一般预算收入 2.79 亿元，占 59.74%；基金预算收入 0.70 亿元，占 15.0%。

**1991—2005 年连江县财政总收入表**

表 19-1-4　　单位：万元

| 年份 | 一般预算收入 | 上划中央收入 | 基金预算收入 | 财政总收入 | 年份 | 一般预算收入 | 上划中央收入 | 基金预算收入 | 财政总收入 |
|---|---|---|---|---|---|---|---|---|---|
| 1991 年 | 4624 | — | — | 4624 | 1999 年 | 18239 | 3695 | 2049 | 23983 |
| 1992 年 | 4961 | — | — | 4961 | 2000 年 | 20053 | 4287 | 2417 | 26957 |
| 1993 年 | 5649 | — | — | 5649 | 2001 年 | 21557 | 4991 | 2877 | 29425 |
| 1994 年 | 6610 | 2158 | — | 8768 | 2002 年 | 21032 | 7722 | 3323 | 32077 |
| 1995 年 | 9351 | 2806 | — | 12157 | 2003 年 | 24570 | 9155 | 3604 | 37329 |
| 1996 年 | 11468 | 3210 | — | 14678 | 2004 年 | 25058 | 10473 | 4095 | 39626 |
| 1997 年 | 13189 | 3557 | 2489 | 19235 | 2005 年 | 27895 | 11841 | 6955 | 46691 |
| 1998 年 | 15610 | 4000 | 1790 | 21400 | 合计 | 229866 | 67895 | 29599 | 327360 |

## 一、上划中央收入

1994 年 1 月起，国税在连江县征收的主要有消费税 100%；增值税 75%；企业所得税和个人所得税 50%（2003 年调高为 60%）。1994 年，连江上划中央收入为 2158 万元。随着工商税种改革，增值税税源范围扩大，上缴比率调高，中央税收逐年增长，2005 年，上划中央收入达 11841 万元，比 1994 年增长近 4.5 倍。1994—2005 年，12 年共上划中央收入 67895 万元。

## 二、县级一般预算收入

县级财政历来以工商税和农业税为主体，1991—1993 年分税制前三年，两税比重占 89.39%，企业收入负 5.21%，其他收入 15.82%。分税制后，收入结构发生较大变化。1994—2005 年，两税收入比重降到 68.43%，企业收入扭亏为盈比重达 6.76%，其他收入比重跃升至 24.81%。

### （一）税收入库

1990 年，税收入库 3387 万元（其中工商各税 2851 万元，农业四税 536 万元），占财政总收入 84.42%。1991—1993 年，随着经济发展，税收入库逐年增多，三年共入库 13618 万元，年均 4539 万元，比 1990 年增收 34%。1994 年后，征收国税 6 种、地税 13 种、财政征收农业四税（2003 年取消特产税、2004 年免征农业税，剩下 2 种）。1994—2005 年，全县税收入库共 146872 万元，年均 12239 万元，比分税前三年平均数增长 1.7 倍。2005 年，税收入库 19856 万元，占财政预算收入 71.18%。

## 1991—2005年连江县税收入库情况表

表19-1-5

| 年份 | 工商各税（万元） | | | | | | 农业四税（万元） | | | | | 税收入库合计（万元） | 占预算收入（%） |
|---|---|---|---|---|---|---|---|---|---|---|---|---|---|
| | 增值税 | 营业税 | 企业所得税 | 个人所得税 | 其他税种 | 小计 | 农业税 | 特产税 | 耕地占用税 | 契税 | 小计 | | |
| 1991年 | 494 | 1089 | 36 | 18 | 1507 | 3144 | 127 | 476 | 16 | 9 | 628 | 3772 | 81.54 |
| 1992年 | 648 | 1288 | 354 | 46 | 1264 | 3600 | 134 | 532 | 32 | 18 | 716 | 4316 | 87.00 |
| 1993年 | 944 | 1863 | 488 | 47 | 1544 | 4886 | 121 | 464 | 35 | 24 | 644 | 5530 | 97.89 |
| 1994年 | 685 | 1619 | 785 | 184 | 417 | 3690 | 274 | 1531 | 75 | 51 | 1931 | 5621 | 85.04 |
| 1995年 | 849 | 2053 | 798 | 563 | 712 | 4975 | 300 | 1734 | 104 | 95 | 2233 | 7208 | 77.08 |
| 1996年 | 983 | 2379 | 1122 | 874 | 948 | 6306 | 435 | 1551 | 157 | 153 | 2296 | 8602 | 75.01 |
| 1997年 | 1104 | 2787 | 1169 | 1217 | 1086 | 7363 | 300 | 1302 | 279 | 135 | 2016 | 9379 | 71.11 |
| 1998年 | 1290 | 3848 | 1359 | 1631 | 829 | 8957 | 313 | 1206 | 143 | 539 | 2201 | 11158 | 71.48 |
| 1999 | 1184 | 4191 | 1617 | 2061 | 1089 | 10142 | 287 | 1427 | 204 | 472 | 2390 | 12532 | 68.71 |
| 2000 | 1380 | 4411 | 1742 | 2022 | 1126 | 10681 | 253 | 1660 | 141 | 669 | 2723 | 13404 | 66.84 |
| 2001 | 1622 | 4868 | 3456 | 2635 | 1120 | 13701 | 105 | 1544 | 536 | 561 | 2746 | 16447 | 76.3 |
| 2002 | 1644 | 5340 | 1639 | 1037 | 1437 | 11097 | 271 | 1812 | 157 | 631 | 2871 | 13968 | 66.41 |
| 2003 | 1846 | 6035 | 1390 | 960 | 1568 | 11799 | 31 | 94 | 313 | 1035 | 1473 | 13272 | 54.02 |
| 2004 | 1232 | 7877 | 1569 | 1284 | 2040 | 14002 | 10 | 5 | 290 | 1118 | 1423 | 15425 | 61.56 |
| 2005 | 2215 | 9801 | 1933 | 1476 | 2556 | 17981 | — | — | 374 | 1501 | 1875 | 19856 | 71.18 |
| 合计 | 18120 | 59449 | 19457 | 16055 | 19243 | 132324 | 2961 | 15338 | 2856 | 7011 | 28166 | 160490 | 69.82 |

（一）企业收入

包括国有资产经营收益，占财政预算收入比重很小。1990年，连江县国有企业共51家，其中预算内工业企业16家，部门企业35家，多数是20世纪50年代创办的小型企业，基础薄弱，设备陈旧，产品缺乏市场竞争力，加上离退休人员多，包袱重，1990年预算内企业亏损达328万元。1991年起，分别不同类型进行改制，仍难改变亏损局面，1991—1994年，企业收入累计赤字1041万元。1995年，山仔水利枢纽工程建成提前投产，上缴利用1000万元，企业收入首次出现盈余。随后，加强国有资产管理，国资经营收益增长较快，企业收入盈余增多。1995—2005年，企业收入累计14761万元，扣除前4年亏损额后净收入13720万元，占财政预算收入累计数的5.97%。2005年企业收入3035万元，为历史最高，占当年预算收入的10.88%。

（二）其他收入

包括行政性规费收入、罚没收入、排污费、教育附加费、探采矿使用费等专项收入和清理“小钱柜”“小金库”等收入。2002年起，社会抚养费也纳入其他收入预算管理，其他各项收入有较大增幅。1991—2005年，15年累计收入55656万元，占预算收入累计数的24.21%。最高收入是2003年，收入10506万元，占当年预算收入的42.76%。2005年收入5004万元，占当年预算收入17.94%。

## 1991—2005 年连江县财政一般预算收入情况表

表 19-1-6　　单位：万元

| 年份 | 一般预算收入 | 其中 | | | | 上年结余 | 上级补助 | 调入资金 | 总计 |
|---|---|---|---|---|---|---|---|---|---|
| | | 工商各税 | 农业四税 | 企业收入 | 其他各项收入 | | | | |
| 1991 年 | 4624 | 3144 | 628 | —286 | 1138 | 901 | 1615 | — | 7140 |
| 1992 年 | 4961 | 3600 | 716 | —100 | 745 | 772 | 2585 | — | 8318 |
| 1993 年 | 5649 | 4886 | 644 | —408 | 527 | 1058 | 2458 | — | 9165 |
| 1994 年 | 6610 | 3690 | 1931 | —247 | 1236 | 1085 | 2219 | — | 9914 |
| 1995 年 | 9351 | 4975 | 2233 | 779 | 1364 | 1390 | 2559 | — | 13300 |
| 1996 年 | 11468 | 6306 | 2296 | 977 | 1889 | 1023 | 2710 | — | 15201 |
| 1997 年 | 13189 | 7363 | 2016 | 1058 | 2752 | 1716 | 2660 | — | 17565 |
| 1998 年 | 15610 | 8957 | 2201 | 1100 | 3352 | 1958 | 3026 | 203 | 20797 |
| 1999 年 | 18239 | 10142 | 2390 | 1089 | 4618 | 1884 | 3756 | 129 | 24008 |
| 2000 年 | 20053 | 10681 | 2723 | 659 | 5990 | 2795 | 3318 | — | 26166 |
| 2001 年 | 21557 | 13701 | 2746 | 1246 | 3864 | 3408 | 3986 | — | 28951 |
| 2002 年 | 21032 | 11097 | 2871 | 1037 | 6027 | 1798 | 5880 | 169 | 28879 |
| 2003 年 | 24570 | 11799 | 1473 | 792 | 10506 | 2731 | 10244 | — | 37545 |
| 2004 年 | 25058 | 14002 | 1423 | 2989 | 6644 | 4417 | 11992 | — | 41467 |
| 2005 年 | 27895 | 17981 | 1875 | 3035 | 5004 | 4708 | 12498 | 1500 | 46601 |
| 合计 | 229866 | 132324 | 28166 | 13720 | 55656 | 31644 | 71506 | 2001 | 335017 |

说明：1990 年预算收入 4012 万元，工商税 2851 万元，农业四税 536 万元，企业收入负 328 万元，其他收入 953 万元

### 三、基金预算收入

1994 年 10 月，行政性收费项目纳入一般财政预算管理。1995 年教育附加费和电力建设基金纳入预算管理。从 1997 年 1 月起，县建立基金收入项目，作为县级财政总收入的一部分，并单独进行预决算。其中最大两项，一是教育附加费改为教育基金，1997—2003 年累计征 12401 万元，2004 年后停征；二是国有土地有偿使用和建设用地有偿使用收入，2000—2005 年累计征收 15051 万元。其他如工交部门养路费，农业部门育林基金、水利建设基金，环保部门排污费等收入，总计仅 2147 万元。

## 1997—2005 年连江县财政基金预算收入情况表

表 19-1-7　　单位：万元

| 年份 | 工交部门基金 | 农业部门基金 | 教育基金 | 土地有偿使用 | 其他各项基金 | 基金预算收入小　计 | 上年结余 | 上级补助 | 总 计 |
|---|---|---|---|---|---|---|---|---|---|
| 1997 年 | — | — | 2126 | — | 363 | 2489 | 695 | 59 | 3243 |
| 1998 年 | — | — | 1601 | — | 189 | 1790 | 680 | 151 | 2621 |
| 1999 年 | — | — | 1856 | — | 193 | 2049 | 817 | 179 | 3045 |

续表 19-1-7

| 年份 | 工交部门基金 | 农业部门基金 | 教育基金 | 土地有偿使用 | 其他各项基金 | 基金预算收入小计 | 上年结余 | 上级补助 | 总计 |
|---|---|---|---|---|---|---|---|---|---|
| 2000 年 | — | — | 1892 | 292 | 233 | 2417 | 1033 | 339 | 3789 |
| 2001 年 | — | — | 1763 | 944 | 170 | 2877 | 1062 | 185 | 4124 |
| 2002 年 | 28 | 30 | 2083 | 952 | 230 | 3323 | 1139 | 1251 | 5713 |
| 2003 年 | 65 | 83 | 1080 | 2353 | 23 | 3604 | 1419 | 435 | 5458 |
| 2004 年 | 68 | 222 | — | 3766 | 39 | 4095 | 1727 | 324 | 6146 |
| 2005 年 | 34 | 113 | — | 6744 | 64 | 6955 | 990 | 1042 | 8987 |
| 合计 | 195 | 448 | 12401 | 15051 | 1504 | 29599 | 9562 | 3965 | 43126 |

**四、上级补助收入**

1991—1993 年，主要包括上级财政定额补助、专项拨款和年终结算补助三项。1994 年后，定额补助改为体制补助（含增值税、所得税、税收返还收入）。2003 年，农村税费改革后增加转移支付补助。2003 年后，上级财政转移支付补助增加，年补助额超过 1 亿元，2005 年达 12498 万元，比 1990 年 1886 万元增加 5.6 倍。15 年累计补助 71506 万元。

## 第三节 财政支出

连江财政规模不大，历来注重开源节流，量入为出，根据“一要吃饭，二保法定支出，三要建设”的原则，科学统筹，严格管理，保证稳定，关注民生，突出重点，促进发展。1991—2005 年，15 年累计县级一般预算支出 286688 万元，年均 19112 万元，是 1990 年支出（4765 万元）的 4 倍。1997—2005 年，各项基金支出 31302 万元，年均 3478 万元，上解支出累计 10500 万元。

**一、县级一般预算支出**

县一般预算支出是财政支出的主体，最大支出项目是科教文卫，1991—2005 年，15 年累计 116237 万元，占总支出的 40.54%；其次是行政支出（包括公检法），累计 58271 万元，占 20.33%；第三是经济建设支出 37986 万元，占 13.25%；第四是社保支出 29812 万元，占 10.40%；其他支出 44382 万元，占 15.4%。1991—2005 年，累计支出 286688 万元。

（一）科教文卫支出

重点是教育，1991 年支出 1527 万元 . 占科教文卫支出 67.99%。1995 年增到 3144 万元，2000 年增到 6747 万元，占科教文卫支出 73.27%。1991—2005 年累计 85391 万元。2005 年 11651 万元，比 1990 年增长 8.2 倍。卫生事业 15 年累计支出 15389 万元，年均 1026 万元，2005 年 1560 万元，是 1990 年 372 万元的 4.2 倍。科技、文化、体育经费 15 年累计 9707 万元，年均 647 万元，是 1990 年的 5 倍。计划生育经费 15 年累计支出 5750 万元，年均 383 万元，2005 年支出 1240 万元，是 1990 年的近 20 倍。

### 1991—2005 年连江县科教文卫财政支出情况表

表 19-1-8

| 年份 | 教育 | | 科技文体 | | 卫生医疗 | | 计划生育 | | 合计（万元） | 占县财政支出比例（%） |
|---|---|---|---|---|---|---|---|---|---|---|
| | 支出（万元） | 占县财政支出（%） | 支出（万元） | 占县财政支出比例（%） | 支出（万元） | 占县财政支出比例（%） | 支出（万元） | 占县财政支出比例（%） | | |
| 1991 年 | 1527 | 26.3 | 246 | 4.2 | 378 | 6.5 | 95 | 1.7 | 2246 | 38.7 |
| 1992 年 | 1648 | 24.7 | 184 | 2.8 | 499 | 7.5 | 98 | 1.5 | 2429 | 36.5 |
| 1993 年 | 1917 | 26.5 | 183 | 2.5 | 482 | 6.7 | 81 | 1.1 | 2663 | 36.8 |
| 1994 年 | 2944 | 35.3 | 183 | 2.2 | 694 | 8.4 | 110 | 1.3 | 3931 | 47.2 |
| 1995 年 | 3144 | 26.3 | 363 | 3.0 | 859 | 7.2 | 151 | 1.2 | 4517 | 37.7 |
| 1996 年 | 3851 | 29.3 | 497 | 3.8 | 820 | 6.2 | 211 | 1.6 | 5379 | 40.9 |
| 1997 年 | 4531 | 29.9 | 524 | 3.4 | 1035 | 6.8 | 222 | 1.5 | 6312 | 41.6 |
| 1998 年 | 5472 | 30.1 | 644 | 3.6 | 1145 | 6.3 | 222 | 1.2 | 7483 | 41.2 |
| 1999 年 | 6186 | 29.7 | 863 | 4.1 | 1223 | 5.9 | 222 | 1.1 | 8494 | 40.8 |
| 2000 年 | 6747 | 30.4 | 955 | 4.3 | 1275 | 5.7 | 231 | 1.0 | 9208 | 41.4 |
| 2001 年 | 8616 | 32.5 | 1106 | 4.2 | 1496 | 5.6 | 332 | 1.2 | 11550 | 43.5 |
| 2002 年 | 7110 | 27.5 | 739 | 2.9 | 1230 | 4.8 | 652 | 2.5 | 9731 | 37.7 |
| 2003 年 | 10067 | 31.6 | 1495 | 4.7 | 1319 | 4.1 | 929 | 2.9 | 13810 | 43.3 |
| 2004 年 | 9980 | 28.5 | 988 | 2.8 | 1374 | 3.9 | 954 | 2.7 | 13296 | 37.9 |
| 2005 年 | 11651 | 30.8 | 737 | 1.9 | 1560 | 4.1 | 1240 | 3.3 | 15188 | 40.1 |
| 合计 | 85391 | 29.8 | 9707 | 3.4 | 15389 | 5.3 | 5750 | 2.0 | 116237 | 40.5 |

（二）行政和公检法支出

1991 年，行政和司法支出 935 万元，占财政预算支出的 16.1%。1995 年增加到 2346 万元，占 19.6%。1997 年后，公检法人员增加，支出增幅较大。2000 年，行政司法支出共 4924 万元，占预算支出 22.15%。2005 年，行政管理支出 4709 万元，公检法支出 3485 万元，分别是 1990 年的 7.7 倍和 17 倍。

（三）经济建设支出

1991 年，经济建设支出 1355 万元，占预算支出的 23.31%。重点扶持“三农”，稳定粮食生产，发展海洋经济和特色高优农业。1995 年增加到 2676 万元。1996 年，县财政争取到亚洲银行贷款 285.71 万美元，建设农资市场，培育农业种苗和水土保持、农药肥料、养殖加工等项目。1998 年，争取到世界银行贷款 273.6 万美元（实际到位 118.56 万美元），造渔政船，建养殖生物病害防治中心、海带种苗场及发展扇贝养殖 10 公顷、网箱 27 单元、吊蛎 100 公顷、海带 10 公顷。1998—2001 年，相继举借国债 2395 万元，建设沿海堤防、黄岐国家一级渔港等项目。同时，逐步加大对工业、交通建设的投入，相继争取省市专项补助 1197 万元，重点是建设山仔、塘坂水电厂、电网改造和部分企业技改，补助 68 个乡村修建路桥 116.8 千米。2001 年起，通过县国有资产营运公司，广辟融资渠道，吸纳国内外资金，以扭转工业短腿、基础设施滞后局面。2001—2005 年，县财政投入经济建设资金 15259 万元，从商业银行、国家开发银行等融资达 7 亿多元（已使用 1.74 亿元），相继建设敖江、琯头两个投资区、可门港区疏港公路、铁路支线、县城区道路、排涝设施等。同时，国家和省市财政也加大对基础设施建设的投入。据不完全统计，多渠道投资超过 20 亿元，使境内国道、高速路、省道、县道及乡村道路 869 千米普遍硬化，投资环境大有改善。

（四）社会保障支出

1991 年，社保支出主要有优抚、社会救济、福利事业等项，年平均支出 300 万元左右。1995 年 10 月起，县直机关事业工作人员实施退休养老保险制度，县财政负担全额拨款单位在岗职工工资总额的 25%，差额拨款单位的 10%。2002 年 1 月起，原享受公费医疗的县直单位改为医疗保险，纳入社保支出盘子，行政事业单位离退休支出同时纳入社保体系。同年 4 月 23 日起，调高退休养老保险的财政负担比重，全额拨款单位财政负担增至 27%，差额拨款单位增至 15%。同时，对全县城镇下岗职工和在职特困职工 146 户 519 人实行低保，年支出 40 万元左右。2003 年，城镇居民和农村最低生活保障对象增加 368 户 1470 人，还提高优抚对象抚恤标准，支持劳动力市场建设和转业转岗培训，促进再就业工作。社保体系日益完善，财政分配结构日趋公平合理。按新口径的社保支出，15 年累计 29812 万元，占县财政预算累计支出的 10.4%，其中 2005 年达 7307 万元，是 1990 年 278 万元的 26 倍多，年均递增 24.35%，增幅超出所有支出项目。

（五）其他支出

主要项目有国防民兵、武警支前外事、城市维护、支援不发达地区、价格补贴等，1991—2005 年累计支出 44382 万元，占财政预算支出的 15.48%。

**1991—2005 年连江县财政一般预算支出情况表**

表 19-1-9 单位：万元

| 年份 | 一般预算支出 | 其中 | | | | | | 上解支出 | 年终结余 | 总计 |
|---|---|---|---|---|---|---|---|---|---|---|
| | | 科教文卫 | 经济建设 | 社会保障 | 行政管理 | 公安司法 | 其他各项 | | | |
| 1991 年 | 5811 | 2246 | 1355 | 310 | 728 | 207 | 965 | 557 | 772 | 7140 |
| 1992 年 | 6661 | 2429 | 1766 | 260 | 839 | 225 | 1142 | 599 | 1058 | 8318 |
| 1993 年 | 7228 | 2663 | 1229 | 340 | 1003 | 249 | 1744 | 852 | 1085 | 9165 |
| 1994 年 | 8334 | 3931 | 900 | 339 | 1457 | 548 | 1159 | 190 | 1390 | 9914 |
| 1995 年 | 11967 | 4517 | 2676 | 406 | 1790 | 556 | 2022 | 310 | 1023 | 13300 |
| 1996 年 | 13142 | 5379 | 2632 | 430 | 1845 | 809 | 2047 | 303 | 1716 | 15161 |
| 1997 年 | 15161 | 6312 | 2372 | 432 | 2303 | 1377 | 2365 | 504 | 1958 | 17623 |
| 1998 年 | 18173 | 7483 | 3614 | 509 | 2398 | 1230 | 2939 | 740 | 1884 | 20797 |
| 1999 年 | 20799 | 8494 | 3194 | 646 | 2631 | 1782 | 4052 | 414 | 2795 | 24008 |
| 2000 年 | 22226 | 9208 | 2989 | 802 | 2814 | 2110 | 4303 | 532 | 3408 | 26166 |
| 2001 年 | 26546 | 11550 | 3773 | 1356 | 3293 | 2410 | 4164 | 607 | 1798 | 28951 |
| 2002 年 | 25801 | 9731 | 2883 | 4428 | 2905 | 2138 | 3716 | 347 | 2731 | 28879 |
| 2003 年 | 31863 | 13810 | 2302 | 5800 | 3234 | 2536 | 4181 | 1265 | 4417 | 37545 |
| 2004 年 | 35095 | 13296 | 2797 | 6447 | 3958 | 2702 | 5895 | 1389 | 4983 | 41467 |
| 2005 年 | 37881 | 15188 | 3504 | 7307 | 4709 | 3485 | 3688 | 1891 | 6829 | 46601 |
| 合计 | 286688 | 116237 | 37986 | 29812 | 35907 | 22364 | 44382 | 10500 | 37847 | 335035 |

### 二、基金预算支出

1994—1996 年，各项基金和行政收费纳入县财政一般预算。1997 年 1 月起，建立基金收支项目单独预决算。至 2005 年，9 年共支出 31302 万元。最大项目是土地有偿使用支出 14200 万元，占 45.34%；其次是农村教育附加费支出，1997—2003 年每年都在 1100 万—2300 万之间。2004 年，教育附加费停征后骤降，9 年共支出 13190 万元，占 42.14%；农业部门基金支出 2384 万元，占 7.62%；工交等其他各项基金支出 1528 万元，占 4.88%。

**1997—2005 年连江县基金预算支出情况表**

表 19-1-10　　单位：万元

| 年份 | 土地有偿使用支出 | 文教基金支出 | 农业基金支出 | 工交基金支出 | 其他基金支出 | 基金预算支出累计 | 调出资金 | 上解支出 | 年终结余 | 总计 |
|---|---|---|---|---|---|---|---|---|---|---|
| 1997 年 | — | 2323 | — | — | 182 | 2505 | — | 58 | 680 | 3243 |
| 1998 年 | — | 1541 | 75 | — | 134 | 1750 | — | 54 | 817 | 2621 |
| 1999 年 | — | 1692 | 106 | 30 | 78 | 1906 | — | 106 | 1033 | 3045 |
| 2000 年 | 3 | 2323 | 232 | 20 | 92 | 2670 | — | 57 | 1062 | 3789 |
| 2001 年 | 1221 | 1418 | 11 | 50 | 200 | 2900 | — | 85 | 1139 | 4124 |
| 2002 年 | 1598 | 2115 | 359 | — | 171 | 4243 | — | 51 | 1419 | 5713 |
| 2003 年 | 1850 | 1166 | 428 | 65 | 154 | 3663 | — | 68 | 1727 | 5458 |
| 2004 年 | 4238 | 489 | 314 | 20 | 89 | 5150 | — | 6 | 990 | 6146 |
| 2005 年 | 5290 | 123 | 859 | 94 | 149 | 6515 | 1500 | — | 972 | 8987 |
| 合计 | 14200 | 13190 | 2384 | 279 | 1249 | 31302 | 1500 | 485 | 9839 | 43126 |

### 三、上解支出

连江县按照上级财政管理有关规定，根据财政收入项目的固定比例，上解中央或省市财政；同时，根据上级财政核定的基数，超收入部分按比例分成上解。1991—2005 年，15 年累计上解 10500 万元，年均 700 万元，其中 2003 年起，财政收入增幅较大，年上解数已超过 1000 万元，2005 年上解 1891 万元。

## 第四节　机构与管理

### 一、财政机构

（一）县财政局

1991 年共有干部职工 50 人，内设人秘股、预算股、农财股、农税股、企业财务股、综合计划股、外经股 7 个股。1992 年 9 月，增设国有资产管理股。1994 年，全局人员编制增至 72 名。1996 年 5 月，增设行政事业股、会计管理股和财政监督股 3 个股，局内共设 11 个股。1997 年，原人秘股改为办公室，企业财务股改称工交商贸企业科，增设社会保障科，农业税稽查队改为农业税稽查科，其余各股均改为科，共 13 个科室。2003 年 1 月，内设科室精简为 10 个，财政监督科并入会计管理科，撤销外经科、农业税稽查科。至 2005 年底，局内仍设 10 个科室，即办公室、预算科、企业科、农业科、农税科、行政事业科、社会保障科、会计管理科、综合计划科、国有资产管理科。全局编制核定 101 人，其中行政 24 人，事业 77 人（实有 45 人）。

（二）局属和挂靠单位

连江县控制集团购置力委员会办公室，1977 年设立。委员会由县政府领导，办公室设财政局。2005 年人员 2 人，由局调配。

福州会计师事务所连江办事处，1988 年 3 月成立，局属股级事业单位，2003 年 1 月与县财政局脱钩，单独核算。

县国债服务部，1992 年 6 月成立，股级事业单位，2001 年 11 月撤销。

县农税稽查队，1997 年改为局稽查科，2003 年 1 月撤销。

县人民政府采购委员会办公室，2003 年 1 月设立，股级单位，编制 2 人，挂靠财政局，2005 年保留。

县农村教育附加费征收办公室，2003 年 1 月设立，股级单位，编制 2 人，挂靠财政局，2005 年保留。

县国有资产营运公司，1999 年 2 月成立，为国有独资企业，编制 4 人。2005 年不变。

县会计核算中心，2002 年 11 月设立，局属副科级事业单位，编制 20 人。2005 年不变。

（三）基层财政机构

1991 年，20 个乡镇全部建立乡镇财政所，编制人员 98 人。1993 年，新增下宫乡财政所，编制 4 人。1997 年，增设江南乡财政所，编制 4 人。2005 年，全县设 22 个乡镇财政所，编制共 106 人。

（四）局属团体

有县财政学会、县会计学会、县珠算协会 3 个。

**二、财政管理**

（一）深化预算管理制度改革

1991 年 3 月，县政府重申预算外资金实行“专户储存，计划管理，财政审批，银行监督”的管理办法。1992 年 1 月，县政府下发《乡镇预算外资金管理细则》，并组织力量清查“小钱柜”“小金库”。1994 年 10 月起，相继将教育、公检法、民政、工商、劳动等 24 个部门 70 多项行政性收费、2 项政府性基金和罚没款纳入预算管理。至 1995 年，专户储存已从 1991 年 52 户发展到 240 户，累计代管金额 21570 万元，是 1991 年 1794 万元的 12 倍。1995 年预算外资金共 14155 万元，其中县直 9555 万元，乡镇 4600 万元（包括集资专项建设资金 1500 万元），超出当年财政一般预算收入 11967 万元的 18.28%。

1996 年，县政府专门发出通知，把教育附加等政府性基金单独编制预算，行政性收费全部纳入预算管理，其余预算外资金坚持专户储存。1998 年 5 月，对全县预算外银行账户进行清理整顿，拆并 92 户多头户，确立的 520 户全部建立档案，实行电脑联网检查。同时严格票据管理和控制收费规模。2000 年开始，相继取消村建配套费、土地开垦费等 34 个涉农、涉企收费项目；降低收费标准 14 个项目；对涉农收费实行“公示制”，从而有效制止乱收费。2001 年起，工商、计量、诉讼、护照及新增土地使用等收费，直接上划省级收入。全县预算外收入从 2000 年最高峰 20986 万元，2005 年逐步减缩到 11214 万元。各项收费亦渐趋规范、合理、均衡。

2005 年起，试行部门预算管理，自下而上逐级按统一规定的口径和方法，编制收支预算，经逐级审核汇总报送县财政局，然后再自上而下征求意见，最后核准确定。

（二）国有资产管理

1992 年 9 月，县财政局增设国有资产管理股，针对国有企业改革转制的新形势，进一步健全完善管理机制，防止国有资产流失。1995 年开始，县财政部门组织力量，对全县 73 户国有企业进行清产核资，经清产核资总额 27917 万元，而企业负债总额达 21335 万元，所有者权益仅 6582 万元，只占国家资本金 7392 万元的 89.04%。在清产核资中，发现一些企业潜亏挂账多，资产损失严重；企业管理不善，债务重；有的存在盲目投资。从而为政府在深化国有企业改革提供决策依据。

1996 年，分别对国有小型企业实施战略性改制，改制形式需报经县政府严格审批；县国有资产部门监督协调；核实和界定国有资本金及其权益；严格资产评估、财务审计和转让交易管理；尤其要切实维护职工合法权益，改制方案须交职工大会或职工代表大会审议通过方可实施。

1998 年，县组织力量对全县国有企业及行政事业单位开展国有资产登记工作，合格的发给登记证书，全县共登记发证 173 户，国有资产总额 142291 万元，其中负债额 83801 万元，占总资产 58.89%；所有者权益 58490 万元，占总资产 41.11%。

**1998 年连江县国有资产登记情况表**

表 19-1-11

| 行业名称 | 户数 | 登记资产总额（万元） | 其中 | | | |
|---|---|---|---|---|---|---|
| | | | 负债额（万元） | 占比（%） | 所有者权益额（万元） | 占比（%） |
| 国有企业 | 66 | 71517 | 42358 | 59.23 | 29159 | 40.77 |
| 供销企业 | 26 | 50473 | 37183 | 73.67 | 13290 | 26.33 |
| 行政事业单位 | 81 | 20301 | 4260 | 20.98 | 16041 | 79.02 |
| 合　计 | 173 | 142291 | 83801 | 58.89 | 58490 | 41.11 |

（三）专项基金管理

1991 年，各级政府逐步加大财政对支农、支工、支援老、少、边、岛及不发达地区的专项补助，增加社会保险、抚恤救济、抗灾救灾、最低生活补助等专项经费。为使这些资金专款专用，发挥效果，县财政部门不断改进和完善管理办法，除实施专户储存，收支两条线办法外，还建立专项基金发放使用反馈责任制，签订相关项目合同，进行预可行性详查，使用情况及时反馈检查等管理办法，彻底改变以往“一拨二转三不管”的现象，有效防止投非所用和贪污挪用、浪费等问题。1997 年后，把职工住房公积金纳入专项管理。2002 年 8 月，县政府发出国有土地出让金管理工作通知，把土地出让金收入由县国土资源局的“收入过渡户”纳入县财政专户，实行按宗结算。2004 年 12 月，按照市住房公积金管理中心的要求，加强管理工作。2002—2005 年，县财政土地出让金专户共收入 57187 万元，净收益入库 30572 万元。其中实行按宗结算 41 宗，提取 2812 万元，返还琯头、敖江等乡镇经济区建设 1819 万元。2005 年末，全县归集住房公积金 13054 万元，累计支取 3645 万元。

（四）融资投资管理

1991 年，连江财力有限，经济建设投入较少。1992 年起，县政府发挥县财政资金的造血功能，加大多渠道融资力度，吸纳信贷、民间、内外资等多元资金。1996—2005 年，相继获亚洲银行贷款 285.71 万美元，主要投向农业、农贸市场建设和汽车设备；世界银行贷款 273.59 万美元，已提用 246.34 万美元（实际到位 118.56 万美元），主要投资海水养殖和建设病害防治中心及渔政船等；国债转贷 2395 万元，其中黄岐一级渔港建设 1900 万元，还有农业、堤防加固等项目。2000—2005 年，县国资营运公司从商业银行、建设银行等融资 39010 万元，其中已贷 10015 万元，主要项目是敖江、琯头投资区、新区建设征地、山仔、塘坂电站、浦东路桥等；从国家开发银行授信 31000 万元，已贷 7338 万元，投向县城排涝、道路和可门港公路、铁路建设。以上项目大部分已发挥效益。但也有少数到期还贷困难，县财政风险增大，如黄岐一级渔港国债转贷 1900 万元，因镇财力不足，拖欠本息 354 万元，逾期罚息 130 万元，县财政资金被抵扣。2000 年，为化解农村基金会倒闭的金融风波，县组织力量全面清理，欠中央专项款 7000 万元。至 2005 年，县财政已垫付 5766 万元，用于清偿 11 个乡镇农户存款，为农村稳定发挥作用。2005 年底，欠款余额还有 1234 万元，仍由财政垫付息金，给财政资金运转增加难度，影响融投资进展。

（五）国库统一支付工资和会计集中核算管理

2000 年 7 月起，在县直行政 5 个单位试行，根据县编制人事部门审核的人员和工资标准，由财政核拨工资额，经银行划入职工个人工资账户直接发放，既节省层层下拨单位发放的人力和时间，也方便职工。2002 年 11 月开始，设立县会计核算中心，承担县直行政事业单位集中核算，统一报销标准，对资金使用情况进行有效监督，增强财政调控能力，从源头上抑制腐败滋生。2003 年 1 月，县政府制订重大设备采购制度，设立采购委员会办公室，逐步完善采购目录、规范、额度审批及招投标程序，并加强监督管理，有效控制集团购买力，节约采购成本 8% 左右。至 2005 年底，全县纳入国库统一支付工资共 8105 人，发放工资总额 14304 万元；纳入集中核算单位 160 户，取消银行多头账户 368 个，压缩各种不合理开支 280 万元；纳入政府集中采购项目 15 项，2003—2005 年采购总额 3097 万元，节约资金 256 万元。

# 第二章　税　务

1991—1993 年，县税务部门三年共征工商各税 11630 万元。1994 年 1 月 1 日起，工商 32 个税种简化为 18 种。由于统一税法，公平税负，地方积极性提高，促进地方经济发展与税收的同步增长，税收入库逐年增多。2005 年，连江征收国税 10930 万元，地税 20616 万元，共 31546 万元，是 1993 年 4967 万元的 6.35 倍。县财政税收入库 19856 万元，是 1993 年 5530 万元（含财政直征）的 3.59 倍，年均递增 11.24%。

## 第一节　税制改革

1994 年 1 月开始，实施国务院颁行的新税制，对流转税制实行全面改革，多种所得税、资源税、财产税、行为税、目的税等征收范围也作大幅度调整。通过整合，把原来 32 个税种简化为 18 个税种（其中国税征收的筵席税、车辆购置税和证券交易税；地税征收的土地增值税计 4 种当年未开征，实征 14 种）。

连江国税征收的税种，1994 年开征的有消费税、增值税、企业所得税 3 种。后两种国家与地方分享。1998 年，开征外商投资企业和外国企业所得税（简称“涉外企业所得税”）。1999 年 11 月，开征个人所得税（存款利息所得税）。2001 年 1 月，开征车辆购置税。至 2005 年，共征收 6 个税种。

连江地方税征收的税种，1994 年开征的有营业税、资源税、企业所得税（包括地方国营企业所得税）、个人所得税、房产税、城镇土地使用税、车船使用税、城市维护建设税、印花税、屠宰税、固定资产投资方向调节税等 11 种。1998 年开征土地增值税，2004 年后屠宰税停征，至 2005 年仍征收 11 个税种。

由县财政部门征收的农业税（2004 年停征）、特产税（2003—2004 年停征）、耕地占用税、契税 4 种，2005 年仅保留后 2 种。

1997 年，按规定提高金融保险营业税率，由地方税务局所属征收机关负责征收的金融、保险企业所得税，改由国家税务局和地方税务局所属征收机构共同征收。其中按原 5% 税率计征的部分，由地方税务局所属机构负责征收，按提高 3% 税率计征的部分，由国家税务局所属机构负责征收。各银行总行、保险总公司缴纳的企业所得税，继续由国家税务总局直属征收机构负责征收。随同所得税征收的城市维护建设税和教育附加，由地方税务局所属征收机构负责征收，2002 年 1 月起，对所得税进行改革，企业所得税与个人所得税收入实行中央与地方共享，50% 划归中央财政收入，50% 划归地方财政收入。2003 年起，调整为中央 60%、地方 40%。至 2005 年不变。

## 第二节　国税征收

### 一、增值税

1994 年，税制改革后，对原来增值税的内容进行全面改革，基本税率 17%，低税率 13%（适用范围包括基本食品和农业生产资料等），出口商品一般适用零税率， 1994 年征收 2815 万元，占国税征收量的 97.10%。1995 年起，随着工商业发展速度加快，经济规模扩大，增值税征收量逐年上升。1998 年征收 5292 万元，2001 年征收达 6551 万元，此后逐年增收，2005 年达到 8912 万元。1994—2005 年增值税收计 68678 万元，占国税总量的 83.60%。

### 二、消费税

消费税的产品项目有 11 类：烟、酒、化妆品、护肤护发品、贵重首饰、鞭炮焰火、摩托车、小汽车、汽油、柴油、汽车轮胎等。征税采用从量定额和从价定率两种办法，从量征收按吨量征收；从价征收，按不含增值税金但含有消费税税金在内的价格依照规定税率计算征收。1994 年征收 10.3 万元，1994—2005 年计征 1256.7 万元，其中最多年 1997 年征收 245 万元。

### 三、企业所得税

1994 年起，改革超额累进税率，统一实行 33% 的比例税率。同时，对利润少的企业实行两档低税率，即：对年应纳税所得税额在 3 万元（含 3 万元）以下的企业，减按 18% 的税率征收；年应纳税所得额在 3 万元以上 10 万元以下的企业，减按 27% 的税率征收。1996 年 1 月起，停征国家能源交通重点建设基金和国家预算调节基金，统一执行企业所得税。国税征管范围包括中央所属企事业单位及其兴办的预算内、预算外国有企业的所得税、金融保险业所得税，军队（包括武警）所办（含参股）的国有企业所得税。此外县内 2002 年 1 月 1 日起新办企业的所得税由国税局征收。1994—2005 年企业所得税共入库 5283 万元。

### 四、个人所得税

连江国税征收的个人所得税主要税源是存款利息所得税。1999 年 11 月起，经国务院批准恢复征收，税率比例 20%，由银行代扣代缴。1999—2005 年，计征收 4810 万元。

### 五、涉外企业所得税

1996 年 2 月起，外商投资企业和外国企业所得税由国家税务局负责征收。连江县为加快经济发展的步伐，对外资投资企业和外国企业的所得税，采用五年内由盈方缴纳以及免二减三的优惠政策。1998 年，征收 37 万元。随外资企业不断增多，涉外所得税逐年上升。2001 年征收 342 万元，2005 年征收 379 万元，是 1998 年的 10 倍。

### 六、车辆购置税

2000 年前为车辆购置附加费。2001 年 1 月起开征车辆购置税，由交通部门代征。至 2004 年，计征 855.2 万元。2005 年 1 月移国家税务局征收，当年征收 158 万元。

县国税局还代征国家能源交通重点建设基金和国家预算调节基金（简称“两金”）。1994—1996 年，计征 850.3 万元。1997 年，“两金”并入企业所得税。1997—1998 年，代征城市基建设施费 452 万元。1999 年归地税征收。1994 年 1—8 月代征教育附加费 32 万元，9 月后由地税征收。

**1994—2005 年连江县国税征收入库情况统计表**

表 19-2-1　　单位：万元

| 年度 | 合计 | 其中 | | | | | |
|---|---|---|---|---|---|---|---|
| | | 增值税 | 消费税 | 企业所得税 | 涉外所得税 | 车辆购置税 | 个人所得税（利息税） |
| 1994 年 | 2895 | 2815 | 10 | 70 | — | — | — |
| 1995 年 | 3709 | 3680 | 29 | — | — | — | — |
| 1996 年 | 4301 | 4247 | 54 | — | — | — | — |
| 1997 年 | 4757 | 4452 | 245 | 60 | — | — | — |
| 1998 年 | 5867 | 5292 | 132 | 406 | 37 | — | — |
| 1999 年 | 5517 | 4874 | 142 | 409 | 92 | — | — |
| 2000 年 | 7100 | 5626 | 164 | 550 | 100 | — | 660 |
| 2001 年 | 8963 | 6551 | 125 | 998 | 342 | — | 947 |
| 2002 年 | 8765 | 6619 | 114 | 963 | 318 | — | 751 |
| 2003 年 | 9382 | 7442 | 82 | 765 | 370 | — | 723 |
| 2004 年 | 10011 | 8168 | 85 | 541 | 366 | — | 851 |
| 2005 年 | 10930 | 8912 | 82 | 521 | 379 | 158 | 878 |
| 合计 | 82197 | 68678 | 1264 | 5283 | 2004 | 158 | 4810 |

说明：对直接出口产品实行免抵退政策，由企业申报经国税局审批，2002—2005 年由中央财政直接退还企业税收 3307 万元

## 第三节　地方税费征收

### 一、各税征收

（一）营业税

连江征收的有交通运输业、建筑业、金融保险业、邮电通讯业、文化体育业、娱乐业、服务业、转让无形资产、销售不动产等 9 个税目，采用 3%—20% 的比例税率。1994 年入库 1798 万元，占地方税总量的 58%。此后逐年增加，至 2005 年，入库 10426.01 万元，占地方税总量的 50%。1994—2005 年，计入库 60378.21 万元。

（二）资源税

1994 年，取消盐税并入资源税，由地方税机关征管。资源税分原油、天然气、煤炭、其他非金属矿原矿、黑色金属矿原矿、有色金属矿原矿、盐等 7 个税目，实行从量定额征收。县内资源税征收集中在石板材开采和温泉开采两大行业。1994 年入库资源税 1 万元，2005 年入库 161.24 万元。1994—2005 年，累计入库 339.34 万元。

（三）企业所得税

1994年1月起，企业所得税由地税负责征管。当年征收729万元。1995年1011万元，2000年1652万元，2001年超过2000万元。2002年7月起，新办企业的企业所得税由国家税务局征收。企业所得税采用18%、27%、33%三档比例税率。2005年入库3938.07万元，占地方税收总量20616.35万元的19.1%。1994—2005年，累计入库23642.33万元。

（四）个人所得税

1994年起，由地税征管。有薪金、个体工商户生产经营、对企业单位的承包承租经营、劳动报酬、稿酬、特许权使用费、利息股息红利、财产租赁、财产转让、偶然所得及经国务院财政部门确定征税的其他所得等11个税目。采用超额累进税率和比例税率。1994年征收121万元，此后逐年增多。1994—2005年，计征21784.89万元。其中2005年征收3689.62万元，占地方税收总量的18%。

（五）房产税

执行国务院1986年9月颁布的《中华人民共和国房产税暂行条例》，税率为1.2%—12%。1994年入库58万元，2005年入库964.32万元。1994—2005年，计入库5171.08万元。

（六）城镇土地使用税

1994年起，县内土地使用税税额标准每平方米分别为一等地1.5元、二等地1元、三等地0.5元。1994年入库城镇土地使用税12万元，2005年入库102.26万元，1994—2005年入库585.35万元。

（七）土地增值税

1994年新增税种，1994—1997年无税款。1998年入库3.21万元，2005年入库244.67万元。1998—2005年计入库646.53万元。

（八）车船使用税

1994年，由原来车船使用牌照税中分离出来，对内资企业、个人征收车船使用税。同时取消仅适用于外资企业（单位）和外籍人员的车船使用牌照，统一实行车船使用税。1994年入库25万元，2005年入库142.02万元。1994—2005年计入库871.47万元。

（九）城市维护建设税

是对缴纳增值税、营业税、消费税的单位和个人征收的一种附加税，税率分为7%、5%、1%，县内仅适用5%、1%两种税率。1994年入库145万元，2005年入库695.03万元。1994—2005年计入库4692.24万元。

（十）印花税

1994年入库7万元，2005年入库241.95万元。1994—2005年计入库986.25万元。

（十一）屠宰税

1993年12月，国务院将屠宰税下放给省级地方管理。1994年8月起，按省政府《福建省屠宰税征收办法》，屠宰税按头定额征收：猪10元、牛15元、羊2元。1995年连江征收1.25万元。2003年1月起停止征收，1995—2003年计入库233.65万元。

（十二）固定资产投资方向调节税

税率分为0%、5%、10%、15%、30%5个档次，1994年入库35万元。1997年7月起，实行减半征收固定资产方向调节税，1999年入库140.44万元。1994—1999年，应收411.46万元，实际入库328万元。2000年1月起停征。其拖欠部分分别于2000、2001、2005年追征入库。

**1994—2005 年连江县地方税征收情况表**

表 19-2-2　　　　单位：万元

| 年度<br>税种 | 1994年 | 1995年 | 1996年 | 1997年 | 1998年 | 1999年 | 2000年 | 2001年 | 2002年 | 2003年 | 2004年 | 2005年 | 合计 |
|---|---|---|---|---|---|---|---|---|---|---|---|---|---|
| 营业税 | 1798 | 2255 | 2664 | 3186 | 4320 | 4588 | 4893 | 5310 | 5868 | 6585 | 8485 | 10426 | 60378 |
| 企业所得税 | 787 | 798 | 1122 | 1170 | 1359 | 1525 | 1652 | 3114 | 2568 | 2911 | 3410 | 3938 | 24354 |
| 个人所得税 | 121 | 381 | 613 | 1217 | 1631 | 2061 | 2022 | 2364 | 2074 | 2401 | 3210 | 3690 | 21785 |
| 房产税 | 58 | 73 | 153 | 197 | 264 | 409 | 441 | 588 | 553 | 659 | 811 | 964 | 5171 |
| 资源税 | 1 | 1 | 1 | 1 | 1 | 1 | — | 1 | 1 | 52 | 118 | 161 | 339 |
| 印花税 | 7 | 16 | 11 | 16 | 40 | 62 | 69 | 91 | 106 | 114 | 213 | 242 | 986 |
| 城镇土地使用税 | 12 | 16 | 30 | 30 | 32 | 44 | 50 | 67 | 55 | 64 | 84 | 102 | 585 |
| 土地增值税 | — | — | — | — | 3 | 51 | 60 | 78 | 96 | 62 | 52 | 245 | 647 |
| 车船使用税 | 25 | 47 | 42 | 38 | 50 | 54 | 54 | 59 | 81 | 112 | 168 | 142 | 872 |
| 城市维护建设税 | 145 | 195 | 226 | 283 | 340 | 350 | 380 | 472 | 509 | 503 | 594 | 695 | 4692 |
| 屠宰税 | — | 1 | 1 | 27 | 37 | 49 | 37 | 34 | 35 | 3 | — | — | 224 |
| 固定资产投资 方向调节税 | 35 | 57 | 34 | 14 | 49 | 140 | 70 | 2 | — | — | — | 11 | 412 |
| 滞纳金补罚 | 103 | 297 | 411 | 490 | — | — | — | — | — | — | — | — | 1302 |
| 合计 | 3092 | 4137 | 5308 | 6669 | 8126 | 9334 | 9728 | 12180 | 11946 | 13466 | 17145 | 20616 | 121747 |

说明：① 1991—1993 年工商各税计征 11630 万元，并入地方征收，本表未列② 1994—1998 年原单独列出之地方国有企业所得税，本表并入各年度企业所得税统计③ 1998 年起，滞纳金补罚收入直接并入各税收入

## 二、六费一金

### （一）教育附加费

1986 年 7 月开征，征收率为 3%。1994 年由地税代征。当年入库 37.36 万元，至 2005 年，共入库 1920.06 万元。

### （二）地方教育附加

2002 年 1 月开征，征收率 1%，专项用于教育经费的投入补充。2002 年入库 90.89 万元，至 2005 年，共入库 490.38 万元。

### （三）社会事业发展费

1994 年 7 月起实行。商业批发企业费率为 1‰；其他企业费率为 2‰；外商投资企业和外国企业按上述标准降低 15% 征收。2002 年 1 月起，停止征收。1994 年入库 39.08 万元，至 2001 年，共入库 2348.84 万元。

### （四）基础设施建设附加费

1994 年 9 月起，省政府将基础设施建设附加费委托地税部门征收，按消费税额计征的费率为 2.5%；按增值税、营业税额计征的费率为 5%；外商投资企业和外国企业按上述标准降低 30% 征收。2000 年 9 月 1 日起，停止征收基础设施附加费。1994 年入库 152.37 万元，至 2000 年，共入库 1123.03 万元。

### （五）预算外资金调节费

征收率为 20%，按月或按季预缴，年终结算。仅 1997 年征收 0.1 万元，其他年度无征收。

（六）文化事业建设费

1997 年 1 月起开征，征收率为 3%。当年入库 1.26 万元。至 2005 年，共入库 52.8 万元。

（七）以工建农资金

1994 年 9 月起开征，征收率 0.5%，乡镇商业批发企业减半征收。2001 年 6 月起，停止征收。1994 年入库 6.17 万元，至 2001 年，共入库 152.89 万元。

**三、社保费**

（一）基本养老保险费

2001 年 1 月起，由社会劳动保险机构移地税部门征收，当年入库 1512.16 万元，2005 年入库 2402.80 万元。2001—2005 年，共入库 8649.83 万元。

（二）失业保险费

2001 年 1 月起，由社会劳动保险机构移地税部门征收。2001 年入库 116.25 万元，2005 年入库 183.07 万元。2001—2005 年，共入库 736.93 万元。

（三）残疾人就业保障金

2005 年 1 月起，由福州市残疾劳动就业管理机构委托地方税务机关征收。连江当年入库 64.08 万元。

## 第四节　机构与管理

**一、机构**

（一）县税务局

1991 年，局内设办公室、税政、征管、直征、人事教育、监察股（与县检察院驻局检察室合署办公）和稽查队（与检察室合署办公），基层有城关、敖江、琯头、东岱、晓澳、浦口、坑园、筱埕、黄岐、苔菉、马鼻、丹阳、潘渡 13 个税务所，共有干部职工 146 人。1994 年 8 月，县税务局撤销设立连江县国家税务局、连江县地方税务局。

（二）县国家税务局

1994 年 9 月组建成立，内设办公室、税政股、稽查管理分局、计划财务股、人事教育股、监察室、检察室、涉外税收管理股 8 个股级室（局），基层有 13 个税务所，计有干部 60 人，职工 28 人。1995 年 12 月，设立黄岐税务所安凯驻征组、马鼻税务所官坂驻征组、丹阳税务所蓼沿驻征组。1997 年 5 月，机构改革，局设办公室、人事教育科、监察室、计划财务科、税征征管科、计算机信息中心及外税分局、稽查分局、征收分局。基层设琯头、筱埕、东岱、丹阳、黄岐、马鼻 6 个分局。2001 年 7 月，调整机构设置，局设办公室、税政征管科、财务管理科、人事监察科。直属机构有征收局、稽查局、信息中心（事业单位），下设凤城（征管凤城、敖江、江南、东湖、潘渡、长龙）、筱埕（征管筱埕、坑园、下宫）、马鼻（征管马鼻、官坂、透堡）、黄岐（征管黄岐、苔菉、安凯）、琯头（琯头地区）、东岱（征管东岱、浦口、晓澳）、丹阳（征管丹阳、蓼沿、小沧）7 个管理分局。2005 年 7 月，税政管理科分设综合业务科和征收管理科，征收局改称计划征收科，人事监察科改人事教育科，设立监察室，财务管理科并到办公室。2005 年，连江县国家税务局共有干部 81 人，职工 10 人，其中大专以上学历 67 人，占 82.7%。

（三）县地方税务局

1994 年 8 月 31 日成立，内设办公室、人事教育股、监察股、税政管理股、计划财务股、稽查征管分局。下设城关、敖江、琯头、东岱、晓澳、浦口、坑园、筱埕、黄岐、苔菉、马鼻、丹阳、潘渡 13 个税务所和蓼沿、官坂、安凯3个驻征组。同时设立县人民法院税务法庭（后改审判庭，1999年撤销），共有干部68人，职工8人。同年，城关、琯头税务所升格为分局。1995年4月，县人民检察院派驻县地税局检察室（1997撤销）。6月，敖江税务所升格为敖江分局。10月，监察股更名为监察室，稽查征管分局分设为稽查分局和征收管理股。1996年4月，人事教育股、税政管理股、征收管理股、计划财务股更改为科，规格仍为正股级。1996年11月，丹阳税务所蓼沿驻征组、马鼻税务所官坂驻征组、黄岐税务所安凯驻征组撤销，成立蓼沿税务所、官坂税务所、安凯税务所。1998年3月，税政管理科更名为税政法制科，同时成立稽查管理科。1999年6月，稽查分局更名为稽查局。2000年8月，成立信息技术科，稽查管理科并入稽查局。2001年，县地税局内设办公室、税政科（社保科）、征管法规科、计划财务科、信息技术科、人事教育科、监察室等7个科室。直属机构设稽查局，基层机构设城关（负责省、市重点项目直征和地方国有企业征收）、敖江（征管敖江、江南、东湖、长龙）、琯头、晓澳（征管晓澳、东岱）、马鼻（征管马鼻、透堡、官坂）、黄岐（征管黄岐、安凯）、丹阳（征管丹阳、蓼沿、小沧）、浦口、筱埕、苔菉等10个分局和坑园（征管坑园、下宫）、潘渡2个税务所，同时设立党组纪检组，与监察室合署办公。至2005年内设机构不变，局内共有干部86人，职工11人。

## 二、税收征管稽查

### （一）国税征管稽查

1994年分税制后，县国税局实行征、管、查分离模式，由纳税人“自核自缴”，强化稽查，减少税收流失。1995年，实行申报、代理、稽查“三位一体”改革试点，推广计算机在税收征管领域的应用。推行《税收管理员制度》，明确责任，规范行为，加强稽查和票证管理，逐月通报核销。1997年，建立“以纳税申报和优化服务为基础，以网络为依托，集中征收，重点稽查”的新征管模式。按照《税务稽查规程》，重新规范稽查对象、形式和程序，实行分类管理和重点税源管理，实施县稽查局和基层分局“两级稽查”，及日常检查、专项稽查等管理形式。2001年，贯彻新《中华人民共和国税收征收管理法》，加大查处偷漏、骗税、非法减免税等违法行为，重点对集贸市场、重点行业、涉外税收进行专项检查，堵漏增收，提高实效。2003年起，全面开展纳税申报“一窗式”管理模式，简化办税环节，提高一般纳税人纳税申报的真实性和准确性，有效防止偷漏税。至2005年4月，县局在全市率先开发税收管理员平台系统软件，实现电脑化管理，全县纳税户3189户均进入电脑档案。1994—2005年，开展税收专项检查1072次，共查补税款2126.3万元，处罚款97.1万元，共增收2223.4万元。

### （二）地税征管稽查

1994年，县地方税局取消过多过滥的个别减免税并禁止企业承包税，强化征管、稽查的分工制约，加大对偷税、抗税案件的专项检查力度，每年确定3—5个行业作专项检查重点。对服务行业采取“以票控税”、对建材制冰行业实行“以电定税”对海上赶鲜实行以船定税等方法，把纳税人按信用程度分为A、B、C、D等级，促进纳税人依法诚信。1996年，深化改革，建立“以申报纳税和优化服务为基础，以计算机网络为依托，集中征收，重点稽查”的征管模式，变税务人员下户收纳为纳税人上门申报纳税，不断优化纳税服务质量，专管员由管户制改为管事制，将“一人进厂，各税统管”的过于集中的税收执法予以分解，相互监督、制约，使征纳关系日趋规范。2001年5月起，实施新的《中华人民共和国税收征收管理法》，地税部门严格依法征收，依法稽查。2003年起，稽查选案、检查、审理、执行四个环节全部纳入电脑软件。2004年，推行税管员制度，明确责任，加强执行税法过错追究。县国税、地税联合成立稽查协调合作机构，在共享信息、定期沟通、联合稽查、案件移送、查处结果等方面进行紧密合作。1995—2005年，地税稽查局共稽查税案1643户，查补税费9472.37万元。

## 三、税务基础建设

### （一）县国税基础建设

县国税局在提倡增收节支的同时，将有限的资金倾斜到改善硬件设施上。1998年12月，建成综合办公大楼，占地4379平方米，建筑面积4998平方米，总造价1500万元。同年建成的有丹阳分局，建筑面积1350平方米，造价118.29万元；筱埕分局，建筑面积1238平方米，造价117.75万元。2005年，建成琯头分局，建筑面积1128平方米，造价145万元；马鼻分局，建筑面积851平方米，造价121万元。至年底，全局固定资产总值4180万元。软件设备PC机发展到117台，实现人均一机，网络建设从1994年的拨号联通，1996年的X25和1999年DDN，发展到速度2兆的HDSC数字网络，拥有8个主打栏目、5个专题栏目、5个科室在线和7个基层分局网站，内容涵盖业务交流、工作部署、行政管理和事务公开，并实现全国国税系统全面联网。

（二）县地税基础建设

1995年起，新建办公楼6座，总投资2227.92万元。2000年开始，加大投资力度，推广应用“OA”公文处理系统，逐步实现无纸化办公。2003年3月建成丹凤路县局办公大楼，投资1800万元，12层楼，建筑总面积6953平方米。有县局机关、稽查局、城关分局、敖江分局、浦口分局、潘渡税务所在大楼办公。2004年，地税部门推行“基层规范化建设”，至2005年底，12个基层征收单位均建立比较规范统一的办税服务中心（厅）、“一库一室”（税收票证库、征收资料室）、“二室一园”（荣誉室、会议室，学习园地）并建设内部网站，引导、鼓励干部开展网上学习、交流，以熟练掌握各类电子信息操作技术。2005年底，县局共有各类电子信息设备340台，建成市局主干网4M光纤、基层分局（所）主干网2M光纤（备份2M）的网络通路，实现基层分局—县区局—市局—省局网络联通。

# 第二十篇　金　融

## 第一章　银行与非银行

1991年，连江有银行机构6家、非银行业机构1家。年末本币存款余额共34418万元，贷款余额24337万元。1992年开始，连江经济进入转型期，各项投资迅速，物价波动加大。1993年，银行系统针对投资过热、物价上涨情况，两次调高储蓄存款利率，增加多种储蓄种类，吸纳社会资金。1995年末，本币存款余额升至6.8亿元，比1991年增加近1倍，增强资金自供调节能力，资金投向日趋合理，保证重点项目建设，有效抑制投资过热现象。1996—2000年，在扩大储蓄网点的同时，推广存贷款挂钩，支持有发展前景的各类企业，扩展个人住房贷款业务，促进旧城改造和房地产业发展。至2000年，本币存款余额超20亿，贷款余额11.2亿元。2001年起，面对加入世贸组织后的新形势，加大市场拓展力度，优化资金配置，重点支持非公私营、集团企业、个体企业发展，开展信贷支农，扶持第三产业和弱势群体。至2005年，连江共有县级银行机构10家，从业人员791人。年末本币存款余额501257万元，是1990年（28219万元）的17.8倍，年递增21.5%。本币各项贷款余额198260万元，是1990年（21185万元）的9.36倍，年递增16.1%

### 第一节　机　构

**一、监管机构**

（一）中国人民银行连江县支行

1991年，中国人民银行连江县支行（简称“县人行”），内设人事秘书股（监察审计室）、信贷调统股、金融管理股、货币金银股、营业室和保卫股6个股室，员工31人。1993年，国家外汇管理局连江县支局挂牌成立，与县人行一套人员、两块牌子，增设外汇管理股。1997年9月，县人行内设人秘股、信贷调统股、金管稽核股、农村合作金融管理股、保卫股、营业部6个股（部）。1998年后又经多次调整，至2005年，内设办公室、监察审计室、营业室、货币金银股、外汇管理股、信贷调统股、保卫股，员工32人。国家外汇管理局连江县支局仍与县人行合署。

（二）福建省银监局连江监管办事处

2003年12月31日，中国银行业监督管理委员会福建监管局在连江县设立派出机构，暂名连江监管组。2004年1月11日，成立省银监局连江监管办事处（正科级），5月10日正式挂牌，2005年底有员工4人。根据省银监局授权，按照属地监管原则，负责对辖内银行与银行业机构市场准入、退出以及业务许可事项进行审查监管。重点是对农村信用金融机构和邮政储蓄机构的监管。

**二、商业银行机构**

（一）中国工商银行股份有限公司连江支行

前身为中国工商银行连江支行（简称“县工商行”），1991年设9个科，下辖琯头分理处和5个储蓄所，员工111人。1992年开始，把政策性业务划分出去，向商业性银行发展。1997年，设营业部、保卫部、计划信贷部、储蓄部、办公室。2002年5月，进行机构改革和网点整合，设营业部、保卫部、信贷管理部、市场营销部、营业厅。在人事制度上实行“双聘制”。2005年9月，信贷管理部与市场营销部合并为业务部。当年10月，改制为中国工商银行股份有限公司连江支行，内设办公室、保卫部、营业厅、业务部，下辖城关分理处、琯头分理处、莲荷储蓄所，共有员工99人。

（二）中国农业银行连江支行

中国农业银行连江支行（简称“县农行”），1991年设13个股室，下辖14个营业所1个营业部和9个储蓄所，有员工203人。1992年7月，县农行作为省农行试点单位，进行机构、人事、工资分配制度三项改革，历时三个月，机关由13个股室改为6个股室（办公室、人事、信贷、会计出纳、计划、工会）。1993年股室更名为科室。1995年员工209人。2004年4月，实行机构改革，将8个科室改为5个部（综合部、监保部、信贷部、客户部、计财部）。2005年末，保留5个部，下辖1个营业部，基层有13个分理处（敖江、琯头、浦口、东岱、丹阳、官坂、马鼻、黄歧、城关、凤城、莲荷东、拱屿、河垅），共有员工185人。

（三）中国银行股份有限公司连江支行

前身为中国银行连江支行（简称“县中行”），成立于1987年7月，是国家外汇外贸专业银行。1991年内设5个股，下辖琯头分理处和3个储蓄所，员工31人。1994年，转制为国有商业银行，不再行使外汇、外贸专业银行职能。1996年1月，行内设股室改为科室。2001年，按B类支行设立保卫科、人秘科、财会科、公司业务科、零售业务科、营业部。同时，把玉荷东、仙塔、城关、新车站、东岱、浦口储蓄所升格为分理处。2004年1月，琯头、玉东、仙塔三个分理处升格二级支行，8月改制为股份制银行，更名为中国银行股份有限公司连江支行，隶属省行直管。2005年5月，进行内部机构流程整合，撤销人秘等6个科室，设立综合管理部、业务发展部、营业部。年末共有员工98人。

（四）中国建设银行股份有限公司连江支行

前身为中国建设银行连江支行（简称“县建行”），1985年，由财政管理转为金融系统管理，仍兼政策性财政基建款项职能。1991年内设3个股，下辖琯头分理处和4个储蓄所、1个专柜，员工30人。1993年，内设人秘股、业务股、会计股、储蓄股、保卫股、房贷股。1994年9月，向财政移交政策性基建职能，实行统一法人体制。1997年，房贷股撤销，其他股室改为科室。2003年，转制为中国建设银行股份公司连江支行。2004年7月，内设办公室、会计结算部、安全保卫部、综合业务部、个人银行业务部。2005年，安全保卫部与办公室合署办公，对外挂两块牌子，会计结算部改为营业部，综合业务部改为客户部。共有员工71人。

（五）连江县农村信用合作社联合社

县农村信用合作社联合社（简称“县联社”），1991年，仍属县农行管理，联社内设5个股室，下辖独立核算的20个农村信用社，管辖13个分社和4个储蓄所和农贸市场代办站，拥有员工247人，其中固定工108人。1996年10月，县联社与农业银行脱离行政隶属关系。1998年，内设办公室、人事科、审计监察科、信贷科、资金组织科、会计出纳科、保卫科和营业部，把东升金融服务社划属琯头农信社、金凤城市信用社划属县农信社联社。2001年，保卫科下设调拨室，成立经济民警小队，负责全县现金调拨押运任务。2005年，县联社内设办公室、人事科、信贷科、审计监察科、会计出纳科、保卫科和营业部。基层网点有凤城、敖江、琯头、东湖、丹阳、蓼沿、潘渡、长龙、晓澳、东岱、筱埕、坑园、官坂、透堡、马鼻、黄歧、苔菉 17 个信用社，下辖小沧、浦口、安凯、江南、凤尾、幕浦、塘头、百胜、城关 9 个分社和玉荷西、琯头街储蓄所以及县联社营业部。共有员工 219 人。

（六）福州市商业银行连江支行

福州市商业银行（简称“县城商行”），于 2004 年 8 月在连江设立支行，内设综合管理部、营业部、客户经理部、经警小分队 4 个部门，员工 15 人。

### 三、非银行机构

连江县邮政储蓄机构　1987 年 5 月，经县人行批准设立县邮政局邮政储蓄所，业务上受县人行监管。1990 年，有员工 6 人。1993 年成立邮政储蓄组，1994 年在东岱设邮政储蓄专柜。1995 年 11 月升格为储汇经营部，1996 年，相继增设丹阳、浦口、黄歧、筱埕等邮政储蓄专柜。2000 年 1 月成立储汇分局。2003 年 2 月，分局改名为储汇部，当年 7 月把筱埕专柜并入黄岐储蓄专柜，丹阳、浦口储蓄专柜撤并搬迁城关镇，由文山、凤园邮电支局设立储蓄专柜。至年末，其储蓄业务已与全国 30 个省（市、区）的 6000 多个邮储网点联网，实现全国通存通兑。2005 年，有员工 68 人，下辖城关邮政储蓄组和东岱、黄歧、凤园、文山 4 个储蓄专柜。

## 第二节　货　币

### 一、货币发行与流动

1991 年，在县内流动的人民币有第二套至第四套。第二套（1955 年 3 月 1 日发行）至 1998 年 12 月 31 日停止流通。第三套（1962 年 4 月 20 日发行），1991 年起，采取分期分批实行“只收不付”办法进行回笼。第四套（1987 年 4 月 27 日起陆续发行），共 12 种券别，其中纸币 9 种：1 角、2 角、5 角、1 元、2 元、5 元、10 元、50 元、100 元；硬币 3 种：1 角、5 角、1 元。1999 年 10 月起，第五套陆续发行，共 9 种券别，其中纸币 6 种：1 元、5 元、10 元、20 元、50 元、100 元券；硬币 3 种：1 角、5 角、1 元。2005 年 8 月发行第五套新版，有 100 元、50 元、20 元、10 元、5 元纸币和 1 角硬币。至 2005 年，在境内流通的有第三套、第四套、第五套（含 2005 年版）人民币。

在县内流通的纪念币和纪念钞，先后有 42 套，但数量不多。其中中华人民共和国成立 50 周年 50 元的纪念币累计发行 5 万元，2000 年千禧 100 元纪念币累计发行 1 万元。

### 二、货币投放与回笼

1991 年开始，随着改革的深化和经济的发展，货币投放逐年增多，1991 年投放 1.46 亿元，回笼 1.08 亿元。1995 年投放 5.93 亿元，回笼 2.20 亿元。2000 年投放 8.98 亿元、回笼 5.25 亿元。至 2005 年，投放量增至 20.22 亿元，是 1991 年的 13.85 倍。回笼 16.18 亿元，净投放 4.04 亿元。1991—2005 年，县人行共回收残损人民币和票券 102122 万元。2005 年底，县人行发行库被中国人民银行总行授予“二级发行库”称号。

**1991—2005 年连江县现金投放与回笼情况表**

表 20-1-1　　单位：亿元

| 年　度 | 投　放 | 回　笼 | 当年净投放 | 年　度 | 投　放 | 回　笼 | 当年净投放 |
|---|---|---|---|---|---|---|---|
| 1991 年 | 1.46 | 1.08 | 0.38 | 1999 年 | 9.08 | 4.85 | 4.23 |
| 1992 年 | 2.24 | 1.26 | 0.98 | 2000 年 | 8.98 | 5.25 | 3.73 |
| 1993 年 | 2.31 | 2.08 | 0.23 | 2001 年 | 11.87 | 7.23 | 4.64 |
| 1994 年 | 2.51 | 2.17 | 0.34 | 2002 年 | 13.74 | 10.16 | 3.58 |
| 1995 年 | 5.93 | 2.20 | 3.73 | 2003 年 | 15.83 | 12.23 | 3.60 |
| 1996 年 | 7.22 | 2.70 | 4.52 | 2004 年 | 17.55 | 14.94 | 2.61 |
| 1997 年 | 8.53 | 3.55 | 4.98 | 2005 年 | 20.22 | 16.18 | 4.04 |
| 1998 年 | 9.27 | 6.82 | 2.45 | 合计 | 136.74 | 92.70 | 44.04 |

### 三、人民币比值

人民币与黄金比值　1991 年前，国家实行金银统配政策，金价国家统一核定。1992 年 7 月起，改国家价为指导价。当年，市场基准价每克为 96 元，且允许在 8% 的幅度上下浮动。1996 年，连江每克金价升至 106.87 元，1997 年开始，每克金价回落至 101.04 元，1999 年降至 77.81 元，2001 年降到 75.24 元，为历史最低。2002 年起回升到每克 82.26 元。至 2005 年，每克金价在 82 元上下波动。

人民币与美元、港币比值　1991 年，100 美元可汇兑人民币 532.33 元，100 元港币汇兑人民币 68.45 元。1994 年开始，人民币贬值幅度较大，100 美元汇兑人民币 861.87 元，100 港币汇兑人民币 111.53 元。1995—2005 年，美元与人民币的比值基本稳定在 100 美元汇兑人民币 835—820 元之间，港币与人民币的比值稳定在 100 港币可汇兑人民币 107—105 元之间。

**1991—2005 年连江县人民币兑美元、港币平均汇价表**

表 20-1-2

| 年　份 | 100 美元兑换人民币 | 100 港币兑换人民币 | 年　份 | 100 美元兑换人民币 | 100 港币兑换人民币 | 年　份 | 100 美元兑换人民币 | 100 港币兑换人民币 |
|---|---|---|---|---|---|---|---|---|
| 1991 年 | 532.33 | 68.45 | 1996 年 | 831.42 | 107.51 | 2001 年 | 827.7 | 106.08 |
| 1992 年 | 551.46 | 71.24 | 1997 年 | 828.98 | 107.09 | 2002 年 | 827.7 | 106.07 |
| 1993 年 | 576.2 | 74.41 | 1998 年 | 827.91 | 106.88 | 2003 年 | 827.7 | 106.24 |
| 1994 年 | 861.87 | 111.53 | 1999 年 | 827.83 | 106.66 | 2004 年 | 827.68 | 106.23 |
| 1995 年 | 835.1 | 107.96 | 2000 年 | 827.84 | 106.18 | 2005 年 | 819.17 | 105.3 |

说明：表中汇率由县人行提供的中间价

### 四、打击制贩假币

1991 年起，非法印刷和贩卖假人民币日益严重，县政府和金融机构加大打击制贩假币和收缴力度，当年缴获假币 9.5 万元。1992 年开始，通过在县有线电视台播放《真假人民币识别》电教片、上街宣传、办展咨询等办法，提高民众对人民币识别能力和法律意识。1996—2001 年，连江共破获 5 起贩售假币案，缴获假币 149.76 万元。1991—2005 年，全县累计收缴假人民币 331.33 万元。

**1991—2005 年连江县收缴假人民币情况表**

表 20-1-3 单位：万元

| 年　度 | 1991 年 | 1992 年 | 1993 年 | 1994 年 | 1995 年 | 1996 年 | 1997 年 | 1998 年 |
|---|---|---|---|---|---|---|---|---|
| 假币金额 | 9.50 | 2.09 | 4.75 | 0.00 | 5.40 | 5.00 | 4.89 | 0.00 |
| 年　度 | 1999 年 | 2000 年 | 2001 年 | 2002 年 | 2003 年 | 2004 年 | 2005 年 | 累计 |
| 假币金额 | 40.11 | 24.96 | 74.80 | 35.00 | 32.25 | 48.41 | 44.17 | 331.33 |

## 第三节　存　款

1991 年，县内本币存款主要是单位（亦称对公）存款，外币存款主要是华侨汇款。当年本币年末存款余额 34418 万元，外币 343 万美元。1992 年起，随着经济发展，人民生活提高，银行业采取多种措施，吸收社会存款储蓄，存款量不断增加。1995 年，本币存款余额 68044 万元，外币 996 万美元。2000 年，本币存款余额增至 201567 万元，外币 9087 万美元。至 2005 年末，全县本外币各项存款余额 531028 万元 [ 其中本币存款余额 501257 万元，外币（折本币）存款余额 29771 万元 ]，本币存款中：县工商行 87459 万元，占 17.45%；县农行 108692 万元，占 22.56%；县中行 97042 万元，占 18.36%；县建行 62548 万元，占 12.47%；县信用联社 75947 万元，占 15.15%；县城商行 22551 万元，占 4.49%；县邮政储蓄 46474 万元，占 9.27%；县人行 544 万元，占 0.25%。

### 一、金融业务网点

1991 年，县银行系统和邮政储蓄共有业务网点 45 个。1991—1995 年，连江县金融机构按照“统一规划、合理布局、方便群众、讲求实效、确保安全”的原则，贯彻“存款立行”的指导思想，适时进行调整，新增网点 8 个。1996—2000 年新增 3 个，2001—2005 年新增 9 个。在网点建设上，以效益为基点，实施“大所战略”，注重方便群众，尤其随着县城扩大，结合布局调整优化，对原有部分网点进行升格、搬迁，为建设多功能、综合性储蓄网点提供全面服务。至 2005 年，网点总数达 65 个，其中农村信用社 29 个，县农行 14 个，县中行 8 个，邮政储蓄 6 个，县工商行 4 个，县建行 3 个，县城商行 1 个。

### 二、单位存款

1991 年，单位存款（亦称对公存款），主要吸纳企业、财政、机关团体及农业等存款，年末存款余额 12701 万元。1992 年开始，银行业采取存贷挂钩，以贷引存、以贷增存、以贷稳存、以贷养存等一系列措施，强化优质服务，寻找新的存款增长点，各项存款波浪式的增长。1995 年末，单位存款余额为 22181 万元，比 1991 年增长 74.64%，年均递增 14.8%。2000 年末，单位存款余额 49493 万元，比 1995 年增长 1.2 倍，年均递增 17.4%。至 2005 年末，单位存款余额 49493 万元，比 1995 年增 1.2 倍，年均递增 17.4%。至 2005 年末，单位存款余额增至 107252 万元，比 2000 年增长 1.17 倍，年均递增 16.7%，其中机关团体和企业存款，都比 1990 年增 10 倍多。2005 年末，全县单位存款余额 107252 万元，按金融机构分，市商业银行连江支行 20871 万元，占总量的 19.46%；县农行 17966 万元，占 16.75%；县建行 17400 万元，占 16.22%；县中行 12203 万元，占 11.38%；县信用联社 12135 万元，占 11.31%；县工商行 10689 万元，占 9.97%；其他金融机构 15988 万元，占 14.91%

**1991—2005 年末连江县单位存款余额表**

表 20-1-4　　单位：万元

| 年份 | 年末余额 | 其中 | | | | | |
|---|---|---|---|---|---|---|---|
| | | 企业存款 | 财政存款 | 机关团体存款 | 农业存款 | 其他存款 | 信托委托 |
| 1991 年 | 12701 | 5128 | 730 | 1986 | 3832 | 1025 | — |
| 1992 年 | 16876 | 6254 | 2261 | — | 6249 | 2112 | — |
| 1993 年 | 16754 | 10498 | 1393 | 1285 | — | 3566 | 12 |
| 1994 年 | 18014 | 12596 | 2928 | 1911 | — | 573 | 6 |
| 1995 年 | 22181 | 14307 | 1603 | 2323 | — | 3810 | 138 |
| 1996 年 | 26729 | 18157 | 2463 | 2064 | 3926 | — | 119 |
| 1997 年 | 33554 | 20713 | 2598 | 2633 | 5236 | 2504 | –130 |
| 1998 年 | 31628 | 17260 | 2587 | 5027 | 4870 | 1772 | 112 |
| 1999 年 | 36428 | 19605 | 2664 | 6843 | 5021 | 2365 | –70 |
| 2000 年 | 49493 | 27506 | 2894 | 7902 | 8986 | 2329 | –124 |
| 2001 年 | 47104 | 26958 | 1448 | 8888 | 7174 | 2662 | –26 |
| 2002 年 | 54901 | 25276 | 1450 | 15566 | 9574 | 2842 | 193 |
| 2003 年 | 62983 | 31238 | 2192 | 11003 | 14253 | 4157 | 140 |
| 2004 年 | 74110 | 31225 | 2320 | 15154 | 18536 | 6791 | 84 |
| 2005 年 | 107252 | 35938 | 2844 | 33364 | 21502 | 13560 | 44 |

**三、储蓄存款**

1992 年，随着市场经济改革的深化，城乡界限逐渐打破，银行和农信社已无法区分城镇居民储蓄或农民（社员）储蓄，遂统称储蓄存款。

1993 年，受投资过热影响，社会资金分流严重，储蓄存款发生较大波动。当年 5 月和 7 月，2 次调高储蓄存款利率，并重新开办保值储蓄。县内各金融机构贯彻国务院《储蓄管理条例》，打击非法集资，采取各种有效措施揽储吸存。1994—1995 年，各金融机构从网点改造入手，实行储蓄电脑联网，农行首家实行储蓄通存通兑。至 1995 年末，全县储蓄余额 45863 万元，比 1990 年的 16013 万元增长 1.86 倍，年均递增 23.42%，其中县农行储蓄余额达 10419 万元，占全县储蓄余额 22.7%，增幅居全县之首。

1996 年，经济进入平稳运行，各行存款余额有较大幅度增加，年末存款余额 69812 万元，比 1995 年增加 23949 万元，增长 52.22%。1997 年，受亚洲金融危机影响，经济增长有所减缓，储蓄存款增势趋缓。各金融机构优化储蓄服务，开办多品种储蓄，调整充实网点，储蓄业务得到不断发展。至 2000 年末，全县储蓄 152074 万元，比 1995 年增加 2.3 倍，年递增 27.09%。

2001 年，全方位拓展储蓄存款业务，相继推出银证通、汇宝、期权宝、两得宝、汇聚宝、黄金宝、信用卡等业务，储蓄存款上升较快，年末余额 175363 万元。2002 年，为适应加入世贸组织后的新形势，加快科技进步，优化资源配置，全县储蓄存款逐月持续增长，特别是县联社，抓住利率优势，推进利率改革试点，加大存款利率按基准利率上浮 30% 的宣传力度，当年存款余额达 36951 万元，比上年增 9514 万元。2004 年 4 月起，实施个人存款账户实名制，加强网点的撤、迁、增、提、并整合及扁平化管理，提高网点集约化经营，扩大发放信用卡。至 2005 年底，县中行发“长城卡”1335 张，县工商行发“牡丹卡”26890 张，县农行发“金穗卡”124031 张，县建行发“龙卡”等 8079 张，方便储户，年末全县储蓄存款余额达 394005 万元，比 2000 年增长 1.6 倍，年递增 20.97%。

### 1991—2005 年末连江县储蓄存款余额表

表 20-1-5　　单位：万元

| 年份 | 年末余额 | 比上年增加 | 其中 | | | |
|---|---|---|---|---|---|---|
| | | | 活期储蓄 | | 定期储蓄 | |
| | | | 年末余额 | 比上年增加 | 年末余额 | 比上年增加 |
| 1991 年 | 21717 | 5706 | 10711 | 2181 | 11006 | 3542 |
| 1992 年 | 27772 | 6055 | 14662 | 3951 | 13110 | 2104 |
| 1993 年 | 27914 | 142 | 10954 | –3708 | 16960 | 3850 |
| 1994 年 | 34810 | 6896 | 7068 | –3886 | 27742 | 10782 |
| 1995 年 | 45863 | 11053 | 21183 | 14115 | 24680 | –3062 |
| 1996 年 | 69812 | 23949 | 21673 | 490 | 48139 | 23459 |
| 1997 年 | 99030 | 29218 | 29561 | 7888 | 69469 | 21330 |
| 1998 年 | 137628 | 38598 | 43475 | 13914 | 94153 | 24684 |
| 1999 年 | 149149 | 11521 | 56252 | 12777 | 92897 | –1256 |
| 2000 年 | 152074 | 2925 | 74414 | 18162 | 77660 | 15237 |
| 2001 年 | 175363 | 23289 | 93810 | 19396 | 81553 | 3893 |
| 2002 年 | 212986 | 37623 | 109626 | 15816 | 103360 | 21807 |
| 2003 年 | 277118 | 64132 | 138685 | 29059 | 138433 | 34873 |
| 2004 年 | 318218 | 41100 | 166090 | 27405 | 152128 | 13695 |
| 2005 年 | 394005 | 75787 | 198523 | 32433 | 195483 | 43355 |

**四、外币存款**

1991 年末，连江外汇存款余额 343 万美元。1993 年开始，随着对外经济发展及侨汇存款增多，存款余额逐年上升，至 2002 年末，存款余额达 12234 万美元，比 1991 年增长 34.6 倍。2003 年起，侨胞直接通过西联汇兑及侨眷携带现钞传递等原因，存款逐步下降，至 2005 年末，余额 3635 万美元。

### 1991—2005 年连江县外汇存款余额表

表 20-1-6　　单位：万美元

| 年度 | 1991 年 | 1992 年 | 1993 年 | 1994 年 | 1995 年 | 1996 年 | 1997 年 | 1998 年 | 1999 年 | 2000 年 | 2001 年 | 2002 年 | 2003 年 | 2004 年 | 2005 年 |
|---|---|---|---|---|---|---|---|---|---|---|---|---|---|---|---|
| 工行 | 1 | 15 | 51 | 65 | 55 | 136 | 517 | 855 | 1509 | 1956 | 2448 | 2771 | 1789 | 1352 | 464 |
| 农行 | 18 | 23 | 28 | 32 | 59 | 98 | 281 | 952 | 993 | 1205 | 1166 | 1423 | 932 | 727 | 296 |
| 中行 | 324 | 425 | 910 | 783 | 882 | 1127 | 1524 | 2362 | 3606 | 5163 | 6506 | 6927 | 5081 | 3773 | 2560 |
| 建行 | — | — | — | — | — | 16 | 104 | 299 | 510 | 763 | 935 | 1113 | 865 | 699 | 289 |
| 邮储 | — | — | — | — | — | — | — | — | — | — | — | — | — | — | 26 |
| 合计 | 343 | 463 | 989 | 880 | 996 | 1377 | 2426 | 4468 | 6618 | 9087 | 11055 | 12234 | 8667 | 6551 | 3635 |

# 第四节 贷 款

1991年，因通货膨胀压力，贷款重点是投向农业、国有工商企业，当年末，贷款余额24337万元。1992—1995年，通货膨胀得到抑制，信贷相对宽松，依据国家“控制总量，调整结构，强化管理，盘活资金，择优限劣”的货币信贷政策，重点转移到支持农业产业结构调整和科技兴农、基础设施建设、企业转换机制和支持个体工商业，1995年末，贷款余额为53808万元。1996—2000年，根据国家“积极的财政政策和稳健的货币政策”，县人民银行对商业银行改规模管理为比例管理，放开支持私有经济，鼓励消费。5年间共贷出381826万元。2001—2005年，县内各金融机构，重点支持基础设施和城市改造，支持非公有制集团、个体户经济，支持住房、汽车消费，支持第三产业的发展，5年间，共贷出573109万元。

## 一、短期贷款

县内各金融机构1991—2005年累计短期贷款936479万元，解决工业、商业、农业、乡镇企业、建筑业、“三资”企业经营过程中的流动周转资金的需要。

### （一）工业贷款

1991—1995年，根据国家治理整顿的方针，优化贷款投向，支持有效益的工业生产，增加社会供给。5年间共发放工业贷款28262万元，支持县合成氨厂、水厂、电厂、啤酒厂和出口创汇企业调味品厂、百胜海味厂技改和流动资金需要。1996—2000年，集中资金支持地方支柱产业和重点项目资金的需要。5年间，贷款60161万元。2001—2005年，重点支持公路、交通、电力、供水、电信工程前期资金需要以及个人住房贷款等。5年间，共发放贷款41295万元。县建行把个人住房贷款作为支柱特色优势项目，2000年贷出2483万元，市场占有率80%。1991—2005年，工业贷款累计129718万元。

### （二）商业贷款

重点是商业、粮食和供销，1991—2005年，银行系统综合发放各类商业贷款124138万元。

**商业企业贷款** 1991—1995年，县工商行发放13782万元，支持新华书店、医药公司、五交化公司、百货商店、物资公司等国有企业网点建设。县农行发放贷款7618万元，支持农资和农机公司购销业务，为农业生产服务；并把贷款发放与农民购买化肥、农药结合起来，实行钱肥挂钩，一套资金解决两方面需要。1996—2000年，县中行对有可靠还贷来源的邮电通信、医疗卫生、文教、旅游等第三产业，发放贷款6928万元；县农行发放化肥、农药、种子、农机等农用物资贷款15558万元，保证粮食生产的稳定发展。2001—2005年，按照“有保有压、区别对待”的原则，增加有效信贷投放。区分信贷支持类、限制类和禁止类行业。县工商银行将电信、医药、五交化、物资公司、教育等作为重点支持对象，5年累计发放贷款3965万元；县农行以县农资集团公司、县种子公司等为主要对象，发放商业贷款6106万元；县中行拓展公司业务，加大对信息业、基础设施及生产性企业的授信投放力度，发放贷款20179万元，居行业之首。

**粮食贷款** 1991年，实行“钱肥挂钩”，粮食部门预订金贷款全部由县农行发放到户。1992—1993年，粮食购销放开，为保证夏粮收购不打“白条”，累计发放贷款767万元，收购粮食1600万公斤。1994年，县农行在资金困难情况下，向兄弟行借入1900万元资金，代理发放贷款1750万元，保证16015吨粮食及时入库。1995年，县农行代理农发行粮食收购资金的供应并实行“专人、专户、专账、专款”管理，发放夏粮贷款2100万元。1996—1997年，县农行发放粮油收购贷款9174万元，其中国家储备专项贷款174万元，地方专项储备贷款875万元，改善粮食市场品种结构，平抑粮价。1998—2004年，县农行代理业务全面展开，贯彻粮食敞开收购、顺价销售、资金封闭“三项政策”，大力支持粮食部门粮食购销，累计发放贷款14284万元，其中粮食收购贷款9600万元，调销贷款2720万元，粮食储备贷款1964万元，既满足地方储备粮的轮换，又保证军粮的供应。

**供销企业贷款** 1992年，农村商品体制改革，县农行为防止债权、债务被悬空，在县供销系统实行资产风险抵押，发放贷款1095万元。1993—1995年，为防范风险，对供销社贷款资产进行清理，落实贷款债务，补办贷款抵押、担保手续10家，盘活贷款金额818.5万元，实施按柜组落实债务7个社68个门点，计124万元。1996—2000年，推行资产负债比例管理和风险管理制度，5年累计发放供销社贷款3566万元，其中农业基础设施建设贷款750万元。至2000年末，贷款余额1352万元。2001年起，县农行在确保稳健经营的前提下，加大支持"三农"生产力度，2001—2005年累计发放贷款2519万元，支持农资集团公司购调进化肥、农药、农用地膜、农机具、良种等，满足农业生产需要。

（三）农业贷款

1991—1995年，农业贷款以支持粮食生产、渔业生产为主，并把支持革命老区、少数民族地区、贫困区、山区开发性生产作为责无旁贷的义务。特别是1993年，在存款滑坡、资金紧缺的情况下，筹集信贷资金发放农业贷款。5年间共发放贷款52939万元。1995年，县农行、县联社坚持信贷向高优农业倾斜，对科技兴农、水产养殖新品种培育推广等，共发放贷款10782万元，其中农行8625万元，县联社2157万元。1996年，县联社与农行分离，推行完全的资产负债比例管理和风险管理制度，不断调整信贷结构，加大支农力度。至2000年的5年间，累计发放支农贷款59838万元，比县农行发放量35282万元还多69.6%。2000—2005年，县农行和县农信社联社在确保稳健经营的前提下，坚持"先授信后贷款"原则，实行信贷资产质量五级分类管理；坚持立足"三农"扩大贷款服务面，推广小额信贷，解决农民"贷款难、担保难"问题，支持农业生产和渔业生产以及深加工的发展，支持农田基本建设和科技项目的开发。5年间共发放农业贷款198537万元。其中2005年，全县对2861户"信用户"和"联保户"发放小额贷款3640万元。1991—2005年，全县金融系统累计发放各项农业贷款346596万元，其中县联社放出259223万元，县农行放出85991万元，县建行放出731万元，县工商行放出651万元。

（四）乡镇企业贷款

1991—1995年，乡镇企业贷款以上规模企业为主要对象，并侧重于养鳗、养虾、茶叶加工等创汇企业和海上运输、"杜克"种瘦肉型种猪等项目，5年共发放44770万元。其中1994年，为解决130家企业资金周转不足，发放贷款11261万元。1996—2000年，部分乡镇企业监管乏力，出现不良贷款。县农行根据省农行《关于加强信贷资产质量管理的意见》，推行审贷分离，建立大额贷款监测制度，贷款优先向高科技、高附加值、高创汇企业和具有规模效应的龙头企业倾斜，5年间共发放贷款57884万元，支持"星火"项目的投产。2001—2005年，共发放乡企贷款20043万元，重点支持官坞海洋开发公司和天源公司进行养殖和水产品加工生产，其间还发放贷款3000万元支持利税大户福州东阳钢铁公司、长龙华侨塑料厂等扩大生产经营。1991—2005年，共向乡镇企业发放贷款122697万元。

（五）建筑业贷款

1991—1995年，对建筑业流动资金贷款按照"扶优限劣，择优发放"的原则，县建行、农行、县联社共发放贷款5856万元。1996—2000年，建筑业贷款实行分类管理，县建行、县联社5年发放流动资金贷款4893万元，使建筑业年产值稳定在7.5亿—10亿元间。2001年起，建筑业贷款纳入房地产信贷部管理，建筑企业流动资金贷款逐步由中长期基本建设贷款项目解决，至2005年，5年间仅发放735万元。1991—2005年，累计发放贷款11484万元。

（六）"三资"企业贷款

1991年开始，对"三资"企业贷款，按照"有保有压、区别对待"的原则，通过市场调查，对经营规模大，效益好的企业，如富佳电机等列为核心客户，与之签订《银企协议》，在资金上重点扶持。

2001—2005年，先后贷给重点企业13256万元，为福州桃园体育娱乐有限公司提供贷款2000万元，美森木业投放60万美元等。1991—2005年，累计向“三资”企业贷款48050万元。同时注意防范和化解风险，及时清收逾期贷款。至2005年末，“三资”企业贷款余额为2115万元。

（七）个私企业贷款

1991—1995年，个私企业发展迅速，县工商行为支持个私企业发展，累计发放贷款493万元。1996—2000年，县中行对私营企业贷款，坚持以效益为中心，按期偿还为前提，先后共贷出8840万元。2000—2005年，县农行对私营企业和个体户发放临时、短期周转资金贷款946万元，帮助35户发展餐饮业和酒家，帮助60户发展海水和滩涂养殖，并如期收回贷款。1991—2005年，工行、中行、农行累计发放贷款10279万元。2005年末，贷款余额为220万元。

（八）其他贷款

1993年开始，金融机构帮助农户发展副业生产和沿海地区渔民参与海产品的购销活动。尤其对海带、紫菜养殖和推销给予积极支持。1993—1995年，共发放15597万元。1996—2000年，为保证粮食生产稳定，支持“菜篮子”副食品基地建设，累计发放贷款27550万元。2001—2005年，连江金融系统，执行“先授信、后贷款”原则，向资金安全、效益好的项目投放。5年累计发放100370万元，支持房地产开发，特别是按揭贷款、抵押贷款、居家装修。1993—2005年，累计发放贷款143517万元。2005年末余额6883万元。

**二、中长期贷款**

1991—1995年，县金融系统共发放中长期贷款37176万元。主要支持省重点项目山仔水利枢纽工程、104国道改造、省道改造、东北线公路改线及琯头3000吨码头、琯头岭隧道等基础设施建设以及旧城改造和沿海饮用水工程。1996—2000年，共发放93001万元，重点支持城乡二、三产业的发展，支持先行工程、能源、通信、交通建设的资金需要。其中黄歧避风港及围海造地贷款1300万元，广电局农村电视网改造1000万元，先行工程贷款6000万元，桃园体育娱乐有限公司1000万元，农业综合开发速丰林专项贷款200万元等。2001—2005年，共发放139700万元，主要支持县重点工程及工业企业的发展和消费贷款。其中为福建华电可门发电有限公司办理贴现资金17156万元，为山仔发电厂、塘坂发电厂、县广播电视网络中心等提供贷款9100万元，住房消费贷款106939万元。

县农行2001—2005年发放小额扶贫贷款（每户300—1000元）共250万元，扶持丹阳、筱埕、官坂、晓澳、敖江等地75个村民小组289个农户发展生产，脱贫致富；扶贫贴息贷款700万元，帮助3个企业扩大生产，安排就业人员2100人。2003年，县金融系统还为400个贫困户发放扶贫贷款120万元；为贫困户、残疾人、下岗职工、计生“三结合”户、“五老”等弱势群体发放贷款300户，金额500万元；为再就业职工贷款418万元，促进社会的和谐和安康。

1991—2005年，共发放中长期贷款269877万元。

**三、外币贷款**

1991年，县境“三资”企业不多，规模也较小，尚无外币贷款业务，一些急需资金支持，多发放短期人民币贷款。1999年开始，县中行、工商行对外商投资企业发放外币贷款，重点支持出口创汇。1999年末，外币贷款余额232万美元。至2005年末，外币贷款余额为290万美元。

**1991—2005年末连江县人民币和外币贷款余额表**

表20–1–7

| 项目 年份 | 短期贷款余额（万元） | 中长期贷款余额（万元） | 其他贷款余额（万元） | 合计（万元） | 各项贷款余额中（万元） | | | 外币贷余额（万美元） |
|---|---|---|---|---|---|---|---|---|
| | | | | | 国家银行 | 农村信用社 | 股份制商行 | |
| 1991年 | 13558 | 10779 | — | 24337 | 20245 | 4092 | — | — |
| 1992年 | 27276 | 2619 | 1459 | 31354 | 26162 | 5192 | — | — |
| 1993年 | 29600 | 8418 | 459 | 38477 | 31851 | 6626 | — | — |
| 1994年 | 33792 | 12903 | 1457 | 48152 | 40634 | 7518 | — | — |
| 1995年 | 38914 | 14894 | — | 53808 | 46014 | 7794 | — | — |
| 1996年 | 45915 | 23053 | — | 68968 | 61130 | 7838 | — | — |
| 1997年 | 53484 | 26620 | — | 80104 | 70042 | 10062 | — | — |
| 1998年 | 63973 | 28308 | 30 | 92311 | 76737 | 15574 | — | — |
| 1999年 | 75297 | 26308 | — | 101605 | 86235 | 15370 | — | 232 |
| 2000年 | 81005 | 24980 | 6023 | 112008 | 93877 | 18131 | — | 232 |
| 2001年 | 65086 | 48076 | 5102 | 118264 | 97104 | 21160 | — | 347 |
| 2002年 | 75855 | 54148 | 10646 | 140649 | 115363 | 25286 | — | 329 |
| 2003年 | 91249 | 64886 | 8395 | 164530 | 130276 | 34254 | — | 334 |
| 2004年 | 82838 | 77182 | 1484 | 161504 | 116497 | 43002 | 2005 | 70 |
| 2005年 | 86845 | 93599 | 17816 | 198260 | 138872 | 54034 | 5354 | 290 |

说明：短期1年内，中长期1—3年以上

# 第五节　外汇管理

## 一、经常项目外汇

（一）进出口贸易收付汇

1998年，全县出口收汇990万美元，进口付汇277万美元。1999年1月，启用进口报关单联网核查系统，进行贸易真实性审核。当年出口收汇1050万美元，进口付汇220万美元。2001年8月起，启用口岸电子执法系统，使进出口收付汇核销更加完善和规范，提高工作效率，堵住逃汇、骗购汇等行为。2002年11月，实施《贸易进口付汇核销管理操作规程》，进一步完善制度。当年出口收汇1809万美元，进口付汇270万美元。至2005年，全县出口收汇达11666万美元，比1998年增加10倍多；进口付汇1909万美元，比1998年增近6倍。

**1998—2005 年连江县进出口收付汇统计表**

表 20–1–8　　单位：万美元

| 年份 | 出口收汇 | 进口付汇 | 年份 | 出口收汇 | 进口付汇 |
|---|---|---|---|---|---|
| 1998 年 | 990 | 277 | 2002 年 | 1809 | 270 |
| 1999 年 | 1050 | 220 | 2003 年 | 3254 | 722 |
| 2000 年 | 1181 | 273 | 2004 年 | 6924 | 1355 |
| 2001 年 | 1610 | 392 | 2005 年 | 11666 | 1909 |

（二）非贸易外汇

主要是个人从境外汇入的外汇。1991 年起，出国就学、探亲、创业的人数日渐增多。随着中国日益强大，国际威望提升，华侨政治地位和经济收入普遍提高，爱国爱乡精神愈益高涨，回乡投资兴业，支持桑梓建设，捐助公益善举日渐增多，侨汇收入不断增加。1996 年 12 月前，除国家允许个人保留外汇以外，必须卖给银行。1996 年 12 月起，实行人民币经常项目可兑换外汇。1999 年，县中行提出"立足侨乡，打好侨牌"，大力宣传鼓励华侨汇款，业务量日益增大，占金融系统侨汇业务 80% 左右。是年侨汇收入 11734 万美元。至 2005 年，连江侨汇收汇达 34506 万美元，比 1990 年 240 万元人民币（折美元约 45 万元）增长 765 倍多。

**1991—2005 年连江县侨汇和个人结售汇情况表**

表 20–1–9　　单位：万美元

| 年份 | 侨汇收入 | 居民个人结汇 | | | 年份 | 侨汇收入 | 居民个人结汇 | | |
|---|---|---|---|---|---|---|---|---|---|
| | | 结汇 | 售汇 | 净结汇 | | | 结汇 | 售汇 | 净结汇 |
| 1991 年 | — | — | — | — | 1999 年 | 11734 | 530 | 23 | 507 |
| 1992 年 | — | — | — | — | 2000 年 | 13443 | 530 | 20 | 510 |
| 1993 年 | — | — | — | — | 2001 年 | 15741 | 5687 | 44 | 5643 |
| 1994 年 | — | 1053 | — | 1053 | 2002 年 | 20365 | 18685 | 18 | 18667 |
| 1995 年 | — | — | — | — | 2003 年 | 22383 | 18648 | 46 | 18602 |
| 1996 年 | 6300 | 986 | 103 | 883 | 2004 年 | 25299 | 21682 | 8 | 21674 |
| 1997 年 | 8000 | — | — | — | 2005 年 | 34506 | 32360 | 53 | 32307 |
| 1998 年 | 9600 | — | — | — | — | — | — | — | — |

## 二、资本项目外汇

（一）外商投资企业外汇

1993 年前，按国家规定外商投资企业可以保留现汇。1996 年 7 月起，纳入银行结售汇体系，可通过外汇调剂中心买卖。1998 年 12 月起，外汇买卖均纳入银行结售汇体系。当年因公涉外收入 196.2 万美元。2001 年开始，县外汇管理部门会同工商等 16 个部门，对外商企业实行联合年检。当年有 34 个外商企业，参检 25 个，占 73.5%。2002 年，为适应加入世贸组织的新形势，外汇管理部门适时调整外汇账户开户条件，并运用网络等高科技手段规范管理，提高效率，方便企业。同年，按照国家外汇管理局的通知精神，定期对外汇指定银行被授权的执行情况进行检查。当年外商企业应检 54 个，参检企业有47个，占87%。2003年，应检70个，参检63个，占90%。2004年，应检89个，全部参检。2005年4月起，福建省对外汇账户进行改革，省内所有外汇收支均纳入外汇账户办理，外汇局取消事前审批，改由外汇指定银行事后报备，外汇局对经常项目账户限额实行总量管理，对账户余额定时监测，超限额分级预警，弹性调控均衡收支。当年，因公涉外收入5946.83万美元，涉外付款418.15万美元。

（二）国际收支与外债

1996年1月起，县外汇管理部门贯彻国务院《国际收支统计申报办法》，进行全面部署，通过张贴标语、横幅、广播、电视台等形式开展宣传。当年，县政府为缓解建设资金不足，经外汇部门批准，先后争取到亚洲银行和世界银行贷款，进行农渔业和基础设施建设。世行贷款原定370万美元，实际到位118.56万美元。此后，国际收支统计申报量逐渐增加，1998年涉外收入3668.23万美元。随着对外交流和经济往来增多，2001年9月起，国际收支涉外收入申报期限由原来的25个工作日缩短为10个工作日。当年涉外收入16541.50万美元。2003年，又把10个工作日缩短为5个工作日，当年涉外收入20019.49万美元。至2005年，涉外收入27785.37万美元，其中因私涉外收入21838.54万美元，是1998年的6倍多；因公涉外收入5946.83万美元，是1998年的30倍。涉外因公付款418.15万美元，涉外因私付款仅5.13万美元。

**1998—2005年连江县国际收支情况表**

表20-1-10　　　　单位：万美元

| 年份 | 国际收支 | | | | | |
|---|---|---|---|---|---|---|
| | 涉外收入 | | | 涉外付款 | | |
| | 因公 | 因私 | 小计 | 因公 | 因私 | 小计 |
| 1998年 | 196.20 | 3472.03 | 3668.23 | — | — | — |
| 1999年 | 279.95 | 11734.83 | 12014.78 | — | 0.66 | 0.66 |
| 2000年 | 472.63 | 13443.95 | 13916.58 | — | — | — |
| 2001年 | 800.51 | 15740.99 | 16541.50 | 4.45 | 110.22 | 114.67 |
| 2002年 | 994.27 | 16026.16 | 17020.43 | 15.74 | 77.77 | 93.51 |
| 2003年 | 1511.16 | 18508.33 | 20019.49 | 151.57 | 0.49 | 152.06 |
| 2004年 | 4292.74 | 18205.14 | 22497.88 | 248.20 | 5.66 | 253.86 |
| 2005年 | 5946.83 | 21838.54 | 27785.37 | 418.15 | 5.13 | 423.28 |

### 三、外汇检查

1991年，县人行负责对外汇指定银行开展结售汇合规性检查、因私结售汇专项检查及个人大额外币现钞存取及异常情况检查。1993年4月，外汇管理局连江县支局成立后，加大外汇的检查力度，重点对企业贸易项下收汇真实性和外商投资企业资本金结汇业务开展专项检查，并与公安等部门合作，密切注意可疑跨境资金异常流动，逐步完善反洗钱机制。1997—2005年，县外汇管理部门多次组织对县中行、县工商行、县建行和邮政储蓄4家外汇指定银行的国际收支统计申报开展现场检查，及时发现和纠正申报中存在的问题，确保申报质量。其中2002年对县建行和邮政外汇专项检查中发现的问题进行立案查处，给予罚款18万元。2004—2005年，县外汇管理部门与县公安、工商等部门协调行动，查获外汇黑市交易多起，立案3起，抓涉嫌者11人，非法交易外币折3.6万美元，强制收兑2.039万美元，并处罚款15万多元，县工商局对非法经营者罚款7.89万元。

# 第六节　代理业务

**一、经理国库业务**

1991年，依据《中华人民共和国国家金库条例》及《中华人民共和国国家金库条例实施细则》，由县人行国家金库连江支库（简称“县支库”）办理同级财政预算税费入库、预算拨款和退库等业务。入库运用微机处理，通过内部划转，将库款及时划解福州中心支库报解省分库。为化解库款延解积压等现象，取消“汇解清单”，强化税款入库、报解的监管。库款拨付按财政预算凭证，统一建立银行基本账户，只办转账，不付现金，违反规定的拒付。退库必须严格按财政审批手续。1994年后，对部分行业或项目实行“先征后退”政策。1999年，行政事业性收费和罚没款列入库款管理，实行“收支两条线”。2001年，制定《连江县国库办理预算收入退库、财政预算拨款审批手续规定》，对库款划拨、出口产品退税、县支库主管人员审批权限等作出明确界定。2002—2003年，支库堵住不合理退库和不合规拨款达29笔1100万元。2002年12月，执行福州中心支库会计管理“四集中”（会计核算集中、事后监督集中、查询查复集中、会计档案保管集中）规定，规范内部结算和报表制度，减少中间环节，提高工作效率。2003—2005年，对财政拨款的行政事业单位实行国库统一支付工资，建立会计核算中心和银行基本账户，取消各单位账户。同时，县支库加入横向联网系统，实行信息资源共享，并编制《国库业务管理工作手册》，规范制度，加强监管，完善风险防范措施，提高服务水平。

**二、代理国债业务**

1994年，国家首次发行凭证式国债，连江县于当年4月1日发行，分两年期、三年期两种，5天就发售194万元。凭证式国债由连江县承购包销银行工行、农行、中行、建行4家办理兑付手续。其他国债1999年后移县人行兑付。

**三、其他代理业务**

**代发工资**　1993年，县建行和县农行首先办理代发工资业务，年代发工资726万元。至2005年，有县建行、县中行、县农行、县工商行、邮政储蓄、县联社6家金融机构办理代发工资业务，代理支付工资的单位64家。当年，代发工资总额37936万元。

**代理代销开放式基金**　2001年，县建行开始此项业务，当年销售300.95万元。2002—2005年，县工商行、县农行、县中行3家也开展该业务。至2005年，4家银行共代理代销17059.70万元，其中最多的2004年达9656.17万元。

**代理保险业务**　1998年5月，县建行开展代理保险业务，当年代收投保金额2692万元，县农行也代收758万元。2002—2003年，县中行、县工商行也开始代收。至2005年，4家银行共代收保险金41663万元，其中县建行37846万元，占90.8%；县农行2878万元；县中行725万元；县工商行214万元。

**代收税款**　1999年，县农行网点开始代地税局收各种地方税款。2000年，县建行代收地税款1800万元。县农行利用金穗储蓄卡刷卡代收税款业务，方便纳税户。1999—2005年，共代收税款2125万元。

**代收移动电话费**　县邮政储蓄由1997年7月起代收电话费。2001年起，县农行、县建行、县联社也开通代收电话费业务。至2005年，县邮政储蓄共代收10182万元，县农行代收757万元，县建行代收139万元，县联社代收1560万元。计代收12638万元。

**代收学费**　1997—2005年，有3家县金融机构代收学费，计19298万元。其中县联社1997—2005年代办报名费14448万元，县建行2000—2003年代收学费2770万元，县中行2001—2005年代收学费2080万元。

**代理有关行政部门收发费券** 县联社 1996—2005 年代县政府兑付山仔债券 1496 万元，2004 年代民政部门发放补助金 1255 万元，2000—2005 年代收行政事业性费用 6934 万元。1997 年，县农行代公安、土地部门收缴罚款 20 万元，代征车辆稽征费 400 万元。2002 年，县建行代收财政票款分离缴费 1452 万元。1996—2005 年，计代收 11557 万元。

# 第七节 管 理

## 一、机构监管

1991 年，继续实行金融机构登记，核发经营许可证和年检等制度。1992 年起，县内金融机构设置依照“统一规划，合理布局，方便客户，讲求实效，保证安全”的原则，对新申报 24 家金融网点进行审查，批准 22 家（其中邮政储蓄代办站 19 家）。更换农村信用社许可证 37 家。1993 年，经清理整顿，撤销 4 家、脱钩 3 家网点，收缴未经县人行批准的岱江信托商店营业执照和特种行业许可证，责成停止质押贷款业务。

1994 年，贯彻国务院《关于金融体制改革的决定》，县建行向财政移交基建项目管理职能。1995 年，县农行将政策性业务划转农发行办理。同年，依据《中华人民共和国商业银行法》，进一步明确各分支机构的责、权、利关系。处罚违规邮售网点 12 家，依据人行福州分行《关于撤销专职保险代理网点的通知》精神，上报撤销县内 19 家专职保险代理站。1997 年，制止平安保险马尾分理处违规在连江展业宣传。1998—1999 年，经清理整顿，撤销连江百胜教育基金会，关闭 4 家非农基金会、1 家股金服务部，清偿存款 1902.5 万元，清收贷款 1638 万元。2000 年，清理关闭 9 家非农基金会，清偿存款 2065 万元，清收贷款 2024.5 万元。至年底，县内 65 家农村合作基金会如期实现整体清盘关闭，退出市场。2003 年起，县建行、县中行、县工商行等相继转制为股份制商业银行。至 2005 年，全县金融机构网点经数次整顿调整，升格的 7 个、降格的 4 个、迁址 32 个、撤并 14 个、更名 7 个，年底实有 65 个，基本达到专业分工、合理布局的要求。

## 二、现金与金银管理

### （一）现金管理

1991 年开始，县内企业单位增多，使用现金范围扩大，库存现金上升，个人持币量增加，社会现金流通量增加，通货膨胀压力增大。1994 年，县人行按照国务院、人行总行《现金管理暂行条例》和《现金管理暂行条例实施细则》，组织金融机构人员 21 名，分成 8 个组，对辖区 45 个单位进行现金管理大检查，发现库存现金超限额的 23 个单位，超留现金 8 万元；坐支现金的 5 个单位，金额 30.16 万元；编造假用途，套取现金的 7 个单位，金额 8.86 万元。对此，及时通报，限期整改。

1995 年，县金融系统掌握净投放现金指令性指标，实行行长负责制，未经批准，不得突破。1997 年 8 月起，实行一日一次性提取现金 5 万元以上的，取款人应提供有效身份证件，一次性提取现金 20 万元以上的，取款人必须至少提前一天电话预约，以便银行准备现金，给予支付，使现金管理步入制度化、规范化轨道，并定期监督检查。至 2005 年，均未发现大的违规事件。

### （二）金银管理

1991 年前，国家实行金银统配政策。1992 年 7 月起，根据中国人民银行和国家物价局通知，将金银饰品价格由国家价改为国家指导价。1996 年，县人行根据《中华人民共和国金银管理条例》和有关规定，对 65 家金银加工点颁发经营金银业务许可证。1996—2002 年，金银收购价格和黄金配售价格逐年调整。至 2002 年，县内经审批的金银饰品零售及个体加工经营户有 76 家。2003 年起，金银加工店由工商行政管理局审查批准。

**三、结算管理**

**结算方式**　1991—1992 年，实行“委托收款，提前付款”的办法。　对县人行办理结算人员颁发检查证。凡超过 1000 元的，都要实行转账结算。1996 年 8 月起，取消“委托收款，提前付款”。1997 年 12 月起，启用结算专用章，按照《支付结算办法》，取消国有商业银行签发 50 万元大额银行汇票转存人民银行清算资金的规定。各商业银行跨系统 10 万元（含）以上和系统内 50 万元（含）以上大额汇划款项，仍通过县人行清算资金和转汇。1999 年 6 月起，一律启用新版银行汇票和商业汇票（包括银行承兑汇票、商业承兑汇票）凭证，用统一确定的编押机编押，同时废止现行银行汇票和商业汇票凭证。7 月 1 日起，兑付行受理由人行系统内签发的兑付银行汇票，并使用编押机进行核押。2001 年 9 月 1 日和 2002 年 3 月 15 日，先后取消对工商银行、农业银行、中国银行和建设银行行内 50 万元以上汇划款项必须通过人民银行转汇的规定。其汇划业务可通过各行行内电子汇兑系统办理。

**票据交换**　1991 年，境内仅 4 家金融机构执行同城票据交换制度。1996 年 1 月起，实施《中华人民共和国票据法》，对票据审查日趋严格规范，对违规责任予以处罚。2003 年，实现同城票据资金微机清算。2005 年，票据交换发展到 11 家。业务量由原来日均 80 笔增到 1500 笔。资金清算时间半天，票据当日抵用率达到 85%。

**账户管理**　1991—1993 年，规定一个独立单位的财务部门只能在所在地一个银行开设账户。1994 年，规定凡违反该办法开立基本存款账户的，责令其撤销账户，并处 5000 元至 1 万元罚款。2003 年 9 月 1 日，执行中国人民银行制定《人民币银行结算账户管理办法》，连江县在 2005 年 4 月至 7 月 18 日，对银行账户进行清理核实。至 2005 年末，共清理核实单位银行结算账户 2260 户，开设个人银行结算账户 874986 户。

**四、防范金融风险**

1991—1995 年，县人行对专业银行的 9 个项目进行稽核，查违规金额 1588 万元，收回利息 7.07 万元，转回财政性存款 13134 万元。对不良资产比重较大的县农行（县联社），实施重点监控，落实清收责任，5 年间共收回 1317 万元，审批呆账核销 324 万元，不良资产余额的比重由 1991 年的 51.6%，1995 年降到 33.2%。同时，县人行还重点协调清理 16 家国有企业“三角债”，收回贷款 24 万元、利息 7.21 万元。

1996—2000 年，县人行对 8 个金融机构 10 多个项目进行稽核，查出违规金额 9998 万元，对 9 家存在高风险的农信社，建立监管责任和大额贷款大额汇出资金报备制度。对县农行 36 笔 3390 万元不良资产，与中国长城资产管理公司协议，同意接收进行剥离，县农行在 5 年中收回不良资产 1775 万元，核销呆账 1932 万元。至 2000 年末，不良资产余额降至 6010 万元，比重降到 29.81%。

2001 年起，县人行加大排查各商业银行中间业务和新增不良贷款，检查出 69 个问题，提出建议 54 条，对原有不良资产遗漏问题进行全面清理。全县金融机构共筛出不良贷款 141 户 3911 万元，作为重点清收对象，共收回贷款 588.5 万元，通过法院判决收回 28.82 万，以行政手段收回公职人员贷款 18.25 万元。2002 年，在继续打击逃废金融债务中，督促 31 名公职人员偿还逾期贷款 41.06 万元。2003 年，县人行加强对各商业银行信贷风险的监控，制定《连江县金融机构反对不正当竞争公约》，并发挥非现场监管的预警作用。2004 年，成立县金融工作领导小组，由分管副县长任组长，县人行、银监办及有关职能部门领导参加，对辖内金融机构信贷资产状况，按月实施监测分析，按季通报，实施动态反馈和监管。同年，以县人行牵头成立反洗钱工作领导小组，检查以往反洗钱工作情况。1991—2005 年，据县内 5 家金融机构（县农行、工商行、建行、中行、县联社）统计，共收回不良资产 12056 万元，进行资产剥离 10455 万元，审批呆账核销 8349 万元。至 2005 年末，不良资产余额 16656 万元，占 5 个机构贷款总余额的 8.56%，其中县农行不良资产比重由 1991 年的 51.6%，2005 年降到 8.7%；县联社由

1998年的16.3%，2005年降到2.8%；其余金融机构的不良资产亦在可控范围之内。

# 第二章　保　险

1991年，连江保险支公司，开设财产、人寿30个险种，保费收入509万元。1992年后，随着经济发展，生活提高，参保对象增多，至1995年，保费收入2173.6万元，增3倍多。1996年7月，县保险支公司析分为财产保险和人寿保险两个支公司。中国加入世界贸易组织后，保险业务逐步与国际接轨，新的专业化保险公司在连江设立分支机构，至2005年，境内共有财险5家、寿险5家。其中国有财保人保两家保险种类发展到12个大类118种从业人员44人，保费收入4809万元，比1995年增加1倍多。

## 第一节　机　构

### 一、中国人民财产保险股份有限公司连江支公司

1991年，为中国人民保险公司连江支公司，内设人秘、计财、财产险、人身险4股，有员工22人。1996年，人寿保险分出，改称财产保险有限公司连江支公司。1999年6月，恢复中国人民保险公司连江县支公司，内设综合科、业务科、计财科，有员工13人。2003年7月，中国人民保险公司实行股份制改革，更名为中国人民财产保险股份有限公司连江支公司。内部设综合部、业务部、营业部。2005年，有正式员工12名，临时工10名，代理员及协保员43名。

### 二、中国人寿保险股份有限公司连江支公司

1996年，从中国人民保险公司连江支公司分出，单独设中国人寿保险有限公司连江支公司。1999年1月，公司更名为中国人寿保险公司连江支公司，内设综合科、业务科、计财科、营销部，有员工9人。2003年，实行股份制改革，更名为中国人寿保险股份有限公司连江支公司。内部机构调整为综合部、业务拓展部、客户服务部。2004年4月，内设机构调整为办公室、团险业务部、个险销售部、中介业务部、客户服务部。并在黄岐、苔菉、马鼻、丹阳、东岱、晓澳6个乡镇设置寿险营销服务部。2005年，在琯头镇设立营业部，在安凯、坑园、筱埕、蓼沿、透堡5个乡镇设保险站。至年底，支公司在岗管理人员9名，聘用人员13名，营销人员230名。

### 三、其他保险机构

**太平洋寿险**　1996年8月，中国太平洋保险公司福州分公司在连江设点，1997年底因故取消。2000年5月，重设太平洋人寿保险连江督导处，设凤尾农贸市场三楼。当年保费收入29万元。至2005年，人员增至80多人，保额190万元，保费收入65万元。

**平安寿险**　1996年上半年，中国平安保险公司福州分公司在连江县设立营销部。1997年底，因故停业。1999年10月，平安保险产、寿险分业经营，其寿险公司重新在连江设立营销督导处，业务发展较快。至2003年，以分红险和健康险为主，保费收入166万元。2004年下半年，迁址安通大厦四楼。当年保费收入255万元，赔付仅5万元。2005年，公司分设龙腾和星光2个营销部，拓展寿险业务，业务员达180人，当年保费收入425万元，赔付14万元，赔付率仅3.2%。

**华安财险**　2001年上半年，华安财产保险公司在连江县玉荷西路设立营销部，有员工10人。因

业务开展不顺，至2005年营销部仅剩1人，开展车险业务。

**泰康人寿**　2001年8月，在连江设网点开业，2005年有营销员40余人，投保额100万元。

**平安财险**　2002年4月，中国平安财产保险股份有限公司福建分公司连江营销部成立，开办企财险、车辆险、个人住房贷款险等业务。2005年保费收入100万元，赔付70万元。营销人员5人。

**新华人寿**　2002年下半年，在连江北岳大厦10楼开业。2003年，保费收入4800元。2004年2月，又在丹凤路经营寿险营销业务，从业人员多为兼职。2005年，保额近200万元，保费收入69.8万元。常住人员1—2人。

**太平洋财险**　2003年，中国太平洋财产保险股份有限公司福州分公司连江营销部在连江华侨旅行社开业，当年保费收入30万元。2005年，有营销人员5人，保费收入130万元。

**中华财险**　2005年3月4日，中华联合财产保险公司连江营销部开业。该公司系国有企业新疆建设兵团所属的财险营销网点，经营企业财产险、机动车交强险、短期人生意外险等，人员12人。当年，保额2386万元，保费收入73.2万元，赔付34.36万元。

## 第二节　业务及险种

1991年，县保险公司已开办30个险种。相继在19个乡镇成立保险代理站（点）。分业前，财产保险主要有企业险、家财险、运输工具险和货运险；人寿保险有养老金险、短期人身险和储金性人身险。保险业务累计保费收入9308.93万元，赔案支出4539.65万元，综合赔付率48.76%。

**一、财产保险业务**

1991年，县保险支公司财产保险主要有企业财产险、家庭财产险、机动车险、船舶险、货运险等。1992年后，随着市场经济改革深化，对一些险种进行整合更新。1994年，停办农业险。1995年，贯彻《中华人民共和国保险法》，加大推介宣传保险力度，至1996年末，财产保费收入5403万元，6年间共赔付3842万元，赔率71.11%。1996年财产保险分营后，当年7月底适遭第8号强台风影响，企业财产赔付大幅增加，当年保费收入共1123万元，赔付达1506万元，超出保费收入34.11%，支公司出现严重亏损。1997年后，相继推出住房抵押贷款险、公众责任险、产品责任险等险种，拓展业务，调整经营策略，注重效益。至2005年，财产保险有7个大类、78个险种，其中主险种25个，附加险53个。当年保费收入1268万元。1997—2005年9年，共收入保费11142万元，理赔累计5790万元，赔付率为51.97%。主要险种经营情况如下：

**企业财产保险**　企业财产保险又称火险，有2个险种。1991—2005年，财险支公司为各类承保企业（包括国有、集体、私营、“三资”、外商独资企业）提供近69.9亿元的风险责任，收取保费2880万元，其中为山仔水利枢纽工程承担约1.7亿元的风险责任，为琯安公路工程提供1000多万元的风险保障。此外也给众多受灾企业及时兑现保险经济补偿，使其很快恢复生产。1991—2005年，累计保额69亿元，保费收入2881万元；理赔301件，赔付1093万元，赔率37.9%。

**家庭财产保险**　主要有家庭财产综合险、个人贷款抵押房屋综合险、家庭财产保险附加盗抢险、第三者责任险等7个险种。其中个人贷款抵押房屋综合险是1998年新开办的险种，业务最好的2001年，有保户1300户，保费收入149万元。2002年下降到638户，保费比上年下降22.3万元，降幅达15%。2003年后，业务下滑，至2005年，家财保额仅23630万元，保费15.3万元。

**机动车辆保险**　是财险支公司传统的龙头险，计有9个险种，分业前业务收入占整个公司一半以上。1998年因市场竞争激烈，业务量下降。2000年后开始回升。2003年车险改革，利润大幅下降，支公司改变竞争策略，平稳过渡，当年共收车险保费702.3万元。1991—2005年，保费总收入9056万元，占其公司全部保费收入的54.7%；累计赔付2000万元，赔付率22.1%。

**船舶渔船保险** 1991—1999年，支公司先后开办11个险种，承保各类运输船舶2856艘，收保费1654.5万元。2001年，参加保险的渔船500多艘，承保渔工4756人，共收保费37.5万元。2002年恢复渔船保险种，承保872艘，收保费58.05万元。2003年共收渔船、渔工保险费160万元，船工责任险每份保险金额10000元，年收保费70元。2004年提高为150元。1991—2005年，该险种投保总额9.98亿元。收保费1819万元，赔付率极高，15年共赔付1542万元，赔率84.77%。

**国内货物运输保险** 共有11个险种。1991年保额317万元，收入保费6.3万元。2001年，采取多渠道代理办法，向外省发展水路、公路货运险业务，当年保额1150万元，保费72.4万元。至2005年，货运险保额33780.3万元，收入保费30.03万元。

**责任保险** 1997年开办，开始只有5个险种，年保额仅80万元，保费20万。2001年后业务有所突破，当年保费143万。2004年又增加4个险种，至2005年，年收保费236万元。

**意外伤害保险** 1996年分业后，财险公司全面退出意外险市场。2003年重新恢复，有2个险种，当年共收保费112.3万元。2004年，在县教育局的协调支持下，产、寿公司采取分片展业，财险公司深入划片学区、学校，大力拓展学平险，稳住学平险领域，当年意外险共收保费177.3万元，2005年升至197.2万元。

**二、人寿保险业务**

1991—1996年财险寿险分营前，陆续开办简易人身险、个人养老险、义务兵养老险、健康险等20多个险种，参保人员10多万人、280万份，保费收入共5068万元。6年理赔1821万元，赔付率35.93%。1996年财、寿险分营后，继续承担未终止的人身保险责任。县人寿险支公司开始引进全球寿险机制，招聘营销员，多数险种实行一次签单，多次缴费，保障长期（或终身）的形式，颇受民众欢迎。对营销员薪酬实行佣金形式、上不封顶，形成直销、营销、中介三轮驱动，使寿险市场日益活跃，发展较快。1997年起，每年保费收入都超过1000万元。2005年达3541万元，比1996年1104万元增长2.2倍。1997—2005年，累计收入保费18644万元，理赔6906万元，赔付率37.04%，经营效益较好。主要险种经营情况如下：

**简易人身保险** 办于1986年，是分营前主业务之一。至1996年，全县承保人数达10万余人，280万份。1997年对简易身人险进行改革，提高保险金额，交费由月缴统一到年缴。但业务发展不理想，1999年底停办。此后公司以转退保形式将简身险过渡到个险营销业务上，至2005年，有10多个险种。

**养老金保险** 1991—1995年，养老金保险品种有10多种，政策性明显，业务量逐年上升。1995年突破1000万元大关。1996年起，职工统筹业务移到地方社保办理，政策性和地方性养老险逐步过渡到中国保监会批准的全国性养老产品上来。2000年后，公司开办的养老保险主要有两大类：一是法人为投保人的直销养老产品有10多个品种。二是营销类养老年金产品有20个品种。如金色夕阳养老保险（含高额意外保障，领取至105岁止），鸿寿年金（分红型）保险以领取方式多样和80岁两倍保额祝寿金而畅销。养老险是公司业务最大的险种。至2005年，普通寿险保费收入3280万元，其中营销类养老业务830万元。

**短期人身保险（即意外险类）** 1991年，短期人身保险由县保险支公司独家经营。险种系列有10余种。至2000年，保费收入超400万元。2002年，按照新修订的《中华人民共和国保险法》，允许财产保险经营短期意外险，保险同业形成竞争，县人寿公司业务量有所下降。至2005年，短期险种仅剩2—3个，年保费收入降到101万元。

**健康保险** 1993年开办。1996年财寿险分业经营后，教育系统补充医疗保险在县寿险支公司，年收保费100多万元。2003年，年收保费252万元，其中增开乡镇政府管理人员基本医疗保险，年收保费 16 万元。2005 年，全县机关事业单位干部职工的重大疾病补充医疗保险开始启动。团体承保的医疗保险成为健康保险的主要业务。至 2005 年，健康保险主要有附加疾病住院津贴、团体补充医疗保险等 4 个险种，年收保费 159 万元。

## 第三节　防灾　理赔

### 一、灾险防控

1991 年，县保险支公司针对连江海洋性气候台风暴雨频发，对容易受灾害威胁的投保单位或行业，都注意提前做好防灾防损准备工作，最大限度地减轻财产损失和人员伤亡。县供销社系统在每次汛期到来之前，都组织一次或数次对基层供销社重要仓库、门市部进行检查，发现隐患及时整改。1996 年，人寿险、财产险分营后，两个支公司都加大对灾险防范力度，联合气象、公安消防和有关防灾机构，及时交流和掌握各类灾害信息动态，向各单位各地区发布防灾抗灾通知，保险人员也分头到第一线协助落实防灾抢险准备工作。1996—2005 年，气象部门预报热带风暴或台风消息后，保险人员就配合县水产部门，到沿海乡村重点防范台风、暴雨和海潮灾害，动员渔商船舶及时返港，海上养殖人员尽早撤离回陆。秋冬季节，保险人员配合林业部门，防范山林火灾。对投保的乡镇企业，因面广、基础差、防灾难度大，除平时进行防灾宣传和不定期检查外，对其部分固定资产承保，采取低保额和提高自负额的措施，使投保企业自觉搞好灾险防范工作，变被动防灾为主动防灾。

### 二、定勘理赔

1991 年，县保险公司设有抢险救灾领导小组，制定工作预案，一旦灾害发生，保险人员力争在第一时间赶到灾害现场，按照理赔定损程序规定，进行现场清点，核查账册，勘定损失。对损失金额较小，双方对损失金额认定无大分岐的，就尽快定案赔付。灾害重，查勘定损技术难度大，双方出现较大争议的，请上级公司或聘请中介机构查勘定损，力求合规合理，使多数受赔对象感到满意。1996 年，连江全县遭第八号强台风袭击，经济损失严重，县财险支公司按照“主动、迅速、准确、合理”的原则，以最快速度进行查勘理赔，认真受理理赔咨询、申诉等，当年仅财产保险赔付支出就达 1506 万元，超出保费收入 1123 万元的 34.11%，为历史赔付率最高的一年。由于保险公司及时赔付，使灾后生产很快恢复。1997 年后，财险赔付率都未超出 80%。2000 年最低仅 28.03%。2003 年开始，县财险支公司开通全国范围的“95518” 24 小时电话咨询服务热线，使理赔工作加速。

1991—2005 年，县财产保险支公司共支付理赔额 9632 万元，占保费收入 16545 万元的 58.22%。人寿保险支公司累计支付理赔额 8727 万元，占保费收入 23712 万元的 36.8%。

**1991—2005 年连江县人寿财产保险业绩一览表**

表 20-2-1

| 年　份 | 县人寿保险公司 | | | 县财产保险公司 | | |
|---|---|---|---|---|---|---|
| | 保费收入(万元) | 赔付支出（万元） | 占比（%） | 保费收入（万元） | 赔付支出(万元) | 占比（%） |
| 1991 年 | 297 | 41 | 13.80 | 212 | 232 | 109.43 |
| 1992 年 | 629 | 130 | 20.67 | 686 | 347 | 50.58 |
| 1993 年 | 932 | 276 | 29.61 | 1085 | 317 | 29.22 |

续表 20-2-1

| 年份 | 县人寿保险公司 | | | 县财产保险公司 | | |
|---|---|---|---|---|---|---|
| | 保费收入(万元) | 赔付支出（万元） | 占比（%） | 保费收入（万元） | 赔付支出(万元) | 占比（%） |
| 1994年 | 940 | 295 | 31.38 | 1289 | 511 | 39.64 |
| 1995年 | 1166 | 431 | 36.96 | 1008 | 929 | 92.16 |
| 1996年 | 1104 | 648 | 58.70 | 1123 | 1506 | 134.11 |
| 1997年 | 1351 | 932 | 68.99 | 893 | 629 | 70.44 |
| 1998年 | 1283 | 907 | 70.69 | 872 | 666 | 76.38 |
| 1999年 | 1114 | 679 | 60.95 | 1349 | 740 | 54.86 |
| 2000年 | 1370 | 601 | 43.87 | 1181 | 331 | 28.03 |
| 2001年 | 1615 | 768 | 47.55 | 1401 | 559 | 39.90 |
| 2002年 | 2140 | 730 | 34.11 | 1503 | 634 | 42.18 |
| 2003年 | 3020 | 715 | 23.68 | 1308 | 594 | 45.41 |
| 2004年 | 3210 | 912 | 28.41 | 1367 | 737 | 53.91 |
| 2005年 | 3541 | 662 | 18.70 | 1268 | 900 | 70.98 |
| 合计 | 23712 | 8727 | 36.80 | 16545 | 9632 | 58.22 |

# 第二十一篇　经济综合管理

## 第一章　经济综述

中共十一届三中全会后，连江县在改革开放中从探索起步至1990年已初见成效。从1991年进入第八个五年计划，至2005年第十个五年计划完成，15年时间，连江经济发生巨大变化。2005年，国内生产总值（可比价）86.76亿元，是1990年的6.29倍，年均递增13.04%，是改革开放前1978年的27.5倍；固定资产投资30.02亿元，是1990年1.17亿元的25.66倍，是1978年的450倍；财政收入39736万元，是1990年4012万元的9.9倍，是1978年594万的66.90倍；城镇居民人均可支配收入10436元，是1990年1407元的7.4倍，是1978年303元的34.4倍；农民人均纯收入4912元，是1990年799元的6.1倍，1978年108元的45.5倍；城乡居民储蓄余额42.25亿元，是1990年1.6亿元的26.4倍，是1978年1760万元的240.1倍。

### 第一节　经济规模

1990年，连江县国内生产总值8.07亿元。1991年开始实施第八个五年计划，尤其1992年后，贯彻中共十四大精神，实行社会主义市场经济改革，许多计划经济时代的禁区被打破，改革开放步伐加大，乡镇企业异军突起，“三资”企业数量增加，经济发展提速。1995年，国内生产总值达36.16亿元，比1990年增长3.48倍，县财政总收入突破亿元达12157万元；固定资产投资6.3亿元，比1990年增加4.4倍。

1996年，进入第九个五年计划，按照中央实现经济体制和经济增长方式根本转变的指导方针，深化改革，扩大开放。至2000年，全县国内生产总值60.73亿元，比1995年增长1.68倍，按可比价年均递增12.05%；固定资产投资9.47亿元；财政收入2.43亿元（不含预算基金收入），年均递增14.49%。1998—2000年，连续三年被评为省“经济十强县”，1999—2000年两度被评为省“经济发展十佳县”。

2001—2005年第十个五年计划，立足新起点，实施可持续发展战略和项目带动战略，农业基础地位得到加强，农业产业化程度有所提升，水产总产量一直保持全省第一、全国第二。随着基础设施日益改善，招商引资力度加大，规模以上企业陆续落地连江，工业短腿现象有很大改变，2005年工业总产值达48.17亿元，其中规模以上工业企业90家，总产值37.02亿元，占76.9%。全社会固定资产投资创历史新高，“十五”期间共投资83.51亿元，是“九五”总数的2.1倍，其中2005年投资30.02亿元，是1990年11715万元的25.6倍，是1978年666万元的450.8倍。

### 1991—2005年连江县主要经济指标完成情况表

表21-1-1

| 年份 | 价别 | 国内生产总值（万元） | 农林牧渔总产值（万元） | 全部工业总产值（万元） | 全社会固定资产投资（万元） | 社会消费品零售总额（万元） | 财政总收入（万元） | 城镇居民人均可支配收入（元） | 农民人均纯收入（元） | 城乡居民储蓄余额（万元） |
|---|---|---|---|---|---|---|---|---|---|---|
| 1991年 | 当年价 | 90522 | 71092 | 49267 | 15269 | 26533 | 4624 | 1725 | 902 | 21093 |
| | 可比价 | 93956 | 81494 | 48519 | — | — | — | — | — | — |
| 1992年 | 当年价 | 126809 | 112825 | 65410 | 21072 | 33128 | 4961 | 1886 | 1051 | 27772 |
| | 可比价 | 106344 | 89273 | 61293 | — | — | — | — | — | — |
| 1993年 | 当年价 | 164222 | 126520 | 96439 | 32056 | 40130 | 5649 | 2288 | 1305 | 27914 |
| | 可比价 | 131427 | 100554 | 88938 | — | — | — | — | — | — |
| 1994年 | 当年价 | 257661 | 197880 | 151839 | 42093 | 50768 | 8768 | 3524 | 1728 | 34816 |
| | 可比价 | 165899 | 119430 | 112826 | — | — | — | — | — | — |
| 1995年 | 当年价 | 361637 | 256675 | 224633 | 63363 | 69458 | 12157 | 4620 | 2390 | 45864 |
| | 可比价 | 208697 | 126625 | 171741 | — | — | — | — | — | — |
| 1996年 | 当年价 | 429166 | 295795 | 290872 | 61324 | 125004 | 14678 | 5148 | 2873 | 69812 |
| | 可比价 | 248242 | 147840 | 232255 | — | — | — | — | — | — |
| 1997年 | 当年价 | 478958 | 331455 | 329789 | 62020 | 164359 | 16746 | 5698 | 3210 | 99030 |
| | 可比价 | 276419 | 158867 | 293950 | — | — | — | — | — | — |
| 1998年 | 当年价 | 524112 | 349513 | 376866 | 109180 | 195247 | 19610 | 6197 | 3494 | 137628 |
| | 可比价 | 309302 | 176529 | 344006 | — | — | — | — | — | — |
| 1999年 | 当年价 | 569072 | 379849 | 450767 | 75151 | 222603 | 21934 | 6802 | 3692 | 149149 |
| | 可比价 | 340219 | 194751 | 407437 | — | — | — | — | — | — |
| 2000年 | 当年价 | 607264 | 400707 | 461066 | 94700 | 249550 | 24340 | 7558 | 3819 | 152074 |
| | 可比价 | 368104 | 210718 | 416449 | — | — | — | — | — | — |
| 2001年 | 当年价 | 612790 | 401866 | 509968 | 80327 | 278036 | 26548 | 7677 | 3886 | 175363 |
| | 可比价 | 622237 | 212209 | 468526 | — | — | — | — | — | — |
| 2002年 | 当年价 | 647027 | 421124 | 620240 | 87888 | 281492 | 28754 | 7677 | 4048 | 212986 |
| | 可比价 | 672602 | 226048 | 590513 | — | — | — | — | — | — |
| 2003年 | 当年价 | 697198 | 463350 | 672121 | 176721 | 291500 | 33725 | 8684 | 4270 | 347081 |
| | 可比价 | 733840 | 244704 | 602121 | — | — | — | — | — | — |
| 2004年 | 当年价 | 762878 | 537283 | 735359 | 189904 | 290244 | 35531 | 9760 | 4676 | 371470 |
| | 可比价 | 761777 | 261426 | 718388 | — | — | — | — | — | — |

续表 21-1-1

| 年份 | 价别 | 国内生产总值（万元） | 农林牧渔总产值（万元） | 全部工业总产值（万元） | 全社会固定资产投资（万元） | 社会消费品零售总额（万元） | 财政总收入（万元） | 城镇居民人均可支配收入（元） | 农民人均纯收入（元） | 城乡居民储蓄余额（万元） |
|---|---|---|---|---|---|---|---|---|---|---|
| 2005 年 | 当年价 | 867800 | 604775 | 481676 | 300220 | 179772 | 39736 | 10436 | 4912 | 422477 |
| | 可比价 | 867626 | 280196 | 473345 | — | — | — | — | — | — |

说明：①本表根据县统计局统计年鉴及调整数据②财政总收入未含基金预算收入据财政局数

# 第二节　经济结构

### 一、产业结构

1991 年，连江县仍是个农业为主的县份。在国内生产总值（GDP）中，第一产业的比重（以可比价计，下同）占 52.8%，其中水产业占三分之二；第二产业比重仅 18.9%（其中工业 14.0%、建筑业 4.9%）。工业严重短腿，多数是小型企业，设备陈旧，产品单一；第三产业占比重 28.3%（其中邮电运输仓储 12.9%、商业和服务业 11.3%、金融保险 3.5%、房地产 1.5%）。1992 年开始，农村大量富余劳力向城镇二、三产业转移，乡镇企业在市场竞争中优胜劣汰，不断重组扩大，涌现出如百洋海味、官坞海洋、冠海海运、瀚海船舶修造等有竞争力的龙头企业。县内相继设立敖江、琯头、贵安等经济开发区，加大招商引资力度，至 1995 年，新批“三资”企业 59 家，总投资 1.3 亿美元，成为工业新增长点。市场放开后，第三产业持续兴旺，1995 年，3 次产业的比重依次为 40.6 ： 25.8 ： 33.6。与 1990 年比，第一产业下降 12.7%，第二产业上升 8.9%，第三产业上升 3.8%。

1996 年起，在稳定粮食总产的同时，以市场为导向，发展高优农业，鼓励适度规模集约经营，着力培育水产支柱产业，注重科技创新，打造品牌，提升水产品精深加工水平，加大市场营销力度，垒大第二产业，推动第三产业发展。至 2000 年，三次产业比重依次为 37.5 ： 29.0 ： 33.5。

2000 年，可门港列入福州港总体开发规划，加快融入福州省会经济圈。2001 年开始，按照“农业稳县、工业兴县、水产旺县、港口强县”的发展战略，可门、敖江、贵安 3 个开发区成为投资热土，连江海洋经济和深水港口资源优势得以进一步发挥。青禄鞋业、港发机电、莹拓冶金等落地连江，华电（福建）集团、福建能源集团、南方石化等大型企业投资可门港区。至 2005 年底，基本建成 1 万吨泊位重件码头和 5 万吨泊位煤码头，两个泊位并排可兼靠 10 万吨级船舶，2 台 60 万千瓦发电机组相继投产，使连江经济跃上一个新的台阶。2005 年地区生产总值 86.76 亿元，比 2000 年增长 42.9%，年均递增 7.4%。第一产业增加值 36.56 亿元，比 2000 年增 39.3%，年递增 6.9%，其中渔业增加值 27.6 亿元，占第一产业的 84.8%；第二产业增加值 19.75 亿元，比 2000 年增 48.5%，年均递增 8.2%，其中工业增加值 15.31 亿，比增 84.1%，年均递增 13.0%；第三产业增加值 30.46 亿元，比 2000 年增 43.8%，年均递增 7.5%。2005 年三次产业的比重依次为 42.1 ： 22.8 ： 35.1。工业化、商品化进程稳固提升。

## 1991—2005年连江县地区生产总值及三个产业结构比重表

表21-1-2

| 年份 | 价别 | 地区生产总值（万元） | 第一产业增加值（万元） | 其中 | | | | 第二产业增加值（万元） | 第三产业增加值（万元） | 三次产业比重（%） | | |
|---|---|---|---|---|---|---|---|---|---|---|---|---|
| | | | | 农业（万元） | 林业（万元） | 畜牧业（万元） | 渔业（万元） | | | 一产 | 二产 | 三产 |
| 1991年 | 当年价 | 90522 | 43564 | 14308 | 1900 | 6078 | 21278 | 18397 | 28561 | 48.1 | 20.3 | 31.6 |
| | 可比价 | 93956 | 49614 | 10428 | 2043 | 4715 | 32428 | 17778 | 26564 | 52.8 | 18.9 | 28.3 |
| 1992年 | 当年价 | 126809 | 69291 | 15885 | 2166 | 8269 | 42971 | 23003 | 34515 | 54.7 | 18.1 | 27.2 |
| | 可比价 | 106344 | 54827 | 11317 | 2263 | 5315 | 35932 | 21230 | 30287 | 51.5 | 20.0 | 28.5 |
| 1993年 | 当年价 | 164222 | 76725 | 16800 | 1931 | 9190 | 48804 | 37933 | 49564 | 46.7 | 23.1 | 30.2 |
| | 可比价 | 131427 | 60979 | 12360 | 1903 | 4667 | 42049 | 30856 | 39592 | 46.4 | 23.5 | 30.1 |
| 1994年 | 当年价 | 257661 | 124102 | 19295 | 2234 | 12530 | 90043 | 56295 | 77264 | 47.1 | 21.9 | 30.0 |
| | 可比价 | 165899 | 74901 | 12558 | 2488 | 5321 | 54534 | 39384 | 51614 | 45.2 | 23.7 | 31.1 |
| 1995年 | 当年价 | 361637 | 171866 | 31718 | 3168 | 17769 | 119211 | 78406 | 111365 | 47.5 | 21.7 | 30.8 |
| | 可比价 | 208697 | 84786 | 13467 | 2312 | 5310 | 63697 | 53765 | 70146 | 40.6 | 25.8 | 33.6 |
| 1996年 | 当年价 | 429166 | 190382 | 32849 | 2766 | 20727 | 134040 | 90856 | 147928 | 44.3 | 21.2 | 34.5 |
| | 可比价 | 248242 | 95143 | 13972 | 1990 | 9210 | 69971 | 65958 | 87141 | 38.3 | 26.6 | 35.1 |
| 1997年 | 当年价 | 478958 | 221825 | 31909 | 3163 | 14583 | 172170 | 96720 | 160413 | 46.3 | 20.2 | 33.5 |
| | 可比价 | 276419 | 106315 | 14216 | 2471 | 6998 | 82630 | 75858 | 94246 | 38.5 | 27.4 | 34.1 |
| 1998年 | 当年价 | 524112 | 233818 | 32579 | 2822 | 14714 | 183703 | 113584 | 176710 | 44.6 | 21.7 | 33.7 |
| | 可比价 | 309302 | 118412 | 14609 | 2276 | 7320 | 94207 | 89058 | 101832 | 38.3 | 28.8 | 32.9 |
| 1999年 | 当年价 | 569072 | 253756 | 34593 | 2393 | 13388 | 203382 | 123945 | 191371 | 44.6 | 21.8 | 33.6 |
| | 可比价 | 340219 | 130344 | 15583 | 1896 | 6937 | 105928 | 98496 | 111379 | 38.3 | 29.0 | 32.7 |
| 2000年 | 当年价 | 607264 | 262480 | 32863 | 2396 | 13444 | 213777 | 133004 | 211780 | 43.2 | 21.9 | 34.9 |
| | 可比价 | 368104 | 138085 | 15598 | 1830 | 7373 | 113284 | 106649 | 123370 | 37.5 | 29.0 | 33.5 |
| 2001年 | 当年价 | 612790 | 261623 | 32833 | 2326 | 13661 | 212803 | 135149 | 216018 | 42.7 | 22.1 | 35.2 |
| | 可比价 | 622237 | 262485 | 32941 | 2334 | 13706 | 213504 | 140534 | 219218 | 42.2 | 22.6 | 35.2 |
| 2002年 | 当年价 | 647027 | 273832 | 32514 | 2349 | 14036 | 224933 | 145785 | 227410 | 42.3 | 22.5 | 35.2 |
| | 可比价 | 672602 | 279935 | 33239 | 2401 | 14349 | 229946 | 158548 | 234119 | 41.6 | 23.6 | 34.8 |
| 2003年 | 当年价 | 697198 | 299746 | 38570 | 1644 | 14733 | 244799 | 155244 | 242208 | 43.0 | 22.3 | 34.7 |
| | 可比价 | 733840 | 301387 | 38781 | 1653 | 14814 | 246139 | 178464 | 253989 | 41.1 | 24.3 | 34.6 |
| 2004年 | 当年价 | 762878 | 331185 | 50642 | 1630 | 17463 | 261450 | 168580 | 263113 | 43.4 | 22.1 | 34.5 |
| | 可比价 | 761777 | 310435 | 47469 | 1528 | 16369 | 245069 | 181297 | 270045 | 40.8 | 23.8 | 35.4 |
| 2005年 | 当年价 | 867800 | 365603 | 43925 | 1300 | 15902 | 304476 | 197590 | 304607 | 42.1 | 22.8 | 35.1 |
| | 可比价 | 867626 | 365603 | 43925 | 1300 | 15902 | 304476 | 197465 | 304558 | 42.1 | 22.8 | 35.1 |

续表 21-1-2

| 年份 | 价别 | 地区生产总值（万元） | 第一产业增加值（万元） | 其中 | | | | 第二产业增加值（万元） | 第三产业增加值（万元） | 三次产业比重（%） | | |
|---|---|---|---|---|---|---|---|---|---|---|---|---|
| | | | | 农业（万元） | 林业（万元） | 畜牧业（万元） | 渔业（万元） | | | 一产 | 二产 | 三产 |
| 2005 年比 1990 年倍数 | 当年价 | 10.75 | 9.01 | 3.49 | 0.74 | 3.12 | 14.42 | 13.97 | 11.71 | — | — | — |
| | 可比价 | 6.29 | 4.31 | 4.77 | 0.95 | 3.73 | 10.24 | 11.16 | 7.12 | — | — | — |
| 15 年均递增 % | 当年价 | 17.15 | 15.78 | 8.69 | —2.11 | 7.88 | 19.47 | 19.23 | 17.82 | — | — | — |
| | 可比价 | 13.04 | 10.24 | 10.96 | —0.5 | 9.16 | 16.77 | 17.44 | 13.98 | — | — | — |

## 二、规模工业类型结构

1991 年，规模工业主要指国有（含国有控股）企业和非公有私营、股份企业年产品销售 500 万元以上者。当年仅有国有企业 42 个，工业总产值 5848 万元，非公企业均未达 500 万元以上。而国有工业企业绝大多数是 20 世纪 50 年代或 60 年代建立的小型企业，设备陈旧，技术落后，产品单一，至 20 世纪 90 年代后逐渐失去竞争力，出现亏损停产或半停产状态。1992 年后，为适应社会主义市场经济发展的新形势，全面进行转机建制改革。至 1998 年，国有工业企业剩下 10 家，总产值 15093 万元，按可比价仅 3977 万元，比 1991 年 5977 万元减少 2000 万元。同期，乡镇集体工业企业经优胜劣汰重组，有 3 家超出 500 万元规模，私营和股份合作等企业有 6 家达规模以上，外资、港澳台资企业有 7 家达规模以上。1998 年，全县规模以上工业企业有 32 家，总产值 40270 万元，其中内资企业 19 家（国有 10 家、集体 3 家、私营股份 6 家），总产值 25003 万元，占 62.09%；港澳台资企业 6 家，总产值 7069 万元，占 17.55%；外资企业 7 家，总产值 8198 万元，占 20.36%。

1999 年后，内资私营和股份合作企业迅速发展，外资、港澳台资规模以上企业投资增多，规模以上工业企业类型结构发生重大变化。至 2005 年，全县规模以上工业企业达 90 家，总产值 370166 万元，占全县工业总产值 481676 万元的 76.85%。其中内资规模企业 58 家，总产值 139603 万元，占规模以上总产值的 37.71%；港澳台资规模工业企业 14 家，总产值 93780 万元，占 25.34%；外资规模企业 18 家，总产值 136783 万元，占 36.95%。

### 1991—2005 年连江县规模以上工业企业类型结构表

表 21-1-3

| 年份 | 价别 | 规上企业总数 | | 内资规上企业 | | | | | | | | 中国港澳台资规上企业 | | 外资规上企业 | |
|---|---|---|---|---|---|---|---|---|---|---|---|---|---|---|---|
| | | | | 合计 | | 国有 | | 集体 | | 私营股份 | | | | | |
| | | 数量（个） | 总产值（万元） | 数量（个） | 总产值（万元） | 数量（个） | 总产值（万元） | 数量（个） | 总产值（万元） | 数量（个） | 总产值（万元） | 数量（个） | 总产值（万元） | 数量（个） | 总产值（万元） |
| 1991 年 | 当年价 | 42 | 5848 | 42 | 5848 | 42 | 5848 | — | — | — | — | — | — | — | — |
| | 可比价 | — | 5977 | — | 5977 | — | 5977 | — | — | — | — | — | — | — | — |
| 1992 年 | 当年价 | 39 | 7411 | 39 | 7411 | 39 | 7411 | — | — | — | — | — | — | — | — |
| | 可比价 | — | 6114 | — | 6114 | — | 6114 | — | — | — | — | — | — | — | — |
| 1993 年 | 当年价 | 30 | 8918 | 29 | 7249 | 29 | 7249 | — | — | — | — | — | — | 1 | 1669 |
| | 可比价 | — | 7794 | — | 6261 | — | 6261 | — | — | — | — | — | — | — | 1533 |

续表 21-1-3

| 年份 | 价别 | 规上企业总数 | | 内资规上企业 | | | | | | | | 中国港澳台资规上企业 | | 外资规上企业 | |
|---|---|---|---|---|---|---|---|---|---|---|---|---|---|---|---|
| | | | | 合计 | | 国有 | | 集体 | | 私营股份 | | | | | |
| | | 数量（个） | 总产值（万元） | 数量（个） | 总产值（万元） | 数量（个） | 总产值（万元） | 数量（个） | 总产值（万元） | 数量（个） | 总产值（万元） | 数量（个） | 总产值（万元） | 数量（个） | 总产值（万元） |
| 1994年 | 当年价 | 29 | 9069 | 26 | 6611 | 26 | 6611 | — | — | — | — | — | — | 3 | 2458 |
| | 可比价 | — | 7007 | — | 4683 | — | 4683 | — | — | — | — | — | — | — | 2324 |
| 1995年 | 当年价 | 38 | 25601 | 27 | 13341 | 27 | 13341 | — | — | — | — | 10 | 7713 | 4 | 4547 |
| | 可比价 | — | 16127 | — | 6288 | — | 6288 | — | — | — | — | — | 5999 | — | 3840 |
| 1996年 | 当年价 | 49 | 30750 | 33 | 14597 | 33 | 14597 | — | — | — | — | 8 | 7772 | 8 | 8381 |
| | 可比价 | — | 20147 | — | 6393 | — | 6393 | — | — | — | — | — | 6121 | — | 7633 |
| 1997年 | 当年价 | 52 | 37233 | 28 | 15455 | 28 | 15455 | — | — | — | — | 15 | 9785 | 9 | 11993 |
| | 可比价 | — | 24851 | — | 6475 | — | 6475 | — | — | — | — | — | 7546 | — | 10830 |
| 1998年 | 当年价 | 32 | 40270 | 19 | 25003 | 10 | 15093 | 3 | 5280 | 6 | 4630 | 6 | 7069 | 7 | 8198 |
| | 可比价 | — | 25346 | — | 12558 | — | 3977 | — | 4295 | — | 4286 | — | 5832 | — | 6956 |
| 1999年 | 当年价 | 32 | 47878 | 20 | 25847 | 9 | 16019 | 3 | 2785 | 8 | 7043 | 8 | 9853 | 4 | 12178 |
| | 可比价 | — | 31408 | — | 12395 | — | 4057 | — | 2174 | — | 6164 | — | 7937 | — | 11076 |
| 2000年 | 当年价 | 34 | 53720 | 22 | 28680 | 8 | 16020 | 4 | 3011 | 10 | 9649 | 8 | 11081 | 4 | 13959 |
| | 可比价 | — | 36689 | — | 13971 | — | 3036 | — | 1966 | — | 8969 | — | 9943 | — | 12775 |
| 2001年 | 当年价 | 38 | 63367 | 24 | 32684 | 9 | 17882 | 5 | 4385 | 10 | 10417 | 8 | 12348 | 6 | 18335 |
| | 可比价 | — | 43756 | — | 16103 | — | 3370 | — | 3537 | — | 9196 | — | 11307 | — | 16346 |
| 2002年 | 当年价 | 71 | 114840 | 52 | 61243 | 10 | 18832 | 13 | 10663 | 29 | 31748 | 13 | 22558 | 6 | 31039 |
| | 可比价 | — | 87613 | — | 39705 | — | 2800 | — | 9216 | — | 27689 | — | 17521 | — | 30387 |
| 2003年 | 当年价 | 83 | 172172 | 61 | 95616 | 10 | 21491 | 16 | 15387 | 37 | 58738 | 14 | 26056 | 8 | 50500 |
| | 可比价 | — | 128162 | — | 60628 | — | 2724 | — | 14191 | — | 43713 | — | 21256 | — | 46278 |
| 2004年 | 当年价 | 104 | 256636 | 71 | 127989 | 10 | 28756 | 11 | 13163 | 50 | 86070 | 14 | 34480 | 19 | 94167 |
| | 可比价 | — | 239798 | — | 119591 | — | 26319 | — | 12299 | — | 80973 | — | 32218 | — | 87989 |
| 2005年 | 当年价 | 90 | 370166 | 58 | 139603 | 10 | 33907 | 9 | 12265 | 39 | 93431 | 14 | 93780 | 18 | 136783 |
| | 可比价 | — | 361835 | — | 136461 | — | 32039 | — | 11989 | — | 92433 | — | 91669 | — | 133705 |

**三、投资结构**

1991年后，随着经济体制改革的不断深化，民营和外向型经济迅速发展，通过外引内联，拓展了资本来源，投资规模逐步扩大。以国有和规模以上工业为例，1991—1995年的“八五”期间，投资渠道由原来国有（营）和集体2个增加港澳台资、外资、法人和个体资本等4个。5年间投入资本总量6.93亿元，国家和集体资本分别为2.89亿元和1.9亿元合占比重69.1%；港台资和外资分别为0.8亿元和0.57

亿元，合占比重 19.8%；私营（法人、个体）共 0.77 亿元，合占比重 11.1%。

1996—2000 年“九五”期间，共吸引投资 12.64 亿元，其中国家资本 3.2 亿元，占 25.3%，仍列第一位；外商资本 2.92 亿元，占 23.1%，升为第二位；集体资本 2.46 亿元，占 19.5%，居第三位；港台资本 1.65 亿元，占 13%，列第四位；个人资本 1.56 亿元，占 12.3%；法人资本 0.85 亿元，占 6.7%。港台及外商投资明显增加，合占 36.1%，比“八五”提高 17%；国内资本合占 63.9%。

2001—2005 年“十五”期间，加大招商引资力度，5 年共吸收投资 31.75 亿元，是“八五”的 4.58 倍。投资结构外商资本升为第一位，达 8.58 亿元，占比重 27%；港澳台商资本 5.74 亿元，占 18.1%，升至第二位。国家资本 5.43 亿元，降到第三位；集体企业逐步改制为股份制企业，因而比重降到 6.2%，而法人股份企业和个体资本均有较大提升，法人资本达 4.72 亿元，占 14.9%；个人资本 5.33 亿元，占 16.8%，升为第四位。其中 2005 年全县国有和规上工业计吸收投资 9.5 亿元，是 1991 年的 8.6 倍。

**1991—2005 年连江县规模以上工业企业资本结构表**

表 21-1-4　　单位：万元

| 年　份 | 总资本量 | 国家资本 | 集体资本 | 法人资本 | 个人资本 | 港澳台资本 | 外商资本 |
|---|---|---|---|---|---|---|---|
| 1991 年 | 11581 | 6116 | 2854 | 572 | 539 | 656 | 844 |
| 1992 年 | 17911 | 10164 | 5805 | 293 | 138 | 1028 | 483 |
| 1993 年 | 11400 | 4645 | 127 | 2415 | 1626 | 2541 | 46 |
| 1994 年 | 10316 | 3820 | 2500 | 300 | 960 | 2586 | 150 |
| 1995 年 | 18044 | 4120 | 7747 | 516 | 374 | 1150 | 4137 |
| 1996 年 | 24762 | 4531 | 9810 | 1017 | 462 | 3391 | 5551 |
| 1997 年 | 28161 | 5160 | 5370 | 5617 | 1427 | 5000 | 5587 |
| 1998 年 | 21206 | 5872 | 549 | 225 | 4734 | 3009 | 6817 |
| 1999 年 | 23757 | 8426 | 3524 | 189 | 5556 | 3373 | 2689 |
| 2000 年 | 28487 | 8056 | 5368 | 1435 | 3375 | 1720 | 8533 |
| 2001 年 | 32192 | 8532 | 5249 | 3760 | 3555 | 3962 | 7134 |
| 2002 年 | 44381 | 9139 | 1914 | 6174 | 8397 | 11414 | 7343 |
| 2003 年 | 60201 | 11653 | 7834 | 5726 | 11982 | 10727 | 12279 |
| 2004 年 | 85794 | 12340 | 3711 | 26070 | 1404 | 14304 | 27965 |
| 2005 年 | 94971 | 12641 | 915 | 5451 | 27917 | 16967 | 31080 |

说明：本表资料依据发改局

# 第二章　发展计划

1991 年，实行有计划的商品经济，投资项目、物资分配等仍以计划部门为主。1992 年起，实行社会主义市场经济体制改革，计划行政职能逐步转变，计划编制和实施以指导性为主，管理模式由行政为主转变为多种方式综合宏观调控，通过市场配置资源。除个别特殊商品外，物资价格放开，计划部门重点规范市场行为。1993—1995 年，投资突增，物价上扬，实行投资许可制度，征收投资调节税，有效控制投资热，实现“软着陆”。1996 年开始，加强市场调查研究和预测，简化投资项目审批程序，抓好重点项目管理。2002 年起，加大投资体制改革力度。按照“谁投资、谁决策、谁承担风险”的原则，100 万元以下投资项目取消立项审批，只登记备案，重点抓政府投资和重点项目。1991—2005 年，计划部门共审批立项 1684 项（其中备案 155 项），总投资 94.36 亿元。

## 第一节　计划编制与实施

### 一、五年计划编制与实施

（一）“八五”计划编制与实施　《连江县国民经济和社会发展第八个五年计划〈纲要〉》（简称“八五”计划），是 1990 年制定的，1992 年初经县十一届人大第二次会议审议通过。当时仍处在有计划的商品经济发展阶段，物价逐步放开，流通实行双轨制，发展计划仍以指令性为主。1992 年，中共十四大后，全面实施社会主义市场经济改革，发展势头强劲。县委、县政府与时俱进，推进全面改革。同年 12 月，县计委牵头，对“八五”计划主要指标（1995 年末）进行调整：国内生产总值由 14.62 亿元调整为 20 亿元，后又调至 22.5 亿元；财政收入由 6600 万元，调整为 7000 万元，后又调至 12200 万元；社会消费品零售总额由 5.74 亿元，调整到 6.2 亿元，后又调到 6.5 亿元；城镇居民人均可支配收入由 2500 元，调整 2600 元；农民人均纯收入由 1500 元，调整到 1600 元，后又调到 1660 元。

“八五”期间，连江虽然出现经济过热，货币投放过大，物价膨胀过快的现象，但经过整顿经济秩序，平抑物价，逐步走上健康持续发展轨道。至 1995 年来，基本完成“八五”计划的主要指标：国内生产总值 36.16 亿元，按可比价计算 20.87 亿元，完成调整后计划的 104.35%，比“七五”末（1990 年）增加 1.49 倍，年均递增加 20.05%。财政收入突破 1 亿元达 12157 万元，完成调整后计划的 99.65%，年均递增 24.81%。社会消费品零售总额年均递增加 22%。城镇居民人均可支配收入比 1990 年净增 3213 元，农民人均纯收入净增 1591 元。

（二）“九五”计划编制与实施　“九五”计划与 2010 年远景规划同时进行，1996 年 3 月经县第十二届人大第三次会议审议通过后下发执行。要求“九五”期间，要大力推进社会主义市场体制改革，促进经济增长方式从粗放型向集约型转变，并提出以港口为枢纽的开放型经济发展战略。“九五”计划的主要指标：2000 年国内生产总值 53 亿元，年均递增 18.6%。财政收入 2.8 亿元，后调为 2.43 亿元。城镇居民和农民收入年递增分别为 14% 和 16.8%。物价指数控制在 108% 以内。

“九五”计划执行过程中，各年还进行必要调整。尤其是 1998 年亚洲金融危机，对进出口贸易和外向型企业带来极大影响。为保持经济持续快速健康发展，采取一系列举措，加大基础设施建设投入，努力扩大内需，稳步推进改革。“九五”期间，全社会固定资产投资 5 年计 402375 万元，是“八五”累计的 2.3 倍。2000 年，社会消费品零售总额达 249550 万元，比 1995 年增长 2.65 倍；国内生产总值 607264 万元，按可比价为 368104 万元，比 1995 年增长 76%，年均递增 12.01%；财政收入（未含基金收入）24340 万元，比 1995 年翻一番，年均递增 14.89%；城镇居民人均可支配收入 7558 元，比 1995 年净增 2938 元，农民人均纯收入 3819 元，净增 1429 元。社会事业得到同步发展。

（三）“十五”计划编制与实施　“十五”计划是新世纪的第一个五年计划，是连江实施第三步发展战略，建设闽江口北岸经济繁荣带的关键时期。县委召开九届三次全委扩大会作出决议，强调以发展为主题，把结构调整作为主线，实施项目带动，确立“工业立县、农业稳县、水产旺县、港口兴县”

目标。筹划启动开发可门深水良港，拓展新的经济增长点。2001 年 2 月，计划经县第十三届人大第三次会议审议通过。主要目标是：国内生产总值（按可比价）比“九五”末实绩年均递增 13%。三次产业结构进一步优化。财政总收入力争略高于 GDP 增长，固定资产投资年均递增 15% 左右。城镇居民和农民收入扣除物价因素实际增长 5.5%。

“十五”计划开局第一年（2001 年），中国加入世界贸易组织，连江抓住机遇，扩大开放，拓展经济增长和新的市场空间，大力实施“项目带动”战略，先后引进国内外中大型企业。2001—2005 年，共吸纳外商和港台资企业 86 家，计划总投资 30561 万美元。华电集团可门火电厂建成投产，可门港经济开发区成为投资热土。全社会固定资产投资 5 年累计达 835060 万元，比“九五”总和增加 1.08 倍。

**1991—2005 年连江县三个五年计划主要指标和实绩表**

表 21-2-1

| | | “八五”末（1995） | | | “九五”末（2000） | | | “十五”末（2005） | | |
|---|---|---|---|---|---|---|---|---|---|---|
| | | 数量 | 为“七五”末（%） | 年均递增（%） | 数量 | 为“八五”末（%） | 年均递增（%） | 数量 | 为“九五”末（%） | 年均递增（%） |
| 国内生产总值 | 计划指标（万元） | 225000 | 279 | 22.76 | 530000 | 236 | 18.69 | 1082000 | 204 | 15.34 |
| | 完成实绩（当年价）（万元） | 361637 | 448 | 34.97 | 607264 | 168 | 10.92 | 867800 | 143 | 7.40 |
| | 占计划指标（%） | 160.73 | — | — | 121.45 | — | — | 80.05 | — | — |
| | 完成实绩（可比价）（万元） | 208697 | 259 | 20.05 | 368104 | 176 | 12.01 | 867626 | 236 | 18.70 |
| 财政总收入 | 计划指标（万元） | 12200 | 304 | 24.91 | 24300 | 199 | 14.77 | 46000 | 189 | 13.61 |
| | 完成实绩（万元） | 12157 | 303 | 24.81 | 24340 | 202 | 14.89 | 39736 | 164 | 10.30 |
| | 占计划指标（%） | 99.65 | — | — | 100.16 | — | — | 86.38 | — | — |
| 全社会固定资产投资 | 计划指标（万元） | 18800 | 160 | 10.00 | 147300 | 784 | 50.94 | 250000 | 170 | 11.15 |
| | 完成实绩（万元） | 63363 | 541 | 40.15 | 94700 | 149 | 8.37 | 300220 | 317 | 25.96 |
| | 占计划指标（%） | 337.04 | — | — | 64.29 | — | — | 120.09 | — | — |
| 社会消费品零售总额 | 计划指标（万元） | 65000 | 257 | 20.74 | 253800 | 390 | 31.31 | 327000 | 129 | 5.19 |
| | 完成实绩（万元） | 68458 | 270 | 22.00 | 249550 | 365 | 29.52 | 179772 | —28 | —6.35 |
| | 占计划指标（%） | 105.32 | — | — | 98.33 | — | — | 54.98 | — | — |
| 城镇居民人均可支配收入 | 计划指标（元） | 2600 | 185 | 13.06 | 7100 | 273 | 22.25 | 10345 | 145 | 7.81 |
| | 完成实绩（元） | 4620 | 328 | 26.84 | 7558 | 164 | 10.34 | 10436 | 138 | 6.67 |
| | 占计划指标（%） | 177.69 | — | — | 106.45 | — | — | 100.88 | — | — |
| 农民人均纯收入 | 计划指标（元） | 1660 | 208 | 15.74 | 3922 | 236 | 18.76 | 4886 | 125 | 4.49 |
| | 完成实绩（元） | 2390 | 299 | 24.50 | 3819 | 160 | 9.82 | 4912 | 129 | 5.16 |
| | 占计划指标（%） | 143.98 | — | — | 97.37 | — | — | 100.53 | — | — |

## 二、中长期发展计划编制

（一）2010 年远景规划 1995 年，县委作出《关于制定连江县国民经济和社会发展“九五”计划和 2010 年远景目标的建议》，县政府成立专门领导小组，以县计委牵头，组织有关部门和专业人员进行调查研究和编制。《连江县国民经济和社会发展“九五”计划纲要》提出2010年的轮廓设想和主要奋斗目标：安排基础设施和开发性主要项目19项，总投资10.96亿元，提出至2010年，国内生产总值210亿元，年均递增15%；财政总收入12亿元，年均递增15.7%；科技对经济贡献率达60%以上；全县人口规模控制在70万人以内；城镇居民人均可支配收入3.3万元，农民人均纯收入1.75万元。

（二）工业结构调整发展规划　1998年，按照市政府有关精神而制定《连江县工业结构调整发展规划（1999—2003年）》。重点是前三年，突出工业结构和区域布局，要求围绕“两区”（琯头和敖江投资区布局大、中型工业企业）、“三沿”（沿海、沿江、沿路布局工业带），重点发展食品加工、电力、机械电器、建材、化工、生物工程六个产业。

（三）沿海突出部建设规划　1998年12月，由县计划局编制《连江县1998—2005年沿海突出部建设规划》，基于连江地处海防前沿，以往台海两岸军事对峙，投资少，基础差，已不适应台海缓和后的两岸文化经济交往和发展需要。规划涉及沿海14个乡镇，安排34个项目，总投资25666万元，包括供水、供电、路、桥、渔港码头、堤防等。

（四）带动性建设项目规划　2002年编制，时间跨度为2003—2007年5个年份。规划项目82项，总投资321.86亿元，其中基础设施52项，总投资300.31亿元；产业项目20项，总投资17.43亿元；社会事业项目10项，总投资1.12亿元。

此外，还编制《国土规划》《矿产资源开发利用与保护规划》《旅游业发展规划》《商贸旺镇发展计划》等，为经济和社会事业发展提供指导方向。

**二、年度计划编制与实施**

1991年，县计划部门根据县委、县政府提出的年度指导方针，结合五年计划改革开放的新情况，制订年度计划，并经县人大常委会和有关部门充分讨论修改，由县人民代表大会审议批准后由县政府印发执行。1991—2005年的15年，是连江经济和社会发展的重要转型期，各行各业都抓住改革发展这一主旋律，与时俱进，奋力工作，使年度计划执行情况总体良好，主要指标基本或超额完成。

## 第二节　宏观调控

**一、转变计划行政职能**

1991—1992年，仍实行有计划的商品经济，生产物资供应以计划分配为主，调节供求平衡。1993年后，随着社会主义市场经济改革深化，计划管理逐步从指令性转向指导性、战略性、政策性；管理模式从主要依靠行政手段转到综合运用经济、法律、政策和必要的行政手段。尤其商品价格并轨放开，县计划部门以分配实物形态管理为主向以价值形态管理为主转变，逐步取消了石油、化肥、塑料、农药、机械、木材等生产物资的计划分配，计划部门职能转为培育市场和发挥市场机制的作用，通过市场配置资源，综合运用多种手段，规范市场行为，实现宏观调控的目的。连江是沿海县，渔业、海运等石油需求量大，为保证石油流通市场秩序，县组织多次成品油市场清理整顿工作，理顺流通渠道，检查督促依法规范经营，从而保证成品油供需健康发展。同时对主要农渔业生产资料供应适时进行宏观调控，保证供应数量、质量、价格基本合理。

**二、调查预测**

1992年，随着市场经济体制改革的深化，新的情况不断涌现，县计划部门对全县经济和社会发展的状况，随时进行跟踪、调研、分析、预测，为县领导提供科学准确的信息，并提出宏观调控的建议供决策参考。1992—2005年，县计划部门先后编写调查报告《连江县经济发展战略主要思考》《连江县国民经济宏观调控工作中存在的主要问题》等 20 篇，为全县经济和社会发展规划的制定和宏观调控决策，提供翔实的科学信息。

**三、产业结构调整**

1992 年后，县计划部门严格执行国家产业政策，根据连江实际，结合产业和产品结构调整，限制发展小扎钢厂、黏土机砖厂、制冰厂、小塑料厂、小造纸厂等高能耗、高污染企业，限制市场长线产品项目和非生产性项目建设。积极扶持农业、水利、能源、交通、港口基础设施建设，扶持文教、卫生、体育等社会民生项目建设。严格执行国家发改委等公布的钢铁、电解铝、水泥、电石、焦炭等行业市场准入暂行标准，使投资方向有利于产业结构调整。

1993—1995 年，出现固定资产投资热，年均投资环比都超过 50%，造成煤、电、油等能源和原材料供应紧张，价格大幅上涨。三年市场物价指数分别达 118.9%、122.3%、117.9%。为此，严格实行固定资产投资许可证制度，征收固定资产投资方向调节税。县政府要求基建单位结合国家产业政策、基建资金来源、基建条件、市场前景等方面进行认真自检，县计划、金融、审计等部门对 118 个项目进行协调和调查处理，除已竣工的 56 项外，还有 62 项按产业结构、性质、布局重新安排。从而有效控制投资过热现象，1996 年实现“软着陆”。1997—2005 年，投资总量不断增加，由于积极引导，使支柱重点产业、基础设施、社会民生“三大项目盘子”得以迅速发展，产业结构日趋合理。

**四、扩大内需**

经济发展的拉动力除增加有效投资和扩大出口外，更重要的是培育社会消费的旺盛需求。1991—1995 年“八五”期间，由于一度投资过热，物价上涨过快，内需拉动力减弱。1998—2000 年，受亚洲金融危机影响，外经贸形势严峻，淡水鳗鱼和水产品出口量骤降。2001 年开始，为拓展国内消费市场，实施“大市场、大商贸、大流通”战略，县通过多渠道筹资，加快基础设施和重点项目建设，改善大流通环境；积极推进商贸业改革，加快商业布局规划和调整步伐；开发县内外两大市场，扩大“菜篮子”工程，组织农副产品进城、工业品下乡；加快农村电网改造步伐，降低电价；开拓以住宅为重点的大宗消费，拓展旅游、社会服务、文化娱乐、体育健身等服务性消费。这系列的举措，大大拉动消费需求。2001—2005 年，全县社会消费品零售总额累计达 132.1 亿元，年均 26.4 亿元，大大促进经济建设提速。

## 第三节　投资项目管控

**一、投资项目立项审批**

1991 年，县内投资项目需经县计划部门审批，发放投资许可证后方可动工建设。2002 年，实行投资体制改革，按照国务院规定“谁投资、谁决策、谁承担风险”的原则，落实企业投资自主权。对于企业不使用政府投资的建设项目，不再实行审批制，区别不同情况实行核准制和备案制。据此，连江对私营、个体、外商投资的工业基建项目及国有和股份制企业总投资在 100 万元以下的竞争性项目，取消立项审批，实行登记备案制度。但须办理好项目规划、土地、环保、消防、人防、劳动安全、卫生等法规政策必备手续后向计划部门申请登记备案。对国有投资、社会事业、关系公共利益安全的产业项目（含房地产），则须立项审批，严格进行审查。按规定必须依法进行投标的，还要审查招投标范围、形式等。2004 年开始，调整审批受理权限：符合国家法规政策的县属集体所有制和个体投资项目及投资总额在 2 亿元以下的县属全民基建项目，其项目建议书、可行性研究报告、年度投资计划，由县发展计划局审批，报市计委备案。限额以上项目由县发展计划局转报市计委审批立项。投资总额 3000 万元以下实行备案制。1991—2005 年，县计划部门共审批立项 1684 项（其中备案 155 项），总投资 94.36 亿元。

**二、项目资金和招投标监管**

1991 年，连江财力有限，建设资金不足，为确保一些国计民生项目建设，县计划部门与有关项目单位密切配合，积极争取国家专项资金的扶持。至 2000 年，共争取国家和省市财政预算内补助资金 8105 万元、中央债券 3470 万元、地方债券 602 万元，用于改善基础设施、社会福利事业和开发性建设项目，同时对这些项目的国有资金使用实行严格管理，一般按工程进度，开工后拨 20%，工程一半再拨 40%，竣工验收后拨付余下的 40%。并切实抓好财务管理，先用集资后用拨补，先用自筹款后用补助款，加强项目资金使用审计，确保国家资金专款专用，发挥效益。

2000 年，贯彻实施《中华人民共和国招标投标法》和 2001 年省《招投标管理办法》，县内各行政主管部门对相关项目招投标实施严格监督。县计划部门对法定需要招投标项目进行一并审查核准。2003—2005 年，主要招投标项目如县殡仪馆（投资 1200 万元）、浦东大桥及接线公路（938.5 万元）、丹凤路（4832 万元）、琯头江滨堤防（1371 万元）、连一中启明教学楼（560 万元）、塘坂引水工程（8368 万元）、县城排涝工程（4900 万元）、可门疏港公路（1.3 亿元）等，进行公开招标，委托有关招投标公司代理，并对中标建设单位进行有效检查监督，确保按时按质完成投资项目。

**三、重点项目管理**

1997 年，成立县重点项目建设办公室（挂靠县计划部门），对全县大中型基础设施项目、高新技术产业化项目、工业或技改项目、社会事业项目进行筛选，汇总后报县政府审定。重点项目办参与全县重大项目中长期规划编制、前期工作筹划、预可行性研究筛选、论证评审、资金筹集、平衡方案研究，协同设计、实施，协调解决存在问题，组织项目概算审批、决算审核、工程验收等。县对重点建设项目实行领导挂钩、全程跟踪、三层管理（县、乡镇、部门）、四个环节推进（调研、立项、开工、投产），建立明确的责任制。至 2005 年，确保全县 200 多个重点项目建设按时保质完成。

**四、建立项目库**

2002 年开始，建立招商引资项目库，广泛征集各乡镇、部门及社会建设项目信息，先经行业主管部门论证初选，由计划部门汇总，报县招商项目领导小组审定后，纳入重点项目库，并在政府网上发布，实行网络化管理。项目内容包括基础设施、重点产业、高新技术产业、农业、环保以及旅游、金融、商业、运输、中介服务等领域和行业，而且与时俱进，不断更新优化。2002—2005 年，编入招商项目网的新项目共 151 项，大大提高招商项目的质量。

**五、搭建科技成果转化平台**

2003 年，组织参加中国·福建项目成果交易会，至 2005 年，连续三届共帮助企业与科研单位实现科技成果转化项目对接 39 项。如百洋海味食品从省淡水水产研究所转让鱼病防治技术、从省轻工研究所转让水解蛋白提取技术。沿海一些育苗场、养殖场与海洋水产技术部门合作开发或技术转让，隆利生物制品公司从福建师大转让生物研究成果等，都取得较好经济效益，推进科企联姻，解决产品更新换代和一些技术难题。

## 第四节　机　构

**一、计划管理机构**

1991—1997 年 7 月，为县计划委员会，内设办公室、基建科、综合计划科、物资管理科，核定行政编制 13 人，事业 2 人。1997 年 8 月，更名为县计划局，核定行政编制 15 人、事业 2 人、工勤 2 人。

内设办公室、综合计划科，市场基建科、地质矿产科、对外经济协作科 5 个科室。2003 年 1 月，县计划局更名为县发展计划局，核定行政编制 9 人，工勤 2 人。内设办公室、综合计划科（增挂县国防动员委员会经济动员办公室的牌子）、投资服务科、基本建设科。直至 2005 年。

**二、挂靠单位**

**县矿产资源管理委员会办公室**　前身为 1987 年设立的县矿产资源开发管理站，设县计委，人员内部调整。1991 年，为贯彻《中华人民共和国矿产资源法》，成立县矿产资源管理委员会，下设办公室（在县计委），矿管站撤销。矿管办为事业单位，核定编制 2 人，自收自支。1997 年 8 月，成立县地质矿产局，与县计划局合署办公，一个机构、两块牌子。

**县重点项目建设办公室**　1997 年成立，挂靠县计划局，为事业单位，编制 3 名，至 2005 年不变。

# 第三章　统计管理

1991 年，县统计局对全县经济、社会等状况，在开展常规统计的同时，相继建立旅游、科技、建筑业、服务业等专项统计。同时，加强统计调查、分析和监督，先后完成第三产业普查、第三次工业普查、第一次农业普查、基本单位普查、全省税源普查和全国第五次人口普查、经济普查等重大普查任务，完善城镇、农村住户抽样调查、农产量抽样调查等。1995 年以后，每年都利用统计结果，编写出版能够反映连江政治、经济、文化和社会发展的《连江统计年鉴》，提供决策参考和服务。同时对统计工作进行监督，制止弄虚作假等违法违规行为，增强全社会依法统计意识，维护统计工作的严肃性。

15 年统计队伍不断发展壮大，统计设备日益现代化，统计数据从手工处理改用现代化的微机汇总，至 2005 年底，全县持证上岗统计人员 846 人，其中统计师 15 人、助理统计师 25 人。县统计局局域网与省、市统计部门计算机联网。

## 第一节　常规统计

1991 年，县统计局承担国民经济分行业的常规统计，按“月报”“季报”“半年报”“年报”形式，逐级汇总上报。国民经济核算采取物质品（MPS）平衡表体系和国民账户（SNA）体系并存核算方式。1993 年起，为适应市场经济发展需要，对统计内容和制度进行改革，实行新的国民经济核算体系，主要包括国民经济平衡统计等 182 项内容。

1995 年，农业统计报表体系拥有农业生产统计、农村经济综合统计、县农村社会经济卡片等三大部分；工业统计实施新的国家统计报表制度，实行“七加一”（七个专业统计年报加固定资产投资年报）一套表；物资能源统计年报综合表有 2 种；外经统计年报综合表指标有 19 项；劳动工资统计及时适应新国民经济核算体系的要求，由专业统计改为行业统计，由集中布置改为分散布置，由专业出表改为归行业汇总。

1996 年，县级科技统计暂停。1997 年开始，县建立服务业统计年报，工业统计综合年报表有 7 种，交通运输统计有 9 种等，并对统计栏目、指标作适当的调整、增删。

2004 年，“连江县国内生产总值”（GDP）、“连江县国内收入总值”（GNP）分别改为“连江县生产总值”“连江县收入总值”，对工农业发展速度采用价格缩减法计算。当年，实施统计报表制度的统计共有19类。

2005年，全县实行年报表制度的统计有国民经济平衡、服务业、农业、工业、交通、邮政、电信、固定资产、能源、商业、财政、金融、外经、旅游、物价、劳工、人口、教育、文化、卫生等20类，报表数128种，比1991年增加41种，许多统计得到细化和规范。

## 第二节　专项调查

### 一、专项普查

**第三产业普查**　1993年6月，执行国务院决定，开展第一次全国第三产业普查。普查内容是1991年度、1992年度第三产业单位数、从业人员、生产经营单位情况，第三产业单位实物资产情况等。同年10月，县和有关机关、乡镇成立普查领导机构，共有120人参加普查工作。普查结果：1991年末，全县从事第三产业单位10544个，1992年末11232个。

**工业普查**　1995年，根据国务院决定，进行第三次工业普查，普查内容为1995年工业经济规模、工业经济结构、工业产业结构、工业劳动者状况、工业经济效益等。同年5月，县成立相应机构，抽调110人参加。1996年上半年结束。普查结果：1995年末，全县工业企业和生产单位3606个，其中乡及乡以上工业企业232个，村及村以下工业企业3374个。全县工业总产值22.46亿元（现价），其中乡及乡以上工业总产值5.20亿元，村及村以下工业总产值17.26亿元。全县工业从业人员36169人，其中国有工业从业人员2970人，集体、私营共33199人。

**农业普查**　1995年4月开始第一次全国农业普查，普查时间1996年度。县乡成立普查机构，抽调工作指导人员300多人，普查员2500多人。共登记全县21个乡镇、7个国有农场、258个建制村居（不包括凤城镇5个居委会）、2198个小区、12万家农户、16000个乡镇企业及农业生产经营单位，1997年底结束。普查结果：1996年末，全县258个建制村居，有129970户、559303人。其中农村住户116165户、509085人，从业282552人。农业生产经营单位89075个，从业246198人。农业用地330143.8亩，农业生产经营单位种植用地面积229464.3亩。非农乡镇企业650个。

**经济普查**　2004年5月，开展全国第一次经济普查，县和乡镇成立相应机构。普查2004年度的单位标志、从业人员、财务收支、资产状况以及企业主要生产经营活动和生产能力、主要原材料和能源消耗及科技开发投入情况，共2300个项目。2005年4月完成。普查结果：2004年末，全县共有法人单位1185个（其中单产业法人单位865个，多产业法人单位320个），共有从业人员71222人。按单位类型划分，企业法人543个，事业法人207个，机关法人81人，社团法人56个，其他法人298个。产业活动单位2143个。

**人口普查**　1999年7月，开展第五次全国人口普查，县乡成立相应机构，抽调普查员2100人、普查指导员370人。普查标准时间为2000年11月1日零时，为历次普查项目最多，工作量最大。历时2年，开支经费172.2万元。普查结果：全县总户数158196户，总人口599962人，其中男性310781人，女性289181人，性别比107.4人。总人口中沿海乡镇379550人，山区乡镇101003人，平原乡镇119409人，与第四次人口普查相比，前两者分别下降了2.0%和2.4%，后者增加29.1%。全县70岁以上人口28070人，占总人口4.68%。

**税源普查**　为全省第一次税源普查，标准时间为1997年12月31日。普查内容为1996年和1997年税源总量及其分布状况。1998年3月，成立县、乡两级普查机构，1998年底结束，普查全县企事业单位 695 个。普查结果如表 21-3-1：

**1998 年连江县税源普查主要项目表**

表 21-3-1

| 项目 | 单位 | 1996 年 | 1997 年 | 项目 | 单位 | 1996 年 | 1997 年 |
|---|---|---|---|---|---|---|---|
| 职工数 | 人 | 19976 | 22508 | 实交增值税 | 万元 | 2541.34 | 3177.46 |
| 实发工资 | 万元 | 10302.36 | 12828.58 | 实交消费税 | 万元 | 267.92 | 240.92 |
| 实收资本 | 万元 | 58374.09 | 82204.53 | 实交营业税 | 万元 | 3688.90 | 5165.88 |
| 产品销售收入净额 | 亿元 | 11.25 | 13.16 | 实交资源税 | 万元 | 0.92 | 1.15 |
| 应交税金 | 万元 | 5587.37 | 7143.40 | 实交企业所得税 | 万元 | 789.88 | 991.15 |
| 占销售收入比例 | % | 4.97 | 5.43 | 实交教育附加费 | 万元 | 73.26 | 105.32 |
| 国内生产总值 | 万元 | 471420 | 524985 | 实交社会事业发展费 | 万元 | 165.04 | 201.88 |
| 实交税金 | 万元 | 7614.11 | 9956.07 | 实交基础设施建设附加费 | 万元 | 185.39 | 222.10 |
| 占总值比例 | % | 1.62 | 1.90 | 实交文化事业建设费 | 万元 | 0.30 | 1.24 |

全国基本单位普查　1996 年 7 月，开展第一次全国基本单位普查，县成立普查机构，普查标准时间为 1996 年 12 月 31 日。于 1997 年底完成。普查结果：1996 年，全县法人单位 1582 个，其中单产法人单位 1163 个，多产法人单位 419 个。按单位性质划分，企业 1040 个，事业 179 个，机关 101 个，其他 262 个。法人单位从业人员 68097 人，其中国有 20485 人，集体 41881 人，私营及其他 5731 人。另产业活动单位 2167 个。2001 年 9 月，开展第二次全国基本单位普查，普查标准时间为 2001 年 12　月 31 日。县成立相应机构，抽调 172 个指导、普查员，2002 年底完成。普查结果：2001 年，全县共有法人单位 1472 个，从业 56580 人，其中企业从业 37785 人，事业 8549 人，机关 3727 人，社团 1203 人，其他 5316 人。按三次产业划分，第一产业 93 个，从业 4012 人；第二产业 405 个，从业 24911 人；第三产业 974 个，从业 27657 人。另产业活动单位 2668 个。

**二、抽样调查**

**城镇住户抽样调查**　1990 年开始，对县城居民开展住户收支调查，采用等距随机抽样方法，抽取 50 户作调查样本，县城调队干部直接下户指导记好家庭收支日记账，收集汇总居民生活费收入和生活消费支出数据。每年调查一次。每户建立健全《城镇居民住户家庭基本情况台账》《城镇居民住户家庭常规收支统计台账》和《城镇居民住户主要耐用消费品拥有量台账》。每 3—4 年轮换一次调查样本户。1996—2001 年，年收支主要指标调整为人均生活费收入和人均生活费支出。2002 年，执行国家城调总队对住户指标体系的重大改革，收入指标由原来的生活费收入更改为人均可支配收入，支出由生活费支出更改为消费性支出。当年起，取消《城镇居民住户主要耐用消费品拥有量台账》，增加建立《城镇居民个人交纳社会保障情况台账》。每年住户调查的资料，运用劳动、贸易、银行、人口统计等相关指标，进行认真的验证和评估。主要数据编入《连江统计年鉴》。

**农村住户抽样调查**　1984 年，连江县被国家统计局确定为全国农村抽样调查县。1991 年以后，农村住户调查户采用等距随机抽样方法，从全县 262 个村（居）中，按照各村农民人均收入从大到小排列等距随机抽取 7 个村，每抽中村再抽取 10 户共 70 户，作为住户调查常年记账户，每 5 年轮换一次样本户。1991—1992 年，调查材料采取手工汇总，1993 年以后进入微机超级账页汇总，录入指标 1100 个。2004 年起，改为 4 年轮换一次，作为经常性调查工作。调查资料直接上报省农调队。部分数据编入《连江统计年鉴》。

**物价调查** 1991年，根据国家物价调查统计方法和制度要求，编制物价指数有三套：一是居民消费价格总指数，分8个大类，调查339种商品和服务项目价格；二是商品零售价格总指数，分14大类，调查318种商品；三是农业生产资料价格指数，分10大类，调查49种商品。2001年，只编制居民消费价格总指数一套，分个8大类、251个基本分类，调查579种商品和服务项目价格。2002年1月，根据省、市城调队部署，结合连江实际情况，开展工业品出厂价格调查，建立35个工业品价格调查点，出厂价格品种22种，每月8日、18日采价2次。调查资料汇总后上报省城调队。2003年起，编制的物价指数恢复为3套，被纳入国家18个汇总之一。2005年，全县物价调查点分布县城89个点，坚持定点、定时采价，每周2次，运用计算机计算物价指数，按月上报省、市调查队。

**农产量抽样调查** 1991年，根据国家及省统计局《关于农产量抽样调查方案》的要求，在县内抽选12个村作为产量调查点，每点选出15块地，共180个地块，开展粮食作物分季节、分品种实割实测调查。粮食作物产量包括春收粮食（大麦、小麦）、夏收粮食（早稻）、秋收粮食（中晚稻）三类。1994年，农产量抽样调查统计实行季报与年报两种。至2003年，农产量抽样调查点，实行5年样本轮换制，2004年改为4年轮换一次，同时调查点改为10个村，每村选10块地，共100个地块，调查资料直接上报省市农调队。2005年，全县统计粮食作物播种面积320978亩，总产103058吨，亩产321公斤。按实测调查，全县粮食播种面积288144亩，总产量76321吨，亩产265公斤。

## 第三节　统计分析

1991年开始，县统计部门对全县宏观决策和经济发展中出现的新情况、新问题开展调查研究和综合分析。每年都撰写《上半年经济运行特点与下半年经济发展趋势预测》分析报告，在全县经济工作会议上作专题发言，为县领导调整和理顺经济决策参考。1993—1995年，县统计局在调查研究中，注意捕捉社会经济活动中普遍关心的信息，分析社会经济活动的异常点，共撰写统计分析论文211篇。

1999年，县统计局利用《连江经济之窗》专刊，提供福州八县横比资料，作为县委、县政府领导参考。当年，还利用连江解放50周年历史专题资料，编出《金凤腾飞五十年》一书。2000年，针对连江农村基金会经营管理不善等问题，撰写《农村合作基金会兴衰成因分析》文章，促使年底关闭全县农村基金会。2001—2002年，撰写《连江县经济运行平稳，面临问题不容忽视》分析报告，针对县内房地产业低迷状况，提出加快住宅产业建议。2003年开始，每年编印《连江统计手册》，提供县领导和各单位使用。

2005年开始，变半年一次发布通报经济运行情况为每季度一次。当年，县统计局根据农产量抽样调查，实测粮食播种面积、总产量、亩产量与各地上报统计资料差距较大，向县政府如实报告，使县政府及时作出稳定粮食生产、防止抛荒、稳定粮食产量的部署。

1991—2005年，县各级统计人员共编写出统计分析资料信息939篇，近90%的文章、信息被省或市或县相关专刊快讯采用，每年还认真办好月刊《连江经济之窗》，出版《连江统计年鉴》，为各级领导提供参考。

# 第四节 机构与管理

**一、机构**

（一）县统计局 1991年，为政府职能部门，内设综合人秘股、经济股、农村股、统计法规检查站，人员编制12人，实有12人。1997年7月，县统计局与县计划局合署办公，内设办公室、社会经济统计科、综合平衡科、政策法规科，行政编制10人，工勤事业编制1人。2002年7月，内设综合平衡科、社会统计科、政策法规科，行政编制7人、工勤1人，实有12人。延至2005年不变。

（二）直属机构

县农村社会经济调查队（简称“农调队”），1984年设，为副科级事业单位，编制8人，实有6人，直属县统计局管辖，至2005年不变。

县城市社会经济调查队（简称“城调队”），1989年设，为副科级事业单位，编制6人，实有2人，直属县统计局管辖。2005年，编制6人。

**企业调查联络站** 1999年7月成立，为股级事业单位，编制1人，至2005年不变。

**普查中心** 2004年9月成立，为股级事业单位，编制3人，人员未配，有普查任务时，临时抽调。

**二、管理**

（一）执法监督 1991年起，县统计局配合县人大常委会财经委、县监察局，例行进行统计法规执行情况检查，当年抽查199个单位。1992年，组织统计执法大检查，在自检基础上，重点检查有否虚报、瞒报、伪造、篡改统计资料，迟报、拒报统计报表，及阻碍统计人员依法行使职权等问题，重点抽查59个单位。对发现的问题及时督促整改。1993年，检查发现个别单位违反统计法规，发出罚款通知单5份，罚款3090元，入库1500元。1994年，根据上级要求，开展统计开户登记。当年登记1200户。同年，成立县统计执法检查站，负责组织、协调统计执法检查，使之形成常规化、规范化。1995年，加大执法宣传力度，印发《福州市统计工作管理条例》 2000份，出专刊20期。

1996年开始，落实统计人员持证上岗制度，相继有541名统计人员领取统计证。1997年7月8日，县统计局、监察局联合制定《全县统计执法大检查实施方案》，并设立统计违法举报电话，有780个单位开展自查，占82.1%。县重点抽查25个单位，查处统计违法案件18起，其中伪造2起，迟报4起，未依规定办理统计登记7起，其他违法5起。1999年，在全县实行统计登记年度审验制度，当年统计登记单位1000多个，查处迟报统计月报表单位3个，罚款3000元。2000年，重点抽查3个乡镇、3个村居、28个企事业单位，查处违法案件14起。2001年，在重点抽查中查处违法案件29起。2002年，县统计局制定《统计执法检查工作制度（试行）》。2005年，进一步完善执法软件程序，统计人员基本做到持证上岗，统计基础工作有较大提高。1991—2005年，在执法检查中，共查处违法案件138起，分别给予罚款59起，警告通报79起。全县依法开户登记统计单位1500家，基本做到按期年检工作。

（二）统计人员管理 1991年，连江涉及统计单位1800个左右，多数统计人员是兼职的。为提高统计人员素质，对乡镇统计站进行整顿，明确由乡镇财政、经委、经管、商业、财贸、文教、卫生、计生等专职统计人员5—7人组成，乡镇政府主要领导兼任站长，统计人员1人任副站长，负责本乡镇有关统计资料的征集、核实、汇总上报。对全县专职或兼职统计人员，分批分期进行统计法规和业务培训。1991—1995年共举办18期，培训1250多人次。1996年，新修订的《中华人民共和国统计法》实施后，开始实行统计人员持证上岗制度。县统计局先后组织举办培训班7期，有541人经考核发放统计证书。1999年，执行国家统计局《统计人员持证上岗暂行规定》和省、市要求，所有新上岗统计人员都要参加培训，并经全省统一考试合格方能发证上岗，并规定两年审验一次。至1999年，全县持证上岗统计人员已达750人。2000—2005年，把持证上岗列入统计执法检查内容，并查处11起未持证上岗案例。至2005年底，全县专兼职持证上岗统计人员有846人，其中评为统计师的15人，助理统计师25人。

（三）统计档案设施管理　1991年起，县统计局要求局机关和统计单位都要做好统计台账。对原始统计数据资料要及时整理、归档，妥善保存。县局机关档案设专人保管，统计单位档案、资料由统计人员保管。同时，加强统计工具设施管理。1993年，有电脑微机2台。至1998年，已拥有12台，各专业统计数据基本实现微机录入，微机汇总，并和省、市统计局计算中心站微机联网。至2005年，共有电脑25台，传真机1台，大量统计资料的加工、整理、传递使用现代计算机技术，统计效率和质量有重大突破和提高。县统计局历任领导都非常重视统计档案资料的完整和安全，并注重统计设施的维护和管理，做好安全和保密工作。15年来均未发生事故。

# 第四章　物价管理

1991年，物价管理机制和价格体系，仍然贯彻“以调为主，以放为辅”方针。1992年，物价管理转到“以放为主，以调为辅”，定价形式有政府定价、政府指导价、市场调节价3种形式，以市场调节价为主，政府进行宏观调控。1993—1995年，由于经济过热，投资过大，出现通货膨胀趋势，全县消费品零售价格指数分别达到118.9%、122.3%、117.9%。经过经济秩序的整顿，1996年实现“软着陆”，物价指数降到105.5%。1998年，受亚洲金融危机影响，市场疲软，物价持续下降。1998年5月1日，《中华人民共和国价格法》实施后，县物价管理部门履行“定规则、当裁判、搞服务”职能，加大商品价格市场调节力度，对与群众密切相关的自来水、粮油、交通及一些服务收费价格实行听证制度，依法治价，加强管理监督，利用元旦、春节、“五一”国际劳动节、“十一”国庆节等节假日，定期组织开展物价大检查，及时治理纠正乱涨价、乱抬价、乱收费等违规违法案件，使物价指数相对稳定。1999—2005年，共查处价格违法违规案件367起，罚没235.75万元，退还消费者124.35万元，入库86.1万元。

## 第一节　市场物价

### 一、商品价格

**主要农产品价格**　连江农副产品以稻谷为最大宗。1991年，中晚米零售价每50千克40元。1993年，福建省首先放开粮食购销价格。1995年，县内中晚米每50千克收购价58元，零售价110元，是1991年的零售价40元的2.75倍，受其影响，消费品价格也随之提高。如50千克猪肉（统肉）510元，比1991年上涨13.3%；鸡蛋380元，上涨35.7%。2000年，消费品价格有升有降，水产品价格上涨幅度较大，如蛏干1994年50千克为5000元，2005年达8000元，比1994年上涨60%，比1990年上涨128.57%。

**连江县若干年份部分农产品零售价格表**

表 21-4-1　　单位：元／50千克

| 年份<br>品名 | 1990年 | 1991年 | 1994年 | 1995年 | 1997年 | 2000年 | 2005年 |
|---|---|---|---|---|---|---|---|
| 中晚米 | 40 | 40 | 78 | 110 | 130 | 130 | 140 |
| 黄豆 | 100 | 100 | 120 | 160 | 170 | 190 | 250 |
| 甘薯 | 40 | 40 | 45 | 57 | 60 | 60 | 70 |
| 干花生 | 200 | 200 | 200 | 210 | 200 | 250 | 400 |
| 花生油 | 250 | 250 | 400 | 530 | 500 | 530 | 550 |
| 猪肉（统肉） | 450 | 450 | 500 | 510 | 635 | 650 | 700 |
| 鸡蛋 | 280 | 280 | 300 | 380 | 420 | 360 | 300 |
| 鸭蛋 | 260 | 260 | 280 | 350 | 400 | 340 | 260 |
| 花菜 | 70 | 70 | 80 | 100 | 80 | 110 | 100 |
| 白菜 | 20 | 20 | 24 | 25 | 30 | 45 | 50 |
| 黄瓜鱼 | 1500 | 1500 | 2000 | — | — | 1600 | 1200 |
| 带鱼 | 450 | 450 | 700 | — | 811 | 1000 | 850 |
| 虾皮 | 450 | 450 | 500 | — | — | 600 | 700 |
| 蛏干 | 3500 | 3500 | 5000 | — | — | 7000 | 8000 |

说明：黄瓜鱼（养殖）、带鱼规格375克以上

**工业品价格**　1991年起，县内工业品中的家用电器零售价格逐渐走高。以国产品牌电器为例：当年，海尔牌21寸彩色电视机为2850元／台，180升电冰箱2750元／台。1995年分别为3100元／台、2800元／台。1996年，随着家用电器生产技术发展，价格有较大幅度下降，2005年降到最低，海尔21寸彩色电视机为860元／台，同类品牌电冰箱为1550元／台。而日用工业品价格仅有适当提高，每包固本肥皂1.5元，每500克加碘食盐1.00元，一级白砂糖2.50元，一级虾油3.50元。

**连江县若干年份部分日用工业品及工业消费品零售价格表**

表 21-4-2

| 年份<br>品名 | 规格 | 单位 | 1990年 | 1991年 | 1993年 | 1995年 | 1997年 | 2000年 | 2005年 | 备注 |
|---|---|---|---|---|---|---|---|---|---|---|
| 彩色电视机 | 国产21寸 | 元／台 | 2800 | 2850 | 2900 | 3100 | 3000 | 1100 | 860 | 海尔 |
| 电冰箱 | 国产180升 | 元／台 | 2700 | 2750 | 2800 | 2800 | 2400 | 1850 | 1550 | 知名品牌 |
| 半自动洗衣机 | 国产 | 元／台 | — | — | 600 | 700 | 650 | 600 | 580 | 威力牌 |
| 肥皂 | 净重300克 | 元／袋 | 0.73 | 0.8 | 0.8 | 0.9 | 1 | 1.4 | 1.5 | 固本 |
| 洗衣粉 | 净重500克 | 元／袋 | 1.3 | 1.3 | 1.3 | 1.5 | 2.2 | 3.5 | 3.5 | 白猫牌 |
| 食盐 | 袋装500克 | 元／袋 | 0.26 | 0.26 | 0.26 | 0.3 | 0.4 | 0.9 | 1 | 加碘盐 |
| 白砂糖 | 机制一级 | 元／袋 | 1.5 | 1.5 | 1.5 | 2.7 | 2 | 1.7 | 2.5 | 莆田产 |

续表 21-4-2

| 品名＼年份 | 规格 | 单位 | 1990 年 | 1991 年 | 1993 年 | 1995 年 | 1997 年 | 2000 年 | 2005 年 | 备注 |
|---|---|---|---|---|---|---|---|---|---|---|
| 虾油 | 一级 | 元 / 500 克 | 0.4 | 0.4 | 0.9 | 1.3 | 1.3 | 3.5 | 3.5 | 连江产 |
| 酱油 | 一级 | 元 / 500 克 | 0.4 | 0.4 | 0.75 | 1.2 | 1.2 | 3.5 | 3.5 | 连江产 |
| 香烟 | 软富建 | 元 / 包 | 2 | 2 | 2 | 2.1 | 2.15 | 2.35 | 2.5 | 龙岩 20 支 |
| 圆领衫 | 85 厘米 42 支 | 元 / 件 | 1.86 | 1.86 | 1.86 | 2.5 | 3.5 | 5 | 5 | — |
| 钢材 | 6 毫米圆线材 | 元 / 吨 | 2085 | 1918 | 3846.94 | — | — | — | — | — |
| 水泥 | 500 号 | 元 / 袋 | 15.225 | 16.788 | 30.54 | — | — | — | — | — |
| 煤气 | 液化石油气 | 元 / 公斤 | — | 2 | 2.14 | — | 3.69 | — | — | — |

**主要农资产品价格**　1991 年，县境农资产品主要由农资公司、基层供销社经营，每 50 千克农膜 160 元、地膜 158.50 元、小化肥碳铵 17.10 元、过磷酸钙 19 元。1992 年后，农资产品价格逐步放开，农膜、地膜价格升幅较大。1994 年，每千克农膜价格达到 385 元、地膜为 382 元、碳铵为 26.50 元。2000 年后，农、地膜价格再次提高，当年，农膜 390 元、地膜 388 元。2005 年，每千克农膜、地膜价格分别达到 615 元和 610 元，分别是 1990 年 160 元和 158.50 元的 3.84 倍和 3.85 倍。而碳铵仅 25 元，过磷酸钙 27 元。

**连江县若干年份部分农资产品零售价格表**

表 21-4-3　　单位：元 / 50 千克

| 品名 | 1990 年 | 1991 年 | 1994 年 | 2000 年 | 2005 年 |
|---|---|---|---|---|---|
| 农膜 | 160.0 | 160.0 | 385.0 | 390.0 | 615 |
| 地膜 | 158.5 | 158.5 | 382.0 | 388.0 | 610 |
| 碳铵 | 17.1 | 17.1 | 26.5 | 26.1 | 25 |
| 过磷酸钙 | 19.0 | 19.0 | 26.0 | 27.0 | 27 |

**其他商品价格**　1991 年起，县城商品房按地段优劣和层数每平方米控制在 650—800 元。先后逐步攀高。到 2005 年，每平方达 1650—2900 元。水费 1991 年初每吨 0.30 元，经过 5 次调整，至 2005 年，每吨 1.70 元。电费 1991 年初每千瓦时电价城区 0.29 元、农村 0.80 元。经过 5 次调整，2002 年，实行城乡同网同价，民用电价为每千瓦时 0.56 元，直至 2005 年不变。

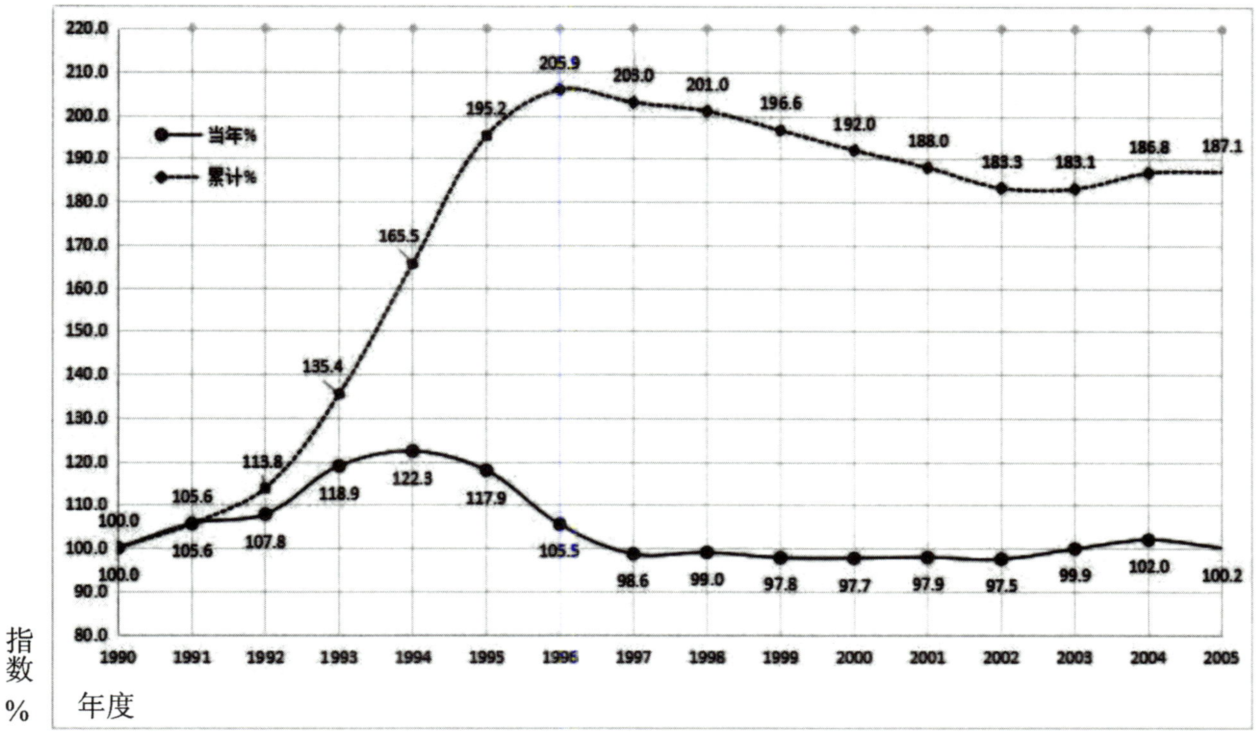


**图 21-4-1　1991—2005 年连江商品零售价格指数示意图**

**二、服务价格**

**客运收费**　1991 年，普通客车人 / 千米 0.038 元，壶江至琯头水运客运价每人次 5.00 元。1996 年 2 月 1 日，普通客车调整为 0.077 元，允许运输企业根据客流情况适当浮动。1999 年，县物价局核定水运壶江至琯头每人次 8 元，实际执行 6 元。2001 年 5 月 1 日开始，放开水运客货运输价格，具体由水运企业根据经营成本和市场供求情况自行确定。2004—2005 年，县物价局、交通局公布县客运班车线路基准票价人 / 千米 0.081 元，并允许经营者逢年过节在基准票价上最高上浮 10%，经营者应提前 5 天发出公告，实行明码标价。2005 年，壶江至琯头的水运客运价每人次 8.00 元。

**货运收费**　1991 年，吨千米车运一等货物 0.26 元，二等货物 0.28 元，三等货物 0.30 元，计时包车 5.20 元。1996 年 1 月，省物价局、交通厅联合发出把车运一等货物调为 0.52 元，二等货物调为 0.57 元，三等货物调为 0.62 元，计时包车调为 10.40 元。2005 年，车运一等货物达 0.55 元，二等 0.60 元，三等 0.65 元，计时包车 11.00 元；

**邮电资费**　1991 年，普通信件本埠 0.10 元，外埠 0.20 元，国际 1.50 元，港澳台 0.40 元，长途电话费国内每分钟平均 0.30 元，国际美国 17.50 元，日本 12.10 元，港澳台 11.00 元。此后经多次调整，至 2005 年，国内函件 0.80 元，国际 6.00 元，长途话费国内每分钟 0.70 元，国际美国 8.00 元，日本 8.00 元，港澳台 2.00 元。

**医疗收费**　1991 年，县医院、县中医院等门诊挂号初诊 0.20 元，专家初诊 0.3 元。之后，经过多次调整，2005 年，挂号费专家初诊 5.00 元，普通初诊 3.00 元，普通病床每架每天 9.00 元，农村卫生院专家初诊 2.50 元，普通初诊 2.00 元。

**学生学杂费**　1991 年，根据省政府要求联合制定的标准执行。当年，学杂费每学期 1—3 年级城区的 6 元、农村的 5 元，4—6 年级城区的 8 元、农村的 7 元；初中城区的 12 元、农村的 11 元，高中城区的 16 元、农村的 15 元。之后，经多次调整逐渐规范。2004 年，根据省物价局、财政厅、教育厅、农民负担监督管理办公室《关于福建省义务教育阶段学校实行"一费制"收费办法的意见》，于当年秋季开始，每学期小学城区的 120 元，农村的 70 元；初中城区的 150 元，农村的 90 元。2005 年秋季义务教育阶段各校收费标准价与 2004 年相同；每学期高中城区的达标校 900 元，一般校 600；农村的达标校 900 元，一般校 400 元；民办校每学年初中的 4000 元，高中的 6000 元。

**三、事业经营性收费**

**青芝景区门票** 1991 年 0.5 元，逐步提高到 2003 年 17 元，至 2005 年不变。

**县城区卫生费** 1991 年人月 0.10 元，2000 年改户月 8 元，2005 年提到 10 元。

**城区有线电视经营费** 1991 年户月 3 元，1994 年 10 元，1997 年 12 元，2003 年提到 13 元。至 2005 年不变。

**殡葬火化费** 2005 年开始，每具火化平板炉 380 元，高档拣灰炉 1500 元，运尸费 150–280 元，接尸费 100 元。

## 第二节 物价监督检查

**一、物价总体水平调控**

1991，价格管理进入“放（开）”“管（制）”结合阶段。1992 年，价格改革进入市场形成价格机制。1993 年，因受投资过热影响，出现通货膨胀状态，物价总指数升到 118.9%，1994 年达 122.3%。尤其粮食类价格指数 155.3%，油脂类 162.9%，肉禽类 147.1%。为抑制物价上涨，国家采取紧缩的财政和货币政策。县政府相继采取建立重要商品储备、价格监测、重要农产品限价以及与相关部门订立价格总水平调控目标责任制等措施，抓好“米袋子”“菜篮子”工程建设。对粮食、液化气、油脂、肉禽、蛋、水产品、鲜果、酒、调味品、家庭设备用品等十类共 60 种居民生活必需品进行定期监审，实行限制提价，并制定公布市场参考价、浮动价、指导价、最高限价。对不执行最高限价的 75 家经营者进行罚款。1995 年，县内商品零售价格总指数降到 117.9%，1996 年降到 105.5%，从而走出通货膨胀时段。1998 年，受亚洲金融危机影响，市场疲软，县物价局采取对主要农产品实行保护价收购等措施，以控制物价总体水平的稳定。当年，零售商品价格总指数为 98.6%，其中，粮食类物价指数 85.2%，鲜果类 90.5%，肉禽蛋类 91.8%，偏低。当年，实施《中华人民共和国价格法》，在定价形式上实行市场调节价为主、政府指导价为辅的政策。县物价局对部分显著上涨的商品及服务价格，采取限高差价率或者利润率，实行提价申报制度和调价备案制度。对部分过低价的农产品实行收购保护价等干预措施。对一些关系民生的自来水、电价采取听证制度，广泛听取群众的意见建议，多举措保证县内物价总体水平稳定。2002 年，为适应加入世贸组织后的新形势，县物价局在凤城农贸市场、北门农贸市场、兴福兴超市、福州蛋品直控基地、百洋公司、县粮油公司、宏利公司等单位建立 7 个价格监测点，对 11 种副食品价格进行定期监测，在白沙村建立粮食、蔬菜成本调查队等，全面掌握市场物价动态，控制物价总体水平。当年，县内物价总指数为 97.5%。2003 年，受国内“非典”疫情影响，市场相关防治“非典”的商品、药品价格出现异常波动。普通食用醋由每瓶 1.80 元突涨至 5—20 元，食用盐等部分商品曾一度脱销。县政府制定《应对价格异动事件工作预案》，调备货源，采取最高限价措施，使物价总体水平仍在可控范围之内。2003—2005 年，物价总指数分别为 99.9%、102.0%、100.2%。

**二、价格检查**

1991 年，县物价部门在开展日常物价检查的同时，对一些价格异动进行专项检查。当年 6 月，专项检查邮电资费，发现违规收费 8 项，超标准 5.43 万元，没收上缴国库 3.71 万元。1993 年，县物价局会同县减负办、监察局先后对全县 18 所中小学收费及医药价格进行检查，发现部分学校收费名目繁多，有的超标准，责成教育部门整顿，取消补习费、复读费、图书费等共 17 项。查处医药部门违价金额 3.86 万元，上缴财政 1 万元。1994—1999 年，县物价局会同相关部门先后开展多次专项检查，查出客运违价 25.47 万元，学校乱收费 824.69 万元。2001 年，对客运车进行春运价格检查，发现违价 38 车次，实行经济制裁 1.48 万元，其中退还乘客 1.46 万元，罚款 200 元。对 20 所中小学违规收费 26.26 万元，责令退款 25.18 万元、没收 0.78 万元、罚款 0.3 万元。检查发现县医院、县中医院等 10 家医疗违价 5.36 万元，全部没收上缴县财政。并审核公布 148 种药品的零售价格，总体降幅 30%。调整县级医疗单位收费项目及标准 2468 项，医疗收费整体下降 6.3%。2002 年，查处 13 起违价案件，金额 765 元，全部退还乘客。同年，城乡电费实行同网同价，经报省物价局核定电价 0.565 元，农村电价偏高问题得到解决。2003 年，检查 22 所中小学违规收费金额 11.2 万元。当年，因“非典”疫情致药品、食品价格发生异常波动，县物价局会同有关部门及时刹住哄抬价格现象。同年，对列入《国家基本医疗保险药品目录》中的甲乙类药品价格进行核定，未发现超过规定价格药品。2005 年，重新核定公路客运票价，制定液化气零售价格管理办法，审定县殡仪馆服务收费项目和标准，协调解决部分工业因电价上调造成的影响，使县内的市场价格进一步规范，违价现象明显减少。1991—2005 年，共查处违价案件 1166 件（其中 10 万元以上 5 件），共没收违法所得 118.02 万元，罚款 25.3 万元，退还消费者 169.26 万元。

**1991—2005 年连江县价格违法案件查处统计表**

表 21-4-4

| 年份<br>项目 | 1991年 | 1992年 | 1993年 | 1994年 | 1995年 | 1996年 | 1997年 | 1998年 | 1999年 | 2000年 | 2001年 | 2002年 | 2003年 | 2004年 | 2005年 |
|---|---|---|---|---|---|---|---|---|---|---|---|---|---|---|---|
| 案件数（起） | 72 | 33 | 37 | 41 | 339 | 265 | 12 | — | 218 | 66 | 16 | 21 | 9 | 21 | 16 |
| 经济制裁总额（万元） | 8.52 | 3.71 | 7.03 | 31.05 | 6.17 | 9.6 | 10.75 | — | 11.83 | 50.91 | 31.66 | 34.36 | 48.45 | 33.24 | 25.3 |
| 退还消费者总额（万元） | 2.15 | 3.54 | 3.72 | 22.53 | 4.73 | 3.54 | 4.7 | — | 2.49 | 37.54 | 25.18 | 19.03 | 40.11 | — | — |
| 没收违法所得（万元） | 6.37 | 0.17 | 3.31 | 8.52 | 1.44 | 6.06 | 6.05 | — | 9.34 | 13.37 | 6.48 | 15.33 | 8.34 | 33.24 | — |

说明：1995 年教育违规收费 800 多万元待处理，表中未统计

**三、社会监督**

**“双信”评比**　1991 年，对在工商户中开展“物价计量信得过”评比活动逐步进行规范，范围逐步扩大，涵盖商品零售、饮食服务、医疗卫生和部分工业企业等单位，评选工作由下而上逐级报名评选，经县物价局、质量技术监督局组织考评，然后向省、市推荐。1991—2005 年，参加评比单位 62 个，共评出“双信”先进单位县级 23 个、市级 2 个、省级 1 个。

**明码标价**　1991 年，贯彻国家物价局《关于商品和收费实行明码标价制度的规定》。至 1993 年，城关地区已有 733 家工商户（其中国营 73 家、集体 24 家、个体 636 家），统一使用蓝色标价签。邮电营业场所、医院、舞厅、文印等收费单位在醒目位置公布收费价目表。1994 年，执行国家计划委员会《关于商品和服务实行明码标价的实施规则》，全县明码标价单位扩大到 1035 家。2001 年，根据国家发改委《关于商品和服务实行明码标价的规定》，县制定具体实施方案，明码标价率达 90% 以上。2005 年，达 95%.

**投诉与举报**　1991 年，县物价局随时受理群众对教育乱收费、医药价格虚高、液化气缺斤少两等投诉案件，维护群众利益。2002 年，建立县价格举报中心，开通 12358 举报专线电话，实行专人值班，专人管理，及时查处和反馈。1991—2005 年，县物价局共接受投诉件 285 件，查处、反馈率 100%.

**四、行政事业性收费管理**

1991年，对全县247个行政事业单位的305项行政事业性收费进行检查，重点检查公安、交警、边防、土地、渔船管理及乡镇一级政府收费。取消51项收费，保留254项。查处收费违法案件8起，经济制裁8.52万元。1992年，实行收费许可证制度。全县252个行政事业单位领取收费许可证，并开展收费年审制度。1994年，根据有关规定，对行政事业性收费逐项对照检查，重新确定收费项目174项，收费标准194个，取消80项，降低标准32个。1995年，对全县24个行政事业性收费单位进行年审，22个合格，2个基本合格。1996年，取消没有法律依据的收费项目16项，调整偏高或偏低的收费标准12个。2003年起，将不再具有政府公共管理和公共服务性质的行政事业性收费转为服务性收费。对新增加的行政事业性收费单位进行审验。至年底，年审单位305个。2004年，经年审，全部换发收费许可证。同年，编制《连江县涉农收费和价格目录》和《连江县行政事业性收费项目和收费标准目录》。2005年，全县行政事业性收费单位305个，收费项目158项，其中涉农60多项。

## 第三节　咨询服务

**一、价格事务服务**

1992年10月，县物委成立价格事务所，从开展价格咨询服务到逐步介入房地产价格管理，配合城建部门对旧城改造中房屋拆迁评估和商品房价格核定，受聘企事业单位为价格常年顾问到接受司法机关、社会团体及各类纠纷委托业务，开展罚没赃物评估、价格鉴证等。1997年，业务范围扩大到建筑工程房屋造价、欠税及货款抵押物、交通事故损失、抵债物品评估、拍卖底价核定等。1999年，县价格事务所被省物委确认为首批价格监证机构合格单位。与同年成立的县价格认证中心，联合把业务扩展到房产、土地、国有资产、机动车交易、保险索赔、交通事故损坏物、货款抵押物、海关物品、无形资产等领域的各种价格认证和评估。1991—2005年，共接受各类经济纠纷委托业务764起，金额1552.30万元。接受各类价格监证、价格评估945起，金额2777.48万元，担任企事业单位价格顾问30个。

**二、信息交流咨询**

1991年，县物委为工商企业及专业产品提供商品价格信息8条，成交额8000元。同年，开展农本调查，及时为农民提供农资、农产品价格信息，维护农民利益。1994年3月，成立福建省价格信息中心连江咨询部。1996年后，着重开展农本调查、市场监测工作，建立3个监测点，信息上报省检测中心。2005年，受国际原油价格上涨影响，全县液化气价格波动大，物价局全程对液化气进货价、成本价进行跟踪监测，并及时通报信息，使液化气价格在控制的范围内波动。1991—2005年，共提供有价值的信息33条，咨询144次，经济效益100多万元；开展农本调查41次，品种41种，价格监测11件。

## 第四节　机　构

1991年，县物价委员会为正科级单位，编制5人，实有5人。直属股级事业单位有物价检查所，编制6人，实有6人；成本调查队，编制2人，实有2人。1992年，成立价格事务所，为股级事业单位，编制3人，实有2人。1997年1月，县物委改称县物价局，并降为副科级单位，编制、人员和内设机构不变。1998年1月，县物价局升格为正科级单位。1999年，成立价格认证中心，股级事业单位，编制3名，实有3人。2002年，县物价局又降为副科级单位，归县发展计划局管理。2005年，县物价局内设办公室和价格消费管理科，编制6名，实有6人。直属股级事业单位有物价检查所，编制6名，实有6人；成本调查队，编制2名，实有2人；价格认证中心编制3名，实有3人；价格事务所，编制3人，实有3人。

# 第五章　工商行政管理

1991年，县工商部门依据有计划的商品经济机制，实行“放而有度、管而有法、活而有序”的管理方法。1992年，贯彻中共十四大精神，进行社会主义市场经济体制改革，除个别商品外，全面放开市场，私营、个体经济成为市场主体，蓬勃发展，至2000年，发展到8369家，是1991年近4倍。2001年，中国加入世贸组织后，进一步放宽个私企业的准入门槛，个私企业经营范围和规模迅速扩展，到2005年，全县私营和个体工商企业6880家，注册资本突破30亿元。同时，随着市场经济改革深化，各类合同、商标、广告大量增加，纠纷事件增多。县工商局加大管理力度，重点打击假冒伪劣商品、囤积居奇、垄断经营、走私贩私和非法传销等各种违法违纪现象，维护消费者合法权益，工商管理制度日益完善，市场购销两旺，走私和违法经营事件大幅减少，市场秩序良好，物价稳定。

## 第一节　市场建设管理

### 一、市场建设

1991年，全县有综合和专业市场20座，面积22711平方米，年交易总额13463.1万元。1992年后，相继新建浦口建材市场、凤城水果批发市场、透堡茉莉花专业市场等。到1995年，集贸市场发展到31个，交易总额59906万元。凤城和北门2个集贸市场被评为市级文明市场。1996年开始，对市场实行“办管分离”，凤城农贸市场由县市场服务中心负责，工商部门负责市场的检查监督，管理商品的质量、计量，其他地方集贸市场由经贸局及其市场经营者管理。1998年，改进市场建设理念，提倡增大市场总量，压缩小市场，当年市场减少到25个，总面积69000平方米，交易额突破10亿元。2000年起，市场建设划经贸部门负责，工商负责市场宏观监管。2002年，县城出现第一家超市“兴福兴”，投资800万元，面积2000平方米。2004年，超市发展到3家，总面积9692平方米（其中新增7692平方米，投资1140万元）。2005年，全县有集贸市场22个，专业市场3个，批发市场2个，大型超市3家。

**1991—2005年连江县市场建设及交易额情况表**

表21-5-1

| 年份 | 市场数量（个） | | | | 市场面积（平方米） | 当年投资额（万元） | 市场交易总额（万元） |
|---|---|---|---|---|---|---|---|
| | 综合市场 | 专业市场 | 超市 | 小计 | | | |
| 1991年 | 18 | 2 | — | 20 | 22711 | 6 | 13463 |
| 1992年 | 19 | 3 | — | 22 | 31611 | 229 | 16835 |

续表 21-5-1

| 年份 | 市场数量（个） | | | | 市场面积（平方米） | 当年投资额（万元） | 市场交易总额（万元） |
|---|---|---|---|---|---|---|---|
| | 综合市场 | 专业市场 | 超市 | 小计 | | | |
| 1993 年 | 19 | 5 | — | 24 | 35711 | 64 | 16969 |
| 1994 年 | 20 | 7 | — | 27 | 45011 | 343 | 35506 |
| 1995 年 | 23 | 8 | — | 31 | 46710 | 60 | 59906 |
| 1996 年 | 22 | 8 | — | 30 | 46710 | — | 61773 |
| 1997 年 | 20 | 6 | — | 26 | 51210 | 400 | 84364 |
| 1998 年 | 19 | 6 | — | 25 | 69000 | — | 101884 |
| 1999 年 | 21 | 6 | — | 27 | 73600 | 150 | 96995 |
| 2000 年 | 22 | 5 | — | 27 | 75480 | 380 | 91496 |
| 2001 年 | 20 | 4 | — | 24 | 75080 | — | 92498 |
| 2002 年 | 20 | 4 | 1 | 25 | 77280 | 850 | 115930 |
| 2003 年 | 20 | 4 | 2 | 26 | 79100 | 140 | 126950 |
| 2004 年 | 21 | 4 | 3 | 28 | 82400 | 1400 | 137800 |
| 2005 年 | 22 | 3 | 3 | 28 | 82400 | 10 | 145800 |

**二、市场管理**

1991 年，县工商部门遵循“放而有度，管而有法，活而有序”的精神，协助市管所建立各种岗位责任制，树立文明执法、规范服务的新形象。1993 年，对每一个工商所都签订市场目标管理责任制，每季度进行一次评比，年终经验收评比合格率 100%。是年，县工商局制定《连江工商干部职工守则》，严格工商人员管理，经常开展“岗位学雷锋，行业树新风”活动，为身边群众送温暖，排忧难，逐步树立工商干部廉洁自律的新形象。全局拒吃请 337 人次，拒礼 44 人次 3890 元，拒贿 57 人次 11440 元。

1994—1996 年，查处无照户 185 户，罚款 9560 元，采取有力措施稳定市场物价，推行限价、明码实价，打击欺行霸市、垄断市场，严查食品质量，营造公平竞争市场环境。县工商部门率先推出“公开承诺制度”，依法行政、文明执法，提高办事效率和服务水平。先后共立案查处 537 起经济违法违章案件。

1997 年，开展重点物品打假、打私、打骗，查处违法违章经济案件 258 起，案值 724.8 万元，罚没 139.7 万元。当年，凤城工商所被评为全市工商管理系统 20 个“文明示范窗口”之一，县工商局被市政府评为纠正行业不正之风先进单位。1998 年，县工商局被评为福建省工商系统先进单位，5 个基层单位被评为市级文明单位，有 8 人被评为省、市工商系统先进个人。

1999—2001 年，突出抓市场秩序整顿和规范，加强粮食市场专项巡查，保证粮食市场稳定。相继查处粮食案件 10 起，罚款 8000 元。其间，还从机关抽调 16 名骨干组成 8 个工作组进驻各工商所，查处各类违章违法案件 321 起，案值 101.4 万元，罚没收入 34.6 万元，查获 23 个地下窝点。县工商局被评为第八届省级文明单位，被县纪委定为纠风免评单位。

2002 年，对全县 26 个集贸市场进行拉网式检查，查处无效执照 300 户，无照经营 710 户。县工商局还制订《行政执法监督暂行规定》和《行政执法过错责任制实施暂行规定》等行政执法制度，规范文明执法，提高办案质量。认真解决群众反映的热点、难点问题。检查房地产企业 28 家，中介组织 10 家，发现问题企业 12 家，其中责令改正 4 家，查处 8 家。取缔无照或证照不全加油站 11 家，查处非法销售成品油300吨。

2004—2005年，以服务经济为中心，相继推出高效市场准入通道，推进“订单农业”发展，实施名牌战略，完善“经济户口”管理等12个举措，建设高质量的市场管理和服务体系。2005年，县工商局被中央文明委授予全国文明先进单位称号。

## 第二节　企业登记管理

1991年，全县登记企业2193家，其中全民379家、集体1804家、合营10家。1992年后，逐步放宽企业登记门槛，登记管理制度逐渐简化，突出“明确产权、政企分开”“自主经营、法人权益”等重要环节，从咨询、审核到登记发照，时间从1个月缩短到一星期。1995年，受理登记425家，其中新开业167家，变更184家，注销74家，年终在册2518家。1996年后，市场竞争趋烈，经优胜劣汰，企业规模日益扩大。2001年，全县共有各类企业1991家，其中有限公司149家，国有企业446家，集体企业1008家，联营企业12家，股份合作企业11家，私营企业365家，注册资金12.87亿元，纳税15982.73万元。工商部门严格年检工作，当年年检内资企业1607家，共发现287家企业有问题，其中督促补办手续224家，限期办理50家，暂收回执照4家，取缔9家。2003年，年检企业934家，其中有350家企业违规予以吊销。2004年，贯彻落实《福建省工商局关于促进和服务本省企业发展若干意见》，共受理企业登记554家，其中规模以上工业企业21家，新开业317家。年检企业881家，占应检户的84.1%，发布公告吊销企业237家。

2005年，随着投资区开发加速，单个企业登记注册资金突破1.5亿元以上的有3家，发展注册资本突破10亿元，全县总注册资本突破45亿元；新发展国有、集体企业35家，注册资本22296万元；私营企业181家，注册资本96645万元；外资投资企业113家，注册资本26818.03万美元。全县累计在册企业1978家，其中国有企业153家、集体企业515家、联营企业3家、股份合作企业28家、有限公司520家、私营企业759家。注册资本49.63亿元。年检764家，占应检的85.9%，发布公告吊销企业274家。

**1991—2005年连江县工商企业变化情况表**

表21-5-2

| 年　份 | 受理登记（家） | 其　　中 | | | 年终在册企业（家） | 从业人员（人） | 注册资金（万元） | 纳　税（万元） |
|---|---|---|---|---|---|---|---|---|
| | | 新开业（家） | 变更（家） | 注销（家） | | | | |
| 1991年 | 3139 | 1218 | 194 | 1727 | 1684 | 41586 | 59189 | 1772 |
| 1992年 | 462 | 347 | 115 | 0 | 2031 | 77998 | 69263.3 | 2008 |
| 1993年 | 421 | 279 | 142 | 0 | 2310 | 85160 | 81748 | 2250 |
| 1994年 | 198 | 115 | 83 | 0 | 2425 | 86310 | 84578 | 2530 |
| 1995年 | 425 | 167 | 184 | 74 | 2518 | — | 96170 | 2830 |
| 1996年 | 507 | 146 | 182 | 179 | 2485 | — | 110132 | 3180 |
| 1997年 | 397 | 180 | 0 | 217 | 2448 | — | 129098 | 8600 |
| 1998年 | 590 | 214 | 0 | 376 | 2286 | — | 133844 | 9695 |

续表 21-5-2

| 年 份 | 受理登记（家） | 其中 | | | 年终在册企业（家） | 从业人员（人） | 注册资金（万元） | 纳 税（万元） |
|---|---|---|---|---|---|---|---|---|
| | | 新开业（家） | 变更（家） | 注销（家） | | | | |
| 1999年 | 959 | 155 | 327 | 477 | 1964 | 26908 | 135147 | 9387 |
| 2000年 | 483 | 173 | 66 | 244 | 1893 | 27118 | 125178 | 11142 |
| 2001年 | 539 | 257 | 123 | 159 | 1991 | 28658 | 128656 | 15983 |
| 2002年 | 626 | 159 | 94 | 373 | 1777 | 24531 | 133376 | 14952 |
| 2003年 | 780 | 248 | 119 | 413 | 1612 | 19771 | 185708 | 17722 |
| 2004年 | 554 | 317 | 0 | 237 | 1692 | — | 268621 | 21858 |
| 2005年 | 962 | 560 | 128 | 274 | 1978 | 30605 | 496290 | 26438 |

## 2005年连江县工商企业登记基本情况表

表 21-5-3

| 项 目 | | 农林牧渔 | 制造业 | 建筑业 | 交通邮电 | 商业饮食 | 服务业 | 房地产业 | 文化教育 | 金融保险 | 合 计 |
|---|---|---|---|---|---|---|---|---|---|---|---|
| 全县合计 | 企业数（个） | 315 | 822 | 46 | 98 | 5616 | 1020 | 99 | 49 | 79 | 8144 |
| | 从业人员（人） | 2143 | 6207 | 2335 | 1407 | 13573 | 3703 | 524 | 213 | 554 | 30659 |
| | 注册资本(万元) | 42122 | 132578 | 62635 | 95779 | 63096 | 34001 | 43717 | 15403 | 6959 | 496290 |
| 一、全民 | 企业数（个） | 9 | 15 | 2 | 35 | 48 | 14 | 2 | 1 | 27 | 153 |
| | 从业人员（人） | 48 | 90 | 10 | 561 | 673 | 93 | 7 | 4 | 144 | 1630 |
| | 注册资本(万元) | 1311 | 3711 | 79 | 1676 | 3759 | 809 | 600 | 40 | 48 | 12033 |
| 二、集体 | 企业数（个） | 29 | 92 | 3 | 8 | 311 | 43 | 2 | — | 27 | 515 |
| | 从业人员（人） | 217 | 1068 | 41 | 67 | 3421 | 620 | 17 | — | 193 | 5644 |
| | 注册资本(万元) | 1851 | 7812 | 971 | 6409 | 4135 | 452 | 10 | — | 1408 | 23048 |
| 三、联营 | 企业数（个） | 1 | 1 | — | — | 1 | — | — | — | — | 3 |
| | 从业人员（人） | 8 | 7 | — | — | 18 | — | — | — | — | 33 |
| | 注册资本(万元) | 40 | 60 | — | — | 58 | — | — | — | — | 158 |
| 四、股份合作 | 企业数（个） | 1 | 11 | 6 | — | 2 | 3 | 3 | — | 2 | 28 |
| | 从业人员（人） | 5 | 60 | 37 | — | 14 | 23 | 27 | — | 19 | 185 |
| | 注册资本(万元) | 35 | 814 | 5756 | — | 1248 | 112 | 802 | — | 3 | 8770 |
| 五、有限责任公司 | 企业数（个） | 49 | 178 | 18 | 26 | 124 | 74 | 25 | 3 | 23 | 520 |
| | 从业人员（人） | 445 | 1713 | 1123 | 340 | 716 | 568 | 209 | 31 | 198 | 5343 |
| | 注册资本(万元) | 11875 | 60337 | 27911 | 44418 | 30110 | 12453 | 23733 | 7133 | 5500 | 223470 |

续表 21-5-3

| 项　　目 | | 农林牧渔 | 制造业 | 建筑业 | 交通邮电 | 商业饮食 | 服务业 | 房地产业 | 文化教育 | 金融保险 | 合　计 |
|---|---|---|---|---|---|---|---|---|---|---|---|
| 六、个体户 | 企业数（个） | 83 | 233 | 1 | — | 5003 | 765 | 47 | 34 | — | 6166 |
| | 从业人员（人） | 114 | 455 | 1 | — | 7530 | 1186 | 52 | 85 | — | 9423 |
| | 注册资本(万元) | 391 | 837 | 7 | — | 11899 | 4709 | 39 | 177 | — | 18059 |
| 七、私营 | 企业数（个） | 143 | 292 | 16 | 29 | 127 | 121 | 20 | 11 | — | 759 |
| | 从业人员（人） | 1306 | 2814 | 1123 | 439 | 1201 | 1213 | 212 | 93 | — | 8401 |
| | 注册资本(万元) | 26619 | 59007 | 27911 | 43276 | 11887 | 15466 | 18533 | 805 | — | 203504 |

## 第三节　个体私营经济管理

1991 年，全县有个体工商业 5013 户，从业 9172 人。1992 年，连江按照《福建省加快个体私营经济发展的暂行规定》，放宽政策，特别鼓励发展第三产业，个体私营经济迅速发展。至 1995 年，全县个体工商业 9083 户，从业 18853 人，注册资本 11660 万元。1996 年，增加到 9183 户，从业 20431 人，注册资本 17015 万元。1998 年，鼓励农村个体经济发展，实行“公司十农户”模式。1999 年，县工商局开展“访百家企业，送千家温暖”活动，对私营企业实施重点扶持挂牌服务。2000 年，发出《关于规范管理登记办照时限的通知》，简化办证手续，缩短办证时限，推出“上门服务”“办照咨询服务点”等措施。2004 年，下放部分注册登记审批权限，并试行网上受理。至 2005 年，全县个体私营企业共 6925 户，从业 17824 人，注册资本 22.88 亿元，其中私营企业 759 家，从业人员 8401 人，注册资本 21.08 亿元，占 92.13%；个体工商户 6166 户，注册资本 1.8 亿元，占 7.87%。

**1991—2005 年连江县个体私营企业发展情况表**

表 21-5-4

| 年份 | 企业数（个） | 从业人员（人） | 注册资本（万元） | 营业额（万元） | 总产值（万元） | 税收（万元） |
|---|---|---|---|---|---|---|
| 1991 年 | 5013 | 9172 | — | 8603.6 | 2111.4 | 666 |
| 1992 年 | 5668 | 10876 | 21450 | — | — | 732 |
| 1993 年 | 7519 | 34100 | — | 11257 | — | 806 |
| 1994 年 | 8677 | 19234 | — | 18934 | 1495 | 886 |
| 1995 年 | 9083 | 18853 | 11660 | — | — | 974.5 |
| 1996 年 | 9183 | 20431 | 17015 | — | — | 1072 |
| 1997 年 | 8315 | 18905 | 34039 | 72100 | — | 2808 |
| 1998 年 | 9311 | 21723 | 33947 | 48366 | 17032 | 3724.34 |
| 1999 年 | 9349 | 29942 | 34821 | 62976 | 25820 | 4819.56 |
| 2000 年 | 8369 | 23016 | 30547 | 49426 | 10006 | 4214 |

续表 21-5-4

| 年份 | 企业数（个） | 从业人员（人） | 注册资本（万元） | 营业额（万元） | 总产值（万元） | 税收（万元） |
|---|---|---|---|---|---|---|
| 2001 年 | 7766 | 20892 | 27430 | 47626 | 9506 | 2747.27 |
| 2002 年 | 7146 | 15417 | 14602 | 63801 | 33916 | 3612 |
| 2003 年 | 7671 | 13236 | 111748 | 38901 | 39476 | 3185 |
| 2004 年 | 7380 | 11293 | 204987 | 79401 | 49976 | 3455 |
| 2005 年 | 6925 | 17824 | 228811 | 77113 | 48176 | 3090 |

**附：县个体劳动者协会、县私营企业协会**

个体协成立于 1983 年 10 月，私企协成立于 1988 年 10 月。两个协会合署办公。1991 年以来，两个协会本着“自我教育、自我管理、自我服务”职能，为个体劳动者和私营企业排忧解难，倡导守法经营、文明经商，及时调解矛盾纠纷。1993 年，县个体协被市司法局评为“防止民事纠纷矛盾激化有功集体”。1994—1996 年，共为个体户提供经营信息 237 条，为 900 多个会员培训技术并获鉴定证书，帮助个体企业贷款 10458 万元，缓解资金困难。至 2002 年，两个协会分别召开第五次和第三次会员代表大会，选举理事会成员各 15 人。当年，成立个体、私营协会服务中心，开通热线电话，及时组织会员参加各类招商会、展览会、交易会。1991—2005 年，县个体协共举办培训班 235 场、讲座 74 场；私营协会共举办法律法规培训班 168 场、讲座 68 场。两个协会共参与调解民事矛盾纠纷 295 次，慰问困难或灾患会员 20 万元。

## 第四节　经济合同管理

**一、合同鉴证、登记、备案**

**鉴证**　1991 年开始，县工商局帮助企业建立合同管理制度，企业配备合同兼职管理人员 423 人。至 2004 年 7 月，国家工商局废止《合同鉴证办法》，县工商局共鉴证各类合同 68 份，金额 25.62 万元。

**登记**　1995 年，贯彻《中华人民共和国担保法》和国家工商局《企业动产抵押登记管理办法》，县工商局对企业的设备、产品、厂房等动产抵押登记进行规范，并不断完善。1995—2005 年，共办理企业登记抵押合同 185 件，涉及贷款金额 4836 万元，抵押物价值 218.86 万元。

**备案**　1999 年，县工商局贯彻《中华人民共和国拍卖法》，对拍卖企业实行合同备案制度，在不收取费用前提下，要求房地产开发经营企业签订商品房销售（预售）合同，建立自签订之日起 30 日内，持合法主体资格证明《商品房购销合同》及商品房预售许可证报送工商机关登记备案。1999—2005 年，共备案拍卖企业的拍卖委托书 124 份，金额 7398 万元；拍卖成交确认书 103 份，金额 6575 万元。

**二、合同执法检查**

1994—1995 年，县工商部门着重开展对购销、加工承揽、借款、联营和农业承包等经济合同的检查，组织力量打击经济合同的骗买骗卖等欺诈行为，共检查各类合同 3788 份，合同金额 66039 万元，发现四家企业受到不同程度的欺诈，金额达 58 万元，其中三起在省外发生。1996 年，开始在重合同守信用单位、国有企业、外资企业及有影响的骨干企业推广合同示范文本。1997 年 11 月，执行国家工商局《合同争议行政调解办法》，开始把合同争议行政调解作为合同监管的重要组成部分。1998 年，开展三次中介组织和经纪人专项检查，纠正中介违法违章案两起，为企业和当事人挽回经济损失 8000 元。1999 年，对重点国有企业实施合同解忧工程，帮助企业做好法律法规咨询、资信调查、纠纷调解，依法为企业追讨欠款，还举办座谈会 18 场，组织学习合同讲座 19 场，举办企业合同管理员《中华人民共和国合同法》培训班 16 期，培训 746 人。1997—2000 年，共检查各类合同 5044 份，金额 177323 万元，其中不合格合同 93 份，金额 5459 万元，到期未履约的 1028 份，金额 50068 万元，发现违法合同 2 份，金额 128 万元。2000 年以后，县工商局执行省工商局《关于开展集中打击合同欺诈专项执法行动的通知》，全方位、多层次打击合同欺诈等违法行为，搞好合同争议行政调解。1997—2005 年，共受理合同争议调解案件 11 件，金额 36 万元，已解决 10 件，金额 32 万元。

**三、“重合同、守信用”评选**

1991 年，县工商系统按照《福州市“重合同、守信用”单位评选管理暂行办法》进行评选活动，当年县政府命名“重合同守信用”企业 5 家，福州市命名 11 家。1993 年，全县申报“重合同守信用”评选企业 346 家，经验收认定 46 家。1995 年，认定 38 家。2001 年获福州市政府认定 12 家。2005 年，受理认定福州市级、县级“重合同守信用”单位 22 家。1991-2005 年，共评出县“重合同、守信用”单位 194 家次。市政府命名的“重合同、守信用”单位 79 家次，琯头海运总公司、东岱建筑工程公司 2003 年被省工商局评为“重合同、守信用”企业。

**四、经济纠纷仲裁**

1991—1993 年，共办结各类经济合同纠纷案件 558 件，合同金额 412.81 万元，争议金额 239.65 万元，为企业讨回欠款 62.9 万元，避免和挽回经济损失 41.86 万元。1994-1995 年，办结经济合同纠纷 43 起，合同金额 210.19 万元，挽回经济损失 35.8 万元。1995 年，《中华人民共和国仲裁法》实施后，县经济合同仲裁委员会终止运作，仲裁事务移属市经济合同仲裁委员会。

## 第五节　商标广告管理

**一、商标管理**

1991 年，商标管理对象主要是国家和集体企业。1992 年，个体私营企业商标注册开始增加。1993 年，贯彻新的《中华人民共和国商标法》，引导企业创知名商标、创品牌，并推荐参加市知名、省著名商标评选。1995 年开始，加大打击商标侵权力度，重点开展“整治假冒商标、虚假广告”专项治理，进行拉网式专项检查，核实定点印制商标单位 8 家。2004 年，加强对知名、著名商标专用权保护，打击商标侵权违法、非法印制假商标等行为。1991—2005 年，全县共注册商标 360 件，报市获评知名商标 11 件，报省获评著名商标 5 件（其中省外转入 1 件）。先后共查处各类商标侵权案件 92 起，案值 143 万元，罚款 23 万元，端掉非法印制商标窝点 13 个，收缴销毁假商标标识 271415 只。

**二、广告管理**

1991 年，旧城改造加速，新街广告增多，规范广告经营管理，打击违法广告成为突出而急迫问题。1992 年，以玉荷路主干道为主，共制作店牌 452 面，灯箱广告 56 面。查处违规广告案件 14 起，罚款 1.06 万元。1995 年 2 月 1 日起，实施《中华人民共和国广告法》，连江自 6 月 1 日起，在全县实行“一证一照”（广告经营许可证和营业执照）管理。对未取得广告许可证的单位不得从事广告经营活动。1996 年，经福州市工商局审核批准，有琯头广播电视站等 3 家为广告经营单位。县批准发布一次性广告 26 件，驳回手续不完备的广告申请 6 件。1997 年，新设置户外路牌广告 40 面，灯箱招牌广告 70 面。

1996—1998 年，县工商部门共出动 230 人次，对有关乡镇进行专项检查，共查处违法广告案件 4 起，罚款 0.59 万元，没收违法广告约 15 万张。1999 年，县工商局根据国家工商局有关公益广告的通知精神，协调由方圆广告公司投资 3.7 万元，在城关地区建成 9 个公共广告栏，并开展广告经营资格检查，纠正不健康的画面、不规范的广告语和文字。2000 年，查处医疗、药品、保健食品违法广告案件 12 起，罚款 1.66 万元，销毁印刷品广告 6 万张，清理布幅广告 150 条，店堂广告 300 份。2002 年，根据市工商局通知，把商标广告工作的中心移向基层工商分局，建立专兼职商标广告监管队伍。2003 年，查处违法广告案件 17 起，查扣违法食品广告印刷品 3000 多张，罚款 1.05 万元。2005 年，开展虚假违法广告专项治理，查办违法广告案件 44 起，案值 12.5 万元。责令停止发布广告 30 件。

## 第六节　经济监督检查

1991 年，县工商部门以严厉打击走私贩私和倒卖国家重要物资的投机倒把为重点，共查处各类经济违章违法案件 5407 起，其中走私贩私 438 起，投机倒把 3793 起，其他违章违法 1176 起，罚没总金额 106.45 万元。1992 年，结合“中国质量万里行”活动，共出动 1101 人次，检查 2106 家企业、商店及摊点。查处制售假冒伪劣及“三无”（无生产厂名、无生产厂址、无生产卫生许可编码）商品 209 家，违法商品价值 17.5 万元。1993 年，以查处无照经营、打击制售假冒伪劣商品和沿海走私为重点，共查处各种经济违章违法案件 386 起，罚没金额 16.52 万元。1994—1996 年，共立案查处走私案件 49 起，罚没入库 62.3 万元。1997 年，对非法传销活动进行专项检查，立案 3 起，没收传销物品“爽安康”增氧器 2 台，责令退还费用 3000 元。1997—2000 年，共查处违章违法经济案件 1109 件，案值 1893.8 万元，罚没 689.76 万元。其中查处不正当竞争案 49 起，案值 51.14 万元，罚没金额 15 万元；走私贩私案 240 起，案值 1276.96 万元，罚没 1104.19 万元。2001 年，县工商局以“万人打假行为”“百案大会战”等活动为契机，重点治理“餐桌污染”，实施食品“放心工程”、打击非法传销等，相继查处非法传销 10 多人，并移送公安部门处理；查处假冒美国“耐克”运动鞋 2700 双，案值 61.65 万元。2002 年，取缔幕浦报废汽车拆解市场。2003 年，查处丹阳销售假冒西瓜种子案，涉案金额百万元。2001—2005 年，共查处违章违法案件 1999 起，总案值 2032.69 万元，罚没入库 835.78 万元。其中查处走私贩私 66 起，总案值 625.88 万元，罚没入库 265.81 万元。

## 第七节　维护消费者权益

1991—1996 年，依托县消委会团体开展消费维权的法律法规宣传、受理投诉、制度建设等活动，共受理消费投诉 2137 件，解决 2278 件，为消费者挽回损失 67.6 万元。

1997 年 8 月 4 日，县工商局开通“96315”投诉电话，建立县、乡、村三级电话投诉服务网络。县设投诉台、各工商所设投诉站、村街设投诉联络员。各台站参与县“110”社会联动，接受“110”联动中心指挥，并充分发挥联络员的民间调解作用，共受理办结投诉 75 件。还先后调解 104 国道等加油站汽油掺水、东湖镇农民配牙脱落等危害消费者案件多起。1998 年，转变消费维权工作思路，变事后处理为事先引导预防，开展社会调查，引导消费者合理、正确消费。调解 2 起使用燃气热水器致死和一起压力锅爆炸的重大事件，赔偿热水器消费者 11.2 万元。1999 年 6 月，全国统一使用“12315”

投诉电话号码，连江及时跟进。2000 年 10 月，县工商局设立消费者权益保护科，对外即“12315”消费投诉台，与县消委会合署办公。2005 年，把消委会、检查大队、“12315”台有机整合，协调联运，形成“三位一体”，提升维权服务效能。1997—2005 年，全县共受理消费投诉 2105 件，办结 2066 件，为消费者挽回经济损失 196.98 万元，罚没 6.95 万元，接待来访、来电咨询 1600 多人次。

**1991—2005 年连江县消费维权投诉受理情况表**

表 21-5-5

| 年份 | 受理投诉案件数（件） | 处理结案件数（件） | 挽回损失（万元） | 罚没款（万元） | 分发宣传资料（份） | 放幻灯（场） | 墙报专刊（期） | 咨询电话（次） | 广播宣传（条） | 投诉（件） |
|---|---|---|---|---|---|---|---|---|---|---|
| 1991 年 | 175 | 175 | 3.70 | 4.00 | 4000 | 113 | 11 | 326 | 110 | 30 |
| 1992 年 | 524 | 524 | 4.94 | 2.05 | 5000 | 124 | 62 | 516 | 8 | 40 |
| 1993 年 | 377 | 377 | 2.80 | 3.16 | 15000 | 44 | 64 | 520 | 16 | 24 |
| 1994 年 | 124 | 124 | 4.32 | 12.00 | 3600 | 130 | 26 | 528 | 172 | 26 |
| 1995 年 | 694 | 694 | 12.23 | — | 2000 | 150 | 36 | 20000 | 28 | 28 |
| 1996 年 | 384 | 384 | 39.61 | 13.66 | 23000 | 60 | 36 | 20000 | 29 | 30 |
| 1997 年 | 537 | 530 | 48.15 | 6.95 | 3780 | 70 | 48 | 619 | 30 | 30 |
| 1998 年 | 92 | 90 | 19.06 | — | 58000 | 80 | 48 | 821 | 40 | 30 |
| 1999 年 | 103 | 101 | 2.45 | — | 6000 | 80 | 48 | 956 | 50 | 46 |
| 2000 年 | 214 | 211 | 14.50 | — | 6500 | 100 | 50 | 930 | 50 | 48 |
| 2001 年 | 131 | 128 | 17.30 | — | 5800 | — | 50 | 811 | 50 | 50 |
| 2002 年 | 153 | 153 | 21.30 | — | 7000 | — | 60 | 920 | 60 | 60 |
| 2003 年 | 479 | 460 | 34.82 | — | 6780 | — | 60 | — | 60 | 70 |
| 2004 年 | 275 | 274 | 13.90 | — | 8000 | — | 60 | 881 | 60 | 120 |
| 2005 年 | 121 | 119 | 25.50 | — | 9000 | — | 60 | 806 | 60 | 180 |

**附：县消费者委员会**

县消费者委员会（简称“县消委会”）成立于 1987 年 12 月，基层有 10 个分会。1991 年，召开第二届消委会大会，1996 年，举行第三届消委大会。每届均按章程每年定期召开两次理事会，总结年度工作，制定工作意见。县消委会每年都以“3·15”国际消费者权益保护日为契机，宣传《中华人民共和国消费者权益保护法》《福建省保护消费者合法权益条例》等有关法规和政策，引导消费者合理、科学消费。先后开展“中国质量万里行”“讲诚信、反欺诈”“安全健康消费”“明明白白消费”“绿色消费”“诚信、维权”等主题活动。2003 年，与 11 家先行赔付示范单位签订协议，实行先行赔付制度，营造放心消费环境。2004 年，表彰 4 家省级诚信单位、13 家市级诚信单位、18 家县级诚信单位。1991—2005 年，县消委会共受理消费者投诉 4000 多件，替消费者挽回经济损失 180 多万元，举办假冒伪劣商品曝光 146 场次，收到感谢信 49 封、锦旗 11 面。其中，1996 年，被中国消费者协会评为全国维权工作先进单位。1999 年县消委会名誉会长程宽民被中华全国总工会、全国妇联、团中央、中消协联合授予“全国保护消费者合法权益百名优秀志愿者”光荣称号。

## 第八节　机　构

**一、县工商行政管理局**

1991年，县工商行政管理局（简称“县工商局”）内设秘书股、人事教育股、市场管理股、经济检查股、企业登记管理股、经济合同管理股、个体私营经济管理股、财务统计股、商标广告管理股等9个股，有干部职工69人，其中行政7人，事业62人。1997年，9个股均改为科室，行政编制7人，事业编制30人，工勤事业编制1人。实有共79人，其中干部68人，工人11人。同年，设立县市场服务中心，为自收自支股级事业单位，编制20名，隶属县工商局管理。1999年4月，全省实行工商行政管理体制垂直管理，共接收人员编制共131人，其中行政编制7人，基层专项事业编制124人。2000年3月，工商行政管理机关与所办市场脱钩，凤城农贸市场划归县市场服务中心管理，增设消费者权益保护科。2002年4月，内设办公室、法制科、行政执法科、企业注册管理科、人事教育科等5个科（室）。检查大队、个私协、消委会3个单位均与行政执法科合署办公。2005年7月，设立县工商局监察室、信息技术管理科、“12315”消费者申诉举报服务台。至年底，县工商局机关共设8个科（室、台）、1个大队，2个协会，编制26人，实有39人。

**二、基层派出机构**

1991年，县工商局在凤城、琯头、浦口、筱埕、马鼻、黄岐、丹阳、潘渡等8个乡镇设工商行政管理所和凤城集贸市场管理所、县缉私队10个基层所队，共有职工96人。1992年，县缉私队改称县工商行政管理局缉私队，各乡镇由“连江县ＸＸ工商行政管理所”改称“连江县工商行政管理局ＸＸ工商所”。1997年1月，增设敖江、官坂、坑园3个工商所。县工商行政管理局缉私队改称省工商行政管理局连江县检查大队。12月，撤销潘渡工商所。

2001年4月，凤城、琯头、黄岐、丹阳、浦口等5个工商所改工商分局；保留马鼻、敖江、筱埕3个工商所；撤销坑园、官坂工商所和凤城集贸市场管理所。2004年，县工商局8个分局（所）按副科级规格设置。管辖范围分别为凤城工商分局辖凤城镇、江南乡；敖江工商所辖敖江镇、东湖镇、潘渡乡；琯头工商分局辖琯头镇；浦口工商分局辖浦口镇、晓澳镇、东岱镇；丹阳工商分局辖丹阳镇、蓼沿乡、小沧乡；马鼻工商所辖马鼻镇、透堡镇、长龙镇、官坂镇；筱埕工商所辖筱埕镇、坑园镇、下宫乡；黄岐工商分局辖黄岐镇、安凯乡、苔菉镇。2005年，8个工商分局（所）编制95人，实有68人，管辖区域与2004年相同。

# 第六章　审计监督

1991年后，随着经济发展，审计金额大幅度增加。1995年1月开始实施《中华人民共和国审计法》，审计工作逐步规范化、制度化。1991—2005年，共审计854个单位，发现违纪金额17162.42万元，共上缴财政3318.14万元，抵补515.44万元，合计入库3833.58万元。开展内部审计1045项，纠正违纪金额516.07万元，社会审计2458项，其中基建项目审计总额27136万元，核减工程造价1917万元。15年共向检察机关移送案件13件。对加强财经管理，有效防止贪污、挪用、浪费现象，促进党风廉政建设，都起到很大作用。

## 第一节　财政审计

### 一、县本级财政预算执行和其他财政收支审计

1992 年 9 月，对县财政局 1991 年度财务收支进行报送审计。审计发现 1991 年度先后两次由预算内农税征收费列支县外贸公司特产税手续费，造成重复列支；由“专用基金—福利支出”户支出职工简易人身保险，科目不符。

1995 年，《中华人民共和国审计法》实施后，县审计局每年都制定同级审实施意见或方案，审计情况分别向县政府和县人大常委会作同级审计工作报告，并形成制度。每年对上年度的同级审都分两个阶段进行：上年 11—12 月审计该年度 1—9 月、该年 2—3 月审上年 10—12 月预算执行情况。1999 年开始，不再分两个阶段进行，而采取一次进行，一般在年初审上年度的。1995—2000 年 6 年中，审计围绕“摸清资金总量，促进规范管理，开展分析评价，提出对策建议，反映查改情况”目标，共审计县财政局 6 次，金库 4 次，地税部门 6 次，政府预算部门 65 个次，还对预算外资金、财政信用资金等其他财政收支进行审计。审计发现：县财政局个别年份批复部门预算不及时、不完全、不足额，预算编制不规范；地税部门减免税档案资料不全，税单开具不规范，多提农业四税手续费，税款清欠难度大等；个别政府预算部门（单位）挪用专项资金，收入未及时上缴县财政，违规挤占、列支预算经费用于职工补贴，没有及时向基层单位批复预算，有的公款私存，有的私设“小金库”作接待、奖金补贴等消费支出，信用资金拨付容易回收难，1998 年全县借出财政周转金 4731 万元，已逾期 4518.8 万元。对此，审计决定，对未及时上缴县财政收入的限期上缴，对被挤占的专项资金要求返还原资金渠道，对不符合国家财政法规的做法责令纠正。

2001—2005 年，按照“全面审计、突出重点、深化一级、强化二级、消除空白、不留死角”的原则，对县财政局、金库、地税局、教育局等 35 个次单位的政府预算部门开展审计。重点审计预算执行的质量，推进县财政体制改革。审计表明，县财税部门能大力组织财政收入，严格控制支出，强化税费征管，增收节支保平衡。主要问题：县财政局预算批复结转、收支编制不规范，科技三项费用支出虽逐年提高，但仍达不到市科委不低于 1.5% 的要求，部分土地出让金、国有资产收益未纳入预算收入管理；地税部门教育费附加、失业保险金征收不足；自行合并税种，造成级次收入不实。针对这些问题，审计建议：对一些部门财政包干公务费明显偏低的，应适当提高公务费标准，与财政收入增长相适应。要求保证税费足额入库等。

1991—2005 年，对县本级财政预算单位 26 个部门共进行 133 次审计，查出违规违纪金额 7156.07 万元，管理不规范金额 588.88 万元，应上缴县财政 1586.59 万元，已上缴 1495.1 万元。

### 二、乡镇财政收支决算审计

1991—1995 年，先后对全县 21 个乡镇进行 41 次财政决算审计，并延伸审计乡镇财政所、土地所、计生办等部门。主要问题：土地补偿费及超生育等各项罚没款未及时上缴；个别公款私存；发放奖金、补贴过多。共查出违规违纪金额 483.39 万元，应上缴县财政 437.81 万元，已全部入库。

1996—1997 年，先后对敖江等 9 个乡镇进行财政收支决算审计，延伸审计土地、计生、司法等部门预算执行情况。审计表明：县下达的财税征收任务有 5 个乡镇都完成或超额完成任务，4 个乡镇未完成。共查出违纪金额 81.75 万元，应上缴县财政 42.13 万元，年底全部入库。

1998 年开始，对乡镇审计实行“两年一审，一审两年”。至 1999 年，先后对长龙等 12 个乡镇进

行17次财政收支决算审计。共查出违规金额296.40万元，应上缴县财政85.22万元，已全部入库。

2000—2001年，先后对琯头等9个乡镇1998—1999年、官坂等13个乡镇1999—2000年财政收支决算审计。2002年，全县乡镇换届选举，对22个乡镇全部进行主要领导任期或离任经济责任审计，并结合财政收支决算审计。审计发现：1999年乡镇财政赤字有浦口25.35万元，安凯0.45万元。2000年，有敖江50.50万元，坑园22.73万元，马鼻96.03万元，透堡10.33万元。13个乡镇债权总额8810.17万元，债务总额9334.99万元。大部分乡镇不同程度存在税费、罚金没有及时足额上缴县财政，私设"小金库""包包账"，用于奖金或接待支出，9个乡镇共119.77万元。各乡镇普遍存在"白条"报支现象。共查出违规及管理不规范金额1216.8万元，应上缴县财政76.48万元，已全部入库。审计提出严禁私设"小金库""包包账"、乱收费等4条综合建议。

2004—2005年，围绕重点领域、重点资金，严查重大违法违规行为。先后对敖江等12个乡镇2002—2003年度、凤城等10个乡镇2003—2004年度进行财政收支决算审计。22个乡镇基本上完成相关年度县下达的经济指标。审计发现：普遍超限额发放计生奖金，无依据超标准收费仍较严重，大额现金支付工程款，有的以"白条"抵库；有的挤占、挪用专项资金；乡镇政府机关经费超支严重。敖江等11个乡镇，至2003年末，共欠外债4507.49万元。22个乡镇，审计总资金33809.26万元，查出违规及管理不规范金额2023.5万元，应上缴县财政76.24万元，已上缴35万元。

**三、行政事业单位审计**

1991—1995年，先后对县法院等92个次单位进行财务收支审计。主要问题：违规列支干部奖金及补贴；分成收入设"账外账"作招待费和补贴开支；大额定期存单抵交承包抵押金未纳入账内专户管理；有的把正常路检变为以经济处罚为主，存在随意性；把采购药品"回扣费"转作福利资金；挪用流动资金基建办公楼。5年共查出违纪金额1012.25万元，应上缴县财政306.78万元，入库270.14万元，减少财政拨款或补贴51.6万元。

1996年后，注重围绕社会发展热难点问题，选择预算资金多、预算外收入多、专项资金多，有执法权的"三多一有"行政事业单位作为审计主要对象，并从对违规违纪审计，转为真实性、合法性、效益性并重审计。

1996—2002年，对行政事业单位进行164次财务收支审计。审计发现：违规发放奖金津贴，部分学校违规收费；药品计价收费偏高，个别私设"小金库"；有的预算外收入未及时纳入财政专户管理。1996—1997年，21个基层派出所无依据收费共825.38万元。1999年，尚有土地出让金1003.45万元未收回等。审计共查出违规违纪金额3433.94万元（包含经济责任审计，下同），管理不规范金额506.79万元，应上缴县财政319.43万元，相继已入库282.05万元。

2003年，县会计核算中心成立后，大部分单位财务纳入统一管理核算，违规现象逐渐减少。至2005年，县审计局先后对县行政、事业单位进行84个次财务收支审计。发现仍有部分学校违规收费，且标准不一；部分单位收入未及时上缴县财政；药品定价不准确；店面租金未纳税。3年共查出违规违纪金额1064万元，管理不规范金额252万元，应上缴县财政81万元，相继已入库62万元。

## 第二节　金融与外资运用审计

**一、金融保险审计**

1991—1993年，县审计局先后对县银行和保险等10个次单位进行财务决算审计。共查出违纪金额9.34万元，上缴县财政4.54万元，均已按时全部入库。

1994—1995年，县审计局先后对县工商银行、中国银行、建设银行财务决算、资金负债损益、房地产信贷部财务收支情况等进行审计。共查出违纪金额33.91万元，应上缴县财政18.94万元，罚款0.82万元，均按时全部入库。

1996—2000年，县审计局先后对县内金融、保险机构等8个单位资产、负债、损益情况以及县人行地方财政国库收支情况进行审计。主要问题：各银行普遍存在多摊成本，少计收益，不良贷款超标准，有的贷款单位虚增资产，明盈实亏，使银行收贷难。审计查出违纪金额3.63万元，应补缴税费10.77万元，应上缴县财政8.33万元，罚款1万元，均于年末全部入库。

**二、外资应用审计**

1996年开始，连江利用国际金融组织贷款发展经济。至2005年，利用国际贷款项目共4个。其中世界银行贷款项目3个：104国道琯头岭隧道公路建设项目，原定世行贷款370万美元（折人民币3219万元），实际到位118.56万美元。沿海资源可持续发展项目和结核病控制项目（世行贷款/英国赠款项目），共由世行贷款89177.09美元（贷期2002—2010年）。亚洲开发银行贷款项目1个：为水土保持与乡村发展项目。由福州市财政局分四批转款共285.71万美元，至2005年，已偿还贷款本金81.66万美元，利费32.45万美元，审计发现县财政尚未筹集偿债准备金；项目单位贷款资金使用“白条”开支较严重，资金拨付不及时到位；改变资金用途以及资金被截留、挪用、挤占，贷款和还款资金均未及时全额到位等问题。其中2000年，县审计局专门向县人大常委会作《关于连江县世行、亚行贷款资金使用和偿还情况审计报告》。而后，县政府出台《关于管好用好世行、亚行贷款以及国际转贷资产的若干意见》，要求限期整改不规范项目，促进国外援贷资金有效使用。同期还作出审计建议：强化贷款项目可行性调研，防止盲目性而造成损失浪费；有关部门应重视贷款债务负担，增强偿债意识，健全“借、用、还”相统一的管理约束机制，防范和化解财政风险；加强财务核算，及时下拨资金，筹足配套资金，查处截留、挪用资金；应优先考虑培植新的经济增长点和税源，增强发展后劲，提高经济效益。

## 第三节　固定资产投资审计

1991—1995年，县内基建项目逐渐增多，县审计局主要开展开工前审计、在建项目及停缓建项目跟踪审计、竣工决算审计三大项。1996—2000年，对县内固定资产投资开展开工前、自筹资金来源、建设项目财务收支、建设竣工执法监察和项目竣工决算5个大项审计。1999年9月，成立县建设项目预（决）算审计中心，加大固定资产投资审计力度。2001年后，以建设项目竣工决算、财务收支、预算（控制价）三大项审计为主体。1991—2005年，县审计机关共审计固定资产投资718个单位项目（未含预决算中心审计861个单位项目），其中开工前审计281个单位项目，总投资7.869亿元，总建筑面积154.81万平方米。通过审计，及时纠正无基建资金或资金不足争上项目等问题。个别基建项目未办理相关手续就先行开工，督促其补办相关手续。自筹资金来源审计372个单位项目，总投资85633.3万元，主要存在未立项先开工，未进行开工前审计等问题。竣工执法监督审计16个单位项目，其中13个未办手续先开工，而且超出投资规模。审计决定相关项目补办手续，责成漏缴税费的补缴，超规模的补办追加手续。固定资产竣工决算36个单位项目，主要存在工程未按基建程序申报办理相关手续，投资超规模，漏缴税费，工程造价不实等问题。财务审计13个单位项目，主要问题是财务管理不规范，税费缴纳不及时，会议费接待费超支等。

## 第四节 企业审计

1991—1995年，先后对工交、商贸及其他类企业进行34家次财务收支和资产、负债、损益情况审计。主要问题：工交企业少提固定资产折旧和大修理基金、职工福利费、工会经费；多列支职工教育费，超规定多提业务接待费；自行提高奖金和补贴标准；债权债务久悬未清，流动资产报废损失久悬挂账；罚没款收入未及时上缴县财政；欠缴有关税费。共查出违规违纪金额96.92万元，应上缴县财政49.79万元，相继已全部入库。

1996—2000年，县内国有企业实行“抓大放小”改革转制，为防止国有资产流失，县审计局先后对工交企业、商业、供销、粮食、农林水系统等23家企业进行33次资产负债、损益及财务收支情况审计。主要问题：一些企业福利费超支；往来款项长时期未结清，欠缴税费；奖金超支；利润上缴不及时；虚转收入和成本，资产、负债损益不实，个别存在潜亏风险。粮食行业1995—1997年度实际共亏损1627.66万元，其中1997年达1349.66万元。经审计，县电力公司1998—1999年累计需补纳税费22万元，当年已入库。查出负债总额高于资产总额的有1家，资产负债损益不实的有20家，亏损的有6家。审计作出处理处罚决定，并提出相关整改意见和建议。

2001—2005年，县审计局先后对水、电、运输、水产、医药等15个单位（企业）进行21次资产、负债、损益审计。主要问题：利润不实，上缴不及时；少缴漏缴有关税费，用公款垫付属投资行为的保险费；亏损不实；“白条”开支费用频繁；个别企业存在潜亏等。审计作出处理处罚决定，及时责成有关单位补缴税费，对负债、损益不实的单位进行账面调整。

1991—2005年，共审计88项次企业单位项目，查出违纪金额520.42万元，应上缴县财政473.29万元，相继入库406.15万元。

## 第五节 专项资金及效益审计

1991—1995年，专项资金审计主要围绕林业育林、更改两项基金、水电经费、支农、救灾、教育、保险、城建等资（基）金审计。共开展13项次，审计单位59个次。查出挪用挤占等问题资金581.86万元。主要问题：个别单位挤占挪用基金用于购买商品房作办公场所和其他经费，个别乡镇、村将救灾款用于抢修海堤挑沙补贴、村址维修，城建资金没有全部纳入财政统筹管理安排等。

1996—2000年，随着经济发展，专项资金拨付增多，其使用和效益引起人们关注。县审计局5年相继对农业综合开发、水利、环保、救灾资金、普通教育经费管理以及机关事业单位社保基（资）金等专项资金审计9项次。主要问题：省、市农业综合开发资金到位不及时，县乡配套资金到位不足，个别乡镇资金未及时拨付，其中3个乡镇52.46万元资金未拨相关项目；有的单位救灾款物未及时下拨；社保基金未按实际工资计征，基金缴拨不及时，个别单位欠缴。农村社保公司使用自制发票收费，某些主管部门未及时批复下属单位预算指标等。

2001—2005年，县审计局先后对县农业综合开发、环保、救灾、社保等专项资金使用及其效益等审计14项次。主要问题：县财政部门未及时将上报资金拨付项目单位，省市农业拨付县农业开发资金未及时定额到位，县配套资金到位率低，个别项目白条支付工程款；校舍危房改造建设配套资金到位率低，全县9个项目缺口500万元。2004年，16个单位欠缴基本养老统筹金；个别乡镇土地补偿收入未全部征收到位等。

## 第六节　经济责任审计

### 一、领导任期经济责任审计

1991—1995年，先后对县医院、体委、乡镇企业局、水产局等9个县直单位的主要领导和浦口、苔菉等7个乡镇长离任，进行任期经济责任审计。多数单位、乡镇各项经济指标完成较好，财政收支基本控制在指标内，有的略有结余。审计发现主要问题：一些单位、乡镇重复发放奖金实物；接待费开支大，专项资金核算与管理不规范等。共查出违纪金额64.86万元，增加财政收入51.45万元，上缴主管部门13.41万元。同期还对全县“先行工程”以资代劳资金管理使用、乡财清理整顿、农民负担、中小学收费等情况及有关领导责任进行审计，未发现重大违规违纪现象。1996年8月，县委、县政府制定《连江县党政领导干部和国有企业领导人任期经济责任审计暂行规定》，并成立县经济责任审计工作领导小组，以审计局为依托，全面展开。1996—1998年，先后对浦口、琯头等20个乡镇11位党委书记、20位乡镇长和县农委、科委等28个行政事业单位主要领导进行任期经济责任审计。主要问题：个别单位往来资金结算不及时，2个乡镇截留收入、公款私存共52.22万元；2个机关单位自购收款收据收取管理费、技术咨询费9.57万元，用于职工福利、奖金、接待开支；县环保局监测楼、县供销社综合楼已竣工使用5年尚未办理竣工决算。共查出违规金额295.59万元，应缴财政162.63万元，应补缴土地管理费、教育配套费37.16万元，均于年末入库。

1999—2001年，县审计局根据县委组织部委托，分别对县计划局、老干局、交警大队等20个行政事业单位主要领导和凤城、筱埕、丹阳等14个乡镇的8位党委书记、14位乡镇长进行任职期间或离任经济责任审计。主要问题：乡镇债权债务均有增加，至2001年底，被审14个乡镇债务均高于债权，敖江、官坂、晓澳、坑园4个乡镇领导任期财政赤字，共317.46万元；有的超额发放计生奖金；隐瞒截留经济收入，私设“小金库”。共查出行政事业单位违规资金692.72万元，乡镇违规资金1726.07万元，上缴县财政共641.45万元，年末已入库。

2002年，贯彻执行中纪委、中组部、审计署《关于进一步做好经济责任审计工作的意见》，县委成立以纪委、组织部、监察局、人事局、审计局等5个单位领导组成的联席会议，定期开会，及时研究经济责任审计中出现的新情况新问题。至2005年，县审计局先后对县医院、计生局等29个行政事业单位主要领导和22个乡镇23位党委书记、22个乡镇长开展任期经济责任审计。主要问题：无依据发放奖金补贴、公款旅游、公款购买私人保险、违规报支电话费等问题较突出；无依据或超标准收费；违规挪用挤占专项资金；有6个单位工程未进行公开招投标。审计对查出问题作出处理处罚决定，违规滥发奖金津贴的作罚款处理，并提出意见建议。对负有领导责任的免职8人、撤职1人。

### 二、国企领导任期经济责任审计

1991—1995年，先后对县啤酒厂等5家国企及县商业局所属的五交化等5家企业第一轮（1988—1990年）承包经营责任进行终期审计，对企业厂长作出客观公正的评议。审计发现：承包合同不够完善，存在“以包代管”现象，发包方及主管部门缺乏管理；盈亏核算不实，潜亏问题普遍存在，企业资金投入有限，发展后劲不足等。

1996年，县审计局与县纪委、组织部、财政局组成联合审计小组，对东湖种畜场、外贸总公司等5家国有企业领导任期经济责任审计。主要问题：公款私存17.48万元，财务核算未及时入账，专款未专用，违规4万元，企业损益不实累计31.58万元，皆存在不同程度的潜亏。1998年，县审计师事务所对百货公司、五交化公司、百货大楼、农机公司、官坂建筑公司等5家企业经理进行任期经济责任审计，其中2家累计盈利170.26万元，其余3家累计亏损260.11万元，主要是投资决策失误、企业短期行为、拖欠承包费等问题较突出。2004年9—11月，对县物资公司原总经理任期经济责任进行报送审计，发现公司工程款“白条”支付40多万元；内部职工2人承包经营部，期限满，拖欠总公司各种费用60.05万元未收回，经理应负主管责任。2005年5—6月，对县水产综合场主要领导开展经济责任审计，审计发现：该场自1998年开始设立“小金库”，至审计之日共有资金208.55万元，已开支95.30万元，余额113.24万元；债权债务长期未清理结算；房租收入未纳税。主要领导应负主管责任。审计决定：对小金库余额除应支付职工挂钩工资及奖金65.03万元外，其余没收上缴县财政。

**三、其他经济责任审计**

1996年，根据县纪委交办，审计凤城镇绿茵村基金会1992—1995年财务收支，发现村两委干部6人有集体贪污、私分应上缴管理费、风险资金和偷漏税等经济问题，按规定送移县检察院、纪委立案查处。1999年，对县中旅社原总经理进行经济责任审计，发现该经理利用财务审批权职便，先后7次向单位虚报差旅费，贪污2.25万元，被判处有期徒刑3年缓刑3年，县纪委给予开除党籍处分。审计官坂镇东澳村原支部书记，发现以欺骗、弄虚作假等手段侵占公款2万元，县委予以开除党籍处分。县审计局还同时查处9起私设“账外账”与“小金库”行为，违纪金额53.37万元。2000年，对凤城凤尾村、敖江白沙村、江南已古村村级财务收支情况进行审计。发现白沙村原主要领导挪用村财50万元，移送县纪委和检察院查处。2001年，对县木画厂1998—2000年财务收支情况进行审计，发现厂领导违规报支手机话费等问题，建议进行处理。

## 第七节　审计调查

**一、财政性资金审计调查**

1991—1995年，先后对财政有偿使用资金、预算外资金、农业发展基金，以及救灾资金使用情况开展审计调查，涉及20多个单位。发现主要问题：1990年，有10个行政事业单位挤占转移财政收入64.39万元，不合理支出26.72万元。1992年，县农业局挪用2万元农业发展基金作开办加油站投资，耕地占用税欠漏交23.68万元。1993年，个别学校自立收费，或提高借读生收费比例，超标准收费，凤城中心小学共收捐资款14.2万元。至1994年末，财政有偿使用周转金借出逾期未收回1887.34万元。个别单位公款私存、私设“小金库”、行政事业经费超支等。审计提出加紧催收欠款，加强预算内外资金管理，及时财务结算，杜绝“小金库”等建议。

1996年，围绕全县经济运行中重、难、焦点和经济社会发展的普遍性、倾向性、苗头性问题，进行审计调查。至2000年，先后对县财政决算的真实性、相关基金等管理、政府债务、还债能力和村财收支及救灾款、水利、农业综合开发资金使用等开展审计调查，共8项次，涉及近87个次单位。发现主要问题：个别村村财政赤字额大，“白条”报支费用现象严重，有的单位未批先购控购商品，水利建设基金没有按比例划转，个别乡镇占用农业专项资金，有些单位违反“收支两条线”，挤占财政专项资金。共查出管理不规范资金828.63万元，违规资金528.15万元。

2001—2005年，相继对县会计核算中心工作，部分单位公务用车费、会议费、接待费开支，卫生环保水利等专项资金使用，中小学乱收费等12项进行审计调查，涉及74个次单位。发现主要问题：县直会议费、接待费超支严重的有37个单位，10个乡镇年共超支458.75万元，是标准值的25.6倍。

其中最高的某个乡超支 50 万元。个别中小学仍有超标准和无依据收费；个别乡镇、村配套低保金未到位，无法全部兑现低保人员低保金；极个别单位未及时足额下拨财政扶贫资金，小沧、潘渡两乡敖江流域环保资金短缺，部分水利工程白条支付，漏缴税金。审计建议：严格用车管理制度，精减会议，严格控制公务接待标准，学校要严格规定收费，加强专项资金监督。

**二、建设项目资金审计调查**

1992—1995 年，4 年共审计调查 44 个单位 82 个建设项目，发现主要问题：个别项目未进行招投标或开工前审计，有关部门就同意开工建设，个别单位基建超规模、超面积、超计划，有的达 106 万元；调查 8 家房地产企业，发现无执照 1 家，无资质等级证书 5 家；部分项目未纳入计划，未进行基建资金来源审计和开工前审计。审计建议：对无证照、无资质房地产企业进行清理，确保商品房质量，严控项目投资规模，及时纳税。

1996—1998 年，对县山仔水利枢纽工程建设项目、县邮电局等单位工程项目建设开展审计调查，审计调查 57 个单位（项目）。调查 1995—1997 年 3 年，县财政共拨付建设项目资金 11949.46 万元，其中预算内 2998.46 万元，预算外 8951 万元，基本能及时按项目（单位）计划建设。发现主要问题：县山仔水利枢纽工程 1995 年资金缺口 3026 万元未到位；个别单位未经审批购买专控商品，某镇挪用道路建设资金 15.5 万元，作为机关经费；部分单位基建项目超规模，未办理开工前审计。审计调查建议：严格遵守专项资金专款专用规定，单位基建项目要做好开工前审计。

**三、企业经营审计调查**

1991—1995 年，先后对商业局直属企业、国营工业企业、粮食企业以及供销社开展流动资金、技术改造、开发新产品企业负担情况以及“三资”企业投资到位率、资质经济效益情况等 7 项开展审计调查，涉及企业 94 家次以上。审计调查表明：多数企业流动资金占用率比上年上升，周转天数减缓；工业企业开发的新产品缺乏创新，技改项目缺乏管理，大部分企业都有亏损。尤其粮食企业粮油调价后亏损严重，财政负担加重；5 家工业企业主管部门长期向企业借用人员，增加企业负担。全县累计批准“三资”企业 63 家，投资额 11630.18 万美元，其中外资投资 6081.82 万美元，实际到资仅 765.34 万美元。审计建议：利用外资时要注重质量和效益。

1996—1997 年，县审计局先后对龙事达等 3 家房地产开发公司、9 家国有工业企业、4 家供销企业及物资公司等开发资金管理、企业经营、农资化肥销售等情况开展审计调查。发现主要问题：有的房地产开发建设用地未批先建，资质不够，部分商品房销售不景气等。1998 年 9 月，对县电力公司、饮食服务公司、物资公司等 3 家企业税外各种收费、赞助、集资情况进行审计调查，3 家企业 1997 年税外负担共 36.67 万元，占净利润的 20.90%。电力公司 1998 年负担 38.85 万元。调查建议：县委、县政府制订减轻企业负担办法。

**四、金融及消费基金审计调查**

1993—1996 年，根据省市审计机关要求，县审计局先后对县内 4 家国有银行、5 个镇政府、20 个行政事业单位，就 1992—1993 年执行中央整顿金融秩序情况进行审计调查。审计调查表明：县 4 家银行皆能较好地执行中央金融政策，贷款规模控制在计划内。但也发现有的银行、乡镇政府存在名目繁多的补贴消费攀比，其中 15 个单位未批先购控购商品 85.12 万元，集团消费支出如公房装修、接待会议费增长较大。审计决定：对违反控购的，按违控金 10%—20% 罚款，责成补办手续。建议严肃财经纪律，控制消费基金不合理增长。

1999 年 5 月，对县工商银行 1998 年度信贷资产质量情况进行专项审计调查。并延伸调查 9 个借款单位。发现主要问题：不良贷款比例上升 21.6%；部分借款单位会计核算不实，虚增利润，有的已形成潜亏，给银行收贷造成风险。审计调查建议：对贷款质量应做到准确定性，对不良贷款应加紧催收。

**五、农村税费改革和农电改革审计调查**

2004年6月，对县2003年度税费改革情况进行审计调查。2003年，连江税费改革后，全县农民负担总额100.72万元（同口径计算），较上年4535.39万元减少4434.67万元，减负率97.78%。税费改革配套措施也稳定推进。发现主要问题：税改后乡镇自有资金缺乏，使一些公益项目建设难度加大；精减的事业编制人员，多转由财政供养，财政压力加大。有的乡镇、村债务沉重，影响工作运转；部分转移支付资金未达村一级。调查建议：税改后应防止变相增加农民负担，积极化解乡镇、村债务，重视农村公益事业建设。

2001年5—6月，县审计局对农电“两改一同价”（改革农电管理体制、改造农村电网，逐步实现城乡同网同价）政策执行情况进行审计调查。主要问题：农村电网因涉及面广，改造难度大，水利与电力交叉，电管站乡村资产投入大，相当部分村欠债严重，收缴工费难度大，影响体制转换。

## 第八节　内部与社会审计

**一、内部审计**

1991—1994年，县教育局内审机构对局内部及全县中小学校普遍审计一次，全县7个内审机构共审计133个单位（项目），纠正违规资金44.9万元，促进增收节支1.2万元，提出合理化建议60多条，建议行政处分3人。1995年，教育局内审机构结合“两基”检查验收，与县审计局联合制定《中小学校校长任期经济责任审计暂行规定》，使学校内审工作走上规范化、制度化轨道。1995—2005年，全县16个内审机构共审计912个单位（项目），其中财政收支审计243项，经济损益审计218项，经济责任审计217项，基建审计65项，财务审计18项，其他151项。纠正违纪金额471.17万元，查出损失浪费43.35万元，促进增收节支141.35万元，提出合理化建议被采用260多条，向司法机关移送经济案件1起，被处理1人，建议给予行政处分12人。

**二、社会审计**

社会审计是受托审计，由县审计师事务所和会计师事务所共同承担。1991—1995年，共办理企业注册资金验证、资产评估、财务查证、基建预算决算审核1465项。

1996年，承办审计业务350项。其中审计查证85项（含有限公司查证）；企业注册资金资本金验证159项；资产评估13项；基建工程预（决）算审核15项，总金额387.12万元，核减64.02万元，核减率16.5%；自筹基建资金来源验证65项，其他13项。

1997—1999年，共完成承办各类委托业务993项，其中审计查证645项，资本金验证135项，资产评估66项，基建预（决）算审计137项，经济监定10项，基建项目预（决）算共送审金额26749万元，核减造价1852.53万元，查补建设项目各项税费15.43万元，应上缴多支出工程款1.80万元。

1999年12月，根据财政部、省财政厅的通知，撤销县审计师事务所。

## 第九节　机　构

**一、县审计局**

1991年编制23人，内设综合股、行政事业审计股、商粮贸审计股。1997年7月机构改革，内设法制综合科、财政金融审计科、行政事业审计科、经贸审计科、固定资产投资审计科、经济责任审计科6个科，编制25人，实有25人。2003年1月机构再次改革，核定编制25人，其中行政14人，事业10人，工勤1人。中级技术职称9人，初级职称9人。内设6个科直至2005年不变。局属单位有：

**县审计师事务所**　为社会审计机构，1989年3月成立，聘用离退休人员4人。1992年核定事业编制7人，1999年12月撤销。

**县建设项目预决算审计中心**　2000年1月成立，为股级事业单位，核定编制7人，2005年10月增至11人，实有11人。

**二、内部审计机构**

1991年，内部审计机构5个：县供销社合作联社、建设银行连江支行、农业银行连江支行、县经委、县二轻局，共有专兼职审计干部13人。1993年，新建工商银行县支行、县教育局内审机构，聘专兼职干部10人。1995—1997年，先后有县公安局、建设局、农村信用社联合社、卫生局、土地局、工商局、邮政局、物资公司、公路局9个单位建立内部审计机构。至2005年末，全县共有16个单位建立内部审计机构，共聘39个专兼职干部（其中专职8人）。

# 第七章　质量技术监督

1991年，连江计量标准和质量管理，逐步走上轨道。1993年，被列入省工业标准化示范县，加大标准化管理力度。1997年县技术监督局成立后，进一步推进质量管理体系认证，稳步开展统一代码工作，促进经济社会管理的科学性。1999年　县消灭无标生产工作通过省质监局验收。2000年12月，更名为县质量技术监督局。2001年，增加特种设备监管工作。2004年，县标准计量所获国家计量检定机构《计量授权证书》。1991—2005年，全县共检定计量器具85433（台）件，合格率为95%；有233家企业制定产品标准，25家企业通过国际质量管理体系认证；6家企业8项产品被评为省名牌产品，3种产品获福州市级产品质量奖，5家企业通过无公害产品认证，建立国家标准农产品、省级农业标准示范区各1个；查处假冒伪劣和标识不符产品价值324.85万元，罚没入库62.47万元。

## 第一节　计量管理

**一、计量器具标准**

1991年，县内使用的计量器具主要有台案秤、木杆秤、地磅、压力表、血压计、砝码、加油机、液压器等，计量单位大部分采用法定单位，土地面积有的仍采用市制。1994年，省标准计量局在连江县实行土地面积法定计量单位改革试点，要求疆域用平方千米，较大宗的土地用公顷、小的用平方米。同年12月，全县在对外招商和农业生产统计中均采用面积法定计量单位。至2005年，国家法定计量单位基本普及，仅农贸市场、个别中药商店和金银首饰商店仍使用市制单位。

**二、计量检定监督**

（一）计量器具检定　1991年，继续对全县强制检定器具进行调查、登记、造册。至1992年，共登记强检器具45项88种26180台（件），经检定，合格23551台（件），合格率89.96%。对不合格的器具责令淘汰，一些零部件残缺的器具进行修理。

1993—1995 年，重点检定台案秤、地磅、压力表、血压计、砝码、加油机、液压器等计量器具共 25855 台（件），合格 24662 台（件），合格率 95%。

1997 年，县技术监督局成立后，计量器具检定逐步形成制度化，做到一年一检。而且结合“放心工程”“打假”等活动，对个体企业常用计量器具及电话计费器进行周期检定，合格率 85%。2000—2004 年，共检定 33770 台（件），合格率 95%。其间，还首次到苔菉、黄岐等沿海乡镇，对 12 家冷冻厂、制冰厂的 196 台压力表进行造册登记。对中石化连江分公司 9 家加油站周期检定 75 枪，合格率 100%。2004 年 12 月，县标准计量所获国家法定计量检定机构《计量授权证书》，检定质量随之提高。2005 年，全县列为强检的计量器具目录 59 项，100 多种。当年检定 1186 台（件），合格率 98%。

（二）计量监督　1991 年，与县工商部门配合，结合整顿经济秩序，强化市场计量管理，持续开展物价、计量信得过活动（简称“双信”活动），评选县、市、省“双信”先进单位。1993 年，结合“1993 年质量万里行”活动，广泛开展宣传和检查监督，处理违法案件 11 件，罚款 16.62 万元，已入库 14 万元。

1996—1999 年，组织 60 多次以定量包装为重点的计量监督大检查和黄金首饰等贵重物品称量检查，没收、销毁非法定单位不合格木杆秤 50 多把，查处 3 家定量米包装短斤少两单位，处理一批计量不合格经营者。

2000—2005 年，在凤城镇先后开展以定量包装米、食用油、方便面、洗衣粉等商品为主的检查，检查 5 家企业 10 批次 100 多个品种，计量合格率 98%，对液化气充装计量检查 79 批次，发现充量不足的单位共 13 家，立案 9 家，整改 4 家。

1991—2005 年，参加“双信”（物价、质量信得过）竞赛评比的单位共 333 家，评出“双信”先进单位县级 86 个，市级 2 个，省级 1 个。

## 第二节　标准化管理

### 一、标准制定

1991 年，按照《中华人民共和国标准化法》规定，连江产品实施国家标准、行业标准、地方标准和企业标准“四级标准”制，并按强制性标准和推荐性标准两类严格执行。1992 年 3 月，根据省标准计量局《关于福建省企业产品标准备案管理办法》，实行分级管理。县（区）标准化行政主管部门及其同级企业行政主管部门受理县（区）属企业产品的标准备案。1991—1996 年，共为 117 家企业 182 项产品进行标准注册和备案。

1997—1999 年，县标准计量所帮助 178 家企业制定 242 项产品标准并备案。检查、审核 75 家次企业 144 种次食品标签并备案。其间，还为合资企业新东阳、宏利、远嘉、旭隆及官坞海洋开发公司等制定产品标准，提供技术咨询服务，帮助乡镇企业制定海带粗加工、深加工产品标准。2000 年起，为加快与国际接轨步伐，加强企业标准化生产意识，每年受理产品标准备案增加至 50 家左右。2000—2005 年，共为 266 家企业 351 项产品进行标准备案和注册，注销标准备案 14 项。

1991—2005 年，全县共为 561 家企业 775 项产品进行标准注册和备案，其中为企业编写标准文本 8 项，修改企业产品标准 6 项，复审 3 项。15 年共上报产品标准化管理企业 607 家，获批 523 家，其中玉华山自然生态实验场获批为省级农业标准示范区，其“福建黄兔”产品为国家标准农产品。对 84 家不符合产品标准化管理的企业，发出限期整改通知书。

**二、标准实施监督**

1991年，根据《中华人民共和国标准化法实施条例》，开始对全县标准化生产情况进行摸底整顿，凡不符合技术标准的产品，不准以合格品出厂。当年有县制碘厂琼脂产品获“质量稳定证书”奖，“神达”啤酒获福州市唯一的福建省推荐产品，“连江老酒”获中国酿造协会金奖。1993年12月，连江列入“福建省工业标准化示范县。1996年，县制定《关于开展工业企业消灭无标生产工作的意见》，责令无标准生产企业限期制定产品标准。县标准计量部门组织专业人员深入工厂、乡村帮助。1997年，对县内产品标准化情况进行抽查监督，抽查125批次，合格率83%。并把抽查结果反馈给有关企业，帮助其找出差距，收集产品各级技术标准。1999年，全县233家企业336个产品，无标的仅占2.9%，全县产品标准化覆盖率由1995年44.2%，1999年提高到97.3%。全县工业企业消灭无标生产工作通过省质量技术监督局验收。2000年，县质量技术监督局派员驻村入户查访，对企业强制性标准化实施监督。2005年，进一步做好企业产品标准清理工作，完成20家企业31项产品标准修订（其中复审21项），注销标准备案14项，对13家不符合标准化管理企业发出整改通知书，标识清理17家。2001—2005年，共举办标准化管理人员培训班4期，216人受训，通过考试考核的有166人，其中90人经考试取得省质监局颁发的标准化人员资格证书。

## 第三节　质量监督管理

**一、产品质量监督管理**

1991年，县标准计量所配合县工商局，对15家灶糖、灶饼生产厂家进行检查，有3家不合格予以处罚。1992年，对县内生产的44种食品进行标签检查，合格率98%，对不合格生产单位进行处罚。1993年，根据《中华人民共和国产品质量法》，结合“质量万里行”活动，开展“地条钢”等专项检查6次，没收劣质电线60捆。1996年，出动350人次，检查260家生产企业，发现并销毁一批无标、无证、过期失效的化肥、农药等伪劣产品。1997年，按照《中华人民共和国产品质量法》要求，制定《质量手册》，对产品质量管理检查保证体系和检定质量申诉控制体系作出详细规定，要求工厂都要建立产品质量检验员制度，大厂要设质量管理科，严格把关，从而使产品质量有较大提高。1998年，结合“质量月”活动，在全县开展打假联动，捣毁1家制售伪劣香皂化工厂，案值4万元，2家制售假冒饮料窝点，案值2万多元。

2000—2005年，按照新修订的《中华人民共和国产品质量法》要求，先后开展“打三假、保春耕”“查建材、保建设”等打假行动，共抽查送检300多批次产品，平均合格率在98%以上。捣毁非法拼装改型拖拉机窝点，没收半成品4台，案值5万元。查处地条钢生产企业8家，没收200多吨“地条钢”，封存扣押生产设备一批，罚款8.55万元。6年共查处各类产品质量违法案件30起，涉案金额40多万元，罚款14万元。相继共举办产品质量管理员培训班50多期，开展产品质量执法检查2000多次，检查生产厂家215家，经销单位1570店（家）。有关企业对质量技术监督局检定的质量结果，提出申诉的仅有23次件，经协商后，都得到圆满处理。至2005年，全县建立质量管理科的生产企业有357家，设管理员的166家。

**二、质量认证**

1997年，连江县开始引导企业采用国际标准，完善和健全质量检测手段，推进ISO 9000（国际质量管理体系）标准，鼓励有条件的企业创造条件，争取通过产品质量认证与国际接轨，参与国内外市场竞争。1997年8月，和永建电器有限公司第一家通过ISO 9002质量认证。2000年3月，瑞邦金属制品有限公司通过ISO 9002质量认证。2001年，贯彻国家质量监督检验检疫总局《采用国际标准管理办法》，加快质量认证步伐，帮助企业提高管理水平，争创名牌产品。当年有马鼻建筑工程有限公司、福州富佳机电制造有限公司、福州联港金属制品有限公司等3家企业通过ISO 9001质量认证，有2家企业3项产品获省级名牌产品。2002年，申报无公害产品企业3家，产品4项，有6家企业获得ISO 9001质量认证。2004年，有3家企业申报HACCP（危害分析和关键控制点达标）认证，2家企业2项产品申报并通过无公害产品质量认证。至2005年，全县共有25家企业通过ISO 9000质量认证，6家企业11项工业产品被授予省名牌产品及市品牌质量奖。

**1997—2005年连江县通过ＩＳＯ质量认证企业一览表**

表21-7-1

| 序号 | 企业名称 | 认证标准 | 发证时间 | 认证机构 |
|---|---|---|---|---|
| 1 | 福州（连江）和永建电器有限公司 | ISO 9002 | 1997年8月 | 中国商检质量认证中心 |
| 2 | 福建省瑞邦金属制品有限公司 | ISO 9002 | 2000年3月21日 | SGS雅斯利国际认证服务公司 |
| 3 | 福州联港金属制品有限公司 | ISO 9001 | 2001年6月14日 | 兴原认证中心有限公司 |
| 4 | 福建省马鼻建筑工程有限公司 | ISO 9001 | 2001年9月28日 | 广东质量体制认证中心 |
| 5 | 福州富佳机电制造有限公司 | ISO 9001 | 2001年12月29日 | 摩迪国际认证有限公司 |
| 6 | 福州百洋海味食品有限公司 | ISO 9001 | 2002年2月26日 | 中国进出口质量认证中心福建评审中心 |
| 7 | 福州市东岱建筑工程公司 | ISO 9001 | 2002年3月20日 | 福州先达企业管理顾问有限公司 |
| 8 | 连江旭隆食品有限公司 | ISO 9001 | 2002年7月15日 | 中国质量认证中心福建评审中心 |
| 9 | 连江粮油食品公司 | ISO 9001 | 2002年8月10日 | 广州贝尔思特验证服务有限公司 |
| 10 | 福建省浦口建筑工程公司 | ISO 9001 | 2002年11月27日 | 中国方园标志认证委员会福建审核中心 |
| 11 | 连江县透堡工程公司 | ISO 9001 | 2002年11月27日 | 北京世标认证中心 |
| 12 | 连江县东岱水产综合冷冻厂 | ISO 9001 | 2002年12月30日 | 中国质量认证中心 |
| 13 | 福建龙和食品实业有限公司 | ISO 9001 | 2003年2月26日 | 中国质量认证中心 |
| 14 | 福州青芝山面粉有限公司 | ISO 9001 | 2003年6月27日 | 中国方园标志认证中心 |
| 15 | 福建省敖江建筑工程公司 | ISO 9001 | 2003年8月6日 | 北京世标认证中心 |
| 16 | 福州兴连酿造有限公司 | ISO 9001 | 2003年11月8日 | 中鉴认证有限公司 |
| 17 | 福建南湖酒业有限公司 | ISO 9001 | 2003年12月2日 | 中质协质量保证中心 |
| 18 | 连江天源水产有限公司 | ISO 9001 | 2003年12月9日 | 中质协质量保证中心 |
| 19 | 和永建（连江）电器有限公司 | ISO 14001 | 2004月8月2日 | BSI（英国标准协会） |
| 20 | 清禄鞋厂 | ISO 9001 | 2004年12月 | 中国质量认证中心 |
| 21 | 福建省航城金属制品有限公司 | ISO 9001 | 2005年1月7日 | 中大华运认证中心 |
| 22 | 福州富山鞋业有限公司 | ISO 9001 | 2005年7月15日 | 中国质量认证中心 |
| 23 | 福州海西岸装潢涂料有限公司 | ISO 9001 | 2005年3月23日 | 方园标志认证中心 |

续表 21-7-1

| 序号 | 企业名称 | 认证标准 | 发证时间 | 认证机构 |
|---|---|---|---|---|
| 24 | 福州东海油漆有限公司 | ISO 9001 | 2005 年 | 中国质量认证中心 |
| 25 | 福建金星钢铁厂 | ISO 9001 | 2005 年 | 中国质量认证中心 |

**2001—2005 年连江县获省级名牌及市级品牌质量奖产品表**

表 21-7-2

| 序号 | 企业名称 | 获奖名称 | 获奖产品 | 获奖时间 | 授奖单位 |
|---|---|---|---|---|---|
| 1 | 福州百洋海味食品有限公司 | 省名牌（农）产品 | “海威”牌鱼丸 | 2001 年 | 福建省人民政府 |
| 2 | 福州百洋海味食品有限公司 | 省名牌（农）产品 | “海威”牌虾皮 | 2001 年 | 福建省人民政府 |
| 3 | 连江官坞海洋开发有限公司 | 省名牌（农）产品 | “显龙”牌海带结 | 2001 年 | 福建省人民政府 |
| 4 | 连江县旭隆食品有限公司 | 省乡镇企业名牌产品 | “旭隆”牌佃煮昆布卷 | 1999 年 | 福建省乡镇企业局 |
| 5 | 连江县天源水产有限公司 | 省乡镇企业名牌产品 | “浪涛”牌盐渍海带 | 2003 年 | 福建省乡镇企业局 |
| 6 | 福州百洋海味食品有限公司 | 福州市产品质量奖 | “百洋”牌冻虾仁 | 2004 年 11 月 | 福州市人民政府 |
| 7 | 连江县天源水产有限公司 | 福州市产品质量奖 | “浪涛”牌盐渍海带 | 2004 年 11 月 | 福州市人民政府 |
| 8 | 福建省南湖酒业有限公司 | 福州市产品质量奖 | “古年”牌黄酒 | 2004 年 11 月 | 福州市人民政府 |
| 9 | 福建省南湖酒业有限公司 | 省名牌（农）产品 | “古年”牌黄酒 | 2005 年 11 月 | 福建省人民政府 |
| 10 | 福州青芝山面粉有限公司 | 省名牌（农）产品 | “青芝山”牌面粉 | 2005 年 11 月 | 福建省人民政府 |
| 11 | 连江县天源水产有限公司 | 省名牌（农）产品 | “浪涛”牌盐渍海带 | 2005 年 11 月 | 福建省人民政府 |

**三、市场商品质量监管**

1991—1994 年，县标准计量所与有关部门协作，组织抽查市场商品，打击假冒伪劣。先后抽查 9 家鼓风机经销店，选送 25 台鼓风机到市产品检验所检定，8 家合格，1 家不合格；检查 10 家钢材经销店，2 家不合格；检查 15 个乡镇 2761 家经销电线、液化石油、改制钢材、饮料、酒类等商品的企业（商店），发现 592 家企业（商店）均有不同程度销售伪劣和“三无”商品，没收劣质商品总价值约 20 万元，销毁一批变质香烟、糕饼、劣质电线等。

1995—1999 年，对市场商品进行不定期监督检查，共出动 1460 人次，深入 500 多家企业商店，查处各类违法案件 101 件，其中立案 45 件，结案 38 件，现场处罚 56 件，查出假冒伪劣商品标值 92.1 万元。

2000—2005 年，利用节假日商品供销旺期，组织执法人员进驻“年（节）货”等各类展销市场，对各类商品进行抽检，合格率 97%，但也查出假冒伪劣过期商品共价值 170 多万元，罚款 20 万元。

## 第四节　特种设备监管

1991 年，全县有锅炉 71 台，压力容器 407 台，由县劳动局负责监管，每年都作为安全监察的重点，定期举办培训班，培训操作管理使用人员，保证特种设备使用安全。1993 年，完成锅炉年检 61 台，压力容器定期检验 78 台，举办特种作业人员培训班 6 期，培训人员 250 多人。1994 年，除继续开展在用锅炉、压力容器年检外，还全面检修在用厂内机动车 12 辆和 9 部电梯。1991—2000 年，县劳动局先后对锅炉、压力容器鉴定 1270 台次，对其中有隐患的 38 台，发出鉴定结果通知书，对无生产厂家和已过使用期的 8 台锅炉责令停止使用。共举办特种设备使用管理培训班 20 期，受训 370 人。

2001 年，特种设备监管移交县质量技术监督局，当年有锅炉 162 台、压力容器 549 台。2002 年，对辖区内所有特种设备进行普查登记，并结合开展拉网式的检查。全县共登记锅炉 165 台，其中发证 138 本，已停用 80 台；压力容器 653 台，其中新安装 118 台，发证 97 本；电梯 20 部，已全部发证；厂内机动车 62 部，已发证 9 本；起重机 73 部，已发证 13 本。普查准确率 100%。经过普查后，发出监督指令书 93 份，取缔锅炉 3 台。至年底，对登记在用的特种设备全面完成发证工作，顺利通过福州市劳动局验收。2003 年，闽侯县发生“7・13”烟花爆竹事故，连江根据省市部署，专门组织特种设备检查组，开展为期一个月的安全检查，发现压力管道到期未检，电动葫芦未注册发证等现象。检查 42 家企业单位，送检安全阀 86 只，压力表 68 只，气瓶 212 粒，扣压氢气瓶 52 只，发出安全监察意见书 13 份 42 条。当年，还年检锅炉 76 台，完成定检率 98%；压力容器 51 台，定检率 91%；电梯 28 部、起重机 27 部、厂内机动车辆 24 部，定检率均达 100%，共发出安全监察意见书 61 份 180 条。2004 年后，除继续对特种设备进行定期年检外，把重点放在液化气充装钢瓶安全检定上，杜绝过期不安全气瓶使用。2005 年，全县有锅炉 155 台，其中在用 58 台，压力容器 465 台，电梯 46 部，厂内机动车 19 部，起重机 79 部，液化气供应点 12 个，贮气罐 42 个。在用的经检定全部发放使用证书。当年年检率 98%以上。检定液化气瓶 2.3 万粒，完成任务数 115%，合格率达 95%以上，发出安全监察意见书 41 份 123 条，查封 78 粒超期未检钢瓶。2002—2005 年，共举办各类特种设备安全技术培训班 6 期，参训 601 人次。

## 第五节　统一代码标识

1993 年 8 月开始，实行代码标识，至 1994 年完成商品条形码登记注册 4 家，复查 2 家。1995 年，在省技术监督局情报所专业人员的指导、培训下，连江代码工作通过考核验收，年底办理代码证 1000 家。1996 年，商品条形码登记注册 4 家，复查 2 家。1997 年，新办代码证 400 多家。1998 年，办理代码证书 980 本，并开始全面实行微机管理，代码资料数据进一步健全完善。

1999 年，有 2 家企业 2 种产品办理条形码注册，其中连江百洋海味食品有限公司生产的鱼丸、虾皮为县内第一家使用条形码的企业及产品。新办代码证 350 家。2001 年，实施“全省联网，集中赋码”，解决重码问题，建立统一代码标识制度、办证制度，开展年审工作，为全县基本单位普查工作提供代码准确数据。2001—2003 年，共新办代码证 676 家，换证 1138 家，年审 918 家。受理条形码 7 家，处理违反组织机构代码管理的企业 14 家，罚款 7000 多元。

2004 年，进一步调整代码工作人员，做到专职专用，加强办理窗口建设，及时督促机关、企事业单位办证、换证、年审工作。依据省技术监督局规定，废置1000多家违反组织机构代码管理规定的企业代码，全年共办理代码新（换）证600多家，年检500多家，收入10万元。

2005年，进一步规范办理程序，缩短承诺期限，公开收费标准、收费依据，主动接受群众投诉，全年共办理代码年审540家，换证470家，新增办证279家，清理代码373家，修改补录181家，有依据废置392家。至2005年底，全县实行代码标识单位3000多家。

## 第六节　机　构

1991年，县标准计量所为副科级事业单位，由县科委主管，编制9人，实有13人。1997年1月，成立县技术监督局，为正科级行政单位，内设办公室、标准计量所、质量技术管理室、实验室，行政编制9人，实有13人。2000年，县技术监督局划属福州市垂直管理。12月，更名为连江县质量技术监督局，内设办公室、质量综合管理股、监督稽查股，行政编制11人，实有9人。下辖标准计量所，事业编制8人，实有6人；技术监督稽查队，事业编制3人，实有3人。2001年，由县劳动与社会保障局管理的锅炉特管室移到县质量技术监督局管理，增设锅炉特管室，行政编制1人，实有1人。2002年，技术监督稽查队全部转为行政编制，共3人，实有3人。2005年，内设机构与2001年相同，行政编制12人，实有10人。下辖标准计量所、技术监督稽查队，行政事业编制和实有人员均不变。

# 第二十二篇　中国共产党

自1990年12月召开中共连江县第七次代表大会，至2003年10月召开第十次党代会，相继选举产生4届县委组成人员。历届县委绝大多数成员，按照党中央提出的路线、方针、政策和上级党组织的部署，与时俱进，团结带领基层党组织、广大共产党员和全县群众，在深化改革开放，推动经济社会科学发展，坚持以人为本，改善民生，构建和谐连江等方面，都取得较大进步。党的建设在新形势下得到加强与发展，组织巩固、队伍壮大，党员总数由1991年的18355人发展至2005年24207人，党员占全县人口的比例，由3%增至4%。全县基层党委由29个增至38个，支部（含总支）由819个增至991个。党的执政能力建设不断加强。

## 第一章　中共连江县代表大会

### 第一节　第七次代表大会

1990年12月16—19日，中共连江县第七次代表大会在凤城举行，出席大会代表310名，列席代表90名。大会听取和审议林义杰作《坚持两手抓，再创新业绩，努力把连江建成繁荣文明的沿海开放县》报告和陈高书作纪委工作报告，并通过两个报告的决议。大会选举产生第七届县委委员25名，候补委员4名。七届一次全委会选出县委常委9人，并进行分工：县委书记林义杰，副书记叶家松、林学忠、彭天德，常委吴泉洛、陈章礼、郑贻财、林世昌、林承平。

### 第二节　第八次代表大会

1993年12月19—22日，中共连江县第八次代表大会在凤城举行。出席大会代表288人，列席代表107人。

大会听取和审议杨爱金代表中共连江县第七届委员会作《努力奔小康迎接新世纪，为把连江建设成为繁荣文明的港口城市而奋斗》的工作报告，林承平代表县纪委作《工作报告》，并通过了2个工作报告的决议。

大会选举产生第八届县委委员25名，候补委员4名，县纪律检查委员会委员14名。该届任期五年。

第八届委员会第一次全体会议，选举产生县委常务委员会组成人员9名，并进行分工：县委书记杨爱金；副书记林学忠、彭天德、陈善团（另挂职县委委员、常委、副书记林琼）；常委郑厚雄、郑贻财、林世昌、邱吉明、王秀兰（女）。

1994年2月，召开第八届县委第二次全委（扩大）会议，学习中共十四届三中全会及省、市委全会精神，讨论加快步伐向社会主义市场经济体制迈进的贯彻落实意见。

1994年10月，召开第八届县委第三次全委（扩大）会议，传达中共十四届四中全会及省、市全会精神，贯彻落实《中共中央关于加强党的建设几个重大问题的决定》和省、市委的《中共中央关于加强党的建设几个重大问题的决定实施意见》。

1994年12月，召开第八届县委第四次全委（扩大）会议，传达全国农村基层组织建设工作会议和省、市委扩大会精神，并进行研究部署。

1995年6月，召开第八届县委第五次全委（扩大）会议，研究确定出席中共福州市第七次代表大会代表候选人预备名单，并于同年7月召开县党员代表会议，到会代表130名，选举产生出席福州市第七次党代会代表31名。

## 第三节　第九次代表大会

1998年11月5—8日，中共连江县第九次代表大会在凤城举行，大会正式代表300名，出席大会代表297名，列席代表96名。大会听取和审议俞风云代表第八届县委作《高举伟大旗帜，凝聚全县力量，朝着跨世纪发展的宏伟目标奋勇前进》工作报告，邓祥训代表县纪委作《工作报告》，并通过两个工作报告的决议。大会选举产生第九届县委委员30名，候补委员6名，县纪委委员15名。本届任期五年。第九届县委第一次全委会议，选举产生县委常务委员会组成人员9名，并进行分工：县委书记俞风云，副书记王玲（女）、张天金、何宗乐，常委邱吉明、杨荣铨、袁苏欣（女）、邓祥训、刘秀先。

1999年12月，召开第九届县委第二次全委（扩大）会议，贯彻全国教育会议，技术创新大会及省、市委全会精神，审议县委、县政府《关于加快实施科教兴县战略的决定》和《关于贯彻落实党的十五届四中全会和省、市全会精神，加快国有企业改革和发展的决定》，并作出决议。

2000年11月，召开第九届县委第三次全委（扩大）会议，贯彻中共十五届五中全会和省、市全会精神，审议并通过县委、县政府《关于制定连江县国民经济和社会发展第十个五年计划的建议》及县委《关于从严治党若干问题的决定》。

2001年8月，召开第九届县委第四次全委（扩大）会议，增补两名县委委员，表决通过出席省、市党代会代表初选预备名单，通过《关于召开中共连江县代表会议的决定》。

2002年1月，召开第九届县委第五次全委（扩大）会议，表决通过连江出席福州市十六次党代会代表12名。

2002年4月，召开第九届县委第六次全委（扩大）会议，表决通过连江出席福建省党代会代表候选人初步人选。

2002年11月，召开第九届县委第七次全委（扩大）会议，审议通过《全面贯彻落实党的十六大精神，加快连江全面建设小康社会步伐的决议》。

## 第四节　第十次代表大会

2003年10月26—29日，中共连江县第十次代表大会在凤城举行。大会正式代表313名，实际到会309名，列席代表133名。大会听取和审议黄金高代表第九届县委作《抢抓机遇，开拓进取，为把连江建成初具规模的港口城市而努力奋斗》的工作报告，邓祥训代表县纪委作《工作报告》，并通过两个报告的决议。大会选举产生第十届县委委员34名，候补委员6名，县纪委委员19名。本届任期五年。第十届县委第一次全体委员会议，选举产生县委常务委员会组成人员12名，并进行分工：县委书记黄金高，副书记张天金、邓祥训、林强、邱吉明，常委杨荣铨、吴瑞成、杨晓峰、邱德光、姚双玉（女）、舒汉遴、程辉。

2003年12月，召开第十届县委第二次全委会议，首次公开推荐县教育局局长候选人。县委委员34名，到会33名，进行无记名票决。

2003年12月，召开第十届县委第三次全委（扩大）会议，传达贯彻省市全会精神，审议通过县委《关于贯彻落实党的十六届三中全会精神，进一步完善社会主义市场经济体制的实施意见》，并通过全委（扩大）会决议。

2005年1月，召开第十届县委第四次全委（扩大）会议，传达贯彻省、市两次全会精神，审议并通过《县委十届四次全体（扩大）会议决议（草案）》和《县委委员集体廉政承诺》。

2005年11月，召开第十届县委第五次全委（扩大）会议，审议并通过《关于制定连江县国民经济和社会发展第十一个五年计划建议》。

# 第二章　组织机构

## 第一节　县委及工作机构

### 一、中共连江县委员会

**第七届县委（1990年12月至1993年12月）**　本届党代会选举县委委员25名，候补委员4名。第一次全委会选举常务委员9名：书记林义杰，副书记叶家松、林学忠、彭天德，常委吴泉洛、陈章礼、郑贻财、林世昌、林承平。届中，常委变动调整：1991年3月，叶建忠任县委委员、常委（挂职，至1992年3月）。1992年2月，常委陈章礼调出。6月，书记林义杰调出，由叶家松接任。12月，林琼任县委委员、常委、副书记（挂职，至1994年9月）。1993年3月，常委吴泉洛调出。7月，陈善团任县委委员、常委、副书记。9月，书记叶家松调出，由杨爱金接任。

**第八届县委（1993年12月至1998年11月）**　本届党代会选举县委委员25名，候补委员4名。第一次全委会选举常务委员9名：书记杨爱金，副书记林学忠、彭天德、陈善团，常委郑厚雄、郑贻财、林世昌、邱吉明、王秀兰（女）。届中，常委变动调整：1994年6月，王玲（女）任县委委员、常委、副书记，施文任县委委员、常委、副书记（挂职，至1996年7月）。1997年3月，瞿理明、袁苏欣

（女）任县委委员、常委。10月，副书记彭天德调动，张天金任副书记。同年12月，书记杨爱金调动，1998年3月，由林学忠接任。同年9月，林学忠调动，由俞风云接任（同年3月先任副书记）。同年10月，何宗乐任县委委员、常委、副书记，刘秀先、邓祥训任县委员、常委。

**第九届县委（1998年11月至2003年10月）** 该届党代会选举县委委员30名，候补委员6名。第一次全委会选举常务委员9名：书记俞风云，副书记王玲（女）、张天金、何宗乐，常委邱吉明、杨荣铨、袁苏欣（女）、邓祥训、刘秀先。届中，常委变动调整：2000年4月，常委刘秀先调出。5月，吴瑞成任县委委员、常委。2001年，副书记王玲调出。2002年1月，书记俞风云调出，由黄金高接任。副书记何宗乐调出。5月，林强任县委委员、常委、副书记。7月，常委袁苏欣调出。邱德光、舒汉遴、杨晓锋相继任县委委员、常委。

**第十届县委（2003年10月至2006年6月）** 该届党代会选举县委委员34名，候补委员6名。第一次全委会选举常务委员12名：书记黄金高，副书记张天金、邓祥训、林强、邱吉明，常委杨荣铨、吴瑞成、杨晓峰、邱德光、舒汉遴、姚双玉（女）、程辉。届中，常委变动调整：2004年4月，吴慧兰任县委委员、常委（挂职，至同年9月）。同年11月，常委舒汉遴调出。同年12月，书记黄金高违纪受审查停职，2005年1月免职。2005年4月，县委常委成员作较大调整，副书记张天金、邱吉明、邓祥训调出；刘嘉水任县委委员、常委、书记；黄忠勇、吴贤德、杨荣铨任县委委员、常委、副书记，姜卫平，黄新秋、宣建新任县委委员、常委。同年5—7月，常委吴瑞成调出；张绍坚、陈丹桂（挂职）任县委委员、常委。

**1990—2005年中共连江县委常务委员名表**

表22-2-1

| 职别 | 姓名 | 性别 | 籍贯 | 任职时间 | 附注 |
|---|---|---|---|---|---|
| 县委书记 | 林义杰 | 男 | 连江 | 1989年6月至1992年6月 | |
| 县委书记 | 叶家松 | 男 | 闽侯 | 1992年6月至1993年9月 | 1987年4月至1992年6月副书记 |
| 县委书记 | 杨爱金 | 男 | 闽侯 | 1993年9月至1997年12月 | — |
| 县委书记 | 林学忠 | 男 | 长乐 | 1998年3月至1998年9月 | 1990年12月至1998年3月副书记 |
| 县委书记 | 俞风云 | 男 | 福清 | 1998年9月至2002年1月 | 1998年3月至1998年9月副书记 |
| 县委书记 | 黄金高 | 男 | 莆田 | 2002年1月至2004年12月 | 2004年12月停职，2005年1月免职 |
| 县委书记 | 刘嘉水 | 男 | 闽清 | 2005年4月起 | — |
| 县委副书记 | 彭天德 | 男 | 莆田 | 1990年1月至1997年10月 | — |
| 县委副书记 | 林　琼 | 女 | 南平 | 1991年12月至1994年9月 | 挂职 |
| 县委副书记 | 陈善团 | 男 | 福州 | 1993年7月至1998年11月 | — |
| 县委副书记 | 王　玲 | 女 | 安徽 | 1994年6月至2001年1月 | — |
| 县委副书记 | 施　文 | 男 | 闽侯 | 1994年6月至1996年7月 | 挂职 |
| 县委副书记 | 张天金 | 男 | 闽侯 | 1997年10月至2005年4月 | — |
| 县委副书记 | 何宗乐 | 男 | 连江 | 1998年10月至2002年1月 | — |
| 县委副书记 | 林　强 | 男 | 连江 | 2002年5月起 | — |
| 县委副书记 | 邓祥训 | 男 | 湖北公安 | 2002年6月至2005年4月 | 1998.10—2002.6常委 |

续表 22-2-1

| 职别 | 姓名 | 性别 | 籍贯 | 任职时间 | 附注 |
|---|---|---|---|---|---|
| 县委副书记 | 邱吉明 | 男 | 连江 | 2003 年 10 月至 2005 年 4 月 | 1993.12—2003.10 常委 |
| 县委副书记 | 黄忠勇 | 男 | 罗源 | 2005 年 4 月起 | — |
| 县委副书记 | 吴贤德 | 男 | 福清 | 2005 年 4 月起 | — |
| 县委副书记 | 杨荣铨 | 男 | 连江 | 2005 年 4 月起 | 1998.11—2005.4 常委 |
| 县委常委 | 陈高书 | 男 | 连江 | 1990 年 1 月至 1990 年 12 月 | 县纪委书记 |
| 县委常委 | 吴泉洛 | 男 | 连江 | 1990 年 1 月至 1993 年 3 月 | 县委办主任 |
| 县委常委 | 陈章礼 | 男 | 福清 | 1990 年 1 月至 1992 年 2 月 | 县委宣传部长 |
| 县委常委 | 郑贻财 | 男 | 连江 | 1990 年 1 月至 1998 年 11 月 | 县人武部政委 |
| 县委常委 | 林世昌 | 男 | 连江 | 1990 年 1 月至 1998 年 11 月 | 县委组织部长 |
| 县委常委 | 林承平 | 男 | 连江 | 1990 年 1 月至 1993 年 12 月 | 县纪委书记 |
| 县委常委 | 叶建忠 | 男 | 莆田 | 1991 年 3 月至 1992 年 3 月 | 挂职 |
| 县委常委 | 郑厚雄 | 男 | 连江 | 1993 年 1 月至 1998 年 11 月 | 常务副县长 |
| 县委常委 | 王秀兰 | 女 | 罗源 | 1993 年 12 月至 1996 年 12 月 | 县纪委书记 |
| 县委常委 | 瞿理明 | 男 | 连江 | 1997 年 3 月至 1998 年 5 月 | 县纪委书记 |
| 县委常委 | 袁苏欣 | 女 | 江苏 | 1997 年 3 月至 2002 年 7 月 | 县委组织部长 |
| 县委常委 | 刘秀先 | 男 | 江西 | 1998 年至 2000 年 4 月 | — |
| 县委常委 | 吴瑞成 | 男 | 福州 | 2000 年 5 月至 2005 年 5 月 | — |
| 县委常委 | 杨晓峰 | 男 | 闽侯 | 2002 年 8 月至 2005 年 4 月 | 县委组织部长 |
| 县委常委 | 邱德光 | 男 | 连江 | 2002 年 8 月起 | 县委宣传部长、县委办主任 |
| 县委常委 | 舒汉遴 | 男 | 霞浦 | 2002 年 1 月至 2004 年 11 月 | — |
| 县委常委 | 姚双玉 | 女 | 福鼎 | 2003 年 10 月起 | 县委宣传部长 |
| 县委常委 | 程　辉 | 男 | 闽侯 | 2003 年 10 月起 | — |
| 县委常委 | 吴慧兰 | 女 | 广西 | 2004 年 4 月至 2004 年 9 月 | 挂职 |
| 县委常委 | 陈丹桂 | 男 | 广西 | 2005 年 7 月起 | 挂职 |
| 县委常委 | 黄新秋 | 男 | 福州 | 2005 年 4 月起 | — |
| 县委常委 | 姜卫平 | 男 | 江苏 | 2005 年 4 月起 | 县委组织部长 |
| 县委常委 | 宣建新 | 男 | 浙江 | 2005 年 4 月起 | 县公安局长 |
| 县委常委 | 张绍坚 | 男 | 罗源 | 2005 年 7 月起 | 县人武部政委 |

**二、县委工作机构**

1991 年初，县委工作机构有办公室、组织部、宣传部、统战部、对台部、政法委员会等 6 个部委办。各部委办辖属或挂靠的科一级单位有 10 个。

1991 年 2 月，县委对台部改称台湾工作部，对外加挂县人民政府对台事务办公室。1997，县级党政机构改革，保留办公室、组织部、宣传部、统战部、政法委。台湾工作部改称对台湾工作办公室，与县委办公室合署办公，仍然加挂县政府对台事务办公室牌子。增设议事协调办事机构县委农村工作领导小组办公室（挂县政府农业办公室牌子）。部委所辖或挂牌科级机构7个。2002年，机关改革，保留县委办公室、组织部、宣传部、统战部、政法委、农村工作领导小组办公室6个部委办。辖属单位作一定调整。至2005年，县委6个部委办不变。

（一）县委办公室

1991年，县委办内设秘书科、综合科、信息科、行政科、督查科、政策研究室，行政编制31名，事业编制5名。

管辖单位：县委党史资料征集研究委员会办公室，正科级，编制3名；县委保密委员会办公室（即连江县国家保密局），副科级，行政编制4名；县档案管理局（含档案馆），行政编制2名，事业编制10名；县委机要局，行政编制3名。

1992年相继增设党建办公室、政治改革办公室（同年政治改革办公室并入党建办）。

1997年，经机构改革，县委办内设秘书科、综合科、督查科、信息科、党建科、政研科、行政科、新闻科。保密局、机要局并入县委办，保留牌子。行政编制共38名（含县委书记、副书记3名）、事业编制10名。县政府信访局加挂县委信访局牌子。

合署办公单位：县委台湾工作办公室，加挂县政府台湾事务办公室牌子，行政编制14名，事业编制1名。

管辖单位：县委党史征研办公室，编制3名；县档案管理局（档案馆并入），事业编制14名。

1999年，县委办党建科撤销，职能划属县委组织部。

2002年，经机构改革，县委办内设秘书科、综合科、督查科、信息科、党群科、行政科（县委政府接待办公室），行政编制22名，机关事业编制3名。机关工勤8名。县委保密委员会办公室（县国家保密局）保留牌子，副科级（可高配正科级），行政编制2名。县委机要局，保留牌子，副科级，行政编制5名。管辖单位：县委党史征研办公室，编制3名；县档案管理局，事业编制14名。

县委领导、司机不占县委办编制，另行核实行政编制3名，事业编制4名。

合署办公单位：县委台湾工作办公室（加挂县政府台湾事务办公室牌子），行政编制8名，事业编制1名。至2005年不变。

（二）县委组织部

1991年，县委组织部内设办公室、组织科、干部科、党员管理科、党群机关干部管理科，行政编制共23名，事业编制2名。

管辖单位：县委老干部局，行政编制5名，事业编制1名。

挂靠单位：县委党校，科级事业单位，事业编制20名；县委组织员办公室，行政编制6人。

1997年，经机构改革，组织部内设办公室、干部科、组织科、党员管理科、党群机关干部管理科、党员电化教育办公室，行政编制23名、机关事业编制3名、事业编制2名。

管辖单位：县委老干部局，行政编制5名，事业编制1名。

挂靠单位：县委党校，事业编制20名；县委组织员办公室，行政编制6名。

2002年，经机构改革，组织部内设办公室、干部科、组织科、党群机关干部管理科、干部监督教育科、电化教育办公室6个科室，行政编制20名、机关事业2名、事业编制2名。

管辖单位：县委老干部局，行政编制5名，事业编制1名；县委机构编制委员会办公室，同时加挂连江县人民政府机构编办公室牌子，内设综合科（机构编制监督检查科）、机关编制科（县事业单位登记管理局），行政编制6名，事业编制1名。

挂靠单位：县委党校，事业编制20名；县委组织员办公室，行政编制2名。至2005年不变。

（三）县委宣传部

1991年，县委宣传部内设人秘科、宣传科、理论科、党员教育科，行政编制13名，事业编制1名。

合署办公单位：县委精神文明建设领导小组办公室，行政编制7名，事业编制1名。

1997年，县委宣传部内设人秘科、宣传科、理论科、党员教育科，行政编制13名，事业编制1名。

合署办公单位：县委精神文明建设委员会办公室，内设综合科、创建管理科、活动协调科，行政编制7名，事业编制1名。

2002年，经机构改革，宣传部内设机构有办公室、干部科、理论科、宣传科，行政编制10名，事业编制2名。党员教育科撤销，职能划属组织部。

管辖单位：县委精神文明建设办公室，同时挂"连江县精神文明建设指导委员会办公室"牌子，正科级，行政编制4名。

挂靠单位：县委新闻协调领导小组办公室，事业编制3名。至2005年不变。

（四）县委统战部

1991年，县委统战部内设办公室、党派工商科、联络科，行政编制8名，事业编制1名。

1997年，党政机构改革，县民族事务委员会和县宗教事务管理局撤销，并入统战部，保留牌子。统战部增设民族事务科和宗教事务科两个科，行政编制共13名，事业编制1名。

2002年，统战部内设办公室、党派工商科、联络科、民族事务和宗教事务科合并为民族宗教科。另成立县民族与宗教事务管理局，为政府职能部门。统战部行政编制7名，事业编制1名。至2005年不变。

（五）县委台湾工作办公室

1991年初，为县委对台部，同年改称县委台湾工作部，加挂县人民政府台湾事务办公室牌子，内设办公室、宣传组、沿海工作组。下辖黄岐沿海工作宣传站，人员编制共22名。

1993年，黄岐对敌斗争宣传站改为黄岐台胞接待站，人员编制5名。

1997年，县委台湾工作部改名县委台湾工作办公室，仍加挂县人民政府台湾事务办公室牌子，与县委办公室合署办公，内设秘书科、经贸科、联络科、宣传科、沿海科，行政编制14名，事业编制1名。

2002年，经机构改革，内设机构为秘书宣传科、经济科、联络交流科、沿海三通科4个科，行政编制8名，事业编制1名。仍与县委办公室合署办公。至2005年不变。

（六）县委政法委员会

1982年设立，1991年5月成立县社会治安综合治理委员会办公室（简称"综治办"），与政法委合署办公。内设办公室、政工科、案件督办协调科，行政编制15名（含"综治办"4名），事业编制1名。

1997年，增加综治办编制1名，其余不变。

2002年，县委政法委增设综治协调办公室，其余内设机构不变。政法委行政编制11名，事业编制1名；综治办行政编制5名，事业编制1名。至2005年不变。

（七）县委农村工作领导小组办公室

1991年，为县委农村工作部。1997年机构改革后撤销，改设县委农村工作领导小组办公室，加挂县人民政府农业办公室牌子，为议事协调办事机构。内设综合科、农业经济发展科、扶贫小康工作科，行政编制9名，事业编制1名。至2005年不变。

**三、县委派出机构**

1991年，县委在县人大常委会、县政府、县政协、县法院、检察院、公安局派设6个党组。1996年7月，县公安局成立党委，撤销党组。1999年3月，县直党委改为工委，为县委派出机构。2001—2005年，增设县工商行政管理局、县医药监督局、县质量技术监督局3个党组。到2005年，县委派出党组织共9个，其中党组8个，工作委员会1个。

**县人大常委会党组**　1981年2月建，至2005年。党组成员由历届县人大常委会主任和党员副主任、办公室主任等5人组成。

**县人民政府党组**　1982年2月建，至2005年。党组成员由历届县长、党员副县长及办公室主任等7人组成。

**县政协党组**　1984年2月建，至2005年。党组成员由历届政协主席、党员副主席、办公室主任等5人组成。

**县人民法院党组**　1981年1月建，至2005年。党组成员由历任院长、党员副院长、纪检组长等7人组成。

**县人民检察院党组**　1981年3月建，至2005年。党组成员由正副检察长，政治处主任等7人组成。

**县工商行政管理局党组**　2001年3月建，至2005年。党组成员由历任党员正副局长、纪检组长等4人组成。

**县医药监督管理局党组**　2003年1月建，至2005年。党组成员由党员正副局长、纪检组长等3人组成。

**县质量技术监督局党组**　2005年10月建，党组成员由党员正副局长、纪检员（省派）等3人组成。

**县直属机关工作委员会**　1999年3月由县直机关党委改制而成，成员由县委副书记兼工委书记，工委常务副书记、纪工委等6人组成。至2005年不变。

## 第二节　县纪委及办事机构

### 一、县纪律检查委员会

中共连江县纪律检查委员会及组成人员，由县历次党员代表大会选举产生。

1990年12月，县第七次党代会选举产生县纪委委员13名，纪委第一次全委会选举常委7名。其中书记1名、副书记2名。林承平为书记。

1993年12月，县第八次党代会选举产生县纪委委员14名，纪委全委会选举常委6名，其中书记1名、副书记2名。王秀兰为书记。1996年6月增补委员、常委1名。同年12月，王秀兰调动工作。1997年3月福州市委任命瞿理明为委员、常委、书记。1998年5月瞿理明调动工作。1998年10月福州市委任命邓祥训为委员、常委、书记。

1998年11月，县第九次党代会选举产生县纪委委员15名，纪委全委会选举常委7名，其中书记1名、副书记2名。邓祥训为书记（2002年6月提为县委副书记兼纪委书记）。2002年10月，增补委员、常委、副书记1名。

2003年10月，县第十次党代会选举产生县纪委委员19名，纪委全委会选举常委9名，其中书记1名、副书记3名。邓祥训为书记。2005年4月，邓祥训调动工作。市委任命吴贤德为县委副书记兼县纪委委员、常委、书记。

### 二、县纪委办事机构

1991年至1993年3月，县纪委办事机构内设办公室、控告申诉室、案件审理室、纪律检查室、党风党纪教育室5个室（均为副科级），行政编制20人。

1993年4月，县监察局与县纪委合署，设办公室，纪检监察一室、二室，案件审理室，信访室（加挂举报中心牌），执法监察室，宣传教育室，党风廉政建设室（加挂政府纠风办牌）计8个室，行政编制增至33人。

1997 年 6 月，县纪委、监察局编制 35 人（行政 32 人、工勤事业 3 人），增设案件综合管理室。

2002 年 11 月，县纪委监察局编制保持 35 人（行政 30 人，事业 5 人）。增设纠正行业不正之风工作室（加挂政府纠风办牌），内设机构增至 10 个室，一直延续到 2005 年底。

**三、县纪委、监察局派驻机构及人员**

1991—1993 年 3 月，县纪委相继派设县公安局、县农业银行纪检组 2 个，派驻纪检员县直单位 8 个；县监察局向县直主管局派设监察室 12 个。

1993 年 4 月，县纪委、监察局合署办公后，进行相应调整。1996 年，公安局纪检组改为公安局党委纪委，不再作派设机构。1998 年 11 月，县农行纪检组划归市农行直管。至 2005 年底，派设纪检监察机构 10 个，派驻纪检监察员 17 个单位，共配置人员 31 人。派设纪检机构有：

县直机关纪检工委，1991 年为县直党委纪检组，1999 年设为县直机关纪工委并延续至今。

县人民检察院纪检组，1997 年 3 月派设，并延续至今。

县人民法院纪检组，1998 年 8 月派设，并延续至今。

县工商行政管理局纪检组，2002 年 4 月派设，并延续至今。

县医药监督管理局纪检组，2003 年 2 月派设，并延续至今。

派设监察室的有：县公安局、教育局、国土资源局、建设局、卫生局 5 个单位。由各单位纪委书记或纪检监察员兼任监察室主任。

**四、基层纪检监察机构**

1991—1992 年，全县有乡镇纪委 20 个，县直系统党委纪委 8 个。

1993 年，县纪委、监察局合署后，乡镇纪委与乡镇监察室合署。同年 9 月，增设下宫乡纪委、监察室。1996 年 4 月县人武部纪委归部队编制。1997 年增设江南乡纪委。同年，根据《中华人民共和国监察法》规定，乡镇一级监察室全部撤销。

2002 年 7 月，县直经委、财贸 2 个纪委合并为经贸系统纪委，新设县宣传系统纪委。至 2005 年，全县基层纪委有 29 个，其中乡镇纪委 22 个，县直纪委 7 个，共配置纪检监察人员 49 人。

**五、县机关效能建设机构**

2000 年 6 月 19 日，县委、县政府成立县机关效能建设领导小组，县长兼组长，下设办公室，依托县纪委、监察局。同月，增挂县机关效能投诉中心牌子。2002 年 11 月，县效能办与投诉中心列为常设机构，挂靠县纪委、监察局，编制 7 人（行政 4 人，事业 3 人）。至 2005 年不变。

# 第三章　县委重大活动

## 第一节　深化改革开放

**一、农村经济体制改革**

1991 年，针对部分村随意调整联产承包土地，以及少数承包户之间纠纷等问题，县专门成立农业承包管理委员会，下设农业承包合同仲裁委员会，及时调解纠纷，进一步完善土地承包管理制度。同时针对部分农户缺乏劳力、农具及各生产环节的困难，积极引导互助合作，提倡集约经营和适度规模经营，逐步建立有偿服务专业机制。

1992年，为适应改革的新形势，县委先后作出《关于深化农村改革若干意见》（8条）、《关于组建乡镇经济联合社的实施意见》（10条），鼓励发展股份合作为重点的经济实体。到1993年，全县股份合作经济实体已达2.1万家。1994—1996年，为推动农业产业化进程，健全农村社会化服务体系，先后制订农业综合开发、稳定粮食生产、建设海上福州、加快乡镇企业发展、农村奔小康5个实施意见，建立农村合作基金会21家，涌现出一批像百洋食品、官坞海洋公司、冠海集团公司等规模企业。

1997—1998年，实施第二轮土地承包，30年不变。以稳定统分结合的双层经营体制，并建立科学规范的土地流转机制，推动集约规模经营，制订农业产业化9条举措，以市场为导向，抓基地建设和龙头企业，推广公司十农（渔）户模式，以农业现代化、工业化推动城镇化，转移农村富足劳力，拓宽流通渠道，发展第三产业和服务业，使全县经济保持快速增长。

2000—2005年，在巩固完善农村改革成果的同时，注重统筹兼顾，城乡区域协调发展，加大扶贫力度，减轻农民负担。国家相继停征屠宰税、农业特产税和农业税，取消并清退"三提五统"，实行农村财政支付转移，从而使农业稳定增产，农民逐年增收。

**二、城镇企业体制改革**

1991年，连江县属企业在原有经营承包基础上，部分试行经理负责制，风险抵押，工效与工资挂钩，进行合同化试点等改革。但由于企业规模小，设备落后，缺少精尖拳头产品，加上退休人员多，历史包袱重，在市场竞争中处于劣势，除电、水企业外，多数亏损。1992年，县进一步下放部分企业人事、工资分配等权力，还对国营小企业转换机制、消肿增效及强化社保等难题进行专门调研，提出深化改革对策。1993—1995年，相继对15家县属国企试行整合重组，以承包、嫁接、兼并、股份、租赁、转让、拍卖等多种形式进行转制。1995年，为盘活国有资产，全面进行清产核资，明晰产权，逐步改组为股份合作企业。集体和私营企业鼓励改组为规范化公司，同时加大职工社保改革力度，妥善安置职工。

1996年，根据"抓大放小"的精神，实行一厂一策，加大企业改革力度。随后以产权改革为重点，全面放开，除国家明确限制发展的经营项目外，一律放胆、放手、放量发展，营造多种所有制经济共同发展的氛围，引导建立现代企业制度，优化产业结构，培植规模骨干企业，提高竞争能力。至2005年，全县52个国有企业，实行兼并重组的11个，转让拍卖的16个，租赁7个，承包14个，转化为股份企业4个。还新建立3个国有企业。

**三、经济体制配套改革**

**计划管理体制改革**　1992年开始，连江加大计划管理体制改革力度，尤其通过贯彻党的"十四大"精神，逐步把计划职能从高度集中的钱、物、劳动指标分配的行政权力型，转向以市场为导向的协调服务型；计划指标由指令性转向指导性；宏观调控内容从经济扩展至社会；调控对象由企业转向市场，调控手段由主要行政转向政策、法规。根据连江经济社会发展实际，调控总量，协调发展，综合平衡。1993—2005年，改革劳动社保、项目优选、市场培育、物价管理、咨询服务等制度，协调经济社会发展，推进经济结构优化和增长方式转变，增强可持续发展能力。

**财政金融体制改革**　1992年开始，为适应建立社会主义市场经济新形势，县先后采取一系列措施，强化地方财政预算管理，加大预算外资金、专项资金、国有资产管理力度。1994年，随着国家银行向商业银行转化，投资融资渠道不断拓宽，连江先后推出激励和风险约束机制，促进优势企业强强联合，县财政组建国有资产营运公司，盘活国有资产。1996—2005年，争取世行、亚行贷款和国内各商业银行授信，实现直接融资和间接融资相结合。推动各项事业发展。

**流通体制改革**　1992年，县委、县政府制定《深化流通体制改革，进一步搞活商品流通的若干意见》，加快国有商贸交通运输等企业转机建制改革步伐，按照市场需求，放宽物价管理权限，民营商贸和物流企业日渐活跃。1996年开始，随着资本、技术、资源、劳力、人才等市场要素的培育和逐渐发展，县境迅速形成民营的木材、建材、农渔产品、劳务、物流等专业市场，城镇大型超市、农村集贸市场日趋繁荣。至2005年，全县社会商品零售总额近18亿元，比1990年增长7倍多，年均递增13.9%。民营企业比重超过80%。20世纪90年代组建的民营冠海海运集团，2005年海上运输船总吨位达70多万吨，位居全国第八位。民营盛辉物流集团，1992年组建时还是个小货运站，2005年已发展成为全国物流百强、民营物流十强，业务遍及全国，设有分公司200多家，成为商品流通的龙头企业。

资源管理、土地使用、科技文教、社会管理等体制改革，也在整体推进，逐渐配套完善。

**四、扩大对外开放**

1988年1月，经国务院批准连江列入经济开放区。县委、县政府发挥侨胞众多的优势，积极推进对外经贸。至1991年，全县相继引进"三资"企业15家，产值795万元，开始形成对外开放雏形。但引进的"三资"企业多是劳动密集型的中小企业，或"三来一补"加工装配企业，规模小，效益低，后在市场竞争中多数淘汰。

1992年，县委、县政府制定扩大开放的若干意见，建立对外开放工作领导小组，提出"两岛突破（粗芦岛、黄岐半岛），两线拓展（104国道线和省道东北线），三片开花（琯头、敖江、潘渡），山海并进，开发全县"的发展战略，启动经济开发区、外商投资区建设，筑巢引凤，实施优惠政策和优质服务，改善投资环境，加大招商引资力度。1992—1998年，连江全社会固定资产投资39.11亿元，其中基础设施建设超过10亿元。相继引进外资项目50余项，7年累计利用外资超1亿美元，出口商品交货总值4.88亿美元，初步形成全方位、多层次对外开放格局。2000年，可门港被列入《福州港总体规划》。同时改进招商办法，实行"外资内资并重，外引内联并举"方针。1999—2005年，共审批外资项目109项，总投资额3.44亿美元。招商质量有明显提高，规模以上项目有新的突破。至2005年，全县在产外资企业57家，出口商品总值达1.83亿美元，是1990年的10倍，年均递增17.3%。全县对外开放水平有明显提升。

## 第二节　重大经济决策

**一、农业稳县、水产旺县**

1991年，县委把农业、农村、农民"三农"问题作为发展经济重中之重来抓，坚持"农业稳县"，深化农村经济体制改革，坚持"山海田一起抓，农林水一起上"的方针，扎实推进粮食工程、绿色工程（林、果）、蓝色工程（海洋经济）、科技星火工程、菜篮子工程、兴工致富（乡镇企业）工程建设，从而确保农业发展，农民增收，市场繁荣，社会稳定。

1992年，根据市建设"闽江口金三角经济圈"的部署，先后出台扶持乡镇企业发展、鼓励水产业发展的若干规定，启动农业十大基地建设，并注重科技投入，发展特色高优农业，从而使粮食稳定增长，多种经济迅速发展，水产品总产量一直保持全省第一。

1994年，实施"海上福州"战略，为把海洋资源优势转化为商品经济优势，提出"水产旺县"方略，采取各种举措，加快调整渔业结构，强化海洋资源保护，淘汰酷鱼滥捕作业，开辟外海远洋捕捞；以科技为支撑，大力扩展海水养殖；提升水产品精深加工水平，创新品牌质量，打开国内外市场；同时拓展海上运输，开发滨海旅游，扩大与台湾马祖交流，推动第三产业发展，取得显著经济效益。

1996年开始，以省委提出"建设海洋大省"决策为契机，加大海洋经济开发的力度，多渠道筹集近10亿资金，加快农村水、电、路、港等基础设施建设，陆续组建多家远洋渔业公司，开辟南太平洋、印度洋、印度尼西亚、贝劳、斯里兰卡、巴布亚新几内亚等海域渔场，建立水产养殖生物病害防治中心及三级检测防治网络；建立道澳水产品加工基地，扶持精深加工企业向产业化迈进。至2005年，全县水产品总产量达68.02万吨，保持全省第一，升为全国第二位。渔业总产值50亿元，占大农业总产值的83.4%，比1990年增11.3倍。

**二、工业兴县**

1991年，连江工业基础较薄弱，年产值500万元以上规模企业仅1家，全县工业增加值占国内生产总值的比重仅13.3%。因而经济总量难以垒大，财政实力不强，对工业企业培优扶强力度不够。1992—1999年，大力抓乡镇企业发展和县属工业企业转机建制，同时开辟境内国道、省道沿线工业走廊建设，加大招商引资力度，工业发展速度有所加快。2000年，全县工业增加值8.31亿元，比1990年增长6.7倍，但行业分散，层次较低，拳头产品和支柱产业不突出，经济效益不高，工业"短腿"状况仍未改变。2001年，县委在调查研究、总结经验教训基础上，作出在稳固农业基础地位的同时，实施"工业兴县"决策，加快敖江、琯头、江南、丹阳四个工业集中区建设。2002年，提出"飞地工业"举措，实行土地资源共享，县乡两级还筹措200万元设立招商引资奖励基金，工业集中区面积从8平方千米扩大到20平方千米，并实行县乡两级双重管理机制，从而调动乡镇及部门的积极性，成功引进龙和食品、清禄鞋业等规模以上大型工业企业。2003年，按照全省部署"三条战略通道"构想，以可门港开发为契机，积极发展临港工业，北承江、浙、长三角，南联闽南、珠三角，东连台马地区，内拓赣皖及西部腹地，培育食品加工、电力、船舶修造、金属机电、建筑材料、鞋帽塑胶六大重点产业。2005年，工业增加值达15.88亿元，占国内生产总值的比重上升到18.3%。全县工业总产值48.17亿元，其中规模企业90家，总产值37.02亿元，占76.9%。带动农业和第三产业发展，壮大经济实力，财政总收入4.67亿元，为新一轮发展奠定良好基础。

**三、港口强县**

连江天然港湾众多，除琯头港、定海港等少数商港外，多数作为渔港或客货运港口。以往港口基础设施比较落后，多数未通公路。至1991年初，全县虽有78个小码头或渡口，但总靠泊能力仅1万吨，最大泊位仅1000吨（琯头港油库码头），港口对经济发展的制约日益明显。1993年12月，县第八次党代会作出"把连江建设成繁荣文明港口城市"的决策，此后至1999年，相继投资近1亿元，建设闽江口琯头3000吨泊位对台贸易码头；改建油库码头为3000吨泊位；新建壶江、川石、粗芦三岛码头；在黄岐半岛建黄岐湾一级渔港及1000吨泊位码头。共增加泊位1万吨。港口码头基础设施有所改善，但仍跟不上形势发展要求。

2000年，可门港被列入《福州港总体规划》，由交通部规划设计院编制，港区定位是闽浙赣等国际外贸物资运输重要口岸，福建石化、煤炭、铁矿等能源基地，冶金、石化、机械等临海制造业基地，对台"三通"重要通道。2003年9月，华电集团福建公司福州可门发电有限公司首先登记入驻可门港，注册资金1000万元。同年12月28日，举行可门火电厂奠基仪式，拉开可门港区开发序幕。

2005年11月，县委全委扩大会进一步明确提出"工业兴县、港口强县，建设海峡西岸经济新兴城市"。至2005年底，可门港建设已相继投资50多亿元，可门火电厂第一期2台60万千瓦发电机组已投入运行，1万吨泊位（12号）重件码头和5万吨泊位（13号）煤码头主体工程竣工，两个码头并排可兼靠10万吨级船舶。其余24个万吨泊位已有10多个签约或正在筹建。随着福（州）温（州）高速铁路全线动工，可门港铁路支线也已被列入规划。可门港成为东南沿海大港的前景可期。

## 第三节　维护安定稳定

1991 年，县委继续按照中央“稳定压倒一切”的指示精神，把连江安定稳定作为两个文明建设的前提，进一步加强对政法工作的领导。同年 5 月，成立县社会治安综合治理委员会和办公室（简称“综治办”），与县政法委合署办公。是年，抽调近百名精干力量进驻黄岐半岛，配合省、市政法机关，实施“闽海行动”，破获海上杀人抢劫等刑事案 285 起，抓获犯罪嫌犯 729 人，缴赃款 912 万元。同时制定沿海管防、渔民教育等若干规定，把沿海管防和社会治安综合治理结合起来，受到省台办和市委肯定。

1992 年，继续实施军警民联防，把防范与打击结合起来，从反颠覆、反渗透、反演变的高度，加强宣传教育，并集中打击卖情报、偷私渡、走私、盗窃等犯罪活动。实施“闽海第二网”行动，破获刑事案 312 起，摧毁团伙 63 个，抓获犯罪嫌疑人 605 名；截获偷私渡 18 起 517 人，遣返 5 批 176 人，惩处“蛇头”9 人。1993 年，开展严打“蛇头”和“中介”的专项斗争，查获偷私渡案 9 起 281 人，遣返 15 批 454 人，初步扭转偷私渡禁而不止的局面。

1994 年 8 月，县委、县政府作出《关于加强农村社会治安整治工作的决定》，全县抽调 192 名干部到 21 个乡镇 36 个重点村进行重点整治，县乡成立治安整顿指挥部，共破刑事案 347 起，抓获犯罪嫌疑 2369 人，摧毁团伙 66 个 243 人；遣返偷私渡 13 批 215 人。1995 年，围绕创建省级“一五”综治达标县，加大群防群治力度，遏制各类犯罪，刑事、治安案件明显下降。省综治委来连检查，总评 97 分，获省综治先进县称号。

1996 年，县委制订《加强政法队伍建设的若干意见（试行）》，健全各级综治网络，疏导纠纷，化解矛盾，县乡领导共受理群众信访上千件，相继建立 50 个村（居）安全小区。同时开展以“打抢劫、摧团伙、破大案、追逃犯”为主要内容的严打斗争，党政一把手亲自抓，共破获刑案 401 起，摧毁团伙 46 个 133 人，有 93 名负案在逃嫌犯投案自首。

1997—1999 年，连江县保持“严打”态势，加强普法宣传，组织 10 多次专项治理和打击行动。3 年共破刑案 755 起，抓获犯罪嫌疑人 1052 人，摧毁团伙 146 个 418 人。抓好隐蔽战线对敌斗争，妥善处理非法宗教活动，破获间谍案 7 起 54 人。对农村基金会和民间标会出现的群体性纠纷，实行领导包干，挂牌督办，逐步疏导，妥善处理，消除了不安定因素。

2000 年，县委继续抓专项重点整治，成立县“扫黑治霸”领导小组，抓重点地区、重点部位和重点对象，广泛摸排、防范、化解、控制，保持社会稳定。同时扎实开展创建各类文明窗口活动，营造良好社会环境。2001 年，县与乡镇领导包干调处矛盾纠纷 72 件，清收 305 名职工欠基金会款 227.6 万元，缓解矛盾，安定民心。

2002 年后，随着建设规模扩大，流动人口增加，征地拆迁安置补偿等群体性事件有所增多。为此加大“四五”普法宣传教育力度，健全法律服务网络和纠纷排查调处机制，加强信访工作，疏通和拓宽民意表达渠道，使矛盾在源头上化解。2003 年，围绕群众关心的“两盗”（盗窃机动车、入室盗窃）、“两抢”（抢劫、抢夺）热点，先后 12 次开展集中统一清理行动，抓获犯罪嫌疑人 440 人，摧毁盗抢团伙 23 个 103 人。

2004 年，县委部署在全县开展“平安连江”创建活动，层层落实责任制。2005 年，县委、县政府相继制定《关于开展建设“平安连江”严打整治行动的实施意见》《加强政法队伍党风廉政建设的意见》《综合治理一票否决定实施意见》等文件，县成立领导小组，县委书记挂帅，下设办公室和 3 个督导办：

严打战役督导办（依托县委政法委）；化解矛盾纠纷督导办（依托政府办和信访局）；基础防范重点整治督导办（依托综治办）。乡镇建立相应机构。强化综治防控体系建设，建立健全集打、防、控、管、建于一体的保平安长效机制，制定全县社会治安防控体系建设三年规划，突出路面、社区、单位、农村四大块防范网络建设，形成防范严密、控制有效的治安防控大格局。落实基层综治基础，乡镇成立社会治安稳定促进会，并定期督查反馈。经过连续集中整治专项行动，收到良好效果：全县刑事案下降 13.4%，重大案件下降 29.4%，“两盗”“两抢”下降 37.6%，追逃和侦破专项行动综合评分全市第一。

## 第四节　执政能力建设

### 一、思想政治建设

1991 年，县委为提升执政能力，注重不断提高自身理论素质，坚持县委中心组学习制度。除自学外，一般每月集中学习或讨论一次，有时扩大到部门领导参加。重点学习党的基础理论和各时期的路线、方针、政策，有关法律法规和管理知识等。1992 年，中共十四大作出建立社会主义市场经济体制的若干决定，为适应这一新的形势，先后邀请一些经济学家作专题讲座，使班子成员跟上形势，更新观念，联系实际，推进一系列改革，并不断加以完善。1997 年，通过学习贯彻中共十五大精神，加深对邓小平中国特色社会主义理论历史地位和指导意义的理解。2000 年，按照上级统一部署，集中开展讲学习、讲政治、讲正气的“三讲”教育，排查整改班子中存在的宗旨观念不强，学习自觉不高、思想解放不够、廉洁自律不严、民主集中制不完善等问题。2004—2005 年，贯彻中共十六届四中全会精神，把加强党的执政能力作为新时期党建主题，通过开展共产党员先进性教育活动，纠正班子成员在思想、工作、作风、廉政等方面存在的突出问题。2004 年 8 月，福州市委派员到连江帮县委进行深刻反思。2005 年 1 月，市委对县委班子主要成员进行调整和整顽，吸取教训。

### 二、制度建设

1991 年 5 月，制定《县委常委会工作规则》，进一步明确集体领导和个人分工，以及常委会决策范围、程序、内容，提高决策的科学性和民主性。1994 年，对民主集中制执行情况进行自查自纠。1999 年，制定《县委常委会议议事规则》《书记办公会议议事范围》《情况通报》《民主评议领导班子成员》等相关制度。根据《党政领导干部选拔任用工作暂行条例》精神，规范县委常委讨论决定干部工作的范围。2000 年，作出贯彻省委《关于加强民主集中制建设的暂行规定》的实施意见，并逐步配套完善。2003 年，推荐选拔县教育局局长，在全省首次实行县委全委会无记名投票表决程序，影响较好。2005 年，县委重新修订完善相关议事规则，进一步规范全委会、常委会、书记办公会议等范围、内容和程序。

### 三、党风廉政建设

1991 年，县委多数成员自觉遵守有关党风廉政建设规定，做好廉洁自律并完善领导干部深入基层，调查研究，接待群众信访等制度。1992 年，健全完善县级领导参加双重民主生活会制度，认真开展批评与自我批评。并按规定向市委组织部门报送生活会记录。1993—1994 年，县委常委对廉洁自律作出五条规定：1. 精简会议和庆祝表彰活动；2. 严禁公款大吃大喝；3. 不准公款赠送或接受礼金和有价证券；4. 不准下级向上级赠送土特产或其他礼品；5. 不准用公款参与高消费娱乐活动。并率先垂范，进行对照，自查自纠。1995 年开始，实行县领导包干驻点，抓一项重点项目的落实。1997 年，全面建立县乡镇村三级领导示范田制度，在抓落实和成效上下功夫，县领导深入基层现场办公 40 多场，召开专题协调会 20 多场，使重点项目和基层存在的实际问题及时得到解决。1999 年，贯彻中共中央、国务院《关于实行党风廉政建设责任制的规定》，具体落实，明确责任。2003 年，认真贯彻落实反腐倡廉机制，加大责任追究力度。强化县工业集中区现场办公制度，定期走访企业，及时协调解决具体问题。至2005年，县工业集中区因各种原因停滞的44个项目全部落实，促进建设速度。

# 第四章　纪检监察

## 第一节　廉政建设

### 一、党风廉政教育

1991年，县纪检监察部门贯彻中纪委《党政廉政建设教育纲要》，坚持“预防为主，教育为主”的方针，运用各种形式开展宣传教育，增强拒腐防变能力。县纪委与组织部、宣传部联合举办9期党的基本知识、基本理论、基本路线“三基”培训班。抓住正反两面典型，学先进，树典型；鉴违纪，鸣警钟。通过观看反腐倡廉影视，以案释纪，以案施教。1993年开始，普遍开展党政纪条规学习，相继举办党政法规讲座104场次，有12.4万人次参加。举办《邓小平文选》读书班，659名副局以上干部参加。1995年，对中青年领导、村两委主要干部及后备干部进行专题培训。1996—2004年，先后组织9000名干部参加行政监察法等知识竞赛，四次派代表参加市纪委组织的党政纪条规等竞赛活动，分获条规知识竞赛二等奖、党风廉政责任制知识竞赛一等奖、防腐倡廉竞赛三等奖、党纪处分条例等竞赛二等奖。1999—2005年，结合“三讲”教育、“三个代表”重要思想教育和保持共产党先进性教育，在全县党员干部中开展“过好权力关”和廉政文化为主题的学习教育活动，共举办专题培训班397期，受训党员64223人次，播放反腐倡廉教育片15部。召开党风通报会328场，编发案例剖析材料35篇，警示录14集，发典型案例通报165期，使党员干部普遍受到具体生动的廉政教育，廉洁自律自觉性大有提高。

### 二、自查自纠

1991年，按照中纪委关于领导干部廉政自律的部署和有关要求，县处级以上领导严格对照“31个不准”，开好生活会，进行自查自纠，全县750多名副科级以上干部普遍参加专题民主生活会，各级党组织在生活会前广泛征求干部群众意见，生活会后自查自纠情况在一定范围内通报，接受群众监督。县纪委、组织部、监察局派人参加监督。县委常委带头制定廉洁自律5条规定。1991—1995年，在自查自纠中，相继有3名副县级领导干部自动辞退在实体经济中的兼职，退还兼职的工资和资金，退缴红包礼金18764元。41名副科级以上干部在自查中带头退还违反规定的集资建房手续或房屋，3位领导退出用公款学习驾驶汽车款10800元。1996年开始，县委印发领导干部廉洁自律的重点内容和要求，处级以上干部个人收入和礼品礼金自查登记。1997年，部署各单位通过廉洁自律民主生活会，自查自纠存在问题。至年底，自查清出公款购置移动电话355部（科以上干部195部），全部上交后进行拍卖。1998年起，落实中央八条规定，制订领导干部重大事项报告制度，2001—2003年，县和乡镇领导，科级领导普遍签订身边配偶、子女拒收红包、红帖承诺。2004—2005年，重点贯彻实行行政运行“阳光工程”，自查自纠行政决策、行政审批中存在的问题，相继调整或取消行政许可项目130项。废止文件37件，简化34个窗口审批环节78个，退还企业借用车辆8辆。土地公开拍卖27公顷。工程阳光招标17项，财政增收7840万元。

### 三、专项治理违规

**清理违规建房**　1990年，成立县清房工作领导小组及办公室，在县纪检、监察、土地、城建、财政等部门密切配合下，1991 年全面结束。共清理 1982 年以来 226 名党政干部违规建私房问题，其中未批先建 20 人，总面积 2133.2 平方米；超占土地面积 197 人，多占 2566.65 平方米；占用专项建材指标 13 人。以上均按问题性质分别处理：有 7 名党政干部受党政纪处分；责令退地还耕 12 户；实行折价归公 1 户；收回公房 54 户，总面积 1968.82 平方米；处以罚金 14.67 万元。1994 年开始，重点清理集资建房和多头占房享受补贴，县成立领导小组，制定处理意见，至 1976 年清理结束，共清出违规 27 个单位、33 幢、739 套住房，清退 733 人，追回多头补贴款 769 万元交县财政。

**清理违规经商办企业**　1993 年和 1998 年，先后清理整顿党政机关、政法机关经商办企业问题，按政策规定，在职能、财务、人员、名称 4 个方面彻底脱钩。全县共清理出党政机关经商办企业 40 家，其中注销 3 家、脱钩 7 家、划转 3 家、转为经济实体 12 家、归省属部门清理 3 家、界限不明的 12 家待处理。政法机关经商办企业 3 家，撤销 2 家、转制保留 1 家。

**清理违规配备轿车**　1994—1996 年，对党政领导配备小轿车进行清理，经核实共有轿车、面包车 175 辆，其中不合规定的 4 辆全部作了处理。

**查处公款吃喝玩乐**　1995—1997 年，在全县 756 名副科以上干部中进行“两不准”（不准用公款吃喝玩乐、不准超标接待）自查自纠。县委转发县纪委《关于严禁铺张浪费、请客送礼的规定》《严格执行公务接待规定的意见》《严格禁止用公款吃喝玩乐有关纪律的通知》，强化各级各单位公务接待费审批制度，严格财经纪律。县纪检监察部门加大督查力度，严处顶风违纪行为。经集中专项整治，使这种歪风得到有效遏制。

**治理“红包”敛财歪风**　1991 年起，发现一些干部党员借本人或亲属婚丧喜庆大操办，收红包，借机敛财，引起干群强烈不满。从 1995 年开始，县委部署进行专项整治。县纪委、监察局制定整治方案，作出相关规定，并开辟专栏，广泛宣传报道，并通过电视曝光典型案例、设举报箱和举报电话等，形成强大声势。据统计，1995—2005 年，共查处典型案例 16 起，没收礼金 58380 元，制止 120 起大操大办宴席，通报处分 2 名领导干部。1999 年开始，县纪委对党政干部接受“红包”或“赠送”作出规定，召开全县领导干部会议进行专题部署，县领导首先向干部群众公开承诺不送不收单位或个人红包。接着 110 多个单位部门和 22 个乡镇、300 多个基层所站作出承诺，并建立举报和督查机制。2000—2005 年，每年逢年过节都下发通知，进行专项检查，明察暗访，严处顶风违纪案件，收“红包”、发“红帖”的现象明显减少。

**清理通信工具**　1997 年开始，由县纪委牵头，组织、监察、财政、审计、邮电等部门配合，在全县范围内开展清理公款配备移动电话，至 1998 年，共清理出 214 部。其中罚款处理 196 部，金额 36.85 万元，清退 18 部。折价处理移动电话 169 部，金额 89.72 万元。1999—2005 年，对各单位的话费进行总量控制，定额包干，未发现重大违规超标问题。

**四、建立规章制度**

1991 年，县委开始从机制上规范党政干部尤其领导干部廉洁从政行为，逐步建立健全相关廉政制度，防止职务腐败和犯罪。年内，在总结晓澳镇百胜村开展村务公开民主管理示范点实践经验基础上，逐步向全县推开，由村务公开向整个政务公开、校务公开、厂务公开、院务公开拓展，推行“阳光工程”。1995 年开始，相继对全县各级各部门领导实行任期经济责任审计和离任审计。1999 年，根据中央《关于实行党风廉政建设责任制的规定》，县制定《实施办法》《责任追究》《考核测评方案》，相继有 77 名党员干部受责任追究，其中 44 人受党政纪处分。

2000 年，全县 22 个乡镇、406 个基层所站推行政务公开。县级各部门政务公开内容逐步扩大，工程招标进一步规范，建立土地储备中心，国有土地使用权公开招标和拍卖，成立政府采购中心、会计核算中心，强化资金使用监督。2002 年开始，贯彻省委反腐倡廉“六个机制”（思想教育、制度建设、监督制约、查案惩处，干部保护、廉政责任），进行全面落实，防范党政干部违纪腐败的发生。

## 第二节 纠风治乱

### 一、治理乱收费

1991年后，一些部门出现乱收费、乱罚款、乱摊派的“三乱”现象，群众反映强烈。从1995年开始，县纪委几次进行专项整治，至2005年，共清理行政事业性收费项目556项，查出违纪收费156项，金额415.6万元；查出违纪罚款7.43万元；乱摊派项目7个，违纪金额87.87万元；公路非法收费43.9万元；中小学违规收费2569.9万元。县纪委与相关部门密切配合，对这些违规违纪问题进行严肃处理。尤其中小学乱收费，责成请退1030.9万元，上缴财政342.8万元，对较严重的7名校领导进行党政纪处分；对行政事业性收费项目进行规范，明确范围标准，实行许可证和年检，清理“三乱”文件81份，废止3份，取消7个非法收费站，对需收费的项目实行“公示制”和“票款分离制”，并强化监管力度，遏制“三乱”滋生蔓延。

### 二、整顿行业不正之风

1991—1993年，根据省委、省政府《基层所站党风廉政建设纲要》，集中一段时间整顿行业作风，县人大代表、政协委员、廉政监督员、特邀监察员，对所站行风进行评议。1993年，评议公安、工商、税务、土地、交管5个系统71个所站，合格和基本合格的占95.6%。1994年，抽查评议10个乡镇140个基层所站，评出好的所站31个，占22%；中等98个，占70%；差的11个，占8%，差的责令整顿和改正。克服“门难进、脸难看、话难听、事难办”的四难现象，坚决杜绝“吃、拿、卡、要”歪风。此后形成常态，随时抽查评议。1999—2005年，重点整顿纠正医药购销的不正之风。先后共整顿86个医疗单位，查处16家违规医疗机构和经营户，取缔无证行医31家，查处药品违法案件73件。对47家医疗卫生单位实行药品集中跟踪采购，遏制购销“吃回扣”不正之风。

### 三、清理“小金库”和欠款

1991年，对部分乡镇和村财进行清理。在17个乡镇清出村干部拖欠公款347万元，当年收回70多万元。1992年，对100个建制村居进行财务清理，共发现干部拖欠公款385.3万元，当年收回89.36万元。1994年，县纪委监察部门协同有关部门，开展清理预算外资金和“小金库”，重点清查181个单位，查出违纪金额823万元。1995年开始，相继对全县21个乡镇进行财务清理，至2005年，共发现违纪金额570.16万元。认定应收财政194.81万元，入库185.81万元。

### 四、清理公费出国出境旅游

1993年开始，对公费出国或出境旅游进行专项治理，共查出1992—1993年间县内党政机关、企事业单位和社会团体借考察、培训、招商等名义，用公费出国或出境旅游的有32人。按照有关规定，收缴制服费等违规金额19780元归财政。此后进行严格审批和监督，至2005年，共制止无实质内容的一般性组团出国考察5批14人，取消组团出国参观106人次。

### 五、清理不在岗教师

1991年后，县内部分学校教职员工不安心教育工作，未经县教育主管部门批准，擅离工作岗位，外出经商，有的出国留学或经商务工。少数学校对擅离岗位的教职工隐瞒不报，弄虚作假，甚至照发工资，在社会和学生家长中产生很坏影响。1998年，县委、县政府决定进行全面清理，县成立专门领导小组，县纪委、监察、宣传、教育、人事、财政等部门抽调人员密切配合。至1999年6月，共清理出不在岗教职工414人，并分别情况进行处理。其中219人长期离岗不回的作自动离职处理，收缴不在岗期间工资40万多元。对在清理中隐瞒不报、弄虚作假的7所学校领导给予行政处分。对未经批准违反人事纪律私自借调的也进行处理。

**六、减轻农民和企业负担**

1991—1992年，对土地、交通、城管、联防等行业违规乱着装问题进行整治，收缴制服折价款68718元，对按规定不能着装的574人，全部脱装。

1993年，县纪检部门牵头配合有关部门进行专项清理，共清理涉农负担文件67份，查出向农民乱收费和不合理收费项目156项，废止涉农负担108项，取消增加农民负担的各种“达标”活动，还受理拖欠农民工资投诉98件，追回被欠工资203.35万元。1994—1998年，清理党政机关无偿占用企业财物，全面治理向企业乱收费问题。查出15个单位占用企业车辆、资金等36.25万元，全部清退归还企业。在清理纠正基础上，建立有关制度，加强监督管理，取消对企业收费项目792项，降低收费标准26项。同时普遍实行农民负担预决算、监督卡、专项审计和统筹费用统一票据，取消村级接待，推行涉农价格和收费公示等。至2005年，全县先后查处农民负担案件54起，违纪金额1.1亿元，有5个党政干部违规受到党政纪处分。13年来共减轻农民负担2亿元，从而维护农民合法权益，促进农村安定稳定。

## 第三节 执法监察

1991—2005年，县纪检监察部门共开展执法监察663项次，发现各类问题218个，查处41件，提出意见和建议201项，发出监察决定书87件，制止纠正违规行为96起，避免或挽回经济损失1.27亿元。

**一、重大决策落实监察**

1994—1995年，县纪委、监察部门围绕中央加强宏观调控，抑制通货膨胀的决策，会同物价工商等部门，开展以粮食、农资价格为重点的价格督查，相继督查基层粮站、供销社、农技站及化肥厂等粮食和农作物经营单位，查出违章金额8.3万元，严肃处理4起乱涨价和假冒伪劣违法案件。1999年，在全县范围内开展粮食流通体制改革落实情况监察，配合有关部门查处33起非法收购粮食案件，处理2名违纪粮站职工。2000—2005年，相继开展“社保四项资金”（国有企业下岗职工基本保障基金、失业保障基金、基本养老保险基金和城市居民最低生活保障资金）使用情况专项检查，发现和纠正一些统筹单位欠缴基金、失业保险未列财政预算和专户管理等问题，进一步健全完善相关制度。对国债使用情况进行督查，县纪委、监察局会同有关部门，重点检查黄岐一级渔港、海堤加固、交通战备公路等项目使用国债资金情况，发现并纠正手续不够完整、财务管理不规范、配套资金不落实等问题，责成督促有关部门抓紧落实整改。

**二、重大经济项目监察**

1991年开始，经济建设项目日益增多，投资量增大，县纪委、监察部门会同有关部门，及时介入一些重大项目监察，重点检查工程招投标、质量、土地征批、资金使用等情况，有效防止违纪违法行为发生。1993—1996年，对“先行公路工程”进行专项监察，对存在问题发出《监察通知书》，责令限期纠正，查处违纪金额25.75万元，核减104国道工程造价100万元。1995年，开展以保护耕地为重点的土地管理执法监察，会同县人大常委会农村委和土地局等部门，查处土地未批先建8宗24亩，处以罚款7400元，并责令补办手续；查出闲置土地17宗566.08亩，其中责令复耕4宗446.68亩，限期开发4宗119.4亩。

1996—1999年，对主要建设工程的招投标等进行执法监察。监察范围包括1994年5月1日以来政府和企事业单位投资新建、扩建和技改项目，共抽查97项，针对存在问题，发出《行政处罚决定》82份，罚金125万元。同时制订有关制度，规范建筑市场秩序。1997年开始，还配合劳动、安全办、公安等部门，对重特大安全责任事故进行调查处理，相继有32名党员干部受党政纪处分。同时针对事故发生经验教训，对重点行业，尤其矿山，进行整顿，规范管理。2001年，县设建设工程交易管理中心，凡政府投资50万元以上工程均进入中心招投标。县纪委、监察部门加大事前事中监督力度，确保招投标合法、公开、公平、公正。据统计，1996—2005年，共参与建筑工程招投标监督171项，降低造价5206.3万元；查出违规项目19项、少批多建4项、未领规划或施工许可证17项、未招标16项，都分别作了处理。

**三、涉民利益监察**

1991年，县纪委、监察部门对涉及民众利益的热点问题，都及时进行监督检查，如初中、高中、高考招生，从报名、体检、加分、录取等各个环节，都及时参与监督，防止违纪违法行为。1996年，查处3起考试舞弊案，严肃处理6名失职监考人员。在招聘教师、医务及公职人员时，提前介入，严把资格审查关、出卷关、体检关、面试关、录用关，做到公开、公平、公正，未发现违纪事件。2004年，对有关征地补偿费管理使用开展专项检查，县纪委监察部门配合国土、农业、审计等部门，对1999年1月1日至2004年4月3日经批准征用农民集体土地补偿费进行专项检查，涉及土地面积359.3公顷，应支付补偿费4969.53万元，实付4850.37万元。对拖欠的补偿款，县召开多次会议，督促还款。同年，县旧城改造拆迁，县纪委派驻拆迁指挥部监察室，抽调3名干部参与实施监督。2005年，还配合有关部门开展餐桌污染、商业欺诈等专项治理，检查市场300多场次，立案违纪案件700多件，取缔无证经营89户，捣毁违法窝点23个，罚没214万元，维护市场秩序和消费者合法权益。

**四、行政效能监察**

1995年，市纪委确定连江为效能监察试点单位，县确定在公安局、水利局设效能监察点，制定工作方案，重点放在依法履行职责、讲求务实高效上。试点期间，机关作风明显改善，制度日益完善，得到上级充分肯定，并在全市执法监察会议上作典型介绍。1999年，围绕机关工作纪律、依法行政、提高办事效率三个方面，全面开展行政效能督察工作。2000年，在总结经验基础上，向具有行政管理职能的县直单位和各乡镇全面推开，县成立效能投诉中心，至2005年，共受理投诉1273件，办结1224件。

## 第四节　违纪案件查处

1991—1993年，县纪委和监察局分别对党内和行政干部违纪案件进行查处。1993年4月，纪委与监察局合署后加强案件查办工作。当年贯彻中央和省、市反腐败工作部署，重点查办领导机关、领导干部、执法执纪部门、管钱管物审批部门的违纪违法案件。至1993年，共受理各类信访举报1864件次，经核实，属县纪检监察范围453件次，立案审查268件，其中万元以上19件，属副科级以上干部23人。结案261件，受党纪处分229人，政纪处分30人。移送司法机关11件，受刑事处分22人。

1994—1998年，经济类违纪违法案件增多，数额巨大。县委进一步加强对查处案件工作的领导，纪委、监察与审计、公安、检察等部门密切配合协调，综合利用多种手段，集中力量突破一些大案要案，重点是贪污、贿赂、金融诈骗及严重违反财经纪律等案件。5年共受理信访举报1422件次，立案查处362件，其中经济类181件，占50%，万元以上的大案33件，涉及副科级以上干部29人，有381名党员干部受党政纪处分，其中副科以上28人。挽回经济损失750万元。同时，也澄清了一些反映失实的问题，弄清并排除 247 名干部的经济问题。

1999—2005 年，落实查处案件的责任制，建立健全执法执纪部门联席会议、案件主办、协办等机制，查办大案要案力度持续加大，并注重提高办案质量和综合效果，使办案工作上一个新台阶。7 年时间，共受理信访举报 1556 件次，立案 531 件，全部办结。其中万元以上大要案 67 件，涉及副科以上干部 69 人。有 429 人受党纪处分、108 人受政纪处分，21 人移送司法机关处理，挽回经济损失 1241 万元。

**1991—2005 年纪检监察案件查办情况表**

表 22-4-1

| 年份 | 受理信访 | | 立案审查 | | | | 结案 | | | | | | 挽回经济损失（万元） |
|---|---|---|---|---|---|---|---|---|---|---|---|---|---|
| | 受理件数（件） | 初核件数（件） | 立案件数（件） | 其中 | | | 结案件数（件） | 党纪处分 | | 政纪处分 | | 刑事处分（人） | |
| | | | | 党员（人） | 科级干部（人） | 移送司法 | | 撤职以上（人） | 警告以下（人） | 撤职以上（人） | 记过以下（人） | | |
| 1991 年 | 673 | 137 | 115 | 102 | 9 | 5 | 114 | 51 | 50 | — | 9 | 8 | 20 |
| 1992 年 | 690 | 139 | 80 | 78 | 7 | 3 | 84 | 32 | 38 | 3 | 10 | 11 | 53 |
| 1993 年 | 501 | 177 | 73 | 71 | 7 | 3 | 63 | 36 | 22 | 3 | 5 | 3 | 18 |
| 1994 年 | 424 | 211 | 70 | 66 | 6 | — | 72 | 24 | 44 | 3 | 8 | 6 | 42 |
| 1995 年 | 228 | 172 | 71 | 57 | 7 | — | 81 | 21 | 33 | 4 | 22 | 2 | 100 |
| 1996 年 | 221 | 175 | 73 | 69 | 2 | — | 73 | 34 | 26 | 6 | 6 | — | 314 |
| 1997 年 | 232 | 183 | 74 | 65 | 7 | 5 | 71 | 25 | 36 | 3 | 9 | 13 | 208 |
| 1998 年 | 317 | 248 | 74 | 68 | 7 | 3 | 77 | 22 | 31 | 1 | 23 | 10 | 86 |
| 1999 年 | 286 | 258 | 75 | 70 | 11 | 5 | 75 | 24 | 36 | 4 | 14 | 13 | 110 |
| 2000 年 | 270 | 263 | 75 | 69 | 11 | 1 | 75 | 15 | 38 | 8 | 9 | 9 | 56 |
| 2001 年 | 228 | 224 | 75 | 74 | 9 | 4 | 75 | 26 | 38 | 3 | 7 | 16 | 95 |
| 2002 年 | 210 | 206 | 75 | 74 | 8 | 1 | 75 | 25 | 37 | 3 | 14 | 10 | 531 |
| 2003 年 | 212 | 179 | 75 | 70 | 8 | 5 | 75 | 32 | 28 | 5 | 13 | 21 | 145 |
| 2004 年 | 222 | 147 | 76 | 76 | 8 | 5 | 75 | 24 | 48 | 1 | 3 | 13 | 190 |
| 2005 年 | 128 | 115 | 80 | 77 | 14 | — | 81 | 23 | 35 | 7 | 17 | 16 | 114 |
| 合计 | 4842 | 2834 | 1161 | 1086 | 121 | 40 | 1166 | 414 | 540 | 54 | 169 | 151 | 2082 |

## 第五节　效能建设

2000 年 6 月，县成立机关效能建设领导小组及办公室和效能投诉中心，制定工作方案和若干规定。2001 年，县行政机关普遍建立岗位责任制、服务承诺制、限时办结制、首问责任制、否定报备制、政务公开制、失职追究制、绩效考评制等一系列规章制度。重点督查各级政务公开，并逐渐扩大到村务、厂务、校务、院务公开。全县聘请 28 名机关效能建设监督员，开展明察暗访，政府设政务监督信箱、举报电话、领导接待日等，建立和不断完善评议、反馈、备案等制度。2002年开始，制定和实施《领导干部末位淘汰制暂行办法》《工作人员效能告诫暂行办法》，大力改革行政审批制度，设立县投资项目服务中心，实行项目审批“一栋楼”办理，“一站式”服务。2004年，成立县客商服务中心，乡镇建立项目包办服务机构，增强依法审批、依法行政工作效率，推动机关勤政廉政建设。据统计，2000—2005年，先后有42名机关工作人员因效能问题受到不同行政处理，其中受党政纪处分9人、辞退1人、效能告诫26人、诫勉教育6人。

## 第六节　队伍建设

1991年开始，县纪委、监察局针对各时期出现的新情况，有计划、分层次、多渠道抓好业务培训，举办业务知识培训班11期，参加培训的专兼职纪检监察干部365人次，还选送12名参加中纪委、省纪委举办的培训班学习。当年县纪委被省委授予先进纪检组织。1994—1996年，被省纪委、监察厅评为先进纪委、监察组织。1998年，对乡镇纪委干部进行业务培训，开展案件质量评议，带案培训，以提高办案效率和质量。各级纪检监察干部均严格遵守党内生活准则，执行民主集中制原则，建立健全行为规范和监督制约制度，严格遵守政治纪律、保密纪律、工作纪律、办案纪律，建立案件主办责任制度、检查报告制度、办案回避制度等，实行干部轮岗、交流，努力打造一支政治坚定、公正清廉、纪律严明、业务精通、作风优良的纪检监察队伍。当年获中央纪委、监察部《中华人民共和国行政监察法》知识竞赛集体组织奖。2001年，蓼沿乡纪委被省纪委、监察厅评为全省纪检监察系统先进集体。1991—2005年，连江县有92名纪检监察干部先后被省、市、县评为先进工作者或立功受奖。

# 第五章　组织建设

## 第一节　党员发展与教育

**一、党员发展**

1991年，全县共产党员18355人，占总人口3.03%。其中农村党员占67.15%，妇女党员占11.4%，少数民族党员占2.35%。从年龄看，60岁以上占16.77%；25岁以下仅400人，占2.18%。从文化程度看，大专以上815人，占4.44%；中专和高中学历3861人，占21.04%。全县党员队伍数量偏小、文化偏低、年龄偏大，女党员偏少。为逐步改变“四偏”现象，县委制定1991—1993年党员发展规划，按照“坚持标准、保证质量、改善结构、慎重发展”的方针，提出优先吸收优秀共青团员入党，重视发展知识分子，特别是优秀教师、科技人员入党，大力培养和发展农村知识青年、复退军人、妇女、少数民族入党等举措。各级党委和党支部（总支）按照实际情况，各有侧重，积极主动培养入党积极分子。1992年，县委加大在非公有制经济组织的党建力度，培养发展优秀企业人员和外出务工经商青年入党。至1995年，全县新发展党员2726人，党员队伍结构开始发生很大变化，大专和高中以上程度党员比重提高到30.46%，增加近5%。25岁以下青年党员增加1倍，妇女党员比重增加2.06%。1996年后，县委提出每年保持培养入党积极分子3000名常数的要求，并针对改革发展的新形势，大胆创新，调整基层党组织设置，加强教育系统党建工作，解决青年教师入党难等问题，加快党员发展速度。据统计，1996—2000年，共发展新党员4620名，全县党员达22845人，占总人口比重达3.71%。其中高中以上文化程度党员8470人，占党员总数的比重37.8%，比1995年增加6.62%；女党员增加825人，比重上升至15.26%；25岁以下党员1196人，占比重5.24%。

2001年，县委制发《关于执行发展党员公示制的规定》和《新发展党员和预备党员转正预审制的有关规定》，严格把住发展新党员的质量关，并经过试点，自2002年开始改发展党员“表决制”为“票决制”。注重加强党建后备队伍建设，各党组织指定专人联系、培养、考察入党积极分子。2004年，县委召开党建工作专门会议，部署整顿发展党员落后的村党组织，明确基层党委政工副书记是发展党员工作具体负责人，对2—3年未发展新党员的村予以通报批评。2001—2005年，共发展新党员2987名，全县党员达24207人，其中大专和高中以上文化程度超过万人，达10042人，占党员总数的41.48%；女党员4030人，占16.05%，比1991年增加1935人；25岁以下青年党员1298人，占5.36%，比1991年增加2倍多；少数民族党员552人，占党员总数2.28%。

**1991—2005年连江县中共党员基本情况表**

表22-5-1　　单位：人

| 年份 | 党员总数 | 女党员数 | 少数民族党员 | 文化程度 | | | 年龄组成 | | | | 行业 | | |
|---|---|---|---|---|---|---|---|---|---|---|---|---|---|
| | | | | 大专及以上 | 高中（含中专） | 初中以下 | 25岁以下 | 26岁45岁 | 45岁59岁 | 60岁以上 | 机关企事业 | 农村 | 其他 |
| 1991年 | 18355 | 2095 | 432 | 815 | 3861 | 13679 | 400 | 7875 | 7002 | 3078 | 6030 | 12325 | — |
| 1992年 | 18401 | 2203 | 441 | 928 | 4212 | 13261 | 512 | 7903 | 6982 | 3004 | 5255 | 13146 | — |
| 1993年 | 18975 | 2387 | 458 | 1022 | 4569 | 13384 | 624 | 7974 | 6928 | 3449 | 4421 | 14550 | 4 |
| 1994年 | 19603 | 2536 | 469 | 1132 | 4730 | 13741 | 708 | 8091 | 6891 | 3913 | 4506 | 15097 | — |
| 1995年 | 20114 | 2661 | 475 | 1211 | 4915 | 13988 | 834 | 8159 | 6861 | 4260 | 3606 | 16500 | 8 |
| 1996年 | 20618 | 2777 | 484 | 1303 | 5010 | 14305 | 918 | 8220 | 6846 | 4634 | 3675 | 16916 | 27 |
| 1997年 | 21137 | 2896 | 496 | 1568 | 5346 | 14223 | 989 | 8378 | 6836 | 4934 | 4860 | 16257 | 20 |
| 1998年 | 21862 | 3015 | 514 | 1932 | 5567 | 14363 | 1015 | 8605 | 6788 | 5454 | 6140 | 15702 | 20 |
| 1999年 | 22349 | 3273 | 548 | 2230 | 5879 | 14240 | 1117 | 8790 | 6774 | 5668 | 6590 | 15655 | 104 |
| 2000年 | 22845 | 3486 | 559 | 2458 | 6012 | 14375 | 1196 | 9031 | 6728 | 5890 | 6786 | 16023 | 36 |
| 2001年 | 23582 | 3615 | 564 | 2667 | 6234 | 14681 | 1257 | 9379 | 6702 | 6244 | 7209 | 15271 | 1102 |
| 2002年 | 23664 | 3751 | 570 | 2692 | 6356 | 14616 | 1113 | 9613 | 6648 | 6290 | 7092 | 14991 | 1581 |
| 2003年 | 23879 | 3931 | 574 | 2995 | 6376 | 14508 | 1120 | 9594 | 6638 | 6527 | 7120 | 14204 | 2555 |
| 2004年 | 24166 | 3994 | 570 | 3369 | 6404 | 14393 | 1201 | 9596 | 6810 | 6559 | 7057 | 14036 | 3073 |
| 2005年 | 24207 | 4030 | 552 | 3617 | 6425 | 14165 | 1298 | 9406 | 6749 | 6754 | 7769 | 13668 | 2770 |

## 二、党员教育管理

### （一）健全“三会一课”制度

1991年，县委明确规定：基层党支部至少每个月召开一次支部委员会议、一次党小组生活会，每季度召开一次党员大会，每季度上好一次党课，并要求做好记录，列入基层党组织考核重要内容。1992年，县委把提高民主生活会质量当作领导班子思想作风建设的一项重要工作，纳入党建计划，提出具体要求。县委组织纪检部门定时检查，必要时派员参加。1993年开始，连江外出和流动党员增多，党员参加组织活动很大影响。县委针对这一新的情况，适时调整组织形式，于1995—2005年，先后批准建立海上临时党支部或党小组，组建驻外流动党支部8个，党委2个，使多数外出党员能够就近参加党的组织活动和“三会一课”活动。

（二）党员培训教育

1991年，连江县利用各级党校对党员进行分级培训，县级党校培训副科级以上党员干部；乡镇党校培训村级两委党员干部，村级党校或党员活动室为主轮训农村一般党员。培训内容和形式逐步改革创新，由偏重政治转向经济、文化、实用科技等综合内容；培训方式由单层次单类型集体施教转向多层次分类型因人施教；教育者由政工类转向实用类，有时聘党员专家、学者或企业家授课。1996年6月，引进党员电化教育形式，县委成立党员教育中心，乡镇设立电化教育播放站、村设播放点，形成三级电化教育网络。当年投资42万元（上级补助15万元），购置电教片250盘，县组织自拍自制电教片4集，在165个播放点，播放1890场次，受教育党员和积极分子达13.1万人次。1997年后，根据改革发展的新形势，与时俱进，不断创新，逐步完善，乡村党校培训力度加大，内容不断丰富，尤其邀请先进模范人物现身说法，并运用本地典型榜样拍成电教片进行播放，教育效果明显。1991—2005年，依托县党校办班45期，参训3083人次，村级集中举办轮训班2356期，参训党员94838人次。农村党员每年平均参训约7天，参训率达98%。1996—2005年，全县共制作播放电教片7746盘，其中自拍自制47集，共播放31355场次，收看党员或积极分子有169.8万人次。

（三）党建主题教育活动

1991年，开展“坚持社会主义道路，坚定共产主义信念”为主题的增强党性教育活动。1992年，开展“迎接十四大，为党增光辉”系列活动，掀起党员为群众办实事热潮。1994年，在党员领导干部中开展“学好理论、当好公仆、做好表率、树好形象、创好业绩”的“五好公仆杯”教育竞赛活动，评出优胜单位1个、先进个人10人、标兵1人。1995年，在全县党员中普遍开展学习中国特色社会主义理论和新党章“双学”教育活动，各级党校办班轮训，以理论为武器，以党章为镜子进行对照，解决理想宗旨和组织纪律等问题。2000年3月起，在全县开展讲学习、讲政治、讲正气的“三讲”教育，解决党员中存在的宗旨观念不强、学习自觉性不高、思想解放不够、廉洁自律不严等问题。2001—2002年，在全县开展“三个代表”重要思想学习教育活动，分学习培训、对照检查、整改提高、回访复查4个阶段，党员精神面貌发生重大变化。2005年开始，全县分三批开展“保持共产党员先进性”教育活动，达到提高素质、加强基层、服务群众、推动工作的目标。

（四）党员目标管理

1991年起，县委对党员目标管理提出更严格要求，党员每年提出“自选目标”和“必选目标”，建立严格考评制度，经自评、互评、民主测评、支部审议，把党员的组织管理与自我管理有机结合起来。2001年，县委发出《关于清理不合格党员的通知》，共清出191个不合格党员，警示一批基本合格党员，表彰一批优秀党员。2005年，全县706个基层支部开展党员目标管理和民主评议，参评党员19385名，占党员总数的80.2%，有270名受到表彰（其中授予优秀共产党员称号117名），评为合格党员19031名，占参评党员的98.2%，评为不合格党员19名。犯严重错误被开除党籍5名，受纪律处分12名。对长期不参加活动的除名40名。

## 三、发挥先锋模范作用

1991年，各级党组织都非常注重在各条战线充分发挥共产党员的先锋模范作用。1992年，县委号召党员在改革开放的实践中，解放思想，大胆创新，尤其在重难险急中，要奋勇当先。县委部署在全县开展“争当奔小康带头人”和“示范户”竞赛活动，各级党组织都大力鼓励党员在经济建设主战场发挥带头模范作用，并帮助周边群众一起勤劳致富。1994年，在全县开展先富地区帮带后进地区、先富党员帮助贫困群众的“双帮”活动，县成立农村基层党组织建设协会，乡镇和村也逐步建立这种协会，形成三级网络，为全省首创党建平台。当年发生第八号台风，全县暴雨成灾，马鼻镇横厝村43名党员奋不顾身跳入洪水中堵塞决口。1995年，县委部署在全县开展“学习孔繁森，公仆献爱心”活动。党员捐资40万元，帮助1000户困难户。同年，马鼻镇发生山林火灾，镇长孙旭光等6名党员干部亲临灭火一线而壮烈牺牲。1996年，晓澳镇百胜村因强台风海堤决口，村党总支带全体党员和群众奋力抢险，保住全村1万多人生命财产安全。1996年，全县共建立三级党建协会83个，先富地区和先富党员自愿捐资达600万元，作为党建扶贫周转金，为支持老少边欠发达地区经济发展发挥一定作用。同年6月，省委组织部在连江召开现场会，在全省进行推广。1997年，县委发动700多名副科级以上领导干部开展“一帮一”扶持贫困户活动，一直持续至2005年，每年捐助贫困户都在30万元以上，在群众中产生良好的影响。

**四、党费缴交与管理**

1991年，连江党费收缴和使用都有专人负责，专门账务，专项管理，列入党建检查内容。基层党委向县委组织部缴交党费和县委组织部应交省、市的党费，均通过银行转账，不使用现金，管理人员定期核对并汇总统计，每年向县委作书面报告。在每届县党代会上都作书面报告，供代表审议。1993年，县第八届党代会，公布党费收缴21.56万元，支出18.27万元。1998年，县第九届党代会，公布收缴党费78.44万元，支出71.78万元。2003年，县第十届党代会，公布党费收缴245.64万元，支出227.03万元。党费支出，主要用于党建活动、补助基层党委党员培训、特困党员慰问、中华人民共和国建立前老党员补助等项目。

**连江县第八至十届党代会公布党费收支情况表**

表22-5-2　　单位：万元

| 项目届别 | 第八届 | 第九届 | 第十届 |
|---|---|---|---|
| 党费收缴 | 21.56 | 78.44 | 245.64 |
| 党费支出 | 18.27 | 71.78 | 227.03 |

## 第二节　基层党组织

**一、基层党委**

1991年，全县基层党委29个，其中乡（镇）党委20个、县直属党委9个。1993—1997年，相继增设下宫乡、江南乡党委；县人武部和武警边防大队党委划属军队系统；县经委、财委党委撤并入县直机关党委。全县基层党委27个（乡镇22个、县直属5个）。1999年，县公安局党组撤销，改建党委，县直机关党委改为县直机关工委。2000—2001年，增设县宣传系统党委，晓澳和苔菉镇6个村（街）党总支扩建为党委。2002—2004年，相继增设县经贸系统党委，组建驻沪流动党委和驻武汉流动党委。2005年，全县基层党委计38个，其中乡（镇）党委22个、县直属党委8个、流动党委2个、村级党委6个。

**乡（镇）党委**　1991年，有镇党委7个（凤城、浦口、东岱、晓澳、琯头、丹阳、黄岐），乡党委13个（敖江、东湖、潘渡、小沧、蓼沿、长龙、透堡、马鼻、官坂、坑园、筱埕、安凯、苔菉）。1992年，敖江、东湖、透堡、马鼻、筱埕、苔菉6个乡改为镇党委。1993年，从坑园乡分出新设下宫乡党委。1994年，官坂乡改为镇党委。1997年，从敖江镇分出新设江南乡党委，长龙乡改为镇党委，2000年6月，坑园乡改为镇党委。至2005年，有乡（镇）党委22个，其中镇党委16个，乡党委6个。

**县直属党委** 1991年，县直属党委9个：县直机关、经委、财委、农委、县人武部、武警边防大队、东湖种畜场、长龙华侨农场、大官坂垦区党委。1996年4月，县人武部和武警边防大队党委划属军队系统。1997年3月，县经委和财委2个党委撤销，并入县直机关党委。至此，县直属党委剩5个。1999年7月，县直机关党委改建为县直机关工作委员会，属县委派出机构，但党委职能保留。同年，县公安局党组撤销改建县公安局党委。2000年1月，增建县宣传系统党委。2002年9月，增建县经贸系统党委。至2005年，县直属党委8个：县直党工委（兼党委）、县农委党委、县宣传系统党委、县经贸系统党委、县公安局党委、东湖种畜场党委、长龙华侨农场党委、大官坂垦区党委。

**连江驻外流动党委** 2002年4月，县委批准在上海浦东成立全省第一个驻外流动党委—驻沪流动党委，下设5个党支部，有102名党员纳入管理。2004年11月，县委批准成立驻武汉流动党委，下设3个党支部，有54名党员纳入管理。2005年，县委制定《连江县驻外流动党委管理办法》，委托县委组织部加强日常管理和指导工作。

**村级党委** 2000年，县委根据农村实际情况，把党员超百人，国内生产总值超亿元，村财收入超百万元的建制村（街），升格设置党委，以加强对党建及经济社会发展的领导工作。当年批准晓澳镇的百胜村、道澳村和晓兴街建立党委。2001年，批准苔菉镇的北菱村、苔菉村、琇琊村建立党委。村级党委仍隶属当地乡镇党委领导。

**二、基层党支部（总支）**

1991年，全县基层党支部（含总支下同）共819个。其中乡镇直属机关企事业单位和村（街）党支部589个，县直属机关企事业党支部230个。

1992年后，党员退休人数日益增多，非公有制企业迅速发展，跨地区经济组织不断涌现，许多党员外出创业，流动性大，基层组织设置和党员管理出现新的难题。县委及组织部门针对这种新的情况，进行大胆探索和改革创新，适时调整基层党组织设置。至2005年，全县基层党支部有991个，其中支部881个，总支110个。主要组织模式：

**村（居）党组织** 以建制村和社区为单位，一般设立党支部。1991年，有261个村（居）党支部。1998年后，县委从农村实际情况出发，对较大的村居，党员数超过50名，村财收入30万元以上，且党员干部条件较好的升格为党总支，下设若干个支部，这样便于管理，更好发挥组织作用。至2005年，除6个村设党委（见一基层党委）外，还设有15个党总支。全县269个村（居），共有党支部306个。

**县直属机关企事业单位党组织** 1991年，县直属8个党委，有总支7个、支部89个，共96个党组织，党员1807人。包括东湖种畜场、长龙华侨场、大官坂垦区。随着改革的深化，支部适时进行调整，2002年后，增加流动党支部8个。至2005年，县直属党组织共242个，其中总支24个，支部218个。

**非公有制企业党组织** 1992年，县内非公企业逐步增多，1995年后迅速发展，企业规模日益扩大。但多数企业未建立党的组织，在非公企业工作的中共党员，无法参加正常的组织活动。为此，县委于2001年3月作出加强非公经济组织党的建设的意见，针对不同经济组织和生产经营状况，分别采取“建、联、派、挂、荐”五种形式：非公企业职工中已有3名以上党员的，由所在乡镇党委负责建立独立党支部；仅有1—2名党员的，依据地域相邻、行业相近的原则，多个企业组建联合党支部；职工20人以上或年销售收入100万元以上尚无党员的企业，由所在乡镇派“党建工作员”，协同企业抓好发展党员工作；仅有1名党员的，就近挂靠村（居）党支部，由支部指定专人帮企业搞好党建工作；县人才市场向非公企业推荐员工时，优先推荐党员。至2005年，非公企业已建党支部27个，其中5个支部是党建示范点。

**海上党组织**　连江是海洋大县，沿海有不少党员因经常出海生产，影响参加组织活动。1995年开始，县委突破固有的以村为单位设立党支部的模式，把在同一海域生产、作业相同或相近的渔民党员，联合组建临时党支部或党小组，设“一长三员”（临时党支部书记或党小组组长，配组织员、宣传员、安全员），利用生产间隙，开展党的组织活动、学习政治时事和对台政策，在海上接触台马渔船民时，主动做和平统一工作，防止“台独”思想渗透，在海上构筑一道坚固堡垒。至2005年，全县共已设海上临时党支部23个，党小组486个。在党组织带领下，对海上生产技术交流、海难救援、协调渔事纠纷等都发挥很大作用。

**驻外流动党组织**　1992年，外出创业的党员日益增多，如何管理和发挥作用成为难点。1995年，马鼻建筑公司党组织首先尝试在外出党员较集中的武汉、上海、福州、南昌等办事处，建立党支部或党小组，不定期组织活动。至2005年，已建立8个党支部，分属驻上海流动党委和驻武汉流动党委。

**离退休党组织**　党员干部职工离休或退休后，根据属地管理的原则，党组织关系一般移户口所在地或长期居住地党的组织。一些集镇和村居离退休党员较多，就单独建立离退休党支部，根据这些老党员的特点开展各项有益活动，发挥余热。至2005年，全县已建立21个离退休党支部，其中凤城镇有13个，县直经贸系统3个，东岱等乡镇5个。

**学校党组织**　为加强学校党的建设，县委组织部门逐步调整学校党组织设置，把一些中学和学区党支部升格为党总支，凡有3名以上党员的学校都建立党支部，2名以下的校组建联合党支部，加强培养和发展教师党员。至2005年，已建立12个中学和学区党总支，49个党支部，消灭了无党员的空白点校。

**1991—2005年连江基层党支部（总支）情况表**

表22-5-3　　　　单位：个

| 年份 | 支部数 | | | 总支数 | | | 支部（总支）总数 | | |
|---|---|---|---|---|---|---|---|---|---|
| | 合计 | 县直 | 乡镇 | 小计 | 县直 | 乡镇 | 小计 | 县直 | 乡镇 |
| 1991年 | 765 | 206 | 559 | 54 | 24 | 30 | 819 | 230 | 589 |
| 1992年 | 763 | 215 | 548 | 52 | 22 | 30 | 815 | 237 | 578 |
| 1993年 | 775 | 221 | 554 | 55 | 25 | 30 | 830 | 246 | 584 |
| 1994年 | 798 | 223 | 575 | 55 | 25 | 30 | 853 | 248 | 605 |
| 1995年 | 832 | 225 | 607 | 66 | 27 | 39 | 898 | 252 | 646 |
| 1996年 | 842 | 228 | 614 | 69 | 27 | 42 | 911 | 255 | 656 |
| 1997年 | 850 | 231 | 619 | 69 | 27 | 42 | 919 | 258 | 661 |
| 1998年 | 848 | 232 | 616 | 83 | 29 | 54 | 931 | 261 | 670 |
| 1999年 | 836 | 219 | 617 | 83 | 29 | 54 | 919 | 248 | 671 |
| 2000年 | 843 | 223 | 620 | 81 | 23 | 58 | 924 | 246 | 678 |
| 2001年 | 826 | 199 | 627 | 97 | 21 | 76 | 923 | 220 | 703 |
| 2002年 | 852 | 208 | 644 | 98 | 20 | 78 | 950 | 228 | 722 |
| 2003年 | 882 | 218 | 664 | 98 | 20 | 78 | 980 | 238 | 742 |
| 2004年 | 888 | 217 | 671 | 110 | 26 | 84 | 998 | 243 | 755 |
| 2005年 | 881 | 218 | 663 | 110 | 24 | 86 | 991 | 242 | 749 |

# 第三节 基层班子建设

## 一、基层班子配置

**乡镇班子** 1991年，连江按照上级组织部门的有关规定，人口在1.5万人以下的2个乡镇，配置党委委员7人。人口1.5万以上的18个乡镇配置党委委员9人。乡镇党委书记1人、副书记除琯头镇（人口5万人以上）配3人外，其他乡镇配2人。乡镇政府成员职数，琯头、敖江、潘渡、黄岐4个乡镇设乡镇长1人，副乡镇长3人，其余乡镇配乡镇长1人，副乡镇长2人。各乡镇的挂职或专职分管社会治安综合治理、计划生育副书记、科技副乡镇长不占领导职数，一般配置1人。1993年，新建下宫乡，按1.5万人以下人口配置党政班子。1997年，新设江南乡，按1.5万以上人口配置班子。至2005年，全县22个乡镇，均按规定配齐班子。其中小沧、潘渡、蓼沿、长龙4个畲族少数民族聚居的乡镇，共配置少数民族领导干部10名，小沧畲族民族乡乡长由少数民族干部担任。22个乡镇中，配有妇女领导成员20人。

**村级班子** 1991年，村级班子配置本着"精干高效"的原则，依据各村（居）人口数、党员数、经济状况、村落分布及工作需要等因素，合理设定村干职数。一般情况人口在5000人以上的村（居）配置党支部委员5—7人，村（居）委成员5—6名（"两委"总数8—11名）；人口3000—5000人的村（居），支部委员5—6人，村（居）委成员4—5人（"两委"总数7—9人）；人口1000—3000人的村（居），支部委员4—5人，村（居）委成员3—4人（"两委"总数5—7人）；人口1000人以下的村，配支部委员3—4人，村（居）委成员2—3人（"两委"总数4—6人）。两委任职可交叉，主要骨干年龄要求55周岁以下，一般成员50周岁以下，超过者原则上应退出班子。村级班子三年换届一次，分别已于1994年、1997年、2000年、2003年换届4次。

## 二、班子换届选举

**乡镇一级换届选举** 1991年，乡镇一级领导班子多在1990年换届，到1993年满三年进行换届选举。换届前，县委都组织力量分成若干考核组，由县领导分工负责，深入各地对乡镇党委、政府领导成员进行全面考核，通过述职、民主测评，倾听各方面意见，从目标责任、业绩及政治、思想、作风等方面作出考核报告，向县委汇报。然后本着"大部稳定、适时调整、优化结构、合理配备"和"能者上、平者让、庸者下"的原则，进行调整和充实，使班子成员逐渐年轻化，文化程度不断提高，班子结构日趋合理。1996年，乡镇班子成员换届选举后，妇女干部增至21人，使21个乡镇均有妇女领导成员。班子成员中大专以上文化，1993年仅53人，占总数25.5%；1996年增到136人，占总数50.7%。平均年龄为36.4岁。同年，省乡镇换届选举工作指导小组在连江召开全省乡镇换届选举座谈会，中组部领导及省人大常委会领导亦莅临参加，给予肯定。1999年和2002年两次换届选举，上述比重又有所提高。至2002年，22个乡镇共配领导班子成员298人，平均年龄36.6岁；大专以上文化程度185人，占总数62.1%；妇女领导成员计22人，其中担任党委书记1人，镇长1人，副书记或副镇长5人，领导成员15人。有9名少数民族干部进入乡镇领导班子。

**村级换届选举** 1991年，正值村（居）换届选举，各乡镇党委都组成考核组，对村支部委员和村（居）委会成员（简称"村两委"）进行考核，广泛听取各方面意见。考评做到"四重四看"，即重政绩看有形、重素质看发展、重大节看主流、重作风看公认。严格把住五种人不得进入班子，即贯彻上级党委各项政策不坚决、不得力的；违反计划生育、偷私渡、违法建房及有经济问题的；闹不团结、教育不改的；长期不在岗、不安心工作的；工作平庸、长期改变不了落后面貌的。乡镇党委考核报县委组织部审批后，方可举行选举。当年，全县261个村级换届选举，开始注意吸纳颇有业绩的年轻人（民众称之为“能人”）进入班子。党支部成员平均年龄为40.8岁，初中学历以上占67.4%，各类能人319人。1994年村级换届，党支部成员平均年龄38.8岁、村委成员38岁，初中学历以上支委占85.5%、村委占79.8%，各类能人进入班子458人。1997年，265个村级换届选举，县委明确要求：村团支部、妇代会、民兵营负责人要100%进“两委”班子。该届村（居）党支部成员总数986人，比上届减少36人。其中女支委114人，占11.56%。支委平均年龄38.17岁，初中学历以上939人，占总数95.2%，经济、管理能人703人，占71.3%。两委素质都有提升。2000年，265个村级换届选举，在62个村试点推行“两推一选”，即先选村委后选党支部，拟推荐的支部书记人选，先参加村委选举；村委主任选定后再推荐为党组织人选，推行双向进入，交叉任职，村主要干部持“双卡”上岗，允许党支部书记兼村委主任，实行“一肩挑”。2003年，全县269个村级换届选举时已全面推行，全县村级党支部成员1005人，其中有326人兼村委成员，“一肩挑”的村（居）共22个。

**后进班子整顿**　1991年开始，县委和乡镇党委每年都对村党组织状况进行调查分析，注重抓好后进党组织的整顿工作。1991—1992年，县委和乡镇党委组织力量，整顿119个党组织，物色培养158个政治素质好、有一定组织管理水平、群众公认的党员，进入党支部班子，其中有50个担任支部书记，16个担任村委主任，多数村取得很好效果。1993—2005年，县委和乡镇党委都根据实际情况，每年有针对性地选择30—50个后进班子进行整顿，解决最突出的问题，并为换届选举打下基础。

## 第四节　干部管理

### 一、管理权限范围

1991年，干部管理延续以往分块分类管理办法。正副科级干部由县委组织部管理。全县乡（镇）、县直党群机关单位由县委组织部考核，经报县委审批后下文任免。政府职能部门科（局）长，经县委研究决定，由县人大常委会审定通过后下文任免。县宣传、教育、卫生系统单位部门由县委宣传部考核、经县委审批后下文任免。股级干部乡（镇）和县直党群机关由所在单位考核研究报县委组织部审批任免；宣传、教育、卫生系统由所在单位考核研究报县委宣传部审批任免。经批准放权的企事业单位，股级干部由所在厂长、经理决定任免。1998年开始，对放权企事业的厂长、经理，由业务主管部门进行考核投标资格，竞标中标者由主管业务部门下文任免。至2005年不变。

### 二、选拔任用

1991年，县委按照党管干部和德才兼备、任人唯贤等原则，按干部管理权限履行选拔任用工作。1992年，开始引入竞争机制，进行公开、平等、择优选拔工作，并注重后备干部的培育。1995年贯彻中央《党政领导干部选拔任用工作暂行条例》（简称“干部选任条例”），县委决定公开招考选拔6名科级领导。1997年，县委按选任条例要求，制订具体实施意见和相关配套制度，对党政机关科级干部的选任原则、条件、资格、程序、纪律及监督机制作出明确规定。当年公开选拔县财政局、人事局、卫生局、林业局、教育局等6名副科级领导干部。1999年，公开选拔乡镇党委副书记、副乡镇长各2人。2000年，县委制定《机关股级干部竞争上岗暂行办法》，推出26名股级干部竞争任职，促进领导干部“能上能下，能进能出”和优秀人才脱颖而出的竞争机制。2002年，小沧畲族乡10个科级领导职位实行公开招考选拔，全县有115个干部报名参加。组织部门严把任职资格关、笔试面试关、比例分配关、程序公开关和考核选任关，收到较好效果。2003年，县教育局长进行公开选拔，采取自我推荐、群众推荐、组织考察、县委研究相结合。经过选拔、面试、笔试、个人拟任演说，得分张榜公布，县委全委会集体票决等一系列措施，确保公认的优秀人才担任重要职位。1991—2005年，共选拔任用副科级以上干部457名，选拔列入后备干部407名。

**三、考核监督**

1991年，仍按干部管理权限组织考核。根据党管干部原则，县委重点抓科级以上干部考核。1992年开始，县委制定《干部作风纪律和教育管理若干意见》，进行预警性教育监督。对科级领导实施工作目标责任制。特别是乡镇党政领导一把手，每年初都要与县委、县政府签订责任状，做到季度有检查，半年有小结，年终有考核。并制订量化考核办法，定量考核经济建设、党建工作、社会发展、精神文明四个方面14项内容，按百分制计评得分数。定性考核包括个人述职、民主测评、个别座谈、广泛征求意见等项。并先后建立组织部长信箱、领导干部谈话制度、个人重大事项报告制度、离任审计制度等动态监督机制；加强县人大常委会干部任免监督，县政协民主协商监督；建立组织人事部门与执法执纪部门联系沟通机制；发挥廉政监督员、人民代表、群众信访及媒体的监督作用，形成对领导干部监督管理齐抓共管局面。1996年，建立新提领导干部试用和待岗制度。1999年开始，一般量化考核成绩前10名的，给予适当奖励；倒数1—3名者，主要责任人予以降职处理；考核发现问题较严重的班子，县委组织部派得力干部帮助整顿。2001年，制订科级干部任前公示和考察工作预告。2004—2005年，共聘请10名处级离退休干部担任干部八小时之外活动廉政监督和参加考核领导班子，提高考核监督工作的质量和透明度。

**四、教育培训**

1991年，县委进一步加强党员干部尤其领导干部教育培训，实行长计划短安排、系统性与阶段性、理论与实践“三个结合”。据统计，1991—2005年，县选送科级以上干部391人到中央及省市党校培训，鼓励青年干部1550人参加中央党校函授学习和省委党校大专班学习。依托县委党校举办各种类型培训班、轮训班10期522人，科级干部进修班2期76人，科级干部政治经济等理论学习班48期7152人次。

**五、调整配置**

1991年，连江干部和班子配置按照“大部稳定，小部调整，优化结构，合理配备”的原则，结合不同时期的实际情况适时调配。以基层班子换届选举为契机，在县直与乡镇、沿海与山区之间进行互相调整交流，有利于干部尤其领导干部扩大视野，发挥特长，团结协调，提高整体效能。1995年，县委制定《后备干部队伍建设意见》，规定选拔条件、推荐考核程序及档案信息管理。1999年，实施“3337”工程，即保持后备正科级干部30名、乡镇科技副职干部30名、优秀企业管理干部30名、县管副科常备70名，并加强培训，实行建档和动态管理。同年，县委选调高学历经济管理干部23名到乡镇任职。1991—2005年，共提拔副科以上干部457名，平级交流轮岗907名，降免职13名，共计调配1581人。股级干部调配851名，列入县委后备干部管理407名（其中正科138名、副科269名）；村级后备干部全县保持500名常数，并不断考核更新，保证村级班子建设后继有人。

# 第六章　宣传工作

## 第一节　形势政策宣传

1992年，县委宣传部门围绕邓小平南方谈话和中共十四大精神，大力宣传和推进社会主义市场经济改革，召开经济改革宣传通气会，邀请16家厂长经理参加，共同探讨国有企业改革举措。1993—1996年，先后召开各种座谈会500余场，9800多人次参加解放思想大讨论。组织干部下基层宣传1020场、受教育人数10多万人次，促进干部群众进一步解放思想，把改革引向深入。

1997—1999年，宣传中共十五大及十五届三中全会精神，在县有线电视开辟《争创新业绩》专栏节目。利用座谈会、专刊、墙报、知识竞赛、问卷测试等宣传载体，把中共十五大精神传达到千家万户。还组织拍摄制作《为把连江建设成为繁荣文明港口城市而奋斗》《蓝色的希望》《连江改革开放20周年建设成就》《畲乡新貌》等电视专题片，在省市媒体编发稿件1500多条，宣传连江改革开放和经济建设成就。

2000年，可门港列入福州港总体建设规划，宣传部门组织力量，大量宣传报道可门港建设成就，为新一轮创业提供舆论支持。2002年7月创办《今日连江报》，加大采访报道力度。2002—2005年，组织学习宣传中共十六大，十六届三中、四中、五中全会精神，在县有线电视台开辟《十五规划纲要》《飞地工业》《海之旅》《飞地砥柱山海畅流》等10多个专栏宣传；在《福建日报》《福州日报》等报刊，组稿介绍连江经济建设、旅游、招商引资等成就。精心摄制《可门港赞歌》《希望在这里升腾》《海峡两岸璀璨明珠》等专题片并刻录VCD光盘，在海内外广泛发送宣传；举办可门港和机电配套项目招商推介会多场，组织开展“创业潮”“和谐连江”等征文比赛，编印宣传专版等，引导广大干部群众认清大好形势，增强信心，为改革开放和经济建设创造良好宣传舆论环境。

## 第二节　对外宣传

1991年，宣传部门利用连江人文、地理优势，通过宣传引路、经济唱戏、文化助阵，把对外宣传置于改革开放的全局之中，为县委决策创造舆论氛围。1992年4月，借助粗芦岛井川工业园奠基典礼，加强对外舆论宣传，打响吸引外资先声。1993年，先后参加与组织4场外事活动，负责制作介绍连江县情的电视专题片《大海的呼唤》。1994年，制作大型对外宣传画册《今日连江》，推介连江投资环境、资源优势和优惠政策等，作为对外招商引资重要载体，发送海内外客商。还协调组织在香港《文汇报》《大公报》《美国侨报》等推出“连江专版”或“特刊”，《青芝乡讯》也加大涉外宣传推介力度，并增加海外发行量。1996年，县委宣传部牵头在《福建日报》组稿《回顾“八五”，展望“九五”》连江专版，为福州国际招商月活动中连江招商引资营造良好氛围。1997年，县委宣传被评为对外宣传工作省级先进单位。

1998年开始，宣传部门以扩大连江知名度，服务经济建设为主题，相继推出“三月三”小沧畲乡旅游文化节，青芝山“灵芝节”“增寿节”，可门港招商推介会等宣传活动。2003—2005年，先后制作《今日连江》电视专题片，配合福州国际招商月连江招商专场宣传活动，开辟“海之旅连江招商会”“9·8厦门贸洽会”等宣传专题和专栏。

## 第三节　理论学习调研

1991年，县委宣传部注重党的理论学习，紧扣中国特色社会主义理论武装全党这一主线，组织和安排县委学习中心组理论学习和调研活动，要求理论工作者深入实际、深入基层，围绕改革开放和经济建设中带全局性的问题开展专题调研，同时要求县和各级领导每年宣讲形势政策及理论 3 场以上。1992—1996 年，宣传部配合有关部门，举办各类读书班 20 期，研讨班 300 多期，轮训干部 4.5 万人次。县委和乡镇党委学习中心组每年组织学习会 150 多场。副科级以上干部参学率达 90% 以上，县领导经常深入基层作形势任务报告，理论工作者共交流和撰写论文 500 多篇。

1997—2001 年，理论学习工作做到“三个突出”：在制度建设上突出抓好各级党委学习中心组、干部学习日、领导干部“考学”等制度的落实；在学习对象上突出副科级以上党员领导干部；在学习内容上突出邓小平中国特色社会主义理论、“三讲”知识和中共十五大精神。县委学习中心组年均集中学习 30 次左右，先后邀请省、市专家、教授作理论学习辅导报告 20 多场。基层党委学习中心组年集中学习 500 次上下。其间，依托县委党校，举办理论培训班或轮训班 70 多期，受训人数 1.8 万人次。同时在县有线电视台开辟理论学习专栏，报道理论学习的成功经验。从中学政治教员中聘请 50 名理论宣讲员，加上基层党委宣传委员为骨干，形成一支理论宣讲员队伍，除深入基层宣讲理论和形势政策外，还参与有关理论课题的调研，通过专题调查、信息反馈、理论研讨等形式，围绕各时期需要破解的重要课题展开调研，为县委决策提供理论和实践依据。

2002—2005 年，以宣传贯彻中共十六大，十六届三中、四中、五中全会精神，学习实践“三个代表”重要思想、科学发展观为理论武装工作的重点，通过科学安排县、基层党委中心组的学习计划，进一步健全完善学习制度，辐射和带动全县理论学习培训全面铺开。先后共举办各类理论培训班 280 多期，受训党员干部 2.4 万多人次，基层理论宣讲 100 多场，受教育 2.5 万多人次。2002 年，围绕调查研究年的工作要求，以 10 个理论学习联系点为基地，广泛动员理论工作者、党务工作者和有关部门领导，共同参与理论调研，撰写专题调研论文 100 多篇，其中评为优秀 30 篇。1991—2005 年，全县宣传系统共撰写论文 700 多篇，有 200 多篇在市以上理论刊物刊用，50 篇评为优秀以上奖项。

## 第四节　思想政治工作

1991 年，继续加强基层思想政治工作队伍建设，对全县 1300 多名党的报告员、宣传员和思想信息员进行定期培训，组织他们深入庭院、街巷、休闲场所、家中开展宣讲和谈心，并结合调查研究，有针对性地开展思想政治工作，打造“政治强、业务精、作风正”的宣传队伍。1993 年，宣传部门组织系列活动，纪念毛泽东 100 周年诞辰，举行 130 多场纪念活动，有 10 万多人次参加。县五套班子领导结合纪念毛泽东《才溪乡调查》60 周年，撰写调研文章 50 多篇。1995 年开始，广泛开展以爱国主义为核心的主题教育，县委宣传部与广电局联合举办百部爱国主义影片展播，在青少年中开展丰富多彩的爱国主义教育活动。2000—2005 年，宣传部门把加强和改进思想政治工作与密切干群关系及为民办实事有机结合起来，探索新时期思想政治工作新途径、新方法。如马鼻镇玉井村，创立“文化中心户”与思想政治工作结合，效果很好。在农村逐步发展“农民书屋”，弘扬优良传统文化。在中小学推进爱国主义影片进校园，先后放映 900 多场次，受教育学生 20 万人次。透堡、长龙、琯头等一些中小学，还组织编写乡土教材，进行爱国爱乡和传统教育。利用县内 11 处爱国主义教育基地，在重大节日举行入团宣誓、成人宣誓。利用殡葬改革，加强移风易俗宣传教育。加强青少年理想信念教育，深入开展“爱我中华、兴我连江，艰苦奋斗、建设小康”的主题教育活动，全方位推进思想道德建设。

# 第七章　统一战线工作

## 第一节　促进多党合作

连江县民主党派有中国国民党革命委员会（简称“民革”）、中国民主促进会（简称“民进”）、中国农工民主党（简称“农工党”）、九三学社等4个分支组织，致公党、民盟只有成员。

1991年，县委为充分发挥民主党派参政和民主监督作用，逐步建立健全党委与民主党派的民主协商会、县情通报会、征求意见座谈会等制度。凡召开县人大、政协会议之前，县委都提出有关国计民生的重大课题，让民主党派协商并号召深入调查考察，提出有前瞻性的精品提案和建议。1992—1993年，县委支持和协助农工民主党等发展成员，建立组织，安排民主党派专项活动经费，保证工作正常运转。1994年起，建立和健全县政府职能部门与民三党派的对口联系制度，如环保局与民革总支、建设局与民进支部、卫生局和农工总支等，经常开展业务联系、信息互通、政事通报、活动互动，为振兴各项事业做出贡献。各民主党派均能积极呼应，踊跃参加。如1995—1999年，先后提交《预防由“应试教育”向“素质教育”转轨的负面效应》《改善出生人口性别结构》等提案均被采纳；《根据新时期统战工作要求把民主党派工作做得更好》调研文章，荣获“百人调研”鼓励奖。2000—2005年，在县政协年会中，县农工党成员提交《医疗卫生改革的几点建议》、民革成员《全民齐动员保护水资源》等提案，得到县委、县政府的高度重视，并加以进一步论证和落实。至2005年，县委相继选拔和推荐安排民主党派担任正科级干部1人，县政协副主席2人，县、市政协委员28人，县、市人大代表6人。

## 第二节　团结各界人士

1991年，县委按照党的优良传统，把团结各界人士作为巩固发展新时期爱国统一战线的重要内容，建立党政领导与党外人士广交朋友制度，要求每位党员领导必须结交2—3位党外人士朋友，并经常沟通思想，了解情况，倾听意见，真诚合作共事。尤其随着改革开放的深化，民营企业迅速崛起，涌现出众多经济界优秀代表。县委着力加强非公有制经济领域的统战工作，开拓团结各界人士的新方法，新途径。在充分发挥县工商联作用的同时，大力支持成立县商会，发展非公经济组织代表会员，推荐优秀企业家担任工商联执委。1992年，县委统战部门加大发现培养党外各界后备干部队伍，采取推荐、选拔、交流、挂职等形式，吸收党外优秀人才进入政府职能部门任职，当年有2位党外人士提拔到县文化局和计生委担任实职。县人大历届换届选举，党外人士当选代表都占一定比例，一般在35%左右。县政协委员中，各界人士比例多达60%上下。1997年，党外人士担任县人大常委会副主任1人，任乡科级职务8人，基层股级干部50多人，还有1人被推荐为省政协委员，4名当选市人大代表，3名为市政协委员。1998年起，县委为充分发挥各界人士参政议政和民主监督的作用，每年都召开4—6次党外人士座谈会、通报会、协商会，通报县情和各阶段中心工作进展，组织各界人士参加考察重点工程及为民办实事项目，倾听他们的意见和建议，反映社会和群众热点难点问题并建言献策，有效发挥民主监督作用。至2005年，全县相继有42位党外人士被聘为政府职能部门、执法单位的廉政监督员、特邀监督员、效能建设监督员等，推进政府依法行政、廉洁从政、提高工作效率。

## 第三节　落实宗教民族政策

### 一、落实宗教政策

1991年，县内有佛教、道教、天主教、基督教，信教群众5万多人，是年，县委成立宗教工作领导小组，建立由县委统一领导、统战部门协调的工作机制。在加强管理的同时，注重政策宣传教育，打击非法活动，有效抵制渗透。1993年，发现来自台湾地区的“呼喊派”教徒在境内进行渗透活动，县统战部门配合公安机关，迅速加以制止。1994年，县统战宗教部门加强宗教活动场所的管理，全面实行摸底和登记管理制度，把解决一些宗教房产历史遗留问题作为落实党的宗教政策的一项重要工作，通过审慎调查，以行政调处、司法判决等予以解决落实。先后归还原城关天主教“修女楼”及敖江幕浦、琯头等8间基督教堂房产，还协调解决佛教场所“观音阁”和道教场所“元帅庙”的房产问题。1995—1996年，县统战部门先后协调基督两会整顿组织，选拔两名年轻牧师代理两会工作；指导县佛教协会搞好换届选举。

1996年，发现外来宗教势力在境内的渗透活动有所加剧，有的自封“传道人”，未经批准非法设点并印制传播宗教资料，拉帮结派，非法创办所谓“少儿读书班”“老人敬老院”等。2002年，还发现“东方闪电”邪教在县内传播。未经报批乱滥建宗教活动场所的现象也有所抬头，干扰正常宗教活动。对此，县委非常重视，抽调力量，进行综合治理。广泛开展政策宣传教育，加强寺观教堂管理，引导信教群众爱国爱教，坚持独立自主、自办教会的原则，把宗教活动纳入《中华人民共和国宪法》和法律的范围，同社会主义社会相适应，构建和谐社会。同时，支持和帮助宗教团体，有效开展工作。2000年，指导召开县天主教爱国会第二次代表大会，选举新一届班子，依法开展正常活动。2002年，协助成立连江县道教协会，有序开展道教活动；从而增强各宗教界的爱国力量和凝聚力，推动全县宗教场所登记管理制度的落实。至2004年，经宗教部门的调查核实，全县共批准188处宗教活动场所予以登记，其中佛教寺院117处，道教宫观13处，天主教堂1处，基督教堂57处。对于未报批非法乱滥建的49处宗教活动场所和6处民间信仰场所，分别情节进行处理：依法拆除15处，改作他用21处，补办手续14处，封存5处。维护政府对宗教活动场所的有效管理，并逐步规范化、制度化。

### 二、落实民族政策

1990年，连江县第四次全国人口普查，全县有少数民族16个，人口12340人，占全县总人口的2.12%。其中畲族人口12249人，占总人口2.10%，其他15个少数民族人口仅91人。畲族分布全县19个乡镇，39个建制村，设1个少数民族乡，17个主要聚居建制村，78个自然村。畲族民众绝大多数居住偏僻山区，交通不便，信息闭塞，文化落后，生产力低下，生活困难。1991年，县委、县政府认真实施《福建省少数民族权益保障条例》，对少数民族地区经济社会发展给予政策倾斜，大力支持改善基础设施，根据山区特点和资源，扶持发展特色产业，先后扶持培植东湖天竹枇杷、长龙茶叶、蘑菇、反季节蔬菜、小沧毛竹和畲族风情旅游等项目，逐步增加经济收入。同时在教育文化卫生事业上给予支持。实行中小学布局调整，集中办学。扩大少数民族学生寄宿和班级，办好畲族子弟相对集中的潘渡中心小学、塘坂小学、蓼沿中心小学、丹阳中心小学、安凯畲族小学、小沧东风小学等，方便畲族子弟上学。1993年，县统战部还协调文化部门为挖掘和弘扬畲族悠久的优秀传统文化，组织力量到小沧等畲族聚居地搜集畲族民俗风情、民歌、故事、武术等珍贵资料，利用每年三月三传统乌饭节进行民族风情展演。

1994年开始，对分布偏僻山区小村落的畲族居民，实施“造福搬迁”，移居到建制村或乡镇周边。

1995年，连江承办全省少数民族传统体育运动会，连江畲族参加武术、射箭等项目。1996年，在小沧举办乌饭节期间，还召开小沧畲族民俗文化研讨会，吸引菲律宾等客商的兴趣。1997年，畲族歌手蓝华参加全省第二届民族文艺调演，其《畲山情》演唱获三等奖。对少数民族地区的医药卫生设备，县历来均尽力给予扶持。

2000年开始，县委加大对少数民族“造福搬迁”工程的支持力度。至2005年，全县畲族聚居的偏僻小自然村，已搬迁28个村、800余户、3400人。各级财政补助资金1500万元。全县78个少数民族聚居村已全部实现通路、通电，80%实现安全饮水。在华侨中学和丹阳三中创办民族学生寄宿制初中班，在潘渡设民族中心小学，还联络争取各界人士资助15名优秀民族贫困生完成高等学校学业。1991—2005年，全县共有畲族当选县人大代表48人、市人大代表4人、省人大代表2人，选为县党代会代表52人、市党代会代表8人，推荐担任县政协委员27人。全县有畲族干部171人，其中有高级技术职称5人、中级职称52人。为贯彻党的民族政策，促进民族团结和民族地区经济社会发展做出贡献。

## 第四节　“三胞”及海外联谊

1991年，随着两岸日趋缓和，海外侨胞、港澳同胞和台湾同胞“三胞”到连江探亲谒祖、参观旅游、投资兴业日渐增多，县委统战部门热情接待，为“三胞”探亲、考察、投资兴业搭桥铺路，热诚帮助解决土地、房屋、定居、办证等各种疑难问题。尤其每年清明、中秋、春节等重要节庆，不少“三胞”回乡省亲会友，寻根祭祖，统战部门多主动登门拜访。一些知名人士，县主要领导都安排时间亲自接待或访问，介绍家乡建设情况，增进相互理解，联络感情。为搭建“三胞”联络平台，县委统战部牵头，早在1989年就成立了连江县海外联谊会，1991年，逐步扩大理事成员，特邀港澳、台湾同胞和海外侨胞的知名人士担任名誉会长、顾问或副会长，吸收优秀人士参加成员，特别注意发展“三胞”的第二、三代青年人，使联谊活动常态化，充满活力，交友渠道进一步扩大。1991—2005年，县统战部门先后共接待“三胞”3195人次，全县共引进“三资”企业191家，其中经“三胞”引进或直接投资的有50多家。“三胞”热爱祖国家乡，先后捐资举办各种公益事业达14487万元，还通过海外社团、邀请人员到美国、马来西亚、新加坡等国家和中国香港地区考察交流。香港召开的每届世界福州十邑同乡垦亲大会，连江都组团赴港参加，广交朋友，以扩大交往面。为更好发挥“三胞”作用，县委在考虑县人大代表和政协成员时，都注重“三胞”代表的一定比例。1991—2005年，县政协委员中，先后推荐“三胞”担任委员的有9人。

# 第八章　精神文明建设

## 第一节　创建文明单位

1991—1992年，县精神文明建设活动办公室（与县委宣传部合署）协力创办文明村民学校、文明渔民学校、老年人学校等，创新群众乐于接受的教育载体和喜闻乐观的文体活动形式，丰富群众文化生活。每年均以庆祝中华人民共和国成立、连江解放为主题开展各种纪念活动；每逢元旦春节期间，举办文化、科技、卫生“三下乡”，为偏远山区海岛民众赠书籍、写春联、搞义诊及举行慰问和联欢等活动。

1993年开始，围绕县委提出“撤县建市奔小康”的总目标，以创建文明县城为载体，拓展精神文明建设内涵，协调城管等部门，不定期开展市容市貌、交通、卫生等综合整治。1994年，通过对已获得文明称号的92个单位进行复查，提出更高要求。探索创建文明的新途径，在全县开展评选“文明市民”活动。1995年，为提高军警民共建文明工作水平，通过实施“二五”普法规划，推进军警民联防和共建，在驻军较多的乡镇和村居，共建“少年军校”“少年警校”“军警民联防队”等，进一步密切军警民关系。1996年开始，贯彻实施中宣部、农业部《关于深入开展农村社会主义精神文明建设活动的若干意见》，县制定《“九五”精神文明规划纲要》，提出抓龙头，创特色；抓重点，带全面；抓达标，争先进；抓基础，树典型，把创建文明与争创小康结合起来，领导分片包干，强化城乡环境整治。1996年，连江被市评为文明县城。至1997年，全县22个乡镇创建文明小区119个，凤城镇北门社区、丹阳镇丹阳社区、琯头镇塘头村、东岱镇东水村创建文明安全小区示范点，经市考评验收合格。东湖镇与驻军某部队被评为全国双拥先进单位。

1999年后，全县以争创省级文明县城为目标，带动文明村镇、文明安全小区、文明行业、文明单位、军警民共建等创建活动，以优美环境、优良秩序、优质服务为载体，结合“大城关、小城镇”发展战略，不断深化创建内涵，推动创建工作逐步制度化、规范化、经常化。是年，连江被评为全省双拥模范县。

2000年，顺利通过文明县城省二级达标验收和省级卫生县城普查。2001年起，以创建省一级文明县城为契机，建立健全县城长效管理机制，开展“创文明行业、建满意窗口”活动，抓文明安全小区“五个化”（治安强化、环境美化、区间绿化、社区文化、服务优化）建设。当年有14个单位被评上市级文明单位。琯头镇山兜村通过省级精品村验收，筱埕镇官坞村被评为省级文明村，32个村被评为市级文明示范点。东湖镇与某部队被评为被福建省第2届军民共建精神文明先进单位。2001—2005年，利用中国加入世贸组织和北京申办奥运成功等大喜事，连续举办丰富多彩的庆祝和纪念活动，组织“三下乡”活动规模更大，主题更突出，内容更丰富。先后组织620多场爱国主义影片进校园、进乡村，观众26万多人次，评选文明楼院100座，文明家庭500户。县工商局、地税局等18个单位被评为省级“创文明行业、建满意窗口”示范窗口单位。组织文明单位开展“三下乡送温暖”活动，资助15个村292户特困户、95名贫困生，共捐资43.76万元。2003年，连江县被评为市级文明县城，17个单位被评为省级文明单位，33个单位被评为市文明行业。2004年，创建省一级文明县城顺利通过初评验收。2005年，按照上级要求进一步巩固提高。

## 第二节　公民道德建设

1991年，县委宣传部、文明办围绕县委提出奔小康、构建和谐社会的目标，突出精神支柱建设，广泛开展学雷锋、树标兵、赶先进活动，树立正确理想信念，提高公民道德意识，激发民众爱国、爱乡、爱社会主义热情，培养积极向上，敬业奉献的精神风貌。1993年，县委通过表彰黄岐镇古石村民陈传新见义勇为事迹，在全县开展一系列宣传。1994年开始，实施市民文明工程，开展“岗位学雷锋，行业树新风”十标竞赛，加强“三德”（社会公德、职业道德、家庭美德）教育。通过广泛学习孔繁森、孙旭光等英雄模范人物事迹，树立正确的“三观”（世界观、人生观、价值观）。1995年，贯彻实施《福州市民文明公约》《市民“十不”行为规范》，大力倡导健康文明生活方式，反对聚众赌博、封建迷信、大操大办、重殓厚葬等歪风陋习，进一步净化社会风气。1996年，围绕共同理想和精神支柱，广泛开展爱国主义、集体主义、社会主义教育。全县组织8000多个干部参加十五大精神文明常识测试。1998年，以创建优美环境、优良秩序、优质服务为载体，大力倡导讲科学，除陋习，树新风，推进职业道德建设规范化、制度化。2000年，在制定“十五”经济社会发展规划中，重视提高全民族思想道德素质和科学文化素质，创更多更优文明细胞，在实施中，加强思想工作针对性、有效性，倡导诚实守信价值观，进一步完善与市场经济相适应的道德体系。县文明办与县交警联合开展“争当文明市民，共塑连江形象”的主题宣传，举办职业道德培训班15期，参训216人，评选无假货商店49家。

2001年开始，宣传贯彻《公民道德建设实施纲要》，大力倡导“爱国守法、明礼诚信、团结友善、勤俭自强、敬业奉献”的精神。先后举办“反邪教、尚文明”大型图片展，参观人数1500人。举办职业道德培训班12期，1000多人参加。2002年，举办职业道德培训班25期2000多人参加。2004年，通过举办“弘扬雷锋精神”大型图书展和“雷锋进社区”文艺晚会，组织29个获得文明单位参加“司法杯”公民道德建设知识竞赛，组织县人大代表、政协委员进行民主测评。召开全县学习福州延安中学加强未成人思想道德建设工作大会，请延安中学校长传授经验。协调文化、公安、工商等部门，查处和取缔69家无证黑网吧，整顿规范21家。2005年，举办全县未成年人思想道德建设演讲比赛，对实小、连一中、二实小等青少年公民道德教育示范基地加以提高，开展“和谐社区中的感人故事、社区托起明天的太阳”征文比赛，共征集50多篇，其中10篇选送参加全国征文比赛。当年还以纪念抗日战争暨世界反法西斯战争胜利60周年和中国工农红军长征胜利70周年为契机，对青少年广泛进行以弘扬爱国主义为核心的民族精神教育。先后举办影片展、美术作品展、报告会等近百场，受教育者都在10万人上下。

# 第九章　其他工作

## 第一节　党校工作

连江党校为正科级事业单位。1991年，校长仍由县委副书记兼任，配常务副校长（正科）主持日常工作，校内设教务科（副科级）、办公室（副科级）、总务室（股级）、乡镇党校指导室（股级）。有教职员工20人，其中教学人员9人（高级、中级、初级职称各3人）。校址坐落县城东南街中段，紧邻敖江，占地面积2600平方，建筑面积3500平方米，校图书馆藏书10300册，教学基本设施健全。

1991年开始，县委党校按照县委要求，以培训科股级党员干部和中青年领导为重点，穿插举办短期培训班。当年与县委组织部、宣传部等联合举办副科级以上读书班和理论骨干培训班，共有590人参训，时间20天，主要学习江泽民“七一”讲话。同年，举办建制村（居）主任培训班2期，每期5天，共140人参训。是年开始，举办村级后备干部培训班，每期半年，每期约60人参加。

1992年，相继举办中共党史读书班，360人参加。时间1个月；举办社会主义思想教育骨干，党建理论，非党、妇女、少数民族干部，中共十四大宣传骨干等培训班，共780人参训。

1993—1995年，先后举办副科级以上干部《邓小平选集》第三卷读书班4期，每期7天，共659人参加；青年干部理论培训班，时间54天，300人参加；建制村（居）支部书记轮训班352人次，村（居）主任岗位培训班263人次；后进贫困村党支部书记培训班30人次。党员骨干培训班90人次。至1995年底，村后备干部培训班已办5期，共培训294人。

1996年开始，加大短期培训力度，举办科级干部学习中共十四大五中全会精神培训班4期，每期4天，共培训566人次。1997年，相继举办科级领导干部学习中共十四届六中全会精神轮训班654人次，学习党内《中国共产党地方委员会工作条例》《中国共产党领导干部廉洁从政若干准则》研讨班173人次，学习中共十五大精神轮训班727人次。科级干部共受训1554人次，培训量为历年最大。同年还与县村委换届选举办公室共同举办建制村（居）主任岗位培训班243人次，村支部书记培训班275人次，促进村级换届选举顺利进行。

1998—1999年，为推动各级干部理论学习，党校先后与县委组织部、宣传部、县委办等共同举办科级领导自学理论辅导班543人次、学习邓小平理论集中辅导班313人次、科级后备干部政治理论培训班175人次，村（居）党支部书记政治理论培训班263人次。

2000年开始，县委党校不断拓展办学渠道，开设省委党校函授大专班连江教学点，2000级和2002级省委党校函授学院福州学区连江辅导站行政管理专业大专班，分别招生108人、38人，学成毕业99人、34人。2002年开始，举办科级干部进修班，每期2个月，共办4期，参加进修的共有186人。2003年，与三明轻纺工业学校联合办班，招收学员32名。2004年2月，县委党校被省政府人事厅确定为全省首批公务员培训基地之一，当年与组织、人事、司法等部门共同开办4期《依法行政》培训班，共630人参训。同时，短期培训科股级干部695人次、后进村干部培训40人。2004—2005年，会同组织、宣传部门举办共产党员发展对象入党前培训班，每季度一期，每期2天，先后共办8期，共培训985人。1995—2005年底，共举办中青年干部培训10期，每期3个月，共培训522人。

县委党校教职员工，秉承“教育者先受教育”的优良传统，与时俱进，加强自身的政治理论学习，提高素质，不断开展教学科研。1991—2005年，先后有5位教学人员在省、市级以上报刊发表教学科研论文66篇，其中获省二等奖1篇、市一等奖1篇、二等奖3篇、三等奖9篇、优秀奖3篇。

## 第二节　中共地方史编研

1991年，县委党史研究室开始筹备编纂连江革命史，初步拟定篇目框架，先后多次召开革命老干部座谈会，广泛征求意见，进行修订完善。1992年，着手进行革命史相关资料的征集工作。鉴于连江民国史料极缺，党史办与县志办联合组织力量，统一行动，集中一段时间到省、市有关部门征集史料，前后两年时间，共搜集民国时期史志资料1000多万字。其中抗战时期连江两次沦陷，日本侵略军的暴行资料非常丰富翔实，解放战争时期国民党当局在连江的军事和“清剿”部署史料很具体，填补了连江这方面史料的空白。1993年，结合纪念毛泽东100周年诞辰活动，县委部署县五套班子领导成员，为纪念毛泽东《才溪乡调查》发表60周年，深入基层调查调研，每人撰写1—2篇调研文章，共50多篇。县委党史研究室撰写《毛泽东与台海两岸决策》论文获省、市党史部门优秀奖。

1994—1995年，联合县档案馆编写《连江革命史大事记》《连罗地区地下党和游击队斗争概况》等。1996—1998年，与罗源县党史研究室联合编出《连罗英烈》一书。1999—2000年，为《福州革命烈士传略》撰写连江杨而菖等8位革命烈士传略，还撰写陶涛、邓子恢、陈云飞、杨母等人物史绩在省市党史刊物登载。2000—2005年，先后征集编写《闽东红军第十三独立团》《连江老苏区土改》等论文，还征集编写文化大革命史料初稿3万多字。

## 第三节　保密工作

### 一、保密机构网络

1991年，县委保密委员会办公室加挂连江县国家保密局牌子，为正科级，核定行政编制4人。县直有关单位和乡镇设有保密组织，逐渐形成保密网络。1997年，县保密局并入县委办公室，保留县国家保密局的牌子，为副科级单位。直至2005年。全县有基层保密组织190个，配专兼职保密员198人，保密网络日益健全。

### 二、保密宣传与培训

1991年起，每年都配合《中华人民共和国保守国家秘密法》（简称“保密法”）纪念日，举办宣传月活动，县委保密委员会主要领导发表广播电视讲话。县委学习中心组专门安排保密法学习内容，还先后组织收看国家保密局拍摄的《重大泄密案例》专题片、《筑牢保密防线》教育片和出国人员保密录像片等。对涉及保密的人员和重点单位工作人员，进行保密知识测试。1991—2005年，共播放领导电视讲话6次，在城镇出墙报专刊43期，挂大幅标语43条，发宣传材料450份，宣传瓷杯500个。通过多种形式宣传，使干部群众保密意识增强。对专兼职保密人员及涉密单位领导，依托县和乡（镇）党校，进行分期分批培训。1991—2005年，共举办培训班20多场次，参训人员达7000多人次。县保密局先后撰写《没有枪声的斗争—沿海地区保密工作探讨》《一场没有硝烟的斗争》等论文，获市保密工作论文三等奖。

### 三、保密法执法检查

1991年，县委保密委员会按照保密法规定，不定期开展保密执法检查，对县直要害机关、政法部门、涉外经济部门及沿海乡镇，进行重点检查，每年5—8次，被检查单位都在100个上下。县直各主管单位，还要负责对下属单位进行保密检查。通过检查，及时发现保密安全隐患，责令限期整改，依法督查落实。1993年起，贯彻执行《印刷、复印行业复制国家秘密载体暂行管理办法》，县保密委定期组织工商、公安、安全等部门，对印刷、复印、废品收购点（站）等行业，进行安全保密大检查，避免国家秘密载体泄露。同时严格按照规定，凡涉及国家秘密载体均应实行定点印刷、复制、收购、销毁等措施。1997年，按照市保密委《关于保密纸销毁工作加强管理的决定》，连江确定县二轻纸厂为定点销毁点，后因该厂业务不景气而撤销。2001年，经资格审查，确定江南造纸厂为定点销毁单位，要求专人负责、督促检查，确保销毁过程万无一失。县保密局还对机关单位带密文件资料的内部销毁工作不定期进行检查，发现个别单位涉密材料抛入垃圾堆，及时提出批评教育，严肃保密纪律，从源头上堵塞泄密漏洞。至2005年，县内尚未发现重大泄密事件。县委保密委员会 1992 年曾被评为全国保密工作先进集体，县保密局被评为省先进集体。

## 第四节　档案工作

### 一、档案管理机构

1991 年，设连江县档案局和连江县档案馆，合署办公，行政编制 2 人，事业编制 10 人。1997 年机构改革，两个机构合并，对外仍挂两个牌子，行政编制 3 人，事业编制 11 人。1999 年 3 月，县档案局经县政府定为法定行政执法机关。2002 年，县档案局划属县委系列。至 2005 年，人员编制不变。

### 二、档案接收管理

1991 年，县档案馆开始接收县党政机关和乡镇 1980 年以前形成的永久、长期档案，致库房负担过重。经县委、政府批准，当年立项建设档案馆大楼，建筑面积 2000 平方米，1993 年 7 月投用，并配套购置恒温恒湿空调、烟感报警器及防火防盗等设施，库房条件大为改善。至 1995 年，档案馆藏数量增加到 4.43 万卷、照片 4411 帧，当年首批添置安装 20 列密集架，全馆 4 万多卷档案和近万册资料一律经过磷化铝熏蒸杀虫处理后进库，实行系统化排列，便于保管和利用。当年县档案馆被评为全国档案系统先进单位。1996 年开始，加大档案接收进馆和收集特色资料的工作力度。至 2005 年，馆藏纸质档案共有 187 个全宗、12.05 万卷，是 1990 年的 4.4 倍，档案门类日益丰富，照片档案有 9469 帧，音像档案 46 盘、缩微胶片 780 米、文物档案 4 件。在纸质档案中，有房契、地籍、婚姻登记、法律公证、姓氏族谱、党史方志、地方名优特产、风景名胜等专门档案 18 种、6.48 万卷，占馆藏量的 53.8%，形成具有地情特色、满足更多方面需求的档案馆藏基础，县馆藏库房设施日渐完善。至 2005 年，已安装 93 列密集架、配备有消毒柜、杀菌机、去湿机、检测仪、温湿度自动纪录仪等设备，还建设网络管理中心机房和局域网，配有交换机、终端电脑、扫描仪、数码照相机、摄像机等，以加速实现档案信息数字化。1988—2005 年，县档案馆连续评为省一级档案馆。

### 三、档案资源开发利用

1991 年，为便于档案资料的查找利用，县档案馆编制多种手工检索工具，如目录索引、类目卡片、《全宗介绍》《档案馆指南》等。当时正处首轮地方志编纂高峰，利用档案频率剧增，年均 1800 人次，5500 卷次。1993 年最高达 2427 人次、7581 卷次。1993 年 11 月开始，准备向社会开放中华人民共和国建立前的全部档案和首批中华人民共和国成立后档案。县档案馆组织力量，对档案形成满 30 年的 16579 卷，进行解密鉴定，然后分批开放。因这些档案年代早，纸质差，模糊褪色、破损严重，档案人员进行维护抢救，相继裱糊 6100 页、复制 2250 页、裱糊并缩微复制族谱 108 卷 31736 页、民国丘图 1819 张，为开放利用创造条件。1998 年，运用现代科技，录制计算机检索工具，并对早年进馆的原定“短期”档案 1730 卷进行到期鉴定，对其中仍有价值的 1257 卷延长保管期限。2004 年开始，在互联网上建立连江档案网站，宣传和展出档案，继与县政务网连接成局域网，接收和传递档案数字化信息，使之能够更有效地围绕全县中心工作和大局，充分发挥国家综合档案馆的社会服务功能。1991—2005 年，县档案馆共编《全引目录》533 本、《案卷目录》181 本、《专题目录》69 种、重要全宗分类卡片 25013 张、《域情档案信息卡》276 张、《开放档案目录》99 本，录制《计算机检索目录》29 万条，编印专题史料、参考材料 11 种 72.5 万字，累计利用档案 23049 人次、42785 卷次，先后获省档案开发利用成果奖 5 项。

### 四、档案法宣传及执法检查

1991年，县档案局和贯彻《中华人民共和国档案法》（简称“档案法”）及《中华人民共和国档案法实施办法》，运用多种形式进行宣传，购买200多本《中华人民共和国档案法实施办法》分送县五套班子领导和县直机关。1992年，《中华人民共和国档案法》宣传教育纳入全县普法教育计划，每年开展颁布周年纪念和宣传活动。同时，执法检查力度逐步加强，先由单位组织自查并书面汇报，再由县人大常委会法制委、县司法局、政府办法制科、县档案局、保密局等组成的检查组，在各单位自查基础上进行重点抽查，并把执法检查与业务指导结合起来。1993年，县人大常委会主任、副主任3人分别带队抽查，反响强烈，效果明显。同年9月，由省人大常委会和省档案局等组成的省档案执法检查组来连抽查，对连江档案法制建设给予充分肯定。

1994年开始，县档案局拓宽档案工作面，对年产值千万元以上的民营企业、乡镇企业及“三资”企业档案工作开展指导帮助。1995年，对乡镇机关档案的规范管理进行指导监督，对建制村（居）建档工作，选择晓澳镇的百胜村和凤城镇的西南街作试点，然后全面铺开。至1995年底，县直机关档案室经考核定级，评定为县一级档案室的单位已由1991年的8个，增加到30个，并有9个档案室晋升为省先进级档案室（1991年仅2个单位）。

1996年，贯彻省档案局《关于进一步加强档案法制工作的意见》，执法检查和业务指导都有增强。县档案局先后深入山仔水利枢纽、黄岐渔港等重点工程和25家乡镇企业、13家“三资”企业开展业务指导和帮助清档。1997年，按照《福建省事业单位档案管理考核办法》，对事业单位档案工作进行指导，县档案局分别与县教育局、卫生局联合发出有关通知，列入执法检查考核范围。至2000年，事业单位有16个档案室通过合格认定，3个升为省一级档案室。全县267个村（居），建档工作提前于1999年全部完成，累计帮助清理归档2.3万多卷。2000年复查135个村（居）全部合格。2001年，加大档案执法检查力度，每年抽查单位都在50个以上，超过省档案局规定5年内要检查两遍的要求。至2005年，县内基层档案室已有54个晋升为省先进级档案室，其中县机关单位20个、公安边防25个、事业单位7个、企业单位2个。县邮政局、电信局被评为国家二级档案室，其他基层单位档案室管理水平也有普遍提高。

# 第二十三篇　人大　政府　政协

## 第一章　人　大

1991 年，县人大及其常委会坚持党的领导、人民当家做主和依法治国的有机统一，认真履行宪法和法律赋予的职责，探索、创新、改进、完善人大各项工作。1994 年 4 月，县人大常委会首次举行新一届政府组成人员任命书颁发仪式，增强被任命人员接受监督意识。1997 年起，对拟任职人员，要求在人大常委会会议中作任职表态发言，回答询问。1998 年，对县政府 27 个成员单位主要领导进行述职测评。1999 年，县人大常委会通过《关于对政府、法院、检察院拟任职人员实行任前法律知识测试的制度》。2000 年，通过《关于试行（审议意见书）的决定》，凡审议“一府两院”（县政府、法院、检察院）工作报告和执法检查、考察、调查、评议，都作出意见书。2002 年 3 月，县第十三届人大四次会议，在全省首创票决“一府两院”工作报告及计划、预算报告决议草案的先例，得到省、市人大常委会的肯定。1991—2005 年，县人大及其常委会共听取和审议县人大常委会、“一府两院”工作报告 347 项，就全县政治、经济、科教、文化、卫生、环境、资源保护等重大事项作出决议、决定 158 项；选举县人大常委会组成人员、县政府正副县长、法院院长、检察院检察长 170 人次。县人大常委会先后任免国家机关工作人员 574 人次，未获通过任命 4 人，撤销职务 1 人。

### 第一节　人大代表选举

1990 年 12 月至 2005 年，县人大代表进行 4 次换届选举。1990 年，县第十一届人大代表任期 3 年。1993 年县第十二届人大开始，县人大代表任期由 3 年改为 5 年。2003 年，县第十四届人大代表换届选举提前两年举行，代表任期 3 年，乡（镇）人大代表换届选举推迟一年，代表任期 4 年。县乡人大代表选举同步进行。

**县第十一届人大代表选举**　1990 年 9 月至 12 月进行，选出代表 346 人。

**县第十二届人大代表选举**　1993 年 9 月开始，至 12 月结束。12 月 8 日为选举日。在选举工作中，县选派 21 名联络员到乡（镇）指导联络，对 51 个重点、难点选区加强指导，保证换届选举工作完成，选出代表 354 名（缺 6 名）。该届选举工作得到省、市人大常委会肯定，并多次总结推广。

**县第十三届人大代表选举**　1998 年 7 月 1 日开始，至 11 月 20 日结束。福州市确定连江县为选举试点县，要求先行一步。11 月 16 日为选举日。根据第八届全国人大常委会第十二次会议修订的《中华人民共和国全国人民代表大会和地方各级人民代表大会选举法》关于代表名额的新规定，该届县人大代表名额由上届 360 名减至 257 名。两个以上建制村划分为一个选区的占 72%。为做好选举工作，选调 22 名科级以上领导干部，到乡（镇）担任联络员，加强选举工作领导。选举工作分为宣传发动、选民登记、提名推荐、协商确定代表候选人和投票选举 4 个阶段。选举过程充分发扬民主，尊重民意，严格依法办事，使选举工作圆满完成，选出代表 255 名（留机动 2 名）。

**县第十四届人大代表选举**　2003 年 9 月开始，至 11 月结束。11 月 26 日为选举日。县委、县政府、县人大常委会领导分头深入乡（镇）检查指导。抽调科级干部 22 人，担任乡（镇）选举工作联络员，依法完成选举工作，选出代表 256 人（留机动 1 名）。

**十二届至十四届连江县人大代表选举统计表**

表 23-1-1

| 届　别 | | 十二届 | 十三届 | 十四届 |
|---|---|---|---|---|
| 时　间 | | 1993 年 9—12 月 | 1998 年 7—11 月 | 2003 年 9—11 月 |
| 行政村（个） | | 265 | 265 | 269 |
| 划分选区（个） | | 166 | 166（部队选区 2 个） | 168（部队选区 2 个） |
| 两个村以上选区（个） | | 85 | 85 | 86 |
| 选民数（人） | | 401048 | 423019 | 453549 |
| 推荐候选人（人） | | 1232 | 746 | 619 |
| 正式代表候选人（人） | | 607 | 420 | 422 |
| 代表名额（人） | | 360 | 257 | 257 |
| 依法选出代表（人） | | 354（晓澳缺 1 人、马祖乡留 3 人、机动 2 人） | 255（留机动 2 人） | 256（留机动 1 人） |
| 界别 | 工商企业界代表 | 34 | 28 | 37 |
| | 农民代表 | 230 | 146 | 126 |
| | 干部代表 | 64 | 68 | 74 |
| | 知识分子代表 | 24 | 11 | 17 |
| | 驻军代表 | 2 | 2 | 2 |
| 其中 | 非中共党员 | 138 | 100 | 85 |
| | 妇女 | 86 | 57 | 57 |
| | 少数民族 | 14 | 12 | 7 |
| | 归侨侨眷 | 10 | 6 | 4 |
| | 民主党派 | 4 | 1 | 4 |
| | 马祖、台湾籍 | 5 | 1 | 3 |
| | 连选连任 | — | 44 | 42 |

说明：第十二届人大代表选举县、乡同步进行

**附：全国和省、市人大代表选举**

1992 年 11 月，市第九届人民代表大会第七次会议，选出省第八届人民代表大会代表，连江代表 4 人：林学忠、程宽民、郑怀光、蓝敦銮。1993 年 1 月，县第十一届人民代表大会第三次会议，选出福州市

第十届人民代表大会代表37人。1996年3月，县第十二届人大常委会第十六次会议，补选市第十届人民代表大会代表1人。1997年11月，县第十二届人民代表大会第五次会议，选出福州市第十一届人民代表大会代表30人。1997年12月，福州市第十一届人民代表大会第一次会议，选出福建省第九届人民代表大会代表，连江代表2人：林世昌、林哲龙。1999年1月，县第十三届人民代表大会第一次会议，补选福州市第十一届人民代表大会代表1人。2002年11月，县第十三届人民代表大会第五次会议，选出福州市第十二届人民代表大会代表24人。2002年12月，福州市第十二届人民代表大会第一次会议，选出福建省第十届人民代表大会代表，连江代表3人：张天金、林财龙、林诗喜。2003年1月，福建省第十届人民代表大会第一次会议，选举出席第十届全国人民代表大会代表，其中连江1人：林哲龙。

## 第二节　县人民代表大会

### 一、县第十一届人民代表大会

**第一次会议**　1991年1月7—10日在凤城举行，经代表资格审查委员会审查确认，346名代表资格有效，出席大会代表335人，主席团44人。大会听取和审议县长叶家松作政府工作报告、县人大常委会副主任孙梅潮作常委会工作报告，听取和审议计划、财政、法院、检察院工作报告。大会经认真审议，通过6个报告决议。大会选出县人大常委会主任1人、副主任4人、委员12人，县人民政府县长1人、副县长5人，县人民法院院长、县人民检察院检察长各1人。县委书记林义杰在闭幕式上讲话。大会收到代表议案38件，其中2件为人大常委会议案，36件转建议、批评和意见。大会还收到代表建议、批评和意见241件。

**第二次会议**　1992年2月21—24日在凤城举行，上次会议以来代表减少1人，补选1人，代表总数346人。出席大会代表346人，主席团42人。大会听取和审议县长叶家松作政府工作报告、县人大常委会主任陈高书作常委会工作报告，听取和审议计划、财政、法院、检察院工作报告。大会审议通过6个报告并作出决议。县委书记林义杰在闭幕式上讲话。大会收到代表议案21件，其中3件列为大会议案，18件转建议、批评和意见。大会还收到代表建议、批评和意见150件。大会期间代表响应县委号召，为山仔水利枢纽工程捐赠款达10.8万元，从而推动全县人民积极为建设山仔水利枢纽工程做贡献。大会组织代表围绕政治立场、廉洁奉公、群众路线、人大意识、工作政绩等六个方面，对政府组成人员进行评议。

**第三次会议**　1993年1月1—3日在凤城举行，上次会议以来代表减少4人，代表总数342人。出席大会代表340人，主席团40人。大会听取和审议县长林学忠作政府工作报告、《县十年规划和“八五”计划纲要调整意见》报告、县人大常委会主任陈高书作常委会工作报告，听取和审议计划、财政、法院、检察院工作报告。大会审议通过6个报告并作出决议。大会补选县人民政府县长1人，选出市第十届人民代表大会代表37人。县委书记叶家松在闭幕式上讲话。大会收到代表议案18件，其中2件列为大会议案，16件转建议、批评和意见。大会还收到代表建议、批评和意见149件。

### 二、县第十二届人民代表大会

**第一次会议**　1994年1月15—19日在凤城举行，经代表资格审查委员会审查确认，354名代表资格有效。出席大会代表345人，主席团46人。大会听取和审议县长林学忠作政府工作报告、县人大常委会主任陈高书作常委会工作报告，听取和审议计划、财政、法院、检察院工作报告。大会审议通过6个报告并作出决议。大会选出县人大常委会主任1人、副主任4人、委员11人，县人民政府县长1人、副县长 5 人，县人民法院院长、县人民检察院检察长各 1 人。县委书记杨爱金在闭幕式上讲话。大会收到代表议案 40 件，其中 2 件被列为大会议案，9 件合并为 5 件被列为人大常委会议案，29 件转建议、批评和意见。大会还收到代表建议、批评和意见 250 件。

**第二次会议**　1995 年 2 月 16—19 日在凤城举行，上次会议以来代表减少 3 人。补选 1 人，增选 2 人，代表总数 354 人，其中暂停代表职务 2 人，出席大会代表 342 人，主席团 41 人。大会听取和审议县长林学忠作政府工作报告、县人大常委会主任陈高书作常委会工作报告，听取和审议计划、财政、法院、检察院工作报告。大会审议通过 6 个报告并作出决议。县委书记杨爱金在闭幕式上讲话。大会收到代表议案 27 件，其中 6 件合并为 4 件被列为大会议案，1 件被列为人大常委会议案，20 件转建议、批评和意见。大会还收到代表建议、批评和意见 200 件。大会组织代表对人大常委会正副主任、驻会委员、县政府 48 个职能部门、2 个基层单位、县法院、县检察院和 14 个省市属单位进行评议。大会对县人大常委会表彰的 5 个办理代表建议工作先进单位和 30 位优秀人大代表进行颁奖。

**第三次会议**　1996 年 3 月 7—9 日在凤城举行，上次会议以来代表减少 3 人，代表总数 351 人（其中暂停职务 1 人）。出席大会代表 300 人，主席团 42 人。大会听取和审议县长林学忠作政府工作报告、县人大常委会主任陈高书作常委会工作报告，听取和审议计划、财政、法院、检察院工作报告。大会审议通过 6 个报告并作出决议。县委书记杨爱金在闭幕式上讲话。大会收到代表议案 21 件，其中 4 件被列为大会议案，1 件被列为人大常委会议案，16 件转建议、批评和意见。大会还收到代表建议、批评和意见 185 件。代表以无记名方式评选出"十佳人民公仆"。大会对"十佳人民公仆"和常委会表彰的 7 个办理代表建议工作先进单位、6 个先进代表组和 28 位优秀县人大代表进行颁奖。

**第四次会议**　1997 年 3 月 1—3 日在凤城举行，上次会议以来代表减少 5 人，补选 5 人，代表总数 351 人。出席大会代表 327 人，主席团 42 人。大会听取和审议县长林学忠作政府工作报告、县人大常委会主任陈高书常委会工作报告，听取和审议计划、财政、法院、检察院工作报告。大会审议通过 6 个报告并作出决议。通过《关于接受陈高书辞去连江县第十二届人大常委会主任职务请求的决定》。大会补选县人大常委会主任 1 人、副主任 1 人、委员 3 人，县人民法院院长、县人民检察院检察长各 1 人。县委书记杨爱金在闭幕式上讲话。大会收到代表议案 17 件，其中 3 件被列为大会议案，7 件被列为人大常委会议案，7 件转建议、批评和意见。大会还收到代表建议、批评和意见 170 件。大会组织代表对"一府两院"23 个单位执行承诺制情况进行测评。大会对县人大常委会表彰的 5 位最佳人民法官、5 位最佳人民检察官和 5 个办理代表意见建议工作先进单位进行颁奖。

**第五次会议**　1997 年 11 月 3—5 日在凤城举行，上次会议以来代表减少 3 人，代表总数 348 人。出席大会代表 313 人，主席团 41 人。大会选出市第十一届人民代表大会代表 30 人。县委书记杨爱金在闭幕式上讲话。

**第六次会议**　1998 年 3 月 11—13 日在凤城举行，上次会议以来代表减少 1 人，许可逮捕 1 人，代表总数 347 人，其中暂停职务 2 人。出席大会代表 316 人，主席团 41 人。大会听取和审议县长林学忠作政府工作报告、县人大常委会主任林世昌作常委会工作报告，听取和审议计划、财政、法院、检察院工作报告。大会审议通过 6 个报告并作出决议。通过《关于接受林学忠辞去连江县人民政府县长职务请求决定》，大会补选县人民政府县长 1 人。县委书记林学忠在闭幕式上讲话。大会收到代表议案 12 件，其中被列为大会议案 2 件，转建议、批评和意见 10 件。大会还收到代表建议、批评和意见 164 件。大会对县人大常委会表彰的 10 名"十佳人民警察"、6 个办理代表建议工作先进单位和 32 名优秀人大代表进行颁奖。

**三、县第十三届人民代表大会**

**第一次会议**　1999 年 1 月 5—10 日在凤城举行，经代表资格审查委员会审查确认，255 名代表资格有效。出席大会代表 252 人，主席团 40 人。大会听取和审议代县长王玲作政府工作报告、县人大常委会主任林世昌作常委会工作报告，听取和审议计划、财政、法院、检察院工作报告。大会审议通过6个报告并作出决议。大会选出县人大常委会主任1人、副主任4人、委员14人，县人民政府县长1人、副县长7人，县人民法院院长、县人民检察院检察长各1人。补选出席福州市第十一届人民代表大会代表1人。县委书记俞风云在闭幕式上讲话。大会收到代表议案23件，其中1件被列为县人大常委会议案，22件转建议、批评和意见。大会还收到代表建议、批评和意见223件。

**第二次会议** 2000年1月25—28日在凤城举行，上次会议以来代表减少2人，增选1人，代表总数254人。出席大会代表231人，主席团43人。大会听取和审议县长王玲作政府工作报告、县人大常委会主任林世昌作常委会工作报告，听取和审议计划、财政、法院、检察院工作报告。大会审议通过6个报告并作出决议。大会补选县人大常委会委员1人。县委书记俞风云在闭幕式上讲话。大会收到代表议案17件，其中1件被列为人大常委会议案，16件转建议、批评和意见。大会还收到代表建议、批评和意见116件。大会对县人大常委会表彰的4个办理代表建议工作先进单位进行颁奖。

**第三次会议** 2001年2月4—7日在凤城举行，上次会议以来代表减少1人，增选1人，代表总数254人，其中暂停职务1人。出席大会代表239人，主席团42人。大会听取和审议县长王玲作政府工作报告、县人大常委会主任林世昌作常委会工作报告，听取和审议计划、财政、法院、检察院工作报告。大会审议通过6个报告并作出决议。县委书记俞风云在闭幕式上讲话。大会收到代表议案13件，全部转建议、批评和意见。大会还收到代表建议、批评和意见81件。大会对县人大常委会表彰办理代表建议工作的先进单位5个、“人大工作先进单位”3个、“人大工作先进个人”7人、“人民满意派出所”7个、“人民满意交警中队”2个进行颁奖。

**第四次会议** 2002年3月5—8日在凤城举行，上次会议以来代表减少3人，病故1人，补选3人，代表总数254人。出席大会代表239人，主席团40人。大会听取和审议代理县长张天金作政府工作报告、县人大常委会主任林世昌作常委会工作报告，听取和审议计划、财政、法院、检察院工作报告。大会首次采取无记名投票方式对6项报告进行表决，并作出决议。大会补选县长1人，县人大常委会委员2人。县委书记黄金高在闭幕式上讲话。大会收到代表议案25件，全部转建议、批评和意见。大会还收到代表建议、批评和意见112件。大会对县人大常委会表彰“十佳人大代表”10名进行颁奖。

**第五次会议** 2002年11月3—4日在凤城举行，上次会议以来代表减少2人，代表总数252人。出席大会代表235人，主席团40人。大会选出市第十二届人民代表大会代表24人。县委书记黄金高在闭幕式上讲话。

**第六次会议** 2003年2月19—22日在凤城举行，上次会议以来代表减少1人，代表总数251人，其中暂停职务1人。出席大会代表229人，主席团41人。大会听取和审议县长张天金作政府工作报告、县人大常委会主任林世昌作常委会工作报告，听取和审议计划、财政、法院、检察院工作报告。大会以无记名投票方式对6项报告进行表决，并作出决议。县委书记黄金高在闭幕式上讲话。大会收到代表议案14件，全部转建议、批评和意见。大会还收到代表建议、批评和意见77件。

**四、县第十四届人民代表大会**

**第一次会议** 2004年1月4—8日在凤城举行，出席大会代表254人，主席团51人。大会听取和审议县长张天金作政府工作报告、县人大常委会主任林世昌作常委会工作报告，听取和审议计划、财政、法院、检察院工作报告。大会以无记名投票方式对6项报告进行表决，并作出决议。大会选出县人大常委会主任1人、副主任4人、委员15人，县人民政府县长1人、副县长6人，县人民法院院长、县人民检察院检察长各1人。县委书记黄金高在闭幕式上讲话。大会收到代表议案31件，全部转建议、批评和意见。大会还收到代表建议、批评和意见153件。

**第二次会议** 2005年3月14—17日在凤城举行，上次会议以来代表迁离1人，代表总数255人。出席大会代表237人，主席团43人。大会听取和审议县长张天金作政府工作报告、县人大常委会主任林世昌作常委会工作报告，听取和审议计划、财政、法院、检察院工作报告。大会以无记名投票方式对6项报告进行表决，并作出决议。县委副书记张天金在闭幕式上讲话。大会收到代表议案25件，全部转建议、批评和意见。大会还收到代表建议、批评和意见119件。

## 第三节　县人大常委会

### 一、组织机构

1991年，县人大常委会机构延续上届，内设办公室、财政经济工作委员会、法制工作委员会、农村工作委员会、教育科学文化卫生工作委员会。行政编制21人，事业编制3人。1992年6月，县第十一届人大常委会第十四次会议通过，增设华侨工作委员会和台胞工作委员会，一套人马两块牌子。1997年10月，增设人事代表工作室，华侨工作委员会和台胞工作委员会合并，设立华侨台胞工作委员会。2005年6月，增设信访局（副科级），归县人大常委会办公室领导。至年底，县人大常委会设办公室、信访局、人事代表工作室、财政经济工作委员会、法制工作委员会、农村工作委员会、教育科学文化卫生工作委员会、华侨台胞工作委员会。行政编制25人，工勤人员编制5人。

### 二、常委会会议和主任会议

（一）常委会会议

1991年，县人大常委会制定《常委会议议事规则》，规范常委会议事程序。常委会会议由主任召集，规定每两个月举行一次，特殊情况可由主任决定临时召开，依法听取常委会工作机构和“一府两院”及政府成员单位工作报告，讨论决定重大事项，作出决议、决定提交政府及政府成员单位组织实施。1991—2005年，共召开县人大常委会会议142次，听取和审议“一府两院”专项工作报告347项，作出决议、决定158项，提出审议意见369条。依法任免“一府两院”和县人大常委会机关工作人员574人次。

（二）主任会议

1991年县人大常委会对主任会议职责作了明确规定。主任会议由常委会主任召集，每月召开一次，特殊情况可临时召集。主要职责是处理常委会日常重要工作，听取“一府两院”及政府成员单位工作汇报，审议职权范围内工作议案。2000年修订《主任会议议事规则》，进一步规范主任会议议事程序。1991—2005年，依照法定职权先后召开主任、副主任会议353次，听取“一府两院”工作报告347次，研究工作353次，讨论工作325项，向常委会提出议案52项。

**十一届至十四届连江县人大常委会正副主任名表**

表23-1-2

| 届别 | 职务 | 姓名 | 性别 | 出生年月 | 籍贯 | 任职时间 |
|---|---|---|---|---|---|---|
| 11—12届 | 主任 | 陈高书 | 男 | 1936.12 | 连江浦口 | 1991年1月至1997年3月 |
| 12—14届 | 主任 | 林世昌 | 男 | 1947.09 | 连江敖江 | 1997年3月至2005年12月 |
| 11届 | 副主任 | 吴基高 | 男 | 1933.12 | 连江敖江 | 1991年1月至1994年1月 |
| 11—12届 | 副主任 | 蓝春惠 | 男 | 1942.08 | 连江小沧 | 1991年1月至1999年1月 |
| 11届 | 副主任 | 谢琼麟 | 男 | 1937.07 | 连江凤城 | 1991年1月至1994年1月 |

续表 23-1-2

| 届别 | 职务 | 姓名 | 性别 | 出生年月 | 籍贯 | 任职时间 |
|---|---|---|---|---|---|---|
| 11—12 届 | 副主任 | 程宽民 | 男 | 1934.02 | 福建厦门 | 1991 年 1 月至 1999 年 1 月 |
| 12 届 | 副主任 | 林承平 | 男 | 1938.07 | 连江敖江 | 1994 年 1 月至 1999 年 1 月 |
| 12—13 届 | 副主任 | 刘恒芳 | 女 | 1946.08 | 连江凤城 | 1994 年 1 月至 2004 年 1 月 |
| 12—13 届 | 副主任 | 魏积祥 | 男 | 1946.07 | 连江筱埕 | 1997 年 3 月至 2004 年 1 月 |
| 13 届 | 副主任 | 郑昌新 | 男 | 1943.09 | 连江凤城 | 1999 年 1 月至 2004 年 1 月 |
| 13 届 | 副主任 | 林则钿 | 男 | 1945.09 | 连江透堡 | 1999 年 1 月至 2004 年 1 月 |
| 14 届 | 副主任 | 滕忠华 | 男 | 1954.07 | 连江浦口 | 2004 年 1 月至 2005 年 12 月 |
| 14 届 | 副主任 | 王大荣 | 男 | 1954.07 | 连江凤城 | 2004 年 1 月至 2005 年 12 月 |
| 14 届 | 副主任 | 王同生 | 女 | 1954.02 | 连江凤城 | 2004 年 1 月至 2005 年 12 月 |
| 14 届 | 副主任 | 李　晋 | 男 | 1955.09 | 山西晋城 | 2004 年 1 月至 2005 年 12 月 |

### 三、主要活动

#### （一）决定重大事项

1992 年 2 月，县十一届人大二次会议审议通过《关于建设山仔水利枢纽工程的决议》，为保证山仔水利枢纽工程顺利进行，向全县人民提出“一切想着山仔工程，一切为了山仔工程，一切服务山仔工程”的号召，形成全社会共识。通过决议实施，全县共筹集资金 3400 万元，为工程顺利进行创造条件。1994 年 1 月，县十二届人大一次会议审议通过《关于加快基础设施建设步伐的决议》。1995 年 2 月，县十一届人大二次会议审议通过《关于连江县城市建设总体规划的决议》，县人大常委会审议批准《革命烈士纪念碑搬迁、修建革命烈士陵园和陈第公园、博物馆选址的决议》。1998 年 3 月，县十二届人大六次会议审议通过《关于领导干部带头学法、守法、依法办事的决议》《关于加快先行工程建设的决议》和《关于加快旅游业开放开发的决议》。2001 年 2 月，县十三届人大三次会议审议通过《关于加强液化气市场管理的决议》和《关于加强药品销售管理的决议》《关于连江县国民经济和社会发展“十五”计划纲要的决议》。2004 年 1 月，县十四届人大一次会议审议通过《关于县人大代表密切联系人民群众的决议》等。这些决议决定，县人大常委会都实行情况汇报制度，进行跟踪监督，推动落实到位。2005 年，县人大常委会领导分别深入各乡镇人大听取对各项决议落实情况的汇报，提出工作意见。

1991—2005 年，先后 4 届人民代表大会共召开 17 次代表会议，就全县政治、经济、科技、教育、文化、卫生、环境保护和资源保护等重大事项，作出决议 80 项，决定 12 项。对推动全县国民经济和社会发展、民主法制建设等，都发挥积极作用。

#### （二）监督“一府两院”依法行政

1991 年后，县人大常委会突出领导干部法制教育，强调以法治国的重要性，并利用县委党校办班的机会，增加法律课程。1992 年 7 月，县第十一届人大常委会第 15 次会议通过《关于进行宪法法律知识测试的决定》，促进新任领导干部带头学法、守法，增强法律观念。1995 年 9 月，县人大常委会组织县长、副县长、法院院长、检察院检察长、县政府成员单位主要领导、审判员、检察员 122 人，进行宪法、地方组织法考试，提升领导干部法律意识，增强依法行政责任感。对县人大常委会任命的 109 名“一府两院”领导人员，进行宪法、地方组织法、代表法和省人大监督条例等法律法规考试，以提高“一府两院”领导依法行政、公正司法水平。1995—1998 年，县人大常委会对“一府两院”25

个行政执法部门的执法责任制、行政执法过错制、司法错案责任追究制执行情况进行监督检查，提高各单位依法行政自觉性、责任感。1999年3月，县人大常委会组织法工委和部分市、县人大代表，深入法院、检察院，采取听汇报、审阅批捕、审判个案等形式，进行监督检查，未发现法院存在误判、错判和执结不力等方面问题，亦未发现检察院错批错捕等案例。2000—2002年，县人大常委会组织法工委和部分市、县人大代表，对法院的执行庭、检察院的反贪局、司法局的公证处、公安局的治安科、建设局的城建股、国土局的用地股、交警大队的事故股等12个执法窗口单位，进行依法行政监督检查，发现有的单位执法不严、有法不依；有的单位不依法行政，个别执法人员，滥用职权，伤害群众。通过监督检查，提出批评整改意见书12份，分发各单位限期整改，对不依法行政的人员建议免职1人，调离岗位4人。2004—2005年，县人大常委会组织市、县、乡三级人大代表35人，分成4个小组，深入各乡（镇）对全县32个公安、边防派出所和4个交警中队，围绕依法行政、勤政廉政、为民服务等内容，进行监督检查，采取听汇报、明察暗访、倾听群众意见等方法，对各个派出所和交警中队依法行政作出公平、公正的评价。城关、东岱、筱埕、马鼻、潘渡等5个乡（镇）行政派出所和可门、晓澳两个边防派出所，在便民服务、认真执法、依法办事等方面，得到群众的好评，给予充分肯定。对群众反映较差3个派出所和1个交警中队，提出限期整改，建议组织干警学习法律法规，提高法制观念，注意人民警察形象，提升依法行政和为民服务水平。

（三）执法检查

1991—1993年，县人大常委会通过《中华人民共和国渔业法》执法检查，对群众反映强烈的多家发证、收费和乱收费问题，向政府提出建议。政府及时采取措施，理顺关系，问题得到解决。1994—1997年，县人大常委会组织对《中华人民共和国药品管理法》《中华人民共和国产品质量法》《中华人民共和国农业法》《食品安全法》进行执法检查，责令4家企业停业、停产整顿，查封、销毁一批假冒伪劣产品，促进经销单位改善卫生条件，严查进货“吃回扣”现象，取缔1家无证经营企业。1998—2000年，开展《中华人民共和国教育法》执法检查，对全县小学布局不合理、初中流生问题，作出《关于连江县中小学布局调整的决议》，引起县委、县政府的重视，促进教育局中小学布局调整有序进行。通过《中华人民共和国工会法》执法检查，引起各部门对工会的重视，促进基层工会组建，维护广大企业职工合法权益。2001—2003年，针对税源紧缺、财税入库与序时进度差距大等问题，组织人大代表深入税源大的乡镇和税务部门，开展《中华人民共和国税收征收管理法》执法检查，查出税务部门内部管理不规范，税收定额不合理，造成欠税清理难度大，提出稳定税源的整改意见。同时进行《中华人民共和国矿产资源法》《中华人民共和国水土保持法》执法检查，关闭无证开采矿点6处，把矿山资源开发纳入相关部门依法管理。2004—2005年，配合市人大常委会，实施上下联动，对《中华人民共和国海域使用管理法》开展执法检查，组织官坂、坑园、下宫3个乡镇的县人大代表和养殖户，召开陆域征用、海域使用补偿听证会，要求县政府及职能部门，重视海洋资源保护，规范海域使用行为，严格用海项目审批和补偿标准。

（四）督办代表议案

1991—1993年，县第十一届人大会审议通过的《关于加快基础设施建设步伐》《关于进一步加快乡镇企业发展》《关于加强农业基础地位，调动农民种粮积极性》《关于强化公安队伍建设，确保社会安定稳定》等9项代表议案，提交政府相关部门落实办理，县人大常委会跟踪督办，使议案件件落到实处。1994—1998年，县人大会审议通过《关于保护文物和旅游资源》《关于加快先行工程建设》《关于争创教育两基达标》《关于领导干部带头学法守法依法办事》等8项议案，县人大常委会采取专项监督、专题考察、阶段检查、跟踪监督、定期审议的办法，使议案得到落实。1999—2002年，县十三届人大常委会审议代表提出《加强药品市场管理》《加强液化气市场管理》等涉及民生、群众反映强烈的议案办理情况报告，连续3年组织考察检查，跟踪落实，监督相关部门加大垄断液化气市场打击力度，全面检测钢瓶超期使用，理顺药品进货渠道，维护消费者合法权益。2005 年 12 月，为督办《渔民办证难、渔船保险理赔难》的议案，县人大常委会组织黄岐、苔菉、琯头、筱埕等 8 个乡镇 24 位省、市、县代表，约见琯头渔政处、人保公司、海洋与渔业局、安监局、交通局、边防大队等单位领导，面对面解决渔民办证、渔船保险理赔、船管队伍建设、海域检测等方面问题，各单位提出落实议案措施和整改日程表。

（五）开展调研考察

1991—1994 年，县人大常委会 4 次组织常委会组成人员、县人大代表，分组深入 21 个乡镇及部分中小学，对义务教育和初中招生计划落实情况进行调研考察，并听取和审议县政府关于义务教育实施情况的报告，促使扩增初中 107 班，小学升初中率普遍提高。1995—1996 年，县人大常委会组织代表分组对农田基本建设、保护耕地进行调查考察，督促各乡镇划定耕地保护区，建立行政主要领导任期保护耕地目标责任制，制止非法占地取土烧砖和非农业建设用地。1997 年，组织代表考察电子游艺机市场，督促相关部门加强管理，建议停止新批电子游艺机经营点，对 17 家违法经营点责令停业整顿。1998—2000 年，县人大常委会组织市、县人大代表 12 人，先后对长龙华侨农场、浦口海堤隐患调研考察，以《情况反映》向县政府通报，引起重视，分管副县长带领职能部门，深入现场办公，解决海堤修整资金问题，保障安全度汛。2001—2003 年，先后组织 110 名市、县人大代表，分期分批考察现代农业示范区、生态农业实验场、农业观光园、山仔水利抗台风防洪、可门港区临港工业建设、疏港公路、引水工程等重点项目，提出意见、建议，推动各项建设顺利进展。2005 年 8 月，组织市、县人大代表考察福州市公安局交巡警支队和马尾交警大队的道路交通管理和公路治安管控工作，建议县交通管理部门在主要路段设置限速标志和慢行标志，县城区增设停车点，缓解停车难的问题。

（六）干部任免

1991 年 4 月，县第十一届人大常委会第三次会议，对干部任免，首次改举手表决为无记名投票表决方式，得到省、市人大常委会认可。1998 年，县人大常委会通过《关于提请任命人员进行法律知识测试的决定》，把法律素质作为任命干部重要前提。此后在干部任免中，对拟任职人员进行法律知识考试，接受人大常委会组成人员询问、谈话和述职评议，使人事任免工作走上制度化、规范化轨道。

1991—2005 年，县人大常委会共任免代理县长 3 人、副县长 31 人，法院代理院长 2 人、副院长 8 人，检察院代理检察长 2 人、副检察长 9 人，县人大常委会机关委、办主任 71 人次。县政府委、办、局主任、局长 308 人次。法院庭长、副庭长、审判委员会委员审判员 153 人次，检察院检察员、检察委员会委员 45 人次，人民陪审员 29 人次；接受辞职 14 人，不予任命 4 人，撤销职务 1 人。

**1991—2005 年连江县人大常委会干部任免情况统计表**

表 23-1-3

| 届　别 | 十一届 | 十二届 | 十三届 | 十四届 |
|---|---|---|---|---|
| | 1991 年 1 月至 1993 年 12 月 | 1994 年 1 月至 1998 年 12 月 | 1999 年 1 月至 2003 年 12 月 | 2004 年 1 月至 2005 年 12 月 |
| 政府代理县长 | — | 1 | 1 | 1 |
| 政府副县长 | 4 | 15 | 12 | — |
| 检察院代理检察长 | — | 1 | 1 | — |
| 检察院副检察长 | 2 | 3 | 3 | 1 |
| 法院代理院长 | — | 1 | 1 | — |
| 法院副院长 | — | 3 | 4 | 1 |

续表 23-1-3

| 届　别 | 十一届 | 十二届 | 十三届 | 十四届 |
|---|---|---|---|---|
| | 1991 年 1 月至 1993 年 12 月 | 1994 年 1 月至 1998 年 12 月 | 1999 年 1 月至 2003 年 12 月 | 2004 年 1 月至 2005 年 12 月 |
| 人大委、办主任 | — | — | — | — |
| 副主任 | 24 | 27 | 16 | 4 |
| 政府委办局主任、局长 | 98 | 95 | 89 | 26 |
| 检察院检察委员会委员 | 5 | 20 | 18 | 2 |
| 法院法庭庭长、审判员、审判委员会委员 | 24 | 51 | 44 | 34 |
| 人民陪审员 | — | — | — | 29 |
| 接受辞职 | 1 | 5 | 6 | 2 |
| 不予任命 | — | 1 | 3 | — |
| 撤销职务 | — | 1 | — | — |

（七）联系代表活动

1991—1994 年，县人大常委会把密切联系人大代表，发挥人大代表作用，增强人大代表履职能力，作为工作基础和归宿，为代表执行职务，行使职权开辟新途径，拓宽新渠道。着力抓好“三建”，一是建立组织，按条块结合、以块为主、便于开展活动原则，把县乡两级人大代表，组成 20 个县代表小组和 122 个县乡混合代表小组，推选组长、副组长，负责组织小组活动；二是建立阵地，各小组建立活动室、议政室，县人大分发代表学习手册 1769 册，做到每位代表人手一册，普法汇编 346 套，每小组 1—2 套；三是建立制度，开展季度集中学习 1 次、每年组织考察 1 次、评议活动 1 次、联系选民征求意见 1 次的“四个一”活动，使全县代表活动制度化。1995—1999 年，相继作出《连江县人大常委会组成人员联系人大代表制度的决议》和《加强代表联系办法的决议》，人大常委会组成人员分片联系代表小组，常到选区访问代表，了解民情，听取代表意见。2000—2003 年，制定代表活动计划，有计划地组织代表对人民群众关心的热点难点问题，开展考察、检查、评议活动，积极反映群众呼声，为民办实事。2004 年，县人大常委会通过《关于人大代表密切联系人民群众的决议》，通过组织代表走访选民、挂牌办公、发放“民声联系卡”、联系选民工作处、选民来访接待室、代表工作点、议政室等接待来访群众。部分乡镇还组织代表向选民述职，接受选民监督。2005 年，县人大常委会分 4 个片区，召开人大代表密切联系群众工作经验交流会，总结推广人大代表联系选民、加强自身建设等方面好经验、好做法，授予 90 人“人民好代表”荣誉称号，并编写《代表风采》一书。

（八）办理来信来访

1991 年，县人大常委会制定办理人民群众来信来访工作制度，把这一工作真正摆上议程，县人大常委会主任亲自抓。当年接待群众来访 270 人，受理来信 210 件。1992—1996 年，县人大常委会与法院院长、检察院检察长、公安局局长、司法局局长，建立每年不定期联合下乡接访制度，并把群众反映的热点难点问题，在各职能部门领导联席会议上，以“分级负责、归口办理”原则进行办理落实，先后共受理群众来信 282 件，来访 385 人次。1997—2000 年，县人大常委会在完善机关内部信访制度基础上，加强乡镇人大信访工作责任制，形成县乡齐抓共管局面。凡群众集体上访，常委会领导都要亲自接访、倾听、疏导、协调、督办，信访件必阅、必批、必督，落实承办单位，提出办结期限。先后办理来访438人次，来信231件。2005年5月，为强化县人大信访工作，在全市率先设立信访局。2001—2005年，共接待来访775人次，办理来信886件，做到百分之百登记、接访、交办、回复。

（九）常委会自身建设

1991年后，县人大常委会切实加强机关组织、思想、制度等方面建设，不断强化机关工作人员理想、信念、宗旨和法制学习、教育。凡国家每颁布一项新的法律法规，县人大常委会及机关工作人员都要领先组织学习，领会法律内涵，还轮流参加省、市人大常委会举办的学习培训班55人次，提升法律观念、依法履职和行使民主监督水平。1994—1998年，先后制定和完善《县人民代表大会议事规则》《主任会议组织工作规定》《接访代表日制度》等10多项规章制度，使人大常委会及其机关工作，进一步程序化、规范化。1999—2003年，县人大常委会把调查研究作为工作的基本功，在审议、决策重大事项前先开展调研，先后深入调研22次，形成能反映民意、有指导价值的调研成果，均被县委、县政府采纳，提交相关部门落实。在调研过程中还协助部分乡（镇）、村居，解决乡村公路、有线电视、饮水工程、路灯照明等12项群众关心的实事。2004—2005年，以开展保持共产党员先进性学习为契机，召开人大代表、各界人士座谈会，认真听取对县人大常委会及其相关工作的评议，自觉接受人民群众监督，提升履职和民主监督责任感。

## 第四节　乡（镇）人民代表大会

### 一、乡（镇）人大代表选举

1993年，乡（镇）人大代表换届选举与县第十二届人大代表选举同时进行，各乡（镇）设立选举委员会，12月8日为选举日。县人大常委会领导分别深入乡（镇）检查指导，选派21名科级干部为乡（镇）联络员，加强对51个重点、难点选区工作指导，把选举的宣传发动贯穿全过程，规范选民登记程序，各乡（镇）对流动人口、婚嫁、离退休、企业人员，以及死亡、羁押、劳教等10种人员，进行反复核实，补漏补正，保证选民人人享有选举权利。全县21个乡（镇），划定选区812个，选民登记401018人，参加投票选民384464人。代表名额1650人，依法选出代表1568人。代表界别为农民代表1213人，干部代表203人，知识分子代表96人，工商界代表56人。其中妇女代表378人，少数民族代表96人，归侨侨眷代表8人，民主党派代表4人，马祖、台湾籍代表9人。完成选举任务。

**1996年，乡（镇）人大换届选举**　该届选举是《中华人民共和国全国人民代表大会和地方各级人民代表大会选举法》修改后乡镇第一次单独举行，9月底完成各项准备工作，10月上旬全面铺开，12月5日为选举日。县人大常委会领导分片包干乡（镇），同时选派21名科级干部担任乡（镇）联络员。各乡（镇）设立选举委员会，历经宣传发动、选民登记、提名推荐和酝酿协商等程序，发扬民主，尊重民意，顺利完成选举任务。该届选举，在21个乡（镇）设选区784个，一次性选举成功的选区745个，占选区总数95%。全县分配代表名额1268人，选出代表1246人（留机动名额22名），其中连选连任代表452人，占36.3%。代表界别：农民代表862人，工人代表48人，干部代表220人，归侨侨眷代表17人，知识分子代表47人，其他代表52人。其中妇女代表310人，少数民族代表60人。

**1999年，乡（镇）人大代表换届选举**　10月全县铺开，11月28日为选举日，各乡（镇）设立选举委员会，加强选举工作领导。县选派22名科级干部为联络员，抽调22名机关干部为包乡（镇）责任人，广泛开展《中华人民共和国全国人民代表大会和地方各级人民代表大会选举法》宣传，组织选民登记，通过提名推荐，酝酿协商，依法民主选举，完成选举任务。全县22个乡（镇），划分选区789个，一次性选举成功的选区773个，占选区总数97.97%。全县分配代表名额1310人，选出代表1286人（留机动名额 24 人），其中连选连任代表 393 人，占 30.56%。代表界别：农民代表 952 人，干部代表 153 人，工人和企业界代表 58 人，归侨侨眷代表 21 人，知识分子代表 48 人，其他代表 54 人。其中妇女代表 310 人，少数民族代表 60 人。

**2002 年，乡（镇）人大代表换届选举**　3 月做好前期准备工作，9 月全县铺开，11 月 28 日为选举日，各乡（镇）设立选举委员会，加强选举工作领导。县政府、县人大常委会领导，深入各乡（镇）指导选举工作，每个村居都有一名副科级、股级干部负责各选区组织宣传、选民登记、酝酿推荐代表候选人。该届选举亮点是试行正式候选人公开承诺制，有 80% 以上代表候选人，将承诺书张榜公布，有 20% 代表候选人作竞选发言，接受选民挑选，促使当选的人大代表，能真心履行代表职责，反映民意。连江县首创代表承诺制的举措，省、市报刊、电视台相继派出记者，到琯头、晓澳、东岱、东湖等乡镇采访报道。全县 22 个乡（镇）划分 772 个选区，登记选民 447937 人，参选 418461 人，占选民总数 93.4%；一次性选举成功选区 751 个，占 97.3%；两次选举成功选区 21 个，占 2.7%。全县分配代表名额 1310 人，选出代表 1285 人，其中连选连任 430 人，占 33.5%。代表界别：农民代表 844 人，干部代表 252 人，工人代表 127 人，知识分子代表 62 人。其中妇女代表 358 人，少数民族代表 69 人。

**1993—2002 年连江县乡（镇）人大代表选举统计表**

表 23-1-4

| 时间 | | 1993 年选举 | 1996 年选举 | 1999 年选举 | 2002 年选举 |
|---|---|---|---|---|---|
| | | 9—12 月 | 9—12 月 | 9—11 月 | 9—11 月 |
| 乡镇数（个） | | 21 | 21 | 22 | 22 |
| 划分选区（个） | | 812 | 784 | 789 | 772 |
| 选民数（人） | | 401048 | 430014 | 434239 | 447937 |
| 参加投票选民（人） | | 384464 | 421573 | 415106 | 418461 |
| 代表名额（人） | | 1650 | 1268 | 1310 | 1310 |
| 依法选出代表（人） | | 1568 | 1246 | 1286 | 1285 |
| 代表界别 | 工商企业代表 | 56 | 58 | 58 | 127 |
| | 农民代表 | 1213 | 891 | 952 | 844 |
| | 干部代表 | 203 | 220 | 207 | 252 |
| | 知识分子代表 | 96 | 77 | 69 | 62 |
| 其中 | 非中共党员 | 646 | 503 | 496 | 491 |
| | 妇女 | 378 | 310 | 347 | 358 |
| | 少数民族 | 79 | 60 | 67 | 69 |
| | 归侨侨眷 | 8 | 17 | 21 | — |
| | 民主党派 | 4 | — | — | — |
| | 马祖、台湾籍 | 9 | — | — | — |
| | 连选连任 | 580 | 452 | 393 | 430 |
| | 三峡库区移民 | — | — | — | 2 |

### 二、乡（镇）人大主席团

乡（镇）人大主席团1994年始设，当年10月，乡（镇）人民代表大会，选举产生乡（镇）人大主席团主席1名，主持乡（镇）人大闭会期间日常工作，组织、联系代表和做好下一届人民代表大会前期准备等各项工作。1995年2月，根据第八届全国人大常委会第十二次会议修订的《中华人民共和国地方各级人民代表大会和地方各级人民政府组织法》规定设乡（镇）人大主席、副主席1—2人，任期与当届人大会任期相同，主要职责是在本级人民代表大会闭会期间，组织代表开展活动，反映代表和群众对本级人民政府工作的建议、批评和意见，依法行使监督本级政府工作的职权。

2000年1月，乡（镇）人大换届选举，设专职人大主席的乡（镇）13个，由乡（镇）党委副书记兼任人大主席的乡（镇）9个。2003年1月，乡（镇）人大换届选举，全县22个乡（镇）普遍配置专职人大主席，其中有8个乡（镇）配置专职副主席。各乡（镇）还指定1—2名干部协助人大主席开展日常工作。

乡（镇）人大主席团主要活动：

#### （一）组织代表考察检查

1994—1997年，各乡（镇）人大主席团，积极组织本级人大代表，深入村居，对本级政府各项工作，开展考察、检查、评议，听取代表和群众的建议和意见。马鼻镇人大主席团组织代表8人，深入东湾、尖墩二村考察春耕、备耕情况，发现洋面还没有春耕氛围，考察后向镇政府反映，引起高度重视，专门召开村委会主任会议，督促加紧落实行动。东岱镇、晓澳镇人大主席团对镇政府作出《禁止婚丧喜庆大操大办铺张浪费的决定》，组织代表实地检查考察。晓澳镇人大主席团组织代表7人考察百胜村，发现该村大力宣传移风易俗，制定婚丧喜事简办等村规民约，得到村民的拥护和支持。人大代表向镇政府建议，在全镇推广百胜村经验。东岱镇人大主席团也建议镇政府大力推广百胜村的经验，效果良好。丹阳镇人大主席团组织5位代表考察县第三中学教学工作，发现教育布局调整后，生源激增，学生由900多人增至1300多人，出现教室拥挤不堪现象，影响教学成果。代表迅速向镇政府反映，镇政府十分重视，调剂建设资金10万元，新增教室8间。1998年4月，坑园镇人大主席团组织县、乡代表9人，对春耕物资供应情况，进行考察、检查，发现个别商家销售冒牌伪劣农药、化肥，经向工商所反映，立即组织查处，净化农资市场。1999年8月，马鼻镇人大主席团组织代表7人，对《中华人民共和国药品管理法》实施情况开展考察，发现部分药店销售假药、劣药、过期药，危害群众健康，经向工商部门反映，引起高度重视，立即行动，深入检查，查封售假药店10家，整改3家，没收假药、劣药、过期药20多种300多盒、瓶。2000年3月，苔菉镇人大主席团组织代表深入海岛的东洛村考察，群众强烈反映电视信号差、收看电视难，镇人大主席团向县广播电视局反映，立即派技术员前往东洛村，及时解决群众看电视难的问题。2001—2003年，敖江、江南等乡（镇）人大主席团，定期组织代表深入各村，对村务、村财公开进行检查，督促各村实施村务和财务公开制度，接受村民民主监督，要求各村每季度向村民公开村务重大事项，并逐步走上正常轨道。2003年5月，小沧乡人大主席团组织代表围绕“中华环保”世纪行宣传活动，督促抓好“福州二水源”整治工作，提高群众环保意识，共同保护好水源。坑园镇人大主席团针对群众反映强烈的液化气垄断市场、短斤少两和乱抬价格的热点问题，组织代表深入考察检查，发现确有个别商家不法经营，即督促镇工商所和派出所对液化气市场进行专项整治，进一步规范液化气市场经营秩序。据估计，一年就减轻群众负担30多万元。2005年2月，琯头镇人大主席团对群众住房未确权发证及造成旧街道拆迁赔偿安置未解决等问题，组织县、乡两级人大代表8人，听取村建和土地管理部门以及开发商的情况汇报，澄清情况。代表们提出集中限期办理，按相关政策规定，协商合理赔偿，补发证件，使群众性纠纷很快平息。

#### （二）组织联系代表活动

1994年，按规定在乡（镇）人大闭会期间，把代表组成若干小组，每季度举行一次代表小组学习活动，学习党的路线、方针、政策，学习宪法和法律法规，提高思想政治素质和执行代表职务能力。每位代表，每年至少要联系、帮助一名选民，任职内至少开展一次向选民述职汇报。凤城、东湖、透堡、下宫、浦口等乡（镇），制定代表小组学习活动意见，规定代表小组，每月组织学习 1 次，每两个月开展代表议政 1 次，调研活动 1 次，每年在代表大会前，组织代表与选民座谈 1 次，虚心听取选民评议意见，提高执行代表职务自觉性。1996 年，东湖镇人大主席团制定《人民代表联系群众工作意见》，设立人民代表接访室，规定每月 5 日、25 日为接待代表和群众来访日。1998 年，敖江镇人大主席团设立人民代表议政室，作为组织联系代表活动场所，定期组织代表议政和接待群众来访，积极宣传法律法规，做好释疑解惑、化解矛盾工作，解决 8 项历史遗留难题，镇政府听取代表和群众反映意见后，取消不合理收费 6 项。2000 年，东岱镇人大主席团将代表分为 3 个片，划分组织 10 个代表小组，每两个月开展 1 次小组活动，每半年开展 1 次代表片活动。2004 年 4 月，县第十四届人民代表大会通过《关于县人民代表密切联系群众的决议》，使乡（镇）组织联系代表活动进入经常化，以走访选民、邀请选民座谈、接待选民来访、设置联系选民信箱、回答选民询问等多种方式，开展组织联系代表活动。有的乡镇还开展代表评先活动，激发代表履职积极性。

（三）评议工作

1994 年，各乡（镇）人大主席团普遍组织代表，对该乡（镇）基层所站履行职责、便民服务、依法行政、廉政建设等进行检查评议，监督被评议所站，抓好整改，切实转变工作作风。下宫乡人大主席团针对中学教育质量滑坡、校园教学秩序混乱，组织代表深入中学，开展教育工作检查评议，通过两个学期监督整改，稳定了教学秩序，提高了教学质量。1995 年，苔菉镇人大主席团组织代表深入公安派出所，对依法办事、便民服务等方面，进行检查评议，提出整改和建议 6 条，评议后三天，将群众反映强烈的 2 名联防队员予以辞退。1997 年，下宫乡人大主席团针对客运车辆陈旧、安全系数较差、运行时间安排不当等问题，组织代表检查评议，提出评议整改意见 7 条，引起车队高度重视，立即新购大巴 6 辆，淘汰旧车，调整运行时间，保障群众乘车安全、方便。1998—2001 年，透堡、黄岐、琯头、丹阳等 8 个乡（镇）人大主席团先后组织代表，对乡（镇）所属公安、边防派出所、中小学、营业所、信用社、供电所等共 68 个单位，采取听汇报、座谈、明察暗访、发测评表等方法，进行检查评议，提出整改意见 88 条，分项通知各单位，限期整改。2002—2005 年，敖江、筱埕、东岱、浦口等 7 个乡（镇）人大主席团，组织代表对乡（镇）管辖的供电所、计生办、土地所、财政所、公安派出所等共 56 个单位，进行检查评议，将评议意见 82 条，用文件通报相关主管单位，督促制定整改措施，限期整改。

# 第二章 县人民政府

1991 年开始，连江县历届政府认真贯彻党的一系列方针政策，坚持以经济建设为中心，深化改革开放，转变政府职能，关注社会民生，全县经济社会同步持续发展。自第八个五年计划至第十个五年计划，按照上级部署和县委作出的农业稳县、水产旺县、工业兴县、港口强县等战略构思和决策，认真组织实施，充分利用海洋经济的独特优势，多渠道筹资累计完成固定资产投资 147.6 亿元，使各类基础设施由滞后型向基本适应型转变，投资环境大为改善。至 2005 年，全县地区生产总值达 83.61 亿元（可比价），与 1990 年比，增长 9 倍。产业结构明显改善。一、二、三 3 次产业比重，由 1990 年的 53.3 ∶ 17.0 ∶ 29.7，2005 年转变为 38.9 ∶ 25.3 ∶ 35.8，农渔林牧业总产值 28.02 亿元，年均递增 9.27%，水产品总产量 66.08 万吨，连续 15 年保持全省首位，全国前三。工业短腿明显改变，全县工业总产值

47.33 亿元，比 1990 年增长 10 倍，年均递增 17.48%。财政总收入增 9 倍，年均递增 16.51%。城镇居民年均可支配收入 10436 元，农民年人均纯收入 4912 元，分别比 1990 年增 6.4 倍和 5.1 倍。各项社会事业同步发展，城乡社会安定稳定。

## 第一节　县政府及办事机构

### 一、县政府组成成员

县政府组成成员由正副县长和政府所属行政职能部门的正职领导（经县人大常委会研究决定和任命）组成。1991 年 1 月，县第十一届人大会选出当届县长 1 人、副县长 5 人，任期 3 年。政府成员单位 40 个左右。1994 年 1 月，县第十二届人大会选出当届县长 1 人、副县长 5 人，任期 5 年，政府成员单位保持不变。1999 年 1 月，县第十三届人大会选出当届县长 1 人、副县长 7 人，任期 5 年。政府成员单位减至 28 个。2004 年 1 月，县第十届人大会选出当届县长 1 人、副县长 6 人，任期 5 年，政府成员单位降到 26 个。

县政府全体成员会议一般半年召开一次，重要情况可临时召开，由县长主持或县长委托常务副县长主持。除政府成员外，还邀请县委、县人大常委会、县政协、县人武部领导及有关部门、民主党派、无党派人士、工商联及社会团体代表、各乡镇政府领导等列席会议。研究部署全县重大国计民生问题，通报施政情况，广泛征求意见，民主协商，接受监督检查。

1991 年，县政府下辖 20 个乡镇政府。1993 年增设下宫乡政府，1997 年增设江南乡政府。到 2005 年，共辖 22 个乡镇政府（其中镇政府 16 个、乡政府 6 个）。

**1991—2005 年县政府正副县长名录**

表 23-2-1

| 姓　名 | 职　务 | 性别 | 籍　贯 | 任　职　时　间 |
|---|---|---|---|---|
| 叶家松 | 代县长、县长 | 男 | 福建闽侯 | 1989 年 11 月至 1990 年 3 月、1990 年 3 月至 1992 年 12 月 |
| 林学忠 | 代县长、县长 | 男 | 福建长乐 | 1992 年 12 月至 1993 年 3 月、1993 年 3 月至 1998 年 3 月 |
| 俞风云 | 县长 | 男 | 福建福清 | 1998 年 3 月至 1999 年 1 月 |
| 王　玲 | 代县长、县长 | 女 | 安徽 | 1999 年 1 月至 2002 年 1 月 |
| 张天金 | 县长 | 男 | 福建闽侯 | 2002 年 1 月至 2005 年 4 月 |
| 黄忠勇 | 代县长 | 男 | 福建罗源 | 2005 年 4 月至 2006 年 4 月 |
| 郑厚雄 | 常务副县长 | 男 | 福建连江 | 1985 年 11 月至 1998 年 11 月 |
| 郑昌新 | 副县长 | 男 | 福建连江 | 1991 年 1 月至 1998 年 12 月 |
| 林锦安 | 副县长（科技） | 男 | 福建福州 | 1988 年 7 月至 1992 年 1 月 |
| 陈继梅 | 副县长 | 男 | 福建连江 | 1987 年 6 月至 1993 年 9 月 |
| 陈玉平 | 副县长 | 男 | 福建连江 | 1991 年 1 月至 1994 年 1 月 |
| 赵江宁 | 副县长（科技） | 男 | 山东莱阳 | 1992 年 1 月至 1994 年 9 月 |

续表 23-2-1

| 姓　名 | 职　务 | 性别 | 籍　贯 | 任　职　时　间 |
|---|---|---|---|---|
| 林则钿 | 副县长 | 男 | 福建连江 | 1991 年 8 月至 1998 年 12 月 |
| 刘　胜 | 副县长 | 男 | 福建连江 | 1994 年 1 月至 1998 年 12 月 |
| 何宗乐 | 副县长 | 男 | 福建连江 | 1994 年 1 月至 1998 年 12 月 |
| 刘晓东 | 副县长（挂职） | 男 | 安徽萧县 | 1994 年 3 月至 1996 年 3 月 |
| 童正明 | 副县长（挂职） | 男 | 福建福州 | 1995 年 2 月至 1996 年 6 月 |
| 陈永春 | 副县长（挂职） | 男 | 福建福州 | 1996 年 6 月至 2000 年 1 月 |
| 傅子杰 | 副县长（挂职） | 男 | — | 1996 年 6 月至 2000 年 1 月 |
| 邱吉明 | 常务副县长 | 男 | 福建连江 | 1999 年 1 月至 2003 年 10 月 |
| 林　华 | 副县长 | 男 | 福建闽侯 | 1997 年 11 月至 2003 年 2 月 |
| 魏子升 | 副县长 | 男 | 福建连江 | 1997 年 11 月至 2003 年 2 月 |
| 张　凌 | 副县长 | 男 | 福建闽侯 | 1999 年 1 月至 2003 年 10 月 |
| 林　强 | 副县长 | 男 | 福建连江 | 1999 年 1 月至 2002 年 7 月 |
| 蓝钦明 | 副县长 | 男 | 福建连江 | 1999 年 1 月起 |
| 陈善沐 | 副县长（挂职） | 男 | 福建 | 1997 年 5 月至 2001 年 1 月 |
| 冉永进 | 副县长（挂职） | 男 | — | 2001 年 9 月至 2004 年 1 月 |
| 程　辉 | 常务副县长 | 男 | 福建闽侯 | 2003 年 10 月起 |
| 邱香英 | 副县长 | 女 | 福建连江 | 2003 年 4 月起 |
| 林伦健 | 副县长 | 男 | 福建连江 | 2003 年 4 月起 |
| 林榕森 | 副县长 | 男 | 福建连江 | 2003 年 11 月起 |
| 王彦强 | 副县长 | 男 | 福建罗源 | 2003 年 11 月起 |

**二、政府办事机构**

1991 年，县政府所属行政职能办事机构有政府办公室、农业委员会、计划委员会（挂靠单位矿产管理委员会）、财贸委员会、经济委员会、对外经贸委员会、经济体制改革委员会、科学技术委员会、体育运动委员会、物价管理委员会、民族事务委员会、计划生育委员会、民政局、财政局、税务局、农业局、水产局、林业局、水利电力局、交通局、商业局、粮食局、二轻局、土地管理局、环境保护局、建设局、乡镇企业局、工商行政管理局、统计局、人事局（与机构编委办合署）、劳动局、监察局、审计局、公安局、司法局、文化局、卫生局、教育局、宗教局、广播电视局等 40 个单位。各委办合署或管理的单位有信访局、保密局、侨务办、对台办、老区建设委员会办公室、经济技术协作办、干部职工教育管委会办公室、扶贫办、打击走私办公室、政府驻榕办等 10 个。事业单位有档案局、地方志编委会办公室 2 个。共 52 个单位。

1992 年，县粮食局改制为粮食集团公司，保留粮食局牌子。1993 年，县监察局与中共县纪律检查委员会合署，保留监察局牌子。1994 年，国家税制改革，县税务局析分为地方税务局和国家税务局（后者为垂直管理机构）。同年，县工商行政管理局划为省市垂直管理。1995 年 3 月，增设县国防动员委员会，为非正式编制的军事指挥机构（设县人武部）。

1997年，党政机构改革，政府行政职能机构作较大调整。计划委员会改制为计划局；农业委员会改为农业办公室（扶贫办并入）；财贸委员会改为财贸办公室，为议事机构；经济委员会改为经济贸易局；对外贸易经济委员会改为经济贸易局；科学技术委员会改为科技局；民族事务委员会与宗教事务管理局同时划属县委统战部合署留牌；计划生育委员会改为计划生育局；撤销经济体制改革委员会，业务归政府办；撤销体育运动委员会，合署文化局，改称文化体育局；物价管理委员会改为物价局，挂靠计划局；水产局改为海洋与水产局；撤销二轻局和乡镇企业局归经济贸易局；撤销干部职工教育管委会办公室归教育局；商业局改制为商贸总公司（企业）。保留不变的有政府办、民政局、财政局、农业局、林业局、水利电力局、交通局、环保局、土地局、卫生局、监察局、人事局、劳动局、统计局、建设局、审计局、教育局、广播电视局、公安局、司法局。

政府协调议事机构有财贸办公室、打击走私办公室、支前办公室(加挂县双拥领导小组办公室牌子)、老区建设委员会办公室、爱国卫生运动委员会办公室。事业单位有县地方志编委会办公室、档案局。

1999年7月，设立人民防空办公室，作为国防动员委员会常设机构，挂靠县政府办（县政府与县人武部共管）。

2002年，第二次机构改革，政府行政职能机构减少到26个，至2005年基本保持稳定。具体是：

**县政府办公室**　合署留牌和挂靠管理单位有外事侨务办公室、人民防空办公室、打击走私综合办公室、爱国卫生运动委员会办公室、支前办公室、政府驻榕办公室、信访局、接待办公室。

**发展计划局**　由计划局改制：管辖单位有统计局、物价局、原挂靠地质矿产局划属国土资源局。

**经济贸易局**　原财贸办公室裁撤并入。挂靠单位有粮食局、安全生产监督局。

**对外贸易经济合作局**　由对外贸易经济局改名。

**民政局**　原革命老区建设委员公室并入，保留牌子。

**财政局**　原有延续。

**审计局**　原有延续。

**地方税务局**　原有延续。

**建设局**　原有延续。

**国土资源局**　由土地管理局和地质矿产局合并组建。

**环境保护局**　原有延续。

**农业局**　原有延续。

**海洋与渔业局**　由海洋与水产局改名。

**林业局**　原有延续。

**水利局**　由水利电力局改名，电力业务划经贸局。

**交通局**　原有延续。

**监察局**　原有延续，仍与县纪委合署。

**公安局**　原有延续。

**司法局**　原有延续。

**人事局**　原有延续。

**劳动和社会保障局**　原名劳动局，社保业务统属后更名。

**科技文体局**　由文化体育局、科技局、地质办公室组建而成。

**教育局**　原有延续。

**卫生局**　原有延续。

**计划生育局**　原有延续。

**民族与宗教事务管理局**　原为民族事务委员会和宗教管理局，均与县委统战部合署挂牌，2002 年两个单位合并后划为政府部门。

事业单位有广播电视局、地方志编纂委员会办公室。

## 第二节　施政纪略

### 一、发展国民经济

1991 年，县政府把发展经济作为第一要务，充分利用中央赋予的特殊政策、灵活措施，深化改革，扩大开放。尤其 1992 年邓小平南方谈话和中共十四大后，以社会主义市场经济为导向，进行一系列配套改革。农村完善稳定联产承包、双层经营机制，注重发展特色高优农业，并逐渐向集约和适度规模经营方向发展，农村大量富余劳力向二、三产业转移，乡镇企业异军突起。城镇国有、集体工商等企业普遍转换经营机制，盘活资产，外抓嫁接，内转机制，焕发生机。计划、投资、财税、金融等改革也稳步推进。“八五”期间，县政府多渠道筹集资金，加快城乡基础设施建设，改善投资环境。大力实施县委作出的“筑巢引凤”“两岛突破、两线拓展、三片开花、山海并进、开发全县”“农业稳县、水产旺县、工业兴县”等系列决策和省、市委提出的“建设海洋大省”“建设闽江口金三角经济圈”“海上福州”等战略部署，把连江地理区位优势转化为经济发展强势。至 1995 年“八五”末，全县固定资产 5 年累计投资 17.38 亿元，其中基础设施投入 10 亿多元，路、电、水、电信从滞后型跃到基本适应型。1995 年与“七五”末的 1990 年对比，经济发展速度是历史上最快的 5 年，地区生产总值（可比价）年均递增 20.05%，农林牧渔总产值年均递增 11.32%，工业总产值年均递增 32.4%，财政总收入年均递增 24.82%，社会消费品零售额年均递增 22.35%，城乡储蓄存款余额年均递增 23.42%。

1996 年开始，实施第九个五年计划，县政府继续扶持国家立项的农业综合开发和粮食自给工程，稳固农村基础，突出抓支柱产业和品牌产品，调整渔业结构，开辟远洋渔场，新增海珍品养殖面积 1.2 万亩、网箱 2.5 万箱。2000 年，水产品总产量达 57.66 万吨，保持全省第一。1996—2000 年，农林牧渔业总产值年均递增 10.72%。同时，把工业作为经济结构调整的重点，实行“抓大放小”转机建制，加大招商引资力度，促进资源优势产业升级。至 2000 年，全县工业总产值达 41.64 亿元，是 1995 年的 2.42 倍，年均递增 19.38%，初步形成水产加工、建筑建材、船舶修造、机械电器、鞋帽服装等产业链。县政府大力扶持第三产业发展，创新体制机制，加快有形市场建设，进一步健全完善市场体系，成立水产加工流通协会、营销事务所，组建中华水产商城电商网站，推广信息咨询、中介服务、特色旅游等新营销业态，内需拉动逐渐增强。2000 年，全县消费品零售额比 1995 年增长 2.6 倍。“九五”期间虽受亚洲经济危机影响，国内外环境复杂多变，外贸出口仍创历史最好水平，1996—2000 年，出口商品交货总值共达 40.6 亿元。国内生产总值年均递增 12.05%，财政收入年均递增 14.49%。1998—2000 年，连江县连续 3 年获评全省经济实力“十强”，2 年获评经济发展“十佳”。

进入 21 世纪后，县政府以中国加入世贸组织为契机，加大改革开放步伐，更好发挥市场在资源配置中的基础作用，按照县委“飞地砥柱，山海畅流”“工业兴县，港口强县”的战略构想，对工业集中区实施资源整合、共享，加快园区基础设施和配套建设。2001—2005 年“十五”期间，全社会固定资产投资累计达 85.37 亿元，规模空前。尤其随着连江可门深水良港被列入《福州港总体规划》，成功引进华电集团（福建）在可门港区建设大型火电厂，相继引进龙和食品、清禄鞋业、福泰钢铁等较大规模企业，带动一批像百洋海味、旭隆食品、冠海海运等乡镇企业升级上规模，逐步改变县内工业短腿的现象。2002—2003 年，又分别获评全省经济发展“十佳”和经济实力“十强”。至 2005 年，全县地区生产总值（可比价）达86.76亿元，是2000年的2.36倍，年均递增18.7%。工业总产值48.17亿元，其中规模以上企业90家，总产值37.02亿元，占76.8%。带动第一产业和第三产业同步发展。财政总收入（不包括基金）39736万元，为2000年1.63倍，年均递增10.3%。

1991—2005年，全县经济发展成效显著，年均递增速度：国内生产总值（可比价）17.15%，工业总产值17.48%，农林牧渔业产值9.27%，财政收入16.48%。

**二、推进社会事业**

1991年，县政府把推进社会事业发展作为精神文明建设的重要内容，实施“科教兴县”战略，与经济建设同时制订规划，同步协调发展；加大科教文卫体改革力度，先后制定科技人员优惠政策若干规定，鼓励科技人员进入经济建设主战场；落实教育优先发展各项措施，抓“两基教育”；实施文化“芳草”计划，大力发展群众性文体活动；加快农村卫生三项建设。1992年，制定《科技体制改革意见》，逐步建立县、乡镇、村三级科技网，配备科技副县长、副乡镇长、副村委主任，举办各类实用技术培训班180期，参训人员1.6万人。1993年开始，“大打初中翻身仗”，增办中学10余所，多渠道筹资7600万元，新建校舍30万平方米。1994年，建成400米标准跑道体育场，群众体育和竞技体育都取得良好成绩。1991—1995年，县财政科教文卫体经费累计支出15786万元，占预算总支出的39.46%。实施科技“星火”项目98项，财政投入498万元，创造税利3251万元。小学升初中比重由1990年的60.4%上升到90%。

1996—2000年“九五”期间，县政府加大对社会事业发展的投入，5年累计支出科教文卫体经费36876万元，比“八五”增加近1倍，占财政预算总支出比重41.2%。5年中，共实施科技“星火”项目151项，投入672万元，创税利2.37亿元。黄岐半岛海洋科技综合开发试验区列入省科技兴海重点项目取得显著效果，1997年获评全国科技先进县，并成为全国财政支持农业科技成果应用示范试点县。至2000年，科技对经济的贡献率由1993年的38.9%，提高到56%。教育“两基”进一步巩固。1996年经国家教委验收认定为第三批“两基”达标县。1998年开始，优化教育资源配置，稳步调整中小学布局，小学集中办学，整合资源，提高质量，中学扩大高中规模，增加4所完中，高中班级由1995年的38班，2000年增加到112班（含私立28班），在校高中生由1957人增加到5450人。全县高考录取人数534人。全国体育先进县、全国文化先进县通过复查验收，县医院、中医院通过二甲医院验收，计划生育达省二类先进县。

2001年，县政府为提高施政决策科学化、民主化水平，聘请18位专家为政务顾问，先后对农业产业化科技推广示范项目和重大建设项目进行科学论证，聘请省内10名水产专家为技术顾问，深入实地考察，为海水养殖、育苗、加工、病害防治等提供技术支撑，使连江水产品总量一直保持全省第一。教育在巩固九年义务教育成果的同时，全面提升教学质量。抓住高校扩招的机遇，继续扩大高中规模，培养更多高级技术人才。2001—2005年，县财政累计支出教育经费47424万元，占财政预算总支出的30.17%。加上征收教育附加5488万元（仅至2003年止），社会捐助5296万元，共58208万元，使教学设备日趋完善，小学升初中达100%。2005年，全县高中班级增到188班，在校高中生8473人，当年参加高考3712人，录取2928人，均创历史新高。职业、特种、成人等教育亦日趋规范。文化、体育事业同步协调发展，保持全国先进行列。城乡医疗卫生条件普遍改善，人口素质和健康水平进一步提升。

**三、关注民生社保**

1991年后，随着经济持续发展，县政府加大民生投入，让民众分享改革红利，根据群众热切期盼，县政府每年选择10个为民办实事项目，多渠道筹资累计都在1000万元以上。1991年，县财政还无偿投入685万元，帮助46个贫困村每村扶持发展一个项目，对特困户、五保户及弱势特殊群体，加大救助力度。1992年开始，对偏远革命老区、少数民族区实施基础设施“五通”建设。对职工养老保险实行社会统筹，民政部门开始试办农村社会保险。1993 年，县政府按照上级脱贫奔小康的标准，制订全县奔小康具体规划，分步实施，相继派 100 多名干部到薄弱村和村财“空壳”村挂职。1994—1995 年，贯彻国务院《国家八七扶贫攻坚计划》，县乡领导分工包村蹲点，抓好转化工作。对地处偏僻山区海隅的贫困村，逐步实施“造福搬迁”。同时加快社会保障制度改革，稳步扩大社保覆盖面，提高保障和服务水平。1995 年，城镇居民年均可支配收入 4620 元，比 1990 年增 2.28 倍；农民人均纯收入 2390 元，比 1990 年增近 2 倍。至 1996 年，连江扶贫攻坚取得阶段性成果，按小康标准要求验收，连江有 19 个乡镇、239 个村、12.72 万户初步达到小康，分别占总数的 90.5%、90.7%、87%。基本实现小康县。

1997 年起，县政府加大农村基础建设投入，加快“造福搬迁”速度，尽快消灭绝对贫困，解决因灾病等因素的返贫问题。1998 年，实施城镇居民最低生活保障，1999 年开始扩大到农村。1996—2000 年，县财政共投入 10919 万元，相继完成小沧、长龙、潘渡等地 43 个自然村、450 户、2089 人“造福搬迁”，解决 41 个少数民族和老区重点村饮水问题，全县除海岛外，全部建制村实现“五通”。职工工资、社会保障、“五老”人员补助、离退休人员两费、优抚对象定补、城乡低保标准等都有普遍提高。至 2000 年，城镇居民人均可支配收入 7558 元，比 1995 年增加 2938 元，农民人均纯收入 3819 元，比 1995 年增加 1429 元。

2001 年，按照国务院《中国农村扶贫开发纲要（2001—2010）》要求，扶贫重点改善基本生产生活条件，巩固脱贫成果，提高人口生活质量和综合素质。2001—2005 年，相继投入扶贫资金 1398 万元，扶持贫困地区产业发展，投入 2500 万多元进一步完善“基础”设施。5 年“造福搬迁”662 户 2871 人，各级政府补助 686 万元。还实施科技、智力、健康等扶贫措施，举办农村科技培训班 1693 期，转移贫困村富余劳力 4000 多人，新建扩建中小学校舍 4000 多间，扩修建医疗保健站 75 所，创办文化室 87 个，增建休闲娱乐场所和公园。农村面貌发生深刻变化，城乡居民生活质量逐步提升。2005 年，城镇居民年均可支配收入达 10436 元，农民人均纯收入 4912 元。城乡社保体系日趋完善，1998—2005 年，共发放城乡低保补助 1454 万元。1991—2005 年，发放养老保险 29812 万元，县、乡政府为民办实事投入 30600 万元，群众的获得感和幸福感进一步提升。

**四、转变政府职能**

1991 年，县政府依据连江改革开放和经济发展的实际情况，不断调整和理顺部门之间的职能分工和工作关系，加强自身建设，提高依法行政和管理服务水平。坚持实行“两公开一监督”（公开办事制度、公开办事结果，依靠群众监督），自觉接受县人大监督检查，加强与政协、社会各界联系协商并形成制度化，认真及时办好人大议案和代表意见、建议及政协提案。政府的重大决策按程序审议批准。1991 年，通过贯彻《中华人民共和国行政诉讼法》，着手清理 1986 年以来的规范性文件。政务公开监督项目达 180 项，涉及 110 个单位。1992—1993 年，学习贯彻中共十四大精神，逐步建立与社会主义市场经济相适应的机制与服务体系，县政府机关开展三个月整顿，实行开门整改。进一步健全完善政府各项规章制度，实施政府成员目标责任制管理和监督制度，进一步简政放权，抓好宏观，管活微观，整治乱摊派、乱罚款、乱收费“三乱”，取消 72 项不合理收费，减轻企业和群众负担 206 万元。

1994 年，进一步健全督办检查制度，加强效能监督，提倡“马上就办，真抓实干”精神，增强公仆意识，提高办事效率。1995—1998 年，学习和贯彻中共十四届五中、六中全会和中共十五大精神，对照中央关于领导干部廉洁从政若干准则规定，进行政府机关作风大整顿，查处违规违法案件 360 起，挽回损失 763 万元，减轻群众负担 8910 万元。进一步健全完善岗位责任制、服务承诺制、限时办结制、否定报备制、公开公示制、失职追究制等制度，设立“公仆电话”和“群众意见箱”，使政府机关作风和廉政勤政建设有较大提升，进一步强化政府指导、服务、监督、协调等职能。

1999 年，开始组织实施依法行政试点，贯彻落实国务院《依法行政实施规则》，修订完善各项规章制度。2000 年，改革政府审批审核制度，县政府建立投资项目代办办公室和机关效能投诉中心。实行项目会审制、限时制、代办制和跟踪监督制，改善投资环境，降低准入门槛，促进非公民营企业发展。2001 年，根据国务院《关于行政审批制度改革工作的实施意见》的通知精神，县政府全面清理行政审批项目和规范性文件，凡不符合政企、政事分开原则，妨碍市场开放和公平竞争以及实际上难以发挥有效作用的行政审批项目和文件，坚决予以取消；可以用市场机制代替的，通过市场机制运作，需要保留的行政审批，建立健全监督制约机制，严密程序，减少环节，提高效率。至 2002 年，经全面清理，县政府相继废除规范性文件 140 件，进行修订完善的 21 件，取消合并 31 项审批项目。完善招商项目库，更好承接福州等发达地区产业转移。通过机构改革，精简行政机构人员 26.2%。2003—2005 年，贯彻《中华人民共和国行政许可法》，加强行政复议制度建设，强化“民本”“公仆”及法制意识，改善提高窗口服务质量，县政府先后完成“连江之窗”网站更新、政务横向接入网建设，拓展政务公开渠道，增强依法行政透明度，更好接受人民监督。把政府职能调整到主要实施经济调节、市场监管、社会管理和公共服务上来，以人为本，执政为民，建设服务型、法治型、诚信型、学习型、廉洁型务实高效政府。

## 第三节　来信来访工作

### 一、群众信访办理

1991—1995 年，根据福建省信访工作处理规定，对一般性信访，按属地管理，归口办理，分工负责的原则，由部门或乡镇调查处理；重大、疑难、涉及面广的信访案件，通过耐心接访后，将调处方法、处理意见，报送分管信访工作的领导阅批后处理；重大信访案件，报县委、县政府主要领导阅审批示。县信访局 5 年共收到群众来信 2422 件，接待群众来访 2375 人次，其中领导接访 586 人次，接待集体上访 16 批 184 人。通过转办、查办，认真调查处理，基本做到件件有着落，事事有回音。重大信访案件，县主要领导亲自处理。如琯头镇下塘村一位民办教师，1990 年被教育局退养回家，月发退养费 100.85 元，至 1993 年 8 月还领不到退养费，多次上访未果。县长林学忠亲自接访后，立时批示由琯头镇负责支付，问题顺利解决。又如 1992 年，琯头镇壶江村“玉壶号”运输船，船主与大连、广州发生运输业务纠纷，调处久拖不决，多次上访无果，县委书记叶家松亲自接访，召集两地单位代表座谈，弄清情况，经过充分协商，在公平、公正的原则下双方达成协议，平息纠纷。

1996 年，按照中央、国务院颁布的《信访工作条例》，进一步建立健全信访登记、呈阅、转办、催办、查办、结案、复信、报告、归档、立卷等一系列程序制度，使信访工作走上规范化、制度化轨道。1996—2000 年，共收到群众来信 2825 件，接待来访群众 4746 人次，其中领导接访 1146 人次，接待集体上访 231 批 3296 人次。其中重大信访案例如：1997 年，潘渡乡朱步村民集体上访，反映“九联” 鳗场问题，要求缩短土地租赁年限和提高土地租赁金。县委副书记张天金接待群访，认真听取村民反映意见。通过与“九联”协商，达成共识，同意于 2007 年将土地归还朱步村民，土地租赁金每亩每年 150 元提高至 450 元。连续 4 年老上访问题，得到解决。1998 年，浦口镇一些居民联名来信，举报村街干部经济问题和盗伐森林问题，之后又集体上访，引起县委、县政府领导高度关注。当年 9 月县委派调查组进驻调查，经深入了解核实，一些村街干部确实存在经济问题，经向县领导汇报，督促浦口镇党委对 2 名村居干部予以党纪、政纪处分。政法部门对 8 名村街干部与群众合伙盗伐森林的犯罪行为，依法判处有期徒刑 1—3 年不等，群众反映良好。1999 年 12 月 10 日省人大开会期间，潘渡乡贵安村龙尾山自然村 10 多名群众集体上访，反映贵安高尔夫球场土地征用费、赔偿费 900 万元，去向不明，要求派人调查处理。县委领导高度重视，县委书记和县长带领县政法委、审计局、反贪局和潘渡乡党委、政府领导前往贵安龙尾山村，召集40多名村民座谈，认真听取群众意见。通过调查，群众反映情况属实，当场责令潘渡乡政府按比例分成，如数发还村民土地征用费和赔偿费。

2001年开始，经济发展加速，投资规模扩大，经济纠纷增多，反映干部经济违法乱纪、群众经济利益诉求的信访数量明显增多。2001—2005年，共收到群众来信3565件，接待群众来访5995人次，其中县领导接访1220人次，接待集体上访304批3661人次。其中重大的信访案例如：2001年6月23日夜，第2号强台风袭击沿海，停泊在安凯兴达造船厂旁的苔菉镇琇埏、后湾两个村渔轮，撞坏造船厂船台滑道，损失严重，造船厂要求赔偿损失，双方引发纠纷。县信访局接到信息，呈报县政府，县领导立即带领公安、水产、信访等部门领导，会同苔菉、安凯两个乡镇党政领导，赶赴现场，调查、协调处理，通过耐心做双方当事人工作，琇埏、后湾两村渔轮当事人，同意赔偿兴达造船厂经济损失7万元，一场纠纷化险为夷。2003年5月，正值种植西瓜季节，丹阳镇周边几个村群众集体上访，反映假西瓜种子坑害瓜农，损失严重。县领导高度重视，责成信访局、司法局等部门组成专案组，前往丹阳调查取证，经查证瓜农反映属实，出售假西瓜种子的经营者承认错误，同意经济赔偿，经瓜农与经营者协商，达成赔偿损失的共识，安定了瓜农情绪。

1991—2005年，县信访局总计收到群众来信8812件，其中反映乡镇、村居干部贪污、受贿、挪用公款等违法违纪信件1593件；反映侵占土地、违章建房、房屋纠纷等893件；反映政法系统干部违法乱纪信件882件；反映优抚、社保、下岗就业问题235件；反映职称、工资评定、教育乱收费、医疗卫生等268件；反映违反计划生育259件；反映民政救济、复退军人优抚212件；反映网吧、电子游戏机、噪音等133件；反映液化气垄断经营、殡葬改革、农村标会等问题4337件。这些信件，分别以转办、查办、催办、呈阅、复信等形式，做到件件有交代、事事有落实，认真处理结案，让来信群众满意。

**二、坚持领导接访制度**

1991年，县政府坚持领导接待日制度，每月规定的接待日，都尽量挤出时间参加，倾听群众诉求，领悟群众感受，尽心化解民忧，关注民生。1991—2005年，县领导累计参加接访2925项，占全部来访总数的22.5%。同时，还配合市委、市政府领导来连举行联合接待日活动。

1991年9月20日，县委、政府领导配合并会同市委副书记赵守箴带领市信访局等有关部门领导，在连江一中联合举行接待日活动，当天接待来访群众405人，受理群众反映各类问题310件，领导当场批示的有165件，其余由县信访局批转处理件件结案回复。其中琯头镇官岐村群众集体上访，反映1991年8月2日琯头镇领导在处理一起纠纷时有违法乱纪、侵犯人权问题。市、县领导倾听村民反映，当场批示由市县组织联合调查组，深入官岐村调查，证实群众反映的情况属实。随即对当事有关领导干部进行处理，并赔偿群众财产损失17860元、医疗费补偿4400元，从而平息了风波，挽回政治影响。1993年8月3日，县党政领导配合市领导联合在连江一中举行接待日活动，当日共接待来访群众215人，反映各类问题183件。市、县领导当场批示处理153件，占83.6%，另有30件批转有关单位调查处理。一位离休干部反映城区万福巷下水道不通，污水横流，污染严重。第二天，县人大常委会主任陈高书带领建设局、凤城镇领导到实地察看，确实污染严重。县政府责成建设局立即组织施工，疏通下水道，排污畅通，居民满意。1994年8月3日，时任省委常委、福州市委书记习近平带领市党政领导在连江一中同县领导联合举行领导接待日活动，当日接待来访群众115人，反映各类问题78件，当场批示处理52件，批转有关部门处理26件，限期30天内办结。黄岐镇海丰街一名志愿军退伍军人，要求镇政府归还土改时分给他的店面一间，多次上访无果，市委书记习近平听后，当场批示，由镇政府立即落实，使老上访户问题得到解决。

**三、突发事件调处**

1991年，县信访部门按照属地管理原则，尽力把信访中反映的问题，在本地及时解决，化解矛盾于苗头。但也有一些老大难问题，未能及时解决，因而时有出现越级上访、集体上访突发事件，造成不良影响。县领导对此十分重视，尤其在上级召开“两会”或重大活动之前，分析信访动态，做到未雨绸缪。对于少数越级上访回来的人员，同样热情接访，真诚安抚，对一时确实难以解决的问题，也耐心加以解释。2003 年 7 月 3 日，县政府制定《处理在省、市党政机关门前集体上访工作预案》，以谁主管、谁负责和属地管理相结合的原则，妥善理好集体越级上访事件。晓澳镇长沙村有一老上访户，反映自己在“文化大革命”中被错判，多次上访未解决，扬言再度上省并准备“死在省政府门前”。县信访局领导获此信息即会同法院和镇政府深入长沙村耐心做其思想工作，并帮助解决具体困难，使其深受感动，表示不再上访。2005 年 5 月，县在乌石浦建设排涝站，因设计闸房时，有欠考虑交通视线，危及群众车辆、步行安全，引发杉塘村民阻止施工的突发事件。县政府领导当天即带领水利局、交通局、信访局和敖江镇领导赶赴现场，听取村民意见，经实地察看，认为村民反映有道理，立即调整施工方案，将坝顶改弯取直，加大闸房桥面宽度，设置护栏，同时拨出专款 20 万元，修建通村水泥道路，村民感到很满意，不再阻挠工程施工。

## 第四节　地方志编纂

1991 年 2 月，县政府召开第二次修志会议进行重新动员部署，加强编纂力量，制定详细篇目下达各承编单位，并经上下多次反复修订完善，相继制定《编写细则》和大事记、人物传编写方案。1991—1993 年，集中主要力量征集资料，相继组织人员到北京、上海及省、市、县档案、图书、史志等部门，征集民国及之前的历史资料近 1200 万字，其中民国时期史料近 1000 多万字，填补了这一时期的资料空白。对民国后期和中华人民共和国成立初期的重要史事，进行抢救性的调查和核实，先后走访或电话访问当事人和知情者 1000 多人次。同时对主要史实进行认真严谨考证，从而保证入志资料的完整、翔实，为提升志书质量打下坚实基础。1994—1996 年，陆续对承编单位撰写的县志分编稿进行审评修改。1997 年进入总纂加工，先后五易其稿。在县、市、省三级审稿中，共提出 3000 多条意见，经审慎筛选，择善而从，认真修改补充，1999 年初完成送审稿。2000 年 3 月 28 日，经省方志委审定验收，由方志出版社于 2001 年 8 月正式出版发行。全志共 225 万字，图文并茂、装帧美观，经省方志委组织 30 多名专家评议，第一轮《连江县志》获得全省方志优秀成果一等奖，有关编纂人员受到县政府表彰。

在第一轮修志期间，县志办还大力支持和帮助编纂部门志、专业志和乡镇志，先后有 50 多个单位启动修志。1991—2005 年，经县方志办审定在内部付梓发行的有 23 部，共 436 万字，还有近 30 部也形成初稿留存，是连江历史上修志成果最多的时期。

2005 年 4 月，启动第二轮《连江县志》编纂工作，县政府召开动员部署大会，下达《连江县志（1991—2005 年）》的篇目和承编单位，同时培训修志人员 150 多人。同年 5—7 月，县志编纂人员深入各承编单位，逐个商讨细化篇目，探寻反映时代特色和专业特色的内容，进一步面对面辅导修志业务，指导资料搜集方向和要求，还选择几个承编单位试点，掌握从资料搜集到撰稿、修改的全过程，取得实践经验，为全志编纂打好基础。至年底，约有三分之一单位完成分篇初稿撰写。然后逐篇进行审稿评议和修改补充，力争总纂少走弯路。

# 第三章　政　协

中国人民政治协商会议福建省连江县委员会（简称“连江县政协”），按照《中国人民政治协商会议章程》，由县境内中国共产党、各民主党派、工商联、人民团体、无党派爱国人士、少数民族、港澳台胞眷属、归国侨胞侨属、农工商、科教文卫、宗教等各界人士组成。各届政协委员名额由中共连江县委研究确定，经与各党派、人民团体、各界别充分酝酿、民主协商，推荐或选举优秀代表人士作政协委员。非中共人士一般占60%左右。自1991年第七届政协开始，逐步增加委员，扩大爱国统一战线，进一步完善中共领导的多党合作和政治协商制度。至2004年第十届政协，委员数增至199人，比第六届104人增加95人，其中民主党派由2人增至10人，农工商经济界由17人增至61人，其他各界也有所增加。历届县政协委员充分履行政治协商、民主监督、参政议政等职能，围绕各时期中心工作建言献策，深入调研考察，1991—2005年共提交各项提案1140件，立案1051件，占92.2%，有183人次在大会作专题发言，作出决议案32项。

## 第一节　政协会议

### 一、政协连江县第七届全体委员会议

七届一次全委会议，1991年1月6—10日召开。该届核定委员120名（港澳台胞属暂缺6名），实到会114名，其中非中共人士69人，占60.5%；妇女21人，占18.4%。114名委员按界别分：中共5人、人民团体7人、民主党派及爱国人士4人、农工商经济界17人、科技界17人、教育界9人、医疗卫生界9人、港澳台侨胞属20人、文化体育界4人、宗教界5人、少数民族4人、特邀13人。全体委员听取和审议第六届政协主席吴震扬所作的工作报告，听取和审议提案审查情况等报告，列席第十一届县人大第一次会议，听取县政府工作报告和其他报告，通过讨论，提出建议和批评意见。此次会议共收到委员提案86件，经审定立案77件，有7位委员在会上作专题发言。经全体委员充分酝酿协商，选出该届常务委员会23人，其中主席1人，副主席5人，常委17人。会议审议通过3项决议。

七届二次全委会议，1992年2月19—23日召开，新增补政协委员6人，到会委员106人，列席60人。全体委员听取和审议七届政协主席邱光荣所作工作报告，听取和审议提案等报告，并列席第十一届县人大第二次会议，听取政府工作等报告，对县实施“两岛突破、两线拓展，三片开花、山海并进，开发全县”的发展战略及措施提出建议和意见。政协委员共提交各类提案90件，经审定立案82件，有7位委员在会上作专题发言。全会向全县发出《为山仔水利枢纽工程建设筹资认购债券的倡议书》。会议还审议通过4项决议。

七届三次全委会议，1992年12月31日至1993年1月3日举行。出席会议委员116人，列席41人。全体委员听取和审议七届政协主席邱光荣所作工作报告，听取和审议提案等报告，列席第十一届县人大第三次会议，听取政府工作等报告，对农村、农业、农民“三农”工作和转变机关职能等提出建议和意见，政协委员共交各项提案36件，经审定立案31件，有9位委员在会上作专题发言，通过3项决议。此次会议授予19位委员“为四化建设做出优异成绩政协委员”称号，表彰3位为政协工作做出优异成

绩老政协委员。

**二、政协连江县第八届全体委员会议**

八届一次全委会议，1994年1月14—18日召开。该届核定委员145名，其中非中共人士87人，占60%；妇女27人，占18.6%。按界别分：中共5人、人民团体9人、民主党派及工商联11人、港澳台侨胞属27人、农工商经济界25人、科技界16人、教育界10人、医疗卫生界10人、文化体育界7人、宗教界5人、少数民族5人、特邀15人。全体委员听取和审议县政协七届主席邱光荣所作的工作报告，听取和审议提案工作、文史工作等报告，并列席县第十二届人大第一次会议，听取政府工作、财政、计划等报告，对连江国计民生重大问题提出建议和意见。政协委员共提交各项提案39件，经审定立案35件，有8位委员在会上作专题发言。全体委员经充分协商，选出本届政协常委29人，其中主席1人，副主席5人，常委23人。会议审议通过2项决议。

八届二次全委会议，1995年2月16—19日举行，出席会议委员141人，列席110人。到会人员听取和审议八届政协主席彭天德所作的工作报告，听取和审议提案工作等报告，全体委员列席县第十二届人大第二次会议，听取政府工作报告和其他报告，对加强农村基础设施建设、培育支柱产业扩大经济总量等献计献策。政协委员共提交各类提案82件，经审定立案76件，有8位委员在会上作专题发言。会议还补选4名政协常务委员，作出2项决议。

八届三次全委会议，1996年3月5—9日举行。到会委员128人，列席76人。听取和审议县政协八届主席彭天德所作的工作报告，听取和审议提案工作等报告，全体委员列席县第十二届人大第三次会议，听取政府工作报告和其他报告，对全县国计民生重大建设事项提出建议和意见。政协委员提交各项提案51件，经审定立案48件，有10位委员在会上作专题发言。会议还审议通过2项决议。

八届四次全委会议，1997年2月28日至3月3日举行。到会委员139人，列席78人。听取和审议县政协八届副主席胡升秀所作的工作报告，听取和审议提案工作等报告，全体委员列席县第十二届人大第四次会议，听取政府工作报告和其他报告，提出建议和批评意见。政协委员共提交各类提案57件，经审定立案53件，有10位委员作专题发言。此次会议增补政协委员7名，其中3名补选为常委，因原主席彭天德工作变动，补选张天金为政协主席。会议还审议通过2项决议。

八届五次全委会议，1998年3月9—12日举行。到会委员137人，列席64人。听取审议县政协八届主席张天金所作的工作报告，听取和审议提案工作等报告，全体委员列席县第十二届人大第五次会议，听取政府工作报告和其他报告，围绕深化改革开放，优化经济结构，提高质量等提出建议和意见。政协委员共提交各类提案65件，经审定立案63件，有9位委员在会上作专题发言。会议审议通过2项决议。

**三、政协连江县第九届全体委员会议**

九届一次全委会议，1999年1月3—7日召开。该届核定委员185名（暂缺12名），实到会173人，列席会议35人。委员中，非中共人士106人，占61.3%；妇女35人，占20.2%。按界别分：中共4人、人民团体8人、民主党派及工商联15人、港澳台侨胞属19人、农工商经济界59人、科技界10人、教育界14人、医疗卫生界10人、文化体育界10人、宗教界5人、少数民族5人、特邀14人。全体委员听取和审议县政协八届主席张天金所作的工作报告，听取和审议提案工作等报告，并列席县第十三届人大第一次会议，听取政府工作报告和其他报告，围绕经济建设中心，为新一轮创业建言献策。政协委员共提交各项提案66件，经审定立案54件，有13位委员作专题发言。全体委员经充分协商，选举该届政协常务委员会34人，其中主席1人、副主席4人、秘书长1人、常委28人。会议还审议通过2项决议。

九届二次全委会议，2000年1月24—27日举行。此次会议增补政协委员15人。到会委员185人，列席48人。会议听取和审议县政协九届主席郑厚雄所作的工作报告，听取和审议提案工作等报告。全体委员列席县第十三届人大第二次会议，听取政府工作报告和其他报告，围绕重大项目、重点工程和新农村建设等提出建议和意见。政协委员共提交各项提案 73 件，经审定立案 70 件，有 17 位委员作专题发言。此次会议补选 2 名政协常委，审议通过 2 项决议。

九届三次全委会议，2001 年 2 月 3—6 日举行，此次会议增补政协委员 14 人。到会委员 186 人，列席 46 人。会议听取和审议县政协九届主席郑厚雄所作的政协工作报告，听取和审议提案工作等报告。全体委员列席县第十三届人大第三次会议，听取政府工作报告和其他报告，围绕深化改革、扩大开放、垒大连江经济总量、改善民生建言献策。政协委员共提交各类提案 61 件，经审定立案 59 件，有 15 个委员作专题发言。会议还补选 2 名政协常委。审议通过 2 项决议。

九届四次全委会议，2002 年 3 月 4—7 日举行。到会委员 177 人，列席 48 人。会议听取和审议郑厚雄所作的工作报告，听取和审议提案工作等报告。全体委员列席县第十三届人大四次会议，听取政府工作报告和其他报告，围绕贯彻中共十六大精神和连江实施“港口强县”战略，建言献策，对报告提出建议和意见。政协委员共提交各项提案 86 件，经审定立案 81 项，有 17 位委员作专题发言，还邀请省社科院专家作中国加入世界贸易组织的影响和对策专题讲座。会议审议通过 2 项决议。

九届五次全委会议，2003 年 2 月 18—21 日举行。到会委员 175 人，列席 68 人。会议听取和审议县政协九届主席郑厚雄所作的政协工作报告，听取和审议提案工作报告等。全体委员列席县第十三届人大六次会议，听取政府工作报告和其他报告，对连江经济社会发展、经济结构调整等提出建议和意见，政协委员共提交各项提案 103 件，经审定立案 100 件。有 17 位委员作专题发言。会议还审议通过 1 项决议。

**四、政协连江县第十届全体委员会议**

十届一次全委会议，2004 年 1 月 2—6 日召开。该届核定委员 202 名（暂缺 3 名），到会 199 人，列席 56 人，委员中非中共人士 124 人，占 62.3%；妇女 30 人，占 15.1%。按界别分：中共 7 人、人民团体 10 人、民主党派及工商联 19 人、港澳台侨胞属 18 人、农工商经济界 61 人、科技界 9 人、教育界 16 人、医疗卫生界 11 人、文化体育界 8 人、宗教界 5 人、少数民族 6 人、特邀 29 人。会议听取和审议县政协九届主席郑厚雄所作的工作报告，听取和审议提案工作等报告，全体委员列席县第十四届人大第一次会议，听取政府工作报告和其他报告，围绕工业兴县、港口强县的目标和“十一五”计划实施，提出建设性建议和意见。政协委员共提交各项提案 116 件，经审定立案 110 件，有 16 位委员作专题发言。全体委员经充分协商，选举该届政协常委 39 人，其中主席 1 人、副主席 4 人、秘书长 1 人、常委 33 人。并审议通过 1 项决议。

十届二次全委会议，2005 年 3 月 13—16 日举行。到会委员 195 人，列席 61 人。听取和审议郑厚雄作政协工作报告，听取和审议提案工作等报告，全体委员列席县第十四届人大第二次会议，听取县政府工作报告和其他报告，为建成海峡西岸现代化港口城市、构造和谐社会建言献策。政协委员共提交各项提案 129 件，经审定立案 112 件，有 18 位委员作专题发言。会议审议通过 1 项决议。

**1991—2005 年连江县政协正副主席名表**

表 23-3-1

| 届　别 | 职　务 | 姓名 | 性别 | 籍贯 | 任职时间 |
|---|---|---|---|---|---|
| 七届 | 主席 | 邱光荣 | 男 | 连江县 | 1991 年 1 月至 1994 年 1 月 |
| 八届 | 主席 | 彭天德 | 男 | 莆田县 | 1994 年 1 月至 1997 年 2 月 |
| 八届 | 主席 | 张天金 | 男 | 闽侯县 | 1997 年 2 月至 1999 年 1 月 |
| 九届、十届 | 主席 | 郑厚雄 | 男 | 连江县 | 1999 年 1 月至 2005 年 12 月 |

续表 23-3-1

| 届　别 | 职　务 | 姓名 | 性别 | 籍贯 | 任职时间 |
|---|---|---|---|---|---|
| 七届 | 副主席 | 曾祥枢 | 男 | 连江县 | 1991 年 1 月至 1994 年 1 月 |
| 七届、八届 | 副主席 | 吴本雄 | 男 | 连江县 | 1991 年 1 月至 1999 年 1 月 |
| 七届、八届、九届 | 副主席 | 庄淑豪 | 男 | 连江县 | 1991 年 1 月至 2004 年 1 月 |
| 七届、八届 | 副主席 | 陈致文 | 男 | 连江县 | 1991 年 1 月至 1999 年 1 月 |
| 七届、八届 | 副主席 | 郑怀光 | 男 | 连江县 | 1991 年 1 月至 1999 年 1 月 |
| 八届、九届 | 副主席 | 胡升秀 | 男 | 连江县 | 1994 年 1 月至 2004 年 1 月 |
| 九届、十届 | 副主席 | 郑理端 | 男 | 连江县 | 1999 年 1 月至 2005 年 12 月 |
| 九届 | 副主席 | 邱香英 | 女 | 连江县 | 1999 年 1 月至 2004 年 1 月 |
| 十届 | 副主席 | 陈珍光 | 男 | 连江县 | 2004 年 1 月至 2005 年 12 月 |
| 十届 | 副主席 | 张金潮 | 男 | 连江县 | 2004 年 1 月至 2005 年 12 月 |
| 十届 | 副主席 | 戴　黎 | 男 | 闽侯县 | 2004 年 1 月至 2005 年 12 月 |

## 第二节　常委会机构设置

政协连江县委员会常驻机构，是每届全委会选举产生的政协常务委员会，包括主席、副主席、秘书长（第九届开始设）、常委。下设县政协公室和若干专门委员会，具体负责政协有关事务和组织、联络、协调等工作。

**县政协第七届常务委员会**　1991 年 1 月至 1993 年 12 月。该届全委会选举产生常务委员会 23 人，其中主席 1 人、副主席 5 人、常委 17 人。1991 年，县政协行政编制 11 人，实有 17 人。下设办公室、经济建设委员会、科教文卫委员会、祖国统一工作组、提案工作委员会、文史资料委员会。

该届常务委员会共召开 14 次常委会议，主要传达学习中共十四大精神和重要会议和文件，听取和审议政协常委会工作报告，听取县政府及各部门工作通报，审议提案征集和办理情况，按照政协职能，研究部署和组织各专门委员会开展各项活动。

**县政协第八届常务委员会**　1994 年 1 月至 1998 年 12 月。该届全委会共选举产生常务委员会 36 人，其中相继任主席 2 人、副主席 5 人、常委 29 人。1994 年，县政府行政编制增至 15 人，1998 年增至 18 人，实有 16 人。下设办公室、经济建设委员会、科教文卫委员会、港澳台外事委员会、提案工作委员会、文史资料委员会。

该届常务委员会共召开 24 次常委会议，主要传达学习中共十四大历次全会和中共十五大精神，传达学习上级有关重要会议精神和文件，听取和审议政协常委会工作报告、听取县政府及各部门工作通报，审议提案办理情况，协商增补或辞退政协委员、常委，研究制定《常委会工作规划》《专门委员会通则》及开展活动方案，讨论蓼沿乡金沙村云头山畲族自然村搬迁提案，确定成立筱埕和苔菉 2 个政协联络组等。

**县政协第九届常务委员会**　1999 年 1 月至 2003 年 12 月。该届全委会共选举产生常务委员会 39 人，其中主席 1 人、副主席 4 人、秘书长 1 人、常委 33 人。县政协行政编制 18 人，实有 17 人。下设办公室和 5 个专门委员会全部延续。

该届常务委员会共召开22次常委会议。主要传达学习中共十五届三中、四中全会及中共十六大精神、领会和贯彻邓小平中国特色社会主义理论和“三个代表”重要思想，传达学习省政协工作会议精神，听取和审议政协常委会工作报告，听取县政府及职能部门工作通报，审议提案办理情况，研究常委会调研课题、专门委员会机构人事任免，评选政协好委员、优秀提案及承办提案先进单位，协商第十届政协委员名单等。

**县政协第十届常务委员会**　2004年1月至2005年12月。该届全委会共选举产生常务委员会39人，其中主席1人，副主席4人、秘书长1人、常委33人。县政协行政编制保持18人，实有19人。下设办公室和5个专门委员会不变。

该届常务委员会共召开9次常委会议，主要继续学习中共十六大精神，传达学习省、市政协工作会议精神，听取和审议政协常委会工作报告，听取政府及有关部门工作通报，审议提案办理情况，讨论修订《常委会工作规划》《组织通则》及年度工作计划，研究确定各专门委员会人事任免，组织实地察看可门港建设及环境状况，讨论发展工业调研课题、纪念全国政协成立55周年活动方案，评议通过2004—2005年优秀提案和提案承办先进单位名单等。

## 第三节　主要活动

### 一、协商监督

1991年1月，县第七届政协产生后，在中共连江县委领导下，坚持和完善中国共产党领导的多党合作和政治协商制度，围绕经济建设中心，履行政治协商、民主监督、参政议政等职能。全体委员列席县第十一届人大历次会议，政协主席列席县委常委会议，驻会副主席列席县人大常委会议和政府常务会议，对县委、县政府大政方针和重大决策部署，都在事前进行充分民主协商，提出合理建议和意见，事中事后进行有效监督。1991—1993年，先后对全县“八五”计划、山仔枢纽工程建设、流通体制改革、对台贸易发展、人才市场建设、水产业发展、农村电价管理等提出30多项建议，得到县委、县政府重视和采纳，其中县委、政府领导批示19件，政府职能部门采纳32条。委员中一些中高级专业技术人员，还直接参与相关重大项目的调研、论证和决策。县政协及各专门委员会还配合有关部门，对国家和地方颁行的法规实施情况进行检查监督，对县政府每年办实事项目及群众普遍关心的问题进行检查监督。还有20多名委员被政府各部门聘为效能或廉政监督员。政府及各部门亦坚持每季度向县政协常委会及监督员通报情况，听取意见和建议。1993年6月，县政协常委会对县政府各部门68名正职领导进行民主评议。

1994—1998年，第八届县政协按照中共中央批转全国政协有关履行职能的规定精神，不断加大协商监督力度，拓宽协商渠道网络。通过政协全委会、常委会、主席会，提前参与全县重大决策协商研讨。如先后对“九五”计划、10年远景规划，精神文明建设规划及乡镇企业、非公经济发展、国企转制改革等，提出建设性意见和建议30多条，使决策更加科学合理，在政治上为全局性工作提供广泛民主基础的支持。1994年后，县政协与县政府联合制发文件，建立政协专门委员会与政府44个职能部门对口协商制度。先后配合有关部门对10多部法规实施情况进行调研和监督。相继有51个委员被聘为效能监督员或廉政监督员等，广泛参加各方面行风评议、效能监督，拓宽反映民意社情渠道，提高协商监督实效。与此同时，政协机关还编发《政协十大信息》《政协调研》内刊，为领导提供决策参考，开阔政协委员知情知政视野，提高履职水平。

1999—2003年，第九届县政协在中共连江县委领导和上级政协指导下，紧紧围绕经济建设中心和县委决策意图，增强履职的积极性和主动性，不断探索和拓展在新历史条件下政协履职的领域、形式，找准协商监督的切入点和施力方向，作出总体安排，完善全委会议全面协商、常委会议重点协商、专门委员会专题协商等富有实效的协商议政制度。5 年中，全体委员就“十五”计划、政府年度工作报告、财政预算执行及经济社会发展各方面，广泛开展政治协商，议大政，谋大事，献良策，出实招，委员提交各项提案达 389 件，是历届数量最多的，许多意见建议被政府和有关部门采纳。政协常委会议、主席会议向县委、县政府报送 11 份专题建议，都有较强的针对性和前瞻性。其中主席 1 号建议《关于扶持个体私营企业发展，垒大经济总量》引起县领导高度重视，召开多次专门会议研究，并制发《扶持重点企业的若干意见》。主席 2 号建议案就塘坂引水工程中有关水源污染及工业、生活用水等重大问题提出建设性意见，均被采纳。该届相继有 42 名委员被聘任 37 个部门单位廉政、效能监督员、特邀监察员、人民监察员、特邀审计员等，广泛参加行风评议、效能监督。还探索新的民主监督形式，如对群众反映强烈的被监督单位，采取暗访、调查、座谈等广泛收集群众意见和委员建议，并以整改建议书形式促其整改，跟踪落实。对涉及土地拍卖、城建拆迁、电价等敏感问题，派专人参加听证、论证，实施有效监督；对一些整改难度大、问题久拖不决的单位，政协专门委员会组织委员深入现场，面对面监督，直到问题得到解决，有不少单位登门征求政协意见。2003 年，《人民政协报》以《到位、到点、到底—连江县政协民主监督重实效》为题，报道连江政协民主监督的形式和经验。

2004—2005 年，第十届县政协按照“议大事、谋发展、创特色、重实效”的思路，聚焦“工业兴县、港口强县”战略和“十一五”计划制订建言献策，协商监督。县政协领导多次率委员深入工业园区和可门港调查考察，对港区总体规划、基础设施、项目招商、前期投入等提出许多切实可行建议，并与省政协提案委、经建委联合对建设可门港火电厂的立项进行调研论证，促使早日上马。还提出优化工业发展思路、办法、措施等被政府制定“十一五”计划所采纳。县政协根据委员建议，与县人大、纪委、组织、监察等组成民主评议小组，确定 22 个政府职能部门及 69 个科室为评议对象，对其工作作风、办事效率等进行民主评议和监督。期间还配合公安、消防等部门，深入城乡检查整治网吧，促进安定稳定。

**二、调研考察**

1993 年，政协组织开展“六个一”调研活动，即为经济振兴提一条好建议，为发展外向经济和地方工业引一个好项目，为民排忧解难办实事提一条好提案，为发展第三产业开展一项咨询服务，为经济发展社会进步发表一篇文章，为重要工程建设贡献一分力量。委员们各展才智，选准课题，深入调研，建言献策，履职水平大有提升。

1997 年，针对连江经济发展全局性和群众反映热点问题，组织“百人调研”活动，形成不少资政价值较高的调研报告，汇编《建言之桥》一册。其中《建设海上田园》调研报告，在市政协常委会上作典型发言。《剖析农电价高、寻找改革良策》调研报告，提出改三级管理为归口二级管理等建议，为后来全县农电整顿提供决策依据。1993—1998 年，县政协共组织调研考察 300 多场次，参加委员 3000 多人次，形成调研报告、简报、呈阅件等 300 多篇，编出《政协调查》11 期，《政协消息》100 期。共提出意见建议 500 多条，大部分被政府和有关部门采纳。

1999 年，重点针对群众普遍关心的教育质量、学校布局、资源配置等问题，组织县政协科教文卫体委成员深入各乡镇、学校作专题调研，走访教育主管部门、教师、学生、家长、基层干部等，召开 10 多场座谈会，广泛听取各方面的意见，形成调研报告，提出 9 条建议，特别是为适应经济、科技高速发展的新形势，扩大普高规模，培养更多高级人才方面的建议引起县领导和教育部门高度重视，增加财政投入和多渠道集资办学，使连江完中从 1997 年的 4 所 2003 年增加到 8 所，高中班级从 41 班增加到 151 班，参加高考人数从 860 人增加到 3067 人，录取人数从 403 人增加到 2343 人。

1999—2003 年，县政协还就连江工业短腿、“三农”薄弱等突出问题，组织调研考察，提出振兴工业招商引资、农业结构调整、农村劳力转移等发言材料、提案建议等32份。县委、县政府采纳政协委员建议，制发《加强招商引资加快工业发展若干意见（征求稿）》，相关委员参与修改和完善。

2004—2005年，县政协组织经建委委员，深入连江各工业园区、可门港及民营企业调研考察，对优化工业发展思路、解决企业人才及用工问题等提出一系列建议，在制订县“十一五”计划中多被采纳，还与省政协联合开展建设可门港火电厂立项调查，对港区总体规划、项目招商、前期投入等提出建议。

**三、提案办理**

1991年后，县历届政协都把提案工作视为履职的重要形式，逐步建立健全提案的征集、审查、定案、交办、督办、反馈、表彰、征询、报告等配套制度和措施，形成规范有序的运作机制。1991—1993年，第七届县政协相继召开3次全委会，期间共提交提案212件，经研究审定立案190件，多数被政府和有关部门采纳，提案办复率达100%。其中政协主席1号建议案《关于实施连一中分级达标案》，建议政府采取3条举措，争创省二级重点中学，经督办落实，成效明显。《关于治理整顿治安案》，县政法系统专门召开会议，结合“南海行动”，集中打击海上抢劫、车匪路霸、卖淫嫖娼等，摧毁一批团伙，抓获一批犯罪嫌疑人，并建立群防群治防范体系。

1994—1999年，第八届县政协相继召开5次全委会，其间共提交提案294件，经研究审定立案275件，大多为政府或部门所采纳，提案办复率100%。该届提案质量和提案办理质量都有很大提高，通过集体办案、跟踪办案和开门办案等办法，提高实效。1997年，省政协召开提案工作会议，连江政协提案工作经验在会上交流，受省政协领导表扬。该届《关于蓼沿云头山畲族自然村搬迁的提案》，引起县、市政府高度重视，多方筹资20多万元，使该村11户50人畲族居民从海拔800多米高山搬迁到金沙村翠林自然村，为全县“幸福搬迁工程”打响第一炮，影响甚大。在该届第三次全委会上，还表彰1994—1995年优秀提案7件和承办提案先进单位7个。

1999—2003年，第九届县政协加大对提案工作的重视力度，注重对委员的培训，在川石岛举办政治理论和提案知识培训班，请专家授课，县政协领导和各专门委员会介绍县情，发动委员广泛开展社会调查，拓宽委员的知识面、知情面、知政面，提高提案质量和履职水平。该届相继召开5次全委会，期间共提交提案389件，经审定立案364件，不但数量超过历届，而且质量有很大提高，提案的办理效果也明显提升。实行重点提案政协班子成员督办，采取零距离办案、现场办案、专项督办等形式，绝大多数提案发挥资政良好作用，办复率保持100%。该届受表彰的优秀提案22件，承办提案先进单位增到20个。

2004—2005年，第十届县政协相继已召开2次全委会，其间共提交提案245件，经审定立案222件，大部被政府和部门采纳，提案办复率100%。其中关于可门港招商引资、拓展对台经贸合作和文化交流等提案，为落实县委“工业兴县、港口强县”战略决策提供建议和意见。

**四、联谊交往**

1991年后，历届县政协都注意牢牢把握团结和民主两大主题，发展和壮大爱国统一战线，委员界别日益广泛。尤其连江县“三胞”较多，其眷属分布全县，每届政协委员的“三胞”及眷属都有一定比例，并通过他们，广泛开展联谊活动，增进了解，扩大共识，共同为中华民族复兴和祖国统一而贡献力量。县政协每年都利用春节、端午、中秋节庆活动，邀请“三胞”代表参加观赏文艺晚会、吟诗会、赏月晚会等。春节还给有影响的“三胞”人士和社团寄发贺年片。如美东福建同乡会、美国福建公司、美国连江联谊会、琯头联谊会、香港福州十邑同乡会、马来西亚诗巫福州公会、台北连江同乡会等重大庆典活动，县政协都发了贺电、贺词。“三胞”知名人士回乡探亲谒祖、观光旅游、投资兴业，政协领导多登门拜访。县内“三胞”眷属有疑难问题，也尽力帮助解决。还特别邀请“三胞”来连考察投资项目，牵线搭桥；对“三胞”投资或引进的“三资”企业，或在家乡办公益事业，县政协都给予极大关注；对一些“三资”企业的困难，也尽力协调有关部门解决，因而进一步“激发”“三胞”

的爱国爱乡热情。据统计，1991—1993年，全县批准“三资”项目22项，其中9项是通过政协牵线搭桥引进，投资额3800万美元。1993年起，台北连江同乡会创办的“又溪”奖学金移大陆连江颁发，县政协成立专门机构主持协调发放工作，每年发放5000美元（1995年改人民币4万元，2003年增至5万元），奖励50名左右优秀学子，至2005年，获奖学生共596人。连一中建科教楼，台胞蒋启弼捐资8万美元，林明祥捐资1万美元及电脑20台，新加坡侨胞谢金栋捐资30万元人民币。1995—1999年，县政协还通过纪念抗日战争胜利50周年、县政协成立40周年、香港、澳门回归和全国人民政协成立50周年等系列活动，广泛宣传中共中央总书记江泽民发表的台湾问题讲话、国务院《台湾问题白皮书》，主动接触，广泛交流，加深情谊。2000—2005年，连江共引进三资企业108家，总投资3.33亿美元，其中“三胞”直接投资和牵线搭桥引进约占30%。为维护“三胞”权益，县政协经常走访“三胞”企业，召开各种座谈会，做到知侨情、连侨心、护侨益，还邀请“三胞”代表与司法部门及侨办等面对面咨询、交流，释疑解惑，排忧解难，构建友谊。

**五、服务社会**

1991年，县政协发挥各界优秀人才相对集聚的优势，每年都组织开展医疗、文化、科技“三下乡”、为民办实事活动。1991年11月，县政协邀请省医务界专家13人到连江义诊3天，受诊者913人次，其中有疑难病症者得到咨询和指导。1994—1998年，县政协与农工党连江总支合作，组织医疗界主任、副主任医师，先后10次深入老、少、边、岛10多个乡镇村落巡回义诊1451人次，有的还免费施药。为小学生讲授卫生保健及近视防治常识3场，并到特教学校为学生免费体检。政协委员为长江等洪灾捐资1.6万元，扶持26个贫困村。与43户贫困户结对子，帮助21名贫困生上学，捐助资金计29.4万元。

1999—2003年，县政协先后多次组织“三下乡”活动，为畲族群众赠送春联300余幅，科普等书籍1000多册，为民众义诊近1400人次，为畲族学校捐购电教设备、课椅、棉被，为蓼沿乡义洋村等后进村转化攻坚等共捐资200多万元。2004—2005年，县政协先后为潘渡乡高岳村、小沧乡等畲族学校捐赠电脑、DVD等设备，以及捐助贫困学生等共8万元。县政协热诚服务社会，关心支持弱势群体，受到社会和群众的很好评价。

**六、学习培训**

1991年，县政协在中共连江县委领导下，为发挥政协委员在履职中的主体作用，始终注重抓好委员的学习和培训，构建学习型政协组织。县政协有学习委员会、中心学习组，并在委员相对集中的凤城、琯头等11个乡镇设学习组，新建立榕城学习组1个，并有专人负责，有场所，有活动经费。到1997年，乡镇学习组增加到14个，学习组一般每月集中学习1—2个下午，有签到、有记录、有反馈。学习内容有中共历次代表大会文件、新政协章程、统战理论、世贸知识、本级及上级党委、政协重要会议、重要文件等，紧密联系各时期改革开放和经济建设中心的实际。学习形式灵活多样，集中和自学结合，学习与辅导结合，学习与培训结合，学习与调研结合，学习与外出考察结合，不断拓宽委员的知识面、知情面和知政面，提高思想政治理论水平，提升履职质量和效果。2000年开始，县政协建立委员接谈制度，采取定题接谈与专题接谈相结合，把委员的意见集中整理后送领导参阅。2001年，县政协为提高委员提案水平，在川石岛举办理论和提案知识培训班，有效提高委员建言献策的针对性和实效性。

**七、编辑文史资料**

1962—1990年已编出7辑。1991—2005年，相继编出第8—15辑。

**第八辑** 1911年1月编出发行。为庆祝连江解放40周年（1949—1989）专辑（二），收录各行各业40年发展成就文章，共26篇10万多字。

**第九、十辑** 1992年4月编出发行。该合辑是1991年4月17日县政协主持召开海峡两岸纪念明代乡贤“陈第诞辰450周年纪念会暨学术研讨会”的学术论文结辑，共收录47篇和纪念抗日战争胜利50周年文章及历史资料，共22篇，约30万字。

**第十一辑**　1998年3月编出发行。收录部分知名侨胞、台胞事迹简介、解放战争革命活动及解放后几个重点工程建设史料，共20篇12万多字。

**第十二辑**　2002年12月编出发行。书名《游山玩水话连江》，收录连江重要风景名胜、文化古迹、人物春秋、民俗风情、海珍佳肴、游记传说等，共86篇20多万字，配合宣传开发连江旅游事业。

**第十三辑**　2003年9月编出发行，主要记录连江县创建全国文化、体育先进县的历史进程及有关史料，共收录30篇10万多字。

**第十四辑**　2005年12月编出发行《连江名人故居》，从古代到当代连江历史名人故居或寓居连江的外籍人故居，共46篇10万字。

**第十五辑**　编出发行《建言之桥——1997年连江政协调研文选》，精选政协“百人调研”活动的调研文章19篇约10万字。

# 第二十四篇　民主党派　人民团体

## 第一章　民主党派

1991 年，县境民主党派仅农工民主党连江支部 1 个，党员 24 人。1993 年，增加中国国民党革命委员会连江支部，党员 10 人。2001 年，新增中国民主促进会连江支部，会员 9 人。2004 年，新成立九三学社连江直属小组，成员 8 人。至 2005 年底，连江民主党派已发展 4 个，其中总支 2 个、支部 1 个、小组 1 个，共有民主党派成员 185 人（其中民革 74 人、民进 15 人、农工党 88 人、九三学社 8 人）。

### 第一节　民革连江总支

**一、组织**

1993 年，中国国民党革命委员会（简称“民革”）福建组织，在连江县内已发展党员 10 人。当年 6 月 19 日，经民革省委批准成立民革连江支部委员会。1995 年 7 月进行第二届换届选举，党员增至 21 人。1997 年 9 月 14 日，经民革省委批准，把支部扩组为总支，“民革”党员发展到 48 人，总支下设 3 个支部（连一中支部、城关支部、琯头支部）。1999 年 9 月，召开党员大会，进行换届选举，同时增设县教育支部。党员总数 60 人。2004 年 8 月，召开党员大会，县总支和下属 4 个支部同时进行换届选举。至 2005 年，全县民革党员共 74 人，下设 4 个支部，即连一中支部，党员 21 人；城关支部，党员 14 人；琯头支部，党员 22 人；教育支部，党员 17 人。

**二、主要活动**

1993 年，连江民革组织从成立开始，继承和发扬孙中山先生爱国、革命和不断进步的精神，拥护中国共产党领导，贯彻“长期共存，互相监督，肝胆相照，荣辱与共”的方针，进行愉快合作、政治协商。民革连江组织成员，在各自工作岗位上敬业守职，为连江发展经济和社会事业贡献力量。1994 年起，民革连江组织根据连江临台近马、台马同胞多、海外侨胞多的特点，充分发挥地缘、血缘、人缘、文缘、商缘等优势，广泛开展联谊交友活动，增进了解，加深情谊。组织全体成员认真学习邓小平理论和江泽民、胡锦涛总书记对台湾问题讲话精神，动员全体党员利用传统节日，开展给在台马、海外亲友写一封信活动，宣传和平统一和“一国两制”主张。还组织一些成员深入实际调研考察，对促进海峡两岸经贸合作、人文交流，发展对台小额贸易，推动连（江）马（祖）直接通航等提出许多建设性建议和意见，在县政协八届、九届全会上发言，有的形成提案，引起县领导高度重视，不少建议被政府或部门采纳。1996—1998 年，民革连江总支加大为社会民生服务工作，先后为小沧乡畲族和偏远山区儿童捐赠书籍和学习用品，捐助5名贫困学生完成学业。1999年被民革中央授予“先进支部”称号。至2005年，民革成员相继有20多人被推荐或选举为县政协历届委员，其中选任常委8人，有的担任政府职能部门领导，有的被聘为廉政监督员、效能监督员等，参与行风评议和效能监督。

## 第二节　民进连江支部

### 一、组织

中国民主促进会（简称“民进”）福建组织，于1998年在连江县发展1名成员，隶属民进福州市委支部。2001年2月，民进成员发展到3人，成立民进连江支部筹备组。同年3月会员发展到9人，经批准正式成立民进连江支部委员会。2004年3月，召开全体会员大会，选举产生第二届民进连江支部委员会，有会员13人。2005年会员15人。

### 二、主要活动

民进连江支部，主要成员为县内教育文化界中高级知识分子。2001年，自组织成立起，坚持拥护中国共产党的领导，真诚合作，参考议政，组织会员学习中共十五大和十六大精神，围绕连江的中心任务，为物质文明和精神文明建设做出应有贡献。2001—2005年，民进连江组织先后有1人被推荐为市政协委员，10人被推荐为县政协委员，其中3人被选任政协常委，有的被推选为政协专门委员负责人。民进成员履行职能，深入基层调研考察，广泛了解社情民意，相继撰写12篇调研报告和提案，并在县政协全委会上作专题发言，对发展连江教育文化事业提出许多建设性建议和意见，为县领导决策参考。其中有1篇提案被为评为优秀提案。民进连江组织还注意发挥自身的优势，深入偏远农村开展助教、扶贫等便民服务。

## 第三节　农工党连江总支

### 一、组织

1986年，中国农工党（简称“农工党”）在连江二中发展党员7人，成立党小组，隶属马尾区支部。1990年3月，党员发展到24人，经农工党福建省委批准成立连江支部委员会，下设3个党小组。1993年，农工党连江县支部主委参加农工党第一次全国代表大会。

1995年4月29日，经农工党福建省委批准，连江支部改为总支，共有党员46人，下设4个支部（琯头支部、县医院支部、城关教育支部、城关综合支部）。1996年1月18日，新成立县中医院支部。1997年5月10日，新成立连江一中支部。县总支下辖支部6个，党员73人。

2002年5月12日，农工党连江总支举行换届选举大会。至2005年底，共有党员88人，其中有高级、中级职称79人，占党员总数的89.8%。总支下辖6个支部，分别是城关综合支部，党员12人；城关教育支部，党员9人；连江一中支部，党员13人；县中医院支部，党员18人；县医院支部，党员16人；琯头支部，党员20人。

### 二、主要活动

农工党连江组织，从1990年成立开始，就重视理论学习，坚持中国共产党领导的多党合作和政治协商制度，履行职责，参政议政、民主监督，围绕各时期中心任务和经济社会的热点、难点问题，确定若干课题，组织人员深入实地调查研究，撰写调研报告，供县领导决策参考。每年组织开展“科学与和平周活动”，利用技术人才优势，为民办实事。1994 年，农工党成员撰写《关于连江风景名胜资源开发利用》调研报告，受县领导重视和好评。1995 年开始，农工党组织高级医务人员，深入老、边、少、岛地区为群众免费义诊、送药，开展健康咨询服务。农工党中央机关报《前进导报》曾作报道。此后，下乡义诊活动成为常态。1996 年，农工党成员针对连江农村卫生状况，调研撰写《农村卫生现状分析和意见》，提供有关部门领导参考。还为县特教学校的残疾儿童进行体检，并建立健康卡片，陆续在“助残日”捐赠特教学校资金 1000 元。1998—2001 年，农工党成员分别深入基层调研，相继撰写《关于中小学向素质教育转轨的思考》《关于中医药现状》《福州第二水源》，以及药品监管、液化气价格、高中教师紧缺等调研文章，先后 11 次在县政协全委会上发言，形成政协提案 10 多件，多被政府和部门采纳，其中有 2 件提案被县政协评为优秀提案。其中 1999 年，农工党总支被农工党省委评为为社会主义两个文明建设服务先进集体。2002 年 6—8 月，强台风袭击连江，受灾面大，农工党发动成员给灾区群众捐款 5000 多元，还响应农工党中央号召，捐助贵州扶贫款 1450 元。2003 年，农工党总支动员全体成员抗击“非典”，被农工党中央评为抗击“非典”先进单位，1 名获“优秀党员”称号，4 名评为先进个人。有 4 名农工党政协委员被县政协全委会评为优秀委员。至 2005 年，农工党成员中，相继被选为市人大代表 1 人，推荐为市政协委员 1 人，县政协委员 20 人，其中庄淑豪连续三届任县政协副主席，选为政协常委 6 人，担任政府职能部门实职 6 人，还有的被政府或部门聘为廉政监督员、效能监督员、审计员等。

## 第四节　九三学社连江直属小组

### 一、组织

1999 年 12 月，九三学社福州市委所属组织在连江县发展 1 名成员。2000 年，连江成员发展到 3 名，组织关系依托九三学社福州市委马尾区工委。2004 年初，九三学社福州市委经与中共福州市委统战部及连江县委统战部协商，筹备在连江建立九三学社基层组织。同年 8 月，九三学社福州市委利用在连江黄岐举办暑期读书班期间，正式成立九三学社福州市委连江直属小组。至 2005 年底，九三学社连江直属小组共有 8 名成员。

### 二、主要活动

2004 年，九三学社连江直属小组成立后，遵照《九三学社章程》，坚持中国共产党领导下的多党合作和政治协商制度，鼓励成员爱岗敬业，立足本职，开展活动，履行参政议政、政治协商、民主监督的职责，为推动连江物质文明、精神文明、政治文明建设建言献策，贡献力量。直属小组 8 名成员，主要分布县内金融、财政和医疗等部门，其中有高级技术职称 2 人、中级技术职称 4 人。有 2 人被推荐为县政协委员，其中直属小组组长戴黎担任县政协副主席。

# 第二章　人民团体

## 第一节　工　会

### 一、组织机构

（一）县总工会

1991年，县总工会行政编制10人，内设办公室、基层工作部、财务部、女工部。1997年，核定行政编制8人，工勤事业编制1人，内设机构女工部撤销，新设维护部。2005年，行政编制7人，工勤事业编制1人。内设机构办公室（加挂调研室牌子），撤销维护部和基层工作部，建立组织建设和民主管理部、法制与经济技术保障部（加挂县“春风行动”领导小组办公室牌子）、财务部（加挂总工会资产管理处和总工会审计办公室牌子）。

县总工会下属单位有县连江县职工学校，1991年事业编制4人（正副校长2人，教师2人），担负全县职工培训，后转制为职工初、高中学历教育。1998年开始，转向职工大中专学历教育，至2005年，机构、人员编制不变。1991年8月，县职工疗养院由省总工会保障部下放县总工会管辖，事业编制15人，1997年后，减至13人，直至2005年不变。

（二）基层工会

1991年，县直有供销、教育、粮食、二轻、林业、水产、金融、建设8个系统工会，下属基层工会95个。1992年开始，相继组建乡镇企业系统工会，所属基层企业工会54个。1993年，新建交通、水电系统工会，下属基层工会20个。1994年，县委批准县总工会《关于建立乡镇工会联合请示报告》，撤销乡镇企业系统工会，组建21个乡镇工会联合会，下属乡镇企业工会54个，会员3798人。1995年，为发展“三资”企业工会组织，县委成立“外商投资企业工会工作委员会”，由县委副书记施文兼任主任，设址县总工会，当年率先发展12家外资企业工会。此后，凡投产一家即建立一家。1998年，县直新建外经、卫生、农业和直属机关4个系统工会，二轻系统工会并入直属机关系统工会，金融系统工会并入外经系统工会。2001年，针对非公企业迅速发展的新情况，县委成立非公有制企业工会组建领导小组，由县委常委、组织部长袁苏欣兼任组长，非公企业工会组织发展加快。2003年，县直新建经贸系统工会，下属基层工会22个。至2005年底，县直有系统工会14个，基层工会283个，县直属单位工会16个，会员共21746个（男15124人、女6622人）；乡镇工会联合会22个，非公企业工会364个，会员30128人（男16606人、女13522人）；“三资”企业工会354个，会员20623人（男15047人、女5576人）。全县基层工会总数1107个，会员76295人（男48914人，女27381人）。工会组织和会员数比1990年分别增加3.77倍和3.74倍。

### 二、历届会员代表大会

**第十一次会员代表大会**　1993年10月29—30日召开，应出席会议代表195人，实际到会165人。县委副书记林琼向大会致辞，市总工会副主席王元榕到会祝贺。大会听取并审议通过县总工会的工作报告和经费审查报告并作出决议。会议选出第十一届工会委员21人和经费审查委员会委员5人。经全委会选举常委9人，其中主席1人，副主席2人，经费审查委员会主任1人。

**第十二次会员代表大会**　1998年10月12—13日召开，应出席大会代表157人，实际到会139人。

县委常委、组织部部长袁苏欣向大会致辞。大会审议并通过县总工会工作报告和经费审查报告并作出决议。会议选举第十二届工会委员19人和经费审查委员会委员5人。经全委会选举常委8人，其中主席、副主席各1人，经费审查委员会主任1人。

**第十三次会员代表大会** 2003年10月15—17日召开，出席大会代表160人。县委常委、组织部部长杨晓峰向大会致辞。大会听取并审议通过县总工会工作报告和经费审查报告，并作出决议。会议选出第十三届工会委员会委员20人和经费审查委员会委员7人。经全委会选举常委8人，其中主席1人，副主席2人，经费审查委员会主任、副主任各1人。

### 三、主要活动

#### （一）维护职工合法权益

1991年，企业改革深化，实行厂长、经理负责制，领导与职工关系发生新的变化。1992年，县总工会根据《中华人民共和国工会法》精神，参与企业转制改革，协调劳资关系，建立企业与工会代表签订集体合同制度，引导企业“风险共担、利益共享”，把劳动报酬、劳动工时、节日假休、劳动安全、福利保险等事项，融入集体合同之中，全县有1120家企业与工会组织平等协商，签订集体合同，有效保障职工合法权益。1995年开始，企业职工养老保险推行社会统筹和个人账户相结合的模式，总工会配合劳动社保部门，督促企业落实职工社保有关规定。

1996年，连江国有企业实施“抓大放小”转制，再就业成为工会组织维权重要议题。县总工会成立职工再就业领导小组，下设“再就业工作服务站”，做好下岗职工法律咨询、免费转岗培训、职业介绍、协调相关部门关系等工作，引导下岗职工转变择业观念，拓宽再就业门路。1997年，县总工会根据国务院和省、市有关规定，设立“社保监督委员会”，加大职工社保、医保监督力度，逐步建立多种形式职工医保、社保制度，并由国有、集体企业逐步扩大到非公企业。至2000年，全县实施社保医保企业达1182家，参保职工38046人，占职工总数51.31%。据1999—2005年统计，在县总工会服务站登记再就业的职工有1951人，总工会与劳动和社会保障局，协调相关单位提供公益性就业岗位1288个，通过现场供需见面，实现再就业1275人，占登记再就业总数65.35%。至2005年底，全县企业职工养老保险参保单位共543个，参保人数9127人，收缴基金2402万元，使职工解除后顾之忧。未就业的下岗职工纳入最低社会保障制度，使基本生活有保障。

#### （二）企业民主管理

1991年，根据中央经济体制改革的决定，在实行厂长、经理负责制的企业，必须同时健全职工代表大会制度。至1995年，全县共有132家企业建立职工代表会制度。1996年，把“职代会”制度推向非公企业。2000年8月，市委办公厅颁发《福州市企业职工代表会实施细则》，明确规定把审查签订集体合同、厂务公开、更换本企业董事会、监事会中的职工代表、企业财务支出、领导廉洁自律等列入“职代会”职权，保障企业职工知情权、建议权、审议权、表决权和监督权，提高企业职工民主管理企业权利。2003年，县粮食系统改制，改革方案提交“职代会”审议通过，保障职工民主权利，为全县国企深化改革提供宝贵经验。至2005年，全县实行“职代会”制度的企业超过1000家。建立董事会、职工监事会大型企业13家，其中由“职代会”选举董事会的企业4家，职工代表进入董事会12人。由“职代会”选举职工监事会的企业2家，职工进入监事会6人。实施厂务公开企业411家。职工参与民主管理的主人翁地位显著提高。

#### （三）教育培训职工队伍

1991—1992年，县总工会依托工会职工学校为培训基地，共举办“怎样当好职工代表”的培训班11期，参训310人。1993年，配合宣传《中华人民共和国工会法》实施1周年，举办基层工会宣传骨干培训班2期，参训120人。1995—1998年，为提高培训层次，职工学校与省总工会干部学校、市总工会干训班联合举办“基层工会规范化管理”“财务会计”专项培训4期，参训人员326人。1999年

3—5月，连续举办2期如何签订合同和维护职工合法权益相关知识专题培训班，参训220人。2000年，职工学校培训重点转向学历教育，相继与福州市业余大学、职工技术学院，联合在连江举办中专“财务会计与经济管理”和大专“行政管理”专业，学制2年。中专班毕业52人，大专班毕业123人，有效提高工会干部学历水平。2002—2003年，举办乡镇工会联合会和非公企业工会主席培训班，参训237人。2004—2005年，把计算机普及应用作为培训重点，职工学校和乡镇联合工会齐头并举，共举办培训班105期，参训人员达5950人，其中通过实际应用考核，等级达标1583人。县总工会先后4次组队。选派优秀计算机应用选手17人，参加市总工会举办的职工计算机应用大奖赛，其中5人获取国家劳动和社会保障部职业鉴定中心颁发的计算机应用4级合格证书，县邮电局职工杨勇荣获大奖赛第一名，同时选入福建省职工计算机应用代表队，参加全国总工会在北京举办的职工计算机应用表演赛，为连江争得荣誉。

（四）劳模管理

连江县历年评为市以上劳模共201人。1991年，健在的有150人左右。县总工会设有劳模办，负责劳模管理和服务工作。1997年，县政府设立劳模管理服务办公室（设在总工会），负责管理全县劳模日常事务。1998年4月，成立县劳模协会，由县人大常委会原主任陈高书任会长。协会理事会每季度召开1次会议，研究协会工作。一般对各级劳动模范每年组织一次健康体检。先后共走访、慰问伤病、高龄、生活困难的劳模45人次，为劳模排忧解难。每年“五一”国际劳动节和春节，配合县政府做好全县劳模节日慰问。至2005年，全县健在的劳模有140人，其中全国劳模2人，省级劳模24人，市级劳模114人。

## 第二节　共青团

### 一、组织机构

共青团连江县委员会（简称“团县委”），1991年行政编制8人，内设办公室、组织部、宣传部、少先部。1998年，行政编制缩减为6人。2005年，行政编制增至7人，内设机构不变。

基层团组织，1991年有团委31个，团总支43个，团支部623个，团员总数16256人，配专职团干29人。1998年，基层团委36个，团总支51个，团支部530个，团员总数30477人，配专职团干人31人。2005年，基层团委38个，团总支52个，团支部632个，团员总数29442人，专职团干20人。1991—2005年共发展新团员45150人，年均3010人。超龄团员离团34125人，年均2275人。

### 二、历次团员代表大会

**第十一次团员代表大会**　1993年11月27日召开，出席代表142人。大会审议并通过十届团委的工作报告。大会选举第十一届团县委委员27人，候补委员5人。第一次全委会选出常委7人，其中书记1人，副书记1人。

**第十二次团员代表大会**　1996年11月27日召开，到会代表143人。县委书记杨爱金到会致辞。大会审议并通过十一届团县委的工作报告。大会选举产生第十二届团县委委员27人，候补委员11人。第一次全委会选出常委7人，其中书记1人，副书记1人。

**第十三次团员代表大会**　1999年11月25日召开，到会代表157人。县委书记俞风云到会致辞。大会审议并通过十二届团县委的工作报告。大会选举产生第十三届团县委委员27人，候补委员10人。第一次全委会议选出常委7人，其中书记1人，副书记2人。

**第十四次团员代表大会**　2002年8月28日召开，到会代表160人。大会审议并通过十三届团县委的工作报告。大会选举产生第十四届团县委委员27人，候补委员10人。第一次全委会议选出常委7人，其中书记1人，副书记1人。

**三、主要活动**

（一）思想政治教育

1991年，各级共青团组织在党委领导下，发挥党的助手和后备军作用，把思想政治教育放在工作首位，学习中共十四大、十五大、十六大精神，每年通过纪念“五四”青年节、国庆节等重大节庆活动，进行爱国主义、社会主义思想教育，开展“寻伟人足迹、做四有新人”等系列主题教育活动。各级团组织还把加强青少年法制教育，纳入全县普法教育行列。至2005年，先后配合司法部门开展有奖法律知识征答竞赛，参加《中华人民共和国预防未成年人犯罪法》和《中华人民共和国未成年人保护法》等宣传周活动，举办法律知识图片展，城乡巡回展出50多场，散发法律宣传资料2.5万多份。还邀请当地派出所民警、司法所律师、法庭法官等，为基层团组和青少年学生宣讲法律知识，全县受教育团员、青年达45000多人次。据统计，1991—2005年，全县被评为省、市先进团委、红旗团委的有68个，评为省、市先进团支部，红旗团支部63个，评为省、市优秀团干68人，优秀共青团员90人。

（二）投身经济建设

1991年，县和基层共青团组织，发动各界团员青年积极投身改革开放和经济建设。1994年，响应团中央号召，深入开展“创建青年文明号”活动，组织青年进行岗位技能培训、企业青工比武、行业岗位练兵等活动。先后共举办青工技能培训班109期，培训青工6850人。1996年，引导各级团组织实施青年科技行动，全面掀起“学文化、学科学、用科学、比贡献”的热潮，依托城乡科协、农技、水技等部门，举办各类青年实用技术培训班、函授班352期，参加培训团员青年12000多人次。在10多个乡镇建立鲍鱼、海带、马铃薯、绿麻竹、“东湖早枇杷”等“青年号”科技示范基地32个，涌现出一批“青年星火带头人”和“青年科技致富能手”，推动全县经济发展。1999年，在团县委和“青联会”牵头下，成立县青年企业家协会，吸引27家“三资”和非公企业年轻企业家参加，并以协会为纽带，与省、市大企业交流、学习，促进事业发展。2003年，发动各级团组织参加抗击“非典”青年志愿服务队，配合有关部门做好外出和返乡人员登记造册、体温监测、卫生消毒等工作，受到党政部门和群众的好评。2004年3月植树节，团县委组织凤城、敖江、江南3个乡镇团员、青年，与驻军73122部队青年官兵共760多人，分别到凤城玉泉山和潘渡乡营造青年林35000多株。全县被评为省级青年“文明号”6个，市级“文明号”12个，县级“文明号”24个。

（三）精神文明活动

1991年，团县委举办以“爱国、改革、创业、奋进”为主题青年文化艺术周活动。与县文联联合举办“科技之光”为主题的青年美术、摄影、书法展览，展出书画、摄影作品110幅。各乡镇团组织与文化站、广播电视站联合组织青年书画爱好者笔会和举办书画、图片展，沿海乡镇还举行青年“晨光杯”“对虾杯”、卡拉OK大奖赛和跨乡镇蓝球邀请赛等多种形式的文体活动。1993年，各中小学团组织和少先队组织，在各班级组织文学、文艺兴趣爱好小组，学习剪纸艺术，开展“小记者”采访活动，创作“七色花”少儿文学作品。有的学校组织少年儿童志愿队，开展送知识、送温暖活动，就地到“五保户”、残疾人家中，帮助清扫卫生，赠送食品等有益活动。1997年，为迎接香港回归，各级团组织举办“迎回归”万人签名系列庆祝活动。1998—2000年，团县委先后与县文联、科技文体局联合在陈第公园举办青年太极拳、青少年武术表演、广场青年舞蹈比赛等大型文化体育活动30多场次。2001—2005年，团县委继续深入开展“青年文化园”活动。各乡镇团委与文化站联合举办卡拉OK歌咏比赛、歌舞文艺晚会、球赛、体操比赛等系列活动210场次，全县参加“青年文化园”活动的团员、青年达3万多人次。

**附1：县青年联合会**

县青联会是以共青团为核心力量的各界优秀青年联合组织，接受团县委领导和市青年联合会指导。

1989年5月召开第一届青联代表大会，选举产生县青联会委员45人，第一次全委会选举常委12人，其中主席1人，副主席2人，秘书长1人。2000年8月，召开县青年联合会第二届委员会第一次会议，应到会委员73人，实到会58人。选举产生县青年联合会常委30人，其中主席1人，副主席8人，秘书长1人。

**附2：连江县少年先锋队**

**组织**　1991年，全县共有少先队大队414个，中队2150个，小队8600个，共有少先队员64693人（中学7495人、小学57198人），少先队辅导员2408人，校外辅导员26人。1992年后，因青少年人数逐渐减少和学校布局调整，至2005年，全县少先队大队降至180个，中队1161个，小队2593个，共有少先队员40580人（中学7860人、小学32720人），辅导员1144人，校外辅导员141人。1996年1月12日召开第二次少先队代表大会，到会代表126人。县委宣传部、县教育局领导到会致辞。团县委书记作少先队的工作报告，大会选举产生第二届少年工作委员会委员19人。2001年11月23日召开第三次少先队代表大会，到会代表120人，县委宣传部、县教育局领导到会致辞。团县委书记作少先队的工作报告。大会选举产生第三届少年工作委员会委员22人。

**活动**　1991—2000年，在共青团组织带领和指导下，贯彻团中央提出“把全体适龄儿童组织起来”的方针，充分利用每年“六一”国际儿童节、“七一”中国共产党建党日、“十一”国庆节等重要节日，以学校少先队为主体，开展“学雷锋、学赖宁、勤学习、做好事”活动；组织“五自”（自学、自理、自护、自强、自律）实践活动；“我爱敖江、保护母亲河”活动等。举办少先队“百花园”艺术创作和“启明星”科技小发明等系列主题活动。不少学校邀请劳动模范、革命“老爷爷”给少年儿童作报告，进行革命传统和爱国主义教育。凤城、敖江、江南、东湖等乡镇各中小学，分期分批组织少先队员到驻军11旅营地参观英雄“红四连”展览室，听驻军首长革命传统报告。许多学校少先队组织，还通过队日活动、班级故事会、节日联欢会等丰富多彩形式，融教育于活动之中，启迪少先队员好好学习，天天向上，健康成长，将来报效祖国。2001—2005年，各级团组织进一步拓展少先队活动内容，在深入开展“雏鹰行动”中，把“春风助学”和“手拉手”行动，纳入“雏鹰行动”系列，号召全县团员、青年和少先队员，每人为扶贫助学捐助1元钱，并带动社会各界热心人士支持，共捐助资金55万元，资助110名贫困生完成学业。

## 第三节　妇女联合会

### 一、组织机构

1991—1996年，县妇女联合会（简称“县妇联”），行政编制9人，工勤事业编制1人，内设办公室、组织联络部、宣传部、生产部、少儿部。1997年，机构改革，生产部改为城乡工作部（加挂维权部牌子），其余部室不变，行政编制9人（含县妇女儿童工作委员会办公室1人）。2002年，机构改革，县妇联加挂县妇女儿童工作委员会办公室牌子，共核定行政编制8人，工勤事业编制1人。内设办公室、组织联络部、少儿部、宣传部不变，城乡工作部改为妇女发展部（加挂维权部牌子）。全县有22个乡镇妇联会，268个村居妇代会。至2005年不变。

### 二、历届妇女代表大会

**第十二次妇女代表大会**　1994年10月19—20日召开，到会代表187人。大会听取并审议通过第十一届县妇联的工作报告。大会选举产生第十二届县妇联执委29人，全委会选举常委9人，其中主席、副主席各1人。同时选举出席福州市第十次妇女代表大会代表15人。

**第十三次妇女代表大会**　1999 年 10 月 21—22 日召开，到会代表 160 人。大会听取并审议通过第十二届妇联的工作报告。大会选举产生第十三届县妇联执委 29 人，全委会选举常委 9 人，其中主席 1 人，副主席 2 人。同时选举出席福州市第十一次妇女代表大会代表 20 人。

**第十四次妇女代表大会**　2004 年 10 月 27 日召开，到会代表 155 人。大会听取并审议通过第十三届县妇联的工作报告。大会选举产生第十四届县妇联执委 29 人，全委会选举常委 8 人，其中主席、副主席各 1 人。同时选举出席福州市第十二次妇女代表大会代表 22 人。

**三、主要活动**

（一）参与“两个文明”建设

1991 年，县妇联各级组织，紧紧围绕改革开放和经济建设中心，坚持开展“巾帼建功”“双学双比”（学文化、学技术，比成绩、比贡献）和“五好文明家庭”（爱国守法热心公益好、学习进取爱岗敬业好、男女平等尊老爱幼好、移风易俗少生优育好、勤俭持家环境保护好）等三大主题活动。

1994—1997 年，县妇联与教育局联合，围绕全县农村实施科技兴农战略，重点实施沿海山区“巾帼扫盲”行动，采取集中办文化扫盲班和庭院扫盲学文化齐头并举方法，先后办班 352 期，脱盲妇女 9300 多人。1998 年，县妇联与总工会女工委配合，以职工校为基地，先后举办女职工业务知识培训班 10 期，参训女职工 482 人。至 2000 年，连江窗口行业妇女在“巾帼文明岗”劳动竞赛中，共获评省级 5 个，市级 20 个，县级 38 个。2000—2003 年，根据《中国妇女发展纲要》（简称“纲要”）中提出村有农民女技术员职称的要求，县妇联协调县职工校，4 年举办妇女农业大、中专函授班 3 期，培训妇女骨干 710 人，通过专业职称评定，有 276 人评上女农民技术员，达到纲要要求。其中涌现出一批创业典型。如黄岐镇后岺村妇女黄秀兰，冲破女子不能上船出海的世俗观念，带领妇女参加海水养殖获得丰收，2003 年被群众推选为村党支部书记兼妇联会主任，评为全国农村妇女“双学双比”女能手。透堡镇妇女郭淑英，从摆地摊开始，勤俭创业，在福州创办英华制衣厂，生意兴旺发达，2004 年又投资近 1000 万元，在敖江投资区创办香港波波时尚服装有限公司，2005 年，安凯凯达轮船公司女总经理林碧珠、长龙镇天峰茶厂女厂长梁维妹、晓澳镇赤湾村女支部书记林秀娟等，在市场经济改革浪潮中脱颖而出，成为广大妇女学习的榜样。至 2005 年，评为全国“双学双比”女能手 2 人，评为省“三八红旗手”8 人，“三八女能手”3 人，“五好文明家庭”6 户。被评为市“三八”女能手 24 人、“五好文明家庭”25 户。全县有 53 个妇女干部担任副科级以上职务。22 个乡镇的党政领导班子中，至少有 1 名妇女成员，其中担任乡镇党委书记 1 人、镇长 1 人，副书记、副镇长 5 人。268 个村居班子中，有妇女干部 294 人，其中担任村（居）支部书记和主任 14 人。

（二）维护妇女儿童权益

1991 年后，农村男人出国和外出打工逐年增多，引发夫妻离异、婚姻破裂、财产纠纷等问题有所上升。1992—1995 年，县妇联按照全国妇联“一手抓发展，一手抓维权”的工作方针，把维护妇女儿童合法权益作为各级妇女组织工作重点，运用国家法律法规武装妇女，维护自己合法权益。每年以多种形式，举办系列宣传活动，重点宣传《中华人民共和国婚姻法》《中华人民共和国妇女权益保障法》《中华人民共和国未成年人保护法》《中华人民共和国预防未成年人犯罪法》《中华人民共和国劳动法》等法律法规，先后共举办法律知识培训班 138 期，受训妇女达 8057 人次，大多数妇女干部参加过培训，妇女维权观念普遍提高。1996—1997 年，每年 3 月的“妇女维权周”活动，与县司法局联合在凤城大街开展法律咨询，散发《中华人民共和国新婚姻法》手册，进行新婚姻法图片展，每次受咨询的妇女 300—500 人不等。1998 年 5 月 24 日，县妇联举办《中华人民共和国妇女权益保障法》知识竞赛，城乡妇联组织 24 个代表队，参赛女队员 72 人，妇女观众 500 多人，县有线电视台进行实况播放。1999—2000 年，以《中华人民共和国劳动法》为法律依据，指导企业女职工签订劳动保障合同，把劳保福利、工资待遇、节假、婚假、分娩假等内容，融入劳动保障合同。两年中有 167 家企业与 8500 多名女职工签订了合同。2001年，县妇联与县公安、法院、司法、民政等有关单位，联合组建妇女法律援助站，构建社会化妇女维权格局。通过司法“148”法律援助中心平台，为城乡妇女提供法律援助服务。据2001—2005年统计，共受理家庭民事纠纷、财产纠纷、家庭暴力等各类事件11552件，通过法援、调解等方法，基本做到件件有落实，事事有回音。2005年，县法院聘用县妇联干部3人、妇女代表5人，为人民陪审员，当年参与陪审案件165起，其中涉及婚姻纠纷、家庭暴力案件31起。

（三）加强妇女组织建设

1991—1992年，县妇联制订《全县农村基层妇女组织建设规划》，强化基层妇女组织建设，协调县组织、人事部门，加强妇女人才选拔培养。1993—1995年，县和乡镇妇联会共举办妇干培训班96期，培训乡、村（居）妇女骨干4800多人次，组织人事部门开始建立妇女人才库，县妇联经常向党委及组织人事部门推荐优秀妇女人才。1998年5月，县妇联在东岱镇召开基层妇女组织建设经验交流会，有70个村居乡镇妇联干部80多人参加。通过经验交流会，拉动全县妇女组织争创“十佳妇联会”达标竞赛活动。1999—2003年，县妇联开展“春风扶贫”活动，选定东升、东水、北岳、浦下等10个富裕村的妇代会，“一帮一”挂钩扶持山区10个贫困村妇代会，并逐步推广。2004年，县妇联开展“金秋助学”行动，捐资4.35万元，资助16名贫困女大学生上学。2005年，在争创“十佳妇代会”中，全县268个村居妇代会，经县乡两级妇联组织检查验收，基本达到优、良。

## 第四节　科学技术协会

### 一、组织机构

1991年，县科学技术协会（简称“县科协”），行政编制8人，内设办公室、学会部、科技普及部。2002年，改为事业（参公）单位，编制7人，至2005年不变。

县科协直属单位有县科学技术咨询服务中心，为独立核算、自收自支的事业单位，事业编制2人。

县科协组成单位有医学、土木建筑、机械工程、农业、林业、水产、水电工程、气象、数理化、轻工业、财政会计、教育、青年科技辅导等13个学会和中医学、技术监督、花卉盆景等3个协会，共有会员1469人。2001—2004年先后撤销6个学会、协会。至2005年有学会8个，协会2个，会员1013人。

基层乡镇科普协会1991年有19个。1997年增至22个。2005年共有会员1944人，还有粮食高产、海带育苗、海水养殖、对虾养殖、鱼藻类加工、食用菌、果树栽培、畜牧、轮机、企业管理等专业协会和研究会59个，共有会员979人。

**2005年连江县乡（镇）科协组织情况表**

表24-2-1　　单位：人

| 乡镇名称 | 成立时间 | 2005年会员人数 | 乡镇名称 | 成立时间 | 会员人数 |
|---|---|---|---|---|---|
| 敖江镇科协 | 1983年3月 | 125 | 坑园镇科协 | 1984.12 | 83 |
| 琯头镇科协 | 1983年3月 | 97 | 安凯乡科协 | 1984.12 | 76 |
| 东湖镇科协 | 1983年4月 | 102 | 黄岐镇科协 | 1985.1 | 92 |
| 潘渡乡科协 | 1983年4月 | 96 | 小沧乡科协 | 1985.2 | 51 |
| 浦口镇科协 | 1983年5月 | 58 | 晓澳镇科协 | 1985.2 | 73 |

续表 24-2-1

| 乡镇名称 | 成立时间 | 2005 年会员人数 | 乡镇名称 | 成立时间 | 会员人数 |
|---|---|---|---|---|---|
| 长龙镇科协 | 1983 年 5 月 | 98 | 苔菉镇科协 | 1985.2 | 85 |
| 筱埕镇科协 | 1983 年 6 月 | 127 | 蓼沿乡科协 | 1985.7 | 113 |
| 丹阳镇科协 | 1983 年 7 月 | 134 | 东岱镇科协 | 1986.1 | 76 |
| 马鼻镇科协 | 1984 年 7 月 | 87 | 透堡镇科协 | 1993.3 | 83 |
| 官坂镇科协 | 1984 年 11 月 | 84 | 下宫乡科协 | 1997.5 | 48 |
| 凤城镇科协 | 1984 年 11 月 | 78 | 江南乡科协 | 1997.6 | 78 |

**二、第三届会员代表大会**

1992 年 1 月 21—22 日，召开连江县第三届科协代表大会，到会代表 152 人，特邀代表 39 人。县委、县政府主要领导和省、市科协领导到会祝贺。会议审议并通过第二届县科协作的工作报告。大会选举县第三届科协委员会委员 43 人。全委会选举产生常委 21 人，其中主席 1 人，副主席 5 人。大会表彰“献良策、比贡献”和“讲精神文明、比科学发展”竞赛活动先进集体 14 个，颁发首届青年科技奖 16 名，颁发第二届科技优秀学术论文奖 29 人。

**三、主要活动**

（一）科技学术交流

1991—1992 年，县科协按照章程规定，围绕改革开放和经济建设中心，开展多种形式的学术交流与科技研讨活动，县属各类学会、协会、研究会以及各乡镇科协，举行各类学术年会、专题报告会、研讨会 148 场次，会员撰写各类科技学术论文 637 篇，在全国和省、市科技刊物发表 72 篇，《连江科技》发表 114 篇。1992 年 2 月，县科协邀请省委党校科技研究室主任作《新技术革命的现状和发展趋势》的学术报告，县有关领导和各学会、协会、研究会的科技工作者共 500 多人参加听讲。1993 年 9 月，县科协举办青年科技工作者恳谈会，有 14 名获奖的科技工作者，提交科技兴县、振兴连江经济等论文 22 篇，汇编成《科技恳谈会选编》专辑，分送县委、县政府领导提供决策参考。1994 年 9 月，县农学会高级农艺师与台湾植物保护专家，举行两岸学术交流，台湾教授介绍台湾发展农业、水果种植、病虫害防治等经验。县农学会科技人员介绍连江自然条件和农业发展状况，并共同探讨进一步开展两岸学术交流和技术合作。1995 年 5 月，县医学会会员陈功乐，应国际易经学会邀请，参加美国夏威夷第九届国际易经研讨会，在会上作《中医辨证与易经、五经一脉相通》的论文交流。1996 年 7 月，县中医院院长陈宜根，应邀参加印度孟买召开的亚洲第三届传统医药国际区域性学术研讨会，发表《升麻代犀角治疗血小板减少紫癜症》的论文。1998 年，医学会会员刘用箴等 4 人，撰写《重症急性胆管炎 84 例临床疗效探讨》等论文 10 篇，参加全国医学界科技学术交流。2000—2004 年，县属各学会、协会、研究会，共举办各类科技学术研讨、交流活动 247 场次，参加学术交流活动的科技工作者 1850 人次。2005 年 5 月，县科协邀请中国科学院著名数学家林群和国家海洋研究所高级工程师、南极科考队员霍湘娟（女）到连江一中、黄如论中学，分别作《卡笛尔方法论》和《南极之旅》专场学术报告会，参加听课的师生 1800 多人次。

（二）科学普及活动

1991—1995 年，县科协依托科普载体，把传播科技知识、推广实用技术和宣传科学文明与治贫治愚等有机结合，寓教育于科普活动之中。先后举办“科技之光”展览会 4 次，共展出实物、图片 320 多件。放映科教影视 258 场，科技广播讲座 680 场次，出《连江科普》36 期，“科技画廊”144 期。县与乡镇各学会、协会、研究会举办各类科技讲座 400 场次，印发科技资料 10800 份，使科技知识普及到城乡村居。县科协还根据中国科协统一部署，在每年 11 月的“科普宣传月”（后改“科技进步宣传周”），由县科协牵头，与县农学会、中医学会、气象学会、水产学会、花卉盆景协会等，联合卫生局、广电局、文联、地震办等单位，举办《科技画廊》《科普一条街》，举行科普图片展和现场科技咨询、医疗义诊等科普宣传活动。还联合文化、卫生、地震办等单位，组织“科普大篷车”，把科技、文化、卫生、地震等科普知识进学校、进农村、进社区、进军营。1996—2004 年，各学会、协会、研究会共举办科技讲座 692 场次，赠送科普书籍 30250 册，分发各类宣传资料 93000 多份，受教育群众达 62 万多人次。2005 年 9 月，举办连江首届“全国科普日”活动，县科协配合连江有线电视台举办科技影视活动周，放映科技影视，召开学术讲座，参加活动科技工作者 1700 多人。

（三）推动科技兴县

1991—1995 年，县科协发动科技界各学会、协会、研究会，围绕经济建设中心，组织各学会科技骨干和科技工作者代表，召开“恳谈会”“季谈会”22 次，参加研讨科技工作者 780 人次，提出许多有创意的意见和建议。同时还通过科技界政协委员、人大代表提交提案 21 件，多被采纳，其中评为优秀提案 5 件。1999—2003 年，以农学会、水产学会为主体，对开发性重点项目的对虾、鲍鱼养殖、葡萄种植、食用菌栽培技术，组织专项技术培训，共举办 41 个门类的实用技术培训班 198 期，培训农、渔民专业技术人员 10400 人次。许多培训人员成为种、养业的骨干，有效促进各类重点项目的开发。2004 年，县科协接受驻军委托，通过土木建筑、水电学会培训机械、电工、家用电器维修、厨师等 4 个专业的军地人才 225 人。2005 年，县科协开通科技咨询网，并与省市联网，开辟科技项目有偿与无偿咨询服务，当年接受科技咨询和项目服务 1158 项次，在全县推广应用新技术 187 项。

1991—2005 年，县科协共获省、市各项先进奖项 18 次，评为县服务改革“双文明”先进单位。其中县科协荣获中国科协第 3 届“千个学会、千项服务”活动金牛奖（1991 年）。县科协主席林学浩荣获“全国科技系统先进工作者”称号（1992 年）。县科协副主席郑为宜荣获“全国农村科普工作先进工作者”称号（1995 年）。

## 第五节　归国华侨联合会

### 一、组织机构

1991 年，县归国华侨联合会（简称“县侨联”），人员编制 5 人（其中行政编制 3 人、事业编制 2 人）。2002 年，县编委核定编制 4 人（其中行政编制 3 人，事业编制 1 人）。至 2005 年不变。

基层归国华侨联合会，1991 年有琯头镇、凤城镇、敖江镇和长龙华侨农场 4 个。1992—1998 年，相继建立丹阳镇、晓澳镇、江南乡 3 个归国华侨联合会。2000 年开始，在华侨相对集中的建制村或社区成立归国华侨联合会。至 2005 年，基层有 7 个乡镇华侨联合会，35 个村（社区）华侨联合会（其中琯头镇 27 个、晓澳镇 7 个、敖江镇 1 个）。

### 二、历次归侨侨眷代表大会

**第六次归侨侨眷代表大会**　1994 年 11 月 3—4 日召开，应出席代表 90 人，实际到会 75 人。大会审议并通过第五届侨联的工作报告。大会选举产生第六届县侨联委员 33 人，经全委会选举产生常委 13 名，其中侨联主席 1 人。该届聘请名誉主席 1 人，名誉副主席 8 人，顾问 21 人，名誉委员 28 人。

**第七次归侨侨眷代表大会**　2001 年 12 月 16—17 日召开。应出席代表 118 人，实际到会 103 人。大会审议并通过第六届侨联的工作报告。大会选举产生第七届县侨联委员 43 人。经全委会选举产生常委 15 人，其中主席 1 人。该届聘请名誉主席 4 人，顾问 24 人。

### 三、主要活动

（一）联谊交流

1991 年 3 月，县侨联选派 3 名干部，分赴美国、新加坡、中国香港地区探亲访友，拓展联谊活动。名誉主席肖学良应邀赴美参加美国福建公所的连江、琯头侨胞联谊会周年庆典活动。1995 年 5 月，县侨联组织旅外乡亲 34 人，回乡考察山仔水利枢纽工程。1996 年 4 月，县侨联成立 40 周年庆典，邀请海内外侨胞、侨眷 110 人参加联谊活动。当年 10 月，旅美乡亲考察团一行 20 人应邀回乡考察，县委统战部领导向考察团介绍连江经济建设情况，并到琯头、敖江等地经济开发区实地参观考察，有多人意向回乡投资兴业。1998—1999 年，县侨联配合县委、县政府、侨务办公室，先后接待美国华盛顿市长高级顾问郑进玉、美国福建公所总顾问杨义金、主席张云平、美国连江联谊会会长郑时敏等 300 多人次。1999 年 8 月，县侨联领导到香港探望在港乡亲，在港期间协助筹备成立连江旅港乡亲联谊会筹备会，一致推选郑天丰为筹备会主任。同年，县侨联配合县人大、县政协、县委统战部举办“庆祝建国 50 周年座谈会”和“迎香港、澳门回归—爱我中华”侨胞、侨眷联欢晚会，邀请回乡省亲的华侨、华人、外商企业家、华侨界知名人士、侨眷代表 110 多人参加。2001 年，县侨联共接待美国福建公所、美国连江华侨联谊会、美国琯头华侨联谊会、阿根廷连江同乡会等社团知名人士 180 多人次。2003 年，县侨联应邀参加美国福建公所在福州举办的 13 周年庆典暨旅美华裔联谊恳亲大会。2005 年 9 月 22 日，县侨联利用出席美中经贸科技促进总会 10 周年庆典活动，与到会乡亲和许多知名人士进行广泛接触、交谈。

（二）维护归侨侨眷权益

1991 年 5 月，县侨联贯彻《中华人民共和国归侨侨眷权益保护法》，通过有线电视台设立《保护法》栏目，定期播放相关内容。各乡镇侨联通过横幅标语、侨务专刊、宣传栏、发放《保护法》手册等多种形式，让《中华人民共和国归侨侨眷权益保护法》进入归侨、侨眷家中。1992 年，县侨联配合乡镇侨联对《中华人民共和国归侨侨眷权益保护法》贯彻情况进行全面调查，发现仍有部分村（居）向归侨、侨眷乱摊派、乱收费等问题，随即进行协调解决。1993 年，凤城旧城改造拆迁中，部分侨眷反映拆迁中理赔和安置等方面问题，县侨联深入拆迁现场，与相关部门就地协调解决。1995 年 5 月，中国银行琯头分理处随意规定侨眷领取侨汇时户头应留 100 美元的做法，引起侨眷不满。县侨联立即与中行连江分行、琯头分理处进行多次协调，取消不合理规定。1998 年 2 月，侨眷反映在办理正当移民和公证手续中遇到一些麻烦，县侨联立即深入琯头、晓澳等侨区深入调查，形成“呈阅件”向县委、县政府反映，引起高度重视。随后，县委政法委、县公安局、司法局、侨联等单位联合发出《关于解决当前侨眷移民手续中存在有关问题的通知》，为侨眷排忧解难。2000 年 5 月，县侨联与县政协、侨办在中旅社举行纪念《中华人民共和国归侨侨眷权益保护法》颁布实施 10 周年座谈会，县人大、县政府、县政协领导和各乡镇侨联领导、归侨、侨眷代表 60 多人参加。2004 年 7 月 1 日国务院颁布新的《中华人民共和国归侨侨眷保护法》和《中华人民共和国归侨侨眷权益保护实施办法》，县侨联举办学习宣传新《中华人民共和国归侨侨眷权益保护法》培训班 1 期，乡镇侨联干部 40 多人参加培训，接着在全县广泛深入宣传。2005 年，县人大常委领导就认真贯彻落实新《中华人民共和国归侨侨眷权益保护法》提出意见和建议，要求涉侨工作单位，切实做好依法保障归侨侨眷合法权益。

（三）鼓励侨胞投资兴业

1991 年 9 月，旅美侨胞李旦华带领美国华裕投资总公司考察团一行 16 人，到连江进行为期 4 天考察活动，相继与琯头造船厂签订投资 300 万美元的建设意向书，与连江饲料厂签订承包租赁合同，承包期 15 年，租赁第一年租赁金 70 万元，第二年起每年租赁金 100 万元。1994 年，县侨联牵线美国华星房地产投资公司在琯头开发区投资 138 万美元；旅美侨胞蓝名宇投资 30 万元，兴办花岗岩加工厂。

1995 年 4 月，县侨联在招商会期间，积极牵线搭桥，引进外资 1513 万美元。1999 年，县侨联促成美国中美经贸科技促进会主席杨功德，在琯头开发房地产项目，签订投资 100 万美元意向书。2002—2004 年，琯头镇侨联牵线引进两项食品加工项目投资意向书。2005 年，县侨联还直接与侨商洽淡招商引资项目，签订多项投资意向书。县、乡（镇）两级侨联，还热情做好侨资企业的联络和服务工作，为侨资企业排忧解难，促进发展。

## 第六节　文学艺术界联合会

### 一、组织机构

县文学艺术界联合会（简称“县文联”），成立于 1992 年 10 月，暂设主席 1 人，秘书长 1 人。1997 年，机构改革时核定事业编制 4 人，延续至 2005 年。

县文联下属协会，1992 年有文学、音乐舞蹈、书法、美术、摄影、曲艺、戏剧、影评等 8 个协会团体会员。1998 年，撤销曲艺、戏剧、影评 3 个协会。2005 年，第二届文联成立时，辖有文学、音乐、舞蹈、书法、美术、摄影等 6 个协会和琯头诗书画影研究会、尚德乐社、青芝诗社 3 个社团。至年末，9 个团体共有会员 525 人。其中文学工作者协会（后改作家协会）73 人，音乐协会 90 人，舞蹈协会 68 人，书法协会 82 人，美术协会 34 人，摄影协会员 26 人，青芝诗社 60 人，尚德乐社 32 人，琯头诗书画影研究会 60 人。

### 二、历届文艺工作者代表大会

**第一次文学艺术界工作者代表大会**　1992 年 10 月 13 日召开，到会代表 77 人，特邀代表 11 人。市文联领导、县委、县政府领导到会祝贺。会议听取文联筹备工作报告，审议并通过《连江县文学艺术界联合会章程》。选举产生第一届县文学艺术界联合会委员 13 人，选举首届文联主席、副主席、名誉主席各 1 人。

**第二次文学艺术界工作者代表大会**　2005 年 8 月 3 日召开，到会代表 76 人，特邀代表 3 人。大会听取并审议通过第一届文联的工作报告，审议通过修改的文联新章程，选举产生第二届县文联委员 18 人，选举主席、副主席、秘书长各 1 人。

### 三、主要活动

#### （一）文学创作

1992 年，县文联以《青芝文学报》为平台，刊载各协会会员文艺作品，先后共出版 174 期。1998 年 12 月，县文联与县文化馆联合汇集百篇文学精品，编印出版《青芝园》。2000 年，又精选少年儿童文学作品百篇，编印出版《七色花》两本专辑，印 2000 册分发文学作者和少年儿童文学爱好者。2002—2005 年，县文联围绕经济建设中心，分别开展“新世纪、新连江”“金凤在腾飞”“创业潮”等全县性文学作品征文比赛 6 次，获奖作品 110 多篇。

#### （二）选送文艺节目会演

1992 年，县文联选送音舞协会创作舞蹈《讨蛤女》，参加省第六届农村文艺调演，荣获创作一等奖。1993 年 8 月，选送刘心照作曲、余玉成演唱的《故乡美》，参加省第六届音乐舞蹈节比赛，获演出二等奖。1996 年，县文联协助县委宣传部创作演出歌颂优秀共产党员孙旭光等英雄事迹的大型歌舞《烈火铸党魂》，在陈第公园公演，受到社会各界高度赞赏。1993—1996 年，还选送闽剧《冷月琵琶》《一日皇帝》等戏剧作品参加市戏剧会演，获创作、演出二等奖。1997 年，县文联协同县委宣传部、科技文体局联合举办“喜迎香港回归”系列文艺活动。同年 9 月，选送刘心照作曲的歌曲《月亮湖》，参加省第二届少数民族文艺会演，获创作歌曲铜奖。1998 年，选送现代闽剧《杨母》参加省、市会演，获优秀奖。2002 年，选送音乐协会创作的畲乡答歌《四季茶花》，参加省第七届农村文艺调演，由余玉成、蓝华（女）演唱，获演出三等奖。2002—2003 年，还组织县闽剧团两次赴马祖演出传统闽剧 10 场。

（三）举办艺术展览

1993 年开始，县文联每年组织举办书法、美术、摄影单展或联展 3—5 次，规模较大的如 2003 年 9 月，由书法、美术、摄影 3 家协会，联合举办“纪念人大制度 60 周年”书画展，展出作品 130 多幅；2004 年 10 月，县文联配合县委宣传部、科技文体局，举办“庆祝中华人民共和国成立 55 周年”书法、美术、摄影作品展，展出作品 120 多幅。同时举办“纪念邓小平诞辰 100 周年”和“纪念抗日战争胜利 60 周年”3 次展览会，共展出各类作品 310 多幅。1993—2005 年，共举办艺术展览 48 次，展出作品 3400 余幅。

## 第七节　残疾人联合会

### 一、组织机构

县残疾人联合会（简称“县残联”），成立于 1990 年 3 月，事业编制 3 人。1995 年 8 月，设“县残疾人劳动就业服务管理站”，与县残联一套人员，两块牌子，增加事业编制 1 人。2001 年 8 月，人员编制增至 5 人，直至 2005 年。22 个乡镇均设残联机构，由 1 名副镇长或党委委员兼任残联主席。

### 二、历次残疾人代表大会

**第二届残疾人代表大会**　（第一届 1990 年 3 月召开见上志）1994 年 12 月 13—14 日召开，出席会议代表 90 人，其中残疾人代表 45 人，各乡镇福利企业代表 11 人，县直机关、群团特邀代表 34 人。会议审议并通过县第一届残联的工作报告，选举产生第二届残联委员 18 人，其中残疾人委员 9 人。

**第三届残疾人代表大会**　2000 年 1 月 5 日召开，出席会议代表 100 人，其中残疾人 50 人，乡镇福利企业代表 15 人，县直机关、群团特邀代表 35 人。会议审议并通过第二届残联的工作报告，选举产生第三届残联委员 18 人，其中残疾人委员 9 人。

### 三、主要活动

（一）保障残疾人权益

1991 年开始，县残联加大《中华人民共和国残疾人保障法》法定的“全国助残日”宣传活动，协同县有关部门，广泛宣传和讲解《中华人民共和国残疾人保障法》，沿街悬挂横幅标语、编出专刊、举行助残图片展，现场接受残疾人咨询。1993 年开始，依法征收残疾人保障金，专项用于残疾人就业培训和安置。为摸清全县残疾人状况，同年县残联与民政局、卫生局组成联合调查组，深入各乡镇对残疾人状况进行全面普查，至 1994 年普查结束。全县共有各类残疾人 20395 人，占全县总人口 611181 人的 3.34%。其中听力语言残疾 6587 人，占总数 32.3%；智力残疾 4039 人，占 19.8%；肢体残疾 3385 人，占 16. 6%；视力残疾（盲人）2692 人，占 13.2%；精神残疾 1978 人，占 9.7%；综合性残疾 1714 人，占 8.4%。1995 年开始，县残联在宣传贯彻《中华人民共和国残疾人保障法》的同时，加大扶残、助残力度。县政府批准利用原工会疗养院创办县特殊教育学校，招收弱智、聋哑儿童 120 人入学，县教育部门要求普通中、小学就地接纳三类（智力、语言、弱智）残疾少儿入学，全县残疾少儿入学共 2794 人。至 2005 年，县政府批准在北郊征地 1.7 公顷，新建县特教学校，在政府和各界支持下共筹资 700 多万元，建筑面积 6000 平方米，集教育、康复、技能培训为一体，残疾人入学人数增加到 210 人。

（二）残疾人就业扶贫

1991 年，县残联配合民政部门，依托福利工厂企业，相继安置 62 名残疾人就业。1993 年开始，残联利用依法征收的残疾人保障金，培训残疾人劳动技能并向相关企业推荐介绍就业，1995—1998 年，相继有 100 多残疾人在福利企业就业。1998 年起，有 225 户残疾人困难户列入最低生活保障，对其他残疾人困难户，每年临时补助救济 20—30 户。1999 年，有 140 个无依无靠残疾人纳入“五保”供养，2001 年，对 620 户残疾人生活、疾病、住房困难给予扶持。2003 年起，县政府决定残疾人保障金由财政部门统一征收和发放。2005 年起，根据市政府通知，改由税务机关征收，年征数量增加到 100 多万元，加大对残疾人技能培训力度，依托县技工学校，相继举办电脑、摩托维修、烹饪等专业培训班 8 期，参训残疾人 457 人，还选送 23 名盲人参加市残联举办的盲人按摩培训班，结业后办起盲人按摩服务所 15 家，就业盲人 48 人。1991—2005 年，残疾人参加劳动就业培训共 1159 人，其中有 142 人在福利企业就业，县残联牵头介绍就业 314 人，培训后自主创业 628 人，至 2005 年底调查，全县贫困残疾人从 3100 多人下降至 1100 多人。

（三）残疾人康复医疗

1995 年，县残联加强小儿麻痹后遗症矫治、白内障复明、聋儿听力和语言训练等 3 项康复治疗（简称“三康”）工作。1996—2000 年，相继配合县医疗机构，对 1812 名残疾人实施“三康”治疗，其中实施白内障复明手术 1389 人，肢体矫治 263 人，聋儿哑语训练 63 人，为低听力患儿配置助听器 42 人，为智障儿童强化训练 55 人。2001—2005 年，实施“三康”治疗共 1106 人。其中白内障复明手术 800 人，聋儿听力、语训 40 人，受训后进入幼儿班、普通小学随班就读，帮助麻风病患儿矫治手术 12 人，为麻风病人发放防护用具、进行康复训练 54 人，肢体残疾人功能训练 87 人，智障儿童训练 74 人，脑瘫儿童康复训练 19 人，下肢瘫痪残疾人配置轮椅 20 人。

## 第八节　关心下一代工作委员会

**一、组织机构**

1991 年，成立县关心下一代工作协会（简称“县关工协”），为社会团体。聘请离退休老干部教育和关爱青少年的成长。县领导兼任主席或名誉主席，离退休处级老干部担任常务或执行主席。1994 年 10 月，关工协改名关心下一代工作委员会（简称“关工委”），领导改称主任，核定事业编制 3 人，挂靠县委老干部管理局。2005 年，县关工委聘请顾问 5 人、名誉主任 1 人、主任 1 人、常务副主任 1 人、副主任 13 人（其中企业家 4 人）、秘书长 1 人。县关工委内设关爱工作团、报告团、爱心帮教团、夕阳红科技团，聘请“五老”（老干部、老战士、老专家、老劳模、老教师）42 人，分别担任“六员”（宣传员、校外辅导员、帮教员、家教员、科技员、文化市场监督员）。

全县 22 个乡镇和 269 个村（社区）均设关工委。县直有 12 个单位、中小学校有 70 所设关工委。基层关工委组织共 373 个，成员 3548 人。其中各级班子成员 2191 人，聘请“五老”1357 人担任“六大员”（其中报告员 300 人，校外辅导员 279 人，科技员 177 人，帮教员 220 人，家教员 290 人，文化市场监督员 91 人）。形成三级关心下一代工作网络。2005 年，2 个乡镇关工委在创建“五好关工委”活动中全部达标，其中凤城、丹阳、透堡 3 个关工委评为市“五好”先进单位。

**二、主要活动**

（一）思想道德教育

1991 年，县关工协成立后，认真贯彻国务院《关于进一步加强和改进未成年人思想道德建设的若干意见》，以促进青少年健康成长为目标，主动融入全县工作大局，把“六员”依托会员单位（职能部门）开展活动：报告员依托宣传部，帮教员依托司法局，校外辅导员依托团县委、教育局，家教员依托县妇联，科技员依托科协（科委），文化市场监督员依托文体局，配合职能部门开展工作，并形成长效机制。运用连江丰富多彩的革命红色文化资源，不断对青少年进行爱国主义、革命传统、民族精神，社会主义核心价值观的教育。1991—2005年，县和各级关工委先后组织23个300人“五老”报告团，深入乡镇村（居）报告115场，到中小学校报告116场，受教育青少年达14万多人次。县关工委还征集报告团优秀文稿55篇，其中向省、市关工委推荐33篇，受到充分肯定。还精选28篇革命红色故事编成专辑，分发各级关工委，为报告员提供系统的报告素材，教育青少年坚定理想信念，树立正确的世界观、人生观、价值观。

（二）失足未成年人教育

1992年，县关工协针对未成年人法制观念薄弱，违法失足增多的情况，与政法、群团、宣传、教育等9个单位，联合成立关爱工作团，下设法制宣传组、预防犯罪组、文化市场监督组3个工作小组。并对关爱对象进行调查摸底。据不完全统计，全县未成年子女因违法服刑67人、“两劳”释解12人，辍学闲散社会1101人。1993年开始，关工委法制宣传组先后深入敖江、凤城、黄岐、筱埕4个乡镇12所中小学普及法律知识，教育青少年知法、守法，远离“黄、赌、毒、邪”，还进行帮教。县关工委还配合司法局，先后向连江一中、黄如论中学等赠送法律书籍196套，价值2.2万元。县司法局选派3名律师到敖江、凤城、江南3个乡镇中小学，举办法律讲座20多场，2万人听讲。

1994—2005年，县关工委与司法、群团及教育部门联合组织爱心帮教团，先后3次前往福建省未成年人管教所，探望连江籍30多名失足青少年，赠送生活用品、法律书籍和一封公开信，还通过座谈进行疏导教育，鼓励改造思想，早日告别过去，走向新生。这些失足青少年非常感激党和政府的关怀，表示好好改造，重新做人。琯头镇关工委组织38位“五老”帮教团，与30名释解未成年人结对子，经一段耐心帮教，个个都成为养殖专业户或个体守法经营者。东岱镇关工委由25名“五老”组成帮教团，每人负责疏导帮教1—2名失足青少年，帮他们走上正道。浦口镇浦丰街一个刚从少管所回来的失足青少年，因家庭生活困难，精神颓丧，镇关工委领导上门疏导教育，并联系一个企业安排就业。各级关工委普遍开展帮百名辍学青少年返回校园；帮百名失足青少年走上正途；帮百名失业青年创业就业；帮百名留守儿童上学；帮百名外业工子女就地上学的“五百个”活动。至2005年，共帮教失足青少年686人，表现好的占90%以上，其中帮助就业501人。

（三）留守及单亲儿童管护

1992年起，随市场经济发展，出国或外出谋业人员增多，留守儿童管护不周，尤其父母离异或丧偶的单亲子女，缺乏家庭亲人关爱，有的沉迷网吧养成恶习；还有外来工子女普遍存在上学难问题，这都给社会带来很大压力。1993年初步调查，全县留守儿童和单亲子女有3858人，外来工子女有近1000人。县关工委联合县妇联，相继动员300多名妇女参加“爱心妈妈”活动，承担帮教留守儿童、单亲子女的责任，与教育部门协调解决外来工子女就学问题。县妇联利用母亲节，印发《致留守儿童家长一封公开信》，要求外出家长做到“四个一”，即每周给孩子通一次电话，每月给孩子写一封信，每月给班主任联系一次，每年至少回家一次。1995年，县老年人大学专门举办一期爷爷奶奶隔代家教培训班，参加培训50多人，帮助老年人树立家教新观念，掌握新知识、新方法、提高家教水平。琯头镇东边村外来工较多，村委和关工委积极与教育部门沟通，使驻村170名外来工子女全部进学校就读。1993—2005年，乡村各级关工委共帮助外来工子女和留守儿童就近入学619人。

（四）倡导助学奖教

1992年开始，县关工委发挥老干部的影响和威信，倡导和鼓励有经济实力的乡镇村（居）企业家、族姓祠堂、“三胞”及社会力量，建立助学奖教基金会，帮助优秀学子和家庭困难的子女完成学业。透堡镇关工委在退休老干部的带动下，建立同心教育促进会，共募集教育基金854万元，先后帮助贫困学生、奖励考取本科大学生和中小学优秀教师2214人，共发放300多万元。晓澳镇百胜村和晓丰街关工委各募资73万元、38万元，建立扶贫助学基金会，受助贫困生210人。县郑思肖文化研究会，设立奖学基金会，奖励全县郑姓优秀学子。东岱镇关工委引导缪氏祠堂成立教育基金会，奖励本族优秀大、中学生、研究生，每人发放500—3000元不等。马鼻镇拱头村设立青年俱乐部基金会，由社会能人捐资50万元，奖励考取大学学子和帮助贫困失业青年。黄岐镇关工委联系企业和离退休老干部等，帮助100多名贫困生上学。至2005年，全县建立青少年教育基金会的有36个，募集基金2200多万元，受助学子和奖励优秀教师5900人。

## 第九节 县工商业联合会

### 一、组织机构

县工商业联合会（简称“县工商联”），加挂连江县商会牌子，一套人员、两块牌子。1991年，核定编制5人（行政3人、事业2人），内设办公室和联络科。全县会员549个（工商业者会员417个、企业会员127个、团体会员5个）。1997年，县工商联人员编制增至8人（行政6人、事业2人）。2005年，人员编制缩减为5人（行政4人、工勤事业1人）。全县有会员975个（其中企业团体会员5个、非公工商业者会员970个）。下属有琯头、黄岐、筱埕、苔菉、敖江、东岱6个镇工商联分会。

### 二、历届会员代表大会

**第六次会员代表大会** 1991年10月28日召开，应出席大会代表82人，实际到会65人。会议审议并通过第五届工商联执委会的工作报告，选举产生第六届工商联执委会委员32人。执委会第一次会议，选举常务委员15人（其中正、副主委5人）。该届还聘请名誉会长和副会长4人，工商联顾问7人。

**第七次会员代表大会** 1994年12月8—9日召开，应出席大会代表95人，实际到会64人。大会审议并通过第六届工商联执委会的工作报告，选举产生第七届工商联执委会委员37人。执委会第一次会议，选举常务委员17人（其中正、副主委5人）。该届聘请名誉会长7人，名誉副会长3人，顾问13人。

**第八次会员代表大会** 2000年10月30日召开，应出席大会代表108人，实际到会72人。大会审议并通过第七届工商联执委会的工作报告，选举产生第八届执委会委员52人。执委会第一次会议，选举常务委员24人（其中正、副主委7人）。该届聘请名誉会长6人，名誉副会长2人，顾问12人。

### 三、主要活动

（一）参政议政

1991年，县工商联领导经常深入非公有制企业调研，对私营及个体企业发展状况、主要问题及建议，写成调研报告，提供县委、县政府和有关部门作决策参考。在县历届人大、政协会议上，工商联代表就连江大政方针和发展非公有制企业等问题，发表许多意见和建议。1993年1月，在宣传贯彻省政府《关于加快个体私营企业发展的暂行规定》中发现的新情况、新问题，在1994年1月召开的第八届政协第一次会议上作专题发言，并提交《关于加快非公有制经济健康发展》的提案，引起县委、政府领导的重视。1999年1月，在政协第九届第一次会议上，工商联代表委员作《建立民间贷款担保金，促进私营企业发展》的发言，会后协助一些企业与银行进行贷款沟通。2000年1月，在政协九届二次会议上，工商联代表委员作《提高民营企业综合素质，促进非公有制经济持续发展》的专题发言。2002年，配合劳动和社会保障局，为16位老年工商业者提供档案资料和身份证明，解决社会保障问题，每人每月享受基本养老金530元。1991—2005年，非公企业代表委员在历届人民代表大会和政协会议中，共提出提案48件，意见73条。工商业界人士先后被选为市、县人民代表12人，其中选为县人大常委3人。推选市政协委员 9 人，县政协委员 50 人，其中政协常委 9 人。在非公企业中，有 4 名党员选为县党代表，其中 1 人选为第十届县委委员。

（二）履行服务职能

1992 年 4 月，县工商联组织会员企业罐头厂、漆器厂、绢花厂等 9 家企业产品，参加福建省外向型经济展销会，其中绢花、丝袜、漆筷等产品，颇受青睐，并与港商洽谈加工出口业务。1993 年 4 月，县工商联牵头连江信昌贸易有限公司与日本玛鲁哈公司，合资成立连江信洋水产有限公司，投资 628 万元，扩建厂房、增加设备，加工水产品出口日本。1994 年 5 月，县工商联创办连江商会综合服务公司，为会员企业开展经贸中介、经济信息、工商业务培训等服务。当年 6 月受县政府委托，组织会员企业连江酒厂、鲜美食品饮料厂、粮油食品厂等 6 家企业，参加省工商联举办的商品交易会，参展商品 6 个大类 230 种，零售额 1.53 万元，成交合同金额 106 万元。1995 年 8 月，县工商联协调宏利食品有限公司与香港一家食品公司合资，引进资金 252 万元，扩大经营规模，至 1998 年的 4 年中，加工水产品出口日本、加拿大等国家，产值 3370 万元。1999 年，工商联分别在浦口、东岱成立工商联企业合作基金会，协助企业会员解决流动资金 1572 笔，金额 2900 万元，上缴税金 17 万元。2000 年 11 月 30 日，县工商联在百洋食品有限公司举办专题学术讲座，邀请省社科院经济学专家作《非公有制经济发展状况和今后发展趋势》学术报告，参加听讲企业会员 60 人。2005 年 9 月，县工商联配合县人事局，开展非公企业技术与管理人员职称评定，至 12 月底评定职称 87 人，其中高级职称 13 人，中级职称 61 人，初级职称 13 人。

（三）联络交流

1992 年 3 月，县工商联（商会）首次组织私营企业家 9 人，赴香港商务考察，寻找商机，宣传连江投资环境和优惠政策，加强与香港工商社团和工商界人士联系，提高连江商会知名度。同年 6 月，牵头组织坑园、黄岐、筱埕 3 个乡镇企业会员 8 人，前往中越边境进行贸易和投资环境考察，实地了解边贸发展情况。1994—1999 年，黄岐镇工商联，充分利用港口地理优势，积极开展与台湾、马祖工商社团沟通联络，促进对台贸易和文化交流。5 年时间，共接待台湾、马祖货轮 970 航次，台货经黄岐转口贸易金额达 2 亿多元。1999 年 7 月，工商联应台湾中华博远文化经济协会的邀请，组织民营企业家 9 人，前往台湾作为期 9 天的商务考察。2000 年 8 月，连江民营企业加入中国企业资信网和中国贸易在线网，通过网络加强对外联系，拓宽业务层面。2004 年 5 月，县工商联组织执委 8 人到可门港实地考察，利用“5·18”海交会可门港专场招商推介会，向厦门、成都等地商会发邀请函，寄去相关招商资料，邀请组团来连考察投资。2005 年 6 月 10 日，县工商联与劳动和社会保障局、县总工会 3 家联合，在凤城举办连江县民营企业用工现场招聘会，参加招聘的民营企业 15 家，提供就业岗位 1100 个，参加咨询 450 多人，达成应聘意向 120 人。

（四）热心公益事业

1995 年 5 月，会员单位琯头海运总公司，捐资 50 万元助学，受到社会各界的赞扬。第七届工商联执委黄如论，先后捐资 2000 多万元，建设连江博物馆、人武部爱武楼（民兵训练中心）、县医院门诊大楼、黄如论中学和四中“黄云钦”学楼等公益事业。1998 年 8 月，长江流域发生洪灾，企业会员金星房地产公司、富佳机电制造有限公司、施瑞安有限公司等 3 家捐助救灾款 4.5 万元，通过红十字会汇往灾区。2000 年，工商联发动企业家捐赠助学公益金 3.5 万元。2001 年 7 月，县境受“飞燕”台风袭击，沿海地区受灾严重，工商联企业会员捐资 1.8 万元，送往灾区筱埕镇。2002 年，会员单位金星房地产公司捐资 50 万元，在华侨中学设立“刘官政奖教、奖学基金会”。2003 年，会员单位永得利房地产公司捐资 100 万元，在连江一中设立陈锦坚奖教、奖学基金会。2004 年，会员单位琯头海运总公司、富佳机电制造有限公司、天丰企业集团公司 3 家企业，共向县特教学校捐资 9 万元。2005 年，企业会员单位百洋食品有限公司，为浦口教育基金会捐资 5 万元，为贫困生助学。

# 第二十五篇　公安　检察　审判　司法行政

## 第一章　公　安

1991年起，连江政治、经济、社会都发生很大变化，县公安机关面对更加复杂的新情况，与时俱进，实施一系列改革，全面加强法制建设。1995年开始，通过贯彻实施《中华人民共和国人民警察法》，逐步扩大公安队伍，改善公安现代化装备，提高依法管理和服务水平。至2005年，县公安局专项行政编制增至427人（不含现役），比1990年110人增近3倍。执法勤务警力经多次整合，组建"110"指挥中心和7个大队。据统计，1991—2005年，共受理侦查刑事案件11204起，查处违反治安管理案件4135起，年均受案数均比1990年增加3倍左右；独立侦查经济犯罪180起，涉案金额1.3亿元；处理交通违法事故4202起，年均比1990年增加10多倍，为保障社会安定稳定，为改革开放、经济建设保驾护航作出应有努力。

### 第一节　机构队伍

**一、机构**

1991年初，县公安局内设政治处、办公室、政保科、保卫科、户政科、治安科、预审科、森林公安科、出入境管理科及交警大队、刑侦队、看守所、治安拘留所。县局在编人员110人，县纪委派驻公安局纪检组（与监察室合署）。下辖琯头公安分局及城关、敖江、东岱、浦口、黄岐、马鼻、官坂、长龙、丹阳、蓼沿、潘渡、小沧、东湖、坑园、晓澳、青芝、大官坂垦区等17个行政派出所，在编干警107人，全局共217人（不含现役）。1991年，县局增设法制科，1992—1995年，相继增设透堡、苔菉、筱埕、安凯、下宫5个行政派出所。1996年6月，县局刑警队扩组为刑警大队，并实行三级探长破案责任制。1997年6月，县局增设巡警大队，行政编制30人。同年增设江南行政派出所。至此，全县22个乡镇全部配置行政派出所。

1999年3月，森林公安科扩组为公安森林分局（设县林业局）并新设丹阳林业派出所，共编制12人。2000年，组建经济犯罪侦察大队，行政编制10人。县局设立"110"指挥中心，并与交警"122"、消防"119"实行勤务联动，成为突发警务统一协调指挥平台。2001年9月，预审科并入刑侦大队，实行"侦审合一"。2002年11月，增设警务督察队（与局纪委、监察室合署办公）和公共信息网络安全监察科、科技信息通讯科，原行政科更名装备财务科。2003年，县局对一些警力较少的基层派出所进行整合，把小沧派出所整合到潘渡中心派出所，金牌、下宫派出所整合到坑园中心派出所，透堡派出所整合到马鼻中心派出所，青芝派出所整合到琯头公安分局。2004年3月，交警巡警合并，整合为县交通巡逻警察大队，政保、保卫二科整合为国内安全保卫大队，治安科扩建治安大队，户政科组建为社区警务大队。2005年5月，增建县禁毒大队，行政编制12人。至2005年底，县公安局内设纪检监察室（合署警务督察队）、政治处、办公室、装备财务科、出入境管理科、法制科，看守所、拘留所及交巡警大队、刑侦大队、经侦大队、治安大队、社区警务大队、禁毒大队；基层行政派出所24个（4个中心所辖9个所，其他行政所15个）。全局干警在编427人（不含现役）。

**二、队伍**

1991—1993年，全局干警开展反腐倡廉和人民警察宗旨的专项教育，突出整纪、纠风。相继举办学习中共十四大文件培训班3期，轮训干警140人，岗位练兵210人，选送省、市公安系统培训89人。印发《廉政制度汇编》，干警人手1册，规范各项规章制度和办事秩序。1993年，首次授予警督、警司、警员等警衔217人。1994—1997年，相继开展学习济南交警先进事迹和漳州公安“110”、满意在派出所的双学一满意教育活动，以整纪、改进机关作风为重点，强化队伍教育管理；组织公务员培训172人，举办政工培训班2期，新刑法培训班4期，参加培训258人；岗位轮换、交流40人，提任科、所、队领导10人；纠正违规、违纪不正之风30起，42名民警分别受到黄牌警告、行政警告、批评教育。1998—2001年，坚持政治建警、科技强警、从严治警的方针，开展“万民评公安”和争创“满意在派出所”的评选活动，通过县人大常委会组织人民代表的考核评选，评出满意派出所16个、基本满意派出所6个。先后组织干警298人参加全国考试，及格率100%，异地岗位交流40人。2002—2005年，根据省、市《民警三年培训计划》和《在职民警学历教育五年规划》要求，系统开展培训教育和岗位练兵活动，先后举办业务技能、晋衔等各类培训班10期，全体干警普遍轮训1次。投资20万元，建设完善警务信息设备，组织全体干警参加计算机知识技能扫盲B一级培训，首批参加176人。45岁以下干警，分6批集中到朱山训练基地进行军事培训，每批15人，先后参加训练251人，经市公安局检查组实地考核，合格率100%。参加驾驶执照培训165人，合格率95%。参加公安管理大、中专自学考试30人，获中专以上学历教育25人，参加党校公务员培训330人。2005年，局党组发出《关于加强党支部建设若干意见》，党支部14个、党员192人，参加半年“保持共产党员先进性教育”，结合学习任长霞先进事迹，有效提高公安队伍内强素质、外树形象的整体政治思想素质和工作水平。

1991—2005年，县公安机关先后被评为省级优秀科、所、队3个，荣立集体3等功21个，获省、市优秀人民警察和先进个人45人，市级模范派出所8个，福州市“十佳”人民警察2人，晓澳派出所民警陈星、刑侦大队郑锋荣获“全国优秀人民警察”荣誉称号。

## 第二节　国内安全

**一、情报调研**

1991—1992年，县公安政保和边防大队加强协调，先后获取情报信息258条，其中境内214条、境外44条，为领导和上级公安部门决策和破获案件提供线索。其间，社会上曾谣传一些中学女生打避孕针，致使部分家长恐慌，造成停课等异常现象。经公安机关协同有关部门追查谣源并公开辟谣和引导教育，很快谣言风波平息。1996—1998年，拓宽情报调研思路，加大力度，累计获取各类情报信息397条，被总队、支队转发16期，公安部边防局转发2期。破获贩卖情报79起，抓获主犯12人。1999—2000年，采取“重点整治、打防并举、堵塞通道、触角深入”方法，以筱埕地区为重点，深入侦查贩卖情报活动，整理《动态》420期，总参、公安部边防局转发30份。2001—2003年，贯彻落实省公安厅《关于国内安全保卫基础工作实施办法》，建立多层次情报网络，累计搜集情报 1074 条，整理上报 297 份，被公安部边防局转发 5 份、总队、支队转发 78 份。2004—2005 年，强化动态情报调研，共获取各类情报线索 1723 条，其中实物 1053 份，整理上报 1340 份，被公安部边防局转发 26 份，总队、支队转发 177 份。

**二、制止非法宗教活动**

1991 年，反华势力以宗教名义非法发展组织，散布异端邪说，蛊惑欺骗群众，扰乱正常宗教活动和社会秩序。县公安机关始终保持高度警惕，依靠群众，相继侦查出早在解放初期就被取缔的“小群派”和“呼喊派”反动教会又在丹阳、琯头、凤城等地非法设立秘密聚会点，散发各种传单刊物，秘密发展教徒。1991—1998 年，县公安机关先后组织 6 次专项行动，封查秘密聚会点 5 处，收缴非法刊物书籍 4000 余册，教育解散受骗群众 240 多人，对其中的骨干进行反复教育，有效制止“小群派”和“呼喊派”组织活动蔓延。1999—2005 年，未发现活动。

## 第三节　刑事侦查

1991 年起，县境人流、物流增多，刑事案件呈上升趋势，而且恶性案件增多。1991—1993 年，县公安机关集中警力，分线出击，相继开展“闽海”行动，破获“3・22”黄岐海上抢劫杀人案、琯头、晓澳强奸杀人案、苔菉特大抢劫杀人案等大要案 28 起，抓获犯罪嫌疑人 58 人。1994—1996 年，重点组织打击“两抢”“两盗”“网上打拐”等天网行动，先后破获苔菉、潘渡特大杀人案、敖江绑架杀人案、琯头、城关持枪抢劫杀人案等大要案 38 起，抓获犯罪嫌疑人 71 人。1997—2000 年，以“挖团伙、抓流窜、破大案”为中心，严厉打击组合性、暴力性、称霸一方、为非作歹、带有黑社会性质的团伙犯罪案件，先后破获刑事案件 76 起，捣毁团伙 44 个，抓获犯罪嫌疑人 160 人。其中一个东岱人为首的持枪抢劫、杀人团伙 23 人全部落网。黄岐海域的海盗团伙及欺行霸市的“海鲜霸”“石山霸”等团伙案件 32 起告破，抓获犯罪嫌疑人 298 人，社会治安明显好转。2001—2003 年，相继破获丹阳宝林寺抢劫杀人案、敖江白沙、下山、苔菉等伤害致死案、城关北岳无名女尸案等 6 起命案，犯罪嫌疑人 12 人全部落网。2003 年，在全国指纹破案大会战中，连江公安技术中队现场比对 3 枚，破获 3 起，抓获逃犯 3 人，其中一起为公安部挂牌督办的江苏省无锡市 2002 年 3 月 12 日抢劫杀人案，受到公安部表彰。2004—2005 年，对绑架、杀人、抢劫、强奸、拐卖妇女儿童等危害性大、影响极坏的恶性案件，采取强力侦查、通缉、悬赏等有力措施，连续破获一批大要案。抓获贵州和连江拐卖妇女、儿童团伙，解救妇女、儿童 8 人；破获苔菉杀人焚尸案、潘渡入室抢劫案及筱埕、丹阳、琯头抢劫案、黄岐伤害致死案等重大案件 8 起，追捕省公安厅挂牌的在逃杀人犯 6 名。

1991—2005 年，共立刑事案件 11204 起，破获 10483 起，破案率 93.6%，其中重特大案件 2560 起，破案 1667 起，破案率 65.1%。抓获各类刑事犯罪分子 8214 人，捣毁犯罪团伙 742 个，抓获涉案团伙成员 2532 人，缴获作案赃物、赃款总价值 3272 万元。通过侦审合一，从快从严惩治、深挖，又侦破各类刑事案件 222 起，追查刑事犯罪分子 140 人，追回赃款、赃物价值 388 万元。在侦查刑事犯罪过程，运用先进科技设备，共采集违法犯罪信息 5501 份，指纹照片 1902 份，通过指纹比对，破获刑事案件 4 起，抓获逃犯 8 人。

## 第四节 经济犯罪侦查

1991—1996 年，经济犯罪案件仍属检察院、法院办理。1997 年 10 月，按照修订的《中华人民共和国刑事诉讼法》规定，县公安机关开始介入经济犯罪侦察，设立经济犯罪案件侦查小组。2001 年 4 月，扩建为经济犯罪侦察大队，本着"有告必侦、主动出击"的原则，当年立经济案 26 起，涉案金额 3100 万元，破获 16 起，抓获犯罪嫌疑人 19 名，挽回经济损失 260 万元。2002 年，重点开展整顿、规范市场经济秩序，严厉打击经济犯罪活动，共受理经济案件 28 起，立案 15 起，全部告破，涉案金额 6450 万元，抓获犯罪嫌疑人 26 名，挽回经济损失 1230 万元。其中破获官坂非法吸收公众存款 1200 万元、福州源胜房地产公司非法倒卖土地案金额 2000 万元、嘉业集团公司诈骗贷款 2800 万元等大案多起。2003 年，进一步完善防范和打击经济犯罪预警和防控协作机制，开辟金融、保险、烟草专卖三个阵地共同防范经济犯罪，以"破大案、抓要案"为重点，受理各类经济犯罪案件 43 起，立案侦查 35 起，涉案金额 2300 万元，破获 26 起，抓获犯罪嫌疑人 55 人，挽回经济损失 102 万元。2004 年，加强经济犯罪情报信息网络、阵地控制和经嫌调控的基础设施建设，配置电子计算机系统，安装综合信息软件，实现经济犯罪采集、录入、管理、查询等一整套网上信息功能，与相关部门建立信息共享、沟通防范协作机制，履行打击、服务、参谋三大职能。当年受理经济犯罪案件 23 起，立案 16 起，涉案金额 2100 万元，侦破 11 起，抓获犯罪嫌疑人 28 人。2005 年，依托"金盾"工程，强化信息化建设，为严厉打击经济犯罪打下坚实业务基础。当年受理各类经济案件 60 起，立案侦查 54 起，破获 36 起，涉案金额 928.9 万元，抓获犯罪嫌疑人 42 人。

1997—2005 年，县公安经侦大队共受理经济案件 180 起，立案侦查 146 起，破获 104 起，破案率 71.23%，涉案金额 1.48 亿元，抓获犯罪嫌疑人 170 人，挽回经济损失 6592 万元，协助省内外公安机关破获经济犯罪案件 11 起。

## 第五节 治安管理

### 一、查禁赌博

1991—1992 年，深入开展查禁赌博专项行动，城乡公安派出所组织警力出击，查处赌场 541 处，抓获参赌人员 2664 人，没收赌资 10.03 万元，治安罚款 1227 人 21.71 万元，受治安拘留 33 人。1993—1995 年，查禁赌博 524 起，抓获赌博人员 3142 人，没收赌资 14.93 万元，治安罚款 1066 人 33.11 万元，治安拘留 27 人。1996—1999 年，贯彻市公安局《关于深入扎实开展"禁赌"集中行动的实施意见》，县政府发出《关于严禁赌博活动的通告》3000 份，在城乡张贴宣传，结合禁赌专项行动，查处赌博场所 323 处，抓获赌博人员 2047 人，治安罚款 836 人 29.3 万元，依法治安拘留 142 人。2000—2004 年，按照市公安局部署，先后开展禁赌专项行动 9 次，查处赌博 602 起，抓获参赌人员 6510 人，治安罚款 2464 人 75.43 万元，没收赌资 527.57 万元，治安拘留 117 人。2005 年，保持查禁赌博高压态势，结合"扫黄打非、治爆缉枪"专项行动，查处赌博 585 起，没收赌资 117.46 万元，抓获参赌人员 2919 人，实施治安罚款 1433 人 28.54 万元，依法治安拘留 12 人。

**二、查禁毒品**

1996年，东岱、晓澳等乡镇吸毒、贩毒案件开始蔓延，诱发诸多社会治安问题。1997年5月，县委成立禁毒专项斗争领导小组，下设办公室，挂靠县公安刑侦大队。当年开始，通过有线电视大力宣传毒品危害，开展禁毒专项斗争，破获毒品案件29起，摸排吸毒人员214人，抓获贩毒、吸毒人员85人，缴获海洛因8.3克。依法刑事拘留18人、治安拘留26人，其余进行强制戒毒或治安处罚。1998年9月21日，县公安边防大队破获全省最大冰毒案，缴获冰毒107.7公斤，毒贩5人全部落网。1998—2000年，在城乡开展“创建无毒社区”活动，摸排吸毒线索，采取“以吸找吸，以吸查贩”措施，破获涉毒案件78起，抓获吸毒人员257人、毒贩19人，缴获海洛因46.7克、哌替啶11支，依法刑拘38人，强制戒毒131人，其他处理107人。2001—2003年，开展“利剑百日扫毒行动”和“抓源头、打毒源”摸排吸毒对象专项行动，共破涉毒案件89起，抓获吸毒人员392人、毒贩73人，缴获海洛因106.1克，铲除黄岐地区非法种植的罂粟（鸦片）1941株，依法刑拘51人，治安拘留53人，强制戒毒239人，其他处理122人。2004年12月27日，破获苔菉镇滨港娱乐城聚众吞食“摇头丸”窝点，抓获吸毒人员45名。2005年5月，县局新设禁毒大队，加大对公共娱乐场所专项整治，采取秘密布控、突然袭击的措施，破获涉毒案件78起，抓获吸毒人员396人、贩毒人员16人，缴获海洛因26克、大麻2公斤、罂粟壳8.88公斤。还抓获批捕（2001年）在逃毒贩3人，缴获冰毒50公斤。

**三、打黄扫丑**

（一）查禁卖淫嫖娼

1991—1993年，县公安机关连续组织打击卖淫嫖娼专项行动，共查卖淫嫖娼案件44起，抓获卖淫女43人、嫖客115人、介绍容留卖淫25人，分别依法逮捕19人，刑事拘留19人，遣送劳教109人，治安处罚36人。1994—1997年，按照公安部坚持不懈深入开展“打黄扫丑”斗争的意见，在“扫黄禁娼”专项行动中，坚持“常抓不懈，露头就打，发现一起，打击一起”的策略，县局与各派出所统一行动，共破获卖淫嫖娼案件61起，涉案200人，其中卖淫女69人、嫖客94人、收容介绍卖淫37人，分别进行治安拘留47人，遣送劳教95人，治安处罚58人。1998—2000年，按照市公安局统一部署，先后5次开展“扫黄禁娼”行动，以黄岐、琯头、敖江、凤城4个镇和福飞线、104国道线、东北线、沿海线为重点，对发廊、宾馆、旅社等行业进行重点清查，共破获卖淫嫖娼案件57起，涉案146人，其中卖淫女65人、嫖客68人、介绍容留卖淫女13人，依法逮捕6人，治安拘留8人，收容审查教育73人，治安处罚59人。2001—2005年，继续开展“打黄扫丑”专项行动，共查处卖淫嫖娼案件129起，涉案258人，其中卖淫女109人、嫖客124人、收容介绍卖淫25人，分别依法逮捕13人，刑拘3人，治安拘留101人，收容审查教育86人，治安处罚55人。

（二）查禁淫秽物品

1991—1993年，县公安机关按统一部署，重点打击“六害”（卖淫嫖娼、制作贩卖传播淫秽物品、拐卖妇女儿童、私种贩运毒品、聚众赌博、利用封建迷信骗财害人），查获淫秽物品案件29起，涉案40人，收缴裸体扑克牌4920副、淫秽录像带160盘、淫秽画册1本。涉案人员分别作治安处罚。1994—1995年，在“扫黄打非”专项行动中，共查涉淫秽物品案件9起，涉案37人，收缴淫秽录像带416盘、没收录像机2台、彩色电视机2台、淫秽图书杂志91本，依法治安拘留2人，治安处罚35人。1996—1998年，县公安局与省公安厅三处联手在坑园乡象纬村破获一起非法制作淫秽光盘窝点，收缴机械设备价值20万元，缴获淫秽VCD光盘6438片，查处其他淫秽物品案件4起，缴获淫秽VCD2500片，涉案8人，依法刑拘4人，治安拘留4人。1999—2005年，坚持“常抓不懈、露头就打”的方针，先后开展“打黄扫非”专项行动21次，查获涉淫秽物品案件48起，涉案56人，收缴淫秽光盘VCD、DVD144650片，治安处罚56人。

## 四、危险物品管理

（一）枪支弹药管理

1991—1993年，县公安机关结合社会治安整治，共收缴各类枪支24支、子弹272发。1994年，贯彻公安部《关于收缴非法枪支弹药和加强枪支弹药管理的通告》，进行全面部署，至1995年，经几次专项行动，共收缴各类枪支365支，其中仿真枪184支、来复枪2支、砂枪6支、其他类型枪支173支。1996年，开始实施《中华人民共和国枪支管理法》，加大收枪力度，结合“严打”行动，共收缴各类枪支138支，对涉案人员分别进行处理。1997—1999年，加强《中华人民共和国枪支管理法》宣传工作，印刷和张贴《通告》4200份，通过有线电视广泛宣传，召开各种会议210场次，参会人员2364人，基本达到家喻户晓，增强群众枪患意识。全县设22个收枪登记站，动员存枪支者主动到站登记上缴。共收缴各类枪支228支，其中土铳枪148支、五发钢珠手枪12支、砂枪29支、高压汽枪15支、其他类型枪支24支、军用手榴弹18枚、子弹178发。查处涉枪案28起，涉案人员31人，依法刑事拘留29人，治安处罚2人。对公务使用枪支的18个单位进行审验、检查，收缴撤销单位公务手枪3支、子弹70发。2000—2002年，继续强化收缴非法枪支专项行动，收缴各类非法枪支80支、子弹158发，查处违反枪支管理案件25起，涉案25人，依法刑拘11人，治安拘留10人，治安罚款4人。2003—2005年，贯彻省公安厅《关于在全省开展缉枪治爆专项行动工作方案》，收缴非法枪支16支、军用炮弹23枚、子弹412发，查处涉枪案8起，涉案人员10人，依法刑拘2人，治安拘留8人。至2005年，全县共收缴非法枪支854支、子弹1020发、军用炮弹23枚、军用手榴弹18枚。至此，散存民间的各类枪支弹药基本收缴结束。

（二）爆炸危险物品管理

1991—1992年，贯彻国务院办公厅《关于切实加强民用爆炸物品管理的通知》，连江本着“积极预防，从严管理，保障安全，服务生产”的原则，对民用爆炸物品采取经常性检查和专项治理相结合，健全各项安全责任制，落实防范措施，堵塞管理漏洞，严防爆炸事故。通过专项检查治理，收缴炸药813.5公斤、雷管1640枚、导火索280米。1993—1995年，根据市公安局通知要求，采取管、查、堵、禁、缴五项措施，对使用储存单位进行整顿、换证，举办爆破员、安全员、押运员、保管员“四员”培训班，参训155人。先后换发新证740本，换证率88%。通过整顿，收缴炸药643.25公斤、雷管1189枚，查处涉爆案件43起、48人，分别进行治安拘留等处理。1996—1998年，贯彻公安部通知精神，对涉爆物品的生产、运输、储存、销售、使用等环节和涉爆场所行进行清理、整顿，以“严查、严管、严处、严治”为原则，加大管理力度，累计出警1013人次，收缴非法储存、销售炸药9373公斤、军工硝950公斤、黑火药361.5公斤、雷管12657枚、电雷管160枚、导火索3840.2米、违规鞭炮317箱，查处涉爆案62起、涉案84人，依法进行治安拘留等处理。1999—2002年，按照省公安厅统一部署，深入开展专项治理工作，下发通告2000份，召开各种会议26场，通过“广发动、严检查、查隐患”等措施，检查涉爆单位272个、烟花爆竹厂和销售点369家、火工库点12家，发出整改通知书36份，吊销许可证、取缔非法销售点13家，签订安全责任状428份。对全县采石场133家、小矿厂15家、8条公路线工程队31个进行审核整治，取缔无证开采45家，关闭不符合安全要求采石场32家，收缴开采许可证32本。共缴获非法炸药2299.25公斤、雷管5516枚、导火索1757米、没收不合规烟花爆竹1337箱，封存黄岐鞭炮厂原材料6275公斤及电光炮等成品110件。查处违法涉爆案件106起、160人，依法刑拘15人，治安拘留57人，治安处罚88人。2002年，开展全县性清查“剧毒品”专项行动，收缴“毒鼠强”“三步倒”“闻到死”等剧毒药16000包，取缔制造场1个、摊点4个，抓获违法人员7人（治安拘留3人、罚款4人）。同时对坑园、马鼻、晓澳3个乡镇养殖使用的剧毒品氰化钠进行专项整治，取缔非法经营点13家，没收氰化钠50公斤，审批设立坑园、晓澳、马鼻、琯头4个乡镇合法销售点，培训业务员12名，规范氰化钠流通秩序。2003—2005年，深入进行专项治爆行动，出动警力891人次，收缴非法炸药1926.15公斤、黑火药3698公斤、雷管10864枚，查处涉爆案件103起122人，依法刑拘8人，治安拘留7人，治安处罚107人。1991—2005年，共收缴非法储存炸药15079.15公斤、雷管（包括电雷管）32026枚、导火索8288.35米、军工硝950公斤、黑火药4059.5公斤、违规鞭炮1654箱。

**五、特种行业管理**

1991年，县公安机关列入管理的特种行业计224家，其中旅馆业85家、旧货业（废品收购）38家、印刷业14家、刻印业18家、机动车修理业69家。1991—1997年，县公安机关本着"严查、严管、严处"的原则，统一行动，按照"依靠群众、预防为主、管理从严、依法惩治、保障安全"的方针，进行逐家重新登记、发证，取缔旅馆业5家、停业整顿旧货业7家、重新发证212家。1998—2003年，普遍开展"五查"（查营业场所是否符合安全规定，查外来从业人员是否有暂住证、身份证，查规章制度和消防设施是否落实，查有否超越经营范围，查是否有盗窃、销赃、窝赃、卖淫嫖娼等违法犯罪活动），取缔旅馆业2家，发出停业整顿通知书5份。2004年，县公安机关在"严查、严管、严处"的同时，逐家重新登记、发证、备案，至2005年，共登记、发证特种行业218家，其中旅馆业77家、旧货业31家、刻印业8家、印刷业58家、机动车修理业44家，共有从业人员3198人。通过特种行业整治，共查处刑事案件127起、治安案件393起，抓获违法人员1581人，依法逮捕99人，治安拘留458人，治安罚款573人，收容教育248人，遣送劳教203人。

## 第六节　户政管理

**一、常住户口管理**

1991年，按照《中华人民共和国户口管理条例》，县局建立常规常住户口登记、统计、核对等制度。1992年，实行农村户口城镇化管理，每村设户口协管员，集镇所在地的农村户口，实现一户、一册、一簿、一员、一牌的"五个一"。1994年开始，按照省公安厅的部署，建立派出所人口信息计算机管理系统，以城关、琯头为试点，然后全面推开。1996年，按照公安部有关适当放宽户口迁移政策的精神，有控制地把符合条件的"蓝印人员"（非本地常住户口）转为常住户口，至1997年，共办理蓝印户口落户607户、1065人，收城市增容费300万多元、押金45万元。

1998年，根据国务院批转公安部《关于解决当前户口管理中几个突出问题意见的通知》和省公安厅的具体意见，重点解决新生婴出生登记落户、夫妻互相投靠及父母投靠子女落户、在城市购商品户及投资办实业落户三大难题。县公安局开展"创建满意窗口"活动，提高户口管理服务质量和效率，相继接待户口咨询5868人次，审批居嫁农子女申报户口63户65人，随父母申报户口35户35人，解决超生未报学前儿童户口485户501人，办理蓝印户口落户404户1661人。同年12月，琯头镇列入全省77个户籍管理制度改革试点之一，县局成立专门机构，抽调警力进驻琯头现场办公，共审批小城镇常住户口673户2101人（其中本镇规划内507户1725人，规划外90户254人，县内其他乡镇58户98人，省内县市9户15人，外省9户9人）。

2000年开始，县公安机关全面实现人口信息计算机系统管理，人口数据随机统计，快速检索查询。2001年，贯彻省政府批转公安厅《实施户籍管理制度改革意见》，建立城乡统一的户口和管理制度，加快小城镇户籍改革，县局成立领导小组，在凤城及敖江、江南开发区20个村（居）率先开展，按条件共受理和审批4393户9403人。同时建立群防群治安全文明小区143个。2002年，县局开通人口信息四级网络，强化对常住人口管理，16周岁以上进行相片采集，至年底完成常住户口照片扫描37.74万张。2004年6月，县政府批转县公安局《户籍管理制度改革实施意见》，取消农业户口和非农业户口的划分，实行户口登记管理一体化，建立城乡统一的户口管理制度。2005年，人口信息微机系统全面升级，常住人口户籍项目审批、身份证制发纠错、户籍变动、户口统计等均可在网上完成，全面推进户政管理科学化、规范化、现代化。县常住人口信息系统数据质量，当年经市公安局检查验收合格。

**二、居民身份证管理**

1991年，继续贯彻《中华人民共和国居民身份证条例》，制发年满18周岁以上居民身份证，并进行查验工作。至1993年底，全县已发39.34万人，占应发人数92.5%。1994年后，按法定年龄及时申报补领，已发的进行查验、纠错、换证或注销等工作。1996年7月1日起，启用新的防伪居民身份证，对年满16周岁的居民开始编定身份证编号。1998年开始，对颁发身份证期满10年的进行换证，并全面进行清理纠错，印发19万份核对编号表，共纠正错号9675人、一人多证多号261人、重号3280人、其他误错1339人。1999年，完善人口信息微机管理系统，继续清查误错。10月起，身份证号码由15位升至18位，县局加大二代证换发工作力度，每年换发量都在3万份以上，其中制发快证3000张、临时身份证2000张。2004年1月起，实施《中华人民共和国居民身份证法》，县成立领导小组，办公室挂靠公安局社区警务大队。按《中华人民共和国居民身份证法》规定，年满16周岁的中国公民应当依法申领。未满16周岁的可依照本法规定，由监护人代为申领有效期5年的居民身份证。县公安局在当年9月前做好必备的人口信息系统升级改造、公安专用网信息、数据交换系统建设等准备工作，同时集中警力，对现住人口进行全面核对，发现重、漏人口及时纠错，做到表册、户口簿、身份证“三统一”，确保发到公民手中的证件不重、不错、不漏。至2005年底，全县应换二代证448695张，已换发48403张，占应发证10.6%。

**三、流动人口管理**

1991年起，流动人口增多。按照公安部《关于城镇暂住人口管理的暂行规定》，外来人口须经县公安机关登记，发暂住证。1992年，全县登记外来人口6791人，县局建立22个外口管理站，配协管员48人，并进行培训，发函调查外口情况1621份，收回1014份，从中发现刑事、治安案件109起，抓获违法人员15名。

1994年3月，贯彻《福建省暂住人口管理办法》，县政府成立外口管理领导小组及办公室，挂靠县局户政科。结合“严打”部署，城乡公安派出所分别召开治保会主任、出租房户主、用工单位、特种行业等各类会议174场，与会6089人，进行广泛宣传，全县外口管理站增至27个，配协管员59人，村、居设外口登记站201个、协管员247人。当年申报登记外来人口9048人，登记签发暂住证5588人，发证率66.27%；登记出租房968户，发租赁证542户，发证率54.12%。1995—1997年，针对流动人口管理出现的新问题，按照市公安局统一部署，每年3月为外口管理月，城乡派出所干警深入村居检查，对滞留沿街、公共场所寻工、待工人员进行查验证件，发现身份不清来历不明的人员，进行逐个审查，有重大犯罪嫌疑的列入重点人口管理。1997年，按照省公安厅《租赁房屋治安管理实施办法》，以流动人口较多的城关、琯头、敖江3个镇为重点，结合“严打”斗争，开展流动人口、租赁房治安专项整治，向外地发调查函6553份，共破获刑事案件117起、治安案件129起，抓获犯罪嫌疑人223人，分别进行处理。1998—2000年，县公安局统一组织警力，对城乡接合部身份不明的无业人员进行拉网式大清查，收容遣送盲流人员22人，抓获盗车人员1人。其间，共发外口调查函7253份，破获刑事案件38起、治安案件30起，抓获犯罪嫌疑人66人，依法进行处理。2001—2003年，全面推行派出所领导与段警签订“流动人口、租赁房管理”目标责任制，先后6次进行清查和整治行动，遣送“三无”盲流270人。3年累计发出外口调查函28446份，破获刑事案件21起、治安案件65起，抓获犯罪嫌疑人32人。2004—2005年，外来暂住人口被列入全县人口信息系统，加强外口申报组织和队伍建设，形成出租房主、协管人员、责任区民警、派出所领导协同管理，明确责任，外来暂住人口的登记率大有提高。2005年，登记暂住人口21259人，登记率超过90%。累计发外口调查函3716份，破获刑事案件11起、治安案件90起，抓获犯罪嫌疑人48人，依法刑拘28人，治安拘留20人。

## 第七节　监所管理

### 一、改善监所条件

1991年，县公安监所有看守所和行政拘留所，共有干警及炊事员24人。按照《中华人民共和国看守所条例》和有关规定，不断加强监区建设，改善条件，创建等级化管理示范所。1993年和1996年，县财政两度共拨款26.8万元，扩建改造预审室4间，加层16间，加固围墙，添置监房铺板、棉被、有线电视等设施。1998年，投入212万元（省市50万元，县162万元），扩建监所1587平方米，改建653.16平方米，监所总面积从1993年940平方米扩大至4841平方米，并在监所重点部位安装监控探头57处、监房周界16处，设监控中心室1间，加高围墙1.5米，增设电网、报警设施，经省、市公安部门验收，评为省三级示范所。

### 二、规范管理制度

1991年，监所依法对犯罪嫌疑人、被告人、被判处有期徒刑罪犯、被交付执行刑法前和剩余刑期在一年以下的罪犯，进行羁押、监管。严格执行收押人犯凭逮捕证、刑拘证，提讯人犯凭提讯证、判决书。监所收押人犯时，逐个健康检查，发现患有精神病、急性传染病以及患有其他严重疾病和怀孕、哺乳不满一周岁婴儿的妇女，不予收押。监所对羁押人员严格按照管教职责规范管理，实行包号责任制，做到包教育、包管理、包安全。1991—1993年，看守所对羁押人员采取政策攻心、集体教育和个别教育相结合，上集体课95次，个别谈话700多人次，受教育面95%，有14人坦白余罪14条，检举揭发他人案件45人、58条，协助破案16起。1994—1995年，对在押人犯进行评比，共评出积极改造1120人、文明监号8间。监所人员注意发挥监内“耳目”作用，有效制止自杀14起、绝食6起。1996—1998年，在“严打”斗争期间，县公安局领导每月3天轮流到看守所现场办公，强化在押人犯思想教育，启发立功减刑，有18人坦白余罪，协破抢劫杀人案2起，检举揭发牢头狱霸19人，惩治11人。1999—2002年，围绕创等级看守所为目标，加强规范化管理，取消监房“号长”、学习“组长”制，把在押人犯编为“过渡组”“学习秩序组”“内务卫生组”，每15天调整1次，张榜监督，通过“面对面管教”等形式，进行政治、法律攻势，相继有在押人犯33人揭发线索51条，协破案件33起，涉案金额46万元。2003—2005年，监所积极探索“人性化”管理方式，节假日为人犯发放棋类、扑克、书刊，适当延长收看电视时间，月伙食标准从60元提高80元，冬天增加发放衣被御寒，夏天送冰块人工降温，监内每周全面消毒2次，有效稳定在押人犯接受教育改造。通过疏导、教育，有77人在押人犯揭发案件线索125条，协破案件82起，涉案金额39万元。2002—2003年，监所连续两年被省公安厅授予“深挖犯罪工作先进单位”。

## 第八节　交通管理

### 一、主干道监控

1991—1995年，县公安交警以国道省道为重点，以“纠违章、压事故、保畅通”为中心，结合交通整顿和专项治理，累计出警31009人次，查处交通违章37933起，清除路障3717起，罚款18683万元；

摧毁车匪路霸团伙 2 起 13 人；破获摩托抢劫 2 起 7 人。1996—1999 年，开展以城区和国道省道为重点的交通秩序专项治理，累计出警 43494 人次，查处违章 316996 起，暂扣机动车辆 1168 辆、非机动车 4893 辆，吊扣驾证 11382 本，罚款 187 万元；还强制培训驾驶员 850 人，强制报牌 706 辆；无证驾驶治安拘留 59 人；查处治安案件 12 起；制止打架斗殴 37 起；查获走私物品 13 起；清除路障 230 处。1999 年 2 月 20 日 10 时，按县局“110”指挥中心指令，称有一男子被绑架途经连江，交警大队闻风而动，配合丹阳中队在山岗卡截击，抓获 4 名犯罪嫌疑人，成功解救人质。同年 3 月 14 日，接“110”中心指令，在山岗监控 3 个多小时，截获走私车 1 辆，缴获摩托车 9 部、气枪 2 支、淫秽光盘 1007 片、假烟 23 条、美钞 3200 元、港币 1000 元。2002—2003 年，以创建平安大道，实施畅通工程为中心，巡警以“三班二动转”监控主干道，每天保持 2 个警组路面巡逻，并在主要路口设执勤点，先后出动巡逻车辆 821 辆次、警力 48769 人次，查处违章 146427 起，暂扣驾证 32922 本，卸客 1780 人，卸货 480 吨，罚款 296.2 万元。查处刑事案件 23 起，治安案件 67 起，抓获犯罪嫌疑人 62 人，依法刑拘 29 人，治安拘留 33 人。其中抓获通缉犯 2 人、追回赃款 17 万元。2004—2005 年，以“反违章、防事故、保畅通、促安全”为中心，严厉打击路面违法犯罪活动，出警 31290 人次，查纠交通违章 86534 起，暂扣机动车 5512 辆、驾证 14460 本，罚款 107.5 万元，破获飞车抢劫 2 起，收缴摩托赃车 4 辆，抓获犯罪嫌疑人 8 人。其中 2004 年 4 月 5 日，在国道线破获 1 起假冒“军车”案，抓获犯罪嫌疑人 6 人。2005 年 10 月 13 日，在丹阳查获伊朗籍盗窃嫌疑犯 3 名，缴获捷达小车 1 辆。

**二、车驾管理**

1991—1993 年，县车驾管理部门实行牌证程序、时限、收费标准公正透明的窗口服务制度，3 年共办理新车注册、报牌 1310 辆，按计划对机动车进行年检、年审，应检机动车 4495 辆，已检 2984 辆，年检率 66.38%；应审驾证 9183 本，已审 7357 本，年审率 80.12%。在春运期间，还先后检测客运车 582 辆，提高安全营运系数。1994—1996 年，创办“流动车管站”，开展“报牌、检验、车驾年审、送证”等上门服务，先后接受交通业务咨询 470 人次、上门年检 850 辆、年审驾证 1125 本、送证上门 580 本。3 年应年检车辆 12550 辆，已检 7928 辆，年检率 63.2%；应年审驾证 13154 本，已年审 10386 本，年审率 79%。1997—1999 年，按照《机动车安全运行技术条例》的要求，重点对城乡客运车的制动系、转向系、传动系、轮胎、灯光信号装置进行逐辆检测，凡不合格项目，责令车主限期修复，复测合格后才发给“临检证”准予投运。3 年应检机动车 10096 辆，已检 7283 辆，年检率 72.1%；应年审驾证 23129 本，已年审 18999 本，年检率 82.14%。2000—2005 年，公安干警坚持“便民服务，让人民满意”的服务宗旨，“流动车管站”每星期 2 天巡回城乡各地，为各机动车办理年检、年审、送证、挂牌服务，废除其他收费项目，深受车驾人员赞誉。至 2005 年，连江拥有机动车 39997 辆，是 1991 年 3735 辆的 10.7 倍。

**1991—2005 连江县年机动车年检和驾驶员年审情况表**

表 25-1-1

| 年份 | 机动车总数（辆） | 汽车类（辆） | 摩托车 | | 农用车（辆） | 拖拉机类（辆） | 机动车年检 | | | 驾驶员年审 | | | |
|---|---|---|---|---|---|---|---|---|---|---|---|---|---|
| | | | 二轮（辆） | 轻便（辆） | | | 应检数（本） | 已检数（本） | 年检率（%） | 驾驶员总数（本） | 应年审驾证（本） | 已年审（本） | 年审率（%） |
| 1991 年 | 3735 | 588 | 1152 | 387 | 399 | 1209 | 1280 | 928 | 72.5 | 3736 | 2480 | 1892 | 76.3 |
| 1992 年 | 4401 | 704 | 1692 | 382 | 355 | 1268 | 1810 | 1458 | 80.6 | 4721 | 2838 | 2368 | 83.4 |
| 1993 年 | 5148 | 810 | 1740 | 850 | 410 | 1338 | 1405 | 895 | 63.7 | 6396 | 3873 | 3097 | 80.0 |
| 1994 年 | 5655 | 1017 | 1814 | 870 | 448 | 1506 | 2950 | 2132 | 72.3 | 6548 | 3212 | 2818 | 87.7 |

续表 25-1-1

| 年份 | 机动车总数（辆） | 汽车类（辆） | 摩托车 | | 农用车（辆） | 拖拉机类（辆） | 机动车年检 | | | 驾驶员年审 | | | |
|---|---|---|---|---|---|---|---|---|---|---|---|---|---|
| | | | 二轮（辆） | 轻便（辆） | | | 应检数（本） | 已检数（本） | 年检率（%） | 驾驶员总数（本） | 应年审驾证（本） | 已年审（本） | 年审率（%） |
| 1995 年 | 6233 | 1121 | 2480 | 883 | 493 | 1256 | 4000 | 1300 | 32.5 | 7816 | 4590 | 3425 | 74.6 |
| 1996 年 | 7043 | 1297 | 3151 | 625 | 501 | 1469 | 5600 | 4496 | 80.3 | 9258 | 5352 | 4143 | 77.4 |
| 1997 年 | 7752 | 1769 | 3862 | 386 | 531 | 1204 | 2700 | 1724 | 63.9 | 11305 | 2804 | 1772 | 63.2 |
| 1998 年 | 8118 | 2416 | 3468 | 563 | 473 | 1198 | 2126 | 1473 | 69.3 | 12663 | 7468 | 6527 | 87.4 |
| 1999 年 | 10589 | 3158 | 5247 | 445 | 485 | 1254 | 5270 | 4086 | 77.5 | 15733 | 12857 | 10700 | 83.2 |
| 2000 年 | 11260 | 3321 | 6365 | 218 | 342 | 1014 | 5400 | 1536 | 28.4 | 17417 | 12556 | 10697 | 85.2 |
| 2001 年 | 14334 | 4874 | 7358 | 494 | 531 | 1077 | 10154 | 2404 | 23.7 | 19391 | 13912 | 10632 | 76.4 |
| 2002 年 | 18472 | 5428 | 10258 | 686 | 682 | 1418 | 13500 | 8895 | 65.9 | 22810 | 17091 | 13082 | 76.5 |
| 2003 年 | 24195 | 7156 | 14825 | 638 | 531 | 1045 | 16400 | 11586 | 70.6 | 23025 | 16293 | 13117 | 80.5 |
| 2004 | 30473 | 8115 | 19818 | 612 | 603 | 1325 | 23800 | 18956 | 79.6 | 31582 | 21500 | 19150 | 89.1 |
| 2005 | 39997 | 11514 | 26584 | 895 | 588 | 416 | 31200 | 24858 | 79.7 | 35338 | 29540 | 25321 | 85.7 |

**三、交通事故处理**

1991 年，县内道路车流量逐渐增大，违章事故开始增多。1991—1995 年，共出动警力 74648 人次，查究各类违章 74671 起，处理交通事故 1293 起（其中重特大事故 14 起）。公安交警按规定时限作出责任认定和处理，相继暂扣机动车 1182 辆、非机动车 18073 辆，处以罚款 281.02 万元，追究刑事责任 9 人。同时利用两起重特大事故典型案例，召开车管干警、驾驶员、乘务员等 700 多人会议，以会代训，组织观看事故的录像和查看现场，分析原因，使参训人员受到教育。

1996—2000 年，连江机动车量每年增加 1000 辆以上，营运车辆发展迅速，竞争激烈，车主和驾驶员追求经济效益，安全观念淡薄，途中拉客、超载、争道、超速、疲劳驾驶时有发生，有的无证或借证驾驶，甚至出现肇事逃逸等现象。交警大队按照《福建省交通事故处理工作规定》和《错案追究制度》，分期培训负责事故处理的干警，提高事故处理业务水平。实行“阳光作业”，把执行与处罚分开，大队设办事指南、责任认定公开专栏，增强执法透明度。5 年中，共查究违章 229228 起，年均 45845 起，共暂扣机动车辆 17245 辆，吊扣驾证 27762 本，罚款 318 万元，移送司法机关起诉 22 起，治安拘留 45 人，依法留置盘问 31 人，其中最多的 1998 年达 94511 起。其中特重大事故 20 多起，发生逃逸案 13 起。交警大队集中警力连续破获逃逸案 11 起，抓获肇事者 11 人并绳之以法。

2001 年开始，县内经报批领牌的机动车 5700 多辆（其中汽车类 1600 多辆、摩托类 4100 多辆），道路交通安全压力增大。2002 年，交警大队结合创建“平安大道”活动，与“110”指挥中心联动，加大道路交通整治力度。2003 年起，强化值班备勤制度，做到交通事故接警 5 分钟内出警、半小时内到达事故现场，及时取证和指挥疏导。2004 年，县交警大队与巡警大队整合为交通巡逻警察大队，增加巡逻警车、警力和流动通信网络设备，与“110”联动，实行 24 小时全天候值班，达到“出警快、现场勘查快、疏导交通快、调查取证快、善后处理快”的高效快速处理的要求，有效控制交通事故上升的势头。2001—2005 年，5 年共出动警力 78217 人次，查究违章案件 259304 起，处理交通事故 1795 起，暂扣机动车 20938 辆，吊扣驾证 52599 本，罚款 655.85 万元。2005 年与 2000 年比，交通事故 174 起，下降 33.3%；死亡人数 36 人，下降 32.1%，受伤人数 193 人，下降 16.8%。

**1991—2005 年连江县查处交通违章和事故情况表**

表 25-1-2

| 年限 | 出动警力（人次） | 查处各类违章（起） | 处理交通事故 | | | | 暂扣车辆 | | 吊扣驾证（本） | 罚款（万元） |
|---|---|---|---|---|---|---|---|---|---|---|
| | | | 查处起数（起） | 死亡人数（人） | 伤人数（人） | 经济损失（万元） | 机动车（辆） | 非机动车（辆） | | |
| 1991 年 | 12385 | 10318 | 258 | 35 | 189 | 98.60 | 176 | 2358 | 2912 | 49.00 |
| 1992 年 | 15332 | 12853 | 274 | 33 | 223 | 89.01 | 182 | 2935 | 3858 | 52.10 |
| 1993 年 | 16372 | 18102 | 237 | 48 | 195 | 98.11 | 221 | 3108 | 3925 | 57.92 |
| 1994 年 | 15922 | 13585 | 301 | 45 | 133 | 92.00 | 258 | 3213 | 3425 | 54.00 |
| 1995 年 | 14637 | 19813 | 223 | 25 | 133 | 104.35 | 345 | 3742 | 3953 | 68.00 |
| 1996 年 | 16235 | 16352 | 284 | 56 | 296 | 112.35 | 189 | 3652 | 3428 | 67.00 |
| 1997 年 | 18000 | 17362 | 227 | 54 | 174 | 155.55 | 160 | 3421 | 3829 | 80.00 |
| 1998 年 | 12986 | 94511 | 290 | 57 | 374 | 154.94 | 4907 | 3285 | 5258 | 60.00 |
| 1999 年 | 12508 | 48861 | 310 | 62 | 364 | 125.60 | 6106 | 4839 | 6124 | 46.00 |
| 2000 年 | 14563 | 52142 | 261 | 53 | 232 | 1125.80 | 5883 | 2674 | 9123 | 65.00 |
| 2001 年 | 18086 | 49301 | 527 | 77 | 451 | 184.50 | 6455 | 3365 | 14659 | 213.13 |
| 2002 年 | 16120 | 45029 | 447 | 55 | 403 | 161.97 | 4129 | 4123 | 9201 | 146.02 |
| 2003 年 | 13730 | 68800 | 305 | 43 | 343 | 84.47 | 4150 | 3948 | 14030 | 98.00 |
| 2004 年 | 14850 | 52320 | 342 | 59 | 357 | 90.98 | 3842 | 4218 | 8358 | 125.00 |
| 2005 年 | 15431 | 43854 | 174 | 36 | 193 | 170.20 | 2362 | 3154 | 6351 | 73.70 |

**附：重特大交通事故纪实**

1994 年 12 月 11 日 14 时许，福建 3-36687 号中巴客车，从县城载客 32 人开往苔菉，在福北线路段坠入海滩，13 人死亡，18 人重伤。

1997 年 9 月 13 日，闽 AA0659 号中巴客车，从黄岐开往县城，在福北线 67K+180M 路段，因超车与货车相撞，乘客死亡 2 人，重伤 5 人。

1998 年 1 月 29 日，闽 AA0252K 号农用车，从福州返回连江，在国道 2284K+100M 路段闯出路口，当场死亡 1 人、重伤 3 人。

1998 年 6 月 22 日 22 时 25 分，准架 B 东风平头大货车从福州载货开往柘荣县，在 104 国道 2268K+713M 路段，因占道行驶，与南平太平镇闽 H-0044 号蓝箭平头小货车相撞，小货车驾驶室 3 人死亡，大货车 1 人受伤。

1998 年 9 月 14 日 13 时，浙 J20095 号货车，在 104 国道阳岐路段，与无牌柴三机相撞，死亡 3 人、重伤 2 人。

1999 年 3 月 6 日 11 时 50 分，闽 D13977 号丰田旅行车，载客 12 人，从福州开往马鼻镇，在长马线 18K+307M 翻下 42 米山沟，死亡 6 人、重伤 4 人、轻伤 2 人。

1999 年 6 月 1 日，闽 BTD011 号桑塔纳小车在国道 2268K+800M 路段，驶出路面翻车，死亡 2 人，重伤 1 人。

1999 年 7 月 7 日，闽 ATD003 号小车，从罗源开往福州，在丹阳路段与闽 AA0070 号农用车相撞，小车死亡 2 人，重伤 1 人。

2000 年 6 月 10 日 10 时 5 分，闽运 ATC137 号桑塔纳小车从连江开往福州，在国道 2289K+98M 路段与闽 A71008 大货车相撞，致小车乘客死亡 3 人、重伤 2 人。

2000 年 12 月 17 日 9 时 20 分，山西晋 B1490 大货车从福州开往温州，在 104 国道 2286K+200M 路段与大官坂垦区闽 AA1633 号小车相撞，致小车中 4 人死亡、2 人重伤。

2004 年 8 月 23 日凌晨 50 分，闽 AZ2078 大客车在东苔线 55K+18M 路段翻入深沟，造成包括驾驶员在内 16 人死亡，11 人重伤。

## 第九节　沿海管防

### 一、沿海治安管控

1991 年，武警连江边防大队（副团级现役）在沿海突出部 9 个乡镇设 10 个边防派出所，即琯头边防所（工作站）、东岸边防所、东岱边防所、晓澳边防所、官岭边防所、筱埕边防所、安海边防所、黄岐边防所（工作站）、北茭边防所、可门边防所，辖区 51 个建制村（居），人口 12.5 万人，海岸线 166 千米，突出部 45 个，港口 19 个，大小码头 65 个。1991—1994 年，先后组织打击车匪路霸、走私贩私、打黄扫丑等治安整治专项行动，共破获刑事案件 81 起、治安案件 170 起，捣毁犯罪团伙 27 个 123 人，抓获犯罪嫌疑人 415 人，收缴赃款赃物价值 32 万元。1995—1997 年，开展“破大案、捣团伙、追逃犯”和“收枪治爆”“扫黄禁娼”等专项行动，打掉犯罪团伙 40 个，抓获成员 235 人，侦破刑事案件 60 起、治安案件 253 起，抓获犯罪嫌疑人 488 人，收缴赃款赃物值 102 万元。其中东岸、晓澳、黄岐、筱埕等边防所连续破获恶性大案 40 起，依法逮捕 40 人，治安拘留 20 人，还敦促投案自首 27 人。1998 年起，实施区域性严打专项行动，主动出击扫除黄、毒，大力开展网上打拐。2001 年后，以打击黑恶势力为重点，与公安刑警大队配合行动，至 2002 年共破获刑事案件 200 起、治安案件 574 起，抓获犯罪嫌疑人 1607 人；打掉犯罪团伙 14 个，抓获团伙成员 51 人；查扣非法炸渔船 12 艘、走私车辆 3 辆。2003 年开始，先后在闽江口海域破获 3 起重大抢劫案，受到武警总队、支队通报表扬。2004—2005 年，全线开展海上治安大清查和打抢治爆、缉私缉毒等专项整治，破获刑事案件 43 起、治安案件 217 起，抓获犯罪嫌疑人 221 人、吸毒人员 21 人，收缴枪支 2 支、子弹 5 发、炸药 33.5 公斤。

### 二、船舶管理

1991 年，边防大队和各边防所均配备专职船管干部，全县 12 个沿海乡镇设有 28 个船舶管理站，实行段警包澳口、包船管理责任制，对重点码头、港口及网箱养殖区不定期进行武装巡逻，设卡、定岗、定点检查进出口船舶。并通过船舶和渔船民年审，查处违章违规船舶，维护沿海渔业运输秩序和安全。至 1994 年，沿海船舶共 7454 艘（其中渔船 2221 艘、运输船 859 艘、农副业船 4374 艘），渔船民 21803 人，完成年审 7181 艘，年审率 96.3%；年审渔船民 20821 人，年审率 95.5%；重新发放船舶户籍证 472 本、边防登记证 921 本、渔民证 1276 本；查扣违章违规船舶 413 艘，涉案渔民 716 人。1995—1997 年，结合严打整治斗争，查处违章、违规船只，边防干警下码头、上船头召开渔船民会议，宣传船舶年检重要性，使渔船民主动配合年审。1997 年，年审船舶 6356 艘，渔船民年审 14255 人，年审率分别达 98.85%、99.1%。通过年审从中破获治安案件 13 起、特大盗窃案 1 起，抓获犯罪嫌疑人 21 人。1998—2000 年，县公安局把马鼻、晓澳 2 个乡镇行政派出所管辖的船舶管理站，划属边防派出所管理，全县船管站增至30个，船管人员120人全面考核录用，并以黄岐、壶江为示范点，统一着装，统一标志，统一工资标准，进一步完善各项规章制度，受到市海防委充分肯定。2000年，贯彻省公安厅对船舶渔船民证件年审工作的通知精神，严密组织年度审验，全县船舶6325艘，年审6290艘，年审率99.4%。船民15275人，年审15141人，年审率99.1%。2001—2002年，船舶数据进入微机规范化管理，实现船有号、人有证，船证齐全。2003年，船舶和渔船民年审率均达100%，查处违章船只256艘，渔船民542人。2004—2005年，对全县船管进行分期分批整改，船管员全面考核，工作积极、作风正派、责任心强的重新聘用65名；不合格的解聘25名；新聘24名，船管工作走上规范化、程序化轨道。2005年，船舶5198艘，渔船民17391人，年审率均达100%。

**三、反偷私渡**

1991年起，出国寻找创业机会的人日益增多，由于正规渠道批准人数有限而且费时，境内外出现不少“蛇头”，唆使组织偷私渡，获取高额利益。连江沿海地区是偷私敏感地区之一，边防大队一直作为重要任务常抓不懈，根据各个时期偷私渡的活动特点、规律，重点打击策划组织者（蛇头）和提供船只等交通工具的“运送者”，强化重点地段、部位、港澳口的管理和武装巡逻，严格盘查外来人口和无证人员。先后查获偷私渡7起，抓获偷渡客94人、组织者24人（境外2人）、运输者8人，摧毁偷私渡团伙2个，抓获成员17人，查扣偷渡船2艘，审查处理从美国、日本等遣返偷渡人员319人。1995—1996年，开展“海风”“海浪”和以“抓蛇头、打现行、查黑船”为中心的专项斗争，对在册“蛇头”挂牌督办，限期抓捕归案，共查获偷私渡14起，抓获偷渡人员364人，审处从美国、日本、巴拿马等地遣返偷渡者13批407人，抓获组织者138人，摧毁窝点5处，查扣运输车4辆、船舶8艘，收缴传呼机6架、电话机4部，收缴偷渡经费80.5万元。1997—1999年，坚持“打防并举，标本兼治”的方针，按责任段划分，落实到乡镇村（居），实施“抓好基础、强化情报、打击现行、追捕蛇头”行动，坚持露头就打，发现就抓，保持高压态势，各派出所联合行动，破获偷私渡52起，抓获偷渡客677人、组织者和运送者220人，查获偷渡船只20艘、汽车4辆、移动电话8台、传呼机12架，收缴偷渡经费4万元。2000年，强化反偷私渡综合治理，把黄岐、安凯、筱埕、琯头4个乡镇和壶江村列为综合整治重点地区，举办法制学习班，播放《血泪偷渡梦》录像片，通过走访群众，进行重点教育，引导群众自觉抵制偷私渡，并在长门口、壶江岛、官岭村、安凯、黄岐路段、港口设检查卡，强化陆海检查，实施24小时值班巡逻，形成陆海管防体系，当年查获偷私渡9起，抓获偷渡人员55人，审处境外遣返偷渡人员15批173人。2001—2002年，采取“管住大船、看好港口、兼顾岸线、陆海管控”的有力措施，查获偷私渡14起，抓获偷渡者92人、组织运送者73人。2003—2005年，以“挖团伙、打现行、抓蛇头”为重点，疏堵结合，强化宣传教育，揭露“蛇头”欺骗行为，同时开展追逃专项行动，先后抓获在册负案潜逃“蛇头”27人，破获偷私渡27起，抓获偷渡者224人、组织运送者105人，查扣偷渡船3艘、汽车1辆，并抓获省边防总队十大悬赏督捕“蛇头”2人，有效遏制沿海偷私渡的发展。边防大队多次立功受到总队、支队嘉奖。

## 第十节　消　防

**一、预防监督**

1991年，连江消防大队坚持在“119”消防日前后开展消防宣传周活动，多形式宣传消防安全知识。在大街悬挂横幅标语，接待消防安全咨询，散发消防安全知识手册等。每年坚持季度重点安全防火检查1次，对火灾隐患突出的行业进行专项整治，发现不合消防规范的立即责令整改并加以监督。每逢举行大型集会、晚会或燃放焰火等活动，消防大队都提前介入，进行检查，防患未然。对歌舞厅等娱乐场所、宾馆、饭店、大型商场、市场、化工企业等危险行业，进行不定期消防安全巡查。1992 年开始，消防大队编辑并在网站发送消防安全常识短信，1995 年起，开放县消防站让群众和中小学参观，提高防火意识。1998 年，贯彻《中华人民共和国消防法》，在全县开展"消防平安年"活动，同时加强行政执法工作，对化工爆炸等危险品行业实施重点监督管理，通过检查、巡查，先后发现福州长欣塑胶公司、中联建材公司等 8 家企业存在消防安全隐患，分别发出整改通知书 8 份，督促限期整改，排除隐患，有效遏制重特大火灾的发生。1992—2005 年，县消防大队相继共在大街悬挂消防巨幅标语 200 多幅，发放消防安全知识手册 5000 多份，发送消防传单 2 万多份，挂历 500 多份，发送消防短信 8 万多条，接待消防咨询 500 多人次。

**二、火灾扑救**

1991 年开始，连江消防设施逐步改善，消防队伍建设不断加强，通信网络日益发展，发生火警报警及时。1991—1997 年，共接到火警 89 起，多数火灾在最短时间内扑灭，从而减少损失。1998 年，县消防大队依照公安部《公安消防部队执勤业务训练大纲》要求，相继开展 30 多项专业训练，并针对扑救重点单位如危险化工企业、高层建筑、人员密集场所的实际，分别在 20 多个单位进行实地演练，熟练掌握特种灾害事故的处理和反应能力。同时对各乡镇社区、大型企业、重点景区的义务消防队伍也加强培训和业务指导，进一步提高消防队伍的政治思想和业务素质。2000 年后，火灾报警"119"与县公安局"110"指挥中心和"122"交巡警联网互动，加强协作，提高快速反应能力，扑灭火灾成功率大大提高。2005 年，县消防大队装备有消防车 5 辆、水泵 2 台、指挥车 3 辆，安全防护配套设施齐全；基层有义务消防队 51 支、650 人，配有简易消防设施，发生火灾的初始自救率不断提高。据统计，1991—2005 年，全县共发生一般性火灾 199 次，造成死亡 13 人，经济损失 1415.5 万元。县消防大队共出动消防车 597 辆次，警力 2388 人次，绝大部分都在预期时间内扑灭，未酿成重特大火患。

**1991—2005 连江县发生火灾及损失情况表**

表 25-1-3

| 年份 | 发生火灾（起） | 死亡人数（人） | 经济损失（万元） | 年份 | 发生火灾（起） | 死亡人数（人） | 经济损失（万元） |
|---|---|---|---|---|---|---|---|
| 1991 年 | 11 | — | 441.60 | 1999 | 11 | 1 | 47.00 |
| 1992 年 | 12 | — | 67.20 | 2000 | 11 | 1 | 62.60 |
| 1993 年 | 20 | — | 286.20 | 2001 | 6 | 1 | 44.20 |
| 1994 年 | 11 | — | 27.50 | 2002 | 10 | 3 | 43.90 |
| 1995 年 | 14 | 1 | 52.10 | 2003 | 16 | 1 | 84.40 |
| 1996 年 | 12 | — | 75.90 | 2004 | 13 | 1 | 93.10 |
| 1997 年 | 9 | 2 | 51.50 | 2005 | 38 | 2 | 21.90 |
| 1998 年 | 5 | — | 15.40 | 合计 | 199 | 13 | 1414.50 |

**三、消防工程审验**

1991 年，县消防部门继续执行公安部和国家建委《关于建筑设计防火设施规范的通知》精神，对各项建筑工程消防设施按规定标准进行审核和验收。1991—1996 年，共审核 386 项（其中公共或重点工程 35 项、一般工程 87 项、民宅 264 项），提出修改意见 237 条，通过跟踪监督已修改 233 条，占

98.3%。1997—2000 年，完成建筑工程消防设施审核 342 项，其中重点 81 项，提出修改消防通道、消防箱设置等意见 156 条，基本修改到位。到 2000 年，竣工 41 项，其中经验收达标 37 项、接近达标 3 项、修改完善 1 项，亦在要求时间内完成修改。2001—2005 年，承办建筑工程消防设施图纸审核 270 项，其中重点 44 项、装修 25 项、一般和民宅 201 项；提出修改意见 160 条，经复查均已修改到位，竣工验收 31 项亦全部符合标准。

**四、社会救援**

1991 年，县消防部门充分利用在抢险救援中的设施和专业优势，积极参加辖区内发生的其他重大灾害或事故的救援工作，为群众排忧解难。当年 10 月，东湖发生重大山林火灾，30 多个村民被困火海，消防队接到报警，即派 3 辆消防车、1 辆指挥车和 20 多名干警赶赴现场，除 6 名村民不幸遇难外，奋力救出 24 人。1994 年 5 月，敖江镇幕浦村有 4 头耕牛陷入敖江畔泥滩，村民向“119”报警救援，消防队派出 5 名干警前往，经 3 个小时合力救助，终于把耕牛救出泥滩，村民非常感激，送旗致谢。1997 年 8 月，凤城镇东南街一座古宅屋檐发现有篮球大的马蜂窝，住民和路人常被叮咬，束手无策求助，消防队派 3 名干警到实地勘查，利用夜间蜂群归巢后，队员爬上屋檐用编织袋套住马蜂窝，一举成功摘除，消除了蜂害，周围群众纷纷点赞，被誉为“特殊功能”，影响渐大。此后，一些民众或单位，遇到危难事情亦多向“119”“110”报警求助。至 2005 年止，县消防队共参加各种救援 60 多次，投入警力 260 人次。

## 第十一节　出入境及往来港澳台管理

1991 年，出入境人数逐渐增多，县公安机关根据《中华人民共和国出入境管理法》，受理出入境事务，明确管理责任，提高工作效率和服务水平。1991—2000 年，共审批出境护照及往来港澳台通行证 39138 人，其中出国 25290 人、赴香港 7182 人（定居 585 人）、赴澳门 64 人（定居 8 人）、赴台湾 6602 人（定居 303 人）。2001 年 2 月开始，申领条件逐步放宽，申办手续不断简化，按照分类管理、动态管理和加强后续管理的原则，实施新的出国调控措施，取消出境事由相应的证明材料和签发出国护照附发出境登记卡的做法，申请前往香港、澳门、台湾地区定居，实行全国统一申请办法、统一审批条件、统一审批制度、统一收费标准的“四统一”审批工作制度，定居名额由市公安局控制，每年下达，按申请时间顺序审批。符合条件的，实行电脑打分，依得分高低排队放行，使审批管理工作趋向科学、合理、公平、公正，减少人为因素的困扰。2001—2005 年，全县共办理护照与通行证 90848 人，其中出国 73383 人、赴香港 7921 人（定居 286 人）、赴澳门 136 人（定居 9 人）、赴台湾 9408 人（定居 165 人）。2005 年审批出境及往来港澳台同胞 19484 人，是 1991 年 2126 人的 9.16 倍。最高峰的 2003 年，审批出境 25540 人。

登记入境的外国人、海外同胞及往来港澳台同胞，也逐步增加。1991 年，登记入境及往来港澳台同胞人数 337 人，其中外国人 42 人、海外华侨 102 人、港澳台同胞 193 人。至 2000 年，入境及往来港澳台同胞人数增至 961 人，其中外国人 375 人、海外华侨 393 人、港澳台同胞 193 人。2001—2005 年，登记入境及往来港澳台同胞共 6441 人，其中外国人 2855 人、海外华侨 2796 人、港澳台同胞 790 人。

**1991—2005 年连江县出入境及往来港澳台情况统计表**

表 25-1-4　　单位：人

| 年份 | 审批发证人数 | 其中 | | | | | | | 登记入境及往来港澳台人数 | 其中 | | |
|---|---|---|---|---|---|---|---|---|---|---|---|---|
| | | 出国人数 | 赴香港 | | 赴澳门 | | 赴台湾 | | | 外国籍人数 | 海外华侨 | 港澳台同胞 |
| | | | 人数 | 定居 | 人数 | 定居 | 人数 | 定居 | | | | |
| 1991 年 | 2126 | 763 | 348 | 80 | — | — | 1015 | 25 | 337 | 42 | 102 | 193 |
| 1992 年 | 1444 | 674 | 299 | 21 | — | — | 471 | 19 | 542 | 80 | 256 | 206 |
| 1993 年 | 1415 | 775 | 204 | 11 | — | — | 436 | 15 | 633 | 105 | 236 | 292 |
| 1994 年 | 1537 | 907 | 483 | 123 | — | — | 147 | 37 | 652 | 139 | 100 | 413 |
| 1995 年 | 1813 | 566 | 902 | 133 | — | — | 345 | 67 | 555 | 147 | 218 | 190 |
| 1996 年 | 2580 | 1245 | 905 | 100 | 8 | 2 | 422 | 47 | 819 | 231 | 228 | 360 |
| 1997 年 | 3306 | 1507 | 1268 | 82 | 23 | 3 | 508 | 17 | 826 | 222 | 278 | 326 |
| 1998 年 | 4668 | 2769 | 1098 | 7 | 15 | 3 | 786 | 37 | 818 | 237 | 339 | 242 |
| 1999 年 | 9071 | 7145 | 924 | 19 | — | — | 1002 | 21 | 885 | 233 | 385 | 267 |
| 2000 年 | 11178 | 8939 | 751 | 9 | 18 | — | 1470 | 18 | 961 | 375 | 393 | 193 |
| 2001 年 | 10450 | 8067 | 746 | 46 | 20 | — | 1617 | 7 | 1208 | 508 | 469 | 231 |
| 2002 年 | 17534 | 14419 | 875 | — | 26 | — | 2214 | 16 | 910 | 544 | 155 | 211 |
| 2003 年 | 25540 | 20568 | 2749 | 60 | 31 | 3 | 2192 | 42 | 1105 | 505 | 571 | 29 |
| 2004 年 | 17866 | 13792 | 2127 | 102 | 32 | 3 | 1915 | 58 | 1467 | 614 | 710 | 143 |
| 2005 年 | 19458 | 16537 | 1424 | 78 | 27 | 3 | 1470 | 42 | 1751 | 684 | 891 | 176 |
| 合计 | 129986 | 98673 | 15103 | 871 | 200 | 17 | 16010 | 468 | 13469 | 4666 | 5331 | 3472 |

## 第十二节　森林公安

1991 年，连江县有森林面积 6 万公顷，林区刑事治安案件时有发生。县公安局森林公安科人员编制少，仅协助林业部门处理日常林政事务，重大森林刑事案件由刑侦队侦查，治安案件由林区所在乡镇行政派出所处理。1991 年 10 月，东湖乡东湖村垦荒种果，乱扔烟蒂，酿成山林大火，毁林 30.6 公顷，烧死 6 人。县公安消防干警迅速赶到现场救援和侦查，把肇事人绳之以法。1995 年 11 月，罗源县松山 1 个村民，来到马鼻土坎山场非法打猎，引发山林大火，致马鼻镇长孙旭光等 6 人在扑灭山火中牺牲，公安刑侦队很快立案侦破，肇事者判处 6 年徒刑。1997 年 9 月，侦查处理丹阳镇上周村民盗伐林木 665 立方米，判 4 年有期徒刑、罚款 5000 元。同年 10 月，查处浦口镇 8 个村民弄虚作假，少批多伐 544 立方米林木案件。1999 年，加大打击森林违法犯罪力度，当年受理毁林、盗伐林木等刑事案件 12 起，立案侦查 9 起，破案 9 起，抓获犯罪嫌疑人 19 名，依法刑拘 8 人，治安拘留 6 人，治安处罚 5 人。其中侦破非法贩卖珍贵野生动物制品案，收缴云豹皮 17 张，猞猁皮、赤猴皮各 1 张，判刑 3 人，罚款 35 万元。2000—2005 年，共受理森林刑事案件 94 起，立案侦破 84 起，共抓获犯罪嫌疑人 98 人，依法拘留41人，罚款57人。受理林政案件727起853人次，罚款91.68万元，补交林业两金7.35万元，没收木材740.75立方米价值40.51万元，赔偿损失2.65万元，没收国家级保护野生动物60只。

# 第二章　检　察

1991年，县人民检察院坚持依法从严治检的方针，严格执法，依法办案，加强侦察、刑事、审判跟踪监督，稳、准、狠地严惩各类刑事犯罪。1995年10月，县检察院被最高人民检察院授予“模范检察院”称号。1995—2000年，控申接待室3次被最高人民检察院授予“文明接待室”荣誉称号。至2005年，全院共受理侦查、批捕、公诉刑事犯罪案2663件，其中批准逮捕2361件；查处贪污、贿赂案896件；侵权渎职犯罪案231件；民事、行政检察案250件；监所检察监督纠正超羁押832人、依法监督收押1200人、监督刑满释放1083人、监督移送县外劳改270人。检察院各职能部门先后38次被省、市授予“先进单位”称号。

## 第一节　机构队伍

**一、机构**

1991年，县人民检察院内设办公室、政工科、刑事检察科、经济检察科、控告申诉检察科、法纪检察科、监所检察科、法律政策研究室等8个科室，行政编制62人。同年4月，撤销经济检察科，成立反贪污贿赂工作局。6月，设琯头、浦口、东岱、丹阳、苔菉5个乡镇检察室和县供销社、农业银行、税务局、粮食局及陀市林场、长龙林场6个单位检察室。1993年3月，刑事检察科析分刑事检察一科、刑事二科，分别负责自侦和院外移送案件。同年12月，撤销供销社、农业银行、税务局、粮食局4个单位检察室。1995年12月，法纪检察科更名监察室。1997年3月，增设纪检组，与监察室合署办公，两块牌子、一套人员。7月，刑事检察一科、二科改为审查批捕科和审查起诉科。1998年4月，设立预防犯罪办公室。8月，撤销琯头、丹阳、东岱、浦口、苔菉、陀市林场、长龙林场7个检察室。1999年8月，设法警队，增加编制6名。2003年3月，设检务督察员办公室。9月，设人民督察员办公室，挂靠检务督察员办公室。2004年5月，政工科更名政治处，审查批捕科更名侦查监督科，审查起诉科更名公诉科，设渎职侵权局。

至2005年12月，县检察院内设办公室、政治处、监察室（含纪检组）、预防职务犯罪办公室、反贪污贿赂工作局、侦查监督科、公诉科、民事行政检察科、渎职侵权局、控告申诉检察科、监所检察科、行政装备科、法律政策研究室、法警队等14个科室。行政编制68人。

**二、队伍**

1991—1993年，县检察院坚持从严治检、从严治警的精神，相继在全院干警中开展“反和平演变”教育，进一步健全《检察委员会工作细则》《清正廉洁八项守则》《“两公开一监督”廉政制度规范》等规章制度，实行开门整风，公开整改，由院政工科向发案单位和自侦案件被告家属发放反馈卡，征求办案作风和廉政意见，发现问题及时问责、查处，提高干警遵纪、守则自觉性。1994—1996年，按照省检察院统一部署，学习贯彻《中华人民共和国检察官法》和省政法委《七条禁令》，深入开展依法办案、文明办案、安全办案为主要内容的专题教育整风，进一步明确检察官职责，提高拒腐防变能力。1997—1999年，开展思想作风、纪律整顿，召开8位廉政监督员座谈会，听取意见和建议，开展讲党性、议为民，讲作风、议文明办案的“二讲二议”活动。2000—2003年，贯彻全国第11次检察工作会议精神，深入开展“强化法律监督，维护公平正义”的学习教育活动，结合共产党员先进性学习教育，进行摆问题、找差距、改作风，坚定政治信念，提高政治、业务素质。2004—2005年，加强检察队伍业务知识和技能培训，实施全员轮训、岗位练兵，先后举办档案、统计、信息、调研、电脑操作、常用英语等六个科目专题讲座和专业培训，先后选送18位正、副科级干部参加省、市举办的检察官专业培训班学习，20名年轻干警通过电大 、函大法律大专、本科考试结业。1991—2005年，省、市人民检察院先后三次在连江检察院召开廉政制度建设、从严治警现场会。县检察院相继共有62位检察官被评为省、市、县先进工作者。

## 第二节 刑事检察

1991—1993年，针对连江社会治安恶性案件居高不下的严峻形势，县检察院配合公安、法院、安全等部门，重点打击杀人、抢劫、盗窃、流氓团伙等犯罪，尤其对惯犯、屡犯、流窜犯、团伙犯罪等重特大案件，优先审查立案，依法快捕快诉，从重从快严惩。刑事检察科干警全力以赴，受理公安、安全、自侦部门提请审查刑事犯罪案件274件，涉案人员578人，经审查决定逮捕235件447人、退查9件74人、呈报市检察院审查起诉30件57人。发出《检察建议书》32份，提出各类防范建议42条，协助发案单位完善防范机制和管理措施。1994—1996年，县检察院贯彻中央部署的“严打”方针，全力以赴参与社会治安综合治理，认真分析刑事犯罪新特点，以打击抢劫、车匪路霸犯罪活动为重点，先后受理刑事案件469件779人，经审查决定批捕365件615人、不予逮捕32件40人、退查38件41人，呈报市检察院审查起诉34件83人。配合法院召开6场公判大会，依法处决重案犯。1997年起，连江民间标会诈骗和偷私渡等刑事犯罪活动成为社会“难点”，县检察院加强侦查和刑事审判跟踪监督，从控告申诉中理出线索，在审查批捕、起诉中发现问题，依法纠正有案不立、有罪不究、以罚代刑、判罪不公等问题，实施跟踪监督，先后深入有关部门和受害者家属中调查，发现有案不立等现象，向公安机关发出《要求立案通知书》11份，引起公安局高度重视，即行立案11件13人，应当逮捕犯罪嫌疑人《意见书》7份，建议追捕在逃犯罪嫌疑人7件9人。对法院审判的1起绑架案审理提出纠正意见被采纳，重新审理改判，有效维护法律尊严。1997—1999年，县检察院先后受理公安、自侦部门呈报提请批捕案件757件1289人，经审查批准逮捕599件1025人、不捕66件103人、退查72件119人、呈报市检察院审查起诉20件42人。配合法院召开2场打击偷私渡“蛇头”公判大会。2000年，县检察院成立“立案监督”办案小组，每月一次重点调查有案不立、有罪不究等问题。至2002年，先后向公安局发出《要求说明不立案理由通知书》17份，建议逮捕犯罪嫌疑人意见书16份，建议应逮捕22人。同时发出纠正违法通知书35份，提出追诉13件21人。2000—2002年，先后受理刑事案件842件，涉案人员1278人，经审查决定批捕690件1086人、不予批捕78件86人、退查37件48人、呈报市检察院审查起诉37件58人。2003—2005年，健全完善打击刑事犯罪长效机制，强化侦查监督和公诉职能，先后受理刑事案件511件825人，经审查批捕472件742人、不批捕23件43人、退查16件40人。

**1991—2005 年连江县受理刑事侦查案件情况表**

表 25-2-1

| 年份 | 受理案件 | | 其中 | | | | | | | |
|---|---|---|---|---|---|---|---|---|---|---|
| | 数量（件） | 涉及人数（人） | 批捕 | | 不予逮捕 | | 退查 | | 移送市院 | |
| | | | 数量（件） | 涉及人数（人） | 数量（件） | 涉及人数（人） | 数量（件） | 涉及人数（人） | 数量（件） | 涉及人数（人） |
| 1991—1993 年 | 274 | 578 | 235 | 447 | — | — | 9 | 74 | 30 | 57 |
| 1994—1996 年 | 469 | 779 | 365 | 615 | 32 | 40 | 38 | 41 | 34 | 83 |
| 1997—1999 年 | 757 | 1289 | 599 | 1025 | 66 | 103 | 72 | 119 | 20 | 42 |
| 2000—2002 年 | 842 | 1278 | 690 | 1086 | 78 | 86 | 37 | 48 | 37 | 58 |
| 2003—2005 年 | 511 | 825 | 472 | 742 | 23 | 43 | 16 | 40 | — | — |
| 合计 | 2853 | 4749 | 2361 | 3915 | 199 | 272 | 172 | 322 | 121 | 240 |

## 第三节　反贪污贿赂

1991 年 10 月，成立反贪污贿赂工作局，加大对贪赃枉法，危害党和政府形象的犯罪案件的查处力度。1992 年，在加强宣传舆论的同时，组成 7 个办案组，配合县纪委、监察、公安、审计等部门，受理经济犯罪案件 38 件 47 人、贪污受贿、挪用公款 36 件 43 人，共 74 件 90 人，涉案金额 295 万元。经调查取证立案侦查 42 件 57 人，审结涉案起诉万元以上 27 件 31 人，追回赃款赃物（折价）105 万元。

1993—1994 年，坚持以群众举报为切入点，受理查处经济案件 181 件 192 人，立案 105 件 126 人，其中贪污受贿犯罪案件 74 件 79 人，挪用公款 20 件 20 人，其他经济犯罪案件 11 件 27 人，涉案金额 173 万元。审结起诉涉案万元以上 18 件 22 人，追回赃款 110 万元。1995—1996 年，反贪局发挥控申“窗口”举报作用，加大侦查力度，相继查办市检察院交办的市盐务处受贿案 5 人 5 件。共受理经济犯罪案件 227 件 248 人，涉案金额 465 万元。立案侦查 101 件 101 人，审结起诉万元以上 69 件 69 人，占立案总数 68.32%，追回赃款 302 万元。1997—1999 年，采取“举报受理、初查取证、立案侦查、结案清压”四管齐下的有效措施，加强查处“热点”案件，以经济大要案为重点，立案与结案协调进行，先后受理经济犯罪案件 191 件 191 人，经初查立案侦查 66 件 66 人，审结贪污受贿万元以上案件 60 件 60 人，涉案金额 186 万元（其中 10 万元以上大案 6 件 6 人，涉案金额 88 万元），追回赃款 160 万元。1999 年 9 月，县检察院在全县正副科级以上领导干部会议上，通报历年查办领导干部经济犯罪的案例，进行警示宣传教育。2000—2002 年，为加大反贪力度，从控申窗口来信来访中，广辟案源线索，共受理案件 62 件 63 人，立案侦查 45 件 46 人，审结起诉贪污 5 万元以上和挪用公款 10 万以上 17 件 17 人，涉案金额 149 万元，挽回经济损失 90 万元。2003—2005 年，通过举报受理经济犯罪案件 26 件 26 人，立案侦查 21 件 22 人（其中科级领导 4 件 4 人），全部审结起诉，涉案金额 262 万元，为国家、集体挽回经济损失 230 万元。

**1991—2005 年连江受理贪污受贿案件情况表**

表 25-2-2

| 年份 | 受理案件 | | 立案侦查 | | 审结起诉 | | 涉案金额（万） | 追回赃款（万） |
|---|---|---|---|---|---|---|---|---|
| | 数量（件） | 涉及人数（人） | 数量（件） | 涉及人数（人） | 数量（件） | 涉及人数（人） | | |
| 1991—1992 年 | 74 | 90 | 42 | 57 | 27 | 31 | 295 | 105 |
| 1993—1994 年 | 181 | 192 | 105 | 126 | 18 | 22 | 173 | 110 |
| 1995—1996 年 | 227 | 248 | 101 | 101 | 69 | 69 | 465 | 302 |
| 1997—1999 年 | 191 | 191 | 66 | 66 | 60 | 60 | 186 | 160 |
| 2000—2002 年 | 62 | 63 | 45 | 46 | 17 | 17 | 149 | 90 |
| 2003—2005 年 | 26 | 26 | 21 | 22 | 21 | 22 | 262 | 230 |
| 合计 | 761 | 810 | 380 | 418 | 212 | 221 | 1530 | 997 |

## 第四节　渎职侵权检察

1991—1992 年，县检察院法纪检察科受理渎职案件 16 件 21 人，经初查免诉 4 件 4 人，撤案 1 件 1 人，立案侦查 11 件 16 人。其中经审查作一般处理 8 件 12 人，移送起诉 3 件 4 人。如 1991 年，查处县公安和法院 4 名干警动用枪支、警械，非法拘禁浙江省椒江市一位公民，有两人已构成渎职侵权罪，分别依法判决有期徒刑 2 年 6 个月和 1 年 6 个月。1993 年，县检察院派干警深入乡镇派出所，对群众举报的私设牢房进行调查，及时提出纠正。当年受理渎职侵权案件 19 件 19 人，经初查立案 10 件 10 人，提起公诉 2 件 2 人，免诉 8 件 8 人。1994 年，受理渎职侵权案件 12 件 12 人，侦查立案 9 件 9 人，提起公诉 6 件 6 人，免诉 3 件 3 人。1995—1998 年，重点查处司法、行政执法人员渎职犯罪案件，受理徇私舞弊、刑讯逼供、非法拘禁等渎职侵权案件 62 件，涉案人员 65 人，立案侦查 45 件 48 人，其中科级领导干部涉嫌重特大徇私舞弊犯罪案件 8 件 8 人。1999—2003 年，根据举报线索，涉及渎职、违法案件 51 件 54 人，其中滥用职权、玩忽职守 11 件 11 人，非法拘禁侵犯公民权 5 件 5 人，私放在押犯人 4 件 4 人、枉法追诉案件 6 件 6 人、其他法纪案件 25 件 28 人。经初查取证立案侦查 15 件 15 人，全部提出公诉，其他作一般法纪处理。2002—2005 年，受理渎职侵权案件 58 件 58 人，其中涉嫌徇私枉法 14 件 14 人、滥用职权、玩忽职守 12 件 12 人（其中 2 件 2 人因玩忽职守造成国家经济损失 154.83 万元）、泄露国家机密 1 件 1 人，非法拘禁 1 件 1 人、涉嫌报复陷害案 1 件 1 人、其他犯法案件 29 件 29 人。经初查立案侦查 21 件 21 人（其中科级领导干部 4 件 4 人）、不作立案侦查 37 件 37 人。发出检察建议书 13 份。

## 第五节　预防职务犯罪

1998 年，县检察院成立预防职务犯罪办公室，从各科室抽调 4 名干警（后扩充至 12 人），将预防职务犯罪工作纳入社会治安综合治理范畴，与县交通局、县工商银行签订预防职务犯罪协议书，实行工作责任制并跟踪监督。1999—2001年，实施以行业预防、个案预防、专项预防为主的预防实施方案，向金融、林业、税务、工商、交通等执法部门拓展，初步形成预防职务犯罪工程。并结合典型案例与重点部门开展个案预防职务犯罪警示教育，先后举办法律讲座8场，上法制教育课23场，受教育5000多人次。派出30多人次深入14个预防职务犯罪协议单位和10个发案单位，协助建章立制、整改治理、堵塞漏洞，发出《检察建议书》42份，提出检察建议和整改意见100多条，促进预防职务犯罪工作落到实处。同期在东北线省级公路建设工程开展“无经济犯罪、无重大责任事故、创优质工程”为目标的预防职务犯罪教育活动，派出干警实施专项预防跟踪监督，从工程招投标、开工建设至竣工，未发现一起举报事件。尤其农村电网改造工程全面铺开，预防职务犯罪工作同步进行，从工程招投标、资金使用管理、工程质量监督、队伍廉政建设等环节，实施现场跟踪监督，全县电网改造196个村，农电项目200多项，完成投资8499万元，均评为合格工程，有效预防职务犯罪。2002—2003年，县检察院将典型案件的个案预防工作，分解到各业务科室，形成预防科学协调、全院联动机制，反贪部门在查办中铁十一局驻连工程处个别人员利用采购建材之机收受贿赂典型案件，适时发出《检察建议书》，引起发案单位高度重视，加强内部监督，预防同类案件发生。

2004年3月，预防职务犯罪和法纪检察统归政治处负责，在更大范围内实施预防与协调。先后在人民银行县支行召开金融系统预防职务犯罪座谈会；在国税、地税、交通、工商等重点执法单位，开展职务犯罪警示教育；组织药监局、烟草专卖局部分干部职工，到福州、福清监狱接受职务犯罪服刑人员以身释法警示教育。2005年，以可门港公路工程为预防重点，与县交通局共同制定《关于在交通工程建设领域开展廉政准入制度的工作意见》，建立记录不良档案，对不廉洁的建设单位和个人从业资格加以限制，从源头上防止职务犯罪，确保通港公路工程顺利进行，未发现举报问题。

## 第六节　监所检察

### 一、刑罚执行监督

1991—1993年，配合县公安看守所干警，对在押人犯进行检察核对，发出超羁押建议书54份，敦促刑满超期羁押罪犯75人，按法定时限监督释放。对监外缓刑罪犯102人，通过监督检察，依法解除缓刑23人。1994—1996年，正值“严打”期间，提出各项安全监管建议89条，依法监督收押罪犯574人。监督安全交付死刑犯执行枪决17人。监督刑满按法定时限释放427人，纠正超期羁押154件225人。监督移送县外劳改23次125人。

1997—2000年，加强未决犯羁押期限监督，先后发出纠正羁押通知书184份，纠正超期羁押犯307人，依法监督收押626人，监督移送县外劳教21次104人。2001—2005年，依法监督收押478人，监督刑满释放527人，监督保外就医3人。纠正法院超审判期限24件52人。纠正公安局超刑拘期限5件15人、纠正违法关押2件2人、监督转外劳改41人。至2005年12月，看守所没有遗留1起超羁押人犯。

### 二、监所活动监督

1991—1993年，监所监察室坚持把安全防范放在工作首位，先后提出强化监管建设性建议89条，及时改进各项防范措施，解救在押犯企图自杀事件7起7人。1993年，在县综治委牵头下，由公检法司4家相关部门领导和干警组成帮教小组，前往省二监、三监、女监和武夷山劳改支队，对连江籍罪犯进行集中看望帮教，鼓励人犯遵纪守法，努力改造，争取立功减刑，早日回归社会。1994—1996年，坚持每月一次“小三家”（看守所、监察室、武警）领导联席会议，综合分析在押人犯思想动态，进行针对性法律法规和前途教育。同时开展“三交清”（交清余罪、交清犯罪证据、交清犯罪同伙）和

“一揭发”教育活动，有 18 人坦白余罪 21 条，协助破获抢劫杀人案 2 起 4 人。检举揭发以强凌弱、欺压犯人的牢头、狱霸 19 人，其中受隔离警告 7 人，加械惩治 11 人。1997—2000 年，监察室针对监管场所超羁人犯日益增多，造成牢房人犯挤压，事故不断的情况，加大监所检察力度，连续发出超羁押通知书，敦促结案，纠正超羁押人犯 307 人。配合监管干警打击牢头、狱霸 17 人，并配合看守所邀请刑释改造较好人员，向在押犯讲述切身体会。2001—2005 年，根据最高人民检察院部署，每年一次协助看守所组织干警分组深入各乡镇，全面展开对监外“五种人”（缓刑、管制、假释、暂予监外执行、剥夺政治权利）的 142 名罪犯跟踪监督，全面进行检察摸底，逐案、逐人登记核对，逐个“面对面”帮教。对劳动改造较好，能遵纪守法，给予肯定，鼓励积极改造，争取减刑释放。对仍有犯罪行为、表现极差的 3 名罪犯，向有关部门发出收监建议书，建议收监。在此期间，配合复审各类案件 35 起，纠正结论错误 6 起。

## 第七节　控告申诉检察

**一、受理来信来访**

1991—1994 年，县检察院以控申“人民接待室”为窗口，先后接待群众来访 292 人次，受理控申信访 841 件。通过梳理、分类、初查，有涉案价值 62 件，移送相关科室查处 41 件，控申科自侦 21 件。1995—1997 年，接待来访 228 人次，受理控申信访 672 件，经梳理初查涉案 58 件，转相关科室侦办 36 件，控申科自侦查处 22 件。1998—2000 年，全面开展举报宣传周活动，开通公开举报电话，进行预约举报，向社会散发接访宣传材料 11000 份，分发“举报联系卡”1500 份，激发群众举报热情。同时坚持检察长每月 15 日、30 日两天接访制度，还不定期深入乡镇巡回接访，先后共接待群众来访 392 人次，受理信访 86 件，转办 52 件、自侦自办 34 件。其中 3 起群体上访，接待室人员热情接待，耐心听诉，诚恳劝解，终于化解矛盾。2001—2005 年，共受理控申信访 950 件，接待群众来访 342 人次，涉案 119 件，移送转办 87 件，自侦自办 32 件。1991—2005 年，共接待信访 1244 人次，控申信访 3323 件，做到件件有落实，事事有反馈，给群众满意的答复。

**二、查处案件**

1991 年，在受理群众来访中，反映申诉案件 8 起，经侦查其中 1 起申诉理由充分，提请上级检察院抗诉，其余 7 起符合法律程序，向当事人耐心解释，主动息诉。1999 年，相继发生 3 起民事纠纷，引起群体上访，县检察院热情接待，耐心安抚，后提请县政法委员会组织人员及时深入现场，就地疏导，平息了风波，防止矛盾激化。

2000—2003 年，先后受理来访中反映的被害人不服公安机关不立案侦查的案件 11 起，进行依法监督，组织干警深入受害者单位和家中调查，证实存在有案不立和犯罪嫌疑人逍遥法外的现象，发出《要求公安机关说明不立案理由的通知书》11 份和《应当逮捕犯罪嫌疑人的意见书》7 份，建议立即逮捕归案，引起县公安机关高度重视，立即立案，追捕犯罪嫌疑人。2004 年，建立申诉备案制，实施“对外监督、对内制约”的机制，对县检察院自侦的案件 65 件，进行复查、监督，经复查证实结案 48 件，复查率 73.85%，其余 17 件反馈相关科室充实证据。2005 年，加强对不服法院判决、裁定的申诉案件进行复查监督，有 8 个来访申诉人提出不服法院审判，经认真复查案件，有 2 例符合抗诉条件，支持当事人抗诉，移送起诉科办理。有 6 例耐心劝解当事人息诉。在受理侦察部门移送的 18 件不捕案件中，经认真审理，认为符合批捕 7 件 13 人，向检察长和检察委员会提出建议批捕意见，全部采纳，移送批捕科及时下达批捕书。1991—2005 年，控申检察科共受理控申信访 3323 件，提供各类犯罪线索 432 条，立案侦查 325 件，其中移送公安、法院查处 216 件，自侦自查 109 件。

## 第八节　民事行政检察

1991 年，受理当事人不服法院一审、二审判决，提出申诉的民事纠纷案件 5 件，上报市检察院抗诉 2 件、息诉 3 件。1992—1994 年，受理民事行政申诉案 19 件，经初查立案侦查 8 件，其中提出再审检察建议 4 件、向法院提出抗诉 1 件、向市检察院提请抗诉 1 件、其余 2 件初查后认为法院依法判决有理，耐心说服当事人予以息诉。1995—1997 年，受理民事行政申诉案 51 件，经侦查立案 29 件，其中司法、审判人员受贿 3 件、向法院提请抗诉 16 件、建议法院再审改判 3 件、发送《检察建议书》提出复查审议重判 7 件。1998—2000 年，按照市检察院有关办理民事行政检察抗诉案件试行公开审查，做到“立案公开、审查公开、结论公开”的“三个公开”要求，在受理民事申诉案 142 件中，公开立案审查 44 件，其中提请复查改判 33 件、提请市检察院抗诉 11 件，涉案标的额 520.6 万元。对法庭判决正确，当事人无理申诉的案件，办案人员耐心开导，动员息诉 98 件。2001—2003 年，共先后受理民事行政申诉案件 38 件，涉案标的额 540.61 万元，经侦查立案 21 件，其中向法院提请抗诉 9 件、出庭支持抗诉 6 件、劝导和解息诉 5 件、再审改判 1 件。2004—2005 年，加大民事行政诉讼监督力度，受理涉及国有资产流失民事行政案 5 件，涉案标的额 300 万元，经审查支持起诉并均获得胜诉。东湖镇在办理罗长高速公路征迁赔偿过程中，造成国有资产流失 2.8 万元，立案支持起诉，亦获胜诉。

## 第九节　检务督察和监督

### 一、检务督察

2003 年 4 月，县检察院率先开展检务督察试点，成立检务工作试点领导小组，下设检务督察办公室（简称“检督办”），挂靠法律政策研究室，配专职检务督察员 3 名，院内 7 个业务部门内勤人员为兼职人员，组成专兼职检务督察队伍，以发挥督促、协调、个案监督、宏观预警和惩戒机制作用，加强案情报告，实行检督办专人审查与集体复核案件制度，确保检察长和检委会决策准确性。对再次提请检督办审查的案件，实行更换督察员审查制，确保依法客观公正。是年列席案件讨论会 3 场。受理各业务科室提请检察长或检委会决定的案件 64 件，由检委会讨论决定 25 件，由检督办审查、报检察长直接做出决定案件 39 件，其中有 19 件检督办提出不同处理意见被检察长、检委会采纳。2004—2005 年，为提高检务督察工作实效，检督办通过不同层面，加强办案质量和执法活动的动态监督，发现问题依法及时纠正。在受理审查逮捕案件 100 件 176 人中，原作出不捕决定 13 件 22 人，检督办在审理中发现符合批捕案件 7 件 13 人，向检察长和检委会建议批捕意见，全部被采纳。对重大疑难案适时介入督查，以保证办案质量，维护法律尊严。检督办两年中收到备案督察卡 1059 份，受理业务科室提请检察长或检委会决定的案件 159 件，其中由检督办审查报检察长直接决定的案件 95 件、提交检委会讨论决定案件 64 件，检督办提出意见被检察长和检委会采纳有 37 件。

### 二、人民监督员制度

2003 年 9 月，县检察院开始试行人民监督员制度，由县人大常委会、政协、老干局及群众团体推荐具有代表性又符合人民监督员条件的人员 8 人，经检察委员会审定，颁发《人民监督员手册》。当年10月17日，召开聘任人民监督员大会，正式聘为县检察院人民监督员。县检察院设立人民监督员办公室（挂靠检督室，与法律政策研究室合署办公），组织全院干警和人民监督员共同学习最高人民检察院《检察机关直接侦查案件人民监督员暂行规定》。12月23日，首次召集6名人民监督员对公诉科提请检委会决定的中铁十一局集团第四工程公司连江项目经营科长涉嫌受贿案和县卫生防疫站涉嫌受贿案作出的相对不起诉决定，分别进行审查监督。6名人民监督员全面了解案情后，一致认为两个案件嫌疑人符合犯罪情节轻微，依照刑法规定可免除刑罚法定条件，以无记名投票表决，作不起诉处理。至2005年12月，人民监督员对7起拟作不起诉自侦案件进行评议监督，经评议均作不起诉处理，检察委员会一致通过。

# 第三章　审　判

1991年，县人民法院依法履行司法审判职责，强化执法队伍政治和业务建设，坚持"以事实为依据，以法律为准绳"，配合"严打"斗争，稳、准、狠严办各类严重犯罪分子。至2005年，共受理各类案件66862件，其中刑事案件3240件、民事案件24513件、民商案件31733件、行政案件303件、涉军案20件、涉外民事案888件、经济纠纷案6108件、林业案57件。执结案件21148件，执结标的额59498.7万元。受理人民来信25934件，接待人民来访20103人次，协助弱势群体法律援助431件，减免法律诉讼费83.7万元。

先后有12个庭室评为省、市先进单位，64名法官评为省、市先进工作者，1名法官被省政法委、高院、人事厅授予"人民满意的好法官"光荣称号，4名法官受高院、中院荣记二、三等功。

## 第一节　机构队伍

### 一、机构

1991年，县法院内设办公室、政工科、刑事庭、民事庭、经济庭、告诉申诉庭、行政审判庭、黄岐法庭和巡回法庭，共有干警79人。1996年，撤销巡回法庭，增设丹阳、官坂、东岱3个法庭。1997年，增设司法技术鉴定室、司法警察大队、林业审判庭。1999年8月，县纪委派驻法院纪检组。2001年，撤销告诉申诉庭，分设立案庭和审判监督庭。2002年，执行庭改为执行局（挂执行庭牌子）。2003年4月，政工科升格为政治处，刑事庭更名刑事第一庭，民事庭更名民事第一庭，经济庭更名民事第二庭，撤销司法技术鉴定室，新成立监察室、司法行政装备科。

至2005年，县法院设办公室（含档案室）、政治处、纪检组、监察室、立案庭、刑事第一庭、民事第一庭、民事第二庭、林业庭、执行局、行政审判庭、审判监督庭、司法行政装备科、司法警察大队及丹阳、官坂、东岱、黄岐4个法庭，计18个单位，在职干警76人。

### 二、队伍

1991—1995年，县法院加强干警队伍建设，配合"二五"普法宣传，深入开展"抓素质、树形象"的思想教育活动，坚持每周安排一天为学法日，每年举行1—2次法律知识考试，以提高干警法律素养。1996—2000年，配合"三五"普法宣传，开展"抓三基"（强化法律意识基础建设、落实各项制度、抓好依法审判基本功）和“创五好”（建设好领导班子、带动好审判队伍、培养干警好作风、完善好规章制度、塑造好队伍形象）的活动，全面开展以法官职业道德教育为中心的“一教育、三整顿”（职业道德教育、整顿领导班子、整顿审判纪律、整顿工作作风）活动，把队伍建设与审判工作提到同等重要位置，同部署、同检查、同落实，促进全体干警廉洁自律。2001 年 8 月，县法院引进公平竞争上岗机制，19 位法官参加审判长和独任审判员竞选，其中前 8 名报经县人大常委会审批任审判长 5 名、独任审判员 3 名。2002 年 5 月，法院党委制定严禁接受当事人宴请、送礼等《七条禁令》，进行自查、自检、自纠。 2003 年 2 月 9 日，在审判大法庭举行承诺书签字仪式。同年 4 月，颁布规范法官办事、作风、言行、职业道德行为的《八条禁令》。2004 年 7 月，在选拔中层领导干部中，有 23 名法官报名竞争上岗，经考核、考试，选出 4 名，经报县人大常委会批准，分别担任正副庭长。同年 9 月，对任职 5 年以上中层领导干部和 3 年以上在敏感、热点岗位的干警 38 人，进行岗位交流，轮岗副院长 1 名，中层干部 16 名、干警 21 名。

1991—2005 年，不完全统计全院干警共拒吃请 546 人次，拒收贿金、礼品价值 18.86 万元。至 2005 年，县法院相继经高院、中院批准在岗法官 56 名，其中一级法官 14 名、二级法官 16 名、三级法官 18 名、四级法官 3 名、五级法官 3 名、高级法官 2 名。

## 第二节　刑事审判

1991—2005 年，县法院共审结刑事案件 3240 件 5307 人。其中依法判处 5 年以上有期徒刑的 874 人，罪大恶极判处死刑 69 人。先后召开公判大会 64 场，45 万人次参加。2005 年，实现刑事案件无积案。

### 一、重大犯罪和团伙案件

1991 年，县境重大犯罪和团伙犯罪案件有所上升，群众生命财产安全受严重威胁。当年 5 月，一个有 13 人组织的流氓团伙，在城关地区酒店、歌舞厅等处结伙闹事，先后殴打过路群众 11 人，敲诈勒索群众财物价值 7 万多元，甚至围攻刺伤一名现役军人，抢走五四式手枪 1 支，民愤极大。法院为民伸张正义，依法判处一名首恶犯罪分子无期徒刑、一名有期徒刑 15 年，其余 11 人罪犯分别判处 2—7 年有期徒刑。

1993—1995 年，团伙流窜作案频繁发生，一个 14 人组成的抢劫团伙，流窜连江及福州郊区，先后持刀入室抢劫达 43 起，抢劫财物价值 12.7 万元，被害者 98 人。苔菉村一个杀人抢劫犯，奸淫有夫之妇，被发觉后，把其夫妇和 8 岁女儿 3 人全部杀死，抢走金项链 1 条。县法院集中力量，从快审理这些恶性案件，上报福州中院。1996 年 9 月，县法院受中院委托，在县体育场召开公判大会，依法判处首恶犯罪分子 7 人死刑，立即执行枪决。1997 年 11 月 16 日凌晨，在坑园红厦村横坝地方，有 6 名抢劫团伙冒充武警，持冲锋枪等拦截从苔菉开往福州的大巴客车，对车上 20 多名乘客进行搜身，刺伤驾驶员和乘客多人，共抢走现金 43800 元、移动电话 3 部、传呼机 5 台以及金器数件，手段残忍，影响极坏。县法院从快审结，并受中院委托，于 1999 年 2 月 4 日在县体育场召开公判大会，依法判处 2 名首犯死刑，立即执行枪决，其他罪犯也受到应有的法律严惩。 1991—2005 年，县法院共审结杀人重案 5 件 5 人、抢劫 330 件 570 人、盗窃 508 件 722 人、强奸 58 件 70 人、流氓 53 件 95 人、故意伤害 562 件 671 人。

### 二、诈骗勒索案件

1991 年开始，连江民间标会逐步泛滥，数额日大。至 1995 年陆续出现倒会，一度酿成社会混乱。县法院迅速调整力量，加快审理判决。其中有 4 名女会首，1993—1995 利用标会非法得款 801.57 万元。

1996年11月5日，县法院在县体育场召开公判大会，依法判处无期徒刑3名、有期徒刑15年1名，其非法所得全部予以没收。1999—2000年间，一个敲诈团伙，常以砸车为威胁，对往返下宫至县城的中巴客车强收“保护费”，先后被敲诈勒索3万多元。县法院尽快审理，依法判处首犯有期徒刑10年，其余从犯判处2—4年有期徒刑。2002—2003年间，一个5人组成的诈骗团伙，谎称定购香菇、笋干、海带、真鲷鱼等，流窜诈骗37.70万元，县法院依法判处首犯有期徒刑8年，其余4名分别判处3至7年有期徒刑。1991—2005年，县法院共审结敲诈勒索案99件194人、诈骗案80件112人。

**三、贪污受贿案件**

1991年，贪污、受贿等腐败案件日益增多，1991—2005年，县法院共审结149件209人。典型的案例如：1993年，东岸边防派出所正副所长和少数民警，利用为出国人员办理公证政审证明，共收受贿赂87900元，其中原所长18800元、原副所长26750元、内勤民警42350元，在群众中造成不良影响。县法院按犯罪情节分别依法判处有期徒刑5—8年，并没收非法所得赃款。2001—2003年，县外贸原总经理，贪污受贿26.4万元，还有巨额财产无法说明来源，县法院依法判处有期徒刑18年，并没收非法财产归国库。2003—2004年，县科技文体局原总支副书记伙 同社会人员4人，以单位名义向演出单位收取管理费和演出税金，采取不开发票和收入不入账的手段，共截留私分10.52万元，县法院依法判处3人有期徒刑10年、投案自首1人判处有期徒刑5年，赃款全部退还县文体局。

**四、其他刑事案件**

1991年，县法院对偷私渡犯罪从严惩处组织者“蛇头”。1994—1999年，召开多次公判大会，依法判处“蛇头”16名，并判罚金。2000年后，偷私渡得到有效遏制。至2005年，共审结偷私渡犯罪案件514件837人。

1991—2005年，还审结未成年人犯罪案件263件、371人，其中抢劫61件、盗窃70件、滋事伤害44件、其他88件。县法院在审理此类案件中，注重教育、感化和挽救，一般从轻处罚，并在庭审中为其指派辩护律师。1998年起，还增加一道教育程序，把庭审作为教育过程，对有监管条件的家庭，尽量判缓刑交家庭监管，并建立定期走访制度；对刑满释放或缓刑在家的，县法院还派人定期走访家庭学校，了解表现情况，动员学校尽量留在校内教育帮助。未成年人犯罪较突出的琯头地区，县法院还派人到中小学举行法律知识讲座，进行法制教育，尽力预防青少年走上犯罪道路。

## 第三节　民事审判

1991年6月，省高院民事、经济审判工作公开与监督制度在县法院试行，有大量民事案件经过法庭调解后得以化解矛盾，纠纷双方满意，案件审理效率加快。至2005年，县法院15年共审结各类民事案件24513件，其中婚姻家庭案件8040件、债务案件10346件、房屋案件979件、其他民事案件5148件。

**一、婚姻家庭案件**

1991年，随着新《中华人民共和国婚姻法》宣传贯彻深入，许多妇女儿童和老年人法律观念提高，善于运用法律保护自己合法权益，把赡养、家暴、虐待、遗弃、重婚等家庭案件大胆告上法院。1991—2005年，县法院共审结婚姻家庭案件8040件，占民事案件总数的32.8%。其中抚养、扶养、赡养“三养”案件135件，备受社会关注。县法院对其中较为典型的案例列为重点，加强力量，从速审理。有一个85岁高龄的老年人，丧失劳动能力，生活无靠，其子却拒绝履行赡养义务，老人无奈把其子告上法院，请求法律保护。县法院调查确实，批准老人免交诉讼费，对被告采取强制措施，实行司法拘留，被告妻子怕丈夫被拘，立即带现金到法院认错并交足老人赡养费，终使老人生活得到合法保障。一个12岁女学生，1994年父母离婚时，双方协议由其父抚养，其父负债外避，靠祖母抚养，至2001年，祖母辞世后由伯父收留，但新学年学费无人负责，故上告到法院。县法院受案后立即审理，全院干警伸出关爱之手，捐款先为女生解决学费困难，减免诉讼费并指派辩护律师，后经多方努力，找到女生父母，经法庭反复调解，双方同意女生由其母亲领养并一起生活。

1991—2005年，在婚姻家庭案件中，离婚案4572件，占56.9%。其中2000—2002年3年3270件，占离婚案件总数的71.5%。县法院调查，其中有三分之一是属于规避法律，主要目的是为了出国谋业。审结正常离婚案件每年平均200多件，是1990年的2倍以上。

**二、债务纠纷案件**

1991年，县境商品经济发展加快，社会经济往来交错频繁，债务纠纷案件大幅上升。尤其1995年开始，“地下钱庄”、民间标会泛滥成灾，涉及人数多达三、四万人，金额3亿多元。除少数会首、钱庄主卷款外逃作刑事诈骗罪判决外，大量的民众债务纠纷作民事案件进行调解。为此，县法院抽调10名干警组成清会合议庭，及时介入审理。1997—1998年，共审结民间标会债务纠纷案件3388件。针对民间标会案件特殊性，法院严把证据审查关，按“合情、合理、合法”的原则办理，分别采取判决、调解、裁定多种办法，共审理解决金额6300万元，保护债权人合法权益。琯头地区尤为严重，县法院专设琯头合议庭，并进驻重点村（居），准确运用法律，用足审判权，大胆划拨三角债、连环债，从1997年7月至1999年4月，共审结800多件，清还和清除债务8000多万元，纠纷迅速消除。至2005年，县法院共审理债务纠纷案10346件，审结3836件。

**三、房屋纠纷案件**

1991年，县内拆迁安置、房产确权、相邻纠纷、遗产分享等纠纷案件明显增多。同年10月12日，法院公开审理第一起“民告官”侵权民事案件，一名原告诉讼被告县建设局侵犯其财产权益一案，省高院、市中院以及五区八县法院民事庭庭长和县有关部门领导到庭旁听观审，通过公开审理、法庭调查举证、辩论等法定审判程序，依法裁定原告胜诉，被告建设局当场表示将侵权房屋归还原告，使参加旁听的领导和群众受到直观法制教育。1991—2005年，县法院共受理结案的房屋纠纷案件979件，其中，房屋确权169件、相邻纠纷258件、房屋买卖159件、拆迁安置161件、财产损坏108件、租赁82件、其他侵权继承42件。

**四、其他民事案件**

1991年，一名台胞有3间祖遗房屋产权未确认，曾几次回大陆得不到解决因而上告，法院只用20天就审结此案，依法裁决产权归还该台胞。1993年12月，一名台胞回大陆探亲时，被一位朋友借去人民币10万元养鳗，到期后多次追讨不还，1997年请求县法院支持，院长亲自督办，经调解，双方达成分期还款协议。同年，县法院审理首例涉外国际特快专递邮件丢失赔偿案件，法院根据《中华人民共和国邮政法》和《国际特快专递邮件处理规定》规定，依法判决县邮政局应承担责任，除退还邮资230元外，并赔偿经济损失630元。同年，县法院还审结7起涉台民事案件，委托台湾地区法院和海基会传递法律文书。2000—2001年，县法院审结涉军案件20件，为军人军属挽回经济损失24万元，还协助驻军部队解决非诉讼民事争议9起。2001年5月，县法院被省军区、省高院评为“维护国防利益和军人军属合法权益先进单位”。1991—2005年，县法院受理其他民事案件5148件。其中涉外、涉台、涉港、涉澳“四涉”民事案件888件。

## 第四节　经济审判

1991年，县境经济纠纷案件开始上升。当年，县木材公司内部承包经济纠纷向法院提起诉讼，标的额55万元。县法院经过调查取证依法作出裁决，为木材公司讨回债务款50.7万元。1992年，苔菉镇苔菉村闽连渔901、902号一对铁拖，因管理不善造成亏损，职工向法院诉讼，标的额120万元。县法院依法裁决责令变卖财产，价值70万元，按比例发还当事人。1993—1994年，审结经济纠纷案件1353件，解决讼争标的额908万元，为国家和集体挽回经济损失481万元。1995—1998年，审结503件，解决标的额2596万元，为国家和集体挽回经济损失1298万元，其中审结借贷合同纠纷案件152件，协助金融部门收回贷款625万元。1999年，农村基金会半数以上处于瘫痪，存款户纷纷告状，其中县乡镇企业发展基金会和东湖镇农村合作基金会同一个法人代表躲债外避，58个存款户告状，经县法院查明两家基金会均未经工商部门登记注册和金融部门批准，非法办理储户存款业务，县法院依法变卖该法人财产价值35万元，分还58个存款户。1991—2005年，县法院共审结经济纠纷案6108件，讼争标的额17826.6万元。其中农村基金会等经济纠纷案件1172件，解决标的额2248万元，基本审理结束，促进社会大局稳定。

## 第五节　行政审判

1990年10月《中华人民共和国行政诉讼法》实施后，县法院于1991年开始受理行政诉讼案件。受传统观念影响，公民和法人状告行政权力机关即“民告官”，仍心存疑虑，故受理案件不多，1996年最少仅7件。2001年最多35件。县法院在审理行政诉讼案件中，既注意维护法人和公民的合理诉求和合法权益，又注意保障行政权力机关依法行使职权。1991—2005年，县法院共受理行政诉讼案件303件，审结285件，结案率94.1%。在审结案件中，有40%左右经法院调处后撤诉；有25%左右裁决行政决定违法或有失公正，撤销或部分撤销原行政决定；35%左右判定维持行政决定；驳回或中止诉讼的占极少数。

1995—2000年，县法院还受理非诉讼行政案件1755件，其中1996年执结501件，位列全市第一。

## 第六节　林业审判

1991—1997年10月，县法院接受林业刑事案件由刑事庭负责审理。其中审结两起重大山林火灾致死案，即1991年10月和1995年11月东湖、马鼻重大山林火灾案件的肇事者，均被判6年有期徒刑，并召开公判大会进行宣传教育。

1997年10月起，县法院增设林业审判庭。当年审理两起较大案件：浦口镇8个木材商人，违规多伐木材544立方米；丹阳上周村木材商多伐665立方米。两起主犯均依法判处2—4年有期徒刑，没收非法所得并处以罚金。

1999 年 9 月，县法院还案结 1 起非法交易珍贵野生动物制品案件，3 名犯罪分子分别判 8 年、6 年、5 年有期徒刑，分别并处以罚金 20 万元、10 万元、5 万元，野生动物制品全部上缴国家。至 2005 年，法院林业审判庭共审结林业刑事案 57 起。

## 第七节　判决执行

1991 年，县法院审结案件开始增多，执行工作量也随之加大。判决的执行，是维护法律尊严和公平正义的大事，法院每年都开展一到两次执行突击月大会战。对标的额大、影响大和有钱有物不还的被执行人，依法采取强制措施，借以打开执行难的局面。1991—1993 年，共执结 2585 件、3352 万元，依法查封房屋 516 座，变卖房屋 57 座，司法拘留 272 人次。1994—1998 年，执结 2960 件、3965 万元，查封房屋 69 座，变卖房屋 15 座，司法拘留 67 人次。如法院判决福州巨林房地产有限公司应还县二建公司工程款 387 万元，但判后久拖不还，县法院查封巨林部分店面、商场进行拍卖还款，巨林开发商在法律压力之下，很快将销售所得价款全部存入法院执行款专用户头，返还县二建公司工程款。1999—2001 年，共执结 2756 件、2895 万元，依法查封房屋 152 座，变卖 28 座，司法拘留 201 人次。其中县工业供销公司经营亏损，18 名下岗职工上访要求解决，县法院调查确实，把公司办公楼进行评估公开拍卖，所得价款 79 万元，除偿还债务外，妥善安置 18 名下岗职工。2002—2005 年，共执结 3747 件、3751 万元，查封房屋 235 座，变卖房屋 142 座，司法拘留 182 人次。其中 2002 年 4 月，有 28 名农民工为讨回被欠工资告上法庭，县法院协力维护农民工合法权益，及时追讨欠款，于 7 月 21 日召开第一次执行兑现大会，有 8 名农民工领回执行款 38 万元。2004 年 12 月 28 日临近春节，法院又召开第二次执行兑现大会，有 20 名农民工当场领回 36 万元执行款。一名来自重庆市武隆县的农民工还制送一面“为民排忧解难，及时追回工资款”的锦旗送给县法院致谢。2005 年，在罗长高速公路做工的 25 名农民工工资无法讨回，县法院在市中院的支持下，及时冻结该工程质量保证金户头，并批准提取 49.6 万元发还农民工工资。1991—2005 年，共执结案件 12048 件、13963 万元，依法查封房屋 972 座，变卖房屋 142 座，司法刑拘 722 人次。

## 第八节　审判监督

1991 年，县法院由告申庭负责审判监督，并接受县人大常委会的有效监督，每年都开展案件的评查。1991—1994 年，经案件评查，更正指控罪名不符的 2 件 2 人，部分更正指控和更正定性的有 7 件 11 人，宣告无罪 1 件 1 人，抗诉维持原判 2 件 2 人。在上诉 6 件 21 人中，维持原判 4 件 16 人，部分改判 2 件 5 人。1995—1997 年，全院开展执法大检查，对 1995—1996 年两年办结的民事、经济及刑事案件 810 件，进行自查自纠，边整边改。检查结果发现久拖不决的执结案件 394 件、超限 28 件、发回重审 5 件、抗诉 8 件。责令各有关庭在 1997 年底前全部审结。

1998 年，全面推行审判监督“直接开庭”和“诉辩式”“控辩式”庭审，除个别案件法律规定不宜公开审理外，其他案件均公开审理，防止暗箱操作。经县人大常委会批准，邀请 10 位县人大代表、10 位县政协委员担任法院廉政监督员，参加旁听案件审理，对审判工作进行直接监督，落实“铁案工程”，保障司法公正。同时，坚持审立分离、审执分离，由告申庭统一电脑立案，并加强跟踪督办和错案责任追究，及时开展案件的评查，发现问题坚决纠正，严肃查处错案责任人员。2001 年 4 月，撤销告申庭，设立审判监督庭，进一步强化审判监督，对再审不服申诉、检察机关抗诉的案件，县法院对其中有错的案件及中院发回重审改判的案件，都及时向法院纪检、监察部门提出处理建议，保证审判质量。同时根据全国人大常委会关于完善人民陪审员制度的有关规定，县人大常委会先后任命 29 位人民陪审员，参加县法院开庭陪审。1998—2005 年，累计评查案件 6623 件，其中更正案件 127 件、改判 22 件、维持原判 3 件、驳回 8 件、撤诉 1 件、调解 1 件、裁定 1 件、中止 2 件。

# 第四章　司法行政

1991 年，县司法行政工作主要履行普及法律知识、指导和管理人民调解、提供法律服务、依法办理“公证”、参与社会治安综合治理和推进民主法制建设等工作。至 2005 年，完成“三五”普法宣传，15 年共调解处理民间纠纷 25578 件，为民代写法律文书 12307 件，非诉讼代理 6576 件，代理刑事诉讼 42 件。建立健全 267 个调解组织，全面开通“148”法律服务热线，承办法律援助 1987 件，接待群众来访 3192 人次，接受法律咨询 38010 次。办理国内、涉外公证 293190 件。法律工作者受聘机关、企业、事业单位法律顾问 1473 家。抓好“两劳”（劳动改造、劳动教养）释教人员的接茬、安置、帮教工作，维护社会安定稳定。

## 第一节　机构队伍

### 一、机构

1991 年，县司法局内设办公室、基层工作科、宣传教育科，行政编制 26 人。直属单位公证处编制 4 名，律师事务所事业编制 4 名。1997 年，县司法局内设机构不变，行政编制 20 人，工勤人员编制 2 名。1998 年，增加公证处事业编制 6 名。2003 年 1 月，宣传教育科改为法制宣传教育科，新设政工科、公证律师管理科，核定行政编制 16 名，工勤人员编制 2 名。直属单位公证处 10 人、律师事务所 4 人。至 2005 年不变。

县司法局派出机构为乡镇司法办公室，1991 年 20 个，1997 年 22 个，共配司法助理员 29 人。1998 年 3 月，乡（镇）司法办公室统一改为司法所。2003 年 1 月，22 个乡镇司法所共核定专项编制 39 名，延至 2005 年不变。

### 二、队伍

1991 年，县司法局贯彻中共中央宣传部和人事部、司法部联合发出的《关于在全国公务员开展学法、用法活动和进行依法行政培训的意见》，组织全体干部、职工认真学习，并特邀政法学院法律专家、教授讲课 3 次，并逐步健全法规学习和考试、考核制度，行政执法人员和基层法律工作者一律持证上岗、亮证执法。凡未领取法律考试合格证者，不准上岗。1993—1995 年，基层司法办、法律服务所、乡镇调委会等法律服务单位，共选派 50 名法律工作者参加中国政法大学法律系一年期函授培训，经结业考试合格 49 名。1996 年 4 月，新招聘乡镇法律服务所 63 名法律工作者，接受县、乡两级司法部门法律知识培训合格后上岗。1997 年 8 月，县司法局、公证处、律师事务所选送 10 名法律工作者，参加省司法系统法律知识统一考试，4 科平均成绩 92 分，名列福州五区八县前 3 名。1991—2005 年，司法系统公务人员和法律工作者参加法律知识考试共达570人次，基层法律人员参加法律知识培训280人次，乡镇调委会主任、调解员参加法律培训班860人次。至2005年，全县法律工作者普遍接受2—3次法律知识培训，通过考试领取学法合格证达90%。

## 第二节　法制宣传

### 一、“二五”普法宣传

1991年，开始实施“二五”普法宣传，成立县委依法治县领导小组，县委书记兼任组长，县长兼任常务副组长，下设办公室（挂靠司法局）。县召开“二五”普法宣传活动动员大会后在全县铺开。

1991—1992年，在县人大常委会牵头下，组织10个单位，举办法律咨询解答。有线电视台举办“宪法在我心中”为主题的法律知识竞赛，机关、学校、乡镇共66人参赛，并进行现场实况录播；县、乡共组织法律工作者85人，深入村（居）、学校上法制课178场，受教育群众20万多人次；出法制专刊72期，播放以案释法录像片6场。1993—1994年，把普法宣传教育和依法治县紧密结合，先后在敖江、黄岐、丹阳和税务系统召开4场普法宣传教育经验交流会，促进普法宣传向纵深发展。普法办印发法律宣传资料12000份，县乡举办党员培训班，开设法制课16期，听课党员1980人。县委党校举办领导干部法制培训班3期，副科级以上领导干部601人参加培训。同时专项举办新任职村（居）党支部正副书记法制培训班，受训510人次。县、乡组织刑释、解教人员上法制教育课29期次，受教育1200多人次。1994年，县普法办与县委宣传部联合在县直机关18个科局进行专业法考试，及格率95%。并在电影院举办“晨光杯”法律知识竞赛，一中、二中等6个中学组队参赛，现场实况录播。还通过每年“土地日”“税制日”“律师日”“水法日”“环保日”等专业法宣传日，举办法律宣传、咨询活动9场，分发专业法宣传资料4.5万份。《司法之窗》专栏出刊51期。1995年，以学习宣传《中华人民共和国宪法》为中心，结合宣传各种专业法，同时开展“送法进万家”活动，向农、渔民分发法律法规宣传资料2.6万份；县司法局选派11名法律工作者为县委学习中心组和乡镇党委学习中心组上法制课11场，还在凤城镇、琯头镇12所中小学举办法制报告会12场，受法制教育3.2万人次。“二五”普法宣传教育面达98%，并经市验收。

### 二、“三五”普法宣传

1996年，开始实施“三五”普法宣传，县委依法治县领导小组制定《在全县公民开展法制宣传教育第三个五年规划的意见》，召开各级领导干部170人参加的动员会议，表彰“二五”普法宣传先进集体15个，先进工作者50人。为促进各级领导干部学法走向制度化，县、乡（镇）两级党委坚持每季度1次中心组学法日，把干部学法列入县、乡（镇）两级党校教学计划，副科级以上领导干部每年集中党校学习法制1次。1997—1999年，先后3次邀请省政法学院、省司法厅法律专家、教授为县委学习中心组专题讲授《治国方略理论与实践》《社会主义市场经济与法制建设》等，副科级以上领导干部1200多人次参加听讲。先后在中小学上专题法制课130多场，受教育师生1.5万多人次。针对沿海地区贩卖情报、非法炸鱼、偷私渡和民间标会等问题，广泛开展《中华人民共和国渔业法》《中华人民共和国国家安全法》《中华人民共和国刑法》和金融法规等宣传教育。配合法院在琯头镇、黄岐镇召开打击偷私渡公判大会，判处“蛇头”11人，受教育群众4000多人。2000年，县、乡（镇）两级党委学习中心组共举办法制专题讲座24场，参加听讲5600人次。配合社会治安综合治理和“严打”斗争宣传月，出动宣传车8次，相继在县体育馆和凤城大街举办大型图片展。县电视台连续播放“禁毒、禁赌、禁黄”录像，出“三禁”以案释法宣传栏85期，县、乡司法系统法律工作者，深入村（居）、中小学和部队营地宣传法律知识 7200 场次，受教育者 70 多万人次。散发《福州市民法律常识手册》等法律读本 6.5 万册。“三五”普法宣传经省市验收，获评先进集体 16 个、先进工作者 47 名，受到县委、县政府表彰。

**三、“四五”普法宣传**

2001 年，开始实施“四五”普法宣传。按照上级部署，把各级领导干部和公务员列为普法教育重点对象，县、乡（镇）党委学习中心组每季度集中学法 1 次。还先后 4 次邀请省、市法律专家 8 人，为副科级以上领导干部 800 多人授课。县行政机关、企事业单位每月安排 1 天法制学习日，每年学法不少于 40 小时。股级以上干部分期分批进入党校集中授课。同年 12 月，有 8815 名机关公务员和事业单位干部参加法律知识统一考试。

2002 年，贯彻国务院《关于加强未成年人思想道德建设若干意见》，加大普法进校园力度，把法制教育列为中、小学生必修课，从公、检、法抽出副科级以上干部和各派出所副所长 67 人，兼任各中小学法制副校长，定期为师生上法制课，帮教后进学生、处理学生犯罪案件，清理学校周边网吧、电子游戏机和不安全因素，为学校创造良好学习环境。同年 8 月，组织省少管所人员到凤城、晓澳 2 个中小学开展法制讲座，受教育中小学生 4000 多名。配合市司法局、团市委在小沧民族乡春蕾小学开展法制进校园活动，举行法制报告会、法律趣味性问答，播放《为了明天》录像，200 多名师生深受启迪教育。2003—2004 年，贯彻中宣部、国家经贸委、司法部《关于推动企业经营管理者学法用法的若干意见》和全国“四五”普法宣传依法治企会议精神，规定企业经营管理者每年学法时间不得少于 30 小时。县司法局对 208 家企业管理者进行法制学习培训，并对缺席者集中补课，每年举行一次学法考试，提高企业经营管理人员依法治企水平。同时针对外来流动人口多的情况，依托乡（镇）人口管理站，设立法制教育点，凡外来人口都要接受法律教育，经测试合格，发给普法教育证，当地派出所方准办理暂住手续。2005 年，全县外来人口 19072 人，领取普法教育证 18011 人，占总数 94.4%。

“四五”普法宣传期间，县、乡（镇）共举办各类法制培训班 331 期，受训 4728 人次；开展各种法制宣传 210 场，出专刊、宣传栏 550 期；赠送法制通俗读物 5.1 万册，分发宣传材料 22 万份；举办法制讲座 136 场，受教育者 66230 人次；以案释法受教育者 2100 人次；“148”服务热线接听群众来电咨询 1.5 万条次。

## 第三节　基层法律服务

**一、民间纠纷调处**

1991—1993 年，乡镇一级普遍成立法律服务所，不断拓宽法律服务空间。全县法律服务所法律工作者，受聘企业常年法律顾问 292 家，调处民间纠纷 973 起（其中久拖不决疑案 24 起），接受法律咨询 661 人次，代写法律文书 514 件，防止民转刑 51 件，防止非正常死亡 59 人，挽回经济损失 252.22 万元。1994—1997 年，贯彻“以防为主，调防结合”的方针，推行目标量化管理，健全各项规章制度，全面开展基层法律服务创优活动，共受聘民企常年法律顾问 270 家，调处民事纠纷 524 件，代写法律文书 1792 件，解答法律咨询 1450 人次。1998—1999 年，乡（镇）法律服务所和村居调委会，与县公证处协调开展涉外未刑公证业务，两年办理未刑公证 17 件，排解易激化民事纠纷 42 件，代写法律文书 10001 件，解答法律咨询 766 人次，调处各类民事纠纷 5291 件，防止矛盾激化民转刑 11 起，挽回经济损失 79.5 万元。2000—2005 年，先后对 22 个乡镇法律服务所实行机构改革，琯头、晓澳、黄岐等 8 个乡镇法律服务所建立自行发展、自主经营、自我约束、自负盈亏，不占人事编制、不占地方财政经费的“四自二不”管理机制。不具备条件的14个乡镇法律服务所的经费与政府脱钩，实行自收自支，以效益提成报酬的方式，逐步过渡为事业性中介组织机构，统一接受司法局监督管理、培训与考评。各法律服务所充分发挥法律服务职能，拓宽服务领域，共开展法律宣传216场，受教育者24600人次，参与诉讼代理853件，解答法律咨询10348人次，受聘民企、事业单位常年法律顾问427家，参与调处民间民事纠纷876件，防止矛盾激化30起，为当事人挽回经济损失1100万元，联络办理公证7830件，业务收入310万元。

**二、代理诉讼**

1991年，乡镇法律服务所开始为一般性的民事、刑事案件出庭代理诉讼，至1994年，共代理民事诉讼85件、刑事诉讼4件。1995—2000年，扩展代理诉讼业务，共代理民事诉讼876件、刑事诉讼22件，防止矛盾激化85件。2001年10月，苔菉乡琇琊村发生一起拖网渔轮买卖纠纷，卖方告上法庭，乡司法所接受委托，在查明事实真相基础上，出庭代理诉讼，挽回经济损失200万元，平息了纠纷。2001—2003年，乡镇法律服务所共代理民事诉讼98件、刑事诉讼9件。2004—2005年，黄岐、晓澳、安凯、浦口4个乡镇司法所、法律服务所，接受当事人的委托，为伤残、工伤、房屋继承、婚姻纠纷等28起久拖不决的疑难案件，依法代理诉讼，得到合理解决，两年累计代理民事诉讼68件、刑事诉讼7件。

**三、“两劳”帮教**

1991年，县司法系统副股级以上干部和乡、镇法律工作者，把“两劳”帮教列为法律服务一项任务，每年实行分片包干，两次分头深入了解刑释和解教人员社会表现，关心他们的生产、生活和就业情况，实施“一帮一”帮教方法。全县22个乡镇相继成立帮教工作站，村、街成立帮教小组461个，帮教人员1847人，形成县、乡、村3级帮教网络。在帮教中，大力宣传敖江山亭一名刑释人员遵纪守法、劳动致富的典型，引导帮教人员查明犯罪思想根源，吸取教训，树立信心。各帮教小组做到帮教对象明确，帮教措施到位，回访落实，凡刑释、解教人员回到居住地，帮教小组立即登门帮访，协助安置，赠送法律书籍，进行法制教育。据东岱、晓澳14名刑释人员的跟踪回访，多数表现较好，没有发现重新犯罪。2002年6月，全县刑释、解教人员全部纳入电脑信息库，对每个刑释、解教人员做到底子清、走向明、不脱管、不漏帮。是年，连江县被评为全国“两劳”释教人员帮教工作先进单位，受到司法部表彰。至2005年，全县有劳改释放人员752人，解教人员883人，共1635人。通过安置、帮教，改过自新，遵纪守法的1618人，占98.96%；重新犯罪的17人，占1.04%。同年7月，省司法厅在连江召开“两劳”释教人员安置、帮教工作经验交流现场会，充分肯定连江“两劳”帮教工作成效。

## 第四节　人民调解

**一、指导监督**

1991—1992年，县司法局按照国家司法部颁发《人民调解委员会组织条例》，加强对各级调委会的指导、监督、管理和培训。制发《关于整顿健全人民调解委员会的通知》，抽调6名干部，配合乡（镇）司法所，组成6个工作组，分头深入39个村（居）进行整顿，通过两年时间整顿、完善、互查、互评和抽查验收，全县261个调委会，均达到一、二类水平。1993年，道澳村调委会被评为省优秀调委会，北茭村调委会主任欧振兴连续四年被评为省优秀调解员。1995—1996年，贯彻省司法厅《关于开展规范化调委会建设的意见》，进一步加强各级调委会建设，健全制度，提高调委会人员法律知识水平，改善办公条件，落实固定报酬，形成调委会、调解小组、“10户”调解员3级调解体系，民间调解率达 100%，调解成功率 95%，基本实现无民转刑、无非正常死亡、无群众性械斗、无纠纷积案“四无”。东岱镇调委会连续两年被评为省调解先进单位。1996 年，县在东岱镇召开基层调委会规范化建设经验交流会，推动全县调委会规范化建设进程，当年经市司法局组织抽查验收，村（居）调委会合格的 208 个，占 79.09%。苔菉镇横埕村等 16 个村级调委会被评为县人民调解先进单位，25 位调解员和 4 位“10 户”调解员被评为县先进调解员，受到表彰奖励。1997—1998 年，按照国家司法部提出开展“百县千乡创‘四无’”活动的要求，全县 22 个乡镇普遍成立司法调解中心，制定目标责任制，推行以乡（镇）为主、各村（居）调委会分工协作的司法调解机制，化解矛盾纠纷，促进社会安定稳定。2000—2003 年，围绕创“四无”，坚持“以防为主，调防结合”的方针，开展民间纠纷大排查，重点排查影响社会安定稳定的涉农纠纷、征地补偿、市场秩序等热点、难点问题，共查出各类易发性、群体性民事纠纷 398 件，县、乡、村（居）通力合作，从源头上消除不安定因素，防止民转刑 43 起 56 人，防止非正常死亡 36 人，防止群体性上访 66 起，制止群体性械斗 28 起。琯头东升村、敖江白沙村、黄岐海新居委会评为市调解先进单位。2004 年 8 月，县司法局举办 2 期调委会主任培训班，269 个村（居）调委会主任相继参加法律知识培训。2005 年，全面贯彻省政府《关于加强新时期人民调解委员会工作实施意见》，加强指导监督，完善基层调委会各项规范化工作制度，认真做好前瞻性调解工作，使一般性民事纠纷不出村、重大纠纷不出乡，矛盾纠纷不上交。是年，县司法局荣获全国人民调解先进单位，受到国家司法部表彰奖励。

**二、基层调解**

1991 年，全县共有人民调解组织 261 个、人民调解员 1305 人、“10 户”调解员 1870 人。1991—1996 年，累计调解民事纠纷 9655 件，调解成功 9385 件，成功率 97.2%。其中防止民转刑 131 件，防止非正常死亡 193 人。

1997 年开始，在全县开展矛盾纠纷大排查，重点调解农村基金会、倒会和高利借贷等经济纠纷。涉及金额近亿元。县司法局派员深入重点乡（镇）司法所、调解中心、调委会现场办公，集体研究案情，分析探讨纠纷根源，不回避、不拖延，逐案慎重调处，不留后患，经认真妥善调处，这些重大民事纠纷逐项调处平息。至 2000 年，4 年累计调解民事纠纷 4400 件，防止群众性械斗 26 起，防止民转刑 38 起，防止非正常死亡 7 人。

2001—2003 年，按照最高人民法院《关于审理涉及人民调解协议和民事案件若干规定》，强化调解社会功能，构筑大调解格局，规范调委会与调解审判业务衔接，突出“严打”整治，重点抓群体性、突发性、易激化的重大疑难案件纠纷调处。蓼沿、安凯等乡村调委会，经当地政府协调，联合司法所、土地所、林业站等部门，采取抓超前、破难关、攻大案的大调处行动，先后调处矿山工伤事故、海事争端等案件 120 起，调解成功率 96%。其中 10 起矿难工伤死亡赔偿案，通过及时调处，均得到合法、公正处理。2004 年 3 月，琯头镇海运公司一艘运输船，误闯安凯乡 7 户海带养殖区，造成重大损失，引起渔民群体纠纷。涉案的辖区乡、村两级调委会闻讯立即介入调解，深入海区勘察，召集双方座谈，达成赔偿协议。2001—2005 年，基层调解各类民事纠纷 1125 件，调处易发性疑难案件 262 起，防止矛盾激化 30 起，防止群众性械斗 45 起，防止群体性上访 75 起 1575 人，防止民转刑 73 起 103 人，防止非正常死亡 57 人，人民调解公信度显著提高。

# 第五节　法律援助

**一、弱势群体法律援助**

1991年，开始重视对弱势群体的法律援助，各律师事务所、公证处、基层法律服务所，为弱势群体提供免费办案、免收公证费，进行非诉讼调解。1991—1999年，累计办理援助案件458件，其中公证法律援助218件、刑事法律援助42件、非诉讼调解182件、非诉讼代理法律援助16件。法律咨询解答5623人次。

2000年3月，成立县法律援助中心，工作人员3名，面向社会弱势群体，以“贫者必援、弱者必帮、残者必助”为宗旨，各乡镇司法所、法律服务所纳入全县法律援助体系，形成县法律援助中心为龙头，“148”热线服务中心、公证处、各律师事务所、乡镇司法所和各级调委会为联动点，上下联动、高效运作的法律援助体系。当年完成法律援助321件，其中刑事法律援助2件、劳动仲裁援助1件、非诉讼代理法律援助248件、乡镇法律服务所接办非诉讼援助70件。接待群众来信、来电咨询1394人次，受援510人次，为当事人挽回经济损失230万元。2001—2002年，法律援助中心接待法律咨询480人次，参与临时工清退纠纷调解11起，协助仲裁1起。2002年5月，蓼沿一石材厂发生矿难事故，数十名受难亲属请求法律援助，县法律援助中心选派2名律师，配合蓼沿司法所，深入现场调查取证，确认工伤事故，与石材厂协调达成赔偿20万元协议，防止事态发展。2004年4月，马鼻镇赤石村一老人，领养一子，并为之盖新房、娶媳妇。然养子婚后却将养父逐出家门，养父流浪街头求乞，群众反映强烈。法律援助中心接到报案后，即派广达律师事务所2位律师，会同马鼻司法所介入调查，经协调，顺利护送老人回家。2005年6月，县法律援助中心介入调处凤城镇一木业厂火灾伤亡事故赔偿纠纷，经3个月现场调解，终于达成赔偿21万元协议，避免了矛盾激化。1998—2005年，法律援助中心和“148”热线共办理各类法律援助案880件，接待来电、来访3192人次，接受法律援助5100人次，为受援当事人挽回经济损失1076万元。县法律援助中心连续5年被评为省、市、县法律援助先进单位。律师林鸿翥2004年被评为第二届全国法律援助先进工作者。

**二、非诉讼法律援助**

1991—1999年，由各律师事务所、公证处、基层司法所、法律服务所以非诉调解的方式，共接办非诉讼法律援助182件。较典型的如官坂镇建筑公司雇用的一名石工，被悬石压死，经两年交涉未获解决，便向法律援助中心求援。县司法局派律师组成办案组，多次实地勘察调查取证，证明确系工伤事故死亡，获赔9.2万元，得到公正结案。

2001—2005年，共办理非诉讼法律援助161件，受援弱势群众425人，为当事人挽回经济损失443.6万元，防止群体上访12件400多人。2003年3月15日，黄岐镇大建村1艘渔船在平潭县海域生产，被上海海运有限公司“恒春海”号万吨级货轮撞击沉没，造成11名船员遇难。死者家属与对方谈判未果，请求法律援助，县法律援助中心选派5位律师组成律师团，深入现场调查取证，证实“恒春海”号货轮应负直接责任，通过两轮谈判，依法据理力争，对方承认肇事事实，以非诉讼调解形式，于4月20日在浙江宁波市达成赔偿270万元协议，善后赔偿顺利进行。2004年4月，坑园镇颜岐村有320多亩海带绝收，61个养殖户认定是种苗问题，并选派代表与种苗供应单位谈判无果，请求法律援助。县法律援助中心派2名律师与坑园司法所配合，深入海域现场调查取证，经鉴定确系种苗质量问题，供苗单位承认事实，双方达成赔偿158万元协议，这一重大涉农群体性案件得到顺利解决。

### 三、“148”服务热线

1999年4月9日，县司法局正式开通“148”法律热线，并相继与各法律服务所、律师事务所联动，成为重要法律援助平台。当年接受群众来电咨询1790人次，“148”值班人员现场解答1269件，占70.9%，其余由司法人员上门或其他形式服务，避免、挽回经济损失126万元。县司法局还通过编辑《“148”动态》向县领导和有关部门提供重要信息，引起高度重视。2000年，贯彻省司法厅提出“148”服务热线必须按照“通、灵、优、建”四字方针，对全县“148”专线值班人员进行法律知识培训，制定岗位责任制，确保网络畅通，提高服务水平，至2001年，两年共接受来电咨询6639件，现场解答5940件，占89.5%，其余由司法人员上门或其他形式提供服务。其中调处各类疑难问题和突发性民间纠纷214件，避免或挽回经济损失280万元。2002—2003年，加强“148”热线窗口建设，开展“比数量、比质量、比形象”活动，兑现“有问必答、有纠（纠纷）必解、有诉必帮、有难必援”的服务承诺，全面提高热线服务质量，两年共接受来电咨询9189人次、接待法律咨询10612人次、委托办理法律事务1600件、提供上门服务93人次、承办法律援助87起，受援330人次。调解各类纠纷2072件、移送有关部门处理329件，避免、挽回经济损失265万元。2004—2005年，进一步完善“148”热线内部运转机制，提高热线工作人员整体服务素质，两年共接受来电咨询3241人次，接待来访2380人次，调处民事纠纷672人次，移送有关部门办理57件，为弱势群体提供法律援助142件，避免、挽回经济损失210万元。

## 第六节　律师事务

### 一、律师组织

1991年，县律师顾问处更名为县律师事务所，有律师专职4人、兼职2人。1993年，县律师事务所改为县第一律师事务所，增设县第二律师事务所和瑄头镇律师办事处。1994年10月，县第一律师事务所更名为福州广达律师事务所。1995年10月，县第二律师事务所更名为福州南剑律师事务所。2001年1月，新成立福州天福律师事务所，全县共有3个律师事务所和1个律师办事处，共有专职律师12人，兼职律师4人。其中4级律师2人、3级律师2人、2级律师1人。直至2005年。各律师事务所在县司法局领导和监督下开展工作，各所实行独立核算、自负盈亏、自收自支、自我完善、自我发展的机制。律师事务所主任为法人代表，由县司法局批准聘任，行政辅助人员由主任聘用，报司法局备案。

### 二、律师业务

1991年，各律师事务所主要接受经济、民事、刑事案件当事人委托，担负代理诉讼或出庭辩护，受聘于各单位担任阶段性或常年法律顾问，为受聘单位参加诉讼、调解、仲裁等法律活动。当年受聘担任法律顾问25家，受理代理、案件辩护426件，办理非诉讼代理200件，业务收入8.20万元。

1992—1995年，各律师事务所开展“创名牌、讲诚信、树形象”文明窗口活动，办理法律事务委托，做好案件服务，拓宽律师业务，共受聘机关、团体、企事业单位担任法律顾问165家，累计受理委托代理、出庭辩护2394件、办理非诉讼代理1908件，业务收入92.9万元。1996—2000年，加强文明窗口建设，做到“有案必接、有问必答、有难必助”，认真为案件当事人委托服务，共受聘担任法律顾问220家，累计受理各类诉讼代理、案件辩护3925件、办理非诉讼代理2064件，业务收入237万元。2001—2005年，推行委托代理、质量跟踪、诚信监督、案后回访等系列活动，有效提高各律师事务所公信度，共受聘担任法律顾问74家，累计诉讼代理1674件、办理非诉讼代理416件，业务收入249.91万元。

1999—2005 年连江县律师业务情况表

表 25-4-1

| 年度 | 律师业务 | | | |
|---|---|---|---|---|
| | 受聘法律顾问（家） | 诉讼代理案数（件） | 非诉讼代理案数(件) | 业务收入（万元） |
| 1991 年 | 25 | 426 | 200 | 8.20 |
| 1992 年 | 30 | 323 | 373 | 8.50 |
| 1993 年 | 40 | 635 | 414 | 12.40 |
| 1994 年 | 53 | 410 | 500 | 30.00 |
| 1995 年 | 42 | 1026 | 621 | 42.00 |
| 1996 年 | 56 | 800 | 465 | 30.00 |
| 1997 年 | 50 | 1132 | 666 | 45.60 |
| 1998 年 | 38 | 779 | 319 | 50.80 |
| 1999 年 | 38 | 743 | 363 | 58.60 |
| 2000 年 | 38 | 471 | 251 | 52.00 |
| 2001 年 | 19 | 350 | 91 | 34.59 |
| 2002 年 | 10 | 290 | 79 | 36.06 |
| 2003 年 | 12 | 349 | 102 | 50.26 |
| 2004 年 | 15 | 350 | 61 | 59.00 |
| 2005 年 | 18 | 335 | 83 | 70.00 |
| 合计 | 484 | 8419 | 4588 | 588.01 |

## 第七节　公证事务

1991 年，县内办理公证业务 5642 件，其中涉外及涉港、涉澳、涉台公证 5313 件，占公证总量的 94.17%；内地公证仅 329 件，占 5.83%，主要涉及民事和经济合同，招投标等。1992 年，公证量增加到 2.02 万件，涉外及港、澳、台地区占总量 99.3%。1993—1998 年，公证总量 74335 件，年均 12389 件。1999 年，为多渠道、全方位拓宽公证服务，提高公证质量，满足群众要求，推进公证业务公开制，实行阳光作业，聘用公证业务较多的乡（镇）、村（居）及机关单位服务公证的联络员 214 人，并制定办证承诺制，制定五项办证服务承诺，公示于众，让群众监督，以提高公证处的公信力和诚信度，办证时限也由原有 20 天缩短至 10 天，办证业务迅速增加。1999—2005 年，7 年共办证 19.29 万件，年均办证 27567 件，比过去增加一倍多。1991—2005 年，累计办理各项公证 29.32 万件，其中涉外及港、澳、台地区公证 28.2 万件，占 96.18%；经济类公证 1345 件，占 0.46%；民事类公证 9842 件，占 3.36%。公证收费 3353.62 万元。

## 1991—2005 年连江县办理公证业务情况表

表 25-4-2

| 办证年度 | 办证总件（件） | 其中 | | | 公证收费（万元） |
|---|---|---|---|---|---|
| | | 经济公证（件） | 民事公证（件） | 涉外及港澳台公证（件） | |
| 1991 年 | 5642 | 187 | 142 | 5313 | 20.50 |
| 1992 年 | 20242 | 37 | 110 | 20095 | 37.30 |
| 1993 年 | 12690 | 120 | 76 | 12494 | 92.20 |
| 1994 年 | 10200 | 51 | 1013 | 9136 | 59.75 |
| 1995 年 | 13474 | 13 | 1749 | 11712 | 82.50 |
| 1996 年 | 9446 | 32 | 566 | 8848 | 67.00 |
| 1997 年 | 13646 | 601 | 939 | 12106 | 81.10 |
| 1998 年 | 14879 | 213 | 348 | 14318 | 126.77 |
| 1999 年 | 20060 | 5 | 563 | 19492 | 243.50 |
| 2000 年 | 29402 | 9 | 753 | 28640 | 455.00 |
| 2001 年 | 24624 | 23 | 565 | 24036 | 244.00 |
| 2002 年 | 26858 | 54 | 965 | 25839 | 328.00 |
| 2003 年 | 25890 | — | 736 | 25154 | 425.00 |
| 2004 年 | 36877 | — | 659 | 36218 | 591.00 |
| 2005 年 | 29260 | — | 658 | 28602 | 500.00 |
| 合计 | 293190 | 1345 | 9842 | 282003 | 3353.62 |

# 第二十六篇　民　政

1991年，县民政部门贯彻“上为中央分忧，下为百姓解愁”的方针，依法管理有关社会民政事务，做好拥军支前、优抚对象补助、退伍军人安置、社会弱势群体和受灾群众的救灾救济等工作，完善社会救助体系。1998年起，相继建立城乡最低生活保障制度，至2005年，共拨付城乡最低生活保障金1453.98万元。县和乡镇政府共筹措1.52亿资金扶持革命老区和贫困地区解决通路、通水、通电、通电话、通广播电视等“五通”问题。全县造福工程搬迁1442户6673人；三峡库区移民安置41户203人。到2005年，全县12个贫困乡镇全面脱贫，贫困人口从1991年的1319户、7254人减少至2005年的297户、1130人，尚未脱贫的困难户，全面落实最低生活保障。同时，发展社会福利事业，管理社会事务，做好婚姻登记、殡葬改革、民间组织管理、地名管理、县乡域勘界及老龄人工作。加强基层政权建设，开展村民自治示范活动，依法进行换届选举，推行村务公开，在全县农村实行民主选举、民主决策、民主管理、民主监督。

## 第一章　拥军优属

### 第一节　拥军支前

#### 一、支援军队建设

1991年，县政府把拥军支前的工作重点定位在支援军队建设上，每年8月定为“双拥月”，各级党委政府在重要节日都组织开展慰问部队官兵活动，营造全民拥军的氛围，涌现出“拥军优属服务站”“军属帮耕队”等群众性服务网络。各级政府还竭力帮助驻军解决饮水、用电照明、广播电视、军用生活物资供应等困难。1992年，县财政拨款10万元，一次性补助某部营区道路改善。县、乡镇共拨款108.2万元，补贴部队生产和生活。县粮食局想方设法调进优质粮油供应部队，为此贴价65.85万元。县燃料公司供应驻军生活用煤3372吨，贴价30.3万元。烟草公司优惠供应部队香烟，贴价3万余元。各级政府及有关部门对部队随军家属和军转干部安置、子女就学、户口迁入等问题尽力给予支持和照顾，当年安排调进随军家属5人，招收随军家属、子女31名安排在事业或企业单位，随军迁入户口17户31人，其在学子女21人全部进重点中小学就读。2000年，拥军项目进一步具体化、经济化，当年县领导慰问部队期间共赠送彩电15台、高级毛毯200床、高级旅行箱65件、挂壁式空调5台、冰柜4台，总价值达12万元。苔菉镇政府出资5000元为驻扎在偏远海岛的部队添置热水器，解决战士洗澡难题。2005年，县加大对部队基础、训练、文化和生活等四大设施改善的支持和帮助。县政府投资300万元将敖江塘坂水引进部队营地。县财政拨款近30万元补贴部队生活用煤差价，拨款15万元发放随军家属保障金。1991—2005年，县政府和驻连部队先后举行军政座谈会、走访慰问、军地联谊及各种文娱活动共2000余次，安排部队子女500多人就近进入重点中小学读书，并免收借读费、赞助费；安排随军家属就业、转制700多人，安置军转干部150人，无偿划拨用地500多亩。

**二、共建军地文明**

1991年，驻军与地方共建文明内容不断丰富。驻军在军事演练、执行任务之余，经常支援地方建设，与当地群众互动共建，开展“双拥杯”篮球、乒乓球、歌咏等各种联谊活动，并在抢险抗灾、筑路修渠、整治环境、为民义诊等提供帮助。1992年8月28日，驻军某部战士胡志军在长龙山区参加战备训练时发病晕倒，长龙华侨场归侨郑司棋、陈匡生发现后，马上把小胡背到农场卫生所抢救，经诊断为胃溃疡并发大出血，急需送往医院。两位归侨自掏100元雇的士送到部队医院，抢救脱险。《解放军报》《福建日报》等相继报道该事迹。1993年，驻地部队与丹阳镇共同创办“军民文明敬老院”，驻军让出一座刚修葺的营房和一片菜地给敬老院使用，并免费提供水、电。当年就有10名孤寡老人住进敬老院。敖江卫生院与驻地部队医院挂钩共建后，每年门诊都达到17万人次以上，抢救危重病人成功率91%，业务收入比共建前增2倍。驻地部队与县供销社联合创办“军地两用人才培训中心”，成为集公益型、互助型、培育型、联合型为一体的共建单位。1994年后，军民共建工作进一步扩展，“军民共建万亩林万亩果”“军民共建文明村”“军民共建先进党支部”“警民共建法治文明村”“警民共建法治文明厂”“军民共建文明校”等，形成多层次多形式的双拥共建新格局。尤其是军警与学校共建活动日益活跃，寒暑假期间驻军和警察部队与当地学校创办“少年军校”“少年警官学校”，经常开展夏令营活动，驻军派官兵到各中学开展军训。1996年，县政府先后制订“双拥杯”竞赛、“双拥共建月”活动具体意见和拥军优属若干规定，把“国防教育月”“双拥共建月”“双拥杯竞赛”“国防教育知识竞赛”“八一文艺会演”“军警民体育运动会”“军民卡拉OK大奖赛”“军事活动日”等8项作为每年常设的活动项目。1997年，东湖镇与驻地部队同时被中共中央宣传部、中国人民解放军总政治部评为全国军民共建社会主义文明先进单位。1998年，驻军官兵接到命令，赶赴九江地区抗洪抢险第一线。县政府送去20多万元慰问金，用于慰问抗洪一线的全体官兵。1999年，创立军民互助型、互益型、联建型、培训型和参与管理型等共建点100多个。地方为驻军培训种菜养猪生产能手，部队为地方培训汽车驾驶技术、电器修理能手等。县科技局、科协、农业局、林业局等单位经常联合举办科技培训班，培训部队官兵，为驻军官兵参加农函大、电大等学习提供各种帮助。2000年和2002年，连江被授予省级“双拥模范县”。2005年，全县共有军警民共建点105个，其中共建文明村20个、共建先进党支部10个、共建法治文明村8个、共建法治文明厂2个、共建文明校18个，其他共建点47个。

## 第二节　优待抚恤

**一、义务兵优待**

1991年，农村继续实行家庭联产承包责任制，全县199户义务兵家属优待劳动日改为发优待金，年户均792元，最高的苔菉乡优待金为1260元。有的乡镇在优待义务兵家属的基础上，对现役军人立功者给予一定的奖励金。1994年，农村义务兵家属年户均优待金增到1256元，城镇义务兵也开始享受优待金，年户均300元。1995年，农村义务兵年户均优待金提高到1830元，达到当年农民人均纯收入2390元的76.6%，最高的东岱镇为3216元。2003年，农村税费改革后，优待金改由县财政支付。当年，农村义务兵年户均优待金提高到3000元，城镇年平均500元，直至2005年不变。

**二、优抚对象抚恤补助**

1991年，县政府对革命烈士、因公牺牲军人、病故军人及其家属（简称“三属”）给予一次性抚恤和定期补助，按革命烈士牺牲前月工资标准的40个月发给，因公牺牲军人按20个月发给，病故军人按10个月发给。其家属还发给定期月补助，当年享受定补的优抚对象有“三属”106人、老复员军人677人、退伍军人59人、伤残军人183人、“五老”人员424人、失散老红军117人，合计1566人。

1993年，县政府制定《连江县军人抚恤优待办法》，加大对优抚对象困难补助力度，受补助的对象有“三属”100户，人均月定补城镇75元、农村60元；失散老红军年定补120元，在乡退休老红军年定补1458元。1994年1月起，复员军人定补人数在原有的基础上，增加100名指标，享受对象达836人，人均月定补25元。1999年7月，县政府制定《关于建立优抚对象抚恤补助标准自然增长机制的意见》，规定享受定补对象，城镇户口以城镇职工上年平均工资、农业户口以上年农民人均收入作为参照基数，按比例增加。属孤老人员的，再增加5%的抚恤定补金。2000年，全县“三属”344人，享受定补的99人，其中因公牺牲军人家属、烈士家属月定补城镇240元、农村215元；病故军人家属城镇235元、农村210元；在乡复员军人916人，月人均城镇110—160元之间，农村100—150元之间；各等级伤残军人及带病回乡军人211人，人均在195—455元之间；失散老红军28人，人均240元；在乡退伍老红军2人，人均900元。2004年，对烈士、因公牺牲军人、病故军人的一次性抚恤金分别提高到按死亡前月工资80个月、40个月、20个月发给。2005年，全县优抚对象1072人，其中“三属”97人，全部享受定补。烈士家属、因公牺牲家属、病故军人家属月定补标准，城镇分别为465元、445元、420元；农村分别为325元、320元、305元；伤残军人150人，全部享受年定补，分10级人均在960—11200元之间；在乡退伍老红军2人，人均月定补1360元；失散老红军11人，人均月定补427元；在乡老复员军人754人，全部享受月定补，人均235—270元之间；带病回乡退伍军人57人，全部享受月定补，人均196元；国家机关在职伤残人员1人，年定补670元。全年发放补助金共309万元。对生活仍有困难的，给予不定期补助。1991—2005年，共发放补助金126.18万元。

**三、革命“五老”补助**

连江是省定重点革命老区县之一，经认定的新民主主义革命时期革命烈士732人，评定为老地下党员、老游击队员、老接头户、老交通员、老苏区乡（村）干部（简称“五老”）7314人。1991年初，“五老”健在者1357人，其中427人享受国家定期困难补助。1992年，连江在全省率先实行县、乡、村三级共同分担，全面解决“五老”定期困难补助，月人均21元。1995年，“五老”困难补助基金纳入县财政预算，月人补助标准提高到30—40元。2000年6月起，对去世的“五老”补助善后500元。2001年，对全县健在609名“五老”，分为无依无靠29人、有依无靠343人、有依有靠237人三种情况，全部享受定期补助。每人月定补分别为250元、125—170元、110—125元。同时发放“五老”医疗证。2005年，全县健在“五老”606人，县乡两级共投入30万元，组织有关部门领导深入各乡镇基点村，走访慰问特困“五老”200多人次，分发特困补助金21万元，分送慰问金9万元，并给每位“五老”发放纪念徽章，提高“五老”月定补标准：无依无靠280元、有依无靠180元、有依有靠125元。每年春节及其他重要节日，省、市、县老区办和乡（镇）村两级都对“五老”特困户进行慰问，送上慰问金。

# 第三节　烈士褒扬

## 一、烈士评定

1993年3月10日，省政府（闽政烈〔1993〕7号文）批复，授予谢延淑革命烈士称号。谢延淑，男，1956年1月出生，坑园镇象纬村人。1990年8月20日，为抢救因12号强台风不慎落水的谢延兴而英勇牺牲。

1995年7月6日，省政府（闽政烈〔1995〕3号文）批复，授予赵克胜、王秀如革命烈士称号。赵克胜，男，1964年4月出生，敖江镇江南村人，东岱派出所联防队员；王秀如，男，1969年2月出生，黄岐镇大谷村人，东岱派出所联防队员。两人在1994年11月9日围捕一名杀人犯时不幸牺牲。

1995年12月25日，省政府（闽政烈〔1995〕23号文）批复，授予在扑灭森林火灾中英勇牺牲的原马鼻镇干部孙旭光、孙君乐、林祖新、徐祚银、黄武元、林瑞恩等6人“革命烈士”称号。

2004年11月18日，省政府（闽政烈〔2004〕7号文）批复，授予林明“革命烈士”称号。林明1976年11月出生，2002年7月5日为抢救落水学生张良城、丁喜而牺牲。

至2005年，全县在各个历史时期为民族解放、祖国昌盛而牺牲的革命烈士共有846名，其中男832名，女14名。1991—2005年，新上报烈士评定候选人10名，经省政府批复烈士10人。

## 二、烈士陵园和墓葬

1951—1984年，先后共建造连江革命烈士陵园、玉山烈士墓、海军烈士墓、透堡“二三”革命烈士陵园、杨而菖烈士墓、祠台72烈士墓、官坂烈士墓、寨洋烈士墓等8处。1991年起，相继进行维修保护。1994年，连江革命烈士陵园由县城迁址玉泉山虎头山，占地面积3.6万平方米。1996年，马鼻镇为纪念扑救山林火灾6烈士新建《烈士纪念碑》。2001—2003年，县政府先后下拨经费，对官坂烈士墓、杨而菖烈士墓进行维修。2003年，透堡“二三”革命烈士陵园列为县级烈士陵园。

### 附：连江革命烈士陵园

原址在凤城北门路。因旧城改造，该址面积小、地面低畦，经常积水，决定搬迁，并经县人大常委会决议。1994年，县政府选择凤城镇西郊玉泉山的虎头山作为新烈士陵园。共征用土地35433.3平方米，水域1140平方米，计36573.3平方米。1994年9月，烈士墓建成，进行烈士遗骸搬迁。1998年，陵园被市政府列为第一批（十大）爱国主义教育基地。1999年，在陵园右侧新建陈可珠英烈纪念园，有陈可珠烈士雕像、曙光纪念亭、纪念馆等。2004年11月，在陵园左侧新建杨而菖英烈纪念园。至2005年，陵园建成了烈士墓、纪念碑、英雄群雕、展览室、大台阶、大平台、大门坊、陵园管理办公室及配套设施，初具规模。陵园坐西向东，背山面城，入园大道与104国道相接。大门坊由高达16—18米的6根镶嵌花岗岩坊柱组成，大门上刻有“连江县革命烈士陵园”，中大门岩柱楹联为“热血洒三江开国丰功垂青史，豪怀激四海兴邦伟业慰英灵”。烈士碑高28米，碑身正面镶刻“连江革命烈士纪念碑”，背面为叶飞题写的原纪念碑题刻“为人民解放事业而牺牲的烈士永垂不朽”。碑基四周镶有四幅宽5米、高1.9米的四川“长征红”石浮雕，东面为杨而菖领导透堡暴动情景；西面展现解放军血洒江南桥，解放连江城；南面是连江辛亥革命烈义士攻打广州总督府场面；北面反映连江人民抗击日本侵略者画面。纪念碑顶端是两只巨手托着一颗红心，寓“万众一心”之意，象征连江人民紧跟共产党的决心。碑座平台为花岗岩构成，四周有石栏杆，大平台花圃等。

# 第二章　救灾救济

## 第一节　最低生活保障

1997 年 12 月，县政府制发《城镇居民最低生活保障暂行规定》，对非农业户口常住居民达不到基本生活保障标准线（单人户每人每月 120 元，多人户每人每月 100 元）的，按差额予以补助。1998 年 3 月，凤城镇享受低保的有 103 户 151 人。1999 年，县政府制发《农村居民最低生活保障暂行规定》，由 6 月 1 日起实施。农村户口保障标准：单人户人月 80 元，多人户人月 60 元。低保金由县、乡、村按 3:3:4 比例分担。1999 年 7 月 1 日起，城镇低保居民在原有标准的基础上提高 30%，即单人户人月 156 元，多人户人月 130 元。至年底，全县低保对象 531 户 1231 人，年发放低保金 60.66 万元。其中城镇 105 户 160 人，年发放 19.87 万元；农村 426 户 1071 人，年发放 40.79 万元。

2002 年，农村低保单人户人月提高到 100 元，多人户人月仍为 60 元，基本做到应保尽保，至年底，全县低保对象 1510 户 3011 人，年发放低保金 153.7 万元。其中城镇 297 户 891 人，年发放 53.4 万元；农村 1213 户 2120 人，年发放保障金 100.3 万元。

2003 年，开展农村特困群众调查摸底，全县人均年收入在 1000 元以下的农村特困户共 3358 户 8369 人。其中人均年收入在 720—825 元的有 2818 户 6638 人，人均年收入在 826—1000 元的有 540 户 1731 人。经过重新核实，对符合条件的特困群众给予生活最低保障。至年底，全县低保对象 1878 户 4481 人，年发放低保金 212.16 万元。其中城镇 306 户 924 人，年发放 58.8 万元；农村 1572 户 3557 人，年发放 153.36 万元。

2004 年，县政府制定《农村居民最低生活保障办法（试行）》，凡人均收入低于 1000 元的农村特困人口，全部纳入农村低保范围，并把低保标准提高到多人户人月 83 元，单人户人月 130 元。低保资金由县、乡（镇）两级按 7:3 比例共同分担，村一级不再负担。至年底，全县低保对象 3318 户 8087 人。其中城镇 315 户 944 人；农村 3003 户 7143 人，年发放低保金总额 424.2 万元。2005 年，县乡两级负担比例调整为 8:2。当年取消病故和脱贫的低保对象 67 户 125 人，新增低保户 401 户 424 人。至年底，全县低保对象 3652 户 8386 人，年发放低保金 450.2 万元。其中城镇 326 户 961 人，年发放 66.9 万元；农村 3326 户 7425 人，年发放 383.3 万元。

**1998—2005 年连江县城乡最低生活保障金发放情况表**

表 26-2-1

| 年份 | 城镇低保 | | | | | 农村低保 | | | | | 全县合计 | | |
|---|---|---|---|---|---|---|---|---|---|---|---|---|---|
| | 户数（户） | 人数（人） | 月发放标准 | | 年发放总额（万元） | 户数（户） | 人数（人） | 月发放标准 | | 年发放总额（万元） | 户数（户） | 人数（人） | 年发放总额（万元） |
| | | | 多人户（元／人） | 单人户（元／人） | | | | 多人户（元／人） | 单人户（元／人） | | | | |
| 1998 年 | 103 | 151 | 100 | 120 | 7.20 | — | — | — | — | — | 103 | 151 | 7.20 |
| 1999 年 | 105 | 160 | 130 | 156 | 19.87 | 426 | 1071 | 60 | 80 | 40.79 | 531 | 1231 | 60.66 |

续表 26-2-1

| 年份 | 城镇低保 | | | | | 农村低保 | | | | | 全县合计 | | |
|---|---|---|---|---|---|---|---|---|---|---|---|---|---|
| | 户数（户） | 人数（人） | 月发放标准 | | 年发放总额（万元） | 户数（户） | 人数（人） | 月发放标准 | | 年发放总额（万元） | 户数（户） | 人数（人） | 年发放总额（万元） |
| | | | 多人户（元/人） | 单人户（元/人） | | | | 多人户（元/人） | 单人户（元/人） | | | | |
| 2000 年 | 106 | 172 | 130 | 156 | 18.76 | 432 | 1084 | 60 | 80 | 41.49 | 538 | 1256 | 60.25 |
| 2001 年 | 126 | 218 | 130 | 156 | 22.70 | 573 | 1344 | 60 | 80 | 62.91 | 699 | 1562 | 85.61 |
| 2002 年 | 297 | 891 | 130 | 156 | 53.40 | 1213 | 2120 | 60 | 100 | 100.30 | 1510 | 3011 | 153.70 |
| 2003 年 | 306 | 924 | 130 | 156 | 58.80 | 1572 | 3557 | 60 | 100 | 153.36 | 1878 | 4481 | 212.16 |
| 2004 年 | 315 | 944 | 130 | 156 | 62.30 | 3003 | 7143 | 83 | 130 | 361.90 | 3318 | 8087 | 424.20 |
| 2005 年 | 326 | 961 | 130 | 156 | 66.90 | 3326 | 7425 | 83 | 130 | 383.30 | 3652 | 8386 | 450.20 |

## 第二节　“五保”供养

1991 年，全县“五保”对象 800 多人。生活供给主要采取集中敬老院供养和乡镇统筹分散供养相结合的办法。对透堡等部分乡镇创办的敬老院，县政府予以一定资金补助。1992 年，全县有“五保”对象 775 人，人均每月菜金 30.3 元，年供原粮 256 公斤。2002 年，贯彻省、市部署，开展“星光计划”工程，县民政部门向省市申报 7 个“星光计划”项目，争取资金 13 万元，全部用于敬老院建设。2003 年，申报 14 个项目，争取到资金 77.5 万元，其中用于敬老院建设 44.5 万元。2004 年申报 7 个项目，争取到资金 10 万元，其中用于敬老院建设 5 万元。是年，农村实行低保全覆盖，“五保”户纳入低保补助。至 2005 年，全县“五保”对象 650 人。其中集中 13 所敬老院（敖江镇石头村、琯头镇、丹阳镇、蓼沿乡、小沧乡、晓澳镇百胜村、晓兴居、筱埕镇、坑园镇、马鼻镇、透堡镇、安凯乡、长龙镇）供养的 71 人，供养标准为人均月菜金 110 元、年供原粮 275 公斤；分散供养的 579 人，供养标准为人均月菜金 50 元、年供原粮 275 公斤。1991—2005 年，还对因灾特困“五保”户发放救济物和慰问金计 35.85 万元。

## 第三节　社会救济

### 一、困难救济

1991 年，连江县享受定期困难救济补助对象有 3 种：困难时期精简的职工给予原工资 40% 的定期补助，全县共 74 人，人均月定补 16 元；退职定补对象 43 人，人均月定补 16 元；孤老幼残特困等社会定补对象 11 人，人均月定补 28 元。1995 年，三类补助对象共 131 人，标准统一提高为月人均 80 元。2000 年，精简职工、退职及社会定补对象定补标准均提高到人均月 100 元。2005 年，享受 40% 定补对象 65 人，退职定补 43 人，社会定补 13 人，人均月补助标准均为 100 元，年发放额 14.52 万元。

1991—2005 年，还发放临时救济款 155 万元；春夏荒救济款 235.4 万元，救济粮 1156625 公斤；冬令救济款 19 万元，救济物资 16230 件，棉被 13962 套。县民政部门直接发放的临时救助资金 43.22

万元，受救助的群众 2760 人。

**二、事故性灾害救济**

1991 年起，县和乡镇政府逐步建立突发事故的防范和救济机制。1991—2005 年，全县共发生火灾事故 197 起，烧毁房屋 4816 间，受灾群众 1529 户 6326 人，其中死亡 3 人，直接经济损失 2508.3 万元。县民政部门共发放救济款 117.54 万元、棉被 2256 床、衣裤 1346 套、粮食 36942 公斤。发生较大的海难事故 14 起，死亡或失踪人数 71 人，县和乡镇政府共发放遇难者家属生活困难补助 13.02 万元。其中 2003 年 3 月 15 日，黄岐镇闽连海 1873 号船发生沉船，12 名船员仅救起 1 人，11 人下落不明，县给予遇难者家属 2.2 万元生活困难补助。

**1991—2005 年连江县火灾救济情况表**

表 26-2-2

| 年份 | 发生起数（件） | 受灾情况 | | | | 救灾情况 | | | |
|---|---|---|---|---|---|---|---|---|---|
| | | 户数（户） | 人数（人） | 房（间） | 损失（万元） | 救济款（万元） | 棉被（套） | 衣裤（套） | 粮食（公斤） |
| 1991 年 | 15 | 182 | 1042 | 380 | 451.40 | 8.72 | 237 | 121 | 25692 |
| 1992 年 | 11 | 77 | 327 | 206 | 73.46 | 3.90 | 91 | 13 | 11250 |
| 1993 年 | 20 | 155 | 681 | 603 | 284.00 | 8.76 | 198 | 140 | — |
| 1994 年 | 12 | 128 | 558 | 404 | 183.30 | 8.73 | 167 | 172 | — |
| 1995 年 | 13 | 81 | 343 | 326 | 189.18 | 5.37 | 121 | 130 | — |
| 1996 年 | 14 | 147 | 596 | 572 | 218.19 | 10.77 | 194 | 136 | — |
| 1997 年 | 9 | 94 | 417 | 290 | 267.80 | 8.17 | 184 | 164 | — |
| 1998 年 | 2 | 7 | 27 | 16 | 11.00 | 0.53 | 10 | 10 | — |
| 1999 年 | 15 | 93 | 344 | 325 | 39.76 | 6.25 | 136 | 135 | — |
| 2000 年 | 15 | 110 | 422 | 323 | 153.40 | 10.05 | 172 | 87 | — |
| 2001 年 | 18 | 103 | 352 | 272 | 72.10 | 8.15 | 142 | 73 | — |
| 2002 年 | 10 | 39 | 138 | 158 | 53.50 | 2.80 | 63 | — | — |
| 2003 年 | 21 | 109 | 376 | 372 | 170.40 | 11.74 | 202 | 68 | — |
| 2004 年 | 10 | 84 | 306 | 217 | 153.80 | 7.78 | 145 | 57 | — |
| 2005 年 | 12 | 120 | 397 | 352 | 187.00 | 15.82 | 194 | 40 | — |
| 合计 | 197 | 1529 | 6326 | 4816 | 2508.29 | 117.54 | 2256 | 1346 | 36942 |

**三、社会助养**

1991 年，社会弃婴现象已极少见，但因家庭灾祸造成的孤儿却时有发生，县民政部门主要采取亲戚抚养、政府救济的办法。1992 年，根据《中华人民共和国收养法》，县民政部门开始对社会群众抚养的弃婴、孤儿及收养送养的孩子进行登记，并发给收养证。2003 年，县组织开展“助孤行动一元捐款”慈善活动，募集捐款 8.5 万元。省慈善总会对县民政助养的 10 名孤儿年发放助养金 1 万元、社会各界助养的 16 名孤儿年发放助养金 1.65 万元。2005 年，全县共助养孤儿 41 人，其中省慈善总会助养 24 人、社会人士助养 17 人，年发放助养金共 2.95 万元。据 1992—2005 年统计，全县共办理孤儿收养登记 39 人。

# 第四节　自然灾害救济

1991年，县和乡镇政府都制订防灾救灾预案，储备一定数量救灾器具和物资。1992年5月15日，安凯乡黄家洞村受龙卷风袭击，有4户房屋倒塌，4人伤亡，县下拨救济款2000元。同年8月30日，县境受16号强台风影响，直接经济损失7272万元，县发放救灾款19.9万元。全年共发放灾害救济款38万元、救济衣被1800件。

1996年7月31日，县境受第8号台风袭击，正遇天文大潮，全县直接经济损失12843万元，13万多人受灾，县下拨救灾款135.6万元、衣被1600件。

2001年6—7月，县境受第2号台风影响和第8号台风“桃芝”正面袭击，受灾面大，县下拨救济款711万元、粮食95吨、衣被2424件。还组织群众开展救灾募捐活动，共募集资金130万元用于灾后重建。

2003年，县境相继遭受12号、16号台风和暴雨袭击，县下拨救灾款65万元、救济粮58吨、衣被2400件。

2005年7—10月，相继受第5号台风“海棠”、第13号台风“泰利”、第19号台风“龙王”袭击，全县普遍受灾，农业损失尤重。县政府及时组织抗灾救灾，并下拨救灾款434.2万元，救灾粮182吨，衣被3650件。还组织社会捐款51.9万元用于灾后重建。

1991—2005年，全县先后共发生较大自然灾害30起，县发放救灾款物合计2555万元，是1980—1990年11年发放救灾款233.6万元的10.9倍。

**1991—2005年连江县发放自然灾害救济款物统计表**

表26-2-3

| 年份<br>项目 | 1991年 | 1992年 | 1993年 | 1994年 | 1995年 | 1996年 | 1997年 | 1998年 | 1999年 | 2000年 | 2001年 | 2002年 | 2003年 | 2004年 | 2005年 | 合计 |
|---|---|---|---|---|---|---|---|---|---|---|---|---|---|---|---|---|
| 发放救济款（万元） | 68 | 38 | 61 | 63 | 48 | 136 | 125 | 110 | 134 | 155 | 841 | 105 | 65 | 120 | 486 | 2555 |
| 发放粮食（吨） | 700 | — | — | — | 92 | — | — | — | — | 172 | 95 | 250 | 58 | 192 | 182 | 1741 |
| 发放衣被（件） | 2000 | 1800 | 1600 | 2600 | 1800 | 1600 | 2046 | 1430 | 2000 | 1321 | 2424 | 1621 | 2400 | 3633 | 3650 | 31925 |

# 第三章　基层自治组织建设

## 第一节　村（居）民自治示范活动

1991年7月，县民政局根据民政部《关于在农村开展村民自治示范活动的通知》，增设基层政权建设领导小组办公室，编制2名，在全县开展示范村和争创明星乡镇、明星村活动。当年，组织10个村民自治示范村考核验收，有贵安、百胜、横滕、东岱、东升、丹阳、首占等7个村被县委、县政府授予“村民自治达标村”称号。并推荐贵安、横滕参加省级“村民自治示范村”评选。

1992年，对83个村、6个居委会开展“村民自治达标村（居）”考核验收，全部达标。县政府授予“连江县村民自治达标村（居）”称号。同年，又确定凤城、琯头、东岱等乡镇的90个村作为村（居）自治示范单位，5个居委会开展达标升级活动。

1993年，开展争创“明星乡（镇）”“明星村”活动，全县241个村中，有134个达到省定第一轮村民自治示范村的标准，22个居委会中，评为一级居委会1个、二级居委会7个、三级居委会1个。苔菉镇和横滕、贵安、百胜、东升、浦下、门边、牛栏坪7个村先后被省委、省政府授予“明星镇”“明星村”荣誉称号。1994年2月，开始推行村民自治示范活动，至1995年，241个村委会全部完成第一轮村民自治示范活动。其中有61个村委会进入第二轮村民自治示范活动，22个居委会中，达标升级的有17个居委会，其中一级3个、二级6个、三级8个。至1997年，全县有233个村达到省级“村民自治示范村”标准验收。其中开展第二轮省级村民自治示范的175个村，有105个村通过验收，并有10个评选为省级明星村，2个乡镇评为省级明星乡镇，4个居委会评为最佳居委会，1个乡镇评为村民自治模范镇。1998年3月，连江被省政府授予“省级村民自治模范县”称号。年末，全县有238个村参加第二轮村民自治示范活动，占村总数98.3%，其中有180个村达到省定标准，占参加村总数75.6%，为全市最多。至2000年，有228个村经验收达到省定二轮示范村的标准。

2005年，以抓好“民主法治示范村”创建活动为主线，全面推进农村基层政权建设；建立健全以社区居委会为核心的社区自治组织，落实社区自治各项权利，全面提升村（居）民的自治水平。

## 第二节　村（居）民组织换届选举

1991年，对全县261个村（居）进行换届选举，其中一次性选举成功的有40个村，选出村（居）委会成员386人，由县政府颁发当选证书。1994年，全县21个乡镇263个村居全部进行换届选举，依法选举出村（居）委会成员1132人。

1997年，对全县265个村（居）委会进行换届选举，当年换届选举成功的有259个村（居）委会，依法选出村（居）委会成员2351名。1998年，继续对6个难度较大的村（居）委会做艰苦细致工作，至年末全面完成村级换届工作。

2000年，贯彻实施《中华人民共和国村民委员会组织法》，对268个村（居）委会开展换届选举。

全县总人口 62.5 万人，经登记选民 43 万人。有 263 个村（居）委会一次选举成功，参加选民 36.5 万人，选出村（居）委会成员 1027 人。余下 5 个村（居），2001 年也完成换届选举。

2003 年，全县 269 个村（居）委进行换届选举，全部一次成功。参加选举的选民有 359184 人，依法选出村（居）委会成员 1042 名。

## 第三节　村务民主管理

1996年开始，在全县开展村务管理规范化试点，当年有46个村制订并实施《村务管理规范化章程》，村委会定期向村民会议或村民代表会议报告工作。并对后进村和软弱涣散村的村委会班子开展整顿工作。当年按照好、一般、差三类标准进行评估，一类班子的村占全县村总数45%，二类占51%，三类占4%。

1997 年，县政府制定《关于进一步完善村务公开制度，深化民主管理的意见》，对村务公开的内容、形式等提出具体要求，并在全县广泛推开。晓澳镇百胜村的村务民主管理工作取得显著成效，同年 4 月被推荐出席中纪委、监察部在天津宝坻召开的“村务公开民主管理经验交流会”，并作典型发言。年底，县召开全县村务公开、民主管理工作经验交流会，进一步推广百胜经验。1998 年 4 月，县委贯彻中共中央办公厅、国务院办公厅《关于在农村普遍实行村务公开和民主管理制度的通知》精神，进一步规范村务公开民主管理工作，要求村级均设立“四有”，即有公开栏、有意见箱、有管理章程、有民主监督小组。并做到村务公开“十规范”（规范公开组织、公开内容、公开时间、公开阵地、公开形式、公开程序、公开制度、公开监督、公开簿册、公开档案）。同年 11 月，连江实施《中华人民共和国村委会组织法》，进一步完善村委会的民主选举、民主决策、民主管理、民主监督“四个民主”制度，各村普遍制定《村务公开制度》《民主理财制度》《村干部守则》《村委会职责》《村干部待遇规定》《村级财务审计制度》等制度。1999 年 6 月，中共中央组织部在安徽省召开“全国村务公开民主管理经验交流会”，晓澳镇百胜村作为全省唯一代表参加该会，并在会上做重点发言。省、市委号召在农村推广百胜村的做法和经验。2000 年，县在农村继续深化健全村委会民主选举、村民议事和村务公开三项制度，并建立一系列村民监督机制，全县各村委会普遍建立村民参政议政组织，266 个村（居）选举产生村居民代表 7531 人，设立村（居）民代表评议室，建立一套较完整的代表议事和联系村（居）民制度。

2001 年 2 月，县委制定《关于进一步规范村务公开、民主管理的实施意见》，针对一些乡村土地补偿金收入大、村财容量大和群众反映村财收支透明度不够等特点，定期开展村财审计，并要求把财务收支计划、审计结果统一公开。2004 年 6 月，贯彻中共中央办公厅、国务院办公厅《关于健全和完善村务公开和民主管理制度的意见》，县委县政府制定《关于健全村务监督小组机制意见》，在全县各村居成立村务监督小组，成员 3—5 人，由村委会议或村民代表会议推选产生，兼顾履行民主理财小组职责，任期与村民委员会任期相同。同年，在 15 个村推行村务民主听证试点，对全村重大村务活动、规划、决策、财务收支举行村民代表或村民听证制度，使村务公开、民主管理工作进一步透明深化。当年浦口镇塔头村和凤城镇北岳村分别获得全国、全省“民主法治示范村”称号。2005 年，村务民主听证制度逐步建立，对重大村务决策意见出台，村集体财务收支，村干部管理、计划生育、企业（耕地、山林）承包、工程招投标、宅基地分配、土地征用补偿、村规民约的修订完善以及村民反映强烈的其他事项都纳入听证内容。

# 第四章　社会福利

## 第一节　福利事业

**一、光荣院、福利院**

1991 年，县投资 90 多万元建设福利院（与光荣院合建），1992 年 7 月竣工，占地面积 1800 平方米，建筑面积 1400 平方米，相继收养老红军、老复员军人、“五老”人员、“五保户”等孤老人员 50 名。每人每月基本生活费 120 元。1995 年，增到 150 元，1998 年增为 205 元，2000 年达 270 元。至 2005 年，院民陆续去世 28 名，继续留养 22 人，最大年龄 92 岁，最小 70 岁。当年，院民生活费和零用钱提高到 300 元。重大节日及院民生日等，县领导和民政部门多前往看望和慰问。

**二、福利企业**

1991 年起，县民政等部门陆续扶持创办凤城纸箱厂、东湖玩具厂、敖江纸边厂、连江电子器材厂、连江塑料厂等 5 家福利企业，安置 62 名残疾人。政府还在税收贷款等方面给予优惠。1995 年，福利企业发展到 8 家，1998 年增到 12 家，共安排残疾人就业 115 人，产值 810 万元，利润 86 万元。至 2005 年，福利企业仍保留八家，即东岱福利塑胶制鞋厂、安凯福利石材工艺厂、黄岐福利塑料拉丝厂、黄岐福利冷冻厂、华丰福利针织厂、县福利砖瓦厂、县东湖福利纸箱厂、县下园小学福利文化用品厂，共安置残疾职工 52 人，年总产值 669.64 万元，利润 38.85 万元。

## 第二节　福利彩票

1991 年，为筹资建设县福利院（光荣院），在县城开展有奖募捐（即福利彩票）活动，共销售奖券 60 万元，募得资金 10 万元，补充两院建设费用。

1992 年，县组织人员到透堡、马鼻、筱埕、黄岐等地开展社会福利奖券实物销售活动，共销售奖券 60 万元，募集福利资金 10 万元。1993 年，市民政局在连江开展社会福利奖券实物销售活动，共销售奖券 40 万元。募集福利资金近 12 万元。

1996 年、1998 年、1999 年，县在城区分别举办三期千万元社会福利有奖和社会赈灾福利彩券大奖组销售活动，合计销售彩券 3000 万元，募得福利资金共 640 万元。

2000 年，琯头镇政府组织举办一期 500 万元社会福利有奖募捐活动，发行彩券 200 多万元，为琯头敬老院建设筹得福利资金近 40 万元。

2001—2004 年，全县共组织 3 期千万元福利有奖募捐大奖组销售活动。其中 2001 年售出奖券 235 万元、2002 年 145 万元、2004 年 243.2 万元。三次募得福利资金共 95.01 万元。1991—2004 年，共募集福利资金 807.01 万元，主要用于福利院（光荣院）、烈士陵园、特殊学校、县殡仪馆、敬老院及村老人活动中心等社会福利项目建设。2005 年起，县一级停止开展有奖销售福利彩券活动，代之以全省统一的福利彩票定期摇奖售票活动，连江设一处福利彩票销售点。

# 第五章　安　置

## 第一节　退伍军人安置

1991 年，对退伍义务兵安置按照“从哪里来，回哪里去”和“妥善安置，各得其所”的精神，县政府鼓励农村退伍军人回乡创业，并给予扶持，如开展“五个一”（户种一亩果、养殖一亩水产品、传授一项工艺、一个劳动力进入乡镇企业、饲养一群畜禽）扶持生产活动，发挥退伍军人潜能，自主创业，涌现出一批致富能手。1991—1995 年，农村退伍军人主要安置在国营（有）、集体企事业单位。1998 年后，县政府决定对城镇退伍军人实行一次性货币安置，通过劳务市场安置、县政府安置相结合方法，实行多形式、多渠道安置。城镇退伍军人货币安置 1.5 万元，转志愿兵后退伍的每人货币安置 3 万元。

2002 年，对城镇安置对象，亦采取自谋职业为主，政府给予一次性补助金，标准为：未满五年的士官补助人民币 1.5 万元，满五年的士官补助 2 万元，满十年的士官补助 3 万元。对货币安置的士官其户口可落户在城镇，满十五年以上的士官安置在所在乡镇的自收自支事业单位。2004 年，城镇退伍义务兵安置对象全部推行一次性货币安置的形式进行安置。其标准为：满两年但未满五年的退役士官每人给予补助 1.5 万元人民币，满五年但未满八年的一、二期退役士官每人给予补助 2 万元；满八年的二期退役士官每人给予补助 2.5 万元；满 10 年的三期士官补助 5 万元；10 年以上每增加一年安置费增加 2000 元。满 10 年以上的退役士官户口可落户在城镇，当年安置 59 人。

2005 年，城镇通过货币安置的退伍军人 43 名。退伍军人的安置费全部由县财政解决。

## 第二节　离退休军人安置

1991 年，连江已接收安置离退休军人 3 批 12 人，其中无军籍退休职工 1 人。县民政局按规定配备军休管理人员 1 人，负责服务工作。1993 年，县成立军队离退休干部管理所（简称“县军休所”），为县民政局下属股级事业单位，编制 3 名。1996 年，编制增至 5 名。县军休所主要为军休人员订阅报刊、接待信访、节日慰问、组织体检、病人探视、报销医疗费用等服务。1997 年 10 月，接收第 4 批军队离退休干部 16 人。2003 年，接受第 5 批 6 人。1993—2005 年，县军休所适时组织军休人员开展各种文化娱乐、参观考察等活动，并建立巡访制度，与军休人员家属保持密切联系，及时掌握军休人员身体、生活状况，帮助解决各种困难，保证军休干部安享晚年。

## 第三节　三峡库区移民安置

2001年，省、市下达连江安置三峡移民200人任务，县成立移民办，按照“以农为主，以土为本”的原则，做好移民的对接、交接、安置地点选择、安置房建设、移民生产用地承包、移民子女就学等各项准备工作。至2002年，共安置湖北省和重庆市移民41户，203人（另随迁1人）。分别安置在丹阳镇坑口村8户36人（另随迁1人）、浦口镇浦兴居8户48人、琯头镇官岐村7户39人、东湖镇湖坪村8户36人、东岱镇蝉步村10户44人。

移民安置前后，县和有关乡镇政府做好移民过渡期住房建设、安置点的基础设施建设，实现“三通一平”（通电、通水、通公路、平整土地），并接通有线电视、电话等。为帮助移民做好过渡期的生产、生活，及时分配移民生产用地人均耕地0.5亩，定期发放过渡期生活费和粮食，三峡移民全部列入低保。帮助移民富余劳力进行农业技术和技能培训，子女就学也得到妥善安排，移民逐步融入当地社会。

至2005年统计，三峡移民共建设住房5150.62平方米，其中东岱镇蝉步村2160平方米，浦口镇浦兴居676平方米，琯头镇官岐村870.5平方米，东湖镇湖坪村816.6平方米，丹阳镇坑口村627.52平方米。上级拨补安置资金805万元（其中国家540万元、省50万元、市215万元），县补助50万元、其他7万元，累计862万元。用于生产安置费273万元、基础设施费299万元、过渡期生活补助费22万元、生产资料购置补助费72万元、困难户补助费21万元、长途运输补助费1万元、管理费38万元、建房补助费113万元、生活用品购置费7万元、代耕代种费8万元、后期扶持8万元。共接待移民来访200人次。

# 第六章　老区扶建扶贫

## 第一节　革命老区分布

20世纪80年代，连江县经省评定的老区乡镇有17个，建制老区村193个，老区基点村（自然村）86个。1991—1997年，由于区划变动，老区乡镇增加2个（下宫、江南），建制老区村增加10个（江南的连沙、东湖的牛栏坪、浦口村析为7个居委会，马鼻的龙峰、官坂的石丘）。2005年，全县22个乡镇中老区乡镇19个，占86.36%；269个建制村（居），老区村居203个，占75.5%。基点村（含自然村）86个。全县总人口62万人，老区人口占80%以上，是省定老区重点县之一。

## 第二节　扶贫扶建

### 一、生产社会事业扶建

1991 年，连江 17 个老区乡镇，其中 7 个乡镇（丹阳、长龙、透堡、马鼻、官坂、坑园、小沧）为省定贫困乡镇，4 个乡镇（东湖、潘渡、蓼沿、安凯）为市定贫困乡镇。1993 年，从坑园乡析出的下宫乡并列为市定贫困乡。全县贫困老区乡镇增至 12 个，市定贫困村 55 个。全县年人均收入低于 735 元的贫困户 1319 户 7254 人，超过 80% 分布在老区乡村。县委、县政府为加强对革命老区和贫困乡镇扶建扶贫工作领导，以县老区办、老区促进会、扶贫办为牵头单位，县党政等领导实行“包乡蹲点”责任制，采取三项措施：加强组织领导，层层落实责任制；落实各项政策，山海并进；上下协作，齐扶共建。以开发山海资源、壮大农村经济、促进脱贫致富为抓手，在东湖、长龙、透堡开展“乡帮村、村帮村、村帮户”活动。1992 年，扶建扶贫工作重点转移到发展壮大乡村集体经济上，提高“造血功能”，集中精力、财力、物力和科技力量，制订规划，发展“一乡一村一果场”。1991—1996 年，省市县共投入扶建扶贫专项资金 423 万元，其中扶贫开发资金 237.74 万元，创办乡村集体果场 67 个，面积 503.5 公顷；茶场 18 个，面积 160 公顷；养殖场 9 个，面积 160 公顷。全县有 115 个贫困建制村，种植水果面积 847.5 公顷；投入基础设施建设资金 108.8 万元，扶持贫困乡村架设高压电线路 15.63 千米、建饮水工程 29 处、水库 2 座、拦水坝 3 处、三级抽水站 1 座、修筑公路 51 条 282.4 千米；投入扶智专项资金 76.46 万元，修建中小学校舍 105 所 884 间，保健院 20 所，通广播电视 64 个村，通电话 45 个村，创办科技培训班 504 期 23890 人次，干部和技术骨干输送大中专院校或科技部门进修 1103 多人次。1996 年，连江按当时标准经省市验收基本实现小康县。1997 年开始，对老区的扶建扶贫重点转向老、少、边、岛的“五通”建设，制定规划，至 2001 年五年时间，各级共筹措资金 10418 万元，扶持“五通”和产业建设，建成项目 166 项。其中乡村道路 64 条，377.6 千米，饮水设施 36 处；改造高压电线路 15 条；建简易码头 11 座；建电信等设施 10 项。全县除海岛外，大陆建制村全面实现“五通”。2001 年底，12 个老区贫困乡镇国内生产总值 43.7 亿元，是 1991 年的 10.4 倍；农民人均纯收入 3886 元，是 1991 年的 4.3 倍；全县贫困户降到 419 户 2778 人。

2001 年，连江按照国务院《中国农村扶贫开发纲要（2001—2010）》，扶贫重点改善基本生产生活条件，提高人口生活质量和综合素质。2002 年 5 月，市县均派 22 名扶贫工作队员和联络员分赴 12 个重点贫困乡镇，进行贫困户调查核实，建档分类。2003 年开始，陆续取消特产税、农业税，农民每年减少税费 8279 万元，人均 144.69 元。2001—2005 年，县投入扶贫资金 1397.58 万元，用于产业发展，投入 2500 万元完善基础设施建设，发放小额信贷资金 580 万元，转移贫困乡村富余劳动力 4000 多人。至 2005 年，86 个老区基点村全部实现“五通”。12 个老区贫困乡镇相继脱贫，有的已步入小康。全县年人均收入低于 1500 元的贫困户 297 户 1130 人，比 1991 年减少 1022 户 6124 人。

### 二、造福搬迁工程

1994 年，因建设山仔水利枢纽工程，小沧乡的 1 个建制村和七里村的 3 个自然村因位于水库淹没区实行搬迁，共搬迁 254 户 1263 人，政府补偿费用 1480.16 万元。1995 年开始，对偏远山区、生存条件差的小村落陆续实施“造福搬迁”。县扶贫办派人深入调查论证，协助制定“造福工程”实施方案，落实搬迁用地、资金等相关问题。在新搬迁地建房坚持统一规划、统一用地、统一标高、统一朝向的统筹方式，把“造福工程”与旧村改造、新村建设相结合。2001 年，因为建设塘坂水库电站工程，搬迁塘坂村 32 户 107 人，共补偿费用 446.36 万元。1994—2005 年，全县已实施搬迁的涉及 14 个乡镇

29个建制村、59个自然村，共搬迁1442户6673人（不含自己联系搬迁的家庭），各级共补偿资金2340.02万元。县老区办、老区促进会、民族与宗教部门、扶贫挂钩单位、企业家及社会捐助支持的未统计在内。

**1994—2005年连江县造福搬迁工程一览表**

表26-6-1

| 乡镇别名 | 搬迁村名 | 搬迁年份 | 迁入新址 | 户数（户） | 人口（人） | 各级补助资金（万元） | 附注 |
|---|---|---|---|---|---|---|---|
| 小沧 | 小沧村及七里掌濑、过洋、牛楼 | 1994年 | 小沧利洋坪 | 254 | 1263 | 1480.16 | 建设水库搬迁 |
| | 樟后福青田 | 1996年 | 本村中逢 | 13 | 70 | 4.20 | — |
| | 东风湖里濑、上半岭 | 2000年 | 本村 | 18 | 105 | 10.00 | — |
| | 东风下半岭 | 2004年 | 本村 | 15 | 65 | 6.50 | — |
| | 东风上东山 | 2005年 | 本村 | 24 | 111 | 13.00 | — |
| 潘渡 | 塘坂瓦窑门 | 1994年 | 本村 | 9 | 44 | 1.80 | — |
| | 塘坂山仔濑 | 1996年 | 本村 | 7 | 40 | 2.40 | 建设水库搬迁 |
| | 高岳雷柏石 | 1996年 | 本村 | 6 | 40 | 2.40 | — |
| | 塘坂瓦窑门 | 2000年 | 本村 | 8 | 31 | 2.00 | — |
| | 塘坂村部分 | 2001年 | 本村 | 32 | 107 | 446.36 | 建设水库搬迁 |
| | 陀市陀口 | 2001年 | 本村 | 9 | 45 | 4.55 | — |
| | 塘坂半岭 | 2002年 | 本村 | 16 | 74 | 9.60 | — |
| | 东雁上白岩 | 2002年 | 本村 | 10 | 40 | 5.50 | — |
| | 东雁上白岩 | 2003年 | 本村 | 17 | 89 | 9.30 | — |
| | 东雁上白岩 | 2004年 | 本村 | 9 | 40 | 4.00 | — |
| | 高岳存后 | 2004年 | 本村 | 14 | 58 | 5.80 | — |
| | 高岳存后 | 2005年 | 本村 | 6 | 26 | 3.50 | — |
| | 东雁上白岩 | 2005年 | 本村 | 3 | 13 | 1.50 | — |
| 东湖 | 牛栏坪 | 1994年 | 本村 | 14 | 73 | 2.00 | — |
| | 飞石安后 | 2004年 | 东湖村 | 9 | 37 | 7.40 | — |
| 东岱 | 东水连家船 | 1998年 | 东水村 | 4 | 19 | 2.30 | — |
| 丹阳 | 文朱庄里 | 1996年 | 丹阳镇区 | 25 | 118 | 7.06 | — |
| | 文朱西洋 | 2000年 | 丹阳镇区 | 27 | 99 | 3.00 | — |
| | 文朱5个自然村 | 2001年 | 丹阳镇区 | 61 | 260 | 15.43 | — |
| | 文朱 | 2002年 | 丹阳镇区 | 40 | 160 | 13.40 | — |
| | 文朱 | 2003年 | 丹阳镇区 | 47 | 181 | 14.3 | — |
| | 文朱 | 2004年 | 丹阳镇区 | 48 | 207 | 16.00 | — |
| | 文朱 | 2005年 | 丹阳镇区 | 37 | 165 | 16.00 | — |

续表 26-6-1

| 乡镇别名 | 搬迁村名 | 搬迁年份 | 迁入新址 | 户数 | 人口 | 各级补助资金 | 附注 |
|---|---|---|---|---|---|---|---|
| 蓼沿 | 金沙云头山 | 1995 年 | 白沙磨石坑 | 11 | 50 | 3.00 | — |
| | 首占牛溪 | 1999 年 | 东湖飞石 | 42 | 180 | 16.70 | — |
| | 凤岩郊洋 | 2001 年 | 本村 | 10 | 48 | 5.16 | — |
| | 林场南岭 | 2005 年 | 本村 | 26 | 120 | 15.00 | — |
| 长龙 | 建庄大樟 | 1994 年 | 本村 | 15 | 75 | 3.50 | — |
| | 丘祠鹿池 | 1995 年 | 本村 | 18 | 90 | 5.40 | — |
| | 苏山企岺 | 1995 年 | 建庄 | 11 | 47 | 2.88 | — |
| | 洪峰鹅角岺 | 1995 年 | 建庄 | 19 | 95 | 5.60 | — |
| | 洪峰新厝后 | 1996 年 | 建庄 | 22 | 112 | 7.20 | — |
| | 洪峰刘山、总洋、下洋坪 | 1998 年 | 长龙镇区 | 53 | 300 | 27.60 | — |
| | 刘山等 3 个自然村 | 2000 年 | 长龙镇区 | 35 | 197 | 19.80 | — |
| | 洪峰等 3 个村、6 个自然村 | 2003 年 | 长龙镇区 | 51 | 231 | 14.10 | — |
| | 苏山边坪 | 2003 年 | 透堡镇区 | 18 | 78 | 1.50 | — |
| 透堡 | 南街大溪里 | 1995 年 | 本街 | 13 | 80 | 1.60 | — |
| 马鼻 | 贵丰土坎 | 1999 年 | 本村 | 6 | 26 | 3.10 | — |
| | 贵丰土坎 | 2000 年 | 官坂下濂 | 12 | 63 | 6.30 | — |
| 官坂 | 梅里南峰 | 1996 年 | 梅里村 | 44 | 181 | 12.92 | — |
| | 合山 | 2000 年 | 梅里村 | 29 | 122 | 3.00 | — |
| | 合山二批 | 2001 年 | 梅里村 | 27 | 85 | 2.50 | — |
| | 合山扫尾 | 2002 年 | 梅里村 | 10 | 50 | 6.50 | — |
| 坑园 | 象纬古料 | 2001 年 | 本村 | 19 | 129 | 10.86 | — |
| 下宫 | 下宫村下角 | 1995 年 | 敖江 | 26 | 109 | 6.54 | — |
| | 下宫村下角 | 1995 年 | 透堡西门 | 14 | 75 | 3.30 | — |
| | 新辉 | 1998 年 | 本村 | 5 | 21 | 2.70 | — |
| 筱埕 | 南山 | 1997 年 | 筱埕镇区 | 84 | 365 | 32.00 | — |
| | 南山斜马 | 2005 年 | 筱埕镇区 | 20 | 77 | 6.00 | — |
| 黄岐 | 古石 | 2003 年 | 黄岐镇区 | 20 | 87 | 5.80 | — |
| 合计 | 71 点（次） | — | — | 1442 | 6673 | 2340.02 | — |

# 第七章 其他民政事务

## 第一节 婚姻登记

1991 年，婚姻登记继续实行省（市）、县、乡（镇）三级管理。涉外婚姻登记由省民政厅办理，涉港、澳结婚登记由县民政局直接办理，内地居民结婚登记由乡镇登记办理。当年，县内居民结婚登记 7908 对，离婚登记 23 对。1993 年 1 月起，开始使用全国统一式样的新式婚姻证件。1994 年，对全县内地居民结婚证和离婚证实行编排号码。当年结婚登记 4995 对，离婚登记 55 对。1999 年 7 月起，华侨同国内公民结婚登记由国内一方户口所在地的县（市）、区民政局办理。2000 年，全县居民结婚登记 5681 对，离婚登记 477 对。2003 年 10 月起，按国务院新的《结婚登记条例》规定，婚姻登记集中县民政部门登记办理。而涉港、澳、华侨及出国人员结婚登记由市民政部门办理登记。2004 年 3 月，成立县婚姻登记中心，核定事业编制 3 名。同年，县民政部门成立婚姻登记协会，为办理婚姻登记的当事人提供复印证件、代书等服务，并进行有关法律宣传咨询。当年结婚登记 5934 对，离婚登记 1030 对。2005 年，结婚登记 5961 对，离婚登记 1031 对。据统计，1991—2005 年，共办理内地结婚登记 70142 对，离婚登记 4837 对；办理国内夫妻关系证明书 1208 份，解除国内夫妻关系证明书 20 份，办理涉港、澳及华侨出国人员结婚登记 596 对，涉港澳夫妻关系证明书 5 份。

## 第二节 殡葬管理

1991 年，县内尚无火葬场，多数丧葬以土葬为主。县民政局殡葬管理所受理少量火化业务，主要送往福州、宁德等地火葬场火化。1996 年，县成立专项治理乱建坟墓领导小组，制定工作方案，建立联合执法队，对“三沿二江三区”（沿国道、沿省道、沿高速公路，敖江、闽江，青芝山风景区、玉泉山风景区、经济开发投资区）乱建坟墓的情况进行调查摸底，经一年专项整治，在禁坟区应清理 2219 座坟墓中，实行迁移 495 座、绿化 1724 座。

1998 年，连江开始择地筹建殡仪馆、火葬场。2002 年，选定陀市国有林场山岗工区林地作为殡仪馆建设用地。县成立殡仪馆建设工作领导小组，经宣传教育和疏通工作，于 2003 年 12 月 11 日动工兴建，整个工程投资 1215 万元，用地面积 3.33 公顷，建筑面积 4900 平方米，翌年竣工投入使用。2005 年 7 月 22 日，县召开殡葬改革动员大会，县政府制发《关于推行全境火葬制度的通知》，自当年 7 月 30 日零时起，全县除个别海岛外，全境推行火化。1991—2004 年，全县送往福州等地火化 879 例。2005 年，县内火化 1226 例。

## 第三节　地名管理

1992年，开展地名普查，更新地名2503条，其中行政区划、居民点1214条；各专业部门使用的名称191条；人工建筑名称172条；自然地理实体名称884条；纪念地、名胜古迹等60条。新增地名92条。

1994年，县政府制定《连江县地名管理办法》，在县民政局设地名委员会办公室（简称“地名办”），乡镇的设立、命名、更名，均须由县政府报经省政府审批决定，并报国家民政部门备案。村、居及新建住宅、工（商）业区、道路名称的命名、更名，分别由乡镇和主管单位或管理部门提出方案，经县地名办审查后由县政府审批并予以公布。同年8月8日，县政府对县城区内12条道路和3个地名进行命名。即玉荷东、西路，莲荷东、西路，文明东、西路，凤园路，文山路，816南、中、北路，解放路。3个地名是北门新区、百凤小区、凤尾花园。

1997年，命名11条地名，其中乡名1条即江南乡，村（居）委会名称2条，即凤城镇凤园街，江南乡连沙村；道路命名8条，即长龙乡主要道路溪滨路、中兴路、飞马路、南环路、桥头路、新村路、文明路、宫坂路。

1998年，县对104国道两边标志进行立牌，并完成工作的85%。2000年，命名11条道路名。其中凤城7条，即百凤北路、百旺路、百胜路、百强路、百凤南路、百灵路、百福路；琯头4条，即官福大道、青芝大道、开放路、连港路。2001年，县政府又对县城规划区和敖江投资区的13条道路进行命名，即江滨东路、西路，文山南、北路，丹凤东路、西路，龙西路，西凤路，国优路，青龙路，龙达路，富兴路，上高路。

2004年11月，对江南乡南江滨路、龙浦路进行命名。2005年6月，县有关部门开展县城区主次干道标准地名标志设置工作，共立牌58面。同年12月，对县城丹凤路以北规划区及凤园居委会14条道路进行命名，即青浦路、文笔路、华光路、马祖路、金安路、文华路、文萃路、文汇路、敖江路、国泰路、温泉路、凤翔路、凤福路、凤鸣路。同年12月，县城“上高路”更名为“可门路”。

## 第四节　救助管理

1991年，县民政部门执行国务院《城市流浪乞讨人员收容遣送办法》，至2003年，共收容遣送流浪乞讨人员回原籍33人次，遣送救助4582人次，资助临时困难救济款2万多元。

2003年7月起，贯彻国务院《城市生活无着的流浪乞讨人员救助管理办法》和《城市生活无着的流浪乞讨人员救助管理办法实施细则》（原《城市流浪乞讨人员收容遣送办法》废除），对无依无靠、无家可归、投亲不遇、中途遇故、灾荒困难、离家出走、流浪街头等人员，主要采取自愿救助的办法。多以救济或护送他们到福州市救助站申请救助。至2005年底，共救助582人次，资助救济费2.5万元。

## 第五节　民间组织管理

**一、社团登记管理**

1991年，连江根据国务院《社会团体登记管理条例》，成立县社团清理整顿领导小组，下设办公室，当年共审查登记社会团体136家，经清理整顿，有20家社团放弃社团登记，重新登记的社团共81家。此后，每年开展社团年检，对不合格的社团予以撤销。至1998年9月，全县有登记或年检的社团共86家。

1999年，按照国务院修正的《社会团体登记管理条例》，对社团进行清理整顿，经整顿，重新登记的法人社团31家，其中行业性社团15家、学术性社团9家、联合性社团5家、专业性社团2家。2001年，整顿社团90家，其中重新登记发证33家、合并21家、撤销36家，新成立登记4家，计37家。2005年，经年检登记的社会团体59家。

**二、民办非企业单位登记管理**

1998年9月，连江县按照国务院《民办非企业单位登记管理暂行条例》（简称“条例”）规定，对全县民办非企业单位进行调查摸底，共有112个单位，从业人员1670人。2000年，连江列入市登记试点县。当年，经全面调查，共有民办非企业单位190个，其中私立学校6所、幼儿园68所、个体诊所93个、文艺剧团21个、研究所1个、电脑培训中心1个。经登记的仅4家。2004年，加大工作力度，与相关业务主管单位沟通、协调，登记管理工作有较大进展。至2005年底，已登记的民办非企业单位有51家，其中教育类47家、文体类2家、其他类2家。民政部门按条例规定，依法进行跟踪监督，违法的予以行政处罚，严重的撤销登记。

## 第六节　勘界事务

1997年，开始县域勘界工作，连江县域与马尾区、晋安区及罗源县接壤。连江、晋安、马尾3个县（区）边界线交会点位置定于晋安区宦溪镇建立村，马尾区亭江牛项村，连江县敖江镇梅洋村的结合部，北纬26°　09′，东经119°　27′。连江、罗源、晋安3个县（区）边界交会点勘定在连江县小沧畲族乡七里村，罗源县霍口畲族乡东园里村，晋安区日溪乡梓山村结合部，北纬26°　25′，东经119°　16′，并在交会点埋设石质3面型界桩。

连江—马尾边界线，由西向东从马尾区、晋安区、连江县3个县区边界线交会点起，沿传统习惯线延伸至闽江入海口，涉及双方4个乡镇，全长30.7千米，共设6个界桩号，实地埋设8个界桩。连江—晋安边界线，东起连江县、马尾区、晋安区3个县（区）交会点，西至晋安区、罗源县、连江县3县（区）交会点，涉及双方6个乡镇，全长75.485千米，共设34个界桩号。连江—罗源边界线，西起晋安区、连江县、罗源县3个县（区）交会点，东至连江县马鼻镇浮曦村与罗源县松山镇北山村交接，处北纬26º26′　37″，东经119º38′　51″，涉及双方11个乡镇，全长78.885千米，共设4个界桩号，实地埋设3个界桩。1998年12月，县政府与晋安区政府签订联合勘定行政区域界线协议书，对山仔水库库区的权属问题和历史上形成的插花地、飞地、自然资源达成协议，均维持现状，范围不得扩大，原生产、生活设施权属不变。

2000年1月开始，开展乡镇级行政区域勘界，2003年12月结束。勘定辖区内22个乡镇级行政区域41条边界线，确定28个三交点，边界线总长286千米，各条界线的毗邻乡（镇）都签订联合勘定行政区域界线协议书，并标绘边界线走向底图。

2003年，根据上级部署，开展县级海域勘界工作。县海域与马尾区、长乐市、罗源县相交。连江、马尾两县区海域界线勘定为，临海最后界桩分别位于闽江口壶江岛和琅岐岛上，界桩编号分别为0522006B和0522006A。其中0522006B桩位于县境琯头镇壶江村陈氏宗祠墙边上；0522006A位于闽江西南岸的马尾区琅岐镇金砂村的防洪堤东侧。A、B两点连线中点，界线起点编号为350105-0122-01（北纬26° 07′ 10.03″，东经119° 37′ 35.12″，采取54北京坐标系6度带中央子午线117°，下同），界线由此点沿133º方向（平面直角坐标方位，下同）延伸2.825千米至界线拐点350105-0122-02，该拐点位于两县（区）海域习惯线上（北纬26° 06′ 05.87″，东经119° 38′ 48.05″），界线由此拐点沿112º方向延伸2.444千米至界线终点350105-0122-03，该界线终点位于马尾、连江、长乐三方海域习惯线上的交点（北纬26° 05′ 34.16″，东经119° 40′ 08.37″）。连江、马尾海域行政区域界线全长5.269千米。

连江县和长乐市海域行政区域界线起点为连江、长乐、马尾三方海域习惯线的交点。界线起头点编号为350122-0182-01（北纬26° 05′ 34.16″，东经119° 40′ 08.37″。），界线由此点沿108°方向（平面直角坐标方位，下同）延伸5.701千米至界线拐点350122-0182-02，此点位于立桩礁顶（北纬26° 04′ 33.68″，东经119° 43′ 22.07″），界线由此点沿86°方向延伸10.361千米至界线拐点350122-0182-03。此点位于七星礁顶（北纬26° 04′ 48.03″，东经119° 49′ 34.17″）。界线由此点沿101°方向延伸10.119千米至拐点350122-0182-04。此点位于马祖岛最南端与西犬岛最北端连线的中点（北纬26° 03′ 36、17″，东经119° 55′ 29.08″），界线由此点平行于纬线沿89°方向延伸41.875千米。至拐点350122-0182-05。此点位于领海基线上（北纬26° 03′ 36.17″，东经120° 20′ 33.72″）。界线由此点垂直于领海基线沿120°方向延伸，约22.224千米，至终点350122-0182-06，此点位于领海外部界线上（北纬25° 57′ 24.13″，东经120° 31′ 57.30″）。连江县和长乐市海域行政区域界线全长90.28千米。2003年12月，在市政府主持下，县政府分别与马尾区政府、长乐市政府签订海域行政区域界线协议书。

2004年，连江、罗源两县海域勘界工作开始。连江县和罗源县海域行政区域界线起点为双方陆域行政区域界线临海最后界桩，即2223003界桩，界线起点编号为350122-0123-01。界线350122-0123-01-350122-0123-08段，为双方已达成协议的十三堆石堆7个实测坐标点的连线。该段界线总体走向45°（平面直角坐标方位，下同），长1562.8米。界线由拐点350122-0123-08沿50°方向延伸445.4米至界线拐点350122-0123-09。09号拐点位于十三堆石堆7个实测坐标点的连线顺延与涉界双方养殖现状明显分界线的交点，界线由此点沿115°方向延伸2205.1米至界线拐点350122-0123-10。10号拐点位于涉界双方养殖现状明显分界线的端点，界线由此点沿137°方向延伸6571.1米，至界线拐点350122-0123-11。11号拐点位于连江县瓠头屿和罗源县鸡笼屿连线的中点，界线由此点沿86°方向延伸2980.1米，至界线拐点350122-0123-12。12号拐点位于岗屿北侧，界线由此点沿97°方向，延伸2160.3米至界线拐点350122-0123-13。13号拐点位于连江县坂铁头和罗源县将军帽向海最突出部连成的中点，界线由此点沿61°方向延伸1975.1米，至界线拐点350122-0123-14。14号拐点位于担屿南侧，界线由此点沿44°方向延伸514.7米，至界线拐点350122-0123-15。15号拐点位于担屿南侧，界线由此点沿39°方向延伸2354.8米至界线拐点350122-0123-16。16号拐点位于连江县可门和罗源县石顶岗向海最突出部连成的中点，界线由此点沿70°方向延伸6897.8米至界线拐点350122-0123-17。17号拐点位于两县海域习惯线上，界线由此点沿95°方向延伸2715.5米至界线终点350122-0123-18。界线终点350122-0123-18为暂定界线终点位于福州市和宁德市海域习惯线与连江和罗源县海域习惯线的交点，今后根据福州市和宁德市际线勘定后正式确定。连江、罗源两县海域行政区域界线全长

30383.0 米。2004 年 7 月，在福州市政府主持下，连江、罗源两县政府签订海域行政区域界线协议书。

## 第七节　老龄事务

1990 年，连江在全国第四次人口普查时，总人口为 583418 人，其中 60 周岁以上人口 47166 人，占 8.1%。1991 年，县成立老龄工作机构下设办公室，为常设机构。各乡镇也相继设立相应机构。县乡老龄工作委员会围绕老龄政策，广泛开展“爱老敬老惠老”活动，进行老龄问题调研，特困老人调查，做好老年优待证发放，为老年人提供优质优惠服务。每年重阳节期间，各级涉老机构都召开老人座谈会，组织登山、参观、游园及政府领导组织慰问活动，为百岁老人、特困老人送上慰问金。1994 年 3 月，成立县老年学校，设置老年人喜好的专业，并逐步扩大招收范围。

2000 年，连江在全国第五次人口普查时，60 周岁以上人口已达 60751 人，占总人口 599962 人的比重增至 10.13%。当年，县老年学校改名老年大学。2001 年开始，部分乡镇和一些村（居）也相继创办老年学校，至年底，全县有 70 多所各级老年学校。2004 年，全县 22 个乡镇普遍建立老年学校，70 多个村居建立村级老年学校。2004—2005 年，县老龄委与万家旺食油公司联合开展为 60 岁以上老人优惠供应食用油，为 90 岁以上老人免费赠送食用油活动。

至 2005 年，全县有 8 个涉老行政事业单位，配专职服务管理人员 53 人、兼职 30 人。落实 194 名离休干部和 2655 名退休干部以及 2000 名老人优待、抚恤、社会救济、低保对象的各项政策，除少数尚未参加统筹的乡镇企业退休职工外，有 3831 名职工享受社保待遇，已全部发放退休金。城镇孤寡老人和农村“五保”老人，全部纳入低保，人月发放最低生活保障金分别为 156 元和 130 元。90% 以上村居都建立老人会、老年人活动室或老人活动中心，全县老人已实现老有所养。

# 第八章　机　构

## 第一节　县民政局

1991 年初，县民政局编制 15 名，内设办公室、救济股、民政股、优抚安置股。当年，增设社会团体登记管理办公室、基层政权建设领导小组办公室，编制各 2 名。至年末编制 19 名，实有 20 名。1997 年 6 月，内设办公室、社会福利救灾救济科、财务统计科、优抚安置科、社会事务科、社团管理办公室等 6 个科室，编制 19 名。2003 年，局内设办公室、计财统计科、救灾救济科、优抚安置科、社会事务科 5 个科室，编制 15 名，实有 18 名。2005 年，内设办公室（兼挂民间组织管理办公室牌子）、计财统计科、救灾救济科（兼挂社会福利募捐办公室牌子）、优抚安置科（兼挂复员退伍军人安置办公室牌子）、社会事务科（兼挂基层政权和社区建设办公室、区划办牌子）等科室，人员编制 15 名，实有 18 名。

## 第二节　局属单位

1991年，县少数民族招待所为县民政局下属单位。同年12月，成立县光荣院、福利院，两院两块牌子、一套人员，核定编制12名（光荣院8名、福利院4名）。同年，全县各乡镇人民政府相应成立民政办公室，配备1—2名民政助理员。

1993年8月，成立县军队离退休干部管理所，为民政局下属股级事业单位，编制3名，1996年编制增到5名。

1996年9月，成立县勘界办，核定编制4名；1997年6月，成立县革命烈士陵园管理处，核定编制3名。

2004年3月，成立县婚姻登记中心，编制3名，同年8月，建立县殡仪馆，核定编制20名。

至2005年，县民政局共有县光荣院、福利院、军队离退休干部管理所、勘界办、革命烈士陵园管理处、少数民族招待所、婚姻登记中心、殡仪馆等8个下属股级事业单位，共有编制57名，实有干部职工52人。

## 第三节　挂靠单位

1991年，挂靠县民政局单位有县扶贫办，编制5名，实有5人；县民委，编制3名，实有3人；县老区建设办公室（简称“老区办”，编制3名，实有3人）。至同年底，扶贫办脱离挂靠为正科级机构，增设县老龄工作委员会办公室。1997年，县民委脱离挂靠，划属县委统战部管理；县老区办脱离挂靠，为正科级单位。2003年开始，老龄委办公室挂靠县民政局，为副科级机构，编制2名，至2005年不变。

# 第二十七篇　军　事

连江位于福建东南沿海，全县海岸曲线238千米，地理位置重要，历来为军事要地，海防前哨。县属马祖列岛、东引列岛仍被台湾当局盘踞。20世纪80年代后，两岸关系逐渐缓和，成为两岸经济文化交流及祖国和平统一的重要平台。为严防“台独”和境外敌对势力的侵扰，县内仍驻有一定军事力量和军事组织，保障海边防的安全，保证经济建设顺利进行和人民的生命财产安全。

## 第一章　军事组织

### 第一节　军事机构

**一、县人民武装委员会**

县人民武装委员会（简称“县武委会”），从1990年延续而来，是县级最高军事机关，统管全县军事、兵役等工作。1991年，县武委会仍由历任县长兼任主任，县武装部主要领导任副主任。各乡镇设武装委员会，由党委书记或乡镇长任主任，乡镇武装部长任副主任。延至2005年不变。

**二、县人民武装部**

1991年至1996年3月，县人民武装部为地方武装建制。1996年4月，县人武部改为现役，全称为中国人民解放军福建省连江县人民武装部，隶属中国人民解放军福建省军区。县人武部内设政工、军事、后勤3个科，编制8人，延至2005年不变。其间于1995—1997年被省军区、福州军分区评为先进单位，2000年被南京军区评为先进单位。

县武装部下属乡镇武装部，1991—1992年有20个。1993年，增设下宫乡武装部。1997年，增设江南乡武装部。至2005年，共有22个乡镇武装部，人员编制共46人。

### 第二节　驻　军

1991年，驻连江部队有武装警察部队边防大队、武警中队、消防大队等。至2005年无变化。

# 第二章 兵 役

## 第一节 兵员征集

1991 年起，根据《中华人民共和国兵役法》规定，全面推行义务兵役制，每年 10 月定为征兵月。县成立兵役委员会或征兵工作领导小组，下设征兵办公室，各乡镇同时成立相应征兵领导机构，负责征兵工作。上级征兵命令发布后，召开征兵工作会议，进行具体部署，在城乡广泛开展征兵工作宣传，悬挂横幅、张贴标语、出专刊；县有线电视台专设宣传栏目，县政府领导发表电视讲话；县人武部组织宣传车，深入各乡镇流动宣传，城乡表彰征兵工作中涌现的好人好事，营造征兵工作氛围。

按《中华人民共和国兵役法》规定，征集对象为 18—22 岁男性公民，根据军队建设需要，有的年份也征集少数 18—20 岁女兵。凡经兵役登记为应征适龄青年，均应向户口所在地乡镇征兵办报名，通过严格体检、政审，合格录取后发入伍通知书，县征兵办核实编造花名册，移送接兵部队。新兵穿上新军装奔赴新岗位前，县都组织盛大欢送仪式。由于各级领导重视，与接兵部队密切配合，严把体检关、政审关，做好新兵及亲属思想工作，从而有效保障征兵工作顺利完成，同时保证兵员质量。1991—2005 年，上级共下达 15 批次征兵任务，完成交兵占任务数 99.06%。

## 第二节 兵役登记

1991 年，县人武部按照《中华人民共和国兵役法》和有关规定，凡年满 18—22 岁的男性公民，都应在每年 9 月 31 日以前，进行兵役登记。县乡征兵机构本着“依法登记、注重教育、方便群众、服务征兵”的原则，进行全面摸底，符合条件的适龄青年，全部登记造册，为征兵工作打好基础。然后按照征集新兵条件的有关规定，在“留有余地、全面衡量、层层筛选”的基础上，依法确定预征、可征、缓征 3 种不同对象，凡列入可征对象的适龄青年，都要在当年 10 月征兵期间，到户口所在地乡镇征兵办公室报名应征，接受体检、政审。

## 第三节 预备役

1994 年，县人武部根据省军区、福州军分区《关于调整优化民兵预备役组织结构的通知》精神，制定《连江县民兵预备役工作调整改革方案》，重点是调整民兵组织结构，压缩普通民兵和基干民兵规模。1995 年，在优化整体结构基础上，县、乡镇武装部重点抓好民兵骨干队伍建设，加强政治思想工作，提高军事训练质量，改善武器装备，搞好组、训、装协调发展，完善各项法规、制度，提高民兵预备役队伍执行任务能力。通过整合优化，基干民兵中年龄在 18—28 周岁的均编入预备役；退伍军人、专业技术人员35周岁以下编入预备役。超龄的退出预备役。1995年10月6日，省预备役师正式在连江设立预备师后勤营，任命县政府一名副县长为营党委书记，县人武部军事科长任营长，县政府办公室主任任营教导员，同时任命副营级和连、排干部12人。1996年7月31日，县武委会在人武部首次召开预备役军官授衔仪式，给营长、副营长、教导员等12人授衔。1997年3月13日，举行第二次预备役军官授衔仪式，授中尉军衔44人。2000年，连江根据应急作战需求，重点抓好民兵预备役应急分队建设，按实战要求配置武器装备，并由驻军守备部队教导队担负专业军事训练。2005年，根据省军区、福州军分区和省预备役师的部署要求，连江组建破障营。各连由驻军分别进行20天严格对口专业军事训练，同年底经省、市国动委检查验收合格。

期间，1997—2001年，连续5年被福州军分区评为民兵预备役工作先进单位。

# 第三章　民　兵

## 第一节　组织建设

1991年，连江民兵组织按照国家法律法规要求组建，凡年满18—25岁的公民和18—30岁服一类兵役的退伍军人，编入基干民兵，其余26—50岁公民编入普通民兵组织。以建制村为单位，分编民兵营（连）。1994—1997年，县武装部派政工、军事科干部分头深入乡镇协助各民兵营（连）进行组织整顿，以基干民兵为主，超龄的调整出队或转队，适龄的吸收入队。1998年开始，重点抓乡镇专职人武干部培训，对22个乡镇48名武装专干进行全面考核，并与地方组织协调，交流6名专职武装干部。2001年，根据省军区《关于基层武装部、民兵营（连）开展规范化建设的意见》，全县划分沿海、平原、山区3个片区，分年段开展规范化达标建设。2004年，以乡镇为单位进行互评、互检、规范、完善。2005年12月，经省军区、福州军分区检查组验收，乡镇武装部达标21个、基本达标1个。至2005年，民兵组织通过多次整顿优化，整体素质大大提高。

## 第二节　政治教育

1991—1993年，县武装部党委按照上级部署加强民兵政治思想建设，以民兵营（连）为单位，以基干民兵为重点，深入开展党的基本路线、方针、政策的教育和国防观念教育。筱埕镇定海村民兵营，以哨所为活动阵地，邀请村党支部书记和老民兵队长上政治课，向基干民兵讲形势、讲传统，教育民兵继承发扬定海民兵营对敌斗争的光荣传统，保持革命警惕，做好哨所各项工作。1994—1996年，在全县民兵营开展爱国奉献、艰苦奋斗的教育，引导广大民兵在改革开放和市场经济发展新的历史时期，树立爱国奉献、艰苦奋斗的精神，自觉抵制各种腐朽思想侵蚀，树立正确世界观、人生观。1997—1999年，在城乡民兵中广泛开展以爱国主义为主要内容的政治思想教育，每个乡镇各选一个民兵营为教育试点，取得经验，全面铺开。透堡镇以北街民兵营为重点，请革命老前辈讲述革命烈士杨而菖的英雄事迹，激发民兵学英雄、讲传统，树立热爱祖国、艰苦奋斗的革命精神。透堡、马鼻、筱埕、丹阳等乡镇，分别在试点村民兵营召开政治教育经验交流会，推广试点村的经验。2000—2001年，结合“三五”普法宣传，在民兵中深入开展“反泄密、反渗透、反策反、反心战”的政治思想教育，普遍组织民兵学习《中华人民共和国宪法》《中华人民共和国国家安全法》《中华人民共和国刑事诉讼法》《中华人民共和国治安管理处罚条例》等法律法规，邀请当地法律工作者为基干民兵作法律辅导报告，使广大民兵做到学法、懂法、用法，自觉遵纪守法。2002—2005年，根据军委总政治部关于加强民兵政治思想工作的通知精神，各乡镇武委会主任（党委书记或乡镇长）都到1—2个民兵营宣讲中共十六大精神，启发广大民兵认清不断变化的国际形势，提高保卫祖国安全的使命感、责任感，全县受教育民兵达3.5万多人次。

## 第三节　军事训练

1991年开始，连江民兵军事训练由过去不定期、就地分散的普通队列、投弹训练，扩展到各类基干民兵专业队伍集中到驻军训练场，由驻连部队代训为主。1991—1993年，集中平原、沿海基干民兵专业连队，由当地驻军按照部队正规化规范要求，进行现代常规战略战术和常规武器实战训练。每年训练一期10—20天。1994—1997年，在驻军训练场对特种高技术民兵分队进行科学练兵和实战演练。1998—1999年，集中8个民兵连到守备部队教导队训练场，进行常规军事训练。2000年10月，县武装部带民兵应急分队集中守备部队教导队训练场，进行为期20天的现代化战略战术军事训练，考核成绩优秀。2001—2003年，在守备部队教导队训练场，集中训练基干民兵，考核成绩优秀。2004—2005年，分别集中海、陆破障连和水际滩头破障连等基干民兵，由守备部队教导队选派士官40多人，进行现代常规作战对口严格训练。2005年8月，连江破障连民兵26人参加省军区在泉州举行的民兵破障大比武，夺得团体第一名，受到省军区、福州军分区的表彰。

# 第四章　国防动员

## 第一节　组织机构

1995年3月，成立连江县国防动员委员会（简称“县国动委”），设在县人武部，为非正式编制军事指挥机构。县委书记兼任国动委第一主任，县长兼主任，县人武部部长兼常务副主任，县人武部政委、县政府副县长（指定）、人武部副部长为副主任，其他成员由县委组织部、宣传部、统战部及县直机关有关单位组成，共32名。

县国动委下设3个指挥部和9个办公室：人民防空指挥部（设在县政府大楼）、动员支前指挥部（设支前办）、防卫作战指挥部（设人武部），综合办公室（设人武部）、政治动员办公室（设县人武部政工科）、人民武装动员办公室（设县人武部军事科）、经济动员办公室（设县发展计划局）、人民防空办公室（为常设行政机构，配专职主任1名）、交通战备办公室（设县交通局）、支前办公室（为县政府常设机构，配专职主任1名）、科技动员办公室（设县科技文体局）、信息动员办公室（设县电信局）。各办公室按照规定的职责，保障县国动委各项工作正常运行。1996—2005年，领导成员时有调整组织机构不变。

### 第二节　主要活动

1995—1999年，县国动委主要围绕新时期军事斗争准备和应急作战时期快速高效动员的需要，在全县深入开展国防观念教育，县有线广播电台设国防教育专题栏目，开展活动期间，每周一定期播出县武装部编写的宣传提纲。县城大街悬挂“加强国防观念，保卫祖国安全”等内容的横幅标语。各街区和中小学开辟国防教育专栏、专刊，宣传保卫祖国重要性，增强师生国防意识。乡镇以武装部和民兵营连为基础，以上政治课等形式，讲形势、讲国防、讲新时期军事斗争准备重要性，激发民兵预备役官兵热爱祖国的热情，做好预备役各项工作。据不完全统计，全县受国防教育达38万人次。2000年10月，在县国动委的领导下，由县人武部组建民兵应急分队，配备现代常规新式武器装备。

2001年9月，县国动委按照应急作战的需求，组建民兵船运中队，以沿海的琯头、安凯等乡镇的海运、轮船公司为主体，任务落实到船，并进行编号、核定人员。2005年6月，连江县国动委担负组建民兵破障营，并与驻军联系进行对口专业军训。同年12月，经省、市国动委检查验收合格。

## 第五章　人民防空

### 第一节　防空机构

1991年，县人民防空委员会，成员均为兼职，下设防空办公室，配1个干部留守，归县政府办公室管辖，基本未开展活动。1995年3月，县国动委成立后设人民防空指挥部和防空办公室，配专职主任1名。1997年1月《中华人民共和国人民防空法》实施。1999年5月起，县防空部门启用统一的中国人民防空标志，为圆形金黄色工程图案。同年9月，县人民防空指挥部下设的防空办公室，升为正科级议事协调机构，事业编制4人，隶属县政府、县人武部双重领导。2002年，人防办定为政府序列议事协调办事机构，改事业编制为行政编制，核定编制3人、工勤编制1人。至2005年不变。

### 第二节　宣传教育

1991—1994年，县人民防空委员会下设办公室只有1个干部，主要负责看守防空警报，无重大紧急事件，不鸣响防空警报，未开展重大宣传教育活动。1995年，县国动委成立后，开始把人民防空列入国防宣传教育内容。1997年开始，实施《中华人民共和国人民防空法》，加大人民防空宣传教育力度，在县广播电台设人民空专题栏目，定期宣传《中华人民共和国人民防空法》和防空基本知识。

1999年12月，县人民防空办公室召开专项人防工作会议，进一步宣传贯彻《中华人民共和国人民防空法》和《福建省人民防空工作条例》，通报设立人防专业机构及其主要职责，要求各部门对干部职工广泛进行人民防空宣传教育，县防空办相继在城乡悬挂横幅标语，刷写防空标语口号，散发人民防空知识宣传材料，广泛开展防空知识宣传教育。2002—2005年，县人防办还与教育局联合，先后在凤城、敖江、江南各中小学开展普及人民防空知识教育，受教育师生达2800多人。通过多种形式宣传教育，有效提高城乡人民防空意识，增强国防观念。

## 第三节　指挥通信

1995年，县人民防空指挥部成立后，服从县国防动员委员会和县政府统一指挥，对全县防空设施进行检查，摸清情况。本着“着眼战时、服务平时、平战结合”的宗旨，通过人民防空警报设施，为城乡人民防空示警，如遇敌机空袭、台风、抗洪、防汛、抢险等重特大突发事件，在县政府领导指挥下，鸣响警报，让群众提前做好预防工作，提高防范意识。2002年，县人防办建立一套电控系统防空警报网络，在5座楼房顶层安装警报设施。从2003年1月31日（农历2002年除夕）开始，每天分别3个时间段，以“人民防空为您报时”和“人民防空提醒您”的方式，通过警报器报时，既可以天天检验警报系统是否正常运行，又能一天3次提高人们增强国防观念和人民防空意识。2003年8月16日是连江解放纪念日，县人防办在城关地区举行人民防空警报试鸣，县长下达警报试鸣令，拉响警报，让连江人民不要忘记连江解放纪念日。2004—2005年，县境相继遭强台风“海棠”“泰利”袭击，县人防办根据县抗洪防汛指挥部的部署，在县长指挥下，及时启动人民防空警报网络，向群众播送台风警报和县长紧急动员令。2005年8月17日起，县人民防空警报网络并入市人民防空网，由市统一部署警报试鸣活动。

## 第四节　防空设施审批与执法

**一、防空设施审批**

1997年1月，《中华人民共和国人民防空法》实施，规定城市新建民用建筑，必须按照国家规定的标准修建战时可用于防空的地下室。人民防空主管部门对人民防空工程的维护管理进行监督检查。连江县因人防部门人力不足，尚未具体组织实施，只作一般宣传。1999年9月，县防空办得到加强。2000年3月开始，执行《中华人民共和国人民防空法》及《福建省人民防空工作条例》规定，凡在县境新建的高层建筑，均应在就地修建防空地下室，建设单位必须在建设之前向县人民防空办公室申报审批。新建高层楼房如确因地质、地形等因素或因九层以下楼房基础设置深度不足3米，防空地下室建筑面积不足140平方米，不宜建防空地下室，建设单位必须持设计单位出具的论证资料，报县人防办审批，并按有关规定，缴纳人防易地建设费，否则要依法惩处。2003年，县人防办工作人员经省行政执法考试取得行政执法资格。

**二、违法处理**

2001年，县人防办依法对福州源盛房地产开发有限公司开发建设的工程，进行监督检查，发现未按《中华人民共和国人民防空法》规定，交纳人防工程易地建设费。县人防办于2002年4月进行立案调查，并作出征收人防易地建设费311.7万元、行政罚款9.98万元的决定，并提交县人民法院裁决强制执行。源盛房地产公司才分别于2004年2月3日和8月17日2次交纳易地人防建设费170万元，尚差140余万元，县法院查封该公司3间店面作抵押。至2005年，县人防办共依法查处违纪、违法案件17起。同年10月受省人防办通报表扬。

# 第六章　拥政爱民

## 第一节　支援地方建设

1991—1993年，连江驻军在县境道路建设、水电建设、环境整治、造林绿化、为民义诊等方面都有突出表现。先后出动1000多人次帮助支持地方建设。1994—1999年，驻连部队先后支援丹阳、敖江等乡镇生态公益事业48项，派出官兵2800人次，投入29000多工日，动用机械设备590台次，共埋设电缆27400米，治理荒山280亩，治理荒滩340亩，支持公路造林28000株，为绿化美化环境作出有益贡献。1997—1999年，驻军部队先后共派出官兵7000人次，投入26000工日、车辆270台次，支援潘渡乡共建军民万亩林义务劳动，植树造林20万株、种植草皮16900平方米；支援东湖岭北宫水库修整堤坝；修建东湖—官地通村公路建设6.5千米、支持修路资金70万元。2000—2002年，驻连守备部队先后出动官兵3000人次、车辆230台次，支援塘坂水库电站大坝建设。2005年，73122部队出动官兵250人、车辆110台次、投入18200工日，支援塘坂至县城引水工程，挖沟修渠10.2千米、加固沿江堤坝15.5千米，促进引水工程建设提前竣工。1991—2005年，不完全统计，驻军支援地方经济建设共派出官兵14050人次，机械、车辆1.2万辆次，投入732002工日，为财政节约建设资金1500多万元。

## 第二节　共建精神文明

1991年起，驻连江部队与地方共建军民社会主义精神文明，在内容和形式上都提升到新水平，并逐步形成常态化、制度化。至1994年，驻连各部队与地方共建点已达81个，其中政府机关、事业单位31个、国有企业9个、中小学22所、乡镇和村19个。1995—2002年，共建单位连江一中、实验小学、职业中专等15所学校，分期分批组织师生到部队开展军事日活动，参观红四连荣誉室及营区建设、文化活动，听部队领导作革命传统报告，深刻感受解放军战士朝气蓬勃、充满激情的革命化军队生活，让广大师生接受生动有趣的国防、爱国主义教育。2001—2002年，驻连江部队相继共派出士官176人次，协助连一中、五中、职专、树德中学进行开学前常规军事训练，受训学生2300人。2003年7月，又派出士官110人，为4所中学和实验小学以及6个国有企业职工，开展军训，受训4100人。驻连江部队共协助共建单位的22所中小学和9个国有企业、19个乡镇军训430次，受训学生12300人，职工500人，基干民兵9700人。

1991—2005年，驻连江部队卫生队和驻连江部队医务人员，先后到共建单位和群众义务巡诊治病

28000人次，减少医疗费40多万元。守备部队卫生队军医聂秋根被共青团中央授予“全国优秀青年”称号，军医王忠被南京军区授予“拥政爱民先进个人”。驻连江各部队官兵为连江希望工程“春风助学”先后共捐款26.70万元，为贫困儿童助学78人，为受灾群众、五保户捐赠衣物73800件，驻军战士参加爱心献血活动54次，有1420人次献血28400毫升。2005年，在“红五月”活动中，守备部队官兵78人组成歌咏队，参加县委宣传部、统战部、教育局、科技文体局联合举办“青春放歌”歌咏比赛，获团体第二名。驻守连江沿海岛屿的连队，分别于1997年、1999年、2002年被南京军区、省军区授予“军民共建社会主义精神文明先进单位”称号。

## 第三节　参与抢险救灾

1990年9月8日，强台风袭击连江，过程雨量超过400毫米，敖江洪水猛涨，县城水位超警戒线5.95米，江南和潘渡乡朱步两处堤坝缺口，房屋被掩，群众被困，驻连江守备部队出动官兵250人，随带冲锋舟奔赴两地，配合当地民兵抗灾抢险，救援被困群众。战士徐建华、严新军不幸被洪水卷走英勇牺牲。9月15日，县委、县政府在县城为烈士举行追悼会，省、市、县领导和驻军首长、指战员、干部、群众1000多人参加。9月28日，省委书记陈光毅到连江慰问支援抗洪救灾驻连部队指战员。当年12月，省政府授予连江“抗洪抢险先进集体”称号。1994年7月和9月，两次强台风袭击连江，驻连江部队先后共派出官兵700多人，奔赴各地抗洪抢险救灾。

1996年2月，琯头镇川石岛因小孩玩火引发森林火灾，驻岛官兵200多人全力投入扑火，战士毕文雄、吴海峰、周洪贤在扑火中不幸牺牲，全岛军民举哀追悼烈士。1999年9月，第10号热带风暴袭击连江，驻连部队出动官兵400多人，冒着狂风暴雨分赴沿海的筱埕、安凯、黄岐等乡镇抢险救灾，奋力抢救渔船30多艘，加固渔排20多处，抢救遇险渔民40多人。2001年6—9月，县境先后受第2号台风“飞燕”、第8号台风“桃芝”和第12号热带风暴袭击，驻连江各部队闻风而动，出动大批官兵，分赴沿海村居、渔排与当地民兵共同抗风抢险。2002年9月7—9日，受第16号台风“森拉克”影响，连降暴雨，驻连江守备部队向驻岛部队发出通知，就地协助周边村、镇抢险救灾。

2003年7月19日、31日，坑园红厦村、江南连登村两地发生森林火灾，大火迅速蔓延，驻连守备部队和武警、消防官兵400多人，奔赴火场与当地民兵一起奋力扑火，保住大片森林。2004年8月24日，东湖后山村民焚烧杂草引发山林火灾，驻东湖部队官兵全力以赴，搏击火场，许多战士摔伤、烧伤不下火线，从当日傍晚开始，通宵达旦与大火搏斗，至翌日早晨彻底扑灭。

2005年7月19日，第五号台风“海棠”在连江黄岐半岛正面登陆，过程雨量208.9毫米，恰逢农历六月十四日天文大潮，驻连江部队快速奔赴沿海各乡镇抗风抢险救灾。同年9月7日，受第13号强台风“泰利”影响，又逢八月大潮，过程雨量270毫米，晓澳镇百胜村海堤决口，驻连部队官兵300多人，奔赴抗风抢险第一线，与当地民兵群众200多人一道奋力堵住缺口，保住海堤。

1991—2005年，驻连部队参加抢险救灾360多次，帮助10万余名群众摆脱洪水围困，解救遇险群众300多人。2005年，驻连江部队被省委、省政府授予“抗洪抢险先进集体”，某部三营被南京军区授予“抗洪抢险先进单位”，某部8连指导员吴祖勃被省军区授予“抗洪抢险先进个人”称号，荣立二等功。

# 第二十八篇　人事与编制

1991年，县人事与编制部门按照人事工作的方针政策，加强编制管理，做好党、政、群机关、事业单位工作人员的调配、考核、奖惩、离退休等项工作。1992年开始，逐步建立完善与社会主义市场经济相适应的人事、编制管理制度。1997年，按照“转变职能、理顺关系、精兵简政、提高效率”的方针，积极稳妥地推进党政机构改革，推进全员聘用制为重点的事业单位人事制度综合配套改革。1998年，打破干部统招统配的惯例，全面推向人才市场，加强人才资源开发，搞活人才流动。2002年，党政机构改革，理顺与省、市机构对接关系。1991—2005年，相继共统招大中专毕业生646名，招考干部275名，引进技术人才350名，安置军转干部112名，评定职称7165名，完成10余次职工工资调整和改革任务。1993—1995年，连续3年评为省人事、编制系统先进单位。1998—2001年，连续评为全省人事系统先进单位和继续教育先进单位。

## 第一章　编制管理

### 第一节　行政编制管理

1991年，连江行政编制主要是县和乡镇党政机关及人大常委会、政协、群众团体、司法机关。共核定编制1798人，实有2084人，超编286人。其中县政府系统编制437人，实有650人，超编213人。根据上级编委会要求，对行政编制实行严格控制。当年只审批农委口新设的农村综合开发办公室行政编制7人。1992年，开始实行社会主义市场经济体制改革，县编委会强化编制管理工作，对县和乡镇党政机关、群众团体基本实行冻结措施，超编的只出不入，满编的从严控制，缺编的严格把关。机构设置和人员编制实行县编委会一家承办、一家专文批复、编委主任一支笔审批的“三个一”措施，同时做好机构改革的前期准备工作。1992—1993年，全县申报增加机构或人员的有105个单位，只批从坑园析分出新设的下宫乡及配套机构12个，调整编制人员29名，其余均暂缓审批。1994年5月，新增行政编制75名，其中县检察院8名、法院3名、司法局4名、公安局55名、武装部5名。1995年5月，经省市编委批准，连江2个机构升格、2个改名，均不增编制。其余保持相对稳定。

1995年5月，县机构改革成立领导小组和办公室，经调查、登记、核实、汇总，形成改革方案，并经反复座谈、讨论、协商修订。1996年9月，经省、市政府批准实施。按照“转变职能、理顺关系、精兵简政”和“政企分开”的原则，界定职能配置。同年12月完成“三定”（定职能、定岗位、定编制），然后逐个审核批准。县党政群团机关经改革，机构由68个缩减到43个，减少36.8%；行政人员编制从实有883人压缩到650人，精简26.4%。

1998年起，县编制管理机关重点是维护机构改革成果，严格审批，保持稳定，防止机构人员反弹。2001年，为稳妥推进新一轮行政事业单位机构改革，全县实行人员编制冻结，县直机关16个单位申报增设内部机构一律暂停审批。2002年，按照上级部署，再次对县级机构进行改革，重点是理顺与省、市机构对接关系。县编委办与人事局，对第一轮改革中撤并、合署、挂靠的单位进行全面梳理，明确上下业务工作关系衔接的职责单位，不增加机构和人员，只个别进行调整。至2005年，全县党政群机关和乡镇行政人员编制保持1781人，实有1715人，分别是1991年的99.05%和82.29%。其中县党政群团编制和实有人数分别比1991年缩减25.15%和39.6%，乡镇分别缩减14.99%和20.93%，政法系统分别增加54.57%和28.96%。

**1991年—2005年连江县党政群和乡镇编制情况表**

表28-1-1　　单位：人

| 年份 | 合计 | | 县委 | | 政府 | | 人大 | | 政协 | | 群团 | | 政法 | | 乡镇 | |
|---|---|---|---|---|---|---|---|---|---|---|---|---|---|---|---|---|
| | 编制 | 实有数 | 编制 | 实有数 | 编制 | 实有数 | 编制 | 实有数 | 编制 | 实有数 | 编制 | 实有数 | 编制 | 实有数 | 编制 | 实有数 |
| 1991年 | 1798 | 2084 | 151 | 169 | 437 | 650 | 25 | 24 | 11 | 17 | 40 | 44 | 460 | 473 | 674 | 707 |
| 1992年 | 1801 | 2118 | 174 | 184 | 417 | 590 | 21 | 26 | 12 | 19 | 43 | 43 | 460 | 478 | 674 | 778 |
| 1993年 | 1811 | 2196 | 189 | 192 | 396 | 624 | 25 | 20 | 11 | 14 | 46 | 49 | 470 | 496 | 674 | 801 |
| 1994年 | 1808 | 2237 | 120 | 132 | 443 | 649 | 25 | 20 | 15 | 15 | 46 | 53 | 485 | 539 | 674 | 829 |
| 1995年 | 1828 | 2288 | 120 | 136 | 443 | 659 | 25 | 19 | 15 | 16 | 46 | 53 | 505 | 566 | 674 | 839 |
| 1996年 | 1958 | 2277 | 120 | 147 | 434 | 547 | 25 | 20 | 15 | 16 | 46 | 41 | 518 | 580 | 800 | 926 |
| 1997年 | 1968 | 1965 | 162 | 134 | 421 | 379 | 25 | 21 | 18 | 16 | 24 | 34 | 518 | 616 | 800 | 765 |
| 1998年 | 1955 | 2096 | 203 | 184 | 380 | 371 | 25 | 25 | 18 | 16 | 24 | 42 | 505 | 640 | 800 | 818 |
| 1999年 | 2018 | 2112 | 201 | 170 | 380 | 377 | 25 | 25 | 18 | 17 | 24 | 48 | 570 | 672 | 800 | 803 |
| 2000年 | 2039 | 2319 | 201 | 171 | 382 | 603 | 25 | 28 | 18 | 17 | 24 | 53 | 589 | 698 | 800 | 749 |
| 2001年 | 1741 | 1938 | 161 | 166 | 264 | 345 | 25 | 25 | 18 | 18 | 29 | 59 | 667 | 620 | 573 | 705 |
| 2002年 | 1781 | 2198 | 161 | 175 | 264 | 361 | 25 | 25 | 18 | 17 | 29 | 35 | 711 | 729 | 573 | 856 |
| 2003年 | 1781 | 2063 | 161 | 168 | 264 | 338 | 25 | 25 | 18 | 17 | 29 | 29 | 711 | 667 | 573 | 819 |
| 2004年 | 1781 | 1914 | 161 | 174 | 264 | 329 | 25 | 24 | 18 | 19 | 29 | 27 | 711 | 653 | 573 | 688 |
| 2005年 | 1781 | 1715 | 161 | 166 | 264 | 310 | 25 | 24 | 18 | 19 | 29 | 27 | 711 | 610 | 573 | 559 |

## 第二节　事业编制管理

1991年，连江共有事业单位571个，其中县财政全额拨款事业单位185个（含副科级41个）、差额拨款单位167个、自收自支单位219个。县编委共核定事业编制8608人，实有6984人，余编1624人。县编委会对财政全额或差额拨款机构人员控制较严，对自收自支事业单位稍宽，重点照顾基层一线需求。当年，审批基层林业站、水技站增编 25 人。1994 年，批准乡镇广播站增编 79 人。1995 年，县编委办和人事局为做好事业单位的改革，先后两次对全县事业单位的职数、人员编制进行全面调查摸底，建立簿、卡、台账档案资料，先后撤销 3 个事业单位（差额拨款 2 个、自收自支 1 个）。至 1999 年，实有事业单位 568 个，核定编制 10033 人。

2000 年开始，对事业单位分两批实行代码、赋码登记注册。2001 年 5 月，县编委按照省、市编委通知精神，会同人事局、财政局、教育局，组成中小学控编工作组，深入调查各校生员和教师配备数据，为全县偏远村落小学布局调整和教职员定编提供科学依据。

2002 年，按照省人事局《关于在事业单位试行人员聘用制的实施意见》，推行人员聘用制，本着“脱钩、放权、搞活”的原则，实行专业技术人员聘任制、管理人员职员制、工勤人员合同制，基金总额包干并与经济利益挂钩，允许事业单位建立灵活的激励分配机制。县编委办与人事局分期分批对事业单位进行定岗、定职、定责“三定”，对 36 个主管科局的 140 个直属事业单位进行机构人员清查核对，撤销 24 个单位，合并 14 个单位，精减人员编制 54 人。对乡镇事业单位，本着“精简、统一、效能”原则，把乡镇广播电视站、文化站、计生办、计生服务站 、村居规划建设管理站、经委办、经济管理站等合并整合为文化、计生服务、村居规划、经济管理 4 个服务中心；把农技站、水技站、林业站、畜牧兽医站、农业机械推广站等整合为农业服务中心；保留财政所、司法所、国土资源所。通过清查整顿，共撤并 50 个事业单位。

2005 年 3 月，县编委办会同县纪委、人事局、财政局，组成检查小组，深入流动面较大的 16 个单位，进行人事编制审查核对，共查出不在岗“吃空饷”人员 105 人（其中乡镇自收自支不在岗 30 人），并进行分类处理。至 2005 年底，全县事业单位保留 518 个，核定人员编制 8742 人，实有 8230 人，余编 512 人。

# 第二章　干部管理

## 第一节　干部录用

### 一、择优选拔录用

1991 年，县人事部门按照中央组织部、人事部关于择优选拔录用国家干部的精神，除大中专毕业生实行统配外，其他干部的选拔录用，一般要通过计划报批、考试、考核、公示等规范程序，然后择优录用。当年从供销、交通系统中通过考试、考核、公示等规范程序，择优转干录用 22 人，充实政府机关单位。1993 年，在 65 个行政单位在岗的工人分流中公开招干，经过资格审查和考试、考核，择优录用 46 人，充实缺编单位。1994 年，从县公安局、检察院、工商局、交通局及乡镇职工中，择优考录干部 6 批次，共 41 人。1995 年，择优考选副科级干部 4 名。1996 年开始，实施国家公务员制度，招考选拔更加规范、严格。当年由县委组部择优选拔录用拟任团县委副书记等副科级干部 6 人。1997 年 5 月，从乡镇“以工代干”的计划生育聘用制干部 9 人中，通过公开报名、考试、考核，择优选拔公务员 7 人。1998—1999 年，县人事局从事业单位和乡镇干部中，择优录用公务员 11 名，充实公安局、司法局等 5 个缺编单位。2000 年，县卫生系统卫技人员缺编 52 人，县政府批转卫生局《公开招聘卫技人员的实施意见》，县人事局会同卫生局，在卫生系统内从聘用的临时卫技人员中，进行公开考试、考核，择优录用48人。2002年，县政府办公室、公安局、司法局等6个单位，公务员缺编18名，人事局通过考核，择优录用11名。2004年8月，县土地局、公安局、交通局等9个单位公务员缺编56人，通过规范考试、考核，录用公务员54人。2005年4月，县安监局、减负办等单位内设机构公务员缺编28人，人事局通过考核、公示，择优录用公务员25名。

**二、军转干部安置**

1991年，县人事部门接收安置军转干部坚持指导思想、安置政策、安置重点"三个不变"的原则，参照军转干部在原部队所任职务，进行合理安置。为使军转干部熟悉地方工作，坚持"先培训、后上岗"的原则，凡军转干部安置时，县人事局发给每人培训通知书，按指定时间、地点参加培训。有的与干部培训结合进行，学习行政管理学概论、机关应用文写作、法学基础和行政法等课程。通过培训熟悉地方工作性质，增强信心，更快实现从军事战线到地方经济建设各条战线的转变。1991—1995年，先后接收部队转业干部5批，随军家属4人。当年还根据上级精神，有7名军转干部享受建房补贴1.19万元，人均1700元。1995年，对全迁户军转干部，由中央财政拨款，建房补助费每人2500元，连江有8人享受补助。1996—2000年，共接收军队转业干部5批。1997—2000年，军转干部享受建房补助共8.54万元。2001—2005年，接收军转干部基本做到人尽其才，各尽所能。2004年，县人事部门对企业退休军转干部进行专项调查，摸清28个企业单位军转干部数量，对离退休费偏低的，县财政每人年补助135元。2005年，县人事部门对企业军转干部医疗保险组织专项调查，把企业军转干部纳入医疗保险统筹，使之无后顾之忧。

**三、大中专毕业生安置**

1991年，根据人事部和省、市人事部门《关于调配大中专毕业生的通知》精神，凡纳入统一招生计划的大中专毕业生，取得毕业资格，实行计划为主分配就业。当年，经市人事局审批，选聘计划内自费大专毕业生26人、中专毕业生5人为合同制国家干部，试用期一年，县人事局跟踪考核，合格转正，不合格辞退。1992—1993年，两年接收计划内大中专毕业生101人，其中研究生1人、大专以上25人、中专75人。县人事局以计划调配与社会调节相结合，采取"行业包专业，对口包生源"的分配原则，分配行政机关3人、企事业单位70人、集体企业13人、待分配15人。1994—1995年，共接收计划内毕业生107人，其中大专以上25人、自费中专66人、定向委培生16人。当时正面临机构改革，分配难度较大，县人事局采取分批分期调配与推荐相结合的方法，选拔党员毕业生11人到建制村（居）挂职支部副书记；招考公安、检察院、法院13人；其余基本按毕业生专业调配，农林类分配基层农林所（站）13人，卫生类分配卫生院、站15人，乡镇妇联、计生8人；水电类安排山仔水利工程3人；财会类分配乡镇财政所8人；美术类分配乡镇文化站、广播电视站12人；还有建筑、水产等8人也对口安排。定向委培16人，由委培单位安置。1996—1997年，共接收大中专毕业308人，其中大专以上102人、中专132人、定向委培生74人。安排乡镇所、站124人、教育系统110人，定向委培生74人，按合同对口安排就业。1991—1997年，连江共接收计划内大中专毕业生667人，全部安置就业。

1998年起，取消大中专毕业生统招统配制度，此后的大中专毕业生均应持毕业证书等资料，统一到县人才服务中心登记。中心建立人才信息网络并与中国海峡人才市场联网，在福州设人才市场办事处，开通就业信息网络，成为人才引进、推荐就业的主要平台，并提供代存户口、档案等服务。1998—1999年，到县人才服务中心登记就业的大中专毕业生计501人，其中大学本科34人、大专125人、中专264人、职业大专78人。通过省、市、县人才市场推荐就业397人，占登记总数79.24%。2000—2003年，登记就业的大中专毕业生350人，其中大学本科18人、大专111人、中专221人。全部输入海峡人才信息网，向省、市人才交流会推荐就业，有210人被招聘单位接受面试，成功就业140人。2004—2005年，登记就业416人，其中大学本科12人、大专47人、中专357人。推荐就业17人。

1998—2005年，共登记就业的大中专毕业生有1267人，经人才市场推荐就业的有554人，占登记总数的 43.73%；经公务员或专业考试招收安排 149 人，占 11.76%；其余自主择业。

**四、专业人才引进交流**

1994 年 5 月，县人事局暂设人才服务中心，注重抓好人才交流、引进工作。至 1995 年，对全县各行各业人才结构、需求、余缺，进行全面调查摸底、登记、造册。1996 年 8 月，首次为教育和卫生系统引进英语、物理教师、内外科医生等专业人才 76 人，解决人才紧缺需求。1997 年 8 月，县人才服务中心正式成立后，相继受琯头海运公司、金源房地产有限公司委托，选派 3 名干部，前往"三峡"库区引进专业技术人才 38 人，解决两家企业人才需求。在省市引智部门支持下，引进各类专业技术人才 119 人，实施科技"星火"项目 20 项。其中为筱埕盛源水产有限公司引进日本大洋渔业株式会社专家近藤建一聘用 1 年，解决丁香鱼深加工的技术难题，使产品合格率提高到 80% 以上，出口产值 1800 万元，创税利 160 万元。1998 年，受连江"三资"企业委托，将多余的 36 名专业技术人才，推荐交流到厦门、福州"三资"企业对口就业 31 人。同年办理人事代理 305 人，寄存人事档案 452 份。1999 年 5 月，为解决沿海地区鲍鱼养殖技术、品种等难题，县人才服务中心协助引进澳大利亚养鲍专家基米格林，在苔菉、筱埕、黄岐举行学术讲座 3 场，有养鲍企业技术人员、专业户近 1000 人参加讲座。之后专家还深入鲍鱼养殖现场，进行调查指导，当年黄岐、苔菉、安凯等 5 个乡镇鲍鱼养殖企业 19 家，按照专家建议，淘汰旧品种，引进日本黑鲍优质品种。由于新品种发病率低、生长快，2000 年收获时，每公斤增值 200 多元，增收 1 倍多。2000—2002 年，县人才服务中心先后 6 次参加省、市人才市场交流会，为富佳机电公司、安通贸易公司、保险公司等 6 家企业，引进急需专业人才 37 人。2003—2005 年，先后协助清禄鞋业、富佳机电公司、新捷阳食品公司、港发机电有限公司、龙峰塑胶制品有限公司、瑞邦金属制品公司等 11 家"三资"和民营企业，引进专业对口科技、管理等专业人才 118 人。

1996—2005 年，县人才服务中心围绕改革开放和经济建设中心，提供优质代理服务，累计引进各类专业技术和管理人才 388 人，向外交流 31 人，为 193 家企业办理人事代理 1173 人，寄存人事档案 2791 份，代理办理户口寄存 325 人。

## 第二节　培训教育

**一、岗位培训教育**

1991 年，连江人事部门根据省人事厅《关于福建省行政机关工作人员岗位培训实施意见》，制定机关、事业工作人员培训教育计划，凡年龄在 45 岁以下、文化程度达到中专或高中以上的在职干部，分期进入县委党校岗位培训；已具备大专学历以上文化程度，按照"缺什么，补什么"的原则，参加岗位培训；对已修课程取得单科毕业证书的可申请免修；未达到高中毕业水平的要进入学历教学班培训，取得学历培训证书。培训形式分为脱产离职培训、半脱产培训、短期培训和函授自学。参训人员必修行政管理概论、法学基础与政治、社会调查研究方法、公务员应用文写作、公务员行为规范 5 门课程，总学时 768 小时（含自学）。学完规定课程，成绩记入省人事厅统一制发的岗位培训证书，存入本人档案，填入干部履历表，作为上岗、在岗、转岗、任用、晋升的依据。

1991—1992 年，县人事局组织举办在岗人员培训班和学历教育培训班 8 期，参加培训 525 人，通过考试达到高等教育水平的有 348 人、中等教育水平 177 人。1993 年，加大培训教育力度，举办在岗人员各类培训班 152 期，受培 10755 人。1994 年，在县委党校举办在职干部培训班 4 期，参加培训 895 人，办班期间分批组织学员到福州洪山工业园区等 10 个单位参观考察，使学员开阔视野，增长知识，取得更好学习效果。1995 年，举办在岗干部培训班 8 期，参加培训 518 人，其中科（局）级领导 56 人。

当年还举办大中专毕业生录聘用干部和上岗前学习培训 78 人。当年有 545 人中、青年干部经过 8 个月英语专业培训，通过省初级英语统考合格。

**二、公务员过渡培训**

1996 年开始，县组织人事部门按照省市有关党政机关工作人员过渡培训的意见，制定具体培训方案，参训人员指定要学习新编国家公务员制度教程、宏观经济管理两门课程，学习时间规定 80 学时，考试成绩记入省人事厅统一印制的过渡培训证书，作为每个工作人员向公务员过渡的依据。当年 3—8 月，举办公务员过渡培训班 9 期，参加培训党政机关工作人员 1888 人。10 月后，对未培训人员全部进行培训，至年底，基本完成过渡性培训任务。

**三、继续教育培训**

1995 年 9 月，连江县人事部门按照省颁发的《专业技术人员继续教育条例》要求，有计划、有组织、有步骤地开展继续教育。规定高中级专业技术人员每年脱产继续教育培训累计不得少于 72 学时（12 天）；初级职称专技人员累计不得少于 42 学时（7 天）。1997 年，确定县技工学校、县教师进修校、财政局函授站、农业局培训中心和教育系统 12 个教研片区，作为继续教育基地，按系列开展继续教育培训。统一以创造力开发作为公共必修课，分为创造力导论、创造性思维、创造力与企业创新、创造力训练等 6 个部分课程。当年指导、协调相关主管部门在建筑工程、统计、农业等 12 个系列，举办继续教育岗位培训 12 期，参加培训高、中、初级专技人员 6578 人，完成规定学时 6032 人，占 91.7%。教育系列 12 个教研片区、进修校、技工校、财政函授站共培训专业技术人员 6933 人，完成规定学时 5100 人，占 73.56%。1999 年，指导建设局、卫生局、文体局等举办初级专业技术人员继续教育培训班 8 期，参加培训 1501 人，完成规定学时 1385 人，占 92.27%。1999 年 11 月，市政府授予县人事局继续教育工作先进单位。县卫生局、农业局、财政局、建设局培训中心、教师进修校等 5 个单位，评为县继续教育先进单位。2000 年，指导卫生、教育、农业、水电等系列继续教育培训 3270 人，完成规定学时 2971 人，占 90.86%。2001 年，教育、农业、卫生、水电 4 个系列，参加培训 3230 人，完成规定学时 2952 人，占 91.39%。2002 年，各系列教育基地开辟创造力开发、知识与经济教程为公修课，当年建筑工程、农业、教育等系列，参加继续教育培训 3243 人，完成规定学时 2911 人，占 89.76%。2003 年，建筑工程、农业、教育、文化、卫生等系列，继续开辟公修课培训，参加培训 2857 人，完成规定学时 2510 人，占 87.85%。2004 年，组织全县高、中、初级专技人员参加计算机应用能力全国统一培训考试，参加培训统考 3200 人，合格 3008 人，合格率 94 %。至 2005 年，全县高级、中级、初级专业技术人员，普遍参加 1—2 期继续教育培训。

**四、专业培训**

1991 年 10 月，县人事局会同外经贸委在县委党校举办外贸企业厂长、经理培训班，培训内容为涉外法规、谈判签约、外汇管理、场地开发、金融与价格等 6 个方面课程，培训期 5 天，参加培训 284 人，通过系统培训，以提高参训者的对外经贸决策水平和管理能力。

1998 年 4 月，县人事局实施人事干部持证上岗，在县委党校举办首期人事干部培训班，参加培训 93 人。同年 5 月，举办第二期培训班，有各企事业单位和 22 个乡镇人事干部 174 人参加培训，聘请省人事干部学校教师来连授课，学习邓小平人事人才论、人事管理学、新时期人事管理制度和有关政策、现代干部工资、保险制度等课程，通过专业培训，明确人事工作操作规程，增强基层人事干部理论水平和办事能力。

1997—1999 年，分别在县委党校、县职工学校举办机关、事业单位在岗职工职业道德培训班 12 期，每期培训 4 天，参加培训 1349 人，通过课程考试，及格率 98%。

## 第三节　考核调配

**一、考核**

1991—1994年，县人事局配合县委组织部，对调配或提拔副科级以上领导干部深入部门或单位进行考核，并张榜公示。1995年，县人事部门根据《国家公务员考核暂行规定》，开始建立国家机关干部考核制度。县委成立干部考核领导小组，下设办公室，1996—2005年，每年10—11月，进行考核工作。由县人大常委会、纪委、组织部、宣传部、人事局等单位抽调干部，组成若干考核组，分片深入县党政机关、事业单位和乡镇，重点考核副科级以上领导干部，从德、能、勤、绩四个方面进行年度目标责任制考核，通过个人述职、民主测评、个别谈话、评议反馈等程序，客观公正评价每个领导干部的政绩。考核乡镇领导干部时，还要实地察看基础设施建设、为民办实事、社会经济增长等情况，进行综合评价，考评结果分优秀、称职、一般称职、不称职4个档次，存入个人档案，作为培养、提拔、使用干部的依据。对在职试用期的干部，县人事部门配合所在单位，进行不定期跟踪考核，根据表现情况，确定如期转正或延长试用或调整工作单位。除组织人事部门每年按期考核外，县效能办公室还结合效能检查，把实地考核情况反馈到组织人事部门，进行客观公开评价。

县直机关、事业单位和乡镇机关工作人员的考核，与领导干部考核同步进行，由主管机关安排考核。

**二、调配**

1991年，为缓解行政机关经济管理人才紧缺，从供销交通等部门考选优秀职工22人，进行调配充实。1992年开始，逐步改变由组织人事部门统一调配制度，转向适应市场经济相配套的宏观调配管理。凡机关、事业单位和乡镇需要充实工作人员，应按人事编制指标和空缺职位提出报告，根据需要进行调配，重点转向选拔、调配行政、企业管理人才和专业技术人才，以改善干部队伍结构。

1992—1993年，通过考试，相继招聘合同制干部151人，充实调配缺编的机关、事业单位，经1年试用考核优秀者转正145人，不合格辞退6人。1994年5月，为新建的下宫乡调配干部29人。1995年，先后为县公安局、检察院等司法机关及工商局、交通局等行政机关选聘调配154名缺编人员。1996年，县人事部门按照省人事厅《关于从应届大中专毕业生中录取国家公务员的通知》精神，公开招考公务员126人。并结合党政机关机构改革，调配改善干部的结构。同年，还为教育、卫生系统调配专业技术人员76人。1997年8月，为新建的江南乡调配干部30人。1998—2000年，县人事局相继为教育、卫生、农林水系统，从省市人才网引进科技、医疗、数理化等专业技术人才159人。2001—2003年，县人事局为农业、水电系统调配专业技术人才34人。2005年，县人事局公开招聘中学英语、物理、化学和医务、药剂、B超等专业技术人才81人，改善教育、卫生系统职工队伍结构。

1991—2005年，县人事部门共为机关、企事业单位和乡镇调配各类干部和专业技术人才880人，其中从外地引进调配350人。

**三、岗位轮换**

1994年开始，县党政群团机关、事业单位中的领导干部和工作人员，实施干部交流和岗位轮换制度。尤其群众反映强烈的“热门”部门和“热门”岗位，进行不定期交流和轮换。当年，监督指导公安局、工商局、建设局、司法局等12个单位，试行内部“热门”科、股室和“热门”岗位交流轮岗163人，其中科、股级干部129人，一般干部34人。1996—1997年，县组织人事部门从工商局、建设局、公安局等5个单位，选定副科级以上领导18人，股级和一般干部（包括干警）71人进行岗位交流。2004年3—6月，县科技文体局、司法局、水电局等21个科局38个“热门”科股室，128个“热门”岗位共交流轮岗 251 人，其中副科级干部 27 人。县法院在内部轮岗 38 人，其中副院长 1 人、正、副庭长 16 人、干警 21 人。2004 年 7 月，对机关、事业单位科局级领导任职 5 年以上的，进行岗位轮换或单位交流，县人事部门通过查证核实，有 30 名当年全部轮换交流。2005 年，县人事局确定轮岗交流干部共 252 人，当年交流 191 人，占 75.8%。

## 第四节　奖　惩

**一、表彰奖励**

1991—1993 年，县委、县政府按照国务院《关于国家行政机关工作人员奖惩的暂行规定》，评选表彰先进集体 65 个，先进工作者 278 人。其中有 9 个先进集体，6 名先进工作者，受市委、市政府表彰、奖励。县公安民警王昌华，侦破数起大要案，在追捕逃犯中，几次与案犯搏斗负伤，给予记二等功和晋升工资 2 级奖励。1994—1996 年，县表彰先进集体 98 个，先进工作者 386 人。连江有妇女干部、职工 15 人，获市"三八红旗手"和"先进工作者"称号。1994 年，县检察院检察长魏积祥获最高人民检察院授予"全国模范检察长"称号。1998—2000 年，县表彰先进集体 102 个，先进工作者 402 人，其中受市委、市政府表彰 8 人。2001—2005 年，县表彰先进集体 238 个，先进工作者 808 人，其中受市委、市政府表彰、奖励 41 人。2001 年，筱埕镇官坞村党支部，带领群众科学发展海水养殖和加工，取得优异成绩，被中共中央组织部授予"全国先进基层党组织"称号，该村被列入"全国小康建设明星村"。村支部书记林哲龙评为全国劳动模范，受到党中央、国务院的表彰、奖励。

**二、惩戒处分**

1991 年起，县人事部门对干部职工管理日益严格，除着重加强教育培训外，还根据年终考核和效能检查等对干部随时进行考察，对表现差或有过错的适时给予批评教育或效能告诫、黄牌警告等；违法违纪的交纪委、监察部门查处；触犯刑律的交司法机关侦查。1991—1993 年，根据县纪委、监察局查证，对违纪违法的干部 41 人，分别调离工作岗位 20 人、行政记过 3 人、开除留察 5 人、开除公职 13 人。1994 年 7 月，县纪委、组织部、人事局联合发出《关于督查清理擅自离岗干部、职工的通知》，组织对县直机关、事业单位和各乡镇在册干部、职工，进行逐个检查核对，共清理长期擅离职守的干部、职工 394 人，分别以自动离职、停薪留职、辞职、辞聘等处理。1995—1997 年，对无故不参加年度考核和考核不称职的 106 人，以不予升级、不发年终奖金等处理。对违纪违法的干部、职工 16 人，分别给予开除留用 7 人、开除公职 2 人、降 1 级工资处分 7 人。1998 年，县人事局配合教育局，对擅自离岗的教职员进行专项清理整顿，共查处长期擅自离岗教职员 383 人，其中中学 138 人、小学教师 245 人。按照人事政策法规，作出自动离职处理 148 人，其他分别以辞退、辞聘、解聘、不予晋升工资等处理。对病假半年以上不上班的教师 207 人，以不发奖金、不予升级等处理。1999—2003 年，查处违法违纪干部、职工 105 人，作辞退处理 47 人、受降 1 级工资处分 58 人。2004 年，查处违纪违法公务员 6 人，作开除公职处理。2005 年，对县直事业单位长期擅离职守干部、职工 12 人，作自动离职处理。

## 第五节　职称评聘

1991 年，县人事局根据省市评聘职称有关规定，首次推荐工程、经济、会计、统计、审计、档案、卫生、教育、农业等 9 个系列专业技术人员 172 人，报送市职称改革领导小组办公室评审，经评审合格 98 人，其中高级 7 人、中级 38 人、初级 53 人。同年 10 月，开展农民技术职称评审试点，经农业系列评委会评审，取得各类职称 463 人，其中农民技师 13 人（高级）、农民助理技师 124 人（中级）、农民技术员 246 人（初级）、农民助理技术员 80 人。1992—1993 年，开展专业技术职称评审，评定各类专业技术职称 1143 人，其中高级职称 15 人、中级职称 18 人、初级职称 1110 人。1994 年 5 月，评定各类职称 507 人，其中高级职称 23 人、中级职称 177 人、初级职称 307 人。1995 年，评定各类职称 1176 人，其中高级 64 人、中级 234 人、初级 878 人。1996 年，对 204 家企业、事业单位专业技术岗位设置和岗位核定进行审核，共核定技术岗位 4296 个，其中高级岗位 239 个、中级岗位 1857 个、初级岗位 2200 个，按岗位需要聘任不同级别职称技术人员。当年为激励专业技术人员奋发上进，县人事局配合县委组织部，从优秀专业技术人才中择优选拔 24 人担任副科级领导职务。1997 年，评定专业技术人员 861 人，其中高级 5 人、中级 85 人、初级 771 人。当年高级职称专业技术人员有 143 人获得全国中级外语统考资格。1998—2000 年，评审各类专业技术职称 1443 人，其中市审批高级 44 人、中级 311 人、初级 1088 人。评审农民技术员 122 人（初级）。2001 年，创新职称评审方法，在教育、卫生两个系统试点，成立初级评委会，设“评审库”，评委成员实行动态管理和异地交叉评审，保障职称评审工作公开、公正、公平，取得经验，全面铺开。2002 年，推行资格评审与职务聘任分开的“双轨制”，实施按需设岗，按岗聘用，指导专业技术人员竞争上岗。由过去职数管理转为职务结构比例的控制，事业单位在核定高、中级职务结构比例范围内，科学设岗，按岗聘用，全面推行择优聘用、竞争上岗。2003—2005 年，各系列评委审定专业技术职称 1937 人，其中高级 108 人、中级 373 人、初级 1456 人。至 2005 年，全县共评定各类专业技术职称 7165 人，其中高级职称 266 人、中级职称 1236 人、初级职称 5663 人。2005 年，受聘专业技术人员 7317 人进行全面考核，参加考核的 6769 人，被评为优秀 872 人、合格 5565 人、不合格 58 人、不定等次 274 人。对考核不合格人员，予以解聘处理。对未参加考核的 548 人，继续组织考核，无故不参加者予以解聘。

**连江县若干年份评定各类专业职称一览表**

表 28-2-1 单位：人

| 年份 | 评定各类专业技术职称 | | | | 农民各类专业技术职称 | | |
|---|---|---|---|---|---|---|---|
| | 高级 | 中级 | 初级 | 合计 | 技师（高级） | 助理技师（中级） | 农技员 |
| 1992 年 | 7 | 38 | 53 | 98 | 13 | 124 | 246 |
| 1993 年 | 15 | 18 | 1110 | 1143 | — | — | — |
| 1994 年 | 23 | 177 | 307 | 507 | — | — | — |
| 1995 年 | 64 | 234 | 878 | 1176 | — | — | — |
| 1997 年 | 5 | 85 | 771 | 861 | — | — | — |
| 1998 年 | 5 | 170 | 752 | 927 | — | — | — |
| 1999 年 | 18 | 82 | 158 | 258 | — | — | — |
| 2000 年 | 21 | 59 | 178 | 258 | — | — | 122 |
| 2003 年 | 69 | 4 | 512 | 585 | — | — | — |
| 2004 年 | 19 | 175 | 406 | 600 | — | — | — |
| 2005 年 | 20 | 194 | 538 | 752 | — | — | — |
| 合计 | 266 | 1236 | 5663 | 7165 | 13 | 124 | 368 |

# 第三章　工资福利

## 第一节　工　资

1991 年，县人事局、编委办公室加强工资基金管理，协调财政局及有关银行制定 3 条工资基金管理规定：1. 没有人事部门审核的工资基金，银行不得提取现金；2. 调进、调出工作人员，必须持有工资基金手册和工资卡片，办理工资基金增减手续；3. 各单位经办人员应按章办事，违者追究单位领导责任外，扣发经办人员当月奖金，性质严重者通报批评。机关、事业单位均应领《工资基金手册》，每月按规定时间，到人事部门办理审核工资基金手续，以控制人员编制增长。当年审批专业技术人员职称聘任工资兑现 539 人，办理新录用工作人员、大中专毕业生转正定级 354 人，新录用国家干部工资定级 20 人，农业、林业、水产、水利第一线技术干部享受浮动工资待遇 89 人。

1993 年，根据国务院办公厅《关于（国家机关、事业单位工资改革办法）的通知》精神，着手做好有关准备。1994 年，制定全县工资改革方案，相继举办培训班 3 期，培训工改骨干 310 人，准确掌握工改政策和规范程序。县人事局深入各单位现场指导，帮助解决工改中各类套改、测算等具体问题，还抽调 12 名干部深入教育局现场办公，10 天完成 4705 名教职员工工资套改审批任务。当年 6 月 20 日开始工资改革，至 12 月 30 日，全县 147 个机关事业单位干部、职工 11859 人，全部兑现新增工资。其中在职人员 9731 人，平均月增资 115.10 元，离退休人员 2128 人，人均月增资 161.70 元。此后，按规定进行正常晋升工资制度和提高离退休人员生活补助费。1995 年 1 月，根据省政府《关于提高退休人员生活补助费的通知》精神，全县离退休人员 2003 人，人均月增补助费 20.90 元；办理在农村第一线的专业技术干部浮动转固定工资兑现 28 人。1996 年，正常晋升工资 1 级 1039 人，职务晋升提高工资 68 人，考核合格晋升 278 人。1997 年 1 月，根据省人事部门通知，提高机关、事业单位工作人员工资津贴，连江在职人员 10615 人，人均月增 150.00 元；离退休 2187 人，人均月增 137.00 元。同年 7 月，调整工资标准，在职机关、事业工作人员 10717 人，人均月增工资 20.00 元；离退休 2213 人，人均月增工资 20.00 元。当年正常晋升工资 9919 人，离退休增加补助费 2213 人。1998 年 8 月，执行市政府通知，实行工作人员考勤奖，全县在职 10933 人，人均月增 100.00 元，离退休人员 2298 人，人均月增补助费 57.80 元。同年正常晋升工资 798 人，办理机关、事业单位工作人员增加职别工资和提高岗位津贴 830 人，工龄达到年限的增加职别工资 373 人。1999 年 7 月，根据国务院文件提高工资标准，全县在职 11385 人，人均月增工资 125.00 元；离退休人员 2971 人，人均月增补助费 122.60 元。同年，对连续两年年度考核称职以上，晋升职务工资 1 档，共 10037 人，人均月增工资 24.30 元；离退休人员 2997 人，人均月增补助费 21.30 元。2000 年 5 月，根据省、市人事部门通知，机关、事业单位实行工资、津贴归并，在职人员 11422 人，人均月增工资 12.00 元，离退人员 3012 人，人均月增工资 18.00 元；正常晋升 1086 人。2001 年 4 月，根据国务院办公厅《关于调整机关事业单位工作人员工资和增加离退休人员生活补助、离退休费四个实施方案的通知》精神，县机关、事业单位调整工资标准的现职工作人员 11542 人，人均月增工资 103.60 元，离退休人员 3235 人，人均月增补助费 99.20 元。同年，正常晋升 10107 人，增加离退休补助费 3831 人，晋升职务工资 1052 人。2003 年 7 月，根据国务院精神调整工资标准，县机关、事业单位工作人员调资 11102 人，人均月增补助 45.80 元；离退休人员 3586 人，人均月增补助费 25.70 元。同年正常晋升职务工资 9937 人。对连续 3 年考核优秀和连续 5 年考核合格晋升工资级别 291 人。2004 年 7 月，根据市人事局通知，提高机关、事业单位工作人员福利津贴及离退休人员生活补助费标准，县机关、事业单位在职 11082 人，人均月增资 136.30 元；离退休人员 2933 人，人均月增补助费 133.50 元。同年，办理正常晋升工资 1165 人；晋升职务工资 237 人；兑现 5 年期满浮动工资转固定工资、再浮动 1 级 38 人；调动、军转、新吸收工作人员定级 42 人；见习人员工资定级 132 人；专业技术人员职称评聘工资变动 848 人。2005 年 5 月，根据市政府通知提高地区工资补贴，县机关、事业单位工作人员 10788 人，人均月增资 136.00 元，离退休人员 3988 人，人均月增补贴 133.00 元。

**1992—2005 年连江县机关、事业单位工资调整表**

表 28-3-1　　单位：人、元

| 执行时间 | 调整或改革内容 | 在职人数（人） | 人均月增资（元） | 离退休人数（人） | 人均月增资（元） |
|---|---|---|---|---|---|
| 1994 年 12 月 | 工资改革（国务院） | 9731 | 115.10 | 2128 | 161.70 |
| 1995 年 1 月 | 提高离退休人员生活补助费（省） | — | — | 2003 | 20.90 |
| 1997 年 1 月 | 工资津贴（省） | 10615 | 150.00 | 2187 | 137.00 |
| 1997 年 7 月 | 调整工资标准（国务院） | 10717 | 20.00 | 2213 | 20.00 |
| 1998 年 8 月 | 考勤奖（市） | 10933 | 100.00 | 2298 | 57.80 |
| 1999 年 7 月 | 提高工资标准（国务院） | 11385 | 125.00 | 2971 | 122.60 |
| 2000 年 5 月 | 工资津贴归并（省） | 11422 | 12.00 | 3012 | 18.00 |
| 2001 年 1 月 | 调整工资标准（国务院） | 11542 | 103.60 | 3235 | 99.20 |
| 2003 年 7 月 | 调整工资标准（国务院） | 11102 | 45.80 | 3586 | 25.70 |
| 2004 年 7 月 | 地区补贴（市） | 11082 | 136.30 | 2933 | 133.50 |
| 2005 年 5 月 | 地区补贴（市） | 10788 | 136.0 | 3988 | 133.00 |

## 第二节　福　利

### 一、福利费提取发放

1991—1994 年，县直机关、事业单位职工福利费，仍按过去规定，按每人月工资总额 1.40 元提取。1998 年 7 月又提高到每人每月 2.00 元，按年 24 元包干使用。从 2001 年 1 月起，机关、事业单位在职人员福利费提高到每人每月 15 元。

2002 年，根据福建省人事厅、财政厅《关于国家机关事业单位工作人员福利费提高标准和掌握使用问题的通知》精神，打破按包干使用的框架，福利费用于职工个人困难补助外，可以提取 30%—40% 用于职工集体福利，亦可用于慰问患病、致伤、致残工作人员和特殊困难补助。此项规定延续至 2005 年。

### 二、津贴补助

1991—1992 年，按照国家规定发放的物价、福利性补贴，县机关、事业单位工作人员每人每月物价补贴 5 元、主要副食品补贴 18.50 元、生活费补贴 16 元、其他 3 项补贴 6 元共 44.50 元。此外，教员、护士有教龄、护龄津贴，农业一线有特殊岗位津贴，司法警员有警衔津贴，每年 6—9 月有高温费补贴等。1992 年，县机关、事业单位工作人员实行工龄津贴有 1388 人，人均月增 28 元。1994 年经工资改革，原规定的各项补贴、津贴均纳入新工资系列一起发放，工改时工作人员工龄工资由原来每年每月 0.50 元，提高到 1.00 元，共有 4950 人提高工龄工资。退休教师中有 68 人教龄 30 年以上的增发补助金。1996 年，县检察院、公安局、法院、安全局 4 个单位的警员，实行警衔津贴 296 人，人均月增津贴 75 元。1998 年，办理公、检、法 3 个单位警衔津贴 54 人。1999 年，审批教龄、护龄津贴 144 人，办理农业、林业、水电、水产第一线艰苦岗位工作津贴 207 人。2001—2002 年，审批提高教龄、护龄津贴 1026 人，提高工作人员岗位津贴 288 人。2003—2005 年，办理工龄达到规定年限增加岗位津贴 466 人，审批提高教龄、护龄津贴 159 人，警衔津贴 481 人，提高农、林、水艰苦岗位津贴 335 人。

**三、丧葬抚恤**

1991—1997 年，丧葬抚恤费及有关补助费标准为：因病或非因公死亡的职工，按其标准工资 10 个月计发丧葬抚恤费；因公死亡除当月工资（月初第一天零时死亡者，即为当月工资）照发外，发给一次性困难补助费 1000 元；非因公死亡的发给 600 元（含离退休、退职人员）。死亡工作人员的遗属，符合定期定额补助条件的，以亡者去世次月起发给生活困难补助费。因公死亡的工作人员遗属，非农业户口每人每月 80 元，农业户口每人每月 70 元；病故工作人员遗属，非农业户口每人每月 65 元，农业户口每人每月 55 元。

1998 年，按照省人事厅《关于调整机关事业单位工作人员死亡抚恤标准的通知》精神，死亡丧葬费：机关、事业单位工作人员、离退休人员死亡（含因公死亡）的丧葬费，分因公死亡和因病死亡 2 种。死亡抚恤费：在职因公死亡的，按本人基本工资 40 个月发给；因病死亡，按其标准工资 10 个月计发。一次性困难补助：机关、事业单位工作人员和离退休人员死亡后，除当月工资照发外，再按单位所在地最低工资标准 6 个月发给一次性困难补助费。遗属定期定额生活补助费，符合享受定补条件的非农业户口遗属，按死者单位所在地职工最低工资标准的 60% 逐月发给；属农业户口每人每月按 50% 发给。1999 年 1 月起，机关、事业单位工作人员死亡遗属生活补助费，统一调整为每人每月 190 元，当年 8 月调整为 240 元，2001 年 1 月调整为 260 元，2004 年 7 月调整为 300 元，2005 年 7 月调整为 330 元。人事部门对全县享受遗属定期补助的对象进行全面核实清理，严格审查，做到符合享受条件的给予办理调高生活困难补助费。遗属因死亡或安排就业，或超过年龄等原因，即停止发放遗属生活困难补助费。至 2005 年 12 月，共办理机关、事业单位工作人员和离退休人员死亡 909 人，供养亲属子女 349 人。

# 第四章　离退休干部管理

## 第一节　离休干部管理服务

**一、政治生活待遇**

1991 年，全县共有离休干部 134 人、县副处级退休干部 31 人、“5·12”（1950 年 5 月 12 日东山岛解放）退休干部 36 人。根据中央关于离休干部“政治待遇基本不变，生活待遇从优”的精神，建立县老干部光荣史室，组织离休老干部开展“忆传统、讲党性、学先进、做贡献”活动，启发引导离休干部珍惜过去，谱写有生之年的历史。凤城、潘渡、东岱、浦口等乡镇老干部较集中的地区，单独设立离退休老干部党支部，其他地区按分布情况建立党小组，每星期一、五为阅读文件日，传达学习县委、县政府有关文件，每月集中一次政治学习或其他议事活动。县委每年召开1—2次工作情况通报座谈会，由县委主要领导向城关地区离退休干部通报全县工作情况。每年组织部分离退休老干部参观重点经济建设项目，分批组织到北京、武夷山等地参观或疗养。

1992年起，离休干部行政公务费从450元提高到500元。为70周岁以上离休干部发高龄补助费，普遍享受电话费补助。1994年，帮助5位符合离休待遇的退休干部改为离休。1995年，县财政投资110万元，建设1250平方米的离退休干部活动中心和配套设施，各乡镇相继建立离退休干部活动室，丰富老干部文化娱乐生活。1998年开始，建立老干部走访日制度，规定每月25日由县委组织部长带队走访老干部及其遗属，共走访350人次，发送慰问金6.5万元，还为18名老干部祝寿。1999年，建立企业离休干部“两费”（生活补助费、离休费）管理制度，主管局设专户，保障企业12位离休干部“两费”正常发放。2005年8月1日起，离休干部遗属生活补助费由原来220元，提高到330元。当年10月起由企业负担的离休干部和“5·12”干部“两费”纳入县政府拨款。协助相关部门做好长病、重病老干部巡诊医疗工作，送医送药上门，提供方便。1991—2005年，县组织人事部门，共帮助老干部配偶、子女农转非81人，安排就业12人，协助调回子女照顾老干部4人。

**二、发挥老干部作用**

1991年，县委成立关心下一代协会，以促进青少年健康成长为目标，聘请“五老”（老干部、老战士、老专家、老教师、老劳模）担任“六大员”（宣传报告员、校外辅导员、帮教员、家教员、科技员、文化市场监督员），组成关爱工作团、报告团、夕阳红科技服务团，运用连江红色文化资源，对青少年不断进行爱国主义、革命传统、民族精神等教育。据不完全统计，1991—2005年，相继组织300人次“五老”报告团，到各乡镇村居和中小学报告231场，受教育青少年14万多人次，还帮教“两劳”释教527人，促其向好转化505人。老科技工作者协助举办科技培训班186期，培训青少年1.45万人次，其中有432人评上各类技术职称。有55人离退休老干部被社团聘为顾问，35人被聘为人民调解员，19人被聘为校外辅导员，有25名被评为省、市、县老干部先进工作者。原县人大常委会退休主任陈高书被评为省老干部先进工作者（2004年）。

## 第二节　退休干部社会化管理

1991年，全县共有退休干部2038人。县人事部门开始探索退休干部管理的思路，总结出从直属管理转向社会化管理的路子。同年，由县政府制发《关于推行退休干部社会化管理意见》，分别在凤城、浦口、琯头、丹阳、东湖、筱埕6个乡镇进行试点。1992年，根据省、市人事部门提出退休干部管理要“上位置、设专人、明职责、成体系”的总体要求，县充实加强退休干部管理委员会，下设办公室，配备1名副主任和2名专职工作人员。各乡镇普遍成立退休干部管理委员会，配置活动场所，由1名副书记兼任主任，成员5—7人，下设退管办公室，配备专兼职干部1名，选择热心退管工作、有组织领导能力的退休干部1—3人参加管理，当年20个乡镇配备专兼职退管干部108人，村、街退管领导小组成员210人。1995年，相继召开12场经验交流会、现场会，总结推广凤城、琯头、东湖等乡镇社会化管理工作经验，推动退休干部社会化管理向深度发展。退休老干部多数就近就地组织活动，有150多人被推选为县政协委员、县人民代表和村（居）老年人协会会长，有230人被聘为各级政府机关廉政监督员，为各地经济社会发展做出应有的贡献。1996年，县人事退管部门创新退休干部社会化目标管理责任制，人事局长与乡镇领导签订责任书，列入乡镇领导年终政绩考核内容，在凤城、官坂、琯头召开社会化管理达标活动现场会。1997—1998 年，县人事、退管部门组织验收小组，有 11 个乡镇通过达标验收。至 2005 年，达标乡镇 20 个，占乡镇总数 89%；待达标乡镇 2 个，占 11%。

## 第三节　老年大学

1994 年，设立县老年学校，政协原主席吴震杨任名誉校长，县委组织部长兼任校长，另配常务副校长、副校长若干人，县委宣传部、县人事局、老龄委等单位领导为校务成员。学校遵循“增长知识、丰富生活、陶冶情操、服务社会”的办学宗旨，逐步提高发展。办学初期设政治时事、卫生保健、书法、家电知识、烹饪等 5 门课程。城关地区离退休老年人有 100 多人报名。1995 年起，上学人数日益增多，专业课程也日益扩展。2000 年 3 月，老年学校改名老年大学，分一年制、二年制、三年制，共设 17 门课程，21 个班级，学员 697 人。在校内还设立书画、诗词、摄影学会，组织交谊舞联谊会、老年合唱团、舞蹈队等文艺团体，每年配合重大节日和各种纪念日，举办书画、诗、影、剪纸展览，组织学员参观学习、游园联欢、社区服务等活动。办学以来相继被省、市各种刊物刊载的诗词有 122 首。2002 年 10 月，老年大学被评为市老年教育规范化示范学校。2003 年 8 月，市举办首届老干部书画诗影联展，县老年大学有 17 件作品入选参展，获一等奖 6 件，联展作品积分居市第一名。2004 年 5 月，市举办首届老年人文艺比赛，县老年大学选送男声小合唱、舞蹈 2 个节目参赛，分获金、银奖。2003—2005 年，连续 3 年获县文明单位称号。2005 年 12 月，被省委组织部、人事厅、省老龄委评为老年教育先进单位。

# 第五章　机　构

## 第一节　县人事局

1991 年，县人事局为正科级单位，内设办公室、干部股、工资福利股、退休干部管理办公室、离退休干部活动中心。1994 年 5 月，暂设人才服务中心，1997 年 8 月正式挂牌，事业编制 4 人。1998 年，内设办公室、公务员管理科、职称管理科、综合管理科、工资福利科。局属事业单位有社会养老保险公司、离退休干部活动中心。2003 年，内设办公室、公务员管理科、工资福利科，综合管理科改为调配科，职称管理科改为专业技术人员管理科，局行政编制 9 人，工勤事业编制 2 人。至 2005 年不变。

局挂靠单位：县退休干部管理办公室，1990 年延续，直属县人事局，编制 1 人；2003 年，行政编制增至 4 人，为副科级单位。

局属事业单位：离退休干部活动中心，编制 4 人；人才服务中心，编制 7 人；机关事业单位社会保险公司 2004 年移交县劳动和社会保障局管辖。

## 第二节　县编制委员会办公室

1991 年，县编制委员会作为政府序列，编委成员 9 人，主任由县长兼任。编委会下设办公室，合署人事局办公。2002 年 11 月，县编制委员会改为县委序列，编委会办公室从人事局分离出来，成为正科级职能机构，内设综合科、机关编制科、事业编制科，行政编制 6 人，工勤、事业编制 1 人。至 2005 年不变。

# 第二十九篇　劳动与社会保障

1991 年，县内劳动用工仍主要是在国家计划指导下进行，在用工机制上政府仍占主导地位。部分实行“松绑放权”的企业，经批准可自行招收合同工、临时工。社会保障仅在国有企业和县属集体企业实行养老保险和公费医疗。1992 年起，随着社会主义市场经济改革的深化，企业的自主招工增多，大中专毕业生实行双向选择就业。1995 年，贯彻实施《中华人民共和国劳动法》（简称“劳动法”），劳动管理走上法制化的轨道。1996 年，开始实行全员劳动合同制，就业、用工全面推向市场。同时，随着国有、集体企业转制步伐加快，下岗职工增多，政府相继制定劳动就业、再就业的扶持和优惠政策，社会保障也逐步扩大。2001 年，社会保障机构逐渐集中劳动部门管理。2002 年机构改革，组建县劳动和社会保障局，统一管理劳动市场，调节劳资关系，加强劳动监察、争议仲裁，逐步建立比较完整的劳动与社会保障体系。至 2005 年，全县 22 乡镇均建立劳动保障事务所，形成网络，迈入规范化、制度化轨道，为维护职工合法权益、稳定社会发挥重大作用。

## 第一章　劳动管理

### 第一节　劳动力市场

1991 年，县内全民和县属集体企业劳动用工及调配仍由县劳动局为主管理，在计划指导下进行。经批准“松绑放权”的企业招收的临时工均必须签订劳动合同并经劳动部门鉴证。年内，有连江三中、连江水产职业中学、连江九中开办中级技术职业班，毕业生 290 人全部推荐就业。1992 年 5 月，县政府批转县劳动局《关于支持企业改革，进一步搞好劳动制度配套改革的意见》，分别在县合成氨厂、啤酒厂推行岗位技能工资改革试点；在县造纸厂、调味品厂实行一厂多制管理模式和实行全员劳动合同制管理试点；在县印刷厂嫁接集体企业管理办法和全员合同制管理改革试点。1993 年 9 月 26 日，县百货公司率先实行全员劳动合同制，110 名职工与公司签订劳动合同，全部转换身份。

1995 年，贯彻实施《劳动法》，共有 9 家企业、1500 多名职工与企业签订劳动合同，打破原有“铁饭碗”的格局。是年，县职业教育研究会成立，加强对技术人才教育服务，187 名职高毕业生推荐就业。1996 年开始，企业劳动用工全部推向市场。县劳动部门重点转向宏观调节劳动市场，建立就业指导和服务平台，以劳务集市形式为用工单位和求职者提供用工双向选择服务，每年采取劳务集市和固定的职业介绍机构相结合的形式开展职业介绍。1998—1999 年，连江县为用人单位与失业者举办 17 场供需见面的现场招聘会，共推荐 5627 人到现场应聘。1999 年，全县职高在校生 1821 人，毕业生

400多人就业。2000年，实现县、乡（镇）两级劳务市场联网，常年保持450个招工左右职位空缺信息，让待业人员选择就业。实行联网后，使劳动力市场初步纳入科学化、规范化、现代化管理轨道。职高学校开设商务英语专业、护理、烹饪等专业，培养中级技术人才，毕业生470多人全部就业。2001—2005年，县劳动部门加强劳动市场制度化、专业化、社会化建设，全方位收集用工信息，摸清企业用工数量和工种，免费提供登记、指导、培训、推荐等一条龙服务，“一站式”就业服务。先后举办46场企业用工招聘会，共提供就业岗位14361个，达成就业意向14200人。其间，县内职业教育学校实行双证制（毕业证书、职业资格证书），与高等教育接轨，毕业生3000多人，全部推荐就业。

## 第二节　就业和再就业

### 一、就业安置

**城镇就业**　1991年，实行政府招工分配、帮助介绍就业和自谋职业“三结合”的就业方针。政府统一招工的重点是安置城镇商品粮户口的复员退伍军人、大中专毕业生及城镇待业青年等。企业用工报县劳动局批准招收临时工或合同工用工指标。同年，县劳动局下达临时招工单位100个，月临时工用工指标1853人。1992年开始，统一招工的比例逐渐降低，自谋职业的比例加大。至1995年，共安置城镇就业535人，其中统一分配全民所有制企业129人、县属集体32人，占总就业数30%。由劳动部门介绍到非公企业就业及自谋职业374人。1995年，贯彻实施《劳动法》，就业工作逐步走向法制化、规范化。1996年开始，就业工作全面推向市场。同时，国有和集体企业转制步伐加快，下岗人员增多。政府相继制订扶持就业和再就业优惠政策，县劳动部门依托劳动服务公司、劳务市场和职业介绍所，搭建用工求职平台，拓展就业和再就业渠道，搞好服务工作，推进就业。当年，实现就业2036人，城镇登记失业在3%以内。2000年，组建失业人员数据库和管理网络，加强职业指导，建立就业工作责任制，全县2160人实现就业。2001年，连江县推行城乡就业一体化，全面推进城乡统筹就业工作，制定城乡统筹就业规划，实行城乡统一的劳动用工管理制度，完善社会保障制度，至2005年，全县新增就业人员3.2万人。

**境外就业**　1991年，连江县境外就业多以个体出国游名义在外务工、也有以偷私渡、自费留学等形式出境务工。1992年，贯彻劳动部《境外就业服务机构管理规定》，规范境外就业服务机构从事的业务范围，劳动部门由此开展劳务输出业务。1995年，开辟境外就业服务渠道，先后与新加坡、日本、韩国等国家和地区建立劳务输出协作关系，输出服装、厨师等工种13人。1998年，连江县境外就业有所突破，全年向国外输出劳务人员62人。2002年，配合公安部门提供境外考察、培训、就业咨询，全年输出劳务人员103人。2005年末，县境外就业服务机构继续向日本、新加坡等国输出厨师、电工等专业劳务人员。

### 二、再就业安置

1991年，随着国有和县属集体企业改革的深化，部分企业实行竞争上岗，优化组合、减员增效，下岗职工增多。县政府开始筹措资金，扶持国企发展再生产，鼓励有条件的企业兴办劳服企业，安置富余人员和下岗人员。至1995年，共多渠道筹措11.9万元资金为机械厂等6家国企454名下岗困难职工发放生活救济金；无偿划拨46万元资金给县合成氨厂等8家国企建立生产基地和菜篮子工程，安置富余人员375名；全县劳服公司由原来的3家发展到13家，共安置514人，产值160万元、税金4.3万元、利润5.2万元。

1996年，对国有企业实行“抓大放小”“一厂一策”转换机制，下岗职工增多，当年下岗职工2551人，其中国有职工1846人，集体职工705人。1997年，县成立再就业和帮困工作领导小组，由县政府领导及劳动、财政、工会等部门领导组成，下设办公室在劳动局。1998年，全县国有企业亏损严重，停产或半停产的有12家，职工3355人，下岗职工1992人。县属集体困难企业5个系统（供销、二轻、经委、粮食、水产），共有职工2281人，下岗职工1441人。同年，县预算内国企10家进行租赁、拍卖、转让，筹资1400多万元，一次性货币安置下岗职工1134名。

1999年，贯彻国务院“两个确保”（确保下岗职工基本生活、确保离退休金按时足额发放）的精神，县政府下发《关于做好国有企业下岗职工基本生活保障和再就业工作的实施意见》，健全领导机构，增设再就业服务指导中心（挂靠县劳动服务公司），下岗职工较多的主管部门和国有企业，设立再就业服务站（中心）14个（2001年撤销）。下岗职工的基本生活费筹集实行“三三制”（企业、财政、社会征收调节费各三分之一）。基本生活费发放的标准以当地当年最低工资标准为基数，第一年每人每月按85%发给；第二年按75%发给。门诊诊疗费按每年享受基本生活费的6%包干。社会保险费（养老保险、失业保险）以当地当年最低工资为基数，个人缴纳部分由服务站代缴。下岗职工要与企业服务站签订“协议”，最长时间为2年，2年期满仍未就业的，要转到当地街道进行失业登记，由政府发给失业金。发放失业金的标准按当地当年最低工资标准为基数，原工龄不满10年的发70%；10—19年的发75%；满20年以上的发80%。失业金最多领取2年，2年后仍未就业的转入低保。

2000—2001年，国有和县属集体有61家企业2397名职工实行不同形式安置。下岗人员养老保险统筹费、医疗费有的由企业划拨给社保公司，先发生活费，到退休年龄时发退休金；有的企业只缴统筹费，不发生活费；有的企业与下岗职工按比例缴纳。

2002年，县政府和县委组织部下发文件，开展“再就业援助行动”和“春风行动”系列活动。县工商部门对下岗失业人员再就业实行优先咨询、优先登记注册、发照；个体经营的凭下岗职工再就业优惠证可享受3年免交管理费、注册登记费、证书费等优惠。建设部门优先安排摊位。卫生防疫部门免收预防性体检费、预防接种劳务费、卫生许可证、健康合格证工本费。

2003年，县政府明确规定对下岗人员优先提供公益性及城镇交通、服务性岗位。制定减免税收、就业援助、增加社保等优惠政策，共有2353人次下岗人员受惠。2004年，把城镇就业作为社区职责列入考核内容，并在凤城镇百凤社区试点，翌年，该社区帮助就业15人。

2005年，县政府筹集再就业资金284.1万元，用于一次性货币安置解除劳动关系职工128万元、劳动市场建设53.86万元、下岗再就业职工培训、就业介绍、特困职工补助和缴纳社保补助等102.24万元。税务部门为下岗再就业人员减免税费99.57万元，工商部门减免工商费6.27万元。同年，成立县劳务派遣公司，通过各种渠道共招聘职工306人，其中下岗和城镇失业人员102人。同年相继开展“再就业援助行动”“春风行动”的“春风送岗”“春风招聘”“春风送暖”“春风维权”“春风创业”等一系列活动，共印发《再就业援助手册》3000本；免费培训下岗职工475人；筹资10万元慰问困难下岗职工307人；指导帮助115个特困职工子女就业；减免下岗职工子女学杂费43万元；有935人城镇失业人员被纳入低保，发放失业保险金5.77万元；为990人灵活就业人员办理社会保险接续手续。

2001—2005年，在劳动部门指导和帮助下，共实现再就业3190多人次，每年平均639人次，2005年下岗再就业率达67.29%。城镇登记失业率在2%之内。

## 第三节　农村富余劳力转移

1991年，农村富余劳动力的就业，以农民自发的进城务工为主。1992年，农民工进城增多，政府和劳动部门加强有序组织和引导，并取消使用外地工按人头收管理费的规定。1993 年 3 月，县成立劳务市场和职业介绍所，同时有凤城、琯头、敖江、丹阳、浦口、东岱、晓澳等 7 个乡镇成立乡镇职业介绍所（后改称“劳动服务站”）。省劳服公司境外就业介绍所在连江设代办所。

1994 年，县劳动部门开始为农村富余劳动力建档立卡、求职登记、劳务输出、代办务工许可证。1996 年，根据省劳动厅《关于普遍建立乡镇劳动服务站机构的意见》，乡镇普遍成立劳动服务站，并配备 72 个专兼职工作人员。2003 年，成立县农村富余劳动力转移领导小组，加强领导和督查力度。当年经调查测算，2002 年末，全县农村劳动力有 28.21 万人，其中已转移到第二、三产业的 13.21 万人，占 46.83%；继续务农 11.92 万人，占 42.25%；农村富余劳动力尚有 3.08 万人，占 10.92%。2004 年，乡镇劳动服务站改称为乡镇劳动保障事务所，明确规定主要是做好农村富余劳动力的调查摸底、组织培训及劳务派遣等工作，并确定小沧、潘渡、蓼沿、丹阳、长龙、东湖 6 个乡镇为农村富余劳动力的重点乡镇。县政府还制定《农村富余劳动力转移工作实施方案》，要求每年举办农村富余劳动力就业交流会一次，并与周边经济发达区县签订农村富余劳动力对接协议，拓宽转移渠道。至 2005 年，全县共转移农村富余劳力就业 18019 人次，其中由政府部门推荐介绍或帮助转移就业的 6332 人，占 35.14%。

## 第四节　职工教育培训

### 一、中级技工培养

1991 年，乡镇企业发展迅速，技术工人缺口很大，县劳动部门以福州第二技工学校连江分校为平台，根据经济和社会发展需要，以市场为导向，开设具有实用性强、应用范围广、就业面宽的人才紧缺专业。主要招收初中毕业生，有财会营销和电力运行专业，学制三年。至 1993 年，共招收 659 名，毕业 574 名。1994 年 5 月，改名为县技工学校，仍以培养中等技术人才为主。此后增设电脑财会、文秘、计算机应用、护理、烹饪、机电一体化、模具设计、英语、实用技术等专业。至 1996 年技工学校毕业生均由县政府统一调配。1997 年开始，按“三结合”的就业方针，由学校推荐、劳动部门指导、个人应聘、用人单位择优录用。2003 年后，分春秋两季招生。至 2005 年，开设电脑财会和营销、计算机应用与维修、模具设计与制造、电力运行与检修、发配电等专业。1991—2005 年，共招收技工学生 2349 人，其中电脑财会与营销 963 人、电工电力 642 人、文秘与计算机应用维修 412 人、护理 93 人、烹饪 59 人、英语 43 人、模具设计与制造等 137 人，全部得到就业安置。

### 二、职业培训

1991 年，县内职工培训由县职业培训中心承担，依托县工会职工业余学校，采取职业教育与职业培训并举，正规和短期培训相结合，重点是在岗职工培训和在职在岗人员的转业、转岗培训以及军地两用人才的培训，按照用工单位需求相继举办英语、机械制图、裁缝、模具、电子、家用电器、电工、无线电、公文写作、商品营销、烹调、焊工、车衣工、美容美发、计算机应用、厨师、摩托车修理、汽车维修等专业岗位技术培训。至 1995 年，受训结业 3071 人，发证 2853 人。

1997 年，县职业培训中心开始承担下岗失业人员再就业培训和劳动预备役制度对象的培训。1998 年，采取“走出去，请进来”的形式，组织岗位技能、法律法规知识、安全生产知识等培训。1998—2000 年，举办全国计算机等考试培训班 12 期，培训 393 人。2001—2005 年，举办会计电算化培训班 9 期，培训 494 人。2002—2004 年，举办计算机应用能力培训班 72 期，培训 3600 人。2003—2005 年，举办计算机高新技术培训班 7 期，培训 526 人。除上述培训外其他各类培训班 45 期，培训人数 2684 人次。2005 年举办农村劳动力转移培训 6 期，开设文字录入、模具、家具制造、营运驾驶员从业等工种培训，共培训409人，全部合格。

**三、技能鉴定**

1995年4月，成立县技能鉴定站，挂靠县技工学校，主要开展初、中级技术和岗位职务培训考核。按照劳动部、人事部《关于颁发〈职业资格证书规定〉的通知》要求，开展对技校、职校、中专学校技术工种专业毕业生、在职职工及社会劳动者的技能鉴定工作。同年，根据劳动部《关于从事技术工种劳动者就业上岗前必须培训的规定》，全县对电工、机修工、钳工进行考核鉴定，并实行持证上岗制度。2001年，新增焊工、商品营业员、计算机操作员、厨师、会计电算化等5个工种的技能等级鉴定。

1996—2005年，相继共开展各项技能培训鉴定5709人，合格3166人。其中电工培训鉴定12期534人，合格492人；会计电算化培训鉴定9期494人，合格430人；全国计算机等级考试15次、鉴定4093人，合格人数1775人；计算机高新技术培训鉴定7期526人，合格407人；钳工培训鉴定1期33人，合格33人；商品营业员培训鉴定1期29人，合格29人。

**1996—2005年连江职业技能鉴定情况表**

表29-1-1　　　　单位：人

| 项目<br>年份 | 电工 | | 会计电算化 | | 计算机技术 | | 全国计算机等级 | | 钳工 | | 营业员 | |
|---|---|---|---|---|---|---|---|---|---|---|---|---|
| | 鉴定数 | 合格数 | 鉴定数 | 合格数 | 鉴定数 | 合格数 | 鉴定数 | 合格数 | 鉴定数 | 合格数 | 鉴定数 | 合格数 |
| 1996 | 27 | 24 | — | — | — | — | — | — | — | — | — | — |
| 1997 | 35 | 35 | — | — | — | — | — | — | — | — | — | — |
| 1998 | 31 | 28 | — | — | — | — | 179 | 68 | — | — | — | — |
| 1999 | 71 | 56 | — | — | — | — | 657 | 231 | — | — | — | — |
| 2000 | 136 | 120 | — | — | — | — | 553 | 173 | — | — | — | — |
| 2001 | 25 | 25 | 76 | 68 | — | — | 551 | 244 | — | — | — | — |
| 2002 | 29 | 29 | 137 | 133 | — | — | 804 | 355 | — | — | — | — |
| 2003 | 37 | 37 | 42 | 38 | 195 | 146 | 654 | 348 | — | — | — | — |
| 2004 | 38 | 35 | 126 | 106 | 228 | 164 | 443 | 220 | — | — | — | — |
| 2005 | 105 | 103 | 113 | 85 | 103 | 97 | 252 | 136 | 33 | 33 | 29 | 29 |
| 合计 | 534 | 492 | 494 | 430 | 526 | 407 | 4093 | 1775 | 33 | 33 | 29 | 29 |

## 第五节　劳动监察仲裁

**一、劳动监察**

1992年，县劳动局在16家国营企业推行现代安全管理办法，在37家企业推广应用“企业安全监察程序表”，并作为常态性的制度来执行。1993年，县劳动局与防疫站等部门配合，对企业的粉尘、有毒物品进行检查检测，发出整改指令书、意见书260多份，整改率90%。同年，县政府专门召开劳动监察工作会议，落实安全生产责任制，与各企业主管局安全科室及国有、集体、乡镇企业签订责任状。

1994年10月，县劳动局成立劳动监察室，对所有企业用工状况，执行最低工资情况、劳动安全卫生条件、外来工管理、社会保险参保、劳动合同签订等情况，进行全面监察。1997年，通过监察，敦促3家企业补交拖欠的养老金，为12家企业87名外来工补办就业证，纠正12人违规收取押金，处理26件拖欠克扣未付加班费的问题。2004年，解决拖欠147人农民工工资67.48万元。2005年，纠正无效合同960份，补签劳动合同4000多份。稳妥处理职工与企业的纠纷案件13起，解决拖欠农民工254人工资24.6万元。

**二、劳动争议仲裁**

1991年，县劳动局加强劳动合同的管理，在受理合同鉴证中，妥善调处劳动合同纠纷，维护职工合法权益。1993年，在县劳动局设立仲裁庭，建立仲裁员制度。1994年，成立县劳动仲裁委员会及办公室（设劳动局）。据统计，1994—2005年，共办理劳动合同鉴证5万多人次。1996—2005年，受理各种劳动争议案件873件，结案839件，占96.1%，其中以仲裁方式裁决175件，占案件数的20.86%；在案内调解476件，占案件数的54.52%；在案外调解188件，占案件数的21.53%。

## 第六节　安全生产与劳动保护

**一、安全生产**

**舆论宣传及培训**　1991年起，县安全办和劳动局先后共下发安全生产文件120多份，出安全生产宣传专刊10多期，编辑安全生产简报150多期，使每个职工都懂得安全生产的重要性，县政府每年召开全县性的安全生产会议4次，还不定期召开安全生产专题电话会议，针对各个时期出现的新情况、新问题进行通报，提出具体防范措施。每年组织一次“安全生产周”“百日生产无事故”活动及安全生产知识咨询活动，每次的活动发放的宣传材料都在3000—5000份。至2005年，共举办矿山矿长、安全员资格培训班35期，受训人数710人；举办电工、焊工、建筑井架工培训班170期，受训3750人；电工、焊工复审培训和安全员培训班36期，受训870人；举办锅炉、压力容器使用管理培训班20期，受训人数370人。

**安全检查**　1991年开始，县政府每年都与各类企业签订不同层次的安全生产责任状，当年开展以安全就是效益和提高职工安全意识为主要内容的“安全生产周”活动，此后形成常态化，在元旦、春节、“五一”国际劳动节、国庆等重要节日期间，在县政府办牵头下由县劳动局会同公安、消防及相关主管部门，进行综合性的安全大型检查。1992年，在公安消防等有关部门配合下，连续3次对特种工种人员持证上岗进行专项检查，实现无伤亡事故年。1993—1998年，对易燃易爆的企业进行专项检查，对特种设备检查鉴定1270台次，对其中有隐患的38台，向使用单位发出鉴定结果通知书；对已过期或无厂家标志的8台锅炉，责令停止使用（其中5台通知报废）。1999年，县政府确定安全生产专题整治8个项目，2001年增加到10项：道路交通安全、水上交通安全、民爆物品安全、矿山安全、液化气市场安全、消防安全、特种设备安全、中小学校安全、危险化学品安全、渔业生产安全。对查出的事故隐患先后共发出整改指令书2600多份，整改率达90%。1991—2002年，全县共发生安全生产事故20起，死亡25人、重伤2人、轻伤12人。2002年后安全生产移交县安监局负责。2003年，县安监局制定《安全生产目标管理考核办法》，对重大危险源、食品添加剂生产企业情况及商铺、酒楼、仓库进行检查。2004年，对辖区内经营危险化学品的单位摸底排查，对没有危险化学品经营许可证的企业发出限期整改决定书6份。2003—2005年，共接报处理各类突发安全事故5宗，接手调查办理安全生产案件2宗。

**伤残鉴定**　1991年，县对工伤认定主要依据国务院《企业职工伤亡事故报告和处理规定》。2003年，执行国务院《工伤保险条例》及劳动和社会保障部《工伤认定办法》。2005年，县劳动和社会保障局对有参加工伤保险的企业，规定受理工伤认定申请之日起60日内作出工伤认定决定的时限缩短为7个工作日，其他未参加工伤保险的企业，仍按原时效办理。1991—2005年，共受理工伤认定案件16起，其中认定工伤11起，非工伤5起。

**二、劳动保护**

1991年，县内对职工劳动保护的内容主要5个方面:（1）职工的工作时间每日8个小时，每周44小时。特殊行业工种延时要经过审批；（2）职工探亲待遇；（3）职工生育执行1991年6月省第七届人大常委会第二十二次会议通过的《关于修改〈福建省计划生育条例〉的决定》；（4）国企职工婚丧假和路程假的待遇；（5）女职工和未成年工的特殊保护。

1995年后，根据《中华人民共和国劳动法》规定，有条件的企业尽可能实行职工每日工作8小时，每周40小时，禁止女职工和未成年工从事矿山井下、国家规定的第四级体力劳动强度的劳动和其他禁忌从事的劳动。女职工在经期、怀孕期、分娩期、哺乳期给予照顾保护。1997年，根据《国务院关于职工工作时间的规定》，一律实行每天工作8小时，每周工作40小时的工时制度。

1998年开始，采取各项预防措施，加大职业病的防治力度，要求企业生产时采用湿式作业或密闭作业，控制粉尘外扬，将粉尘危害降到国家规定的最低标准；工作地点配备降温和取暖设备；新建项目做到劳动保护设施与主体工程同时设计、同时施工、同时投产。各企业按不同行业和工种给工人定期发放工作服、工作帽、安全带、防护服、手套、围裙、毛巾、面具、口罩、眼镜、胶鞋、水鞋等防护用品，对从事接触有毒有害物质、粉尘作业、放射性作业和高温作业等有害身体健康工种的工人免费供应保健食品，并定期对工人进行身体检查，发现病状及时治疗和调换工种。

# 第二章　社会保障

## 第一节　企业职工养老保险

1991年，县社会劳动保险公司承办全民所有制企业固定工、合同工、集体工人及聘用期一年以上临时工养老保险。至当年底，参保单位145个、职工9436人、收缴基金345.36万元。已离退休职工2502人，发放离退休金405.76万元，差额60.4万元，上级劳保部门拨补69.16万元，基本达到收支平衡。此后每年都有差额拨补。1992年7月1日开始，养老保险统筹费由原有企业统筹改为企业统筹与参保职工个人缴费相结合，缴费比例占全年工资总额的25%，其中单位缴17%，个人缴8%。1993年有10家外商投资企业的中方职工参保。

1996年1月开始，实施养老保险社会统筹和个人账户相结合的新模式。1996—1997年，个人账户记账比例为8%。1998年起，个人账户记账比例设为11%。同年7月，退休待遇计算进行新一轮改革，养老金由基础性养老、缴费性养老金、个人账户金、过渡性调节金组成。2000年9月，全面实行养老金社会化发放，年末，全县3833个离退休人员按时足额领到养老金。

2001年，原由劳动部门征收、发放的养老保险金改由地税征收、劳动部门发放、财政部门监管。

2003年，县劳动和社会保障局对所有在社会劳动保险公司参保的职工开展“两个确认”（确认参保职工缴费工资和确认视同缴费年限）工作，至2005年底，全部完成9127名参保职工“两个确认”工作，完成率100%，并通过市社会劳动保险公司验收。

1995—2005年，企业退休职工的退休金逐年有所提高，最少的1998年，每人每月提高6元，最高的1999年，每人每月提高56元，至2005年，全县企业离退休人员4792人，发放离退休金3245万元。

**1991—2005年连江县企业职工养老保险基金收支情况表**

表29-2-1

| 年份 | 参保单位数（个） | 在职投保人数（人） | 应收基金（万元） | 收缴基金（万元） | 离退休人数（人） | 离退休金支出（万元） | 离退休支出计划指标（万元） | 当年收支差额（万元） | 当年上级拨补款（万元） | 上级累计拨补款（万元） |
|---|---|---|---|---|---|---|---|---|---|---|
| 1991年 | 145 | 9436 | 322.49 | 345.36 | 2502 | 405.76 | 397.54 | -60.40 | 69.16 | 235.84 |
| 1992年 | 178 | 9574 | 377.78 | 398.59 | 2563 | 504.75 | 430.15 | -106.16 | 106.16 | 342 |
| 1993年 | 189 | 9576 | 421.71 | 425.14 | 2644 | 562.93 | 543.00 | -137.79 | 137.79 | 479.79 |
| 1994年 | 189 | 9144 | 480.92 | 480.92 | 2703 | 581.60 | 588.00 | -100.68 | 107.23 | 587.02 |
| 1995年 | 189 | 8595 | 697.00 | 744.70 | 2720 | 946.70 | 904.00 | -202.00 | 207.16 | 794.18 |
| 1996年 | 210 | 8944 | 685.00 | 860.12 | 3321 | 1046.47 | 946.69 | -186.35 | 261.69 | 1055.87 |
| 1997年 | 170 | 8883 | 1040.00 | 986.19 | 3482 | 1260.80 | 1299.00 | -274.61 | 259.00 | 1314.87 |
| 1998年 | 158 | 8564 | 1130.00 | 1171.43 | 3641 | 1370.65 | 1336.00 | -199.22 | 225.67 | 1540.54 |
| 1999年 | 182 | 8720 | 1216.00 | 1169.71 | 3726 | 1551.00 | 1521.00 | -381.29 | 279.00 | 1819.54 |
| 2000年 | 175 | 8870 | 1437.00 | 1623.44 | 3833 | 1723.42 | 1765.00 | -99.98 | 328.00 | 2147.54 |
| 2001年 | 346 | 8856 | 1400.00 | 1513.22 | 3941 | 1812.17 | 1812.17 | -298.95 | 300.17 | 2447.71 |
| 2002年 | 524 | 11754 | 1400.00 | 1412.86 | 4080 | 2422.00 | 2378.00 | -1009.14 | 978.00 | 3425.71 |
| 2003年 | 487 | 12419 | 1550.00 | 1564.39 | 4380 | 2533.94 | 2447.00 | -969.55 | 897.00 | 4322.71 |
| 2004年 | 543 | 12599 | 1700.00 | 1757.60 | 4589 | 2791.80 | 2764.00 | -1034.20 | 1064.00 | 5386.71 |
| 2005年 | 543 | 9127 | 2200.00 | 2402.00 | 4792 | 3245.00 | 3250.00 | -843.00 | 1050.00 | 6436.71 |

说明：上级拨补1990年166.68万元，至2005年累计拨补6436.71万元

## 第二节　机关事业单位养老保险

1995年前，县机关事业单位养老保险由人事局管理，离退休金由各单位发放。1995年10月，成立县机关事业单位保险公司，仍隶属县人事局。参保对象：一是纳入县人事组织部门工资基金管理的国家机关事业单位工作人员和其他执行国家机关、事业单位工资制度的人员；二是非全民所有制事业单位人员和人事、工资关系挂靠或寄存在国家机关、事业单位、人事档案人才交流服务机构的人事代理人员。退休养老保险基金采取县级统筹、分级管理的办法。按“以支定筹、略有节余”和实行国家、单位、个人三方共同负担的原则进行统筹。参保单位均按在职人员工资总额的27%缴交（其中全额拨款单位财政负担25%，个人负担2%；差额拨款单位财政负担10%，用人单位负担15%，个人负担2%）。

1996年，参保单位有269个，参保人员9678人，离退休人员2146人，当年基金征缴收入1332万元，基金支出1101万元，基金结余231万元。1997年1月，个人负担不变，全额单位财政负担调降至22%。1998年4月，单位负担缴费比例不变，全额、差额拨款单位个人负担调至3%；自收自支人员个人负担调至4%。

由于单位负担（包括财政负担）缴费比例偏低、管理政策上不完善和供养比例失调等原因，致使基金倒挂，至2000年底，差额170万元。2001年5月，机关事业单位养老保险公司移交县劳动局管理，至年底基金负债已达427万，影响正常运转。2002年1月起，全额拨款单位个人负担缴费不变，财政负担调至27%，差额拨款单位个人负担比例不变，其中县级医院单位缴费比例调至39%，其他单位缴费比例调至28%。当年基金结余487万元。2004年1月起，国家公务员个人暂不缴交。2005年1月起，差额和自收自支单位个人缴费比例分别由3%和4%每年均提高一个百分点，直至8%为止。

至2005年，全县参保单位有296个，参保人员10459人，离退休人员3835人。当年基金征缴收入7199万元（包括个人缴费），基金支出6653万元，历年累计结余2040万元。

**1996—2005年连江县机关事业单位养老保险情况表**

表29-2-2

| 项目<br>年度 | 参保单位（个） | 在职人员（人） | 离退休人员（人） | 基金收入（万元） | 离退休金支出（万元） | 当年结余（万元） | 累计结余（万元） |
|---|---|---|---|---|---|---|---|
| 1996年 | 269 | 9678 | 2146 | 1332 | 1101 | 231 | — |
| 1997年 | 272 | 10241 | 2328 | 1869 | 1629 | 240 | 471 |
| 1998年 | 300 | 11279 | 2749 | 2272 | 2077 | 195 | 666 |
| 1999年 | 300 | 11698 | 2922 | 2513 | 2569 | –56 | 610 |
| 2000年 | 301 | 11552 | 3158 | 2977 | 3147 | –170 | 440 |
| 2001年 | 294 | 11403 | 3310 | 3295 | 3722 | –427 | 13 |
| 2002年 | 296 | 11498 | 3488 | 4977 | 4490 | 487 | 500 |
| 2003年 | 295 | 11102 | 3586 | 5167 | 4623 | 544 | 1044 |
| 2004年 | 296 | 10797 | 3818 | 6116 | 5666 | 450 | 1494 |
| 2005年 | 296 | 10459 | 3835 | 7199 | 6653 | 546 | 2040 |

## 第三节　农村社会养老保险

1992年12月，成立县农村社会保险公司，由县民政局主管。1993年2月26日至3月2日，在东岱镇东水村开展试点，3月16日召开全县农村养老保险动员大会，全面推开。保险费缴交方式分为两种：（1）按月缴纳，月缴费起点标准为4元，多缴不限，并可视情一年、半年，按季、按月缴纳；（2）阶段性趸交，缴费标准起点为200元，多缴不限，可视情隔2—3年缴纳一次。养老金给付年龄分为50周岁、55周岁、60周岁，给付标准根据退休的个人账户积累总额计息，计息期精确到月。农村社保基金由省农村社保公司统筹，所征收的保险基金如数上解省农村社保公司。县农村社保公司办公经费由省社保公司核定按季下拨，应支付的养老金按时与省公司结算。当年只开展新婚夫妇、义务兵养老保险两类对象，共投保1041人，收保费16.57万元。1995年，参保对象扩大到农村干部、两女绝育对象。由于缴费标准低，到龄给付养老金也普遍低，原参保人员有部分停止参保。2001年5月，农村社保公司人、财、物整体移交劳动部门管辖。到2005年，参保对象扩大到幼儿教师、农村村干部、残疾人、乡镇企业职工等。至2005年底，全县累计投保人数19895人次，共征收社保费581.83万元，累计支付55人，年支付养老金2.76万元，人均502元。

**1993—2005年连江县农村社会养老保险基金情况表**

表29-2-3

| 年度 | 参保人数（人） | 缴交基金（万元） | 到龄退休支出 | | 年度 | 参保人数（人） | 缴交基金（万元） | 到龄退休支出 | |
|---|---|---|---|---|---|---|---|---|---|
| | | | 人数（人） | 金额（万元） | | | | 人数（人） | 金额（万元） |
| 1993年 | 1041 | 16.57 | — | — | 2000年 | 247 | 12.92 | — | — |
| 1994年 | 2384 | 50.62 | — | — | 2001年 | 180 | 20.49 | 7 | 0.25 |
| 1995年 | 5736 | 141.12 | — | — | 2002年 | 136 | 11.52 | 10 | 0.64 |
| 1996年 | 4635 | 126.76 | — | — | 2003年 | 140 | 11.22 | 15 | 0.62 |
| 1997年 | 2406 | 75.60 | — | — | 2004年 | 85 | 5.63 | 10 | 0.45 |
| 1998年 | 1942 | 75.44 | — | — | 2005年 | 107 | 5.96 | 13 | 0.80 |
| 1999年 | 891 | 27.98 | — | — | 合计 | 19930 | 581.83 | 55 | 2.76 |

## 第四节　城镇职工基本医疗保险

1991年，县机关事业单位的职工实行公费医疗制度，当时规定门诊医疗费分不同档次包干使用；住院医疗费扣除自费项目外，原则上按75%报销，由县卫生局主管，专设县公费医疗办公室。1999年，成立县医疗保险制度改革领导小组，由县分管领导及劳动、财政、卫生、人事等部门负责人组成，下设办公室在县劳动局，进行城镇职工基本保险制度实施的前期准备工作。2000年12月，成立县医疗保险管理中心，归劳动局管辖，原公费医疗机构撤销，基本医疗保险的覆盖面是县直机关、团体、事业单位和省、市属单位，参保单位有148个5976人。缴费标准按在职职工工资总额的10%缴纳（其中单位负担8%、个人负担2%）。门诊医疗费实行按人包干使用，每月按年龄比例划入IC卡：41周岁（含41周岁）以下为本人工资额的2.8%；42周岁以上至法定退休年龄按本人工资额的3.5%；退休人员为月退休费的4.5%。住院医疗费医保项目最高可报支38080元。大病由商业补充医疗保险解决，商业补充医疗保险每人每年交纳65元（全额拨款单位财政负担33元、个人负担32元），该医保项目赔付金额为38080—188080元。实行商业保险和医疗保险相结合的办法，门诊按工龄包干使用，住院医疗费年核报30000元。实际报支5000元以内的由人寿保险公司赔付，5000—30000元由医疗保险管理中心代为报销支付。2002年开始，教育系统医疗保险划属县医疗保险管理中心管理，5种对象（离休老干部、1950年12月以前入伍的退休干部、老红军、伤残军人警察、保健人员）医疗费，由原有实报实销改为定点医院记账，医保中心代管和上门报销的办法。2005年7月起，乡镇机关、乡镇卫生院和困难企业军转人员正式纳入基本医疗保险。至年底，参加医疗保险单位274个，参保总人数15792人。“5种对象”210人（其中离休127人、“5·12”退休干部36人、老红军1人、伤残军人警察44人、保健人员 2 人）。

**2002—2005 年连江县医疗保险收支情况表**

表 29-2-4　　单位：万元

| 项目 | | | 2002 年 | 2003 年 | 2004 年 | 2005 年 | 合计 | 附注 |
|---|---|---|---|---|---|---|---|---|
| 县直机关事业单位 | 基金收入 | | 437.54 | 515.98 | 590.74 | 1440.49 | 2984.75 | — |
| | 其中 | 统筹 | 213.80 | 267.05 | 305.09 | 830.04 | 1615.98 | — |
| | | 个人账户 | 223.74 | 248.93 | 285.65 | 610.45 | 1368.77 | — |
| | 基金支出 | | 209.66 | 326.71 | 456.80 | 684.31 | 1677.48 | — |
| | 其中 | 统筹 | 138.68 | 164.98 | 227.80 | 351.95 | 883.41 | — |
| | | 个人账户 | 70.98 | 161.73 | 229.00 | 332.36 | 794.07 | — |
| | 累计结余 | | 227.88 | 189.27 | 133.94 | 756.18 | 1307.27 | — |
| 五种对象 | 基金收入 | | 184.05 | 189.10 | 224.30 | 275.00 | 872.45 | — |
| | 基金支出 | | 197.57 | 222.65 | 240.45 | 252.00 | 912..67 | — |
| | 累计结余 | | –13.52 | –33.55 | –16.15 | 23.00 | –40.22 | — |
| 教育系统 | 基金收入 | | 175.16 | 189.00 | 217.00 | 165.00 | 746.16 | 2005 只统计至 6 月底，7 月 1 日后纳入社保 |
| | 基金支出 | | 168.88 | 198.89 | 226.07 | 152.00 | 745.84 | |
| | 结余 | | 6.28 | –9.89 | –9.07 | 13.00 | 0.32 | — |
| 乡镇机关 | 基金收入 | | — | — | 43.00 | 30.00 | 73.00 | 2005 只统计至 6 月底，7 月 1 日后纳入社保 |
| | 基金支出 | | — | — | 36.73 | 36.00 | 72.73 | |
| | 结余 | | — | — | 6.27 | –6.00 | 0.27 | — |
| 总计 | 基金收入 | | 796.75 | 894.08 | 1075.04 | 1910.49 | 4676.36 | — |
| | 基金支出 | | 576.11 | 748.25 | 960.05 | 1124.31 | 3408.72 | — |
| | 累计结余 | | 220.64 | 145.83 | 114.99 | 786.18 | 1267.64 | — |

## 第五节　城镇职工失业保险

1991 年，县劳动部门依托县劳动服务公司承办城镇职工待业保险业务，参加企业 121 个、参保职工 956 人，待业基金征收 13.32 万元，基金征缴按个人工资额 0.5%，企业统筹 1%。1992 年 6 月 1 日起，实施新待业保险制度，保险对象扩大到集体企业。至年底，参加待业保险的单位有 160 家，职工 3256 人，征收待业基金 15.5 万元。

1994年，待业保险统一改称城镇职工失业保险。1998年，贯彻国务院《失业保险条例》《社会保险费征缴暂行条例》，县劳动局成立失业保险扩面领导小组，拟扩面参保171家，共4908人。当年扩面企业76家，参保职工人数5637人，征收失业金40万元，并与企业签订失业保险征缴结算合同，建立参保职工一月一卡制度。失业金比例由1.5%提高到3%，其中企业缴交2%、职工个人缴交1%。至年底，全县参保单位201家，参保职工14983人，征收待业基金107万元。

2005年，失业保险参保单位220个，参保人数7068人，征收基金181万元。1991—2005年，共征收失业保险基金1305.11万元，享受失业金9264人，发放失业金238.7万元。

**1991—2005年连江县城镇职工失业保险情况表**

表29-2-5

| 年度 | 参保单位（人） | 参保人数（人） | 征收保险金额（万元） | 年度 | 参保单位（人） | 参保人数(人) | 征收保险金额（万元） |
|---|---|---|---|---|---|---|---|
| 1991年 | 121 | 956 | 13.32 | 1999年 | 198 | 12016 | 105.87 |
| 1992年 | 160 | 9355 | 15.50 | 2000年 | 203 | 11500 | 111.78 |
| 1993年 | 167 | 3376 | 16.53 | 2001年 | 207 | 12500 | 124.63 |
| 1994年 | 183 | 4681 | 22.08 | 2002年 | 213 | 9671 | 131.39 |
| 1995年 | 185 | 5146 | 46.29 | 2003年 | 215 | 9760 | 150.04 |
| 1996年 | 189 | 7835 | 53.15 | 2004年 | 219 | 8265 | 165.25 |
| 1997年 | 196 | 9346 | 61.28 | 2005年 | 220 | 7068 | 181.00 |
| 1998年 | 201 | 14983 | 107.00 | — | — | — | — |

## 第六节　工伤　生育保险

1993年10月1日开始，实行职工工伤保险，参保对象为全民固定工、合同制工人、全民带集体工人、聘用期一年以上临时工。保险基金费分三个类别：一类为风险较小行业，费率为工资总额的0.5%；二类为中等风险行业，费率1%；三类为风险较大行业，费率2%。连江只实行一、二类行业。至1994年，参保单位112个，参保人数8914人，征收工伤保险基金19万元。

1996年，根据《福建省企业职工生育保险规定》，参加养老保险的女职工同时参加女职工生育保险。缴费的比例是0.5%，由企业支付。参保后其待遇为：享受生育津贴和生育医疗费，男职工配偶符合省计划生育规定，未享受生育保险待遇的，按女职工生育津贴的50%发给一次性生育补助金。1997年生育保险参保单位170个，参保对象8883人，征收生育保险费17万元。

2002年1月起，实施机关团体户和事业单位的工伤、生育保险，由县医疗保险管理中心负责。工伤保险费率按在职职工工资总额的0.5%缴纳，生育保险按0.7%缴纳，医疗费报销按医保有关规定执行。

2005年，企业职工工伤保险参保单位211个，参保职工21076人，工伤保险费收入129万元，支出22万元。生育保险参保单位177个，参保人数8695人，征收保费28万元，支出36万元，倒挂8万元。机关团体户和事业单位的工伤、生育两险参保单位均为260个，参保人数均为10734人，工伤保险基金累计收入126.73万元，支付8.99万元，基金累计节余117.74万元；生育保险基金累计收入49.28万元，支付24.85万元，累计节余24.43万元。

**1994—2005 年连江县工伤、生育保险基金收支情况表**

表 29-2-6

| 年度 | 企业工伤保险 | | | | 企业生育保险 | | 机关团体"两险" | | | | | |
|---|---|---|---|---|---|---|---|---|---|---|---|---|
| | 参保单位（个） | 人数（人） | 收入（万元） | 支出（万元） | 收入（万元） | 支出（万元） | 参保单位（个） | 人数（人） | 工伤保险 | | 生育保险 | |
| | | | | | | | | | 收入（万元） | 支出（万元） | 收入（万元） | 支出（万元） |
| 1994 年 | 112 | 8914 | 19 | — | — | — | — | — | — | — | — | — |
| 1995 年 | 112 | 8365 | 23 | 4 | — | — | — | — | — | — | — | — |
| 1996 年 | 135 | 8714 | 26 | 7 | — | — | — | — | — | — | — | — |
| 1997 年 | 170 | 8883 | 29 | 15 | 17 | 3 | — | — | — | — | — | — |
| 1998 年 | 158 | 8564 | 31 | 11 | 21 | 11 | — | — | — | — | — | — |
| 1999 年 | 158 | 8536 | 46 | 17 | 23 | 10 | — | — | — | — | — | — |
| 2000 年 | 169 | 7893 | 42 | 9 | 29 | 18 | — | — | — | — | — | — |
| 2001 年 | 169 | 8191 | 37 | 18 | 27 | 29 | — | — | — | — | — | — |
| 2002 年 | 181 | 8189 | 49 | 15 | 26 | 26 | 258 | 10720 | 21.63 | 2.16 | 4.63 | 1.67 |
| 2003 年 | 193 | 9100 | 60 | 30 | 32 | 24 | 260 | 10731 | 24.34 | 2.41 | 10.71 | 4.71 |
| 2004 年 | 206 | 19076 | 149 | 42 | 44 | 22 | 261 | 10736 | 25.35 | 2.43 | 11.41 | 5.71 |
| 2005 年 | 211 | 21076 | 129 | 22 | 28 | 36 | 260 | 10734 | 55.41 | 1.99 | 22.53 | 12.76 |

# 第三章　工资福利

## 第一节　劳动工资

1991 年，县国有和县属集体企业职工工资制度实行档案工资与企业自主确定内部分配形式的双轨制管理办法，把职工工资分配同职工的劳动技能、劳动态度、劳动责任、劳动条件以及贡献大小挂钩，适当拉开工种（岗位）差距，使工资分配向生产科研第一线倾斜，提高苦、脏、累、险、毒工种的工资水平，体现"按劳分配、多劳多得"的原则。1992 年，对已具备工效挂钩条件的县电力公司、自来水厂、水产综合场等县属 24 家国营企业，经核定"两个基数"（工资总额基数和社保缴费基数）、"一个比例"（社保缴费比例），实行工资总额与经济效益挂钩。对不具备挂钩条件（含亏损企业）的 31 家国企，全部实行工资总额包干，经核定的包干工资即为指令性指标，不得突破。除国家分配的军转干部、大中专和技校毕业生外，原则上增人不增资，减人不减资。同年，在国企实行《工资总额使用手册》制度，取消企业多头立户，严格一个企业开设一个工资账户。1992 年 5 月，27 家县属集体企业纳入工资基金的管理范围。对于新增的工效挂钩企业有增资承受能力的，分别按职工总数 15%—35% 比例晋级。共升级人数 921 人，月共增资 6002 元。当年国有和县属集体企业近万名职工粮油补贴每月 6 元转入标准工资。

1994 年，对企业工资进行分类管理，县印刷厂实行按件计资和原等级工资相结合；县制碘厂采取岗位工资和原标准工资相结合；商业、供销系统采取核定营业额直接承包；县饮服公司采取提成工资的分配办法；盐场采取与产量挂钩计资的办法；县酒厂、啤酒厂采取工资与产品销售挂钩的办法。凡连续实行工资挂钩 2 年，且经济效益好的企业，可给职工调升档案工资；亏损企业的工资总额限制使用。

1995 年，试行国企经营者年薪制，把企业经营者收入与企业规模、实现利润、企业资产增值挂钩。1996 年，有 8 家企业经营者的收入实行年薪制，经营者年收入 2 万元以上的 1 家，1 万—2 万元的 4 家，1 万元的 3 家。

1995 年 7 月 1 日，开始实行最低月工资保障制度，当年最低月工资标准为 180 元，1996 年调整为 185 元，1997 年调整为 190 元，1999 年调整为 210 元，2000 年调整为 260 元（对实行年薪者制定约束机制），2001 年调整为 280 元，2003 年调整为 300 元，2005 年调整为 350 元。

## 第二节　福　利

### 一、假期

1991 年，除国家规定的节假外，对职工探望配偶的探亲假，按规定未婚职工探望父母，假期 20 天；若两年 1 次，假期 45 天。已婚职工探望父母，4 年 1 次，假期 20 天，探亲往返路程另计。已婚职工探望父母往返路费，未超过本人月工资 30% 的自理，超过部分由职工单位负责；其他探亲所用车船费按规定予以报销。婚假时间 5 天，晚婚的增加婚假至 10 天。女职工产假为 90 天，独生子女的增加 35 天，剖腹产的再增加 30 天。实行晚育的，可增加产假 15 天。同年 7 月起，开始对党政机关、人民团体和事业单位工作人员实施年休假制度。参加工作满 1 年不满 5 年、已转正定级的每年可休假 5 天，满 5 年未满 10 年的 7 天，满 10 年未满 20 年的 10 天，满 20 年以上的 14 天。按国家规定可连续享受 10 天以上假期的（如教师等），不再安排年休假。凡在 1 年内请病假、疗养假超过 45 天，或请事假累计超过 30 天，或已享受探亲假的，不再享受年休假；休产假或计划生育手术假的，仍可享受年休假。休假按年度安排，不跨年度累计。至 2005 年延续不变。

### 二、抚恤

1991 年，机关事业单位工作人员死亡后，丧葬补助费为 300 元。对因公负伤或致残的职工，在医疗终结后，由劳动鉴定机构作出评残鉴定，根据鉴定的残废等级享受一次性的残废补偿金。因公死亡被追认为革命烈士的，按其本人生前 40 个月的基本工资计发一次性抚恤金；其他因公死亡的按其本人生前 20 个月的基本工资计发一次性抚恤金；因病死亡的按其本人生前 10 个月的基本工资计发一次性抚恤金。生前供养的直系亲属（遗属），非农业人口按每人每月 35 元发给生活困难补助；农业人口按每人每月 25 元发给生活困难补助。1993 年，职工死亡丧葬补助费提高至 700 元。1995 年起，遗属生活困难补助费标准提高：非农业人口提高到 150 元，农业人口提高到 120 元。1998—2005 年，遗属困难补助费标准，居住在省内外城乡的遗属，其每人每月补助标准，按略高于本人户籍所在地政府确定的城乡居（村）民最低生活保障线执行，一般按不高于 20% 以内掌握，随城乡居（村）民最低生活保障线标准调整相应进行调整。

## 第三节　离退休　退职

1991年，对离退休人员的安置沿用以前的政策，即全民所有制企业、事业单位和行政机关、群众团体的工人男年满60周岁、女干部年满55周岁、女职工年满50周岁、连续工龄满10年的可以办理退休。灵活就业人员参保的男60周岁、女55周岁办理退休。从事特殊工种的，男年满55周岁、女年满45周岁、连续工龄满10年的，也可以办理退休。对于因病丧失劳动力、因工致残的需要提前退休的，要按照相关规定，履行一定程序办理退休。对不具备退休条件、因病不能坚持工作的人员，由医院证明，并经劳动鉴定委员会确认，完全丧失劳动能力的，由县劳动部门批准退职。1991年，全县企业离退休人员2502人。离退休、退职人员除按规定发给生活补助费外，按照属地管理原则，参加户籍居住所在地各项活动，发挥余热，为经济社会发展做出应有贡献。

2003年6月，县政府下发《连江县企业退休社会化管理服务工作实施方案》。按“一级政府、二级管理、三级服务”的模式建立社会化管理服务网络。县成立企业退休人员管理服务中心，挂靠县社会劳动保险公司，乡镇依托劳动保障事务所设立退休人员管理服务中心，并要求做到“四统一”（统一标识、统一规章制度、统一工作职责、统一培训考核）、“五到位”（人员、职责、经费、场地、管理到位），尽力为离退休人员服务，帮助办理相关手续，组织开展各项具体活动。2005年底，全县离退休人数4792人，其中有4644名企业退休人员移交凤城镇劳动保障事务所管理。

# 第四章　机　构

## 第一节　县劳动和社会保障局

1991年，为县劳动局，编制10人，实有14人，内设办公室、监察科，下属有县社会劳动保险公司、县劳动服务公司、县技工学校。1994年，成立县劳动争议仲裁委员会及其办公室，挂靠县劳动局。2002年6月，县劳动局扩组为县劳动和社会保障局。2005年，内设综合科、社保科、监察科，行政编制14名、事业编制2名、工勤编制1名，实有职工16人。下属6个基层单位，职工75人。

**县劳动就业管理中心**　前身为县劳动服务公司，1991年编制5名。2004年6月，改称县劳动就业管理中心，人员经费由原来的自收自支改为财政差额拨款。2005年有职工5人。

**县社会劳动保险公司**　1991年，编制5人，人员由县劳动局管理，业务及经费由省社会劳动保险局垂直管理。主要承办各类企业职工及临时就业人员的养老保险、工伤保险、生育保险业务。2005年，职工6人。

**县机关事业单位社会保险公司**　1995年10月成立，原隶属县人事局管理，为自收自支事业单位。2001年5月，整体移交县劳动部门管辖，主要承办县机关、事业单位职工的养老保险。2005年，有职工4人。

**县农村社会保险公司**　1992年12月成立，事业单位，人员编制由县民政局管理，业务经费由市农村社会保险公司管理。2001 年 5 月，整体移交县劳动部门管辖。主要承办乡（镇）、村集体企业职工及农民个人的养老保险。2005 年，有职工 3 名。

**县医疗保险管理中心** 2000 年 12 月成立，是财政全额拨款的事业单位，编制 12 人。主要承办全县机关、事业单位、乡镇机关以及垂直管理单位职工的医疗保险、工伤、生育保险及重点医院、药店的审批和管理。2005 年，有职工 9 人。

**县技工学校** 1991 年为市第二技工学校连江分校，属财政全额拨款事业单位，编制 17 人。1994 年 5 月改称县技工学校，属中等职业技术教育学校，编制 36 人。2005 年，有教职工 28 人，其中高级职称 1 人，中级职称 11 人。

## 第二节 县安全生产监督管理局

1991 年为县安全生产委员会，下设办公室（简称“县安办”），与县劳动局合署办公。负责全县生产安全管理，锅炉、压力容器等特种设备的检验、检测，操作工的培训等。2001 年，锅炉、压力容器等特种设备管理工作移交县质量技术监督管理局。2002 年，设立县安全生产监督管理局，为副科级单位，归县经贸局管理。县劳动局和县安办统管的安全生产、电工培训、矿山安全等移交给县安全生产管理局。

## 第三节 县劳动仲裁委员会

1993 年，建立县劳动仲裁员制度，在劳动局设仲裁庭。1994 年，建立县劳动争议仲裁委员会，下设办公室，与县劳动局合署办公，编制 2 名。至 2005 年不变。

# 第三十篇　外事　侨务　台港澳事务

1991年，改革开放进入关键时期，连江外事侨务及港澳台事务渐多。1992年开始，对外开放步伐加大。尤其1997年和1999年，随着香港、澳门回归关系进一步缓和，连江华侨多和邻马近台的优势逐步发挥，加大招商引资力度，吸引许多旅居国外和港澳台地区的乡亲回乡投资创业，举办社会公益事业，还牵线搭桥，带动外商到连江投资。县内居民也开始出国寻找创业机会，利用在外乡亲关系，出国探亲、留学、考察商务等。据统计，1991—2005年，全县共吸引“三资”企业191家，海外乡亲为家乡基础设施和教育等公益事业捐资人民币13341万多元。2005年，全县海外乡亲307981人，是1990年42326人的7倍多；旅居港澳地区24176人；在台湾、马祖乡亲约5万人，台胞在县境的配偶和亲属约2.8万户8万人，连江成为对外开放和实现两岸和平统一的一个窗口。

## 第一章　外　事

### 第一节　文化经济交流

**一、文化交流**

1991年1月14日，日本学者木下尚子博士到连江考察定海琉球墓和浦口宋代窑址。3月22日，联合国东南亚气象考察团到连江考察气象工作，就县城气象资源利用、自然灾害预防、信息探测等提出许多宝贵建议。5月25日，日本国际学院日本语学校理事长仲本盛次等到连江商谈在贵安建设高尔夫球场。1992年，日本三浦昭雄、森田昭博教授到连江作水产技术讲学。1993年2月3日，日本东京广播公司记者西野哲史等一行4人，在省外事办领导陪同下，专程到连江采访海外联谊会工作。1990—1995年，中国历史博物馆、国家文物局会同澳大利亚阿德·莱德大学及西澳大利亚海洋博物馆等专家、技术人员，多次到连江联合进行定海湾水下古沉船文物考古，中澳双方共同撰写水下考古学术报告，在《世界考古时报》发表。1996年10月，日本NHK广播公司《中国上下五千年》电视纪录片摄制组，到连江拍摄定海湾古沉船旧址。1997年12月3日，世界卫生组织官员一行17人到连江东岱镇、丹阳镇考察连江承担世界卫生组织开展的“健康促进学校”项目开展情况。同年，县树德学校为县内首获批准聘请外国专家资格单位，先后聘请5名外国教师，从事英语教学。

1999年8月10日，巴布亚新几内亚驻华大使到小沧乡考察畲族生活习俗及生产发展。同年12月，筱埕官坞海洋开发有限公司培育成功“连杂1号”海带苗，通过日本长崎市海磁研究所专家鉴定，并首次出口日本养殖。2002年2月25日，第二届中国福州—韩国SK新世纪友好高尔夫球比赛在潘渡贵安高尔夫球场举行。5月17日，福州一跨国公司高尔夫球邀请赛在贵安高尔夫球场开幕，韩国SK集团等50多位外宾参赛。10月26日，跨国金融公司代表团到贵安举办高尔夫球友谊赛。2004年3月31日，美国欣欣教育基金会领导到长龙中心小学考察，并捐资1万美元支持该校危房改建。

**二、经济交流**

1991年5月9日，印度尼西亚“木材大王”王双安到连江洽谈运输业务。5月25日，日本冲绳县系满市议长稻岭盛忠率日本经济考察团一行14人到连江考察、旅游观光。9月22日，韩国客商一行10人，到连江考察大官坂垦区，商讨拟建潮汐电站事宜。10月23日，日本大光投资有限公司代表曾星明考察粗芦岛，11月1日，县政府与大光公司董事长井川正章签署成片开发粗芦岛项目协议，租用粗芦岛土地416亩。计划在2年内投资5亿美元建设工业和农业项目。1992年4月17日，日本井川信托投资集团、大光基础投资集团、中国东方开发集团董事会主席井川正章等35名外商和省市县领导共同在粗芦岛举行井川工业园奠基仪式。后因井川正章突然病故项目停止。1993年1月25日，新加坡副总理王鼎昌以私访身份率新加坡经济考察团考察琯头投资区，并题词留念。5月26日，亚洲开发银行技术援助慰问团一行5人，实地考察蓼沿千亩果场、商讨经济援助事宜。1996年3月28日，连江海味厂与日本日洋贸易株式会社合作，成立福州百洋海味食品有限公司。11月5日，世界银行官员到连江考察扇贝、海带养殖及渔船改造等项目。1997年4月18日，又到黄岐、坑园、官坞、贵安等地考察水产生产，当年促成世行决定贷款273.6万美元，开发连江沿海资源可持续发展项目。1998年11月15日，亚洲银行官员考察亚行贷款项目之一的凤尾农贸批发市场建设和运营情况。2000年3月8日，县政府与澳大利亚雄宝实业集团公司签订凤城江滨路改造项目建设开发《备忘录》，总投资3000多万元。5月30日，日本那霸市市长亲泊康晴一行23人到连江考察投资环境。2001年8月30日，印尼安汶地区商务考察团到连江筱埕官坞村考察参观。2002年7月16日，日本长崎市水产部部长到筱埕官坞村考察海水养殖和水产品加工项目。7月23—24日，印度尼西亚工商总会东爪哇省分会主席余斯干率印尼经贸考察团一行14人，先后考察苔菉、黄岐海洋捕捞和琯头、敖江工业集中区，并与苔菉签订鱼粉加工项目。8月1日，亚洲银行驻中国代表处首席经济学家汤敏率领的亚行访问团，考察筱埕官坞村水产加工和海水养殖项目。2003年3月3日，加拿大客商到可门港考察投资兴办可门港冶炼厂事宜。8月10日，美国第一金融基金公司董事长史蒂文·戴率美国商务投资考察团，到连江考察敖江投资区。2004年9月27日，美国狮子会成员与旅美华侨林尚德一行考察可门港建设项目。12月19日，美国树信国际经济技术发展集团一行到连江考察海上浮动岛旅游项目。2005年，先后有澳大利亚飞马集团上海代表、美国莱蒂集团北京代表、韩国化纤协会、美国成启食品有限公司、美国陈民国际投资集团有限公司、澳大利亚海岸国际投资控股有限公司等客商到连江考察可门港建设、蛋白质生产、食品加工、苔菉风能等项目。

1994—2005年，在历届“福州国际招商月”和“海峡经贸交易会”连江专场招商会上，都有外宾到连江洽谈经贸投资协作。12年共签约项目196个，总投资112212.9万美元，协议外资93819.45万美元。项目涉及农业、水产加工、钢铁、机电、电子制造、港口建设、房地产等。

## 第二节　出国考察招商

1992年2月，县政府副县长陈继梅陪同福州市副市长翁福琳到印度尼西亚考察渔业生产，访问印度尼西亚水产高层领导，商讨连江渔船赴印尼渔场生产意向，促使翌年5月琯头东升渔业公司与印度尼西亚亚树源帝集团公司合作成功，组织10艘木质拖网渔船赴印度尼西亚渔场生产。同年5月，县长叶家松应邀前往日本那霸市、系满市回访，并洽谈在贵安建高尔夫球场事宜。8月，县委书记兼县长叶家松、县人大常委会副主任黄陈骅等4人，应美国华裕投资公司邀请，前往美国考察访问，发动旅美侨胞为山仔水利枢纽工程捐款40多万元。1994年，副县长郑厚雄参加省委组织部举办的“城市发展与规划研讨班”，并随团赴新加坡考察城市规划建设。6月，东岱镇东水村3艘钢质钓鱼船赴贝劳国密克罗尼西亚海域生产。1995年2月，应日本东京马鲁哈总公司邀请，副县长刘晓东率连江信洋水产有限公司一行4人，前往日本考察水产品加工生产线，签订进口有关生产设备合同，制定企业产品生产销售计划。此后筱埕地区生产的虾仁、海带、定海湾丁香鱼等产品，多销往日本。1996年3月，县成立远洋渔业总公司并与福州远洋渔业有限公司签订合同，此后相继有苔菉、黄岐等16对600匹钢质拖网渔轮赴印度尼西亚和贝劳国从事渔业生产，年产值1.6亿元。1996年8月7日，县长林学忠率外经委、科委、农委等领导赴马来西亚、新加坡参加中国福建投资洽谈会，引进项目2个，投资额680万美元。

1991—2005年，县领导和有关业务部门出国考察、联络联谊、招商引资等50多批65人次；民间企业也时有出国考察交流，遍及美国、日本、新加坡、印度尼西亚、澳大利亚、泰国、马来西亚、韩国、加拿大、墨西哥、朝鲜等20多个国家。

## 第三节 涉外事务

1991年，随改革开放深化，涉外事务逐渐增多。尤其部分居民以非正规渠道出境，引起相关国家关注，1996年7月24日，美国驻广州总领事馆领事林震锋、副领事高默到连江了解偷私渡、计生、宗教等情况。1999年4月2日，马耳他籍外轮“联合多卡斯号”（属韩国大洋海运公司），在县境海域半洋礁南面约150米处沉没，船上尚封存375吨汽油和300吨柴油，县协助有关部门及时给予打捞抢救。同年10月，加拿大驻华大使移民代表到连江了解反偷私渡情况。2000年1月6日，美国驻广州总领事馆负责移民事务助理特纳一行到连江了解经济、社会发展及反偷私渡情况。同年1月27日，加拿大驻华使馆政务参赞伯顿到连江了解公安、民族、宗教、民政、计生及妇女工作等方面情况，并到琯头镇与被遣返的偷渡人员见面。

2002年9月7日晚，韩国籍货轮“PCAFRONRER”号，途经东引外海大沙岛海域时，突遇台风“森拉克”袭击沉没，船上15名船员8名失踪、7名漂浮海上。8日，苔菉镇“闽连渔0567”号渔船在北茭海域发现落水的外国船员7名，当即进行救助上船，并紧急送苔菉卫生院抢救，全部脱险（其中5名缅甸人，2名韩国人），帮助他们顺利返国。中央电视台、《福州日报》《福州晚报》等媒体都对此作详细报道。同年，坑园镇红厦村公民杜月翰劳务出国玻利维亚，因工伤事故死亡，家属要求赔偿，县法律援助中心接案后，以涉外特殊案件予以法律援助。历经6个月调查取证，通过外交部非洲司及驻玻利维亚中国大使馆支持，使受害者家属获得15.6万元赔偿。2004年12月1日，美国驻广州总领事馆调查部副领事吴霞到连江琯头镇川石村，就签证申请事务进行实地调查。

## 第四节 机 构

1991年3月，成立县外事办公室，正科级，编制2人，挂靠县政府办公室。县侨务办公室仍为县政府常设机构，正科级，编制 8 名，实有 8 人。1999 年，县侨办增设副主任 1 人，实有干部 9 人。各乡镇都有一名副乡镇长分管侨务工作。2002 年，县外事办公室与侨务办公室合并，改名外事侨务办公室，行政编制 10 名，事业编制 3 名，实有 12 人。至 2005 年不变。下辖单位有县中国旅行社（企业）。

# 第二章　侨　务

## 第一节　出国渠道及分布

1991 年，全县有海外乡亲 42326 人，分布五大洲 30 多个国家和地区。其中侨居美国 14434 人，占 34.1%；印度尼西亚 7662 人，占 18.1%；新加坡 2667 人，占 6.3%；其余 17563 人分布 27 个国家或地区。多数侨胞在住在国从事餐饮、理发、裁缝、船员、搬运等行业，少数发展成为企业家。

1992 年，随着中国与海外交流日益频繁，逐步放宽出国限制，县内民众出国主要渠道：一是技术移民，拥有一技之长的年轻学子多由国外华侨援引，经正式批准出国，到海外创业，主要移居新加坡、加拿大、澳大利亚、新西兰、美国等；二是商务移民或投资移民，一些富有经商办企业才能和资本的企业人员，经批准跨出国门到海外发展事业，多移居美国、英国、西班牙、丹麦、意大利、巴西、新西兰等；三是留学出国，除少数公派出国留学外，多数是自费留学，成绩好的还申请婚恋对象出国伴读，1991 年前留学日本较多，1992 年以后到美国、加拿大、新西兰、英国、西班牙、俄罗斯、澳大利亚等逐渐增多；四是劳务出国，由中介部门联络派出，技术熟练后，被驻在国接纳，或与当地人结婚而移民，主要在新加坡、澳大利亚、塞班岛等；五是婚嫁出国，多经国外亲友介绍，与外籍人员通婚而出国；六是 20 世纪 60 年代被驱赶回国的华侨及其亲属，重新出国；七是到国外探亲、奔丧、继承财产而长期旅居国外。此外，也有以出国观光、旅游、考察等形式，滞留国外或辗转到第三国，或在“蛇头”组织下，偷渡出国。据县侨办初步调查，1991—2005 年，各种渠道出国的人数达 20 多万人。至 2005 年，全县侨居海外乡亲（包括二、三代子女）307981 人，其中侨居美国 159213 人，占华侨总数 51.7%；加拿大 26179 人，占 8.5%；印度尼西亚 22228 人，占 7.2%；阿根廷 18135 人占 5.9%；西班牙 10186 人，占 3.3%；其余 52 个国家 72040 人，占 23.4%。其中 2000 年后出国的侨胞，尤其出国留学人员和技术移民，文化素质较高，逐步有从事教育、科技、商业、房地产等职业，为居住国经济、文化、科技、教育发展做出贡献。

**2005 年连江县出国华侨分布情况表**

表 30-2-1　　　　单位：人

| 国家 | 人数 | 国家 | 人数 | 国家 | 人数 |
|---|---|---|---|---|---|
| 美国 | 159213 | 新西兰 | 1614 | 汤加 | 17 |
| 加拿大 | 26179 | 丹麦 | 293 | 葡萄牙 | 16 |
| 印度尼西亚 | 22228 | 瑞典 | 252 | 委内瑞拉 | 13 |
| 阿根廷 | 18135 | 比利时 | 175 | 阿联酋 | 10 |
| 西班牙 | 10186 | 南非 | 169 | 俄罗斯 | 9 |

续表 30–2–1

| 国家 | 人数 | 国家 | 人数 | 国家 | 人数 |
| --- | --- | --- | --- | --- | --- |
| 澳大利亚 | 9709 | 柬埔寨 | 140 | 卢森堡 | 7 |
| 缅甸 | 7551 | 巴拉圭 | 104 | 智利 | 6 |
| 巴西 | 7012 | 奥地利 | 89 | 塞班岛 | 6 |
| 越南 | 5944 | 希腊 | 55 | 捷克 | 6 |
| 荷兰 | 5492 | 瑞士 | 39 | 几内亚 | 5 |
| 日本 | 5070 | 巴布亚新几内亚 | 38 | 赤道几内亚 | 4 |
| 英国 | 4534 | 法国 | 28 | 巴基斯坦 | 3 |
| 意大利 | 4401 | 苏里兰 | 27 | 保加利亚 | 3 |
| 新加坡 | 4128 | 爱尔兰 | 24 | 玻利维亚 | 2 |
| 韩国 | 3678 | 厄瓜多尔 | 23 | 阿尔及利亚 | 2 |
| 德国 | 3440 | 秘鲁 | 22 | 莱索托 | 1 |
| 泰国 | 3044 | 以色列 | 19 | 图瓦卢 | 1 |
| 菲律宾 | 2633 | 罗马尼亚 | 18 | 巴巴多斯 | 1 |
| 马来西亚 | 2145 | 墨西哥 | 17 | 多米尼加 | 1 |
| 合计 | — | — | — | — | 307981 |

# 第二节　侨胞社团

**一、海外连江侨胞社团**

1991 年，连江乡亲为主的海外侨团有 3 个，参加人数 4200 多人。至 2005 年，发展到 7 个，参加人数超过 1 万人。

**美国福建连江联谊会**　1990 年 2 月 27 日成立，至 2005 年 12 月 3 日，共经历 8 届，均由郑时敏（原籍连江琯头镇竹岐村）连任主席。2005 年 12 月 4 日，举行第九届代表大会，选举郑斌为主席，郑时敏为名誉主席。

**美国福建琯头联谊会**　1990 年 2 月 27 日成立，会址设美国纽约。1998 年 3 月 28 日，召开第二届代表大会，选举董奋铨为主席，至 2005 年不变。

**美国福建连江二中校友会**　1995 年 11 月 1 日成立，会址设在纽约，会员 3000 多人。第一届校友会主席王钦滨，总顾问董家璧。1996 年，加盟纽约华人社团联合总会。2005 年 5 月，选出第二届校友会主席李雄，名誉主席王钦滨、林学文，总顾问董家璧，名誉总顾问杨功德，中国驻纽约总领事刘碧伟为大会题词，中国驻联合国代表特命全权大使王光亚向大会发贺信。

**阿根廷福建连江同乡会**　2000 年 10 月 24 日成立，会址设在布宜诺斯艾利斯。同乡会第一届会长林漠球，至 2005 年不变。

**美国福州壶江联谊会**　2005 年 3 月 1 日成立，会址设在纽约。第一届主席刘永佺，总顾问陈为开，特聘总顾问林学文、郑桂清，荣誉主席杨修坚，会员约500多人。联谊会成立时，中国驻纽约总领事刘碧伟发贺信，副总领事崔爱民主持为联谊会授中华人民共和国国旗。

**美国福州竹岐同乡会** 2004年7月4日成立，会址设在纽约。第一届主席郑时和。至2005年不变。

**美国福建晓澳地区联谊会** 2004年10月4日成立，会址设在纽约，第一届主席李旦华。至2005年不变。

**二、连江侨胞在海外侨团中任职**

1991年，连江海外乡亲中，许多知名人士被推选为较大社团的领导成员或职员，并在其中发挥重要作用。

美国福建公所，1992—1995年，杨功德连任两届主席。1997年，杨功德被中国国务院授予中华人民共和国对外交流协会海外理事，并邀请他出席1997年香港回归中国盛大典礼。2002—2004年，王维华连续担任第七届、第八届福建公所主席。其中2004年3月成立华裔选民会，王维华当选第一任会长。

西班牙福建同乡会，2000年11月成立，连江旅西乡亲孙雄、李勇被选为第一届理事会常务副会长。2004年1月，孙雄等3人被选为第二届理事会常务副会长，陈允峰等13人被推选为副会长。

澳大利亚福建同乡会，1990年成立，2000年举行第八届会员大会，连江旅澳乡亲陈宝泉当选为第八届理事会会长。

美中经贸科技促进总会，1998年4月成立，连江旅美侨领杨功德当选第一届理事会主席。

美国福建贸易总协会，2002年在美国纽约州注册成立，连江籍侨胞胡利春当选为主席，陈清泉、石冰妹、王维华为名誉主席。

意大利福建商会，2005年5月1日成立，连江旅意乡亲卓永恩被选为会长。

意大利坎巴尼亚华商会，1998年成立，2004年10月举行第四届会员大会，连江旅意乡亲丁宏梁当选为第四届会长，卓永恩推选为秘书长。

美国华夏民族联合总会，2005年8月成立，连江旅美乡亲吴昌达当选为首届总会主席。

南非中华福建同乡会，1997年6月成立，连江旅南乡亲李新铸当选为副会长，2003年，当选为会长。

## 第三节　县内侨团

**一、县归国华侨联合会**

1991年，为县第五届归侨联合会，基层有琯头、敖江、凤城、长龙侨场4个侨联分会（后改为乡镇归国华侨联谊会）。1992—1998年，相继成立浦口、丹阳、晓澳、江南4个乡镇归国华侨联谊会，2000年后，华侨相对集中的村（居）也成立归国华侨联谊会。至2005年，先后召开第六次、第七次归侨侨眷代表大会进行换届选举。基层有8个乡镇归国华侨联谊会、村（居）侨联联谊会有35个。（详见群团篇）

**二、县海外联谊会**

1989年9月3日成立。1991年10月1日，进行换届，选举产生第二届理事会，理事89人，其中常务理事43人。会长1人，副会长8人，名誉会长6人、顾问15人。1994年10月7日，进行换届，选举产生第三届理事会，理事92人，其中常务理事45人，名誉会长3人，顾问15人。1999年10月9日，进行换届，选举产生第四届理事会，理事97人，其中常务理事47人，会长1人，副会长12人，名誉会长2人，顾问13人。

### 三、县“三胞”妇女联谊会

1995年3月成立，召开第一届“三胞”妇女联谊会会员代表会议，到会会员50人。选出第一届理事会理事21人，会长1人，副会长3人，名誉会长1人。1999年4月，进行换届，到会会员57人，选出第二届理事会理事17人，会长1人，副会长3人。2003年4月，选出第三届理事会理事17人，会长1人，副会长4人，秘书长1人，会员60人。至2005年不变（详见群团篇）。

## 第四节　侨　乡

### 一、侨乡分布

1991年初，全县有华侨42326人，侨眷60710人，分布全县16　个乡镇（场）。主要侨村50多个。归侨1575人，分布8个乡镇（场），其中长龙侨场1349人。1992年，出国谋生的海外乡亲增多，华侨眷属也大幅度增加，有些归侨选择再次出国，归侨人数逐渐减少。至2005年，据县侨办初步调查，全县华侨华人（含二、三代子女）和在国外未获居留资格人员共307981人，国内侨眷195078人（其中华人侨眷65692人，未获居留资格侨眷129386人），分布22个乡镇（场），重点侨乡5个，主要侨村50多个。归侨664人，其中长龙侨场651人，其他4个乡镇13人。

**2005年连江县海外华侨华人及归侨眷属分布表**

表30-2-2　　单位：人

| 乡　镇 | 总人口数 | 华侨 | 华人 | 未获居留资格人数 | 归侨 | 侨眷 | 未获居留资格侨眷 |
|---|---|---|---|---|---|---|---|
| 凤城镇 | 54004 | 6287 | 10076 | 8035 | 5 | 8424 | 12603 |
| 敖江镇 | 35491 | 5198 | 8653 | 7906 | — | 9573 | 9561 |
| 江南乡 | 24507 | 4738 | 8173 | 9258 | 1 | 4481 | 12368 |
| 琯头镇 | 57228 | 41017 | 56586 | 40705 | 6 | 23350 | 55512 |
| 东湖镇 | 15700 | 54 | 22 | 336 | — | 354 | 948 |
| 丹阳镇 | 27404 | 437 | 803 | 3136 | — | 1196 | 7166 |
| 蓼沿乡 | 27986 | 37 | 32 | 569 | — | 79 | 1271 |
| 潘渡乡 | 18482 | 107 | 72 | 657 | — | 87 | 981 |
| 长龙镇 | 10507 | 26 | 118 | 304 | — | 280 | 607 |
| 晓澳镇 | 37175 | 6532 | 9001 | 6491 | 1 | 7412 | 8004 |
| 浦口镇 | 38309 | 1941 | 5097 | 3112 | — | 1202 | 3166 |
| 东岱镇 | 34426 | 1621 | 4222 | 3026 | — | 2267 | 1564 |
| 筱埕镇 | 28102 | 849 | 2520 | 460 | — | 1362 | 1108 |
| 坑园镇 | 21438 | — | — | 632 | — | — | 1058 |
| 马鼻镇 | 42071 | 523 | 703 | 2128 | — | 773 | 3007 |

续表 30-2-2

| 乡　镇 | 总人口数 | 华侨 | 华人 | 未获居留资格人数 | 归侨 | 侨眷 | 未获居留资格侨眷 |
|---|---|---|---|---|---|---|---|
| 官坂镇 | 30116 | 251 | 44 | 569 | — | 120 | 1232 |
| 透堡镇 | 20155 | 5 | 24 | 320 | — | 68 | 1076 |
| 下宫乡 | 13145 | 19 | 18 | 324 | — | 37 | 587 |
| 安凯乡 | 17551 | 17 | 4 | 314 | — | 238 | 643 |
| 黄岐镇 | 24532 | 2340 | 3203 | 3390 | — | 851 | 4010 |
| 苔菉镇 | 26773 | 2054 | 3116 | 606 | — | 149 | 1911 |
| 长龙华侨场 | 1862 | 836 | 26324 | 2003 | 651 | 3389 | 1003 |
| 全县合计 | 606964 | 74889 | 138811 | 94281 | 664 | 65692 | 129386 |

### 二、重点侨乡

**琯头镇**　是福建重点侨乡。1991年，常住总人口68102人，华侨华人24000人，归侨、侨眷25703人。主要侨村有19个。2005年，华侨华人及未获居留资格出国人员共138308人，分布全镇27个村（居）。侨胞主要分布美国、加拿大、新加坡、西班牙、荷兰、印度尼西亚、澳大利亚等国家。主要从事商贸、制衣、餐馆、房地产开发等行业。归侨、侨眷共78868人，其中许多已迁居福州和县城等居住。琯头侨胞在国外发展，事业有成后，热心支持家乡公益事业。据不完全统计，1991—2005年，全镇侨胞先后共捐资2576.5万元，用于支持教育、文化、卫生事业及修桥铺路等，推动家乡经济建设。

**凤城镇**　是县治所在地。1991年，华侨华人5102人，归侨侨眷12121人。2005年，华侨华人及未获居留资格出国人员共24398人，其中旅居印度尼西亚侨胞最多。20世纪60年代开始，许多印度尼西亚侨胞再移民美国、加拿大、新加坡、菲律宾等国家和地区。归侨、侨眷共21032人。

**敖江镇**　位于县城近郊。1991年，华人华侨5000人，归侨、侨眷14463人。主要侨村有9个村。2005年，辖14个村，华侨、华人及未获居留资格出国人员共21757人，主要分布美国、加拿大等国家。侨眷19134人。主要侨村有上山、下山、石头、幕浦、白沙、青塘等6个村。

**江南乡**　1997年8月，由敖江镇析出建乡，主要侨村有江南、梅洋、魁岐、南塘等村。2005年，华侨、华人及未获居留资格出国人员共22169人，主要分布美国、日本、澳大利亚、西班牙、加拿大、阿根廷、丹麦、希腊、荷兰等国家和地区。归侨、侨眷共16850人。

**晓澳镇**　1991年，华侨华人215人，归侨侨眷1072人。2005年，华侨、华人、未获居留资格人员共22024人。主要分布美国、加拿大、西班牙、巴西、意大利、阿根廷、英国等国家和地区。归侨、侨眷共15417人。主要侨村有晓江、晓兴、晓锋等村居。

## 第五节　支持家乡建设

### 一、支持公益事业

1991—2005年，连江华侨先后为家乡公益事业共捐资13341.5万元。举办的公益事业主要有：

**兴学助教**　1991年起，连江籍华侨从过去赠送部分教学设备，捐建单座学楼，逐步发展到捐建整所学校，数额从几十万元、几百万元向几千万元发展。当年，祖籍马鼻的旅美华人捐资 96 万元，建连江四中“长潮学楼”，琯头海外乡亲捐建青芝中学教学楼，琯头后一小学教学楼。1993—1995 年，旅菲华侨捐建四中“黄云钦学楼”，琯头旅美华侨共捐资 441 万元，相继捐建琯头中学、秦川小学幼儿园、定岐小学学楼，晓澳侨胞捐建晓江小学教学楼、百胜幼儿园。1997 年，马鼻侨胞捐资 100 多万元，分别建金源学楼和坑园象纬小学教学楼。

1997—2005 年，先后有旅美华侨累计捐资 4800 万元建尚德中学，旅菲律宾华侨累计捐资 2200 多万元建黄如论中学、蓼沿蒲边小学教学楼、马鼻辰山小学、连江一中科技楼等。旅加拿大华侨捐 100 万元，设立连江一中“陈锦坚奖学奖教基金”；捐 137 万元，建连江特教学校和学生宿舍楼及奖学奖教基金建坑园象纬小学教学楼、捐华侨中学教学设备等。透堡镇、敖江镇旅外华侨、新加坡会馆等捐资约 113 万元设立连江透堡同心教育基金会、建白沙小学教学楼及东湖中心校、县特教学校教学设施配套设备、建下宫中心校及配套设施等。琯头籍旅外侨胞共捐 380 万元，修建相关村居幼儿园。据不完全统计，1991—2005 年，连江旅外华侨共捐资教育事业 9511.5 万元。

**捐建文卫设施**　1993 年，旅菲律宾华侨捐资 400 万元，建设县博物馆、陈第公园，1997 年，捐 100 万元，建县医院门诊部。1999—2004 年，浦口旅美华侨捐 115 万元，建塔头村综合楼和老人游乐园。部分旅美华侨还先后捐资建设乡村老人活动中心，为乡卫生院赠送救护车等。据不完全统计，1991—2005 年，海外乡亲共捐 759 万元，兴办科学文卫事业。

**捐建基础设施**　1991 年开始，旅外乡亲关注县内基础设施建设。旅美华侨捐 150 万元，建江南至梅洋公路 18.03 千米。1994 年，旅菲律宾华侨捐 200 万元，建马鼻辰山至拱头水泥路。1997 年，旅美华侨捐 200 万元建马鼻庄里水泥路。1999 年，捐 100 万元，支持马鼻镇围海造田工程。旅外乡亲捐 170 万元，建覆釜山旅游公路。2000—2001 年，旅菲律宾华侨捐 300 万元，支持马鼻防洪堤改造和辰山滩涂河道修建。美国福建连江联谊会集资 300 万元修建粗芦岛环岛水泥路。旅美华侨 16 人捐 300 万元，建青芝大道水泥路。旅美华侨捐 130 万元建琯头下塘村外水泥路、捐 50 万元建南湖公路。1995—2003 年，梅洋村旅美华侨陆续捐 200 多万元，铺设江南至梅洋水泥路。1991—2005 年，连江海外乡亲共捐 3071 万多元，改善连江交通道路。

## 二、投资兴业

1991 年，县政府及侨务部门进一步鼓励侨属联络海外乡亲，回乡投资兴业，或牵线搭桥，吸引“三资”到连江投资。1992—1995 年，有海外侨胞投资的巨林、金星、华星房地产项目，总投资 678 万美元。1996—1997 年，有新邦、美东畜牧养殖项目，总投资 140 万美元。2001—2005 年，有中嘉塑胶、升兴水产加工、格林生物等项目，共投资 404 万美元。

1991—2005 年，连江旅外乡亲在连江共开办企业 22 家，投资额 4409 万美元，实际到资 1730 万美元，涉及五金、食品、建材、农牧等行业。

## 三、侨汇

1991 年起，金融部门进一步完善侨汇管理，拓宽服务渠道，华侨汇款逐步上升。全县侨汇有较大增长，当年侨汇 1000 万美元，1999 年增至 11734 万美元，2005 年达 34506 万美元，是 1990 年 240 万美元的 143.7 倍。个人外汇存款余额 3528 万美元，居民个人结汇 26718 万美元，比 1990 年 213 万美元，增长 124.4 倍。

1991—2005 年连江县华侨侨汇情况表

表 30-2-3 单位：万美元

| 年　份 | 汇款金额 | 年　份 | 汇款金额 | 年　份 | 汇款金额 |
|---|---|---|---|---|---|
| 1991 年 | 1000 | 1996 年 | 6300 | 2001 年 | 15741 |
| 1992 年 | 1600 | 1997 年 | 8000 | 2002 年 | 19725 |
| 1993 年 | 3000 | 1998 年 | 9600 | 2003 年 | 25400 |
| 1994 年 | 3000 | 1999 年 | 11734 | 2004 年 | 24988 |
| 1995 年 | 4500 | 2000 年 | 13443 | 2005 年 | 34506 |

## 第六节　涉侨事务

### 一、联络接待

1991 年，县内出国人员和海外华侨回国增多，交往活跃，联络接待任务加重。各级政府有关部门都充分利用每年的清明、中秋、春节等传统节日，和回乡过节的海外乡亲进行联络，召开茶话会、座谈会，送水果、鲜花、挂历、贺年卡等。每年春节向知名海外乡亲和社团侨领发慰问信 300 余封、贺年卡 3000 张以上。县主要领导和侨务部门每年也收到海外乡亲贺年卡 1000 张以上。1995 年清明节，日本江夏利成一行在其父朋友永田重青、朱清恩陪同下，到敖江镇白沙村黄姓宗祠认祖，受到县有关部门热情接待。1996 年 10 月 11 日，应邀赴北京参加中华人民共和国 47 周年国庆观礼的中美经贸科技促进总会主席杨功德一行 26 人，应邀回家乡观光考察，受到县领导热情接待。2000 年 1 月 30 日，美籍华人邱德标带领的美籍企业家一行 4 人到连江洽谈水产合作事宜。同年 5 月起，连江利用每年一度的福州招商月暨连江专场招商会契机，特邀世界各地海外乡亲或华侨社团回乡考察，县侨办每年负责寄发请柬 1000 份以上。2001 年 5 月 20—21 日，美国福建公所主席王维华率领经贸科技考察团到连江考察，并参加国际招商月连江招商会和华侨中学揭牌仪式。同年 7 月 30 日，意大利福建海外华人华侨联合会商贸考察团到连江琯头投资区考察，并参加连江县招商引资项目说明会。2002 年 12 月 19 日，英国福建同乡会诺奇博士一行到连江考察琯头、敖江工业集中区和粗芦岛。2003 年 3 月 31 日，县政府领导等接待美国福建公所主席一行到连江考察琯头、江南、敖江工业集中区。1998—2005 年，县委、县政府还先后邀请并接待荷兰福建同乡会副会长、连江乡亲陈克志，美国福建公所高级顾问杨义金、主席巧云平，马来西亚福州垦场福州十邑访问团 150 多人；意大利福建海外华侨、华人联合商贸考察团以及美国美东福建同乡会，新加坡福州会馆，日本国株式会社，丹麦、巴西、加拿大等国华人社团等 67 个、海外乡亲 18329 人次到连江观光、旅游、考察、投资、经贸洽谈等，县政府都组织力量做好接待和联络工作。

### 二、安置服务

1991 年，全县有归侨 1140 人，主要安置在长龙华侨农场，在各级政府的帮助下，逐步建成以国家级生态茶园为主、工副业并举、多种所有制共存的新型农场。1996 年 7 月起，县政府对 1969 年 12 月 31 日前回国定居、参加工作的全县行政、事业、企业、学校的归侨退休干部职工，每月人均增加生活补助费 60 元。1999 年，长龙华侨农场体制改革，侨场内的小学、卫生院、公安等分别划归县教育局、卫生局、公安局管理，人员工资由县财政负担。侨场职工社会保险全部纳入县劳动保障系统。场内归侨“五保户”2 人、残疾 6 人、孤儿 2 人、困难户 2 人，全部被列入县民政局城镇最低生活保障。当年开始，实施“侨居造福工程”，由华侨场职工集资、上级补助、农场提供土地和基础设施，县政府统筹新建住房60套、改建旧房7套、重建181套，建筑面积20315平方米，共有248户872人住上新房。据统计，1991—2005年，各级政府投入华侨农场安置和建设资金共450多万元，联合国难民署援助11万美元。2005年，侨场工农业总产值3800万元，出口创汇310万元，归侨职工年人均工资8500元，全场人均收入4700元。农场茶叶被国家农业部产品质量安全中心认证为无公害产品。15年来，全县为侨眷子女办理升学、高考、出国留学等相关手续600多人次，为侨眷、侨属户口、房屋搬迁，“三侨”（华侨、归侨、侨眷）子女出具证明980多份。还向华侨、华人及侨眷办理出入境、公证、学历证明手续等提供方便。

# 第三章　台湾事务

## 第一节　台胞台属

### 一、连籍台马同胞

连江与台湾关系历史悠久，至少宋代已有贸易往来。县境浦口宋代三十六龙窑的陶瓷产品及木材等曾运销台湾。明代中叶，连江与台湾都曾遭受倭寇的侵掠。明万历三十年（1602），学者陈第应抗倭名将沈有容之邀，赴台湾南部击退倭寇。陈第所撰《东番记》，就是他对台湾高山族文化生活的实地调查，史料价值弥足珍贵。明末清初，郑成功拥兵福建沿海进行“反清复明”活动，并于南明永历十五年[即清顺治十八年（1661）]收复台湾。当时沿海一些居民曾支持和资助郑成功，清廷遂于顺治十八年（1661）下诏大规模迁界，连江距海30里（市里）之内的居民（包括马祖列岛）悉被迫内迁县城附近。康熙二十二年（1683），清廷派施琅率部统一台湾后，驻连的清军绿营官兵曾轮流赴台戍守，连江还有一些贡生学者被派到台湾任职，其中有的在台湾因公殉职，受当朝皇帝封赠、恤抚或承袭世职。据民国版《连江县志》记载，清代连江籍人在台湾、澎湖、金门任职供差的就有31人。

**清代连江人在台湾任职名录**

表30–3–1

| 姓　名 | 籍　贯 | 在台湾任职年代事迹 | 民国县志页码 |
| --- | --- | --- | --- |
| 郑　駬 | 资秦铺 | 康熙十九年（1680）举人，台湾府教授 | 252页 |
| 孙　让 | 崇云铺 | 乾隆九年（1744）举人、十六年（1751）明通榜进士，任台湾竹堑（今新竹）、彰化教谕，与同知程峻幕客同御“林爽文之乱”[①]于淡水，擒“首恶”王作，斩首百余级，淡水乃定 | 243页<br>253页<br>293页<br>437页 |
| 陈鲤青 | 马鼻辰山 | 乾隆四十八年（1783）举人，彰化教谕 | 255页 |
| 陈炳光 | 连江 | 嘉庆十五年（1810）武举。台湾千总 | 277页 |

续表 30-3-1

| 姓　名 | 籍　贯 | 在台湾任职年代事迹 | 民国县志页码 |
|---|---|---|---|
| 魏大鹤 | 崇云铺 | 乾隆五十一年（1786）台湾镇标左营把总，“剿”林爽文阵亡，恤赏、祭葬银共 258 两，袭云骑尉世职 | 282 页 |
| 姚　登 | 县尾下 | 乾隆五十二年（1787）檄守台湾麻豆村阵亡，恤赏、祭葬银共 100 两，袭恩骑尉世职 | 282 页 |
| 王朝桂 | 东岳铺 | 乾隆五十一年（1786）“剿”林爽文阵亡阿宫殿，恤赏、祭葬银共 206 两，袭云骑尉世职 | 282 页 |
| 王登成 | 东岳铺 | 袭父朝桂世职，由云骑尉署督标左营守备 | 282 页 |
| 林登超 | 崇云铺 | 道光十二年（1832）任台湾北路协左营外委，守六斗门，“张炳乱”殉职，赐恤银，袭云骑尉世职，入祀昭忠词 | 282 页 |
| 陈承基 | 崇礼铺 | 光绪十六年（1890），在台供差，积劳病故，从优加增道衔，按通判实官给恤银 50 两，荫一子入监读书，六月期满后以知县注册候铨 | 282 页 |
| 陈奉桂 | 东岳铺 | 道光十二年（1832）任台湾北路外委，守六斗门，“张炳乱”殉职。子幼仅得恤典百金 | 283 页 |
| 邱颂恩 | 连江 | 咸丰六年（1856），其父邱椿殉职，荫任台湾把总 | 283 页 |
| 王鸣锵 | 东岳铺 | 清廪贡，任台北教授，淡水、宜兰等教谕 | 286 页 |
| 花逢春 | 港里 | 清增贡，任台北教谕 | 286 页 |
| 林文甲 | 马鼻 | 清廪贡，彰化教谕 | 286 页 |
| 陈清维 | 连江 | 清附贡，嘉义教谕 | 286 页 |
| 周望森 | 连江 | 清廪贡，嘉义、凤山教谕 | 286 页 |
| 俞志燃 | 连江 | 清材官，嘉庆任台湾北路都司兼理提标前营游击，授武翼都尉，妻封赠淑人 | 288 页 |
| 孙钟源 | 连江 | 乾隆三十五年（1770）举人，任凤山教谕 | 254 页 |
| 陈光藩 | 学前铺 | 清材官，咸丰（1851—1861）入伍，“剿洪杨”有战功，由台湾营游击保举，授台湾千总 | 288 页 |
| 王登宝 | 东岳铺 | 清材官，历任福宁、桐山、罗源、嘉义、连江守备 | 288 页 |
| 林占元 | 崇礼铺 | 清材官，任台湾竹堑（今新竹）营副总府 | 288 页 |
| 杨　洐 | 透堡 | 清材官，任台湾淡水千总 | 288 页 |
| 游连登 | 龙西铺 | 清材官，任台湾南路千总 | 288 页 |
| 翁荣桂 | 连江 | 清材官，任台湾右营千总 | 288 页 |
| 郑连升 | 学前铺 | 清材官，任台湾北路都司 | 288 页 |
| 邱季龙 | 崇云铺 | 清材官，任台湾千总，升连江守备 | 288 页 |
| 王必陞 | 官岭 | 清材官，任台湾大里吉把总 | 288 页 |
| 郑惠元 | 安定里 | 清材官，任澎湖水师把总 | 288 页 |
| 陈庆鳌 | 连江 | 清材官。任水师金门镇标守备 | 288 页 |
| 黄光中 | 连江 | 乾隆间（1736—1795），任凤山县教谕 | 295 页 |

注：①林爽文，系乾隆间台湾农民起义军首领。原籍福建漳州平和，迁居台湾彰化。乾隆四十九年（1784）参加“天地会”，以“安民心，保家业”为号召，率众起义。后在南台建立政权，年号“顺天”。次年兵败被俘，就义于北京

清光绪二十年（1894）中日甲午战争后，日本强迫清政府于翌年订立不平等的《马关条约》，台湾、澎湖等岛又被日本占据达半个世纪。自此台湾与大陆往来受阻，连江在台人员及其后裔只能在谱牒中偶尔查到。民国三十四年（1945）8月日本投降后，台澎才重归祖国怀抱。当时国民党福建省政府主席陈仪受命率部赴台接管政权，连江县籍有吴兆濂、田功震等随队到台湾参加接管和受降仪典，遣返日军和日侨。继后，又有一些知识青年到台湾求学、谋职，多羁留台湾。

1949年8月连江解放前夕，县内部分原国民党基层军政人员，因受反动宣传影响，跟随国民党残部一起到台湾或马祖列岛。中华人民共和国成立后，盘踞在台湾、澎湖、金马等岛的国民党军政当局，在福建沿海不断进行军事袭扰，并趁机强掳大批渔船民扩充兵力。据1949—1961年不完全统计，全县被抓去的渔船就有248艘，渔船民1611人，其中大部分被送到台湾当兵，后来多留居台湾。在此前后，县内还有少数受台湾当局策反而私自逃往台湾的。据县对台部门20世纪80年代初步调查，连江在台同胞约2500人，至1993年统计，在台同胞有3250人。其中早期赴台的文化素质较高，无论在军政界，或转而在工商界、文教界，大都事业有成，除部分已移居美国等国外，在台湾的多已融入主流社会，且有一定影响，如严灵峰、陈炳生、游开亨、邱人璋、吴兆濂、谢枝青、陈康华、翁仲源、董仲楚、田功震、蒋启弼、林明祥等。据了解，连江台胞先后担任国民党中央委员的2人、政界人士17人、获教授和博士学位40多人。但他们多数年事已高，有的已亡故。其子女获硕士以上学位者有100多人。相对解放后渔船民被抓去当兵的，当时年龄已达壮年，多数文化程度不高，在台政治地位低，经济状况差，相当部分无法再娶，孤身一人，退役后多居荣民救济院度晚年，只有少数健在者后来迁回家乡定居。

1979年后，海峡两岸关系逐渐缓和，台胞通过各种渠道回乡探亲的日益增多。1988—1990年，连江接待台胞探亲、旅游1300多人次。部分在大陆台属获准赴台定居，继承产业，两岸联姻嫁娶亦逐渐增多。至2005年底，连江籍在台同胞已繁衍二至三代，少数已达四代，总人口共2万人左右，绝大部分居住台北。

历史上隶属连江县辖的马祖列岛和东引岛，据民国35年（1946）资料记载，共1344户、5062人（当时未包括长乐县辖的白犬列岛）。1949年后人口增加，至1971年，总人口17088人（据林金炎著《马祖列岛记》，包括白犬列岛）。此后，由于就学就业等因素，马祖等岛上的青年一代，多迁移到台湾。至1991年，在岛总人口仅剩5581人。1992年后人口有所回流。至2005年，在马祖等岛人口已升至9569人，迁台湾的约2万人左右。

**二、台胞眷属**

中华人民共和国成立前去台的，尤其是军政官员，大部分配偶和较大的子女都一起随行，只有年老的父母和兄弟姐妹及小的子女仍留在大陆。而连江解放初期沿海渔船民被抓去台湾当兵的，多数已婚的配偶、子女及父母兄弟姐妹都留在大陆。20世纪80年代起，台胞眷属赴台继承产业、婚嫁等逐渐增多，也有一些年老台胞回故乡定居。据县对台部门统计，1991—2005年，全县涉台婚姻4157对，其中黄岐半岛与马祖列岛婚姻142对。但由于台湾当局的严格控制，只有1200多人赴台定居，其余的只能临时短期赴台，多数时间留居大陆。至2005年，台胞在连江县的配偶和亲属约有28000户，总人数8万人左右，分布全县大部分乡镇，比较集中的有黄岐、晓澳、东岱、凤城、安凯、苔菉、筱埕、琯头、浦口等乡镇。

**三、台胞、眷属社团组织**

1991年起，连江在台乡亲为联络同乡感情，凝聚乡亲力量，互助友爱，支持家乡公益，维护台胞合法权益，在台湾相继成立台北市连江同乡会等社团组织，县内也成立台属联谊会等社团组织，并加强相互间的联络，交通信息，增进情谊。

**台北市福建省连江县同乡会**　1991年2月24日，经台湾当局注册登记成立。会址设在台北市，每年编发 1 期《会讯》。首任理事长游开亨，1994 年 3 月，蒋啟弼任第二届理事会理事长。1997 年 3 月，郭淑惠任第三届理事长。2000 年 3 月，蒋啟弼任第四届理事长。2003 年 3 月，曹金平任第五届理事长。至 2005 年不变，当年，有会员 516 人。

**台湾连江县琯头同乡联谊会** 1948 年在台北成立，首任会长林祖荣。2005 年，会长蔡鼎新。

**台湾连江县东岱旅台同乡联谊会** 原为东岱旅台乡亲同乡会，1990 年 6 月 21 日改名为东岱旅台同乡联谊会，会址设在台北市，首任会长蒋书浩。2005 年，会长林起富。

**台北市糕饼业工会** 1973 年成立，由连江城关赴台人员刘景铨组织发起，成员大多是连江籍从事糕饼业人员，后扩大其他行业人员参加，会址设在台北市，历届理事会监事多为连江旅台乡亲担任。2005 年，会员 1700 人，理事长游金华。

**桃园县马祖旅台乡亲联谊会** 1975 年成立，多是马祖列岛迁居在台湾的乡亲，会址设在桃园县，办有会刊《马祖之光》，不定期出版。首届理事长朱俊孝（南竿人）。2005 年，理事长王诗品。

**马祖经贸文化交流联谊会** 2001 年成立，是马祖行政机构为推进两岸直接往来而组织的民间社团，首任理事长刘立群。2005 年，理事长陈雪生。

**连江县台属联谊会** 1988 年 5 月 17 日成立，会址设连江县台湾事务办公室内。主要宗旨是团结服务台胞台属，联络感情，增进友谊，服务和平统一大业。首任会长是台属谢瑞诚。1991 年 9 月至 2005 年，由林日光任会长，县台属联谊会有会员 2850 人。

## 第二节 联谊交往

### 一、对马祖交往

马祖列岛与连江大陆仅距 5 海里水程。随着海峡两岸关系的缓和，交往日益频繁。

1988 年，为扩展两岸经贸往来，经报省政府批准，在琯头港设台轮停泊点，建有 3000 吨对台码头；1992 年又在黄岐中心渔港设台轮停泊点，此后到黄岐、琯头港的台、马轮船数量及人数逐渐增多。黄岐半岛的渔民还利用地域优势与马祖乡亲开展海上民间“亲情贸易”，俗称“马祖贩”，每天有 20 多艘小船，南竿、北竿岛市场上 60% 左右的副食品、生活日用品和建筑材料都是黄岐渔民在连江县城等采购后，运到黄岐海域交易，多数商品是马祖乡亲提前预订的。马祖政务要人和社团曾多次到连江就两地经济、文化交流合作问题进行商讨。2001 年 1 月，《福州马尾——马祖民间交流与合作的协议》（即“两马协议”）签订后，马尾港成为榕台直接往来指定港口，两岸双向交流增多。同年 10 月，居住晓澳镇百胜村的马祖同胞 12 人，随福州市马祖同胞返乡探亲团，乘“曙光号”客轮由马尾直航马祖，探亲访友，为新中国建立后首次。2002 年 3 月，连江妈祖文化研究会一行 45 人赴马祖进行妈祖文化交流。2002 年 5 月，连江县闽剧团一行 65 人，应马祖闽东文化交流协会邀请赴马祖进行 5 天的传统闽剧义演，2003 年 2 月 14 日，再次赴马祖公演，均受到马祖乡亲的热烈欢迎。同年 2 月，黄岐有 10 名建筑工人被邀首次赴马祖进行为期 60 天的建筑劳务技术合作。7 月 19 日，苔菉海运公司“宝昌 8 号”货轮运载河沙 1100 吨，从琯头对台贸易码头直航马祖福澳港，为连马首次货运直航。据统计，1988—2005 年，台马渔商轮在琯头、黄岐停泊点靠泊的有 7217 艘 31121 人次（其中黄岐停泊点 5966 艘 25820 人次，琯头停泊点 1251 艘 5301 人次）。2005 年 9 月 29 日，县体育总会邀请马祖体育总会一行 19 人，参加县第十一届运动会观摩，并与黄岐镇代表队进行篮球友谊赛。

海峡两岸民间交流也十分活跃。马祖闽东经济文化交流协会、渔会等组织与连江台属联谊会、水产学会等民间组织开展经常性的交流、沟通、合作。每逢元宵节，马祖渔民都经常到黄岐镇采购舞龙、舞狮配件及游神用的衣服、灯、鞭炮等相关用品。连江的海带、紫菜等育苗养殖技术也相继传授到马祖。县有关部门还给马祖赠送《游山玩水话连江》《连江文史资料》《今日连江》《连江投资指南》《希望在这里升腾》等书籍画册、电视专题片及经典闽剧《甘国宝》等录像片。马祖知名人士曹原彰撰写的《福建名中医探奇》以及林金炎撰写的《马祖列岛记》出版后，也分赠连江各界人士。2005年元宵节，县政府派员向马祖乡亲赠送100盏象征喜庆、祥和的各式花灯，参加福州市组团的“两马同春闹元宵”活动。

**二、对台湾交往**

1991年起，连江作为对台重点县，与旅台乡亲保持经常联系，通过走出去、请进来等多种形式，开展双向联络交流，交流内容也从探亲访友为主向经贸、文化、旅游、民俗、学术、劳务等方面发展。1991年3月6日，县台办、文化局、台联会举办“连台闽剧界艺术元宵弹唱欣赏会”，邀请台胞闽剧老艺人陈亦治等到连江交流。同年4月，举办爱国历史名人陈第诞辰450周年纪念暨学术研讨会，台湾台北连江同乡会一行19人应邀出席，并带来6篇学术论文进行交流。1999年7月，县工商联组织工商考察团一行12人，应台湾“海峡两岸学术文化交流协会”邀请，首次赴台进行农业经济技术研讨交流。2001年8月，应台湾“中华博远文化经济协会”邀请，县组成福建金凤经济发展促进会访问团赴台进行为期10天的考察访问。至2005年，连江组团赴台交流共80多批550多人次，接待台湾乡亲来访410多批4800多人次。

## 第三节　支持家乡建设

1989年，开放两岸探亲后，台马同胞回到家乡探亲访友、投资兴业日渐增多。1991年起，连江在台乡亲排除各种阻力，通过多种渠道在家乡投资兴业，还联络并吸引其他台商到连江投资，先后多次组织台港工商考察团到连江有关投资区考察、洽谈。1992年，连江台胞乡亲共捐100.8万元建连江一中教学楼、捐电脑20台。1993年，台胞捐建晓澳中心小学教学楼。同年，台北连江同乡会把纪念乡贤吴兆濂设立的“又溪奖学金”，委托县政协组成评委会，每年奖励县内高考文史类前10名，理工类前20名学子以及部分优秀初中和小学毕业生，每年发放5000美元，1995年改为人民币4万元。2002年，台胞捐建琯头中学林福祈教学楼。2004年12月，时任台北连江同乡会理事长曹金平，在《会刊》发表文章，呼吁台马乡亲捐助县华侨中学少数民族特困生及其他贫困学生走完求学路，当年旅台乡亲共捐20万元。至2005年，全县共有52名优秀学子获“又溪奖”。15年来，旅台乡亲共为家乡公益事业共捐资895.6万元。

据县外经部门统计，1991—2005年，在连江注册登记的台资企业共56家，计划投资总额5435万美元，实际到资1802万美元，涉及机电、食品、化工、服装、建筑、农业等行业，多是中小企业。至2005年，已停产或迁出的有36家，在产15家，转内资1家，在建或待建4家。

## 第四节　涉台事务

**一、涉台宣传教育**

1991年起，两岸渔民共同在一个海域生产作业，接触频繁，海上发生事故或海难，多有互相支持救援，纠纷事件也时有发生。尤其有些大陆渔船因靠近敏感海域生产而被台、马海巡军警抓扣、检查，甚至枪击，不但影响台海局势稳定，而且给渔民生产安全造成不利影响。县对台部门通过两岸渔船民在海上生产、贸易频繁接触交往的渠道向台马同胞赠送有关对台方针、政策、大陆改革开放成就，对台优惠政策等宣传资料画册，每年春节，连江县人民政府县长发表广播电视讲话，向马祖乡亲送去良好的祝愿，县电信部门也例行向马祖的电信同仁送去新春祝福，盼望两地早日实现直接通信通邮。1992 年开始，全县沿海乡镇普遍举办形势报告会、专题学习会、培训班等，对渔船民进行涉台教育。1995 年，专门组织《经贸专版》，在台湾《工商时报》刊出，扩大连江在台的知名度。1999 年，组织拍摄《今日连江》《台胞在连江欢度春节》等电视专题片，在中央、省、市电视台播出，获对台宣传优秀奖。对台部门还在台北连江同乡会《会刊》登载连江县当年建设成就和新一年的计划重点，让在台乡亲及时了解家乡信息。2004 年 8 月，省台办选在筱埕镇定海村开展渔船民教育试点。2005 年 7 月 12 日，省沿海渔船民涉台教育工作现场会在定海村召开，并在全省推广试点经验和做法。至 2005 年，县对台部门共组织报告会，培训班等 203 场，受教育渔船民 32000 多人次。县对台宣传组稿共 1151 篇，其中被东南有线电视台、中央广播电台、海峡广播电台、中央新闻社、福建日报社采用 1101 篇，被台湾、马祖有关报刊等媒体转载 50 篇。15 年共向马祖同胞赠阅信息资料 4460 份、书籍画册 3200 本、订送《台湾工作通讯》和《福建对台工作》1500 份。

**二、涉台渔事、海事**

1991 年 10 月 4 日，苔菉镇琇琊村闽连渔 0945、0946 号铁拖渔船及船上 29 名渔民因渔网被台轮“瑞吉祥”号绞破，发生渔事纠纷。台湾军警强行把渔船扣押带到台湾新竹，后经台北连江同乡会协调处理，两艘渔船及渔民于同年 11 月 5 日安全返回。1994 年 5 月 12 日，连江安凯等地渔船在东引附近海面生产，连续遭东引守军炮击，1 名船员中弹死亡，3 名船员受伤。7 月 15 日，黄岐镇海建村闽连渔 1021 号渔船在马祖进屿门海面生产，遭南竿守军枪击，船长当场死亡，其余 5 名船员被抓扣，次日才放回。8 月 2 日，黄岐镇赤澳村闽连渔 8561 号渔船在南竿海域作业，马祖守军开枪射击，1 名渔民中弹后于翌晨死亡。1995 年 2 月 4 日，县闽连农 51-113 号渔船在东引海域作业时，遭台湾当局驻岛守军枪击，一名渔民左肋被击伤，送往台湾治疗。2 月 8 日，县闽连农 51-125 号渔船在马祖海域作业时，全船 5 人均被台湾当局马祖驻军“海龙”号巡艇抓扣。3 月 1 日，国家海峡两岸关系协会就连江渔民连续遭枪击抓扣之事，致函台湾海基会，要求台湾有关方面妥善处理，制止类似事件发生，并赔偿损失，尽快放回渔民。4 月 23 日，黄岐镇海建村闽连渔 1056 号木质渔船在高登附近海面从事贸易，遭高登守军枪击，一名船员被击中当场死亡，两人受伤。2000 年 9 月 8 日，福建沿海渔民、渔工 121 人（连江 31 人）被台湾当局扣留，经交涉，台湾当局首次派船将被扣人员送到琯头台轮停泊点。2001 年 1 月 20 日，马祖方面与省对台、边防、渔业、红十字会等部门协商，由马祖用 3 艘民间客轮搭载 101 名大陆遣返人员（其中被抓扣渔民 57 人，私渡去台 44 人），运抵琯头台轮停泊点码头。2003 年 2 月 19 日，马祖“和泰号”渔船离开黄岐港返回马祖途中，2 名船员不幸落水，黄岐边防站、台胞接待站立即组织出海搜救，经努力终于救起 2 名受伤落水马祖渔民。同年 10 月 22 日，筱埕镇埕口村闽连渔 2336 号渔船在北竿瓢屿礁附近海域作业时，遭台湾当局马祖海巡队追赶枪击，3 名渔民受伤，后经多方严正交涉，马祖方面表示歉意，并派政要多人两次专程看望受伤渔民。2004 年 12 月 21 日，闽连渔 1585 号渔船在马祖黄官屿附近海域作业时，2 名渔民被起网机击伤，请求进马祖港协助救治，马祖渔业电台得讯，组织相关部门紧急救援，将伤者送入马祖医院抢救，因伤势过重不治身亡。下午，马祖方面护送船只连同死者返回黄岐港。

2005 年 1 月 17 日，苔菉镇后湾村一名渔民在马祖海域生产时，突发脑溢血，请求马祖救援，马祖派直升机把患者从东引送到南竿医院抢救，因伤情恶化又用快艇将患者运黄岐港后，转送省立医院急救痊愈。2005 年 4 月 12 日，筱埕定海闽连渔 020413 号，在马祖海域作业时，发现马祖渔民 3 人落水，顶着风浪把 3 人救上船，并送到北竿港，马祖渔会专程到连江致谢。8 月 19—22 日，筱埕镇 5 艘渔船在马祖列岛海域从事捕捞，15 名渔民相继被台湾当局马祖守军扣押，经交涉，同月 29 日放回。

1991—2005 年，全县沿海渔船民先后被马祖军警枪击抓扣共 164 艘 653 人次，其中死亡 7 人，受伤 10 人。

**三、涉台婚姻**

连江县与所属马祖列岛及台湾两岸通婚历史悠久，后因两岸军事对峙而中断。随着两岸关系缓和，两岸通婚逐步增多。至 1991 年，仅马祖郎娶黄岐女就达 142 对。1991—2005 年，全县涉台马婚姻共 4157 人。因台湾当局严格控制只有 1200 多人赴台、马定居。在涉台婚姻中，大陆女嫁到台马的占 99%，大陆男娶台湾女的仅占 1%。两岸男女初婚的占 20%，失偶再婚者占 80%。结婚后缺乏感情基础等原因离婚的占 10%。个别婚姻中介人以假结婚从中非法牟利和骗婚等纠纷也时有发生。2003—2005 年，发生多起连江嫁女或少女被虐、被骗等事件。县对台部门通过与台北连江同乡会联系，得到协调和帮助解决。

**四、台胞回乡定居**

1980—2005 年，连江县共批准台马同胞回乡定居 48 人。至 2005 年，已死亡 22 人。这些定居人员大多是新中国成立之前去台湾，有的是连江解放初期在海上被台湾当局抓去强迫当兵的，有的在大陆有妻室儿女，回乡定居迫切，经批准多落户原祖籍地。主要分布在凤城、敖江、琯头、浦口、东岱、晓澳、黄岐、苔菉等 13 个乡镇。

## 第五节　机　构

**县台湾事务办公室**　1991 年 2 月，县委对台部改称台湾工作部，内设办公室、联络科、宣传科、沿海科，编制 16 名，实有 15 人。1997 年，改称对台工作办公室与县委办合署办公，内设秘书科、联络科、宣传科、经贸科等 4 个科，行政编制 14 名，工勤事业编制 1 名，实有 14 人，其中工勤人员 1 人。2002 年 11 月，加挂县政府台湾事务办公室牌子，内设秘书宣传科、联络交流科、沿海三通科、经济科等 4 个科，核定行政编制 8 人，工勤事业编制 1 人。实有 11 人（工勤人员 1 人）。延至 2005 年。下属单位有：

黄岐台湾渔民事务工作站　1992 年 9 月，设黄岐台湾同胞接待站，股级事业单位，为县委台办派出机构，编制 3 名，实有 2 人。2004 年，更名为县政府黄岐台湾渔民事务工作站，延续至 2005 年不变。

琯头台湾渔民接待站　1988 年 8 月设立，股级事业单位，为县委台办派出机构，编制 5 名，实有 3 人（由台办干部中抽调）。2003 年，根据省清理整顿台湾渔民停泊点的要求，因该站基础设施不够完善，被省列为“暂时关闭”。

# 第四章　港澳事务

## 第一节　港澳同胞

连江旅居香港、澳门乡亲早期多系海员和商务人员。1991 年起，县内居民赴港澳探亲、旅游、商务活动及通婚、定居的申请增多。1997 年，香港回归，连江举行各种活动庆祝。1998 年 9 月 8 日，在香港成立连江旅港乡亲联谊会筹备委员会，推选郑天丰为主任。2000 年 5 月 8 日，在香港成立福州下闽江口琯头镇港胞联络处，陈边疆为主任，余亿海等为名誉主任。至 2005 年，全县旅居香港的同胞共 18302 人，旅居澳门的 5874 人。祖籍地主要分布琯头、敖江、江南、凤城、晓澳、浦口和长龙侨场等地。旅居港澳乡亲，主要从事海员、餐馆、服务业和商业，有一定经济实力的从事房地产开发、旅游、建筑装修或创办工厂等。

## 第二节　联谊交往

1991 年，连江与港澳乡亲的联谊交流日益频繁。经常开展互访、互通工作信息、互相交流、商务洽谈等活动。乡镇侨联和村居归侨侨眷联谊会，多主动与港澳乡亲联络联系，介绍家乡发展变化，了解同胞在港澳生活工作状况。据统计，1991—2005 年，县政府和有关各部门共接待港澳乡亲 795 人次。县乡领导和部门先后 27 次组团前往香港、澳门考察。其中 1993 年，副县长林则铀两次赴港，引进中银集团中南银行 1500 万元港币，用于山仔水利枢纽工程建设。县工商联引进香港贷款资金 10592 万元，用于山仔水利、104 国道（亭江—琯头段）、城关自来水厂、琯头自来水厂等工程建设。

## 第三节　支持家乡建设

### 一、捐助公益事业

1993 年，居香港乡亲捐建敖江镇石头村村道。1997—2005 年，旅居香港乡亲，先后共捐资 752 万元，建设梅洋小学、老人文体中心，修建江南中心小学校舍、江南龙浦—梅洋公路等。旅港乡亲为蓼沿浦边小学建园丁楼，为长龙镇建庄小学捐赠电脑 21 台。其他港澳乡亲先后为家乡兴教助学、赈灾、扶贫帮困等捐资 240 万元。据不完全统计，1991—2005 年，全县港澳乡亲捐助家乡公益事业共 1045.28 万元。

### 二、投资兴业

1991 年前，旅居港澳乡亲直接在境内投资的企业，主要是来料来件加工装配及文化娱乐等小企业，后来大部分停业。1992 年起，旅居香港的乡亲利用香港区位优势，搭桥牵线，吸引海外乡亲、外商和台商到连江投资兴业，主要有房地产、鞋业、服装、化工、机电等行业，多数是中小企业，规模不大。据县外经部门统计，1991—2000 年，以香港公司名义在连江登记注册的企业有 37 家，计划总投资 8692 万美元，因各种因素实际到资不多。至 2000 年末，已经停产注销的有 26 家，占 73%。2001—2005 年，港资在连江登记注册的有 26 家，计划总投资 11121 万美元。1991—2005 年，以香港各种公司名义在连登记注册的企业共 63 家，至 2005 年底，已停产注销的 33 家，占总数的 52.4%，转为大陆内资的 2 家，在产 16 家，在建或待建 12 家。

# 第三十一篇　教　育

1991 年，县委、县政府更加重视教育，作出“科教兴县”决策，落实教育优先发展措施，狠抓“两基”教育。1993 年开始，按照省“大打初中教育翻身仗”的部署，继完成普及初等教育、中学初等教育之后，逐步普及九年制义务教育，相继多渠道筹资 7600 万元，增建初级中学近 10 所，新增校舍 30 万平方米，全县小学升初中的比重由 1990 年的 60.4%，1995 年上升到 90%。1996 年，经省验收实现“两基”教育达标县。在此基础上，为培养各行业急需初中级技术人才，大力发展职业教育，实行“初二后分流”，曾受到国家教委肯定并进行推广。同年，贯彻实施《中华人民共和国职业教育法》，“初二后分流”人数达 4000 人上下，普通高中招生人数下降幅度较大，影响高等人才培养。1998 年开始，连江深化教育改革，稳妥调整中小学布局，优化教育资源配置，实施小学集中办学，提高教学质量，逐步扩大普高招生规模。1998—2005 年，多渠道筹资 3 亿多元改善教育基础设施，加大师资培训和整合力度。至 2005 年，全县小学从 1997 年 353 所逐步整合为 159 所（含私立 4 所），中学增至 42 所（含私立 6 所），其中完中从 1997 年 4 所增至 9 所（含私立 1 所），高中班级由 41 个班增加到 174 个班（含私立 14 个班），高中在校生由 2323 人扩展到 8473 人，高中毕业生 2655 人，是 1997 年的 4.7 倍。全县参加高考人数 3712 人，录取 2928 人，均创历史最高水平。职业教育、成人教育和特殊教育亦同步发展。

## 第一章　学前教育

### 第一节　园（班）设置

1991 年，幼儿教育仍由县教育局主管，各乡（镇）政府协管。全县幼儿园（班）共 186 个，在园幼儿 12604 人。当年，相继成立凤城中心幼儿园、青芝幼儿园，　各小学普遍附设学前班。1992 年，对全县幼儿园（班）进行登记注册，加强管理。各学区配一名领导分管幼教工作，乡镇设幼儿园登记注册领导小组，负责农村幼儿园（班）登记注册，报教育局备案。同年成立城关幼儿园，建立乡（镇、街）中心幼儿园评估制度，实行园长负责制和幼儿教师聘任制。至 1994 年，全县各类幼儿园（班）201 个，其中登记注册 181 个，在园幼儿 18138 人，入园率 50.2%。

1997 年，县对私立幼儿园实行“积极鼓励，大力支持，正确引导，加强管理”的工作方针，私立幼儿园迅速增加。至 1998 年，全县各类幼儿园（班）310 个，其中私立幼儿园 130 所。

2000 年，进行幼儿园（班）登记注册复查和换证工作，尤其对私立幼儿园进行审查和整顿。至 2003 年，经整顿合格审批 34 所，待批 15 所，需要整改 49 所，不合格取缔 47 所。至 2005 年，全县各类幼儿园（班）134 个，其中公办 70 个，私立 64 所（审批 37 所），全县在园幼儿 14404 人，入园率 85%。县实验幼儿园为省级标准幼儿园，凤城中心幼儿园为省优质乡镇中心幼儿园。

## 第二节　教育保育

**一、教学**

1991 年，县幼儿园学制 3 年，一般招收 4—6 周岁幼儿入学。按年龄大小分为大、中、小班。各完小附设的学前班一般只设混合班，招收 6 周岁幼儿，学制 1 年，幼儿园使用省编教材，学前班使用《福建省学前班教材》，课程设语言、计算、常识、美工（绘画、手工）、体育、游戏等，提倡分科教学。同年，县教育部门举办全县性的幼儿园“创设良好教育环境”评比活动和“幼儿一日生活安排和设计”讨论会。1993 年，县举办幼儿园新教材使用培训班，共 40 名幼儿园教师参加培训。县中心园、敖江、凤城中心园举办“爱我家乡”为主题的幼儿半日活动观摩会。1996 年，县教育局成立幼教中心教研组，以省编《教育参考书》为教材。开始纠正幼儿园教育“小学化”“成人化”倾向，不要求幼儿园学习拼音、书写汉字、学做算术题（笔算），不给幼儿布置家庭作业。

2000 年，全县幼儿园划分 6 个教研片，每学期至少有 3 个教研片开展教研活动，形成县教研中心组、乡镇教研片、学区中心园三级教研网络系统。市教育局普教室“幼儿园素质教育现状调查与对策研究”暨连江县“尝试、探索、促进幼儿自主发展”子课题研究在全县启动。2002 年起，以省编幼儿园教师教育用书《领域活动指导》和《主题活动指导》为教材。课程调整为健康、科学、社会、艺术、语言五大领域，提倡各学科之间的有机整合，学校灵活设置具有园本特色的课程。教师在教学过程中可发挥创造性，根据实际自行选择用书内容。

2003 年，县教育局成立课改研讨组，全面启动课程改革，创办《幼教课改动态》，注重把游戏作为幼儿教育的基本活动，寓教育于各项活动中，使幼儿在玩中学、学中玩。2005 年，以“实施新课改，体现新理念”为专题，开展实验研究活动。

**二、卫生保健**

1991 年，县实验园配备幼儿保健专业的保健护士，为幼儿制定营养平衡的食谱、小伤小病的治疗及宣传科学育儿知识等。城关幼儿园还设有保健室，配备一些常用的外伤药及消毒水等。多数乡镇幼儿园的卫生设施较缺乏，没有保健室。1995 年，部分实施幼儿园教师、炊事员、保育员体检持证上岗及新生体检入园。1998 年起，全面实施幼儿园工作人员与新生体检制度。1999 年，各幼儿园实行晨检和健康检查制度，卫生保健的配置逐步完善，配置有消毒柜、温度计、血压计、听诊器、压舌板等。2001 年，县实验园通过“福州市卫生保健合格单位”评估。2003 年，实验园保健室配备监控系统。凤城中心园增加牙齿保健项目，并被评为市卫生保健合格单位。2005 年，全县大部分幼儿园伙食每餐留样 24 小时，饮食卫生保健力度得到加强。

## 第三节　家庭园所联系

1991 年，公办幼儿园多有开展家庭与园所联系。县中心幼儿园每周在教室门口公布教学进度表，使家长了解当周的教学内容，便于家长配合。每班开辟家教园地，刊登一些短小精悍、针对性强的家庭教育方面的小文章。每学期，每位教师对全体幼儿进行一次家访。乡镇各幼儿园通过家长会进行家园联系。1996 年，县实验园开展开放周活动，向所有幼儿家长开放。随后，全县幼儿园也逐步开展开放周、开放日活动。1997 年，凤城中心幼儿园开设家长学校，对家长进行系统的家庭教育知识传输。1998 年，全县大部分幼儿园都通过家长会、家长开放日、“家园小天地”栏目、家长意见箱、发放家园联系手册，促进家园联系。2002 年，青芝幼儿园开展评选最热心家长，举办幼儿卡拉 OK 比赛，邀请家长当评委等活动，促进家园交流。2005 年 5 月，凤城中心幼儿园、实验园邀请幼儿教育专家来园对家长进行家庭教育讲座。

# 第二章　小学教育

## 第一节　学校设置

1991 年，创办透堡学区（增设透堡中心小学、南街小学、西门小学）和筱埕镇尖锋小学，年末全县公办小学 385 所，其中中心校 20 所、完小 176 所、初小 189 所，在校学生 71054 名。1993 年，创办私立明智学校。1994 年，创办下宫学区（下宫小学改为中心小学），新办思远、兴海两所私立学校。1995 年，创办连江第二实验小学、丹阳镇洪湖希望小学。1996 年，创办私立树德学校。1997 年，敖江学区析分为敖江、江南 2 个学区。

1998 年开始，针对县内小学生人数逐渐下降，农村小学布点分散、生员少、班级多，个别的有校无生，教育资源浪费，教学质量难以提高的情况，对全县小学布局进行重大调整，以办学条件较好且位置居中的学校为“基地”，　推行集中办学，并在乡镇所在地创建寄宿制学校。至 1999 年，全县小学由 339 所减至 254 所（其中公办 250 所，民办 4 所），在校生 59853 人。此后根据各地实际，继续调整布局。至 2005 年，全县小学保留 159 所，比 1991 年减少 58.7%，经布局调整和资源整合，教学质量有明显提高。但集中办学也带来一些负面影响，特别是蓼沿、潘渡、小沧等乡镇的偏远村落交通不便，一些贫困家庭因子女寄宿学校负担增加，采取的相应措施有待改善。

2005 年，全县小学 159 所，其中完小 135 所，初小 24 所，在校生 34233 人。其中县实验小学为省重点小学，县第二实验小学和县教师进修学校附属小学为省示范小学；丹阳、东岱、琯头、敖江中心小学和东水学校为省农村示范小学。

**1991—2005 年连江县小学发展概况表**

表 31-2-1

| 项目<br>年份 | 小学学校数（所） | | | 班级数（班） | 在校学生数（人） | | | 招生数（人） | 毕业生数（人） |
|---|---|---|---|---|---|---|---|---|---|
| | 公办 | 民办 | 合计 | | 公办 | 民办 | 合计 | | |
| 1991 年 | 385 | — | 385 | — | 71054 | — | 71054 | — | — |
| 1992 年 | 376 | — | 376 | — | 71062 | — | 71062 | — | 12861 |
| 1993 年 | 379 | 1 | 380 | 2117 | 70048 | — | 70048 | 11847 | 13335 |

续表 31-2-1

| 项目<br>年份 | 小学学校数（所） | | | 班级数（班） | 在校学生数（人） | | | 招生数（人） | 毕业生数（人） |
|---|---|---|---|---|---|---|---|---|---|
| | 公办 | 民办 | 合计 | | 公办 | 民办 | 合计 | | |
| 1994 年 | 383 | 1 | 384 | 2110 | 69620 | — | 69620 | 12907 | 14349 |
| 1995 年 | 381 | 1 | 382 | 2102 | 66943 | — | 66943 | 12240 | 13527 |
| 1996 年 | 362 | 2 | 364 | 2027 | 64896 | 525 | 65421 | 12964 | 14219 |
| 1997 年 | 349 | 4 | 353 | 2012 | 64459 | 666 | 65125 | 13429 | 13517 |
| 1998 年 | 335 | 4 | 339 | 1989 | 62191 | 1688 | 63879 | 11318 | 12514 |
| 1999 年 | 250 | 4 | 254 | 1799 | 58084 | 1769 | 59853 | 9073 | 12956 |
| 2000 年 | 220 | 4 | 224 | 1669 | 52029 | 1742 | 53771 | 6363 | 12946 |
| 2001 年 | 197 | 4 | 201 | 1676 | 50774 | 1775 | 52549 | 6053 | 7076 |
| 2002 年 | 200 | 4 | 204 | 1667 | 49759 | 2325 | 52084 | 6290 | 6403 |
| 2003 年 | 194 | 4 | 198 | 1434 | 43244 | 1775 | 45019 | 6364 | 13253 |
| 2004 年 | 185 | 4 | 189 | 1324 | 36326 | 1607 | 37933 | 6100 | 10914 |
| 2005 年 | 155 | 4 | 159 | 1181 | 33117 | 1116 | 34233 | 5170 | 8470 |

## 第二节　德　育

1991 年，小学德育主要通过思想品德课、班会课、少先队活动、家长学校、学习先进模范人物、建立德育教育基地等形式对小学生进行思想品德教育。各校注重把德育融入课堂各科教学，融入课外各种活动，融入学校环境布置中，营造德育氛围。当年，全面实施《小学德育纲要》，强化学生行为规范的养成教育，持续开展学雷锋、学赖宁、学先进活动，筱埕定海小学和贵安小学少先队荣膺“全国红旗大队”称号；实验小学四（7）中队被授予全国“学赖宁做党好孩子活动中队”称号。1992 年，通过学习《社会主义好》读本，广泛开展教育活动，有 32 所中小学 268 名学生参加有奖征文活动。1993 年，围绕“学伟人，爱我祖国，爱我家乡”主题，开展“心中有祖国，心中有他人”教育活动。1994 年开始，确定玉山关公亭中共连江地下组织首次党代会旧址、县革命烈士陵园、杨而菖烈士墓、透堡“农夫会”会址、“二七”烈士林开庚纪念碑等作为县中小学德育基地，每逢重要节日，都组织学生分别到这些基地开展瞻仰纪念活动。

1995 年，开展“弘扬中国精神，争当家乡主人”系列教育活动，县教育局被国家教委评为“中国精神”读书活动优秀组织奖。　1996 年，各校学生参加全国性“迎接香港回归祖国”读书系列教育活动。5 月，蓼沿学区朱公小学少先队员黄焰华为抢救两名落水女同学不幸遇难，被追授“舍己救人的优秀少先队员”，其先进事迹列入县德育基地教育内容，还在全县开展“手拉手”献爱心活动。1999 年，各校结合北约轰炸中国驻南斯拉夫使馆严重侵犯中国主权的野蛮行为，举行国际形势报告会，增强广大师生的社会责任感和使命感。年内，县实验小学、第二实验小学、东岱和丹阳中心校等学校确定为县基础道德教育实验校。2001 年，县教育局与省革命历史博物馆共建德育基地。2002—2005 年，全县围绕中央和国务院办公厅《关于适应新形势进一步加强和改进中小学道德工作的意见》《公民道德建设实施纲要》，开展“反邪教宣传教育和安全教育月”“心系祖国　健康成长”读书教育活动。通过建立道德示范校、创建文明学校、加强法制教育等途径，相继开展以“讲道德　从我做起”为主题的征文、演讲等系列活动、“百万封信带回家”禁毒教育宣传及禁毒征文活动、“奋发有为奔小康”读书教育活动和“一言一行见公德”系列教育活动，培养学生“诚实守信，遵纪守法”等公德意识。

## 第三节　教　学

### 一、学制

1991—1998 年，全县小学实施五年制，秋季招生。1999 年，秋季新招生开始改五年制为六年制。原五年制一、二年级学生从秋季开始升入六年制二、三年级。为避免改制过程出现小学毕业生断层现象，对四年级学生进行分流（即部分仍为五年制，部分学生改为六年制）。至 2001 年，五年制学生全部毕业，全县小学均为六年制。

### 二、课程与教材

**课程**　1991—1992 年，根据福建省义务教育全日制五年制小学课程安排表，安排二大类课程。一是学科类，设思想品德、语文、写字、数学、社会、自然、体育、音乐、美术、劳动等 10 门课程，一、二年级不开设劳动和社会课。二是活动类，设早会、班队活动、科技活动、文体及健康教育活动。1993 年起增设地方课程，每个年级每周安排一节。除写字每天下午 20 分钟及早会每天 10 分钟外，周课时一年级 27 节，二年级 28 节，三、四、五年级 29 节，六年级 30 节。

1999 年秋季开始，按《福建省义务教育全日制六年制小学课程安排表》安排课程，周课时各年级均增加 1 节。部分五年制学生仍按五年制课程安排。

2000 年，新一轮基础教育课程改革开始。2003 年，全县从秋季入学的一年级新生开始，按福州市六年制小学课程改革实验区课程安排表，分为国家课程及地方与学校课程。国家课程由学科类和综合实践活动课组成，学科类开设品德与生活、品德与社会、语文、数学、外语、科学、体育、音乐、美术等（一、二年级不开设品德与社会、外语、科学课）；综合实践活动类设信息技术教育、研究性学习、社区服务与技术教育、劳动与技术教育等课程。地方与学校课程每周仍保持一节，周课时 26 节。二至六年级仍执行福建省义务教育全日制六年制小学课程安排表，直至毕业。2003 年，城关和农村部分小学三至六年级开设英语课，个别条件好的学校开设信息技术课。2005 年，全县农村小学信息技术教育开课率 48%，英语开课率 79%。

**教材**　1991 年，全县各小学使用人民教育出版社版本教材，地方课程使用《福州小学乡土教材》和《小学生健康教育读本》。2003 年，启动新一轮基础教育课程改革，县内有少数学校编写校本教材，如二实小《我爱连江》《古诗词精选》，县实小编辑《经典古诗文诵读本》和《小学信息技术校本教材》，东湖中心校编《我爱东湖》等。全县尚未统一编乡土教材。2003—2004 年，一、二年级使用江苏省人民教育出版社版本教材，2005 年恢复使用人民教育出版社版本教材。

### 三、教研与教改

**教学研究**　1991 年，县教师进修学校设有小学教研室，各完小和学区设教研组，负责教研活动，要求教师要认真编写教案。每学期至少开一节公开课，定期进行检查评议。重点研讨语文“整体—部分—整体”教学模式，数学“优化应用题教学结构”。1995 年，成立县教育学会及所属 11 个专业（学科）研究会，教学开放周活动日益活跃。同年，市作文教学研讨会和县义务教育教材低年级语文教学研讨会在实验小学召开。1997 年，全县小学划分为 7 个教研片，推行“说课”教研形式。1999 年，围绕“让学生学会学习”总课题开展专题教研活动。2003 年，开展首届小学“十佳”教学能手教学观摩活动，共有 400 多名教师观摩示范课。2004 年，全县 7 个教研片调整为 5 个（实验小学及琯头、丹阳、马鼻、黄岐中心校），当年围绕“新课程、新理念、新教法”，“转变学习方式，促进学生发展”等教研课题，分别在蓼沿、下宫等小学举行专题教研活动。2005 年，以“自主、合作、探究的学习方式实践研究”为重点课题，并开展 “五个一”（上一节好课、写一篇好论文、编一份好教案、读一本好书、出一张好试卷）教研活动。

**教学改革** 1991 年，小学教育仍多以应试检验成果，老师压力大，学生作业多，忽视学生全面发展。各小学利用下午第三节开展课外活动，成立以科技、文艺、体育等为主要内容的兴趣小组，开展科技节、艺术节、读书节、运动会、夏令营等活动。1997 年，县教育局贯彻教育部《关于目前积极推进中小学实施素质教育的若干意见》，在城关 4 所小学开展课堂教学结构和方法改革，让素质教育走进课堂。1998 年，县教育局成立素质教育领导小组，召开学术会研讨，重点探索素质教育的运行机制，坚持“积极稳妥，先搞试点，积累经验，逐步推开”的原则。确定实小、二实小、东岱、丹阳中心小学作为素质教育试点学校。1999 年，“加强语言文字训练，注重学生发展”和“教会学生主动研究和实践”课题被市立项，并在二实小等学校实验。2000 年，二实小主动承担省“九五”重点课题“主动参与型”教学模式的两个子课题，即“小学语文‘双促五步式’主动参与型教学模式”和“小学数学‘以疑导学，学中创新’主动参与型教学模式”的实验研究活动，实验课题通过省级中期检测。连江附小承担市语文科研课题“加快语言交际训练，注重学生发展”的课题实验，实验论文《提高小学生说写素质的实验研究》入编《求索创新》，课题成果通过市级验收。县实小实施“优化课堂教学，引导学生学会学习”为总课题的实验。 2001 年，举行实验中期汇报研讨会， 2002 年获市“引导小学生学会学习”课题研究实验二等奖。

2002 年，根据国家教育部提出的“课程改革”为中心的新一轮教育大改革，深化素质教育。连江作为市第二批“课改”实验区率先在小学的起始年段进行实验。省级课改实验“主动参与型教学模式”的教学研讨会在县二实小举办。其中“小学生综合实践活动资源的研究”课题作为教育部“十五”重点课题“综合实践活动地方（校本）课题开发及师资建设”省分课题获准立项。市级课改实验“引导学生学会学习”在实小、附小、凤城中心校、江南中心校举行中期验收教学汇报会。县级课题“小班化”教改实验在敖江学区展开。2003 年，县教育局成立课改领导小组、新课程学科指导小组和新课程集备小组，实施《连江县基础教育课程改革实施方案》，确定实小等 10 所学校作为小学课改联系校。附小承办省第八届“小学教学问题解决”课题实验基地校课改现场会，与会代表 500 余人。附小、凤城中心小学分别举办为期三天的教学开放日活动，向近千名教师展示 40 多节课改实验课。2004—2005 年，全县小学围绕“新课程、新理念、新教法”“转变学习方式，促进学生发展”等课题，进行课改实验。

**四、考试**

1991—1996 年，全县小学均按照课程计划和教学大纲的要求，通过每学期末考试测评教学质量。科目为语文、数学，其他学科通过平时考查评定成绩。学生修完规定课程，参加县统一命题的语文、数学科目的毕业考试，按照就近入学原则，择优录取到学生户口所在地所属初中，允许连江一中优先向全县农村小学招收 50—100 名优质生源。

1997 年，取消连江一中的优先招收做法，全面推广就近入学。1998 年，为加快普及九年制义务教育，取消小学升初中考试，小学毕业考试由学区自行命题，考试科目仍为语文、数学。考试评价采用优、良、合格、不合格等级制。2000 年，全县小学恢复毕业统考，了解学校教学质量状况，考试成绩不作为初中入学依据。2003—2005 年，实施基础教育课程改革实验，对小学考试进行改革，注重考查学生分析问题、解决问题的能力，即注重实践动手能力和创新思维。县教育局在每个学期末都进行教学质量抽查测试，推动教学质量提高。

## 第四节 美 育

1991年，各小学开展“学校音乐周活动”，利用早会、课间、活动课等组织活动，做到“班班有歌声、歌声飘校园”。1993年，举办县首届学校艺术节暨纪念毛泽东100周年诞辰文艺活动。1995年，全县举办首届小学生硬笔、毛笔书法比赛、县第二届中小学生独唱比赛。1997年，为迎接香港回归，组织97名少儿在县体育场表演百米书画长卷活动。1998年，全县大部分学校实现器乐进课堂。同年，开展首届美术周活动。1999年，举办县第二届中小学艺术节暨少儿艺术节，收到学生书法作品100件，摄影作品27件，手工作品81件，美术作品218件，200多名学生参加钢琴、电子琴、竖笛、独唱等项目的角逐。2004年，县教育局成立小学音乐中心教研组，举办全县师生书画展，240幅作品参展，组织参加市小学生现场儿童绘画比赛，48名选手获奖，实验小学两位学生在中日少儿绘画比赛中获奖，作品选送日本展览。2005年，县举行第三届学校艺术周活动，各校利用班会、晨会和课外时间，举办“班班有歌声”歌咏比赛。

# 第三章 中学教育

## 第一节 学校设置

1991年初，全县有完中4所（一中、二中、五中、六中）、初中20所（三中、四中、九中、七中、晓澳、东湖、潘渡、蓼沿、长龙、官坂、筱埕、黄岐、苔菉、敖北、蓬岐、东岱、透堡、荷山、坑园、青芝）。小学附设初中班5所（琯头壶江初中班、晓澳道澳初中班、百胜初中班、坑园下屿初中班、厦宫初中班）。

1991—1992年，增设浦口、安凯、凤城、琯头4所中学。1993年起，按照省“大打初中教育翻身仗”的部署，相继新建江南、马鼻、道澳、下宫、岱江、官塘、百胜7所中学及小沧、下屿九年制学校，扩大初中50多个教学班。其间，还相继创办私立明智（苔菉）、思远（安凯）、兴海（黄岐）、树德（凤城）4所学校。1996年，私立树德学校成立，招收高一新生5个班。1998年，新建尚德中学，招收高一新生5个班。1997年，有初中学校34所，初中班级756个，在校生37071人。1999年，连江三中增设高中。2000年，新建黄如伦中学。2001年，连江一中成为高级中学，另设启明中学（2004年剥离为私立），颜岐中学归并到坑园中学，青芝中学与连江二中联合办学。2002年，黄如论中学招收高一新生6个班，尚德中学成为高级中学，黄岐中学开设高中部，连江六中改名为华侨中学。2003年，连江二中成为高级中学。2004年，道澳中小学合并为九年制学校，启明、青芝中学分别从连江一中、二中剥离为私立初中校。2005年，全县初中学校33所（含私立5所），643个班级，在校生32212人。完中9所（私立1所），有3所为高级中学，6所完中（含私立1所）。全县高中班级数共174个，在校高中学生8473人。

## 2005 年连江县中学一览表

表 31-3-1

| 校名 | 初中 | | 高中 | | 教职工教师（人） | 专任教师（人） | 校园面积（平方米） | 建筑面积（平方米） |
|---|---|---|---|---|---|---|---|---|
| | 班级（个） | 学生（人） | 班级（个） | 学生（人） | | | | |
| 连江一中 | — | — | 32 | 1558 | 148 | 129 | 56267 | 34392 |
| 尚德中学 | — | — | 30 | 1556 | 98 | 91 | 103000 | 26203 |
| 如论中学 | 20 | 1123 | 18 | 887 | 147 | 139 | 45000 | 18119 |
| 连江二中 | — | — | 20 | 940 | 95 | 95 | 37250 | 14490 |
| 连江五中 | 12 | 589 | 18 | 888 | 115 | 112 | 41154 | 17688 |
| 华侨中学 | 14 | 797 | 24 | 1157 | 143 | 138 | 20414 | 13652 |
| 连江三中 | 30 | 1471 | 12 | 547 | 124 | 111 | 25014 | 16223 |
| 黄岐中学 | 15 | 899 | 6 | 305 | 68 | 63 | 21446 | 12040 |
| 凤城中学 | 37 | 1560 | — | — | 115 | 111 | 10600 | 8396 |
| 连江四中 | 36 | 1744 | — | — | 90 | 88 | 29140 | 11936 |
| 敖江中学 | 15 | 775 | — | — | 51 | 49 | 12188 | 4179 |
| 荷山中学 | 13 | 622 | — | — | 45 | 45 | 9649 | 5203 |
| 江南中学 | 11 | 570 | — | — | 35 | 34 | 28014 | 6895 |
| 琯头中学 | 22 | 1093 | — | — | 72 | 72 | 19381 | 6800 |
| 蓬歧中学 | 8 | 342 | — | — | 26 | 26 | 17798 | 3997 |
| 东湖中学 | 11 | 567 | — | — | 42 | 39 | 13473 | 6031 |
| 蓼沿中学 | 26 | 1400 | — | — | 75 | 73 | 23322 | 7385 |
| 潘渡中学 | 14 | 582 | — | — | 42 | 39 | 18000 | 5432 |
| 长龙中学 | 11 | 494 | — | — | 40 | 37 | 15318 | 4776 |
| 晓澳中学 | 17 | 825 | — | — | 57 | 54 | 13938 | 5137 |
| 百胜中学 | 11 | 528 | — | — | 31 | 30 | 13210 | 2220 |
| 道澳学校 | 8 | 362 | — | — | 24 | 21 | 13333 | 2617 |
| 东岱中学 | 18 | 898 | — | — | 68 | 64 | 42240 | 7783 |
| 岱江中学 | 16 | 780 | — | — | 47 | 46 | 13100 | 4233 |
| 浦口中学 | 22 | 1281 | — | — | 74 | 71 | 21800 | 4797 |
| 筱埕中学 | 20 | 1086 | — | — | 58 | 56 | 25308 | 9273 |
| 坑园中学 | 18 | 838 | — | — | 46 | 43 | 12971 | 6028 |
| 下屿中学 | 8 | 434 | — | — | 22 | 21 | 15808 | 3610 |
| 下宫中学 | 12 | 639 | — | — | 31 | 26 | 18080 | 3223 |
| 官坂中学 | 20 | 897 | — | — | 54 | 51 | 12544 | 5441 |

续表 31-3-1

| 校名 | | 初中 | | 高中 | | 教职工教师（人） | 专任教师（人） | 校园面积（平方米） | 建筑面积（平方米） |
|---|---|---|---|---|---|---|---|---|---|
| | | 班级（个） | 学生（人） | 班级（个） | 学生（人） | | | | |
| 官塘中学 | | 16 | 818 | — | — | 38 | 37 | 19998 | 2480 |
| 马鼻中学 | | 14 | 715 | — | — | 30 | 30 | 20000 | 2370 |
| 透堡中学 | | 18 | 989 | — | — | 56 | 46 | 20089 | 7674 |
| 安凯中学 | | 14 | 671 | — | — | 30 | 30 | 15008 | 3980 |
| 苔菉中学 | | 12 | 637 | — | — | 29 | 29 | 16340 | 3357 |
| 小沧学校 | | 4 | 199 | — | — | 4 | 3 | 1367 | 3777 |
| 私立学校 | 树德学校 | 38 | 1688 | 14 | 635 | 195 | 134 | 69993 | 18035 |
| | 明智学校 | 6 | 340 | — | — | 19 | 19 | 7000 | 3840 |
| | 兴海学校 | 10 | 566 | — | — | 27 | 27 | 16585 | 3750 |
| | 思远学校 | 6 | 320 | — | — | 25 | 18 | 8600 | 3760 |
| | 青芝中学 | 16 | 786 | — | — | 55 | 51 | 7992 | 7251 |
| | 启明中学 | 24 | 1287 | — | — | 78 | 72 | 13986 | 6710 |
| 公立校合计 | | 543 | 27225 | 160 | 7838 | 2270 | 2254 | 841562 | 301837 |
| 私立校合计 | | 100 | 4987 | 14 | 635 | 399 | 321 | 124156 | 43346 |
| 总　计 | | 643 | 32212 | 174 | 8473 | 2669 | 2575 | 965718 | 345183 |

## 第二节 德 育

1991 年，按照全国《中学德育大纲》精神，针对连江地处海防前沿的情况，特别重视“两史一情”（即中国近代史、现代史和国情）和“反渗透、反颠覆、反和平演变”教育。1992 年，县教育局成立德育股，中学设专职书记，完中设政教处，加强德育工作管理，注重法制教育和文明行为的养成教育。各中学以“五四”青年节、“七一”中国共产党建党节等纪念日为教育契机，利用《社会主义好》读本，开展“党在我心中”系列读书活动，组织学生到德育基地进行社会实践。县教育局获全国《社会主义好》读书教育活动组织奖；连江三中获全国《社会主义好》读书教育活动先进单位；连江六中一名学生荣获全国《社会主义好》读书教育活动一等奖，被邀请参加全国青少年理想教育夏令营。1994 年，开展“祖国万岁”读书活动，县教育局获全国县级优秀组织奖和全国第四届“让精神世界更美好”读书活动组织金奖。1995 年，在各中学开展“讲文明、守规范、倡四有、正校风”活动，县教育局和县司法局联合组织法制教育巡回报告会，县教育局被国家教委评为“中国精神”读书活动全国县级优秀组织奖。1996 年，全县中学生参加全国“迎接香港回归祖国”系列读书教育活动。1999 年，县确定连江一中、东岱中学为基础道德教育实验校，要求各校紧抓邓小平理论进教材、进课堂、进学生头脑，用好《共和国 50 年》《21 世纪的中国澳门》等教育读本。各中学结合 5 月 8 日北约轰炸中国驻南斯拉夫大使馆这一严重侵犯中国主权的野蛮行径，举行国际形势报告会。同年各校组织学生开展反邪教系列教育活动。2002 年，各校组织学习《公民道德建设实施纲要》，开展“讲道德、从我做起”征文、演讲活动。2003 年，全县开展“一言一行见公德”系列教育活动。2005 年，全县中小学开展“纪念抗战胜利暨反法西斯斗争胜利 60 周年” 活动，以及“爱祖国、爱福建、爱福州、爱连江”等主题教育。

## 第三节　教　学

**一、学制**

1991 年，县内普通中学继续实行“三、三” 学制（初、高中各 3 年）。当年制定《连江县九年义务教育实施规划》《关于实现教育“两基”工作的决定》等多份文件，把实现“两基”作为 90 年代战略目标。全县划成三个类区，分两步实施九年义务教育。1995 年 10 月，琯头、黄岐、苔菉、官坂、小沧、下宫等 6 个乡镇申报实施九年义务教育，年末全县 21 个乡镇实施九年义务教育。2005 年，全县 22 个乡镇全部实施九年义务教育。

**二、课程与教材**

**课程**　初中课程：1991 年，仍按全日制普通中学教学计划安排，初一设思想政治、语文、数学、英语、生物、历史、地理、美术、音乐、体育与健康、劳技；初二和初三增设物理；初三不设生物和地理，增设化学。从 1999 年起，初一至初三均增设信息技术。2001 年，根据《福建普通中学 2001—2002 学年课程计划及其说明》安排课程。2003 年秋季起，义务教育纳入省级基础教育课程改革实验区。初中课程按省教育厅《福建省九年制义务教育课程实施计划（试行）》设置。

高中课程：1991 年，仍按全日制普通中学教学计划安排课程，高一开设思想品德、语文、数学、英语、物理、化学、历史、地理、音乐、体育与健康、信息技术。高二分文、理科，增设生物、劳技，文科不开设音乐，理科不开设历史、地理、音乐。高三文科开设思想品德、语文、数学、英语、历史、体育与健康、劳技；理科开设语文、数学、英语、体育与健康、劳技、物理、化学、生物。2001 年，高二、高三课程安排执行《福建普通中学 2001—2002 学年度课程计划及其说明》，高一课程根据《福建省全日制普通高级中学课程计划（实验修订稿）》安排，高一至高三均开设研究性学习课程，至 2005 年不变。

**教材**　1991—2003 年，九年义务教育初中各科教材多数使用人民教育出版社版本。2003 年下学期起，初一语文采用江苏教育出版社版本，数学采用华东师大出版社版本，政治、美术、音乐采用湖南人民出版社版本，劳技采用福建教育出版社版本。2004 年下学期起，初一数学、地理、生物、美术采用教育出版社版本，语文采用江苏教育出版社版本，英语、政治、音乐采用湖南人民教育出版社版本，劳技采用福建教育出版社版本，物理采用上海科技出版社版本，化学采用科学出版社版本，体育采用教育科学出版社版本，历史采用中国地图出版社版本。2005 年下学期，初一学生教材除英语采用湖南教育出版社，园艺和计算机采用福建教育出版社外，其他教材均采用人民教育出版社版本。

1991—2003 年，高中各科教材均使用人民教育出版社版本。2003 年下学期起，除研究性学习教材用上海科技出版社版本外，其他各科均采用人民教育出版社版本。

**三、教研与教改**

**教学研究**　1991 年，县教育局要求各校坚决纠正以往受“应试教育”影响，课外活动多被主课挤占的情况，要求填报参加社会实践表，课堂教学一般采取讲读、问答、演示实验、练习综合运用的教学方法，组织开展教学活动。各校成立科学兴趣小组，定期组织参加各学科竞赛。初中设一中、二中、五中、六中和凤城中学 5 个教研片，语文科重点研讨“整体—部分—整体”教学模式，数学科重点研究“优化应用题教学结构” 。县教育局组织各教研片征集 1984 年以来在市级以上刊物发表或交流的教育教学论文汇编成册，供教师学习交流。

1993 年，逐步由“应试教育”向“素质教育”转轨，要求学校把学生军训、社会调查、公益活动等实践活动结合起来。连江一中与富佳机电有限公司订立社会实践协议。1994 年，县进修校召开语文、数学等 6 个学科教学现场会，听 6 节实践课，探讨素质教育，学校把学生军训、调查、劳动、夏令营等实践活动有机结合起来。

1996 年，初中教研片调整为二中、三中、四中、五中、六中、凤城中学、东岱中学七个教研片，广泛开展“轻负担、优质量”活动，促进素质教育。2000 年后，各校组织学生参加暑期社会调查，撰写调查报告。2001 年，分别在六中、荷山中学建立初中语、数、政、理、化、英六科教研基地，开展学科专题研究。

2004 年开始，县教育局对教研片的组织制度建设及工作规程作出具体规定，组织 2 场中学市级送教讲学活动，各校每周均开展单元集体备课、专题研讨活动。教导处不定期检查教师编写教案、批改作业等情况，并建立教学档案。各教研片根据考研工作安排每学期举办“教学公开周”，开展公开教学观摩活动。

**教学改革** 1991 年，继续实行“初二后分流”，有 621 人初三阶段直接进职业学校，不参加高考。1994 年，初二后分流人数 1475 人，占应届初中毕业生 25.9%。1995 年，县教育局实施《连江县初二后分流教育改革实验评估试行条例》，组织编写“分流”班专业教材，并培训专业教师。1996 年，“初二后分流”得到省、市教委充分肯定，列入由世界银行贷款的省实验项目，分流人数增到 4000 人左右。1998 年，县在三中召开初二后分流现场会，研讨分流教育管理办法、专业设置和实习基地等问题。年内，“初二后分流课题实验”通过国家教委验收。教育部领导来闽考察誉为“连江模式”向各地推广，是年“初二后分流”学生 4083 人。但职业学校毕业生就业日趋困难。“初二后分流”职业教育培养一批经济建设的急需初中级技术人才，但同时也造成普高生锐减，影响高学历人才的培养。当年开始调整中学布局，逐步扩大高中学生招收规模，“初二后分流”基本停止。

1999 年，县教育局下发《关于加强连江县中学教研片工作的意见》，成立县初中各年级中考学科集备组。初中语文科开展以“说”为龙头，牵动“听”“读”“写”教改实验，数学科开展“自主、调控双达标”教改实验。2001 年，英语“张法”教改实验取得一定成效，市教委在连江召开英语“张法”实验课题现场会，官坂中学被市教委评为“张法教改先进单位”。2002 年，连江率先在初中、小学起始年段进行“课改”实验，三中、四中等 14 所中学申报实验教育部“十五”规划课题福州市子课题《初中英语课堂教学模式与课程标准实施研究》。2003 年，市在连江召开该课题实验研讨会暨教学展示会。

**四、升学考试与高中会考**

**中考** 1991 年，连江中考总分 540 分，其中语文、数学各 120 分，英语、政治各 100 分，物理 60 分、化学 40 分。由县统一组织和集中评卷，由县中招办按考生志愿和总分择优录取，当年初中毕业生 4076 人，普高录取数 707 人。1994 年，增加体育 30 分，总分为 570 分。1998 年，初中毕业生 11693 人，普高录取数 1298 人。1999 年开始，总分为 780 分，其中语文、数学、英语各 150 分，物理、政治、化学各 100 分，体育 30 分。2000 年后，中考评卷、招生录取工作由市中招办组织进行，按考生志愿和总分择优录取。2004 年，福州一中向连江招收 10 名普高学生。2005 年，取消体育 30 分，总分为 750 分，初中毕业生 5771 人，普高录取数 3091 人。中考招生工作实施“网上报名，网上招生”改革，按考生志愿和总分择优录取并首次实行应届初中毕业生综合素质评定。是年，师大附中、福州四中向连江招收普高学生。

### 1991—2005 年连江县初中毕业生录取普高情况表

表 31-3-2　　单位：人

| 年度 | 初中毕业生 | 应届考生 | 录取总数 | 其中 | | | | | | | | | |
|---|---|---|---|---|---|---|---|---|---|---|---|---|---|
| | | | | 一中 | 尚德 | 如论 | 二中 | 三中 | 五中 | 侨中 | 黄岐 | 树德 | 外县 |
| 1991 年 | 4076 | — | 707 | 272 | — | — | 170 | — | 180 | 85 | — | — | — |
| 1992 年 | 3955 | — | 580 | 288 | — | — | 113 | — | 90 | 89 | — | — | — |
| 1993 年 | 5378 | — | 577 | 288 | — | — | 103 | — | 100 | 86 | — | — | — |
| 1994 年 | 5245 | — | 656 | 299 | — | — | 135 | — | 135 | 87 | — | — | — |
| 1995 年 | 5574 | — | 737 | 318 | — | — | 130 | — | 157 | 132 | — | — | — |
| 1996 年 | 9024 | — | 774 | 313 | — | — | 152 | — | 176 | 133 | — | — | — |
| 1997 年 | 9240 | — | 1082 | 276 | — | — | 131 | — | 178 | 269 | — | 228 | — |
| 1998 年 | 11693 | 4597 | 1298 | 386 | 248 | — | 73 | — | 100 | 174 | — | 214 | 103 |
| 1999 年 | 12348 | 5993 | 1962 | 362 | 345 | — | 229 | — | 280 | 303 | — | 419 | 24 |
| 2000 年 | 10675 | 6580 | 2128 | 360 | 400 | — | 244 | 125 | 368 | 369 | — | 242 | 20 |
| 2001 年 | 10302 | 6682 | 2592 | 451 | 454 | — | 332 | 222 | 354 | 369 | — | 311 | 99 |
| 2002 年 | 9492 | 7078 | 2664 | 450 | 452 | 271 | 270 | 180 | 271 | 318 | 91 | 220 | 141 |
| 2003 年 | 9799 | 6771 | 2883 | 482 | 481 | 288 | 288 | 192 | 288 | 380 | 96 | 275 | 113 |
| 2004 年 | 6998 | 5135 | 3145 | 495 | 540 | 301 | 300 | 200 | 300 | 393 | 100 | 285 | 231 |
| 2005 年 | 5771 | 4063 | 3091 | 544 | 540 | 300 | 401 | 200 | 300 | 387 | 100 | 146 | 173 |

**高考**　1991 年起，县每年均在高考前成立普通高等学校招生委员会，下设办公室。高考试卷由教育部统一命题，考点多设在连一中，考试时间为 7 月 7—9 日 3 天。高考成绩按考生卷面成绩原始分计算，即语文、数学、外语各 150 分，综合科 300 分，总共 750 分。是年部分大中专院校向连江招收委培生。1997 年起，高考成绩实行标准分制度，总分成绩和学科最高分均为 900 分。当年取消委培生和自费生的招生录取政策。1999 年起，高考不再单独设置外语类。2000 年，高考取消录取中专生。2001 年，实行“3+X”高考制度，即文理类语文、数学、外语 3 科单独考试各 150 分，“X”为综合科 300 分，总分 750 分。2004—2005 年，高考试卷均由省按国家统一考纲，组织人员自行命题。考点设连一中、侨中、黄如论中学、尚德中学 4 个中学，并在黄如论中学和尚德中学考点首次实行探头监控。

### 1991—2005 年连江县高考录取情况表

表 31-3-3

| 年份 | 报考人数（人） | 录　取　数（人） | | | | | 录取率（%） |
|---|---|---|---|---|---|---|---|
| | | 本科 | 专　科 | | 中专 | 小计 | |
| | | | 普通高考 | 高职单招 | | | |
| 1991 年 | 870 | 80 | 109 | — | 40 | 229 | 26.32 |
| 1992 年 | 910 | 107 | 156 | — | 38 | 301 | 33.08 |

续表 31-3-3

| 年份 | 报考人数（人） | 录取数（人） | | | | | 录取率（%） |
|---|---|---|---|---|---|---|---|
| | | 本科 | 专科 | | 中专 | 小计 | |
| | | | 普通高考 | 高职单招 | | | |
| 1993 年 | 935 | 159 | 203 | — | 52 | 414 | 44.28 |
| 1994 年 | 829 | 171 | 250 | — | 153 | 574 | 69.24 |
| 1995 年 | 723 | 128 | 245 | — | 21 | 394 | 54.5 |
| 1996 年 | 771 | 143 | 218 | — | 7 | 368 | 47.73 |
| 1997 年 | 860 | 175 | 211 | — | 17 | 403 | 46.86 |
| 1998 年 | 980 | 220 | 261 | — | 29 | 510 | 52.04 |
| 1999 年 | 1048 | 232 | 212 | — | 7 | 451 | 43.03 |
| 2000 年 | 1196 | 240 | 289 | 5 | — | 534 | 44.65 |
| 2001 年 | 1660 | 405 | 541 | 25 | — | 971 | 58.49 |
| 2002 年 | 2479 | 506 | 751 | 18 | — | 1275 | 51.43 |
| 2003 年 | 3067 | 929 | 1368 | 46 | — | 2343 | 76.39 |
| 2004 年 | 3057 | 1194 | 1247 | 63 | — | 2504 | 81.91 |
| 2005 年 | 3712 | 1361 | 1514 | 53 | — | 2928 | 78.88 |
| 总计 | 23097 | 6050 | 7575 | 210 | 364 | 14199 | 61.48 |

1991 年，普通高中会考以高考的管理模式进行，防止一些学校文理偏科影响学生全面发展。高中会考每年进行两次，语文、数学、英语由学校命题，其他各科均由省考试办统一命题。2000 年开始，无学籍的高中学生和在中专、职专的学生有意参加高中会考的，可以作社会考生参加。2005 年，高中会考改为每年进行三次，当年参加高中会考的社会考生近 3289 人（其中职专 601 人），通过会考取得高中毕业证书的共 937 人（其中职专 56 人）。

## 第四节　美　育

### 一、音乐

1991 年，中学对传统的“唱歌课”模式进行改革，除加强音乐基础知识教学外，还传授演唱技能、技巧和音乐欣赏常识，并组织音乐课外兴趣小组活动，教唱革命传统歌曲，学校、班级举行联欢晚会等。1993 年，县举办首届学校艺术节暨纪念毛泽东 100 周年诞辰文艺活动，有 1100 多名中小学生参加演出。1995 年，县中学音乐课采用简谱版省编教材，各中学按《九年义务教育全日制中小学音乐、美术教学器材配备目录》进行配备。是年，县职专成立女子军乐队。1998 年，大部分学校实现器乐进课堂。2002 年，市第四届中小学生合唱节连江赛区在县二实小举行，18 所中小学参加角逐。2003 年起，音乐课教学顺应新课程改革要求，按照《音乐课程标准》进行教学。在音乐演唱方面，增加“班班有歌声”冠军班赛和学校艺术周活动先进单位的评选。2004 年，全县音乐教材使用人民教育出版社出版的《义务教育课程标准实验教科书》，配有多媒体教学光盘。是年，举办庆祝第 20 个教师节暨纪念邓小平 100 周年诞辰全县师生文艺会演活动。

**二、美术**

1991 年起，中学美术课采用人民教育出版社实验教材，内容主要有基础素描、绘画知识、美术鉴赏、手工制作等。1995 年，成立县中小学艺术教育教学研究会，举办首届中学生风景写生比赛，15 所中学 59 名学生参赛。2003 年，美术课教材使用人民教育出版社出版的《义务教育课程标准实验教科书》和光盘，连江一中、尚德中学、黄如论中学设有专用美术教室。2003 年 1 月 1—5 日，在县博物馆举办全县师生书画展览，共展出 7 件特邀作品和 227 件师生作品。是年起，逐年举办中小学现场静物绘画比赛或现场风景绘画比赛，开展学校艺术周活动和“班班有美展”“校园艺术长廊”等建设。2004 年，举办全县“黄如论中学杯”中学生现场静物绘画比赛，17 所中学 167 人参加角逐，并将获得一、二、三等奖的学生选送参加市第 18 届中学生现场静物绘画比赛，有 17 人获奖。

# 第四章　中等职业教育和特殊教育

## 第一节　中等职业教育

1991 年，连江职业教育经过 80 年代中学教育结构调整有较大发展，有连三中、连四中、连九中 3 所兼办的职业高中班，还有福州师范连江教学班、坑园水产职业中学和县中等技工学校，共有在校生 864 人，设有土建、财会、电工、计算机、汽车维修、水产养殖、幼教、服装、美工等 10 多个专业。培养出 1900 多名毕业生，大都被招聘就业，为各行业输送急需的中等技术人才。

1992 年，县政府确定职业教育逐步实行集中办学，成立县高级职业中学，面向全县招生，学制 3 年。1993 年，在江南己古村征地 0.88 公顷建设校园，设 10 个专业、14 个教学班，在校生 405 人。学制由 3 年改为 2 年。连江九中职高班和坑园水产职业高中班相继并入县高级职业中学。同年底，县高级职业中学被市定为农村示范性职业学校，福州师范连江教学班停办。

1994 年，县高级职业中学与市司法局联合开办法律专业班，连续招生 4 届，大部分学生参加自学考试获大专学历。同年，琯头中学依托成人中专开办实用英语专业 2 个班。1995 年，县教育局职教中心组成立职业教育研究会。1996 年，县政府批准县高级职业中学扩建，校园面积增加到 2 公顷，并加强基础设施和教学设备，为扩大招生创造条件。同年，连江四中和连江三中的职业高中班停办。

1997 年 5 月，经省教委批准，县高级职业中学升格为连江职业中专学校（为正科级编制），当年有 12 个专业，在校生 1300 多人。1999 年秋，在全市职教招生低谷的情况下，县职业中专招生数仍达 1200 人，在校生稳定在 2000 人上下。

2000 年 2 月，私立青芝中学招收成人商务英语专业职高班 2 个班，2001 年，与连二中联合办学。2002 年，坑园水产职业中学与省海洋技术学校联合办学，开设水产养殖专业 2 个班，招生 80 人，2003 年，移并入省海洋技术学校。至 2005 年，县内职业教育有县职业中专学校在校生 2449 人，中等技工学校在校生 437 人。此外连江二中还有职高 6 个班 360 人，琯头中学职高 2 个班 105 人。全县职业教育在校生总计 3351 人。

## 第二节　特殊教育

1991年，继续贯彻国家教委《关于发展特殊教育若干意见》，县内普通小学多附设特教班，残疾儿童多随班就读。官坂学区梅里小学开设全省首个弱智儿童辅读班，生员15人。1992年，增加聋哑班。至1994年，增加到5个班，学生47人，有专职教师9人，职工3人。特教班开设课程有音乐、美术、活动、自理训练、手语、律动。

1995年3月，县政府批准在梅里小学特教班基础上创办县特教学校，迁到县城郊玉山租用原职工疗养院办学，增加教师，面向全县招生，学制9年，实行封闭式寄宿管理模式，培养"残而有为"的有用人才。

1996年，全县调查残疾少儿1135人，入学819人，占72.2%。除在特教学校就读100多人外，其余在普通学校跟班就读。1997年，特教学校增设电脑书画、手工编织、烹饪、家政、特奥训练等课程。1998年，按照教育部《特殊教育学校暂行规定》，推广使用全国通用的普通话、规范字、盲文、手语。

2000年，全县残疾少儿1605人，入学1398人，占87.1%，其中特教学校20个班211人。2002年，特教学校首届毕业生11名，经学校帮助全部被企业招聘就业，特教学校被评为市特教先进单位。

2003年，县政府批准在城关玉泉公园北侧征地1.67公顷新建特教校园，多渠道筹集资金600万元（其中县财政补助100万元），2005年2月竣工迁入，建筑面积5400平方米，集教育、康复、劳技培训为一体，进一步加强课研教研，实行分类分层次教学、聋生逆反心理纠正、推广"个别化"教育模式等。2005年，全县残疾少儿895人，入学813人，入学率90.84%。其中县特教学校有21个教学班，在校生208人，教职工55人，其中专任教师45人（有中级职称17人）。

# 第五章　成人教育

## 第一节　扫盲与实用技术教育

1991年，县教育局主管成人教育、农村青壮年扫盲、实用技术培训和社会力量办学，各乡镇均配备成人教育专职干部，负责本地区扫盲和实用技术培训，全县设15个培训中心，重点培训对虾养殖、淡水养鳗及水果栽培等实用技术。1994年，全县扫盲结业11787人，巩固提高班18360人，脱盲14981人（其中女12453人），青壮年非文盲率98.36%。1995年，各乡镇采取"集中班""庭院班""一教一""二教一"等多种办学形式完成市教委分配的扫盲任务。全县创办7所乡镇农民文技校，开展"农函大"学历培训和"轮机驾驶""果蔬栽培""网箱养鱼"等26种专业技术培训。1996年，21个乡镇全部建立农民文化技术学校，县教育局调配58位教职员为专任老师。同年12月，连江扫盲工作通过省"两基"扫盲工作评估验收，成为全国第四批扫盲工作达标县。1997年，全县共6.82万人参加成人实用技术培训，占青壮年总数的26.4%。有13个乡镇示范性文技校争创市级达标，青芝文技校为市级达标校。1998年，晓澳镇文技校成为市示范校，丹阳镇文技校成为省级示范校。2000年，创办 40 所村级重点文技校，乡镇村文技校开办各类实用技术培训达 4.5 万人次。2003 年，连江扫盲工作通过市政府“两基”工作检查组的七轮跟踪检查验收。至 2005 年，全县脱盲 23091 人，非文盲率达 99.97%。全县乡镇文技校共举办 20887 期实用技术培训班，53.32 万人次参加培训。

**1991—2005 年连江县成人教育情况表**

表 31-5-1

| 类别 | 壮年扫盲 | | | | 农村实用技术教育 | | | 附注 |
|---|---|---|---|---|---|---|---|---|
| 年度 | 扫盲结业（人） | 巩固班（人） | 提高班（人） | 非文盲率（%） | 实用技术培训班（期） | 受训人数（人） | 受训率（%） | — |
| 1991 年 | 4032 | 2094 | 1975 | 96.33 | 375 | 12150 | 4.66 | — |
| 1992 年 | 3502 | 2103 | 1937 | 97.15 | 332 | 13158 | 5.05 | — |
| 1993 年 | 2592 | 1791 | 1649 | 97.84 | 403 | 14125 | 5.42 | — |
| 1994 年 | 1661 | 1320 | 1222 | 98.36 | 554 | 18450 | 7.08 | — |
| 1995 年 | 1900 | 3173 | 2082 | 98.74 | 1420 | 48314 | 18.55 | — |
| 1996 年 | 514 | 1145 | 756 | 98.84 | 2531 | 54600 | 20.9 | — |
| 1997 年 | 516 | 258 | 261 | 98.94 | 3175 | 68215 | 26.4 | — |
| 1998 年 | 1581 | 510 | 510 | 99.25 | 1987 | 30568 | 11.7 | — |
| 1999 年 | 930 | 1581 | 1265 | 99.48 | 1765 | 45839 | 17.6 | — |
| 2000 年 | 560 | 1540 | 1306 | 99.6 | 1987 | 45100 | 17.3 | — |
| 2001 年 | 558 | 1570 | 1274 | 99.71 | 2185 | 48320 | 18.6 | 3+X 实用技术培训 3000 |
| 2002 年 | 600 | 900 | 560 | 99.83 | 1050 | 31725 | 12.2 | 3+X 实用技术培训 3075 |
| 2003 年 | 330 | 600 | 880 | 99.9 | 1152 | 43260 | 16.6 | 3+X 实用技术培训 3075 |
| 2004 年 | 260 | 1050 | 800 | 99.95 | 958 | 28322 | 10.9 | 转移富余劳动力 2980 |
| 2005 年 | 120 | 500 | 400 | 99.97 | 1013 | 31025 | 11.9 | 转移富余劳动力 3100 |

## 第二节 大中专教育

### 一、广电大学

1991 年，福建广播电视大学在连江设工作站，参加电大学习 275 人，主要修业大专。1992 年 3 月，电大与成人中专合署，两块牌子，一套班子，有 4 名专职教师。1993 年，连江电大工作站启动非学历教育，开展“公务员必修课培训”“检察干部专业证书培训”“档案干部讲座”“食品卫生讲座”等。1996 年 10 月，电大工作站搬入县教育中心大楼，与县教育局成人教育科合署，教学管理人员 5 人。同年，增设视听生班。1999 年，县电大学历教育开设 5 个大专专业，在校生 308 人，培训干部 3000 多人。

2000年9月，电大工作站成为“中央广播电视大学人才培养模式改革和开放教育试点”办学单位。2003年，增设远程教育法学、教育管理专业本科班，在校生1300多人，成为全省电大最大的县级工作站。2004年，电大教学班移设县职专，并安装卫星接收装置、双向媒体视频教学系统及多媒体网络室、语音室、闭路电视教室等电教设备；开设大专层次的金融、教育管理、法律、行政管理、财务会计、小学师资等7项专业和本科教育管理、法律两个专业，共23个教学班，在校生1702人。2005年4月，通过省教育厅专家组的总结性评估。

### 二、自学考试

1991年，全县高等、中等专业教育自学考试开考专业22个。1995年，为提升小学教师学历水平，在县内开设小学教育专业考点，其余专业考生在福州考试。1997年，自考工作由县教育考试办公室主管，负责考生考籍及有关档案材料审查、建立和管理，每年4月、10月组织两场考试。2000年，因小学教育专业考生少于300人，被取消考点资格，所有门类考生到福州参加自学考试。2005年7月开始，增加一次旧生报名考试。

**1991—2005年连江县自学考试情况表**

表31-5-2

| 年　份 | 开考专业（个） | 报考人数（人） | 报考门数（人次） | 毕业生人数（人） | 其　中 | | |
|---|---|---|---|---|---|---|---|
| | | | | | 中专（人） | 专科（人） | 本科（人） |
| 1991年 | 22 | 590 | 1323 | 34 | 8 | 26 | — |
| 1992年 | 23 | 612 | 1468 | 12 | 1 | 11 | — |
| 1993年 | 23 | 499 | 1181 | 11 | 2 | 9 | — |
| 1994年 | 24 | 493 | 1208 | 9 | — | 9 | — |
| 1995年 | 21 | 1381 | 3171 | 11 | 3 | 8 | — |
| 1996年 | 20 | 2179 | 5578 | 17 | 3 | 14 | — |
| 1997年 | 22 | 2124 | 5270 | 22 | — | 22 | — |
| 1998年 | 22 | 2996 | 6862 | 167 | 1 | 166 | — |
| 1999年 | 23 | 3537 | 7489 | 147 | — | 147 | — |
| 2000年 | 25 | 2961 | 7262 | 50 | — | 50 | — |
| 2001年 | 35 | 2539 | 6056 | 122 | — | 120 | 2 |
| 2002年 | 53 | 2446 | 5589 | 180 | — | 178 | 2 |
| 2003年 | 65 | 2114 | 4862 | 120 | — | 104 | 16 |
| 2004年 | 72 | 1520 | 3419 | 81 | — | 71 | 10 |
| 2005年 | 74 | 1157 | 2431 | 87 | — | 72 | 15 |
| 合计 | — | 27148 | — | 1070 | 18 | 1007 | 45 |

### 三、成人中专教育

1991年，县设有成人业余中等专业学校，依托县中等技工学校办学，招收工业企业管理18人，毕业13人。1992年3月，更名为县成人中等专业学校，与县电大工作站合署。1996年，招收工业企业管理23人全部毕业。1997年，招收财会11人全部毕业。1999年，招收英语102人，毕业91人。

2000 年，与琯头青芝中学联合办学，开设英语专业，为侨区培养实用型人才。2001 年，招收计算机和财会 45 人，毕业 42 人。2001 年后，由于社会向着大专、本科化发展，成人中专学校停止招生。

# 第六章　教职员工

## 第一节　教师队伍

### 一、幼儿教师

1991 年，全县幼儿教师 132 人。1997 年，发展到 348 人，其中两园（实验园和凤城园）95 人，其他园（班）253 人。2005 年，幼儿教职工 566 人，其中两园 74 人，专任教师 68 人，中级职称 26 人；部队幼儿园教职工 10 人，专任教师 8 人；民办幼儿园教职工 343 人，全是专任教师；公立学前班 139 人，专任教师 80 人，其中中级职称 16 人；全县各幼儿园（班）教师的学历达标率均为 100%。

### 二、小学教师

1991 年，全县小学教师 2986 人，其中大专以上 12 人，普师和高中 1882 人，初师及初中 1092 人。1998 年，为解决英、体、音、美教师紧缺问题，在职专招聘英、艺、体专业毕业生 280 人，还委托上海淞江师范代培师范生 80 人充实到各校。1999 年底，最后一批民办教师 35 人转正。2001 年，全县小学教师的中专以上学历 96.46%，其中大专学历 17.2%。2005 年，全县小学教职工 2883 人（公立校 2720 人、私立校 163 人），专任教师 2755 人（公立校 2662 人、私立校 93 人）。专任教师中男女比例为 1 ∶ 1.43。公立校教师高级职称 14 人、中级职称 1148 人。小学教师学历达标率 98.4%。

### 三、中学教师

1991 年，全县中学教职工 1559 人。1993—1997 年，贯彻“大打初中翻身战”部署，相继增加 10 所中学，初中教师紧缺，除县内调整外还从湖北荆州师专引进毕业生 76 人。1998 年，随着高中学校、班级规模扩大，高中教师缺口较大，尤其是骨干教师和学科带头人偏少。从 2000 年开始，县教育部门陆续从江西师大、华东师大、华中师大、东北师大引进本科毕业生 88 人。2001 年，选送 139 名初中教师到福建师大脱产进修本科学历，并通过选调到高中任教，返聘具有丰富高中教学经验的退休教师 13 名留校任教，缓解高中师资紧缺局面。

2005 年，全县中学教职工 2669 人（公立校 2270 人、私立校 399 人），专任教师 2419 人（公立校 2149 人，私立校 270 人）。专任教师男女比例为 2.05 ∶ 1。全县中学高级职称 151 人（私立校 2 人），中级职称 923 人（私立校 63 人），初级职称 1318 人（私立校 48 人）。初中教师本科学历提高到 17.25%，高中教师本科学历达标率 65.7%。

**1991—2005年连江县普通中小学、幼儿园教师统计表**

表31-6-1　单位：人

| 年　份 | 中学教师 | | | 小学教师 | | | 幼儿教养员 | | |
|---|---|---|---|---|---|---|---|---|---|
| | 公立校 | 私立校 | 合计 | 公立校 | 私立校 | 合计 | 两园 | 其他 | 合计 |
| 1991年 | 1559 | — | 1559 | 2986 | — | 2986 | 29 | 103 | 132 |
| 1992年 | 1622 | — | 1622 | 2688 | — | 2688 | 33 | 92 | 125 |
| 1993年 | 1678 | 15 | 1693 | 2826 | 10 | 2836 | 36 | 113 | 149 |
| 1994年 | 1698 | 21 | 1719 | 2969 | 24 | 2993 | 47 | 114 | 161 |
| 1995年 | 1789 | 31 | 1820 | 2977 | 28 | 3005 | 58 | 129 | 187 |
| 1996年 | 1863 | 79 | 1942 | 2997 | 73 | 3070 | 73 | 203 | 276 |
| 1997年 | 2069 | 145 | 2214 | 3031 | 81 | 3112 | 95 | 253 | 348 |
| 1998年 | 2327 | 274 | 2601 | 3061 | 119 | 3180 | 151 | 280 | 431 |
| 1999年 | 2358 | 274 | 2632 | 3043 | 134 | 3177 | 149 | 247 | 396 |
| 2000年 | 2361 | 358 | 2719 | 3003 | 125 | 3128 | 134 | 209 | 443 |
| 2001年 | 2441 | 370 | 2811 | 3000 | 180 | 3180 | 97 | 416 | 513 |
| 2002年 | 2464 | 392 | 2856 | 3269 | 177 | 3448 | 96 | 462 | 551 |
| 2003年 | 2387 | 360 | 2747 | 2785 | 180 | 2965 | 87 | 559 | 646 |
| 2004年 | 2345 | 342 | 2687 | 2859 | 162 | 3021 | 77 | 535 | 612 |
| 2005年 | 2270 | 399 | 2669 | 2720 | 163 | 2883 | 74 | 492 | 566 |

说明：①上表教师数不包括已退休人员；②“两园”指实验园和凤城中心幼儿园

## 第二节　待　遇

**一、政治待遇**

1991年,教师的政治地位逐步提高,年内11名教师当选为县人大代表,15名教师当选为县政协委员。1993年，东岱湖里小学教师詹兰英被国家教委、人事部授予“全国优秀教师”称号。1998年，3名教师当选为福州市人大代表，17名教师当选为县党代会代表。是年，县委县政府评选出5名杰出校长、50名县级优秀教师、500名乡镇优秀教师。2002年，特教学校校长被国家教委、民政部、残联等授予全国“三育人”先进个人和全国特教先进工作者。至2005年，中小学教师被选举为中共各级代表大会代表46人次（市2人次、县44人次），选举为各级人民代表大会代表52人次（市8人次、县44人次），其中5人当选县人大常委会委员；选举为各级政协委员90人次（省1人次、市1人次、县88人次）；6人先后获得市劳动模范；164名教师被市委、市政府分别评为市先进教育工作者、市优秀教师或市首届“十佳教师”；61名教师被省教育工委、省人事厅、省教育厅、省教育工会分别评为省优秀教师、省优秀民办教师、省优秀农村教师、省优秀教育工会工作者、省先进德育工作者。

**二、经济待遇**

1991年起，教师工资报酬随经济发展不断提高，享受养老和医疗保险等社保福利。1993年，中小学教职工（含离退休职工）与国家机关工作人员同时实行工资制度改革，新工资制度由职务（等级）工资和津贴构成，每两年连续考核合格晋升一档工资。1995 年，县教育部门解决 80 名长期工作在农村教育第一线的教师家属、子女户口“农转非”问题。1997 年，特教教师补贴由 15% 提高到 25%。1999 年，民办教师全部转正，极少数年龄偏大的采取退养办法。2001 年起，每年多发一个月基本工资作为年终一次性奖金。2003 年 7 月起，教师工资收归县财政统一发放，月工资输入个人账户。至 2005 年，县内先后成立 12 个名人奖教奖学基金会，经费达 760 多万元，每年把一部分基金定期奖励教学突出的教师。

## 第三节　进修培训

1991 年，教师进修主要依托县教师进修学校，该校有教职工 27 名，另有函授学员 56 人，设有中小学教研室。县进修校还协同福州师范学校、省、市教育学院、华东师大、福建师大等，组织开展各种级别的进修培训，至 1993 年底，中师（含幼师）函授毕业 532 人，大专函授毕业 575 人，大学本科（含网络进修）毕业 253 人。1994 年，举办幼儿教师培训班 65 人次。非学历培训共完成 2184 名中小学幼儿园新任见习教师培训考核工作；举办高、中级职称培训 6121 人次，初级职称培训 15157 人次；336 名小学及幼儿教师取得专业合格证书，1400 名教师取得全国计算机应用技术合格证书。1995 年，县教育局组织全县教师学习贯彻《中华人民共和国教师法》《中华人民共和国未成年人保护法》《中小学德育纲要》，开展以“师德建设为载体”的“园丁杯”竞赛活动，召开千人教师大会，听取市优秀教师先进事迹巡回报告。县教育工会还在全县范围内开展“十杰教师”评选活动。同年，县进修校被省教育厅列为县（市）管辖的师范类成人中专学校，享受县属师范的待遇，人员编制增至 39 人。1997 年，开展学习《中小学教师职业道德规范》，实施“培养敬业精神，塑造师德风范，提高育人水平”的师德教育工程，268 名中小学校长实行持证上岗培训。1998 年，县教育局组织“师德报告团”赴各中小学巡回报告，在广大教职工中掀起学习先进，敬业爱岗的热潮。1999 年，县进修校建立计算机教学室。2000 年，连江县开展师德、师风系列教育活动，并列入教师考核的重要内容。2001 年，开展“三个代表”重要思想学习教育活动。2002 年，县教育局组织“师德报告团”赴中小学进行 26 场巡回报告，听取报告人数近 6000 人。2003 年，连江县开展小学课改新教材培训，有 1778 名教师参加。至 2005 年，连江县持续开展师德建设年活动，深入开展“春风行动”和“送温暖”工程，发动教育系统教职工为重病号教师捐款 15 万元，为全县贫困、残疾学生筹措助学金 46.98 万元。

## 第四节　教职工管理

### 一、分配、调动

1991 年，县教育局执行《福建省中小学教师队伍管理暂行规定》，不断改进教师调配制度，面向基层薄弱的农村学校，充实教学第一线，做到多缺多补、少缺少补，严控超编。1996 年后，随着社会经济的发展，城乡居住条件和教育资源差别增大，要求调入县城或附近的教师越来越多。县教育部门对二实小、树德学校、实验幼儿园、凤城中心园 29 名缺编学科教师进行公开选调。2002 年，全县选调 149 人，其中中学 53 人、小学（包括幼教）96 人。同年，县教育局规定关于私立学校调配在职教师的办法：由公立教师本人提出申请，经所在学校同意后上报批准，档案、编制保留，工资福利、保险由私立学校负责。2003 年起，根据《福建省中小学教职工编制标准实施意见的通知》，按新编制标准，确定教职工与学生数之比，即高中：县镇 1 ∶ 13，农村 1 ∶ 13.5；初中：县镇 1 ∶ 16，农村 1 ∶ 17；小学：县镇 1 ∶ 21，农村 1 ∶ 23。当年秋季，针对城关及周边学校教师缺口情况，经公开招考选调 140 名。2004 年，规定农村教师调动需工作满 6 年，重点是夫妻团聚、家庭困难或长期离家在偏远地区工作的教师，人数控制在 1% 以内。鼓励教师到缺编学校支边。2005 年，安排 26 名中小学教师到偏远学校支边。

**二、考核、奖惩**

1991—1996 年，县教育局按照正常程序对中、小学（包括幼儿园）教师进行年度考评，考核结果作为当年晋职、晋级、聘任、评先评优的主要依据。1997—1998 年，相继制定《连江县小学教师奖惩暂行规定》《中小学校长工作评估考核细则》《中小学教师年度评估标准》，把考核制度细化，用量化表达考核结果。1999 年，建立目标责任制—教学质量考核制—教学质量奖惩制“三位一体”的考核制度，并对 115 位不在岗教师按自动离职处理。2000—2002 年，进一步规范教师业绩档案管理和业务考评办法，建立激励机制。2003 年，清理不在岗和自动离职教师 30 人。2004 年，运用督导机制对学校教学常规落实情况进行考核，深入学校随机听课、检查教案和批改作业、编写教后反思情况，进一步规范教育教学管理。2005 年，执行教职工考勤月报制度，对 21 位擅自离岗教师按自动离职处理，42 人办理辞职手续。

**三、职称评聘**

1988 年，县中小学、幼儿园公办教师首次进行专业技术职称评审工作，初级教师任职资格由县职称改革领导小组确认，中、高级由市确认。当年评出中级教师 518 名，高级教师 42 名。1994 年 11 月，进行第二次中小学教师职称评定工作，评上中级职称 122 名、高级职称 8 名。1995 年，职称评定进入正常化，每年按照县职改办下达的职数进行。1998 年，全县教育系统高级职称教师 77 人（包括小中高 2 人），中级职称教师 748 人，分别占全县专业技术人员总数的 1.42% 和 13.9%。

2001 年，实施省《关于晋升中高级职务的教师全部实行评聘分开，竞争上岗的实施方案》，由职数分配改为岗位设置，各校都按学科设岗聘任。在评聘工作中，实行政策文件、评审条件、推荐对象、岗位职责、聘用条件、聘用人员等“十公开”制度。2002 年起，逐步推行竞聘上岗。2005 年，全面实行竞聘，至年底，全县中学高级职称 151 人（其中私立校 2 人）、中级职称 923 人（其中私立校 63 人）、初级职称 1318 人（其中私立校 48 人）、小学高级职称（小中高）14 人，中级职称（含幼教）1050 人（其中私立校 10 人）、初级职称（含幼教）1511 人（其中私立校 17 人）。除中学高级职称 1 人、中级职称 170 人及小学中级职称 362 人未聘外，其余均聘任。

# 第七章　教育行政

## 第一节　机　构

1991 年，县教育局设人秘股、中教股、初教股、成教股、计财股、视导组、招生办、勤工俭学管理站、教仪站、电教站、档案室、普通教育督导室等，行政干部 7 人，事业干部 26 人。1992 年，增设德育股和艺体股。1993年，撤销人秘股，分设办公室和人事股。1996年，成立纪检室，编制5人。1997年，县职教办并到县教育局。1998年，县教育局内设办公室、人事科、计财科、中等教育科、初等教育科、成人教育科、条件装备科、德育工作科、体育卫生艺术教育科、教育考试办公室、党支部和教育工会、普通教育督导室，行政编制13人，事业编制64人。另挂牌的还有县未成年人保护办公室（合署德育科）、县语言文字工作委员会办公室（合署办公室）。人员由科内调剂使用。至2005年，内设机构不变，行政编制缩至7人，事业编制55人。

## 第二节 行政管理

### 一、学校管理

（一）治理乱收费

1991年，一些学校活动增多，经费短缺，有的巧立名目搭车收费，个别村（居）甚至在学生注册时搭车收费，家长意见很大。1992—1995年，县教育局根据国家教委和国务院纠风办部署，开展反腐纠风工作，治理教育乱收费。1996年，成立县清理中小学乱收费工作协调小组，对有关学校及教师乱收费问题进行公开曝光和处理，全县共查处9起、金额达50万元，立案查处2名学校领导，有8名校领导及教师暂停评聘职称。1997年，县教育局制定《关于统一全县中小学生课本、簿籍用量及收费标准的通知》，规定最高收费限额，让学校按规收费。2000年，共清退违规收费24.6万元。2002年，减少义务教育阶段收费项目3项，生均降低108元，全县达894.5万元。是年，还为中小学独生子女减免学杂费14.16万元，扶持3700人次，教育局还重点扶持20个计生户，为每户子女减免学杂费200元。2005年，开展创“教育收费规范县”“教育收费规范校”活动，全年共办结信访件74件，查处违纪案件5起，12人受到党政纪处分、1人免职处理，查处违规收费18件，对7名校长实行诫勉性谈话、取消9名校长和2名教师当年评优评先资格，取消1所学校德育类评先资格。

（二）校务公开

1991年，县教育系统的校务公开制度尚未形成。1998年，县教育局成立党、政、工领导组成的政务公开领导小组，设立办公室，各学校相应成立校务公开领导小组，工会主席参与监督小组。2000年，县教育工会在连江二中召开校务公开工作经验介绍现场会。2003年，各校认真实施《连江县中小学校务公开工作意见》，设立校务公开档案，狠抓热点问题的真正公开。凡是与学校管理、教育改革密切相关和涉及教职工、群众切身利益的事项，都在一定范围内采取适当的方式及时予以公开。2004—2005年，县教育局坚持并完善教职工代表大会制度、民主评议干部制度、“三重一大”（重大决策、重要干部任免、重要项目和大金额资金使用）集体讨论决定制度等相配套的校务公开工作体系，校务公开工作更趋规范。

（三）加强薄弱校管理

1991年起，县财政每年划拨一定数量的专项经费，通过征收教育费附加、群众集资等渠道筹措资金，还从每年学杂费收入中统筹10%—20%，全部用于加强薄弱校建设。1998年，加强薄弱校师资力量及教育教学质量管理，在敖江、琯头、下宫、东湖等学区推行教师区内支边制度。全县有26对中小学中开展教育对口联谊活动，还有21所中小学与市先进校挂钩。1999年，县教育局制定《关于加强薄弱校建设的工作意见》，将东湖、官塘、颜岐、下宫、小沧等5所农村初级中学和潘渡、长龙、坑园、安凯、小沧等5个学区管辖的一般完小校作为加强对象，建立领导干部联系薄弱校制度，在新教师分配、引进骨干教师以及职称评定、评先评优等方面给予倾斜。2000年，实施中青年教师到薄弱学校支边任教两年制度。2005 年，共有 236 人次到薄弱校支边任教。1991—2005 年，共通过多种渠道筹集资金 337.1 万元，用于薄弱校建设。

**二、学籍管理**

1991 年，小学学籍管理继续使用市教委统一制作的学籍卡片，按户口划片招收新生，实行就近入学，严格审批转学、休学、留级等手续。中学学籍实行新生录取登记表、各班级点名册、每学期学生成绩、学生学籍卡片等都作为学籍管理的重要资料保存。1992 年开始，逐步规范转学手续。2003 年起，对公办高中达标校“择校生”严加管理，不准招收“借读生”“旁听生”“走读生”，至 2005 年不变。

## 第三节　教育督导与评估

1991 年 4 月，县教育局成立普通教育督导室，进行教育管理、事业发展、队伍建设、教育经费、校舍设备、德育工作“六项督导”，通过督导和达标量化评估，推动农村示范校达标工作的开展。1994 年，丹阳中心小学和东水小学评为首批省农村示范小学，连江一中评为省文明校，连江二中、连江三中、东岱中学、实验小学评为市文明学校。当年还组织力量对 6—17 周岁少年儿童接受义务教育情况进行摸底造册，受理群众来信 176 件，办理县有关提案 67 件，并着手查处违纪案件，清理学校不合理收费。

1997 年，开展教育质量年活动，对全县中小学校长进行全面考核，评出一级、二级、三级校长各若干名。1998 年，修订《中小学校长工作评估考核细则》《中小学教师年度评价标准》，进一步健全校长、教师目标责任制考核制度。2000 年开始，对全县 34 所中学、28 所中心小学开展第一轮素质教育督导评估。2004 年，对连一中等 7 所中学、实小等 8 所小学进行第二论督导评估。2005 年 1 月，市教育局对一中、尚德中学、实小、二实小、附小、凤城中心小学、琯头中心小学 7 所学校进行抽查评估，经考评验收，均评为市中小学实施素质教育工作先进学校。

## 第四节　教育经费

**一、财政拨款经费**

1991 年，县财政教育经费支出 1527 万元，占全县财政总支出的 26.3%。1992 年起，县财政对教育经费支出逐年增加。1994 年，财政给教育拨款 2944 万元，占财政总支出 35.3%。1993—2001 年，平均占财政总支出 30%。2005 年，县财政下拨教育经费 11651 万元，占财政总支出的 30.8%，是 1991 年的 7.6 倍。生均教育经费和公用经费也基本呈增长趋势。但由于乡镇财力薄弱，也有出现部分欠拨学校公用和人员经费的现象。

**二、征收教育费附加**

1986 年开始，征收教育费附加，包括城市教育事业附加费和农村教育事业费附加费。主要用于发展基础教育，改善教育设施，部分用于提高中小学民办教师工资待遇，实行专款专用。1991 年继续征收至 2002 年，共征收城市教育事业附加费 1203.1 万元，农村教育事业费附加 16473.9 万元。2003 年起，国家实行费改税政策，加大教育投入，这项收费取消。是年补收以前尾欠的教育附加费 1261 万元（城市 181 万元，农村 1080 万元）。13 年总计征收城乡教育附加费 18938 万元。

### 三、收缴学杂费

1991年，全县中小学共收入学杂费133万元，其中缴县教育局作为教育经费27.4万元。1992年开始，学杂费收入有所增加，到1997年超过1000万元。2005年达2598万元。1991—2005年，共缴交学杂费16848万元，缴县教育局3770.6万元，占总数的22.38%。

### 四、勤工俭学

1991年，全县拥有学农基地的学校达225所，总面积182.16公顷。蓼沿学区13所完小校以芹山为示范基地，栽种果树、茶树、竹、松林共42.53公顷。配备专人看管，设有劳动课程，聘请专业技术人员讲授知识，高年级学生轮流劳动，形成“育人创收制度化”。是年，列入全省勤工俭学模式。1994年，全县“一校一地”有开发、有项目、有成果的面积143.7公顷，校办工厂12家，年总产值503万元，创利润150万元。是年底，为理顺关系，实行政企分开，在县教育机关内建立勤工俭学管理站，负责指导和协调全县中小学勤工俭学工作。1998年，全县学农基地280个，占地120公顷，校办工厂5个，创产值1455万元，实现利税320万元。1999年起，勤工俭学基地主要作为培养学生劳动意识和技能的场所，有的基地、工厂承包给专业户经营，学校仅收承包金，所以逐年锐减，到2005年，全年利润32万元。15年来，全县勤工俭学总收入2614万元，上交259.3万元作为改善办学条件，占总收入9.92%。

### 五、社会捐资办学

1991年起，社会集资及海外华侨、港澳台胞陆续有捐资助学的。至2005年，共收捐款14086万元，其中海外侨胞和港澳台胞捐资11042.60万元，城乡个人捐资2994.5万元，工矿企业捐资48.9万元。这些资金主要用于县内各类学校改善办学条件。

**1991—2005年连江县教育经费情况表**

表31-7-1

| 年份 | 财政拨款 | | 教育附加费征收（万元） | 学杂费（万元） | | 勤工俭学（万元） | | 生均经费（万元） | |
|---|---|---|---|---|---|---|---|---|---|
| | 总额（万元） | 占财政总支出（%） | | 收入总额 | 缴县教育局 | 利润 | 缴县教育局 | 中学生均 | 小学生均 |
| 1991年 | 1527 | 26.3 | 432 | 133 | 27.4 | 140 | 7.9 | 318.5 | 141.2 |
| 1992年 | 1648 | 24.7 | 438.8 | 144 | 55.8 | 154 | 18 | 306 | 154.9 |
| 1993年 | 1917 | 26.5 | 552.2 | 281 | 50.9 | 160 | 7.6 | 347.9 | 177.2 |
| 1994年 | 2944 | 35.3 | 886 | 433 | 108.3 | 150 | 12.5 | 443.9 | 281.5 |
| 1995年 | 3144 | 26.3 | 1536 | 758 | 110.5 | 230 | 9.3 | 464.6 | 302.6 |
| 1996年 | 3851 | 29.3 | 1719 | 877 | 312.8 | 300 | 36 | 522.5 | 406.9 |
| 1997年 | 4531 | 29.9 | 2126 | 1024 | 390.4 | 311 | 23 | 534.3 | 409 |
| 1998年 | 5472 | 30.1 | 1737 | 942 | 140.8 | 320 | 62 | 757.9 | 460.8 |
| 1999年 | 6186 | 29.7 | 1988 | 1154 | 658.1 | 229 | 21.9 | 868.1 | 594.1 |
| 2000年 | 6747 | 30.4 | 2035 | 1211 | 707.2 | 264 | 25.5 | 740.5 | 687.1 |
| 2001年 | 8616 | 32.5 | 1947 | 1452 | 32.6 | 182 | 17.7 | 1213.3 | 904 |
| 2002年 | 7110 | 27.5 | 2280 | 1721 | 217.5 | 34 | 3.4 | 1298.5 | 1070 |
| 2003年 | 10067 | 31.6 | 1261 | 1942 | 566.1 | 18 | 2 | 1603.6 | 1135 |

续表 31-7-1

| 年份 | 财政拨款 | | 教育附加费征收（万元） | 学杂费（万元） | | 勤工俭学（万元） | | 生均经费（万元） | |
|---|---|---|---|---|---|---|---|---|---|
| | 总额（万元） | 占财政总支出（%） | | 收入总额 | 缴县教育局 | 利润 | 缴县教育局 | 中学生均 | 小学生均 |
| 2004 年 | 9980 | 28.5 | — | 2178 | 172.8 | 90 | 10.3 | 1606.7 | 1542.2 |
| 2005 年 | 11651 | 30.8 | — | 2598 | 219.4 | 32 | 2.2 | 1973.5 | 2041.1 |
| 合计 | 85391 | 439.4 | 18938 | 16848 | 3770.6 | 2614 | 259.3 | — | — |

## 第五节　教育设施

### 一、校舍建设与维修

1991 年开始，县对教育投资不断增加，当年投资 855.3 万元，新、扩建教室 20255 平方米、师生宿舍 5893 平方米。1992—1996 年，新建扩建中学 10 所，有关乡镇无偿划地给学校，总计扩大校园面积 27.05 万平方米，新建校门 44 座。2000 年，全县筹措资金 1950 万元，新建校舍 18100 平方米。2004 年，对中小学校舍工程建设实行领导责任制，定期进行质量检查。至 2005 年，因布局调整撤销小学 131 所、中学 3 所，拆除危房 1979 平方米。撤并后的校园、校舍资产属教育部门使用的有 7 所，拍卖后用于教育的 4 所，其余校舍多闲置，有的被村居和群众占用。1991—2005 年，全县多渠道筹措资金 33262.8 万元，大部分用于新建、扩建、改建校舍和扩大校园面积，新建校舍面积 37.94 万平方米。至 2005 年，全县中小学校舍面积 61.82 万平方米，其中小学 27.08 万平方米，生均 6.89 平方米；中学 32.68 万平方米，生均 8.18 平方米；幼儿园（班）2.06 万平方米，生均 2.59 平方米。

### 二、教学设备

1991 年，中小学有图书馆 6 所、图书室 54 间、阅览室 52 间，藏书 81.75 万册。中学多设有实验室，教学仪器设备基本满足教学需要。连江一中设有科技馆。其他完全中学、职业高中、中心小学和部分完小，都有 100—200 米跑道的体育场地。1995 年，东岱中心小学和连江六中图书馆达到省级规范馆标准，琯头中心小学图书馆达到市级规范馆标准。1996 年，“两基”达标年，新增图书 39.1 万册，新添教学仪器 13083 件，新添置课桌椅 7701 副，新建 250 米以上环形跑道 18 条、100 米直跑道 12 条、60 米直跑道 62 条、篮球场 37 个、排球场 48 个。2003 年，财政投入 500 万元改善实验教学设备，装备多媒体教室 6 间，计算机 1074 台。至 2005 年，全县中小学共拥有图书 156.26 万册、计算机教室 134 间、多媒体教室 64 间、网络教室 150 间、电子备课室 16 间、计算机 4424 台。

# 第三十二篇　科学技术

1991 年，县委、县政府为实施“科教兴县”决策，成立县科技领导小组，作出《关于依靠科技进步，振兴连江经济的决定》，制定《连江县科技发展“八五”计划和十年规划基本思路》。1995 年，成立县科教兴海领导小组，县长兼任组长，加大海洋经济发展力度，渔业捕捞、养殖、加工全面发展。1997 年，连江县获全国科技工作先进县。1998 年，加大科技经费投入，加快成果应用和推广，尤其水产品加工由粗加工、粗包装向精加工、精包装转变。2002 年，调整充实县科教兴海领导小组，县长兼任组长，副组长增加县委副书记、常务副县长等 5 人，领导成员由 6 人扩大到 20 人。办公室主任由科技副县长担任。至 2005 年，全县有 96 家水产品加工企业，其中国家级龙头重点企业 1 家，省级龙头企业 6 家，市重点企业 13 家，水产品加工总量 24 万吨。农业通过示范、推广，建立千亩水稻繁育基地，万头瘦肉型猪和万只山鸡生产基地、万亩名优水果基地等。15 年中，县财政投入科技经费 2284 万元，实施“星火”项目 359 项，实现产值 85573.7 万元。科技进步对经济增长贡献率从 1990 年的 31%，提高到 2005 年的 66%。

## 第一章　机构队伍

### 第一节　机　构

**一、县科学技术局**

1991 年，为县科学技术委员会（简称“科委”），编制 10 人，其中中级技术职称 4 人。科委辖属单位有标准计量管理所、科技开发中心、“星火”办。1992 年，增设地震办。

1996 年 6 月，县科学技术委员会更名为县科学技术局。编制由 10 人增加到 12 人。局属单位有地震办、星火办、科技开发中心、标准计量管理所。

1997 年，标准计量管理所划属县质量技术监督局。

2000 年 3 月，撤销科技开发中心，设立县生产力促进中心。

2002 年，县科学技术局撤并入新组建的县科技文体局，保留科学技术局牌子，配备分管科技的副局长。

2002 年，县地震办公室升格为正科级事业单位，挂靠县科技文体局。

2003 年 4 月 20 日起，县科技文体局在工作必要时可单独使用县科学技术局牌子和印章，单独设立账户，并履行其职能，直至 2005 年不变。

**二、科研机构**

（一）县农业科研机构

1991 年，农业科研机构包括县农技站、土壤肥料技术推广站、植保植检站、经济作物技术推广站、农业经营管理站、畜牧兽医站（加挂动物疫控中心牌子）、农科所、种子公司（加挂良种繁育中心牌子）；各乡镇有农技站、兽医站和经营管理站（简称“农业三站”）。1995 年 1 月，增设县兽医卫生监督检疫所，与畜牧兽医站合署办公，两块牌子、一套人员。2004 年，乡镇农业三站合并成立乡镇农业服务中心，由乡政府负责管理。至 2005 年，全县农业科研机构有技术人员和职工 52 人，其中高级工程师 6 人、工程师 10 人、助理工程师 26 人、工人 10 人。

（二）工业科研机构

1991 年，设有县工业研究所，技术人员 4 人，后来发展到 6 人。初期零星开展一些研究工作。由于技术力量薄弱、科研经费缺乏，未发挥应有作用，于 2005 年 10 月撤销。

（三）水产科研机构

1991 年，有县水产科学研究所，系全省县级首家，主要开展鱼类养殖方面的研究，有技术人员 5 人。1995 年，县水产科学研究所业务扩展为水产试验、示范、推广。2002 年，由于研究经费缺乏，人员缩减为 3 人。2005 年，保持不变。县水产局设水产技术推广站，负责水产技术成果的推广和水产养殖病虫害的防治。1994 年，县水技站指导 10 个乡镇水产技术推广站业务。1997 年，乡镇水技站增加到 21 个。2004 年，乡镇水产技术推广站撤销。2005 年，县水产技术推广站有技术人员 14 人。

（四）林业科研机构

1991 年，主要有县林业技术指导站，有技术人员 4 人。2005 年 12 月，县林业技术指导站与县林业科技站合并为县林业科技指导站，编制由原来的 4 人增加到 6 人。

（五）民营科研机构

1992 年 7 月，成立连江县食品科学研究所，是食品行业首家民办科研团体，主要是推广食品工业新技术、新材料、新工艺，开展技术咨询和技术成果转化，举办食品技术培训班。2000 年 5 月，成立光华农业技术开发、咨询、服务有限责任公司，主要从事农业新技术、新品种研究、引进、开发和生产。同年 12 月，成立县新科生物研究所，主要从事研究珍科植物人工栽培，袋泡茶小型加工及食用菌等生物研究和开发推广（2002 年注销）。2001 年 7 月，成立县宏大激光测量仪器研究所，主要从事激光测量仪器技术的研究、研制、开发、转化。至 2005 年，民营企业有 3 家科研机构，9 项技术成果申请国家专利。

**三、科学技术协会**

1991 年，县科学技术协会（简称“县科协”），有专职干部 10 人，联系学会 18 个，会员 1469 人；乡镇科协 19 个，会员 1103 人；农村专业技术研究会 59 个，会员 979 人。至 2005 年，县科协有专职干部 7 人，联系学会 17 个，会员 1195 人；乡镇科协 22 个，会员 1944 个；村专业技术研究会 32 个，会员 1482 人。

## 第二节　队　伍

1991 年，县内科技队伍仍较薄弱，尤其工程技术人员较少，全县高级技术人员 68 人中，教育系统 44 人，占 64.71%；卫生系统 15 人，占 22.06%；工业系统 6 人，占 8.82%；农业系统 3 人，占 4.41%。1992 年起，县政府加快发展职业教育，创办县高级职业中学，逐步把各中学的职业高中集中办学，相继为经济技术发展培养2000多个初、中等人才。同时，加强技术人员职称评聘工作，通过鼓励干部职工刻苦自学和选送高等学校培训深造等途径，培养高级技术人才。当年推荐市评定技术职称98人，其中高级7人、中级38人、初级53人。还在农村评定农民技术人员615人，其中技师14人，助理技师146人，农民技术员348人，助理技术员107人。

至2003年，连江县具有专业技术职称的各类人才5000多人，建有县科技培训中心及各级科技人才培训机构。2005年，全县共评聘各类技术职称6703人，其中高级188人、中级1449人、初级5066人。另外，在连江的非公有制企业经县人事部门和工商联评审的各类技术职称87人，其中高级13人，中级61人，初级13人。

**1990年和2005年连江县专业技术人员对照表**

表32-1-1　　　　单位：人

| 技术职称 | 高级 | | 中级 | | 初级 | | 合计 | |
|---|---|---|---|---|---|---|---|---|
| 类别＼年份 | 1990年 | 2005年 | 1990年 | 2005年 | 1990年 | 2005年 | 1990年 | 2005年 |
| 工程技术 | 6 | 1 | 88 | 96 | 233 | 252 | 327 | 349 |
| 农林牧渔 | 3 | 2 | 45 | 71 | 62 | 232 | 110 | 305 |
| 医疗卫生 | 15 | 27 | 114 | 92 | 238 | 321 | 367 | 440 |
| 经济 | — | — | 24 | 71 | 146 | 162 | 170 | 233 |
| 财会 | — | 1 | 15 | 69 | 108 | 128 | 123 | 198 |
| 统计 | — | — | 6 | 32 | 23 | 49 | 29 | 81 |
| 教育 | 44 | 151 | 523 | 937 | 2524 | 3879 | 3091 | 4967 |
| 文图档案 | — | — | 7 | 19 | 4 | 15 | 11 | 34 |
| 新闻媒体 | — | — | 3 | 39 | 5 | 21 | 8 | 60 |
| 艺术体育 | — | 6 | 7 | 15 | 12 | — | 19 | 21 |
| 律师公证 | — | — | — | 8 | 1 | 7 | 1 | 15 |
| 总计 | 68 | 188 | 832 | 1449 | 3356 | 5066 | 4256 | 6703 |

# 第二章　科技普及

## 第一节　科普宣传

1991年起，县科委以县委提出的“科教兴县”决策为中心，与宣传、科协等部门协作，宣传改革开放科技兴工、科技兴农、科技示范乡建设、“星火”计划在经济建设中所起的作用，利用有线广播、闭路电视、科协宣传车等宣传工具，开展多种形式的科普宣传，提高全民科技意识。

1993年11月，县委、县政府发出《开展“科技进步宣传月”活动的通知》，由县科委、科协牵头开展活动。1994 年 11 月，县科委创办《连江科技信息》简报（后改为《科技信息荟萃》），到 2005 年共出版 268 期，发表科技文章 1600 多篇。1995 年 8 月，县科委与县委宣传部联合举办现代科学技术知识竞赛活动，共 59 个单位 2737 人参加。同年还播放科技影片 350 场次，印发科技材料 3500 多份，出科普专栏 115 期。1996 年，科普宣传以学习中共十四届六中全会精神为契机，配合全县科技大会的召开及“科技创先”活动的深入开展，继续贯彻全国科技大会精神，全年共播放科技影片 340 场次，印发科普资料 150 多种，4000 多份，出科普宣传专刊 120 余期。同时还建全县、乡（镇）、村（居）三级科普网络，建立 133 个科技示范户。

1997 年，为加强对“科教宣传周”活动的组织领导，迎接科技创先验收，按照省、市科委关于文化、科技、卫生“三下乡”的要求，成立县“科技宣传周”组委会，于 1 月 26—27 日和 11 月 10—16 日连续 2 次举办科技宣传周活动，共播放科音影片 158 场次，发放科普资料 4000 多份，出专栏 80 多期。2000 年，县政府邀请中国科学院院士林群回县作关于科技形势的报告。同年，县科技局还邀请市地震局、县水产局、县委党校等有关专家、科技人员，深入下宫、坑园、凤城等乡村举办讲座等宣传活动，巡回展出图片 250 多幅，发放资料 4000 多份。2003 年，为配合抗击“非典”，开展以依靠科学战胜“非典”宣传周活动，多次组织专家、科技人员赴蓼沿、潘渡、丹阳、坑园、马鼻、凤城等地开展科技下乡活动，传播科学知识、思想，提倡科学、文明、健康的生活方式，全年共放映科普影片 150 部，发放科普资料 5000 多份，出科普专栏 80 多期。2005 年，县科协邀请中科院院士林群和国家海洋研究所霍湘娟到连江作科普讲座，听众达 1800 多人。

1991—2005 年，15 年中县科委依托县、乡、村、户宣传科普四级网络，利用重要节日和宣传周共组织图片展览 40 多次，放映科教片 1400 余场，举办讲座 50 多场，先后出版科技画廊、科普专栏 600 多期，印发科普资料期 2 万多份，受教育群众达 120 万人次。

## 第二节　科技交流

1993 年，县科委组织国家级新产品石硫合剂、渔网防污涂料、02 船底防污油漆等 8 个新科技项目的新产品参加 1993 年福州新技术新产品交易会。

1996 年，黄岐半岛海洋科技综合开发试验区官坞试验点建设已初具规模。副省长王良泎、省科委主任吴城等多次到官坞考察，肯定该村建设成效。县内水产养殖业企业相继到官坞参观访问交流经验。

1997—1998 年，霞浦、平潭、莆田等地 100 多位水产技术人员到官坞参观取经，交流海带加工、扇贝、红螺育苗等科技方面的经验。

2000 年 5 月，省水产学会专家到晓澳镇百胜村举办海洋科技知识讲座，全县 200 多个养殖户到场听课、并咨询养殖经验。

同年，县政府组织沿海有关科技副乡镇长、养殖专业户等 17 人前往福鼎县、浙江省的洞头县和乐清市等地参观学习，了解当地大网箱养殖大黄鱼技术、深水养殖防浪措施以及当地池塘密度养殖泥蚶新技术。同年，县科技局分 3 次组织食用菌栽培专业户 100 多人次相继到古田、罗源县和莆田市常泰镇参观学习，交流食用菌栽培经验。

2001 年 2 月 23 日，县科技局领导带领丹阳镇食用菌栽培种植专业户一行 13 人，前往罗源县西兰乡参观食用菌生产基地。

2004 年 11 月 13—16 日，连江《“东游早”枇杷生物学特性与栽培技术研究》成果参加在重庆市召开的第六届中国高新技术交流会。

## 第三节　技术培训

1991年起，县科技部门与农业、林业、水产等部门及有关乡镇企业配合，按照“实用、实际、实效”原则，采取集中与分散相结合、授课与现场指导相结合、咨询与实际操作相结合、专业学习与实用技术相结合的办法，立足于科技兴农、科技兴海2个方面进行技术培训。

1992年1月，成立省农业函授大学连江分校，当年招收学员348人，涉及17个专业。1992年5月，投资41万元在潘渡乡贵安村建成县科技培训中心暨福州市少数民族培训中心，作为连江、罗源、郊区等地科技培训基地。依托县职业培训中心及各乡镇文化技术学校，形成县、乡（镇）两级科技培训平台，做到有组织、有培训、有师资、有教材“四有”和资金、场所、人员“三落实”。至1996年，相继有农村基层干部2054人接受普及型科技培训，有27147人劳动人员接受专业培训。

1991—2005年，县科技部门先后开设种植、养殖、加工、乡镇企业管理、浅海开发、果树栽培、食用菌栽培、旱稻新技术栽培、病虫防治、滩涂养殖、网箱养殖、对虾混养、鲍鱼、大黄鱼育苗、弹涂鱼养殖等各类农村实用技术培训班共900多期，受训人数达8万多人次。

## 第四节　科技咨询

1991年起，县科委联合农业、林业、环保等多个部门，针对农村经济中存在的难点、热点问题开展咨询活动。1993年，县科委聘请厦大水产专家、省农学院果林专家、教授计30人次为连江“星火”项目的承担单位、乡镇企业、果林场、水产养殖场进行科技咨询、技术指导。

1994年10月10日，首批由省农业大学傅坤仁教授等专家组成的省科技服务团，到县酒厂进行技术咨询服务，针对“连江老酒”出现的沉淀现象以及饲料开发中心的技术难点进行现场技术咨询解答，促进科研与生产的结合。1995—1996年，县政府聘请18名省内外著名专家、教授长期担任技术顾问，参加重大项目论证和咨询。

1998年5月20日，县科技局联合科协、水产、环保等单位的专家、技术人员前往苔菉镇开展普及“海洋知识与科技兴海”现场咨询活动。通过群众提问，专家、技术人员解答和演讲等形式，向广大渔民传播海洋知识，受教育人数达800人次。同年7月，县政府制发《关于聘请财政支持农业科技成果应用示范点技术顾问的通知》，聘请洪伟等12位专家作为“速生丰产竹林育苗与栽培技术推广示范”“大黄鱼人工育苗与养殖技术推广示范”“海带新品种高产养殖和系列加工技术推广示范”“优质水稻丰产示范片建设”等示范项目的技术顾问，先后提供咨询服务6000多人次。

1999年11月，县科技局组织科技人员及有关专家，深入沿海、山区乡镇开展科技下乡活动。在蓼沿乡，农业方面的专家对当地群众普遍关注的“橄榄树只开花不结果”现象进行分析并提供解决方案，解答群众提出的发展水果和两菇等问题。在马鼻镇，专家们就水产养殖方面的问题，进行技术咨询服务。

2000年3月，县科技文体局成立县生产力促进中心，协助组织专家、科技人员到沿海、山区，向农民提供海水养殖、食用菌、果树栽培及病虫害防治等方面的新技术信息，并开展科技知识宣传和技术咨询服务。同年，组织专家和科技人员深入生产一线进行蔬菜新品种栽培、鲍鱼育苗技术、海鳗养殖加工、海水养殖、病虫害防治、东塘水蜜桃提纯复壮及“东湖早”枇杷栽培、柿子栽培、雷竹与麻竹技术开发、食用菌栽培等技术指导和科技咨询，参加咨询人数 13500 人次。

2001—2005 年，县科技部门以各种形式组织专家、科技人员深入基层进行各类技术指导和咨询，参加咨询人数 4000 多人次。还特邀省、市、县农业等部门和福安葡萄研究所的 6 名农业专家就葡萄、枇杷等果树栽培和病虫害的防治作专题指导和技术咨询，与会 150 多位果农受益匪浅。

1991—2005 年，县科技咨询网络共完成各类咨询和技术服务项目 1158 项，推广和应用新技术 187 项，创造利润 7800 多万元。

## 第五节　青少年科技活动

### 一、中小学生科技兴趣活动

1991 年，县科技、教育部门重视发展中小学生的智力，开展多种形式科技发明、科技竞赛等活动。1992 年，县科委、县科协与教育局、共青团、妇联等单位联合举办中小学生航模竞赛活动，有 20 所中小学学生 6000 多人次参加县预赛，选拔 12 人参加省复赛，1 人获得中学组第二名。1996 年开始，每年组织青少年夏令营和科技节活动，各中小学普遍建立科技兴趣小组，开展科技作品比赛等，形成爱科学、学科学、用科学活动的良好氛围。1998 年，县科技局根据省科委关于组织全省青少年开展“走向海洋”教育活动的精神，组织全县中小学校开展海洋知识竞赛，经过 32 场角逐，选出 1 名参加在青岛举行的全国青少年“走向海洋”夏令营活动。2000 年，县科协在全县中小学举行科普作文评选活动。2002 年起，全县共开展各类青少年科技活动 4 次，参加人数 3000 多人次；还组织青少年科技考察活动 10 余次。2005 年，县科协组织科普宣讲团深入中小学举办科普报告会 3 场，制作科普展板在中小学巡回展览 10 多次。

### 二、青年“星火”示范基地

1998 年开始，县科技局与共青团县委对县内 10 个青年示范基地进行命名，借以发挥农村青年“星火”带头人的典型示范作用，带动适用科技成果在实践中的应用推广。1999 年 5 月，有 2 家农牧场列入市青年“星火”示范基地。至 2005 年，全县“星火”示范基地共 10 家。

**2005 年连江县青年“星火”示范基地一览表**

表 32-2-1　　单位：万元

| 示范基地名称 | 级别 | 命名时间 | 分布地点 | 投资额 |
|---|---|---|---|---|
| 大丰珍禽养殖场 | 市 | 1999 年 | 坑园乡象纬村 | 11 |
| 山鸡养殖场 | 县 | 1998 年 | 官坂镇白鹤村 | 6 |
| 生猪种畜场 | 市 | 1999 年 | 下宫乡大洋村 | 9 |
| 虾塘综合养殖场 | 县 | 1998 年 | 坑园乡颜岐村 | 23 |
| 虾之素生产加工厂 | 县 | 1998 年 | 苔菉镇茭南村 | 15 |
| 网箱养鱼基地 | 县 | 1998 年 | 马鼻镇玉井村 | 32 |
| 蔬菜种植基地 | 县 | 1998 年 | 东湖镇东塘村 | 11 |
| 种猪场 | 县 | 1998 年 | 琯头镇寨洋村 | 10 |
| 鲍鱼养殖场 | 县 | 1998 年 | 黄岐镇赤澳村 | 35 |
| 海带加工厂 | 县 | 1998 年 | 筱埕镇东坪村 | 25 |

# 第三章 科研成果

## 第一节 科研项目

1991年，县科技部门根据当地资源优势，以水产养殖加工为突破口，重点抓两大产业：水产品加工以苔菉乡光明冷冻厂低温烘干系列产品开发为示范，总投资70万元，年加工水产品120吨，产值90万元；海珍品养殖技术以坑园乡前屿村为试点，总投资22万元，年养殖真鲷、鮸鱼48箱，产值27.8万元。1992年，抓粮食工程、菜篮子工程、蓝色工程、果林工程、兴工致富五大工程示范推广工作，共投资128.7万元。其中蓝色工程中网箱养殖技术当年推广1300多箱，创产值1300多万元，利税390多万元。同年对水产技术的三大课题：条斑紫菜北菜南移养殖、草虾育苗和农业部"八五"攻关课题东方鲀网箱养殖研究开展攻关。其中县科技资金扶持在官坞村养殖条斑紫菜3.33公顷，亩产干品70千克；在颜岐育苗场成功培育草虾苗1300多万只；在下屿网箱养殖东方鲀13万尾。

1993年，省市县安排"星火"项目20项，总投资772.5万元，其中科技投资80.85万元。主要选择短、平、快的科研项目，促进科研生产一体化。当年为改变大官坂垦区单一的对虾养殖模式，调整养殖结构，县科委引进新品种乌塘鳢在透堡镇实施"乌塘鳢养殖新技术开发"项目，总投资5万多元，共养殖5亩，亩盈利11473元。同年，连江县精细化工涂料厂引进化工部海洋涂料研究所科研成果——渔网防污涂料和船底防腐漆系列，实施"海洋涂料高新科技系列开发"项目，填补福建省该产品生产的空白，年产300万吨，产值400多万元。1994年开始，对全县经济有较大影响的科研项目采取倾斜政策，在20项"星火"项目中，大农业项目占14项，投入39.6万元，占全部科技投入的43.5%。当年还组织3项科技攻关：黄岐半岛风力发电可行性研究，邀请华师大河口海岸研究所教授作技术指导；虾病防治和虾池转养模式探讨，共投入21万元在大官坂垦区开展试验，摸索出"少放苗、少换水、少投饵、不用鲜活饵料"防治虾病技术，同时转换养殖模式，每亩盈利1000元；投入20万元，在颜岐育苗场进行梭子蟹育苗试验，育出蟹苗2万多只。1995年，组织实施万亩虾塘优质高效综合养殖技术开发与示范项目科技攻关，分别采用虾蟹混养、虾与牡蛎混养、虾与鱼类混养3个模式，采取少放苗、多品种、合理换水、科学投饵的技术措施，实际完成面积1146.4公顷，收获水产品817吨，产值2245万元，盈利461.7万元，初步取得虾塘综合养殖经验，于9月13日通过市科委组织的验收。

1996年开始，县科委重点抓省科委确定的黄岐半岛海洋科技综合开发试验区和全国财政支持农业科技成果应用示范县的科技项目。黄岐半岛海洋科技综合开发试验区，总投资3000万元，省市投资60万元，重点开发4个项目。1999年通过省科委验收。一是海带深加工，以筱埕官坞村为试点，建1座2000吨冷冻厂，开发海带结、海带丝、海带面卷等系列产品，加工量3440吨，产值2640万元，税利745.3万元。二是扇贝养殖育苗，以官坞村为基地，引进山东和莆田栉孔扇贝苗805万粒，养殖10.9公顷；引进墨西哥湾扇贝455万粒，养殖4.9公顷；并成功培育墨西哥湾扇贝苗800多万粒，养殖5.33公顷，总产量246吨，产值221.45万元。三是引进红螺养殖3.33公顷，并引进人工育苗试验，因技术力量不足未获成功。四是对黄岐半岛风力发电，进行两年调查研究，完成预可行性报告。

1997年，全县确定"星火"项目28项，其中开发螺旋藻及系列加工，由岱江集团公司投资825万元，养殖2800平方米，生产干粉20吨，年产值120万元；DDYE-66系列IC卡式单相预付费电能表技术开发，由金源高科技有限公司投资1200万元，县科技投入20万元，产品技术获国家专利，还建成年产10万台的生产线。1998年，开始实施全国财政支持农业科技成果应用示范县科研项目4项，1999年增加1项鲍鱼养殖。至2000年，共投资1.2亿元，其中国家和省市补助330万元（每年110万元）。5个项目完成情况：一是大黄鱼人工育苗养殖推广示范，由可门水产综合场承担，育苗量从200万尾增加到1100万尾，网箱养殖示范点由3家发展到7家，养殖示范面积从780箱发展到4500箱。二是海带新品种高产养殖和系列加工推广示范，以官坞为基点，培育开发“烟杂”“连杂”海带新品种，育苗1.5万片，海带加工系列产品3600吨。三是速生丰产竹林育苗与栽培技术推广示范，以蓼沿、小沧为基地，建设育苗基地0.67公顷、丰产示范片66.7公顷；新种竹林100公顷；改造低产竹林133.3公顷，长势良好。四是优质水稻丰产示范建设，良种和栽培技术推广183.3公顷。五是鲍鱼育苗150万粒，海上养殖60万粒。

1996—2000年，全县共实施147项“星火”项目，投入经费657.2万元，实现产值58693万元，税利20541万元。比“八五”期间分别增长48.5%和39.9%

2001年开始，县科技局引导一些企业申报省扶持中小科技型企业的创新基金，百洋海味有限公司、刘氏兔业等参加申报并各获得4万元的资金扶持。至2003年，共组织实施“星火”项目113项，投入科技资金560.6万元，带动总投资22642.25万元，实现产值16.77亿元，税利6.35亿元。

2004年，筛选出虾皮深加工技术开发、滩涂生态无公害养殖、大弹涂鱼技术开发、海带无公害养殖及加工项目作为　“一县一业”科技示范重大专项储备项目。当年还组织斑点叉尾鮰鱼养殖及深加工技术开发，由福州百洋海味食品有限公司承担，以闽清水库为养殖基地，按照美国大豆协会提供的“小体积高密度网箱养殖模式”，采用大豆为主的膨化饲料养殖斑点叉尾鮰鱼，总投资122万元，省市拨款8万元，养殖600箱，总产量948吨，产值1011.7万元。还有塑料鲍鱼箱产品技术开发，由苔菉福利渔资索网厂承担，开发出能适应外海养鲍放置不同水层海区的需要，具有模拟鲍自然生态的环境、水体交换良好、抗风能力强、安全系数高、提高鲍的生长速度及成活率特点的产品，总投资80万元，省市拨款8万元，年产量50万只。

2005年，列为“一县一业”的大弹涂鱼规范化养殖技术示范项目，由县台海水产养殖场、福州冠元高优农业综合开发基地、连江兴茂水产养殖场三家企业负责实施，总投资250万元，省科技厅下拨资金29万元，开发建成53.3公顷规范化大弹涂鱼养殖基地，已投苗100万尾，养殖状况良好，并通过省科技厅组织专家阶段性验收。

**1991—2005年连江县“星火”项目执行情况表**

表32-3-1　　　　单位：万元

| 年度 | 省市项目 | 县项目 | 合计 | 总投资 | 其中科技投资 | 实现效益 | |
|---|---|---|---|---|---|---|---|
| | | | | | | 产　值 | 税　利 |
| 1991年 | 4 | 16 | 20 | 506.60 | 70.70 | 706 | 135 |
| 1992年 | 7 | 11 | 18 | 906.40 | 98.70 | 1325 | 326 |
| 1993年 | 7 | 13 | 20 | 772.50 | 80.85 | 1254 | 280 |
| 1994年 | 8 | 13 | 21 | 668.00 | 91.00 | 1159 | 327 |
| 1995年 | 7 | 13 | 20 | 1274.15 | 155.64 | 3623 | 2183 |
| 1996年 | 5 | 28 | 33 | 3918.09 | 120.70 | 9828 | 4126 |
| 1997年 | 6 | 22 | 28 | 4128.90 | 116.50 | 10822 | 4231 |

续表 32-3-1

| 年度 | 省市项目 | 县项目 | 合计 | 总投资 | 其中科技投资 | 实现效益 | |
|---|---|---|---|---|---|---|---|
| | | | | | | 产 值 | 税 利 |
| 1998 年 | 3 | 19 | 22 | 3815.80 | 80.50 | 9920 | 3169 |
| 1999 年 | 10 | 21 | 31 | 5180.80 | 129.50 | 12952 | 4178 |
| 2000 年 | 6 | 27 | 33 | 6410.20 | 210.00 | 14513 | 4838 |
| 2001 年 | 9 | 50 | 59 | 9759.35 | 418.00 | 67678 | 22906 |
| 2002 年 | 6 | 27 | 33 | 8365.30 | 74.60 | 64152 | 21040 |
| 2003 年 | 3 | 18 | 21 | 4517.60 | 68.00 | 35871 | 19578 |
| 2004 年 | 4 | 15 | 19 | 5619.70 | 122.40 | 33746 | 21364 |
| 2005 年 | 3 | 14 | 17 | 6347.20 | 96.30 | 18666 | 9933 |
| 总计 | 88 | 307 | 395 | 62190.59 | 1933.39 | 286215 | 118614 |

## 第二节　成果推广应用

### 一、农业科技

（一）良种繁育推广

**优质水稻**　1991—1995 年，重点推广早稻“湘早籼 1 号”“闽科早 77”“威优 64”“中晚稻籼优 63”“特优 63”，推广面积累计 50 万亩次（3.33 万公顷）；中晚稻推广面积占播种面积 80% 以上，平均亩产增收 20—35 千克。1996—2000 年，早稻推广“早籼 913”“连选 18、121”“世纪 531”“杂交稻威优 016”，推广面积累计 20 万亩次，年供种量 50 吨，每亩增收 10—12.5 千克；中晚稻推广“特优 63”“特优 898”“特优 70”等品种，推广面积累计 50 万亩次，占面积 85% 以上，每亩平均增收 25—30 千克。2001—2005 年，早稻推广优质米品种“连选 18、903”“佳禾早占”“佳福占”“株两优 02”等品种，每年供种量 25 吨，推广面积 20 万亩次，占播种面种 50%，每亩增收 25—30 千克；中晚稻推广“特优 63”“特优 75”“特优航 1 号”“两优 2163”“两优 2186”等品种，每年供种量 50 吨，累计推广面积 55 万亩次，占播种面积 90%，每亩增收 35—45 千克。

**其他作物良种推广**　1991—2005 年，先后引进甘薯、大小麦、玉米、豆类、西瓜、甜瓜等一批良种进行试验和繁育推广，其中甘薯引进“湘薯 75—55”“金山 448”“金 57”“金山 1255”等 9 个品种，推广面积 5.5 万亩，产量大幅度提高，每亩平均增收 75—113 千克。

（二）施肥技术改良

1991 年开始，县科委根据“星火”计划，在全县推广土壤识别等优化施肥技术，至 2005 年，共推广面积 75.3 万亩次，每亩节约成本 25—32 元。

（三）生态农业模式推广

1999 年，连江被省生态农业建设领导小组列为省级第一批 12 个生态农业试点县之一，试点期 5 年，建设项目资金由省财政每年投入 15.8 万元。通过试点，探索总结出 5 种切合连江实际的生态建设模式：1. 玉华山自然生态实验场的兔—沼—草生态模式，年产出商品兔 4 万只、无公害枇杷果 10 吨、蔬菜 10 吨、年产沼气 8.3 万立方米，节省燃料费 3.2 万元，节省化肥 1.3 万元，年总利润 83.5 万元；2. 利达农业综合养殖有限公司的鸭—鱼生态模式，年产蛋品 1500 吨、养殖淡水鱼 70 万尾，产鱼 300 吨，竹笋 10 吨，年总产值 1049.5 万元，年利润 199.5 万元；3. 长龙华侨农场的茶—果—牧—沼—鱼生态模式，年产值 653.4 万元，利润 152.9 万元；4. 西北部山区乡村的水稻—蘑菇庭院生态模式，年种植蘑菇 100 万平方米，产量 7000 吨，产值 1680 万元，蘑菇种植后产生的废弃料近 3.3 万吨，可提供 4400 公顷水稻田施用，每公顷节省化肥投入 225 元；5. 无公害农产品建设生态模式。

（四）竹笋枇杷技术推广

**丰产竹笋培植**　1996 年，通过速生丰产笋用小径竹新品种（如雷竹、黄田竹等）的引进与栽培、推广毛竹增长素与毛竹专用施肥技术，至 2000 年，全县新发展笋用竹类面积 5000 多亩，覆盖山区平原 10 多个乡镇，低产竹林改造 1.5 万亩，蓼沿、小沧等乡已初见成效，亩平均增加收入 2—3 成。2001—2003 年，县林业部门从广东英德引进直麻竹笋头苗 10 万多株，在潘渡、黄岐、透堡、蓼沿等 9 个乡镇营造速生丰产竹林基地 334.9 公顷。

**枇杷新品种培育**　1998 年，东湖镇祠台村"东湖早"枇杷嫁接换种培育获得成功，逐渐显出果大、味甜等特点，并比本地枇杷早熟 15 天，祠台村成为枇杷苗基地，品种报省、市科委审定，于 1999 年被市政府授予市"星火"计划示范基地之一。2002 年 10 月，成立"东湖早"枇杷产业协会，有会员 153 人。2003 年，市政府授予《"东湖早"枇杷生物学特性与栽培技术研究》课题科学进步二等奖。该成果还参加 2004 年 11 月 13—16 日第六届中国重庆高新技术交流会。2000—2004 年，"东湖早"枇杷推广面积 5000 亩，产量 3000 吨。至 2005 年，全县种植面积 11077 亩，总产量 3863 吨。

（五）畜牧科技

**兔**　1995 年，玉华山养兔场在省农科院养兔专家指导下，对本地黄兔进行严格选育，提纯复壮，与德国齐卡兔杂交，培育出体形外貌一致而抗病性能好、生长期快的优良品种，90 天可长至 5.5 千克。1997 年，都兴家禽种场引进的河北塞北兔和本地大黄兔杂交，繁育出适应本地气候生长饲养的优良兔种。至 2005 年，玉华山黄兔品牌已注册，并获得全国、全省第一家兔产品绿色产品认证。全县养兔专业户发展到 1000 多户，年产种兔 10 万只、商品兔近百万只。

**羊**　1997 年，都兴家禽种场科技人员引进四川公麻羊与本地母羊进行杂交，获得成功，并解决了去外地调种的困难。1999 年，县农业部门从四川引进成都公麻羊在玉泉山改良基地与本地母山羊杂交改良试验，取得成功，具有体形大、抗病力强、肉质优良、易饲养、长膘快的特点。该项成果获得市科技三等奖。2005 年，全县羊存栏数 23350 只，出栏数 4.6 万只，其中麻杂羊占存栏数三分之二以上。

**猪**　1998 年，下宫乡大洋健发种畜场在省畜牧研究所、省农业大学畜牧系等专家指导下，着手研究最能适应东南亚生产的瘦肉型"四元"种猪系。经过一年努力，培育出第三代美国"大约克""丹麦长白""法国杜洛克"等母猪 200 多头。1999 年，引进丹麦系"长白"，台、美系"杜洛克"，英系"大约克"公猪进行品种杂交，获得遗传性稳定的"四元"种猪系。

**二、海洋与渔业科技**

（一）鱼类育苗养殖

**大黄鱼**　1993 年，马鼻与坑园一些养殖户购进大黄鱼苗 4 万尾试养成功，　至 1996 年，迅速发展至 60 万尾，成品鱼 60 吨，产值 600 多万元。1997 年春，下宫可门水产育苗场聘请宁德地区高级水产工程师刘振福，在连江首次进行大黄鱼人工培育，选择网箱大黄鱼 80 尾做亲鱼、产卵 30 千克，出苗 200 万尾，获得成功。当年全县大黄鱼养殖已发展到近 3000 箱，800 多万尾。县政府将其列为全国财政支持农业科技成果应用推广项目。至 2000 年，县内从事大黄鱼人工育苗场达 40 家。大黄鱼育苗量从 1997 年的 300 万尾增到近 1 亿尾，网箱养殖发展到 4000 箱。2000 年，仅此一项就新增产值近 3 亿元。2002 年后，大黄鱼价格走低，人工养殖量渐降。至 2005 年，仅投苗 5000 万尾，养殖 2500 箱。

**乌塘鳢**　1993年，县科委引进新品种乌塘鳢在透堡镇实施“乌塘鳢养殖新技术开发”项目，总投资5万多元，共养殖5亩，亩盈利11473元。

**大菱鲆**　2002年4月，县水产综合场的技术人员在法国鱼类专家布朗（由县人事局引智办技术引进）的指导下，向山东荣成鸿源水产有限公司购进大菱鲆受精卵810克，首次培育出平均规格5厘米鱼苗1520尾。2003年3月，该场聘请法国专家协助开展大菱鲆的育苗试验，获受精卵10千克，培育出5厘米以上苗种5.2万尾。至2005年，培育出5厘米以上苗种36万多尾，养殖面积10多亩。

**石斑鱼**　2003年秋季，市、县水产技术部门合作，由台湾引进龙胆石斑鱼和青石斑鱼的受精卵，在颜岐恒华水产育苗场进行孵化，培育出龙胆石斑鱼苗1.8万尾、青石斑鱼苗16万尾。2005年，共培育出龙胆石斑鱼苗16万尾，青石斑鱼苗50万尾。

**大弹涂鱼**　1995年前后，开始零星小规模养殖。2004年，大弹涂鱼规范化养殖技术列为连江“一县一业”示范项目，2005年6月，连江县台海水产养殖场、福州冠元高优农业综合开发基地、连江兴茂水产养殖场在大官坂垦区、浦口镇、马鼻镇共建成800亩养殖基地，投苗360万尾，前景看好，但由于受“海棠”“龙王”台风袭击，养殖场被冲毁。

（二）创新养殖模式

1994年，针对县境单纯养虾容易滋生虾病的情况，县科委在官坂垦区两口虾池（合计41亩）进行综合养殖探讨，一口以养弹涂鱼为主，混养对虾、花蛤，一口以养乌塘鳢为主，混养真鲷、牡蛎等，亩产对虾45千克，盈利近1000元。从中总结出实行“三三制”，即三分之一养虾，三分之一养鱼，三分之一鱼蟹贝的混养新模式。1995年，县科委采用蓄水封闭养殖法，试验6亩，采取少放苗、少换水、少投饵、不用鲜活饵料的技术路线，实行虾类与蛤、蛏、蟹等不同品种混养、套养、轮养、串养、间捕等模式，当年推广混养的面积1.55万亩，亩产值2000多元。之后，根据虾塘类型不同，实行分类养殖，有单养（泥蚶、跳鱼等），混养（虾蟹、虾贝、虾鱼）和一年两茬的养殖模式。到2005年，大官坂垦区采用不同养殖模式的面积达14500亩。

（三）贝类育苗和养殖

**牡蛎三倍体培育**　1998年，在省水产研究所的技术支持下，在大埕、大建的育苗场首次以药物诱导的方法，培育出太平洋牡蛎三倍体苗在海区养殖300亩，结果亩产量比传统的太平洋牡蛎提高22%，此后一直推广此办法。

**鲍鱼育苗与养殖产业化**　1992年，市水产科学研究所在苔菉后湾由日本盘鲍和北方皱纹盘鲍杂交培育成黑鲍品种，养殖面积850平方米。1997年，定海育苗场培育的10万只黑鲍在罗源湾挂养成功。1999年，全县养殖量为525万粒。2000年，全县鲍鱼育苗量3000万粒，养殖量达2500万粒。2004年，县水技站高级工程师李松泉与市水科所合作，在黄岐镇赤澳，用药物诱导的方法培育出壳长1厘米以上的黑鲍三倍体苗55万粒，培化率50%。2005年，在定海鲍鱼育苗基地用北方杂交子一代与连江县的黑鲍进行杂交，培育出杂交鲍苗650多万粒。

（四）藻类育苗养殖

**海带**　1995年，官坞村从山东烟台引进的“烟杂1号”与本地海带杂交培育出“连杂”海带新品种1200片（试养600亩），2年后推向全县。1997年，“连杂”海带列入全国财政支持农业科技成果推广项目，1999年，全县海带育苗量达11万片。海带主要产区在筱埕、安凯、黄岐、下宫、坑园等乡镇，养殖面积从1991年的11633亩发展至1999年17398亩。2003年起，海带养殖面积按海带用海面积计算，约比原来面积增加2倍。2005年，全县养殖海带面积46813亩，总产8.6万吨，是1991年21565吨的4倍。

**紫菜**　2004年，引进上海水产大学选育的礓紫菜“申福1号”新品种，在马鼻玉井海区试养成功，平均亩产250千克左右。该品种具有藻体柔软、弹性强、产品质量好、抗病力强、产量高等优点，与传统紫菜相比可增产20%—30%，产值明显提高。2005年，推广面积100余亩。

## 三、医药卫生科技

### （一）医疗技术的引进

1995 年，县中医院与敖江卫生院合并后，突出中医特色，应用现代医学诊疗手段，把传统医学与现代诊疗技术有机地结合起来，引进椎间盘微创治疗术等，受到患者欢迎。2002 年 12 月，创建“全省中医先进县”通过省卫生厅专家评估，跻身全省农村中医工作先进县行列。

### （二）结核病防治

1994 年，连江被列入卫生部加强与促进结核病控制项目县，为全国 20 个结核病监测县之一，推广不住院短程化疗方案。1999 年，结核病防治获县科技进步三等奖。2002 年，接受世界银行贷款——英国赠款中国结核病控制项目，开展多项科学研究，并在“难治肺结核形成因素探讨”“利福平和迪克菲药物治疗肺结核效果评价”“农村菌阳肺结核病人不住院化疗管理探讨”“结核病控制工作研究”“小学生结核菌感染追踪调查”“肺结核病变类型监测”等科研项目取得进展。至 2005 年，全县共登记管治肺结核病人 6250 例，其中菌阳 1929 例。

### （三）丝虫病防治

1986 年，经省卫生厅验收，连江基本消灭丝虫病。1991 年起，继续开展丝虫病监测工作，仍查出有微丝蚴血症者，并及时进行防治工作。1999 年 1 月，通过省市卫生部门评审验收达到消灭丝虫病标准。同年丝虫病防治获县科技进步三等奖。

## 四、地震测报

**地震台建设** 1991 年，连江县虎东城测地震台工程开始建设，1992 年 12 月，进入运行，1993 年 1 月 10 日，正式通过考核运行，5 月 30 日，通过省科委组织的专家验收。虎东城至中继站的信道，选用 CDM-3 型带有 1980HZ 付载波，发射机频率为 47.50 兆赫的传输设备，经过无源带通滤波后进入 PTY-8 群放进行中继。虎东城测地震台无人值守，委托当地政府看护管理，子台仪器维修标定由台网中心派人巡回解决。观测资料由分析预报中心测震室编目组统一分析、汇编。1995 年 2 月，连江县被列为福建省沿海数字化地震台网的网点之一。1997 年，改造虎东城测震台，派人参加技术培训，进行台址测试。1998 年，测震台的仪器全部安装调试完毕，同年 10 月通过国家地震局组织的专家验收，12 月正式投入观测。这些数字遥测地震台建成后，将原有无线模拟记录更换为数字记录，把信号直接传至台网中心，大大高于原有模拟台站的地震监控能力。2001 年，执行“福建省地震重点监测防御区城市防震减灾体系工程”，将原来 16 位地动信号数据采集器升级为 2 位数据采集器。2005 年，连江县虎东城数字遥测地震台持续运行。

**防震减灾宣传** 连江县开展多种形式的防震减灾宣传活动，1995 年，举办大型防震减灾宣传活动。1996 年开展面向企业和青少年的地震应急安全科普宣传周活动。1998 年 ，与县教育局联合发文“加强中小学防震减灾知识宣传工作”。同年，地震办召开全县防震减灾工作会议，确立防震减灾应急响应机制。1999 年，举行《中华人民共和国防震减灾法》颁布宣传咨询活动和地震应急演练活动。2001 年，开展地震科普和法规宣传教育系列活动。2003—2005 年，开展地震科普进社区、进校园主题活动，在北岳、凤园、百凤等 5 个社区（村）和 3 所城区中小学举行地震知识报告会、减灾咨询活动和地震科普宣传展，并送发《地震知识手册》等。

## 五、气象科技

**站点建设** 1991 年，连江县气象站为航空天气报告和危险天气通报的站点。观测项目按国家气象局颁布的《地面气象观测规范》进行观测。气象数据采用手工抄写报表。1998 年开始，因航危报缩减，撤销夜间守班制度，实行白天守班制，气象数据实行机制报表。2002 年起，气象台站统一进行观测场室改造，重新铺设观测场草皮，观测场围栏更换为不锈钢围栏，风杆全部改为热镀钵钢制风塔，百叶箱改为单腿式支架，观测效果有所提高。2003 年开始，在全省进行地面气象观测自动化建设，连江因站址搬迁缓建。至2005年，还是采用人工观测。

**预报发布** 1991年，县气象站承担本县短期天气预报，内容和时效与省、地（市）级气象台基本相似。天气预报内容为天空状况、气温、降水、沿海风及台风、暴雨、洪涝、寒潮、低温、高温、冰雹、大风、雷电、干旱。1998年起，县气象站短期天气预报，以福州市气象台指导产品为基础，结合本地天气特点，利用从福州市气象台获得的各种信息、本地实况信息及地方经验做补充预报，加强面向用户的解释应用工作。2003年4月起，增加雾的预报内容。遇到重大灾害性天气可能发生时，视影响程度和影响时间，发布消息、警报（报告）、紧急警报等。天气预报时效分24小时和48小时两段。2004年3月起，分24小时、48小时和72小时三段。沿海出现6级以上大风时，增加夜间1次海上大风24小时预报。

## 第三节 获奖项目

1990年，连江农业植保站参与井冈霉素防治水稻纹枯病指标与应用研究，获市科技进步三等奖。1993年，县水产局技术人员与省水产技术人员配合研究真鲷人工繁殖，获省科技进步二等奖。1994年，县畜牧兽医站参加引进兔种繁殖杂交项目，获市科技进步三等奖。1999年，县畜牧兽医站配合市畜禽育种站选育福清山羊与杂交改良，获市科技进步三等奖。同年，县卫生防疫站卫技人员在基本消灭丝虫病和农村菌阳肺结核不住院化疗项目均获县科技进步三等奖。2002年，县农技站的选育抗病优质丰产甘薯新品种“榕薯416”，获市科技进步二等奖。2003年，县经济作物站和东湖镇农技站等在“东湖早枇杷”研究项目，获市科技进步一等奖。1990—2003年，全县共获县级以上科技进步奖8项，其中省级1项、市级5项、县级2项。

**1990—2005年连江县获科技进步奖项目情况表**

表32-3-2

| 获奖项目 | 完成单位 | 主要研究人员 | 获奖情况 | |
|---|---|---|---|---|
| | | | 年份 | 类别及等级 |
| 井冈霉素防治水稻纹枯病指标与应用研究 | 市植保站、农科所<br>福清、连江、长乐植保站 | 郭振铣 赖文昌<br>林永铎 王天宝<br>林德芝 | 1990年 | 市科技进步三等奖 |
| 真鲷人工繁殖研究 | 省淡水水产研究所<br>省水产厅、县水产局 | 倪正泉 马 平<br>高难生 郑永和<br>林国清 | 1993年 | 省科技进步二等奖 |
| 引进兔种繁殖推广杂交优势利用 | 市畜禽种站<br>罗源、连江畜牧兽医站 | 廖巧英 郑建信<br>王丽辉 林晓英<br>吴本勋 | 1994年 | 市科技进步三等奖 |
| 福清山羊本品种选育与杂交改良 | 市畜禽育种站、<br>县畜牧兽医站 | 王丽辉 廖巧英<br>郑建信 陈桂春<br>陈绍虞 | 1999年 | 市科技进步三等奖 |
| 连江县基本消灭丝虫病研究 | 县卫生防疫站 | 晋承潮 陈美莺<br>程庆平 郑伙土 | 1999年 | 县科技进步三等奖 |
| 连江县农村菌阳肺结核不住院化疗管理效果研究 | 县卫生防疫站 | 晋承潮 黄平生<br>郑永顺 林惠英 | 1999年 | 县科技进步三等奖 |

续表 32-3-2

| 获奖项目 | 完成单位 | 主要研究人员 | 获奖情况 | |
|---|---|---|---|---|
| | | | 年份 | 类别及等级 |
| 抗病优质丰产甘薯新品种——榕薯 416 的选育 | 市农业科学研究所<br>永泰、连江农业技术推广站 | 王正荣　王元森<br>郭建铭　谢　东<br>张兆庆 | 2002 | 市科技进步二等奖 |
| 东湖早枇杷生物学特性与栽培技术研究 | 市农业科学研究所、东湖镇农业技术推广站、祠台村委、县经济作物推广站 | 赵依杰　陈雷金<br>魏从梅　江新官<br>卓绍铨 | 2003 | 市科技进步一等奖 |

# 第四章　科技管理

## 第一节　科技项目管理

1991 年，县科委对科技项目按照《福建省科技项目计划管理办法（试行）》进行管理。县科技部门对科技项目一直按照上级颁布的管理办法进行管理。对列入县以上科技计划的，要求项目承担单位要根据计划要求与县科技主管部门订立《科技计划合同》，县科技主管部门和项目承担单位的主管部门负责对项目实施的全过程进行跟踪管理，建立项目年度执行情况报告制度，并在项目完成后，进行验收。2002 年，县科委按照市科技局根据《国家科技计划项目管理暂行办法》制定的《福州市科技计划项目管理暂行办法》，由县科技主管部门、水利局、农业局、林业局的领导和科技人员组成项目管理指导服务与实施领导小组，负责制定方案、检查指导、落实措施、技术服务、协调关系、交流经验和通报信息等工作，确保项目顺利实施。还有组织技术培训，选拔专业户和有关人员参加省、市有关单位举办的技术培训班；组织有关项目承担负责人、科技人员到外地参观学习；举办养殖技术与病害防治技术培训班，邀请有关专家授课；召开项目区内承担负责人经验交流会；印发有关养殖、栽培、种植和防病技术的新资料。至 2005 年，全县 395 项“星火”计划全面完成。

## 第二节　成果管理

1991 年，县科委继续贯彻国家科委《关于科学技术研究成果管理的规定》和省市有关文件精神，负责科技成果鉴定和登记、建档、上报、奖励、保养、交流、推广、宣传和统计工作。科技成果的上报和登记由县科技领导小组指定县科技开发中心具体负责。科技成果鉴定和评审，依据国家科委《科学技术成果鉴定办法》和省科委根据国家科委制定的《实施细则》等法规进行。申请由市科技局组织鉴定的，在申请鉴定日期前一个月将科技成果鉴定申请表、技术资料、有关文件报送县科技局审查后，转报市科技局。申请省科技厅组织鉴定的，由市科技局审查后报省科技厅。鉴定形式分函审鉴定、检测鉴定和会议鉴定三种。2000 年，在科技成果管理中，执行国家、省市有关科技成果管理办法，进一步规范科技成果鉴定（评审）范围及标准。减少科技成果奖励项目，增加奖励力度。至2005年，通过鉴定验收的科技项目有2项。

## 第三节　技术市场管理

1994年，县科委投资14万元购买一间店面，作为全县技术市场管理场所，同时作为科技工作信息服务中心及科技新产品展销部，当年即派员参加市科委组织的考察团到技术市场工作开展较好的县（市）取经，参加培训班学习，接受技术市场业务培训。1995年，县科委指定专人抓这项工作，并多次派人到较好的县市进行考察，参加业务培训和领证培训，为筹建技术市场创造条件。1996年后，由于市场、技术等不成熟没有开展相关工作。

## 第四节　知识产权管理

### 一、专利管理

1991年，县未设专利管理机构，只有零星专利申请上报市知识产权局办理。1997年后，专利申请量增长较快，据1997—2005年统计，共申请专利195项。

**1997—2005年连江县专利申请公告量统计表**

表32-4-1　　单位：项

| 年份 | 发明 | 实用新型 | 外观设计 | 小计 | 年份 | 发明 | 实用新型 | 外观设计 | 小计 |
|---|---|---|---|---|---|---|---|---|---|
| 1997年 | 2 | 1 | — | 3 | 2002年 | 2 | 6 | 7 | 15 |
| 1998年 | — | 3 | 2 | 5 | 2003年 | 2 | 8 | 27 | 37 |
| 1999年 | — | 6 | 2 | 8 | 2004年 | 3 | 6 | 39 | 48 |
| 2000年 | — | 9 | 5 | 14 | 2005年 | 15 | 12 | 19 | 46 |
| 2001年 | — | 7 | 12 | 19 | 合计 | 24 | 58 | 113 | 195 |

### 二、企业标准化管理

1991年起，县标准计量所对全县企业进行调查，协助企业起草标准和通过标准备案，实行标准化生产。当年帮助合成氨厂解决碳酸氢铵添加剂技术分析，酒厂铜、铝含量测定。到1993年，共收集基础标准、国家标准1000多项，基本配齐全县企业产品标准，帮助19家乡镇企业制定产品标准，修改标准20项，为27家企业颁发工业产品标准证书。1997—1999年，县质量技术监督局帮助178家次企业制定154项产品标准，检查审核75家次企业144种次食品标签并备案。2000—2005年，全县共执行标准注册登记及产品标准备案207家次、产品313项，为企业编写标准文本8项，修改企业标准6多项，协助4家企业审查6项产品标准，帮助企业提供国家行业标准38项。

# 第五节　科技经费管理

1991年，县内科技经费有科技三项费用（新产品试制费、中间试验费和重大科研项目补助费）和“星火”计划项目费用，主要由省、市科委核拨下放的“切块经费”及县财政核拨经费，均用于“星火”计划项目。1995年开始，县财政从当年预算支出总额中划出不低于1.3%的预算作为科技三项费用，安排急需的科研项目和建立科技开发基金。

项目经费按照《国家科技计划项目管理暂行办法》执行，实行专项财务核算，单独设账，专款专用，建立预决算制度，签订合同，并按照项目进展情况一次或分批划入项目执行单位，并按不同类型项目分类管理。项目全部完成或因故中止、撤销的，项目承当单位必须作出经费总决算。凡有偿项目，非因不可抗拒因素到期未按合同偿还经费的单位，不受理其新的项目申请。有偿使用科技经费回收及其增值资金，均留科技主管部门使用，实行滚动增值，以壮大科技发展基金，允许继续用于安排科技计划项目，增添科研设备，也可以作为科技贷款和贷款贴息资金。1991—2005年，全县三项科技经费共投入2576万元，其中省市下拨250万元，县划拨2326万元。

**1991—2005年连江县科技三项费用投入情况表**

表32-4-2　　单位：万元

| 年份 | 省市下拨款 | 县投入款 | 小计 | 年份 | 省市下拨款 | 县投入款 | 小计 |
|---|---|---|---|---|---|---|---|
| 1991年 | 4.1 | 5.0 | 9.1 | 1999年 | 13.0 | 233 | 246.0 |
| 1992年 | 3.3 | 35.0 | 38.3 | 2000年 | 11.0 | 261 | 272.0 |
| 1993年 | 3.5 | 31.2 | 34.7 | 2001年 | 23.0 | 275 | 298.0 |
| 1994年 | 5.1 | 8.8 | 13.9 | 2002年 | 22.0 | 342 | 364.0 |
| 1995年 | 27.5 | 100.0 | 127.5 | 2003年 | 13.0 | 116 | 129.0 |
| 1996年 | 34.8 | 123.0 | 157.8 | 2004年 | 22.0 | 336 | 358.0 |
| 1997年 | 21.6 | 160.0 | 181.6 | 2005年 | 17.0 | 132 | 149.0 |
| 1998年 | 29 | 168.0 | 197.0 | 合计 | 249.9 | 2326 | 2575.9 |

# 第三十三篇　文　化

1991 年，县政府重视文化事业发展，加大资金投入，保护和传承历史文化。当年成立县文物管理委员会，有长门炮台，林森藏骨塔、陈第墓葬获批省级文物保护单位。1991—1994 年，多渠道筹资 800 多万元，建设县图书馆、博物馆和乡镇文化设施，不少村居修建或新建农村俱乐部或老年人活动中心，逐渐形成三级文化网络，文艺创作渐趋繁荣，群众文化活动日益活跃。1995 年，县文化部门再次配合国家文博部门与澳大利亚联合在定海湾进行水下考古，取得重要成果，出土文物 2000 多件，标定 11 处水下沉船遗址，定海被誉为中国水下考古事业摇篮。1996 年，投资 2000 多万元，在全县铺设有线电视光纤电缆，并与省、市联网。 1998 年，连江获评全国文化先进县。2000 年，县博物馆评为省二级达标馆。2001 年开始，县政府加大历史文化保护力度，新批 11 处县级保护单位，有普光塔、含光塔、哺余庐（林森公馆）、东塘吴氏宗祠 4 处相继获批省级文物保护单位。至 2005 年，连江县以上文保单位 57 处，其中省级 8 处。经省鉴定的馆藏文物 3776 件，其中国家二级文物 9 件，三级文物 2278 件。22 个乡镇普遍建立文化站，其中有 4 个被评为省级百强文化站，全县有专业和职业剧团 6 个，文学社团 18 个。民间文艺队伍 113 支，业余文学作者 545 人，共创作出版各类作品 57 部（集）。城乡共有 18.5 万台电视机 9.1 万户安装有线光纤网络，年收入 1419 万元。各种图书销售 2055 万元。文化娱乐产业方兴未艾。

## 第一章　群众文化

### 第一节　场所设施

**一、县级场所设施**

**县文化馆**　1990 年 10 月被文化部授予“全国先进文化馆”称号。1991 年，拥有活动场所 1875 平方米，内设文学创作室、艺术工作室、社文工作室。事业编制 7 人，实有 11 人。2000 年 9 月，原馆址改造拆迁，临时租用玉荷东路台资大楼办公。2003 年 8 月，在玉荷西路新建文化馆大楼，面积 2099 平方米，馆内辟有歌舞厅、美术、摄影展览厅、少儿舞蹈培训中心。

**县图书馆**　1991 年，在县文化馆内设图书工作室。1992 年 10 月，县财政拨款 117 万元，在玉荷东路建成图书馆大楼，建筑面积 1995 平方米，当年由文化馆剥离出设立县图书馆，事业编制 10 人，实有 11 人。内设办公室、图书外借处、报刊阅览厅、少儿图书阅览室、地方文献室、电脑检索室、图书目录室等窗口。1999 年，被评为国家二级图书馆。至 2005 年，馆藏图书 107312 册，年均接待读者 1.2

万人次。

**县博物馆**　1991—1993年，为县文化馆文物工作室。1994年3月，多渠道筹资350万元，在816中路陈第公园右侧，新建博物馆大楼，建筑面积3100平方米，同年9月7日从文化馆分出设立县博物馆，事业单位，编制6人，内设保卫组、展览部。1995年，评为省“十佳”博物馆和省文化系统优秀爱国主义教育基地。2000年，被评为省二级达标馆。2005年，馆内设办公室、文物修复工作室、文物库房、文物资料室、多功能厅、文物展厅等。

**二、乡镇文化设施**

1991年，县政府为争创全国文化先进县，对乡镇文化站建设实行“三三八八”工程，即站址面积300平方、站内藏书3000册、站办活动项目8项、年活动经费8000元。1992年，根据省文化厅《关于在全省文化站考核定级创建先进文化站活动的通知》精神，县文化局制定实施发展社会文化“芳草计划”，全面推进文化站“三三八八”工程建设。1993—1995年，各乡镇多渠道筹措资金265万元，改建更新站址，充实完善活动设施。经县组织检查考核，有敖江、琯头、丹阳、晓澳、马鼻5个文化站为1级站；凤城、蓼沿、筱埕、透堡、黄岐、潘渡、官坂、长龙、东岱、小沧10个文化站为2级站；浦口、坑园、安凯、东湖、苔菉、下宫6个文化站未定级别。1996—1997年，县文化局对未定级站进行重点扶持，赠送书刊、设备等，促进达标。1997年，县编委下达编制指标58名，大乡镇站3名、中小乡镇站2名。1998—2002年，对乡镇文化站人员进行强化培训、考核，以提高专业技能、业务知识和组织开展活动的能力。至2005年，全县有22个乡镇文化站，共配人员60人，场所面积8045平方米，站藏图书23075册。经市、县文化局联合检查考核，有15个文化站，达到省2级站标准。敖江、琯头、马鼻、晓澳4个站被评为省级“百强文化站”，琯头、晓澳2个站又获省级“明星文化站”称号。

**2005年乡镇文化站情况表**

表33-1-1

| 乡镇 | 文化站人员（人） | 场所面积（平方米） | 站办活动项目（项） | 站藏图书（册） | 附注 |
|---|---|---|---|---|---|
| 琯头镇 | 3 | 425 | 11 | 1085 | 省级百强明星文化站、县一级站 |
| 晓澳镇 | 3 | 520 | 12 | 1450 | 省级百强明星文化站、县一级站 |
| 马鼻镇 | 3 | 450 | 10 | 1020 | 省级百强文化站、县一级站 |
| 敖江镇 | 3 | 380 | 10 | 1850 | 省级百强文化站、县一级站 |
| 浦口镇 | 3 | 320 | 8 | 850 | — |
| 凤城镇 | 3 | 310 | 8 | 870 | 县二级站 |
| 筱埕镇 | 3 | 380 | 9 | 1250 | 县二级站 |
| 黄岐镇 | 3 | 480 | 11 | 1060 | 县二级站 |
| 苔菉镇 | 3 | 310 | 8 | 850 | — |
| 东岱镇 | 3 | 350 | 8 | 880 | 县二级站 |
| 丹阳镇 | 3 | 490 | 12 | 2100 | 县一级站 |
| 透堡镇 | 3 | 450 | 11 | 850 | 县二级站 |
| 官坂镇 | 3 | 320 | 8 | 920 | 县二级站 |
| 长龙镇 | 3 | 330 | 8 | 820 | 县二级站 |

续表 33-1-1

| 乡镇 | 文化站人员（人） | 场所面积（平方米） | 站办活动项目（项） | 站藏图书（册） | 附注 |
|---|---|---|---|---|---|
| 东湖镇 | 3 | 310 | 8 | 850 | — |
| 坑园镇 | 3 | 330 | 9 | 950 | — |
| 安凯乡 | 2 | 305 | 8 | 910 | — |
| 江南乡 | 2 | 350 | 9 | 1210 | — |
| 蓼沿乡 | 2 | 310 | 8 | 820 | 县二级站 |
| 下宫乡 | 2 | 310 | 8 | 850 | — |
| 小沧乡 | 2 | 305 | 8 | 810 | 县二级站 |
| 潘渡乡 | 2 | 310 | 8 | 820 | 县二级站 |
| 合计 | 60 | 8045 | 200 | 23075 | — |

## 第二节　文化活动

### 一、群众文化活动

1991 年，民间传统的民俗文化活动日渐活跃，尤其遇春节、元宵、端午或重大节庆，群众性民俗文化活动丰富多彩，花样繁多，形式多样，日具浓郁的地方特色。诸如凤城镇的腰鼓、大头娃；潘渡乡仁山村拉线狮，潘渡村的棋牌灯；丹阳街的马灯；东湖镇岩下村的高跷；敖江镇白沙、浦下、岱云、毗盹四村的舞龙灯和幕浦村高跷、大鼓；东岱镇的高跷和步行钱棍舞；晓澳镇的龙灯舞配有“海浪”“彩云”灯具 12 盏，龙灯舞动时，若穿云驾雾，精彩纷呈；凤城、琯头、东岱三镇的“十番音乐”；黄岐镇的地下行舟、蚌舞，筱埕镇大埕口村的手提拉线纸狮；透堡镇的铁基坪、琯头镇的肩抬坪；畲族聚居乡村农历“三月三”乌饭节，各畲村多有京鼓次、“迎龙伞”“跳竹竿”、畲歌盘唱、篝火牵手舞等传统文化活动。

1992 年开始，群众传统民俗文化活动的项目和道具。增添了许多现代因素，部分村（居）组建洋鼓队、管乐队、腰鼓队、扇舞队等。节日悬挂的各种灯具，已普遍使用各色电灯泡，提在手上的旗牌灯、龙狮舞灯、儿童玩具灯等均为干电灯泡，避免了以往用腊烛容易酿成的火患。同年，连江为纪念毛泽东《在延安文艺座谈会上的讲话》发表 50 周年，组织大型文艺踩街活动，城乡共有 48 支各种文艺团队 3200 人参加，县城万人空巷，热闹非凡。是全县群众文化活动的一次大展演大检阅。

1993 年，连江为纪念毛泽东 100 周年诞辰，城乡各地都举行群众喜闻乐见的文娱活动。各地富有特色的文化活动项目，如凤城大头娃，仁山拉线狮，筱埕提线狮，透堡铁基坪，琯头肩抬坪、东岱钱棍舞、黄岐地下行舟以及洋鼓队、管乐队，十番音乐等集中县城踩街展演。

1995 年，不少农村在春节期间的迎神、遊神活动悄然兴起，多种传统文化活动得以恢复，有的几个村联合举办，男女老幼一齐参加，充满祥和、喜庆、团结、平安氛围。

1997 年，连江为迎接香港回归，1999 年，为迎接澳门回归和国庆 50 同年等重大节庆，县文化部门都在县城组织文艺踩街活动，既有民间传统特色文化团队，又有现代文化表演团队，每次都有 2000—3000 人文化队伍参加。至 2005 年，先后共举办 18 次，有力推动城乡群众文化活动的发展。尤其现代文化活动，日渐活跃，场所网络日臻完善。城乡共有剧场51处，电影放映厅57处，录像播放厅84家，歌舞厅18家，卡拉OK厅37家，网吧44家，铜管乐队48支，民间乐社2家，还有伬唱、评话等文化活动项目，逐步满足广大群众文化生活的需求。

**二、会演调演**

1991—1992年，县文化馆编创的民间舞蹈《映山红》《碧海灯情》《金色稻穗》等6个舞蹈节目，分别参加市第五届“文艺百花”“榕城月”等文艺会演，获5项第一名，1项第二名。1993年，县曲艺演员编演的福州评话《毛泽东智脱险境》，参加市纪念毛泽东100周年诞辰曲艺会演，荣获创作一等奖、演出二等奖。1994年，曲艺演员编演的传统福州评话《真假胡彪》《龙剑风云》，参加市第十七届曲艺会演，获优秀创作奖、演出二、三等奖。1995—1997年，县文化馆创作的舞蹈《缠》、少儿舞蹈《叽叽喳喳小媒婆》等11个创作舞蹈节目，分别11次参加省民间民族舞蹈会演、电视大奖赛等，荣获璀璨之星奖、银奖、一等奖、二等奖、三等奖、优秀奖等奖项。1998—2000年，县闽剧团创作的传奇故事剧《一日皇帝——董应举》、神话剧《妈祖传奇》《义乞传奇》和现代剧《杨母》等6个剧目，分别6次参加省市调演会演，获创作、导演、音乐奖，5名演员获演员奖。2001—2002年，县文化馆创作的舞蹈《飞旋的彩裙》和4名歌唱演员，分别参加全省农村文艺会演等10项比赛，8名歌唱演员获二等奖，6名演员获三等奖，舞蹈获金奖。2004年，小沧畲族乡组织“三月三”乌饭节专题文艺节目，参加市第二届世纪福州文艺会演，获演出奖，2名演员获演员奖，小沧乡政府获组织奖。2005年，县实验小学创作少儿舞蹈《小鸡戏水》《小牧骑》，参加省舞蹈协会的少儿舞蹈电视大奖赛，获演出二、三等奖。

1991—2005年，全县先后组织舞蹈、戏剧、曲艺、歌曲等节目，参加省、市举办的各类会演、调演、大奖赛等活动39场次，获得各类奖39项，获奖演员19人。

# 第二章　文学

## 第一节　文学创作

1991年，连江文学创作逐渐活跃，县业余文学队伍日益壮大，据不完全统计，全县老、中、青文学爱好者有500多人，其中县作协会员88人，省作协会员10人，市作协会员11人。县文化局、文联、文化馆不定期举办文学讲座，经常性开展文学征文比赛，促进文学创作活动健康发展。

1992年5月，县文化局、文化馆在展览馆举办文学讲座，邀请《福建文学》副总编张是廉主讲，文学爱好者150多人听讲。1993年开始，县文化局、文联等联合举办各类征文活动，当年举办讴歌连江经济腾飞的“连江潮”征文活动。同年9月，还在玉山疗养所举办戏剧、曲艺文学创作培训班，省戏剧家、曲艺家协会理事潘伯农主讲，乡镇文化站站长和戏剧曲艺作者45人参加。1995年，为纪念中国共产党建党74周年，组织“先锋杯”征文比赛。1997年，迎接香港回归开展“金瓶杯”征文活动。1999年，开展“庆澳门回归、迎接新世纪”征文比赛。2002年，相继开展“新世纪、新连江”和“三鑫杯”“创业潮”征文活动。2003年5月，文学作者协会举办文学、散文创作学术讲座，邀请《福建乡土》编辑部副主编陈寿安主讲，协会会员50多人听讲。2004年，举行“金凤在腾飞”征文比赛。2005年，县纪委主办的“廉政在我心中”征文比赛。1993—2005年，共举办8次征文活动，表彰各类获奖作品108篇，其中1等奖9篇、2等奖18篇、3等奖36篇、优秀奖45篇。得奖征文作品分别在《青芝文学》刊出，还多次组织文学作者50多人，前往丹阳、筱埕、可门港等地采风，撰写文学作品70多篇。15年来，文学爱好者在改革开放经济腾飞的大背景下，激发创作热情，依托县文联和作家协会，利用《青芝文学》《连江诗讯》等园地，创作一批思想性、艺术性较好的作品。一批文学新秀脱颖而出，先后创作出版散文、小说、诗歌、传记等著作57部，为繁荣文化做出积极贡献。

## 第二节　文学刊物

**一、《青芝文学》**

1991年，为《青芝小报》，8开2版。1993年10月，由县文联与县文化馆联办，改为8开4版，双月刊，每期发行300份。辟有《小说》《散文》《诗词》《七色花》等栏目，《七色花》专栏，是中小学青少年文学作者的园地。2005年10，改由县文联主办，作家协会承办，扩为《青芝文学》期刊，设有《卷首语》《小说天地》《散文走廊》《邑人佳作》《文论书品》《诗艺广角》《七彩年华》《文艺动态》《那年那月》《“清风窗”》等栏目，彩色封底封面，文学韵味浓厚，每期发行量增至500册。

**二、《连江诗讯》**

2000年，由县政协青芝诗社编辑，16开版，不定期内部赠阅，主要刊载诗友及诗词爱好者的作品，有《社员风采》《连江诗讯》《诗友阵地》《书法作品》等栏目，有古典律诗、折技诗、藏头诗、辞赋、楹联和现代诗词等。至2005年，已刊出3期。

# 第三章　戏剧曲艺

## 第一节　戏　剧

**一、县闽剧团**

1991年，有专业闽剧1个，原为国有事业单位，编制60人。当年改为财政拨补的事业单位，企业管理。1991—1995年，县财政每年拨补12万—15万元，1996—1997年，增至24万元。县闽剧团常年在连江县及福州郊区、长乐、闽侯、平潭等地农村演出，年均演出290场，年收入27—55万元不等。年创作、改编上演新剧目2—3本。先后参加省、市戏剧会演6次，获创作、音乐、导演奖，6名演员获优秀演员奖。县闽剧团仍保留传统剧目《甘国宝》《十三妹》《雷州府》《王审知》《红裙记》《一日皇帝》《义乞传奇》等。其中《甘国宝》被誉为久演不衰剧目，连续上演1500多场，为全省单剧之冠。1998年起，县财政给闽剧团拨补增至每年30万元。1999年，闽剧音乐家陈正和，艺名益灿，系省戏剧家协会、音乐家协会会员，编纂出版《闽剧传统音乐》一书，由中国戏剧出版社出版，书中收录闽剧音乐700多首，为抢救闽剧艺术遗产做出重要贡献。

2002年5月和2003年3月，县闽剧团应马祖艺术界邀请，两度赴马祖岛演出传统戏剧《夜审御弟》《义乞传奇》《姐妹情》《碧血襄樊城》《金水桥》等10个剧目，台湾、马祖新闻媒体纷纷报道演出盛况，为促进祖国和平统一，加强两岸文化交流发挥积极作用。2005 年起，县财政拨补闽剧团经费增至每年 36 万元。

**二、民间闽剧团**

1991 年，连江民间职业闽剧团有 8 个，遵循“自行组织、自编自导、独立核算、自负盈亏”的原则，导演、演员从各地聘用，工资面议，可升可降，每团演职人员 40—55 人不等。常年在郊县农村巡回演出，年均上演 160—270 场，年演出收入 30 万—50 万元不等。

1995 年减至 6 个团。1996—1999 年，县文化部门对民间职业剧团进行整顿，保留艺锋、艺林、艺效、顺昌、山明 5 个团。至 2005 年，在演出市场竞争中优胜劣汰，仅剩下艺林、艺锋、顺昌 3 个团，共有演职人员 135 人。

## 第二节　曲　艺

**一、评话**

1991 年，县成立曲艺工作者协会，会员 23 人，其中县内 15 人、福州籍 3 人、长乐籍 5 人。县内评话为福州方言，话本有传统剧目，也有现代内容，道具简单。1992 年，县成立曲艺团，成员 26 个，其中评话员 23 人，伬唱团体成员 3 人。1993—1997 年，曲艺活动比较活跃，先后 4 次参加市电视台联合举办的曲艺大奖赛，参演剧目《王审知》《李宗仁归来》《杨母》《父子争婚》《真假胡彪》等，相继获创作一等奖、优秀创作奖，演出一、二等奖等，县文化局获组织奖。1998—2002 年，由于曲艺团成员年老体弱，后继乏人，曲艺团解体。至 2005 年，仅存少数艺人分散农村活动。

**二、伬唱**

1991 年，县内有伬唱演出队 3 个班，从业人员 31 人。1992 年，成为县曲艺团团体成员，服从曲艺团业务指导，常年在城乡商业性演出。伬唱队每队由 8—12 人组成，配有二胡、三弦、月琴、唢呐、锣鼓、锣钹等器乐。演员一人多艺，前后台兼作，分坐唱、表演唱、行唱 3 种表演形式。传统节目有《钗头凤》《西厢记》《白蛇传》《龙凤金耳扒》等折子戏选段。现代剧目，多是围绕经济建设中心而编写的文艺宣传节目。多数在婚丧喜庆时被邀商业性演出。1993—1995 年，各乡镇文化站把分散的从事伬唱、清鼓、弹拨活动的民间艺人组织起来，成立伬唱演出队，全县共有 27 班，从业人员 264 人。1996—2001 年，由于多数伬唱老艺人年老体弱，无法参加演出活动。至 2005 年，城乡伬唱队仅存 18 班，从业人员近 200 人。

**三、京鼓吹**

1991 年，县文化部门统计，共有京鼓吹 53 班，从业人员 583 人。京鼓吹主要道具是小圆鼓、锣钹和唢呐等，有节奏的边吹边打。音响清朗、响亮，充满喜庆、欢快。有《喜洋洋》《江河水》《春江花月夜》等曲词。每班 8—12 人不等。多活跃于农村各地，尤其婚丧喜庆、迎神庙会都离不开京鼓吹。随着农村经济发展，喜庆活动增多，推动京鼓吹的发展。至 1995 年，全县京鼓班发展到 68 班，从业人员 816 人。2005 年，全县京鼓吹达 82 班，从业人员 984 人。

# 第四章　音乐　舞蹈

## 第一节　音　乐

十番音乐　1991 年，县境民间音乐较出名的有“十番音乐”“道教音乐”、京鼓吹、管弦乐等。“十番音乐”主要分布凤城、琯头、东岱、黄岐等乡镇共 12 班，队员 260 多人。以民族民间乐器为主，演奏传统曲牌《蟠桃会》《雁来红》《秦楼月》等 10 多首，曲调优美，感情淳朴、情绪激昂、气氛浓烈，富有浓郁的乡土气息。每班队年均演出 10—30 场不等。除逢节庆和县、乡举办大型文艺活动参加演奏外，平常多以商业性演出为主。1999 年 10 月，原县政协退休干部陈贵编写《东方民族交响乐—中国福建十番音乐》历史资料，受到省文联的表彰。

道教音乐　民间俗称“夹贯”，1991 年，全县约 30 班左右，每班 8—12 个人组成，分主籛、副籛，演奏时有领唱、轮唱、齐唱，配有笛、笙、三弦、二胡和鼓、磬、木鱼、碰钟等打击乐。腔调粗犷、古朴，独具一格，曲牌有《三宝藏》《倒板偈》《大南海》等 10 多种，普遍从事商业性演出。1992 年开始，农村民俗活动日渐活跃，道教音乐多被邀参加商业性演出。2005 年，发展到 33 班，从业人员 180 多人。闽剧音乐家陈正和挖掘整理道教传统音乐曲牌 200 多首。

现代音乐　1991 年起，日渐活跃，凤城和琯头等地组织民间乐社、洋鼓队、管弦乐队等，多在婚丧喜庆中进行商业性演出。2001 年 2 月，居住县城的退休人员音乐爱好者在企业家支持下，筹资 40 万元，以敖江乐社为基础，组建尚德乐社，有社员 23 人。设址凤尾综合市场 3 楼，面积 314 平方，配有中西乐器钢琴、倍大提琴、大提琴、琵琶、二胡、扬琴及全套吹奏乐器和打击乐器，常年周五集中活动 1 次，每逢节庆，参加演奏。

## 第二节　舞　蹈

现代舞蹈　1991 年，城乡相继创办歌舞厅 18 家，陈第公园、温麻公园、江滨公园、锦江花园设露天舞场。1992 年起，参加广场舞的老、中年人日渐增多，小的几十人、大的几百人，不仅学习交谊舞，还经常排练广场舞蹈扇舞、剑舞、秧歌舞等，县文体部门给予扶持，配置音响，进行辅导，培训等。1994—1998 年，县文化馆连续举办交谊舞和暑期少儿舞蹈培训班，每班期 30—60 人不等，同时举办 2 次交谊舞大赛，参赛者 120 多人。1999 年，张国顺、王海英在华侨旅行社创办“星光灿烂”舞蹈培训中心，分高、中、初级 3 个班，专业培训国际标准舞、交谊舞、拉丁舞、探戈舞，年平均培训 200 人次。当年县文化局举办第三届交谊舞大赛，参赛者 110 人。2000—2005 年，培训中心 50 多名学员先后参加省第九至十一届国际标准舞大赛和省青少年国际标准舞电视大赛，有 32 人获奖，培训中心获组织奖和优秀教师奖。2005 年 7 月，首届中、日、韩国际少儿舞蹈艺术大奖赛在福州举办，连江代表队获集体三等奖，学员吴瑶获铜奖。同年，张国顺、王海英参加文化部艺术中心和上海电影艺术学院联合举办的国际舞公开赛，获金奖。张国顺考取国际标准舞学士学位，并获国家级国际标准舞评审员资格。

民间传统舞蹈 县境有民俗舞、祈福舞、风情舞等10多种，90多支队伍，分布城乡村居，每逢中秋、国庆、元宵等节日，组织群众就地培训，就地参与活动，还参加城乡文艺踩街表演。1994年，连江有凤城《茶篮鼓》、丹阳《生肖花灯舞》、潘渡《棋牌灯舞》《八卦阵灯舞》《拉线狮》，小沧畲族《畲山花轿》、敖江《龙灯》、浦口《狮舞》等11种编入《福州市民间传统舞蹈》一书。畲族民间舞蹈《茶篮鼓》以十番音乐伴奏，边歌边舞，场面热烈壮观，获省、市民间民族舞蹈表演奖，并在中央广播电视台专题播出。仁山《拉线狮》，是传承古老肩抬、拉线的“狮子戏球”表演，用彩绸、麻线制成的狮子，悬挂方型狮架内，八人抬架，数根长线伸出后架，表演者伴随鼓乐节奏，拉动手里长线，彩狮夺框而出，戏弄彩球，配有打击乐和焰火，形态灵活、逼真、热烈，活泼。狮队由20多人组成，各司其职，参与元宵等传统节庆活动，列为非物质文化遗产。县文化馆创作的民族舞蹈《畲山花轿》，参加省第六届舞蹈节比赛，获创作、演出一等奖，参加华东六省民族歌舞展演后又推荐参加法国比利牛斯第三届国际民间民族艺术节演出。文化馆编导的舞蹈《讨蛤女》，参加省第三届农村文艺调演，获创作演出一等奖。舞蹈《缠》获省第九届青舞节银奖。

# 第五章 美 术

## 第一节 雕刻塑像

### 一、雕刻

#### （一）花岗岩石雕

县境花岗岩储量丰富，历来是雕刻原材料。1991年，凤城、浦口、琯头、丹阳、东岱、江南、蓼沿等7个乡镇有私营石雕厂18家，从业人员165人。多用境内的辉长岩（俗称“青石”）雕刻龙柱、石狮、石像、碑文、墓碑、楹联等。1992年，随着经济发展，社会石雕需求量增加，石雕工艺快速发展。原料除境内辉长岩外，还从全国各地采购玄武石、大理石、汉白玉等进行雕刻，雕刻品类增多，雕刻工艺从过去手工为主逐步向机械化发展。1997年，石雕艺人孙享祝、姚奋国等人，前往湖南长沙进华实业有限公司观摩并接受培训，学会掌握运用先进雕刻机械、磨边、镂空、切割和电脑绘图技术，引进先进设备，在连江开办“鸿享”“奋国”2家石艺雕刻厂，招石雕艺人60多人，产品有阳雕、阴雕、阴阳雕、浮雕、影雕等，同时还把影雕技术应用于玻璃、不锈钢板的雕刻，企业发展到4家。县城革命烈士陵园纪念碑人物浮雕、关公亭大殿前镂空龙柱和左右廊壁画《桃园三结义》《千里走单骑》等4面影雕、南湖八景宫前嵌在围墙上的《24孝》影雕、琯头壶江岛、粗芦岛塘下天后宫的龙柱、“华表”及众多寺观、庙宇的石雕作品，大多出自县内石雕艺人，也有部分作品来自福州、惠安等地。

#### （二）寿山石雕

1991年，东湖镇东塘村有1家石雕厂，艺人13人，以寿山石为主要原材料，雕刻观音佛像、大腹弥勒及猴、马、蟾蜍等艺术品，大部在福州市场出售。1992年，因资源、技术、销路等问题而停业。从事石雕的艺人多被福州寿山石工艺厂招收。原在东塘雕刻厂学艺的黄岐人张自在，自幼勤奋好学，后深得名师陈益晶指点，雕刻艺术日臻成熟，擅长雕龙凤、花鸟，在传承传统雕刻技法基础上，独创“S”形线条雕刻技法，作品构思独特、雕工精细、刀法浑厚、气韵传神，成为寿山石雕后起之秀，在福州汉唐文化城开设“志在堂”，展示近百件寿山石雕精品。2001年5月，被评为寿山石雕刻艺术“十大新秀”、高级工艺美术师。2004年，张自在的《花开富贵》寿山石雕作品，获第三届中国国际民博会暨第二届中华（天津）民间精品博览会金奖。2005年12月，《清香满面来》获第三届中国福建寿山石艺术家作品展金奖；《苍龙教子》《荷塘清趣》分别获第五、第六届工艺美术“中艺杯”金奖。张自在先后被省工艺美术学会、寿山石文化艺术研究会、省民间艺术家协会、寿山石专业委员会等民间组织接纳为会员、理事。

（三）木雕

为县境传统工艺。1991年起，木雕、木刻装饰日渐流行。尤其佛寺、宫观、宗祠等仿古建筑，多用木雕木刻装饰，加以描金、绘画，以显富丽堂皇。寺庙佛龛及供桌，雕工精细，描金彩绘，各呈异彩，艺术价值极高。县内从事木雕专业，以浦口镇的浦丰、浦东、浦兴3家雕艺为最，凤城、江南也有4家，从艺人员40多人。木雕作品多是佛像、供桌、窗饰、龙首、垂珠、雀替等花雕作品。

**二、塑像**

1991年，县境塑像工艺以泥塑为主，艺人分散民间，无固定作坊，多以3—5人成班，主要服务于寺庙。大型塑像以杉木为支柱，以黏土、麻弓、竹丝为原料，经搅拌、槌舂，用于打坯、造型，数月晾干后定型磨光、上彩、贴金而成。1998年有用树脂、石粉等易拌、易干的新型材料，直接进行搅拌合成造型雕塑，工艺流程缩短。至2005年，塑像企业有3家，从事雕塑专业艺人17人。多以收徒传艺或带班授艺。玉山“双虹观”一尊观音佛像高6.8米，造型慈祥、形态优美，出于艺人贺依政之手。

## 第二节　剪　纸

1991年，连江民间剪纸已流行较广，城乡老年妇女多以剪纸为底样，缝制或刺绣鞋面花、衣饰花边、袖口、肚兜等花样。1992年开始，民间剪纸形成新的习俗。每逢春节、婚娶、生子、祝寿、乔迁、丧俗、祭祀、迎神、赛会等都制作剪纸张贴，后来发展到寿幔、喜庆糕点、太平蛋等都剪贴红纸“寿”或“喜”字。剪纸作者多是老年妇女。窗花图剪纸较普遍，有“富贵牡丹”“双喜临门”“年年有余”“松鹤延年”“鸳鸯戏水”“三多五福”“五谷丰登”“丹凤朝阳”“梅雀争春”，以及鱼、虫、花、鸟、松、竹、人物、动物等吉祥如意的图案。据不完全统计，全县民间剪纸爱好者270多人。刀具以小剪刀为主，逐步发展到用雕刻刀具，刀法有剪、镂、点、刻等多样化。

1993年，文化馆征集民间剪纸180幅，编辑成《连江剪纸艺术》上下辑。1996年，举办连江首届少儿民间剪纸艺术作品展，展出作品108幅。闻名国内外的剪纸大师吴文娟（原实验小学教师）剪纸艺术已臻炉火纯青境界，剪纸作品件件巧夺天工，1997年为中国剪纸学会、中国工艺美术学会会员、理事，1998年为中国文艺家协会剪纸委员会理事。2001—2002年，先后赴美国及中国台湾地区举办“吴文娟剪纸艺术展”，中央电视台《夕阳红》栏目专题摄制《吴文娟和她的剪纸艺术》上、下集播出。2004年，连江三中女教师郑永宁剪纸作品《和谐——人与自然》《牧歌》《晌午》获全国剪纸大奖赛一、二等奖。余晓汉《云游观音》《凤凰涅槃》剪纸作品参加全国剪纸大赛获银奖。2005年3月，吴文娟剪纸艺术专集《剪出一个春天》136幅出版。县老年大学专门设立剪纸班专业，聘请吴文娟指导，培养出10多位剪纸高手。

## 第三节　书画　摄影

**一、绘画**

1991年，县文化部门把弘扬书画艺术列为文化建设重点工作之一，青少年拜师学习绘画技艺逐渐成为社会时尚，一些老年人退休后，也加入书画爱好者行列，全县书画爱好者610人。连江籍著名画家有曾贤谋、董国武、郭铣使、王中仁、陈如鹏、陆航、郑祖斌等人，均出版作品专集。当年邱清崇国画《在海那边》参加日本东京第51届国际文化交流画展，获优秀奖，1992年，邱清崇的《故乡的云》《碧岩春晓》作品分别参加马来西亚和香港十邑同乡会名家书画展，分获一、二等奖。画家叶智旺的国画作品《渔家乐》《义胆参天忠胆盖地》《逻隐西施》《黄山奇观称天下》《万里长城华夏魂》等，分别参加全国、省画展，获一、二等奖。叶智旺的关羽画像深受美国华侨华人及台湾同胞青睐。1996年，青年画家陈明华的《烈士陈可珠》油画、《南平印象》水粉水彩画入选全国画展，获一、二等奖。1998年，陈明华代表中国青年画家赴韩国参加中韩美术交流展。1991—2005年，县文化部门共举办画展25次，展出作品1858幅，参展作者410人，其中优秀美术作品选送参加国内外展出38幅。

**二、书法**

1991年起，县内相继成立书画社、实验小学和进修校附小书法兴趣小组、老年大学书法班、椿山书画社及琯头镇壶江农民书法培训基地等，先后举办书法培训班70期，培训书法人才1400多人。1992—1996年，连江先后有书法作品入选全国、省、市书法展46幅，获金奖5幅、银奖16幅、铜奖25幅。1996年，马丁书法作品参加全国农民书法展和全国第二届楹联书法大展和“第三届中国·马来西亚书法”交流展均获一等奖。1997—2000年，连江相继选出书法作品参加全国城市文联书法邀请展、全国第八届中青年书法篆刻家作品展，获银奖。2002—2004年，选送作品参加市第九届文艺百花书画联展和第二届“羲之奖”书法篆刻大赛，分获银奖和优秀奖。书法家吴迺光和张国藩都出版了书法专辑。

2004—2005年，县文化部门还组织书法协会会员开展对外交流活动，先后与北京市的延庆县和省内的宁德、莆田、罗源、永泰、马尾等地书法协会现场笔会交流。选送作品参加第三届中国—马来西亚交流展。庄振华的四尺行书对联“写梅花月·煎谷雨茶”，代表中国书法家参加日本北海道书法展。

1991—2005年，书法家协会共举办全县性书法展40次，展出书法作品3510幅。选送优秀作品参加国际、全国、省、市书法展26次，作者56人，参展作品230幅，获奖51幅，其中获金奖7幅、银奖18幅、铜奖25幅、优秀奖1幅。

**三、摄影**

1991年，县境摄影多是作为留存的纪念照和办理证件的肖像照，由营业性的照相馆拍摄，设备简陋，以黑白为主，彩色艺术摄影并不多。1992年开始，私人购置照相机日渐增多，涌现出许多青少年摄影爱好者。县文化馆开始利用假期举办少儿摄影培训班，每期20—30人。随着摄影艺术不断提高，县文化部门和摄影协会每年都举办1—2次摄影作品展览。1993—1995年，城乡私营照相馆发展到21家。县老年大学开设摄影专业，连一中、凤城第一中心小学等成立摄影爱好者兴趣小组。据不完全统计，全县摄影爱好者达560多人。

1997年，摄影器材不断更新发展，彩色摄影和扩印设施日趋普遍，野外风景照、艺术婚纱照、创意特写等逐渐成为时尚。2001年起，随着数码彩色扩印的普遍发展，摄影事业日渐兴旺，摄影作品艺术水平有很大提升。摄影工作者叶国辉的《讨蛏归来》作品被《大众摄影》刊用，并获全国大众摄影三等奖，以畲族妇女为活动背景的《三月三》，获大众摄影幽默奖。2005年，叶国辉等5名县摄影家协会会员，拍摄风光作品 70 幅，由县旅游局印制《中国旅游风光》连江摄影专集，介绍连江山水风光、风土人情，成为开发旅资源的重要宣传资料。

# 第六章　广播　电视　电影

## 第一节　广　播

1991 年，县广播事业在巩固县、乡、村 3 级网络基础上逐步完善设施，拓展老、少、边、岛广播线路。1992 年，县投资 280 万元，建设 6 层广播大楼，面积 1500 平方米，并更新机房设备，对全县广播网络进行标准化整治。还集资 18 万元，架设可门、松皋、新辉 3 个偏远海隅村庄通广播专线。投资 4 万元，建设琯头镇粗芦岛广播分站，完善 7 个村广播线路。蓼沿、丹阳、小沧 3 个乡镇，推广坑园经验，先后开通文朱、兰水、七里等 11 个山区偏远村有线广播。更新安凯至黄岐 55 千米以及官岭至文山、敖江南段、长龙至下洋等专线，使全县广播专线达 207 千米，乡、村广播线路达 470 杆千米。新扩建乡、村广播室 32 个，全县村级广播室达 256 个，配有扩音机 276 台、总功率 27655 千瓦，自动开关机 29 台，调频接收机 85 台，喇叭入户 28500 只，村级广播巩固率 95%。1993 年 3 月，省广播电视厅批准连江成立调频广播电台，呼号为“连江人民广播电台”，调频台从县城搬迁苍尾山电视差转台内，以扩大调频广播覆盖面。1994 年，省广播电视厅下拨 100 瓦调频发射机 1 台。1995 年，从上海购进 SLC-100 型调频发射机 2 台，自行安装 15 米高度十字形调频发射天线，有效增强调频发射功率，使调频覆盖 14 个乡镇、180 个行政村（居）。1996 年开始，重点向无线电调频广播转移。1997—2005 年，无线电调频广播全面取代有线广播。至 2005 年，县广播电台拥有 275 瓦扩大机 4 台、操作机 2 台、录放机 10 台、采访机 2 台、会场扩音设备 2 套。乡镇广播室 22 个，配有扩大机 35 台，输出功率 37480 瓦，全县喇叭入户数 29000 只，无线电调频台通用至 2005 年。

另有 902 无线电广播实验台，配有发射机 10 台、调频接收机 1 台、430 短波接收机 6 台，分别接收、转播中央和省广播电台一、二套节目。

## 第二节　电　视

1991 年，继城关建立彩色电视差转台和福州市首座卫星地面接收站之后，苍尾山电视转播台投播，开始转播中央电视台 1 套、2 套和福州台 1 套电视节目。1992 年开始，在风城建设有线电视，当年安装 6050 户。同年琯头镇建成第一个乡镇有线电视网，频道增加，收视质量提高。1993 年，除小沧乡外，20 个乡镇全面建成有线电视网，设有各自播控中心机房，开通有线电视 28900 户，占全县总户数的 30%。1994 年 2 月，风城有线电视与省有线电视台联网，增收综艺、体育等 4 套电视节目。当年投资 30 万元改造电视传送网络，可同时播送中央电视台 1—4 套、福建电视台 1 套、综艺、体育以及浙江、云南、贵州、山东等省卫星电视共 14 套节目。1995 年，与福州有线电视台联网，开通福州电视台节目，频道从 14 套增加至 18 套，有线电视用户增加到 50000 户。1996 年，实施《百乡千村广播电视覆盖工作计划》，有线电视向村、居延伸扩展，全县开通有线电视 208 个村（居），电视用户增至 75000 户。为提高有线电视传输质量，当年开始实施光纤电缆联网计划，首先在凤城 30 千米范围进行整治改造，整治面达 15000 户，成效大，效果好。1997 年，完成县与浦口、东岱、晓澳 3 个乡镇光纤电缆联网，电视节目从 8 套增至 18 套。同年，投资 20 万元扶持偏远山区、海岛 30 个村建设有线电视网络，使全县有线电视覆盖率达 90%。1998 年，加快光纤电缆联网步伐，投资 60 万元解决连江与福州光纤电缆联网，传送节目由 18 套增至 23 套。相继完成凤城、敖江、琯头、江南、浦口、东岱、晓澳 7 个乡镇光纤联网。并扶持偏远山区和沿海 42 个村建设有线电视网。1999—2004 年，投资 1650 万元，完成余下的 15 个乡镇光纤联网，全县 22 个乡镇全面实现光纤联网，226 个行政村开通光纤传输电视信号，统一传送电视节目 27 套，有线电视用户发展到 85000 户。还投资 20 万元，为驻连部队营级以上单位无偿建设光纤传输网，投资 25 万元为东洛岛等铺设光纤传输网。2004—2005 年，抓好有线电视升级改造工程，全县通村率达 95%，用户 91000 户，拥有彩色电视机 18.5 万台，统一传送 31—33 套电视节目。当年，县广电局有线电视收入 1419.4 万元，居全省前列。

## 第三节　电　影

1991 年，随着电视和网络的兴起，设施滞后的电影逐渐衰微，加上片租提高，票价随之提高，观众骤降，74 家电影院（队）放映单位大多亏损。县电影公司原为事业单位，除退休 30 人外，在册 31 人，下岗 20 人，只留 11 人维持业务。为增加收入，设法接待一些文艺团体演出，仍无法扭转亏损局面。1995 年，县电影公司改制为企业管理，实行“自主经营、自收自支、自负盈亏”。全县 20 个 35 毫米放映单位，仅存 11 个，37 个 16 毫米放映单位全部停业。

1999 年，贯彻中共中央宣传部、国家教委、广电部、文化部《关于运用优秀影视片在全国中小学开展爱国主义教育活动的通知》精神，在县相关部门牵头下，与凤城、敖江、江南 3 个乡镇 20 多所中小学联系，采取包场形式专场放映优秀影片，年放映量 718 场。2000 年后逐渐减少。至 2005 年，35 毫米放映单位仅存凤城、琯头、浦口、黄岐、东岱 5 个和流动放映队 2 个，均处半关闭状态。据统计，1991—2005 年，县电影公司共放映电影 69495 场，总收入 1276 万元，总支出 1420.7 万元（其中片租 474 万元，退休、下岗和在位职工工资 442.7 万元，社保 405 万元，其他税费 99 万元），亏损 144.7 万元，年均亏损 9.65 万元。职工社保待统筹解决。

# 第七章　新　闻

## 第一节　地方报刊

### 一、《今日连江》

2002 年 7 月 10 日，经批准创办《今日连江报》，国内统一刊号 CN-35Q006。为县委机关报，调配记者、编辑人员 5 人，成立报社，由县委宣传部主管。报纸为 8 开 4 版，1—2 期为半月刊，第 3 期起改为旬刊，发行量5000份。辟有《时政要闻》《社会新闻》《综合新闻》及各类专版和副刊等栏目。头版时政要闻，主要报道县委、县政府重大决策、经济发展思路、计划、措施以及县级领导重要活动；第二版社会新闻，报道各行各业和乡镇经济社会动态、新闻、先进事迹、典型工作经验等；第三版综合新闻或专版，刊载群众喜闻乐见的社情、民意、故事、传说，或行业专题；第四版副刊文笔山下，发表乡土文学、书画、诗歌等优秀作品。2003年6月2日（第27期后），改为周刊，增辟人物春秋等栏目。各版内容时有调整。至2003年12月15日，出至第51期止停刊。根据上级压缩地方报刊的精神，《今日连江》报停刊后，县委宣传部与《福州日报》编委会商定，从2004年1月1日起，改在《福州日报》编出《今日连江》专版，4开2版，每周三刊出，至当年8月25日止共刊出32期后停办。

**二、《青芝乡讯》**

创办于1985年，县侨务办公室主办，新闻纸4开4版，双月刊，每期300份上下，以海外侨胞为主要对象。1991年起，办刊经费除财政拨款外，还有海内外侨胞赞助。内容辟有《连江建设成就》《时事新闻》《家乡风味》《华侨政策》《侨乡变化》《寻亲觅友》《历史事故》《风光名胜》《文学艺术》等栏目。2002年，侨务办与外事办合并，挂靠县政府办，刊物仍由侨务外事办主办。至2004年6月15日出至第102期止。2005年10月《青芝乡讯》移交县委统战部主办，设编辑部，配备专职编辑人员，电子邮箱，每1—2月出版1期，增设《连江要闻》《新闻眼》《家乡风情》《敖江月》等栏目。改新闻纸为120克铜版纸彩色，4开4版，每期发行500份。至2005年12月，总计出版122期。

**三、《金凤》**

1997年8月，创刊时为《金凤信息》，后改《金凤》为16开双月刊。由省金凤经济发展促进会主办，该促进会多数成员系连江籍在榕老干部和企业家等。编委会名誉主任为张明俊。

该刊重点围绕改革开放和经济建设中心，反映连江经济建设成就，辟有《卷首》《特稿》《人物风采》《文艺走廊》《三言两语》《综述与思考》等栏目，以新闻、特写、专稿等形式，报道连江要闻、企业家风采、英模事迹，总结、探索经济发展经验，为经济社会发展建言献策。至2005年底，编出61期。

## 第二节　广播电视新闻

**一、有线电视新闻**

1991年，县广电局创办《连江新闻》，自设频道播出。后统一在省电视台公共频道，每晚8：00播出30分钟，设有连江新闻、点歌园地、录像、专题和气象预报等节目。1991—1997年，摄制《海峡红帆》《百洞名山》《蓝色的希望》《为了连江的崛起》《金色盾牌》等专题片28部在电视台播出。1998—2005年，为扩大对外宣传，先后摄制播出《黄岐寄情》《禧荡神州贺龙年》《党旗飘扬》《今日连江》《官坞村金钥匙》等新闻片56部。电视新闻《为了梦中的家园》《今日畲乡谱新曲》《蔚蓝色的召唤》《通向未来的奠基工程》《托起希望之光》等5篇，获市新闻评比二等奖。电视专题片《黄岐群众闹元宵盼统一》《女教头——孙经峥》《心中的歌》3部，获省专题片评比一、二等奖。

连江有线电视台的编辑、记者，还经常配合中央、省、市电视台各栏目记者，深入城乡第一线，采编摄制各类新闻、要闻、专稿等，除在县有线电视台播出外，常在中央、省、市电视台播出，电视新闻《官坞村的金钥匙》在中央台播出后，省、市电视台也同时播出，官坞海带之乡闻名国内外。1991—2005年，连江采、编、拍摄的各类新闻和专题，先后在中央电视台播出39条、省电视台播出565条、市电视台播出674条。

**1991—2005 年电视台新闻播出统计表**

表 33-7-1　　　　　　　　　　　　　　　　　　　　　　单位：条

| 年份 | 全年播出 | 县台播出 | 市台播出 | 省台播出 | 中央台播出 |
|---|---|---|---|---|---|
| 1991 年 | 1125 | 1103 | 4 | 18 | — |
| 1992 年 | 1224 | 1148 | 55 | 21 | — |
| 1993 年 | 832 | 757 | 47 | 28 | — |
| 1994 年 | 886 | 829 | 26 | 31 | — |
| 1995 年 | 985 | 920 | 21 | 42 | 2 |
| 1996 年 | 952 | 879 | 43 | 30 | — |
| 1997 年 | 1106 | 1020 | 25 | 57 | 4 |
| 1998 年 | 1208 | 1113 | 57 | 35 | 3 |
| 1999 年 | 1263 | 1185 | 31 | 41 | 5 |
| 2000 年 | 1342 | 1247 | 57 | 35 | 3 |
| 2001 年 | 1325 | 1193 | 68 | 59 | 5 |
| 2002 年 | 1300 | 1183 | 62 | 45 | 5 |
| 2003 年 | 1350 | 1262 | 51 | 35 | 2 |
| 2004 年 | 1292 | 1211 | 48 | 30 | 3 |
| 2005 年 | 1658 | 1514 | 79 | 58 | 7 |
| 合计 | 17848 | 16570 | 674 | 565 | 39 |

**二、广播新闻**

1991 年，县广播电台坚持以“转播为主，自办为辅”的方针，开设自办节目有《连江新闻联播》《政策讲话》《科学园地》《经济要闻》《文化园地》等栏目。1998 年增设《生活百科》《家教风采》等栏目。2003 年，增设《农村新事》《闽剧曲艺》《音乐欣赏》等栏目。每年还配合重大节日和县中心任务，采编各类专题节目 125 个。每天早、午、晚播出 3 次，日播 7—8 小时。每日 3 次转播中央、省、市广播电台新闻和对农村广播节目，转播时间平均 3 小时。

# 第八章　图书藏阅　发行

## 第一节　图书藏阅

1992 年 10 月，县城图书馆大楼落成，由县文化馆剥离出来成立县图书馆，内设图书外借处、报刊阅览厅、少儿图书阅览室、地方文献室、电脑检索室、目录室等对外服务窗口。除对原有图书进行整合编排外，还争取财政和多渠道资金支持，添置各种图书，搜集地方文献史料和现代科技信息资料。

县图书馆遵循“读者至上，服务第一”的宗旨，按照《中国图书馆分类法》进行分类编目，制定文献标引、业务守则、读者须知等各项规章制度，使图书借阅、报刊阅览、图书检索、新书展借、办证咨询等各项工作制度化、规范化。并坚持办好《信息荟萃》半月刊，每期刊发300份，以传播经济和科技信息为主要内容。1993年开始，每年5月11日，开展“图书馆服务宣传周”和“科技信息宣传月”活动，举办专题书展、图书下乡、读书有奖竞答、现场办理图书借阅证、科技新书展借、分送科技信息资料等项目活动。至2000年，先后6次与市图书馆联办爱国主义书评征文比赛，参赛读者62人，获奖18人。每年建军节，均为驻军送书1000册左右。

2005年，县图书馆有馆藏图书107312册，收藏地方文献128种，390册，并存有《福州地区公共图书馆地方文献联合目录》备查。共编发《信息荟萃》309期9.27万份。共为读者办理借书证22330本，接待读者14974人次，解答咨询3998次（项）。

1992—2005年，县图书馆先后受省、市级表彰11次。其中1993—1998年3次被评为国家2级馆。2004年2月，人事部、文化部授予县图书馆“全国文化工作先进集体”荣誉称号。

## 第二节　书刊发行

1991年，连江新华书店在县城设1个门市部，在各乡镇18供销社设图书代售点，年图书销售额285万元。1992年开始，乡镇供销社图书代售量逐步减少。1996年，县新华书店筹集资金360万元，建设融办公、仓库、门市部为一体的图书综合大楼，建筑面积1792平方米，门市部比原来扩大4倍多。1999年，又筹措资金850万元，在莲荷东路建设商住综合楼，面积4376平方米，其中门市营业厅600平方米，课本仓库面积550平方米，办公面积300平方米，其余为职工宿舍。2001年开始，拓展销售渠道，在江滨大道“银河丽景”开发区购买1层200平方米楼房，辟为图书销售营业厅，至此，连江新华书店图书营业厅增至3个。各乡镇供销系统图书代售点因体制变化，不再销售图书。

2004年1月，新华书店系统深化改革，组建省发行集团有限责任公司，连江新华书店改为省发行集团连江分公司，人、财、物统属省集团公司管辖，分公司内设办公室、图书科、教材科、微机室、保卫科。并设教材批发部、图书批发部、音像批发部和3个门市部，干部职工增至28人。同年开始，为解决以往图书购进后不准退货，库存积压严重，资金沉淀的弊病。图书购销改为连锁经营，微机管理，以代销形式统一进货、统一配送、统一管理，结算以图书销售额承付，减少图书积压、商品损耗等费用开支，书店实现零库存，增加门市部图书品种和品位，发行量稳中有升。2005年，连江图书品种增至12000种，比1991年增长5倍。图书销售额从1991年285万元增至2055万元，增长6.2倍；人均购书额从4.75元提高到33.69元，增长6.1倍；年利润从18.55万元增至96.5万元，增长4.2倍。

2004—2005年，连江发行分公司先后被评为全省新华书店系统和出版系统先进单位、“三优”门市部、全省第四届“创文明行业、建满意窗口”示范点、市文明单位。市新闻出版社、质量监督局等5家单位联合授予连江新华书店“倡导诚信风尚、共铸信用福州”称号，2005年被评为全国图书发行“双优”先进单位。

# 第九章　文　物

## 第一节　文物普查

199l—1993年，县文物管理部门结合绘制《福建省文物地图集·连江部分》，先后对全县文物保护单位、重点工程建设区域，进行区域性文物普查。1993年，县文管部门与市文物考古队，联合组成“山仔库区”考古队对山仔淹没区进行全面文物普查，以库区为中心，从小沧淹没区周边东至龙模村，沿敖江岸线而上南至闽侯日溪淹没区，范围25平方千米，分段普查、测绘和地下挖掘，采集明清时代的香炉罐、青花碗、土龟等文物8件。水库淹没区有座龙宫庙，为明代建筑，清嘉庆十年（1805）重修，有珍贵碑文石刻3块，县文物部门建议将原建筑物编号进行抢救性搬迁复建，并申报批准为县级文物保护单位。1995年，县文管部门对省级、县级文物保护单位进行普查，逐项落实文物“四有”（有保护标志、有保护范围、有档案资料、有专人管理）。2000—2003年，县文管部门分别对厦宫、坑园2个乡镇地面文物以及高速公路连江路段，在工程建设前期进行文物普查，发现南朝古墓群2处，采集席纹、鱼纹陶瓷片、墓砖等40多件。2005年4月，配合省考古队，对福温铁路连江段施工前期进行文物普查，发现新石器至商周遗址2处，宋、元时期古窑址2处，明、清古墓群2处，采集到宋窑制碗模具及碗、罐、瓶等瓷片90多件。

## 第二节　考古发掘

### 一、陆地考古发掘

1991年1月，县文管部门在发掘魁岐山古窑址时，采集有较高文物价值的元、明时期完整瓷碗2块。同年筱埕镇大埕口村民在建房挖基时发现两座并排古墓葬，市、县文管部门派人赶赴现场勘查，经鉴定系南北朝墓葬，随即进行抢救性挖掘，出土鸡首壶、铜镜等价值较高的文物18件。1992年，在凤城东北街拆迁工地，征集清代木雕窗饰等文物15件。1993年3月，在敖江斗门村后山挖掘1座南朝古墓，清理出盘口壶、陶罐、青釉碗等文物19件。1997年2月，在斗门后山又发现1座南朝墓葬，挖掘出土博山炉、陶壶、青釉灯等文物4件。1999年8月，省博物馆派员来连江协助清理“铁竹篙”古迹，挖掘深2米、宽4.5米范围，挖出“铁竹篙”通长2.1米，露地面直径10厘米，底座加焊4条叉形铁锚状，每叉长60厘米，据民国版《连江县志》记载是三国吴国时期屯船之用，后锈烂风化，明代重铸，“铁竹篙”已收作馆藏。2000年3月，在江南钓鱼楼发现1座古墓，墓前有石羊、石虎、石马、翁仲等石雕，已埋入土中，经考证系宋理宗工部侍郎吴骥伯之墓葬，暂未挖掘。同年10月15日，高速公路斗门山段建设时发现宋代古墓1座，经抢救性挖掘，出土青瓷碗、陶碗、釉印花碗、薄贻缸等文物11件。2001年7月17日，在玉荷东路侨隆工地出土清代石狮1尊。同年8月，在江南堤坝填方工地，出土宋代铜币10.5公斤。2003—2005年，先后在江南的镜路村、敖江的杉塘乌石浦、透堡的观音坡、馆读村后门崙等地，进行文物普查挖掘，搜集到商、周时代蓝纹、大方格纹、席纹等各类新石器时代的陶片50多件，证实连江在商、周时代古人类活动范围很广。1991—2005年，发掘历史文物121件，古铜币10.5公斤。

**二、水下考古发掘**

1990年3月，中国博物馆和澳大利亚水下考古专家联合举办的中国首届水下考古培训班，中外专家和学员10多人，在筱埕镇定海村的白礁古代沉船遗址进行水下考古实习。历时80天，出水243件文物。1995年5—6月，经国家文物局批准，中澳再次联合在定海白礁水下考古。由中国历史博物馆馆长俞伟超、西澳海洋博物馆水下考古部主任吉米·格林，分别担任技术指导委员会正、副主任，下设中澳联合水下考古队。澳方队员有莎拉·昆特丹、约翰·卡朋特和吉米·格林3人，中方有栗建安（省博馆）、林果（福州考古队）、吴春明（厦大）3人，队长栗建安。此次水下考古，对白礁古沉船遗址周边进行全方位监测、网状布控，应用卫星定位仪、测深表、水下摄影机、水下照相机等先进设备，在84平方米范围内对11处沉船遗址地貌、沉船方位、文物分布等进行探测、拍摄、记录。同时通过抽泥机探测，发现一艘沉船上巨大凝结物和船体龙骨等，出土青釉瓷碗、黑釉盏等瓷器1900余件，经科学鉴定，沉船时限应在南宋至元代。

1999年6月，国家文物局在定海开办第二期水下考古培训班，由福州原水下考古工作队队长林果现场领队，自主培训水下考古人员20人，进行第三次水下考古。2000年8月，中国历史博物馆考古研究中心专家一行12人，到定海沉船遗址进行第四次水下考古。前后4次水下考古，共出土文物2678件（片）。2001年，定海白礁沉船遗址被省批准列为省级被文物保护单位。

## 第三节　文物保护

**一、县级以上文物保护单位**

1990年前，连江相继公布3批县级文物保护单位，共44处。1991年3月，省人民政府审批公布青芝山林森藏骨塔、陈第墓（明代）、长门炮台（清代）由县级升格为省级文物保护单位。1995年4月，县政府审批凤城妈祖庙（清代）为县级文物保护单位。1996年9月，省人民政府审批云居山普光塔（元代）升格为省级文物保护单位。2001年1月，县政府审批透堡龙头村龙头烽火台（明代）、长龙广应寺（明代）、东岱镇洪塘村龙潭石刻（清代）、透堡西门村棋盘堂辛亥革命遗址（清代）等10处，为县级文物保护单位；省人民政府审批东塘辛亥革命遗址吴氏宗祠（清代）、青芝山林森公馆啸余庐、江南含光塔（明代）、筱埕镇定海村白礁沉船遗址（宋—清）为省级文物保护单位。2005年12月，县政府公布苔菉镇东洛岛水下沉船遗址（宋元），为县级文物保护单位。至2005年底，县级以上文物保护单位计57处，比1990年增加13处。被列入省级文物保护单位的有8处。

**1991—2005年县级以上文物保护单位情况表**

表33-9-1

| 保护单位名称 | 级别 | 类型 | 年代 | 审批时间 | 托管单位 |
|---|---|---|---|---|---|
| 长门炮台 | 省级 | 古建筑 | 清 | 1991年3月 | 琯头镇政府 |
| 林森藏骨塔 | 省级 | 古建筑 | 民国 | 1991年3月 | 青芝山管理处 |
| 陈第墓 | 省级 | 古建筑 | 明代 | 1991年3月 | 浦口镇政府 |
| 凤城妈祖庙 | 县级 | 古建筑 | 清 | 1995年4月 | 凤城镇政府 |

续表 33-9-1

| 保护单位名称 | 级别 | 类型 | 年代 | 审批时间 | 托管单位 |
| --- | --- | --- | --- | --- | --- |
| 云居塔（普光塔） | 省级 | 古建筑 | 元代 | 1996 年 9 月 | 东岱镇政府 |
| 林森公馆啸余庐 | 省级 | 古建筑 | 民国 | 2001 年 1 月 | 青芝山管理处 |
| 吴民宗祠 | 省级 | 古建筑 | 清代 | 2001 年 1 月 | 东湖镇政府 |
| 含光塔 | 省级 | 古建筑 | 明代 | 2001 年 1 月 | 江南乡政府 |
| 定海白礁沉船遗址 | 省级 | 遗址 | 宋 | 2001 年 1 月 | 筱埕镇政府 |
| 凤城妈祖庙 | 县级 | 古建筑 | 清 | 2001 年 1 月 | 凤城镇政府 |
| 龙头烽火台 | 县级 | 古建筑 | 明 | 2001 年 1 月 | 透堡镇政府 |
| 长龙广应寺 | 县级 | 古建筑 | 明 | 2001 年 1 月 | 长龙镇政府 |
| 榜眼赵恢家庙 | 县级 | 古建筑 | 清 | 2001 年 1 月 | 江南乡政府 |
| 透堡杨氏宗祠 | 县级 | 古建筑 | 清 | 2001 年 1 月 | 透堡镇政府 |
| 定海城隍庙 | 县级 | 古建筑 | 清 | 2001 年 1 月 | 筱埕镇政府 |
| 中篷贞节坊 | 县级 | 古建筑 | 清 | 2001 年 1 月 | 小沧乡政府 |
| 透堡棋盘堂 | 县级 | 古建筑 | 清 | 2001 年 1 月 | 透堡镇政府 |
| 洪塘龙潭岩刻 | 县级 | 古建筑 | 清 | 2001 年 1 月 | 东岱镇政府 |
| 七里探花府 | 县级 | 古建筑 | 清 | 2001 年 1 月 | 小沧乡政府 |
| 塘坂龙宫庙 | 县级 | 古建筑 | 清 | 2001 年 1 月 | 小沧乡政府 |
| 东洛岛水下沉船遗址 | 县级 | 遗址 | 元 | 2005 年 12 月 | 苔菉镇政府 |

**二、文物维护管理**

1991 年，设县文物管理委员会，由分管副县长兼主任委员，成员由相关单位负责人组成，文管会下设办公室（在县文化局）。县文化馆文物工作室配 2 名专职干部负责。1994 年 9 月，县博物馆成立，为文物保护管理专业机构，按照《中华人民共和国文物保护法》的规定，加强文物征集、挖掘，维护、鉴别、定级等工作。因县内技术力量不足，须要不定期聘请省、市文管会专家，对库存文物进行逐件鉴定，确定文物保护等级，以及重点文物的维修。如在筱埕镇大埕口村南北朝墓葬挖掘出土的“鸡首壶”，破裂数块，经请省文物专家细心拼接、胶合，使之完整复原，成为馆藏珍贵文物之一。筱埕镇定海村渔民在扒壳时出土一支铜铳，经省、市专家鉴定，系明末清初郑成功水师战船上常用的铜铳，但经海水浸蚀 300 多年，出土时锈蚀斑斑，经过文物专家细心磨洗除锈，恢复原来面目，经鉴定为国家二级文物。厦门郑成功纪念馆得知后，报经省文物管理委员会批准，在连江就地仿铸铜铳 1 支，作为纪念馆珍贵文物展出。

1994 年 9 月，县博物馆成立后，经常深入基层检查落实文物保护情况。检查发现长门炮台托管工作不落实，村民采石、修路，破坏周围环境，即与村委会签订保护协议书，并拨专款进行维修，指定专人保护管理，使炮台重现当年雄姿。1995—1998 年，拨款 2.5 万元，为含光塔、普光塔安装防雷设施。1999 年，为啸余庐、青芝寺、宝林寺、云居寺、温麻庙等 9 处重点文物保护单位，配置灭火器等安全防火设备。2000 年，拨专款委托浦口镇政府整修省级文物保护单位陈第墓葬。同年委托凤城镇政府整修县级文物保护单位余厝墓。

### 三、文物利用

1994 年，琯头镇长门炮台和东湖镇东塘村辛亥革命遗址吴氏宗祠，分别定为市、县爱国主义教育基地，当地许多中小学，每年都组织师生参观 1—2 次，接受爱国主义教育。县博物馆充分利用馆藏文物，在馆内大展厅举办革命文物和历史文物展览会，每年利用春节、元旦、“七一”中国共产党建党日等节庆日和纪念日，举办文物展览会，每次展出革命文物和历史文物（包括出土文物）150—300 件不等。1994—2005 年，先后共举办文物展览 25 次，参观展览成年人和中小学生达 3.8 万人次，在博物馆展厅留言簿上留下许多充满爱国激情的留言。

## 第四节　馆藏文物

1991 年，连江馆藏文物有 1787 件。随着《中华人民共和国文物保护法》和《福建省文物保护管理条例》的颁布实施，加大文物征集、发掘力度，使馆藏文物与日俱增，至 1998 年，馆藏文物增至 2368 件。至 2005 年，馆藏文物经过省级、市级文物专家鉴定的有 3776 件，其中属国家 2 级文物 9 件，占鉴定总数 0.24%；3 级文物 2278 件，占鉴定总数 60.33%；一般文物 1489 件，占鉴定总数 39.43%。

博物馆贯彻“预防为主、安全第一”的方针，对馆藏文物逐件登记造册，分类编号，馆内设有铁窗、铁柜、报警器、灭火器，安装电子监控、紫外线报警系统，并与县公安局“110”报警台联网，坚持 24 小时值班制，确保馆藏文物安全，连续被评为市级创安先进单位。

# 第十章　机构与管理

## 第一节　机　构

### 一、县科技文体局

1991—1996 年，为县文化局。1997 年 1 月，与县体委合并，改为文化体育局。2002 年 6 月，县科技局并入，改名科技文体局，内设办公室、文化科、体育科、科学技术科，行政编制 11 人，其中工勤人员 1 人。下属辖文化馆、图书馆、博物馆、少体校、体育训练中心、文化市场综合执法队。至 2005 年不变。

### 二、县广播电视局

1991 年，县广播电视局，事业编制 55 人，其中工勤人员 2 人、事业参公 7 人，内设办公室、人事科、财务科、广播部。直属单位有苍尾山广播电视转播台、各乡镇广播电视管理站。1995 年，编制增至 78 人，其中工勤人员 3 人，事业参公 7 人。新设有线电视台、总编室、安全播出科、客户服务中心。至 2005 年，编制增加至 115 人，内设办公室、人事科、广播部、财务科、安全播出科、有线电视台、总编室、客户服务中心、社管科、网络中心。直属单位苍尾山广播电视转播台、各乡镇广播电视管理站。

### 三、九〇二电台

1991 年，为事业股级单位，事业编制 8 人，实有 11 人。隶属县委宣传部管辖。1998 年 10 月，划属县广播电视局，升格为副科级单位。2004 年 8 月，划属省广播电视厅垂直管辖。

## 第二节　管　理

1991—1994 年，贯彻文化部提出“一手抓整顿，一手抓繁荣”的方针，加强社会文化市场管理，配合扫黄打非斗争，对歌舞厅、舞厅、电子游戏机、音像播放、图书出版、网吧等市场进行依法整顿，连续多次开展全县性文化市场大检查，先后取缔地下音像发行 12 家、电子游戏机 13 家、处理违法辐射电影放映点 8 家、地下录像播放点 3 家，收缴黄色非法出版物 138 册。1995—1998 年，加大文化市场法律法规宣传和管理力度，举办文化娱乐业从业人员培训班 6 期，受训 350 人次。1999—2002 年，按照国务院专项整治文化市场的通知精神，加大稽查整治力度，对城乡电子游戏机、网吧、歌舞厅等娱乐业重新审核登记，严厉打击违法违规经营，先后与公安、工商、广电等部门联合行动，在城乡执法检查 168 次，出动检查人员 1135 人次，查处各类违法经营户 136 家，没收电脑主机 94 台、电子赌博机 13 台，收缴 GCD、VCD 光盘 38520 张（盒），非法出版物 4650 册，电子出版物 320 片，电路板 22 片，罚款 216 万元。2003—2005 年，坚持“标本兼治，重点治本”的原则，聘请文化系统退休老干部 8 人担任文化市场监督员，公布文化市场举报电话和奖励措施，先后受理群众举报 32 起，依法查处无证经营、违法经营户 116 家，扣押电脑主机 33 台，收缴非法音像 7793 片（盒）、违禁书刊 5290 册、电路板 71 片，罚款 5.8 万元，有效净化文化市场。

# 第三十四篇　卫　生

1991年，连江在公共卫生管理、疾病防控、妇幼保健、爱国卫生、环境整治、医疗机制等方面都进行大胆探索和改革。医疗卫生设施不断改善，监测、防控和诊疗水平有较大提高。县内继古典霍乱、天花、鼠疫等一些烈性传染病消灭后，1999年消灭丝虫病，2001年基本消灭氟中毒，2005年，消灭碘缺乏病。其他传染病也得到预防和控制。

2005年，全县有县级医疗机构5个，乡镇卫生院20个，村卫生所221个，企事业单位医疗室8个，民营诊所、医院46个，共有医护人员1581人。新建扩建病人服务设施34182平方米，总投资2477.4万元；孕产妇和儿童系统保健管理村覆盖率100%；新法接生率100%，住院分娩率99.47%，孕产妇死亡率1.55／万，围产儿死亡率11.27‰，新生儿死亡率7.14‰，儿童死亡率10.55‰。15年新增药店40家，共达68家。

## 第一章　公共卫生

### 第一节　爱国卫生运动

#### 一、环境卫生监督

1991年，继续把4月作为“爱国卫生月”，在城乡开展大规模的环境卫生整治。县人大常委会和政协及时组织代表、委员考察检查。1994年夏，县境出现霍乱疫情，持续55天，有14个乡镇发生。县爱卫办大力组织爱国卫生宣传，在全县掀起除“四害”（鼠、蚊、蟑螂、苍蝇）整洁环境卫生大行动，及时控制住疫情。1995年开始，全县中小学均开设健康教育课。2003年，防“非典”期间，县爱卫办印发有关知识资料5万份，接受群众咨询2000多人次，县电视台设专栏播放10—15分钟卫生知识。县政府制发《卫生乡镇、卫生村标准》和验收办法，全面开展创建县级卫生乡镇村工作。2004年1月，在全县开展卫生大检查，发现问题，进行通报，到4月全部整改到位。县政府制发《环境卫生垃圾收费管理暂行办法》，要求所有村（居）聘用专职保洁员，对垃圾统一进行处理。同年9月，凤城镇发生“登革热”疫情，加大卫生防疫和环境整治力度，组织机关干部配合凤城镇挨家挨户检查，及时控制疫情。2005年10月，受“龙王”台风影响，洪水泛滥，200多个村受淹，县爱卫办及时组织群众投入灾后环境卫生整治，清运淤泥、垃圾0.58万吨，还派出2支消毒队到严重水淹地区进行消毒，预防疫情发生。1991—2005年，共出动宣传车18辆次，电视宣传35辑次，发放宣传册、宣传材料3万本(册)，出刊宣传栏566期，悬挂横幅785条。有丹阳、透堡2个镇保持“省级卫生镇”称号，5个村被授予“市级卫生村”称号。

**二、除“四害”**

1991年，继续开展除“四害”活动。每年4月11日为灭鼠、灭蟑螂全县集中行动日，5月、9月各开展一次灭蚊、灭苍蝇。1991—2002年，县财政每年投入专项灭鼠经费1万元，2003年增加到2万元。2004年，县境发现“登革热”疫情，县财政投入灭蚊资金20万元。2005年起，年灭鼠经费增加到5万元。

**三、改水改厕**

1991年，全县改水受益人口43.58万人，被评为省改水先进县。1996年，黄岐半岛自来水厂被国家爱卫会评为全国百佳水厂。1997年，岱云、石头两村修通县水厂自来水管道，结束饮用地下高氟水历史。1998年开始，结合旧村改造、新村建设，改造户厕，并给予一定经费补助。至1999年，共改造户厕500多户。

2000年起，配合省、市实施对老、少、边地区改造“人饮”工程，投入资金660万元，对150个老区村和少数民族村进行改水，并对水源边区划定保护带，设立保护区，保证水质长期安全。2004年，县投入8000万元，建设塘坂引水工程，惠及25万人。2000—2005年，投入资金2980万元，共修建自来水厂（站）126座。至2005年，全县改厕6万多户，改水受益人口50多万人。全县自来水普及率89.93%，标准卫生厕所普及率67.26%。

## 第二节 公共场所卫生

**一、卫生许可证发放**

1991年，继续贯彻国务院《公共场所卫生管理条例》，对公共场所经营行业进行卫生审查，合格的发给卫生许可证。全县登记发证393家。1992年开始，对县内公共场所经营行业进行逐步整合，公共场所规模扩大。至1995年，有311家，发证率100%。2000年，发证366家。2005年，发证272家，其中旅店业36家、文化娱乐场所48家、公共浴室9家、美容美发175家、超市等4家，从业800多人。

**二、卫生监测**

1991年，县防疫站负责县内理发店、小旅馆、招待所、影剧院等公共场所行业393家卫生监测，设点284个，当年监测230家，合格131家，合格率57%。举办4期500多人从业人员培训班。1992年，加大卫生监测和专项整治力度，对凤城地区公共卫生检测287次，合格205次，合格率提高到71.43%。1996年，结合中小旅馆、酒楼、宾馆专项整治，监测19个乡镇183家240个点；凤城镇公共场所监测99家146点，监测覆盖率95%以上。1999年，监测425家928点，合格率71.23%，监测覆盖率100%。2003年，“非典”流行期间，对公共场所全面进行卫生整顿，严格消毒和管理，当年抽检142家771份，合格率83.5%。2004年，抽检102家541份，合格率升到93.9%。2005年，县疾病防控中心成立后，共监测178家，抽检1018份，合格率92.8%。

**三、从业人员健康检查**

1991年，贯彻卫生部《公共场所卫生管理条例实施细则》，对公共场所从业人员健康检查进一步加强，一般一年体检一次，经体检符合健康要求的，发放建康证明，准予从业。当年从业人员623人，开展体检595人，体检率95.5%。其中发放健康证明581人；检出“五病”（痢疾、伤寒、病毒性肝炎、活动期肺结核、化脓性或掺出性皮肤病）14人，不予发证。1995年，体检468人，其中发放健康证明448人，检出“五病”20人，检出率4.27%。2000年，体检782人，检出“五病”18人，检出率2.3%，发放健康证明764人。2005年，体检604人，检出“五病”20人，检出率3.31%，发放健康证明584人。

1991—2005年，共体检8832人次，体检合格的8637人次发给健康证明，检出“五病”的人员195人全部要求其离开该行业。

**四、监督查处**

1991年，县卫生防疫站卫生监督科配有卫生监督人员8人，经省卫生厅培训考核全部合格，领有卫生监督员证书，持证上岗。对县内酒店、宾馆、公共娱乐场所，每年都开展多次经常性卫生检查和预防性卫生审查，对查出不合格的，按情节分别责成整改停业整顿、罚款直至吊销经营资格。1996年，组织各类卫生监督员29人参加省岗位培训，全部获得省卫生厅颁发的卫生监督员证书。1997—2003年，先后对发利、仙塔、金凤、皇家等大酒店进行预防性审查，基本合格。2003年，结合预防“非典”，加大督查力度，共检查1235户次，要求停业整顿56户。2004年，监督检查294户次，责令整改3户。2005年，县卫生监督所成立后，卫生监测则由县疾病防控中心负责，聘请54名乡镇卫生监督协管员，加强督查工作。当年，专项督查美容美发等120家，责令改正12家。

## 第三节　食品卫生

**一、审发许可证**

1991年，县内食品行业主要有食品加工、食品销售、饮食服务三大类。根据《中华人民共和国食品卫生法（试行）》，实行食品卫生许可证制度，并每年进行年审，两年换发一次。全县登记食品卫生单位4422家，换发证4342本，换发证率98.2%。1993年，登记单位4589家，换发证4423本，换发证率96.38%。1995年，贯彻《中华人民共和国食品安全法》，食品卫生工作重点逐步从小而散的食品单位监管转移到集中规范的食品生产经营单位监管。1996年，全县共年审换发许可证3884本、临时许可证77本。2000年，年审换发证3520本。2005年，换发2073本。

**二、监测检验**

1991年，主要对冷饮食品、熟肉及制品、调味品、乳制品、酒类、水产品、糕饼等7类食品及加工器具、食餐具消毒情况进行细菌等检验和理化指标监测。当年监测各类食品443份，合格354份，合格率79.9%；食械具监测243份，合格183份，合格率75.3%。1996年，贯彻《中华人民共和国食品安全法》，加大监测检验力度，共监测615份，合格542份，合格率88.1%；产品监测557份，总合格率84.73%；对19个乡镇（除小沧、敖江外）278家各类食具监测810份，总合格率36.17%。对不合格的，县卫生部门责令其整改或停业整顿。2000年，共监测各类食品523份，合格率78.19%；监测餐饮业164家、餐具1012份，合格率56.13%。2001年，经监测合格率有一定提高并相对稳定，全年监测各类食品353份，合格率84.98%；监测餐饮业519家、餐具2432份，合格率65%。2005年，监测各类食品264份，合格249份，合格率94.32%；食具消毒监测186家、1352份，合格率60%。

**三、从业人员健康检查**

1991年起，对食品行业从业人员实行健康体检发放健康证明制度，每年至少体检一次。当年共登记7099人，检查6786人，体检率95.6%；检出“五病”172人，检出率2.5%；发放健康证明6614人。1995年，从业人员健康检查逐步规范，全年共体检6524人，体检率97%；检出“五病”96人，检出率1.5%；发放健康证明6428人。2000年，体检7069人，体检率99%；检出“五病”56人，检出率0.79%；发放健康证明7013人。2005年，体检9280人，体检率99%；检出“五病”142人，检出率1.5%；发放健康证明9138人。1991—2005年，共体检114577人次，检出“五病”1471人，对“五病”及其他不宜从事食品行业的人员，要求全部离开该行业；体检合格的113106人次，全部发给健康证明。

**四、监督查处**

1991年起，每年开展若干次卫生大检查，重点对食品、食品添加剂、食品容器、包装材料和食用工具、设备、洗涤剂、消毒剂以及食品生产经营场所、设施和有关环境进行监督，相继举办培训班2期1000多人，讲座1场，刊发《食品卫生简报》9期，分发宣传材料3000多份，对新、改、扩建单位进行现场审查和指导14家次，全年共监督检查食品单位7296家次，责令限期改正666家次，罚款5915元，销毁不卫生食品4040公斤。

1992年，对交通国道、省道旁的200余家中小餐馆开展专项检查整治，责令限期改正39家，对15家新、改、扩建单位进行审查指导。检查监督食品单位7266家次，限期改正656家次，罚款6000元，销毁不卫生食品5000公斤。1993年，在县内餐饮行业推广使用消毒药水和卫生筷，先后举办从业人员培训23场，讲座12场，受训2220人次。对28家食品生产单位进行预防性卫生审查，对30家冷饮食品厂进行卫生监督指导。全年监督检查4000家次，发出监督文书2309份，责令限期改正155家次，罚款9070元。1995年，结合学习贯彻《中华人民共和国食品安全法》，举办培训班19期，受训3000多人次。1996—1998年，共开展卫生执法检查4812家，处罚173家，罚款7.15万元，销毁劣质假冒食品10478公斤。1999年8月26日，麦德隆餐厅向远首文具有限公司提供的午、晚餐，导致61名员工出现吐泻、发热中毒症状。经查，系致病性大肠菌污染所致，给予麦德隆餐厅没收违法所得420元、罚款3660元，一次性赔偿远首公司2.1万元，并责令停业整顿。2001年，对潘渡中学学生集体食物中毒案予以罚款3000元。全年先后出动执法人员289人次，车辆95辆次，检查食品行业465家，查获并销毁不卫生食品3353公斤，罚款43家，金额2.45万元。2002年，制定《连江县食品专项打假方案》《连江县治理餐桌污染工作方案》，先后10次组织卫生执法人员234人次，进行专项大检查，共检查集体食堂、集贸市场及食品单位774家，端掉食品加工黑窝点2个，罚款2882元，没收并销毁伪劣变质食品1219公斤，包装袋6.3万张。同年6月，县卫生执法部门对28所学校食堂列为整改对象，促使这些学校先后投入资金60多万元落实整改项目。2003年6月16日，筱埕镇东坪村发生溶藻弧菌污染食物中毒34人；7月，琯头镇下岐村因甲胺磷农药污染空心菜中毒12人；7月27日，安凯文湾造船厂因副溶血弧菌污染中毒22人。县政府对这些突发卫生事件及时进行通报、处理，加强防范。2004年，执法人员共出动1158人次，督查5285户次食品生产、经营单位，没收销毁各类不卫生食品4611公斤，行政处罚6100元，责令改正120户，停业整顿35户。2005年，县疾病控制中心成立后，根据国务院《突发公共卫生应急条例》，制定《连江县突发公共卫生事件应急预案》，成立县卫生监督所，加强防控。全年共开展11次食品卫生安全专项整治，出动车辆1112辆次，执法人员4475人次，督查各类食品生产、经营单位1771家次，立案查处21家，停业整顿20家，责令改正295家，取缔89家，销毁不卫生食品330公斤，共罚款3.88万元。据不完全统计，1991—2005年，全县共督查食品生产、经营单位30286家，责令限期整改3096家，销毁污染食品52691公斤，罚款625家，金额27.59万元。

## 第四节　饮水卫生

1991年，县卫生防疫部门对生活饮用水100多个水源进行卫生监管，并对74家水厂的水质进行监测，饮水毒理指标全部合格，细菌指标总合格率52.08%。

1992年，县和各级政府投入大量资金，进行饮用水安全卫生改造工程，饮用水卫生状况有较大改观。县防疫站检验科坚持每年对县内集中式供水单位开展丰水期（6—7月）和枯水期（11—12月）水质卫生状况监测。1993年，定期定点对县城地区末梢自来水监测，合格率95%。乡（镇）村水厂送检水源水44份，合格率13.6%；出厂水53份，合格率37.7%。1996年，对52家次自来水厂监测结果，丰水期源水和出厂水合格率分别为25%、30%；枯水期源水和出厂合格率分别为28.5%、47.5%。2001年10月，对97家供水单位卫生指标监测，总合格率36.36%。其中凤城地区末梢水样常规检验44次，合格率100%。

2005年，全县饮用水水源共583个，总合格率74.32%，比1990年提高22.24%。其中饮用地面水源223个54.98万人（其中敖江流域18.33万人、水库水34.54万人、山涧水2.11万人）；地下水源360个6.15万人。

## 第五节　职业卫生

### 一、有职业危害企业申报登记

1991年，按规定对有职业危害项目的企业实行申报登记的共47家，经审核登记，同意生产的41家。1993年，对符合企业卫生条件的17个医疗卫生单位发放射线装置工作许可证，为50家企业建立职业卫生档案。1995年，按照《福建省职业病防治条例》的要求，对有职业危害项目的企业建设与投产，都必须报请县卫生管理部门审查同意后方能进行，当年登记有职业危害项目企业共46家。2002年，贯彻实施《中华人民共和国职业病防治法》，全县申报的工矿企业41家。2005年，登记有职业危害的项目企业47家。

1991—2005年，全县共审核登记有职业危害项目企业151家，从业职工约2万人。其中石板材加工企业132家、鞋业6家、机械制造3家、化工2家、木材加工3家、其他5家。

### 二、职业危害因素监督检测

1991年，全县有职业危害因素企业47家，进行监测的有35家企业134个作业点，点合格率48.5%。1992年，监测26家企业94个作业点，点合格率64.89%。1996年，监测18家企业231点，点合格率23.81%，其中粉尘监测26点，点合格率42.3%；毒物作业监测19点，点合格率94%；物理因素监测186点，点合格率13.98%。1997年，县卫生部门与相关单位配合，加强对不合格生产单位监督检查，限期整顿整改，合格率有一定提高。1999年，监测放射卫生25家29台X线诊断机，覆盖率和合格率均达100%；其他企业监测11家80个点，点合格率61.3%。2000年6月，黄岐镇一渔船因船舱硫化氢混合性气体急性中毒，导致4人死亡、2人重伤。2001年，对石板材加工企业粉尘超标问题进行专项治理，取缔兼并一些小企业，并加强监管。2001年，监测13家企业148个点，合格率70.9%，其中粉尘合格率84.2%，物理因素合格率57.4%，化学因素合格率100%。2004年，对清禄鞋厂329个作业点进行监测，总合格率81.1%。全年共监测497点，总合格率79.9%。2005年，监测47家企业，提取样品889份，其中化学毒物489份，合格487份，合格率99.59%；粉尘70份，合格67份，合格率95.71%；物理因素330份，合格229份，合格率69.39%。

### 三、从业人员健康检查

1991年，对有职业危害因素的企业职工进行健康检查，有35家从业工人250名，未发现职业病例。1992年，体检21名放射工作者，个人剂量监测17名，未发现职业病。健康检查有职业危害的工厂工人260名，发现职业禁忌证2名、铅中毒1名，皆要求进行职业病治疗并离开该行业。1993年，全县有25个医疗单位配备铅皮放射防护装置。1996—2000年，对578名接触生产性危害因素职工体检发现，有3名尘肺观察对象，1名苯中毒观察对象，119名存在心脏、肝脏、血液系统疾病，患病率35.12%。2001年，进一步规范职业危害因素企业职工岗前筛查和岗中体检，并进行岗前培训，禁止患禁忌证者上岗，对岗中患职业病职工要求企业及时给予诊治。2003—2005 年，共进行职业健康检查 26827 人次，其中岗前体检 25595 人次，岗中体检 1232 人，未发现职业病患者，排除职业禁忌人员 675 名。

## 第六节　学校卫生

### 一、学生常见疾病监测调查

1991 年，执行《学校卫生工作条例》，连江县重点抓中小学校学生常见疾病监测预防矫正。当年，开展学生视力监测，全县学生视力不良率31.2%；中国地方病中心对敖江、晓澳、琯头、东岱7所小学的8—10 岁年龄组男女学生 630 名，进行甲状腺肿大检测，检出生理性肿大 I 型为 25.04%。甲状腺三维图像长度，全部呈正常声像图。

1996 年起，连江连续三年承担世界卫生组织（WHO）开展的“健康促进学校项目”，要求从学生驱虫入手，建立健康促进学校。选择潘渡、东岱、丹阳 3 个乡镇 6 所中小学作为试点学校，并规定第一学年驱虫 2 次，第二、第三学年各驱虫 1 次。当年 6 所学校蠕虫总感染率 78.77%。1997 年，开展沙眼监测，调查 20682 名学生，发现沙眼 1114 人，患病率 5.39%；对全县学生龋齿调查，发现龋齿率 15.74%；对敖江镇岱云、石头两个小学 156 人学生进行氟斑牙监测调查，发现患氟斑牙有 102 人，患病率 65.38%。主要原因是长期饮用含氟量过高的地下水。当年末，两村改用自来水后，学生的氟斑牙患病率逐渐降低。至 1998 年，健康促进学校项目的 6 个试点学校师生员工蠕虫感染率降至 11.46%。全县学生总感染率为 21.30%。当年，对全县中小学生贫血患病情况进行调查，总患病率 32.92%。其中县实验小学 29.59%，连江一中 28.24%，安凯学校高达 42.18%。监测调查全县学生龋齿率升到 17.30%。沙眼调查 8238 名学生，患沙眼 702 人，患病率 8.52%。1999 年，沙眼监测调查 7 所学校 10786 名学生，沙眼 880 人，患病率 8.16%。龋齿监测患病率上升到 23.15%。1996—2000 年，持续 5 年对县内学生进行结核菌感染调查 9845 人，经 PPD（结核菌素）试验，阳性反应 49.13%，强阳性反应 5.24%。2004 年，监测连江一中高三学生视力不良率达 71.59%。2005 年，全县监测，学生视为不良率达 76.22%；沙眼监测调查 1707 人，沙眼 41 人，患病率 2.40%；对 1707 名中小学生龋齿调查，患龋齿 98 人，患病率降到 5.74%。

### 二、健康检查

1991 年起，县卫生防疫站按照卫生部门要求，每年都对学生开展健康检查。对配有校医的学校，还要求经常性地开展学生体检，当年学生体检 1.2 万人。1995 年，对县内 36 所中小学校 3.2 万名学生进行体检，身高合格 83.71%，体重合格 87.94%，营养合格 75.08%，视力合格 80.76%。与 1990 年体检 5828 名学生分析对比，身高营养有明显改善。1997 年，体检中小学生 2 万人，与 1987 年相比，身高发育三项形态指标发生较大变化：身高增长男生 2.52 厘米，女生增长 1.83 厘米；体重增加男生 3.24 公斤，女生增加 2.27 公斤；胸围增宽男生 1.94 厘米，女生增宽 2.52 厘米。

1991—2005 年，累计对 250 所次中、小学学生 216007 人次进行体检，身高合格占 93.46%，体重合格 90.54%，营养合格占 72.43%，视力合格占 74.33%。检出龋齿 29306 人，占 13.57%；沙眼 23882 人，占 11.06%。

# 第二章　疾病预防控制

## 第一节　传染病防治

1991 年，县内列入防控的传染病有 23 种，发生甲、乙类传染病疫情病例有 21 种。按《中华人民共和国传染病防治法》要求，全县共报告各类传染病 724 例，发病率 119.4 / 10 万，死亡 3 例。但据调查发现，漏报率达 56.28%。1996 年，肺结核病列入乙类传染病报告管理。2004 年，按国家规定，把传染病发病报告列入网络直报，漏报率降低到 10.5%。2005 年，共报告 3052 例，发病率 499.5 / 10 万。1991—2005 年，全县共报告甲、乙类传染病 16917 例，年均发病率 184.22 / 10 万，死亡 15 例。对传染病的防治防控，主要采取阻断传播途径、隔离传染源、改善卫生设施、进行环境卫生整治消毒、接种防疫疫苗等措施，对发现的各种传染病进行及时治疗控制。

### 一、病毒性肝炎

1991 年，病毒性肝炎仍是县内主要传染病，30 岁以下人群发病率较高。甲型肝炎发病高峰多夏季；乙型肝炎常年发生，且人数多分布广。1993 年开始，县内乙型肝炎疫苗实行免费注射。1991—1995 年，县卫生防疫部门经对 807 人血清检测，甲型肝炎抗体（HAV）总阳性率 72.61%，稍高全国平均数 71.4%；乙型肝炎表面抗原（HBSAG）流行率 16.23%，隐性感染严重。5 年间，全县疫情报告 2362 例，年均发病率 77.56 / 10 万。主要防控措施是隔离传染源和注射疫苗，提高免疫水平。1997 年，对县境食品行业、公共场所服务人员 8120 人进行乙肝表面抗原携带情况调查，阳性率 8.7%。据 1996—2005 年疫情报告，共发生 5146 例，年均发病率 83.87 / 10 万。其中 2005 年 2087 例，发病率 341.4 / 10 万。

### 二、结核病

1991 年，连江作为全国结核病监测县之一，全县 18 个乡镇卫生院都开设结核病防治门诊。当年，县防疫站开展结核病流行病学调查，抽检 21 个流动点（村），人口 16666 人，实检 15646 人。结核菌素试验 5415 人，阳性率 13.5%；检出结核病人 137 人，患病率 0.88%。其中小沧乡患病率 2.14%。主要防治措施是短程直接督导和接种卡介苗。当年卡介苗接种纳入儿童计划免疫。初种 13381 人，接种率 97.62%。1994 年，连江被列入卫生部加强与促进结核病控制项目县。1996 年，结核病由丙类升格为乙类传染病管理，1997 年，列入国家法定传染病报告。当年，对县内 8205 位儿童进行结核菌素（PPD）感染调查，感染率为 37.71% ，1998 年调查 8067 人，感染率为 39.62%。1997—2001 年，共发现肺结核病人 1821 例，年均发病率 59.3 / 10 万。2002 年 8 月 1 日起，连江实施世界银行贷款、英国赠款中国结核病控制项目，至当年 12 月，检查发现肺结核 234 例，按项目规定免费治疗 105 例。2002—2005 年，共发现肺结核病 2260 例，年均发病率 92.2 / 10 万，按世界银行贷款项目治疗 466 例。其中 2005 年发现新病人 580 例，发病率 94.9 / 10 万，全年管治 640 例中，21 岁以上 548 例，占总数 85.63%；其余为 16—20 岁 50 例、11—15 岁 35 例、8—10 岁 7 例。

### 三、淋病梅毒

1991 年，报告淋病 43 例，多分布山区。后平原、沿海因非法卖淫嫖娼等也时有发现。1995 年，报告淋病 105 例，梅毒 101 例，发病率分别为 17.22 / 10 万和 16.56 / 10 万。性病防控主要通过宣传性卫生知识，打击非法卖淫嫖娼，控制传染源等。2000 年，报告淋病 16 例、梅毒 38 例。当年县内建立性病监测网，加强报病登记。2003 年，县建立性病中心实验室，开展临床治疗和流行病学调查研究，通过提高淋菌培养，鉴定技术水平和药物敏感实验等治疗技术研究，提高确诊度和根治率。2005 年，报告淋病 69 例、梅毒 207 例，发病率分别为 11.29 / 10 万和 33.86 / 10 万。

**四、痢疾**

1991 年，随着环境卫生改善和防疫工作加强已明显减少，当年报告 15 例，年发病率 2.50 / 10 万。1995 年 16 例。2000 年 7 例，年发病率 1.13 / 10 万，当年，县防疫站开展病源检测，从 361 例腹泻病人和健康人群标本中，检出贺氏菌 14 株。2005 年，报告病例 25 例，年发病率 4.09 / 10 万。1991—2005 年，全县共报告 214 例，无死亡病例。防控措施主要是加强饮水卫生管理、粪便无害化处理等。

**五、伤寒、副伤寒**

1991 年，报告 38 例，发病率 6.22 / 10 万。1994 年，凤城一处因酒宴后发生伤寒 27 例，罹患率 9.2%，经检验肥达氏反应阳性 27 例（100%），血培养阳性 4 例（14.8%）。县卫生部门及时采取防疫措施，疫情得到控制。全年伤寒发病 62 例，无死亡病例。1995 年，报告 74 例，为历年最多。1996 年开始，实行伤寒疫苗注射。同时加强健康防疫知识宣传，发病率一直控制在较低水平。2000 年报告 11 例，2002 年 9 例，2005 年仅 6 例，年发病率 0.98 / 10 万。1991—2005 年，共报告 433 例，年均发病率 4.22 / 10 万。

**六、钩端螺旋体病**

简称“钩体病”，主要由致病性钩端螺旋体引起。1991—1995 年未接报告病例。1996—2005 年，共报告 20 例，集中在筱埕、黄岐、蓼沿、东湖、坑园、小沧、丹阳等乡镇。主要采取有效的抗生素（青霉素为首选）进行治疗防控，及时消灭抗体内的病原体，以控制疫情。

**七、霍乱**

1991—1993 年，无报告病例。1994 年，报告 152 例，主要是尔托因埃（EITOR）霍乱弥菌引起发病，年发病率 24.9 / 10 万，疫情持续 55 天，日最高发病 12 例，波及 14 个乡镇。病人以渔船民最多，儿童其次，服务人员第三。县防疫部门及时对病人早隔离早治疗，对病人家庭、疫区进行消毒和卫生管理；对接触者服药预防等，很快得到控制。1995 年，报告 14 例。1996 年，选取敖江、浦口、凤城、琯头为霍乱监测点，对易发病期进行严控监测，当年无病例。1999 年 9 月，县防疫站与市防疫站实现疫报电脑联系。1997—2002 年，共报告 118 例。2003—2005 年，无报告病例。

**八、非典型性肺炎**

2003 年 2 月，广东首先发现传染性非典型肺炎（简称“非典”），并迅速传播各地。同年 4 月，县成立防治“非典”工作领导小组和指挥部，乡村成立相应机构，制定应急预案，形成三级防治网络，包干负责，层层防控。对从疫区还乡的人员严格实行登记报告；医院门诊设立体温监测，对发热疑似病人 100%进行隔离观察；所有公共场所进行消毒；交通要口设卡检查流动人口，24 小时值班，防控传播途径，实现零病例、零传播、零感染。

**九、艾滋病**

1995 年，县内首例确诊发现艾滋病毒（HTV）感染者，至 2005 年，共报告艾滋病人感染者 34 例，死亡 11 例。发病人员主要由国外感染后回国探亲，多分布在琯头、凤城、东岱等地区。为防控艾滋病，先后采取知识宣传、性道德教育、对病人家庭进行消毒、对 HIV 感染者实行查访、医学观察及高发人群监测等措施，控制传染源。2005 年，由省卫生厅下拨监测仪器和试剂，县疾控中心开展 HIV 抗体检测，对患病者进行治疗。

**十、其他**

**登革热**　2004 年 9 月，境内报告首例，至 10 月下旬增至 16 例，集中在凤城地区，发病最小年龄 14 岁，最大 54 岁，无死亡病例。发现疫情后，及时对病人进行隔离治疗，加强防疫宣传，开展以灭蚊和铲除蚊虫滋生地为主的环境卫生整治，及时控制疫情。2005 年，无报告病例。

**流行性出血热**　1994 年，凤城、东湖、潘渡各发现 1 例。1995 年 2 例。1996—2005 年 9 例。据黄岐渔民发生 3 例检测，主要由船上鼠类传播所致，卫生防疫部门主要对病人早隔离早治疗，组织群众开展灭鼠等爱国卫生运动，对密切接触者进行出血热疫苗预防注射等，有效控制疫情发展。

**流行性斑疹伤寒**　又称虱传斑疹伤寒，通过体虱传播，县内仅个别年份零星发生。1996 年报告 6 例，2001—2003 年 4 例，2004—2005 年无疫情报告。主要对患者进行早隔离治疗，杜绝传染源。

## 第二节　地方病防治

### 一、丝虫病

1990 年前，为县内常见寄生虫病之一，俗称象皮腿病。经多次普查普治，已基本消灭，只有少数晚期患者。1991 年起，为防止丝虫病复发，强化环境卫生整治，消灭蚊源地。同年 9 月，对琯头镇壶江村 6142 人进行丝虫病监测，采血率 85.65%，均未检出阳性病人。1993 年，对晚期丝虫病症者进行复查，共 23 例，其中阴囊肿 2 人、双下肢肿 3 人、单下肢肿 18 人。1995 年，监测蚊虫 1500 只，人群采血镜检 550 人，均未检出微丝蚴。1991—1998 年，先后对 9 个乡镇 19 个村 29957 人血检，未发现微丝蚴血症。剖检倦库蚊 16128 只、中华按蚊 551 只，均未发现阳性。对 349 名疑似病人血清监测，阳性 59 人，阳性率 16.9%。1999 年 2 月 1 日，连江通过省卫生厅消灭丝虫病达标县验收。

### 二、肠道寄生虫病

1991 年，重点开展感染状况调查及防治工作，先后调查绿茵、祠台、东岸、横塍、大洋 5 个村，每个村 500 余人，粪检 2562 人，有寄生虫感染者 2399 人，总感染率 93.64%。查出肠道寄生虫有蛔虫、钩虫、鞭便虫、蛲虫、肝毛细线虫、结肠内阿米巴虫等 16 种，其中蛔虫感染率 19.4%。还调查儿童蛲虫、头虱和疥疮，感染率分别为 25.7%、37.6% 和 21.1%。主要防控措施是加强公共卫生宣传，提高公民卫生知识水平，定期进行驱虫。

### 三、碘缺乏病

原称地方性甲状腺肿。1991 年 4 月，县防疫站配合中国地方病中心，抽查沿海 7 所小学男、女学生 630 名，发现生理性肿大 I 度为 25.40%，其中男生为 22.62%，女生 28%。应用超声机测量 621 名 8—10 岁儿童甲状腺三维强度，全部呈正常声像图。对碘缺乏病人群，主要采取食盐加碘剂（简称“碘盐”）进行防治，1995 年 7 月，全面推行。1996 年起，按《全国碘缺乏病监测方案》要求，每年 3 月、4 月、9 月、10 月，都要开展碘盐合格率监测，每 2 年进行一次儿童甲状腺肿大率监测。2005 年，先后监测 9 个乡镇 288 份居民户食用盐，碘盐合格率 100%。同时，对县内 30 所小学生开展尿碘、甲状腺肿大、家中食用盐等检查，检测尿样 221 份，尿碘中位数 117.8 微克 / 升，检查 1264 名学生甲状腺，肿大率 2.45%，检测家庭食盐，碘含量均合格。

### 四、氟中毒

1991 年，县境地方性氟中毒主要分布在敖江镇的岱云、石头和浦口镇等地，以岱云村最严重。主因是饮用含氟量高的地下水所致。1997 年，改用自来水后，氟中毒病逐步消失。2000 年 12 月，经省卫生厅验收，通过为基本控制地方性氟中毒县。

# 第三章　妇幼保健

## 第一节　妇女保健

### 一、妇科病普查普治

1991 年开始，县内每隔一两年左右，都对女职工进行一次妇科病普查普治，其余进行抽查。1992 年，由县总工会牵头，县妇幼保健站负责对 820 名女职工进行妇科病普治普查，发现患病 582 人，患病率 71%。发现慢性宫颈炎 450 例、乳腺增生 290 例、阴道炎 29 例、慢性盆腔炎 21 例、乳腺肿物 10 例、子宫肌瘤 5 例。妇幼站分别进行指导和防治。1994 年，普查 833 名女职工，患病 506 人，患病率 60.7%。还深入东岱、筱埕农村抽查 219 例，大部分有程度不同的妇科病。1996 年，普查 92 个单位 1300 名女职工，发现患病 940 例，患病率 72.3%。1998 年，普查 122 个单位 1343 人，患病 1065 人，患病率 79.3%。2000 年，普查 130 个单位 1761 人，患病 1277 人，患病率 72.52%。2001 年开始，随着环境和医疗卫生条件的改善，妇科病多能及时进行治疗，患病率有所下降。2002 年，普查 2318 名职工，患病 1187 人，患病率降到 51.2%。2004 年，检查 10770 人，患病 7071 人，患病率 65.7%。据 2005 年统计，全县女职工妇科保健知识知晓率达 75%，形成卫生保健习惯达 70%。当年，县妇幼站妇科门诊接诊 4865 人，门诊手术 406 例。

### 二、婚前健康检查

1991 年，县妇幼保健站配合婚姻登记机关，按照省卫生厅、财政厅《关于进一步加强婚前健康检查工作的通知》精神，加强婚前体检工作，当年体检 665 对，体检率 83.13%，查出患病人数 167 人。1995 年，贯彻实施《中华人民共和国母婴保健法》，对婚前体检的内容、方法进一步规范，当年婚检 644 对，查出病人 126 人，对不宜结婚的病人，劝导暂缓结婚。2000 年，全县婚检 2751 对，婚检率 87.86%，查出患病人数 809 人，对病人进行指导治疗。2002 年，婚检 4082 对，婚检率 88.90%，查出患病 884 人。2003 年 10 月，实施新的《婚姻登记条例》，变强制婚检为自愿婚检，当年婚检 3799 对，婚检率 82.7%。2004 年后，婚检明显下降，当年仅婚检 35 对，2005 年婚检 35 对，婚检率 0.67%。

### 三、孕产期保健

1991 年，全县列入孕产妇系统管理的建制村有 169 个，覆盖人口 36.72 万人，应管的孕产妇 5064 人，收管理卡 4076 人，管理率 80.5%。对筛查出高危妊娠 518 人，全部实行专案管理。全县接产孕妇 8059 人，新法接生 8039 人，占 99.75%。孕产妇死亡 8 人，死亡率 10 ／万。产前平均检查 5.59 次，访视率 92.37%，产后平均访视 4.08 次，访视率 84.08%。1992 年，孕管村扩大到 178 个，应管孕产妇 3278 人，收卡 2762 人，管理率 84.26%。查出高危妊娠 742 人，全部进行专案管理。全县接产孕妇 4913 人，新法接生率 99.84%，围产儿死亡率 11.79‰，新生儿死亡率 10.20‰。住院分娩率 26.71%。孕产妇死亡 1 人，死亡率 2 ／万。1995 年，实施《中华人民共和国母婴保健法》，对孕产妇管理进一步加强，新法接生率达 100%。1996 年，县卫生局制定《孕产妇保健系统管理办法》，全县所有建制村孕产妇全部纳入系统管理，此后至 2005 年，孕产妇管理率都在 84% 左右。筛查出高危妊娠的孕产妇，全部列入专案管理，尽量动员住院分娩，全县孕产妇住院分娩率，1996 年 44.95%，2005 年达 99.47%，对孕妇的产前检查和产后访视都在 3 次以上。孕产妇死亡率和新生儿死亡率保持正常状况。

2005年，全县孕产妇6420人，系统管理率82.77%。全县孕妇住院分娩率99.47%，孕产妇死亡1例，死亡率1.55／万。围产儿死亡率11.23‰，新生儿死亡率7.14‰。产前5次以上检查率87.29%，产后3次以上访视率90.30%。

## 第二节　儿童保健

### 一、婴幼儿保育

1991年，抽查8个乡镇3190个满4个月新生儿喂养方式，其中母乳喂养1544人，占48.4%；混合喂养1478人，占46.33%；人工喂养168人，占5.27%。当年，对7个乡镇92个村居0—4岁婴幼儿死亡情况进行监测调查，死亡137人，死亡率42.95‰，其中0岁107人，占78.1%。1992年，调查满5个月婴儿498人，其中母乳喂养260人，占52.21%；混合喂养235人，占47.19%；人工喂养3人，占0.6%。母乳喂养率农村高于城市，与世界卫生组织提倡的80%指标差距较大。

1994年2月，省卫生厅授予县医院为县内首家爱婴医院，设立母乳喂养社会支持组织，大力宣传母乳喂养知识、优点、技巧。1995年开始，实施《中华人民共和国母婴保健法》，县成立创建“爱婴县”工作领导小组，要求有10张以上妇产科床位及年接生百人以上的卫生院都要创建爱婴医院，当年母乳喂养率提高到53.19%。1996年，有黄岐、琯头、丹阳、坑园4所中心卫生院先后被批准成立爱婴医院。1999年，又有县妇幼保健所、凤城镇、晓澳镇卫生院被授予爱婴医院。当年，4个月内婴儿母乳喂养率上升到83.40%。2001年，县中医院、东岱、官坂卫生院被授予“爱婴医院”，全县有爱婴医院11家。

2005年5月，县卫生部门对2004年5月1日至2005年4月30日新出生的婴儿进行监测，出生6798人，出生缺陷226人，缺陷率33.25‰，主要为血管瘤、脐疝、睾丸鞘膜积液、腹股沟疝等。为此，要求各医院妇产科室做好母婴保健的科普宣传教育和产前检查、产后访视，降低新生儿缺陷率。2005年，母乳喂养率达87.2%。

### 二、儿童系统管理

1991年，全县实行儿童系统管理有128个村（居），占49.04%。应管的0—6周岁儿童20011人，实管并进行体检13540人，占67.66%；查出患病儿899人，患病率6.64%体弱儿500人，发生率3.69%，体弱儿童专案管理率99.8%。1996年开始，全县263个村居全部纳入儿童系统管理，应管儿童50873人，实管并进行健康体检33305人，占65.47%。发现体弱儿3152人，患病儿4690人，5岁以下儿童死亡率19.47‰。2000年，全县应管儿童40110人，实管进行体检34478人，占85.96%。查出患病儿12346人，体弱儿2279人，5岁以下儿童死亡率16.43‰。对患病儿、体弱儿实行全程跟踪治疗。2005年，应管儿童42358人，实管并进行体检34935人，占82.48%，发现体弱儿2042人，患病儿11607人，5岁以下儿童死亡率降至10.55‰。县妇幼所对患病儿100%实行全程跟踪治疗。

### 三、儿童计划免疫

1991年，儿童计划免疫制度逐步完善，列入计划免疫的主要有：卡介苗、脊髓灰质炎疫苗、百日咳混合制剂、麻疹减毒疫苗等（简称“四苗”）。当年建卡6549人，建卡率97.83%。儿童传染病不断减少。报告传染病结核性脑膜炎8例，脊髓灰质炎3例，百日咳10例，麻疹59例，流脑15例，乙脑9例。1992年，建卡4960人，建卡率99.5%。“四苗”接种率分别为98.07%、97.89%、96.79%、97.42%。当年，乙肝疫苗也被纳入儿童计划免疫管理，共接种1916人，接种率30.2%。1995年，建卡率100%，“四苗”接种率分别为99.2%、99.2%、98.3%、97.8%，乙肝疫苗接种率79.4%。1999—2002年，新生儿建卡率均100%，“四苗”接种率都达98%左右，乙肝疫苗接种率达96.6%。

2003 年，乙脑和流脑疫苗列入计划免疫范围。2004 年，两种疫苗接种率分别为 90.0%、99.93%。乙肝疫苗接种率提高到 99.76%。2005 年，新生儿计划免疫建卡率 100%，“四苗”全程接种率分别为 98.7%、98.8%、95.9%、97.5%，乙肝疫苗接种率 98.6%。当年，结合性脑膜炎、脊髓灰质炎、百日咳无报告病例，报告麻疹 5 例、乙脑 4 例、水痘 7 例、乙肝 1391 例。

**四、幼儿体检保健**

1991 年开始，对登记注册的幼儿园班幼儿每年进行一次健康体检，当年，体检 3093 人，查出患病儿 117 人，缺点 2172 人，指导家长及时进行治疗管理。1996 年，对城关地区 760 名入学儿童进行健康检查，查出儿童贫血发生率 53.9%，龋齿发生率 53.3%。

2001 年起，贯彻实施《福建省幼儿园教育指导纲要（试行）》，各园普遍重视跟踪幼儿的发育情况，及时对弱视幼儿进行纠正，体弱儿增强体质。县实验幼儿园通过市卫生保健合格单位评估。2003 年，增配监控系统，凤城中心幼儿园增加牙齿保健项目，并评为市卫生保健合格单位。

2005 年，全县公办和私立幼儿园（班），入园幼儿 6061 人，全面进行健康检查。

# 第四章　医　疗

## 第一节　医疗机构

**一、县医疗机构**

**县医院**　1991 年初，县医院占地面积 12667 平方米，建筑面积 13846 平方米，有病床 232 张，设 8 个病区，19 个业务科室，医护人员共 215 人。1992 年开始，医疗业务量不断扩展，医疗设备逐渐完善。1999 年被卫生部授予“二级甲等医院”称号，先后成为福建医科大学实习和教学医院，并与其附一医院建立协作关系。至 2005 年，全院建筑面积扩大到 17568 平方米，有病床 257 张，医护人员 284 人，其中卫技人员 242 人（高级职称 20 人、中级 67 人）。内设 15 个行政科室，29 个诊疗科室。配置 GE 双螺旋 CT 机、奥林巴斯电子胃肠镜、GE 彩色 B 超、柯尼卡 CR 机、奥林巴斯全自动生化分析仪、X 线透视摄影系统等 10 万元以上先进医疗设备 23 台，总价值近 1000 万元。年门诊量 116212 人次，住院约 7571 人次，业务总收入 3325 万多元。

**县中医院**　1991 年，租用县展览馆开展业务。1993 年，发生火灾。1995 年，县政府决定把敖江卫生院并入中医院，并在 816 北路征地新建门诊综合大楼，占地 6270 平方米，建筑面积 4613.5 平方米，1995 年 10 月竣工入迁并对外开诊，命名县中医院，有医护人员 136 人，病床 100 张。设 4 个行政科室，19 个诊疗科室。1999 年，被卫生部授予“二级甲等中医医院”称号。2005 年，经过扩建，院内建筑面积 7555 平方米，医护人员 134 人，其中卫技人员 112 人（高级职称 12 人、中级 16 人）。设 14 个业务科室，21 个诊疗科室。配有 CT、CR、B 超、全自动生化分析仪、全自动血球计数仪、电子胃镜、电子阴道镜、红外线乳腺诊断仪、12 导心电图机、24 小时动态心电图诊断仪、多功能麻醉机、远程会诊系统等。年门诊 107363 人次，住院 1348 人次，业务总收入 945.48 万元。

**县皮肤病防治院**　1991 年，设在丹阳镇桂林村宏路麻风病人康复村，在凤城镇设有门诊部，有医护人员 5 人。2003 年 5 月，投资 110 万元，购买县城商品房 400 平方米作院址。同时设立县性病监测中心（两个牌子、一个机构）。2005 年，有医护人员 12 人，其中副主任医师 1 人、主治医师 2 人、护士2人。设有男性科、皮肤内外科、妇科检验室、痤疮资料室、微波电离子室、激光治疗室6个门诊科室。全年业务总收入100多万元。桂林宏路康复村仍设有病床20张，有7位残老麻风病人，从事轻微农事。

**县疾病预防控制中心** 前身是县防疫站。1991年，事业编制49人，实有47人，内设8个科室，年业务收入15万元。1992年，业务量逐渐扩大，至2005年6月，年业务收入达100万元，当年，为适应新的需求，把县防疫站析分为县疾病预防控制中心（简称“县疾控中心”）和卫生监督所。疾控中心为副科级事业单位，内设综合科、质管办、流行病科、公共卫生防治科、检验科、结核病防治科等6个科室及门诊部、职业健康检查中心，编制30人，实有28人，其中高级职称3人，中级9人。

**县妇幼保健所** 1991年，为县妇幼保健站，副科级，内设妇科、儿科、医技科、信息科、办公室等5个科室。1993年，在凤城镇文山路397号新建6层综合大楼，建筑面积1807平方米。当年，改名县妇幼保健所。之后，相继增设牙科、B超检查室、婚检科等。至2005年，有业务科室11个，即产前检查室、儿童保健室、妇科诊断室、女婚检室、男婚检室、B超室、检验室、X光室、宣传室、基层指导室、档案室，编制30名，实有27人，其中卫技人员25人，中级职称13人。全年服务收入46.15万元。

## 二、乡镇医疗机构

1991年，全县20个乡镇，除透堡外共设19个卫生院，其中琯头、黄岐、坑园、丹阳4个为中心卫生院。19个卫生院用地面积共50629平方米，建筑面积25085平方米，其中门诊用房7063平方米，共有医护人员538人，业务收入共488.8万元。1994年8月，新建透堡卫生院。1995年，敖江卫生院并入县中医院。1996年，新建下宫乡卫生院。2000年，坑园中心卫生院改为一般卫生院。2005年，全县22个乡镇除敖江、江南外共设有3个中心卫生院、17个一般卫生院。总建筑面积达42046.5平方米，其中门诊用房12245.82平方米，病床282张，共有医护人员494人，其中卫技人员395人，高级职称4人，中级21人。拥有万元以上医疗设备124套，业务总收入3590.27万元。

## 三、村卫生所

1991年，全县255个建制村有村卫生所217个，村医生300人，村卫生员61人。1992年，实施初级卫生保健工作，健全农村三级卫生保健网。1994年，按照国务院《医疗机构管理条例》要求，加强乡村医疗机构的审批和乡村医生培训。2000年，对212个村卫生所进行整顿验收，颁发医疗机构执业许可证179个，发证率84.4%。2004年，贯彻实施《乡村医生从业管理条例》，加强村卫生所医生执业资格认定、审批、注册、培训以及继续教育工作，规范乡村医生执业行为。至年底共认定乡村医生资格413人，卫生员32人，全部予以执业注册。2005年1月，为提高乡村医生待遇，开始对乡村医生、卫生员进行津贴补助，每人每月80元（其中省市60元、县20元）。至年末，全县乡村医生资格认定和注册发证460人，累计登记执业注册460人。其中269个建制村，有村卫生所221个，执业医生、卫生员451人。

## 四、单位医疗机构

1991年，境内有23个企事业单位设立医疗室，有医护人员48人。1998年，按照《中华人民共和国执业医师法》要求，对医疗机构进行整顿，诊疗设施不规范的予以撤销。至2005年，保留闽东电机厂、东湖种畜场、疗养院、闽江船运社、八一茶场、水产综合场、连江二中、长龙侨场等8个，共有医护人员24人。

## 五、驻军医疗机构

1991年，驻连守备部队在县城设卫生队，为居民医疗服务，有内科、外伤、口腔科3个科室。2000年8月，在西凤路新建医疗大楼，建筑面积3500平方米。至2005年，有外科、内科、妇科、五官科、口腔科、检验科、放射科等科室，医护人员共23人，年门诊5000人次。

**六、私营个体医疗机构**

1991 年，县内个体诊所共 92 家，医生 152 人。1999 年，贯彻《中华人民共和国执业医师法》，对个体诊所进行整顿，对医生执业资格进行认定注册。至 2005 年，私营和个体医疗诊所保留 46 个，执业医护人员 127 人。其中稍大规模的有中山门诊部和华普东方医院。

**七、卫生团体**

县红十字会　1991 年，设在敖江卫生院，编制 1 人，有会员 976 人。1992 年，在全省率先建立下园村红十字会。1993 年，组织学习《中华人民共和国红十字会法》，开展“集善款，做好事，博爱助人”等主题宣传活动，设立县红十字青少年工作委员会。1997 年，全县红十字会基层组织发展到 26 个，会员 1148 人。2004 年，县红十字会救助印度洋地震海啸灾区 34 万元。至 2005 年，县红十字会事业编制 1 人，基层红十字会组织 28 个，会员 1585 人。

县农村卫生协会　1991 年，事业编制 4 人，基层有 18 个乡镇分会，会员 516 人。主要协助做乡村医生管理，重点开展乡村医生系统化教育和培训。1993 年，制发《连江县农村卫协经费管理规定》，巩固发展村级卫技人员福利基金会。至 2005 年，保留专职事业编制 4 名，有乡镇分会 20 个，会员 553 人。

## 第二节　医疗技术

**一、中医（草医）**

1991 年，连江传统中医骨伤、青草医仍受群众青睐。县中医院、县医院和多数乡镇卫生院都设有中医科。民间中草药治疗无名肿毒、脓肿、带状疱疹等效果很好，并多有后代传承。1992 年开始，各级医院都选送一些年轻好学的中医师到较大医疗机构培训进修。1996 年，县内医院多设有中医内科、针灸麻醉、骨伤理疗、慢性疾病和康复等中医传统诊疗科室，中医年处方量约占总量的 35%。县内著名老中医上一代有黄斌藩、陈宣根、黄运、孙宜尧等。后起者亦不乏人，如县医院郑敏、中医院陈宏略等。郑敏擅长用中医治疗男科前列腺病、阳痿、糖尿病等，取得一定科研成果，有的论文在《中医杂志》《中国老年医学杂志》发表和参加学术研讨交流，是少数享受国务院津贴的中医专家之一，1996 年，《重用苦参治不寐》论文被美国科尔比文化情报中心收录，获实用型优秀论文奖。1997 年，《张锡纯治疗中风用药经验》收入卫生部编的《医药文库》，并应邀赴泰国、中国香港地区参加首届泰闽港传统医药学术研讨会。吴耀嵩与陈宏武合撰的《青高鳖甲二皮治疗小儿夏季热》论文参加中国泉州东南亚中医学术研讨会交流。2002 年，县卫生部门组织编辑《连江县单方验方集锦》出版发行，其中不少是遗失或失传的中医验方。2003 年，陈武的《伸肘旋后位结合塑型夹板治疗肱骨下段骨折 21 例》获 2000—2002 年市科技论文三等奖，并在《中国骨伤》杂志发表。2005 年，全县各级医疗单位共有主任中医师 1 人、副主任中医师 9 人、主治中医师 17 人、中医师 45 人，中药技术人员 30 人。

**二、西医**

1991 年，西医逐渐成为主流，县医院、中医院等相继引进先进诊疗设备，诊断治疗疾病水平有明显提高。西医内科是各医疗机构的重点科，诊断检验设备不断改善，心、肺、脾、肝脏等内科，诊断准确度和治愈率都有大幅提高。县医院、中医院对一些危急重症，都能及时处理。特殊危重患者，还可请省、市专家来连会诊。县医院在抗癌素治疗消化道肿瘤，“转阴丸”治疗乙肝等技术处领先水平。1998 年，县医院开设急诊科，开通“120”急救中心，每年“120”救护车出车 2500 余次，抢救急危重病人 4000 多名，治愈或好转达 93.9%。2000 年，设危重病人监护室，抢救率达 96%。至 2005 年，全县西医卫技人员 1336 人，其中主任医师 3 人、副主任医师 20 人、主治医师 120 人。乡镇 20 个卫生院中，有6个能开展外科上腹部手术，11个能开展下腹部手术。

1991—2005年，县内各医院医生在利用新技术诊治病人实践中总结经验，共撰写200多篇学术论文，分别在国家级、省级专业期刊上刊载。如林锐的《视网膜母细胞瘤下颌骨转移1例报告》《成人型多囊肾的CT诊断（附24例分析）》《新生儿缺血缺氧性脑病CT诊断》，林齐贵的《甲状腺手术前准备的体会—附492例报告》《甲状腺同时性双侧性癌20例分析》等，都在《中国医学研究与临床》杂志上发表。

**三、中西医结合**

1991年，西医兼学中医，中医融通西医已成医护人员的习惯。中西医结合诊断医疗已日益广泛，在医理上互相探索应用，在诊断上互为补充，在治疗时综合协调，诊治效果更好。县内各医院都注意鼓励西医学习中医，中医学习西药，促成中西医结合会诊的机会增多。县中医院针灸推拿科采用中医针灸、推拿、牵引、拔罐、小针刀和西医的理疗、穴位注射等疗法，治疗颈椎病、腰椎间盘突出、肩周炎等疾病效果甚佳，是县内特色专科。孙孝登擅长利用中西医结合治疗幼儿腹泻、哮喘等儿内科疑难杂症。1991—2005年，相继发表中西结合医术论文100篇。如严建德的《加用虫类药治疗中风偏瘫的体会》在《中国中西医结合》杂志上发表；《中西医结合辨治头痛的体会》在《亚洲医药》杂志上发表。县内中西医临床实践和医术论文约有10篇先后被分别收入《福州中医论文集》《福建省中西医结合儿科第八次学术会议文集》，有的在《中国儿童》杂志、《国医论坛》等专业刊物上发表。

# 第五章　机构管理

## 第一节　机　构

**一、县卫生局**

1991年，县卫生局编制7人，实有7人。1997年，县机构改革，县卫生局内设人秘科、药政科、医政科、防保科、计财科，人员不变。挂靠单位有县爱国卫生运动委员会办公室，县公费医疗管理办公室。2001年11月，药政科划属县药品监督管理局。2002年，县公费医疗管理办公室划属县社会劳动保障局。2003年，县卫生局经机构改革，内设人秘科、防保科、计财科、医改科，编制7人，实有9人。挂靠的县爱国卫生运动委员会办公室划属县政府办。2005年，县卫生局内设科室不变，编制7个，实有8人。

**二、县卫生监督所**

2005年6月，从县防疫站析出为县卫生局下属副科级事业单位。内设办公室、办证科、食品卫生科、学校卫生科、医政疾病控制科和公共卫生科等，编制20人，实有17人。

**三、县药品监督管理局**

2001年11月，从县卫生局药政科析出设立，简称“药监局”，编制10人，直属市药监局管理，县政府协管。2002年5月，局内设综合科、监管科、稽查科，编制5人，实有3人。下辖药检所，编制11人，实有3人。2004年，投资200万元，在104国道东侧，陈第路北侧新建办公楼，占地面积5571平方米，建筑面积1471平方米。当年2月被省药品监督管理局授予省药品监管系统2002—2003年度执法先进单位。2005年，内设综合科、监管科、稽查科，编制10人，实有8人。下辖药检所，编制11人，实有6人。

**四、县爱国卫生运动委员会办公室**

1991年，县爱国卫生运动委员会主任由县长兼任，下设办公室（简称爱卫办），编制2人，实有2人，挂靠县卫生局。1997年4月开始，县爱卫办升格为副科级，编制2人，仍挂靠县卫生局。2003年1月起，为正科级机构，挂靠在县政府办，编制2人，实有2人。至2005年不变。

**五、卫生团体**

县红十字会　1991年，设在敖江卫生院，编制1人，有会员976人。1992年，在全省率先建立下园村红十字会。1993年，组织学习《中华人民共和国红十字会法》，开展“集善款，做好事，博爱助人”等主题宣传活动，设立县红十字青少年工作委员会。1997年，全县红十字会基层组织发展到26个，会员1148人。2004年，县红十字会救助印度洋地震海啸灾区34万元。至2005年，县红十字会事业编制1人，基层红十字会组织28个，会员1585人。

县农村卫生协会　1991年，事业编制4人，基层有18个乡镇分会，会员516人。主要协助做乡村医生管理，重点开展乡村医生系统化教育和培训。1993年制发《连江县农村卫协经费管理规定》，巩固发展村级卫技人员福利基金会。至2005年，保留专职事业编制4名，有乡镇分会20个，会员553人。

## 第二节　医政管理

**一、医疗机构管理**

1991年，县卫生部门加强县级医院管理的同时，对乡镇卫生院进行分类目标管理。1992年，县政府先后制发《关于实行分级办医分级管理加快农村卫生事业发展步伐的决定》和《深化卫生改革的意见》，在全县医疗机构实行院（站、所）长负责制和综合目标管理责任制。县卫生局长向分管副县长签订责任状，各医疗单位与县卫生局长签订目标责任状，制定考核指标并与下拨经费挂钩，医疗单位继续实行独立核算，自主经营。一些医院还与省、市级医院联合办医，开设专科门诊，黄岐中心卫生院与市第二医院联合办医，敖江卫生院与南京军区福州总院开展胃镜协作。1994年，县卫生局批准晓澳卫生院与赤湾村卫生所实行股份合作制经营改革试点，设立董事会领导下的院长负责制，医护和工作人员全部采取聘任制，当年即扭亏为盈，更新医疗设备。同年，凤城卫生院与台江区医院痔疮科、苔菉卫生院与湖南惠州第二人民医院、坑园中心卫生院与福建武警总医院联营，业务收入都有一定增长。1995年，县卫生局对医疗机构进行资格审核。1996年，实施国务院《医疗机构管理条例》，县卫生局下发《关于实行五项社会承诺制服务》，并在下宫、东岱、官坂3个卫生院试点，进一步探索乡、村卫生一体化管理模式，实行统一人员编制、统一防保任务、统一医疗规范、统一购药和药价、统一收支账目等，业务量都有不同程度提高。1997年，推广到坑园、安凯、潘渡等卫生院。1998年开始，县卫生局相继制定《县卫生系统开展行业作风整顿和建设实施方案》《医德规范手册》《医院管理手册》《医院感染管理手册》等。县医院开通“120”急救服务，并与公安“110”联动。2000年，县卫生局对全县2467项医疗收费标准进行调整，相继制订《县卫生系统行风问题追究暂行规定》及执法监察、院务公开、民主评议等意见，使行风得到改善，经群众测评满意度达89%。2001年后，大多数医疗单位实行全员聘任制，按需设岗，精简高效。当年县医院行风建设评为市先进单位。2005年，组织以病人为中心提高医务服务质量为主题的医院管理年活动，开展查急诊疗程管理、查事故隐患、查医德医风的“三查”活动。尤其县卫生监督所成立后，加强医政监督执法，拒收红包1.87万元、拒收回扣1.69万元，行风满意率89.2%。至年末，全县共有医疗机构300个，其中县级5个、乡镇卫生院20个、单位医疗室8个、村卫生所221个、个体医诊所45个、民营医院1家。另有驻军医院1家。县级医院病床357张、乡镇卫生院病床282张。医疗单位业务总收入9176万元，是1991年824.3万元的11倍多。

**二、执医人员管理**

1991年，县卫生局加强执医人员的教育培训，严格注册门槛，打击非法行医。1992年，建立全县性的村级卫技人员福利基金会，有200多人参加。当年有397名乡镇卫技人员上浮一级工资，4名获得医师职称的院长录用为干部、2名优秀卫技人员破格晋升职称。1993年，晓澳卫生院邱清武被卫生部评为全国模范乡村医生，赵克强、夏莲木被评为全国优秀乡村医生。1995年，县卫生局对个体执业资格进行审核，打击无证行医25个，责令停业并罚款12个，罚款2.47万元，取缔游医2个。1996年，重新核发卫技人员执业许可证，不够条件的责令停业4个，取缔3个，罚款1.8万元。1999年，贯彻实施《中华人民共和国执业医师法》，进一步规范执医人员资格审查、考试、登记、注册。1999—2001年，共打击无证行医、售药53家，罚款5.85万元。对取得医师资格的400人进行认定和执业注册，并组织204人参加全国执业医师和执业护士资格考试，有113名医生、74名护士成绩合格。2002年，继续对未注册的医生进行资格认定和注册，有449名医师、助理医师获得注册，320名护士进行再注册。2004年，按照国务院《乡村医生从业管理条例》要求，开展乡村医生资格认定和执业注册，相继举办培训班8期，参训1696人次。当年认定乡村医生资格413人、护士32人，并予以执业注册。2005年，县卫生局制定《打击非法行医专项行动实施方案》，先后开展13次专项行动，出动医政执法人员260人次，取缔无证诊所32户，罚款5.71万元。经考试，批准292名医师、助理医师资格，并予以注册。为基层卫技人员建立养老和医疗保险。至年底，累计完成乡村医生护士资格认定和登记注册460人。

**三、医疗质量管理**

1991年，县卫生主管部门重点抓好医院的医疗质量和创建医疗卫生安全工作，组织执法人员定期检查，整顿医疗事故隐患。1992年开始，深化医疗卫生改革，层层签订医疗质量责任制。1995年，强化执医资格审核，实行社会承诺制服务。1997年，加强医风医德建设，抓规范服务和医疗质量。1998年，组织两次全县医疗单位医疗护理质量检查，还不定期抽检考核部分医院。1999年，共出动155人次，对25个医疗单位进行检查，发出通知书8份，提出整改措施15条，对7个创安单位进行验收，县医院达优等水平，对2处安全隐患责令限期整改。2002年，结合贯彻国务院《医疗事故处理条例》，对医生实行首诊负责制，县卫生局成立医疗事故纠纷处理委员会，并对医务人员进行培训，规范病历书写，减少和及时调处医疗事故纠纷。2003—2005年，共组织10次对全县卫生系统进行创安工作大检查，整改安全隐患56处，3年全系统未发生一起安全事故。

## 第三节　药政管理

**一、医药商店管理**

1991年，县内国有医药企业只有县医药公司一家，下设3个批发部和6个门市部，业务覆盖各乡镇。经营中药、西药及简单药械2000多种，年营业额600万元。私营药店经审批发证22家。县卫生局药政科与县医药公司共同负责管理及年检换证工作。1994年，药店发展到近30家。

1995年，连江以纪念《中华人民共和国药品管理法》颁布10周年为契机，对全县药品企业进行整顿、年检和换证验收，对28家符合规定的企业核发药品经营许可证。

2001年11月，县药品监督管理局（简称“药监局”）成立后，进一步加强药店的审批管理、发证换证工作。当年，全县29家药店，经报市药监局评审验收，全部予以年检换证。2002年4月1日起，县药监局按照《福建省零售药店设置暂行规定》及市药监局有关精神，开始审理零售药店工作，至10月，初审上报新开零售药店19家，经市药监局审核验收全部合格批准发证，待验收的7家。2003年，根据《福州市零售药店日常监督检查处理办法和评分标准》，加强对零售药店日常监管，当年，对52家药店进行年检，全部合格。受理新办药店8家，经报市药监局同意筹建7家，受理变更药品经营许可许可项目11家，当年底，全县药店增至61家。2004年，受理新开办药店9家，验收发证1家，受理变更药品经营许可证许可项目21家。

2005年，县药监局改进新开办零售药店申报审批程序，审批时间由原来的60天缩短为40天。在受理过程中全面推行“四单”（受理承诺单、缺件告知单、延期办理通知单、不予办理通知单），至年底，全县有零售药店68家、批发企业6家。2002—2005年，共培训发放福州市药品从业人员证679本。

**二、药品监管**

1991年，县卫生部门继续贯彻《中华人民共和国药品管理法》，在宣传教育基础上，狠抓医药市场清理整顿，打击制售伪劣药品和无证药贩，当年取缔无证药贩4家，罚款2.3万元。1993年，县卫生协会成立农村卫生咨询服务部，开展药品器械咨询服务，向医疗单位提供信息，统一向国营主渠道进药，防止伪劣药品流入县内医药市场。1991—1993年，每年都进行3次以上药品质量大检查，共查1038个（家）单位，检查药品19万多种次，覆盖率81.3%。其中不合格203种次、过期812种次、假药112种次。

1994年，举办药工培训班，对从药人员进行体检。1995年，贯彻国务院《关于进一步加强药品管理工作的紧急通知》，对全县药品市场进行拉网式检查，取缔无证经营4家。1996年，组织人员深入基层落实签订药品抽检协议，至1997年，签订协议265家，并对19个乡镇152家药品经营使用单位进行药品质量检查，发现14家销售使用伪劣药品，处以罚款46500元，取缔无证售药3家。

1998年，县卫生局下发《关于进一步加强医药费市场整顿，规范药品购销行为的通知》，规定所有医疗卫生机构药品必须从国有主渠道进货。1999年，查封不合格药品400多种，价值3万元，全县药品检验合格率达98%。2001年，出动卫生执法人员274人次，在普遍检查的基础上，重点检查174家医疗单位和私营药店，查出伪劣药品99种，罚款13635元。同年11月，县药监局成立后，按照新修订《中华人民共和国药品管理法》要求，邀请县人大常委会副主任在县电视台发表讲话，然后在全县范围开展宣传和培训，并以查处伪劣药、非法进药渠道、取缔无证经营为重点，开展一系列检查。先后共取缔无证售药13家。2002年开始，全县各医疗单位普遍成立健全药事委员会，按照县卫生局制定《规范药品采购管理的若干规定》《医疗单位的购置器械实行审批制度和招标采购规定》，要求县级医疗单位药品采取招标采购、乡镇卫生院跟标制度。当年，以凤城、马鼻、黄岐、琯头等乡镇为重点，开展农村基层医药市场整治工作，共出动执法人员557人次，检查310家药品经营使用单位，检查中西药72500种次，查出过期变质药品201种，取缔无证经营药店5家。2003年，全面实施国务院食品药品放心工程建设，探索建设农村药品监管网络和供应网络（简称“两网”）建设，建立以县医药公司配送为主体的直接配送、转配送供药一体化模式，实现受配送乡100%，70%以上药品配送到乡镇，70%以上行政村实行配送进村。同年，县医药公司被省药监局确认为二类精神药品批发经营单位，2004年，又授予医疗用毒性药品批发经营单位资格，该公司进一步完善内部管理制度，对药品的购、销、调、存及流向均用微机进行全方位跟踪，防止流弊。2002—2005年，全县检查发现药品问题共立案266件，其中取缔无证经营58件，罚款96668元；非法渠道进药60件，罚款81616元；伪劣药品46件，罚款36697元；其他证照不全102件，罚款236659元。

# 第三十五篇　体　育

1991年，为巩固和发展全国体育先进县成果，加大体育设施建设投入，推动群众性体育活动发展，全县职工、农民、老年人、残疾人体育和全民健身活动日趋活跃，各类运动会和竞技体育也取得可喜成绩。1995年，经国家体育局和省市体育部门联合复查验收，保持“全国体育先进县”称号。同年开始，贯彻实施国务院《全民健身计划纲要》和《中华人民共和国体育法》，县政府在经费投入、场馆建设、人才培训等方面都采取强有力措施，为群众性体育活动及举办综合性运动会、单项竞技赛事创造条件。至2005年，全县有各种体育场所设施340多处，其中国际标准高尔夫球场、综合体育场、足球场、射击场各1个，400米和200米田径场24个、篮排场158个、门球场18个、游泳馆池9处，羽毛球、乒乓球、各类训练房等133个。1991—2005年，先后举办4届县综合性运动会，城乡共举办各类体育赛事2740场次，参加活动群众60多万人次。学校体育始终活跃，传统特色体育项目培养和输送各类体育人才89人，射箭、女子三级跳、武术、跆拳道项目，先后获全国赛事团体金牌2枚、铜牌3枚，个人单项金牌6枚、银牌4枚；在国际赛事中，获射箭团体金牌1枚、跆拳道金牌1枚、女子三级跳远金牌2枚。

## 第一章　群众体育

### 第一节　职工体育

1991年，职工体育活动日渐活跃。县税务系统提出“增强税干体质，努力为国增税”的口号，举办税务系统运动会，有400多名职工参加篮球、羽毛球、乒乓球、拔河、棋类等比赛。同年，县直机关和连一中、敖江镇联合举行1500人迎春环城跑。1992年，县邮电局举办“鸿雁杯”军、警、民乒乓球邀请赛，15支代表队68人参加比赛。县妇联组织“三八”国际妇女节拔河比赛，有15支代表队320人参赛。县调味品厂每年举办一次职工体育比赛，有拔河、羽毛球、乒乓球、自行车慢骑等项目。县银行系统举办“牡丹杯”篮球邀请赛，5支代表队参赛。财贸系统各单位，先后举办篮球、羽毛球、乒乓球、台球、象棋、拔河、投圈、接力长跑等单项和多项目职工体育比赛。1993年“五一”国际劳动节、“五四”青年节，县直机关20多个单位先后举办篮球、羽毛球、乒乓球、拔河、象棋、围棋等项目比赛。为支持北京申办奥运会，县专门举办自行车环城宣传活动，有300多人参加。县税务局举办“税法杯”1200人长跑比赛。1994年，进一步拓展职工体育活动，在8月16日连江解放45周年举行领导干部游泳比赛，有100多名副科级以上领导干部参加50米自由泳、4×25米接力赛等项目比赛；机关企事业单位，组织“神达杯”篮球邀请赛、青年羽毛球赛、钓鱼赛、乒乓球选拔赛等14项小型多样的体育赛事，参赛人员达3948人次。1995年，职工体育不断向纵深发展，先后在重大节日和传统节日举办上规模、影响较大的“敖江杯”“邮电杯”“神达杯”“双拥杯”等职工球类、长跑、敖江漂流、棋类等29项职工体育竞赛活动，参赛人数达7560人。1996年4月，举行第四届职工运动会，县直9个系统代表团参加乒乓球、象棋、围棋、篮球、田径、拔河等项目比赛。1997年，组织2000多人职工参加环城长跑活动。1998年，县总工会和文体局联合举办职工体育运动会，有33个代表队、380名运动员参加羽毛球、乒乓球、排球、100—200米赛跑、跳远等8项比赛。1999—2001年，文体局、团县委、土地局、工商局等单位先后举办“公仆杯”“国土杯”等职工体育竞赛活动。2002—2005年，港发机电公司、发利大酒店、太一房地产公司等私营企业单位先后举办“太一杯”“发利杯”等篮球、乒乓球、羽毛球邀请赛。

## 第二节　农民体育

1991年，按照国家体育局提出的“亿万农民健身活动”的要求，连江结合农村、农事季节实际，开展各项有益健身的体育活动。当年元旦，坑园、黄岐、苔菉3个乡镇联合，由9户水产养殖户集资举办沿海“对虾杯”新春篮球邀请赛，有9支篮球队参赛。东湖乡举办“东湖杯”、筱埕镇举办“海带杯”篮球邀请赛，还邀请当地驻军篮球队参赛。官坂乡在北营村海埕举办第二届民间传统泥撬200米速滑比赛，数千群众汇集海滩观看。当年10月，国家体委授予筱埕镇全国体育先进乡和小沧乡为全国少数民族体育先进乡称号。

1992年，围绕“迎接省运动会、备战全运会、奔向奥运会”群众体育活动年，农民体育运动更加频繁。当年5月，东湖镇举办第六届农民运动会，有14支代表队430人参加篮球、乒乓球、羽毛球、田径等12项比赛。6月，举办第七届“屈原杯”龙舟竞赛，凤城、敖江、江南3个乡镇12艘龙舟，在敖江进行友谊赛。8月，东湖、坑园2个乡镇评为市体育先进乡。1993年元宵节，县城举行规模盛大的文化体育踩街活动，18个乡镇1200多人组成的舞龙、舞狮、武术、拳功操等环城踩街游行，边歌边舞，观者云集，热闹非凡。9月，县举办第四届农民运动会暨少数民族运动会，乡镇组织21支代表队680名农民运动员，参加篮球、田径、武术等11项比赛。10月，安凯、筱埕联合举办“半岛杯”军民篮球邀请赛，黄岐、安凯、筱埕、苔菉4个乡镇和当地驻军共8支篮球代表队，在筱埕进行循环赛。

1994—1996年，小沧畲族乡为迎接福建省第三届少数民族体育运动会，通过“三月三”乌饭节，举行传统武术、拔河、弓弩等项目比赛，选拔12名运动员参加省运会。1996年8月，安凯被评为省农村体育先进乡镇。

1997年，举办迎香港回归首届健身节，开展登山、武术、棋类等10项比赛。当年9月，东湖镇举办第七届农民运动会，有11个代表队390人参加篮球、拔河等12项比赛。1998年，各乡镇普遍开展登山、长跑、武术、球类、棋类、体育游戏等10多项赛事。1999—2000年，县文体局组织农民运动员190多人，分别参加省第四届农民运动会暨少数民族运动会、市第三届农民运动会。2000年6月，发利龙舟代表队代表省参加全国第十届“屈原杯”龙舟比赛，获第十名。2002—2005年，琯头镇举办老年人拳功操、剑舞会演和门球邀请赛、军民篮球友谊赛，近2000人参加表演和比赛。坑园镇举行“可门港崛起杯”龙舟邀请赛，12艘龙舟参与竞赛。2005年，举办庆元旦秧歌舞表演赛，凤城、琯头、东湖等乡镇9支代表队参赛。当年8月，国家体育总局授予东岱镇“全国群众性体育先进单位”荣誉称号。

## 第三节　老年人体育

1991年，全县60岁以上老年人47166人，占总人口8.08%，约有一半老年人，热心参与各项体育活动，以打门球、练广场舞、五禽戏健身操、太极拳、老年人迪斯科、交谊舞、鹤翔庄气功、扇舞、剑舞等项目较为普及。1991—1993年，连续3年“九九”重阳节组织登山活动3次，有1300多人参加，先后举办门球赛6次，400多人参加。1994年6月，成立县老年人体育协会和16个乡镇分会，会员4363人，老年人门球队发展到15支，队员320多人，设立门球辅导点18个，建门球场7个。在县体育场举办“神达杯”老年拳功操表演。

1995—1997年，县老体协先后组织“兴博温泉杯”“环保杯”拳功操表演赛，参加比赛活动600多人。县文体局举办2期木兰剑、扇舞骨干培训班，参训250人。1998年4月，县总工会与县老年人体育协会联合举办太极拳、舞剑骨干辅导员培训班，培训60人。5月，东岱老体协举办“水产杯”门球邀请赛，有14支500多人参加。1999年9月，在县体育场举行县第五届老年人体育运动会，共有23支代表队650多人参赛，300名老年运动员在开幕式上作拳功操表演。

2000—2002年，县老体协分别在东岱、凤城举行规模较大的门球邀请赛，有14支门球队280多人参加。2002年4月，琯头镇老年人太极拳、剑队24人，代表县参加市第六届老年人运动会比赛，获团体第八名。2003—2005年，在“五一”国际劳动节和“九九”重阳节，先后7次组织1100人次参加登山、门球、象棋、太极拳、舞剑表演赛。2005年4月，县老体协选派一支12人组成的门球代表队，参加在河南省郑州市举行的“黄河杯”全国门球邀请赛，荣获团体第六名。

1991—2005年，中老年人晨练健身活动已经普及城乡，县城和乡村利用修建公园和环境整治，开辟老年人步行健身路径30多处。凤城镇每天参加晨练的有3000人左右，其中老年人占80%。晨练内容也日趋丰富，成为全民健身活动的重要组成部分。

## 第四节　残疾人体育

1991年，县残疾人联合会鼓励和组织残疾人参加各项力所能及的文化体育活动。1993年9月，县残联、文体局、民政局联合在县体育场举办县第二届残疾人运动会和首届特教艺术节，各乡镇选送16周岁以上残疾人运动员57人参加，特教聋哑班学生在运动会开幕式表演“爱的奉献”歌舞，比赛项目有铅球、跳远、手摇椅800米、1500米跑、乒乓球、游泳等8项。

1997年6月，县残联与文体局联合举办第三届残疾人运动会和特教学校首届体育运动会，21个乡镇和特教学校共组织23支代表队，93名运动员参加田径、游泳、乒乓球、象棋、手摇椅800米跑、跳远、垒球等比赛，特教学校9名运动员参赛，获4项第一名。1999—2001年，特教学校在校内先后举办第二届和第三届残疾学生运动会，分别有60人、76人参赛。各项运动水平有一定提高。

2002年6月，特教学校选送5名残疾人运动员代表县参加省第二届特奥运动会，卢统志、吴家顺获男子乒乓球双打金牌，陈凤娇、李霞分获女子100米、200米赛跑金牌，李霞、池建安分获800米和1500米赛跑银牌。当年10月，特教学校李霞入选国家队。2003年5月，特教学校举办第四届运动会，参赛运动员82名。

2005年4月，县特教学校被省体育局定为省特殊奥林匹克运动培训基地，为全国第四届特奥会和世界第12届特奥会培训重点项目运动员。当年5—7月，集中残疾人运动员22人进行3个月培训，重点项目有田径、举重、柔道、游泳、羽毛球、乒乓球等。8月，连江残疾人运动员9名，组成体育代表队，代表省参加在哈尔滨举行的全国残疾人特奥运动会滚球单项比赛，获团体第二名，运动员魏明明获滚球比赛银牌。11月，特教学校举重运动员蓝仕辉、池榕建、魏丽（女），代表省参加在天津举行的全国特奥运动会举重比赛，分获60公斤、68公斤级卧推金牌和提铃、深蹲银牌、铜牌，魏丽（女）获56公斤级卧推、深蹲2枚银牌。当年12月，在省第三届特奥会比赛中，连江残疾人运动员24人参赛，共获金牌15枚、银牌5枚、铜牌5枚。

## 第五节　全民健身

1991—1993年，以“迎接省运动会、备战全运会、奔向奥运会”为契机，共举行田径、拳功操、拔河、太极剑、舞、登山、江河漂流、泥撬土滑、龙灯、舞狮等项目的赛事156项，其中乡镇、村、（居）73项，机关、企事业单位41项，中小学42项，参加赛事活动人员共12.87万人次。

1994—1996年，全面实施国家规定的全民健身“一二一”（每人每天要参加一次健身活动，学会两种以上健身方法，每年进行一次体质测定）工程，以每年全民健身节和全民健身宣传周为动力，组织开展各项体育活动，城乡举办各类体育运动会和群众性的体育活动赛事1680项，参与活动23万多人次。1996年8月，国家和省、市体育部门联合组织体育先进县复查组，第二次到连江复查，到东岱、浦口、敖江、琯头等乡镇实地查看体育设施、全民健身活动。经检查评估，对连江巩固发展体育先进成果给予肯定。

1997—2001年，结合中华人民共和国成立50周年和喜迎香港、澳门回归，共组织足球、篮球、门球、乒乓球、羽毛球和传统体育项目的龙舟、武术、棋类等项目的锦标赛、邀请赛133项，参与活动12万多人次。各乡村公园及步行健身路径逐步安装各种锻炼器械，成为男女老少皆宜的健身内容。2000年，小沧畲族乡建设占地7800平方米的体育场，为畲乡广大群众开展全民健身体育活动和各类体育竞赛，提供广阔的空间，当年小沧乡跨入全国少数民族体育先进乡镇。2001年，琯头镇荣获“全国亿万农民体育健身活动先进集体”称号。

2002—2005年，以“支持北京申奥”为契机，推动城乡全民健身活动向纵深发展，篮球、足球、门球、江河漂流、登山等各项体育赛事，各中小学体育竞赛频繁，在节假日，都举办适合中小学生富有趣味性、娱乐性的体育游戏，全县城乡开展各类体育赛事达1785项次，参与活动的群众达60多万人次。

# 第二章　学校体育

## 第一节　体育教学

1991年，按照国家体育总局《国家体育锻炼标准》（简称“锻标”）要求，合理设置中小学体育课程，加强中小学生体育活动，每周 2 节体育课及课间操、眼保健操，保证每天课外体育活动 1 个小时。当年，全县有专职体育教师 171 人，其中小学 57 人、初中 80 人、高中 34 人。中小学体育设施逐渐完善，全县 385 所小学有 250 个小型田径场，占小学校总数 64.9%；28 所公、私立中学，有 24 所建有 200—400 米田径场。1992 年，全县中小学经测试、评估、考核，体育锻标率平均达到 73.2%。1993 年，各中小学体育教学，以体育基础知识作为教学基本内容，当年体育锻标率上升至 78.8%，连一中、晓澳中学、东岱中学、蓼沿中学、实验小学、凤城一小等评为省级锻标达标先进单位。1994 年，县财政局下拨 25 万元，为 20 多所重点小学配套体育教学设施。为提高体育教学水平，县体委、教育局联合举办琯头、蓼沿、潘渡、官坂、筱埕、浦口等 6 个学区体育教师培训班，参加培训体育教师 58 名。

1995 年，实施初中毕业升学考试加试体育科目，以 30 分记入中考成绩总分，推动体育锻标的实施，当年中小学锻标率达 86.3%。全县 28 所中学参加中考学生 5230 人（男生 2738 人，女生 2492 人），经体育考试，及格 5021 人，及格率 96%。1996 年，连江一中评为全国实施《国家体育锻炼标准》先进单位，有 5 名体育教师评为市体育锻标先进工作者，有 4 名体育教师经市体育局批准为国家二级田径裁判员。当年经测试、评估，中小学体育锻标率上升至 88.3%。

1997 年，市、县体委及教育部门组织 4 个测试小组，对中学、小学进行测试、评估，全县锻标达标率达 90.6%。1999 年升至 91.5%。

2000 年开始，县文体局、教育局配合市体育锻标检查组，先后深入各中小学检查、指导，规范体育教学课程。至 2005 年，全县中小学锻标达标率升至 95%，达到国家实施体育锻标标准，连江被评为省《国家体育锻炼标准》先进县。

## 第二节　体育赛事

1991 年 1 月，凤城中心小学组织 10 名乒乓球代表队，参加市小学乒乓邀请赛获甲组第四名。同年 11 月，市第 30 届中小学生运动会，连江有 40 名运动员参加比赛，获金牌 4 枚、银牌 4 枚。连一中陈旭芝（女）获女子 200 米跑冠军。1992 年 10 月，举办县中学生运动会，1130 人参加 12 项比赛。同年 11 月，选拔 30 名参加市第 31 届中小学生运动会，获金牌 1 枚、银牌 2 枚、铜牌 4 枚。连一中黄鸿青获 110 米栏冠军。1993 年 11 月，连江组织 36 名学生参加市第 32 届中小学生运动会，获金牌 3 枚、银牌 3 枚、铜牌 3 枚。凤城中学游维（女）获女子 100 米栏冠军。1994 年 11 月，组织 42 名学生参加市第 33 届中小学生运动会，获金牌 2 枚、银牌 7 枚、铜牌 5 枚。连一中运动员陈衔获 1500 米跑冠军；陈巧婵（女）获 200 米跑冠军。1995 年 11 月，组织 47 名学生参加市第 34 届中小学生运动会，获金牌 6 枚、银牌 3 枚、铜牌 5 枚。1996 年 11 月，市第 35 届中小学生运动会，职专郑玲娟获女子 1500 米跑冠军、800 米跑银牌。

1997 年 11 月，连江组织 52 名学生参加市第 36 届中小学生运动会，获 5 枚金牌、11 枚银牌、10 枚铜牌。职专庄美珍（女）、游维（女）分获跳远、100 米跑冠军，郑玲娟（女）获 1500 米跑冠军，黄琴（女）获女子 100 米栏冠军。

1998 年 8 月，县文体局、教育局联合在县体育场举办中小学生运动会，共有 550 名学生参加 10 多项比赛，尚德中学获足球冠军、黄如论中学获篮球冠军、凤城中学获铅球冠军，田径破 5 项同龄组历史记录。同年 11 月，组织 36 名学生参加市第 37 届中小学运动会，共获 6 枚金牌、6 枚银牌、3 枚铜牌。职专王颖林（女）获标枪、铁饼 2 项冠军，陈艳华（女）获女子 400 米跑冠军，树德中学张天武、职专王锋新同获男子甲乙组标枪冠军，下宫中学吴英（女）获女子跳远冠军。

1999年8月，县举办中小学生田径运动会，有1047名学生参加12项比赛，尚德中学获足球冠军，官塘中学获足球亚军，晓澳中学获篮球冠军，凤城中学获男子标枪冠军，浦口中学获男子跳远冠军，有4人4项破同龄组历史记录。同年9月，凤城中学射箭运动员邱俐瑾（女），代表市参加青海省多巴市举办的全国青少年射箭锦标赛，获女子组30米60支箭金牌和女子组全能第2名。同年11月，组织32名学生参加市第38届中小学生运动会，获金牌3枚、银牌5枚、铜牌4枚。

2000年6月，组织38名学生参加市第39届中学生田径运动会，获金牌4枚、银牌4牌、铜牌6枚。筱埕中学三级跳远邱惠晶（女）获得冠军，东岱中学运动员陈华艳（女）获800米跑冠军，职专吴为英（女）获铁饼冠军，凤城中学林裙（女）获女子跳高冠军。同年10月，县选派凤城中学3名射箭运动员参加在四川省龙泉市举办的全国青少年射箭锦标赛，获女子儿童组18—30米赛团体第1名。2001年11月，组织42名学生参加市第40届中小学生运动会，获金牌5枚、银牌2枚、铜牌5枚。官塘中学获男子足球赛冠军，连一中林银兰获200米和400米跑2项冠军，职专吴为英（女）获女子标枪、铁饼2项冠军。

2002年11月，县组织48名学生参加市第41届中小学生运动会，获团体成绩第一名和金牌4枚、银牌6枚、铜牌10枚。尚德中学获男子足球赛冠军，连一中林银兰获400米跑冠军，华侨中学黄杜芳（女）获女子组标枪冠军，凤城中学魏斌获男子乙组铅球冠军。

2003年9月，在江苏南京举办的全国青少年射箭锦标赛，职专射箭运动员肖枭获男子组70米、30米第1名。同年11月，全国奥林匹克项目锦标赛在福州体育中心举行，连江一中运动员林银兰获200米跑冠军。同月组织38名学生参加市第42届中小学生运动会，获银牌2枚、铜牌3枚。

2004年5月，组织8名学生参加市第43届中小学生运动会，获银牌1枚。

2005年5月和11月，尚德中学足球队在福州举行的两次“百事球王”五人制足球争霸赛中，分别获得第一名和第二名。同年11月，组织38名学生参加市中学生田径锦标赛，共获4枚金牌、5枚银牌、10枚铜牌。琯头中学李文、晓澳中学邱仁明、连江四中陈美艳（女）分获男子400米跑、1500米、女子800米跑和标枪4项冠军。连江五中李金辉、尚德中学陈敬平、凤城中学李威、黄如论中学扬择等获100米、200米、400米跑和4×100米接力跑等6项第1名。

## 第三节　特色体育项目

1991年，县体委与教育部门，根据连江各中小学校的体育优势师资、场地设施及传统强项为基础，经评选考核，确定为特色体育项目的重点学校。1992年开始，按照体育发展的要求和实际情况进行调整充实，同时在师资、经费、设施、教学、赛事等方面给予支持。至2005年，先后被确定为特色体育主要项目七项，重点中小学13所（中学7所、小学5所及少年体校）。各特色体育项目都取得较好成绩。

**一、少年武术**

1991年，武术已是县内体育强项，以凤城中心小学和县少年体育学校为重点，成绩突出。1991—2005年，先后有460多人次参加市、省和全国青少年武术赛事20次，有10次获得团体总分第一名，男女各级别基本功39个第一、获单项金牌158枚、银牌121枚、铜牌108枚。其中参加市级比赛2次，均获团体总分第一；参加省级比赛16次，有8次获团体总分第一；参加全国比赛2次，获女子乙组团体第一，团体总分第五。有不少武术运动员成为各级学校的教练员。

**二、射箭**

1991年，以东岱中学为重点，至1995年，先后5次代表福州市或福建省参加省以上射箭比赛共获团体金牌1枚、单项金牌7枚、银牌3枚。其中1992年，连江8名射箭运动员代表福建省赴泰国参加射箭对抗赛，获男团 70 米冠军，全能亚军。1993 年，在福建与山西射箭对抗赛中，连江射箭运动员陈强以 7582 环成绩打破男双轮射箭 7544 环全国纪录获冠军。1996 年开始，射箭项目由东岱中学移到凤城中学，设施进一步完善。1997 年，被国家教委和体育总局授予“全国射箭项目重点学校”称号，被省体育局定为全省射箭后备人才培训基地。1996—2005 年，连江射箭运动员相继有 30 多人次代表福建省参加全国重大赛事 5 次，获女子团体第一名 1 次，男子团体第二名 2 次，第三名 2 次，获单项金牌 7 枚，银牌 3 枚。相继有 60 人次代表福州市参加全省比赛 9 次，有 7 次获团体总分第一名，单项金牌 51 枚、银牌 23 枚、铜牌 17 枚。1991—2005 年，共获单项奖牌 101 枚，其中金牌 58 枚、银牌 26 枚，铜牌 17 枚。

**三、田径**

1991 年，连江田径基础还较薄弱。1992 年开始，加强师资和设施建设，确定连一中、县实验小学、第二实验小学为田径项目重点，各中小学发现优秀田径苗子输送县少体校培养提高。1992—2005 年，连江中小学组队参加市历届中小学生运动会和中学生田径运动会，取得较好成绩，共获各项田径金牌 30 枚。其中连一中先后获男子 110 米栏、男子 200 米、400 米、1500 米跑等项冠军。县少体校培养输送的女子三级跳远运动员邱惠晶脱颖而出。2000—2005 年，先后 11 次在全国各类田径赛中获 7 次第一名、2 次第二名、1 次第三名、1 次第四名。最好成绩为 13.59 米。

**四、足球**

连江足球起步较晚，设施和师资均不足。1996 年开始，青少年男子足球选定官塘中学和尚德中学为重点，进行有计划的培训，经多年培养取得一定成绩。1999 年，在县中小学运动会中，尚德中学足球队获冠军，官塘中学足球队获亚军。2000 年，市 20 届运动会，官塘中学足球队获冠军。2001 年，市 40 届中小学生运动会，官塘中学足球队获冠军。2002 年，市 41 届中小学生运动会，尚德中学足球队获冠军。2005 年，市 2 次举办“百事球王”五人制足球锦标赛，尚德中学足球队先后获冠军和亚军。

**五、跆拳道**

六、1993 年起，县少体校作为重点项目之一，先后培养 6 名优秀跆拳道运动员，有的选送解放军八一体工队深造，在全国和国际比赛中取得好成绩。女跆拳道运动员张理月，1997—1999 年，6 次参加全国跆拳道锦标赛和冠军赛，均获 63 公斤级第二名或第三名。1999 年，张理月参加在俄罗斯举行的世界军人运动会，获 59 公斤级跆拳道冠军。2002—2004 年，连续三届获世界军人跆拳道锦标赛女子 67 公斤级冠军。另一名连江输送的跆拳道女运动员王闽娥，2003—2004 年相继获十五届、十六届世界军人跆拳道锦标赛 51 公斤级亚军、冠军。

**七、特殊奥林匹克运动项目**

1994 年，县残联和民政局联合调查，全县各类残疾人口共 20395 人。1995 年，设立县特殊教育学校，除开设文化、技能等课程外，注重功能康复训练，开展残疾人体育运动。至 2003 年，该校相继举办四届残疾人运动会。其中举重、田径、游泳、滚球等特殊奥林匹克运动项目取得较好成绩。2004 年开始，县特教学校被县确定为特奥项目重点学校。2005 年 4 月，被省体育局定为省特奥项目培训基地，5—7 月，集中特教学校 22 名运动员培训 3 个月，为全国第四届和世界第十二届特奥运动会培养重点项目运动员。同年 8 月和 11 月，2 次代表福建省赴哈尔滨参加全国特奥滚球单项比赛，获团体第二名、单项银牌 1 枚；赴天津参加举重比赛，获不同级别卧推、提铃、深蹲金牌 1 枚、银牌 3 枚、铜牌 1 枚。

**八、其他**

1998 年开始，县文体局和教育局经考核评选，确定篮球、排球项目以如论中学、晓澳中学、树德学校为重点，赛事成绩一般。

## 第四节　培养输送体育人才

1991年，除中小学特色体育项目培养各类体育人才外，重点以县少年体育学校为基地，培养有潜能的少儿体育苗子，校内设武术、跆拳道、田径、射箭、篮球、排球、乒乓球等训练项目，借鉴省、市体校训练大纲，既注重文化课程学习，又不放松体育专项科学和量化训练，并配强教练队伍，分工负责，运动成绩逐渐上升。

1991—2005年，全县相继向省、市和解放军“八一”体工队及全国各体育院校输送体育人才89人，其中“八一”体工队、省体工队、省体校48人，市体校36人，成都体院1人，武汉体院2人，集美大学体育系2人。输送项目人才有田径27人、武术11人、射箭10人、跆拳道10人、举重5人、游泳8人、篮球3人、乒乓球4人、拳击2人、体操9人。

在全国或国际赛事中，成绩较突出的有：

跆拳道运动员张理月，女，原连江五中学生。经县少体校跆拳道培训，1994年8月输送解放军“八一”体工队。1999年8月，代表解放军队参加在俄罗斯萨格勒布市举行世界军人运动会获女子跆拳道59公斤级冠军。2002—2004年，连续三届获十四、十五、十六届世界军人跆拳道锦标赛67公斤级冠军。曾受到中央军委领导张万年、迟浩田的会见。是县内首位获世界级金牌的优秀运动员。

射箭运动员陈强，男，原东岱中学学生。1991年，由县少体校输送省体工队。1992年7月，代表省射箭队出访泰国，在福建队与泰国队射箭对抗赛中，取得70米赛第一名，30米赛第二名。在福建与山西省射箭对抗赛中，打破男子双轮射箭全国纪录。

射箭运动员林萌生，男，原凤城中学学生。1992年2月，由县少体校输送省体工队，当年7月，代表省射箭队参加在吉林省长春市举行的全国青少年射箭比赛，夺取90米、50米2项银牌，单项比赛达到国家一级运动员标准。

射箭运动员邱俐瑾，女，原凤城中学学生。1996年5月，由县少体校输送省体工队，1999年8月，代表省参加在青海省多巴市举行的全国青少年射箭锦标赛，夺取女子乙组30米第一名，个人全能第二名。

三级跳远运动员邱惠晶（女），原筱埕中学初中学生。2000年6月，由县少体校输送市少体校。2002年9月，参加省田径锦标赛，获女子三级跳远冠军。同年8月，参加全国少年田径锦标赛获亚军。2003年5月，参加全国少年田径锦标赛获冠军。同年10月，代表省队参加全国第五届城市运动会，获得冠军。2004年4月，参加意大利第十届世界青年田径锦标赛获第五名。2005年8月，参加中日青年田径对抗赛，获金牌。同年，被评为国家一级运动员。

# 第三章　体育竞赛

## 第一节　县体育运动会

1991年6月，在县体育场举行县第八届运动会暨首届军警民运动会，设田径、篮球、乒乓球、游泳、象棋、门球、武术、拔河、泥橇及军事项目射击、投弹、武装越野等竞赛项目，县直机关、乡镇和驻军部队、边防、武警等共 29 个代表队 1136 名运动员参赛。运动会开幕式由运动员、裁判员和全副武装的军警组成 10 个方阵，游行入场，场面隆重热烈。通过竞赛，有 6 人 6 项打破历届运动会纪录。县直机关代表队获田径、乒乓球男女团体总分第一名、男子篮球第一名；凤城镇代表队获门球和象棋第一名；某部队代表队沈鹏获投弹第一名，张循进获射击第一名；长龙代表队、小沧代表队分获男女武术第一名、第二名；透堡代表队龙头村获土橇速滑团体第一名。

1997 年 6 月，在县体育场举行县第九届运动会，22 个乡镇及县直机关各系统共 27 个代表队 960 名运动员参赛。运动会开幕式举行“走向光辉”大型体操表演。运动会设田径、篮球、乒乓球、象棋、门球、拔河等比赛项目，男子篮球设丹阳、筱埕、东岱 3 个分赛区进行。运动会共有 2 人 2 项打破历届运动会纪录。县直机关宣传系统代表队获田径团体总分第一名和乒乓球团体第一名；东岱代表队、琯头代表队分获乒乓球男女单打第一名；敖江镇代表队获象棋比赛团体第一名；浦口镇代表队获门球比赛第一名；篮球丹阳赛区 6 个乡镇代表队参赛，丹阳代表队获第一名；东岱赛区 8 个乡镇代表队参赛，江南乡代表队获第一名；筱埕赛区 6 个乡镇代表队参赛，筱埕镇代表队获第一名；女子拔河凤城、敖江并列第一名，小沧乡获少数民族组第一名。

2001 年 6 月，在县体育场举行县第十届运动会，22 个乡镇和县直机关各系统共 28 个体育代表队 1080 名运动员，参加田径、足球、篮球、乒乓球、门球、羽毛球、围棋、象棋、少数民族女子拔河等项目比赛。开幕式由县老体协、树德中学、某部队共 1500 多人，分别表演体操、威风锣鼓、太极拳操、泰迪球健身操等表演。通过角逐，琯头镇获足球比赛第一名；县宣传系统代表队获男女羽毛球团体第一名，男女单打第一名；县农林水系统代表队、党群系统代表队分获乒乓球男女单打第一名；少数民族女子拔河小沧乡代表队夺冠。

2005 年 5 月，在县体育场举行县第十一届运动会，22 个乡镇和县直机关各系统共 29 个代表队 1027 名运动员，参加足球、田径、象棋、围棋、羽毛球、乒乓球、篮球、游泳、拔河等 12 项比赛。琯头代表队获足球比赛冠军；县宣传系统代表队获男子 100 米游泳、围棋、田径 3 项冠军；凤城代表队获乒乓球比赛男女单打冠军；县直党工委代表队获男子羽毛球比赛团体第一名；凤城镇代表队获象棋比赛团体第一名；小沧乡代表队获女子拔河比赛冠军。该届运动会还特邀马祖岛乡亲代表队一行 15 人参加开幕式，并与黄岐镇男子篮球队进行友谊比赛。

## 第二节　参加省、市体育赛事

1991 年 7 月，26 名青少年武术运动员，代表市参加省青少年武术比赛，获团体总分第一名、单项金牌 17 枚、银牌 8 枚、铜牌 2 枚。同年 10 月，县组织 25 名运动员参加省第二届农民运动会，田径运动员陈礼荣以 3.2 米成绩获男子撑竿跳冠军。滕秀美获女子 800 米跑第二名，程平健获 400 米跑铜牌，郑华勇获 800 米跑铜牌。

1992 年 7 月，县青少年武术运动员 28 人，代表市参加省青少年武术比赛，获男女团体总分第一名，单项金牌 12 枚、银牌 9 枚、铜牌 8 枚。同年 10 月，县选送 10 名青少年武术运动员代表市参加省第 10 届运动会武术项目比赛，获男女团体金牌；射箭获单项金牌 6 枚。同年 11 月，福州老年人门球邀请赛在连江体育馆举行，共 15 支门球队参加比赛，连江门球代表队获银牌。

1993 年 2 月，县射箭运动员陈强、傅建华、练国富 3 人代表省队参加在福州举行的福建—山西射箭对抗邀请赛，以团体 7582 环的成绩，破 7544 环男子双轮射箭全国纪录。同年 7 月，县 28 名少儿武术运动员代表市参加省少儿武术比赛，获男女团体基本功金牌 2 枚、单项金牌 10 枚、银牌 9 枚、铜牌 7 枚。1994 年 4 月，县 36 名少儿武术运动员，代表市参加省少儿武术比赛，获男女基本功金牌 4 枚、单项金牌 9 枚、银牌 8 枚、铜牌 11 枚。

1995 年 6 月 6—8 日，省第三届少数民族运动会在连江体育场举行，有 9 个地、市代表团参加，共有畲族、回族、满族、高山族等 10 个少数民族运动员 476 名，参加武术、射弩、毽球、舞龙头、竿球、背篓球、舞狮、射猎等 18 项具有民族传统特色的表演赛。同年 7 月，县少体校武术小将 28 人代表市参加省少儿“文武杯”武术比赛，获男、女团体基本功金牌 4 枚、单项金牌 11 枚、银牌 12 枚、铜牌 5 枚，并获得道德风尚奖。同年 10 月，县少年武术队 20 人代表市参加在漳州举办的省第三届农民运动会武术项目比赛，获单项金牌 4 枚、银牌 6 枚、铜牌 7 枚。

1996 年 7 月，省体委、教委联合在连江举办全省青少年射箭比赛，连江 8 名射箭运动员代表市参赛，获男女团体总分第一名和单项金牌 4 枚。同年 9 月，连江 32 名武术运动员代表市参加全省武术馆传统武术比赛，获团体总分第一名、儿童组基本功团体第一名和男女基本功金牌 4 枚，单项金牌 13 枚、银牌 10 枚、铜牌 5 枚，同时获道德风尚奖。

1997 年 5 月，连江 8 名射箭运动员代表市参加省青少年射箭比赛，获男子组团体总分第一名。陈文、林航、陈瀛、卢端飞同获男女全能金牌。同年 7 月，连江 24 名武术运动员参加市 19 届运动会获武术团体总分第一名，男女团体基本功金牌 4 枚，单项金牌 7 枚、银牌 9 枚、铜牌 8 枚。县职专 10 名田径运动员参赛，获银牌 1 枚、铜牌 3 枚。同年 8 月，县 8 名运动员参加在连江比赛的省青少年射箭比赛，获男子组团体冠军及 70 米、30 米双轮金牌 4 枚。同年 9 月，县 24 名运动员代表市参加省儿童武术比赛，获男女团体基本功金牌 3 枚，单项金牌 9 枚、银牌 10 枚、铜牌 6 枚。1998 年 7 月，省青少年射箭锦标赛在沙县举行，县射箭运动员 6 人代表市参加，获男子乙组团体冠军。同年 9 月，县 8 名青少年武术运动员参加在泉州举行的全省第 11 届运动会武术项目比赛，获女子组集体基本功金牌，男子组集体基本功银牌。

1999 年 5 月，连江信鸽协会参加在福州举办的全省信鸽空距 500 千米和 1000 千米单鸽赛飞比赛，获两项冠军。同年 8 月，县 28 名武术运动员代表市参加在漳州市举行的省青少年武术比赛，获女子团体基本功第 3 名，男女团体基本功第 4 名，单项金牌 5 枚、银牌 4 枚、铜牌 6 枚。同年 10 月，省信鸽赛飞在福州体育中心举行，连江信鸽协会会员黄重新获单鸽 500 米赛飞第 1 名。

2000 年 5 月，连江选送 35 名运动员参加市第 20 届运动会，获金牌 3 枚、银牌 2 枚，官塘中学足球队获冠军。同年 9 月，连江青少年武术队代表市参加省青少年武术比赛，获团体总分第一名，获单项金牌 12 枚、银牌 8 枚、铜牌 12 枚。

2002 年 4 月，连江门球队在市第 6 届老年人运动会门球比赛中获冠军。同年 9 月，连江 2 名跆拳道运动员高潮、钱屿亭（女）代表市参加省青少年跆拳道比赛，分别获金牌、铜牌。同月，县 7 名跆拳道运动员代表市队参加省第 12 届运动会跆拳道项目比赛，获金牌 1 枚、银牌 3 枚、铜牌 4 枚。同年 10 月 30 日，连江 18 名武术运动员参加省第 12 届运动会武术项目比赛，获单项女子基本功金牌 2 枚、单项金牌 10 枚、银牌 9 枚、铜牌 3 枚；射箭比赛项目在连江体育场举行，设男女甲乙两组，连江 4 名射箭运动员参赛，获女子全能等金牌 4 枚，郑露（女）以 678 环成绩打破 662 环全省青少年 25 米双轮纪录。田径运动员邱惠晶在女子三级跳远比赛中，以 13.56 米成绩夺得金牌，破全省青少年三级跳远记录。

2003 年 7 月，连江射箭运动员在全省青少年射箭锦标赛中，获金牌 3 枚、银牌 1 枚、铜牌 2 枚。同月，全省少儿武术锦标赛在泉州举行，连江获少年组基本功第一名，单项金牌 4 枚、银牌 3 枚、铜牌 1 枚。

2004 年 11 月，连江 48 名运动员参加市第 21 届运动会，共获取金牌 37 枚、银牌 32 枚、铜牌 32 枚，并获团体总分（1084.4 分）第三名。

2005 年 8 月，在福州举办全省少儿武术锦标赛，连江运动员获单项金牌 4 枚、银牌 2 枚、铜牌 4 枚。

## 第三节 参加全国体育事赛

1991 年 5 月，县少体校 40 名武术队员参加在福州举行的全国特奥运动会作开幕式表演，获得组委会好评。1992 年 9 月，东岱中学射箭代表队 6 人代表省参加全国青少年射箭比赛，林萌生获 90 米、50 米双轮比赛银牌 2 枚。1995 年 8 月，连江 3 名射箭运动员代表省队参加在吉林长春举行的全国青少年射箭锦标赛，获团体总分第三名。1997 年 8 月，县 3 名射箭运动员代表省队参加在吉林省银川市举行的全国青少年射箭锦标赛，获男子团体第三名。

1998 年 4 月，连江 6 名运动员代表市队参加在澳门举行的学界埠际田径比赛，跳远运动员吴瑛（女）获女子乙组跳远、100 米跑 2 枚金牌。同年 8 月，连江 8 名射箭运动员代表省队参加吉林省银川市举行全国射箭邀请赛，获男子组团体第八名，林航以 2565 环总成绩获得全能金牌。

1999 年 8 月，连江 6 名射箭运动员代表省队参加在青海省多巴市举行的全国射箭锦标赛，获女子组团体第三名，邱莉瑾（女）获单项金牌。

2000 年 5 月，县武术运动员 3 人代表省队参加在上海市举行的全国青少年武术套路锦标赛，获女子乙组团体基本功第一名，林莺获女子刀术第二名。同年 8 月，连江三级跳远运动员邱惠晶（女）代表省队参加在吉林省长春市举行的全国青少年田径锦标赛，以 13.55 米成绩获得银牌。

2001 年 8 月，连江 8 名男女射箭运动员代表省队参加在四川省成都市举行的全国射箭锦标赛，获女子组团体第一名，男子组团体第三名，运动员张萍华（女）获全能第四名。

2003 年 5 月，邱惠晶（女）代表省队参加在吉林省长春市举行的全国青少年田径锦标赛，以 13.59 米成绩获冠军。同年 10 月，邱惠晶（女）代表省队参加在上海举行的全国第五届城市运动会，以 13.78 米成绩获得三级跳远金牌。

## 第四节 参加国际体育事赛

1992 年 7 月，连江射箭运动员 6 人代表省队参加在泰国首都曼谷举行的福建与泰国射箭对抗赛，获男子团体 70 米第一名，运动员陈强获全能第二名。

1993 年 10 月，连江 30 名青少年武术运动员应邀参加在福州举行的首届国际太极拳暨中日太极拳表演赛开幕式武术表演。同年 11 月，连江 30 名武术运动员参加在福州举行的国际武术邀请赛和国际武术观摩表演赛作开幕式基本功表演。

# 第四章　机构　设施

## 第一节　机　构

1991年，设县体育运动委员会（简称“体委”），正科级，行政编制5名。1997年，体委与文化局合并，成立文化体育局，行政编制10名，内设办公室、社会文体科、文化市场管理科、艺术竞训科。2002年，文化体育局与科学技术局合并，成立科技文体局，行政编制13名。内设办公室、科技科、文化科、体育科，下辖少体校、体育场馆、体育辅导中心，均为股级事业单位。至2005年不变。

## 第二节　体育设施

**一、县体育设施**

1991年，县体委在县城游泳馆二层楼增建武术、乒乓球训练房，增加培训场所。1994年，县财政投资480万元建成国家标准田径场，占地面积22644平方米，内设田径场、足球场、篮球场、羽毛球场、门球场等。1996年，原设东岱中学的射箭培训基地移到凤城中学，训练场地设县体育场，还新建体育综合训练馆、县少体校综合训练房。同年，由台商投资3000万元，建成占地面积100多公顷的福州贵安国际标准高尔夫球场，配套设施齐全。1997年7月，省体委在潘渡乡贵安村建成省温泉游泳馆。2003年，连一中建成400米塑胶跑道的田径场。至2005年，县级体育设施共有体育场1个、体育馆1个、400米田径场2个、篮球场20个、乒乓球厅10个、羽毛球场6个、游泳馆（池）5个、门球场4个、武术训练房1个、跆拳训练房1个、射箭训练场1个、射击场1个、足球场1个、健身路径8套、高尔夫球场1个。

**二、乡镇、村居体育设施**

1991—1993年，乡镇、村居体育基础设施长足发展，各乡镇在普遍实现“一场一室”基础上，陆续兴建文体活动中心、门球场、田径场、篮球场、排球场等100多个。1994—1996年，先后在15个乡镇安装省、市配套的全民健身路径器械31套。1997—2000年，为拓展全民健身体育活动，鼓励群众投资举办村级体育活动设施，新增篮球场39个、羽毛球场10个、灯光球场6个。至2005年，乡村有篮排球场134个、门球场14个、其他训练场所79个、健身路径31处。

## 第三节　体育团体

1992年10月，成立县体育总会，为市体育总会团体会员。县体育总会以“发展体育运动，增强人民体质”为宗旨，致力于普及、提高全县群众性体育活动，推动体育运动社会化，增强体育界交往、友谊，做好组织、引导、协调等各项工作。县体育总会成立后，凡在 1992 年以前成立的各类体育协会，均为县体育总会团体会员。之后成立的各协会为自然团体会员。至 2005 年，总会下设 16 个分会，会员总数 10529 人。团体会员中以老年人体育协会为最，有乡镇协会 22 个、村级老年人体协 187 个，会员达 9100 人，机构健全，组织严密，活动频繁，成为全县全民体育健身活动的生力军。

**2005 年县体育总会团体会员一览表**

表 35-4-1 单位：人

| 体育协会名称 | 建会日期 | 会员人数 | 体育协会名称 | 建会日期 | 会员人数 |
|---|---|---|---|---|---|
| 信鸽协会 | 1981 年 11 月 | 103 | 门球运动协会 | 1988 年 2 月 | 145 |
| 武术协会 | 1984 年 7 月 | 66 | 钓鱼协会 | 1988 年 8 月 | 76 |
| 农民体育协会 | 1984 年 8 月 | 220 | 妇女体育协会 | 1988 年 2 月 | 57 |
| 龙舟运动协会 | 1985 年 5 月 | 108 | 职工体育协会 | 1989 年 9 月 | 75 |
| 乒乓球运动协会 | 1985 年 8 月 | 78 | 残疾人体育协会 | 1994 年 6 月 | 63 |
| 田径运动协会 | 1985 年 10 月 | 87 | 老年人体育协会 | 1994 年 6 月 | 9100 |
| 篮球运动协会 | 1986 年 5 月 | 118 | 足球运动协会 | 1995 年 1 月 | 112 |
| 棋类协会 | 1986 年 5 月 | 26 | 羽毛球运动协会 | 1999 年 6 月 | 95 |

# 第三十六篇　民族　宗教　民间信仰

1991年初，境内有15个少数民族，人口12340人，占全县总人口2.12%。其中畲族人口12249人，主要分布12个乡镇、41个村居，多数聚居在山区、海隅经济欠发达地区，居住人口11802人，占畲族总人口96.35%。畲族农民人均纯收入400元，是全县农民人均收入799元的50.1%。1992年开始，各级政府对畲族地区的基础设施、产业发展、社会事业的扶持力度加大，畲族地区各项事业有较快发展。至2005年，省、市、县各级民委扶持畲族聚居乡、村基础设施建设和社会事业发展资金共642.68万元，扶助造福搬迁564户、1825人，扶助资金145万元。年末，全县畲族人口13303人。设1个畲族民族乡，相对集中聚居的畲族建制村16个。畲族农民人均收入3568元，是全县农民人均纯收入4912元的72.6%。

1991年，县内宗教主要有佛教、道教、天主教、基督教4种。随着宗教信仰政策落实，宗教活动日趋活跃，宗教信众有较大发展，大部分宗教活动场所都进行修葺、扩建、重建，部分历史名寺、古刹得到恢复，一些重要文物古迹得以修复、维护，但也有未经批准乱滥建现象。1992年后，进一步加强宗教事务管理，逐步完善管理机制，至2005年，全县经县政府和县民宗局正式登记发证的宗教活动场所184处、临时登记7处。各类信教公民58860人，民间信仰群众超过20万人。

## 第一章　民族工作

### 第一节　少数民族分布及聚居地

#### 一、少数民族分布

1990年，连江在全国第四次人口普查中，共有15个少数民族，人口12340人，占全县总人口2.12%，其中畲族12249人，占少数民族人口99.3%。回族、苗族、壮族、彝族、蒙古族、藏族、侗族、满族、瑶族、白族、土家族、京族、黎族、布依族等14个少数民族合计人口91人。2000年，全国第五次人口普查，县内有23个少数民族，人口13250人，占全县总人口2.2%。其中畲族人口11918人、纳西族1人、回族601人、藏族28人、维吾尔族22人、苗族129人、彝族47人、壮族55人、土族2人、布依族34人、朝鲜族44人、满族15人、侗族37人、瑶族4人、白族6人、蒙古族122人、羌族2人、土家族163人、傣族2人、黎族11人、佤族5人、仡佬族1人、京族1人，分布全县22个乡镇；全县畲族共2716户，总人口11918人，畲族聚居人口200人以上的有小沧、潘渡、蓼沿、长龙、东湖、安凯、丹阳、官坂、马鼻、黄岐、坑园等11个乡镇。2005年，全县畲族人口13303人。设1个畲族民族乡，相对集中聚居的畲族建制村16个。

**二、畲族聚居乡村**

（一）小沧畲族乡

位于县境西北部。1991年，全乡790户，人口4108人，其中畲族428户2295人。乡驻地原在小沧店头街，因建设山仔枢纽工程为淹没区，于1993年，迁至今址利洋坪，距县城53千米。2005年，全乡辖5个建制村，18个自然村，设38个村民小组，总户数1064户，总人口4038人，其中畲族572户2333人，占全乡总人口57.8%。有耕地面积2740亩，财政收入70万元，农林牧渔业总产值1023万元，工业产值747万元。粮食产量953吨，水产品产量350吨，肉类产量193吨，禽蛋产量30吨，水果产量112吨。全乡农民人均纯收入3730元，其中畲族农民人均纯收入3428元。1996年，被省政府授予民族团结进步模范单位。1998年，被国家民委授予“全国民族团结进步模范乡”称号。

（二）畲族聚居建制村

**小沧乡七里村** 位于小沧乡西北部，因距小沧7华里（3.5千米）而得名。1991年，有220户1282人，均为畲族。1993年，划出掌濑、过洋、牛楼3个自然村另设利洋村。2005年，七里村共207户787人，均为畲族，设7个村民小组。耕地面积142亩，农作物总播种面积365亩，粮食产量80吨，水果产量11吨，禽蛋产量4吨，肉类产量18吨，水产品产量86吨，农民人均纯收入3399元。村财零收入。

**小沧乡东风村** 原名龙潭村。1991年，全村208户1108人。其中畲族188户1013人。主要聚居在龙潭、上东山、下东山、松柏濑、湖里濑、上洋、半岭、曲埕、金洋顶9个自然村。1995年，松柏濑自然村村民全部迁到下东山。2001年，湖里濑和上洋自然村的村民迁到龙潭的桥头。2005年，全村279户1116人。其中畲族255户1012人，占全村人口90.68%。全村耕地面积951亩，农作物播种面积1623亩，粮食产量405吨、水果产量22吨，禽蛋产量10吨，肉类产量26吨。畲族农民人均纯收入3590元。村财零收入。

**小沧乡利洋村** 1991年，因建设山仔水利枢纽工程，七里村所属的掌濑、过洋、牛楼3个纯畲族自然村为水库淹没区，迁移到小沧新乡址利洋坪。1993年5月，3个自然村合并组建利洋村民委员会，并确定为畲族聚居村。2005年，全村115户481人，均为畲族，设4个村民小组。全村有耕地127亩，农作物总播种面积386亩，粮食产量98吨，水果产量9吨，禽蛋产量5吨，肉类产量20吨，水产品产量75吨。农民人均纯收入3742元。村财零收入。

**东湖镇天竹村** 亦称天竺，距东湖20千米。1991年，全村35户181人，均为畲族。2005年，全村53户193人，全部是畲族，只设1个村民小组。全村耕地面积180亩，农作物总播种面积468亩，粮食产量152吨，水果产量3吨，禽蛋产量4吨，肉类产量36吨。农民人均纯收入4527元。村财收入2万元。

**长龙镇真茹村** 亦称真祠或真如，位于长龙最北端，距镇11千米。1991年，全村106户505人，其中畲族80户400人，主要聚居在外窑自然村。2005年，全村123户503人，设5个村民小组。其中畲族89户383人，占全村人口76.14%。全村耕地面积776亩，农作物总播种面积1501亩，粮食产量292吨，茶叶产量120吨，水果产量27吨，禽蛋产量24吨，肉类产量35吨，农民人均纯收入3991元，其中畲族农民人均收入3610元。村财收入12.1万元。

**长龙镇洪峰村** 原名洪塘，1981年改名。距镇6.2千米。1991年，全村285户1381人，其中畲族108户608人，主要聚居总洋、刘山、新厝后、下洋坪、鹅角岺等自然村。1996年开始，实施造福搬迁工程，先后约有100户畲族人口从相关自然村搬迁到长龙镇政府所在地建庄村宫坂自然村；另一部分居民搬迁到建庄村黄家垱马垅口；仍有部分居民留在下洋坪、总洋等地。2005年，全村333户，1277人，设18个村民小组，其中畲族132户513人，占全村总人口的40.17%。全村耕地面积1401亩，农作物总播种面积3007亩，粮食产量582吨，茶叶产量134吨，水果110吨，禽蛋产量20吨，肉类产量 66 吨。农民人均纯收入 4263 元，其中畲族农民人均纯收入 3751 元。村财收入 5.1 万元。

**长龙镇丘祠村**　亦称邱储、邱祠，距镇 5 千米。1991 年，全村 165 户 780 人。畲族主要聚居在鹿池自然村。2001 年，丘祠被确认为畲族聚居建制村。2005 年，全村 200 户 722 人，设 7 个村民小组。其中畲族 63 户 239 人，占全村总人口的 33.10%。全村耕地面积 652 亩，农作物总播种面积 1843 亩，粮食产量 243 吨，茶叶产量 150 吨，水果产量 42 吨，禽蛋产量 16 吨，肉类产量 54 吨，水产品产量 21 吨。农民人均纯收入 4794 元，其中畲族农民人均纯收入 4132 元。村财收入 3.6 万元。

**潘渡乡兰山村**　原名南山，1981 年改名。1991 年，全村 79 户 380 人，均为畲族。聚居在南山、砖沧 2 个自然村。2005 年，全村 86 户 363 人，均为畲族，设 5 个村民小组。耕地面积 411 亩，农作物总播种面积 1389 亩，粮食产量 276 吨，水果产量 49 吨，禽蛋产量 7 吨，肉类产量 24 吨。农民人均纯收入 3987 元。村财收入 27 万元。

**潘渡乡溪利村**　1991 年，全村人口 128 户，613 人，全为畲族，主要聚居在溪利、马陀 2 个自然村。2005 年，全村 161 户 641 人，均为畲族，设 8 个村民小组。耕地面积 546 亩，农作物总播种面积 1712 亩，粮食产量 380 吨，水果产量 187 吨，禽蛋产量 7 吨，肉类产量 43 吨，水产品产量 31 吨。农民人均纯收入 4020 元。村财收入 1.75 万元。

**潘渡乡塘坂村**　亦称塘仔。距乡 23 千米。1991 年，全村 165 户，912 人，其中畲族 105 户，594 人。主要聚居沙洲、大洪、里洋、牛岭、瓦窑门、山仔濑 6 个自然村。1992 年，瓦窑门、山仔濑、牛岭 3 个自然村搬迁到沙洲和里洋。2005 年，全村 343 户 952 人，设 12 个村民小组。其中畲族 147 户，686 人，占全村总人口 72.06%。全村耕地面积 687 亩，农作物总播种面积 2702 亩，粮食产量 536 吨，水果产量 132 吨，禽蛋产量 9 吨，肉类产量 51 吨，水产品产量 58 吨。全村农民人均纯收入 4576 元，其中畲族农民人均纯收入 3396 元。村财零收入。

**潘渡乡高岳村**　亦称大凿。距乡 23 千米。1991 年，全村 211 户，1013 人，其中畲族 81 户，460 人，主要聚居雷拍石、东后山、大岜、琯头鼻自然村。2005 年，全村 268 户 1009 人，设 11 个村民小组。其中畲族 105 户 425 人，占全村总人口的 42.12%。全村耕地面积 1149 亩，农作物播种面积 3935 亩，粮食产量 873 吨，水果产量 299 吨，禽蛋产量 9 吨，肉类产量 50 吨，水产品产量 39 吨。全村农民人均纯收入 3745 元，其中畲族农民人均纯收入 2736 元。村财收入 0.3 万元。

**潘渡乡东雁村**　原名东岸，1981 年改名，距乡 12 千米。1991 年，全村 138 户，666 人，其中畲族 61 户 281 人，主要聚居上白岩、下白岩自然村。2005 年，全村 162 户 601 人，设 4 个村民小组，其中畲族 62 户 278 人，占全村总人口的 46.26%。全村耕地面积 465 亩，农作物总播种面积 1850 亩，粮食产量 374 吨。水果产量 382 吨，禽蛋产量 9 吨，肉类产量 40 吨，水产品产量 34 吨。全村农民人均纯收入 4366 元，其中畲族农民人均纯收入 3350 元。村财收入 0.61 万元。

**蓼沿乡赤石村**　距乡 14 千米。1991 年，全村 122 户 561 人，其中畲族 43 户 225 人，主要聚居在虎头山和黄竹头 2 个自然村。2005 年，全村 134 户 509 人，设村民小组 6 个，其中畲族 57 户 220 人，占全村总人口的 43.22%。全村耕地面积 445 亩，农作物总播种面积 852 亩，粮食产量 293 吨，水果产量 3 吨，禽蛋产量 5 吨，肉类产量 17 吨。全村农民人均纯收入 4062 元，其中畲族农民人均纯收入 3065 元。村财零收入。

**蓼沿乡仙屏村**　亦称山坪，距乡 2.5 千米。1991 年，全村 489 户 2086 人，畲族分别聚居在高坂、牛埕、五峰 3 个自然村。2005 年，仙屏被确定为畲族聚居建制村，全村有 584 户 2065 人，设 23 个村民小组，其中畲族 131 户 675 人，占全村总人口的 32.69%。全村耕地面积 1473 亩，农作物总播种面积 3209 亩，粮食产量 853 吨，水果产量 28 吨，禽蛋产量 16 吨，肉类产量 78 吨。农民人均纯收入 4436 元，其中畲族农民人均纯收入 3150 元。村财收入 11 万元。

**安凯乡黄家洞村**　距乡 9.5 千米。1991 年，全村 90 户 406 人，均为畲族。2005 年，116 户 437 人，均为畲族，设4个村民小组。耕地面积237亩，农作物总播种面积345亩，粮食产量46吨，禽蛋产量1吨，肉类产量3吨。农民人均收入3155元。村财收入1.8万元。

**安凯乡镇安村** 原名下灶。1968年，因建郭婆水库为淹没区，迁到定安村，1981年改今名，距乡5千米。1991年，全村76户356人，其中畲族47户240人。2005年，全村90户359人，设3个村民小组，其中畲族57户229人，占全村总人口的63.79%。全村耕地面积251亩，农作物总播种面积470亩，粮食产量110吨，禽蛋产量1吨，肉类产量3吨。农民人均纯收入3922元，其中畲族农民人均纯收入3480元。村财收入3.7万元。

## 第二节　提高政治地位

1991年起，连江县进一步贯彻党的民族政策，重视吸收优秀少数民族成员参加党、团组织、社会团体，担任人大代表、政协委员，参与政府、社会管理，县组织人事部门尤其重视培养少数民族干部。当年初，全县有畲族国家干部125人，畲族中共党员440人，占党员总数18006人的2.44%，在20个乡镇党委中，有小沧畲族民族乡党委，在畲族主要聚居的乡镇党委中，都有畲族党委成员。13个畲族聚居建制村都建有党支部；在县第十一届人民代表大会上，畲族干部蓝春惠当选为县人大常委会副主任、党组成员，并连任两届；全县有畲族共青团员530人，占团员总数的3.26%。13个畲族聚居村妇代会委员37人，畲族委员22人，占总数的59.5%。

1994年，畲族政协委员蓝抗美提出《建议少数民族散居贫困村搬迁移址提案》，引起县领导重视，拉开居住偏僻地区少数民族造福搬迁工程的序幕。

1999年10月，有12名畲族公民当选为县第十三届人民代表，占代表总数255人的4.7%。畲族干部蓝钦明当选为县政府副县长并连任两届。

2000年，全县有畲族党员540人，畲族共青团员655人。14个畲族主要聚居村团支部，有畲族支部委员29人，占委员总数63人的46.03%。畲族担任副乡级以上领导干部共24人。1991—2000年，先后选送40多位畲族干部到各类高等院校、民族院校和党校培训，学成后相当部分被选拔任用。

2003年，据22个乡镇人大换届选举统计，共有畲族代表69人，占乡镇人大代表总数1285人的5.4%。

2005年，全县共有少数民族国家干部171人，占全县干部总数的2.19%，其中专业技术干部57人（高级职称5人、中级52人），少数民族县处级干部1人，乡科级24人。小沧畲族乡配3个副乡级以上畲族干部，6个畲族聚居乡镇，共配备10名少数民族科级干部。在16个畲族聚居村妇代会中，有畲族委员36人，占委员总数46人的78.3%。

1991—2005年，畲族党员先后有8人次当选为中共市党代会代表，52人次当选为中共县党代会代表。中共县第十届党代会有畲族代表14人，占代表总数的4.5%，有5人次当选为中共县委委员。2名畲族公民当选为省人大代表，4人次当选为市人大代表，48人次当选为县人大代表，294人次当选乡镇人大代表，27人次当选县政协委员。15年中，畲族人大代表共提出议案11件，畲族政协委员提交提案37件，重点反映加强畲族地区领导，加快基础设施建设，发展文化教育卫生事业和扶贫脱困等问题及解决办法。

## 第三节　扶持经济发展

1991 年起，县对少数民族地区的经济、基础设施扶持力度逐步加大。民族部门扶持建设果树生产基地 6 个 200 亩，产量 50 吨，产值 6 万元。投入 21 万元扶持长龙鹿池开发橘场 20 亩，黄家洞村开垦茶园 30 亩，塘坂村瓦窑门建柑橘场 30 亩，蓼沿仙屏村五峰建柑橘场 30 亩，小沧东风村种柰果 50 亩、马鼻浮曦村养殖紫菜 10 亩，修路 9 条 14 千米，架电 5 个自然村，安装自来水 2 个村，修建校舍 2 所。

1992 年，县政府对少数民族地区经济发展实行倾斜政策，做到贷款、资金、项目、物资支持“四个优先”。1993 年 8 月 3 日，福州市委书记习近平到连江联合接访群众时，听到长龙洪峰村下洋坪自然村畲民反映饮水问题后，现场与市、县有关部门商议，筹资 12 万元建一座小型水厂，让畲族群众喝上无污染的水。1994 年，县委、县政府实施有经济实力的单位对少数民族经济薄弱村实行“一帮一”挂钩扶持，逐步实现“两个转变”“两个发展”，即生活由救济型向温饱型转变，生产由单一的种粮自然经济向多种经营商品经济转变；山区发展林、茶、果、菇，沿海发展水产养殖业。1994 年，小沧乡在山仔水库建成后，利用山湖美丽风光和畲族民俗发展旅游业，年旅游收入 3000 万元，县政府把旅游税收全部返还该乡。1991—1994 年，民委部门扶持民族地区资金 93.88 万元，其中扶持生产项目 31 个 24.25 万元，卫生院及校舍修建 24.1 万元，基础设施建设 45.53 万元。1996 年，市林业局扶持 15 万元，垦复竹林 9543 亩。

1999 年 6 月，副省长汪毅夫到连江调研少数民族工作，强调做好重点贫困户、返贫户的脱贫致富工作。同年 11 月，市委书记何立峰到小沧调研环湖公路，促成有关部门扶持资金 450 万元，使公路早日建成。当年畲族地区农民人均纯收入 3399 元，其中畲民人均纯收入 3032 元。2001 年开始，小沧地区列入市第二水源保护区，旅游停办，石板材和林竹加工等企业下马，小沧乡工业总产值从 2000 年的 2000 万元，降到 800 万元。县政府鼓励富余劳力外出发展的同时，因地制宜引导发展高优生态农业，增加小额贷款。当年，引资 120 万元对湖山电站实行技改，新增装机容量 300 千瓦。2003 年，又引进资金 260 万元，新建上东山水电站，装机容量 500 千瓦；抚育垦复黄毛竹 3.6 万亩，营造防火林带 5 千米，封山育林 3.5 万亩；在利洋、七里等村建立 500 亩经济果林基地；先后投入 1200 万元修通环湖水泥公路。2004 年，引进资金 1300 万元，分别在樟后村、东风村开发 2000 千瓦一级水电站和 500 千瓦二级水电站各一个。2005 年，对全乡 7 万多亩生态公益林实行严格保护，对 2.6 万亩黄竹、毛竹进行垦复抚育，建成 1 万亩竹笋生态食品生产基地。引进浙江等客商在樟后村办竹木加工企业，共投资 170 万元。利用县委“飞地”工业政策，引进福州金宏精铸有限公司落地琯头，投资 600 万元。筹资 920 万元建成溪小、岭头、利洋等公路。

1991—2005 年，县民委多渠道筹资 642.68 万元，扶持民族地区发展，畲族聚居村在各级政府和部门支持下，有 20 多个自然村、564 户、1825 人实现“造福搬迁”。畲区的落后面貌大有改观。据 16 个畲族聚居建制村统计，2005 年，共有耕地面积 9734 亩，农作物播种面积 25657 亩，其中粮食播种面积 16770 亩，粮食总产 5593 吨；有林地面积 111868 亩，森林覆盖率 70%左右；茶园面积 1722 亩，产量 419 吨；果园面积 3413 亩，产量 1304 吨；水产养殖 92 亩，产量 344 吨；生猪出栏 5658 头，肉类产量 566 吨；禽蛋产量 145 吨。畲族农民人均纯收入 3568 元，是全县农民人均纯收入 4912 元的 72.6%，差距逐步缩小。许多畲民生活已逐步从温饱型开始向小康型迈进。

# 第四节　发展社会事业

1991年起，县政府和有关部门，加大对畲族地区社会事业发展的经费投入，组织人员挖掘、整理、弘扬畲族文化。当年编排的畲族婚俗舞蹈《畲山花轿》，在市第三届温暖榕城文艺百花奖比赛中获创作一等奖、演出一等奖，并选调参加华东地区第二届舞蹈调演，获优秀创作奖和优秀演出奖，还被省电视台录制播出。畲族山歌舞蹈多次参加各级会演获奖，群众性的体育锻炼也蔚然成风，小沧畲族乡被评为全国民族体育先进集体。1992年，县政府对少数民族地区学校的危房、教学设施进行有计划的改造，提高教育质量，鼓励优秀教师到畲区从教，给予适当的生活补贴。中考降分招收少数民族学生，生活困难的予以免费入学和适当补助。1993年，民族地区有小学38所，其中2所为寄宿制小学，全县畲族学龄儿童1207人，在校1199人，入学率99.3%。1991—1994年，民委部门扶持畲区医疗设施和校舍整修24.1万元。

1995年6月，省第三届少数民族传统体育运动会在连江举行，县组织畲族高跷队、龙伞队、畲山花轿、龙头灯队和畲族姑娘花束队等参加开幕式表演，还抽选畲族运动员6人代表市参加射弩项目比赛。1996年4月，小沧乡在七里村举办畲族传统节日“三月三”乌饭节，畲族青年表演传统舞蹈和畲族盘歌、婚俗仪式、武术等。

1997—2000年，全县调整小学布局，实行集中办学，整合教育资源，提高教学质量。偏远畲族自然村的小学校撤并到条件较好的小学和中心校，路远的学生实行寄宿制。1999—2001年，县级各部门共扶持460万元建成小沧民族春蕾学校，并不断完善设施，附近村的少儿都集中在春蕾学校上学。2000年1月1日，贯彻实施《福建省少数民族权益保障条例》，市教委决定对少数民族中考考生适当加分照顾，并在同等条件下优先录取。2000年3月，县民委成立《资助少数民族贫困生互助会》，发动社会各界与畲族贫困生挂钩，帮助完成学业。县教育部门先后在小沧、潘渡、高岳、塘坂、长龙、安凯、蓼沿设民族完全小学7所，共占地面积49715平方米，校舍面积12638平方米，教师编制174名，在校少数民族学生490人，其中寄宿366人。同年，县政协组织搜集整理畲族民歌74篇，故事传说30篇。县卫生部门不定期组织医疗专家到少数民族地区义诊，小沧乡及畲族聚居乡镇的卫生院逐步得到完善，一般疾病均可在当地诊治。

2001年9月，县华侨中学创办“寄宿制少数民族班”，招生60人。2002年，县广播电视局筹资为小沧及6个畲族聚居乡镇建设有线电视光纤网络183千米，可以收看27套电视节目。据统计，全县畲族群众拥有电视机1500台，并有730户实现光纤联网。

至2005年，全县6个畲族聚居乡镇有中心小学6所，畲族在校生456人，入学率100%。华侨中学有6个少数民族班，从初一至高三各1个班，计306人，全部寄宿。小沧九年制春蕾学校有小学生169人，其中畲族119人；初中学生199人，其中畲族110人；教师30人，其中畲族8人；学校占地面积10733平方米，建筑面积1570平方米，教学设施基本齐全。小沧乡有在校畲族大专学生10人、中专生5人。小沧乡卫生院占地面积2200平方米，建筑面积1100平方米，固定资产110万元，病床5张，卫技人员10人。畲族地区的文化娱乐和体育设施也逐步改善。15年中民族部门共扶持社会事业发展资金227.6万元。

# 第五节　民族事务管理

## 一、机构

1991年，设县民族事务委员会，为县政府正科级职能部门，人员编制3名。1997年1月，县民族事务委员会划入县委统战部管理，保留牌子和公章。2002年7月，县民族事务和宗教工作从县委统战部单列出来，组建县民族与宗教事务局（简称民宗局），编制4人，延2005年不变。

## 二、管理与服务

### （一）民族成分识别

1991年起，根据国家民委《关于中国公民确定民族成份的规定》，进行民族成份认定工作。连江每年更改成分10人左右，主要是少数民族与汉族联姻后出生的孩子，长大后要求按照少数民族父或母更改为少数民族。1997年，官坂镇塘边村丁姓村民联名要求恢复其回族成分，县民委专题向省民委报告请示。同年11月，省民委根据国家民委、公安部有关政策，作出暂不宜变动民族成分的答复，县民委派人到塘边进行传达和解释。2002—2005年，共办理更改民族成分54人，其中2005年18人。

### （二）组织畲族传统节日庆祝活动

农历三月三日，是畲族特有的传统乌饭节，常采乌稔树叶或果实熬汁与糯米煮成乌饭食用。这一天，畲族男女成群结队云集歌场盘歌对歌，欢庆节日。1996年4月，县民委与小沧乡联合在七里村举办规模较大的“三月三”乌饭节。市委副书记王文贵及县各级领导有关部门共200多人参加，先后举行畲族传统舞蹈及山歌盘唱、民族婚俗、民间武术等表演，展示畲族民俗风情和传统文化，影响颇大。2004年4月，中央电视台《走遍中国》栏目组专门到小沧拍摄“三月三”乌饭节风情旅游节目，并宣传策划环保型生态旅游。县领导和民宗局等有关部门给予配合和协调，使拍摄工作完成，在全国播出。

### （三）交流交往服务

1991年起，县民委经常组织少数民族干部群众与外界交流交往，组织畲族干部、农技能手到汉族地区或其他少数民族地区进行技术交流、项目引进等，并为外地少数民族来连交流服务。1992年，县民委创办县少数民族招待所，设有客房床位30张，职工10人，接待各地来连少数民族。1994年，接待2800人次。此后，每年都在2500人次左右。2001—2002年，县民委组织长龙镇洪峰、真茹、丘祠等畲族村主干和生产能手，相继到古田学习食用菌栽培技术；赴湖北鄂州市、江苏金湖地区学习茭白生产技术，并引进优质品种在丘祠村、建庄村试种。2004年5月，又组织50多名畲族村主干和经济项目负责人到东湖天竹村参观“东湖早”枇杷生产基地和长龙镇蘑菇生产基地、万亩茶园，交流学习“造福搬迁工程”建设经验等。

### （四）扶持造福搬迁

1994年开始，县民委推动地处偏僻的畲族聚居自然村实行造福搬迁，并协调有关乡镇选择迁址及搬迁后的生产、生活等具体问题。造福搬迁的资金采取各级民委扶持一点、县政府补助一点、群众自筹一点等办法。据统计，1994—2005年，先后有20多个畲族自然村，564户1825人顺利完成搬迁，总共投入696万元，其中各级补助145万元。搬迁后的畲族群众年人均收入增加500元。

# 第二章　宗教事务

## 第一节　佛　教

### 一、佛教场所

1991年起，县内佛教信众渐多，不少信众事业有成，慷慨支持佛教事业，多数寺院得到修葺、改建、扩建、重建。据县佛教协会调查统计，县内历史上共建有259个寺院，其中已废圮无存的96个，剩下163个大部破烂不堪，不少已转作他用，1991年仍作为佛教场所使用的有97个。2000年，全县佛教寺院已增至154个，建筑总面积66859平方米。2001年起，佛教场所数量和规模均迅速发展，据县佛教协会调查，至2005年，全县佛教寺院达220个。1991—2005年共投入资金27105万元，寺院建筑总面积211054平方米，其中1000平方米以上寺院有62个，后岩寺、青芝寺、青峰寺、广应寺、宝林寺等面积达5000平方米左右。不少重建或新建梵宇多为仿古结构，歇山屋顶、斗拱飞檐、琉璃碧瓦、雕梁画栋、富丽堂皇，水、电、路及生活配套设施日益齐全，周边自然环境普遍改善，有的寺院拥有轿车、电脑、电视等现代用具，僧侣生活水平大有提高，招徕不少信众游客，多数寺院香火旺盛，经济活跃。

**2005年连江县佛教寺院情况表**

表36-2-1

| 乡镇别 | 寺院总数（个） | 始建年代（个） | | | | | | | | | 寺院建筑总面积（平方米） | 1991—2005年投入资金（万元） | 登记寺院（个） |
|---|---|---|---|---|---|---|---|---|---|---|---|---|---|
| | | 南北朝 | 隋唐 | 五代 | 宋 | 元 | 明 | 清 | 民国 | 中华人民共和国成立 | | | |
| 凤城镇 | 8 | — | 4 | — | — | — | — | 1 | 1 | 2 | 13805 | 1375 | 6 |
| 敖江镇 | 17 | — | — | 3 | 6 | 1 | 2 | 1 | — | 4 | 14879 | 1538 | 6 |
| 江南乡 | 21 | — | — | — | 4 | — | 4 | 2 | 4 | 7 | 19555 | 3469 | 13 |
| 东湖镇 | 4 | — | 1 | 1 | — | — | — | — | — | 2 | 2863 | 353 | 1 |
| 浦口镇 | 22 | 1 | — | — | 8 | — | 4 | 4 | — | 5 | 28013 | 4101 | 10 |
| 东岱镇 | 16 | — | 1 | 1 | — | 1 | 3 | 4 | 2 | 4 | 14864 | 2722 | 8 |
| 晓澳镇 | 8 | — | — | — | 2 | — | 2 | — | — | 4 | 14624 | 1185 | 6 |
| 琯头镇 | 24 | — | 1 | — | 1 | — | 6 | 1 | — | 15 | 32616 | 5303 | 16 |
| 潘渡乡 | 1 | — | 1 | — | — | — | — | — | — | — | 436 | 13 | 1 |
| 丹阳镇 | 3 | — | 2 | — | — | — | 1 | — | — | — | 5893 | 1037 | 2 |
| 蓼沿乡 | 8 | — | 4 | 1 | 3 | — | — | — | — | — | 4295 | 116 | 2 |
| 长龙镇 | 8 | — | 2 | — | 1 | — | 1 | 4 | — | — | 6017 | 463 | 3 |

续表 36-2-1

| 乡镇别 | 寺院总数（个） | 始建年代（个） | | | | | | | | | 寺院建筑总面积（平方米） | 1991—2005年投入资金（万元） | 登记寺院（个） |
|---|---|---|---|---|---|---|---|---|---|---|---|---|---|
| | | 南北朝 | 隋唐 | 五代 | 宋 | 元 | 明 | 清 | 民国 | 中华人民共和国成立 | | | |
| 透堡镇 | 13 | 1 | 4 | — | — | — | 3 | 3 | — | 2 | 7214 | 623 | 6 |
| 马鼻镇 | 25 | 1 | 2 | 1 | 7 | 1 | 1 | 7 | 2 | 3 | 17362 | 1645 | 13 |
| 官坂镇 | 12 | — | 2 | — | 3 | — | 1 | 2 | — | 4 | 8474 | 692 | 7 |
| 坑园镇 | 9 | — | — | — | — | 1 | — | 4 | — | 4 | 5871 | 459 | 4 |
| 下宫乡 | 1 | — | — | — | 1 | — | — | — | — | — | 210 | 15 | — |
| 筱埕镇 | 8 | — | — | — | 3 | — | 2 | 2 | — | 1 | 6472 | 633 | 7 |
| 安凯乡 | 5 | — | — | — | 1 | — | 1 | 3 | — | — | 2488 | 830 | 3 |
| 黄岐镇 | 2 | — | — | — | — | — | 1 | 1 | — | — | 1182 | 73 | 2 |
| 苔菉镇 | 5 | — | — | — | — | — | 2 | 2 | 1 | — | 3921 | 460 | 2 |
| 合　计 | 220 | 3 | 24 | 7 | 40 | 4 | 34 | 41 | 10 | 57 | 211054 | 27105 | 118 |

**二、组织人员**

1991年，据70所寺院统计，常住僧尼有97人，居士184人。1993年，县佛教协会制定《连江县佛教徒守则》，加强佛教人员管理。1996年7月，县佛教协会在浦口官岭慈云寺召开第四届佛教徒代表会议，到会佛教徒代表100人。选举产生县佛教协会组成人员17人，其中常务理事6人，理事11人。2000年11月，为规范和协调全县佛教界慈善弘法工作，县佛协专门成立慈善弘法基金办，会员843人。2002年1月23日，县佛协制定《连江县佛教寺院挂单驻锡人员暂行规定》，加强对僧侣管理。至2005年，第四届佛教协会共有理事24人，其中常务理事7人。佛教徒四众弟子14127人，其中常住僧尼113人（佛学院校毕业的有25人），住寺居士1048人，在家修行居士12966人，社会信众难以统计。

**三、主要活动**

**弘扬佛法**　晨钟暮鼓，早晚课诵，是县内佛教丛林传承千载的修持基本课程。1991年，佛教日渐融入社会，与时代相适应，僧尼和信众文化涵养逐步提高，佛教寺院每逢菩萨辰诞日、成道日、出家日、涅槃日等都举行盛大法会，礼佛祈求世界和平，国泰民安，有的寺院还为广大信众举行超度亡灵，消灾解厄法会，佛事活动日益正常规范。县佛教协会还筹资组织恭印佛经，宣传佛法。1994年，组织编写《连江佛教志》。1998年，青芝寺、后岩寺、锦山寺等为连江抗洪救灾烈士、抗日战争阵亡将士举行超度法会。2000年4月13日至6月2日（农历三月初一至四月二十二日），凤城镇清凉寺举行顶礼49天《大悲宝忏》功德颂扬，祈求世界和平，兵戈永息，人民安乐。2001年11月，县佛教协会创办《佛协简讯》作为内部工作通讯。2004—2005年，锦山寺连续2年分别举办护国普济冥阳两利七昼夜水陆大斋胜会，礼聘省内外高僧大德、信众，参加者越千人。

**慈善公益**　1991年，佛教寺院经济能力逐渐增强，在弘扬佛教文化的同时，努力创造“庄严国土，利乐有情”的良好氛围，把弘扬佛教文化与慈济布施紧密结合起来，开展扶贫济困、赈灾解厄等慈善活动。尤其2000年11月县佛教协会慈济弘法基金办成立后，制定《连江县佛教协会慈济弘法基金办管理办法》，劝导佛教信众为社会奉献爱心，关注教育事业发展，热心当地公益，救助因灾、因祸、因病致残者，对经济困难的学校，家庭困难的学子和教师，倾注宏大爱心，仅捐助县特教学校就达60多万元，受到全国政协常委、佛教协会副会长圣辉大和尚的赞扬。2003年2月，县慈济弘法基金办会长释界度被连江县教育局聘为特殊教育学校名誉校长。县佛协副会长柳秀芳，先后向特教学校捐款 20 万元建慈光楼，为社会公益捐款 200 多万元，先后获评“感动福州十大母亲”“感动福建十大人物”“中国优秀母亲”等称号。据不完全统计，2000—2005 年，县慈济弘法基金办共捐助公益 200 多万元。全县佛教寺院 15 年共募资 5000 多万元，修建通寺或通村公路 100 多千米，帮助建设学校、医院、公园、提供医疗、教学设备等多批次。

**文物和环境保护** 1991 年起，县内许多佛教寺院得到修复、扩建或重建。佛教历史文物也普遍得到修复和保护。1991—2001 年，批准列入县级以上文物保护单位的 13 个寺院，大部分进行扩建，古刹焕然一新，历史文物成为镇寺之宝。如宝林寺唐代遗留的 16 根花岗石巨柱和石雕构件，全部保留在新建的大雄宝殿中，该寺唐代雕刻的 5 尊青石佛像，曾被偷盗，经与公安机关联系，已追回 2 尊。元代建的荷山寺古戏台藻井，在文物专家指导下，经维修基本上完好保留原貌。青芝寺历代名人木雕楹联，专门设殿珍藏，供游人学者观瞻研究。其他古寺也留有部分历史文物，有木雕佛像、白玉佛像及大量石柱、石槽、石雕须弥座等，各寺院都采取有力措施，加以保护。县内禅林建设基本上做到建一座寺院，绿化一片山头。每逢植树节前后，各寺院均开展植树造林活动，许多寺院还引进不少名贵树种、花卉，营造良好生态环境，美化禅林胜地。长龙、马鼻、丹阳、浦口、琯头等乡镇的寺院有的山林面积达几十至 100 多亩不等。山区寺院出家四众因地制宜种果、茶、竹、林、蔬菜等，发展生产，农禅并重，长龙广应寺住持释开平，组织僧侣发展毛竹、茶叶、茶苗、柑橘等生产，年收入 2.5 万元。筱埕九龙寺僧众修建一座水库灌溉农田，年收入 2 万元。浦口官岭慈云寺营林、种果、栽茶，年收入万元以上。许多寺院还开展保护野生动物和放生活动。据不完全统计，2000—2005 年，全县寺院放生国家二、三级保护野生动物穿山甲、田蛙、红鲤以及各种益鸟 50 万只（尾），耗资超过 100 万元。投入 500 万元，营造风景林 1000 多亩，植树 50 多万株。

## 第二节　道　教

### 一、活动场所

道教发源于历史悠久的民间巫觋文化信仰。县内道教宫观与民间信仰民俗活动场所常相融难分。1991 年起，不少道教信众，事业有成后，支持道教事业，修葺道教场所，全县道教场所主要有南湖太极观、黄岐尚书宫、丹阳五显宫 3 处，1994—1997 年分别经县政府批准登记为道教活动场所。2001 年，县宗教局又批准登记凤城镇的双虹观“三官堂”、武圣殿、元帅府、大帝宫、东岱的演宫、东湖的浦后宫、小沧的龙宫庙、定海的城隍庙、马鼻的北云山道观、透堡的三仙观等 10 处，为道教活动场所。2004 年，有杭下泰山府、玉山关帝庙、玄帝亭、城关西南街娘奶（临水夫人）宫、敖江白沙天妃宫、江南龙王宫、东岱圣母庵、晓澳九仙君观、马鼻关帝庙、英显宫、黄岐天仙府、娘奶（临水夫人）宫、五福大帝府、十八位大王府等 14 处，成为县道教协会团体会员，列为道教活动场所管理。至 2005 年，全县冠以道教名称的活动场所共 32 个，经县政府和宗教部门批准登记的仅 13 个，参加县道教协会集体会员单位 27 个。15 年中，经登记的道教宫观经历修建、改建或重建过程，总投资约 1747 万元，总建筑面积 13780 平方米。其中南湖太极观、北云山道观、演宫、五显宫、武圣殿 5 处，建筑面积都在 1000 平方米以上。规模较大的南湖太极道观，位于覆釜山南宫水库西侧湖畔，相继建有八景宫、天君殿、玉华宫、斗姆殿、60 元辰殿、九天圣母殿、挽光阁、逸园、钟鼓楼等，建筑面积 3000 多平方米，生活配套设施完善，周边生态环境优美，道教科仪活动规范，成为道徒活动和休闲旅游的胜地。

**二、组织人员**

连江道教以正一派为主，1991 年职业道士约 500 人，尚无道教社团组织。较为规范的道教法事科仪活动只有南湖太极道观等少数宫观，其余均为民间有偿服务。职业道士多有师承关系。1992 年后，许多宫庙得以修复、扩建或重建，法事活动频繁，职业道士逐步增多。1994 年，南湖太极道观经县政府审批登记，为县内首家道教场所。1996 年，全县职业道士增至 740 人。2002 年 7 月 15 日，经县民政部门审批，召开县第一次道教信徒代表大会，选举产生县道教协会理事会成员 31 人，会长郑香谷，至 2005 年，相继发展道协团体会员 27 个，发放会员证的有 150 人。分散民间的职业道士 1000 人左右。

**三、主要活动**

1991 年后，宫观落成、神像重塑开光、诸神辰诞、节庆遊神等斋醮法会活动日渐增多，大都要聘请职业道士诵经礼忏。也有应民众要求，举行消灾解厄、超度亡灵等道场。南湖太极道观每年农历七月都举行祈祷和平法会。1995 年，为纪念抗日战争胜利 50 周年，南湖太极观举办七昼夜水陆道场，悼念和超度抗战阵亡将士和死难同胞，弘扬爱国主义精神，祈求世界和平。1996 年开始，县宗教部门组织部分宫观 17 名道士，前往福州参加市道协举办的道士骨干培训班，学习道教基础知识，弘扬“道法自然”的道教思想，引导道教信士爱护自然，倡导人与自然和谐相处，道教活动与社会主义社会相适应，护国佑民，济世救人，扶贫济困，行善积德，为经济社会发展做应有贡献。南湖太极观坚持定期组织道友学习《道德经》，开展教练太极拳、太极剑等有益活动。1997—1998 年，县宗教部门又组织两批共 59 名道士参加市道协培训班。南湖太极观先后选派一些道友到江西龙虎山、天师府、泉州玄妙观、福清石竹山等宫观观摩学习、交流联谊。

2002 年，县道教协会成立后，相继制定《道教活动场所管理暂行规定》和《斋醮道场管理试行办法》，协助县宗教部门搞好道教场所财产、安全、秩序等管理工作，组织职业道士和道友学习有关宗教政策，遵守教理教仪，以 27 个道协成员宫观为示范，逐步扩大影响。2003 年 5 月，市道协委托南湖太极观连续举办 5 期道士培训班，有全市职业道士 123 人参加（连江 30 人）。2004 年，县道协举办 2 期培训班，有 110 多道徒参加，进行道教基础知识教育，逐步规范宫观活动和散居道士管理工作，弘扬道教精神，倡导行善积德，济世利人。2002—2005 年，县道协及南湖太极观等相继捐助受台风袭击灾区近 2 万元，捐助特教学校 1.1 万元。2005 年，南湖太极观举行纪念抗日战争胜利 60 周年五昼夜和平祈祷法会，影响甚大。

## 第三节　天主教

1991 年初，县内有天主教堂 9 个，总建筑面积 2130 平方米，教徒 2720 人。当年起，县政府根据上级关于加强宗教活动场所登记管理精神，对全县宗教活动场所进行普查，重新登记。1993 年 12 月，经县政府登记的天主教活动场所，有城关教堂 1 个。1994 年，又登记东岱、幕浦 2 个教堂。当年，有天主教教徒 3310 人。1998 年，教徒向江西九江洪灾灾区捐款 6000 元。2000 年 3 月，召开天主教教徒第二次代表会议，选举产生第二届天主教爱国会，委员 23 人。至 2005 年，县内有城关、晓澳、道澳、透堡、百胜、东岱、毗盹、幕浦、洋尾等 9 个教堂和白鹤、赤石、后二、贵安、东岸、辋川、浮曦、合丰等 8 个聚会所，建筑总面积 7330 平方米。经县政府批准登记的仅有城关、东岱、幕浦 3 个教堂。全县教徒 4015 人。

连江天主教堂、所坚持“三自”道路，除了每星期举行礼拜活动，每年 6 月举行圣神降临占礼，8 月举行圣母升天占礼，12 月举行耶稣圣诞占礼外，还引导信徒恪守教规十诫和礼仪，遵纪守法、互助友爱、扶贫赈灾等。

## 第四节 基督教

### 一、堂点

1991 年初，连江县经批准开放的基督教堂有 27 个，拥有房屋 52 座，总建筑面积 11204 平方米。1992 年起，随着基督教信众生活日益提高，一些信众事业有成后，回馈基督教事业，县内许多教堂、聚会点进行扩建、移建、重建。1994 年，经批准新增聚会点 9 处。1996 年，聚会点增至 12 处。1998 年，新增聚会点 6 处。至 2005 年，先后新建、重建、扩建的教堂、聚会点 53 处，建筑总面积约 34636 平方米，全县基督教活动场所 57 处，总建筑面积达 45706 平方米。其中建筑面积 1000 平方米以上的教堂有 14 处，聚会点有 3 处。如城关教堂，建筑面积 1695 平方米，红厦教堂建筑面积 1500 平方米，马鼻教堂 1914 平方米。

### 二、组织人员

1991 年，全县有基督教徒 15097 人（含慕道友，下同）。1992 年 10 月，召开全县基督教徒代表会，选举产生县基督教第五届“三自”爱国运动委员会暨第三届基督教协会教务委员会（简称“县两会”）。选出两会委员共 47 人。1994 年，全县基督教徒 17985 人，教牧人员 43 人（牧师 8 人、传道 23 人、义工 12 人）。1998 年，教徒发展到 26828 人。2001 年 5 月，召开县基督教徒代表会，选举产生县基督教第六届“三自”爱国会和第四届协会教务委员会，两会委员共 46 人。至 2005 年，两会有牧师 16 人，传道 33 人，义工 12 人，全县基督教徒 39718 人。15 年中，基督教神职人员先后考入神学院 66 人（其中南京神学院 5 人、华东神学院 11 人、福建神学院 50 人），已毕业回县 49 人。

### 三、主要活动

**坚持“三自”，弘扬教义** 1991 年起，县基督教两会坚持自传、自治、自养“三自”政策，先后制定《连江县基督教“三自”爱国运动委员会章程》《连江县基督教协会章程》《连江基督教财务管理制度》《连江县基督教堂、点组织及管理》《连江县基督教信徒守则》等规章制度，并将 57 个堂点分片划区，分为城关、琯头、东岱、马鼻、红厦、黄岐、丹阳 7 个牧区，把神职人员分配到各牧区讲经说道，举行礼拜及各种宗教仪式。1999 年，县两会还编纂出版《连江基督教志》。县两会经费主要来自教徒奉献和教友捐赠。各堂点按奉献收入总额的 30% 上缴县两会。1991—2005 年，全县教徒共奉献 1630 万元，上缴县两会 489 万元。县两会经费主要用于牧师、传道、义工等工资、办公费、接待费、会议开支、赈灾、慈善事业等。各教堂、聚会点经费主要是用于教牧人员生活费用、教堂设施建设、培灵会费用，赈灾济困等。

**交流交往** 县基督教会坚持“三自”宗旨，组织教徒弘扬友爱互助，同境内外宗教界友好联系交往。1991 年 9 月，接待美国基督教代表团一行 11 人到东岱、浦口教堂参观。1992 年 8 月 1 日，接待台湾健全工业有限公司一行 2 人。1993 年 4—10 月，分别接待台湾基督教山地教会代表团 15 人到琯头堂演唱圣歌和交流证道；接待台商到连江商讨投资办工厂事宜，并参观东岱塑料厂；接待英国基督教代表团一行 10 人，参观琯头教堂和长门炮台遗址。1994 年 4—6 月，分别接待英国牧师梅恩夫妇到琯头堂、浦口堂访问，马来西亚博士郑国治和陈增钦到琯头堂参观访问。1995 年，接待华人美中教育服务交流机构代表一行 6 人到琯头堂访问。1996 年 7 月，建瓯教堂圣歌团一行 21 人，到连江马鼻教堂联欢，并举行对歌演唱会、赞美会。9 月，接待福州铺前顶教堂一行 25 人，到城关堂参观联欢。1997 年，接待福州玉田教堂一行 9 人到城关堂、浦口堂、马鼻堂、赤石堂参观教堂设计形式，交流教堂建设。

1991—2005年，县基督教县两会、堂点及教徒共捐助社会、公益事业437.4万元。

## 第五节　机构与管理

### 一、机构

1991年，县宗教事务管理局为正科级政府机构，编制4人，实有5人。1997年1月，划归县委统战部，保留牌子和公章。2002年7月，民族与宗教工作从县委统战部单列出来，成立县民族与宗教事务管理局，恢复为政府职能部门，正科级，编制4人，实有4人。至2005年不变。各乡镇还指定1名副乡镇长或党委统战委员兼管宗教工作。

### 二、管理服务

1991年起，县委、县政府重视宗教工作，设立宗教工作领导小组，适时研究贯彻落实有关宗教政策，尊重和保护公民的宗教信仰自由。县宗教事务局整理编出《关于宗教问题的基本观点政策与知识》，组织宗教管理干部学习。1992年，县宗教部门先后协调解决透堡基督教堂、丹阳基督教堂迁建的具体问题。敖江镇政府及魁岐村委会，主动协调解决覆釜山忉利寺铸造的一尊3吨重3米高的铜佛从山下运到山顶寺内，沿途经过的路、青苗树木赔偿等问题，使佛像顺利运抵寺内。1993年，根据省政府《宗教活动场所登记管理暂行规定》精神，会同各宗教团体，对全县宗教活动场所分期分批进行摸底登记和审报审批工作。当年经县政府批准登记的宗教活动场所有45个，其中佛教17个、基督教27个、天主教1个。1994年，贯彻国务院《宗教活动场所条例》，加大申报登记管理力度，当年，县政府共批准登记宗教场所57个，其中佛教45个、基督教9个、天主教2个、道教1个。1995—1997年，共批准登记66个，其中佛教52个、基督教12个、道教2个。

1997年，县宗教部门加强依法管理水平，保护正常宗教活动有序开展，制止违反国家“三自”政策的非法传教活动，县宗教局配合公安等部门，先后有理有节的遏制和阻止几起国外宗教势力的渗透活动。县宗教局连续在县委党校举办3期宗教基本知识和政策培训班，进一步提高管理水平，相继协调解决青芝寺与青芝风景区门票收入分成问题、城关天主教堂与凤城中心小学临界土地产权问题等。1998年起，县宗教场所审批登记由县民族宗教局负责，至2002年，县民宗局共审批登记宗教场所23个，其中佛教4个、基督教9个、道教10个。2001年11月—2002年，县民宗局协助公安机关及时破获外来假和尚在宝林寺附近谋财害命杀死宝林村民陈某夫妇案和青峰寺2个女尼被害案件，并组织宗教活动场所做好自防报警工作，保证宗教活动正常、平安开展。2003年，县宗教管理部门组织各乡镇加大力度，处理未经批准乱滥建宗教活动场所的问题，当年，查处乱滥建寺庙宫观堂点42处，其中拆除17处、转为他用25处。并协调解决城关元帅府交还道教协会作为宗教活动场所等问题。至2005年，经县政府和宗教部门正式登记的宗教活动场所共191处，其中佛教118个、基督教57个、天主教3个、道教13个（未包括县道教协会同意登记参加道协集体成员14个）。其他未审批登记的宗教场所，县民宗局也逐步加强联系和管理。

# 第三章　民间信仰

## 第一节　活动场所

连江县民间信仰场所遍布全县各村落，改革开放后逐步得到修复。20世纪80年代，已有品石岩蟒天府、关公亭、丹阳朱子祠（后毁于火）、温麻庙列为县级文物保护单位。1991年，传统的民间信仰活动日渐活跃，不少宫庙堂坛得到恢复和修葺扩建，成为农村群众信仰文化娱乐活动重要场所。1992年开始，随着经济持续发展和人民生活逐渐提高，许多热心人士、企业家、侨胞和信众，慷慨解囊捐资建设民间活动场所。1994年起，城乡社会主义新农村建设步伐加快，在旧城旧村改造中，宫庙古刹普遍得以保护，有的进行迁建或重建，如凤城妈祖庙、小沧龙宫庙，壶江天妃宫等，历史文物完好留存，庙宇更为壮观，有的与公园连在一起，生态环境亦大有改善。还有一些与革命红色文化相关联的宫庙，如透堡的棋盘堂（辛亥革命基点），凤城的玉山关公亭（中共连江一大会址），长龙的洪峰义澳大王宫（土地革命首个红色政权县革命委员会旧址）、下宫的慧明堂（红军医院故址）、长龙的下洋九使庙（抗日游击队成立故址）等，都进行修缮一新，挂牌立碑，制作事迹展板，成为红色教育平台和乡村旅游景点。据县民宗局2000年初步调查，全县民间信仰场所有513处，其中经政府批准登记的有3处。2001年起，民间信仰场所建设掀起新的热潮，建设规模逐渐扩大，当年经报县民宗局批准登记的有10座宫庙，建设总面积达9198平方米。经申报批准列入县级文物保护单位的相继有凤城妈祖庙、定海城隍庙、透堡棋盘堂、七里探花府、东风龙宫庙。至此，民间信仰场所列入县级文物保护单位的有9处。一些废圮已久的千年古刹得以修复或重建。如建于宋代的县城东岳泰山庙（又名龙兴观）、江南见龙台等都是新建的仿古建筑，宏伟壮观、香火颇旺。至2005年初步统计，全县民间信仰活动场所共有769个。其中带有明显自然神崇拜的有154个，包括奉祀天地仙神的真武玄帝21个、通天大帝33个、文昌大帝5个、三官大帝4个、五显大帝11个、东岳泰山19个、齐天大圣18个、雷公电母1个、城隍土地15个；崇奉动植物神灵的宫庙有龙王9个、蟒王8个、狮公5个、真鸟2个、猴王1个、灵椿1个、五谷1个。最大量的是供奉圣哲英贤的宫庙共615个，占宫庙总数的近80%。有圣贤祠、朱子祠、昭烈祠、关帝庙、戚公祠、姚启圣祠、杨八使及祖宗先贤祠等42个；县内沿江沿海居民信奉的海神水神庙宇有文武太平王、昭利大王、水部尚书、白马尊王、天后妈祖、平水尊王等100个；历代帝王将相宫庙43个；临水夫人（包括连江李三娘、罗源林九娘）庙宇20个；供祀英显尊王、无敌尊王、灵勇尊王等大王宫410个，遍布各自然村。

**2005 年连江民间信仰庙宇分布表**

表 36-3-1　　　　单位：个

| 乡镇别 | 自然神祇庙宇 | | | | | 圣哲英贤庙宇 | | | | | | 合计 |
|---|---|---|---|---|---|---|---|---|---|---|---|---|
| | 天地神仙 | 东岳泰山 | 齐天大圣 | 土地城隍 | 动植物神灵 | 圣哲乡贤 | 帝王将相 | 天后妈祖 | 海神水神 | 临水夫人 | 大王宫 | |
| 凤城镇 | 5 | 2 | — | — | 1 | 2 | 3 | 1 | 1 | 2 | 4 | 21 |
| 敖江镇 | 4 | — | 1 | 4 | 5 | 5 | 1 | 1 | 5 | 1 | 24 | 51 |
| 江南乡 | 3 | — | — | — | 3 | 2 | 2 | — | 3 | — | 29 | 42 |
| 东湖镇 | 1 | — | — | — | — | 3 | — | — | 3 | — | 17 | 24 |
| 浦口镇 | 1 | 1 | 4 | 1 | — | 4 | 4 | 3 | 6 | 1 | 27 | 52 |
| 东岱镇 | 1 | 1 | 1 | — | 3 | 2 | 3 | 4 | 6 | — | 18 | 39 |
| 晓澳镇 | 1 | 1 | 2 | — | 3 | 4 | 2 | 2 | 5 | 1 | 8 | 29 |
| 琯头镇 | 14 | 3 | 4 | 1 | 2 | 4 | 10 | 7 | 10 | 3 | 37 | 95 |
| 潘渡乡 | 4 | 1 | 1 | — | — | 1 | — | — | — | 2 | 43 | 52 |
| 小沧乡 | — | — | — | — | 1 | — | 1 | — | 1 | — | 16 | 19 |
| 丹阳镇 | 2 | 1 | 1 | — | — | — | — | — | — | 1 | 34 | 39 |
| 蓼沿乡 | — | — | — | — | — | 2 | 1 | — | — | — | 52 | 55 |
| 长龙镇 | — | — | — | — | 1 | — | — | — | — | — | 16 | 17 |
| 透堡镇 | 10 | 1 | 1 | 4 | — | 4 | 4 | — | 1 | — | 4 | 29 |
| 马鼻镇 | 8 | — | 2 | 3 | 1 | 2 | 7 | 5 | 3 | 4 | 15 | 50 |
| 官坂镇 | 4 | 2 | — | — | 3 | — | 1 | — | 1 | 1 | 12 | 24 |
| 坑园镇 | 1 | 2 | — | 1 | 1 | — | — | 2 | — | — | 9 | 16 |
| 下宫乡 | — | — | — | — | — | 1 | — | — | 1 | — | 10 | 12 |
| 筱埕镇 | 6 | 2 | 1 | 1 | 1 | 3 | 1 | 2 | 5 | 1 | 10 | 33 |
| 安凯乡 | 3 | 1 | — | — | — | 1 | — | — | 3 | 1 | 10 | 19 |
| 黄岐镇 | 2 | 1 | — | — | 1 | — | — | 4 | 3 | 1 | 13 | 25 |
| 苔菉镇 | 5 | — | — | — | 1 | 2 | 3 | 6 | 6 | 1 | 2 | 26 |
| 合　计 | 75 | 19 | 18 | 15 | 27 | 42 | 43 | 37 | 63 | 20 | 410 | 769 |

# 第二节　组织人员

1991 年，连江民间信仰文化继承传统，呈现多元融合特点。城乡宫庙供奉的各类神明，以地方神系为主，也有不少是儒、道、释共祀，满足各方面信仰群众的需求，信众普遍而广泛，估计全县超出 20 万人。若遇庙宇落成、神明开光及神诞、普度、游神等重要活动，则几乎是全民参加。较大的宫庙都设有管理委员会或理事会等组织，大多由当地耆老和热心信众组成，负责宫庙的维护管理和服务工作，有的还为信仰者提供香烛、元宝、鞭炮、供品等服务工作。信众需要举办还愿、谢神、剋刑、禳灾等中小道场法会，宫庙组织人员会帮助延请相关人员，协助安排程序等服务工作。各宫庙的这些活动，基本是单独运作。同类信仰对象的宫庙，如关公、妈祖、泰山、文武太平王等宫庙，时有互相交流联络。

1995 年 12 月，成立连江县妈祖文化研究会，它是县内首个民间信仰文化研究社会团体，有团体和个人会员约 30 名，至 2000 年已发展到 100 余名，推动海峡两岸联谊交流和研究工作。

2002 年 7 月，连江县道教协会成立。至 2005 年，相继有 20 多个民间宫庙被吸收为道协团体会员。

## 第三节　主要活动

1991 年开始，随着城乡经济发展加快，人民生活普遍提高，群众对文化娱乐的需求日益迫切，推动民间信仰文化活动的恢复和发展。不少乡村有识之士，耆宿乡贤及一些专家、学者，开始挖掘、搜集和整理民间信仰文化有关资料，进而研究探讨其历史源流，文化内涵、继承传播等情况，使传统的民间信仰活动更趋丰富多彩。尤其连江地处台湾海峡两岸，大半居民住在江海沿岸或岛屿，从事开发海洋经济，耕海牧渔、商贸水运，常有不测风云，艰险频生，历来对海神水神的崇奉特别虔诚而且隆重。每到农历正月，沿海民众巡游海神庆丰祝福的民俗文化活动非常热闹。后因破除迷信，“文化大革命”运动等一度沉寂。改革开放后黄岐地区首先恢复巡游海神民俗活动（当地俗称“游胡头”，祭祀传说的玉皇三太子），并常与马祖列岛居民共游同乐，促进海峡两岸交流与情谊。1992 年开始，黄岐乡贤着手搜集整理“游胡头”海神传说故事及其影响和传承，争取申报非物质文化遗产。

1993 年起，随着对外开放的扩大，海内外乡亲交往频繁，都对妈祖娘娘崇敬有加，对妈祖海上保护神的信仰活动日益热烈。1994 年，县内文化人士对凤城妈祖庙至今留存的清代石碑进行研究，发现碑中记载清朝统一台湾后，连江绿营官兵分批轮流戍守台湾，为祈求妈祖护佑海上往返安全，每次都给妈祖庙捐出香灯费。1995 年，凤城妈祖庙被批准列入县级文物保护单位。同年底，连江县成立妈祖文化研究会，聘请文化界史志界专家学者及妈祖信众参加妈祖文化研讨，撰写发表不少论文。并对全县妈祖庙宇进行普查，全县妈祖庙、天妃宫、天后宫共 37 个，建筑总面积超 2 万平方米，其他宫庙中设始祖神殿的有 33 个。马祖列岛有妈祖宫庙 9 个，妈祖神殿 3 个。1997 年 1 月，媚州妈祖庙妈祖金身应邀赴台湾巡游，影响甚大，推动两岸妈祖文化研究和联谊交流活动的深化。

进入 21 世纪后，连江民间信仰文化活动又有新的发展，农村春节元宵游神活动悄然兴起。2004 年起，筱埕镇筱埕村重建文武太平王宫，接着恢复建造“大王船”，农历正月举行传统文武太平王金身游神和“大王船”下海出水巡察及回宫接驾等民俗活动，还组织乡贤和文化人士，调查搜集资料，编写《文武太平王传说》，为连江最早的海神信仰文化的承传做出贡献。马鼻、透堡等地居民普遍信仰临水陈夫人，除恢复传统的陈夫人巡游活动外，一些有识之士，开始搜集与陈夫人同时代结义姐妹的李三娘和林九娘有关史料，并进行实地调查考察。调查的大量史实印证：当时广为流传的“闾山三奶派”，或称“三奶夫人”，其一是陈靖姑，其二是林九娘（罗源县人氏），其三是李三娘。经考证，李三娘系唐大历八年（776）出生于连江县马鼻辰山村，乳名李三靖，自幼丧母，与父相依为命，因家贫，14 岁出嫁，未几夫亡，回娘家居住。曾外出学艺，常帮人做好事，邀约陈靖姑到马鼻除妖救人，遂结为金兰，并随靖姑到闾山学法，为民医病除害，后在辰山招室场溺海罹难，民众在当地建有招室庙奉祀李三娘，俗呼李奶娘，民间还流传李三娘的神咒和灵迹。当地乡贤和信众，正继续搜集整理成册，并筹资重建李三娘祖庙，使“三奶”信仰文化发扬光大。

# 人 物

## 一、人物传

### 郑昌钦

郑昌钦（1892—1973），连江城关人。清光绪十八年（1892）三月出生。幼年处于政治动乱，经济萧条，民不聊生的社会环境。昌钦迫于生计，于民国初到新加坡谋生。从当海员开始，历受颠簸之苦，稍有积攒，就转为经营小买卖。民国12年（1923），在新加坡三角铺开办元昌土特产及食品杂货店。昌钦精打细算，诚实待人，善于经营，后又开办了新加坡昌钦京果店，信义卓著，声誉日高。1961年7月，昌钦年已古稀，还被选为新加坡福州商业公会主席，并连选连任四届。他踊跃献资修建新加坡福州三山学校，并被推选为校董事长。

昌钦身居海外，心系祖国。“七七”事变后，日本侵略军发动全面侵华战争，昌钦十分关心祖国的抗日救亡工作，他响应陈嘉庚发起成立筹赈会的号召，与旅新乡亲章水官等带头组织福州十邑救灾筹赠会，共发动160多人乡亲，慷慨解囊捐助祖国抗日救国团体。郑昌钦还带头组织新加坡8家商店，在店门上悬挂“赈济祖国难民售货日”横额，连续3天把所售货款全部交给祖国筹赈会，支援抗日。他还常驱车到新岛宣传发动，有不少船员走一趟船，每人捐献30叻币，有的献出面粉等物资，为抗战胜利尽心尽力。

昌钦不但对新加坡经济社会发展做出自己应有的贡献，还热心为在新加坡的华侨乡亲排忧解难，深得当地侨民拥戴。

中华人民共和国成立后，昌钦心系桑梓，带头并发动在新加坡的乡亲支持家乡建设。1956年8月，在昌钦首倡下，共发动华侨、归侨、侨眷集资663股13260元，在县城西郊创办玉山华侨果牧场，面积750亩。当年，昌钦被国务院邀请回国参加国庆观礼和出席全国侨联成立大会。受毛泽东接见并留影。1957年5月，又发动旅新乡亲捐资创办连江华侨补习学校（后更名华侨中学）。1960—1962年困难时期，他还动员旅居新加坡乡亲为家乡多寄侨汇和粮油、种子、化肥等物资，为家乡战胜暂时经济困难、发展生产尽力，为国家分忧。1962年4月，郑昌钦被选为县归国华侨联合名誉副主席。

郑昌钦于1973年辞世于新加坡，享年81岁。

## 严灵峰

严灵峰（1904—1999），字明杰，清光绪三十年（1904）三月出生于连江县黄岐一个儒门世家。父道铨，原籍侯官，后落籍连江，重礼教，明义理。母陈氏系出名门，称贤乡里。灵峰幼承庭教，朂朂向学，且聪颖过人，博闻强记，性格豪爽，谈锋颇健。曾由吴适引介，参加“光复会”革命团体，萌发救国救民大志。民国9年（1920），就读福建第一师范学校，时值“五四”新文化运动怒潮澎湃，带领学生进行反帝反封建革命活动。民国14年，严灵峰在福州先后加入共青团和中共组织，同年在共青团中央特派员方尔灏的帮助下，成立共青团连江特别支部，严灵峰任书记。还曾担任中共福州地委委员、书记。上海“五卅惨案”发生后，严灵峰曾与卢珍端等回连江县城，组织“上海五卅惨案连江后援会”，发动群众游行，高呼反对日本帝国主义等口号，并捣毁日商“建和”洋行。民国15年，严灵峰肄业于福建大学，后赴广州革命策源地。同年，又赴莫斯科就读于东方大学，致力哲学、经济学、社会学研究，同情和支持托洛茨基政治思想，加入留学生托派组织。民国19年，灵峰应上海艺术大学文学院长王独清之邀从事讲学，课余从事译著，并参与《动力》杂志编辑和《读书》杂志之中国社会史论战，著有《中国经济问题研究》一书。民国20年“九一八”事变后，严灵峰秉承救国之志，于民国22年11月回福建支持十九路军在福州发动的“闽变”，并在“中华共和国人民革命政府”担任情报处副处长。民国23年初“闽变”失败后，严因受牵连一度被俘。民国33年奉命返闽，主持抗日军务。民国34年6月，受任国家总动员会议经济检察处长，兼四川经济检察总队长，受到行政院通令昭告嘉许。民国35年7月27日，灵峰接替黄曾樾代理福州市长，8月1日正式就职。主政两年，积极抚恤抗战死难亲属，清算汉奸罪行，为民生各项事业恢复发展尽力，还在家乡黄岐创办凤岐小学。民国36年12月9日，严灵峰在连江选区被选为第一届国民大会代表。中国人民解放军南下福建前夕，严灵峰参加组织国民党军政人员撤退外岛，后随军到台湾。

严灵峰到台湾后，相继奉命赴日本、中国香港地区，曾膺珠海大学讲席兼训导长，初露其学问渊博和教育才能。20世纪60年代后，严灵峰担任台湾当局安全主管部门主任秘书，嗣后为顾问兼辅仁大学教席，更加潜心研究学问和著述。严灵峰矢志攻研哲学垂半个世纪多，尤其醉心易、老、庄“三玄”之学，凡诸子百家莫不涉猎，阐扬中华文化之精髓，蜚声中外。他一生笔耕不辍，著作特丰。早年译著有《经济学的基本概念》《辩证法的唯物论》《历史唯物论入门》等，著述有《老子章句新编》《老子达解》《马王堆帛书老子新探》《易学新论》《易简原理与辩证法》《中英对照老子章句新编》《老庄研究》等。1965年开始整理旧著，辑印《无求备斋诸子集成》丛书，有老子、列子、庄子、论语、孟子、墨子、荀子、易经等共6596卷，另《书目类编》525卷。

严灵峰晚年曾数次回大陆和家乡，1990年到大陆讲学，曾担任中国东方国际易学研究院名誉院长。1994年，到北大等学府进行研究和交流，并赠送一批珍贵图书给北京图书馆。1999年5月1日在台北逝世，享年96岁，临终遗言“盼望国家早日统一”。

## 章振乾

章振乾（1907—2005），又名姜雨平，笔名辰乞。清光绪三十三年（1907）二月廿一日出生于福建连江城关。幼年失怙，靠母含辛茹苦抚育成长。童年立志勤学，志向高远，豁达开朗。民国7年（1918），上福州求学，受五四运动科学民主精神熏陶，投身反帝反封建的学生运动。民国9年，考入福州青年会中学。民国16年，就读于福州协和大学，其间参加反对外国文化侵略和收回教育权运动。民国17年，转读厦门大学。民国18年，赴广州中山大学深造，曾参加台胞举行的台湾甲午被日本强占35周年纪念活动，表露爱国激情。

民国20年（1931），章振乾中山大学毕业回榕。翌年初，即被聘为《新福建日报》副刊编辑，编发大量抗日爱国文章和十九路军淞沪抗战消息。民国22年11月，十九路军在福州发动“闽变”，成立“中华共和国人民革命政府”，章振乾欣然接受其总部机关报《国光日报》的总编辑职位，刊发《抗日社论》和蒋光鼐、蔡廷锴抗日题词等，影响很大。

民国23年1月，“闽变”失败，章振乾受牵连，为避军警查缉，毅然东渡日本，进东京帝国大学农学部研究院攻读农业经济，并在日本联络福建爱国同学，组织“闽海同学会”。民国25年，章振乾与张瑞征结为伉俪。

民国26年（1937）7月卢沟桥事变后，章振乾回国返榕，担任省银行董事会秘书，并参加省抗敌后援会福州文化界救亡协会，开展抗日救亡宣传。

民国27年（1938）夏，日本侵略军进逼福州，章携妻子随省银行迁往内地山城永安。时在省教育厅工作的陈培光（中共福建省委宣传部联络员），与章振乾联络筹办出版《老百姓》报，章振乾担任发行人。该报是中共福建地下组织创办的公开发行五日刊，民国28年10月后迁南平，由中共南平工委（后改闽江工委）领导。由于该报高举全面抗日旗帜，观点鲜明，影响很大，引起国民党特务注意，同年11月中旬被勒令停刊，章振乾亦被怀疑。其间，章振乾还受老友吕仲凯（中共地下党员）之托，联络省银行总经理童国琩和连江县长张善和、绅士刘友濂、林弥矩等筹办连江建国中学，填补县立初中停办多年的空白，对连江教育发展贡献颇大。

民国30年（1941），章振乾到中山大学母校担任经济系教授，与经济学家王亚南成为同事和挚友。民国33年7月，王亚南受聘到永安任福建研究院社会科学研究所所长，章亦应聘为社科所研究员、经济组长。民国34年4月，章受王亚南委派，率队到闽西龙岩、上杭等革命老苏区，艰辛奔波3个月多，详尽调查红军领导的土地改革后的公田经营和租佃制度的真实情况。后相继在《社会科学》季刊发表多篇论著。在永安期间，章还参加抗战进步文化活动，拥护中共主张，宣扬团结、进步、民主精神，与进步文化人士过往甚密。民国34年7月，抗日战争接近胜利，国民党特务制造了一起骇人听闻的“永安大狱”，羊枣等30多名进步文化人士被捕入狱（羊枣后被虐死杭州监狱）。章振乾面对白色恐怖，身处险境，仍积极设法营救战友。

民国34年（1945）8月抗日战争胜利后，章振乾随省会回迁福州。民国36年3月，章振乾秘密加入中国民主同盟福建支部筹备委员会，参加反饥饿、反内战、反迫害的民主运动。还设法告知进步剧作家陈学英（中共党员）特务要抓捕他的信息，使党的档案得以及时转移，免受损失。

1949年6月，章振乾在担任社科所所长任上，得知国民党当局准备把日本末次政太郎于民国2—29年在中国搜集的情报资料运往台湾，便积极联络有关人员，说服国民党中央国防部史政局长吴石（闽侯螺州人，中共党员，后被台湾当局枪杀），把这批资料“暂寄”在福建社科所作“学术研究”。吴石心领神会，只把部分一般资料运往台湾，其余近300箱均寄存社科所。福建解放后使这批珍贵资料得以保留下来，后转存厦门大学图书馆。

1949年8月17日福州解放后，章振乾留任社科所所长，还兼任福建学院、农学院等校教授。相继当选为民盟福建临时工作委员会委员和第四届民盟中央候补委员、福建省政协一至三届委员。

1950年6月，福建社科所并入厦门大学，王亚南任校长。章振乾被聘到厦大任教授兼教务长。1957年2月7日，国务院总理周恩来签署，任章振乾为厦门大学校长助理。王亚南出国讲学期间，均由章振乾代任校长职务，为厦门大学的教务工做贡献良多。

1958年，章振乾被错划为“右派分子”，受到批斗。后调到省博物馆任副馆长，1963年任馆长。“文化大革命”期间，章振乾再次受到迫害，被“安排”到建阳麻沙劳动。但他心胸坦荡，热爱祖国，坚持真理，坚信自己最终会得到公正对待。1978年6月，民盟中央领导胡愈之等随全国人大考察团到福州，向福建省委力荐章振乾主持福建民盟日常工作。章振乾已逾古稀，仍毅然接受，在福建民盟副主委任上一干就是20年，先后当选民盟四、五届中央委员，中央参议委员会常委，全国政协第六、第七两届委员，还兼任省老龄委副主任等职。

1998年，章振乾90高龄还担任福建民盟名誉主委。此后他仍然奋斗不息，笔耕不辍，编辑出版《章振乾百岁文集》。2005年3月19日逝于福州，享年99岁。

## 圆　拙

圆拙（1909—1997），俗名贺道生，出家后法名慧生，字圆拙。清宣统元年（1909）一月三日出生于福建连江县城关。自小聪慧敏捷，勤劳朴实，宅心仁厚。初受私塾教育，后考入福州省立第一中学就读，民国15年（1926），毕业后回连当小学教师9年。其间闲暇因缘阅读佛经，深受启迪，萌生礼佛之心。民国23年，圆拙26岁即礼莆田广化寺体磐上人剃染，翌年在福州怡山西禅寺受具足戒，悉心修持。民国24年，考入弘一法师创办在厦门南普陀寺的闽南佛教养正院深造，并首次造访泉州开元寺。民国26年，圆拙负笈从师弘一大师于青岛湛山寺学律，对大师“惜福、习劳、持戒、自尊”的教诲奉为圭臬，终身持守，并倡印佛经30多种。民国27年，又赴苏州灵岩寺，依止印光大师，专修净土法门多年，甚获法益，感悟至深。民国32年，到福州螺州华严精舍，潜修净业。他一肩担荷律净二门，专心持戒念佛，身体力行，不化缘、不攀缘、不应酬、不收徒。其间曾第二度到泉州住水陆寺（开元寺大雄宝殿左旁）。

圆拙自幼事亲至孝，1949年10月，得知其父病危，无人侍奉，他暂时退戒还俗，回故里专侍老父整三年。1952年，父逝丧葬完毕，即重返莆田广化寺，一心念佛。

1963年，圆拙应邀至泉州开元寺，主持弘一法师纪念堂筹备工作，精心研读弘一法师亲手点校的南山三大部，发愿弘扬大师精神，振兴佛教，被称为弘一大师南山律宗的衣钵传人。

“文化大革命”期间，圆拙法师逆势而为，忍辱蒙垢，竭力保护弘一法师的经典著作和文稿墨宝等遗物。他虽被赶出寺院，回故籍连江乡下劳动，仍严守戒律，不忘念佛修行，犹以蜡纸刻印《觉世牖民》等书，赠送有缘人。1978年后，宗教政策得到进一步落实，经圆拙与如莲法师倡导，在泉州修建弘一法师舍利塔。

1979年，圆拙法师已70岁高龄，欣然接受旅居印度尼西亚雅加达广化寺的圆禅法师之请，再到莆田广化寺，主持寺院修复工作。他含辛茹苦，竭心尽智，经六载紧张修建，使寺貌焕然一新。与此同时，圆拙还谨遵弘一大师遗志，按《行事钞》并参稽《百丈清规》，制定了一套严格的丛林大纲，规范僧侣言行修为。为弘扬佛教文化，培养人才，圆拙率先开办佛经流通处，大量印行佛经及佛学基础读物。并循循善诱辅导到广化寺的5位中国佛学院第一届毕业生，努力弥补佛学人才的青黄不接。1983年，在圆拙法师的精心筹划和努力下，在广化寺正式创办福建佛学院，为培养佛教人才不遗余力。他还独具慧眼，把出家未久而道心坚固的年青僧人学诚，输送中国佛学院深造，几年后回广化寺任住持，时仅24岁，是全国各大丛林中最年轻的住持，还被选为全国佛教协会副会长兼秘书长。在圆拙法师的苦心经营下，广化寺于1983年被国务院宗教事务局公布为第一批汉族地区佛教重点开放寺院，成为全国汉传佛教的模范丛林和最严格的律宗道场。

1986年后，圆拙法师和陈珍居等发起编辑出版《弘一法师全集》和《印光大师文钞》等工作。1988年，圆拙应新加坡佛教总会会长宏船法师之请，主持泉州承天寺的重建工作，使古刹重光。还新建广钦[①]图书馆，作经书流通处和藏书阁。

1989年，圆拙80岁高龄，还亲赴浙江杭州和江苏朝拜弘一法师和印光大师的舍利墓塔。1990年，还受邀到南京栖霞寺弘法，旋到海南岛撒布菩提种子。1991年，圆拙协助主编的《弘一大师全集》陆续出版发行，前后历时6年，共1300万字，还印校《印光法师文钞三编》。

圆拙法师在几个大寺实际担任住持，但他从不接受“住持”名号。他还先后担任福建省佛教协会副会长、名誉会长，中国佛教协会副会长、咨询委员会主任等职，在佛教界享有盛誉。1994年，新华社记者及中外文化交流杂志社曾到泉州采访撰写100个高僧传记，圆拙法师拒绝介绍个人事迹，亦不许别人代言。

1997年11月25日，圆拙法师圆寂于莆田广化寺，世寿89岁，僧腊64夏。全国佛协会长赵朴初为其撰挽联曰：“堪伤律学久荒，毅力坚持，广教宣化；所愿慧心常耀，老成虽逝，尚有典型。”莆田市委统战部、民族宗教局挽联曰：“爱国爱教，弘法利生数十载；唯圣唯贤，堪称莆阳第一人。”全国佛协副会长学诚法师为圆拙法师舍利塔撰铭文。

## 陈宜根

陈宜根（1919—2000），民国8年（1919）7月22日出生于福建连江城关中医世家，父陈建桐为九世传人，陈宜根为第十世传人。宜根幼承家学，聪明勤勉，悉心钻研，尽得祖传种痘治麻等儿科医术。民国28年受业于福州中医专门学校（5年制）。1958—1960年，到北京中医学院教育研究班深造。他善于融会贯通传统中医和现代医学于临床，医术日益精进，尤擅中医儿科，对小儿麻疹、泄泻、惊风、疳积、厌食、肌衄、顿咳、呕吐等疗效显著，被誉为“小天使的保护神”。1956年，被评为省卫生系统先进工作者，并荣获“高级知识分子”称号，曾参加全国高等院校统一教材《内经》编写工作，成为连江医界翘楚。

“文化大革命”期间，陈宜根被诬为“反动学术权威”，受到批斗。时值“乙脑”流行，孩童尤为严重，医院应接不暇，民众联名请求释放宜根，拯救小孩。宜根置个人冤屈度外，竭心尽力投入抢救工作，使疫情得到控制，广受颂扬。

宜根不但医术精湛，而且医德高尚，宅心仁厚，对病者视为亲人，不论贵贱贫富，均一视同仁，随到随诊，热情备至，求医者络绎不绝。他在医院门诊经常超负荷诊治，还在自己家中辟一诊所，时常废寝忘餐为病者诊疗。而且数十年来从不收受分文诊费。对于贫困者还贴药费或车旅费，声名远播。县政府、政协相继举行宜根从医50周年、60周年活动，题赠“业精德劭”“医林称范”“术精望重”等牌匾。省、市相关传媒报道了他的业绩。宜根家中亦挂满病者送的锦旗、牌匾，盛赞其医术医德。

宜根善于积累总结丰富的临床经验，而且博览历代医著，先后从理论和实践高度撰写发表30多篇20多万字论文，其中《中医治疗小儿麻疹》等6篇获宁德地区科协成果二等奖。1981年后，宜根连续当选县科协一、二届副主席，第三届名誉主席。1983年，被评为省科协系统先进工作者，还相继担任中华全国中医学会福建分会理事、宁德地区分会会长、省中医儿科学会名誉会长。1989年，福建科技

① 广钦，原在承天寺出家，后到台湾发展，成为著名法师。

出版社出版宜根《中医儿科诊治要诀》专著，附有精选临床医例和药方。福建中医学院教授俞慎初称赞该书“堪称儿科善本”。1990 年，宜根先后出席在印度孟买举行的“第三届国际亚洲传统医学会议”和在山东泰安举行的“国际周易与中医学术思想研讨会”。1991 年，被人事部等单位遴选为全国重点 500 名老中医药专家，1993 年 10 月获国务院特殊津贴。

为发扬祖国传统医学，宜根积极倡议并筹建县中医院。1986 年，受命担任中医院院长后，从租房拓展中医业务，到新院址征地、设计、筹资、基建，乃至设备购置、人员调配等，均倾注极大心力，终于 1994 年实现夙愿。

宜根性格开朗，涉猎广泛，既精儒又通道，善诗工书，有《旅游吟集》问世，收诗 150 多首，曾任连江诗社社长、县地方志编撰委员会副主任。书法豪放流畅，作品曾在全国参展，曾任连江书法协会会长，颇通国画，先后收藏名家书法作品数十幅。宜根先辈是连江太极道观发起人之一，自己亦为道观成员，法号觉民。他对连江道观创始地关公亭的修葺扩建贡献良多。

宜根业绩突出，德高望重，先后入选《中国当代中医名人志》《福州科技名人录》《八闽医林名流》《中国当代名医辞典》《东方之子》丛书等。1958 年后，相继选为政协连江县二、三届委员，四、五、六届副主席；福建省五、六届人民代表。他热爱祖国，拥护共产党领导，积极参政议政，建言献策，广泛开展台海两岸联谊交流。20 世纪 90 年代初，赴台湾进行学术交流和义诊活动，倡议和筹办陈第 450 周年诞辰纪念会和学术研讨会，邀请台北连江同乡会及两岸专家学者 100 多人参加，为推动两岸文化经济交流做出一定贡献。

2000 年 7 月 20 日，宜根逝世于连江城关，享年 81 岁。

## 游开亨

游开亨（1920—2004），字继通。民国 9 年（1920）8 月 20 日出生于福建连江县城关一个书香门第，8 岁就学，性格内向，少年老成。为人处世耿介持重。其父游学筠，时任县初级中学校长，对生员及子女要求至严。开亨幼受庭训，学业精进，其严谨博学渊源，皆树基于此。民国 27 年，毕业于福州师范学校，返乡执教。民国 30 年 4 月 19 日，日本侵略军侵犯连江，县城沦陷，学校关闭，开亨随父母一家从东湖退避蓼沿山区，一路颠沛流离，深受苦楚。同年 9 月日军撤退后，回县城重执教鞭。民国 33 年，开亨以优异成绩，同时被福建学院法律系及省立师专地理科录取，令他选择为难。后经时任福建学院附中校长的乡贤指点，认为开亨“性格内向，不善交际，念法律当法官，可以终身任职，不用求人”。凭此建议，开亨与“法律”结下不解之缘。

民国 37 年（1948），开亨于福建学院法律系毕业，得前辈乡贤荐举，赴台湾担任台中地方法院检察处主任书记官。半年后，参加司法官考试，成绩优良。1950 年，奉召参加司法人员训练班第一期受训深造，结业后初派嘉义地方法院推事。

1953 年后，开亨在台湾司法界供职近半个世纪。平时勤修法学，善于把理论与实务融于一体。判案思考周密，审慎明快，常有精到见解。其所办案例，有不少被采为范例，民事审判，尤为突出。

开亨身在台湾，心系故土。1990 年初夏，曾应邀出席在北京召开的世界法学会议，打破海峡两岸司法界的藩篱。连江旅台乡亲数千人分处各地，联络不便，开亨领衔发起筹组台北市福建连江同乡会，1991 年 2 月 24 日正式创会时，开亨众望所归，被公推为首届理事长。他亲自主编创会《特刊》，设置《家乡史地》《先贤遗征》《家乡近况》《乡亲小品》《旅台乡亲动态》等栏目，成为后来《会讯》的主要架构，足见其浓烈的乡情和规划的周详远见。在他领导下，台北连江同乡会各项活动日趋活跃，会员和基层分会组织已遍及全台。还支持创办“又溪奖学基金会”，勤募基金，奖掖两岸乡亲后辈努力学习，报效桑梓，迄今延续不断。创会不久，适逢两岸因海事纠纷，连江几位渔民被暂扣台湾，开亨甚为关切，引导在台乡亲从旁协调，使事件得到妥善处理而平息。1991 年 4 月，连江举办乡贤陈第诞辰 450 周年活动，开亨积极组织台北连江同乡会组团返乡参加纪念活动，邀请 100 余名对陈第有研究的专家学者撰写研究论文，参加学术交流，并编成专辑，增进两岸同胞的亲情。开亨因健康关系，坚辞台北连江同乡会理事长职务。聘为名誉理事长，常列席会议，策划指导。

开亨于 1996 年退休在家，于 2004 年 12 月 31 日在台北逝世，享年 85 岁。

## 林涧青

林涧青（1922—2008），原名林孝楚。民国 11 年（1922）1 月 22 日，出生在连江县城一个贫民家庭，自幼聪敏好学，善于思考。少年在县城读完小学，民国 21 年以优异成绩考入福建师范附属中学，惜因经济困难，于次年辍学回乡。

林涧青年青时代，正处国难当头，日本侵略军发动全面侵华战争，连江县属马祖列岛于民国 26 年（1937）9 月 10 日最早沦陷，城乡遍遭日军狂轰滥炸。林涧青热血奔腾，积极投身抗日救亡运动，以实际行动报效国家。同年冬，林涧青到沙县三元区担任农所录事。民国 27 年 4 月，参加福建省战时民众教育训练班，旋被派到松溪县担任战时民众教育指导员，大力宣传中共全民抗战的主张。同年 9 月加入中国共产党，接受新四军驻福州办事处（主任王助）的指派，与梁真一起，回连江发展中共组织，发动民众参加抗日救亡运动。发展吴大麟等加入中共组织，建立中共连江县特别支部，林涧青任特支书记。在县城开设海滨书局作掩护，秘密出版《求生存报》，传阅进步书刊。林涧青还受命参加连江抗日后援会工作，联络城乡各界人士，开展抗日救亡宣传鼓动工作，扩大党在群众中的影响。

民国 27 年（1938）11 月，连江特支利用国民党福建省合作委员会开办合作训练班的机会，抽调 120 多名爱国青年，在蓼沿溪东郑氏宗祠举办合作干部训练班，林涧青自编马列主义通俗读物在班上授课，为培养和组织抗日武装打下基础。民国 28 年 3 月，林涧青奉命到皖南中共中央东南局党训班学习。同年 6 月返回后，与党组织失去联系。他一方面不懈寻找党组织，一方面隐蔽开展工作，先后在党领导的中国工业合作协会永安、浦城事务所任指导员，还创办“书报供给合作社”，出版发行进步书籍，参加战时省会永安抗日进步文化活动。不久，“书报社”被国民党当局查封，林涧青被迫先后转移到浙江金华和广西桂林。后在中共领导的文化团体——桂林文化供应社，担任总编秘书，为该社《新道理》杂志撰稿。继后担任《新道理》编辑，负责编辑出版《青年生活》杂志。民国 33 年秋，日本侵略军进攻湘桂，桂林全市疏散，林涧青前往昆明，在中国工业合作协会昆明事务所担任指导员，兼昆明直接税局文书股长，继续从事进步文化工作。

抗日战争胜利后，林涧青到香港，在中共港澳工委领导的《华商报》的《时事专刊》任编辑。民国 35 年（1946）到广州编辑该刊，不久被国民党当局查封，林涧青再回到香港。民国 36 年 12 月林涧青重新入党。翌年复任香港三联书店总管理处编辑。民国 38 年 2 月调北京三联书店总管理处任办公室主任，筹备《学习》杂志创刊等事宜。继任三联书店与新华书店中共支部书记，兼《学习》杂志编辑。1950 年 10 月，任《学习》杂志副总编。1955 年 2 月，调到中共中央宣传部科学处工作。1960 年 7 月任副处长。

“文化大革命”期间，林涧青受到不应有的审查、迫害，下放干校劳动。但他始终坚定信念，坚持真理。1975 年 7 月，担任国务院政治研究室国内组负责人。中共十一届三中全会后，林涧青相继担任国务院研究室负责人，中共中央办公厅研究室负责人，中共中央书记处研究室副主任、室务委员会委员。他积极拥护党的改革开放路线和方针政策，倾注大量心血，有针对性地开展理论研究。尤其主持农村经济体制改革系统调查研究，参加中央关于经济体制改革决定的起草。1982年9月，当选中共十二大候补委员。1985年1月，林涧青受命主持《中共中央关于教育体制改革的决定（草案）》的修改和重新起草工作，经反复推敲前后修改10稿，于5月15—20日提交全国教育工作会议讨论，邓小平到会讲话，称草案是个好文件。会后又修改2稿，经中央政治局会议讨论同意公布。这是与《经济体制改革的决定》相配套的重要的纲领性文件，对全国教育事业和现代化建设的发展意义重大，影响深远。1988年3月，林涧青当选为第七届全国人大常委会委员、法律委员会委员。同年7月，担任法律委员会副主任委员。他接近古稀之年还深入基层，调查研究，开展立法调研和执法检查，履行监督职责，并为加强完善民主法制提出许多建议。

1993年3月，林涧青退出领导岗位，被聘为八届全国人大常委会法律委员会顾问，仍然关心改革开放事业和法律建设，积极参加老干部党支部活动，体察民情，关注民生，踊跃捐资公益事业。

2008年5月14日，林涧青因病医治无效，逝世于北京，享年87岁。在病重期间及逝世后，胡锦涛、习近平、贺国强等领导以不同方式表示哀悼，对其家属表示慰问。

## 郑依球

郑依球（1922—1993），又名郑典球。民国11年（1922）9月21日，出生在梅洋中洋坂一个贫苦家庭，后移居琯头镇溪边自然村。自幼聪颖勤劳，活泼豪爽，坦荡耿直。幼年随父学农耕，放牛砍柴，吃苦耐劳，艰难度日。民国30年和33年，日本侵略军两度沦陷连江，郑依球家乡梅洋山村亦遭受日军蹂躏。他目睹日军暴行，义愤填膺，秘密参加抗日游击队，并献出部分家产，购买武器弹药、马刀等，以各种形式打击日军，打死日兵和汉奸多人，唤起民众抗日热情，为抗日战争胜利做出自己贡献。

1952年，依郑球转道香港，后赴新加坡。1956年定居美国。他勤劳俭朴的优良品格，使事业蒸蒸日上。而且乐善好施，在侨居地联络乡亲，倡导互相帮助。旅美乡亲遇到困难，他都尽力相助。凡有损害侨胞利益的事，他都挺身而出，据理力争。因而赢得旅美乡亲的赞誉和信赖，成为颇有影响的爱国侨领。1971年10月，中国获得联合国席位后，郑依球即率领旅美乡亲，把中华人民共和国国旗——五星红旗在纽约市唐人街广场第一次升起。在参加美国独立日游行时，还组织华侨华人制作五星红旗在队伍中招展，激发了广大华侨华人的爱国情怀。1980年10月，郑依球受到美国总统卡特的接见并合影留念。1984年，被推选为美国东部最大侨团之一的福建同乡会主席，并连任两届。该侨团以福州籍为主，有会员6000多人。郑依球任内，团结旅美乡亲，为维护侨胞权益、增进中美友谊、支持家乡建设等做大量工作。1986年9月，郑依球应福建省省长胡平邀请，回福建参加纪念37周年国庆活动。1988年，郑依球为寻找美东福建同乡会活动场所，在美国各地奔波联络，发动乡亲捐款，共筹集200多万美元，购买纽约市百老汇125号六层大楼作固定会址，成为真正的“华侨之家”。当时适逢美国政府对移民进行大赦，郑依球全力协同全体同乡会成员，聘请得力法律顾问，帮助数以千计的福建旅美乡亲办理身份证，使他们安居乐业。1989年1月，郑依球被邀出席布什总统就职典礼，并受总统夫妇会见，同年被列入海外华人名人录。

郑依球身在异邦，心系祖国，关心家乡建设，曾先后赠送家乡侨联旅行车辆，多次邀请接待福建省、市、县主要领导赴美国考察。还热心桑梓公益事业，先后募捐救济兴安岭灾区，在福州创办华南女子学院，在故里建教学楼，修通凤城至梅洋历史上首条公路等。

1993年6月8日，郑依球病逝于琯头溪边故里，享年71岁。国务院侨办、中国驻美使馆、中国驻纽约总领事馆、福建省人民政府分别发来唁电。6月22日，省人民政府在福州华侨大厦为郑依球举行隆重追悼会。省领导游德馨、黄文麟、张明俊及老干部温附山等500多人参加，省人大常委会副主任张明俊致悼词。

为纪念郑依球生前的功绩，美东福建同乡会授予郑依球“永远名誉主席”称号。

## 方 生

方生（1925—2002），原名陈仰鸾，曾用名陈实。民国14年（1925）9月9日出生于连江县城关。自幼聪颖好学，思维敏捷，正直仁厚，坦率热情。小学毕业后考进省立福州中学，后又就学于省高级工业职业学校。民国35年2月到台湾岛，先在新竹一家粮食事务所工作，教授台湾籍职工汉语。同年9月，以优异成绩考取台湾大学农学院农业经济系。方生思想进步，成绩优秀，为人谦和，在同学中威信颇高。民国36年1月9日，方生同台大、师院等台湾高校学生一起，参加抗议美国兵在北京强奸北大女生的万人大会和示威游行，接着又与台湾人民一道参加震惊中外的“2·28”起义。民国37年，方生被推选为台湾大学生联合会主席，站在“反饥饿、反迫害、反内战”的爱国民主斗争第一线。民国38年初，方生率领由进步学生组成的台湾大学“麦浪歌咏队”，作环岛演出，把《黄河大合唱》《祖国大合唱》等革命爱国歌曲搬上舞台，场场爆满，轰动全台。国民党当局极为恐惧，派特务全程盯梢。同年4月，台湾当局下令清查“学运”，方生被列入通缉黑名单的“第二号人物”。方生身处险境，在同志的精心安排下，被迫先于3月19日悄然乘外轮离台抵达香港，避免了一场灾难。然后再乘舟北上天津，辗转抵达北平，更名为“方生”。在全国学联帮助下，进河北保定华北大学学习。1949年底，他随华北大学师生转入北京中国人民大学，旋被选为人民大学学生会主席，并出任北京市学联副主席。在人民大学期间，方生还先后被选拔进入俄文大队学习俄语，后又入经济学系，并成为人民大学首届政治经济学研究生。1953年毕业后留校任教，1956年4月加入中国共产党。后担任函授学院马列主义理论教研室主任兼政治经济学教研组组长。他在经济学这块园地上，团结同事，辛勤开拓，以极大热情，组织编写教材，广集参考资料，严谨授课指导学生，出色完成教学教研任务，培养了一大批经济学者。教研组被评为北京市先进集体。“文化大革命”期间，人民大学一度停办，方生与同事们赴江西老区参加农村实践。1977年复校后又重回教坛，继续从事教学科研。

中共十一届三中全会后，改革开放给政治经济学界提出崭新课题。长期从事此项教学科研的方生，运用马克思主义立场、观点和方法，坚持理论联系实践，与时俱进，站在改革开放前沿，认真研究国内外经济发展趋势，积极探索中国特色社会主义经济理论和实践中的重大问题，提出许多具有创见性、前瞻性、后被实践证明是正确的理论观点。1980年，方生在《人民日报》发表论文，最早提出城镇个体经济是国有和集体经济的重要补充，是与现阶段生产力状况相适应的，不能同资本主义混为一谈。1981年，方生与宋涛等5人编著改革开放后全国第一部《政治经济学》，由红旗出版社出版，作为党政干部自学辅导教材，并在中央电视台开设系列讲座，这对当年拨乱反正，澄清模糊认识发挥很好作用。

1983年9月，方生欣然接受创办深圳大学并担任副校长的艰巨任务，在极为艰难的条件下，经一年多奋战，不但把荒山野岭建成欣欣向荣的大学城，还以改革精神，创新办学模式，实行教师聘任、学生奖学金、贷学金、毕业生双向择业等试验，在全国高校产生强烈反响。

方生对深圳经济特区建设和对外开放尤为关注，对特区涌现出的许多新鲜事物悉心观察研究，把经济理论研究推向一个新阶段，逐步形成较为完善的理论体系。他先后在《人民日报》《经济研究》

等全国有影响的报刊发表许多论文。如《社会主义生产是商品生产》《关于利用外资的若干认识问题》《特区市场调节为主运行特点》等，还主编《经济特区的理论与实践》专著，均受全国普遍关注和很高评价。

1987年，深圳大学步入正轨后，方生奉调回人民大学任经济系教授兼校务委员。他领导一个课题组，研究中国对外经济开发专题，完成《走向开放的中国经济》的专著，1991年由经济日报出版社出版。方生撰写其中非常重要的两章，其中一节是“对外开放与利用资本主义”。1992年2月23日，邓小平考察南方结束后第三天，《人民日报》破例在头版通栏全文刊登方生《对外开放和利用资本主义》署名文章，迅即在国内外引起强烈反响，第二天许多报刊全文或摘要转载。《北京周报》还全文译成英、法、德、日、西五种语言刊登，向世界发行，西方上百家报刊纷纷做出反应，发表评论。美国《纽约日报》头版刊登其首席记者自北京发回的专稿。方生家里电话应接不暇，既有国内媒体和同行的祝贺、支持，也有疑惑、责问；更有世界各国上百家媒体、记者的查询和采访要求。而方生只接受中国新闻社独家专访。

方生始终坚持理论联系实际的学风，崇尚调研，他深入全国城市、农村，调研中外各类企业经济发展状况，倾听社会声音，并经常参加高层次学术论坛，到中国港、澳、台地区及国外学府和联合国机构讲学，进行学术交流，了解世界经济动态，并勤于思考和笔耕，先后发表有影响的学术论文200多篇，出版著作20多部，对改革开放的实践起到了积极的推动作用。他是中国对外开放理论先驱和奠基人之一，被人们誉为“方开放”“改革七贤”之一。

方生还始终心系台湾海峡两岸和平统一事业。1979年，他通过《人民日报》内部刊物《理论宣传动态》，向中央反映自己意见，得到采纳。1991年，方生在《我的经济观》一书中，提出建立大陆和台、港、澳“中国经济联合体”的建议，受有关方面关注。1993年后，相继多次到台湾参观访问，进行学术交流，还以私人身份会见台湾大学学友和李登辉。先后发表多篇论文阐述两岸经贸关系，批判“台独”分裂行径，为两岸经济文化交流和和平统一事业做出重大贡献。

方生还兼任众多社会职务，如全国台湾研究会常务理事、全国政协祖国统一工作组成员、中国和平促进会理事、北京台湾经济研究中心理事长、中国市场经济研究会副会长、中国老教授协会常务理事、中国国际经济科技法律人才学会高级顾问、“三九”企业集团战略指导委员会成员等。由于他的突出贡献，国务院特发给荣誉证书，享受政府特殊津贴。他一生追求真理，不断创新，笔耕不辍。直到生命垂危前半年，仍撰写发表10余万字学术论文。2002年4月5日，在北京逝世，享年77岁。

## 林子力

林子力（1925—2005），又名林孝勉，涧青胞弟。民国14年（1925）12月3日出生于福建连江县城关一个贫民家庭。自幼聪颖好学，志向高远。其青少年时代，国家正处民族存亡关键时期，尤其“七七”事变后，连江南竿、北竿等沿海岛屿相继沦陷，城乡屡遭日军飞机战舰的狂轰滥炸，经济萧条，学校关闭，人民流离失所。林子力投身抗日救亡运动。民国29年，林子力到战时省会永安，参加抗战进步文化活动，先后在黎烈文主编的《改进》刊物和省政府主办的《建设导报》任编辑，对全面抗战和反法西斯战争多有报道和评述。民国33年2月停刊后，林子力到大湖永安师范学校任教，旋离开永安到南安诗山集美高级中学任教。民国34年7月，国民党右派制造骇人听闻的“永安大狱”，著名军事评论家“羊枣”（即杨潮）等30余名进步文化人被捕。当年《建设导报》的主要骨干被捕6人，已在南安任教的林子力也被抓捕。民国37年秋，林子力才被保释出狱。后到香港，担任中共香港工作委员会主办的《华商报》增刊《世界展望》编辑，并在三联书店兼职。

中华人民共和国成立后，林子力调到北京，在经济和理论刊物《学习》杂志任编辑，后相继调中共中央宣传部、中国科学院经济研究所、国家计委、国家物价委工作。1978年，调到国务院政策研究所工作。1980年，任中共中央书记处研究室室务委员、研究员兼理论组组长。1987年后，调任国务院农村发展研究中心为高级研究员，并在厦门大学等多所高等院校兼任教授，在有关学术团体任职或当顾问。1992年，获国务院颁发的政府特殊津贴。

林子力自中华人民共和国成立后，就致力于马克思主义经济学说研究，是国内通读马恩列斯主要译著的少数学者之一。他善于把理论研究与中国经济发展的实际情况结合起来，深入调查研究，对社会主义建设实践中的一些重大问题进行长期的探索，积累了丰富的经验和深厚的学识。

中共十一届三中全会后，林子力坚决贯彻中央的路线、方针、政策，满腔热情为改革开放鸣锣开道。在重要历史关口，为党和国家做出重要理论贡献。他对农村经济体制改革具有深远历史意义的“联产承包”制，进行广泛的调研，足迹几乎遍及全国农村大地。他虚心倾听群众呼声，从中汲取理论营养，把这种新生事物归纳为“统分结合，双层经营”机制，指出这是马克思主义合作生产理论在中国实践中的新发展。1979年后，林子力相继发表《社会主义经济论的若干方法问题》《关于社会主义经济形态及其规律的探讨》等论文。指出中国长期实行高度集中的计划经济模式的弊端，论证社会主义商品经济是人类社会发展不可逾越的阶段，指出中国经济必须走向市场，走向开放。在改革开放进程中，林子力多次参加中央相关文件的起草，对深化改革的一些关键问题，诸如市场体系及其机制，宏观调节，农村改革深化，扩大企业自主权，生产方式与生产关系，劳动和非劳动收入构成，财政、物价、金融及发展战略等许多方面，都具有前瞻性的创见，为改革深化和领导决策做出重要贡献。

林子力还利用自己长期探索的经验，勇于创立包括导论（方法论）、总论（社会主义经济形态论）、微观经济论和宏观经济论的新的经济理论体系。对中国社会主义市场经济的深层理论研究和建立完整的体系框架均有独特的建树。林子力于1983年创作出版《论联产承包制》专著。1985年后，陆续出版他的力作《社会主义经济论—论中国经济改革》第一卷，1985年出版第二卷，1992年出版第三卷。还有《劳动分配、物价制度配合改革》等著作。

进入21世纪后，林子力在生命的最后几年，仍对人类经济发展的历史和未来进行深入思考，尤其如何正确理解和处理财产所有权问题，撰写通俗文章，对人们进行正面讲解和传播，为社会稳定和谐尽力。

2005年8月8日，林子力因病医治无效，逝世于北京，享年80岁。

## 陈美东

陈美东（1942—2008），民国31年（1942）2月19日出生于福建连江县城关镇，自幼勤奋朴实，思维敏捷。1953年小学毕业后考入连江县立人民中学（1957年改名连江第一中学）。1959年8月高中毕业，以优异成绩考入武汉测绘学院，攻读天文大地测量专业，1964年获学士学位。同年，考取中国科学院自然科学史研究室天文学史研究生，师从北京大学教授、院士叶企孙，成为中华人民共和国成立后国家培养的第一位天文学史研究生。毕业后留在科学院自然科学研究室工作。此后，他以坚韧的毅力，刻苦研究中国科学技术发展史。尤其对素有“天书”之称的中国古代律历，进行精细的计算、剖析，作出准确的结论。即使在“文化大革命”的混乱时期，仍学习研究不辍，从而使他成为既通古文，又通数学，精通天文史学的知识渊博的知名学者、专家。

1975年，陈美东担任古代史研究室天文学史研究组副组长。1976年6月，兼任《中国科学技术史稿》编写组副组长，参与、主持该课题的大量论证工作。1978 年，评为助理研究员。1979 年 11 月，兼任中国科学技术通史研究组组长。1986 年 4 月，评为副研究员。1987 年 2 月，升任科学院自然科学史研究所副所长，同年当选为中国科学技术史学会副理事长。1988 年，评为研究员，晋升为所长、学术委员会主任、博士生导师。他担任所长期间，科学史学术研究受市场经济影响，面临研究经费和机制转型两难处境。他善于团结同仁，坚持以民主和勤俭精神办所，为研究所的建设、学术的振兴和管理机制的完善做出重要贡献。

陈美东自 1990 年起，还相继被推选为国际科学史与科学哲学协会科学史分会理事、国际东亚科学技术与医学史学会副主席、中国科学技术协会第四届全国委员会委员、中国计时仪器史学会理事长，还被聘为中国科技大学、上海交通大学相关学科兼职教授。由于陈美东的突出贡献，1992 年获国务院颁发的政府特殊津贴。

陈美东长期从事科学技术史的研究，他高度负责的敬业精神和严谨的科学态度，深受国内外学术界高度评价。1992 年后，《中国科学技术史》的编纂工作，终被列入科学院“八五”重点科研项目，由院长卢嘉锡任总主任，而陈美东则作为该课题的实际负责人。他任劳任怨，不遗余力，团结协作，组织并带领国内 40 个单位、150 余名专家学者，经过 16 年的不懈努力，于 2008 年完成这部鸿篇巨制的编纂和出版任务，从而实现了由中国人自己编纂《中国科学技术史》的夙愿，获得国内外学术界的好评。陈美东单独完成该书《天文学卷》的编写。他还参与由上将萧克任编委主任的《中华文化通志》百卷巨著编纂工作，为主编之一。1998 年 11 月完成编纂任务时，受到时任中共中央总书记江泽民的亲切接见。

陈美东一生致力中国科技史学和天文史学的研究，对古代历法研究造诣尤深，成果卓著，著作丰厚。他先后共发表学术论文 150 多篇，出版论著 26 种，其代表作有《古历新探》《中国古星图》《郭守敬评传》《中国古代计时仪器史》等。进入 21 世纪后，陈美东秉承薄树人的遗志，带病坚持工作，组织编纂《中国天文学史大系》，这是科学史界近几十年的力作，是中国近百年研究成果，为天文史学科建设打下坚实基础。陈美东不但组织全书编纂，还独自完成该大系的《中国古代历法》和《中国天文学思想史》编写任务。陈美东历 30 多年的学术力作《历代律历志校订》，是在其重病期间和生命垂危时刻完成校样的，这是他留给后人的一笔丰厚精神文化遗产。在此之前，他的部分作品，曾先后获全国科学技术史优秀图书一等奖、全国优秀科普作品一等奖、全国优秀外文图书二等奖、全国新长征优秀图书三等奖及中国科学院自然科学奖三等奖、国家科学技术进步奖三等奖等多个奖项。他被誉为中国当代传统历法研究第一人，海内外著名天文学史家。

陈美东毕生全身心投入科学史研究事业，四十余年来，一直是生命不止奋斗不息。由于积劳成疾，于 2008 年 12 月 30 日病逝于北京，享年 67 岁。

# 二、人物表

1991—2005 年，连江县已知获全国劳动模范 1 人，获省或中央部级劳动模范 14 人，获市劳动模范 84 人，获省“五一劳动奖章”11 人，获二等功奖励 2 人，共 112 人。

## 2000 年连江县获全国劳动模范名表

表 1

| 姓 名 | 性别 | 出生年月 | 籍贯 | 工作单位职务 | 授予称号 | 授予单位时间 |
|---|---|---|---|---|---|---|
| 林哲龙 | 男 | 1956 年 8 月 | 连江 | 筱埕镇党委副书记 | 全国劳模 | 2000 年国务院 |

## 1991—2003 年连江县获省（中央部）级劳动模范名表

表 2

| 姓 名 | 性别 | 出生年月 | 籍贯 | 工作单位职务 | 授予称号 | 授予单位时间 |
|---|---|---|---|---|---|---|
| 邱宏安 | 男 | 1949 年 2 月 | 连江 | 县水产综合场场长 | 省劳模 | 1991 年省政府 |
| 林哲龙 | 男 | 1956 年 8 月 | 连江 | 筱埕官坞村党支书 | 省劳模 | 1991 年省政府 |
| 倪礼顺 | 男 | 1929 年 12 月 | 连江 | 琯头水利水电工作站站长 | 省劳模 | 1991 年省政府 |
| 林财龙 | 男 | 1944 年 9 月 | 连江 | 省琯头海运总公司总经理 | 省劳模 | 1994 年省政府 |
| 王和国 | 男 | 1953 年 10 月 | 连江 | 贵安养鳗场场长 | 省劳模 | 1994 年省政府 |
| 魏积祥 | 男 | 1946 年 7 月 | 连江 | 县检察院检察长 | 全国模范检察干部 | 1995 年<br>最高人民检察院 |
| 梁敬星 | 男 | 1962 年 8 月 | 连江 | 县粮油食品公司经理 | 省劳模 | 1997 年省政府 |
| 陈昌凤 | 男 | 1954 年 7 月 | 连江 | 晓澳水产技术站站长 | 省劳模 | 1997 年省政府 |
| 程庆光 | 男 | 1948 年 4 月 | 连江 | 东岱镇东水村党支书 | 省农业劳模 | 1997 年省政府 |
| 张云开 | 男 | 1962 年 8 月 | 连江 | 省三江企业集团公司职员 | 省劳模 | 1999 年省政府 |
| 滕忠华 | 男 | 1954 年 7 月 | 连江 | 县交通局局长 | 省劳模 | 2000 年省政府 |
| 陈久嵩 | 男 | 1947 年 | 连江 | 县计生局局长 | 三次获省计生先进工作者享受省劳模待遇 | 2003 年省劳模办 |
| 滕生淦 | 男 | 1951 年 8 月 | 连江 | 百洋食品有限公司总经理、董事长 | 省劳模 | 2003 年省政府 |
| 熊宗桃 | 男 | 1936 年 12 月 | 连江 | 县协作办干部 | 曾获 20 军英雄奖章享受省劳模待遇 | 2003 年省劳模办 |

说明：各级劳模表系据县劳模办公室提供并核实

## 1991—2005 年连江县获福州市劳动模范名表

表 3

| 姓 名 | 性别 | 出生年月 | 工作单位职务 | 授予称号 | 授予单位时间 |
|---|---|---|---|---|---|
| 邱宏安 | 男 | 1949 年 2 月 | 县水产综合场场长 | 市 22 届劳模 | 1991 年市委、市政府 |
| 齐国民 | 男 | 1944 年 1 月 | 县公路局站长 | 市 22 届劳模 | 1991 年市委、市政府 |
| 林家卫 | 男 | 1942 年 8 月 | 农行马鼻营业所干部 | 市 22 届劳模 | 1991 年市委、市政府 |
| 吴本连 | 男 | 1949 年 5 月 | 县合成氨厂工段长 | 市 22 届劳模 | 1991 年市委、市政府 |

续表 3

| 姓 名 | 性别 | 出生年月 | 工作单位职务 | 授予称号 | 授予单位时间 |
|---|---|---|---|---|---|
| 刘景轩 | 男 | 1950 年 2 月 | 蓼沿学区校长 | 市 22 届劳模 | 1991 年市委、市政府 |
| 林伯钦 | 男 | 1948 年 3 月 | 东岱镇东岱街支书 | 市 22 届劳模 | 1991 年市委、市政府 |
| 林哲龙 | 男 | 1956 年 8 月 | 筱埕官坞村支书 | 市 22 届劳模 | 1991 年市委、市政府 |
| 倪礼顺 | 男 | — | 琯头水利水电工作站站长 | 市 22 届劳模 | 1991 年市委、市政府 |
| 陈元清 | 男 | — | 县车辆配件厂厂长 | 市 22 届劳模 | 1991 年市委、市政府 |
| 林大鹏 | 男 | 1944 年 8 月 | 县水产局水技站站长 | 市 23 届劳模 | 1993 年市委、市政府 |
| 陈友国 | 男 | 1950 年 2 月 | 马鼻工商所指导员 | 市 23 届劳模 | 1993 年市委、市政府 |
| 蓝名驹 | 男 | 1945 年 10 月 | 县林业局技术员 | 市 23 届劳模 | 1993 年市委、市政府 |
| 王忠兴 | 男 | 1949 年 5 月 | 苔菉镇横塍村支书 | 市 23 届劳模 | 1993 年市委、市政府 |
| 林财龙 | 男 | 1944 年 9 月 | 琯头海运公司总经理 | 市 23 届劳模 | 1993 年市委、市政府 |
| 谢延振 | 男 | — | 坑园上宫洋水产场场长 | 市 23 届劳模 | 1993 年市委、市政府 |
| 蓝敦銮 | 男 | 1952 年 5 月 | 小沧卫生院院长 | 市 24 届劳模 | 1995 年市委、市政府 |
| 陈水娇 | 女 | 1955 年 12 月 | 县环卫所工人 | 市 24 届劳模 | 1995 年市委、市政府 |
| 郑永和 | 男 | 1957 年 1 月 | 县水产局技术员 | 市 24 届劳模 | 1995 年市委、市政府 |
| 曾 永 | 男 | 1964 年 8 月 | 山仔水利枢纽指挥部科长 | 市 24 届劳模 | 1995 年市委、市政府 |
| 杨永平 | 男 | 1948 年 7 月 | 县啤酒厂厂长 | 市 24 届劳模 | 1995 年市委、市政府 |
| 陈能华 | 男 | 1956 年 9 月 | 县酒厂厂长 | 市 24 届劳模 | 1995 年市委、市政府 |
| 刘康官 | 男 | 1951 年 10 月 | 县海运总公司经理 | 市 24 届劳模 | 1995 年市委、市政府 |
| 欧建春 | 男 | 1945 年 1 月 | 琯头镇东升村支书 | 市 24 届劳模 | 1995 年市委、市政府 |
| 滕生淦 | 男 | 1951 年 8 月 | 百胜海味厂经理 | 市 24 届劳模 | 1995 年市委、市政府 |
| 程庆光 | 男 | 1948 年 4 月 | 东岱镇东水村主任 | 市 24 届劳模 | 1995 年市委、市政府 |
| 翁延建 | 男 | 1955 年 12 月 | 县电力公司经理 | 市 25 届劳模 | 1997 年市委、市政府 |
| 吴文钦 | 男 | 1949 年 11 月 | 省琯头海运总公司技术员 | 市 25 届劳模 | 1997 年市委、市政府 |
| 杨维坚 | 男 | 1952 年 2 月 | 县光学仪器元件厂厂长 | 市 25 届劳模 | 1997 年市委、市政府 |
| 林循煌 | 男 | 1938 年 11 月 | 安凯中学教员 | 市 25 届劳模 | 1997 年市委、市政府 |
| 余济福 | 男 | 1957 年 5 月 | 敖江建筑公司副总经理 | 市 25 届劳模 | 1997 年市委、市政府 |
| 滕忠华 | 男 | 1954 年 7 月 | 县交通局局长 | 市 25 届劳模 | 1997 年市委、市政府 |
| 黄芳伙 | 男 | 1952 年 6 月 | 官坂镇莺头村种粮大户 | 市 25 届劳模 | 1997 年市委、市政府 |
| 林哲成 | 男 | 1960 年 7 月 | 筱埕镇官坞村主任 | 市 25 届劳模 | 1997 年市委、市政府 |
| 黄 浩 | 男 | 1954 年 10 月 | 马鼻镇党委书记 | 市 26 届劳模 | 1999 年市委、市政府 |
| 林广进 | 男 | 1949 年 2 月 | 省琯头海运总公司轮机长 | 市 26 届劳模 | 1999 年市委、市政府 |
| 邱其樱 | 男 | 1960 年 12 月 | 县水产综合场技术员 | 市 26 届劳模 | 1999 年市委、市政府 |

续表3

| 姓 名 | 性别 | 出生年月 | 工作单位职务 | 授予称号 | 授予单位时间 |
|---|---|---|---|---|---|
| 陈义海 | 男 | 1955年1月 | 县环卫所副所长 | 市26届劳模 | 1999年市委、市政府 |
| 骆 平 | 男 | 1959年10月 | 才溪水电站工人 | 市26届劳模 | 1999年市委、市政府 |
| 赵 勇 | 男 | 1967年8月 | 县自来水公司安装工 | 市26届劳模 | 1999年市委、市政府 |
| 邱德标 | 男 | 1959年7月 | 县旭隆食品公司副总 | 市26届劳模 | 1999年市委、市政府 |
| 高向登 | 男 | 1963年12月 | 晓澳百胜村民 | 市26届劳模 | 1999年市委、市政府 |
| 黄太暖 | 男 | 1963年1月 | 下宫乡下宫村委主任 | 市26届劳模 | 1999年市委、市政府 |
| 陈继竹 | 男 | 1963年1月 | 马鼻镇玉井村主任 | 市26届劳模 | 1999年市委、市政府 |
| 陈惠章 | 男 | 1947年12月 | 山仔水利枢纽管理处主任 | 市27届劳模 | 2001年市委、市政府 |
| 吴兰贞 | 女 | 1953年6月 | 县环卫所组长 | 市27届劳模 | 2001年市委、市政府 |
| 黄昌皋 | 男 | 1949年7月 | 县粮油食品公司主任 | 市27届劳模 | 2001年市委、市政府 |
| 吴链洛 | 男 | 1949年10月 | 凤城中心校校长 | 市27届劳模 | 2001年市委、市政府 |
| 丁光振 | 男 | 1972年9月 | 县公路分局队长 | 市27届劳模 | 2001年市委、市政府 |
| 林烟聚 | 男 | 1973年4月 | 县公安局队长 | 市27届劳模 | 2001年市委、市政府 |
| 邱国瑞 | 男 | 1954年10月 | 县旭隆食品公司厂长 | 市27届劳模 | 2001年市委、市政府 |
| 林克天 | 男 | 1957年11月 | 苔菉镇琇琊村支书 | 市27届劳模 | 2001年市委、市政府 |
| 黄财东 | 男 | 1964年11月 | 坑园乡前屿村支书 | 市27届劳模 | 2001年市委、市政府 |
| 林宝旗 | 男 | 1965年6月 | 县教育局科长 | 市28届劳模 | 2003年市委、市政府 |
| 郑开勇 | 男 | 1946年4月 | 县水产综合场工人 | 市28届劳模 | 2003年市委、市政府 |
| 林长杰 | 男 | 1962年3月 | 省琯头海运总公司副轮机长 | 市28届劳模 | 2003年市委、市政府 |
| 蓝 华 | 女 | 1965年3月 | 县电信局干部 | 市28届劳模 | 2003年市委、市政府 |
| 邱清武 | 男 | 1946年8月 | 晓澳卫生院院长 | 市28届劳模 | 2003年市委、市政府 |
| 邱松皋 | 男 | 1946年8月 | 县旭隆食品公司车间主任 | 市28届劳模 | 2003年市委、市政府 |
| 林时武 | 男 | 1964年12月 | 山仔管理处科长 | 市28届劳模 | 2003年市委、市政府 |
| 林木敬 | 男 | 1967年11月 | 黄岐福利冷冻厂车间主任 | 市28届劳模 | 2003年市委、市政府 |
| 陈能杰 | 男 | 1967年4月 | 省瀚海船业公司副经理 | 市28届劳模 | 2003年市委、市政府 |
| 顾和明 | 男 | 1966年4月 | 凤城中学教员 | 市28届劳模 | 2003年市委、市政府 |
| 林秀娟 | 女 | 1959年10月 | 晓澳镇赤湾村支书 | 市28届劳模 | 2003年市委、市政府 |
| 郑昌新 | 男 | 1943年9月 | 县人大常委会副主任 | 三次计生先进<br>享受市劳模待遇 | 2004年市劳模办 |
| 林友乐 | 男 | 1951年11月 | 县计生局副局长 | 同上 | 同上 |
| 孙 敏 | 女 | 1964年11月 | 县计生局科员 | 同上 | 同上 |
| 陈其国 | 男 | 1955年2月 | 潘渡乡党委书记 | 同上 | 同上 |
| 郑振明 | 男 | 1952年4月 | 县科技文体局总支书记 | 同上 | 同上 |

续表 3

| 姓 名 | 性别 | 出生年月 | 工作单位职务 | 授予称号 | 授予单位时间 |
|---|---|---|---|---|---|
| 许庆标 | 男 | 1961 年 12 月 | 透堡镇党委副书记 | 同上 | 同上 |
| 丁木容 | 女 | 1969 年 6 月 | 敖江镇政府干部 | 同上 | 同上 |
| 吴中亮 | 男 | 1945 年 8 月 | 县计生服务站站长 | 同上 | 同上 |
| 郑桂林 | 男 | 1956 年 7 月 | 县民政局副局长 | 同上 | 同上 |
| 吴兴华 | 男 | 1968 年 10 月 | 下宫乡副乡长 | 同上 | 同上 |
| 李立新 | 男 | 1966 年 | 华电可门有限公司副总 | 市 29 届劳模 | 2005 年市委、市政府 |
| 胡益国 | 男 | 1960 年 | 县可门港指挥部干部 | 市 29 届劳模 | 2005 年市委、市政府 |
| 张光妹 | 女 | 1955 年 | 小沧中心校教员 | 市 29 届劳模 | 2005 年市委、市政府 |
| 许金玉 | 女 | 1964 年 | 县环卫所清洁员 | 市 29 届劳模 | 2005 年市委、市政府 |
| 陈建忠 | 男 | 1962 年 | 县地税城关分局副科长 | 市 29 届劳模 | 2005 年市委、市政府 |
| 黄忠新 | 男 | 1950 年 | 县供电有限公司工人 | 市 29 届劳模 | 2005 年市委、市政府 |
| 陈 武 | 男 | 1968 年 | 东湖派出所所长 | 市 29 届劳模 | 2005 年市委、市政府 |
| 吴发珍 | 男 | 1951 年 9 月 | 凤城镇北岳村支书 | 市 29 届劳模 | 2005 年市委、市政府 |
| 林诗霖 | 男 | 1954 年 | 苔菉镇北茭鲍鱼场场长 | 市 29 届劳模 | 2005 年市委、市政府 |
| 吴 诚 | 男 | 1953 年 1 月 | 长龙绿兴食菌公司总经理 | 市 29 届劳模 | 2005 年市委、市政府 |
| 叶信银 | 男 | 1965 年 2 月 | 百洋食品有限公司工人 | 市 29 届劳模 | 2005 年市委、市政府 |

**1992—2004 年连江县获省“五一劳动奖章”名表**

表 4

| 姓 名 | 性别 | 出生年月 | 工作单位职务 | 授予称号 | 授予单位时间 |
|---|---|---|---|---|---|
| 游 健 | 男 | 1946 年 11 月 | 县造纸厂厂长 | “五一劳动奖章” | 1992 年省总工会 |
| 郑启禄 | 男 | 1940 年 11 月 | 县电力公司工会主席 | “五一劳动奖章” | 1993 年省总工会 |
| 陈木岚 | 女 | 1946 年 5 月 | 县粮食局局长 | “五一劳动奖章” | 1995 年省总工会 |
| 彭天德 | 男 | 1944 年 8 月 | 山仔水利枢纽工程副总指挥 | “五一劳动奖章”<br>省重点项目功臣 | 1995 年省总工会<br>1995 年省政府 |
| 梁敬星 | 男 | 1962 年 8 月 | 县粮油食品厂厂长 | “五一劳动奖章” | 1996 年省总工会 |
| 缪仁俤 | 男 | 1947 年 9 月 | 东岱水产综合冷冻厂工人 | “五一劳动奖章” | 1998 年省总工会 |
| 郑祖永 | 男 | 1947 年 7 月 | 县总工会主席 | “五一劳动奖章” | 1999 年省总工会 |
| 黄敏秀 | 男 | 1955 年 4 月 | 县副食品公司业务员 | “五一劳动奖章” | 2000 年省总工会 |
| 李旦敏 | 男 | 1958 年 3 月 | 县旭隆食品有限公司车间主任 | “五一劳动奖章” | 2002 年省总工会 |
| 吴 诚 | 男 | 1965 年 3 月 | 县电力公司科长 | “五一劳动奖章” | 2002 年省总工会 |
| 陈 惠 | 男 | 1959 年 2 月 | 县富佳机电制造有限公司总经理 | “五一劳动奖章” | 2004 年省总工会 |

## 1991—2005年连江县获二等功奖励退役军人名表

表5

| 姓 名 | 性别 | 出生年月 | 工作单位 | 授予称号 | 授予单位时间 |
|---|---|---|---|---|---|
| 吴福昌 | 男 | 1974年1月 | 山仔水利枢纽开发公司 | 二等功 | 1994年武警三明市消防支队二中队 |
| 王闽娥 | 女 | 1984年9月 | 省女子监狱 | 二等功 | 2004年解放军体育学院政治部 |

# 附 录

## 一、《连江县志（1991—2005年）》承编单位和总纂稿人员名单一览表

表6

| 篇目名称 | 承编单位 | 总纂稿者 | 篇目名称 | 承编单位 | 总纂稿者 |
|---|---|---|---|---|---|
| 篇目 | 县志办 | 张平官 | 财政税务 | 财政局、国税、地税局 | 张平官、陈扬挺 |
| 凡例 | 县志办 | 张平官 | 金融业 | 县人行、保险等 | 陈扬挺 |
| 概述 | 县志办 | 张平官 | 经济综合管理 | 发改局、统计、物价、工商、审计、质监局等 | 张平官、叶峰 |
| 大事记 | 县志办 | 张平官 | 中国共产党 | 县委各部委办 | 张平官 |
| 政区 | 县志办 | 张平官 | 人大、政府、政协 | 人大常委会、政府、政协 | 潘伯农、张平官 |
| 自然地理 | 县志办 | 陈扬挺 | 民主党派、群团 | 有关党派群团 | 潘伯农 |
| 人口 | 县志办、计生局 | 张平官、叶峰、赵炳祥 | 公安司法 | 公、检、法、司 | 潘伯农 |
| 环境保护 | 环保局 | 陈扬挺 | 民政 | 民政局 | 叶峰 |
| 国土资源 | 国土资源局 | 陈扬挺 | 军事 | 县人武部 | 潘伯农 |
| 城乡建设 | 城建局 | 陈扬挺 | 人事编制 | 人事局、编制办 | 潘伯农 |
| 农业 | 农业局、农办 | 叶峰 | 劳动社保 | 劳动社保局 | 周谋云 |
| 海洋渔业 | 海洋与渔业局 | 张平官 | 外事、侨务、港台 | 外事侨办、对台办 | 叶峰 |
| 林业 | 林业局 | 陈扬挺 | 教育 | 教育局 | 周谋云 |
| 水利 | 水利局 | 陈扬挺 | 科学技术 | 科技文体局 | 周谋云 |
| 乡镇企业 | 经贸局 | 陈扬挺 | 文化 | 科技文体局 | 潘伯农 |
| 工业 | 经贸局 | 陈扬挺 | 卫生 | 卫生局、药监局等 | 叶峰 |
| 交通 | 交通局 | 陈扬挺 | 体育 | 科技文体局 | 潘伯农 |

续表 6

| 篇目名称 | 承编单位 | 总纂稿者 | 篇目名称 | 承编单位 | 总纂稿者 |
|---|---|---|---|---|---|
| 邮政通信 | 邮政、电信分公司 | 陈扬挺 | 民族、宗教、信仰 | 民宗局 | 叶峰、张平官 |
| 国内贸易 | 县志办、商业、供销、物资、烟草、盐业等 | 张平官、陈扬挺 | 人物传 | 县志办 | 张平官 |
| 对外贸易 | 外经局 | 陈扬挺 | 人物表 | 县志办 | 叶　峰 |
| 旅游业 | 旅游局 | 潘伯农 | 附　录 | 县志办 | 张平官 |
| 重点工程建设 | 县志办、官坂垦区、山仔管理处等 | 张平官、陈扬挺 | 编后记 | 县志办 | 张平官 |

# 二、2001 年版《连江县志》勘误表

表 7

| 册次 | 页次 | 行次 | 误 | 正 |
|---|---|---|---|---|
| 上册 | 24 | 倒 16 | 乾 | 墘 |
| 上册 | 25 | 倒 12 | 连江志土 | 连江志士 |
| 上册 | 26 | 倒 12 | 陈伯函 | 陈伯涵 |
| 上册 | 52 | 10 | 同月 24—26 日 | 同月 2—4 日 |
| 上册 | 52 | 10 | 第二届人民代表大会第一次会议 | 第一届人民代表大会第二次会议 |
| 上册 | 66 | 倒 9 | 县委会班子 | 县革委会班子 |
| 上册 | 81 | 19 | 2000 座 | 2000 位 |
| 上册 | 83 | 倒 3—4 | （1990 年）同月 25 日…… | 本条内容移 1991 年 |
| 上册 | 87 | 倒 14 | 1 月 26 日 | 1 月 16 日 |
| 上册 | 100 | 倒 6—5 | 撤象坑乡归厦宫乡、撤奇达乡归黄岐镇。 | 象坑乡、厦宫乡、奇达乡撤销，合并为象厦乡。 |
| 上册 | 103 | 表倒 3 | 凤岩、南坂、洋其溪、石壁、下对、沃中、马宝、豆什山、郊洋 | 凤岩、南坂洋、其溪、石壑下、对面厝、澳中、马宅、豆腐山、郊洋 |
| 上册 | 105 | 表 8 | （马祖）王间排 | 五间排 |
| 上册 | 108 | 倒 13 | 二区的幕蒲 | 二区的幕浦 |
| 上册 | 112 | 倒 3 | 汴 | 大汴 |
| 上册 | 123 | 18 | 总产值 6.4 亿元 | 总产值 6.04 亿元 |
| 上册 | 131 | 4 | 边僻 | 偏僻 |
| 上册 | 149 | 倒 4 | 5.5 千米卜侧 | 5.5 千米外侧 |

续表 7

| 册次 | 页次 | 行次 | 误 | 正 |
|---|---|---|---|---|
| 上册 | 151 | 1 | 4.55 千米 | 4.55 平方千米 |
| 上册 | 155 | 倒 5 | 候平均气温 | 平均气温 |
| 上册 | 217 | 4 | （自然增长栏）死亡率 | 自然增长率 |
| 上册 | 225 | 19—20 | 表竖线紊乱 | 自左向右逐格竖线对齐 |
| 上册 | 246 | 4 | 宋代　林尔侗 | 明代　林尔侗 |
| 上册 | 246 | 9 | 膝子登 | 滕子登 |
| 上册 | 246 | 11 | 膝成千 | 滕成千 |
| 上册 | 254 | 倒 8 | 手续 | 手术 |
| 上册 | 257 | 倒 1 | （活产占接产比）91.5 | 99.5 |
| 上册 | 257 | 倒 3 | （接产总次数）8808 | 8008 |
| 上册 | 263 | 表 15 | （1962 年财政总收入）395 | 595 |
| 上册 | 302 | 15—16 | 葱蒲禾　侖 | 葱蒲稐 |
| 上册 | 374 | 16 | 麻里 | 梅里 |
| 上册 | 417 | 15 | 在竞赛中 | 在竞争中 |
| 上册 | 438 | 2 | 102817 万元 | 102817 元 |
| 上册 | 439 | 倒 1 | 美元 12.39 万 | 美元 12.39 万元 |
| 上册 | 448 | 倒 4 | 县机器厂 | 县机械厂 |
| 上册 | 450 | 倒 3 | 花岗石 6.74 吨 | 花岗石 6.74 万吨 |
| 上册 | 452 | 倒 11 | 燃料部 | 燃料部门 |
| 上册 | 468 | 倒 10 | （客运量）县属 10442.2 万人 | 县属 490.2 万人 |
| 上册 | 468 | 倒 9 | （周转量）县属 490.2 万人千米 | 县属 10442.2 万人千米 |
| 上册 | 477 | 14 | 烫斗水道 | 熨斗水道 |
| 上册 | 492 | 16 | 陈为栓 | 陈为佺 |
| 上册 | 497 | 8 | 龙楔坞 | 龙榠坞 |
| 上册 | 524 | 17—18 | 62330 万元 | 62330 元 |
| 上册 | 527 | 5 | 100 万 | 100 万元 |
| 上册 | 571 | 15 | 同年 5 月 | 1991 年 5 月 |
| 上册 | 571 | 倒 8 | 9000 万元 | 900 万元 |
| 上册 | 586 | 表 13 | （安凯粮站附注）高唐 | 高塘 |
| 上册 | 589 | 6 | 年均 2.5 吨 | 年均 2.5 万吨 |
| 上册 | 589 | 表 16 | 打棕素 | 打棕索 |
| 上册 | 623 | 倒 10 | 边僻农村 | 偏僻农村 |

续表 7

| 册次 | 页次 | 行次 | 误 | 正 |
| --- | --- | --- | --- | --- |
| 上册 | 697 | 14—15 | 解放初期是银行存款的主要来源 | 删 |
| 下册 | 811 | 2 | 洪 | 洪梠 |
| 下册 | 811 | 8 | 叶猗建县署 | 叶猗建县署慈庆堂 |
| 下册 | 812 | 倒 4 | 兼知县 | 兼代理知事 |
| 下册 | 828 | 20 | 录取率达 98.5% | 录取率达 97.7% |
| 下册 | 831 | 眉 | 政协 | 政府 |
| 下册 | 832 | 倒 4 | 张茂德 | 张德茂 |
| 下册 | 852 | 倒 5 | 社会空气 | 社会风气 |
| 下册 | 868 | 倒 10 | 牛顶山 | 牛项山 |
| 下册 | 909 | 3 | 晚稻频绝 | 晚稻濒绝 |
| 下册 | 926 | 倒 1 | 樟濑 | 掌濑 |
| 下册 | 964 | 倒 7 | 周 240 丈 | 周 2110 丈 |
| 下册 | 964 | 倒 7 | 雉堞 8000 多 | 雉堞 800 多 |
| 下册 | 977 | 6 | 扩编为 | 改编为 |
| 下册 | 1014 | 16 | 仉发知 | 倪发知 |
| 下册 | 1093 | 6 | 8 月 18 日 | 8 月 16 日 |
| 下册 | 1127 | | 蓝名枢 | 蓝名驹 |
| 下册 | 1127 | 2 | 村建邦主编 | 张明循主编 |
| 下册 | 1015 | 13 | 林元进 | 陈元进 |
| 下册 | 1359 | 倒 4 | 李桂丹 | 李丹桂 |
| 下册 | 1381 | 表 16 | 林仅妹 | 林伓妹 |
| 下册 | 1405 | 表 15 | 高增福 | 周增福 |
| 下册 | 1406 | 表倒 9 | 陈金妹 | 林金妹 |
| 下册 | 1406 | 表 13 | 陈阳寿 | 陈扬寿 |
| 下册 | 1419 | 表 8 | 邱淦弟 | 邱淦俤 |
| 下册 | 1419 | 表倒 2 | （张传彪）1955 | 1948 |
| 下册 | 1422 | 表倒 2 | 陈金弟 | 陈金俤 |
| 下册 | 1444 | 倒 12 | “七闽门户”后漏一段 | 补：海上事起，累年设防，将士荷戈，而殇者多矣！ |
| 下册 | 1444 | 倒 11 | 丙申 | 越丙申 |
| 下册 | 1445 | 3 | 乃因损建 | 乃因捐建 |
| 下册 | 1454 | 表 11 | 林业　蓝名枢 | 林业　蓝名驹 |

# 三、重要文件辑选

重要文件辑选收录县委、县政府文件共11件，基本保留原件内容，只作个别改动。

## 中共连江县委办公室印发《中共连江县委关于加强自身建设的决定》的通知

连委办〔1991〕002号

各基层党委，县直各单位：

根据县委领导意见，现将县委七届一次会议作出的《中共连江县委关于加强自身建设的决定》印发给你们。请组织领导班子成员认真学习，并结合本地本单位的实际，研究加强班子自身建设的具体措施，有效发挥各级领导的模范表率作用，在全县人民面前树立起改革开放、勤政廉洁、团结务实、开拓进取的良好形象。努力把各级班子建设成为社会主义两个文明建设的坚强领导核心。

特此通知

一九九一年一月三日

## 中共连江县委关于加强自身建设的决定（中共连江县委七届一次会议）

一九九〇年十二月十九日

中共连江县第七次代表大会选出了新的一届县委。为了不辜负全县共产党员的重托和人民群众的厚望，我们决心振奋精神，以新的面貌，齐心协力搞好工作，并通过自己的模范带头作用和孜孜不倦的努力，在全县人民面前树立起改革开放、高效廉洁、团结务实、开拓进取的领导班子良好形象，把县委建设成为领导全县人民进行改革开放和“四化”建设的坚强的领导核心。为此，特作如下决定：

**一、认真贯彻党的基本路线。**每个县委成员都要做到坚定不移的全面贯彻执行党的十一届三中全会以来的路线、方针、政策，坚持“一个中心，两个基本点”，不折不扣地落实党中央、省、市委的重要决策和部署。坚持实事求是的思想路线，注意把上级精神与连江实际结合起来，继续解放思想，大胆探索，创造性地开展工作。坚决破除因循守旧、故步自封、无所作为的观念，振奋积极向上、开拓进取的精神，不断推进改革开放和各项建设事业。

**二、自觉遵守党的政治纪律。**每个县委成员都必须自觉地坚持四项基本原则，坚持改革开放，牢固树立共产主义的理想和信念。要做到在复杂斗争的关头，能够保持清醒的头脑，毫不动摇地贯彻执行中央和省、市委的方针和政策。今后要定期过好以遵循党的政治纪律为内容的组织生活会，运用批评与自我批评这个锐利武器，确保县委在思想政治上同党中央保持高度的一致。

**三、严格遵守党的民主集中制原则。**严格实行集中领导和个人分工负责相结合的制度。每年召开二至三次全委会，凡是重大问题，均应提交县委全委会或常委会集体讨论决定。也要鼓励每个领导成员大胆独立负责的解决自己职责范围内的问题，积极主动地开展工作。在党内讨论、决定问题时，要坚决执行少数服从多数的原则，一旦形成决议，就必须坚决执行，进一步健全常委工作规则。县委常委每半年至少召开一次民主生活会，开展批评和自我批评。同时，每位县委成员还要以普通党员的身份自觉地参加所在支部的组织生活，把个人置于党组织、广大党员和人民群众的监督之下，努力造就一种民主、团结、和谐、融洽的新风气。

**四、刻苦学习理论，提高思想政治素质和理论水平。**每个县委成员都要从繁忙的工作中挤出时间，读一些马列著作、毛泽东著作和邓小平著作，及时学习领会中央文件精神。坚持县委中心组学习制度，每年保证有半个月以上的时间集中学习，同时加强自学。学习中还要坚持理论联系实际，运用马列主义立场、观点、方法分析问题，总结经验，指导工作。

**五、自觉坚持全心全意为人民服务的宗旨，牢记人民公仆的神圣职责。**每个县委成员都必须牢固地树立“公仆”的观念，既“领导”，又‘服务”，不辞辛苦，无私奉献，象焦裕禄同志那样时时刻刻把人民群众的冷暖安危挂在心头，吃苦在前，享受在后，以强烈的革命事业心和勇于献身的精神，去承担艰苦的工作任务，竭力为人民造福，为群众办实事，为人民谋利益。

**六、要清正廉洁，克己奉公。**每个县委成员都要时时事事处处坚持表率作用，敢于提出端正党风“向我看齐”的口号。必须以党章和准则来严格要求自己，掌握好人民赋予的权力。严格按照中央和省、市、县委有关廉政的规定，公务活动和下基层轻车简从，不搞迎送，不接受馈赠，按接待标准用餐。坚持艰苦朴素，反对讲排场比阔气。反对违法占地盖私房，拉关系搞承包工程。坚持任人唯贤，按干部“四化”标准选拔干部，实行回避制度，反对任人唯亲，结帮拉派、徇私情。管好身边的工作人员和家属子女，严格要求他们不搞特殊化。坚决同一切不良行为和腐败现象作斗争。每个县委成员每季度要过一次双重组织生活会，汇报自己廉政、勤政和抓廉政建设工作的情况。县委建立和健全廉政建设的档案制度，对各级领导干部抓廉政建设的情况和廉洁自律的表现填写考评记录，作为领导干部使用的一个重要依据。

**七、深入基层、深入群众，密切党群血肉联系。**每个县委成员都要牢固树立“四个一切”观念：一切为了群众，一切来自群众，一切依靠群众，一切从实际出发。县委常委至少挂钩一个乡镇和一个村街，每年至少要有三分之一以上时间深入基层，深入群众，宣传党的方针政策。抓好贯彻落实的督促检查，开展调查研究，总结典型经验。坚持县领导接访群众的接待日制度，密切党与群众的血肉联系。加强同民主党派、群众团体以及海内外各界人士的联系，认真听取和采纳他们的意见。坚持和民主党派以及党外人士季谈会、恳谈会、通气会、座谈会等制度，保证决策的民主化、科学化。

**八、克服文山文海。**提倡少开会，开短会、少讲话、讲短话，不搞形式主义。严格行文制度，减少不必要的文件和简报。简化各类评比和庆典活动。部门召开的重要会议，党政领导一般不同时出席，不同时讲话，县委领导一般不参加一般性会议和活动，以确保有更多的时间和精力处理日常工作。

**九、自觉维护县委的团结统一。**每个县委成员都应自觉地维护县委领导班子的团结，自觉做到不利于团结的话不说，不利于团结的事不做，真正树立和体现新班子的团结形象。应学会运用批评和自我批评的武器，经常开展交心通气。同时，进一步健全民主生活会制度。工作上有了不同意见，有了矛盾，也要摆上桌面，通过批评和自我批评来解决，使县委一班人在坚持原则的基础上，更好的团结起来，成为一个坚强的领导核心。

**十、切实加强和改善党的领导。**要充分发挥县委常委会的核心领导作用，坚持党的政治领导、思想领导和组织领导，保证党对政治、经济和社会生活的一切重大方面、重大问题实行正确的决策、指挥和组织协调，每个县委成员都必须把党要管党的原则，贯彻落实到实际工作中去。县委常委每季度要召开一次专题研究党的建设的工作例会，每半年召开一次有党外人士参加的恳谈会，广泛听取意见，不断改善和加强党的领导。在全面加强基层党组织建设的同时，要坚持和改善党对人大、政府、政协和群团组织以及司法机关的领导，继续巩固发展广泛的爱国统一战线，团结海内外爱国爱乡的各界人士，充分调动一切积极因素，群策群力建设繁荣文明的沿海开放县。

## 中共连江县委批转县人民政府党组<br>《关于连江县人民政府加强自身建设的意见》的通知

连委综〔1991〕013号

县人民政府党组及各委、办、局、各乡镇人民政府：

二月六日，县人民政府党组给县委呈送了《关于连江县人民政府加强自身建设的意见》。县委认为，这个《意见》很好，不仅对加强县人民政府的自身建设有重要意义，而且对各乡镇人民政府加强自身建设也有现实的指导意义，现批转给你们，望认真实施《意见》精神，努力把县乡两级政府班子建设成为改革开放、开拓进取、高效廉洁、团结务实、为全县人民所依赖所拥戴的战斗集体，为推动连江两个文明建设作做应有的贡献。

特此通知

一九九一年二月九日

## 关于连江县人民政府加强自身建设的意见

县委：

县第十一届人民代表大会第一次会议选举出了新的一届政府。实现九十年代连江经济全面振兴的重任已经历史性地落在新一届政府成员肩上。为了不辜负党组织的信任、本届代表的重托和全县人民的期望，保证实现本届政府提出的各项奋斗目标和任务，在县委领导下，进一步加强政府的自身建设，不断改进领导作风，通过政府全体成员的模范带头作用和竭尽全力地工作，在全县人民面前树立起改革开放、高效廉洁、团结务实、开拓进取的领导集体的良好形象，领导全国人民励精图治，艰苦创业，努力把连江的改革开放和各项建设事业推向前进，在新的年代，开创新的局面。现就加强政府自身建设作如下意见：

**一、要认真贯彻党的基本路线，坚决与党中央保持政治上、思想上的高度一致。**每个政府成员都要坚定不移地贯彻执行党的十一届三中全会以来的路线、方针和政策，始终不渝地坚持以经济建设为中心，坚持四项基本原则和改革开放，坚持社会主义物质文明建设和精神文明建设两手抓，不折不扣地落实党中央、国务院的一系列重要决策和部署，认真执行上级党委、政府和县委的各项决定。政府领导成员要有强烈的革命事业心和历史责任心，保持旺盛斗志，发扬开拓进取精神，勤于思考，勇于实践，坚持从实际出发，创造性地开展工作，大胆探索连江经济建设和社会发展的新路子。推进深化改革和实施沿海 经济发展战略，领导和管理好全县经济建设、社会发展事业和各项行政事务。

**二、要严守党的政治纪律，不断增强党性。**每个政府成员都要坚决维护党中央、国务院的权威，自觉维护县委的核心领导，按照《党章》和《党内政治生活准则》严格要求自己，正确行使党和人民赋予的权利。进一步健全县府党组会议制度，及时贯彻县委对各项工作的部署，保证县委的政治领导、思想领导和组织领导，保证县府对经济建设和社会发展事业进行正确地规划、协调、监督和服务。党组成员每半年要过一次双重组织生活会，汇报工作、思想动态和廉政、勤政情况。各部门领导都要坚持参加所在党支部和党小组的组织生活会，带头开展批评和自我批评，自觉地接受党组织、广大党员和人民群众的监督。每个政府成员都应自觉地维护领导班子的团结，真诚相见，及时交心通气，互相学习，互相理解，互相帮助，互相支持。要搞“五湖四海”，反对个人主义和拉帮结派，做到不利于团结的话不说，不利于团结的事不做，在坚持原则的基础上，更好地团结起来，充分发挥班子整体效能，增强凝聚力和战斗力。

**三、要自觉接受人大的监督检查，加强与人民政协和社会人士的联系和协商。**每个政府成员都要维护人民代表大会制度和共产党领导的多党合作政治协商制度。要认真贯彻执行人大的各项决议和决定，及时主动报告工作，自觉接受人大及其常委会的监督和检查，重大决策要按程序经人大及其常委会的审议和批准，自觉维护人大的地位和作用。县府常务会议及重要会议，必须邀请人大、政协有关领导参加，各部门召开的重要会议，也要邀请人大、政协所属的有关委员会负责人参加。要加强与人民政协、民主党派以及各界人士的联系，坚持和完善人大、政协联席会议制度，每半年召开一次，主动通报工作情况，重大决策要认真听取意见和建议，进行民主协商。要及时认真办理人大代表的议案、意见和建议，以及政协委员的提案，要为他们参政议政，发挥民主监督提供必要的条件。要重视和支持工会、共青团、妇联会等群团工作，充分发挥他们联系群众的纽带作用。要努力建立健全民主的、科学的决策和执行程序，保证决策反映人民群众的意愿和利益。

**四、要严格实行行政首长负责制，充分发挥政府和各部门的职能，努力形成上下贯通，左右协调，运转灵活的政府机构。**政府工作实行目标管理责任制，要一级抓一级，一级对一级负责。各部门负责人要及时向县府领导汇报工作，反映情况，自觉接受检查和监督，保证完成县府部署的各项工作任务。县府及各部门行政副职必须认真履行各自分工的职责，协助行政首长工作，大胆、负责地解决自己分管范围内的问题。严格执行民主集中制原则，坚持和完善县府常务会议制度和县长办公会议议事规则。对重大问题的决策，应提交常务会议或县府全体会议讨论决定。一经决定的事，就必须坚决执行，各司其职，各负其责，狠抓落实，决不允许各行其是。每个政府成员都要牢固树立全局观念，加强联系，密切配合，协调行动，做到令随法行，令行禁止，坚持克服部门之间各自为政，办事扯皮推诿的“中梗阻”现象，时时处处以大局利益为重，充分发挥各自职能作用，加强政府行政权威。

**五、要认真学习马克思主义基本理论，提高政治素质和领导水平。**每个政府成员都要坚持学习马列主义经典著作、毛泽东同志著作和邓小平同志的论著，及时学习领会中央和国务院文件精神。正副县长要坚持参加县委中心组理论学习，每年保证有半个月以上的时间集中学习，同时加强自学。发扬理论联系实际的学风，学会应用马克思主义的基本立场、观点和方法，分析解决经济建设和改革开放以及实际工作中遇到的新情况、新问题，增强统揽全局、协调各方的能力，提高领导工作的系统性，原则性和预见性，提高执政的本领。每个政府成员每年都要亲自撰写二、三篇学习心得体会或专题调查报告，把读书学习与研究问题、指导工作有机结合起来。

**六、要坚持全心全意为人民服务的宗旨，面向基层，面向群众，当好人民公仆。**每个政府成员都要牢记人民公仆的神圣职责，向焦裕禄同志学习，时刻倾听群众的呼声和要求，关心人民群众冷暖安危："廉不言贫，勤不言苦"，为官一任，造福一方，尽职尽责为人民群众谋利益。坚持和完善每月十五日领导接待日制度，重视人民群众来信来访，及时解决人民群众反映强烈、迫切要求解决的问题。坚持领导干部下基层、定点挂钩联系、现场办公制度，正副县长每人至少挂钩一个乡镇和一个企业，各部门领导也要实实在在地挂钩一个基层工作点和包干两个项目。每个政府成员每年至少要有三分之一以上时间深入基层，深入群众，特别要到艰苦、困难和问题较多的地方去，帮助排忧解难，解决实际问题。继续发扬"为党增光辉，为民办实事"的优良传统，尽职尽责，为人民群众办实事。

**七、要改进工作作风，提高工作效率和质量。**每个政府成员都要讲究工作方法，善于根据每一时期的工作重心做出比较合理的阶段性工作安排。要严格各项工作制度和工作程序，增强政府工作的规范性、科学性。严格执行市委、市政府《关于切实转变机关作风、精简会议活动的规定》，提倡少开会，开短会，讲短话，写短文，尽可能减少一切不必要的会议和文件，简化各类评比和庆典活动，把主要时间和精力用于深入基层、调查研究和解决实际问题。

**八、要加强廉政建设，整饬政风，保持政府机关纯洁性。**每个政府成员都要以身作则，清廉自律，率先垂范，以上带下，上行下效，在廉政建设中起表率作用。要自觉遵守党纪国法，接受组织和群众的监督，不自恃特殊，不以权谋私，不徇情枉法。公务活动和下基层轻车简从，不搞迎送，不收受礼品、"红包"，按接待标准用餐。要带头禁赌、反对封建迷信和婚丧喜庆大操大办陋习。反对违纪违法建私房和拉关系搞承包工程。要严格要求身边工作人员和自己的亲属子女。每个政府成员不但要严于律已，还要敢抓敢管，伸张正义，对不符合政策规定的事，要敢教育、敢制止，坚持同一切不良行为和腐败现象作斗争。严肃查处贪污受贿、敲诈勒索、弄权渎职等大案要案，坚决纠正行业不正之风，加紧整肃行政执法部门和监督机构的违法违纪行为，制止乱罚款、乱收费和各种摊派。继续实行"两公开一监督"制度，增加政府工作透明度，健全内部监督制度。廉政建设要讲求实效，反对形式主义，让群众满意。

以上意见如无不妥，请批转执行。

中共连江县人民政府党组
一九九一年二月六日

## 中共连江县委　连江县人民政府
## 关于进一步解放思想扩大对外开放的若干意见

连委〔1992〕09号

为认真贯彻落实中央政治局全体扩大会议和邓小平同志重要谈话精神，坚定不移地贯彻落实党的基本路线，抓住当前有利时机，加快改革开放步伐，集中力量把经济建设搞上去，努力开创我县对外开放新局面，特提出以下十条意见。

**一、进一步解放思想，更新观念，加速实现我县对外开放的发展战略。**我县地处闽江口"金三角"地带，面对台湾、马祖，山、海、侨、台优势突出。要进一步解放思想，加快综合改革试验，提高对外开放水平。大力提倡敢于探索、大胆实践的创新精神；增强开拓进取、奋发图强的竞争意识；发扬脚踏实地、兢兢业业的实干作风。加速实现我县对外开放"双基先行、两岛突破、三片启动，两线拓展，山海并进，开发全县"的发展战略，在闽江口"金三角"经济圈内把我县建成独具特色的沿海开放县。为此，要立足县情，充分发挥我县山、海、侨、台优势，做到近"台"快攻，打好台球，引"侨"上路，打好"侨牌"，开发山海，活化“全盘”。扎实推进琯头粗芦岛、黄岐半岛开放开发和对台贸易、劳务输出；有计划、有步骤地在104国道和东北公路沿线吸引外资、兴办项目、连片开发；加快琯头投资区、县城工业小区、贵安旅游区开发建设。促进山海协作，共同发展，力争几年内使我县经济上一个新的台阶。

**二、切实加强对外开放工作的领导，用足用活中央赋予的特殊政策和灵活措施**。决定成立连江县对外开放工作领导小组，组长林义杰，副组长叶家松、林学忠、陈玉平，成员由政府办、外经委、计委、经委、农委、侨办、对台、统战、政研、土地、工商、税务、财政、交通、水电、环保、邮电、金融等部门领导组成，下设办公室（具体另文通知）。其主要职责是：研究如何用足用活中央赋予的特殊政策、灵活措施；研究并制定符合我县实际的对外开放的政策措施；统筹协调我县对外开放工作中的重大问题；有重点地联络侨、港、澳、台、外商来连江投资兴业；为经济部门提供信息，为领导决策提供依据，为扩大对外开放服务。今后，对外经贸、利用外资方面的重大项目，要报请对外开放工作领导小组研究审核，由对外开放办公室牵头落实。为加强对外经贸工作的力量，原则同意在县外资经委内设置外资科、企管科和办公室，人员编制增加两名。

**三、提供优惠政策，方便外商投资**。港、澳、台、外商来连投资兴业可在六个方面予以优惠：1、到连江投资办厂和开展来料加工业务的，优先安排用地，地价就低不就高。2、进行成片开发的外商开发企业和区域内外资企业，免交土地使用费五年（含建设期），对兴办社会公益事业、基础设施建设项目可减免土地使用费。在贫困地区或利用荒山、荒地、荒滩进行成片开发的企业免收20年土地使用费，进行农业综合开发的企业可免收三十年土地使用费。3、允许外商进行旧城成片改造和经营房地产等第三产业项目。外商为成片开发经营土地而进行的“三通一平”基础设施建设，免收各种配套费、集资费，经县政府核定的土地使用价格可以一次性缴纳，也可以按事先约定予以分期缴纳。4、外商在成片开展经营土地建设项目中自办区域外水电辅助配套设施的，免交本级电压和水资源配套费、增容费。5、外商投资企业的供电、供水、通讯等予以优先安排，其费用按本县国营企业标准缴纳。6、除国家规定各项税收优惠政策外，生产性“三资”企业地方所得税免五年，产品出口和技术先进企业及农业综合开发区域内外商举办开发性农业项目，暂免征地方所得税。对方用荒山、荒坡、荒滩带办农业综合开发项目的，从投产起农业税、特产税五年免征，后五年减半征收。在农业综合开发区域举办开发农业项目，从投产起其新增产值的农业税、特产税三年免征，后三年减半征收。

**四、积极鼓励穿针引线，加强招商工作**。各级党委、政府要充分调动全社会的积极性，广泛发动各级各部门、民主党派、群众团体和民间组织，利用各种渠道，采取各种方式大力宣传连江的投资环境和优惠政策。要坚持“大中小项目一起上，侨港澳台外资都欢迎”的原则，走出去，请进来，密切与世界各大财团、大公司和知名友好人士的往来，不断拓宽招商渠道，发展各种形式“经贸交流”和国际经济技术合作。对积极进行穿针引线，引进外资项目的单位和个人实行奖励。推荐引进外商来连创办独资企业的，据其外资额，给穿针引线单位和个人2‰的奖励；奖金在征收的土地补偿费中列支；推荐引进外商来连新办合资，合作企业和嫁接改造老企业的，据其外资额，给推荐引进单位或个人2‰的奖励，奖金在合资、合作企业当前固定资产投资或老企业技改投入列支；推荐引进外商企业租赁国营集体企业的，从租赁收入中提取5%奖励引进单位或个人。对积极穿针引线搞“两头在外”来料加工项目的，从管理费提取10%予以奖励。

**五、大力筹措资金，加快基础设施建设**。要多渠道、多形式地筹措建设资金，除了积极争取中央、省市及有关部门的支持外，要通过发行股票、债券、彩票等方式，拓宽国内外融资途径。同时对回收时间长的外商投资基础设施建设项目给予政策上的倾斜和综合补偿。要切实加强山仔水利枢纽工程，琯头3000吨对台贸易码头、县城万门程控电话、黄岐半岛公路柏油路面铺设和旧城改造等“五大工程”建设。年内要完成山仔水利枢纽工程的围堰截流和小沧乡新乡址居民住宅场地的准备；做好琯头3000吨对台贸易码头进港公路、码头主体的勘察设计和资金筹措；切割开通7000门程控电话；提前完成黄岐半岛的柏油公路铺设；同时积极做好琯头岭公路隧道的勘察设计。

**六、提供优质服务，提高办事效率。**继续推行现场联合办公，从简从快办理外资项目有关审批手续。在县级审批权限范围内的外资办项目，必须在三天内予以答复，对符合国家政策规定、条件具备申请立项或成立公司的，在收到全部材料时七天内予以办妥；对一时无法提供完备手续的可先行办理，事后补办加以完善；对国家政策规定有抵触且条件不具备的，应及时做好疏导解释工作。对外商提出的问题和投诉，要及时帮助协调解决，主动为外商投资企业排忧解难，提供优质服务。同时，对有利于外商投资、有利于办好现有外商投资企业的经验要推广，对行之有效的办法要坚持，对过去颁发的对外经贸工作的文件要进行全面清理，凡不符合中央（1992）2号文件精神和不适应改革开放要求的，应尽快予以废止。并结合我县实际，用好现有政策，积极探索和组织实施进一步办好现有外商投资企业的新办法、新措施。为此，决定成立外商投资服务中心，作为事业单位（人员编制3—5人），开展咨询业务，为外商提供优质高效服务。

**七、深化对外经贸体制改革，转换外经外贸企业经营机制。**要按照“两级承包，包到企业；分级调控，确保上缴；转变机制、搞活企业”的原则，制定外经、外贸承包管理办法，试行工效挂钩，加强内部核算，合理拉开工资和奖金档次，提高经营管理水平和经济效益，同时扎实推进以打破“一大三铁”为突破口的企业经营机制转换工作，发展工贸、农贸、技贸联营，走外经、外贸、外资相结合，贸、工、农一体化的路子，开辟集团化、多元化经济渠道，进一步拓宽、占领国内外市场。

**八、移植“三资”企业管理体制，扎实推进部分国营企业转化经营机制试点。**实行试点的企业可通过承包经营等形式，参照“三资”的税率征收所得税，新增项目改为税后还贷。企业可与外经、外贸专业公司实行紧密性联合对外经营，或通过代理经营，获得出口经营自主权。联营企业可参与直接对外洽谈、签约、组织产品出口和劳务输出，有条件的企业可依照国家政策法规在境外设立生产经营性分支机构，不断拓展国外市场。实行试点的企业可根据生产经营的需要和国家现行规定，确定合资、合作、形式和规模，可以全部合资、合作，也可以部分合资、合作；企业有权确定招工范围、条件、方法，制定职工的工资、奖金分配标准和方式；除国家定价的产品外，自行决定产品价格；可按有关规定实行股份制试点，搞横向联合经营或组织企业集团。对一些效益好、质量高的企业，欢迎外资对其进行高起点“嫁接”改造。同时欢迎港、澳、台、侨、外商通过全厂合资、部分合资、购买产权、租赁厂房设备等多种形式“嫁接”改造老企业和乡镇企业。企业合资、合作后，允许易地改造，享受的政策待遇视同国内企业。

**九、理顺外商投资企业管理体制，办好现行外商投资企业。**各级各部门要充分尊重外商投资企业及其董事会的自主权，严禁任何部门巧立名目，对外商投资企业乱收费、乱摊派、乱罚款。坚持对外商投资企业依法管理，切实维护中外双方的合法权益。要切实转变工作作风，支持外资企业搞好生产经营。经济、计划、电力、邮电、金融、劳动、人事等部门，要把外商投资企业对人才、资金、物资、能源、供水、通讯等方面的需求列入工作议程，主动帮助外商投资企业解决项目建设、开工、生产经营中的困难与问题，全力支持协助办好现有的外资企业。

**十、加强干部队伍建设，提高对外经贸人员的素质。**要加强对外经贸干部队伍的教育、管理和培训，把干部的培养、任免、考核、奖惩、管理工作制度化。要有计划分期分批选派德才兼备的干部到大专院校学习。到深圳、厦门等地特区挂职锻炼。同时充分发挥境外企业、公司的外引内联，对外宣传，提供信息，培训干部的“窗口”作用，选派干部出去挂职轮训。对外经贸干部挂职交流工作要形成制度，加速运行。通过这一途径，使对外经贸干部熟悉政策法规、精通本职工作，提高思想和业务水平，适应国际经贸发展趋势和改革开放事业不断发展。

一九九二年五月二十三日

# 中共连江县委　连江县人民政府
# 关于积极扶持少数民族地区经济和社会发展的意见

连委综〔1992〕90号

各乡镇党委，政府，县直各有关单位：

我县是少数民族聚居县之一，全县少数民族1.3万人，分布于十九个乡镇，39个行政村（其中纯少数民族村8个，少数民族人口占50%的村5个）85个自然村。党的十一届三中全会以来，我县认真贯彻省委《关于加强老、少、边岛贫困地区脱贫致富工作决定》精神，把少数民族地区脱贫致富，发展经济文化建设作为进一步落实党的民族政策的工作重点。使少数民族地区面貌发生了可喜变化。但由于少数民族多聚居地远山高地区，基础设施差，人才少，资金缺，经济、文化等各项建设仍较落后。为了全面贯彻执行中央和全省民族工作会议精神，加快少数民族地区经济和社会发展，促进民族进步和共同繁荣。特作如下意见：

**一、充分认识民族工作的重要性，切实加强党和民族工作的领导**

九十年代是我国社会主义现代化建设的关键时期，也是各民族共同进步，共同繁荣的关键时期。每个党员干部对民族工作重要性都要有充分的认识，特别是领导干部不能因为本地区的少数民族人口少，认为民族工作不重要摆不上党委的议事日程。少数民族的振兴与我县的繁荣息息相关。如果少数民族地区落后面貌没有根本改变，贫困帽子没有完全摘掉。必将拖我县奔小康的后腿。因此，各级各部门要认真学习江泽民总书记，李鹏总理在中央民族工作会议上的重要讲话，宣传和落实民族政策，以高度的责任感和紧迫感，做好新时期的民族工作。

各级党政领导要亲自过问民族工作，深入实际，调查研究，深入了解本地少数民族和民族地区的特点、经济状况和存在问题，做到具体问题具体分析，提出切合实际的解决办法。选派得力干部充实民族工作队伍，并注意逐步改善他们的工作条件。注意做好配备少数民族干部的工作，对少数民族人口在千人以上的乡镇，党委和政府的领导班子必须配备少数民族干部，同时，要加强对少数民族干部培养，并把少数民族干部培养与干部交流、挂职锻炼结合起来，不断提高少数民族干部素质，以适应民族地区经济发展的需要。各级各部门都要想少数民族之所想，急少数民族之所急，采取倾斜政策，帮助少数民族发展经济，促进民族工作的全面发展。

**二、抓紧发展集体经济，不断增强少数民族乡村的经济活力**

民族工作的第一条任务就是加快少数民族地区的经济发展。我县少数民族乡村的经济与全县平均水平还有相当的差距。因此，加快少数民族地区经济和社会的发展已不容迟疑，这既需要国家的继续扶持和经济比较发达地区的对口支援，更需要发挥和依靠民族地区自身的奋斗精神。这三方面要统筹规划，有机结合，形成合力。各级、各部门应做好扶持工作，在少数民族发展资金的投入上，要有所增加。要继续利用民族地区山地、水源优势，发展开发性生产。“八五”期间少数民族要发展一至二个100亩以上的茶果场，人均要有1亩茶果。为此，有关部门对少数民族必须做到信贷优先，扶持资金优先，项目优先，物资优先。县财政扶持少数民族地区经济发展的经费要逐年增长。乡镇财政要划出一定比例的资金支持少数民族地区，有计划地帮助发展乡镇企业和第三产业，搞活经济流通，提高经济收入。同时要继续抓好少数民族地区扶贫工作，重点做好返贫户特困户和受灾户的扶持工作，采取切实措施，解决他们的生产、生活出路问题。1993年，全县13个畲族行政村人均收入要接近或赶上全县平均水平。

**三、大力发展少数民族地区文教卫生事业，提高民族素质**

少数民族教育工作是整个教育事业的组织部分，要予以大力支持。小学升初中，初中升高中要给予适当降分录取；对经济困难的少数民族学生要予以免费入学。师范院校大中专毕业生应优先分配到少数民族乡村任教；对于在边远少数民族地区任教的，给予适当生活补助；民办教师符合条件的要优先转正。在少数民族聚居的行政村要积极创造条件创办幼儿班，抓好学龄前儿童教育；民族完小每年要开展一次教育质量评比活动，促进教育全面发展。

民族卫生事业的发展，是提高民族素质的重要保证。“八五”期间要在巩固现有 8 个少数民族村医疗站基础上，逐步实现村村有医疗站，以改善医疗条件。同时，积极培养少数民族医疗人员，并开展为少数民族义诊，增送医疗器械，送医上门等服务。妇幼保健部门要积极为少数民族妇女提供优质服务。

**四、继续抓好“三通”建设，促进民族地区经济发展**

少数民族地区“三通”建设，是促进少数民族地区经济发展，提高民族地区生活水平的重要条件，各级各部门应对民族乡村的“三通”实行优先。每年所定的少数民族地区“三通”任务，应保质保量完成。同时，增加少数民族地区农田水利基本建设投入，确保稳产高产，旱涝保收。

**五、重视培养使用少数民族干部，加强民族干部队伍建设**

少数民族干部是我们党做好民族工作的骨干力量，民族干部的状况又是衡量一个民族发展水平的重要标志。因此，要大力通过各种途径培养。要选拔一批有高中以上文化水平，并愿为山区服务的少数民族优秀青年干部，充实领导干部队伍，使民族干部的配备逐步做到与其人口比例相适应。要采取多种办法和形式，帮助民族地区培训各种专业人才，真正做到在使用干部数量上有所增加，质量上有所提高、结构上更加合理。

一九九二年九月十九日

## 中共连江县委印发《关于贯彻落实〈中共中央关于建立社会主义市场经济体制若干问题的决定〉的意见》

连委综〔1994〕021 号

各乡镇（场）党委、政府，县直各部、委、办、局（公司），各人民团体：

党的十四届三中全会通过的《中共中央关于建立社会主义市场经济体制若干问题的决定》，是指引全党和全国人民抓住机遇、加快改革、加快发展的纲领性文件。县委在认真学习党的十四届三中全会通过的《决定》、省委五届八次全体（扩大）会议、市委六届七次全体（扩大）会议《决议》过程中，通过深入细致的调查研究，制定了《关于贯彻落实〈中共中央关于建立社会主义市场经济体制若干问题的决定〉的意见》。并经县委八届二次全体扩大会议和县委工作会议讨论修改后，提交县委常委审定，现予正式下发。县委要求全县各级、各部门组织党员、干部和职工认真学习宣传《贯彻意见》，结合本地区、本部门的实际，研究制定各自的贯彻意见，并认真组织实施，为实现省、市委提出的提前建立社会主义市场经济体制的目标而共同努力奋斗！

中共连江县委

一九九四年二月二十八日

# 中共连江县委关于贯彻落实《中共中央关于建立社会主义市场经济体制若干问题的决定》的意见

党的十四届三中全会，是一次具有深远历史意义的重要会议。全会通过的《中共中央关于建立社会主义市场经济体制若干问题的决定》，充分体现了邓小平同志建设有中国特色社会主义理论和党的十四大精神，把十四大确定的建立社会主义市场经济体制的目标和基本原则加以系统化、具体化，是实现从旧经济体制向新经济体制过渡的宏伟蓝图，是我国建立社会主义市场经济的总体规划，是指引全党和全国人民抓住机遇、加快改革、加快发展的行动纲领，对我国的改革开放和社会主义现代化建设将产生重大而深远的推动作用。为贯彻落实十四届三中全会精神，市委召开了六届七次全会，作出了《中共福州市委关于贯彻落实〈中共中央关于建立社会主义市场经济体制若干问题的决定〉的实施意见》。县委经过充分调查研究，提出如下贯彻落实意见：

**一、认真学习贯彻党的十四届三中全会精神，加快建立社会主义市场经济体制**

认真学习、全面贯彻十四届三中全会精神，是加快建立社会主义市场经济体制的一项重要工作任务。全县各级领导都要精心组织学习，带头认真阅读钻研文件原本，在学懂弄通上下功夫。要把学习全会《决定》同学习江泽民同志在全会上的重要讲话，同学习邓小平同志建设有中国特色社会主义理论，特别是《邓小平文选》（第三卷）结合起来，全面、正确、深刻领会邓小平同志建设有中国特色社会主义理论，充分认识建立社会主义市场经济体制的重要性和紧迫性；要把学习中央《决定》同总结本部门、本单位的改革开放实践经验，以及研究解决我县改革开放和经济发展过程中遇到的新问题结合起来，解放思想、实事求是、开拓进取，加快建立社会主义市场经济体制，推动我县国民经济既快又好地发展。

连江是首批沿海开放县，在建立社会主义市场经济体制的新历史任务面前，应当积极探索，敢于试验，坚决按照省委、省政府的要求，用3年时间形成社会主义市场经济体制的基本框架；用5年时间初步建立起社会主义市场经济体制；在此基础上，再用10年或更多一些时间，确立各方面比较成熟、比较完善的社会主义市场经济体制。为此，我们要在党的基本理论和基本路线指引下，紧紧围绕建立现代企业制度，建立统一开放的市场体系、建立宏观调控体系、建立合理的收入分配制度和多层次的社会保障制度这五个环节，充分发挥我县对外开放的优势，坚持“三个有利于”标准，以经济建设为中心，做到改革开放、经济发展和社会稳定相互促进和相互统一。尊重群众的首创精神，努力引导好、保护好、发挥好群众的积极性，实行“整体推进和重点突破”相结合，循序渐进、不失时机地把各项改革推向前进，加快改革开放和经济建设步伐。

**二、加快企业产权制度改革，建立现代企业制度**

按照社会主义市场经济要求，由放权让利为主的政策调整为以明晰产权关系为主的企业制度改革。国有企业继续贯彻落实《全民所有制工业企业法》和《全民所有制工业企业转换经营机制条例》以及《国有企业资产监督管理条例》，围绕产权制度改革，实行分类指导，采取改制、嫁接、转让、租赁、调整等办法改造老企业，实现企业机制的尽快转换。争取五年内，国有工业企业全部实现国有民营或外资嫁接改造。加快国有资产管理改革步伐，逐步建立国有资产监督管理新体制，进一步理顺国有资产产权关系，提高国有资产运营效率，保障国有资产保值增值。城镇集体企业、乡镇企业要通过多种形式探索，实现产权明晰，逐步改组为股份制或股份合作制企业。鼓励发展潜力大、有一定实力、有支柱产品或行业特色的不同所有制企业，组建跨部门、跨所有制、跨地区的企业集团，提高企业竞争能力。

坚持多种经济成分共同发展，在促进国有经济和集体经济发展的同时，大力发展个体、私营经济，扩大非公有制经济成分的比例，创造平等的市场竞争条件和机制，促进各类经济蓬勃健康发展。

**三、加快流通体制改革，大力培育和发展市场体系**

按照市场的发展规律和要求，以商品市场为基础，以培育生产要素市场、发展各类中介组织为重点，规范市场行为，健全市场法规，做到硬件建设和软件建设一起抓，统一规划，分步实施。经过3—5年的努力，在全县形成城乡市场紧密结合的统一、开放、竞争、有序的市场体系，促进资源的优化配置。

加快商品流通体制改革，进一步发展商品市场。以建立大流通，发展大经贸，形成“企业自主经营、商品自由流通、市场自动调节、政府自觉调控”的新型流通体制为目标，抓好流通企业机制转换和流通管理体制改革。发展专业批发市场和各类商品市场，提高现有市场组织化和规模化程度。同时加强商业网点建设，形成以繁华街道较大型商场为支撑点，沿街星罗棋布的小型连锁店、专业店、综合店为网络的商品市场。

建立统一开放、有序竞争、严格管理的金融市场。积极有组织地发展非银行融资机构，发展壮大、规范城乡信用社，在此基础上组建城乡合作银行，增强金融竞争，改进金融服务。探索设立连江投资基金，开辟新的投融资渠道，为连江经济建设增添新的资金来源。开拓保险市场，发展保险业。

培育县级产权交易市场，盘活国有、集体资产存量。把各类企业产权转让、兼并、拍卖中涉及产权交易事项统一管理起来，并为企业产权转让提供评估、定价、买卖牵线搭桥、办理转移手续等服务，使产权转让进入有序、规范的状态。

规范和发展房地产、劳动力、技术、信息等市场。实行以招标、拍卖方式为主的土地使用权有偿有限期出让制度，加强房地产开发用地的规划管理，由政府垄断土地一级市场，统一实行先规划后出让。同时，规范和发展房地产交易，放开搞活房地产二、三级市场，积极稳妥地推进城镇住房制度改革，实行以售房为主，租售建并举，加快住房商品化、市场化步伐。积极发展和完善多层次、多形式的劳动力市场。鼓励和支持兴办各类技术、信息市场，加速科技成果转让。大力发展市场中介服务组织，逐步建立拍卖行、经纪行、典当行，大力发展会计师、审计师和律师事务所、公证和仲裁机构、计量和质量检验机构、信息咨询机构，充分发挥行业协会作用。

深化价格改革，在保持价格总水平相对稳定的前提下，根据居民和企业的承受能力，全面放开竞争性商品和服务行业的价格，积极推进生产资料价格的全面并轨。增加副食品有效供应，防止物价过快上涨。建立粮、油、糖等重要商品以及化肥等生产资料的风险基金和储备制度。积极探索对水、电等项目的价格改革，促进节能降耗，缓解供需矛盾。强化价格监督检查，严肃物价纪律。继续推行商品和收费的明码标价制度，严厉打击假冒伪劣商品，强化市场管理和监督，规范企业和收费单位行为，保护消费者权益。

**四、进一步扩大对外开放，加快开放型经济区建设步伐**

按照撤县建市奔小康的发展战略，继续实行旧城改造和新区建设、土地成片开发、老企业改造和一、二、三产业等四个全方位开放。坚持“大中小项目一齐上、港台侨外资都欢迎”的招商方针，扩大利用外资的领域和规模，着力培养新的经济生长点。集中力量兴办一批起点高、规模大的工业项目，使之具有较大经济规模和较强竞争力。进一步发挥地方优势，发展特色经济，建设三个开放型经济区。一是以琯头投资区为龙头，沿104国道线两侧推进，启动凤城、敖江、东湖、浦口、东岱等乡镇，建成平原港口工业经济区；二是以大官坂垦区为中心，延伸黄歧半岛，辐射“三湾三口”沿岸的苔录、黄岐、安凯、坑园、下官、筱埕、晓澳、马鼻、官坂、透堡等乡镇，建成沿海水产经济区；三是以山仔水利枢纽工程为先导，充分利用潘渡、丹阳、蓼沿、小沧、长龙等乡镇水、电、地热、林果、矿产等资源，建成山区农业综合开发经济区，以开放带开发，以开发促开放，形成开发全县的对外开放新格局。同时，积极争取中央与省市各有关部门的支持，加大我县间接利用外资、加快基础设施和市政建投步伐。要在提高外商实际到资上狠下功夫，进一步增强服务意识，提商服务质量，使项目能尽快投产运营，提高利用外资的成功率。依法加强对外商投资企业的管理，办好现有“三资”企业。

深化外贸体制改革和外贸企业改革，走实业化、集团化、国际化、多元化的外贸发展新路子。坚持“统一政策、放开经营、平等竞争、自负盈亏、工贸结合，推行代理制”的改革方向，按照现代企业制度和国际贸易运行机制改革和改组现有对外经贸企业，完善外经贸宏观调控机制，力争三年内基本实现全县国有外贸企业改组成有限责任公司或股份制公司。加快组建企业集团，发挥集团优势，促进项目上档次、产品上水平。积极创造条件，加快“三资”企业组建集团公司步伐，尽快形成拳头产品行业。通过合资、合作、联营、参股、投资开发等多种形式，创办各类出口商品基地和为出口服务的其他实体，扩大出口规模。积极推进市场多元化战略，加速开拓国际市场。打破生产企业与国际市场分离的局面，有意识地推动生产企业参与国际分工与交换。对具有技术、管理、规模经济优势和出口创汇能力的企业，积极争取拥有进出口经营权；对一些有出口产品，因受规模、实力和人才等限制，难以独立承受国际市场风险的企业，或以骨干企业为主，或以名优新特产品为龙头，由县主管部门支持组建具有一定实力的生产企业集团，加以重点扶持。加快调整出口商品结构，加速向高档、高质方向转变；以多种形式建立出口货源基地，不断提高加工产品、高附加值产品和高科技产品在全部出口产品中的比重。

充分利用黄岐、琯头对台贸易点优惠政策与有利条件，加快对台贸易与台货市场建设步伐，拓展贸易领域，增加贸易额，促进连台经贸更快发展。在巩固外派劳务市场的基础上，大力开辟多元化的国际劳务新市场。创造条件，不断发展壮大对外经济技术合作队伍，对具备条件的外资企业、外经公司，要努力争取获得对外劳务经营权。

**五、进一步深化农村改革，促进农村经济全面发展**

继续稳定、不断完善以家庭联产承包为主的责任制和统分结合的双层经营体制。土地承包期可一定 30 年不变，对开垦荒地、营造林地、治沙改土等从事开发性生产的，承包期可以更长。在承包期间实行“增人不增地、减人不减地”的办法，避免承包耕地的频繁变动。实行土地“三权”分离，在所有权归集体的前提下，承认承包权，搞活经营权，对开发性生产项目的承包经营权允许继承，在不改变土地用途的前提下，允许土地使用权依法有偿转让。对二、三产业比较发达、农业劳动力转移比较充分的地方，积极发展适度规模；对从事农业适度规模经营的实行倾斜政策。

以市场需求为导向，以提高效益为目标，调整农业经济结构，发展高产、优质、高效农业。在稳定增加全县粮食播种面积和总产的基础上，按照社会需求调整农业经济结构，大力发展优质水产、水果、蔬菜和畜牧业，增加市场的有效供给，提高农业生产的经济效益。发展农村社会化服务体系，兴办各种类型，包括科技、贸易、经纪、运输等服务性公同，以公司带农户，提高农业生产和经营的专业化、商品化、社会化水平。不断拓宽农业服务领域，开展多功能、全方位、系列化、全过程的农业综合服务。建立健全市场服务体系，加强对现有农村市场的管理，引导其健康发展；同时，大力发展农产品专业市场，每个乡镇都要争取办 1 个有影响的市场。建立健全信息服务体系，县、乡都应积极建立农业信息服务中心，进一步健全信息服务网络。建立健全农业风险保障体系，组织引导农业保险，避免或减少农业生产受自然因素制约带来的损失。继续规范和发展农村合作基金会，创造条件建立农村合作银行，培育农村新型的金融体系。积极推进农科教结合，推广先进适用的农业科学技术。大力发展高附加值产品和出口创汇农业。

按照“产业科技化、产权股份化、投资多元化、发展外向化”的改革思路，继续大力发展乡镇企业，使之继续保持高速增长。引导乡镇企业向小城镇适度集中，以敖江、凤城、琯头、浦口、东岱、丹阳等乡镇为重点，加快工业小区建设步伐。同时结合小城镇建设，搞好城镇城市化试点，推动二、三产业协调发展，建立起具有地方特色的乡村工业体系。要深化改革，完善企业经营机制，全面推广股份合作制，明晰产权，建立起自负盈亏、自我约束、自我发展的生产经营机制。继续引导重点企业参与组建集团。

切实增加农业投入。县、乡两级财政每年对农业投入的增长幅度都应高于财政经常性收入的增长幅度，政府应设立农业发展专项基金，鼓励和引导农业生产经营组织和农业劳动者采用多种形式筹集农业资金。建立基本农田保护区制度。严格按照国家有关规定征收耕地占用税、新菜地开发建设基金和土地复垦费用，不得随意减免。继续做好减轻农民负担工作，对农民反映强烈的前清后乱、减而复增的项目实行专项治理；对农民合理负担要建章定卡，建立健全村提留、乡统筹的预决算制度和乡村资金管理审计制度；建立健全各级减轻农民负担监督管理领导机构和办事机构。

加快实施“造福工程”，扶持贫困地区特别是老、少、边、岛地区发展经济。坚持“领导决心不动摇、扶持资金不减少、优惠政策不改变、具体工作不放松”的扶贫原则，努力帮助贫困地区改善生产、生活条件。继续开展扶贫结“对子”活动，先富带后富。加强对贫困地区的人才培养，提高贫困地区人民的科学文化素质。

**六、进一步转变政府职能，建立健全宏观经济调控体系**

按照建立社会主义市场经济体制的要求，进一步转变政府职能，把政府管理经济的职能转移到制订和执行宏观调控政策，搞好基础设施建设和市政建设，培育市场体系，监督市场运行和维护平等竞争，调节社会分配和组织社会保障，控制人口增长，保护自然资源和生态环境，管理国有资产和监督国有资产经营，实现国家的经济和社会发展目标上来。政府运用经济手段、法律手段和必要的行政手段管理国民经济，不直接干预企业的生产经营活动。加快建立和健全在社会主义市场经济条件下的宏观调控体系，促进经济结构的优化，保证国民经济持续、快速、健康发展，推动社会全面进步。按照中央在财税、金融、投资和计划体制改革方面的重大部署，积极推进配套改革，尽快建立计划、金融、财政之间相互配合和制约的机制，加强对经济运行的综合协调。

按照政企分开，精简、统一、效能的原则，积极推进政府机构改革，逐步减少专业经济部门，加强综合经济部门，做好综合协调工作。同时，加强政府的社会管理职能，抓紧县乡政府机构改革，保证市场经济体制的建立和廉洁高效的行政管理体制的形成。

积极推进财税体制改革。加强地方税收管征，适时依法开征新的地方税种，增强地方财政实力。建立并完善财政复式预算制度，建立政府公共预算和国有资产经营预算。根据需要，建立社会保障预算和其他预算。同时，大力压缩行政支出，严格控制社会集团购买力，实现财政收支基本平衡。

转换人民银行职能，加快金融体制改革。强化县人民银行对金融监督管理、调查统计分析等功能，逐步把国有专业银行转化为商业银行。对银行业、信托投资业、保险业实行分业经营，分业管理，引进竞争机制，各家银行之间、银行与非银行金融机构之间，在规范业务行为的前提下实行平等竞争，业务交叉。

积极稳妥地发展合作银行体系。按规范化要求整顿好现有的城市信用社，按照《城市合作银行条例》和中央、省市的统一部署，认真进行组建和改造。依照《农业合作银行条例》，有领导、有组织、有步骤地发展农村合作银行。

改革外汇管理体制。实行以市场供求为基础，适用于人民币结算和交易的、单一的、有管理的浮动汇率。实行银行结汇和供汇制，取消外汇留成和上缴，实现人民币有条件可兑换。

深化投资体制改革。逐步建立投资激励机制和风险约束机制制，使企业真正成为投资主体。对固定资产投资项目合理划分为竞争性项目、基础性项目和公益性项目三类。竞争性项目交给市场，由企业自主决策，自担风险，所需贷款由商业银行自主决定，自负盈亏；基础性项目仍属于政策性投融资，要鼓励和吸引多方投资参与，积极争取政策性银行贷款、财政投融资、发行金融债券以及采取控股、参股等多种形式进行。同时，积极利用国外政府、世界金融组织贷款；社会公益性项目主要由政府财政投资，同时调动社会多方面的积极性，发动个人捐资、社会集资以及企业、个人投资共同兴办。建立有效的投资宏观调控体系，加强对投资总规模的调控，用产业政策引导投资方向。加快建立咨询、设计、审计、工程管理等投资活动服务体系，提高投资经济效益。

加快计划体制改革。计划工作的基本职能应转到“研究战略，制定规划，宏观调控，总量平衡，产业政策，培育市场，重点建设，协调服务”上来。主要任务是参与国民经济运行和社会事业发展中重大课题的调研，提出国民经济和社会发展的年度计划、中长期发展规划和宏观调控目标，运用宏观经济政策和经济杠杆，实施产业政策，促进一、二、三产业协调发展。搞好经济分析预测，建立新的国民经济核算体系，完善宏观经济监督预警系统，合理规划经济结构、生产力布局、国土整治和各项社会事业；搞好重大基础设施项目库建设，做好重点基础设施项目的前期工作，并协调组织筹措重点建设资金；搞好市场体系发展规划，积极培育和发展各类生产要素市场和商品市场。

**七、建立合理的个人收入分配制度，积极推进社会保障制度改革**

按照建立社会主义市场经济体制的要求，坚持按劳分配为主、多种分配形式并存的分配制度，积极探索建立体现效率优先、兼顾公平原则、有利于激发劳动者积极性的新型分配体制。收入分配制度改革要以工资改革为重点，分类实施、配套推进，建立适应国家机关、企事业单位特点的具有激励机制和约束机制功能的新型的工资分配体制。企业工资改革要全面推行工效挂钩，引入竞争机制，建立岗位技能工资制，打破平均主义，合理拉开档次。逐步取消对企业职工工资总额的行政性管理，改由企业根据生产情况、效益情况自行决定工资水平、增长幅度和工资总额。根据我县经济发展和职工居民生活费用指数情况，制定企业最低工资标准，保证职工正常劳动情况下的收入报酬，维护职工合法权益。国家机关、事业单位的工资改革要按照政事分开原则，分别建立机关、事业单位工资制度。党政机关执行公务员序列实行职务级别工资制。事业单位中，凡是从事应用开发研究、具有一定创收能力的，要在转换机制的基础上使工资分配逐步转向企业化管理；从事公益事业、文化教育、卫生事业单位推行经费包干、结余留用、内部自主分配的办法，逐步建立体现职级差别、按劳分配和向知识分子倾斜的收入分配制度，积极探索建立正常的工资增长机制和地区补贴制度。

在坚持按劳分配为主的前提下，建立合理的多元化的收入分配体系。鼓励运用个人合法的收入，通过投资兴办实业、参股、储蓄、从事各种经济活动和市场中介服务等多种渠道取得收入，实现收入分配的多元化。允许一部分人、一部分地区先富起来，同时带动其他人和其他地区实现共同富裕。

推进社会保障制度改革。建立和完善社会保险、社会救济、社会福利、优抚安置和社会互助、个人储蓄积累保障等多层次的社会保障体系。有组织地将亏损企业、优化劳动组合富余人员推向社会，充分发挥失业保障机制作用。逐步建立和完善医疗、工伤保险制度。建立统一的社会保障管理机构，实行保障行政管理与保险基金经营分开。进一步扩大各类养老保险覆盖面，分步实施“三资”、国有、私营、集体企业职工养老待业保险统一管理体制改革，以增强政府对社会保障体系的调节功能。坚持保险金筹集由国家、集体、个人三者共同负担的原则，适当调整现有的社会保障政策，提高补充养老保险和在职职工个人储蓄性养老保险的比重。同时全面推行住房解困政策，推行职工住房公积金制度，不断改善和提高群众的住房条件。

**八、扎实推进科教体制改革，为建立社会主义市场经济体制提供智力保证**

科技体制改革，要紧紧围绕建立适应社会主义市场经济发展，符合科技自身发展规律，科技与经济密切结合的新型体制的目标，促进科技进步，以实现经济、科技和社会的综合协调发展。

坚持科技要面向经济建设，经济建设要依靠科技进步的方针，推进科技开发和技术创新。鼓励技术开发型科研单位和企业合作进行技术开发。社会公益性和农业类科研单位要由事业型向生产经营服务型转变，通过社会化服务获得效益，并逐步向开发型科研机构转变。大力扶持发展民办科研机构，在政策上享受与公办科研所同等的待遇。

建立和健全科技发展的支撑体系。配齐科技副乡（镇）长、科技助理员、村科技副主任，有条件的乡镇要成立乡（镇）科委。制定有地方特色的科技政策、技术政策，健全科技投入体系，开辟融资渠道，形成科技与金融有机结合的机制。在保证财政拨款增长的同时，增加社会、企业科技经费投入，并积极吸引民间和海外资金，建立起多渠道、多层次的科技投资体系。

加速人才的培养、开发和引进，建立健全使优秀人才脱颖而出、人尽其才的新机制，把人才培养和合理使用结合起来，逐步实行公开招聘，平等竞争，促进人才合理流动，造就一批具有较高水平的技术带头人，形成一支梯次结构合理、跨世纪的科研“种子队”。对有重大贡献的科技人员要实行重奖。采种多种形式，鼓励外地人才来我县工作。

把优先发展教育事业作为战略任务来抓，认真落实《义务教育法》和《中国教育改革和发展纲要》，加快教育事业改革和发展步伐，逐步建立起适应经济、政治、科技体制改革需要的教育体制和运行机制。进一步落实基础教育分级管理、分级负责的教育管理体制，强化县、乡镇政府对基础教育的责任和管理职能，扎扎实实地推进九年义务教育，力争1997年全县基本普及九年义务教育，基本扫除青壮年文盲。

积极探索多元化办学体制和办学模式，通过民办、民办公助、公民合办、学校联办、引进外资以及民主党派、群众团体办学等形式，促进以政府办学为主体，社会各方共同参与办学新体制的形成。

各级政府要确保教育投入。保证教育投入的“三个增长”；用足用好中央赋予地方教育的各项优惠政策，坚持“财、税、费、产、社、基”六个轮子一起转，多渠道筹措教育经费。积极鼓励和大力支持社会集资办学和华侨捐资助学。逐步建立以国家财政拨款为主，多渠道筹措教育经费的体制。

积极发展职业技术教育。普高和初中要渗透职业技术教育。县城要注意发展高中职业教育；山区和贫困地区要发展初中职业教育和短期职业技术培训。职业技术教育要适应我县经济建设的需要，走“教学、实习、经营一体化”的路子。大力发展成人教育，进一步建立和完善由政府统筹，县、乡（镇）、村三级办学网络，逐步形成多渠道、多层次、多形式的办学新格局。认真贯彻落实《中华人民共和国教师法》，在全社会进一步形成尊师重教的良好风尚。大力加强师资队伍建设，不断提高广大教师特别是青年教师的思想水平和业务水平。继续改善教师的工作和生活条件，注意解决好教师的住房、医疗、职称、退休、工资福利等问题。

逐步推广以教工聘任制、岗位责任制、考核奖惩制和校内结构工资制等为主要内容的校内管理体制改革，增强学校办学活力。改革和完善升学、考试和招生制度，稳步推进小学毕业生就近入学改革。高中入学实行保送和选拔相结合的办法。

**九、加强民主法制建设，为改革开放创造良好的社会环境**

按照建立社会主义市场经济新体制的要求，大力推进社会主义民主法制建设，建立健全执法监督机制和法律服务机构，更好地保证宪法、法律的贯彻执行，维护国家的法制权威，推动改革开放、经济建设和社会各项事业的顺利发展。

加强宣传教育，提高全社会的法律意识和法制观念，特别是要增强各级政府和政府各部门的法制观念，学会运用法律手段管理各项事业，提高行政管理效率和科学化、规范化水平，促进各项工作合法、有序、高效地运行。针对进一步深化改革，扩大开放中出现的新情况、新问题，加强地方性法规和规章的制定和完善。

加强法制建设的基础工作，明确行政部门的职责权限，强化政府法制机构建设。加强和改善行政执法，不断深化行政机关内部的自我约束机制，严格依法行使职权，自觉接受群众监督。强化司法、执法监督，依法惩处刑事犯罪和经济犯罪，及时处理经济和民事纠纷，保障人民的合法权益，促进经济发展。

继续加强廉政勤政建设，深入开展反腐败斗争。领导干部要严格廉洁自律，做出表率。各级党政机关特别是执法、司法、经济管理部门必须建立有效的约束和监督机制，防范以权谋私，纠正部门和行业不正之风。依法严肃查处包括执法违法犯罪在内的大案要案，坚决惩处腐败分子。如强党的纪律检察机关和司法、监察、审计部门的工作，发挥法律监督、组织监督、群众监督和舆论监督的作用。

**十、加强和改善党的领导，保证社会主义市场经济健康发展**

建立社会主义市场经济体制，必须加强和改善党的领导，加强党的自身建设。按照建设有中国特色社会主义的要求，通过思想建设、组织建设、作风建设，保证党的基本路线的贯彻执行，更好更快地推进社会主义市场经济的发展。坚持用马列主义、毛泽东思想，特别是用邓小平同志建设有中国特色社会主义的理论武装广大党员和干部的头脑，提高全体党员、干部贯彻执行党的基本路线和各项方针政策的坚定性和自觉性，与党中央保特思想上政治上的高度一致。所有共产党员，特别是党员干部要牢固树立全心全意为人民服务的宗旨，继承和发扬党的优良传统和作风，进一步密切党和人民群众的联系，为人民群众谋利益，替人民群众办实事，甘当人民群众的公仆和勤务员，用好党和人民赋予的权力，做无私奉献、清正廉洁的实干家。坚决克服官僚主义和形式主义，实事求是，深入实际，深入基层，调查研究、牢牢把握工作的主动权。

严格执行党的民主集中制，健全党内政治生活，维护党的团结，严肃党的纪律。领导干部要率先垂范，做团结的表率。坚持下级服从上级、全党服从中央的组织原则，坚决维护中央决策的权威，做到令行禁止，确保中央和省、市、县委政令的畅通。加强各级领导班子建设，增强党组织领导经济工作的整体功能。加强干部队伍建设，严格按照干部队伍“四化”标准和德才兼备的原则，积极大胆培养和提拔在改革开放中做出突出贡献的中青年干部，选准人才，配好班子。切实加强党的基层组织建设，增强党组织的凝聚力、吸引力和战斗力，充分发挥基层党组织的战斗堡垒和广大党员的先锋模范作用。

加强社会主义民主政治建设。积极推进政治体制改革，建立与社会主义市场经济体制和经济发展相适应的政治体制。坚持和完善人民代表大会制度和共产党领导下的多党合作与政治协商制度。充分发挥工会、共青团、妇联等群众组织作为党和政府联系群众的桥梁和纽带作用，加快建立健全民主的科学的决策机制，提高决策水平。认真贯彻党的宗教政策、侨务政策，加强对台工作，调动海外侨胞和台湾同胞的积极性，为社会主义现代化建设服务。加强基层民主建设，切实保障人民群众依法管理国家事务、经济事务和社会事务的民主权利。

建立社会主义市场经济体制，是一项前所未有的开创性事业，也是一场涉及经济基础和上层建筑许多领域的深刻革命。各级党委和政府必须认真贯彻中央关于建立社会主义市场经济体制的精神，制订切合本地实际的具体实施方案，大胆实践，积极探索，不断开拓进取，把更大的精力集中到加快改革、加速发展上，从总体上处理好改革、发展和稳定的关系，处理好各方面的利益关系，调动一切积极因素，为我县国民经济健康发展，为尽快建立起社会主义市场经济新体制而努力奋斗。

## 中共连江县委　连江县人民政府<br>关于培育和发展水产支柱产业的若干决定

连委综〔1997〕093号

各乡（镇）党委、政府，县直各部、委、办、局（公司），各人民团体，人武部：

为实施海洋经济发展战略，根据省、市“关于培育和发展水产支柱产业的决定”精神，结合我县实际情况，县委、县政府特作决定如下：

**一、培育和发展水产支柱产业的指导思想和任务目标**

1. 指导思想：认真贯彻国家发展水产业的指导方针，坚持以市场为导向，以经济效益为中心，主攻养殖加工，稳定近海捕捞，拓展远洋渔业，狠抓科技流通，强化法制管理，加快渔业产业化进程，加速海洋经济大县建设步伐，把水产业培育发展成为我县跨世纪的支柱产业。

2. 任务目标：到 2000 年，水产品总产量达 48 万吨，其中海洋捕捞 33 万吨，海淡水养殖 15 万吨；渔业总产值 18 亿元（1990 年不变价）；渔业人均收入 5300 元，出口创汇 0.5 亿美元。

**二、培育和发展水产支柱产业的重点**

3. 养殖创高优。“九五”期间，要突出抓好优高水产品的养殖，以带动海淡水养殖的全面发展；重点抓好大黄鱼、鲈鱼、河鳗、对虾、青蟹、梭子蟹、鲍鱼、牡蛎和新品种藻类等品种养殖；规模开发浅海养殖业，从 10 米等深线推向 30 米，每年平均新增养殖面积一万亩以上。到 2000 年，全县海水养殖产量 15 万吨，比“八五”末增加 70.5%。同时，要重点建立水产种苗、病害防治、科研和技术推广体系，提高科技含量。

4. 捕捞闯大海。“九五”期间，组织 300 个生产单位开发东海外海、台湾北部有开发潜力的鲐鲹鱼类、虾蟹类和头足类等中上层鱼类资源；新增远洋渔船 100 艘，重点开拓印度洋、南北太平洋等海域。2000 年，全县海洋捕捞产量达 33 万吨，比“八五”末增加 44.1%。要重点建立防灾抗灾体系，建设好避风港等基础设施。

5. 加工求深度。要注重发展精深加工及名牌产品，大力培植水产加工龙头企业，重点突破藻类系列制品、小型经济鱼类休闲食品以及贝类制品的加工规模。2000 年，全县水产品加工产量 23.4 万吨，占水产品总产量的 48%。

6. 实施渔业产业化工程：一要以骨干企业和拳头产品为依托，以资产为纽带，以建立现代企业制度为目标，组建远洋渔业集团、水产养殖集团、水产品加工集团等，使之成为水产支柱的台柱。二要普遍推行“公司 + 渔户”的经营方式。三要建立一批规模大、发展快、辐射面广、市场竞争能力强、经济效益好的名特优品种养殖生产基地，以带动区域经济发展。现阶段要加强对黄岐半岛渔业经济、罗源湾鱼虾养殖、两江口（闽江口，敖江口）贝藻生产、内陆河鳗、甲鱼生产等有较大规模的生产项目的培植。

7. 实施科技兴海工程：组织科技攻关重点突破海带新品种、牡蛎等水产优良养殖品种繁育技术；虾病、真鲷病、鲍鱼病、海带病害等鱼虾贝藻重大病害防治技术；海水贝藻套、轮养和浅海深水养殖包括新器材研制等技术；水产品保鲜加工，海洋水产品药物和保健食品开发技术；新渔场新资源的探捕和外海、远洋捕捞、渔业资源增殖等技术。

8. 实施基础设施工程：要建设好鱼虾贝藻苗种生产基地，重点提高海带、牡蛎、大黄鱼等苗种生产能力，强化对对虾等苗种生产的法制管理；走多渠道资金投入的路子，调动各方面积极性，加快黄岐避风港和群众性渔港建设；进一步探索培育水产品批发市场，建好县乡水产品市场流通体系。

9. 实施可持续发展工程：大力发展生态渔业，加强渔业资源的放流增殖，以提高“海力”，重点开发内湾海水鱼虾、海岛贝类及淡水库区优质鱼类品种的放流工作。

**三、培育和发展水产支柱产业的主要措施**

10. 多渠道增加投入，大力扶持水产业发展。“九五”期间（从 1997 年开始）全县平均每年新增浅海养殖面积 1 万亩，除省市贴息补助外，县财政给予每亩一次性贷款贴息 30 元。县财政视全县经济发展情况，每年从渔业特产税县留成部分安排 2% 作为渔业发展基金，用于水产新品种、新模式养殖、病害防治、渔港建设、新网具、新渔场开发以及水产品新工艺应用的启动资金。金融部门对规模化生产的远洋渔业、浅海养殖、水产龙头企业和拳头产品等，要在信贷上给予积极支持，水产部门、乡镇、村居及借贷单位配合金融部门积极收回欠贷，继续用于支持本地区渔业生产。

11. 放水养鱼，减轻税费。县财税等部门对以下几个方面实行优惠待遇。

（1）凡新开辟 10—30 米等深线的浅海养殖，开发荒滩、荒水、荒岛从生产之年起免征生产环节的农业特产税5年；凡海水示范养鳗、新养殖的鲍鱼、甲鱼等优高品种以及新品种引进，新模式生产的品种从生产之年起免征生产环节的农业特产税3年。

（2）对一塘多品种养殖以及轮、混、套养综合利用的海淡水养殖业，五年内生产环节的农业特产税仅取其中一种主要品种实行评产定税。

（3）凡对进行新品种培育试验的科研机构，其产品免征农业特产税5年。

（4）优高养殖新品种、捕捞新渔具、新作业在引进和中试阶段免征农业特产税，对其科技人员免征个人所得税。

（5）所有开发境外渔业渔船，免征生产环节的农业特产税；对非常年在境外生产的渔船则按其在国内生产的实际时间采取评产定税的办法征收农业特产税。

（6）新办的水产加工企业，可视经营规模大小，五年内报转批准，分别采用查实征收或定期定额征收办法，对省、市定贫困乡的新办水产企业，免征五年所得税。

（7）县卫生防疫部门支持水产食品加工企业的发展，对新办水产食品企业，应及时办理卫生许可证，享受免收卫生审查费优惠。

（8）凡开发荒滩、低洼荒地、边岸荒坡、荒岛以及非农田保护区的500亩以上新的养殖区，免收土地使用费。

（9）新办水产企业允许以租赁方式取得土地使用权，在用水、用电价格及其增容费等方面予以优惠及优先供应。

（10）凡享受农业特产税减免优惠待遇的，均应由生产单位和个人提出书面申请，经当地财政部门审查后报请县水产局、财政局批准，方可生效。

12. 强化管理，保证渔业资源永续利用。

全面推行渔业生产许可证使用制度。凡使用浅海、滩涂和内陆水面从事水产养殖的单位和个人，应向县渔业行政主管部门提出申请，由县渔业行政主管部门审核批准，并代表县政府发给“养殖使用证”（由省统一印制）。所有海洋捕捞作业均应持捕捞许可证在规定海域生产，并严格遵守禁渔期、禁渔区和伏休管理等各项规定。

充分发挥渔政、渔监执法作用。各乡镇政府应强化《渔业法》的贯彻实施，坚持依法治渔，以法兴渔。公安部门对海上偷盗渔网、抢劫渔获物、非法扣船、扣人以及围攻、殴打、绑架执行公务的执法人员的违法犯罪分子和团伙，要及时予以严厉打击；渔政、渔监执法队伍要加强渔场的管理，严禁无船名船号、无船籍、无船舶证书的船只从事捕捞生产。对电、毒、炸鱼造成资源和养殖业重大损失或围攻、殴打执法人员致伤、致残的，政法机关应依法予以惩处。

13. 实施科教兴渔战略，加快渔业增长方式转变。

（1）集中力量组织重点课题攻关，突出抓好对虾、鲍鱼、扇贝、海水养鳗、新品种海带、泥蚶等养殖技术研究，实行科研与生产相结合，加快科技成果转化利用。对从事鱼虾贝藻等病害防治研究中取得突破性进展的科技人员实行重奖。

（2）稳定水产科技队伍。在县以下生产第一线连续从事水产技术推广工作满30年（女25年）表现出色的技术人员，退休后享受100%工资待遇。

（3）水产专业毕业的大中专学生，都要到基层从事水产工作，不得改行。

（4）设立县乡两级水产技术推广站，重点渔业乡镇在两年内编制、人员、资金到位。到“九五”末，县乡两级水产技术推广站建设要达到“五有”目标（有站址、有人员、有基地、有服务设施和经济实体）。

**四、培育和发展水产支柱产业的奖励办法**

14. 到2000年底，水产品产量实现“八五”年末产量翻一番、财税收入同步增长的乡镇给予一定数额的奖金。

**五、加强对培育和发展水产支柱产业的领导**

15. 县成立培育和发展水产支柱产业领导小组，下设办公室。各重点渔业乡镇也要成立相应机构负责日常工作。水产支柱产业领导小组要组织力量，认真制定完善水产支柱产业的发展规划和实施步骤，并逐级实行发展目标责任制。各乡（镇）党政第一把手要亲自抓水产支柱产业，分管领导要加大力度抓。各部门都要进一步转变职能，改进工作作风，增强服务意识，经常深入基层，为生产第一线排忧解难，保障我县水产业在跨世纪期间持续健康、快速地发展。

一九九七年六月六日

## 中共连江县委　连江县人民政府<br>关于加快发展农业产业化的意见

连委综〔1997〕147号

各乡（镇）党委、政府，县直各部、委、办，局（公司），各人民团体：

根据市委、市政府农业产业化工作会议精神和我县新一轮创业的需要，结合我县农业和农村经济的实际，对加快发展我县农业产业化，提出如下意见：

**一、我县农业产业化总体发展规划**

农业产业化是实现农业“两个根本性转变”和“第二次飞跃”的有效形式，是实现农业现代化的必由之路。我县农业和农村经济在全县占有重要的地位。根据我县关于农业和农村经济新一轮创业的目标要求，到2000年，全县乡镇企业、水产和农业综合开发要实现总产值240亿元（其中乡镇企业155亿元、水产业62亿元、农业综合开发23亿元）。实现这个奋斗目标，必须实行农业两个“根本性转变”，加快发展农业产业化，以推动农业和农村经济全面、持续、健康发展。

1. 指导思想

“九五”期间，我县农业产业化发展的指导思想是：以党的十五大精神为指导，在稳定家庭联产承包和双层经营体制的基础上，以加快农村改革为动力，以市场为导向，以效益为中心，以科技为手段，以龙头组织为依托，以利益关系为纽带，按照现代化需求构筑农业基础，把农业产业化与农业对外开放、乡镇企业、菜篮子工程、海上福州建设和农村脱贫致富奔小康结合起来，促进农业资源优化配置，提高农业综合效益，加快农业现代化建设。

2. 支柱产业和主导产业

根据农业产业化的指导思想和我县资源特色以及农业发展现状，选定水产业为支柱产业，水果、畜禽、蔬菜、食用菌、茶叶为主导产业。各乡镇可根据各自特色，围绕县里总体规划，选择有利于发挥地方资源、区域优势，能促进农业产业化发展，提高农村综合效益的产业为主导产业，予以重点发展。

3. 发展目标

计划到2000年，全县建成20家年产值1000万元以上的农业产业化龙头企业，共中5000万元以上龙头企业6—8家，亿元以上龙头企业3家；建成8—10个高标准、高质量、成规模的产业化农业生产基地和3—5个较大型农产品专业批发市场。在发展步骤上，分三个阶段：1998年前为农业产业化探索和培育阶段，着重打基础、兴龙头、办基地；1999—2000年为农业产业化初步形成阶段，各地支柱产业、主导产业和龙头企业不断壮大，市场竞争能力和抗风险能力明显增强；2001—2010年为农业产业化发展阶段，基本形成农业产业化全面发展格局，产业化成为我县农业生产经营的主要形式。

**二、支柱主导产业发展方向与重点布局**

1. 水产业：到2000年，全县水产总产值达62亿元，培育产值上亿元水产加工企业3家。围绕这个目标，重点抓好苔菉、黄岐海洋捕捞，下宫、坑园、马鼻网箱养鱼，大官坂垦区虾塘综合开发，黄岐半岛鲍鱼养殖，筱埕、安凯、下宫海带养殖，晓澳、马鼻紫菜养殖，晓澳、黄岐半岛贝类养殖，筱埕种苗繁育，贵安淡水鳗养殖，山仔库区淡水网箱养鱼，官坞新品种试养等水产品基地建设；组建“连江海带加工、黄岐镇海洋渔业、晓澳镇贝类养殖”三个集团公司；培育水产品加工龙头企业，重点发展海带加工、贝类加工、综合利用低值鱼类，开发海洋保健食品。海带加工以黄岐半岛为主，扩大加工规模，增加系列产品花色，提高产品附加值，力争到2000年海带加工产量达5万吨。以骨干企业和名牌产品为龙头，促进水产支柱产业向规模化、集团化、产业化方向发展。

2. 水果：到2000年，全县更新、改造、种植名优水果要达5万亩。主要发展具有我县特色的名优品种，着重发展甜橙（蜜柚，马鼻蜜橘）、枇杷、龙眼（荔枝）、橄榄、桃（柿）、葡萄等六个果树基地，形成一口（闽江口），一湾（罗源湾）、一江（敖江）、三线（福飞线、连马线、连黄线）为主体的果树带。

3. 畜禽：主要发展生猪、家禽、牛、羊、兔等。生猪以东湖种畜场、美东、新邦、丹凤等较大型种猪场为依托，扩大东湖、敖江、丹阳、官坂、东岱、下宫等乡镇生猪生产规模。到2000年，确保母猪存栏1万头，生猪存栏18万头。草食牲畜以黄牛、山羊和黄兔为主，黄牛在敖江、丹阳、安凯等主要产区发展，形成肉牛生产区域；山羊以四川麻羊和“白眉羊”为主，在坑园、下宫、潘渡、长龙、蓼沿、丹阳、小沧等地重点发展，到2000年，全县山羊存栏5万头以上，黄兔生产以敖江，晓澳、东岱、马鼻、官坂、坑园、筱埕、下宫等沿海乡镇发展为主，到2000年，黄兔存栏达30万头。家禽以专业户和养禽龙头企业为主，全面发展鸡鸭生产。

4. 蔬菜：采取集体、个体和股份制一起上，形成“公司＋农户”的生产经营模式，逐步建立起较为完善的“菜篮子”产销体系，确保全县市场繁荣，货源充足，重点发展长龙高山反季节蔬菜和敖江平原出口创汇蔬菜，到2000年，建立高山反季节蔬菜茭白、夏阳白基地4000亩；敖江平原出口创汇毛豆、三池芥菜基地4000亩，分布白沙、浦下、凤尾、玉山及蓼沿、潘渡、官坂、下宫等地，以此带动全县蔬菜生产。

5. 食用菌：到2000年，全县食用菌产值达0.8亿元。主要以发展蘑菇、香菇生产为主，兼顾发展花菇等优良品种，逐步形成多门类、多品种、多规格的食用菌系列开发格局，力争到2000年，在丹阳、蓼沿、东湖、潘渡、长龙、马鼻、透堡、官坂等乡镇发展蘑菇2000万平方尺，香菇800万袋。

6. 茶叶：到2000年，全县更新改造种植名优茶要达1万亩，主要发展福云6号、福云7号、早逢春、福鼎大白茶、福鼎大毫等品种，在透堡、长龙、马鼻、丹阳等乡镇的高山地区建立名优茶生产基地，到2000年全县茶叶面积要达3万亩，产量0.3万吨。

**三、推进农业产业化的主要措施**

1. 办好龙头企业和专业协会。各乡镇要把办好龙头企业作为发展农业产业化的重点。龙头企业可以是综合型、加工型企业，也可以是承担农副产品购销的内外贸公司、专业批发市场、各种农民专业协会服务经营实体和服务农业的中介组织。创办龙头企业要打破所有制限制，坚持谁有能力谁为龙头企业，谁当龙头扶持谁。实行多种经营成分并存，国家、集体、个人、私营和“三资”一起上，鼓励发展股份合作制企业。当前要重视乡镇企业加工农产品的作用，发展一批以农副产品加工为龙头的乡镇企业，鼓励工商企业和外商企业进入农业产业化领域。通过改制、改组、改造，把龙头企业建设成为“加工的龙头、市场的中介、服务的中心”。同时，注重培育中介组织，发展各种专业协会，力争到2000年，全县要创办黄岐半岛鲍鱼、连江县海水网箱养鱼和大官坂虾塘综合开发等三个协会。到2000年，全县建成产值上5000万元，龙头企业6—8家，培育上亿元企业3家。官坞海洋开发公司、百胜海味厂、宏利食品公司、岱江集团公司、东水集团公司、旭隆食品公司、正天源海藻食品公司、恒昌水产公司、新邦畜牧公司、美东畜牧公司、丹凤畜牧公司等企业要加大开发力度，扩大生产规模，在培育骨干企业的基础上，力争形成农业产业化龙头企业。

2. 抓好农产品生产基地建设。基地建设要根据支柱产业、主导产业发展规模和市场需求，与龙头企业建设相结合，突出特色，相对集中，合理布局，形成规模。要从重点户、专业户、专业村、专业乡镇起步，讲求有效益的规模生产，以一业或几业为主，一户带多户，多户带全村，一村带多村，多村带多乡，形成跨行政区划的专业化、区域化生产格局。现有的农业商品生产基地，要通过结构调整，引进优良品种和先进技术及管理方法，扩大生产规漠，提商生产集约化水平和档次。到 2000 年，全县建立上规模、上档次的水产品、名优果、畜禽、蔬菜、食用菌、茶叶等生产基地 8–10 个。

3. 加快市场体系建设。县重点培育和发展水产品、水果、畜牧等农副产品专业批发交易市场，2000 年要建成较大型农产品专业市场 3—5 个。各乡镇要围绕主导产业，在重要农产品产地或集散地，建成一批区域性农副产品专业市场。1998 年建好连江县（凤尾）农副产品综合批发市场，1999 年建成城关果品专业市场，2000 年建成琯头、黄岐两个对台水产品贸易中心市场。并加大市场开拓力度，培育市场信息服务网络，引导农民进入国内国际市场。同时，大力发展农村的资金、技术、人才、劳力、土地等生产要素市场，发挥市场对农业产业化的牵动作用。

4. 建立和完善农业产业化经营体制和运行机制。把建立农业产业化经营体制和运行机制的重点放在搞好各生产经营组织利益及风险的合理分配上，实现农业产业化不同主体利益的牢固联结和合理调节。农村的股份制和股份合作制是农业产业化有效的组织形式，要积极推广应用。产业化经营利益共同体可以是紧密型、半紧密型、松散型、协作型等各种形式。无论哪种类型，经济组织内部都要通过签订具有法律效力的经济合同或契约，使生产者、加工者、经营者、服务者成为“利益均沾、风险共担”的经济利益共同体。龙头企业要通过实行保价、预付定金、提供贴息贷款、发放生产扶持金，赊销、利润返还等方式，扶持农民发展生产。

5. 努力提高产业化生产经营的科技含量。发挥我县科技优势，实行农科教相结合，围绕支柱产业、主导产业、主导产品，创办各种类型的技术协会，积极开展科技攻关、技术咨询、技术承包。要抓住农业科技成果应用示范县的契机，每年重点推广 3—5 项农业科技成果，并依靠农业科技部门，创办和发展科工贸一体化经营组织，发展高新种养业和农业名牌产品。各乡镇要大力推广先进适用的农业生产技术和管理办法，提高良种普及率和农业产业化的科技水平。建立农村普通教育、职业教育和成人教育体系，采取外派学习培训、引进人才和实施绿色证书工程及农民技术员的普及培训等多种形式，到 2000 年全县要培训各类农业适用人才 1 万人次，培育一批高素质的农村干部、专业技术人才和农民企业家。

6. 加强农村社会化服务体系建设。围绕支柱产业、主导产业的产、加、销的各个环节，以乡村集体经济组织、乡镇农技三站、基层供销社、农村专业技术协会为基础，积极创办和发展各类服务经营实体，形成社会化服务体系，在市场信息、资金存贷、农产品购销、农资供应、技术指导等方面提供综合、优质服务。农村基层供销社、信用社及合作基金会要围绕发展农业产业化，深化改革，不断增强为农业服务的功能，积极沟通农户与企业、市场的联系。各有关部门要强化为农业服务的意识，积极搞好产、加、销关系的协调，为农业产业化发展创造良好条件。县海洋与水产局要做好水产业的规划布局和技术指导；县农业局要抓好水果、畜禽、蔬菜、食用菌、茶叶的技术服务；县财办要加大市场开拓力度，着重抓畜禽、蔬菜等菜篮子工程建设；县乡镇企业局要做好龙头企业的跟踪落实；县项目办要做好重点项目的筛选、立项和督促检查；县外经局要强化农业招商引资力度，大力培植“三资”农业企业；项目所在乡镇要加大扶持力度，负责项目的实施，抓好各项工作的落实。

7. 加大农业产业化资金投入。按市里要求，县财政投入农业产业化资金不少于当年财政收入的 5%，各乡镇也要加大资金投入，每年保证可动用乡财5%以上投入农业产业化。要进一步发挥乡村集体和农民投入的主体作用，引导农民自有资金，乡镇村集体财力、乡镇企业自我积累资金用于产业化项目投入。农行、农村信用社要实行倾斜政策，把农业产业化作为信贷投放的重点，相应扩大贷款规模。

8. 实行优惠政策。继续执行县委、县政府关于扶持水产支柱产业和发展乡镇企业的各项优惠政策，并对农业产业化产、加、销以及技术引进推广等环节实行税收优惠政策。（1）龙头企业税收优惠。对产业化生产基地生产销售自产的农产品，免征增值税；农业“三资”企业，从获利年度起，免征地方所得税5年；龙头企业直接向农户收购并进行加工销售的农产品（包括农产品的初级品），可按照税务机关批准使用的收购凭证，依10%扣除率计算进项税额；新办的第三产业的龙头企业，可比照实行财政部和国家税务总局第三产业有关优惠政策，乡镇创办的新老龙头企业，按应交所得税额减征10%，用于为农业服务的社会性支出；对遭受严重自然灾害的龙头企业，经主管税务机关批准可减征或免征所得税一年。（2）科技进步方面的税收优惠。对良种、良畜（禽）试验推广项目、新引进的优良种子、种畜（禽），凭国家有关机关证明，免征进口环节增值税。（3）进出口经营环节税收优惠。对经营农产品及加工产品出口的企业，在出口退税、出口配额、人员进出等方面，给予优惠、优先保证和审批；龙头企业用于生产出口创汇农副产品而进口的生产资料，海关给予保税进口，纳入银行保证金台账管理；对出口创汇年超过500万美元的企业，5年内地方特产税减半征收并返还企业，用于增加农业出口创汇。

9. 切实加强对农业产业化工作的领导。推进农业产业化，涉及方方面面，牵动环节多，政策性强，需要各级各部门精心研究，大力扶持，县农村工作领导小组要切实担负起农业产业化的组织、领导、协调工作。各级各部门应当把发展农业产业化作为加快农业和农村经济发展的一项战略措施，列入重要议事日程，实行党政一把手亲自负责，有关部门共同配合。各有关部门要落实具体办事机构，水产支柱产业依托县海洋与水产局；水果、畜禽、食用菌、茶叶主导产业由县农业局负责；县财办抓好蔬菜基地的组织协调，有关单位都要建立专门的工作班子，制订具体发展规划。建立重点产业和重点项目的责任制，把发展农业产业化的目标、任务列入各有关部门领导工作目标责任制进行考核，促进我县农业产业化健康发展。

一九九七年十月二十日

## 连江县人民政府关于印发《连江县国民经济和社会发展第十个五年计划纲要》的通知

连政〔2001〕综78号

各乡（镇）人民政府，县直各单位：

《连江县国民经济和社会发展“十五”计划纲要》已经县第十三届人大三次会审议通过，现印发给你们，请结合实际，认真贯彻执行。

附：《连江县国民经济和社会发展“十五”计划纲要》

连江县人民政府

二〇〇一年四月十三日

# 连江县国民经济与社会发展“十五”计划纲要

**一、“九五”时期的回顾与总结**

过去的五年，我县围绕“九五”制定的指导思想和各项目标，以经济建设为中心，深化改革，扩大开放，贯彻落实国家各项宏观调控政策，克服发展中的困难与问题，促使国民经济与社会各项事业持续、稳定发展。

“九五”发展实践的主要成效和经验：

1. 坚持扭住经济建设不放松，经济整体实力进一步增强。统一思想，以经济建设为中心，把经济发展落实到项目上，出台一系列扶持发展重点企业、产业的优惠政策，促进经济持续稳定增长。预计2000年GDP达到70.82亿元，接近翻一番，年均递增15.4%；人均国内生产总值11469元；产业结构得到改善，三次产业比重从1995年44.9 ：23.7 ：31.4调整为36.6 ：26.8 ：36.6；农业结构进一步优化，优高规模水产养殖长足发展，农业产值40.1亿元，其中水产产值比重占81.5%，水产品总产量达57.7万吨，年均递增11.8%；工业获得较快发展，产值46.0亿元，年均递增19.4%，其中：规模以上工业产值达5.3亿元。. 水产加工、石材加工等具有区域优势的产业发展初具规模；财政收入同步增长，总收入2.67亿元，年均递增14.8%。全县经济实力和经济发展进入全省“十强”和“十佳”县行列。

2. 努力建立社会主义市场经济体制框架，对外开放进一步扩大。以建立社会主义市场经济体制为目标，积极稳妥地推进各项改革。国有企业改革和转制目标基本完成，非公有制经济蓬勃发展，开辟了江南、丹阳民营工业区，创建国有资产营运公司，深化改革粮食流通体制，培育市场体系，市场在资源配置中的作用日益加强。以养老、失业、工伤保险和居民最低生活保障为主要内容的社会保障制度逐步完善，城镇住房制度改革稳步实施。对外开放的领域不断拓宽，台资成为我县利用外资的重点。通过改革开放实践，增强广大干部群众改革开放意识。对外经贸交流进一步加强，到2000年出口商品交货值达到7.8亿元，年均递增6.1%，实际利用外资五年累计完成6732万美元。

3. 坚持以基础设施建设为先导，大力推进城乡建设。相继完成了104国道拓宽改造、县乡公路路面硬化、黄岐一级渔港、下宫500吨客货码头、蓼沿3.5万伏变电站等一批基础设施项目，罗长高速公路、塘坂电站、东北线拓宽改造、江海提防、水库除险加固、旧城改造、新区扩建等重点工程加快进行。积极促进对经济发展起先导性、战略性带动作用的基础设施项目的进展，如福州外港深水码头、贵新公路、福温铁路等项目的前期准备工作。加强农村旧村改造和新村建设步伐，推进农村通电、通水和道路等基础设施的建设，进一步改善城乡居民生活条件。

4. 坚持以市场为导向，积极拓展营销。“政府搭台”组织企业参加展销会，成立县营销事务所，开拓省内外营销网点，创建“中华水产商城”电子网络，实施品牌战略，引导企业加强营销，建成凤尾农贸综合市场、侨隆农贸市场、建材市场和一批商业街以及乡镇村街的农贸、农产品专业市场，市场体系进一步完善，并鼓励干部从事连货营销，推进以销促产。

5. 坚持“两手抓”，促进可持续发展。在抓经济发展的同时，注重加强资源和环境保护，强化监管，使资源开发利用和环境得到有效保护。实施科教兴县，增加投入，加强科技、社会事业基础的建设，推进科技、社会事业全面发展。先后获得了全国“科技先进县”、“文化先进县”、“优秀体育先进县”、全国二级文明先进县城和全省教育两基、计划生育二级达标、初级卫生保健达标等荣誉。全县基本实现小康目标，人民生活水平明显提高，居民消费有大的提高，到2000年社会商品零售额达24.96亿元，年均递增高达29.2%；居民人均可支配收入和农民人均纯收入达7558元和3800元，年均递增分别为9.7%、10.3%。.

“九五”期间，我们虽然取得了很大成效，但与预期目标相比，一些经济指标仍存在一定差距。这是因为：“九五”计划是在全国经济发展较热的背景下制定的，指标相对偏高；“九五”期间宏观经济环境产生重大变化，出现了亚洲金融危机、卖方市场向买方市场转变等诸多不利条件。同时我县自身在发展过程中也面临着一些困难和矛盾，主要是：经济增长相对缓慢，效益不高，导致全县经济总量偏小，财政收入占国内生产总值的比例偏低；产业结构不合理，二、三产业比例偏小，特别是工业发展滞后，规模工业偏少，主导产品缺乏，难以形成特色群体；招商引资在引进大项目上尚未取得突破，项目落实不够理想，对台、马经贸互补合作优势发挥不够，外向型经济规模和水平有待提高；受县级财力、融资手段等因素制约，投入拉动经济增长的成效不明显；投融资体制、企业体制等创新不够，科技应用水平偏低，企业技改积极性不高，导致经济发展动力不足；干群思想解放不够，行政效能不高，投资软环境尚待改善；城镇规划、建设、管理还存在不少问题；基础设施需要进一步完善。这些困难和矛盾已经引起我们高度重视，必须在“十五”期间采取切实有效的措施努力加以解决。

**二、“十五”国民经济与社会事业发展的总体战略**

发展的宏观背景：从国际方面看，经济全球化、科技革命、经济结构调整成为主导世界经济发展的三大基本趋势，将对经济发展产生重大影响。世界经济将在波动中继续保持一定的发展速度，这既为各国经济的发展拓展了空间；又使各国经济面临着更为激烈的市场竞争。从国内看，我国即将加入WTO，我们的资源开发、市场开拓以及资金、技术、人才、管理将面临新的机遇和挑战；国家实施西部大开发战略和“走出去”发展战略，全国大开放、大开发格局基本形成，中央对东部沿海地区加快发展提出更高要求；兄弟县区都在抢抓机遇，增创优势，发展势头逼人。连江是我省改革开放的前沿阵地，区位优势突出，省、市对连江跨世纪的发展寄予厚望；罗源湾福州外港建设的实施，将使福州东扩发展布局逐渐向连江、罗源一带转移变成现实，以及市场条件发生积极而深刻的变化等，使连江潜在的优势有可能得以充分发挥。

新世纪，我们将面临的是机遇与挑战并存，复杂多变的宏观环境。如何把握机遇，锐意改革创新，提高开放水平，发挥优势，培育区域特色经济，增强投资吸引力，改变增长方式，提升经济整体素质和竞争力，推进国民经济与社会事业持续健康发展，是“十五”计划的主要任务。

（一）指导思想与原则

“十五”计划安排总的指导思想是以发展为主题，以调整结构为主线，以改革开放和科技进步为动力，把提高人民生活水平作为根本出发点，继续推进可持续发展。围绕“调优一产，垒大二产，发展优化三产”的目标，重点抓好水产品加工、市场开拓、旅游和建筑业的拓展、“大城关”战略的实施，投资区建设和大项目引进、扩大对台经贸交往等工作；大力发展社会事业，推进精神文明建设和民主法制建设，提高人民生活水平和质量，促进经济与社会协调发展。

“十五”计划安排应把握以下指导原则：

——坚持解放思想、实事求是的思想路线。以“三个有利于”为标准，开拓进取，推进改革开放和经济建设不断发展。要实事求是，因地制宜，积极寻求解决困难和制约因素的突破口。

——咬住发展不放松。要增创优势，争取较快速度的发展。要全面理解和贯彻“发展是硬道理”的思想，树立科学的发展观，注意发展速度和效益的有机统一，提高综合竞争力。

——积极推进经济结构战略性调整。坚持在发展中推进经济结构调整，在经济结构调整中保持较快的发展，进一步提高我县农业、工业与建筑、服务业的水平和效益。

——坚定不移推进改革开放和科技进步。

——把不断提高城乡居民的物质和文化生活水平，作为发展经济的出发点和归宿。

——坚持“有所多为、有所少为”、“尽力而为、量力而行”的原则，一切从实际出发，保证人、财、物、智力等各种资源的合理配置。

——坚持“两手抓，两手都要硬”。在经济发展的同时，积极推进人口、科技、社会事业、社会环境协调发展，促进可持续发展。

（二）发展目标

1. 主要奋斗目标：到2005年经济总量保持福州八县（市）中上水平；经济结构战略性调整成效明显，海洋经济发展战略实施取得突破，区域特色经济规模、质量显著提高，经济发展后劲和市场竞争力明显增强；投资环境渐趋完善；城镇化水平不断提高；体制创新和科技应用取得重大进展；对外开放上新水平；就业渠道拓宽，城镇居民可支配收入、农民人均纯收入略高于全市平均水平；社会事业加快发展，精神文明建设和民主法制建设上新水平；努力把连江建设成经济繁荣、社会稳定、环境优美、文明开放的县份。

2. 主要调节目标：

国内生产总值（按90年可比价计算）年均增长13%；

三次产业结构进一步优化，第二产业占GDP比重达到35%；

财政总收入与国内生产总值同步增长，力争略高于GDP增长；

实际利用外资五年累计1.3亿美元，直接出口（海关口径）年均增长15.0%；

固定资产投资年均增长15%左右；

城镇居民人均可支配收入和农民年人均纯收入扣除物价因素实际分别增长5.5%；

城镇化水平达到45%。

科技进步对经济增长的贡献率达57%以上；素质教育水平显著提高，全县基本普及高中教育；

人口自然增长率控制在9‰以内；

县城绿化达30%，环境污染和生态破坏得到有效控制，城区与流域的环境质量明显改善。

（三）经济布局

要围绕我省建设海峡西岸繁荣带和海洋经济发展战略的实施，利用福州市东移发展构想的推进和福州外港、福温铁路项目启动带来的有利发展环境，结合我县区域优势条件和经济发展基础，重点推进沿海、沿路、沿江发展布局，下大力气抓好“三沿”布局线上的重点项目和投资区建设，带动全县经济的起飞，从而实现以点带面，沿线拓展，开发全县的战略构想。

根据我县地理经济特点，拟分三个经济区域：（1）两江口综合经济区：以凤城为中心，以琯头投资区为龙头，依托县城区扩展、敖江投资区和江南民营工业小区、水产批发市场的开发，以104线国道和琯浦路为纽带，带动敖江、江南、东湖、浦口、东岱、晓澳发展。加强基础配套设施的建设，充分发挥县城政治、交通枢纽、文化、工业、商贸中心作用，加强内联外引，重点发展食品加工及轻工业、房地产、商贸业、优高农业、培育生产资料、劳动力、信息、资金、法律等市场要素和中介服务市场，促进市场经济体系的完善。两江口是全县“十五”经济布局的重点，要集中力量落实该区域发展项目的到位，促其成为带动、辐射全县发展。（2）沿海海洋经济区：以大官坂为中心，辐射黄岐半岛。充分利用海域水域面积广阔的有利条件，大力推进对台合作，重点发展水产、水产品深加工、船舶修造等产业。加强区域规划布局，积极配合做好福温铁路、可门码头建设前期工作，推进以港口为中心的沿海经济区的发展。（3）山区农业综合开发经济区：以贵新隧道和高速公路接线及福飞线为纽带，推进潘渡、小沧、丹阳、蓼沿、长龙等乡镇的发展。立足山区水、电、地热、林果、矿产资源的优势，重点发展淡水养殖、林、果、茶、竹、花卉、食用菌、畜牧等农业综合开发和农副产品基地生产，发展农副产品加工业，推进农业产业化。因地制宜发展观光、休闲农业和城郊农业，抓好丹阳商贸旺镇建设，推进山海协调发展。

### 三、着力培育区域优势产业，推进经济结构优化升级

“十五”期间经济结构调整与发展的总思路：把产业结构调整作为经济结构调整的重点。产业结构调整的方向：巩固优化第一产业，发展壮大第二产业，发展和优化第三产业。把产业结构调整与城乡社会结构调整结合起来。改善所有制结构，推进企业组织结构的现代化与合理化，实现技术结构和产品结构的优化，做到发展速度、经济效益、总量增长和结构优化相统一，实现全县经济总量的扩张和质的提高，促进可持续发

（一）稳定农业基础地位、加速农业现代化进程

要始终把农业放在发展国民经济的首位，以优化品种、提高质量、增加效益为中心，加快农业基础设施建设，改善农业生态环境，实现农业可持续发展；大力调整农业内部结构，推动农业产业化进程，延长产业链，全面提高农业综合效益，增加农民收入，增强农村经济实力，推进农业增长方式的转变。计划安排农业产值年均递增 7.0%。

1. 调整和优化水产业。推进水产业结构的优化，是我县农业结构战略性调整和建设水产强县的重点。依靠科技进步，提高水产养殖业的规模效益。大力开发 10—30 米水域，推进我县浅海、滩涂多层次开发，不断引进养殖新模式、新技术、新品种，加快发展名特优水产品；注重海区布局，推行生态体系养殖，加强育苗品种的更新和养殖病害的防治，使水产养殖业向科学化、产业化、社会化纵深发展。在巩固传统贝藻养殖的同时，重点抓好县水产综合场和官坞水产新品种繁育、苔菉东洛岛中试养殖、坑园与马鼻网箱养殖产业化和黄岐与苔菉鲍鱼养殖产业化等四个基地生产。继续扶持大官坂池塘生态养殖、潘渡与东岱的淡水养殖，探索新的发展路子，促进传统养殖模式向优高品种的规模化养殖模式转变。调整捕捞业结构，加强近海渔业资源保护，完善休渔制度，大力推广轻型节能作业，推进定置、底拖作业向灯围、诱捕方向转化，大力发展渔船一线保鲜。远洋外海捕捞生产要注重更新铁拖船队，进一步开发南海渔场和国外渔场等。到 2005 年水产品总产量达 65 万吨，其中：水产养殖面积达 20 万亩，产量达 37 万吨。

2. 进一步推进农业综合开发。以建设生态农业示范县为契机，按照“一乡一业、一村一品”产业格局，立足区域优势，统一规划，多层次、有效合理地利用各类农业资源，着力抓好林业、优质稻、食用菌、肉禽蛋、茶果蔬等生态农业重点示范工程。以需求为导向，培育一批有区域特色、有相当规模的优高绿色农副产品生产基地。大力推广粮食优新品种，提高水稻品质。改进耕作制度，提高种植业商品生产能力和经济效益。调整畜牧业内部结构，加强无规则病疫区建设，推进畜禽生产向良种化、规模化、集约化发展。加强林业结构调整，根据山区、平原、沿海不同自然条件，划分不同的林区，调整针阔叶林比重，推进林业生产的综合经营。大力推进敖江流域农业综合开发，把敖江沿岸发展成休闲、观光、生态农业走廊。计划安排到 2005 年粮食产量稳定在 16.5 万吨；肉类产量达 1.76 万吨，年均递增 4.5%；蛋品产量年均递增 3.0%；全县有林地面积达 95.3 万亩，森林覆盖率提高到 58.0%。

3. 大力推进农业现代化。积极探索适合农业产业化发展的新模式，在稳定土地承包制度，尊重农民意愿的基础上，按照“明确所有权，稳定承包权，搞活使用权”的原则，逐步建立科学、规范的土地流转机制，为发展适度规模的农业开发和农业产业化创造条件。基本建立以农业社会化服务体系、农产品市场体系和国家对农业的支持保护体系为支撑的现代农业生产经营机制。推广官坞海洋公司、百洋公司的发展经验和发展模式，推进农科教、贸工农一体化发展，扶持壮大一批科技含量高、有较强辐射带动作用的农业产业化龙头企业。充分发挥乡镇企业在加快农业产业化、产业链延伸中的带动作用，积极鼓励和引导乡镇企业立足资源优势，发展农副产品加工、保鲜、运销，完善产前、产中、产后服务体系，促进农业产业化发展。加快省级农业现代化示范县建设步伐，创建敖江农业现代化示范园区和大官坂水产科技示范区，建立苗种繁育和中试基地，扩大对台农业合作与交流，强化县、乡、村三级农业示范网络建设，推进农业现代化进程。

4. 壮大乡镇经济实力。按照产业配置互补，功能紧密联系的思路，依据各自比较优势，大力发展乡镇特色经济，建立新型的区域经济构架。充分调动乡镇发展经济的积极性，“十五”期间，力争琯头镇进入一流经济强镇行列（社会总产值 40 亿元，财政收入 4000 万元，农民人均纯收入 8000 元），争取 1 / 3 乡镇成为经济强镇（社会总产值 20. 亿元，财政收入 2000 万元，农民人均纯收入 6000 元）。把发展工业作为经济强镇结构调整的重点，推动乡镇经济“一业特强、多业发展”，促进各乡镇之间形成争先恐后、你追我赶、山海联动、齐头并进的发展格局。

5. 加强农业科技创新和农业基础设施建设。实施现代农业种子工程，加强良种选育、引进、提纯复壮和繁育。抓好优高农业产品种养技术、无公害生产技术及种养业病害防治技术的研究、开发和推广。重点加强“东湖早”枇杷、脱毒马铃薯、优质稻新种、深水网箱、鲍鱼、美国红鱼、牙鲆鱼、史氏鲟等规模化种养的科技攻关和新技术的推广应用。尽快完成对罗源湾、黄岐湾、定海湾浅海与滩涂水产养殖容量布局的研究，制定发展规划，促进海水养殖的可持续发展。实施农业科技示范工程，建立农业科技成果开发、应用、推广相配套，农科教相结合的农业科技创新体系。建设一个农业科技园区和一批现代农业示范基地，建设水产科技、林业病害防治中心，进一步完善县、乡（镇）、村三级农业技术推广和农民教育培训网络，积极推进连台农业科技合作向高层次发展。

进一步加强防灾减灾体系建设。增加农业投入，尤其是加大财政对农业投入的比重，强化农业基础设施建设。重点抓好县城区及敖江下游地区排灌体系和大官坂垦区、马鼻等江海提防加固工程建设，继续加强水库加固、节水灌溉和山仔灌区配套建设等工程，建立气象防灾预警预报体系。实施中级电气化县建设，建好塘坂水电站，加快农网改造步伐，提高供电能力及供电质量。新增节水灌溉 2.5 万亩，加固水库小（一）5 座、小（二）32 座，建设颜岐、北埭、晓澳等围垦工程。

（二）发展壮大第二产业

加快工业发展步伐，以四个投资区为载体，发挥各自优势，形成产业集聚，垒大工业总量。以提升产业竞争力为核心，以市场为导向，推动工业集中、升级和创新。以水产加工业为主攻方向，用高新技术武装水产加工业，迅速提升水产品加工业规模、加工结构层次和产品档次。同时积极发展具有一定区域优势的建筑建材、机械电器和船舶修造等产业。依托骨干企业、名牌产品，加快要素重组和资源的有效集聚，培育企业集团，增强工业企业的应变与竞争能力。计划安排工业产值年均递增 17.5%，力争三资工业年递增 25%，规模以上工业高于全县平均增长。

1. 工业与建筑业发展的重点

水产加工业：加快培育水产品加工业，是连江工业发展的切入点，也是创建连江区域特色工业的重点。大力扶持百洋、官坞海洋、旭隆、华隆连江水产加工、宏利食品、天源等水产加工骨干企业，着力抓好藻类、贝类和鱼类三大类产品精深系列加工。藻类加工重点开发海带和紫菜等深加工系列产品；鱼类制品主要发展优质鱼类单冻和开发低值鱼类深加工产品；贝类加工为主开发牡蛎、缢蛏等净化保鲜加工；引进生物工程技术，加快海洋保健食品加工项目的开发。力争在五年内重点沿海乡镇都要新培植 1—2 家千万元以上加工企业。

其他工业：机械电器要抓住全省船舶修造业布局调整的机遇，把我县渔轮修造挤入规划，努力扩大万吨级以下的船舶修造能力，形成技术力量雄厚的中小船舶修造基地。继续扶持富佳、和永建和瑞邦等企业，在发展元配件生产的基础上，逐步向现代家电、小机电发展。建材业着重发展蓼沿、丹阳、东岱等石制品加工业，引导石材加工业开发异型、超薄型石材等精深加工产品，提高市场竞争力。引进技术项目，开发新型建筑材料。继续鼓励和引导酿造、服装、鞋帽、塑胶等工业的发展。

建筑业：要发挥“建筑之乡”的政策优势，引导建筑企业实行资产重组和股份制改造，提高建筑业科技整体水平，力争新组建 1 家一级企业、2 家二级企业，扩大规模，带动全县建筑业进一步发展。

2. 加快开发区建设步伐。琯头外商投资区要用活省级投资区的优惠政策，完善功能配套，力争有 1—

2个大项目到区内落户。敖江开发区重点抓规模扩大，搞好基础配套，办好现有三资企业，扩大招商成果。积极促成江南、丹阳民营工业小区上规模，努力把江南民营工业区建成福州水产食品加工园。抓好大官坂经济开发区、华洲——粗芦工业区和贵安开发区的前期工作。努力推进华洲——粗芦工业区建成我省重点生化工业园区。因地制宜发展乡镇工业小区，加强内联外引，发挥集聚效应，加快发展步伐。

3. 采取倾斜的政策扶持工业发展。认真落实县委、县政府加快中小企业发展、鼓励乡镇企业发展等有关决定和招商优惠政策，在资金、土地、规费等方面对新办工业企业给予扶持。同时，继续实行扶优扶强的政策措施，培育一批骨干龙头企业和拳头产品，成为纳税或创汇大户，进一步改善投资软、硬环境，为工业发展创造良好条件。

4. 积极发展多种所有制中小型工业企业。立足资源优势，以市场需求为导向，以加大科技投入为手段，多渠道筹资、多形式办厂、多层次开发经营。推进工业体制创新，增强企业发展动力。引导中小企业通过兼并、联合、重组等形式，形成一批专业突出、核心能力强的骨干企业，提高产业的集中度和产品开发能力，组建连江电力集团。实施“品牌”发展战略，注重产品质量、包装和品牌，推进ISO 9000族标准质量认证。要选准项目，用好政策，用足优势，用活资金，搞好服务，积极扶持，优化发展环境。

5. 加快企业技术创新。构建以企业为主体的技术创新体系，推进产业结构优化升级。鼓励企业（集团）建立技术开发中心，运用高新技术改造传统工业，加大水产加工、船舶修造、建筑等产业的技术改造力度，开展产学研合作，多方引进技术，掌握重点产业关键技术，力争主要领域生产技术达到省内先进水平。积极引进和发展高新技术项目。争取在新型材料、海洋生物技术等高新技术项目方面取得突破，继续扶持施瑞安螺旋藻保健系列产品的开发。加强海洋资源的综合调查和开发利用的研究。

（三）优化提高第三产业

大力发展与我县经济优化、人民生活密切相关的服务行业，建立适应市场经济发展的相对配套完善的服务体系。着重培育有区域特色与优势的商贸、信息、海运、房地产、旅游服务等产业。进一步发展会计师事务所、律师事务所、物业管理等社会服务业，提高第三产业的层次和水平。

商贸业：实施“大商贸、大市场、大流通”战略，把商贸业发展与商贸旺镇建设、小城镇建设有机结合起来。完善市场体系建设，加快商贸流通体制改革，加强市场流通秩序的监管，逐步建立起统一开放、竞争有序的市场体系和运行机制。

建立以县城为中心，辐射乡村的市场网络体系。要结合旧城改造、新区扩展和城区道路开发，在城区内建设一批有规模的、综合性的批发市场和商业街。加快建设连江水产品批发中心，筹建县粮食批发和旧货市场等。加快流通领域对外开放步伐，营造形式多样、开放公平的商业营销格局。鼓励发展名特优品牌专卖店、专业店、连锁店、仓储式商场和便利店等。培育发展网上购物和电子商务。同时要结合港口码头开发、铁路车站与公路枢纽建设，发展仓储、货运集散中心。坚持“市场导向，企业运作，政府推动”的原则，加强“连货”营销网络建设，拓宽市场发展空间，在县外选择若干辐射面广的大中城市，设立连江水产批发网点，继续抓好“中华水产商城”电子网站建设，充分发挥县营销事务所和同业协会牵线搭桥、信息服务的作用，鼓励干部带薪搞营销，增强“连货”营销队伍力量，扩大连江产品市场份额。要重视农村市场的开拓，加快推进琯头、丹阳、黄岐等商贸旺镇建设，集中建设一批农业生产资料、农副产品批发及农村集贸市场，从而带动农业综合开发，推进农业产业化进程。在继续发展和完善商品市场的同时，发展要素市场，培育和规范土地、科技、资本、信息、劳动力市场，形成市场导向就业机制，完善市场体系。

房地产业：强化城镇总体规划的指导，抓好房地产的综合联片开发，适应大城关建设的需要。搞好市政公共设施配套建设。在实行总量控制前提下，加快旧城改造和新区开发步伐，重点开发适用商品房，合理开发有市场需求的其他房地产。加快住房制度改革，建立健全房地产二级市场，发展物业管理、装饰装修等住宅服务业，并与银行按揭贷款、户籍改革等措施相配套，激活房地产市场。力争“十五”期间建设好4—5个质量良好、环境幽雅、配套完善、社区服务健全的住宅小区。

信息服务业：推进国民经济信息化进程，使信息技术为经济和社会发展服务。加强基础信息资源库的建设，实现信息资源的综合利用。加快网络工程建设，争取电信、有线电视、计算机三网合一。配合全省信息网络建设需要，加快大容量、高速度通信网络基础设施建设，加强移动网站建设，扩大移动电话覆盖面，实现县、乡公路干线全覆盖。推进信息技术应用和产业发展。大力推进机关办公自动化，政府上网、企业上网、网上教学科研等，力争实现信息网络化、宽带化、智能化。大力发展电子商务，推广网上招商、网上贸易等现代商务方式。

海运业：把海运业作为特色产业来抓，加强旧船的更新改造，继续开拓国内及台港、东南亚航线和其他国际航线，与国际海运市场接轨。推行现代企业制度，力争琯海、华江发展成为股份制龙头企业，引导琯海公司发展为以海运为主综合企业集团。

旅游业：充分利用区位优势和旅游资源优势，突出“山、海、江、畲、湖”特色，积极引进资金，加快旅游景点和旅游项目建设，注重旅游业吃、住、行、游、购、娱等要素的综合配套，加大宣传力度，优化服务环境，增创旅游市场的效益，把旅游业发展成为我县经济新增长点。重点抓好青芝山名胜游和黄岐滨海游景区的开发。形成集滨海、名胜、休闲、娱乐为一体的综合旅游体系。

**四、加快城镇化建设步伐**

实施“大城关小城镇”发展战略，规划先行，有序推进，以城带乡，多渠道筹集资金，加快城镇基础设施配套建设，推进城镇化建设进程。初步形成以县城为中心，以琯头、丹阳、黄岐等中心集镇为重点，广大中心村居为依托，布局合理的城镇体系。到2005年，城镇化水平提高到45.0%。

（一）加快大城关建设，建造美好的城市综合环境。要把“大城关”建设作为我县城镇化进程的一项先导性、基础性工作，坚持高标准规划，按照城市总体规划的城市功能定位和发展要求，进行综合开发，配套建设。坚持高质量建设和高效管理，使县城逐步形成以轻工和商贸为主业的全县政治经济中心和科教、文化、信息中心，进一步增强大城关的集聚效应和功能。

市容市貌：尽快完成大城关27.2平方千米的总体规划，使城市建设与周围山水环境相协调，并注重自然景观与历史文化遗产的保护。按“南北拓展”的总体思路，新区开发与旧城改造并举，积极推进江滨路及文山路、青年路、解放路两侧等片区的旧城改造，以及景江花园、南江滨路已古段外滩华庆花园和丹凤路、敖江路两旁的新区建设，建设环境协调、布局合理、功能完善、设施配套，富有水乡特色的生态式的现代海边滨江城市。到2005年，县城区常住人口达到10万人，建城区扩大到9平方千米。.

市区路网：高标准建设城市道路骨架。“十五”期间重点抓好江滨路、敖江路和解放路、丹凤路、816南路以及江南大桥、敖江三桥等路网和桥梁建设、改造。新增道路总面积13.2万平方米。

供排水排污：县城区排污、供排水建设的项目有：扩建5万吨水厂第二期工程，建设城关第二水源塘坂引水工程。铺设和改造供水管道，城区水表更换率达80%。建设县城区排涝工程。加快垃圾无害化处理、污水处理，完成乌石浦排污工程和飞石垃圾场建设。

园林绿化：实施县城绿化、亮化与净化工程，以改善城市生态环境为目标，加速玉泉、温麻、江滨、含光塔等公园的建设，提高城区道路绿化水平，加快敖江南北江滨路的绿化美化，初步建成布局合理的城市园林绿化系统。到2005年人均公共绿地达7平方米。

配套建设：加强信息网络、科教、文卫、商贸、娱乐、市政管理与社区服务等的配套建设，努力营造方便、舒适、良好的生活环境。尽快建设殡仪馆，引导群众改革殡葬习俗，适应现代文明的要求。

城镇管理：加大城管工作领导力度，严格按规划控制审批建设。加强部门配合，强化城镇的综合整治和社区管理、服务，加强城管队伍自身建设，提高城管工作水平。

（二）积极推进乡镇小城镇建设。小城镇建设是城市发展的重要组成部分，要把农村城镇化与商贸旺镇、农村工业化、农业产业化结合起来，积极探索通过市场机制建设和管理小城镇的发展路子，逐步改变城乡二元结构，实现城乡协调发展。在小城镇建设中，要注意改善城镇综合配套环境。重点抓好琯头、丹阳、黄岐等一批具有一定规模和辐射能力的中心集镇建设，积极推进马鼻、坑园、东岱等集镇建设，以带动和辐射周边乡村发展。加快新村建设步伐，每年安排20个重点中心村（街）进行试点改造。要根据实际情况，“一村一策”，分类指导，并结合村容村貌整治，有计划、有步骤地推进，切实改善农民居住环境。进一步改革城镇户籍管理制度，引导农村富余劳动力有序地向县城及小城镇集聚转移，到2005年，力争把10个镇建成规划设计合理、公共设施较齐全、基础设施较配套、教育文化较发达、管理规范、人民生活富裕、镇村协调发展的生态式小城镇。

（三）集中力量建一批事关全局的重大基础设施项目，推进城镇化建设进程。主要抓好“一水、二堤、三路、四桥”建设改造。“一水”：建设塘坂到城关引水工程；“二堤”：加固敖江防洪堤、大官坂海堤；“三路”：续建琯（头）浦（口）路及晓澳接线路、加快拓宽改造东北线公路、完善西北线通乡公路网络；“四桥”：新建浦（口）东（岱）大桥、敖江三桥、粗芦岛大桥、改造江南大桥。积极推进贵新隧道、福温铁路和可门港等项目的前期工作，力争“十五”期间启动建设。抓好黄岐半岛引水规划论证，加快农村电网、乡村路网改造和交通运输配套设施，边、贫、岛饮水工程及二、三级渔港建设，改善城乡生产、生活条件。

**五、深化改革，完善社会主义市场机制**

深化企业改革。以建立现代企业制度为目标，坚持分类指导、注重实效的原则，通过兼并、购买、拍卖、租赁、参股、控股、合作等形式，推进工交、商贸、水产、农业、外贸等小型企业转换机制。加快企业产权主体多元化步伐，实现投资主体多元化。深化企业人事制度、劳动用工制度改革，健全企业法人治理机构。建立和完善国有资产管理、监督、运营新体制，建立国有企业人才竞争机制。大力发展非公有制经济，要适应社会生产力发展的要求，继续调整和完善所有制结构，努力为各类企业发展创造平等竞争的环境，支持、鼓励和引导私营、个体企业尤其是科技型中小企业的发展，促进非公有制经济注重向质的提高转变。

加快投融资体制改革。按照建立社会主义市场经济体制要求，推动投融资方式市场化进程。充分发挥国有营运公司的功能，加快建立中小企业贷款担保体系，解决企业资金的困难问题。鼓励引导企业规范上市，出让股份，转让经营权，实行股份制改造，向社会融资。进一步完善项目投资业主制度，推行土地使用权、经营权公开拍卖、招标，加强对土地一级市场的垄新，使土地资源成为政府建设资金重要来源。要利用市场机制，进一步探索拓宽城市基础设施建设和公用事业发展的资金融通渠道。积极争取国家补助国债、银行贷款、投资公司的融资、上级与地方财政的支持；要利用国外贷款、侨港台粤直接投入和试行BOT方式，以及采取产权、经营权、土地使用权、股权转让与股份租赁、合作等方式争取更多的建设资金。引导社会资金投向，积极利用社会闲散资金，促进重点建设项目顺利进行。

建立健全社会保障体系。一是认真落实“三条社会保障线”政策，健全完善养老保险制度。要在全县范围内建立起覆盖城镇各类企业职工和个体劳动者的资金来源多渠道、保险方式多层次、社会统筹和个人账户相结合、权利与义务相对应，管理服务社会化的养老保险体系。农村养老以家庭保障为主，坚持政府引导和尊重农民志愿，发展多种形式的养老保险。二是建立完善医疗保险制度。建立城镇职工基本医疗保险制度，重点抓好单位和职工的参保率、基金到位率，建立医、药、患、保基金管理四方监督制约制度。三是健全完善失业保险制度。失业保险要从国有企业、集体企业扩大到城镇各类企业及其职工、事业单位及其职工，同时全面做好职工的生育和工伤保险工作。四是完善健全城乡最低生活保障制度，对家庭收入达不到最低生活保障线的城乡居民予以补助，确保其达到最低生活标准。五是加大社会保障投入力度。加强社会福利设施建设，鼓励和发展各种社会慈善机构，动员社会各界参与社会互助活动。到2005年努力实现城镇职工养老、失业保障全覆盖。

完善县乡（镇）财政管理体制。遵循“发展经济、开辟财源，调节平衡、合理负担，聚财适度、分配适度”的指导思想，继续探索完善分税制后的县乡（镇）财政管理体制，做到财权与事权相适应。在保证县级财政稳定增长的前提下，实行财政倾斜政策扶持工业企业的发展。设立教师工资基金专户。推行票款分离、会计委派、政府采购等制度；规范财政管理体制、理顺乡镇和税务部门之间条块关系，规范税收征管，提高全民纳税意识。加强财政的调控和监督，提高资金使用效益，做到既增强县财力集中调控能力，又能进一步调动乡镇理财的积极性。要量力而行，统筹兼顾，增收节支，促进财政收支调节平衡。

转变政府职能。在市场经济条件下，政府的任务和职能主要是执法、管理和服务，集中精力搞好宏观调控，创造公平竞争的市场环境。要推进行政管理体制改革和机构改革。要强化政府分类指导和协调服务功能，建立健全中小企业支持、服务体系，着力协助中小企业解决融资难等突出问题，促进中小企业稳健发展。要改革政府审批制度，实行政企分开，规范政府行为，提高行政效能，建立廉洁高效、运转协调、行为规范的行政管理体制，为经济、社会持续健康发展提供制度保障。

**六、不断提高对外开放质量和水平**

出口贸易：加快与国际惯例接轨，建立对外贸易信息网络，促进农、工、技、贸联营，三资与外贸“联姻”，鼓励有条件的企业申请进出口经营权，培育外向型龙头企业，逐步建立起多渠道、多口岸、市场多元化的出口贸易体系。进一步扩大出口商品基地建设，扩大提高服装、鞋帽、工艺美术制品、建材、电子产品、农副产品深加工和工业制成品出口比重。鼓励出口企业申办质量、环保、安全等国际标准认证，并对重点出口企业实行挂牌保护。

招商引资：“十五”期间要抓住国家逐步放宽外资准入市场条件的有利时期，进一步认真落实招商引资各项优惠政策、措施，营造良好的投资环境。做好项目创意和前期工作，加大招商引资力度，力争在争取国际财团投资的大项目或高新技术项目上取得突破。积极引进推广国外优高新良种与先进技术，改造传统农业。鼓励外商以收购、兼并、租赁等方式，嫁接改造传统工业。尤其要加强中国台湾、香港地区和日本的水产、食品加工技术的引进与合作，推进我县水产及食品加工业向精深加工发展。扶持琯头、敖江两个投资区完善基础设施，积极主动承接中国台湾电子配件及劳动密集型产业的转移。鼓励外商向基础设施、商贸、保险、金融、旅游、教育、卫生、体育等领域投资兴业。创新招商方式，继续实行招商项目目标责任制，加强乡镇招商引资，采取直销式、企业招商、代理招商等形式，做好招商咨询和项目委托代办。提供优质服务，办好现有的“三资”企业，依法加强对“三资”企业合同与章程的管理。

树立“大外资”观念，坚持“引进来”与“走出去”结合，鼓励支持有条件的企业到海外参与竞争，拓展发展空间，带动原材料、商务和劳务出口。同时，积极参与内联协作和大西部开发，加强对挂钩县（市）和经济协作区的经济合作与人才交流，促使国内企业界带技术、项目来我县投资兴业，鼓励企业到大西部参与建筑工程建设和资源开发，继续拓展对外劳务合作。

连台（马）经贸合作与交流：充分发挥我县对台优势条件与对台贸易点的优惠政策、不断拓宽对台经贸合作领域和方式，加大对台招商力度，接纳台湾外移产业。办好现有台资企业，促进以台引台、以台引外，推进连台在农业、海洋综合开发等领域向高层次、宽领域拓展。进一步完善黄岐、琯头对台贸易点配套建设与管理，积极争取上级有关部门的政策倾斜。扩大对台小额贸易的层次和规模，促进两岸间接贸易向直接正常贸易转化，力争在马祖观光旅游合作上取得突破。不断扩大与深化文化、宗教、体育、教育、企业界等与台湾同行的双向交流，使连江成为我省对台经贸合作与文化交流的一个重要“窗口”和实现“三通”的前沿阵地。

**七、大力开发人才资源，不断推动科技创新**

加大用人制度改革，大力开发人才资源。加快各类人才的培养步伐，努力建设一支能够适应我县经济建设和社会发展需要、结构合理的高素质人才队伍。结合党政机构改革和行政职能转变，大力推进企事业单位用人制度改革，开发各类人才资源。加强企事业单位与高等院校合作，强化专业技术人员继续教育，不断提高专业技术人员队伍整体素质和水平。根据市场需求变化，加强对高中师资以及农业技术、工程、旅游、财经、法律、卫生等专业人才的培养，全方位实施聚才引智。重视高级和中级骨干人才的培养，做好大中专毕业生推荐就业工作。营造良好创业环境和优惠条件，多渠道、多形式引进水产品养殖及加工、高新技术开发等高层次人才。鼓励国外留学人员、大专院校和科研部门带技术带项目来连江合作创业，诚聘经济管理和专业技术专家传帮带、咨询或顾问，为连江发展出谋献策。鼓励机关人员到基层生产第一线锻炼成才。建立评、聘公开，竞争上岗，择优聘用，强化聘约管理，任期考核和人才奖励机制，营造能够吸引人才、留住人才和充分发挥人才作用的良好环境。

深化科技体制改革，大力推进科技创新。加大科技体制改革力度，促进企业成为技术创新的主体，县骨干企业要建立健全技术开发中心，力争形成有利于技术创新和科技成果转化的有效运行机制。创建科技推广中心，大力推进“科技兴海”示范应用基地建设，通过培育典型，示范推广，全面提高产业的科技水平。培育科技含量高的农业产业化龙头企业，引进和推广良种、新技术，培育一批绿色名牌产品，力争建成现代农业示范县。建立高新技术风险投资基金，成立科技风险投资公司，多渠道增加科技开发资金的投入。全方位加强对台、港、澳科技合作交流，大力扶持民营科技企业的发展，培育和扶持几家有自主知识产权的民营科技企业。建立中小型科技企业的信用担保和各种类型的创新基金，重点支持中小型企业的科技创新活动。加强科技中介服务体系的建设，促进科技和经济的结合。

**八、发展社会事业，推进精神文明建设**

1. 教育事业：实施科教强县战略，认真实施《连江县教育事业“十五”计划和 2010 规划》，坚持三个“面向”，培育同现代化建设相适应的高素质的劳动者，为我县经济发展提供人才和智力支持。全面实施素质教育，以德育为核心，以培养学生的创造精神和实践能力为重点，把素质教育贯穿于各类教育的全过程，覆盖学校、家庭和社会教育的各个方面，体现在个人的终身教育上。加强教育结构调整，合理配备教育资源。巩固“两基”成果，加快发展幼儿教育，基本普及高中教育和职业教育，进一步发展成人教育和特殊教育。重点抓好扩大普通高中办学规模，对现有公办完全中学逐步实行初、高中分设，办成高级中学，创办连江七中，推进连江三中、东岱中学、黄岐中学、筱埕中学升格办高中，全县建成八所以上三级达标完全中学。建设远程教育试点，推进电教发展。实施“农村教育工程”，充分发挥成教、农函大、农村文化技术学校的功能，为农村经济发展和科普服务。实施“跨世纪园丁工程”，全面推进中小学教师继续教育，进一步提高教师队伍的素质。推进教育体制改革，建立和完善中小学教师持证上岗制度，培训、考试管理制度。构建合理的教育投资体制，充分发挥国家、集体和个人办学的积极性。继续完善“分级办学、分级管理”的办学体制，促进教育市场化、产业化。到 2005 年，全县初中升高中入学率达 85%，中心校、重点中学、职专和初中达标校电教配备达到教育部一类标准。完小以上学校教育电视覆盖率达 100%，九年义务教育指标达省定“两高”要求，全县基本普及高中教育。

2. 文化、广播电视事业：拓展文化事业投资渠道，提高文化投资的综合效益，增强文化事业自身发展能力。深化文化体制改革，积极创办示范性文化企业，使文化事业逐步向社会化、产业化方向发展。加强文化事业基础设施配套建设，建设县文化馆、妇女儿童活动中心，综合开发县城电影院，逐步完善县图书馆现代化管理配套建设。继续建设乡镇文化站“三三八八”工程，加强县、乡（镇）、村三级文化网络建设，实现县有文化馆、乡镇有文化中心站、村村有文化室。继续实施“芳草计划”，巩固全国文化先进县成果。在群众性文艺创作不断繁荣的条件下，实施精品战略，抓好特色文化，每年组织二三项全县性的文艺活动。发挥好“连江县妈祖文化研究会”作用，增进两岸文化交流。加强文物保护和管理，积极培育和发展文化消费市场，加强文化市场管理和引导，形成繁荣、文明、有序的文化市场。

积极探索广播电视事业发展新路子。确立和完善以宣传工作为中心、事业建设为基础、经营收入为保障的运行机制。坚持精办节目方针，全面提高广播电视节目质量，努力开拓广播电视宣传工作新局面。在村村通广播电视的基础上，继续实施有线电视光纤联网工程，建成县、乡（镇）、村三级广播电视光纤传输专用网，改善和提高老、少、边、岛、穷地区收听收看广播电视质量，开发广播电视的信息服务功能。

3. 体育事业：认真贯彻落实《全民健身计划纲要》，把发展群众体育、增强人民体质作为体育工作的出发点与归宿。加强体育场地设施建设，建设连江体育中心，乡镇确保有达标的“一场一室”，改善体育健身活动的环境和条件。进一步普及群众体育，提高人民的体育参与意识，广泛开展形式多样体育活动，积极发展对外体育交流。加强学校体育，增强青少年身体素质，中小学适龄学生“锻标”率达 90% 以上。加强业余体育训练，继续办好武术、射箭等项目，为上级输送体育人才。坚持国家办体育和社会办体育相结合，积极引导体育健身娱乐投资，拓宽体育消费领域，培育体育消费市场，推进体育事业社会化、产业化。

4. 卫生事业：坚持“预防为主，中西医并重，依靠科教，为人民健康服务”的方针。以实现人人享有初级卫生保健为目标，建立县急救中心、老年保健康复中心、疾病预防控制中心、县皮肤病性病防治院和卫生人员技术培训基地。强化妇儿科建设，健全县、乡（镇）、村卫生保健网络，进一步提高人民健康医疗水平。推进黄岐、丹阳、马鼻、坑园、东岱等医院达到一级甲等院标准。加强卫技人才的培训，突出培养学科带头和名中医骨干。加强卫生医疗机构和药品管理，强化执法和监督。广泛开展爱国卫生活动和防疫等社区卫生服务，进一步提高医疗保健水平。到 2005 年，力争传染病率比 2000 年下降 10%，婴幼儿、孕产妇死亡率分别下降 15%，饮用水卫生符合标准达 95%，每千人卫技人员达 2 人。

5. 精神文明建设：贯彻“三个代表”和“两思”要求，进一步解放思想，更新转变观念，增强市场和开放意识，为新一轮创业营造民主、文明、开放、团结、开拓的浓厚社会氛围。进一步改进和加强思想政治教育工作，深入开展群众性精神文明创建活动，结合建设新农村、村容村貌整治、城乡环境和社会治安的综合治理，深入开展“树新风”和创建“文明单位”、“星级文明户”活动，推进社区、窗口各行各业精神文明建设。进一步净化社会风气，美化生活环境。

**九、加强民主法制和国防建设**

大力推进依法治县。全面实施县委关于依法治县的决定，深入开展普法教育，增强人民群众的法律意识，提高干部的法制观念和依法办事水平，形成政府依法行政、人大依法监督、政法队伍严格公正执法司法、人民群众知法守法用法的良好氛围。

积极推进人民政治协商、民主监督、参政议政的制度化、规范化。完善民主决策机制，促进决策的科学化、民主化。实施《连江县妇女、儿童发展纲要》，进一步发挥工、青、妇等群团组织民主渠道作用。重视加强执政党的基层组织建设、政权建设和党风廉政建设，健全民主选举制度，实行政务公开，强化民主监督，保障人民群众依法行使权利。

依法治县要从基层依法治理、行业依法治理和地方依法治理入手，以依法行政为重点，深入开展依法治县、治镇、治村活动，全面推进各项事业的依法管理。要巩固和发展“三五”普法成果，实现法制宣传教育规范化、制度化。政府机关要结合运用法律手段管理经济和各项社会事务，健全行政执法责任制和评议考核制。进一步培育和发展法律服务市场，建立律师、公证、仲裁等法律服务体系和法律援助机构。加强执法队伍建设，严格依法行政，坚持公正司法，提高执法水平。

加强国防建设：巩固双拥成果，加强国防动员，增强全社会的国防意识。抓好东北线、官马线交战公路建设。重点建设项目可行性论证要考虑防空隐蔽条件和加强防空设施的配套。推进军民两用基础设施建设，有计划地改造码头、电厂、电网、水厂、水库、广播电视、通讯等网络设施，提高安全性能。强化国民经济动员的基础工作，搞好国民经济动员的基础资料收集和资料信息处理系统的建设，保障战时经济、社会有效运行。

**十、坚持可持续发展**

1. 坚持计划生育基本国策，提高人口素质。不断深化人口与计划生育工作的改革，推进人口与计划生育法制化建设。完善目标责任管理，坚持"一票否决"，强化对计生工作的领导，加强计生基础队伍、计生协会等基层网络建设，深入开展创建计生"合格村"和合格村协会活动；认真落实"七不准"规定和育龄夫妇享有的基本生育保健服务，加强对流动人口计划生育管理，开展人口与计划生育综合治理，巩固低生育水平，提高人口质量。重视解决人口老龄化问题，加强老年人社会福利设施建设。积极引导群众转变婚育观念，实现计划生育工作思路和工作方法的转变。到 2005 年末全县总人口控制在 64.6 万人以内。

2. 合理利用资源，促进资源永续利用。积极推进资源利用方式从粗放型向集约型转变，在土地利用总体规划指导下，严格实行土地用途管制和年度土地计划指标管理，控制土地供应总量。切实加强基本农田区的保护。优化土地利用结构和合理布局各类用地，挖掘存量土地，保证重点建设和基础设施用地需要。统筹安排土地资源的开发利用，提高土地利用率，确保耕地占补平衡目标的实现。抓好海洋功能规划，合理开发海洋，保护渔业资源，保护海洋生态平衡，加快建设海洋经济强县。合理利用水资源，加快水利工程建设，大力推广节水技术，减少水资源的浪费。加强矿产资源开发、保护和管理，引导矿业开发向规模化、集约化发展，提高矿产资源的综合利用水平，构筑可持续发展的资源保障体系。

3. 加强环境保护和综合治理。实行污染防治和生态保护并重。严格环境管理，强化环保执法，保护生态环境。强化污染物排放总量控制，严格控制新污染源的产生，推行水污染物、噪声、工业固体废物排污许可证制度，推广环保新技术，加快废弃物综合利用和工业污染综合治理，巩固工业污染源的达标排放成果。实施敖江流域水环境综合整治，加强水环境保护，敖江饮用水保护区实行两级防护带保护。全面实施生物多样性保护工程，重点实施沿海防护林退耕工程、山仔流域生态林工程和公路沿线一重山绿化工程。加强水土流失的治理，重点抓好闽江口、蓼沿溪、花园溪、牛溪、敖江的水土流失综合治理，完成营造沿海防护林 0.68 万亩，水土流失治理面积 10 万亩。加强城区供水、排污、垃圾处理的配套设施建设和城市环境管理，改善居民区、文教区、旅游区等重点区域的环境质量。加强对城区交通、建筑施工和娱乐场所噪声管理，继续开展创建环境噪声达标区活动。到 2005 年，力争环境污染和生态破坏加剧趋势得到有效控制，城区和流域的环境质量有明显改善。县城建成区烟尘控制覆盖率、工业固体废物综合利用率、危险废物处理率都达到 100%，区城噪声平均值、汽车尾气达标率分别达到 55 分贝和 85%，工业废水排放达标率达到 90%。

4. 提高城乡居民收入水平和消费水平。在经济发展基础上，不断提高人民的收入水平，特别是增加低收入者的收入。坚持效率优先、兼顾公平原则，深化收入分配制度改革，鼓励资本、技术和经营管理等生产要素参与收益分配。积极发展劳动密集型产业，扩大城乡就业门路。规范社会分配秩序，防止收入分配差距过分扩大。增强服务性消费，优化消费结构和消费环境。积极培育消费热点，不断扩大消费需求。继续实施"造福工程""温暖工程"，认真贯彻落实减轻农民负担的有关政策，加大对"老、少、边、贫、岛"地区的扶助开发力度，加强这些地区基础设施和教育、文化、卫生事业的建设，从根本上改善其生产和生活条件。

附"十五"计划的实施说明（略）。

# 中共连江县委　连江县人民政府
# 关于贯彻实施《中共中央、国务院关于做好2002年农业和农村工作的意见》的意见

连委〔2002〕034号

各乡镇党委政府、县直有关部门：

根据《中共中央、国务院关于做好2002年农业和农村工作的意见》（中发2号）文件精神和全省、全市农村工作会议精神，结合我县实际情况，就如何搞好2002年农业和农村工作提出如下意见。

**一、继续推进农业结构调整，进一步夯实经济基础**

加大粮食种植结构调整。以落实粮食购销市场化改革为契机，狠抓优质品种的引进、示范、推广，全面提高粮食品种质量。全县指导性粮播面积稳定在40万亩左右，总产16万吨；力争早稻优质品种达7.8万亩，优质率占65%，比2001年增2.1万亩，全年粮播优质率达80%，比2001年增10个百分点。同时，要确保粮食生产能力，严禁在农田保护区毁田烧砖。

加快经济作物结构调整步伐。面对市场需求，突出区域优势，积极鼓励和引导农民发展经济价值高、市场前景好的名特优新经济作物；创建名优水果及苗木培育基地，实施“绿色食品”工程，扩大蘑菇栽培生产，加大香菇筒出口项目引进工作力度；发展反季节和无公害蔬菜栽培技术2300亩，扩大马铃薯订单生产1.6万亩，日本大葱1000亩，扩大西（甜）瓜生产面积7400亩；加速果花茶老品种的改造和新品种的引进；加快“东湖早”枇杷连片开发生产，扩大“东湖早”枇杷种植面积3000亩，带动茶、果、薯、竹菇、菜等特色种植业上规模、上档次，力争水果总产达3.25万吨，蔬菜15.9万吨。在抓好现有绿麻竹基地垦复的基础上，以潘渡乡为重点，辐射周边乡镇，垦复绿麻竹2000亩，在丹阳镇松岭村新建绿麻竹育苗基地10亩，扩大绿麻竹种植3000亩。

加快发展畜牧业，以省级动物无规定疫病区示范县建设为契机，稳妥推进畜牧产业化、专业化发展。重点推广“三元”杂交瘦肉型生猪和家禽以及草食动物兔、羊的发展步伐，努力培育专业化、区域化的畜禽特产基地，并以玉华山种兔场、马鼻赤石四川麻羊繁育基地等为龙头，创建连江畜牧名牌产品，力争肉类总产达1.54万吨，比增5%，禽蛋1.02万吨，比增3%。

**二、巩固水产支柱产业地位，拓展渔业新的生存和发展空间**

进一步优化捕捞业。结合清理整顿“三无”和“三证不齐”渔船工作，严格控制捕捞“双控”指标，进一步压缩对拖、大型定置网作业，对拖全县控制在50对左右，新增轻型作业45艘，新发展远洋钓船2艘。同时，积极申请远洋公司的远洋资格，探索开辟北太平洋和斯里兰卡渔场。精心组织实施减船转产工程，并制定优惠政策，引导鼓励从事捕捞作业的渔民转向养殖及二、三产业。

加大水产养殖结构调整力度。调整适养新品种，探讨养殖新模式，开展养殖新项目试验推广。今年重点要抓好南美白对虾规模化养殖，新增加3000亩；发展大型抗风浪深水网箱养殖8组，并继续开展封岛栽培；推进浅海开发，大力拓展10米等深线以外水域，扩大养殖面积。全县增加传统贝藻养殖品种3500亩，其中定海湾、黄岐湾牡蛎2500亩，罗源湾海带1000亩。同时，结合海区容量调查和海洋功能区划工作，在官坞村、玉井村试点的基础上，全面推行浅海滩涂增养殖发证工作。通过工程和

技术措施，发展工厂化养殖和“深海养殖”，拓展海水养殖空间，减轻滩涂港湾的养殖压力和污染，保持养殖的生态环境和良好水质，推行生态渔业，努力提高产品质量，提高养殖效益。

加大新品种推广力度。发挥县新品种中试基地，乡（镇）养殖示范片和村示范户作用；通过进行牙鲆鱼、大鲮鲆鱼的工厂化养殖试验，培育适合品种，逐步向池塘、网箱过渡，使牙鲆鱼、大鲮鲆鱼在我县形成新兴的养殖品种；引进日本黑鲍、虾夷盘鲍进行繁育，开展鲍鱼底播及沉箱养殖试验，努力提高渔业经济效益。

**三、积极发展农业产业化经营，加快农村市场化进程**

积极培育和发展一批能够带动农业产业升级、结构优化的龙头企业，大力推行“公司加基地，基地带农户，科技市场服务一体化”等有效的组织经营形式，引导龙头企业与农民建立稳定的产销关系和合理的利益联结机制，发展“订单农业”“合同农业”。重点抓好百洋食品公司、官坞海洋开发公司等12家水产品加工龙头企业，以及抓好绿麻竹种植与加工对接，美洲白对虾养殖与百洋公司加工对接等工作。并要积极探索农民以土地使用权、产品、技术和资金等生产要素入股，采取股份制、股份合作制等多种形式，与农业企业结成经济利益共同体。

努力推进乡镇农业产业化龙头企业发展。积极推进乡镇企业结构调整、体制创新和技术改造，积极培育主导产业和优势行业，大力发展农副产品加工业。加强对传统农副产品加工业的改造，建立质量保证体系，提高管理水平，获取国家质量体系认证，重点做好旭隆、宏利食品有限公司开展认证工作。推行名牌战略，计划“百洋”牌鱼面、虾仁2—3项创省、市名牌产品，创省乡镇企业名优产品8项，“百洋海味”等创省市著名商标4项，创市知名商标三大类16件。加大基地建设，抓好贵安汇丰食品有限公司、下宫华峰贸易有限公司、官坞海洋开发公司等在产、加、销一条龙，贸、工、农一体化上创出新路子。同时依靠科技手段，改造传统产业，计划百洋、官坞、旭隆、天源等公司筹资1260万元引进新设备，扩大生产线。

大力发展农村中介组织，提高农民组织化程度。积极发展农民专业合作经济组织，不断增强其凝聚力和经济实力，增强为农户提供产前、产中、产后各项服务的功能。继续深化农村供销社改革，大力扶持县营销事务所开展农产品信息和市场服务，充分发挥海王公司电子商务网站在引导农户进入市场、搞活农产品流通中的积极作用。积极鼓励和扶持发展农村经纪人以及农村各种专业合作社、专业协会等不同类型的中介组织。

**四、切实增加农业投入，加强农业和农村基础设施建设**

继续加强以“十大防灾减灾体系”为重点的农业基础设施建设。重点续建红溪小（二）库1座，东塘、天竹小（三）水库2座；续建颜岐、下屿、马鼻北埭围垦3处；扩建黄峻半岛供水工程及老区和边、贫、岛农村人饮工程20处，改善和新增人饮2万人；续建潘溪灌区改造，建设敖江节水灌溉工程。启动城区排涝项目，力争挤入省级计划盘子。并继续开展险工隐患工程的除险加固，小（一）型水库加固2座，小（二）型水库加固5座，做好大官坂2号堤加固以及其他千亩以上海堤维修、维护和加固。启动小（一）型以上水利工程水文自动测报系统的建设，认真落实防汛、防台风各项预案，不断提高防洪减灾能力。

继续实施国家立项农业综合开发土地治理项目，建设一批农田基本设施及农业配套工程，进一步改善农业生产条件。今年计划投资380万元，在马透片（马鼻、透堡）进行中低产田改造及节水灌溉，完成土地治理面积1.7万亩。启动建设省级标准农田示范片，对农田改造、新品种引进示范，高新农业技术推广及应用，实现耕作机械化、排灌自流化、品种优良化、土地高产化、管理企业化为目标的“三大效益”显著现代农业要求。计划建设标准农田3000亩，排灌渠12850米，机耕路10780米，合计投入319万元。认真抓好全省农业现代化试点县建设，加快敖江农业现代化示范园区建设步伐，重点抓好园区基础工程和种苗示范基地建设。今年计划投资150万元，建设园区蔬菜、花卉、良种基地1000亩；在敖江白沙片建成温室设施，逐步引导开展温室栽培。认真搞好全国渔港普查工作，加快渔港建设步伐，积极争取黄岐一级渔港列入国家中心渔港建设项目，继续抓好黄岐渔港二期工程，安海，屿头三级渔港建设以及做好定海二级渔港前期各项工作，力争再申报“十五”期间 2—3 个二、三级渔港。

加强生态环境建设。以造林绿化、水土流失治理和保护森林资源为重点，大力实施城乡绿化与绿色通道工程、沿海防护林工程、江河流域生态林工程、生物多样性保护工程等林业重点工程，完成造林更新面积 1.6 万亩，重点抓好 1.0 万亩国债造林和 0.8 万亩封山育林（其中：黄岐半岛退耕还林 0.15 万亩及 0.2 万亩火烧迹地的更新），建设生物防火林带 140 千米，认真抓好森林病虫害防治 2.2 万亩，林分改造 11992 亩，建立丹阳、黄岐两个检疫哨卡。扎实推进林业生态体系和林业产业体系建设。加强森林资源的监测、保护和管理，继续开展林业严打整治斗争，坚决制止乱砍滥伐林木和乱捕滥猎野生动物行为，依法严厉打击破坏森林资源的违法犯罪活动，加大“青山挂白”治理力度。落实森林防火各项措施，确保森林资源安全。全面实施大比例尺海洋功能区划、海洋环境影响评价、海域有偿使用和伏季休渔制度，加强海洋与渔业环境监测和科研体系以及养殖病害、污染预警报体系建设。组织实施“动植物保护工程”，抓好无规定动物疫病区建设，建立重大病虫监测预警和控制体系，完善区城封闭制度。坚持开展以小流域为单元的水土流失治理，建立健全水土保持监测网络，全面控制水土流失，严格执行基本农田保护区制度，合理开发耕地后备资源，努力实现耕地总量的动态平衡。

**五、加快科技创新步伐，提高农村经济发展的科技含量**

加强农业良种繁育和推广体系建设，抓好优良品种的引进、培育和推广，加快品种的更新换代，围绕种子生产专业化、加工机械化、质量标准化、繁育推广一体化、管理法制化为中心内容开展工作，抓紧良种繁育基地建设。并积极与福建农林大、省稻麦所、三明农科所等育种单位交流联合，促进良种推广步伐。抓好农业部粮食烘干机械化示范基地项目建设，大力推广适应我县粮食生产的收割机械、烘干机械。

抓好水产苗种场建设，大力引进、繁育优质水产良种。改变我县水产苗种场重复建设、品质低劣、满足不了生产优质高效商品鱼需要的状况。并根据农业部《水产苗种管理办法》，进一步规范各类育苗场的苗种生产、销售管理，禁止不健康的苗种流入养殖生产环节，水产科研机构要与高等院校和省属科研部门联合攻关，把苗种工程作为科技兴渔的首要任务抓紧抓好，抓出成效。

加强农业技术培训和农民教育，今年要进一步完善农业科技和农民教育培训网络，加强农业广播电视学校工作，积极组织实施“绿色证书”工程。同时，加强“农业 110”“渔业 110”联动体系建设，以县聘请的 10 位水产专家为依托，建立健全病虫及畜禽疫病测报网络，充分发挥现有乡镇科技推广机构作用，提高中短期病虫预测预报的准确性及畜禽疫病防治和疫情监测工作。

改革和完善农业科技推广网络，重点完善省、市、县农业技术推广中心，在县乡机构改革中要稳定基层农业科技推广队伍，建立队伍多元化、服务社会化、形式多样化、机制市场化的农业社会化服务体系。

**六、加快发展外向型农村经济，扎实推进扶贫开发**

加大农业引进力度。充分发挥我县对台的独特优势，和我国加入 WTO 的有利机遇，坚持走高起点引进、消化、吸收、创新的路子，加强海峡两岸农业合作五大体系建设，即良种引进繁育体系、动植物保护和农产品质量检测体系、农产品市场与流通体系、海峡农业分工合作体系、农业科技培训与信息服务体系。积极引进境外优良品种、先进技术、设备和管理经验，加快培育一批拥有自营进出口权的农业企业。培育一批国内外市场占有率高、知名度高和经济效益好的名牌产品，抢占国际市场。

加强定点挂钩扶持和对口帮扶工作。县直挂钩部门和沿海对口乡镇要分别研究制定帮扶与协作办法、目标任务和措施，强化帮扶和协作责任制。进一步巩固“五通”成果，解决人饮工程为重点的贫困村基础设施建设，加快贫困地区脱贫致富奔小康步伐。同时认真抓好筱埕镇南山村、潘渡乡东岸村两个省定扶贫重点村的规划与发展工作，推动定点挂钩扶持和对口协作帮扶工作深入开展。

继续实施“造福工程”。在边远地区人民强烈要求搬迁的基础上，有计划引导群众自愿搬迁，彻底解决一方水土养不活一方人的脱贫问题。今年计划投资125万元，继续实施造福搬迁78户328人，其中潘渡乡塘坂半岭自然村14户73人、东岸上白岩自然村12户45人，丹阳镇文朱村第三批搬迁40户160人，官坂镇合山村扫尾搬迁12户50人。

**七、认真落实党在农村的政策，推进农村综合改革**

认真落实农村土地承包再延长30年不变政策，确保家庭承包经营制度长期稳定。对新一轮承包工作中存在的问题，要组织力量，搞好后续完善工作，确保土地承包经营权证书全部发放到户。农户承包地使用权的流转要在长期稳定家庭承包经营制度的前提下进行，坚持“依法、自愿、有偿”的原则，加强对农村土地流转的引导和管理，严禁强行收回农户承包地搞土地集中或“反租倒包”。鼓励工商企业采取“公司加农户”和“订单农业”等方式投资农业，带动农户发展生产。

坚持不懈地做好农民负担监督管理工作，严格执行农民负担监督管理制度，继续推行减轻农民负担“三项制度”，进一步落实中央规定的“八个禁止”，认真开展农村中小学收费、农村电价、农民建房收费等专项治理，实行经济欠发达地区农村义务教育收费“一费制”、村级订阅报刊费用限额控制、涉农价格和收费公示制，切实减轻农民负担。认真做好对灾区和贫困户的税费减免工作。把税费减免政策落实到村到户。贯彻落实减轻农民负担“一票否决”制度，对随意加重农户负担，甚至引发群体性事件或恶性案件的，要追究领导责任，严肃处理。

认真贯彻农村税费改革的部署，继续做好农村合作基金会清理整顿后续工作，加强农业执法体系建设，深化农业执法体制改革，充分发挥农业、林业、海洋与渔业、水利等部门行政执法队伍的作用，开展农业综合执法。整顿农村市场经济秩序，打击制售假冒伪劣产品的行为，特别是严厉打击制售假冒伪劣农业生产资料的违法行为，切实保护农民利益。

深化农村“三个代表”重要思想学习教育活动。重点抓好村级和乡镇站所的学习教育，坚持以正面教育、自我教育为主，加强农村基层干部思想和作风建设，解决存在的突出问题，真正做到干部受教育，农民得实惠。

二〇〇二年四月九日

## 中共连江县委　连江县人民政府<br>关于加快发展农业五大产业的意见

连委〔2002〕46号

各乡镇（场）党委、政府，县直有关部门：

为了适应经济全球化和加入WTO的需要，培植壮大我县水产业、畜牧业、果蔬竹业、食用菌业、花卉及休闲业等五大产业，推动全县农业和农村经济工作上新水平，经研究，特提出加快发展农业五大产业的意见。

**一、指导思想与发展目标**

（一）*发展五大产业的指导思想*：以邓小平理论、江泽民总书记“三个代表”重要思想和中央、省、市农村工作会议精神为指导，以发展为主题，以优化五大产业结构，提高五大产业效益、增加农民收入为目标，以体制创新、机制创新和技术创新为动力，按照贸工农、产加销、农科教一体化经营方式，建立龙头企业与农民一体化利益机制，延长农业产业链，提高农产品附加值，促进五大产业升级换代，增强农产品参与国际国内市场竞争能力，提高农业和农村经济整体素质和综合效益，为农业现代化奠定坚实基础。

（二）五大产业的发展目标：5年内建成较大规模的具有我县特色和优势的五大产业基地，并形成贸工农一体化、产加销一条龙经营新格局；培育一批产业关联度大，技术装备水平高、经济实力雄厚、带动能力强的龙头企业；健全完善与五大产业相适应的农业科技创新体系；创立一批具有我县特色、市场竞争和创汇能力强、产品质量符合绿色标准和国际认证的名牌农产品；建立一批辐射面广、规模大、管理科学、信息化程度高的农产品批发市场；引导农户兴办一批专业合作经济组织等中介组织。2002年，水产品总量达60.5万吨，比增4.1%；肉蛋产量达2.56万吨（肉类1.54万吨、比增5%，蛋品1.02万吨、比增3%），产值2.67亿元；果蔬面积发展到20.89万亩，总量达19.16万吨（水果3.25万吨、比增5%，蔬菜15.91万吨、比增3%），产值2.23亿元；绿麻竹面积发展到1.5万亩；食用菌（蘑菇）发展到700万平方尺，产量（鲜品）0.53万吨，比增80%，产值0.16亿元；花卉面积发展到0.02万亩。到2005年，水产品总量达65万吨，水产业总产值达42亿元；肉蛋产量达2.72万吨（肉类1.65万吨，蛋品1.07万吨），产值达2.85亿元；果蔬面积发展到24.23万亩，总量达23.38万吨（水果3.97万吨，蔬菜19.41万吨），产值2.72亿元；绿麻竹面积达3万亩，产值0.6亿元；食用菌发展到1000万平方尺，产量（鲜品）0.75万吨，产值0.23亿元；花卉、苗木栽培面积达0.15万亩，产值0.28亿元。开辟五处休闲农（渔）场。通过三五年的努力，使第一产业整体素质明显提高，二、三产业比重明显上升，产业结构明显优化，产业高新技术有一定发展。

**二、产业布局与发展重点**

（一）水产业：继续将水产养殖业作为渔业结构战略性调整的主攻方向，充分利用水产养殖容量调查和海洋大比例尺功能区划的成果，从规划布局抓起，发挥区域优势，搞好区域布局和品种结构调整，大力优化养殖品种和结构，积极引进推广新品种、新技术和新模式。在稳定传统贝藻养殖的基础上，积极推广南美白对虾、鲍鱼、牙鲆鱼等名优品种养殖，使之形成规模生产；大力扶持大型抗风浪深水网箱养殖，到2005年发展20个以上；同时积极推广封岛栽培、底播、立体养殖等生态养殖技术，拓展生态养殖领域。计划封岛栽培8个岛屿，积极探索外海人工礁建设；在罗源湾海区开展放流增殖。抓住加入WTO的有利时机，积极鼓励和组织渔民，走向国际渔场，开展创汇渔业，开拓南太平洋、印尼、斯里兰卡等渔场，壮大远洋渔业；控制近内海捕捞强度，重视发展第二产业中的水产品精加工业，增加渔业附加值；扶持水产加工龙头企业，推广公司加农户模式，促进渔业经济从“数量渔业”向“效益渔业”转变。

（二）畜牧业：以“一稳定、二加快、三突出”为调整畜牧结构的工作主线，在稳定发展生猪生产的基础上，逐步形成东湖、丹阳、浦口等生猪规模化生产区域；加快发展节粮型的草食动物和水禽生产，充分利用我县现有的兔、羊的发展优势，重点发展江南、潘渡、敖江、官坂的福建黄兔等兔业生产和马鼻、坑园、浦口、潘渡、凤城等四川麻羊生产以及浦口、东岱、东湖、丹阳、蓼沿等地水禽生产为代表的区域特色产业。同时突出发展畜牧龙头企业、创汇型畜牧业和奶业生产，重点要抓大户、建基地、扶龙头，争创畜牧品牌，促使畜牧业生产走上绿色、健康、安全的良性发展轨道。

（三）果蔬竹业：果树生产要坚持优化品种结构，提高果品品质，创建商品品牌，降低生产成本，突出我县地方特色，主要围绕“一湾两江三线”的区域布局予以重点发展，即罗源湾周边低海拔地区发展橄榄、优质甜橙、杂柑、晚熟龙眼、荔枝为主；闽江口北岸和敖江两岸（下游）发展枇杷、橄榄、葡萄为主；104国道线、福飞线、通往黄岐半岛的东北线发展枇杷、杨梅、水蜜桃、李为主。重点建立马透平原优质甜橙、杂柑基地1300亩，104国道线山岗周围枇杷基地3000亩，放江周边加工型大粒橄榄基地1800亩，长龙山地优质水蜜桃1600亩。蔬菜生产重点是做好凤城、琯头、丹阳三镇周边村庄常年四季蔬菜以及长龙、丹阳文朱等地的反季节蔬菜生产，如长龙茭白、文朱夏季芹菜等。绿麻竹生产主要以潘渡、下车林场为中心，以敖江、蓼沿溪、花园溪两岸为重点，推动溪旁、山边、山腰、山笼田以及房前屋后开发种植，并带动辐射周边地区发展。

（四）食用菌业：我县食用菌生产以种植蘑菇为主，要进一步扩大“2796”蘑菇菌种的生产规模，提高品质及产量，使其成为龙头企业的原料基地，并选择高海拔山区发展夏季早蘑菇生产。同时发展工厂化香菇菌棒生产基地以及有一定优势的珍稀食用菌生产。

（五）花卉及休闲业：按照“因地制宜、适地适花、消费需求”的原则，结合我县花卉生产现状及发展布局，以国营飞石苗圃、马鼻苏铁繁育场、青塘兰花圃、江南澄岩苗圃等为主，积极开发特色新品种，重点发展鲜切花、盆景、根艺、绿化苗木、兰花及盆栽等品种。通过多层次、多形式、多元化的优化组合，逐步建立布局合理、适度规模、专业生产的花卉基地，逐步完善花卉产业体系，实施标准化，商品化经营，并鼓励形成多种所有制共同参与发展的格局，以提高开拓市场的规模效应与综合效益。休闲农业有所发展，开辟长龙炉峰山、罗源湾、敖江园区、玉华山、粗芦山等五处休闲农（渔）场。

**三、发展对策**

（一）培植发展龙头企业，提高农产品加工水平

当前，进行农业和农村经济结构战略性调整，加入WTO参与国际市场竞争，客观上迫切要求我们在较短的时间内形成一批能够引导农业和农村经济结构调整的骨干力量，形成若干个能够与国外农产品加工、流通企业抗衡、更具竞争力的企业集团。为此，各乡镇要把培育壮大龙头企业作为发展五大产业的重点。在抓好省市16家农业产业化龙头企业和重点企业的基础上，积极推动各类龙头企业的建设与发展，形成多形式、多层次的发展格局。根据我县农业和农村经济发展的基础，到2005年，全县农业产业化龙头企业要发展到30家，其中产值超亿元企业5家。龙头企业要按照现代企业制度和市场规则运作，立足现有企业的技术改造和资产存量的优化重组，防止重复建设。一是要打破部门隶属关系以及行政区划界限，提倡和鼓励通过股份制、股份合作制等形式对现有企业进行改制兼并，通过资产重组以及组建企业集团来增强龙头企业的活力、实力和辐射力。提倡和鼓励符合条件的龙头企业通过规范的公司制改造，完善企业内部管理机制，进行优化组合和资产重组兼并参股等方式，扩大企业规模，增强加工能力。二是要努力提高加工技术、工艺、装备水乎，特别是要通过ISO 9000标准和先进管理方法，全面提高产品的档次和质量水平。三是要大力推行标准化包装，尽快和国际市场接轨，努力做到农产品包装有条形码、商标等各种必要标识，产品说明书要客观准确表述产品的品质、性能和用途，产品包装规模大小要符合国际标准，同时不断提高包装的档次。

（二）积极发展中介组织，完善社会化服务体系

各级各部门要积极协助和鼓励龙头企业、农村的专业生产大户、运销大户、经纪人成立行业协会或商会等行业自律组织，以协调生产经营，防止恶性竞争，进行自我保护、约束和发展。同时要引导行业协会转变机制和职能，真正成为政府与企业、农户联系的纽带和桥梁。县直各职能部门要组织开展农民专业协会合作试点工作，成立行业协会，建立农业产业化信息中心，做好信息收集发布，及时向企业和农民发布市场信息，正确引导农民生产经营。各乡镇、县直有关部门要进一步改革农产品的流通体制，不断开辟农产品销售渠道，支持和鼓励国有流通企业、龙头企业、农民专业运销联合体、合作组织和个体营销大户等进入流通领域，大力发展以农民为主体的农产品销售队伍，扶持一批农产品购销大户和农村经纪人。充分发挥各类中介组织的桥梁和纽带作用，解决农产品生产与市场脱节、销售不畅的问题。组织开展形式多样的促销活动，通过参加展销会，设立直销、代销点等多种形式，开拓农产品市场。积极探索超市、连锁、配送、期货等农产品现代营销方式。各级要加强农产品市场信息服务网络建设。运用现代信息手段，尽快建立县乡相互联通、覆盖面广的农产品信息网络，及时、准确地为农民和农业产业化经营提供产前、产中、产后信息服务。同时建立健全市场各项管理制度，

规范各市场主体的交易行为和管理行为，确保市场竞争的公开、公平、有序，禁止不正当竞争、欺行霸市、地区封锁和部门垄断等行为。下决心消除各种关卡，严禁乱收费、乱罚款，开辟农产品“绿色通道”，确保农产品运销畅通无阻。

（三）大力推进科技进步，提高五大产业科技含量

各级各职能部门要增加科技投入，加大对技术、良种、人才的引进力度，着力提升五大产业的科技含量。一是要加快良种引进步伐，进一步搞好种苗工程建设，计划、财政、科技等部门要加大投入力度，抓紧良种繁育基地和良种加工设施建设。水产苗种建设要根据农业部《水产苗种管理办法》，进一步规范各类育苗场的苗种生产销售管理，禁止不健康的苗种流入养殖生产环节；畜牧业除了加强地方良种的保护和推广的同时，要加大国内外优良品种的引进推广力度；果蔬业要培育和提纯复壮一批具有我县特色和市场优势的新品种；花卉种苗重点抓好鲜花、绿化苗木基地建设；食用菌要规范苗种市场，加强监督管理。二是要加快科技体制创新，提倡和鼓励技术部门或科技人员通过技术承包、技术入股、技术转让等形式参与农村经济建设，积极发展龙头企业中介服务机构、专业技术协会等与农户紧密结合的新型农业技术推广模式。三是要加快科技成果的推广应用，充分发挥龙头企业在推广应用农业科技和先进设备中的示范作用，促进农产品新品种的选育、引进、推广，逐步实现良种产业化经营。四是要全面推进标准化生产，增强质量标准意识、品牌意识，大力推行农业标准化生产和农产品注册商标，抓紧制定农产品质量标准化体系，引导农民按照质量标准来生产，提高农产品质量档次及其稳定性。组织实施名牌战略，树立农产品品牌，促进名牌产品产业化。五是要全面提高农民知识化水平，大力发展农村教育事业，继续发挥农广校、农函大、成人学校等教育网络的作用，全面实施“绿色证书工程”的培训计划，不断提高农民接受新事物、学习新技术、应用新成果的能力，造就一大批适应农业产业化要求的有知识、有技术的产业农民。

（四）加快发展外向型农业，促进五大产业与国际接轨

要充分发挥我县近台临马的地理优势，大力发展以榕台农业交流与合作为重点的外向型农业经济。一是要以五大产业为重点，做好农业招商引资工作。加强海峡两岸（连江）农业合作实验区建设，把示范区建设成现代农业引进、推广、示范基地，推动实验区上档次、上水平。以实验区为依托，充分利用我县与台马的地缘、人缘相近的优势，大力开展五大产业招商引资活动，鼓励台商来我县投资兴办农产品加工业、乡镇企业。并借助台湾农业的技术优势和农产品销售渠道，实现海峡两岸农业生产要素、农村自然资源和农产品市场的优势互补。二是要进一步改善外商投资农业软环境。根据当前投资发展农业承担的市场风险和自然风险较大、比较效益相对较小的特点，抓紧落实各项投资五大产业的优惠政策。积极利用外商投资以及亚行的贷款，多渠道筹集资金投入农业，鼓励资金、技术、管理、人才一揽子引进方式，以提高引进的综合效益。三是要扩大农业的对外交流，大力发展外向型农业经济。找准与国际市场接轨的切入点，大力发展以五大产业为主的创汇农业，逐步增加我县农产品的出口份额。

（五）切实加强组织领导，推进五大产业健康发展

各级各有关部门要把发展五大产业与农业和农村经济其他方面的工作有机结合起来，不断提高农业产业化经营水平。一是要建立健全组织机构和工作制度。各乡镇党委、政府应把发展五大产业作为现阶段解决农业和农村工作热难点问题的重要措施之一，认真作出安排部署，并相应成立五大产业的领导机构及工作班子，抓好各项工作的落实。县直各有关部门要按照行业要求，成立相应管理机构，负责本部门产业的相关工作。县农办主要负责发展五大产业的牵头协调工作；县农业局主抓畜牧业、果蔬竹及休闲农业和食用菌业；县海洋与水产局负责水产业；县林业局抓好花卉业和绿麻竹生产。要建立健全五大产业工作制度，定期召开由主管部门牵头的联席会议，共同研究解决五大产业发展过程中出现的各种问题，制定政策措施，加强沟通、联系，形成工作合力。同时，要理顺上下工作关系，在业务上建立上下一致的垂直指导机构，在部门间形成便于沟通、有利于统一管理、高效运作的联系

机制。各乡镇及县直有关部门要按照“十五”计划要求和全县五大产业发展布局，结合本地区、本部门实际，突出地方特色，不求面面俱到，因地制宜，制定相关产业发展规划，明确发展的目标、重点和布局，制定和完善扶持相关产业发展的政策措施。二是抓好五大产业的试点示范工作。各乡镇、县直各有关部门都要选择经营基础好、发展潜力大、具有代表性的不同类型产业进行试点示范，重点在推进科技创新，发展龙头企业、培植企业集团，实施名牌战略，开拓农产品市场，完善企业和农户利益机制，增加农民收入等方面进行积极的尝试，确保每个乡镇、每个产业、每个相关部门都有试点，通过典型示范，引导五大产业健康快速发展。三是发挥部门优势，搞好服务工作。各级、各有关部门要适应农业和农村经济发展新阶段的要求，转变政府职能，做好组织协调、政策调研、项目审查和指导监督工作。坚持把各项支农资金捆绑使用，集中扶持重点产业。农业、林业、水产、计划、财政、税收、金融等相关部门应高度重视，积极支持五大产业工作，将这项工作纳入本部门工作的议事日程，按照自身优势，在整体布局规划、政策信息引导、协调利益关系、调控市场供求、维护经济秩序、加大投入、搞好基础设施建设等方面充分发挥支持、引导、服务的作用，同心协力推动五大产业的发展。要深入实际调查研究，及时发现五大产业发展过程中的新情况、新问题并及时采取措施加以解决。

二〇〇二年四月九日

## 中共连江县委九届七次全体会议<br>关于全面贯彻落实党的十六大精神<br>加快连江全面建设小康社会步伐的决议

（2002 年 11 月 27 日通过）

连委发〔2002〕4 号

中国共产党连江县第九届委员会第七次全体（扩大）会议于 2002 年 11 月 27 日举行。全会由县委常委会主持，认真传达、学习、贯彻党的十六大精神和省委七届四次全会、市委八届四次全会精神。全会一致拥护江泽民同志代表中共十五届中央委员会所作的《全面建设小康社会，开创中国特色社会主义事业新局面》的报告和大会通过的党章修正案及各项决议，一致拥护胡锦涛同志为总书记的新一届中央领导集体，一致拥护宋德福同志代表省委常委会所做的工作报告和省委七届四次全会通过的决议，一致拥护何立峰同志代表市委常委会所做的工作报告和市委八届四次全会通过的决议，一致同意县委常委会所做的《全面贯彻落实党的十六大精神，加快连江全面建设小康社会步伐》的报告，原则同意《连江县建设小康社会主要指标》。全会对全县迅速兴起学习宣传贯彻十六大精神高潮，加快全面建设连江小康社会步伐各项工作作出了全面部署。

**一、深刻领会十六大精神，迅速兴起学习宣传贯彻热潮**

党的十六大是我们党在新世纪召开的第一次代表大会，也是我们党在开始实施社会主义现代化建设第三步战略部署的新形势下召开的一次十分重要的代表大会。十六大报告从历史和时代的高度，深刻阐明了我们党在新世纪举什么旗、走什么路、实现什么奋斗目标等重大问题，对我国改革开放和社会主义现代化建设作出了全面部署，是我们党团结和带领全国各族人民在新世纪新阶段继续奋勇前进的政治宣言和行动纲领。十六大通过的《中国共产党章程（修正案）》，把“三个代表”重要思想同马克思列宁主义、毛泽东思想、邓小平理论一道，确立为党必须长期坚持的指导思想，充分反映了新形势新任务对党的工作和党的建设提出的新要求，对于开创建设中国特色社会主义事业新局面，必将产生巨大的作用。十六大选举产生了新一届中央领导集体，为党和国家各项事业健康发展提供了强有力的组织保证。

学习宣传贯彻十六大精神，重点是学习宣传贯彻江泽民同志的报告。必须紧紧围绕十六大报告的主题，深刻领会其灵魂和精髓。要抓住学习贯彻“三个代表”重要思想这个中心环节，全面深入领会“三个代表”重要思想的科学内涵和精神实质，牢牢把握贯彻“三个代表”重要思想的根本要求，进一步增强贯彻落实“三个代表”重要思想的自觉性和坚定性；要紧紧围绕报告的主题，深刻理解历史和时代赋予我们党的庄严使命，深刻理解党领导人民建设中国特色社会主义必须坚持的基本经验，深刻理解全面建设小康社会的奋斗目标，深刻理解十六大对中国特色社会主义经济、政治、文化、国防、祖国统一、外交和党的建设作出的战略部署；要紧紧把握报告的精髓，引导党员干部自觉地把思想认识从那些不合时宜的观念、做法和体制的束缚中解放出来，从对马克思主义的错误的和教条式的理解中解放出来，从主观主义和形而上学的桎梏中解放出来，善于在解放思想中统一思想，用发展着的马克思主义指导新的实践。

迅速兴起学习宣传贯彻十六大精神高潮，是当前和今后一个时期的首要政治任务。全县各基层党组织要按照中央和省、市、县委的统一部署，高度重视，精心组织，切实抓好。广大党员干部特别是各乡镇各部门领导干部要先行一步，带头学习，同时要向群众进行宣讲，把十六大精神传达到所有基层干部和群众，做到家喻户晓，深入人心。各级党委（党组）中心组要把学习十六大精神作为当前和今后一个时期的重点，有计划、分专题进行学习。组织部门要把学习十六大精神作为干部教育培训的重点工作，党校要分期分批对领导干部进行培训和轮训。宣传部门要发挥新闻媒体的宣传主导作用，加大宣传力度，推动学习不断深入。通过兴起学习热潮，把全县广大党员干部、群众的思想和认识统一到十六大精神上来，把智慧和力量凝聚到实现十六大提出的各项任务上来。

**二、加快经济政治文化全面建设步伐，努力实现小康社会建设的奋斗目标**

根据十六大精神和省委七届四次全会的部署，结合连江实际，我县全面建设小康社会的奋斗目标是：（1）经济更加繁荣。要紧紧围绕“调优一产、垒大二产、发展优化三产”的总体目标，推动“飞地砥柱、山海畅流”思路的实施，进一步加快招商引资步伐，大力发展规模工业经济，在优化结构和提高效益的基础上，努力实现小康社会建设的奋斗目标。即“十五”计划后三年，国内生产总值年均递增 13.0%，基本实现小康社会的主要目标；到 2010 年，国内生产总值年均递增 11.0%，全面实现小康社会各项目标；在此基础上继续持续健康快速发展，力争到 2015 年，国内生产总值年均递增 10.3%。到 2020 年，国内生产总值年均递增 9.0%，并率先基本实现现代化。其间，力争在 2014—2015 年左右实现国内生产总值比 2000 年翻两番。三次产业结构从 2002 年的 34.7 ∶ 27.9 ∶ 37.4 调整到 2020 年的 10 ∶ 51 ∶ 39。基本实现城镇化，城镇人口比重达 50% 左右，工农差别、城乡差别、地区差别扩大的趋势基本扭转；社会保障体系健全，家庭财产普遍增加，广大人民过上富足的生活。（2）社会主义民主更加完善，社会主义法制更加完备，依法治县工作全面推进，人民的政治、经济和文化权益得到切实尊重和保障，基层民主健全，社会秩序良好，人民安居乐业。（3）城乡群众的思想道德素质、科学文化素质和健康素质明显提高，形成比较完善的国民教育体系、科技和文化创新体系、全民健身和医疗卫生体系。人民接受良好教育，促进人的全面发展。（4）生态环境得以改善，人与自然和谐，社会全面进步，走上生产发展、生活富裕、生态良好的文明发展道路，努力把连江建设成为经济繁荣、科教发达、设施完善、环境优美的港口城市。瞄准这一战略目标，我们必须紧紧抓住本世纪头二十年的主要战略机遇期，努力做到发展要有新思路，改革要有新突破，开放要有新局面，各项工作要有新举措。

一要一门心思抓工业，加快推进工业化进程。从我县目前的实际情况看，工业严重“短腿”。因此，推动经济发展，关键是要牢固树立工业强县的意识，坚定不移地发展工业，加快推进工业化进程，并以工业化带动城镇化。工业发展了，一方面，可以促进资金流、信息流、物资流等生产要素的聚集，带旺人气、财气，活跃市场，拉动消费，创造更多的就业机会，从而拉动第三产业发展；另一方面，工业化的发展必定会有力地推动城镇化的发展，客观上既为农副产品提供了广阔的市场并提出新的需要，又促进了农村剩余劳动力的转移，从而能够有力地推动农业和农村结构调整，增加农民收入，因而必定会有力地提升第一产业。强调突出发展工业，加快工业化进程，并不意味着忽视第一产业、第三产业，而是力求在近中期内通过充分发挥工业的拉动提升作用，形成工业发展一马当先，一、三产业发展万马奔腾、协调并进的良好局面，这是我们坚定不移倾心发展工业的要义所在，因而也是我们加快全面建设小康社会的旨义所在，全县上下要坚持把发展作为富民强县的第一要务，把招商引资作为经济发展的第一任务，把垒大二产作为经济发展的第一目标，立足连江县情，大力实施“飞地”发展工业战略，不断加大招商引资力度，创新招商模式，拓宽招商渠道，吸引更多的海内外乡亲、客商前来投资，争取招商引资和“飞地工业”发展工作有大的突破。要按照“不求所有、但求所在”的原则，坚持“大中小项目一起上”，尽快扩大我县工业经济规模。在此基础上，大力培植、扶持重点支柱产业，紧紧依托我县现有工业布局中所形成的产业链、产业群，继续做强做大食品加工、鞋帽服装、机械制造、船舶修造、建筑材料等重点支柱产业，迅速推动我县工业规模的扩张。要积极推进基础设施建设，切实加快各类工业园区载体建设，坚持亲商、安商、富商，全面加强机关效能建设，不断完善投资发展软硬环境。要下大力气鼓励兴办多种所有制经济，不断加大对民营企业扶持力度，着力培育一批具有区域竞争力的大型民营企业。要进一步建立健全招商引资、发展工业经济的激励机制，严格落实“六个一”工作机制，深入开展“六赛六比”活动，充分发挥全县上下发展工业的积极性、主动性和创造性。

二要因地制宜抓发展，全面繁荣农村社会。要因地制宜发展乡镇特色经济，立足优势，坚持沿海、平原，山区“三头并进”，推动海边、江边、路边、山边、城边、湖边“六边开发”，大力调整农村经济结构，推动产业化进程，保证农村逐步繁荣、农业稳步增效、农民逐年增收。一产方面，要坚持面向市场、依靠科技，突出发展水产业、果蔬业、畜牧业、食用菌、花卉业五个重点产业，积极引进、发展高优农业、生态农业、订单农业和特色农业；三产方面，要突出以发展房地产，海运、旅游业、商贸业为重点，适度扩大房地产开发面积，继续完善特色旅游线路，深入实施“市场带动”战略，积极鼓励、引导发展现代商贸业；城乡建设方面，要全面实施“大城关、小城镇”战略，在城区，推进新区建设和旧区改造步伐，加大环境建设力度，突出抓好绿化美化工作，努力把县城建设成为绿化美化程度比较高的城区；在农村，要因地制宜积极推进旧村改造、新村建设，全面开展农村镇容村貌的整治，抓紧实施“造福搬迁”工程，努力改善农民居住条件。

三要倾注全力抓收入，努力提高财政调控能力和群众生活水平。要坚持以人为本，以民为本，持之以恒地为最广大人民谋利益，不断提高人民群众的生活水平和质量，千方百计让不同收入、不同文化素养的群众更多地享受到经济和社会发展成果。要积极培植税源，强化税收征管，增强财政实力，提高财政综合调控能力。要反映和兼顾不同方面、不同阶层的群众利益，保护通过诚实劳动、合法经营先富起来的群众的发展活力，鼓励他们积极创造更多的社会财富，要高度重视和关心因各种原因目前生活还比较贫困的城乡少数群众的生产生活，积极帮助他们解决就业问题和改善生产、生活条件。要通过不遗余力地抓工业经济发展，大力推动经济发展上新台阶，改变财政收入状况，彻底解放农业，减轻农民负担，提高农民收入。要逐步完善县乡财税分配体系，广泛开辟就业渠道，拓展就业领域。要进一步加强对农业的支持和保护，全面落实减轻农民负担的各项制度，切实使农民减负增收。要进一步完善城镇职工基本社会保障制度和基本医疗保险制度，健全失业保险和城区居民最低生活保障线制度，要大力实施再就业工程，进一步深化“春风行动”，全面落实城市“三个一”、农村“四个一”帮扶措施，坚持开展农村扶贫济困行动，加大对全县经济相对欠发达乡镇的重点扶持力度，力促当地经济和群众收入得到提高，使之尽快走上共同富裕之路。

四要积极稳妥抓改革，不断完善小康社会建设体系。要紧紧围绕全面建设小康社会的目标，继续完善社会主义市场经济体制，大力发展社会主义民主政治，不断深化文化体制改革，努力促进社会主义物质文明、政治文明、精神文明的协调发展。要大力推进经济体制改革，建立健全权责明确、运转协调的国有资产管理监督营运体系，加快城市建设投融资体制改革，加快社会信用体系建立，进一步培育资本、产权、土地、劳动力和技术等要素市场。要积极稳步推进政治体制改革，坚持和完善社会主义民主制度，加强社会主义法制建设。要深化行政管理体制改革，进一步转变政府职能，形成行为规范、运转协调、公正透明、廉洁高效的行政管理体制。要切实下放县级审批管理权限，创新工业区、投资区管理体制和运营机制。要深化文化体制改革，大力发展先进文化，牢牢把握前进方向，建设社会主义精神文明，逐步建立有利于调动文化工作者积极性、推动文化创新、多出精品、多出人才的文化管理体制和运行机制，要大力实施“科教兴县”战略，推动科教更加进步、文化更加繁荣、医疗卫生更加发达、全民健身活动更加普及。要坚定不移地实施计划生育政策，合理开发资源，保护环境，实现可持续发展。

**三、加强和改进党的建设，全面推进新的伟大工程**

加快连江全面建设小康社会步伐，必须毫不放松地加强和改进党的建设，全面推进党的建设新的伟大工程。要围绕提高马克思主义的理论水平，大力加强党的思想理论建设，在全县广大党员中兴起学习宣传贯彻十六大精神和“三个代表”重要思想的高潮，全面提高党员干部的思想政治素质。要围绕提高领导水平和执政能力，进一步加强领导班子和干部队伍建设。认真贯彻《党政领导干部选拔任用工作条例》，深化干部人事制度改革，建立选人用人公正机制，把坚持党管干部原则和坚持走群众路线相结合，落实和扩大群众对干部选拔任用工作的知情权、参与权、选择权、监督权，培养造就一批高素质的干部队伍，形成“朝气蓬勃、奋发有为”的各级领导层。要围绕巩固党的执政基础，切实抓好基层党组织和党员队伍建设，继续抓好《福建省乡镇工作纲要（试行）》和《福建省城市社区建设纲要（试行）》以及市、县《实施意见》的落实，把基层党组织建设成为贯彻“三个代表”重要思想的组织者、推动者和实践者，充分发挥共产党员的先锋模范作用。要围绕提高拒腐防变和抵御风险能力，深入开展党风廉政建设和反腐败斗争，全面落实《中共福建省委关于建立和完善反腐倡廉工作“六个机制”的若干规定（试行）》、市委的《实施办法》和县委的《实施细则》，建立和完善思想教育、制度规范、监督制约、查案惩处、干部保护、廉政责任“六个机制”，继续扎实推进“阳光工程”建设，努力从源头上预防和治理腐败问题。

全会号召，全县共产党员和广大干部群众要紧密团结在以胡锦涛同志为总书记的党中央周围，高举邓小平理论伟大旗帜，全面贯彻“三个代表”重要思想，在省市委、省市政府的正确领导下，与时俱进，开拓创新，推动连江大发展，为加快连江全面建设小康社会步伐，力争率先基本实现现代化而努力奋斗！

# 编后记

《连江县志（1991—2005年）》编纂工作，按照省、市政府的部署和地方志部门的要求，是作为上一轮县志的续志，断限从1991—2005年，共15年时间。下限2005年，是改革开放的第27个年份。这15年中，连江县经历了“八五”“九五”“十五”三个国民经济和社会发展五年计划，经历了国家逐步从高度集中的计划经济向社会主义市场经济的转变，是改革开放向纵深发展的关键时期，改革涉及的范围之广、力度之强、变化之大是空前未有的。无论经济、思想、政治、法律、社会等各个领域和行业，都发生了翻天覆地的深刻变化。

作为全面客观反映这一时期伟大变革历程的第二轮县志，其编纂工作同样面临一系列新机制、新业态、新名词、新问题。如随着经济体制改革的深化，非公企业蓬勃发展，港澳台资和外资在连投资逐渐增多，国有、集体工商企业大都转制为股份、民营或拍卖转让，非公经济的比重日益增大，而且在激烈的市场竞争中优胜劣汰，变化很大。二轮志书要客观反映多元经济兴衰起伏变化情况，在资料搜集、数据考证等方面都增加一定难度。随着政治体制改革的稳步推进，党政机构改革精简，政府转变职能，部门职能整合，在机构拆并和干部轮换中，有的业务和文档移交脱节，致一些史料散佚，加上二轮修志人员多是新手，不像第一次修志有部门专业志或资料长编作基础，而是直接撰写二轮志稿，一些单位领导对二轮修志的积极性和重视度不够。由此可以想见二轮修志任务的艰难程度。

鉴于上述新的情况，2005年第二轮县志编纂工作启动后，编辑人员就注意加强学习，更新知识，与时俱进，感知时代脉搏，熟悉县情特色，初步设计县志篇目框架，按照志书基本要求，大胆进行探索创新。如把对连江全县持续发展有举足轻重关系的山仔、塘坂水电建设和可门深水良港开发三个重大工程集中设篇记述，把新兴的旅游业升格为篇；而第一轮县志已详记的自然地理、建置沿革、方言、风俗民情等篇则简略。县志篇目框架下达后，即举办承编单位分管领导和编写人员培训班，共130多人参加。紧接着县志编辑人员相继深入到50多个承编单位，共同商讨完善篇目，并进行细化，前后约半年时间，使编者对各部类的专业特色和亮点有了进一步的了解，同时还进行业务上的指导，以期提高志稿质量。但由于部分承编单位主管领导和编写人员变动，志稿编写进度和质量都受到影响。至2008年底，还有20%左右的分编志稿未完成；已完成上送的志稿，有超过一半基础较差、资料不全，断线缺项严重。据一些承编单位编写人员反映，推行无纸化电脑办公后，因电脑储藏内容不断更新，旧的历史资料多被删除，且又无文档留存。尤其是各类经济组织，在2005年前因转制、停产、注销不复存在的，其兴废历史情况均无法如实得到反映。为此，县志编委会决定把分编志稿的评审工作下伸，先后到30余个主要承编单位，详细商讨补充修改意见，担负县志各篇的编辑人员分别与相关单位挂钩联络，进行指导和督促。同时对一些重要事类，通过各种渠道搜集资料，进行调查，如配合计生部门调查全县姓氏人口发展变化；与宗教部门及佛教协会调查240多个寺院发展情况；与经贸和外贸部门配合调查国有、集体企业、“三资”企业、私营企业兴衰起伏变化情况；与华侨事务管理部门及公安机关配合调查出国华侨及眷属情况等。并对调查情况与统计数据进行分析比较和鉴别。有的还查询相关当事人，尽量确保入志史料的真实可靠。

经过多种努力，二轮县志编纂进度有所加快，志稿质量亦有提升。2010年开始逐步进入全志的总纂加工。2012年2月，福州市志委派人到连江，专门对二轮《连江县志（1991–2005）》的总体篇目进行评审，经局部调整，使之渐趋完善。2012—2015年，对已完成的县志总纂初稿，先后二次进行内部深度审评，全志篇幅由第一稿近300万字相继压缩到200万字、150万字。而部分事类的资料短缺仍难完全补齐。为此各分篇编辑人员又以主要精力搜集补充资料工作。至2018年9月，经县志主编一支笔统稿后形成送审稿。同年10月24—25日，福州市志委组织方志专家学者到连江，对全稿进行审评，从篇目结构、编纂规范、质量要求等提出近千条宝贵意见，体现出很高的专业水准和真知灼见。会后，县志编纂人员集中一个月时间进行全面梳理和消化，进行专题讨论，制订修改补充和落实方案，并举一反三，修正同类毛病，最后由主编统稿。初步统计，全志篇章结构调整31处，断线缺项补充300多条，按照编写规范和质量要求修正2600多处。经半年多紧张工作，于2019年9月全面完稿，然后分别把各篇稿件送相关承编单位审阅确认，11月反馈，又据各承编单位意见修改300余处，终于形成验收稿送市志委审批，并联系出版单位。

第二轮《连江县志（1991–2005）》虽只记述15年史事，然政治、经济、社会变化前所未有，人员更迭频繁，史料搜集难度大，加上编纂力量薄弱，主要编纂人员年高多病，好在历届县委、政府领导及分管领导都非常重视和关怀，编纂人员虽含辛茹苦都乐于奉献，始终保持敬业担当精神，尤其一直担任县志编纂领导小组副组长的人大常委会原主任陈高书，带病坚持工作，不但适时协调解决编纂过程中的困难和问题，还认真审阅从初稿到验收稿的全部稿件，其敬业的历史责任感、事业心和超人毅力，为编纂人员树立良好的榜样，终于依靠集体的智慧和力量，完成第二轮县志编纂工作，全体编纂人员都全身轻松，精神快慰。值此成书之际，谨向支持、协助二轮县志编纂工作的领导、单位和个人致以真挚的谢意。

编纂县志是一项浩大的文化工程，横贯百业，涉及众多学科，本轮县志正处在伟大变革之中，新生事物层出不穷，由于多数编者已退休多年，对改革创新及新业态、新专业术语等体验不深，加上受水平和学识限制，虽竭心尽力敬慎其事，疏漏、舛误仍难避免，极冀志界硕望和广大读者不吝指教，以备日后续修补订完善。

中共连江县委党史和地方志研究室

2019年12月

連江縣誌

ISBN 978-7-5144-4290-8
定价：569.00 元